Felix Dahn · Die Völkerwanderung

FELIX DAHN

Die Völkerwanderung

Germanisch-romanische Frühgeschichte Europas

Mit 78 Fotos zeitgenössischer Zeugnisse
der Völkerwanderungszeit auf Tafeln,
5 Textabbildungen und 6 Karten

SAFARI-VERLAG · BERLIN

Ausgewählt von Curt Hotzel

Buchumschlag von Helmut von der Kammer
mit den Motiven: Goldene Adlerspange aus dem Germanischen Schatzfund von Cesena, Prov. Forli, Italien, um 500 (Germanisches Nationalmuseum, Nürnberg); Gobelin mit einer Verkündigung, der Vergegenwärtigung der Christlichen Heilsbotschaft, 6. Jahrh. (im Vatikanpalast, Rom); Reitergruppe aus einer kaiserlichen Parade vor Antoninus Pius in Rom, 161 n. Chr.; Faksimile aus Wulfila, Codex Argenteus, aus dem Evangelium des Markus VII, 3—7, 6. Jahrh. (Universitätsbibliothek, Uppsala)
Die Karten zeichnete Ilse Eckart nach den Originalentwürfen von Felix Dahn

13. Tausend

Gesamtherstellung bei Universitätsdruckerei H. Stürtz AG, Würzburg

ISBN 3-7934-1111-7

Inhaltsverzeichnis

a = anno (im Jahre)

I

Die Ostgermanen

Wandalen
Ostgoten
Westgoten
Sueben
Kleinere gotische Völker

Die Völker der gotischen Gruppe

Die Heimat der Ostgermanischen Stämme: Von der Weichsel bis zum Schwarzen Meer, von Danzig bis Pommern, von Stolp bis nach Rügen und südlich nach Schlesien

Zahl und Namen der Völker, die zur gotischen Gruppe gehören, sind für die wichtigsten gesichert, für andere dunkel, schwankend und bestreitbar. Der Geschichtsschreiber Prokopius, der Gelegenheit hatte, mit vielen Hunderten von Ostgoten, Wandalen, Rugen, Herulern, Gepiden zu verkehren, bezeugt es, daß von jeher eine Vielzahl von Völkern unter dem Namen »Goten« zusammengefaßt wurde und zu seiner Zeit noch werde, daß unter diesen die größten und bedeutendsten sind die *Ostgoten* (die er einfach *Γότϑοι* nennt), die Wandalen, die *Westgoten* (*Οὐισιγότϑοι*) und die *Gepiden*.

Bei einigen anderen Völkern erscheint es sehr zweifelhaft, ob sie überhaupt zu den Germanen gezählt werden dürfen: sind sie (Peukiner, Bastarnen) aber Germanen, so sprechen ihre ältesten Sitze für Verwandschaft mit der gotischen Gruppe.

Die Verteilung der gotischen Völker in ihren nordöstlichen Sitzen war in späterer Zeit – und wir haben keinen Grund, anzunehmen, daß sie seit der Einwanderung wesentlich gewechselt habe – vielleicht die folgende. Am weitesten östlich auf dem rechten Weichselufer an den Küsten des Frischen und des Kurischen Haffes und in deren Hinterland schweifen die unter dem Namen »*Gottones*« damals ohne genauere Bezeichnung angeführten Völker; sie wurden bereits von »*Sarmaten*« (Slawen, *Venedae*, Wenden) nach Westen gedrängt; ihnen zunächst auf dem linken Weichselufer von Danzig bis gegen Pommern hin folgen die *Skiren*; nordwestlich von diesen längs der pommerschen Küste von Stolp bis Stralsund ziehen sich in mehreren Völkerschaften die *Rugen* hin, die auch auf Rügen und den übrigen Inseln *(Holmrugen, Inselrugen)* wohnen; darunter an beiden Ufern der Oder die *Turkilingen;* südlich von den Rugen, mehr im Binnenlande, vom linken Ufer der Weichsel bis weit über das linke Ufer der Elbe hin, zumal an beiden Ufern der Oder – in Schlesien – die mehrfach gegliederten *Wandalen*, welche hier im Südwesten mit den (nichtgotischen) *Langobarden*, im Südosten von Oder bis Weichsel mit den (nichtgotischen, aber den Goten sprachlich wie den Wandalen räumlich nahestehenden) *Burgundern* grenzen: weiter nordwestlich dürfen wir auf den dänischen Inseln *herulische* Scharen annehmen, während südöstlich von der Weichsel, in der Richtung nach dem Schwarzen Meere hin, andere gotische Völker verschiedener, schwankender Benennungen saßen, die zuerst dem Druck der beginnenden Wanderung nach Süden nachgaben.

Wir müssen uns begnügen, in allem Wesentlichen gleiche Zustände und Einrichtungen anzunehmen, wie wir sie bei den Westgermanen kennenlernen werden. Von Geschichte, Verfassung und Bildung der Goten zur Zeit dieser ihrer Siedelung im Norden wissen wir sehr wenig.

Doch berichtet Tacitus bedeutsam, daß die östlich von den »Lygiern« (Ligiern) – ebenfalls eine Gesamtbezeichnung wie Goten, Sueben – wohnenden »Gotones«

unter Königen stehen, während zu seiner Zeit die königlose Verfassung noch bei weitem die häufigere war (nämlich bei den südwestlichen Germanen, über welche die Römer am besten unterrichtet waren), und daß diese Könige schon etwas straffer, als es die übrigen Germanen vertragen, die Zügel der Herrschaft anziehen, jedoch durchaus nicht so, daß die Volksfreiheit darunter litte.

Außerdem erfahren wir aus jenen Zeiten von den Goten nur noch, daß ein edler Markomanne (nach anderen selbst ein Gote), Katwalda, von Marobod vertrieben, »zu den Goten« flüchtete und von hier aus in das Reich des strengen unbeliebten Herrschers, dessen Macht durch schweren Kampf mit den Cheruskern und deren Verbündeten unter Armin bereits erschüttert war, mit bewaffneter Hand zurückkehrte. Er gewann die Edlen für sich, überfiel die Königsstadt und nahm die Burg des Marobod (in Böhmen) weg, der Zuflucht bei den Römern suchte. Wir können daraus für die Gotengeschichte wenigstens so viel entnehmen, daß die Goten nicht, wie man behauptet hat, von Marobod unterworfen waren – sonst konnte man nicht vor Marobod zu ihnen flüchten –, und daß wenigstens einzelne gotische Völker nicht allzu fern von Böhmen gewohnt haben müssen, wenn sie auch keineswegs an Marobods Reich grenzten; denn gar zu entfernt von Stadt und Burg des Markomannenkönigs dürfen wir uns den Ausgangspunkt der auf Raschheit berechneten Unternehmung Katwaldas nicht wohl denken: Nach der Darstellung des Tacitus war Böhmen von den Goten nordöstlich durch die zahlreichen »ligischen« Völker getrennt, die wohl zum Teil von Marobod in Abhängigkeit gebracht waren: nordwestlich durch die dem Marobod feindlichen Semnonen und Langobarden. Da nun Marobudum ziemlich am Nordrand Böhmens, am Fuß der Sudeten, lag, darf man vielleicht annehmen, daß der überraschend schnelle Stoß auf diese Burg von Norden, von der oberen Oder her geschah: alsdann wären jene »Goten«, bei welchen Katwalda Zuflucht gefunden, die Wandalen gewesen.

Das war im Jahre 19 nach Christus.

Von da ab vernehmen wir nichts mehr von den Goten, bis sie zwei Jahrhunderte später an den Mündungen der Donau und auf der Nordküste des Schwarzen Meeres auftreten.

Bei einzelnen Völkern werden von sagenhafter Überlieferung besondere Gründe des Aufbruches aus den nordischen Sitzen angegeben: Überschwemmungen, Heimsuchung durch giftige Beißwürmer, Seuchen, Mißwachs, *Hunger*, meistens aber *Übervölkerung*.

Nun ist es aber ein überall beobachtetes Gesetz, daß nach der Zeit einiger Geschlechter, nachdem ein Volk zu seßhaftem Ackerbau übergegangen ist, eine sehr starke Zunahme der Bevölkerung plötzlich eintritt. Der Ursachen für diese Wirkungen solchen Überganges lassen sich viele anführen, es genügt, den Fortschritt in der dauernden Sicherung aller Lebensverhältnisse, zumal aber die Zunahme an Regelmäßigkeit und Menge der nunmehr periodisch gewonnenen Lebensmittel hervorzuheben.

Da nun der Übergang zu seßhaftem Ackerbau selbstverständlich nicht bei allen Stämmen gleichzeitig, aber doch bei den meisten in der Zeit vor Tacitus vollzogen war, so ergibt sich, daß etwa um das Jahr 150 nach Christus die Wirkungen dieser Wandlung fühlbar werden mußten.

Es ist das nun aber gerade die Zeit, in der bei einer Reihe von Völkern jene Bewegungen beginnen, welche die Überlieferung, also sicher mit gutem Grunde,

auf Übervölkerung zurückführt. Marc Aurel bereits hat (etwa a. 165) Wandalen und andere Goten an der Donau abzuwehren.
Es ist dieselbe Zeit, in der bei anderen Völkern, denen das Wandern durch übermächtige Nachbarn, vor allem durch das Römerreich, verwehrt oder doch sehr erschwert war, ebenfalls als Folgen der starken Zunahme der Bevölkerung, andere große innere Veränderungen, Verfassungsumgestaltungen von großer Bedeutung, eintreten.

Das Pantheon in Rom auf dem antiken Marsfeld wurde unter Kaiser Hadrian zwischen 118 und 128 n. Chr. erbaut als Heiligtum einer polytheistischen Religion und damit eines allen Gottheiten geweihten Tempels. Diese Zeichnung von Martin van Heemskerk aus dem 16. Jahrhundert gibt wahrscheinlich die ursprüngliche Gestalt des damaligen zylindrischen Ziegelbaues wieder

Die Wandalen

Vorgeschichte bis zur Gründung des Reiches in Afrika

Die Wandalen wandern unter König Godigisel aus ihrer Heimat zwischen Elbe und Weichsel über den Rhein und die Pyrenäenpässe hinein in das blühende Spanien

Von den nördlichen Sitzen zwischen Elbe und Weichsel waren die Wandalen auf ziemlich geradem Wege, vermutlich dem Lauf der Oder stromaufwärts folgend, in langsamer Wanderung nach Süden abgezogen. Sie siedeln nun vorübergehend am Nordabhang des »askiburgischen Bergwalds«, der um dieser ihrer Niederlassung willen zur Zeit des Cassius Dio (a. 155–230) den Namen »Wandalisches Gebirge« führte: von da reichten sie von Anfang oder zogen sie später an den römischen »Limes«, das heißt an die Donau.

In beiden Sitzen grenzten sie zuerst im Süden, dann im Westen mit den (herminonischen, oberdeutschen) *Markomannen*, die Marobod wenige Jahre vor Christi Geburt aus ihren alten Sitzen am Ober- und Mittelmain nach Böhmen geführt hatte. In dem großen markomannischen Krieg standen die Wandalen a. 171–173 mit ihren mächtigen Südnachbarn zusammen gegen Rom, Kaiser Marc Aurel befreite Pannonien von ihren Einfällen, ohne sie freilich zu »vernichten«, wie sein Biograph ruhmredig meint.

Unter dem Gesamtnamen »Wandalen« begriff man von Anfang (bis zum Jahre 418) eine Mehrzahl von Völkerschaften: jedesfalls zwei, die *Silingen* (silingischen Wandalen) und die *Asdingen* (asdingischen Wandalen). Beide hatten besondere Könige; das Königsgeschlecht der asdingischen Wandalen führte den gleichen Namen wie die Völkerschaft selbst.

Es gelang in dieser Zeit den Römern, die asdingischen Wandalen auf ihre Seite zu ziehen. Unter Anführung zweier Heerführer, *Raos* und *Raptos*, hatten diese erfolgreiche Angriffe auf die (nicht germanischen) Costoboken, mißlungene auf die (vielleicht germanischen) Lakringen gemacht und erbaten nun und erhielten in dem früher von ihnen bedrohten Dakien von den Römern Wohnsitze gegen Kriegshilfe wider die Markomannen. Diese asdingischen Wandalen waren es daher wohl, die bei dem Friedensschluß vom Jahre 181 von den Römern geschützt wurden, indem diese den Markomannen die Verpflichtung auferlegten, so wenig wie die anderen Verbündeten der Römer in diesem Krieg, die (sarmatischen) Jazygen und die (wohl germanischen) Buren, die »Wandilen«, zu bekriegen, was eben wegen dieses Bündnisses mit den Römern zu befürchten gewesen wäre. So waren es wohl andere Wandalen, die Caracalla mit ihren »bisherigen Freunden und Verbündeten, den Markomannen« verzwistet zu haben sich rühmte.

Über zwei Menschenalter verlautet von da ab nichts mehr von den Wandalen, die damals die später im sechsten Jahrhundert von den Gepiden besetzten Gebiete in Dakien bewohnten, im Westen von den Markomannen, im Norden von den Hermunduren, im Osten von den Goten, im Süden von dem linken Donauufer begrenzt. Im Jahre 271 aber wurden heerende Scharen dieses Volkes von Aurelian gegen Gewährung friedlichen Abzugs und Verstattung des Handelsver-

Altgermanisches Hirschopfer: Kultwagen von Strettweg, einem Vorort von Judenburg, Steiermark. Das bronzene Opfergefäß wird von einer nackten weiblichen Gestalt getragen. Aus der Hallstattzeit, 6. Jahrhundert v. Chr. Diese Kulturstufe der keltischen und germanischen Stämme hatte sich in der vorrömischen Zeit von etwa 700 v. Chr. bis zum ersten Jahrtausend n. Chr. auf dem Boden des heutigen Deutschland entwickelt

Der Sonnenwagen von Trundholm entspricht den germanischen Vorstellungen eines Sonnenkultes aus der Zeit zu Beginn des ersten Jahrtausends v. Chr. im Raum um die Ostsee, aus dem die Stämme der späteren Völkerwanderung nach Deutschland abwanderten. (Im Nationalmuseum, Kopenhagen)

Timgad: Luftbild der Ruinen der römischen Stadt Thamugadi in Algerien an der nordafrikanischen Küste, dem ausgedehnten Gebiet des Wandalenreiches; sie wurde 100 n.Chr. von Trajan als römische Kolonie gegründet

Triumphbogen des Kaisers Trajan, der von 98–117 n. Chr. regierte, in den Ruinen von Timgad. (Der Triumphbogen ist auf dem oberen Luftbild in der Mitte rechts zu sehen)

Römische Legionäre mit ihren Feldzeichen überschreiten im Jahre 101 auf einer Schiffsbrücke die Donau im Kampf gegen die Draker. Die Trajanssäule, die dieses Reliefband zeigt, wurde 113 von Apollodorus aus Damaskus, dem bedeutendsten Architekten der römischen Kaiserzeit, zu Ehren Trajans errichtet. Trajan erreichte die größte Ausdehnung des Römischen Reiches

Bronzefigur eines Germanen.
Nationalbibliothek, Paris

Dieser Ausschnitt eines Reliefs der Trajanssäule in Rom zeigt die Häuser einer Stadt in Dakien auf dem hohen, felsigen Donauufer und darunter ein Schiff, das bereitgehalten wird, um Lebensmittel vom Lande an den Ufern des Stroms entlang zur Verproviantierung der Stadt herbeizuschaffen

Eine Szene aus der Schlacht der Römer unter Trajan gegen die Daker, dargestellt am Triumphbogen des Kaisers Konstantin zu Rom. Charakteristisch ist die Darstellung auch der Wandalen zu Pferde gegenüber den römischen Legionären

Aus den Eroberungszügen Trajans (101–106) gegen die Daker: Römische Schiffe bringen im zweiten Anlauf Legionäre und Pferde entlang der Donau zur Trajansbrücke zum Einsatz. Relief an der Trajanssäule in Rom

Rom: die Engelsburg, Castel Sant' Angelo am Tiber, ehemals Pons Aëtius, als Mausoleum des Kaisers Hadrian begonnen, erbaut 139 n. Chr., war Grabstätte der römischen Kaiser und diente oft in den folgenden Jahrhunderten als Fluchtburg der bedrängten Verteidiger Roms

Haupteingang, Porta decumana (decumanus=zur zehnten Kohorte gehörig, das Haupttor des Lagers gegenüber der Porta praetoria, wo die zehnten Kohorten der Legionen lagen). Die rekonstruierte Saalburg, ein römisches Kastell bei Homburg v.d.H., das den wichtigen Tauruspaß, die Nord-Süd-Verbindung decken sollte. Es gehörte um 83 als Truppenlager zu der Verteidigungslinie des Limes gegen die Germanenstämme

Kaiser Hadrian (117–138) führte die Eroberungszüge Trajans nicht weiter fort. Er schloß Frieden mit den Parthern im Osten, sicherte das Römische Reich in Germanien durch den Limes, in Britannien durch den Hadrianswall. Die Abbildung zeigt Hadrian auf der Löwenjagd auf einem Reliefmedaillon an der Nordseite des Konstantinsbogens in Rom

Germanische Gesandte auf dem Wege zu Verhandlungen mit Kaiser Trajan, der in den Kämpfen 101–106 und nach der Niederwerfung des Decebalus Dakien in eine römische Provinz umwandelte

Unten: Sarmatische Panzerreiter, Bundesgenossen der Daker in Abwehr der sie verfolgenden Römer. Relief der Marc-Aurel-Säule in Rom

Porträtkopf des römischen Kaisers Marc Aurel (161–180). Er wehrte die Einfälle der Markomannen auf das Römische Reich ab und sicherte die Donaugrenze. Die ihm zu Ehren errichtete Marc-Aurel-Säule in Rom (180–193) zeigt in Reliefbändern Szenen aus den Kriegen gegen die Quaden, Markomannen (166–180) und Jazygen (172–175)

Das Relief der Marc-Aurel-Säule zeigt den Imperator nach einem Konsilium mit seinen Heerführern im Krieg gegen die Jazygen (172–175) bei der Überquerung eines Flusses

Bei der Eroberung einer germanischen Ortschaft – wahrscheinlich bei der Grenzsicherung im Gebiet der Markomannen (166–180) – wird eine Frau mit ihrem Kind von römischen Legionären gefangen genommen. Reliefdarstellung der Marc-Aurel-Säule in Rom (Colonna Antonina)

Die Marc-Aurel-Säule gibt auf ihren Reliefbändern auch einen der vielen Donauübergänge über Schiffsbrücken wieder, hier mit der klaren Zeichnung von gepanzerten Legionären unter dem Befehl des von der Stoa beeinflußten Philosophen unter den römischen Kaisern

Das Relief an der Marc-Aurel-Säule zeigt gefangene Sarmaten und deren Familien, während die Legionäre die Häuser der Besiegten in Brand stecken: ein charakteristisches Bild aus den Grenzkämpfen der Jahrhunderte des römischen Kaiserreichs

Die vielumkämpfte, 18,8 km lange Aurelianische Mauer Roms, erbaut durch Kaiser Aurelian, in ihrem heutigen Zustand

Porta Agrippa in Rom, Teil der Umfassungsmauer, die Kaiser Aurelian (270–275) gegen die Einfälle der Germanen von 272 an erbauen ließ und die von Kaiser Aurelius Probus 279 vollendet wurde. Aurelian sicherte die Donaugrenze, mußte aber die nördlich davon gelegenen Teile Dakiens aufgeben

Kaiser Konstantin d. Gr., römischer Kaiser 306–337, ursprünglich Vertreter des Sonnengottes, wurde zum Streiter für Christus, unter dessen Zeichen er 312 an der Milvischen Brücke gesiegt hatte. Elfenbeinrelief des Kaisers als Glaubensheld an der Kanzel Heinrich II. im Münster von Aachen aus dem 6. Jahrhundert

kehrs auf der Donau zum Frieden gezwungen. Aurelian führte in seinem Triumph vom Jahre 274 auch gefangene Wandalen auf.

Nicht das ganze Volksheer dieser an der Donau siedelnden Wandalen, sondern abenteuernde Scharen, vielleicht Gefolgschaften, die in die Ferne ausziehen, sind es, die wir wenig später weitab westlich am Rhein und in Gallien im Kampf mit Aurelians Nachfolgern finden.

Probus (a. 276–282) schlägt im Rheinland verbündete burgundische und wandalische Scharen, die er zu unbesonnenem Angriff verleitet hatte, züchtigt den Bruch des Friedens durch neue Schläge und sendet zahlreiche Gefangene nach Britannien. Auch Maximian (a. 285–309) hat am Rhein gegen Wandalen zu kämpfen, ohne daß man deshalb in diesen Ländern seßhafte Teile des Volkes annehmen müßte.

Abermals zwei Menschenalter, sechzig Jahre, verstrichen, bis das Volk zu neuen Bewegungen erstarkte: ein Angriff auf Gallien, den Gratian zwischen a. 375 und 383 abzuwehren hat, war wohl wieder nur von streifenden wandalischen Gefolgschaften ausgegangen. Aber zu Anfang des fünften Jahrhunderts brach der größte Teil des Volkes, *Asdingen* und *Silingen*, mit den *Alanen* und mit einer zu der großen Gruppe der *Sueben* gehörigen Völkerschaft – vermutlich einer markomannischen (denn die nächsten Sueben waren die nun wieder im Nordwesten als Nachbarn siedelnden altbefreundeten Markomannen) aus jenen Sitzen in Pannonien auf und zog gen Westen, an den Rhein. Ein kleiner Teil der Wandalen blieb zurück und besetzte und bewirtschaftete auch der Ausgewanderten Land, ohne jedoch deren Eigentum als erloschen anzusehen.

Hungersnot, das heißt Übervölkerung, wird als Ursache auch dieser Wanderung angegeben, und wie bei den Langobarden zieht daher nur ein Teil des Volkes aus: von den Verbleibenden wird berichtet, daß es ihnen nach dem Abzug der Wanderer »reichlich erging« – das heißt nunmehr ist mehr als genügend Land zur Ernährung der Verbleibenden vorhanden.

Ein König *Godigisel* herrscht bereits in Pannonien über Wandalen und erscheint als Hauptführer, wenn auch nicht als einziger der Wanderer, bei denen auch später noch für Asdingen, Silingen, Alanen und Sueben je *ein* König besteht. Der nächste Weg von Pannonien an den Rhein führte donauaufwärts längs dem von den befreundeten Markomannen besetzten Böhmen: vielleicht schlossen sich hier jene (markomannischen) Sueben den Wanderern auf dem Durchmarsch an. Darauf zog man wohl durch das Gebiet der Hermunduren. Die Wege, die nach dem Rhein führten, kannten die Wandalen aus früheren Raubzügen gut. Was der Wanderung die Richtung gerade gegen Gallien gegeben, ist nicht zu ermitteln; möglich immerhin, daß die Entblößung dieser Provinz ihnen bekannt geworden, die durch die Abberufung der Legionen zum Schutz Italiens gegen Radagais eingetreten war.

Aber ob Römer nicht mehr den Rhein bewachten, er war deshalb nicht unbehütet: die *Franken* auf beiden Ufern des Stromes wehrten dem Anzug. Es scheint, daß die Alanen unter einem König Respendial (ein anderer Alanenkönig, Goar, zweifelhaft ob des gleichen Zuges, hatte sich den Römern angeschlossen) den Rhein bereits erreicht hatten, als sie von schwerer Bedrängnis der noch weiter zurückgebliebenen Wandalen durch die Franken des rechten Rheinufers vernahmen. König Respendial eilte vom Rhein wieder zurück den Genossen zu Hilfe. Schon war Godigisel mit zwanzig Tausendschaften vor den Franken

gefallen, den Rest der Wandalen retteten die Alanen vor Vernichtung und nun, an dem letzten Tage des Jahres 406, überschritten die wandernden Völker zusammen den Rhein, vermutlich auf der bequemen Brücke des Eises.
Fast drei Jahre lang verheerten die Wandervölker nun das flache Land Galliens, das von Römern nicht mehr, von Germanen noch nicht verteidigt wurde. Die Westgoten kamen erst a. 412 aus Italien und die Burgunder a. 433 vom Rhein her. Bis an die Pyrenäen wälzte sich sofort ungehemmt der Strom; der erste Versuch, auch gleich in Spanien einzudringen, scheiterte. Die baskischen Hirten verteidigten siegreich ihre Bergpässe. Hier zurückgestaut, überfluteten die Barbaren Gallien, besonders eben, der Natur der Sache nach, Südfrankreich bis an die Loire. Hier, bei Orleans, finden wir noch fünfzig Jahre später zurückgebliebene Teile der Alanen.
Aber im Herbst des Jahres 409, zwischen dem 28. September und dem 13. Oktober, gelang den vereinten Wanderern das früher mißlungene Unternehmen, in Spanien einzudringen, dessen reiche, blühende Provinzen bisher noch fast gar nicht unter feindlichen Einfällen gelitten hatten. Während der Empörung des Gerontius wider Kaiser Constantin riefen germanische Söldner, aus der Leibwache des Kaisers Honorius, die »Honorianer«, die jetzt statt des Aufgebotes der Berghirten die Pyrenäenpässe bewachen sollten, die stammverwandten Barbaren, die damals Aquitanien durchstreiften, herbei und öffneten ihnen die Pässe. Wie berichtet wird, um sich so der römischen Bestrafung ihrer eigenen Plünderungen zu entziehen.
Anfangs trat eine schlimme Zeit für die von den Barbaren durchzogenen Landschaften ein, wie immer, wenn es zu einer vertragsmäßigen Regelung der Verhältnisse, zu einer von der römischen Staatsgewalt anerkannten Niederlassung und Landteilung nicht kam. In Spanien war niemand, der das Reich mit genügender Kraft in Krieg oder Frieden hätte vertreten mögen. So ergossen sich denn zwei Jahre lang die Eingedrungenen verheerend durch das flache Land, hin und wieder belagernd oder die Städte und Kastelle berennend, in denen obenein wüste Zügellosigkeit und Druck der meisterlosen Soldaten walteten. Die Folge der Verheerungen des Ackerlandes war Hungersnot, die Folge der Hungersnot Seuche. Endlich nach zwei Jahren traten ruhigere Zustände dadurch ein, daß die vier Völkerschaften der Barbaren sich in die von ihnen bewältigten Landschaften der Halbinsel teilten, in ihnen ansiedelten und nun selbst Schutz und Gedeihen derselben wünschen mußten.
Der nordöstliche Teil der Halbinsel, die Tarraconensis provincia, war noch im Besitz der Römer. Die Sueben unter König Hermerich und die asdingischen Wandalen unter König Guntherich erhielten zusammen Galläcien im Nordwesten, die Alanen unter König Atax Lusitanien im Südwesten und Carthagena, die silingischen Wandalen, vermutlich unter König Fridibald, das südöstlich hiervon gelegene, vom Bätis (Guadalquivir) durchströmte und nach ihm Bätica benannte Land.
Eine Zeitlang hatten, vermöge ihrer stärkeren Volkszahl, die Alanen das Übergewicht über Sueben und Asdingen im Norden: Eine Reihe von Kastellen und Städten, die sich noch gehalten hatten, öffneten sich nun den Barbaren: und der Kaiser wurde zu einer, freilich von seiner Seite nur als vorübergehend gemeinten Anerkennung des tatsächlichen Besitzstandes der vier Barbarenvölker in Spanien bewogen gegen deren Verpflichtung, das Land unter römischer

Oberhoheit wider andere Barbaren zu verteidigen: also ungefähr das gleiche Verhältnis, wie es Rom mit anderen Germanen, zumal Goten, damals häufig eingegangen war. Auch etwaige Kämpfe unter den vier Völkern sollten an diesen Beziehungen zu Rom nichts ändern.

Obwohl es zu einer Landteilung mit den Grundeignern nicht kam, traten doch jetzt friedlichere Zustände ein; ja manche Provinzialen schlossen sich freiwillig den Barbaren an, dem Steuerdruck der römischen Verwaltung zu entgehen. Wir dürfen auch einem zeitgenössischen spanischen Schriftsteller glauben, daß die Germanen, die ja von Anbeginn Land, Ackergrund für den Pflug, ausreichenden Boden für die wachsende Volksmenge gesucht hatten, deren Verfassung auf Gemeinden von Grundeignern sich aufbaute, als sie nun in Spanien gesicherten und genügenden Boden erlangt, sich eifrig der Ackerwirtschaft zuwendeten.

Nicht lange währte die Freundschaft zwischen Rom und den vier Barbarenvölkern. Getreu der alten Römerweisheit, Germanen durch Germanen zu verderben, schloß (im Jahre 416) der Patricius Constantius Frieden und Bündnis mit den Westgoten, die im Jahre 415 von Gallien aus in Ostspanien eingedrungen waren, und verpflichtete diese, für Rom gegen jene vier Barbarenvölker zu kämpfen. Der Gotenkönig Walja wandte sich zunächst gegen die Silingen in Bätica, nahm durch List deren König Fridibald gefangen und schickte ihn, getreu dem Vertrag, dem Kaiser (a. 416). Die Reste des durch Niederlagen in den folgenden Jahren geschwächten Volkes verzichteten darauf, wieder einen König zu wählen – eine Erscheinung, die wir bei sinkender Volkskraft wiederholt antreffen, während emporsteigende Völker statt der Herzöge und Grafen sich gern einen König geben – und verschmolzen mit den asdingischen Wandalen, deren König sie sich unterwarfen. Zu dem gleichen Schritt sahen sich bald auch die Alanen gedrängt, nachdem sie ihren König Atax und einen großen Teil ihrer Streitkraft in einer unglücklichen Schlacht gegen die Goten verloren hatten (a. 418). Die Könige der Asdingen führten seither bis zum Untergang dieses Reiches und Volkes in Afrika den Titel »König der Wandalen (so Asdingen und Silingen zusammenfassend) und Alanen«.

Diese Zusammenschließung der Kräfte, ganz besonders aber der Abzug der überlegenen Goten aus Spanien nach Gallien (Ende a. 418) erklärt es, daß nun plötzlich die Macht der Wandalen steigt, nachdem sie die Sueben angegriffen und ein Jahr lang in den »Nervasischen Bergen« zwischen Oviedo und Leon eingeschlossen gehalten hatten. Erst a. 419 wichen sie, von dem Comes des römisch verbliebenen Teiles von Spanien, Asterius, bedrängt, aus den gefährdeten nördlichen Siedlungen in Galläcien und zogen gen Süden ab, nach Bätica, in das Gebiet der Silingen, das nun für beide Völkerschaften ausreicht (a. 420). Der römische Magister militum Castinus, unterstützt von westgotischen Hilfstruppen, griff sie hier an. Aber er erlitt eine schwere Niederlage. Den ausgezeichneten Feldherrn Bonifatius hatte er aus Eifersucht von dem Zuge ferngehalten, auch sollen die Goten ihn im Stich gelassen haben. Nach Verlust von beinahe zwanzigtausend Mann floh er nach Tarraco zurück (a. 422). Dieser Sieg erhob die Wandalen zu der herrschenden Macht auf der pyrenäischen Halbinsel. Drei Jahre darauf eroberte König Guntherich die beiden wichtigsten, bis dahin noch von römischen Besatzungen behaupteten Städte der Landschaft Bätica: Hispalis (Sevilla) und Carthagena.

Es bezeugt die Macht und Einsicht der beiden Brüder, die als König und, wie wir wohl vermuten dürfen, als des Königs Feldherr die Wandalen leiteten, daß das Volk, sowie es durch die Beherrschung des Guadalquivir das Meer erreichte, sofort eine Seemacht schuf und verwendete.
Als nämlich König Godigisel gegen die Franken gefallen war (a. 406), hatten die Wandalen seinen noch nicht waffenreifen Sohn echter Ehe, *Guntherich*, zum König erkoren, aber dessen unechter Bruder *Geiserich*, ein gewaltiger Krieger und ein hervorragender Geist, führte wohl, bis der Knabe herangewachsen war, für ihn Königsstab und Schwert. Auch unter und neben dem Herangereiften nahm der ältere Bruder entscheidenden Teil an der Leitung des Volkes in Frieden und Krieg. Vielleicht war es Geiserich, der alsbald der gefürchtete Seekönig, der Schrecken der Inseln und Schiffe des Mittelmeeres werden sollte, der zuerst das Reiterheer der Wandalen an die »Rosse des Meeres« gewöhnte. Noch im Jahre der Eroberung von Sevilla segelten wandalische Raubschiffe den Bätis hinab und verheerten die Balearischen Inseln im Osten; ja auch die künftige Heimat des Volkes, Afrika, wurde damals bereits von den Wandalen heimgesucht und auf der mauritanischen Küste geheert. Es wurde von größter Bedeutung für die Geschichte des Volkes, daß so früh die Bedeutung einer Kriegsflotte von den asdingischen Fürsten erkannt wurde. Man darf behaupten, die unbegreifliche Vernachlässigung der See durch die Langobarden trug ganz entscheidend dazu bei, daß dies kriegerische Volk trotz aller Anstrengungen nie die Eroberung Roms und der ganzen italienischen Halbinsel durchzusetzen vermochte. Italien, Spanien und Nordafrika können nur durch eine Kriegsflotte dauernd behauptet werden.
Vielleicht war Geiserich der Führer jener Seefahrten gewesen, vielleicht hatte er damals schon den Reichtum Mauritaniens, neben Sizilien und Ägypten, der Kornkammer der Alten Welt, kennengelernt, vielleicht auch hatte ihn damals schon der römische Statthalter (Comes) von Afrika, der vorhin erwähnte Bonifatius, würdigen gelernt. Wie dem sei, zwei Jahre darauf lud dieser die beiden asdingischen Brüder, den König und den Feldherrn der Wandalen, durch geheime Boten ein, Spanien mit Afrika zu vertauschen und sich mit ihm unter völlig gleicher Machtstellung in diese römische Provinz zu teilen (in *drei* Teile: Geiserich sollte selbständiger König eines Teiles der Wandalen werden).
Sein Antrag gelangte an die Brüder im Jahre 427 und wurde, wie es scheint, von beiden sofort angenommen. Aber zur Ausführung gelangte die Überwanderung unter Geiserich allein. König Guntherich, »der seit der Plünderung der katholischen Kirchen bei der Einnahme von Sevilla durch Strafgericht Gottes von einem Dämon besessen war«, fiel Ende des Jahres 427 im Kampf gegen Franken, die, vielleicht als Verbündete der Sueben, in Spanien eingedrungen waren. Nun wurde Geiserich, der schon bei Lebzeiten seines Halbbruders eine sehr hervorragende Stellung in Reich, Rat und Heer eingenommen haben muß, obwohl nur der Sohn einer Unfreien, mit Übergehung der wahrscheinlich noch waffenunreifen Söhne Guntherichs, zum König gekoren. Der Anspruch auf die Krone haftete ja nur an dem königlichen Blut überhaupt, uneheliche Geburt, unebenbürtiger Stand der Mutter schloß nicht aus, eine bestimmte Folgeordnung fehlte, und die Wahl des Volkes entschied in jedem Einzelfall unter den Männern des Königshauses ohne Rücksicht auf die Gradnähe der Verwandtschaft mit dem letzten König. Während der Vorbereitungen zu der Übersiedlung nach Afrika,

die von dem Volksheer der Wandalen genehmigt werden mußte, nicht von den Brüdern allein hatte beschlossen werden können, waren die Sueben in das bisher von den Wandalen besetzte Gebiet eingedrungen, die bereits zur Einschiffung aufgeboten waren. Aber auf die Nachricht von jenem Einfall machte Geiserich halt, wandte sich rasch, eilte zurück und schlug bei Merida die alten Feinde, deren König auf der Flucht in den Fluten des Anas (der Guadiana) ertrank. Beweggrund war vielleicht Blutrache für Guntherich. Hierauf führte Geiserich das gesamte Volk, nicht nur das Heer, der Wandalen und Alanen, verstärkt durch gotische Scharen, die sich freiwillig anschlossen, auf den von Bonifatius gesendeten und auf eigenen Schiffen über die Meerenge nach Afrika (Mai a. 429). Die Angabe über die Seelenzahl schwanken zwischen fünfzig- und achtzigtausend.

Geschichte des Wandalenreiches in Afrika

Die wendigen Schiffe ihrer Flotten überwinden das Mittelmeer —
Die Wandalen unter ihrem großen Seekönig Geiserich — Das mitten in
das Römische Reich hineingebaute germanische Reich in Nordafrika —
Byzanz erobert 100 Jahre später Nordafrika zurück

König Geiserich ist eine der gewaltigsten Gestalten der heldenreichen Zeit der Völkerwanderung. Nahe liegt der Vergleich mit dem weisen Gotenkönig, dem großen Theoderich, aber der Wandale steht ihm gegenüber wie dem milden Tag die blutige Nacht. Ein Gerücht belastet ihn mit dem Vorwurf des Brudermordes. Er war kurz von Gestalt, seit einem Sturz mit dem Pferde hinkend, verhalten, wortkarg, abgehärtet, jähzornig, habgierig, »höchst geschickt, unter die Menschen den Samen der Zwietracht zu werfen«, rascher mit der Tat fertig als andere mit dem Entschluß. Mit Arglist, Treubruch und Verrat entreißt er den Römern seines Reiches künftige Hauptstadt Carthago, die Wälle anderer Städte werden geschleift, spätere Empörung unmöglich zu machen. Ohne geregelte Landteilung nimmt er so viel Land für sich und seine Wandalen als er braucht, von den Einwohnern, die erschlagen, vertrieben und, wenn sie bleiben, von dem arianischen Herrscher um ihres katholischen Bekenntnisses willen grausam verfolgt werden. Empörungen im eigenen Volk werden blutig niedergeschlagen, alle erreichbaren Küsten und Inseln des Mittelmeers werden geplündert. Wenn sein gefürchtetes Raubschiff in See sticht, bezeichnet er dem Steuermann kein bestimmtes Ziel, sondern läßt sich von Wind und Welle gegen solche Menschen tragen, »denen Gott zürnt« – ein echt sagenhafter Zug, der die Auffassung der Zeit hier widerspiegelt.

Dieser Gewaltige betrat nun die römische Provinz Afrika, die ein Zeitgenosse »die Seele des Staates« nennt. Nach Abzug der Übertreibung bleibt wahr, daß das Land nicht nur für die Verpflegung von Italien, vorab der beiden großen

Städte Rom und Ravenna, von höchster Bedeutung war – zumal die andere Kornkammer des Reiches, Ägypten, seit der Erhebung von Byzanz zur zweiten Hauptstadt ganz von dieser in Anspruch genommen wurde –, daß es sich auch bis dahin einer sonst selten gewordenen Ruhe und Sicherheit erfreute. Die römische Bildung, lang und tief eingewurzelt in Nordafrika, trieb dort noch eine Spätblüte.

Auch nach dem Sinken der römischen Macht war die Provinz durch ihre Lage vor den Angriffen der Germanen, wenigstens vor dauernder Niederlassung, so gut geschützt, daß nur die Insel Britannien noch längere Zeit – zwanzig Jahre – vor ihnen gewahrt blieb. Fränkische Seeräuber hatten im dritten Jahrhundert vorübergehend an den Küsten geheert: aber seither galt das Land als so sicher, daß aus dem bedrohten Italien und Spanien viele vornehme Familien mit ihrem Vermögen hierher übergesiedelt hatten. Die Versuche der Westgoten Alarich und Walja, von Italien a. 409 und Spanien a. 416 aus das reiche Kornland zu gewinnen, waren gescheitert.

Die natürliche Fruchtbarkeit des Bodens – in Byzacena trug das Korn hundertfünfzigfach – war schon zur Zeit der Carthager durch sehr vollendet betriebenen Anbau erhöht und ausgebeutet worden. Die römische Herrschaft schützte und bereicherte das Land, das einem Garten glich und mit Villen übersät war. Außer Korn wurden Öl und Brennholz für die öffentlichen Bäder aus Afrika in großen Mengen nach Rom eingeführt.

Afrika war in sechs Provinzen gegliedert: die frühere Provinz Mauritania Tingitana im äußersten Westen, durch die Wüste von Mauritanien geschieden, war mit der nahe gegenüberliegenden Provinz Hispania (Bätica) verbunden worden (der kirchlichen Einteilung nach aber gehörte Tingitana zu Mauritania Cäsareensis); die hierauf weiter östlich folgende alte Provinz Mauritania war geteilt worden in die neue Mauritania Caesariensis im Westen mit der Hauptstadt Cäsarea im Norden an der Küste, und Mauritania Sitifensis weiter südöstlich mit der Hauptstadt Sitifis im Binnenlande; daran schloß sich, unverändert, gegen Osten die alte Provinz Numidia; die hierauf wieder weiter nach Osten folgende alte Prokonsularprovinz war gegliedert worden in die Provincia zeugitana (mit Carthago) und südöstlich hiervon Byzacene, während jenseits der kleinen Syrte die Provincia tripolitana den östlichen Abschluß bildete.

Südlich von dem schmalen Küstensaum römischer Eroberung und Gesittung hausten die unabhängigen nomadischen Reitervölker der maurischen, eigentlich berberischen Stämme, in selten unterbrochenen Raubzügen das reiche Land der Provinzialen bedrohend.

Die Provinz Afrika gehörte zu der Präfektur Italia. Unter dem Präfectus Italiae stand der Prokonsul von Afrika, unter dessen Stellvertreter (Vicarius Africae), die beide zu Carthago ihren Amtssitz hatten, die Consulares und Praesides der fünf anderen Provinzen.

Die Militärmacht in Afrika stand unter dem Comes von Afrika zu Carthago, dem die Duces von Mauritanien und Tripolis untergeben waren; außerdem befehligten besondere Führer in den Kastellen, die an der Südgrenze der Provinz den römischen Limes (wie in Germanien) entlang den Gebirgszügen, zumal in den Aurasischen Bergen, deckten und über die hier angesiedelten Grenzerkolonien von Soldaten (Milites limitanei), die das Vorland bebauten und gegen die Mauren verteidigten.

Alsbald nach der Landung der Wandalen hatte sich Bonifatius mit der Kaiserin unter Beweis seiner Unschuld wieder versöhnt. Aber vergeblich bemühte er sich, den furchtbaren Feind, den er in das Land gerufen, auf gütlichem Wege zur Umkehr zu bewegen. Anstatt in Spanien Goten, Sueben und Römer hatte Geiserich in dem viel reicheren Afrika nur die Römer zu bekämpfen, und er richtete nun seine Waffen wider alle Römer. Da strafte sich die List des Mißtrauens, aus welcher die Imperatoren den meisten Städten in Afrika keine Mauern und Wälle gegönnt hatten. Drei gefährliche Empörungen waren seit a. 375 von dieser Provinz ausgegangen. Ohne Widerstand ergossen sich die Wandalen, die in der Tingitana gelandet sein mochten, der Küste entlang über die beiden mauritanischen Landschaften Cäsareensis und Sitifensis mit großen Verheerungen. Es ist bezeichnend, daß die arianischen Ketzer von Anfang über die Gebäude, die Bischöfe, Priester, Mönche und Nonnen der katholischen Kirche mit besonderer Grausamkeit die Schrecken des damaligen Kriegsrechts ergehen lassen.
An der Grenze von Mauritanien, wohl um Numidien zu decken, trat Bonifatius an der Spitze der Römer den Barbaren entgegen, erlitt aber eine solche Niederlage, daß er die ganze Landschaft preisgeben und sich bis an ihre Nordecke in das feste Hippo Regius zurückziehen mußte (a. 430, wohl Ende Mai).
In dieser Stadt war Bischof der hochbetagte und hochgefeierte *Augustinus*. Er hatte die Priester der mauritanischen Kirchen zu standhaftem Ausharren bei ihren bedrohten Gemeinden verpflichtet und handelte nun selbst nach seinen Worten. Er blieb in der Stadt, welcher der Angriff der Wandalen zunächst drohte; im Juni begann bereits die Belagerung, in deren drittem Monat der große Kirchenvater starb (28. August a. 430). Hippo zwar, von Bonifatius selbst verteidigt, blieb für diesmal unbezwungen. Nach einer Einschließung von vierzehn Monaten, in welcher der Stadt auch die Zufuhr von der See her abgeschnitten worden war – also verfügte Geiserich damals schon über eine Flotte in Afrika, dieselbe offenbar, welche die Überschiffung bewirkt hatte –, hoben die Wandalen, selbst von Hunger bedrängt, die Belagerung auf (Juli a. 431). Aber inzwischen hatten sich seit jenem Sieg an der Numidischen Mark andere Tausendschaften der Wandalen über alle übrigen Teile des römischen Afrika ergossen, so zwar, daß bei dem Tode Augustins außer Hippo nur noch Cirta (in Numidien) und Carthago unversehrt waren unter all den sehr zahlreichen Bischofssitzen in Afrika. Diese überraschende Angabe wird bestätigt durch eine anderweitige Mitteilung, wonach während der Belagerung von Hippo auch schon Städte in der Prokonsularprovinz, wie Uricita und in der Byzacena wie Vita, in die Gewalt der Barbaren fielen. Die raschen Reiter der Wandalen durchflogen das flache Küstenland ohne Widerstand, und ihre Schiffe sperrten die Häfen der umschlossenen Städte, bis sich die Tore der Erschrockenen öffneten. Freilich war die Zahl der Eindringlinge viel zu gering, alle diese Punkte bereits auf die Dauer besetzt zu halten. Im Februar a. 430 waren die genannten beiden Provinzen von den Wandalen noch nicht erreicht, wie die von diesem Monat datierten Gesetze Valentinians beweisen.
Als im Jahre 431 Bonifatius Verstärkungen von Rom und unter dem besten Feldherrn von Byzanz, Aspar, auch aus dem Ostreich erhalten hatte, griff er die Germanen nochmals im freien Felde an: aber nach einer Niederlage, in der viele Römer, darunter angeblich der spätere Kaiser Marcian, gefangen wurden, kehrte

Aspar nach Byzanz zurück. Bonifatius wurde abberufen und fiel a. 432 im Kampf gegen seinen alten Feind Aëtius.

Jetzt wurde Hippo, von seinen Einwohnern verlassen, von den Wandalen mit Feuer verwüstet. Im Jahre 434 erschien Aspar, der Konsul dieses Jahres, wieder in Afrika (in Carthago), aber im Jahre darauf schloß er in dem noch halb verbrannten Hippo einen Friedensvertrag mit den Wandalen, der diesen ihre bisherigen *(dauernden)* Eroberungen überließ: die Tingitana ganz, die beiden Mauritanien stückweise, Ostnumidien ganz, Stücke der Prokonsularprovinz (aber nicht die Stadt Carthago), Teile der Byzacena, nicht aber Tripolis. Dafür hatten die Wandalen jährliche Abgaben, wahrscheinlich an Getreide, nach Rom zu liefern. Kriegsdienste wie andere Germanen übernahmen sie nicht. So war der Vertrag in Erwägung des Reichtums der überlassenen Länder nicht ungünstig für Geiserich, der die Gefahr eines vereinten Angriffs beider Kaiserhöfe auf sein kühn mitten in die römische Welt hineingebautes Reich wohl würdigen mochte. Geiserich stellte, vielleicht nur auf kurze Zeit, seinen Sohn Hunerich als Geisel. Das römische Leben in dem kaiserlich verbliebenen Afrika versank, sowie die Waffen ruhten, sofort wieder, zumal in Carthago, in die sprichwörtlich gewordene Üppigkeit. Der Gegensatz zwischen den Barbaren und den Provinzialen äußerte sich aber auch im Frieden in der Verfolgung der Katholiken durch die arianischen Wandalen im Bereich ihrer Macht. Der König sandte vier Römer aus Spanien, die sich weigerten, den Arianismus anzunehmen, aus ihrer angesehenen Stellung an seinem Hofe in Verbannung, ja, als sie standhaft blieben, in den Tod. Bald darauf ergriff Geiserich die gute Gelegenheit der Gefahren, die den jetzt einzigen Schirmer des Reiches, Aëtius, in Gallien beschäftigten, mitten im Frieden Carthago arglistig wegzunehmen. Er verlegte nun (wahrscheinlich aus Hippo) seine Residenz hierher, Carthago, »das afrikanische Rom«, wurde nun die Hauptstadt des Wandalenreiches (Oktober a. 439).

Dieser Schlag geschah mit aller Härte damaligen Kriegsrechtes. Die Theater, der Tempel der Memoria, die Straße der »himmlischen Göttin« wurden zerstört, viele Einwohner wurden getötet, verknechtet, in Flucht und Verbannung getrieben, Geld und andere wertvolle Habe mußte abgeliefert werden, die katholischen Kirchen wurden geplündert, zerstört oder den Arianern überwiesen. Die senatorischen Geschlechter und die Geistlichen, die Träger des nationalen und religiösen Widerstandes, zugleich die reichsten und gefährlichsten Gegner, wurden am härtesten verfolgt.

Die kecke Tat mußte neuen Krieg mit den Römern bedeuten. Jetzt wurde Geiserich der gewaltige *Seekönig*, »der König des Festlandes und der See«, wie er sich selbst mit stolzem Wort benannte, vor welchem alle Küsten und Eilande des Mittelmeeres erbebten. Alsbald rüstete er eine Flotte und griff Sizilien an, die feste Brücke zwischen Afrika und Italien. Er eroberte Lilybäum, den Afrika zugewendeten Kopf dieser Brücke, belagerte Panormus (Palermo), bedrohte Unteritalien. Kaiser Valentinian erließ einen Aufruf, der eine Art Landsturm aller waffenfähigen Italiener schaffen wollte, und verhieß Hilfe von dem oströmischen Kaiser Theodosius II. Diese Hilfe erschien im Jahre 441; eine Flotte von elfhundert Schiffen trug ein Heer von Byzantinern unter zwei Führern, Areobindos und Ansila, nach Sizilien. Aber die Griechen wurden in ihrer tatlosen Unentschlossenheit »mehr eine Last für Sizilien als eine Hilfe für Afrika« und kehrten, da hunnische Scharen die Provinzen des Ostreiches

verheerten, im folgenden Jahre (a. 442) zur Beschirmung der eigenen Heimat zurück.
Nun auf die eigenen Kräfte angewiesen, schloß Valentinian alsbald einen Frieden mit den Wandalen, der, um den gefürchteten Seeraub abzukaufen, in Afrika den Besitzstand der Germanen anerkannte und erweiterte: Carthago, die Prokonsularprovinz, die ganze Byzacena blieb oder verfiel jetzt ihren Händen. Die Römer behielten nur Westnumidien mit Cirta und ihre noch behaupteten Städte in beiden Mauritanien, auch in der Tripolitana wurde wohl der Besitzstand aufrechterhalten. Die Erwerbung Carthagos und deren Anerkennung durch den Frieden von a. 442 erschien den Zeitgenossen und den nächstfolgenden Chronisten so bedeutsam, daß sie erst von da ab die »Regierung« Geiserichs datieren. Freilich betrachtete Rom auch diesen Vertrag nicht als endgültig. Bei allen notgedrungenen Abtretungen von römischem Boden an Barbaren schwebte stets der stillschweigende Vorbehalt vor »bis auf Wiederkehr besserer Zeiten«. So erließen die Kaiser gleich nach diesem Frieden (wie vorher) Gesetze behufs Erleichterung für Schuldner und Bürgen in der gedrängten Provinz, die nur gelten sollten, »bis die ersehnte Wiedergewinnung des Landes glücklich eintrete, bis unter Gottes Hilfe der Rückfall Afrikas gelinge«. Geiserich ließ inzwischen seine Schiffe nicht feiern. Im Jahre 445 plünderten sie, die alten Feinde, die Sueben, heimsuchend, die Küste des spanischen Galläciens.
Vielleicht sind in diese Jahre (a. 446–450) mehrere vereinzelt und ohne Zeitangabe erzählte Ereignisse zusammenzufassen, die ihrer Art nach in innerer Verbindung stehen könnten. Es wird berichtet, daß der Adel der Wandalen gegen den auf Grund solcher Erfolge die Zügel der Königsgewalt über Gewohnheit und Gebühr straff anziehenden Herrscher eine Empörung plante, die aber von Geiserich entdeckt und so blutig gestraft wurde, »daß ihm die Hinrichtungen mehr Männer kosteten als eine verlorene Feldschlacht«; vermutlich hängt hiermit die Hinrichtung der Witwe und der Kinder Guntherichs zusammen, die bei einer Erhebung gegen den Schwager und Oheim als Anstifter oder als Werkzeuge leicht beteiligt sein oder scheinen konnten. Daß der Fluß Ampsaga, in welchem die Witwe ertränkt wurde, damals noch in römischem Gebiet floß, kann kaum dawider sprechen, vielleicht hatte sie zu den Römern flüchten wollen. Und vielleicht steht diese wirkliche oder vorgebliche Verschwörung von Gliedern des Königshauses in Zusammenhang mit der barbarischen Strafe, die der gereizte Herrscher über eine andere Fürstin seines Hauses verhängte. Er hatte seinen Sohn Hunerich mit der Tochter des Westgotenkönigs Theoderich vermählt. Aber nun beschuldigte sie der argwöhnische König, sie wolle ihn vergiften, und mit abgeschnittener Nase schickte er sie ihrem Vater zurück.
Die damals neu erstarkende Macht der Westgoten mit Rom im Bunde hätte wohl vermocht oder doch versuchen können, diese Schmach zu rächen. Aber Geiserich »machte hier sein Meisterstück in der Staatskunst, die Völker aufeinander zu hetzen«: so meinte die Überlieferung einer Zeit, die große Gegensätze der Völker und Reiche auf die Leidenschaften und Künste einzelner zurückzuführen liebt und auf die offenbar die unheimliche, die dämonische Gestalt des gewaltigen Seekönigs in ihrer Mischung von tiefverschlagener Arglist und wildem Heldentum einen mächtigen Eindruck gemacht hatte.
Durch »reiche Geschenke« soll Geiserich, um die Rache des schwergekränkten Vaters von sich abzuwenden, den großen Hunnen-Chan, seinen fürchterlichen

Verbündeten *Attila*, zu dem Angriff auf die Westgoten und Römer vom Jahre 451 bewogen haben. Aber diese großartige, Völker mit fortwälzende Bewegung Attilas gegen das Westreich und Gallien erklärt sich aus großartigeren Gründen der gesamten damaligen Weltlage, nach welcher Westgoten (Sueben) und Römer auf der einen Seite, Hunnen und Wandalen auf der anderen stehen mußten.

Wenn Geiserich den Hunnen Mitwirkung gegen Rom zugesagt, was zweifelhaft ist, so hat er sie jedesfalls nicht ausgeführt, das ist sicher. Und als nun die Gottesgeißel auf den Feldern von Chalons zerbrochen und Rom dieses Feindes erledigt war, da ergriff der kluge Wandale Maßregeln, die aus dem Bestreben, sich jetzt gerade gut zu stellen mit dem westlichen Kaiserreich, sich wenigstens am besten erklären: er unterbrach damals die Katholikenverfolgung. Als aber im Jahre darauf Rom durch Ermordung des Kaisers Valentinian (10. März a. 450) und Erhebung des Maximus verwirrt und uneins war, sollte die Ewige Stadt abermals, wie unter dem Goten Alarich, germanische Eroberer in ihren Mauern sehen. Nach einer nicht ausreichend verbürgten Überlieferung hätte Eudoxia, des Ermordeten Witwe, die Maximus zur Ehe gezwungen, selbst den furchtbaren Seekönig zur Rache herbeigerufen. Vielleicht ist so viel richtig, daß Geiserich, um in Rom die Parteiungen zu mehren und den Widerstand zu schwächen, als Rächer Valentinians, mit welchem er nicht nur jenes Friedensbündnis geschlossen, sondern sogar im Jahre 440 Verhandlungen über eine Heiratsverbindung zwischen beiden Geschlechtern gepflogen hatte, als Befreier seiner Witwe auftrat. Seine starke Flotte landete in dem damaligen Hafen der Stadt, Portus. Rom war durch Parteihader zerrissen, von Schrecken gelähmt. Maximus wurde in einem Straßenauflauf erschlagen; nicht einmal einen Versuch des Widerstandes leisteten die Römer, die doch den Goten wiederholt lange Zeit hinter den festen Mauern Aurelians getrotzt. Vielleicht gingen germanische Söldner zu den Volksgenossen über, wenigstens soll ein Burgunder den Eindringenden als Wegweiser gedient haben. Anfang Juni hielt Geiserich durch die Porta portuensis seinen Einzug.

Indessen, Geiserich wollte und konnte Rom weder halten noch zerstören. Er wollte es nicht, denn noch gefährlicher, noch schwieriger als die Behauptung Afrikas wäre die Aufgabe, Rom zu behaupten gewesen. Byzanz, Italien und das ganze römische, von Geiserich nicht beherrschte Abendland würden diese herausfordernde Stellung immer wieder und wieder angegriffen haben. Noch war Italien nicht durch die Zwischenherrschaft germanischer Söldner vorbereitet, den Boden für ein germanisches Reich zu bilden, und Geiserich war kein Theoderich. Ihn reizte nicht die Friedensaufgabe der Beschirmung römischer Bildung, er war unfähig der edlen Bestrebungen, freilich auch ledig der argen Selbsttäuschungen des großen Gotenkönigs.

Aber Rom zerstören – ein lächerlicher Einfall, ein unmögliches Beginnen, so muß jeder sagen, der Rom gesehen. Vierzehn Jahrhunderte haben nach Geiserich nicht vermocht, Rom zu zerstören. Die Wandalen aber weilten nur vierzehn Tage in der Stadt.

Ausdrücklich wird bemerkt, daß die Wandalen nur einzelne Häuser durch Brand schädigten. Die Stadt blieb mit solchen verschwindenden Ausnahmen von Feuer verschont. Geplündert wurde allerdings, zumal aus dem Kapitol wurden die von früheren Beraubungen noch übriggelassenen Schätze entführt, darunter der Sage nach die heiligen Geräte, die Titus aus dem Tempel zu Jerusalem hierher

geschleppt und die nach abergläubischer Meinung jedem Bewahrungsort Verderben bringen sollten, bis sie wieder in ihre ursprüngliche Stätte zurückkehrten; auch die Hälfte des stark vergoldeten Daches, das Domitian auf den kapitolinischen Tempel gelegt, wurde abgetragen; wertvolle Bildsäulen, auch Gold- und Silbergeräte aus den katholischen Kirchen mitzuführen besannen sich die arianischen Sieger freilich nicht, auch mehrere Tausende von Gefangenen, die Schönheit oder Kunst- oder Handgeschicklichkeit begehrenswert machte – letzteres weist doch besonders auf Sklaven hin –, auch die Kaiserin *Eudoxia* mit ihren beiden Töchtern, der Sohn des Aëtius und eine Anzahl von Senatoren teilten dieses Geschick. All dieser Beuteraub wurde glücklich in Afrika gelandet, ausgenommen ein Schiff voller Bildsäulen, das im Sturm versank.
Während nun die wandalischen Trieren langsam ihren Rückweg entlang den unverteidigten Küsten Italiens nahmen, die Uferstädte Campaniens und Neapel plündernd, Capua und Nola zerstörend, hatten die entarteten Römer die Schmach bereits wieder verschmerzt. Mit ausgelassener Lust gaben sie sich wenige Tage nach der Entfernung der Feinde, am Feste der Apostelfürsten, 29. Juni, den Zirkusspielen hin – wohl auch ein Beweis, daß die Stadt nicht allzu schwer gelitten und Papst *Leo* (I., a. 440–461), predigte acht Tage später voll Eifers wider ihren Aberglauben, der die Errettung aus der Hand der Barbaren, statt auf die Gnade des Christengottes, auf die in der Not heimlich wieder angerufenen alten Heidengötter und den Gang der Sterne zurückführte.
Nach Carthago zurückgekehrt, benutzte Geiserich ungesäumt die Meisterlosigkeit des weströmischen Reiches, die bis dahin noch von römischen Besatzungen behaupteten Städte und Gebiete zu erobern und »ganz Afrika«, das heißt die ganze ehemalige römische Provinz dieses Namens, zu unterwerfen; er trat dadurch an allen Grenzen seines Reiches in unmittelbare Nachbarschaft und, wie es scheint, anfangs in Freundschaft mit den eingeborenen »maurischen« Stämmen. Wenigstens verstärkte er sein Heer durch zahlreiche maurische Söldner; schon an dem Zuge gegen Rom hatten sich viele Mauren beteiligt, mit denen dann nach der Heimkehr zu Carthago die Gefangenen und die Beute geteilt wurden. Und bei der Eroberung der letzten römischen Besitzungen in Afrika werden diese den Römern widerwillig unterworfenen oder offen feindlichen Barbaren die wandalischen Angreifer vermutlich unterstützt haben.
Die Höfe von Byzanz und Ravenna bemühten sich zunächst, die Freilassung der kaiserlichen Frauen zu erwirken, die zu Carthago in Haft gehalten wurden. Zuerst forderte Kaiser *Marcian* (a. 450–457) durch zwei Gesandtschaften – die letzte vertrat ein Bischof Bleda, von dessen arianischem Bekenntnis man sich großen Einfluß auf Geiserich versprechen mochte – die Freilassung der Kaiserin *Eudoxia* und ihrer Tochter *Placidia*. Die zweite, *Eudokia*, hatte Geiserich mit seinem Sohn Hunerich vermählt. Auf die Ablehnung hin griff Marcian nicht zu den Waffen; die Untätigkeit des sonst tüchtigen Kriegers gegen die Wandalen gab Anlaß zu der erklärenden Sage, Marcian sei während seiner Gefangenschaft in Afrika von Geiserich als künftiger Kaiser geweissagt und deshalb unter der Bedingung freigegeben worden, nie wieder gegen die Wandalen aufzutreten.
Als hierauf der Kaiser des Abendlandes *Avitus* (a. 453–457) Geiserich an den mit dem Westreich geschlossenen Vertrag von a. 442 erinnerte und für den Fall der Ablehnung seiner Forderungen – Freigebung der Gefangenen und Schonung des römischen Gebiets – einen Angriff mit allen Kräften des Reiches drohte,

kam Geiserich trotzig zuvor, führte seine Flotte aus dem Hafen von Carthago und heerte auf Sizilien und an den Küsten Italiens.
Nun zog freilich der tatsächliche Herr des Abendlandes, der Kaisermacher *Rikimer*, ein Suebe und von der Mutterseite her Enkel des Westgotenkönigs Walja, ein gewaltiger Held, selbst gegen die kühnen Seeräuber, schlug sie auf dem Festland von Sizilien bei Agrigent und auf der Höhe von Korsika ihre sechzig Segel starke Flotte (a. 456); diese Erfolge wurden dem Westgotenkönig Theoderich, der natürlich auf seiten der Gegner Geiserichs stand, durch besondere Gesandte gemeldet. Schon im Oktober des gleichen Jahres setzte Rikimer Avitus ab und erhob *Majorian* zum Kaiser (April a. 457–461); Geiserich versuchte zuerst, die Westgoten von dem römischen Bündnis auf seine Seite zu ziehen; als aber dies Verhältnis nach kurzer Dauer wieder umschlug und Verhandlungen mit dem Kaiser in Spanien, nicht ohne vorübergehenden Erfolg, scheiterten, rüstete der Wandale mit wilder, rascher Kraft die Gegenwehr.
Um der gefürchteten Flotte der Feinde möglichst geringe Gelegenheit zum Eingreifen zu bieten, hatte Majorian beschlossen, von Spanien, von der Reede von Carthagena bei Alicante, die schmale Meerenge zu überschreiten und mit den in Westafrika gelandeten Truppen gegen Osten hin den Stoß auf Carthago zu führen.
Aber Geiserich hatte diesen Plan durchschaut. Ohne Besinnen ließ er die eigenen Landschaften (Mauritanien) durch Verheerung, zumal durch Verschüttung der Brunnen, in eine unwegsame Wüste verwandeln, und da es dem Listig-Raschen glückte, die bei Carthagena ankernden römischen Trieren zu überfallen und zum großen Teil davonzuführen, war Majorian genötigt, Frieden zu schließen (a. 460). Im August des folgenden Jahres wurde Majorian von Rikimer entthront, ermordet und durch Severus (a. 461–465) ersetzt.
Marcians Nachfolger in Byzanz, *Leo I.*, erreichte endlich durch wiederholte Gesandtschaften im Jahre 462 die Freigebung der Eudoxia und ihrer Tochter Placidia, gegen schweres Lösegeld und gegen Abtretung eines Teiles des Nachlasses Valentinians III. für dessen mit Hunerich vermählte Tochter Eudokia. Auch von dem weströmischen Kaiser forderte Geiserich, der »habgierige König«, den im Abendland verbliebenen Nachlaß jenes Kaisers und überdies das Erbe des Aëtius, offenbar für dessen zu Carthago gefangengehaltenen Sohn *Gaudentius*. Die Ablehnung dieser Forderungen gab den Vorwand, den Frieden von a. 460 zu brechen und abermals jedes Frühjahr, sobald die See wieder befahrbar, an allen Küsten Italiens und Siziliens zu heeren. Wichtiger war, daß der schlaue, in jeder Ränkekunst gewandte Geiserich dem gefährlichsten Feind, Rikimer, gegenüber in die Parteiungen des Westreiches unmittelbar einzugreifen verstand. Jene Verschwägerung mit dem Hause Valentinians hatte er tiefplanend herbeigeführt, und nach allen Seiten wußte er sie zu verwerten. Er weigerte dem neuen Geschöpf Rikimers auf dem Kaiserthron, *Severus*, die Anerkennung und forderte die Krone für den römischen Senator *Olybrius*, mit welchem Placidia, die andere Tochter Eudoxias, vermählt war. Sofort trat Rikimers starker Feind, der Statthalter (Comes) Galliens, *Ägidius*, der Rächer Majorians, mit dem Wandalenkönig in Verbindung wider den Erheber und Verderber so vieler Kaiser. Byzanz hatte nur Gesandte, keine Krieger nach Carthago zu schicken.
Eine a. 466 von Rikimer gegen Afrika ausgerüstete Unternehmung kam nicht zur Ausführung. Sturm und Wetter hielten die Schiffe bei Sizilien zurück. Als

nach dem Tode des Severus (a. 465) Kaiser Leo im Einvernehmen mit Rikimer seinen Feldherrn *Anthemius* auf den weströmischen Thron erhob und durch Gesandte dessen Anerkennung und Schonung für Italien von Geiserich verlangte, versagte dieser beides und ließ seine Raubschiffe außer Italien und Sizilien auch die Küsten des oströmischen Reiches heimsuchen: Griechenland, Epirus, den Peloponnes, Illyrien. Wilde Grausamkeit begleitete diese Heerungen; aus Zorn über einen abgeschlagenen Angriff auf das Vorgebirge Tänarum liefen die Wandalen die Insel Zante (Zakynthos) an, mordeten, was ihnen in den Weg kam, schleppten fünfhundert der Angesehensten als Knechte mit sich fort, töteten aber dann auch diese und warfen ihre zerstückten Glieder weithin ausstreuend in die See; selbst Alexandria galt als bedroht und die Insel Sardinien wurde nicht nur geplündert, sondern erobert und behauptet. Dabei traf die grausamste Behandlung, wie im wandalischen Reiche selbst überall, bei diesen Landungen die katholischen Kirchen und Geistlichen.
Endlich beschlossen auf Betreiben des Kaisers Leo beide römische Reiche eine gemeinsame, großartige Unternehmung gegen den fürchterlichen Meerkönig; man hoffte, ihn und sein Seeräuberreich zu vernichten; Byzanz bemannte über tausend Schiffe mit einem Landungsheer von hunderttausend erlesenen Kriegern. Dreizehnhundert Zentner Goldes betrugen die Kosten der Rüstung, keine gleich großartige Unternehmung hat das Ostreich später mehr ins Werk gesetzt. *Basiliskus*, Kaiser Leos Schwager, sollte als Oberfeldherr bei Carthago landen und diese Hauptstadt erobern, ein zweiter Feldherr, *Heraklius*, bei Tripolis ausschiffen und von Osten her auf Carthago ziehen, *Marcellinus* endlich von Dalmatien aus mit den weströmischen Truppen Sardinien zurückerobern. Die Gefahr war groß, und der mehrseitige Angriff schien gelingen zu sollen. Marcellin gewann Sardinien, Heraklius die Städte von Tripolis und zog auf dem Landwege gegen Carthago, Basiliskus war von Sizilien aus (wie später Belisar) bei Mercurius, zweihundertundachzig Stadien östlich von Carthago, gelandet und hatte bereits glückliche Gefechte geliefert. Da erbat Geiserich eine Waffenruhe von fünf Tagen, welche die Anführer törichterweise – man flüsterte auch von Verrat arianisch gesinnter Byzantiner und von Bestechung – gewährten. Der Seekönig wartete aber nur auf das Eintreten günstigen (West-)Windes, rüstete Brander, bemannte seine Schnellsegler und griff (wohl in der Nacht), während die erwartete Brise sich erhob und die Brander unter die schwerfälligen, dicht gedrängten Trieren der Byzantiner trieb, mit allen seinen Kriegsschiffen an. Eine furchtbare Katastrophe traf die stolze Armada; sie ging, trotz heldenhaften Widerstandes einzelner Schiffsführer, in Flammen und Blut unter. Umsonst bot *Genzo*, des Königs Sohn, Schonung dem tapferen Legaten *Johannes*, der zuerst sein Schiff vom Vordeck aus auf das grimmigste wider die Enterer verteidigt, sich zuletzt in der schweren Rüstung vom Mastkorbe aus in die Wellen gestürzt hatte und mit dem Ruf untersank, niemals ergebe er sich Hunden.
Basiliskus entfloh mit den Trümmern der Flotte nach Byzanz und wurde nur durch das Zufluchtsrecht der Sophienkirche und den Einfluß der Kaiserin der Strafe entzogen. Heraklius mußte sich nun ebenfalls einschiffen, und da Marcellin von seinen Mitfeldherrn auf Sardinien ermordet worden war (August a. 468), gewannen die Wandalen auch dieses Eiland wieder.
Die außerordentliche Anstrengung der Römer war mit dem Verlust des halben Heeres gescheitert, und Geiserichs Rache traf nun erst vollends ungehindert die

Inseln und Küsten beider Reiche. Er schloß a. 470 ein Bündnis mit dem Westgotenkönig Eurich (vielleicht auch damals mit den Ostgoten) zu gemeinsamen Angriffen gegen Rom und Byzanz. Die Wandalen landeten in Epirus und eroberten Nikopolis im Jahre 475.
Kaiser *Zeno*, Leos Nachfolger, suchte den Frieden, und sein Gesandter, der Patricius *Severus*, vermochte in der Tat durch seine ausgezeichnete Persönlichkeit, aber wohl noch mehr, weil der alt gewordene Meerkönig allmählich selbst nach Ruhe verlangte und sein Reich durch Verträge gesichert seinem Sohn vererben wollte, den Abschluß des sogenannten »ewigen Friedens« herbeizuführen. Hiernach sollten fortan zwischen den Kaisern zu Byzanz und den Wandalenkönigen alle Feindseligkeiten für immerdar ruhen. Darin lag also eine nochmalige Anerkennung des wandalischen Besitzstandes durch den Kaiser, und mit Grund beriefen sich die Nachfolger Geiserichs auf diesen Frieden, als spätere Kaiser den rechtmäßigen Bestand des Wandalenreiches bestritten. Gegenüber solcher Anerkennung verpflichtete sich Geiserich, den Katholiken in Carthago die geschlossenen Kirchen wieder zu öffnen und die verbannten Geistlichen zurückkehren zu lassen.
Im gleichen Jahr sicherte der König sein Reich auch gegenüber der westlichen Kaisergewalt durch Frieden und Bündnis mit *Romulus Augustulus*, dem letzten abendländischen Kaiser, oder vielmehr mit dessen Vater und Minister, dem Patricius *Orestes*. Und als bald hierauf der Führer germanischer Söldner, *Odovakar*, dem weströmischen Kaisertum ein Ende und sich zum Herrn Italiens machte, schloß Geiserich mit ihm einen Vertrag, in dem er jenem den größten Teil von Sizilien abtrat. Eine jährlich den Wandalen hierfür zu entrichtende Abgabe hatte wohl die Bedeutung eines Loskaufs von den früheren Plünderungen; nur einen Teil der Insel, wahrscheinlich die Afrika zugekehrte Westspitze, behielt sich Geiserich vor (a. 476). Im Anfang des nächsten Jahres (25. Januar a. 477) starb der greise König des Meeres, nachdem er ein halbes Jahrhundert die Krone getragen, siebenunddreißig Jahre, drei Monate und sechs Tage, nachdem er Carthago gewonnen. Welch gewaltigen Eindruck er bei den Zeitgenossen hinterlassen – und nur seine Feinde haben seine Geschichte geschrieben –, erhellt daraus, daß er bis zum Untergang des von ihm verwegen mitten in die römische Welt hineingebauten Reiches als Begründer aller wandalischen Verhältnisse galt. Auf die von ihm mit Byzanz geschlossenen Verträge beruft man sich gegen Justinian; Geiserichs Heldenruhm durch Tapferkeit zu wahren, ermahnt der letzte Wandalenkönig sein Volk, und der Geschichtsschreiber des Untergangs der Wandalen preist an Belisar vor allem, daß er den Enkel Geiserichs bezwungen, »des neben Theoderich dem Goten unstreitig größten Königs der Barbaren«. Wenn ihn leidenschaftliche Gegner beschuldigen, mit seinem ganzen Volk in Üppigkeit versunken zu sein, so bezeugt eine andere Quelle im Gegenteil, daß er die Schwelgerei verschmähte. Und er selbst hat gegen die Ausschweifungen der Römer Maßregeln ergriffen. Er verstand, Hochsinn zu würdigen und zu erwidern. Als der edle Severus statt des üblichen Gastgeschenkes Befreiung seiner gefangenen Landsleute sich erbat, entließ Geiserich ohne Lösegeld alle Gefangenen aus seinem und seines Geschlechts Eigentum. Noch sterbend empfahl er seine Freunde seinem Sohn und Nachfolger *Hunerich*.
Dieser, sein ältester Sohn, a. 477–484, hatte nur die Grausamkeit, nicht die Größe des Vaters geerbt. Gleich nach der Thronbesteigung geriet er in Streit

mit Byzanz wegen des Erbes seiner Gemahlin Eudokia, die schon im Jahre 472 aus Carthago und der aufgezwungenen Ehe entflohen und bald darauf zu Jerusalem in frommen Übungen der Andacht gestorben war. In diesem Streit wurden – das Gegenteil der Tage Geiserichs – die Schiffe Carthagischer Kaufleute von den Byzantinern geplündert. Jedoch in den Verhandlungen mit dem Gesandten des Kaisers Zeno, einem Hausmeister der Placidia, der Schwester der Eudokia, zeigte Hunerich die größte Nachgiebigkeit; er verzichtete auf alle Ansprüche auf das Erbe Eudokias und alle älteren Forderungen Geiserichs, sogar auf Ersatz für seine ausgeraubten Untertanen, und beteuerte durch Gesandte zu Byzanz, daß er alles das aus Freundschaft für die Römer und aus Dankbarkeit für die ehrenvolle Behandlung Placidias am kaiserlichen Hof bewillige. Aber zu Byzanz erkannte man als Grund solcher Nachgiebigkeit das Gefühl der Schwäche. Die Kraft der Wandalen sank rasch, seitdem sie die üppige Lebensweise der afrikanischen Provinzialen, der berüchtigsten Schwelger des römischen Reiches, angenommen hatten; darauf führt der wohlunterrichtete Augenzeuge ihres Unterganges, Prokop, das Verderben des Volkes zurück.

Dieses Sinken der wandalischen Kriegskraft zeigt sich alsbald nach dem Tod Geiserichs in dem Umschlag der Waffenerfolge gegenüber den Mauren. Diese, von Anfang durch die vordringenden Germanen überall in die Wüste gescheucht und, soweit sie nicht entwichen, zur Unterwerfung gebracht, suchten nun, ihrerseits angreifend, in unablässigen Überfällen die wandalischen Gebiete heim. Und nachdem diese Grenzkriege lange mit wechselnden Erfolgen und Niederlagen geführt worden, gelangten sie unter Hunerich zu vorläufigem Abschluß dadurch, daß seine nächsten Nachbarn, die Mauren auf dem Berge *Aurasius* (heute Aureß), sich von den Wandalen völlig unabhängig machten und in dieser Freiheit von Hunerich anerkannt werden mußten. Zur Zeit der Katholikenverfolgung (a. 483–484) sind Wandalen und Mauren befreundet.

Schon unter Hunerich beginnen die blutigen Bruderkämpfe im Königshaus der Asdingen, die später den Vorwand zur Einmischung Justinians boten. Geiserich hatten den Mangel einer Thronfolgeordnung in den Königsgeschlechtern der Germanen als traurige Ursache zahlreicher Kronkriege wohl erkannt; er lernte bei den Mauren das »Seniorat« kennen, fand es zweckmäßig, weil es Waffenunfähige (und folgeweise Zubevormundende) so lange als möglich vom Thron ausschloß, und führte es als Erbfolgegrundsatz in seinem Hause ein. Aber die blutigen Vorgänge, die er dadurch fernhalten wollte, traten doch in anderer Richtung ein. Hunerich wollte seinem und der Eudokia Sohn, *Hilderich*, die Krone zuwenden. Da er nun keineswegs der älteste Abkömmling Geiserichs war, dessen Anordnung offen zu brechen man nicht wagte, räumte er die Glieder seines Hauses hinweg, die Hilderich den Weg zum Thron versperrten: das waren sein Bruder *Theoderich* und dessen sowie des verstorbenen Bruders *Genzo* Gesippen. Theoderichs kraftvolle und deshalb gefürchtete Gemahlin wurde nach falscher Anklage hingerichtet, desgleichen ihr hochgebildeter ältester Sohn. Theoderich und den ältesten Sohn Genzos, *Godegis*, traf Verbannung, der jüngere Sohn Theoderichs (und zwei Töchter) sollten wohl durch Ehrenstrafen vom Thron ausgeschlossen werden: auf Eseln ließ sie der König schimpflich durch die Straßen der Hauptstadt führen. Die alten Freunde Geiserichs und Gesellen seines Reichsbauwerks wurden, nur weil sie treu zu den verfolgten Zweigen des Königshauses standen, auf das grimmigste mitverfolgt, der

Patriarch *Jocundus*, das Haupt der arianischen Kirche in Afrika, wurde mitten in Carthago verbrannt, desgleichen die Gattin des höchsten weltlichen Würdenträgers unter Geiserich, des Kanzlers *Heldiko*, dieser selbst wurde enthauptet, sein Bruder *Kamut*, dem das Zufluchtsrecht einer Kirche das Leben gerettet, verknechtet.

Wurde so gegen Arianer und Wandalen gewütet, so begreift man, daß die Verfolgung der Römer und Katholiken nach anfänglicher Schonung (den Katholiken Carthagos war das Recht der Bischofswahl wiedergegeben worden) heftiger als je zuvor erneuert wurde. Nachdem anfangs nur die Habgier des Königs reiche Katholiken durch übermäßige Besteuerung, grundlose Anklagen und Vermögensansprüche heimsuchte, wurden bald, wie die Manichäer, auch die Katholiken wieder von grundsätzlicher Glaubensverfolgung getroffen. Sie wurden für unfähig erklärt, Hof- oder Staatsämter zu bekleiden, die Hofbeamten, die den Übertritt zum Arianismus verweigerten, unter Vermögensentziehung nach Sizilien oder Sardinien verbannt, Nachlaß und Vermögen verstorbener oder vertriebener Bischöfe eingezogen (doch gab man dies Verfahren aus Besorgnis der Wiedervergeltung im byzantinischen Reich wieder auf, ebenso die Erhebung von fünfhundert Goldsolidi für jede Neuwahl), schließlich wurden im Jahre 483 fast viertausend Bischöfe, Priester und Laien zu den Mauren in die Wüste verbannt. Endlich aber schien der König durch ein unter dem Druck seiner Gewalt zu Carthago mit den arianischen Bischöfen abzuhaltendes Glaubensgespräch dem gesamten katholischen Episkopat die Wahl zwischen Übertritt oder Vernichtung stellen zu wollen. Das Ergebnis war jedoch nur eine Reihe neuer Bedrückungen gegen die Katholiken, zugleich forderte der König, seine anderen Zwecke verfolgend, von den katholischen Bischöfen den Eid, seinen Sohn Hilderich als König anzuerkennen und keine briefliche Verbindung mit »überseeischen Ländern« – also mit Rom und Byzanz – zu unterhalten.

Hunerich starb am 11. Dezember a. 484 an einer Krankheit, welche kirchliche Schriftsteller (Prokop sagt davon nichts) der des Antiochus Epiphanes oder des großen Ketzers Arius vergleichen und als Strafe Gottes für die Katholikenverfolgung auffassen.

Ihm folgte, dem »Testament« Geiserichs gemäß, sein Neffe *Gunthamund*, der Sohn des vorverstorbenen Genzo, a. 484–496. Er gewährte, im Gegensatz zu seinem Vorgänger, den Katholiken größere Freiheit, ließ den verbannten Bischof von Carthago, *Eugenius*, heimkehren und gab ihnen eine der ersten Kirchen der Hauptstadt zurück (a. 487), ja später (Verfügung vom 10. August a. 494) verstattete er allen verbannten Bischöfen die Heimkehr und gab den Katholiken alle von Hunerich entrissenen Kirchen im ganzen Reich zurück. Dem Vordringen der Mauren vermochte aber der König nicht zu wehren. Das Ergebnis mehrerer Feldzüge war nach wechselndem Glück der Schlachten, daß diese alten Herren des Landes sich nicht nur an der ganzen Südmark des Wandalenreiches wieder in unabhängigen Niederlassungen behaupteten, sondern von da tief in die von den Germanen besiedelten Provinzen eindrangen, zum Beispiel in Byzacena, und, daraus vertrieben, immer bald wiederkehrten. So im Inneren bedrängt, suchte Gunthamund die Stütze des weit überlegenen Ostgotenreichs in Italien; er verzichtete in einem im Jahr 491 mit dem großen *Theoderich* geschlossenen Vertrag auf die sizilische Schatzung, die Odovakar entrichtet hatte, und versprach, das Eiland auch ohne diese Loskaufsumme mit den früheren Heerungen zu verschonen.

Als er (am 21. November a. 496) gestorben war, bestieg, nach dem Senioratsprinzip, sein Bruder *Thrasamund* den Thron (a. 496–523). Dieser Fürst, dessen Schönheit, Geist und Bildung gepriesen werden, hob noch einmal das Reich Geiserichs zu einigem Glanz durch enge Verbindung mit dem schimmervollen italischen Gotenstaat unter *Theoderich* dem Großen – offenbar die einzige Staatskunst, die das allseitig vereinzelte Wandalenvolk etwa hätte halten können und die sein Nachfolger zum Verderben des Reichs in das Gegenteil verkehrte. Nachdem Thrasamund in unbeerbter Ehe seine erste Gattin verloren, vermählte er sich mit Theoderichs eben verwitweter Schwester *Amalafrida*. Der Gotenkönig war ganz planmäßig bestrebt, durch solche Verschwägerungen mit germanischen Fürsten Bündnisse zu knüpfen. Die um ihre Weisheit gefeierte Amalungentochter brachte einen für das Wandalenreich höchst wertvollen Brautschatz zu: den dem westlichen Afrika zugewandten Teil von Sizilien mit dem wichtigen Lilybäum (heute Marsala), den also Gunthamund, wie es scheint, an Theoderich abgetreten hatte. Eine Tausendschaft erlesener Goten, der fünftausend Gewaffnete folgten, geleitete die Braut, und wenigstens ein Teil derselben blieb im Wandalenreich. Alsbald wandte Theoderich eine von dem Westgotenkönig *Alarich II.* her den Wandalen drohende Gefahr ab, wie er sich gelegentlich einer Spannung rühmt, die bald darauf das gute Einvernehmen zwischen Ravenna und Carthago vorübergehend trübte. Thrasamund hatte nämlich *Gesalich*, einen Bastard Alarichs und Feind Theoderichs, der den echten Sohn Alarichs (mit Theoderichs Tochter *Theodegotho*), *Amalarich*, vom Thron hatte ausschließen wollen, als er von Theoderichs Feldherrn aus Spanien vertrieben war, an seinem Hofe aufgenommen und unterstützt (a. 510). Dafür machte ihm Theoderich in einem uns erhaltenen Schreiben Cassiodors sehr ernste Vorhalte; eifrig suchte Thrasamund durch Gesandte und reiche Geschenke den Zürnenden zu versöhnen; der Gotenkönig antwortet beschwichtigt: »Wenn ein König sich entschuldigt, ist jede Beschwerde behoben«, doch die Geschenke lehnt er ab: »Um Recht, nicht um Gold sei ihm zu tun gewesen, der Ruhm aber der hochsinnigen Handlungsweise beider Könige solle die Welt erfüllen.«

Auch mit Kaiser *Anastasius* zu Byzanz hielt Thrasamund gutes Einvernehmen. Aber gegen die Mauren focht auch er unglücklich. Kurz vor seinem Tod erlitten die Wandalen eine schwerere Niederlage als je zuvor durch diese Feinde. Der Maurenfürst *Kabaon* in der Tripolitana benutzte den Abscheu der Pferde vor den Kamelen – Anblick und Geruch derselben vermochten wenigstens *ohne Gewöhnung* die Rosse der Wandalen nicht zu ertragen – zu einer verderblichen Kriegslist: Er stellte seine zahlreichen Kamele verdeckt auf, und als der Stoß der nur zu Pferde fechtenden Wandalen seine Knäuel traf, entblößte er plötzlich jene lebende Schutzwehr: die Rosse der Angreifer scheuten, bäumten, stiegen, überschlugen sich, und auf der Flucht erlitten die Wandalen durch die verfolgenden Mauren blutige Verluste.

Auf Thrasamund (gestorben am 26. Mai a. 523) folgte nun endlich jener *Hilderich* (a. 523 bis August 530), Hunerichs und Eudokias Sohn, den der Vater zum unmittelbaren Nachfolger gewünscht hatte. Die Abstammung von der Katholikin und die schwache Natur des Thronfolgers ließen Thrasamund besorgen, jener werde allzu nachgiebig gegen die Katholiken regieren. Er ließ sich daher noch auf dem Sterbebett versprechen, daß Hilderich während seiner Regierung nicht den Katholiken ihre Kirchen und Rechte wieder einräumen werde.

Denn gebildet und geistvoll, wie Thrasamund gewesen, hatte er doch die Verfolgung des Katholizismus durchaus nicht aufgegeben, was immerhin dafür spricht, daß dies Bekenntnis bei der Hinneigung zu Byzanz eine staatliche Gefahr für das Reich der arianischen Wandalen enthielt – wie für die arianischen Goten in Italien –, doch vermied der feinere Sinn des Königs gern die rohe grausame Gewalt. Er begünstigte nur die zum Arianismus Übertretenden mit Ehren und Gaben, verachtete oder überging hartnäckige Katholiken und benützte seine theologische Bildung zu verfänglichen Fragen an die Rechtgläubigen, um dann ihre Verlegenheit zu verspotten und zu erklären, daß nur sein Bekenntnis die Widersprüche löse. Den gelehrtesten Bibelkenner der Katholiken, Bischof *Fulgentins von Ruspe*, ließ er aus der Verbannung zu einem Glaubensgespräch zurückrufen und verlangte schriftliche Beantwortung der ihm vom König vorgelegten Fragen. Doch enthielt er sich auch der Strenge nicht ganz; er verbannte wieder den gefährlichen Bischof Eugenius von Carthago, verbot, an Stelle der versterbenden Bischöfe neue zu wählen, und als die Bischöfe von Byzacena im Jahre 508 gegen dies Verbot neue Bischöfe wählten, strafte er in lebhaftem Zorn hundertundzwanzig Bischöfe mit Verbannung nach Sardinien.
Hilderich leistete das verlangte Versprechen – um es sofort mit echt theologischer »Distinktion« zu umgehen. Noch *bevor* er nämlich die Regierung durch die Thronbesteigung angetreten, berief er die verbannten Bischöfe zurück und verstattete Neuwahlen für die erledigten Sitze; so hatte er es freilich nicht »*während* seiner Regierung« getan.
Nun war es nicht mehr ihr König, der die Wandalen in den Kampf führte. Diese stolzeste Pflicht gemanischen Königtums hatte der Schützling der Byzantiner ein für allemal einem andern übertragen, seinem Vetter *Hoamer*, einem tüchtigen Kriegsmann, den man, das heißt die Schmeichelei der römischen »Dichter«, am Hof den »Achilleus der Wandalen« nannte, was ihn vor einer empfindlichen Niederlage durch die Mauren nicht schützte. Hilderich, »der von Krieg nicht einmal reden hören konnte« – ein wundersamer Enkel Geiserichs, kennzeichnet die Entartung, die das Volk der Wandalen verweichlicht hatte; die Versemacher am Hofe zu Carthago, die ihrerseits den Verfall der lateinischen Sprache und Dichtkunst durch ihre (in der »Anthologie« gesammelten) Geschmacklosigkeiten bekunden, preisen freilich seine »ungeheuren Taten« –, aber die außerhalb seiner Macht lebenden Schriftsteller nennen seine Schwäche beim rechten Namen.
Jedoch mehr als Schwäche – blindeste Torheit war es, daß der reichsverderberische Fürst mit allen Überlieferungen Geiserichs und Thrasamunds brach und, in vollem Gegensatz zu beiden, die Freundschaft mit den Ostgoten in bitterste Feindschaft verkehrte. Der große Theoderich und Thrasamund hatten erkannt, daß unter allen Germanenvölkern die ohnehin stammverwandten Wandalen, Ostgoten und Westgoten, zugleich die Nächstbenachbarten, gegen Byzanz und gegen die Franken notwendige Verbündete waren. Zumal aber der allzu waghalsig, von jeder Verbindung mit anderen Germanen getrennt, in einem fremden Erdteil, mitten in einer eigenartigen römisch-afrikanischen Welt errichtete Staat der Wandalen war auf die Hilfe der Vettern in Italien und Spanien dringend angewiesen. Sizilien bildete die natürliche Brücke für beide Reiche. Schwerlich wäre *Belisars* mit höchst geringen Mitteln ausgerüstetes Unternehmen wider die Wandalen gelungen, ja es wäre vielleicht unversucht geblieben, hätte Byzanz

neben den wandalischen Schiffen die Flotte der mächtigen Ostgoten auf der See, nach der Landung deren starke Tausendschaften neben den Fahnen Geiserichs als Feinde zu treffen besorgen müssen. Anstatt dessen wurde gerade das gotische Sizilien die Angriffsgrundlage für Belisar, anstatt dessen unterstützten gerade die Goten von Sizilien aus die Byzantiner mit allem, was sie für Schiffe und Reiterei besonders brauchten und – folgenschwerer noch – mit den wichtigsten Auskundschaftungen über die Stellung der gefürchteten wandalischen Flotte.

Unter Hilderich nun und schwerlich ohne sein Verschulden kam es zu dem verderblichen Bruch zwischen Ostgoten und Wandalen. Amalafrida, Thrasamunds Witwe, wurde gefährlicher Umtriebe gegen König und Reich beschuldigt; was diese bezweckt haben sollen, wird nicht angedeutet: an Eroberung Afrikas durch die Goten ist nicht zu denken, eher vielleicht an Verdrängung Hilderichs, dessen zu Byzanz neigende Politik die volkstreue Partei beunruhigen mußte; von einem Sohn Amalafridens geschieht allerdings nicht Erwähnung. Die Fürstin suchte Schutz, indem sie zu den Mauren flüchten wollte, wurde aber, so scheint es, unterwegs eingeholt; die treuen Goten, die sie geleiten und verteidigen wollten, wurden in einem Gefecht bei Capsa überwältigt; die Fürstin wurde gefangen, sie starb bald darauf, wahrscheinlich ermordet, im Kerker, die noch übrigen Goten ihres Geleites wurden getötet. Theoderichs Nachfolger war zu schwach, zumal in Ermangelung ausreichender Seemacht, die Verwandte zu rächen, aber der vorwurfsvolle Brief *Athalarichs* an den Wandalenkönig stellt die Rache Gott anheim. Hilderich glaubte an *Justinian*, mit dem er, schon vor dessen Thronbesteigung befreundet, Briefe und Geschenke wechselte, und an *Justinus I.* Stützen gegen alle Gefahren gewonnen zu haben. Aber gerade diese Anlehnung an Byzanz, der Bruch mit den Goten, die Kriegsuntüchtigkeit des Königs, die mit schnöder Umgehung seines Eides den Katholiken gewährte Begünstigung mußte den Fürsten bei dem Kern des Volkes verhaßt machen. An die Spitze der unzufriedenen, wandalisch gesinnten Partei trat *Gelimer*, der durch Geiserichs Gesetz zur Thronfolge berufen war, ein Sohn *Gelarichs*, der Sohn von Genzo, also ein Urenkel Geiserichs. Der Geschichtsschreiber seines Überwinders Belisar, *Prokop*, nennt ihn den größten Helden seines Volkes. Allerdings schilt er ihn auch böse, gefährlich, habgierig, neuerungssüchtig. Mag persönlicher Ehrgeiz unter den Beweggründen Gelimers nicht gefehlt haben, immerhin bleibt ihm das Verdienst, die von Justinian her drohende Gefahr erkannt und an der Spitze seines Volkes mit einer Kraft bekämpft zu haben, die nur noch dem Hause, nicht mehr dem ganzen Volk Geiserichs eigen war: Er und seine Brüder und seine Vettern treten allein in dem kurzem Kampf als Helden hervor.

Gelimer, sagt der ihm feindliche Bericht, begnügte sich in seinem Ehrgeiz nicht mit der Erwartung der Krone: schon jetzt maßte er sich Rechte, Handlungen, Ehren eines Königs an. Der Schwäche des Königs gegenüber scharte er eine Partei um sich, von der der Feind selbst einräumt, daß sie alles Edelste im Wandalenvolk einschloß. Wohl nicht ohne Grund warnte Gelimer vor der Gefahr, der König werde das Reich dem Kaiser in die Hände liefern (ließ er doch bereits auf seinen Münzen nur noch das Bild des Kaisers, nicht mehr das eigene prägen, während seine Vorfahren alle mit eigenem Bild und der Umschrift: »Dominus noster«, ja mit stolzem Titel »Augustus« gemünzt hatten). Er fügte bei, damit die Krone nur nicht auf ihn und die jüngste Linie von Geiserichs Geschlecht übergehe: das sei das Geheimnis und der wahre Zweck der vielen Gesandtschaften,

die zwischen Carthago und Byzanz verkehrten. Als nun Gelimer einen Sieg über die Mauren davongetragen, stieg sein Ansehen gegenüber dem waffenscheuen, von diesen Feinden besiegten König so hoch, daß der Thronfolger es wagen konnte, die Herrschaft an sich zu reißen. Er setzte Hilderich, Hoamer und dessen Bruder *Euages* gefangen und ließ sich zum König ausrufen.
Sofort griff Justinian, seit April a. 527 (als Nachfolger seines Oheims Justinus I.) Kaiser, mit beiden Händen begierig nach dem willkommenen Vorwand zur Einmischung in das Königshaus und Reich der Wandalen. Der ehrsüchtige Mann erkannte nicht die von Osten, von Asien her, seinem Reich drohende Gefahr – obwohl die *Perser*, deren er sich mit allen Anstrengungen seiner großen Feldherren *Belisar* und *Narses* nicht erwehren konnte, sie ihm deutlich genug vor Augen führten! Er trachtete vor allem nach dem Ruhm, als Eroberer die an die Germanen verlorenen Länder des Westreichs, Afrika und Italien, ja auch Spanien, wieder mit dem Ostreich zu vereinen. Dazu kam, daß Justinian, wie schon sein Vorgänger Justinus, im Gegensatz zu dem ketzerischen Kaiser Anastasius, seine Herrschaft auf den eifrigen Schutz des rechtgläubigen Katholizismus baute. Wie im byzantinischen Reich der Arianismus verfolgt wurde, so trat der Kaiser auch nach außen als Erretter der Katholiken aus der Zwingherrschaft der arianischen Wandalen (und bald auch der Goten) auf. Von Anbeginn gab Justinian seinem Auftreten gegen Gelimer und die wandalische Volkspartei eine stark religiöse Färbung, und wenn andrerseits Hilderich, sein »Freund«, zugleich ein Begünstiger der Katholiken in Afrika gewesen war, so richtete sich die nun im Wandalenreich herrschend gewordene Strömung zugleich gegen Byzanz und den Katholizismus. Der Kaiser der Pandekten bewährt übrigens seine juristische Redeweise und seine hervorragende äußere Staatskunst auch in den Verhandlungen, die er dem Angriff vorhergehen ließ. Mit großer Feinheit sucht er Gelimer den Boden unter den Füßen, die volkstümliche Grundlage seiner Stellung, hinwegzuziehen, indem er ihn den Wandalen selbst als »Tyrannen«, das heißt in der Sprache jener Zeit als unrechtmäßigen Herrscher, als Anmaßer und Durchbrecher der Satzungen Geiserichs, hinstellt. In einem sehr maßvoll gehaltenen Schreiben fordert er Gelimer auf, sich mit der tatsächlichen Macht der Herrschaft zu begnügen, mit der Annahme des Königsnamens aber zu warten bis zu dem Tod des alten Mannes, nicht aber solle er diesen, seinen Verwandten, gefangenhalten, den – wenn irgend Geiserichs Beschlüsse Geltung hätten – rechtmäßigen König der Wandalen. Statt aller Antwort läßt Gelimer Hoamer, den er als kriegerische Stütze des Entthronten am meisten zu scheuen hatte, blenden und nimmt Hilderich und Euages in noch engere Haft – all dies unter Beschuldigung der geplanten Flucht nach Byzanz. Auch daraufhin wagt oder vermag der Kaiser noch nicht, entscheidende Schritte zu tun. Sein Heer stand fern in Asien im Krieg mit den Persern, und es zeigte offen, in Erinnerung an die Niederlage des Basiliskus, die größte Scheu vor einem Feldzug in Afrika gegen die Germanen. Besonders fürchteten die Byzantiner noch immer wie zu den Zeiten Geiserichs die Flotte der Wandalen, und noch nach Eröffnung der Kämpfe glaubte Belisar, sich für den Fall einer Seeschlacht durchaus nicht auf seine Truppen verlassen zu können.
So trat denn Justinian noch immer viel gelinder auf als bald darauf gegen die Ostgoten. Noch einmal erläßt er eine schriftliche Mahnung: er will die einmal ergriffene Herrschaft Gelimers anerkennen. Nur möge dieser – das wird unter

Androhung von Zwang gefordert – Hilderich und Hoamer nach Byzanz entlassen; das sei der Kaiser dem in ihn gesetzten Vertrauen schuldig. Und nun schließt ein bedenklicher Satz das Schreiben: Mit diesem Verlangen und etwaiger Kriegführung zu dessen Erzwingung breche der Kaiser nicht etwa den »ewigen« mit Geiserich geschlossenen Frieden, denn er würde dabei den rechtmäßigen Nachfolger Geiserichs nicht bekämpfen, sondern vielmehr beschützen.
Allzu deutlich verriet diese Wendung, daß der Kaiser nicht Gelimer, sondern Hilderich als König der Wandalen anerkannte, daß er diesen nur deshalb nach Byzanz entlassen sehen wollte, um an ihm einen lebendigen Vorwand zur Einmischung stets bereit zu haben, seine Wiedereinsetzung zu fordern, der nur vorläufig geduldeten Herrschaft Gelimers und der Selbständigkeit, vielleicht dem Bestand des Barbarenreichs in Afrika mit Waffengewalt ein Ende zu machen – dazu war dann nur bessere Gelegenheit abzuwarten.
Aber mit dem vollen Selbstbewußtsein seines im Volk wurzelnden Rechts weist Gelimer diese Versuche zurück. »König Gelimer an König Justinian« – im Griechischen jener Zeit bezeichnet »Basileus« den germanischen König wie den byzantinischen Imperator –: so lautet die stolze Aufschrift seiner Antwort. Vor allem stellte er die Rechtmäßigkeit seiner Regierung gegen die Anfechtungen des Juristenkaisers fest: Nicht durch Gewalt habe er sich des Thrones bemächtigt, nicht er habe an seinem Oheim Frevel geübt. Vielmehr habe diesen das Volk der Wandalen abgesetzt, weil er böse Pläne wider das Haus Geiserichs im Schilde geführt (Änderung der Thronfolgeordnung behufs Gelimers Ausschließung), und ihn habe dann auf den erledigten Thron das Alter nach Geiserichs Gesetz berufen. Wenn daher der Kaiser Krieg beginne, so breche er die Friedensverträge; Gelimer werde sich dann nach Kräften verteidigen und bei Gott die Eide anrufen, die in Anerkennung der wandalischen Herrschaft in Afrika Kaiser Zeno geschworen, von dem sich auch Justinians Herrschaftsrecht ableite.
Justinian erkannte, daß hier durch Verhandlungen nichts mehr zu erreichen sei. Er schloß Friede mit den Persern, Herbst a. 531, um Feldherrn und Truppen gegen die Wandalen verwenden zu können. Allein Hof und Heer scheuten das abenteuerliche Unternehmen; die Kräfte und der Schatz waren durch die unaufhörlichen Perserkriege erschöpft, und man fürchtete, wie gesagt, die Seemacht der Wandalen; schon schwankte Justinian oder gab vor zu schwanken, da trat, vielleicht auf des Kaisers Anstiften, die glaubensverfolgerische Färbung des geplanten Krieges in den Vordergrund. Ein katholischer Bischof aus dem Morgenland erschien vor Justinian und teilte ihm mit, Gott habe ihm im Traum seinen Zorn verkündet, daß der Kaiser die beschlossene Vernichtung der Irrgläubigen in Afrika nicht durchführe, »und doch, fügte Gott im Traumbild bei, werde ich ihm darin beistehen und Afrika unterwerfen«.
Nach dieser unmittelbaren Aufforderung und Verheißung Gottes, die freilich der Kaiser vielleicht bestellt hatte, gab es kein Bedenken mehr. Als ein Kreuzzug, als ein heiliger Krieg wurde der Kampf gegen die Arianer begonnen. Belisar, der magister militum per Orientem, erhielt Befehl, sich einzuschiffen, und bekam ausgedehnteste Vollmachten zur Durchführung des Krieges.
Sofort bei Beginn des Krieges wirkten in bedeutungsvoller Weise die beiden Ursachen, die den Untergang des Wandalenreiches hauptsächlich herbeiführen sollten: die gotische Feindschaft und der Übergang der Provinzialen.

Auf der Insel Sardinien empörte sich der wandalische Statthalter, der *Gote Goda*, und erklärte, er wolle nur dem Kaiser dienen; er nahm Namen und Haltung eines Königs an, umgab sich mit einer Leibwache und erhielt Truppen von Byzanz, deren Feldherrn er als entbehrlich zurücksandte. Er wollte sich eine möglichst selbständige Stellung gründen.
Zugleich wurde in Afrika selbst *Tripolis* von einem vornehmen Provinzialen, *Prudentius*, den Byzantinern übergeben. Wandalische Streitkräfte standen nicht in der Provinz. So gewann eine vom Kaiser vorausgesandte kleine Schar ohne Widerstand die wichtige Landschaft. Gelimer fand nicht mehr Zeit, dieses Gebiet wieder zu unterwerfen; er suchte durch Hinrichtung vornehmer Römer und Einziehung ihres Vermögens durch seinen Kanzler *Bonifacius* das Umsichgreifen dieser Gefahren im Innern zu ersticken.
So begann Belisar, Juni a.533, unter den günstigsten Umständen ein Unternehmen, das er mit geringen Streitkräften leichter zu siegreichem Ende brachte, als er selbst und ganz Byzanz gehofft. Die verderbliche Verfeindung der Wandalen mit den Ostgoten rächte sich nun verhängnisvoll.
Sizilien, in ostgotischem Besitz, war von der Königin *Amalaswintha*, der Tochter Theoderichs und Nichte der ermordeten Amalafrida, schon vor Ausbruch des Krieges mit all den reichen Mitteln des Eilands dem Kaiser als Stützpunkt des Angriffs angeboten worden. Und in dem gotischen Sizilien fand nun Belisar die Mittel zu der Unternehmung, die, wie die ersten Anfänge gezeigt hatten, von den byzantinischen Küsten aus kaum hätte ins Werk gesetzt werden können.
Belisar landete auf Sizilien an einsamer Küste am Fuß des Ätna, sandte von dort aus seinen Rechtsrat, *Prokopius von Cäsarea*, der als Augenzeuge die Feldzüge gegen die Wandalen und Ostgoten beschrieben hat, nach dem belebten Hafen von Syrakus, indes er selbst mit der Flotte nach Catana segelte. Prokop sollte von den Goten und Eingeborenen Nachrichten einziehen über die Zustände und Verteidigungsmaßregeln im Wandalenreich, namentlich aber über die Flotte, von der man einen plötzlichen Überfall aus einem Versteck während der Überfahrt befürchtete. Der Vertraute Belisars vollzog seinen wichtigen Auftrag mit größter Geschicklichkeit. Der König ahnte nichts von der Annäherung der Byzantiner, hatte keine Maßregeln zur Verteidigung der Häfen getroffen und weilte vier Tagemärsche von der Küste in der Provinz Byzacena. Man konnte also den Landungsplatz an der ganzen Küste beliebig wählen.
Belisar richtete die Fahrt über Gozzo und Malta (Melite). Ein günstiger Ostwind führte die Flotte bei Caput Vada (heute Kap Vada, Capudia) in die Nähe der Küste; der Feldherr ließ Anker werfen und entschied in dem Kriegsrat, hier zu landen und auf dem Landweg nach Carthago zu eilen, indes die Flotte längs der Küste segelnd den Zug der Truppen begleiten sollte. Das Landungsheer rückte auf der nahe an der Küste sich hinziehenden Straße nach Carthago vor. Zunächst wurde die Stadt *Syllectum* (heute Sallekto) durch einen Handstreich überrumpelt. Bei Sonnenaufgang drangen Vortruppen Belisars, die sich die Nacht über in der Nähe der Stadt versteckt gehalten hatten, als die Tore geöffnet wurden, Bauernwagen einzulassen, mit diesen ein, verkündeten dem Bischof, den Vornehmen, den Bürgern ihre »Befreiung« und sandten die Schlüssel Belisar entgegen. Hier wurden die Pferde einer königlichen Poststelle erbeutet. Schlau versuchte man durch einen Wandalen, der gefangen und durch Geld bestochen wurde, unter den Germanen Zwist und Abfall zu säen. Belisar ließ durch ihn einen kaiserlichen

Brief unter dem Adel der Wandalen verbreiten, der beteuerte, das Heer komme nicht, die Wandalen zu bekriegen oder den »ewigen Frieden« mit Geiserich zu brechen, sondern einen Anmaßer zu stürzen, der Geiserichs Gesetze verletzt und gegen dessen Nachkommen gewütet habe. Die Wandalen sollten also Belisar helfen, den Gewaltherrscher zu beseitigen, um sich dann des Friedens und der Freiheit zu erfreuen, die er – Gott solle sein Zeuge sein – ihnen gewähren werde. Aber diese heuchlerischen Zusagen und Verlockungen blieben ohne Wirkung: nicht *ein* Wandale trat auf des Kaisers Seite.

Von Syllectum aus zog Belisar weiter gegen Carthago und erreichte über Leptis und Hadrumetum Grasse, ein königliches Lustschloß, dreihundertundfünzig Stadien von der Hauptstadt (das heutige Hammamet oder das alte Aphrodisium).

In steter wohlbegründeter Besorgnis, auf dem Wege plötzlich von mehreren Seiten angegriffen zu werden, hatte Belisar eine sehr vorsichtige Zugordnung getroffen. Nur dieser Vorsicht und dem überstürzten Eifer der Feinde war es zu danken, daß der wohlgeplante Angriffs Gelimers scheiterte. Der König hatte die Hauptstadt seinem Bruder *Ammata* anvertraut und durch diesen Hilderich, Euages und deren römische Anhänger hinrichten – Hoamer war bereits gestorben – und byzantinische Kaufleute, die sich bei Ausbruch des Krieges in großer Zahl zu Carthago befanden, unter der Beschuldigung, sie hätten daheim zur Kriegserklärung geschürt, verhaftet auf die Burg bringen lassen. Sie sollten offenbar nicht zu Hause über die Zustände und Pläne der Wandalen berichten, eine Gefahr, die, wie wir sahen, gleichwohl nicht abgewendet worden war.

Gelimer hatte einstweilen im Lande die Tausendschaften zum Angriff gesammelt und lange Zeit den Marsch der Byzantiner bloß in so weiter Entfernung begleitet, daß nur die streifenden Reiter beider Heere manchmal Fühlung gewannen. Der König hatte Zeit und Ort für den umfassenden Angriff so vortrefflich gewählt, daß Prokop erklärt, wenig habe ihm daran gefehlt, das marschierende Heer in das Meer zu werfen. Von Grasse ab konnte die Flotte den Zug des Heeres nicht mehr wie bisher auf der rechten Flanke decken. Die in dem Vorgebirge des Merkur (Kap Bon) spitz endende Halbinsel nötigte hier die Schiffe zu einer Umsegelung in weitem Bogen in die offene See. Von da ab konnten also die ins Meer gedrängten Landtruppen keine Aufnahme durch die Schiffe finden. Vier Tagemärsche von Grasse, in der Nähe von Decimum, das heißt dem zehnten Meilenstein von Carthago, wo Hügel, die heute den Namen von Arriana führen, die Aussicht hemmen, sollte der klug ausgesonnene Stoß von drei Seiten zugleich die Byzantiner auf dem Marsch überraschen. *Gunthimer* und *Gibamund*, zwei Neffen Gelimers, sollten von der linken Flanke her, gleichzeitig *Ammata* von der Straße von Carthago her die Stirn und der König mit der Hauptmacht der Wandalen die Nachhut der Kaiserlichen angreifen. Aber im Eifer allzu verwegener Kampfbegier greift Ammata zu früh, schon um Mittag, und mit zu schwacher Macht an; nur wenige Reiter hatten seinem Roß von Carthago bis Decimum folgen können. Nachdem er allein, heldenhaft kämpfend, zwölf der tapfersten Massageten erlegt, fällt er. Seine fliehenden Begleiter reißen das auf der Straße nachrückende Fußvolk mit fort, und die Massageten verfolgen bis vor die Tore der Hauptstadt. Nun trifft der Flankenangriff Gibamunds, vierzig Stadien links von Decimum auf dem »Salzfeld«, heute Sebka de Sukara, nicht unterstützt auf die Massageten Belisars. Er wird geschlagen und getötet. Dem König aber gelingt es, zwischen den Massageten und dem Hauptheer unbemerkt in den Zug einzubrechen, eine vor Belisars Lager vorrückende Schar durch rasche Vorwegnahme eines beherrschenden Hügels zu schlagen und in wilder Flucht mehr als sieben Stadien weit auf Belisar und die Nachhut zurückzuwerfen – hundertacht Leibwächter vermochten nicht, sie aufzunehmen und wurden mitfortgerissen.

Und nun hätte, sagt Prokop, der König nach seiner Wahl, sich gegen Carthago wendend, die Hunnen und Massageten abschneiden und erdrücken oder sogar Belisars verwirrte Reihen aus dem Lager werfen und die heransegelnde Flotte, deren einzelne Schiffe nur je fünf Bogenschützen Bemannung hatten, wegnehmen können. Aber er tat keines von beiden. Er fand die Leiche seines heldenhaften Bruders Ammata. In Wehklagen und in der Sorge für die Bestattung verlor er den entscheidenden Augenblick. Der große Feldherr Belisar hatte rasch seine Scharen wieder geordnet und führte sie zum Angriff. Geschlagen, floh Gelimer auf der von Hadrian erbauten, von Carthago nach Theviste führenden Straße nach Numidien, die Stadt Carthago preisgebend. Er durfte sich den unzuverlässigen Mauern, den byzantinisch gesinnten Bewohnern nicht anvertrauen.

Die Sieger, auch die zur Hauptmacht zurückgekehrten Vortruppen und Massageten, übernachteten auf dem Schlachtfeld bei Decimum. Am Abend des folgenden Tages erreichten sie die Hauptstadt. Belisar rückte aber nicht ein, obwohl die Einwohner die Tore öffneten und die Häuser festlich beleuchteten – die wenigen noch in der Stadt verbliebenen Wandalen suchten die Zuflucht der Kirchen. Er befürchtete einerseits einen Hinterhalt, andererseits nächtliche Plünderungen durch seine Soldaten.

Erst am anderen Morgen zog Belisar, noch immer eine Kriegslist fürchtend, in voller Schlachtordnung in der Stadt ein. Die Carthager hatten aber selbst die Eisenketten ihres Hafens entfernt, als sie die Flotte der Byzantiner heransegeln sahen. Der Kerkermeister der Hofburg entließ die Gefangenen, zumal die Kaufleute aus Byzanz, gegen die Zusage, sich für ihn zu verwenden. Belisar schärfte seinen Truppen nochmals strengste Mannszucht ein, indem er mit gutem Grund die bisherigen Erfolge auf die Unterstützung der Bevölkerung zurückführte, zu deren Befreiung sie gekommen. In der Tat waren die Byzantiner seit der Landung »wie durch Freundesland gezogen«. Die Einwohner hatten ihnen Lebensmittel und jeden Bedarf an die Straße gebracht. Mit Ausnahme der Plünderung der Kaufleute am Hafen durch die Bemannung eines kaiserlichen Schiffes wurde die Ordnung denn auch nicht gestört, Handel und Wandel durch die mit »Quartierbilletten« in die Häuser gelegten Byzantiner nicht unterbrochen.

Belisar setzte nun vor allem Carthago in Verteidigungszustand, erst durch Graben und Pfahlwerk, dann durch Ausflickung des eingestürzten Mauerwerks, und sandte seinen Unterfeldherrn *Salomon* an den Kaiser mit der Nachricht der bisherigen Erfolge. Sofort fügte Justinian, bevor noch der Feldzug beendet, seinen Titeln die Namen »Vandalicus«, »Alanicus«, »Africanus« bei. Die Maurenhäuptlinge hatten von Belisar Anerkennung ihrer Würden und Verleihung der herkömmlichen Abzeichen erbeten, ohne jedoch ihre Neutralität aufzugeben.

König Gelimer machte inzwischen alle Anstrengungen, den so ungünstigen Gang des Krieges zu wenden.

Er hatte den Westgotenkönig Theudis im nahen Spanien um Hilfe angegangen. Allein dieser, durch ein rasches Handelsschiff von dem Fall Carthagos noch vor den wandalischen Gesandten unterrichtet, entließ sie mit ausweichender Antwort. Sie kehrten nach Carthago zurück und wurden dort gefangen.
Eilig berief Gelimer ferner den tapferen Tzazo mit seiner Kernschar und der Flotte aus Sardinien zurück, welches Eiland ohne Mühe wieder gewonnen worden war.
Vereint mit Tzazo rückte nun Gelimer mit allen wandalischen Truppen gegen Carthago, die Stadt einzuschließen. Vergebens bemühte sich der König, die Häuptlinge der Mauren zu gewinnen. Nur einzelne Krieger schlossen sich ihm an. Dagegen gelang es ihm, durch reiche Geschenke die Provinzialen auf dem Flachland zu bewegen, vereinzelte Byzantiner zu überfallen und manche zu töten (er zahlte hohen Preis für jeden eingelieferten Kopf), und, was wichtiger war, geheime Verhandlungen mit den massagetischen Söldnern Belisars anzuknüpfen, die tief darüber erbittert waren, daß man sie, anstatt sie vertragsgemäß aus den Perserkriegen in ihre Heimat zu führen, nach Byzanz und von da in den neuen Krieg nach Afrika gebracht hatte. Da jedoch weder Massageten noch Arianer sich rührten und die durch Belisar angelegten Befestigungen durch Sturm nicht zu nehmen schienen, gab der König die Einschließung auf und zog nach Südwesten ab. Belisar sandte den Armenier *Johannes* mit der Reiterei nach, Fühlung am Feinde zu suchen. Fünfhundert Reiter und das Fußvolk führte er selbst am folgenden Tage nach. Bei *Trikameron* stieß Johannes auf das Lager der Wandalen. Auch er schlug ein Lager, den Angriff erwartend, ein unbedeutender Bach trennte beide Heere. Am andern Morgen – die Byzantiner kochten eben das Frühstück ab – rückten die Wandalen in voller Schlachtordnung aus ihrem Lager gegen den Bach. Schweren Herzens sah Johannes nach Belisar aus, der gerade recht, aber nur mit seinen Reitern eintraf.
Belisar ordnete seine bloß fünftausend Mann zählenden Truppen, links die »Föderati«, das heißt barbarische Söldner, rechts die kaiserliche Reiterei, im Mitteltreffen seine Leibwachen, unter Johannes mit dem Hauptbanner, dem *Bandon*. Die Massageten hielten sich abseits, die Entscheidung erwartend. Das Treffen war an sich nicht bedeutend, es waren nach Prokop kaum fünfzig Byzantiner und etwa achthundert Wandalen gefallen; dieser starke Verlust war die Folge davon, daß sie gegen Pfeile, Wurfspeere und Lanzen nur das Schwert gebraucht hatten. Aber dieser Tag entschied das Schicksal des Wandalenreiches; der Tod Tzazos hatte große Entmutigung verbreitet. Gelimer wagte oder verstand es nicht, seine Übermacht zu brauchen, Belisar zu erdrücken, der, als gegen Abend sein Fußvolk auf dem Schlachtfeld eintraf, dasselbe sofort zum Sturm auf das Lager führte. Es wurde im ersten Anlauf genommen, das Heer der Wandalen stob zersprengt nach allen Richtungen auseinander; Gelimer entkam mit wenigen Verwandten und Dienern auf der Straße nach Numidien. Die ganze Nacht hieben die verfolgenden Reiter Belisars nach. Die im Lager gefangenen Männer wurden erschlagen, Weiber und Kinder verknechtet. Das war die Schlacht von Trikameron (Mitte Dezember 533), die das Reich Geiserichs zerbrach.
Die Sieger waren in der Plünderung des reichen Lagers in solche Auflösung geraten, daß Belisar für den Fall eines Angriffs das Schlimmste besorgte. Mit Mühe stellte er am folgenden Morgen die Ordnung her. Die Verfolgung des Königs

übertrug er Johannes dem Armenier mit zweihundert Leibwächtern. Als aber jener durch einen Zufall – der Germane Uliaris, auf einen Vogel schießend, traf den tapferen Führer – den Tod fand, gewann während seiner Pflege und Bestattung Gelimer solchen Vorsprung, daß er nicht mehr einzuholen war.
Die Jahreszeit machte es unmöglich, in die Berge einzudringen. Belisar schickte den Heruler *Fara* – Heruler stellten dem Kaiser sehr häufig Söldner – mit auserwählten Truppen auf Wache an einen Vorsprung des Gebirges, wo er sowohl das Entweichen Gelimers in das Innere, als die Zufuhr von Lebensmitteln abschneiden konnte. Da ein Entrinnen zur See nicht befürchtet wurde, scheint auch die Flotte Tzazos bei Hippo in die Hände der Byzantiner gefallen zu sein. Der Oberfeldherr kehrte zu Anfang des neuen Jahres (a. 534) nach Carthago zurück. Er richtete das eroberte Gebiet als römische Provinz ein und brachte mit leichter Mühe durch entsendete Streifscharen die noch nicht besetzten Teile des zerstörten Wandalenreiches in seine Gewalt. Eile tat nur deshalb not, weil die Mauren sich anschickten, diese tatsächlich herrenlosen Stücke wegzunehmen. Die ganze Mauritania Sitifensis überfluteten ihre raschen Reiter, und in Mauritania Caesariensis besetzten noch gerade zu rechter Zeit die von Belisar entsendeten Schwärme Fußvolk die Hauptstadt Cäsarea. Tripolis, das von Prudentius und Tattimuth für den Kaiser gehalten, aber stark von den Mauren bedrängt wurde, erhielt Verstärkung. Von großer Wichtigkeit für Byzanz war aber die Wiedergewinnung der Inseln jener See, von welchen aus die Wandalen das Meer beherrscht hatten. Daher eilte Belisar, diese zerstreuten, schwimmenden Zubehörden des afrikanischen Reiches einzusammeln: *Sardinien*, die Eroberung Tzazos, wurde zur Ergebung gebracht, indem das Haupt Tzazos als stummes Zeichen des Sieges von Trikameron vorgezeigt wurde; von Sardinien aus wurde *Korsika* besetzt; an der Meerenge von Gibraltar wurde der wichtige Brückenkopf zum Übergang nach Spanien, *Septum*, jetzt Ceuta, eingenommen; bald sollte von hier aus das Westgotenreich auf der pyrenäischen Halbinsel bedroht werden; die *Balearen* nahm für den Kaiser der Italier *Apollinaris* in Pflicht, ein Günstling des entthronten Hilderich, der nach Byzanz entkommen und nun mit dem Angriffsheer nach Afrika zurückgekehrt war. Ja auch den ehemals wandalischen Teil von *Sicilien*, vor allem das wichtige Vorgebirge *Lilybäum*, nahm Belisar in Anspruch und drohte sofort mit Krieg, als die ostgotischen Befehlshaber die Übergabe weigerten. Amalaswintha rief die Entscheidung des Kaisers an; schon jetzt konnte sie einsehen, wie ihr die so wertvolle Hilfe bei Vernichtung des Wandalenreiches gelohnt werden würde. Bald gab Lilybäum dem Kaiser einen Vorwand für den Krieg mit den Ostgoten. Zu spät sollten die Goten erkennen, daß sie durch Unterstützung des Feldzugs gegen die Wandalen den Angriff auf ihr eigenes Reich vorzubereiten geholfen hatten.
Unterdessen hatte Fara, nach einem blutig abgewiesenen Versuch, die Felsenjoche von Pappua mit Sturm zu nehmen, die Zugänge zu dem Gebirge streng bewacht, so daß alsbald großer Mangel unter den Eingeschlossenen ausbrach, den die Mauren, durch die Wüste an das genügsamste Leben mit geringster Nahrung gewöhnt, leichter ertrugen als die Wandalen, die sich seit der Eroberung des Landes in äußerster Verweichlichung allen Genüssen dieser verrufenen üppigsten römischen Südprovinz hingegeben hatten. Drei Monate hindurch blieb der König allen Entbehrungen gegenüber standhaft. Die Aufforderungen Faras zur Ergebung wies er, in königlicher Sprache, im Vollgefühl des ihm vom

Schicksal wider Recht auferlegten Leidens, zurück; nur erbat er sich von dem Stammesvetter – die Heruler gehörten zur gotischen Gruppe – drei Dinge: einen Schwamm, seine kranken Augen zu waschen, ein Stück Brot, davon er lange nicht mehr genossen, und – eine Harfe, damit ein Lied zu begleiten, das er auf sein Geschick gedichtet. Wäre uns doch dies Klagelied des letzten Wandalenkönigs erhalten! Wir besitzen keinerlei dichterisches Überbleibsel in den gotischen Sprachen. – Die Bitte wurde erfüllt, die Einschließung streng fortgeführt. Schon waren mehrere Gesippen Gelimers dem Mangel erlegen. Unentwegt hielt dieser stand, bis ein einzelner zufälliger Anblick den eigenartig weichbesaiteten Helden, den von Stimmungen beherrschten seltsamen Enkel Geiserichs erschütterte. Er sah, wie sein eigener Neffe, ein Knabe, sich mit einem Maurenknaben auf das grimmigste raufte um ein Stück elenden Gebäcks, eines Kuchens, den ein maurisches Weib nach ihrer Sitte in heißer Asche geröstet; der asdingische Prinz mußte wiedergeben, an den Haaren gezerrt, was er noch glühend heiß verschlungen. Das brach den Widerstand des Königs. Er schrieb an Fara, er wolle sich ergeben unter eidlicher Zusicherung der früher von Belisar gestellten ehrenvollen Bedingungen. Fara ließ den verlangten Eid leisten, und alsbald wurde Gelimer und sein schwaches Geleit gefangen nach Carthago gebracht, wo ihn Belisar in der Vorstadt *Aklas* in Empfang und ehrenvolle Haft nahm. Mit dem hellen, bitteren Lachen der Verzweiflung an dem Wert der menschlichen Dinge und an einer gerechten Weltleitung schritt Gelimer durch die Straßen seiner Hauptstadt, hatte er doch Justinian und Belisar gegenüber immer wieder auf die gerechte Sache der Wandalen, die Ungerechtigkeit dieses Angriffs und den Schutz des Rechtes durch den Himmel hingewiesen.

Ungefähr im Mai schiffte sich Belisar mit den Gefangenen und der Beute nach Byzanz ein. Dort wurde ihm die Ehre eines Triumphes bewilligt. Seit mehr als einem halben Jahrtausend war dies ein Vorzug der Kaiser gewesen; und zwar hielt er diese Feier zweimal ab, zuerst indem er zu Fuß von seinem Hause nach der Rennbahn sich begab, wo das Kaiserpaar thronte. Zur Schau getragen wurde der wandalische Königshort, wie er wohl zum größten Teil von Geiserich zusammengeraubt worden war. Darunter prangten goldene Throne, ferner die goldenen Wagen der wandalischen Königinnen, Schmuck von Gold und Edelsteinen, Becher, Geschirr und Gerät von Gold. Darauf wurde die Silberbeute offen einhergetragen, viele tausend Talente. Endlich die aus Rom entführte Beute, darunter der Tempelschatz, die Geschirre von Jerusalem – Titus hatte sie nach Rom, Geiserich nach Carthago, Belisar nun nach Byzanz gebracht. Aber Justinian ließ sie nach Jerusalem zurückschaffen, da eine jüdische Weissagung jedem Ort Verderben drohte, wo der Tempelraub geborgen werde, bis er an seine rechtmäßige Stätte zurückgewandert sein würde. Dort, zu Jerusalem, ist er verschwunden, vermutlich von Arabern oder Sarazenen geraubt. Als Gefangene wurden Gelimer, seine Gesippen und die schönsten, stattlichsten Wandalen aufgeführt. Der König war in ähnlich verzweifelt entsagender Stimmung wie damals, als er in Carthago eingebracht wurde, aber statt zu lachen sprach er jetzt wiederholt das Wort Salomos (Prediger I, 2) vor sich hin: »Eitelkeit der Eitelkeiten, alles ist eitel«.

Vor dem Kaiserthron mußten Belisar wie Gelimer die Proskynese leisten, das heißt niederfallen, jener als Untertan, dieser als Gefangener. Die Kinder des Römerfreundes Hilderich und die übrigen mit Eudokia Verwandten erhielten von dem Kaiserpaar reiche Geschenke, auch Gelimer für sich und seine Gesippen Landgüter in Galatien, aber das andere Versprechen, das ihm Belisar gegeben hatte, die Erhebung zum Patricius, wurde nicht erfüllt, da er sich weigerte, zum katholischen Bekenntnis überzutreten. Später hielt dann Belisar als alleiniger Jahreskonsul (von a. 535) nochmals einen Triumph in alter Weise: er fuhr auf einem von Gefangenen gezogenen Wagen und streute Silber und Gold aus der wandalischen Beute unter das Volk. Justinian ließ Siegesmünzen prägen, die des Kaisers Bildnis mit der Umschrift Gloria Romanorum zeigten. In Afrika brach noch während Belisars Rückfahrt ein Aufstand aus: Maurische Häuptlinge, meuterische Söldner, versprengte Wandalen hatten sich vereinigt, nicht ohne Anstrengung wurde die Ruhe hergestellt. Wiederholt hat man in angeblich blonden und blauäugigen Bewohnern einzelner afrikanischer Gebiete – auch in den Guanchen auf den Kanarischen Inseln – Nachkommen der Wandalen erblicken wollen, aber jedesmal erwies sich der Einfall als unhaltbar vor geschichtlicher und volkskundiger Prüfung. Spurlos sind die Wandalen in Afrika verschwunden.

Ihr allzu kühn gebautes Reich ging nach kurzem, meteorgleichem Glanz rasch unter. Beschleunigt wurde der Fall durch die Katholikenverfolgung, die Verfeindung mit den Ostgoten und die Verweichlichung des Volkes in afrikanischer Üppigkeit. Nur das Königshaus der Asdingen stellt die Helden in dem kurzen Kampf; das Volk in seiner Erschlaffung und Leichtüberwindbarkeit bildet einen merkwürdigen Gegensatz zu dem großartigen Widerstand, den die Ostgoten über zwei Jahrzehnte denselben Angreifern leisten.

Die Ostgoten

Die Vorgeschichte bis zur Gründung des Ostgotischen Reiches in Italien (Karte Seite 71)

Das Reich der Ostgoten vom Schwarzen Meer bis an die Hänge der Karpaten — König Ermanarich, nach der Heldensage »der herrlichste der Amaler« — Höhepunkt des Ostgotenreiches in Italien — Die Hunneneinfälle kündigen den Beginn der Völkerwanderung an

Unter den Völkern der gotischen Gruppe nehmen durch Macht, durch Glanz und durch tragische Größe ihrer Geschicke die begabten Ostgoten einen hervorragenden Platz ein.

Wo sie die Bezeichnung *Ost*goten im Gegensatz zu den *West*goten erwarben, läßt sich nicht angeben. Wiederholt finden wir sie, das Amalungenvolk, östlicher angesiedelt als die Vettern. Vermutlich entstand die Bezeichnung erst bei der Niederlassung der beiden Gruppen am Schwarzen Meer, wo sie vom Don bis an die Donaumündungen und die südwestlichen Abhänge der Karpaten reichten. Das Ostland dort ist sandige Steppe, das Westland dichter Wald. Dem würde entsprechen, daß die im Osten wohnenden den Namen *Greutungen* (von griut, gries, Sand), die im Westen wohnenden die Bezeichnung *Thervingen* (von triu, Baum) erhielten, Benennungen, die mit der Unterscheidung von Ost- und Westgoten zusammenfallen.

Unter Severus Alexander (a. 222–235) werden Jahrgelder an sie bezahlt für Schonung und Verteidigung der Grenzen; aber bald darauf unter Maximus und Balbinus (a. 238) beginnt der sogenannte »skythische Krieg« an jenen Marken, unter dem die Römer die fast nicht mehr unterbrochenen Einfälle der Goten verstanden. Unter Gordian (a. 243), der sich »Besieger der Goten« nennen ließ, wird als Führer der Feinde ein Skythenkönig *Arguntbis* genannt, vielleicht derselbe, der gegen Philippus Arabs (a. 244–249) unter dem Namen *Argait* mit einem anderen Feldherrn *Guntherich* von dem Gotenkönig *Ostrogota* über die Donau geschickt wird, Mösien und Thrakien zu verheeren. Der Name dieses Königs läßt voraussetzen, daß schon geraume Zeit diese Gruppe der Goten den Sondernamen Ostgoten führte. Ostrogota ist die erste geschichtliche Gestalt in der Reihe der Könige der Ostgoten aus dem Hause der Amaler (von ambl, sich mühen, also »die mühevollen Helden«). Seine Vorgänger im Reich sind keine Amaler und seine Vorgänger in der Stammtafel der Amaler sind wohl größtenteils sagenhaft. Er hatte das längere Zeit friedliche Verhältnis zu Rom gelöst wegen Vorenthaltung der vertragsmäßigen Jahrgelder. Er schlug auch den König der stammverwandten und benachbarten Gepiden, der Abtretung von Grenzland hatte erzwingen wollen. Sein Nachfolger Kniva, aus anderem Geschlecht, schickt ein Heer abermals nach Mösien und ist mächtig genug, mit einem zweiten dem Kaiser Decius entgegenzutreten, welcher bei Abrittum (November a. 251) Sieg und Leben verliert; vergeblich suchte Kaiser Gallus (a. 251 bis 253) durch Jahrgelder Ruhe zu erkaufen. Vielmehr begann von da ab, nachdem die zunehmende Schwäche des Weltreiches erkannt war und die Bevölkerung in der seßhaften Lebensweise gewaltig wuchs, eine Reihe selten unterbrochener Heerzüge der Goten in die Provinzen des Reiches, und zwar nicht nur

auf den Landwegen, sondern das Volk, das später nur selten Seetüchtigkeit bewährt, rüstete damals starke und zahlreiche Raubschiffe – ein Zeichen nicht geringer Macht und Bildung; denn nicht alle diese Fahrzeuge waren den Römern abgenommen –: es suchte in verwegenen Fahrten die Inseln und die Küsten des Kaiserreiches heim. Neben germanischen *Herulern* waren auch nichtgermanische Nachbarvölker, *Boranen* und *Karpen*, bei diesen Kriegen Verbündete der Ostgoten. In die Jahre 225–268 (unter den Kaisern Valerianus und Gallienus) fallen mehr als fünf solcher Kriegszüge.
Nachdem die *Boranen*, zuerst vielleicht noch ohne Beteiligung der Goten, gen Osten über das Schwarze Meer gesegelt waren und Trapezunt und Pityus erobert und geplündert hatten, drangen gemischte Haufen dieser Völker westlich gegen Byzanz, erstürmten Chalkedon und verheerten das Flachland von Kleinasien. Unter Gallienus (a. 153–268) lief eine barbarische Flotte von nicht weniger als tausend Segeln in den Archipel, verbrannte Ephesos und Kyzikos, wandte sich dann gegen Attika und den Peloponnes, wo Athen, Argos und Sparta heimgesucht wurden, und nahm den Rückweg mit unablässigen Verheerungen entlang der illyrischen Halbinsel. Unter Claudius (a. 268–270) rüsteten Goten, Heruler, Peukinen eine doppelt (oder gar sechsfach) so starke Flotte auf dem Dnjestr (Danastrus), segelten ungehindert aus dem Schwarzen Meer an Byzanz vorbei in den Archipelagus, plünderten die Inseln Rhodos und Kreta, landeten dann auf dem Rückweg bei Thessalonika und zogen gen Nordwesten tief ins Innere dem Kaiser Claudius entgegen, der sie zwar bei Naissus in Dardanien nach lange schwankender Schlacht durch seine überlegene Strategie schlug, aber, erkrankt, sie nicht mehr über die Donau zu drängen vermochte. Erst seinem Nachfolger Aurelian (a. 270–275) gelang dies, der aber doch Dakien den Goten und ihren Nachbarn belassen mußte. Dadurch wurde für mehr als vierzig Jahre Ruhe gewonnen. Erst unter Constantin (a. 321) fielen die Goten unter *Rausimuth* wieder in Thrakien und Mösien ein, wurden aber zurückgewiesen, und als später ein gotischer Häuptling *Aliquaka* in dem Kampf zwischen Licinius und Constantin jenen durch Hilfstruppen unterstützt hatte, zog der Sieger Constantinus über die Donau und zwang den König *Ariarich* im eigenen Land zum Frieden (a. 336).
Dessen Nachfolger *Geberich* behauptete und erweiterte den gotischen Besitz in Dakien durch einen großen Sieg über die Wandalen, die er völlig aus dem Land drängte (etwa a. 337). Dadurch war genügend breiter Raum für das große Volk gewonnen. Vielleicht erklärt sich hieraus wie aus der jetzt günstigen Verteidigungslinie des Reiches, daß die Angriffe auf das römische Gebiet längere Zeit ruhten; denn fast will es scheinen, als ob jene mit so großen Massen unternommenen Züge in die römischen Provinzen nicht nur Plünderung, sondern dauernde Niederlassung gesucht hätten für die zu Hause nicht mehr zu ernährende Volksmasse; die in so bedeutender Zahl mitgeführten Frauen (nach der Schlacht bei Nassus kamen auf jeden einzelnen römischen Soldaten zwei bis drei gotische Weiber als Beuteanteil) – bei den Landheeren die unabsehbaren Wagenreihen lassen nicht nur streifende Heere, sondern wandernde Volksgruppen annehmen, und man besorgte vor Claudius, man müsse die gotischen Eindringlinge wegen der Dauer ihrer Festsetzung bereits als »Insassen des Reiches« ansehen. Im vierten Jahrhundert wandten sich die Waffen der Ostgoten siegreich gegen ihre germanischen und nichtgermanischen Nachbarn in Westen, Norden und Osten. So

maßlos die Heldensage Macht und Umfang des Reiches, das der Eroberer *Ermanarich*, Geberichs Nachfolger, etwa 350–376 gründete, ausdehnt – feststeht immerhin, daß dieser »Herrlichste der Amaler« (seit Ostrogota wieder der erste König aus diesem Hause) eine große Zahl benachbarter Völker in volle oder lockere Abhängigkeit gebracht hat. Wohl nur ein leichtes Band der Bundesgenossenschaft hatte die Westgoten mit dem Reich des Amalers verknüpft, aber die raschen, ebenfalls gotischen *Heruler* wurden durch Krieg unterworfen und viele *finnische* und *slawische* Völkerschaften (Veneti, Antes, Sklaveni) mußten die Oberhoheit des Ostgoten anerkennen.

Gegen das Ende seines Lebens aber trübt sich der Stern des mächtigen Herrschers. Die Westgoten hatten nach einem Zerwürfnis mit den Ostgoten ihre Abhängigkeit bis auf das geringste Maß gelockert, roxalanische Fürsten erfolgreich sich empört, mag auch die Verwundung des Königs durch *Sarus* und *Ammius*, die bluträchenden Brüder der Fürstin dieses Volkes, *Svanhild*, die der König aus Zorn über Abfall und Flucht ihres Gatten von wilden Hengsten habe zerreißen lassen, lediglich Sage sein, die überhaupt Ermanarichs Ende mit ihrem Epheugerank geschmückt zugleich und verhüllt hat. Denn über das Reich des Amalers ergoß sich nun zunächst die furchtbare Woge der *hunnischen* Reitervölker.

Die gotische Sage ertrug es nicht, das Erliegen des Volkes vor den Hunnen lediglich aus deren Übermacht zu erklären. Das Siechtum des Königs gibt erst den Feinden Mut zum Angriff. Ermanarich, unfähig, diesen Anprall abzuwehren, stirbt einhundertundzehn Jahre alt. Und erst nach dem Tod des Königs gelingt den Hunnen die Unterjochung des Volkes. Die Westgoten retten sich durch Preisgebung ihres Landes und Übertritt auf römisches Gebiet. Wir lassen sie einstweilen ihres Weges ziehen, später die Geschichte der Wanderer verfolgend.

In jener Sage, daß erst nach dem Tod des Königs die Unterwerfung des Volkes gelingt, ruht der gute Kern, daß die Erhaltung der Volks-Eigenart der Ostgoten in der Tat durch die Erhaltung des eigenen Königstums unter hunnischer Oberhoheit gerettet wurde, bis die Zeit für die Abschüttlung des hunnischen Jochs gekommen war. Die Unterworfenen behielten ihre bisherigen Wohnsitze und ihre Könige, diese wurden aber abhängig von dem Chan der Hunnen, hatten ihm unbedingt Heeresfolge – auch gegen die eigenen Stammesbrüder, die Westgoten – und vermutlich Schatzung zu leisten. Zwar der nächste Nachfolger Ermanarichs, *Winithar*, ebenfalls ein Amaler, versucht noch der hunnischen Herrschaft sich zu entziehen. Er bricht in das Land benachbarter, wohl früher dem Reiche Ermanarichs unterworfener Slawen, schlägt sie und tötet ihren König mit seinen Großen, das Ansehen gotischer Herrschaft zu behaupten (etwa a. 380). Aber der Hunnenchan *Balamer* duldet so selbständiges und kriegerisches Auftreten nicht. Im Verein mit einem anderen Amaler, *Sigismund*, und einem großen Teil der Ostgoten, die streng an der hunnischen Herrschaft hielten oder durch Furcht und Zwang gehalten wurden, griff er den Vorkämpfer gotischer Freiheit an. Erst nach langem rühmlichen, von der Sage gefeiertem Widerstand in zwei Siegen (oder Niederlagen) fällt Winithar in einem dritten Kampf und mit ihm der Rest gotischer Unabhängigkeit. Der Chan nimmt *Waladamarka*, des Gefallenen Nichte, zur Ehe und beherrscht nunmehr alle Ostgoten durch deren Könige. Der Nachfolger Winithars wird aber nicht jener Sigismund, sondern *Hunimund* (etwa a. 390), ein Sohn Ermanarichs, dessen Name vielleicht die Gewalt der Sieger andeuten soll. Diesem »großen Helden hoher Schönheit« folgt sein jugendlicher Sohn *Thorismund*, der im zweiten Jahre seiner Regierung (etwa a. 400) einen glänzenden Sieg über die benachbarten Gepiden gewinnt (vielleicht in hunnischem Dienst, dieses Volk dem Chan zu unterwerfen), aber bald durch einen Sturz vom Pferd stirbt.

Nach langer Unterbrechung der Königsreihe besteigt nun Walamer, der älteste Sohn Wandalars, des Sohnes Winithars, nachdem er waffenreif geworden, den Thron. Zwei jüngere Brüder, *Theodemer* und *Widemer*, führen zwar nicht den Königsnamen, solange Walamer lebt, aber sie helfen dem König regieren, indem sie wahrscheinlich eigene Landschaften und Volksteile im Namen und Auftrag des ältesten Bruders mit gewisser Selbständigkeit beherrschen. Aber zunächst dauert die strenge Unterwerfung unter das hunnische Joch fort. Als Attila seinen großen Heereszug gegen die Römer und Westgoten in Gallien unternimmt, müssen die Ostgoten gegen diese ihre eigenen nächsten Stammesbrüder unverzüglich Heeresfolge leisten, und der König der Westgoten fällt in der Schlacht auf den katalaunischen Feldern (a. 451) durch den Speer eines Ostgoten *Andages*. Erst als nach dem Tode Attilas (453) dessen Söhne zugleich in blinder Härte die unterworfenen Völker reizen, indem sie diese wie Sklaven unter sich verteilen wollen und in törichter Zwietracht untereinander hadern, gelingt es, nach dem Vorgang der Gepiden, auch den Ostgoten, sich von dem zerfallenden Hunnenreich loszureißen.

Walamer nahm seinen Sitz zwischen Saritza (Scarniunga) und Raab (aqua nigra), *Theodemer* am See Pelsodis (Neusiedler See), *Widemer* in der Mitte zwischen beiden im Land zwischen Drave und Save. Den Königstitel führt immer noch Walamer allein, aber die Gebiete sind so entlegen, daß die Hunnen versuchen können, Walamer anzugreifen, ohne daß ihm die Brüder Hilfe zu bringen vermögen. Dieser Versuch der Söhne Attilas, die Goten »wie entlaufene Knechte« in ihre Gewalt zurückzuzwingen, war der letzte. Walamer erwehrte sich allein des Angriffs, und am Tage, da die Nachricht dieses Sieges in der Halle Theodemers eintraf, wurde diesem von einer Buhle, *Ereliva*, ein Knabe geboren, der spätere *Theoderich* der Große (etwa a. 454).

Die günstigen Verhältnisse zu Byzanz wurden etwa sieben Jahre später getrübt durch die Nebenbuhlerschaft eines anderen gotischen Häuptlings, *Theoderich des Schielers (Strabo)*, des Sohnes von *Triarius*, der für sich und seinen Anhang nun die jährlichen Spenden von Geld und Getreide gewann, die Byzanz vertragsgemäß den Amalern schuldete. Er verfolgte wieder einmal die alte römische Staatskunst, sich einer Germanengruppe durch die andere zu erwehren. Durch kriegerischen Angriff auf Illyricum nötigten die Amaler den Kaiser, den Vertrag zu erfüllen, das Geschuldete nachzuzahlen, jährlich dreihundert Pfund Gold waren zu entrichten. Dafür verpflichteten sich die Brüder, diese Grenzen zu verteidigen, und Theodemer stellte, obzwar sehr ungern, dem dringenden Wunsch König Walamers nachgebend, den etwa achtjährigen *Theoderich* als Geisel in Byzanz (etwa a. 462), der alsbald die hohe Gunst des Kaisers Leo gewann, »weil er ein feiner Knabe war« (»quia puerulus elegans erat«). Diese Erziehung des jungen Theoderich am Hofe der Kaiserstadt, vom achten bis zum achtzehnten Jahr, wurde entscheidend für seine Zukunft. Hier sog er früh in die empfängliche Seele die Bewunderung für die griechisch-römische Bildung, für Kunst, Wissenschaft und Staatswesen des Römertums, die er später als Beherrscher Italiens großartig betätigt hat.

Als Walamer im Kampf gegen die Skiren gefallen, tritt *Theodemer*, »die Abzeichen des Königstums anlegend«, an seine Stelle, Widemer bleibt untergeordnet. Während der Vater gegen Sueben und Alamannen ausgezogen ist, kehrt der junge Theoderich aus der Vergeiselung zu Byzanz heim (etwa a. 472) und ergreift, erst achtzehn Jahre alt, sofort die Gelegenheit, selbständig Kriegsruhm zu gewinnen. Er sammelt aus Gefolgsleuten des Königs, Freiwilligen und Kolonen eine Schar von nur sechstausend Mann, überschreitet die Donau, überfällt und tötet einen alten Feind der Goten, den Sarmatenchan *Babai*, der in jüngster Zeit, seit er römische Truppen geschlagen, eine unerträglich hochmütige Haltung angenommen. Siegreich brachte der Jüngling dem überraschten Vater Schatz und Sippe des Sarmaten. Aber die Stadt *Singidunum* behielt er für sich, statt sie den Römern herauszugeben, denen sie erst kürzlich entrissen worden war – ganz ähnlich wie er später Italien Odovakar entreißt, aber zu eigenem Recht behält. Vielleicht trug dies zu dem Bruch mit Byzanz bei, der bald darauf erfolgte.

Das Volk der Goten war unzufrieden mit seinen Wohnsitzen und Zuständen, es litt Mangel an Nahrung und Kleidung. Der Ackerbau mochte unlustig betrieben werden oder der Boden in der Tat nicht genügen. Durch Plünderung der oft schon heimgesuchten Nachbarn war nichts mehr zu gewinnen; so nötigte die Menge »mit großem Geschrei« den König, diese Sitze und Verhältnisse zu verlassen. Der König gibt nach. Nur auf Kosten der beiden römischen Reiche konnten bessere Länder gewonnen werden. So veranlaßt er seinen Bruder Widemer, fortan als selbständiger Führer seiner Gaue gen Westen zu ziehen und Italien anzugreifen. Er selbst als der Mächtigere wollte sich gegen das Ostreich wenden, das also schon damals als der stärkere Teil des Imperiums galt, der denn auch, dank vor allem der unvergleichlichen Lage seiner Hauptstadt, das Westreich um ein Jahrtausend überdauert hat. Der Grund der Trennung der gotischen Gaue war wohl die erkannte Unmöglichkeit, die vereinten Massen auf dem Zug zu verpflegen.

Es gelang dem westlichen Kaiser Glycerius, durch reiche Geschenke Widemer von Italien abzuhalten und statt dessen nach Gallien abzulenken (a. 474), wo diese ostgotischen Gaue mit den daselbst vorgefundenen Westgoten verschmolzen, in deren Volk und Reich sie aufgingen.

Theodemer aber zog im Kampf mit Römern und Sarmaten in die Provinz Mösien, entriß dem Kaiser die Städte *Naissus* und *Ulpiana*, starb jedoch bald darauf, nachdem er seinen Sohn dem Volke als seinen Nachfolger empfohlen hatte. Die Goten erhoben denn auch den Einundzwanzigjährigen, den das Blut der Amaler und früh erworbener Ruhm auszeichneten, zu ihrem König. Die nächsten dreizehn Jahre waren für Theoderich eine schwere Lehrzeit. Sein Volk hatte auch in den neuen Sitzen keinen gesicherten Bestand, er war immerhin auf Byzanz angewiesen, wenn er nicht wieder auf das Nordufer der Donau und in den Kampf mit den dortigen Barbaren treten wollte. Die Staatskunst von Byzanz aber mußte darauf gerichtet sein, die gotischen Waffen gegen geringsten Entgelt möglichst für den kaiserlichen Dienst auszubeuten, bis man sie entbehren oder gar vernichten konnte. Dabei wurde die Stellung des Königs in diesem Schachspiel sehr verschlimmert durch die Nebenbuhlerschaft jenes früher genannten gotischen Häuptlings *Strabo*, der, in ganz ähnlicher Lage, vom Kaiser bei jeder

Gelegenheit gegen die Amaler verwertet werden konnte. So dreht sich die Schaukelkunst jener Jahre stets um die angedeuteten Angeln. Strabos Vater, *Triarius*, mochte in der Schar von Ostgoten, die unter *Alatheus* und *Safrach* vor den Hunnen über die Donau geflüchtet waren, als Edler und zumal als Gefolgsherr hervorgeragt haben – den Königsnamen führte weder er noch sein Sohn; dieser forderte vom Kaiser Erbschaft und Amt seines jüngst ermordeten Verwandten *Aspar*, des »magisterium praesentis militae«, Aufnahme seiner Scharen in Thrakien, ein Jahrgeld von tausend Pfund Gold und Verleihung des Namens eines »Königs der Goten«. Hierin war er sehr verschieden von Theoderich, der, unzweifelhafter König seines Volkes, zwar römische Würden vom Kaiser fordert, aber Anerkennung oder gar Verleihung des Königstums von Byzanz natürlich nicht zu fordern braucht.

In den Jahren bis zum Tode Strabos trachtet nun Kaiser *Zeno* (a. 474–491), die beiden gotischen Häuptlinge gegeneinander ins Spiel zu bringen, der »Schieler«, was ihm an Glanz und Macht gegenüber dem Volkskönig, dem Amaler, gebricht, durch kaiserliche Mittel zu ersetzen, endlich Theoderich, der König, stark, aber auch gebunden dadurch, daß er ein Volk vertritt, dies Volk zugleich so unabhängig und so begünstigt von Byzanz hinzustellen, als erreichbar.

Zeno war durch einen Anmaßer, *Basiliskos*, unter Strabos Hilfe vertrieben worden (a. 475–476). Theoderich hatte für des Kaisers Wiedereinsetzung (auch gegen gemeinsame äußere Feinde, die *Bulgaren*) gekämpft und zur Belohnung Geld, die Würde des Patriziats, die Annahme zum Sohn durch Waffenleihe erhalten. Jedoch sicherte er für alle Fälle sich und sein Volk, indem er, sehr weislich der Dauer byzantinischer Gunst und Dankbarkeit nicht trauend, ohne Bewilligung des Kaisers und zum Teil mit Gewalt wider dessen Truppen, an der unteren Donau Stellung nahm: *Novae* unterhalb Singidunum war sein Hauptsitz.

Erst die Ablenkung nach Italien macht diesen Schwankungen zwischen offener Feindschaft und Ehrenbezeigungen ein Ende. Ganz im Geist altrömischer Staatskunst und zugleich nur Wiederholung des in dem letzten Jahrzehnt getriebenen byzantinischen Spiels war es, einen Germanenfürsten durch den anderen zu verderben: statt Strabos bediente sich nun Byzanz *Odovakars* gegen Theoderich. Denn das Danaergeschenk Italien mußte sich der Beschenkte erst erobern: er sollte es dem Arm Odovakars entreißen, der sich in langjährigem Kampf als ebenbürtiger Gegner des Amalers erwies.

Das weströmische Reich hatte durch einen Söldneraufstand ein, man möchte sagen, zufälliges Ende gefunden, wenigstens war kein Plan auf dies Ergebnis gerichtet gewesen. Die germanischen Söldner hatten ihre Ansprüche von Jahrhundert zu Jahrhundert gesteigert. Das Mittel, ihnen neben Geldlohn und Naturalverpflegung Land zur Bebauung zugleich und Verteidigung anzuweisen, war ungefährlich, solange das Reich stark genug war, diese Barbaren als echte »Grenzer« auf die äußersten, gefährdetsten Ränder der Monarchie zu beschränken. Hier haben sie jahrhundertelang dem Reich gute Dienste geleistet in Fernhaltung anderer Barbaren. Als aber diese Söldner der sinkenden Macht des Imperiums gegenüber es durchzusetzen wußten, daß sie auch in den inneren Provinzen des Reiches angesiedelt wurden, und zwar nicht nur als Nießbraucher, als Eigentümer eines Bodendrittels, da drohte die Gefahr der Barbarisierung des Reiches. Odovakar war von Byzanz nicht anerkannt worden; nunmehr sollte

Theoderich ihn vernichten und als kaiserlicher Statthalter Italien für Byzanz verwalten, zugleich sein Volk in dem Land ansiedelnd. Vielleicht war dabei von Anfang bedungen, daß zu diesem Zweck nur die sortes Herulorum, das heißt die bisher von den Söldnern besetzten Bodendrittel verwendet werden sollten. Mochte Theoderich, mochte Odovakar erliegen, jedesfalls gewann der Kaiser: Er entledigte sich eines gefährlichen Nachbars oder eines Anmaßers, er wurde der Goten ledig, oder er gewann Italien dem Reiche zurück. Der Plan war echt byzantinisch schlau, aber er übersah die große Herrscherseele Theoderichs und den Rückhalt, den ihm als Sieger sein Volkskönigstum gewähren mußte.

Die Zustimmung des Volkes mußte der König freilich einholen zu dem schicksalvollen Schritt. Sie wurde gern erteilt, die Goten waren unzufrieden mit den Wohnsitzen und den stets schwankenden Verhältnissen zu dem treulosen Byzanz. Noch im Jahre 488 geschah der Aufbruch, nachdem die über weite Landschaften verstreuten Siedler zusammengezogen waren. Abermals ging das Volk mit Weib und Kind, Knechten und Mägden, mit Wagen, Rossen und Rindern auf Wanderschaft. Die Kopfzahl zu schätzen ist sehr schwer. Früher wurden alle diese Germanenvölker der Wanderung zu hoch geschätzt. Da jedoch unter Wittichis und Totila hundertundfünfzig- bis zweihunderttausend Krieger aufgestellt werden können, allerdings nach starker Vermehrung der Bevölkerung, wird man die Zahl der Einwanderer auf etwa zweihundertundfünfzigtausend anschlagen müssen. Manche Goten blieben freilich zurück, so *Bessa*, der später im Heer Belisars gegen seine Volksgenossen befehligte. Dafür aber begleiteten einzelne Byzantiner den Zug, und auf dem Weg schlossen sich starke Bruchteile der *Rugier* an. Von *Novae*, dem Hauptlager des Königs in diesen letzten Jahren, nördlich von *Nikopolis*, hart an der Donau ging der Zug den Strom aufwärts auf dem rechten, dem römischen Ufer des Stroms, über *Singidunum* und *Sirmium*, in ununterbrochenen Gefechten mit *Bulgaren* und »*Sarmaten*«, das heißt wohl meist Slawen. Des Königs persönliche Tapferkeit entschied den schweren Tag, an dem die *Gepiden* dem altverfeindeten Volk den Weg versperrt hatten. In höchst beschwerlichem Wandern gelangten die Goten, zugleich von den Schrekken des Winters, des Hungers und böser Seuchen bedrängt, die *Save* aufwärts auf gefährlichen Bergwegen auf den Kamm der Alpen und erreichten endlich den *Isonzo*, der die Grenze Italiens bildete. Hier, an der Schwelle seines Hauses, trat ihnen sofort Odovakar entgegen, aber die Goten erzwangen den Flußübergang (28. August a. 489). Vier Wochen darauf (30. September) lieferte ein zweiter, blutig bestrittener Sieg bei *Verona* diese starke Festung, die Etschlinie und *Mailand* den Goten aus. Odovakar will nach Rom eilen, aber schon schließt ihm seine Hauptstadt die Tore, dem im Auftrag des Kaisers auftretenden Feind zufallend. Nun wirft sich Odovakar in seine zweite Hauptstadt *Ravenna*, eine für die Belagerungsmittel jener Zeit durch Sturm nicht bezwingbare Festung der Sümpfe. Und da *Classis*, der Kriegshafen der römischen Adriaflotte, die Verpflegung der Stadt von der Seeseite sicherte, blieb, solange der Belagerer der Schiffe für eine Hafensperre entbehrte, auch Aushungerung ausgeschlossen. Ravenna war, gleich Venedig in unseren Tagen, eine Wasserstadt, in deren Lagunen Gondeln den Verkehr vermitteln. Ein kunstvolles Netz von Kanälen des Po machte auf den drei Landseiten den Gewaltangriff fast unmöglich. Das flache Land freilich meinte Odovakar nicht mehr halten zu können, vollends seit sein Feldherr *Tufa* zu den Goten übergetreten war. Aber sei es, daß dieser

Übertritt von Anfang eine List zu Gunsten Odovakars war, sei es, daß der Abgefallene reuig zum alten Herrn zurückkehrte – Tufa brachte Theoderich in große Gefahr dadurch, daß er, zu Odovakar zurückfallend, die ihm untergebenen gotischen Heerführer gefangen auslieferte. Nun ging Odovakar seinerseits zum Angriff über, *Cremona* und *Mailand* fielen ihm wieder zu, und Theoderich war gezwungen, sich mit den Seinen in die Mauern *Pavias* zurückzuziehen, wo er nun seinerseits eingeschlossen wurde – die beste Warnung gegen Überschätzung der Zahl der Einwanderer, die neben den bisherigen Einwohnern also sämtlich in einer Mittelstadt Raum fanden. Die Lage der Eingeschlossenen wurde sehr bedenklich, nur treue Freundeshilfe der nahe verwandten *Westgoten* brachte Rettung. Diese sandten ein starkes Heer zum Entsatz. Nun vermochte Theoderich wieder das offene Feld zu nehmen, und er schlug die Feinde in einer dritten Schlacht um einen Flußübergang, an der Adda (11. August 490). Abermals wurde Odovakar genötigt, sich in Ravenna zu bergen, und hier von drei gotischen Lagern auf der Landseite umschlossen, während Theoderich, selbst oder durch gotische und römische Führer, Rom und ganz Italien bis auf *Ariminum* und *Cäsena* gewann. Die italische Bevölkerung fiel ihm fast ausnahmslos zu und beseitigte gemäß geheimer Verschwörung an *einem* Tag gleichzeitig im ganzen Land die widerstrebenden Anhänger Odovakars mit blutiger Tat, einer Art »Vesper«. Inzwischen hatte dieser mit zähem Heldenmut sich auf das grimmigste verteidigt, in sehr häufigen nächtlichen Ausfällen die Werke der Belagerer zu sprengen und zumal ihre wichtigste Stellung, das feste Lager in der *Pineta*, zu überraschen versucht. Als der letzte, überaus heftige Angriff auf dasselbe, freilich nur mit alleräußerster Not, durch Theoderichs eigenes Schwert abgeschlagen war (10. oder 15. Juli a. 491), umschloß der Sieger die erschöpften Söldner noch enger und sperrte, seit er in dem eroberten Hafen von *Ariminum* eine Flotte gewonnen, auch von der Seeseite die Zufuhr ab (28. August a. 492). So zwang der Hunger die Stadt zur Ergebung. Nach tapferstem, drei Jahre hindurch fortgeführtem Widerstand schloß Odovakar unter Vermittlung des Bischofs von Ravenna einen ehrenvollen Vertrag (27. Februaer a. 493), wonach er gegen Vergeiselung seines Sohnes *Thela* Leben, Freiheit, königliche Ehren gleich Theoderich selbst zugesichert erhielt. Aber leider hat uns die Geschichte nicht zu rühmen, daß die beiden großen Helden diesem Vertrag und ihrer Hoheit gemäß nun in guten Treuen nebeneinandergelebt. Ein blutiger Fleck entstellt das sonst so edle Bild Theoderichs: Theoderich besorgte alsbald – ob in Wahrheit oder zum Schein,und, ersterenfalls, ob mit Recht oder Unrecht, ist nicht zu ermitteln – Nachstellungen Odovakars gegen sein Leben, denen er zuvorzukommen beschloß. Bald nach seinem Einzug in Ravenna (5. März a. 493) lud er ihn zum Mahl in den Palast *Lauretum* zu Ravenna und stieß ihn hier mit eigener Hand nieder; auch sein Sohn und seine Gefolgschaft teilten den Untergang des Helden.

Äußere Geschichte des Ostgotischen Reiches in Italien unter Theoderich dem Großen (493—526)

Theoderich, der Dietrich von Bern der Heldensage — Friedliches Zusammenleben von Römern und Ostgoten — Alarich, der Westgotenkönig — Amalaswintha, die Tochter Theoderichs d. Gr., heiratet Eutharich aus dem amalischen Königshaus, einen Waffensohn des Kaisers Justinus I.

Die Darstellung dieses Reiches ist deshalb schwierig, weil nicht nur die heutigen Auffassungen der Zustände, nicht bloß die alten Quellen, vielmehr die Verhältnisse selbst reich an Widersprüchen sind.

Einerseits ein Barbarenvolk, ein Barbarenkönig, durch Eroberung tatsächlich Herren Italiens und der Nebenländer und so wenig abhängig von Byzanz, daß es zum offenen Kampf zwischen beiden kommen kann, der als Krieg, nicht als Empörung gilt.

Dabei aber andrerseits in der Form die größte Schonung nicht nur der Italier, auch der Beziehungen Italiens zum Kaiserreich, feierliche Erklärungen, wonach das Land als zum Kaiserreich gehörig, das Gotenvolk als Teil des Imperiums bezeichnet wird, in ausdrücklichem Gegensatz zu den Königen und Völkern der Barbaren. Denn freilich, im Auftrag des Kaisers war ja Theoderich ausgezogen, Italien von einem Anmaßer zu befreien, nicht, um es für sich zu erobern und kraft eigenen Rechts zu beherrschen.

Der letzte Grund dieser Widersprüche lag darin, daß der schlaue byzantinische Plan die Rechnung ohne den Wirt gemacht hatte; das heißt, man hatte die Herrschernatur Theoderichs nicht erwogen und nicht die vom Kaiser und von Italien unabhängige Macht, die ihm sein altbegründetes Königstum an der Spitze seines Volkes sichern mußte.

Alsbald nach Odovakars Untergang wurde Theoderich durch sein Volk zum »König« ausgerufen, natürlich nicht der Goten, was er bereits war, sondern Italiens oder »der Italier«; – das heißt kraft eigenen Rechts, kraft der Eroberung, als Ausdruck seines Sieges, nicht als Beamter des Kaisers sollte und wollte er herrschen in dem bemeisterten Land. Das war freilich gegen Zenos Plan, wohl auch gegen die Abrede: – dies meinen später die Byzantiner, wenn sie der Goten Recht im Land bestreiten, wenn sie sagen, Theoderich habe in Italien nur einen Anmaßer (»Tyrannos«) Odovakar durch den anderen – sich selbst – ersetzt, er habe das Land für sich, statt für den Kaiser erobert und behalten. Denn daß sein Volk im Land sollte wohnen dürfen, war ja selbstverständlich und vorbedungen, nur die Herrschaft kraft eigenen Rechts statt als kaiserlicher Beauftragter enthielt die »Anmaßung«.

Schon während des Kampfes mit Odovakar, nach dem Sieg an der Adda, hatte Theoderich das Haupt des Senats, Festus, nach Byzanz geschickt, von Kaiser Zeno die vestis regia zu erbitten. Das heißt, selbstverständlich nicht die Abzeichen der *gotischen* Königswürde, die er längst besaßt, vom Kaiser weder erbitten noch erhalten konnte und gegenüber den Italiern nicht brauchte, sondern den Purpur: als Zeichen der von Byzanz anerkannten Herrschaft über Italien, um

die damals noch schwankenden Italier zu gewinnen. Bevor aber diese Anerkennung erfolgte, war Odovakar vernichtet, und nun riefen die Goten, ohne die Antwort von Byzanz, wo inzwischen auf Zeno *Anastasius* (a. 491–518) gefolgt war, abzuwarten, ihren König zum König von Italien aus. Dies nahm der Kaiser gewaltig übel und erst nach mehreren Jahren (a. 498) erfolgte Aussöhnung und Anerkennung jenes eigenmächtigen und die ursprüngliche Absicht der Kaiser durchkreuzenden Schrittes. Anastasius sandte die Kleinodien des Palastes von Ravenna, die Abzeichen des abendländischen *Kaisertums*, die Odovakar anfänglich in Anerkennung der Oberhoheit des oströmischen Kaisers nach Byzanz geschickt hatte, an Theoderich zurück. Daher die »kaiserliche« Würde, die der Gote gegenüber anderen Germanenkönigen, aber freilich nicht gegen den Imperator zu Byzanz, in Anspruch nimmt.
Von früheren Beispielen, da ebenfalls germanische Helden an der Spitze ihrer Scharen in Italien in des Kaisers Namen gewaltet, von der Stellung eines *Stilicho*, *Aëtius*, *Rikimer*, unterschied sich Theoderichs Stellung sehr wesentlich dadurch, daß hinter ihm nicht bloße Söldnerhaufen, sondern ein mit Weib und Kind, Unfreien und Herden eingewandertes und nun angesiedeltes Volk stand.
Diese Ansiedlung, gewiß unter Beibehaltung der Gliederung in Sippen, so daß die nächsten Verwandten auch die nächsten Nachbarn wurden, geschah ohne neue Landteilung; vielmehr rückten die Goten nur an Stelle der in dem langen und blutigen Kampf gefallenen Anhänger Odovakars in die »sortes Herulorum« ein. Alle Führer und Vornehmen, das heißt also alle größeren Grundherren unter diesen, hatten Leben und Eigentum verloren. Das Land war entvölkert, die weitgestreckten Großgüter boten Raum genug für die neuen Ankömmlinge, obzwar deren Kopfzahl viel bedeutender sein mußte als die der Söldner. Jedoch nicht einmal über Italien verbreiteten sich die Goten in gleichmäßiger Dichte, und in den Nebenländern Gallien, Spanien haben wir als Regel Besatzungen, nicht Ansiedlungen anzunehmen.
Den Ostgoten hatten sich auf dem Zug Gepiden angereiht, zumal aber mehrere geschlossene Gaue der Rugier, die auch in Italien sich zwei Menschenalter hindurch unvermischt mit Goten erhielten. Gerade dies beweist, daß die Ansiedlung nach Sippschaften erfolgt war; was man den geringen Splittern eines Nebenvölkleins verstattet hatte, war gewiß von dem Hauptvolk sorgfältig gewahrt worden. Manche Erscheinungen des großen Krieges gegen Byzanz erklären sich unter solcher Voraussetzung.
Es sind nun in dem Reiche Theoderichs die beiden Volksgruppen, aus welchen es sich zusammensetzt, zu unterscheiden: die *Römer* (und Provinzialen) einerseits, die *Goten* andrerseits. Was jene betrifft, wurde die ganze bisherige Verfassung, der Bau der Staatsämter und die Gemeindeverfassung der Städte, mit allen Rechten der Magistrate, Korporationen und der einzelnen aufrechterhalten, selbstverständlich auch mit den bisherigen Pflichten, zumal den Steuerlasten. Nur war an die Stelle des Kaisers nunmehr der König als Träger der entsprechenden Forderungen und staatsrechtlichen Befugnisse getreten; ob kraft eigenen Rechts, oder ob nur in Vertretung des Kaisers – darüber waltet, wie gesagt, ein wechselndes Dunkel.
Für die Goten bestand dem Grundsatz nach ebenfalls die bisherige Verfassung fort, die sie mit nach Italien gebracht: Theoderich blieb an ihrer Spitze als Träger des alt angestammten Königstums; eine Erinnerung der alten Zustände und ein

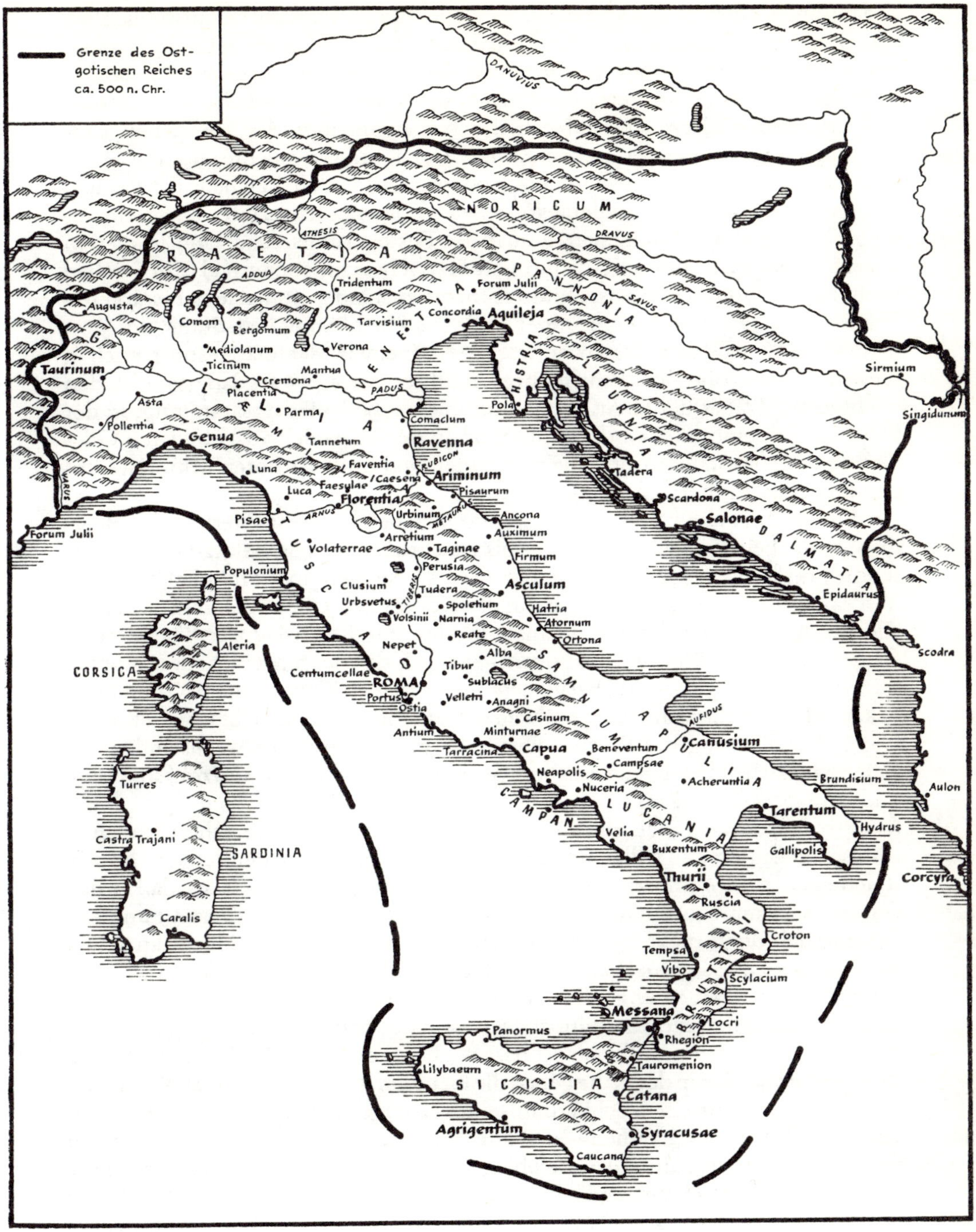

Das Reich der Ostgoten in Italien um 500

bedeutsames Zeichen des Verhältnisses zu den Italiern bildete das ausschließlich aus Goten bestehende *Heer*. Nur ausnahmsweise wurden einzelne Byzantiner und Römer durch besonderes Vertrauen des Königs als Anführer zugelassen. Indessen, die bisherige Verfassung hatte doch sehr wesentliche Veränderungen erfahren müssen schon durch das Nebeneinander der römischen Einrichtungen, zumal der römischen Ämter. Der König versuchte, wie die Herrscher in allen diesen auf römischem Boden gegründeten Reichen, die Rechte, die er als Nachfolger des Imperators gegen die Römer hatte, auf seine germanischen Untertanen auszudehnen, zumal das Besteuerungsrecht. Und in diesem Trachten, das nicht nur als Ausfluß von Herrschsucht, sondern als ein Streben nach Herstellung mehr ausgebildeter Staatszustände, zumal einer stärkeren Staatsgewalt gegenüber dem ungebändigten Unabhängigkeitsdrang des germanischen Wesens aufzufassen ist, war die Krone, wie regelmäßig sonst, auch in diesem Reich erfolgreich. Ein Hauptgrund ihrer Erfolge war, daß das Volk den wichtigsten Träger der alten Verfassung, die große Volksversammlung, in der gleichen Zeit einbüßte, da das Königtum in der überreich ausgebildeten Gliederung der römischen Ämter die mannigfaltigen und erprobten Mittel des imperatorischen Einherrschertums gewann.
An die Stelle der alten Volksversammlung, die, bei der Zersplitterung der Heermänner über ein Gebiet von Syrakus bis Innsbruck und von Belgrad bis Toledo, schon aus räumlichen Gründen in der alten Weise nicht mehr möglich war, trat nun das palatium regis und die Person des Königs: von ihr strahlt nun alle Ehre, alle Bedeutung im Staat aus. Damals konnte der Reichskanzler Theoderichs schreiben: »Eher könnte die Natur irre gehen, als daß der Staat nicht das Gepräge seines Fürsten trüge«, und: »Fast einem Toten ist gleich, wer seinem König nicht bekannt ist, bar aller Ehre lebt, auf wen seines Königs Auge nicht leuchtet.«
Die äußere Haltung des Reiches wurde bestimmt durch die wechselnden Beziehungen zu den beiden mächtigsten Staaten der Zeit: dem *Kaiserreich* im Osten und dem *Frankenreich* im Norden.
So eifrig Theoderich auch gutes Vernehmen mit Byzanz pflegte, schon um seiner römischen Untertanen willen, so höflich er sich in Briefen an den Kaiser und sein Reich als »Teil des Imperiums« bezeichnete – er zeigt zu Byzanz an, daß er den Gallier Felix zum Konsul für das Jahr 511 ernannt, und erbittet Bestätigung – er besinnt sich doch nicht, der Festsetzung der byzantinischen Macht an seiner übel gedeckten Ostgrenze sofort mit den Waffen entgegenzuschreiten. Kaiser Anastasius hatte einen angeblichen Abkömmling Attilas, *Mundo*, der in jenen Grenzlanden einen kleinen Räuberstaat errichtet hatte, angreifen und in einer alten Feste als letztem Zufluchtsort hart bedrängen lassen. Da eilte Theoderichs Feldherr *Pitza*, der in der Nähe gegen die Gepiden focht, herbei (a. 504), erklärte den Abenteurer für einen Schützling seines Königs und, da die Byzantiner hierauf keine Rücksicht nahmen – der alte Feind und glückliche Bekämpfer der Goten, Sabinianus, führte den Befehl –, griff sie Pitza an, schlug sie samt ihren bulgarischen Hilfsscharen und befreite die Belagerten. Drei Jahre währte hierauf offener Kriegszustand zwischen dem Kaiser und seinem angeblichen Statthalter in Italien. Anastasius brauchte seine Überlegenheit zur See und ließ, als die Goten in Gallien (a. 507–508) alle Hände voll zu tun hatten, durch seine Flotte die gotischen Küstenstädte von Kalabrien angreifen und ausplündern. Daraufhin rüstete Theoderich mit Kraft und Eile eine Flotte, eine Maßregel, die nur gegen

Byzanz gerichtet sein konnte. Doch wurde der Streit ohne weitere Feindseligkeiten beigelegt; wie denn der König nach Vernichtung Odovakars eine höchst friedliebende Staatskunst verfolgte und nur notgedrungen zum Schwert griff – ein Zug, den die Heldensage in Dietrich von Bern mit Nachdruck hervorhebt –, mochte diese Friedensliebe von eigener Neigung und Weisheit oder von geheimer Erkenntnis der inneren Schwäche seines Reiches eingegeben sein. Der Krieg wurde ihm aufgezwungen durch seine bitterbösen Nachbarn im Norden, die gefährlich aufstrebende jugendliche Macht der *Franken*, seit diese in dem Merowingen *Chlodovech* einen kühnen, listigen und gewissenlosen Führer zu gewalttätigem, schonungslosem Angriff gewonnen. Theoderich hatte des Stammes und seines Königs bedrohliche Art klar durchschaut. Er hatte sie neben Byzanz als den lauernden Feind seines Reiches erkannt. Wider Chlodovech war daher die mit größter Sorgfalt systematisch getriebene Staatskunst des Friedens gerichtet gegenüber allen kleineren Fürsten, die er, ohne eine staatsrechtliche oder auch nur völkerrechtliche Form dafür zu finden, in einer tatsächlichen Schutzhoheit, in einer Art Oberleitung unter seinem väterlichen, sittlichen Ansehen zu versammeln trachtete. Außer Geschenken und Gesandtschaften bediente er sich zu diesem Zweck zumal des Mittels der Verschwägerungen, indem er die Frauen seines Hauses mit benachbarten Fürsten vermählte. Er selbst hatte nach dem Tod seiner ersten Gemahlin Chlodovechs Schwester *Audefleda* zur Ehe genommen. Von seinen Töchtern, *Theodegoto* und *Ostrogoto*, vermählte er die erste mit *Alarich II.*, dem König der *Westgoten*, die zweite mit *Sigismund*, dem König der *Burgunden*. Da ihm ein Sohn nicht geboren wurde, suchte er seiner Tochter *Amalaswintha* die Krone dadurch zu sichern, daß er sie mit einem Angehörigen des amalischen Königshauses, *Eutharich*, verheiratete, der bis dahin bei den Westgoten in Spanien gelebt hatte; dieser wurde von Kaiser *Justinus* (a. 518–527) zum Waffensohn angenommen und a. 519 zum Konsul ernannt. Seine glänzende Schwester *Amalafreda* gab er *Thrasamund*, dem glänzenden König der benachbarten *Wandalen* in Afrika, seine Nichte *Amalaberga Hermanfrid*, dem König des Thüringerreiches im Herzen Deutschlands, zur Ehe, und den König der *Heruler* nahm er durch Waffenleihe zum Waffensohn an. Bis zu den fernen *Esten* an der Ostsee war der Ruhm seines Namens gedrungen, sie schickten durch Gesandte Bernstein als Ehrengeschenk.

Der Merowing ließ sich jedoch weder durch die Schwägerschaft noch durch die Furcht vor dem Goten von seinen Eroberungsgedanken abbringen. Mit Mühe gelang es Theoderich, die unabhängigen Reste der *Alemannen* auf dem rechten Rheinufer, denen er nach Chlodovechs Sieg über das Volk in Graubünden Zuflucht gewährt hatte, vor weiterer Verfolgung durch den Franken zu schirmen; durch Unterwerfung des größten Teils des Alemannengebiets waren nun Goten und Franken unmittelbare Nachbarn geworden.

Vergeblich aber blieben alle Anstrengungen Theoderichs, Chlodovech von dem lang geplanten Angriff auf die *Westgoten* in Südgallien abzuhalten, deren arianische Ketzerei die dem jüngst erst katholisch gewordenen Franken erwünschte Heiligung der Raubgier gewährte. Der König schrieb höchst eindringliche Briefe an seinen Schwager, den Franken, und an seinen Eidam, den Westgoten, sie zur Erhaltung des Friedens zu bewegen. Auch an die befreundeten Fürsten der *Burgunder*, *Thüringer*, *Warner*, *Heruler* richtete er Mahnungen, sich mit ihm zur Zügelung der Frankenmacht zu verbinden. Aber Chlodovech zog die Burgunder auf seine Seite und griff an. Der König der Westgoten verlor auf den *vocladischen Feldern* (a. 507) Sieg und Leben, sein Knäblein *Amalarich*, Theoderichs Enkel, wurde von einem Bastardbruder in der Thronfolge bedroht, Franken und Burgunder eroberten den größten Teil der westgotischen Besitzungen in Gallien. Notgedrungen mußte da der friedfertige König mit den Waffen einschreiten, seinen Enkel zu schützen und Gallien nicht völlig den Siegern preiszugeben. Spät, aber mit Nachdruck und Erfolg, griffen die ostgotischen Heere ein. Vermutlich war die drohende Bewegung der kaiserlichen Seemacht gegen die Küsten Italiens im Jahre 507 im Einvernehmen mit den Franken und Burgundern erfolgt und hatte die gotischen Truppen eine Zeitlang in der Heimat festgehalten. Zur Sommersonnenwende a. 508 wurde nun das gotische Heer versammelt, Graf *Ibba* führte es über die Seealpen, entsetzte *Arles* (Arelate), das *Thulun*, ein Verschwägerter des amalischen Hauses, glänzend verteidigt hatte, schlug die verbündeten Franken und Burgunder, drang über die Rhone und brachte auch hier den belagerten Städten, zumal *Carcassonne*, das einen Teil des westgotischen Schatzes bewahrte, Entsatz. Es war die einzige völlige Bezwingung, welche die gegen alle anderen Feinde sieghafte Frankenmacht erlitt. Dies spiegelt sich in der Siegfriedsage darin, daß nur Dietrich von Bern den unbezwingbaren »Helden von Niederland« besiegen kann – denn die salischen Franken waren die Helden von Nieder(Rhein-)land. In dem hierauf a. 509 geschlossenen oder tatsächlich eintretenden Frieden bewährte Theoderich wieder seine weise Mäßigung: Er verfolgte die errungenen Vorteile nicht weiter, übernahm aber nunmehr selbst die Aufgabe, den Franken und Burgundern in Südgallien Widerpart zu leisten. Er verleibte das Land zwischen *Rhone*, *Durance* (Druentia) und dem Meer mit den wichtigen Städten *Marseille*, *Arles* und *Avignon* seinem Reich ein (Odovakar hatte es den *West*goten überlassen) und schloß damit die Franken von den Seealpen ab, während er von dieser vorgeschobenen Stellung aus stets einen höchst gefährlichen Stoß in das Herz ihrer Macht führen konnte. Zugleich ordnete der König das tieferschütterte Westgotenreich auch in Spanien: *Ibba* ging über die Pyrenäen, vertrieb zuerst, vernichtete dann nach seiner Wiederkehr aus Afrika den Anmaßer *Gesalich* (a. 511) und befestigte Amalarichs nun unbestrittene Herrschaft. Für diesen übernahm Theoderich selbst die Regierung des Westgotenreiches, wobei sich freilich sein Statthalter, der Ostgote *Theudis*, allmählich zum tatsächlichen Gebieter des Landes aufschwang.

Nur einmal noch griff Theoderich zu den Waffen, abermals in aufgezwungener Abwehr der Franken. Angebliche Frevel im Königshaus der Burgunder gaben den Söhnen Chlodovechs Vorwand zur Einmischung in die burgundischen Dinge. Und diese Einmischung wie die Ermordung seines Enkels von der verstorbenen Ostrogoto durch den eigenen Vater König Sigismund auf Anstiften eines zweiten Weibes nötigte auch Theoderich, einzuschreiten. Graf Thulun rückte (a. 523) in das Land, und der Nachfolger des einstweilen von den Franken vernichteten Sigismund entledigte sich dieses neuen Feindes durch bedeutende Abtretungen im Südwesten des Reiches. So mochte Theoderich die voraussichtliche Teilung des noch übrigen unter die Franken herankommen lassen: er hatte seine Verteidigungslinie dementsprechend wieder weiter in das Herz von Gallien vorgeschoben.

Mit diesen Erfolgen war der Scheitelpunkt von Theoderichs Machtstellung nach außen gekrönt.

Groß war Ruhm und Glanz seines Reiches. Die inneren Schäden und Gefahren blieben damals noch verhüllt, kaum etwa dem Kaiser und den Merowingen erkennbar. Alle anderen Stämme bewunderten den Beherrscher Italiens, den Nachfolger der Imperatoren in dem Land der Weltherrschaft und der Weltbildung. Er selbst unterschied sich mit Selbstgefühl von den übrigen »Barbarenkönigen« und suchte seine Ehre darin, diese mit der römischen Gesittung bekanntzumachen, die er, soweit sein Einfluß irgend reichte, hoch verehrend und liebend in ihren Überbleibseln schützte und seinen Goten wenigstens in der staatlich wichtigsten Seite in der Staatsauffassung und in dem Rechtsleben anzueignen trachtete: sein Volk und Reich sollte zwischen Byzanz und der Germanenwelt eine vermittelnde Brücke bilden. Als er seine Nichte dem König der Thüringer als Braut zusendet, schreibt er: »Das glückliche Thüringen wird fortan mit dem Mädchen sich schmücken, welches das reiche Italien zu Wissenschaft und feiner Art herangebildet hat«. Dem König der Burgunder schickt er auf dessen Wunsch kunstvolle Uhren samt den Werkmeistern: »In deiner Heimat sollst du fortan besitzen, was du zu Rom bewundert. Burgund soll nun die feinsten Wunderdinge kennen und die Erfindungen der Alten preisen lernen; durch seinen König lege dein Volk die barbarische Lebenssitte ab, und was uns Goten alltäglich, möge den Burgundern als Wunder nahetreten.« Dem gelehrten *Boëtius* erteilt er den Auftrag dieser Sendung und auch die Sendung eines Sängers an den Frankenkönig. Hierbei sagt er, Boëtius werde dabei dem Orpheus gleich durch holde Weisen den Sinn der Barbaren sänftigen. Ausdrücklich legt er sich nicht nur königliche, sondern *kaiserliche* Würde bei, nicht etwa wegen der Annahme zum Waffensohn durch Kaiser Zeno, sondern weil er sich als Beherrscher von Rom und Italien als Nachfolger der Imperatoren dachte – ähnlich wie später bei Karl dem Großen diese Beherrschung Roms und Italiens ganz wesentlich als Rechtfertigung des angenommenen Kaisertitels galt; dem Thüringerfürsten schreibt er bei der Vermählung mit Amalaberga: »Ihr, von *königlichem* Geschlecht entsprossen, sollt fortan durch den Glanz *kaiserlichen* Blutes noch weiterhin als bisher Schimmer verbreiten.«

Für das Rechtsleben wurde die Aufnahme des römischen Grundsatzes durch einen bestimmten Rechtsausdruck bezeichnet: »civilitas, civiliter vivere«, das heißt nach dem Recht, als Bürger, nicht durch Fehdegang und Rache, Streitigkeiten entscheiden. Der weise König erkannte die Gefahr, welche die Anwendung des alten Waffenrechts durch seine Goten wider die Italiener für sein auf die Eintracht beider Nationen gegründetes Reich bedeutete. Mit aller Strenge unterdrückte er deshalb jene volkstümliche Rechtssitte seiner Germanen. Streit untereinander oder mit Italiern sollte nur durch Richterspruch, nicht mehr durch Fehdegang entschieden werden. In diesem Sinn rühmt er von seinen Goten: »laus Gotorum civilitas custodita«, »der Ruhm der Goten ist die Erhaltung des Rechtsfriedens«. Sie haben mit der Kraft der Barbaren die Einsicht verbunden, die Verständigkeit, die sie von den Römern sich aneigneten. Den Römern, die, verwildert durch die langen Unruhen, selbst zu den Waffen zu greifen neigten, sagt er: »Nehmt doch nicht Sitten an, die ihr andere ablegen seht.«

Die überlegene Weisheit des Königs bewährte sich besonders auch in seiner klugen und edlen Duldung gegen Andersgläubige. Während im römischen Reich Arianer und andere Ketzer, im Wandalenreich die Katholiken, im Westgotenreich erst Katholiken, dann Arianer und Juden grausam verfolgt wurden, schützte Theoderich in seinem Reich die Katholiken und die Juden und zwang die Christen, welche die Synagogen verbrannt hatten, sie auf eigene Kosten wiederaufzubauen. Ja, als bei zwiespältiger Papstwahl die Katholiken sich in den Straßen Roms bekämpften, waren es die ketzerischen Goten, welche die Ordnung aufrechterhielten.

Gleichwohl konnte der König nicht verhindern, daß gerade von dem Gegensatz der Bekenntnisse der Widerstreit ausging, der gegen Ende seines Lebens den Frieden seiner Regierung stören und das bald nach seinem Tode ausbrechende Kampfgewitter vorverkünden sollte.

Unter den selbst ketzerischen Neigungen zugewandten Kaisern Zeno und Anastas war der Gegensatz der arianischen Goten zu dem römischen Stuhl weniger lebhaft empfunden worden. Als aber *Justinus I.* und sein einflußreicher Neffe und Nachfolger *Justinian* die volle Versöhnung der kaiserlichen Herrschaft mit der abendländischen Kirche hergestellt, ihre innere Staatsleitung ganz wesentlich auf das Bündnis mit den rechtgläubigen Bischöfen und die Bekämpfung aller Ketzerei begründet, und alsbald gerade die Arianer, auch die zahlreichen Goten dieses Bekenntnisses, in ihrem Reich heftig zu verfolgen begonnen hatten (seit a. 523–524), wurde das Verhältnis der arianischen Goten zum Papst, zum Kaiser, zu den katholischen Italiern wesentlich verschlimmert. Enge und geheime Verbindungen der Senatoren und Bischöfe in Italien mit dem Kaiserhof wurden geknüpft. Eine Stimmung verbreitete sich immer weiter im Gotenreich, in der man die Befreiung der rechtgläubigen Romanen von der Herrschaft der Barbaren und Ketzer durch die Waffen des rechtmäßigen und rechtgläubigen Herrschers, des Kaisers zu Byzanz, zuerst herbeiwünschte, allmählich herbeizuführen trachtete. Theoderich suchte durch eine Gesandtschaft den Kaiser von diesen Arianerverfolgungen abzubringen. Es ist merkwürdig, daß er an die Spitze dieser Gesandtschaft trotz seines Sträubens den römischen Bischof *Johannes I.* (a. 523–526) stellte. Er sollte wohl die bisherige Duldung des Königs gegen die Katholiken zu Byzanz bezeugen und zugleich mit der Wärme eigensten Vorteils vor der Widervergeltung warnen, die – bei Fortsetzung der Arianerbedrückung – von seiten Theoderichs gegen die rechtgläubige Kirche zu befürchten war. Die Gesandtschaft erreichte, unerachtet mancher Zugeständnisse des Kaisers im einzelnen und in Worten, im ganzen und in Wirklichkeit die Zwecke Theoderichs nicht. Der Papst, zu Byzanz mit starker Absichtlichkeit empfangen, fand bei seiner Rückkehr die Gärung gefährlich gesteigert. Mißtrauen und Zorn des Königs empfingen ihn. Die Senatspartei, der römische Adel, neben der Geistlichkeit Führer der Auflehnung wider die Barbaren, hatte sich inzwischen gefährlich bloßgestellt. Mitten in der schwülen Zeit dieser starken Spannung, der den Losbruch drohenden Aufregung der Stammes- und Glaubensgegensätze, starb plötzlich Theoderich (26. oder 30. August a. 526).

Theoderichs Nachfolger bis zum Untergang des Reiches (526—555)

Die Herrschaft der feinsinnigen Tochter Theoderichs, Amalaswintha, und der schöne Dämon, die Kaiserin Theodora — Belisar erobert durch einen Handstreich Neapel für Byzanz — König Witichis führt das ostgotische Heer mit seinen gepanzerten Kriegern gegen Rom

Das Reich war in diesem Augenblick von gärender Parteiung im Innern, von dringenden Gefahren von außen her, von Byzanz und von den Franken, schwer bedroht. Der Erbe Theoderichs war ein Kind, *Athalarich*, der achtjährige Sohn des früh (a. 522) verstorbenen Eutharich und Amalaswinthens. Theoderich hatte unter Zustimmung des gotischen Adels und der ganzen Bevölkerung von Ravenna angeordnet, daß diese seine reichbegabte, feingebildete und kraftvolle Tochter die Regentschaft führen solle, bis der Enkel zu seinen Jahren und Waffen gekommen wäre. Mit Klugheit wußte die Regentin den bei dem Thronwechsel gefürchteten Gefahren zuvorzukommen. Sofort wurden Römer und Goten in allen Landschaften für Athalarich vereidigt, der seinerseits den Schwur leistete, in seines Großvaters Geist herrschen, zumal die Römer schützen zu wollen. Bezeichnend ist, daß man in Gallien auch Römer und Goten einander gegenseitig Treue schwören ließ.

Die Stellung Amalaswinthens blieb gleichwohl gefährdet, auch abgesehen von den Romanen. Die Weiberherrschaft, germanischer Sitte unerhört, war dem trotzigen gotischen Adel verleidet. In auswärtiger Staatskunst vermochte die Regentschaft nichts Kräftiges zu leisten. Durch den Tod Theoderichs erlosch die ostgotische Herrschaft über das Westgotenreich in Spanien. Als *Amalarich* dort durch die Franken angegriffen und getötet wurde (a. 531), konnte die Regentin dies ebensowenig hindern oder rächen wie die Ermordung ihrer Tante im Wandalenreich (a. 527) oder die Vernichtung des nahe verschwägerten thüringischen Königshauses durch die Franken (a. 530). Die feingebildete Frau, verletzt durch den Widerstand, den sie bei dem rauhen gotischen Adel fand, durch die antike Bildung geblendet und ihrem Volk entfremdet, stützte sich nicht nur im eigenen Reich auf die mit größter Milde behandelten Römer – als zu Byzanz Justinian I. (a. 527–565) den Thron bestiegen, suchte die Tochter Theoderichs Schutz gegen die gotische Volkspartei bei eben dem Kaiser, der die Wiederverbindung Afrikas und Italiens, bald auch Spaniens, mit seinem Reich als höchstes Ziel seiner Staatskunst im Abendland anstrebte.

Die Sprache ihrer Schreiben nach Byzanz ist bis zur Unterwürfigkeit schmeichelnd: zugleich suchte man die Römer zu versöhnen durch Steuernachlässe, durch zahlreiche Beförderungen der Senatoren zu hohen Würden, durch Rückgabe der eingezogenen Güter des Boëtius und Symmachus an deren Erben, durch Freigebung verhafteter Angeschuldigter. Aber diese starke Hinneigung zu den Römern steigerte die Unzufriedenheit der gotisch Gesinnten. Sie brach in offene Auflehnung empor aus Anlaß der völlig verrömernden Erziehung, in der die Regentin ihren Sohn statt zu gotischem Heldentum von Schulmeistern in griechisch-römischer Bildung unterrichten ließ. Als der Knabe von einigen vornehmen Goten getroffen wird, wie er, wegen kleinen Fehls von der Mutter geschlagen, weinend entläuft, bricht der lang verhaltene Zorn hervor. Trotzig verlangen und erzwingen die gotischen Edlen von der Regentin, daß sie, die Erziehung des Sohnes ändernd, ihn statt mit den betagten Lehrern mit jungen Goten umgebe. Diese aber verderben den Jüngling alsbald mit allerlei Ausschweifung und hetzen ihn gegen die Mutter auf, ihr die Herrschaft zu entreißen. Jedoch Amalaswintha wehrte sich männlichen Mutes ihres Königsstabes. Sie suchte zuerst den Widerstand des gotischen Adels dadurch zu entkräften, daß sie deren drei Häupter unter dem Vorwand, die Grenzen zu schützen, an drei verschiedene Orte in den Marken entsendete. Allein da diese Führer durch ihre Gesippen Verbindung untereinander behalten und den Widerstand fortsetzen, beschließt sie die Ermordung der drei Gegner, zugleich aber für den Fall des Mißlingens die Flucht nach Byzanz. Mit Freuden versprach Justinian die für diesen Fall geheim erbetene Zuflucht. Er ließ zu *Epidamnos* ein Haus für die Tochter Theoderichs prachtvoll einrichten; was konnte ihm erwünschter sein als tief klaffende Parteiung im Volk der Goten – wie kurz zuvor der Wandalen, schroffe Trennung der Regentin von ihrem Volk durch blutige Taten? Schon hatte die Fürstin ein Schiff, mit dem Königsschatz reich beladen, nach Epidamnos vorausgesandt. Als aber der dreifache Mordanschlag vollkommen gelungen war, rief sie das Fahrzeug zurück und führte zu Ravenna die Herrschaft fort, besser befestigt als früher. Inzwischen hatte der Kaiser mit einem anderen Glied des Amalungenhauses geheime Verbindungen angeknüpft, einen großen Teil von Italien zu gewinnen. In Tuscien lebte Amalaswinthens Vetter *Theodahad*, nicht unvertraut mit klassischer Bildung, aber unkriegerich bis zu arger Feigheit und von der Leidenschaft der Habgier so völlig beherrscht, daß er, durch alle Mittel der Gewalt und List seinen hohen Rang mißbrauchend, den größten Teil von Tuscien an sich gerissen hatte.

Er haßte die Regentin, weil diese ihn wiederholt genötigt hatte, seinen Landraub herauszugeben, und er beschloß, ganz Tuscien dem Kaiser in die Hand zu liefern, um dann, mit großen Schätzen und der Senatur belohnt, in Byzanz zu leben. Er verhandelte darüber mit katholischen Bischöfen, die der Kaiser in kirchlichen Fragen an den neuen Papst *Johannes II.* (a. 532–535) geschickt hatte. Ein weltliches Glied der Gesandtschaft, der Senator *Alexander*, nahm aber gleichzeitig auch die Verhandlungen mit Amalaswintha wieder auf. Öffentlich tauschte man Beschuldigung und Verteidigung wegen Grenzverletzungen und anderer Streitfragen aus, geheim aber erbot sich die Tochter Theoderichs, dem Kaiser ganz Italien preiszugeben; denn ihre Lage hatte sich wieder verschlimmert. Athalarich war infolge seiner Ausschweifungen in tödliche Krankheit verfallen, und sie mußte nach seinem Tode für ihre Herrschaft, für ihr Leben von dem gotischen Adel das Äußerste befürchten. So war das Gotenvolk doppelt von zwei Gliedern seines Königshauses an den lauernden Erbfeind verraten. Mit Eifer und Eile ergriff Justinian die Gelegenheit, nun auch das Gotenreich durch Spaltungen unter den Fürsten und geheimes Einverständnis mit denselben zu zerrütten und zu gewinnen, wie er soeben durch solche Mittel das Königshaus und das Reich der Wandalen gestürzt hatte. Er sandte nach Italien einen verschmitzten byzantinischen Rhetor, *Petros*, welcher mit Amalaswintha und Theodahad getrennt verhandeln sollte; aber Petros erhielt noch von anderer Hand als vom Kaiser Winke zu Byzanz, nämlich von jenem schönen Dämon, der Kaiserin *Theodora* – sie war, des Löwenwärters im Zirkus Töchterlein, schon als Knospe verderbt, eine gemeine Buhldirne gewesen, hatte sich aber durch Reiz, Mut und Geist aus dem tiefsten Schmutz zur Gemahlin und Beherrscherin Justinians aufgeschwungen, dem sie in großen Gefahren kräftig und kühn zur Seite stand. Dieses Weib fürchtete für ihre Gewalt über den Kaiser, wenn die schöne und hochgebildete Tochter Theoderichs am Hof erschiene, sie beschloß, Amalaswintha vorher aus der Welt zu schaffen. Sie war es gewesen, welche die Wahl des Kaisers auf Petros gelenkt; durch große Versprechungen, der Würde eines Magisters und mächtigen Einflusses, gewann sie diesen, ihren Willen zu tun. In Italien angelangt, fand aber der Gesandte den jungen König bereits verstorben (a. 534) und Theodahad als seinen Nachfolger auf dem Thron. Die Regentin selbst hatte, erkennend, daß der gotische Adel der Weiberherrschaft müde sei, ihres Vetters Erhebung bewirkt, von dem sie sich freilich durch schwere Eide hatte geloben lassen, daß er sich im Namen und Schein des Königtums begnügen, ihr aber die Ausübung der Gewalt überlassen werde. Der Treulose schwur mit falscher Seele alles, was sie verlangte, verband sich jedoch sofort nach seiner Krönung, die Amalaswintha durch Gesandte dem Kaiser anzeigte, mit ihren bittersten Feinden, ließ einige Männer ihres Anhanges töten und sie selbst gefangen in ein festes Schloß auf einer Insel des Bolsener Sees in Tuscien bringen. Besorgt vor Justinian schickte auch er nun Gesandte, die diese Schritte rechtfertigen sollten. Sie trafen in *Aulon* auf Petros, dem bereits die erste Gesandtschaft alles mitgeteilt hatte, was sie zum Vorteil ihrer Absenderin hatte verschweigen sollen. Der Kaiser, durch seinen Sendling vortrefflich unterrichtet, nützte die verworrene Lage geschickt zu äußerster Zerrüttung des Gotenreiches aus. Er versicherte Amalaswintha schriftlich seines Schutzes und befahl Petros, diesen seinen Willen den Goten laut zu verkünden. Gerade dies mag den Untergang der unseligen Fürstin beschleunigt haben. Die Gesippen der von ihr ermordeten drei Edlen bestimmten den alten Haß des Königs, ihrer Blutrache die Tochter Theoderichs zu opfern und, wenn Prokop in seiner Geheimgeschichte die Wahrheit berichtet, betrieb Petros gerade in dem Augenblick, da er drohend Justinians Einschreiten für Amalaswintha verkündete, insgeheim mit deren Feinden ihre Ermordung, die alsbald auf einer einsamen Insel geschah. Diese Tat, die Vernichtung der eifrigen Römerfreundin, erregte Furcht und Bestürzung unter den Italiern. In Rom kam es zu Unruhen; als der König Truppen in die Stadt legen wollte, schloß sie die Tore. Der Kaiser aber trat sofort als Rächer der Amalungentochter auf und erklärte um ihrer Ermordung willen Theodahad und den Goten den Krieg.

In diesem alsbald ausbrechenden und mit kurzen Unterbrechungen über zwanzig Jahre fortgeführten Krieg hat das begabte Volk Theoderichs höchstes Heldentum bewährt, das seinen Untergang verklären, aber nicht abwenden konnte. Der Verrat und Abfall der Italier, die überlegene Führung der Byzantiner durch *Belisar* und *Narses*, die noch immer unerschöpfte Übermacht des Ostreiches und zumal auch innere Spaltung der zum Teil von Verrömerung und Hinneigung zu Rom-Byzanz ergriffenen Goten machten, zusammenwirkend, diesen Ausgang unvermeidlich.

Der Kaiser, der mit dem Angriff auf die Wandalen lange sich bedacht, ging hier so rasch vor, weil er, ohnehin ermutigt durch den leichten Erfolg in Afrika, Belisar und das siegreiche Heer zu freier Verfügung hatte und, als Rächer Amalaswinthens auftretend, bestimmt auf Parteiungen im Gotenvolk zählte. Zugleich suchte er durch Geschenke und Versprechungen die alten schlimmen Nachbarn der Goten, die *Franken*, auf seine Seite zu ziehen, indem er, auch diesen

Krieg wie den wandalischen für einen Glaubenskrieg ausgebend, zu gemeinsamem Angriff gegen die ketzerischen Arianer aufforderte. Die Merowingen aber nahmen von beiden Parteien Geld, verkauften und versagten beiden ihre Hilfe und brachen später in Italien ein, für sich selbst zu heeren und zu erobern.

Der byzantinische Angriff erfolgte (erstes Kriegsjahr 535/36) nach wohlbedachtem Plan von zwei Seiten zugleich. Während ein kleineres Heer im Osten in *Dalmatien* eindrang, die Goten bei *Salona* schlug und so von Norden her Ravenna bedrohte, landete Belisar mit der Hauptmacht auf *Sizilien* und gewann diese wichtige Insel ohne Mühe durch den sofortigen Abfall der Bevölkerung. Auch der gotische dux *Sinderich* zu Syrakus ergab sich. Diese Erfolge genügten dem gewandten Petros, der auch nach der Kriegserklärung noch bei Theodahad weilte, den von Natur aus feigen König dermaßen in Furcht zu setzen, daß er in erster Linie einen demütigenden Vertrag dem Kaiser anbot, nach welchem er unter offener Anerkennung byzantinischer Oberhoheit noch eine Scheinherrschaft geführt haben würde. Da aber Petros auch diese Bedingungen noch als möglicherweise ungenügend und für den Fall ihrer Verwerfung den Krieg als unvermeidlich erklärte, bot Theodahad, »der von Krieg gar nicht reden hören konnte«, insgeheim seine volle Unterwerfung und die Auslieferung des Gotenreiches an, wobei er sich einfältigerweise einbildete, der byzantinische Sendling werde seinem Herrn diese weitergehenden Zugeständnisse erst dann mitteilen, wenn dieser den erstangebotenen Vertrag verwerfe. Selbstverständlich verwarf der Kaiser die Abschlagsleistung, da ihm Petros vertraute, daß er alles fordern könne. Während nun aber Petros nach Italien zurückkehrte und mit dem König den Preis des Reichsverrats – gewisse kaiserliche Ländereien – verhandelte, hatten die Goten in Dalmatien einige unerhebliche Vorteile erfochten. Diese Nachricht genügte für den nach allen Seiten treulosen Theodahad, vom Vertrag zurückzutreten und sogar die kaiserlichen Gesandten zu verhaften, die freilich bei Enthüllung seiner Falschheit einen Versuch gemacht hatten, durch Verlesung kaiserlicher Briefe, die für diesen Fall mitgebracht worden waren, den gotischen Adel dem König abspenstig zu machen. Als aber Justinian sofort Belisar den Befehl erteilte, in Süditalien zu landen und durch ein zweites nach *Dalmatien* gesandtes Heer vermöge des allgemeinen Abfalls der Bevölkerung jenes ganze Gebiet im Nordosten bis gegen Ravenna hin gewann, versuchte Theodahad, in die alte Angst zurückgeworfen, den Kaiser durch ein elendes Mittel feiger Grausamkeit zum Frieden zu bewegen, denn er durfte nicht hoffen, daß Byzanz mit ihm die Verhandlungen wieder aufnehmen werde. Da erpreßte er von den Senatoren Roms ein Bittschreiben an den Kaiser, Friede zu machen, weil sonst Theodahad und die Goten sie mit Weib und Kind ermorden würden; und er zwang Papst *Agapet* (a. 535–536), dieses Schreiben nach Byzanz zu bringen. Aber Justinian achtete nicht darauf und ließ Belisar gewähren. Dieser gewann, sowie er bei *Regium* (Frühjahr a. 536, zweites Kriegsjahr 536/37) gelandet, durch Abfall der Bevölkerung alles Land weithin; es wohnten hier wenige Goten. Aber auch des Königs Eidam, *Ebrimuth*, mit Truppen gegen Regium gesendet, trat mit den Seinen über, wurde mit hohen Ehren zu Byzanz aufgenommen und mit dem Patriziat belohnt. In jeder Weise – und nicht, wie bei den Wandalen, ohne Erfolg – versuchte Justinian, gotische Überläufer zu gewinnen.

Von Regium aus zog Belisar durch *Bruttien* und *Lucanien* gegen *Neapolis*. Er forderte die Stadt zur Übergabe auf. Aber obwohl auch hier eine Partei geneigt war, die »Freiheit und den Segen byzantinischen Kaisertums« vorzuziehen, überwogen doch die gotisch gesinnten Bürger, von denen unterstützt die schwache gotische Besatzung einundzwanzig Tage tapfersten Widerstand leitete, zumal mit Hilfe der Juden, die dankbar der schützenden Milde Theoderichs gedachten und die kaiserlichen Erpressungen scheuten; Theodahad sandte, obwohl auf das dringendste bestürmt, keinerlei Hilfe. Da entdeckte ein isaurischer Söldner Belisars, daß die Wasserleitung, nachdem die Belagerer sie draußen durchbrochen und das Wasser abgeschnitten, einen Zugang in die Stadt gewährte. Auf diesem Weg drang Belisar ein. Furchtbar war das Los, das über die römische Stadt die »römischen Befreier«, das heißt die Hunnen und Massageten Belisars, verhängten. Sie schlachteten ohne Schonung von Geschlecht und Alter, sogar die Kirchen gewährten keine Zuflucht vor diesen wilden Mongolen. Erst spät setzte Belisar der Plünderung ein Ziel. Von den beiden Führern der gotischen Partei in der Bürgerschaft starb der eine, vom Schlag gerührt, bei der Nachricht von der Einnahme der Stadt, der andere wurde von dem verzweifelten Volk buchstäblich in Stücke gerissen. Die gefangenen Goten der Besatzung, nur acht Hundertschaften, nahm Belisar in ehrenvolle Haft.
Die Nachricht von dem Fall Neapels, der dritten Stadt des Reiches, trieb die Goten zur Selbsthilfe wider ihren feigen, verräterischen König. Ihr in und bei Rom versammeltes Volksheer, schon bisher über die Untätigkeit Theodahads empört, schöpfte jetzt endlich Argwohn des Verrates. Sie gaben ihm die Schuld aller bisherigen Mißerfolge und beriefen nach altgermanischer Weise eine Volks- und Heerversammlung auf das Gefilde *Regeta* zwischen *Anagni* und *Terracina*, von dem Flüßchen *Ufens* oder *Decemnovius* durchströmt. Hier setzten die Goten den Verräter Theodahad ab und wählten zu ihrem König *Witichis*, einen ihrer Heerführer, der nicht von edlem Geschlecht, aber durch Heldenruhm im Gepidenkrieg ausgezeichnet war. Man sieht, in der Gefahr erinnert sich das Volk seiner alten Rechts- und Machtstellung über dem Königtum, der freien Wahl des Königs, die in der Not des Augenblicks sich auch hinwegsetzt über den regelmäßig anerkannten Voranspruch des Adels, bei Abweichung vom bisherigen Königsgeschlecht, bei Neuverleihung der Krone berücksichtigt zu werden. Nicht als Bruch, als Ausübung des Rechts wurde von der Volksversammlung die Absetzung und Wahl des Königs empfunden: die drohende Gefahr hat die langjährige stark verrömerte Königsgewalt der Amaler hinweggefegt. Theodahad floh auf diese Nachrichten aus dem nahen Rom, sich in das feste Ravenna zu werfen. Aber er wurde verfolgt von *Optari*, einem Goten, dem er, durch Gold bestochen, die schöne Braut entrissen, sie einem andern zu vermählen. Dieser, von Witichis nachgesendet, das verratene Volk mit dem eignen Schmerz zu rächen, heftete sich dem Flüchtigen unablässig Tag und Nacht an die Fersen, holte ihn ein, warf ihn zur Erde und erstach ihn »wie ein Opfertier«.
Witichis mußte vielmehr als seine Vorgänger, die Amaler, mit ihrer byzantinisch gefärbten Macht, den Volksadel und die Volksversammlung bei wichtigen Beschlüssen zu Rate ziehen, so bei der den kampfbegierigen Germanen schwer fallenden Verschiebung des Angriffs und Räumung des größten Teils von Italien, die der Vorsichtige als unvermeidlich erkannt hatte. Mit gutem Grund mißtraute er der Bewohnerschaft Roms, zumal der katholischen Geistlichkeit;

mit Zustimmung des Volksheeres zog er ab nach *Ravenna*, dort die Rüstungen zu vollenden, nach Verständigung mit den Franken, die gotischen Truppen aus Gallien heranzuziehen und dann erst mit voller Wucht die Byzantiner anzugreifen. In Rom ließ er nur vier Tausendschaften unter *Leudaris* zurück, vereidigte Bischof, Senat und Volk der Stadt, unter Erinnerung an die Milde der Goten und alle Wohltaten Theoderichs, zur unverbrüchlichen Treue, führte aber eine Anzahl Senatoren als Geiseln mit sich. In Ravenna vermählte er sich, trotz ihres Widerstrebens, mit *Mataswintha*, Athalarichs Schwester, in der Hoffnung, dadurch den Anhang der Amaler und Befestigung seines Königstums zu gewinnen, und betrieb eifrig die Rüstungen. Um aber vor den Franken, die Scharen von Alamannen und Burgundern in das gotische Gallien verheerend hatten einbrechen lassen, Ruhe zu erhalten und die gegen sie verwendeten Truppen heranziehen zu können, bestätigte er, unter Zustimmung des Adels, einen schon von Theodahad mit den merowingischen Königen geschlossenen Vertrag, in welchem jenen der von Theoderich eroberte gotische Besitz in Südgallien abgetreten wurde, wofür Hilfstruppen wider Byzanz versprochen wurden, nicht aus dem fränkischen Heerbann selbst – denn die merowingischen Fürsten hatten ja auch von Justinian Gold genommen und diesem Hilfe wider die Goten zugesagt –, sondern aus unterworfenen Stämmen, deren Unternehmungen dann als eigenmächtige ausgegeben werden sollten. Während nun Witichis die gallischen Besatzungen heranzog, geschah zu Rom, was er vorhergesehen. Trotz der von ihm geschworenen feierlichen Eide drängte vor allem der Bischof der Stadt, Papst *Silverius* (a. 536–537), zum offenen Übertritt auf die Seite des rechtgläubigen Kaisers, und durch eine feierliche Gesandtschaft, von vornehmen Römern geführt, wurde Belisar ausdrücklich eingeladen, von der Stadt Besitz zu ergreifen.

So zog er denn auf der via latina heran und (9. Dezember a. 536) durch das Asinarische Tor in die Stadt, während die gotische Besatzung zum Flaminischen Tore hinaus abzog nach Ravenna. Der Feldherr Justinians erkannte sehr wohl die hohe Bedeutung der Wiedergewinnung Roms. Er sorgte angelegentlich für Behauptung der Stadt, besserte die vielfach verfallenen Mauern Aurelians aus, ja, legte in der ganzen Umgebung überall bis an den Tiber hin Befestigungen an, ließ Getreidevorräte aus *Sizilien* und der *Campagna* kommen und machte Rom zum Ausgangspunkt der Unternehmungen für seine Unterfeldherren, die allmählich ganz Mittelitalien gewannen. Der Süden, Kalabrien und Apulien mit dem festen *Benevent*, durch Besatzungen oder Ansiedlungen von Goten nicht im Zaum gehalten, hatte sich schon vorher freiwillig angeschlossen, in dem gegen die Küste hin gedehnten Samnium trat sogar ein Teil der hier wohnenden Goten über. Da beschloß Witichis, nicht länger zu Ravenna auf das Eintreffen der Truppen aus Gallien zu warten, die *Markja* heranführte, sondern, nach sorgfältiger Vollendung seiner Rüstungen, weiteren Fortschritten der Feinde entgegenzutreten. Er sandte zwei Führer, *Asinarius* und *Uligisal*, mit einem starken Heer nach *Dalmatien*, das der Byzantiner *Constantianus* bis nach *Liburnien*, dem Küstenstrich südöstlich von Istrien, gewonnen hatte, um jene Landschaft, zumal die Hauptstadt *Salona* (damals Salonae) wieder zu erobern. Um diese Stadt auch von der Seeseite einzuschließen, sandte er zahlreiche Linienschiffe in den Ionischen Busen. Er selbst aber führte die gotische Hauptmacht, darunter die meisten gepanzert, sogar auf gepanzerten Rossen, gegen Belisar und Rom. »Wie ein grimmiger Löwe« kam der Gotenkönig, nach langer Sammlung der Kräfte, nun endlich rasch heran und groß war, unerachtet der bisherigen ununterbrochenen Erfolge im byzantinischen Heer die Furcht vor dem unvergessenen germanischen Heldentum. Der Schreck vor den Goten war so betäubend, daß die von Belisar zur Deckung der *Tiber-* und *Anio*übergänge in einem Brückenturm aufgestellten Wachen bei der Annäherung der Feinde ohne Schwertstreich flohen, aber, Strafe und Schande fürchtend, nicht nach Rom, sondern nach *Campanien*. So stieß Belisar ungewarnt bei einer Kundschaftung bei dem Brückenturm auf die Goten, die bereits den Fluß überschritten hatten. Sein Mut und Kampfeseifer riß ihn fort, im Handgemenge mitzukämpfen. Da Überläufer ihn erkannten und alle Goten aufforderten, insgesamt den Reiter des schwarzen Pferdes mit weißem Kopf anzugreifen, geriet er in brennende Gefahr. Nur durch die aufopfernde Treue seiner Leibwächter gerettet, gelangte er, hart verfolgt, mit Mühe in die Stadt, die sofort von den Goten mit sieben Lagern umschlossen wurde. In diesem Gefecht hatte sich auf Seite der Germanen zumeist ausgezeichnet *Wisand* der Bannerträger (Bandalarios), der von dem Eindringen auf Belisar erst mit der dreizehnten Wunde abließ, für tot auf der Wahlstatt liegengelassen, aber nach drei Tagen noch lebend gefunden und hergestellt wurde. Unter den Byzantinern war der Schrecken dieser Niederlage so groß, daß sich das Gerücht verbreitete, die Goten seien durch das *Pankratische Tor* miteingedrungen. Schon wollten sie die Stadt räumen; mit Mühe hielt sie Belisar zurück.

Kampf der Ostgoten um Rom

Es begann nun die denkwürdige erste Belagerung Roms in diesem Kriege (Februar a. 537). Die damaligen *Aurelianischen*, durch Belisar ausgebesserten Mauern der Stadt zählten vierzehn größere und einige kleinere Tore. Der allgemeine Sturm auf die Stadt aber wurde abgeschlagen, und zwar mit furchtbarem Verlust der Goten, deren dichte Sturmkolonnen anfangs kein Geschoß verfehlt, deren fliehende Scharen zuletzt das Schwert der Ausfallenden vom Rücken her niedergemäht hatte. Von Tagesanbruch bis zum Abend hatten die Germanen das Beste geleistet an todverachtender Kühnheit, und ihre eigenen Führer gaben ihren Verlust auf dreißigtausend Tote und mehr als sechzigtausend Verwundete an.

Belisar aber schickte einen großen Teil der wehrunfähigen Einwohner Roms zu Schiff nach Neapel und Sizilien, der Gefahr der Aushungerung zu begegnen. Erst nachdem dies geschehen, besetzte Witichis den Hafen *Portus*, den Belagerten den Seeweg für Zufuhr abzuschneiden. In den folgenden Ausfällen und Gefechten, die oft auf dem *Neronischen Feld* spielten, erlagen die Goten meistens den berittenen hunnischen Bogenschützen, denen sie eine gleiche Waffe nicht entgegenzustellen hatten; ihre Pfeilschützen fochten nur zu Fuß. Sie vermieden daher zuletzt alle Kämpfe und trachteten nur, durch sorgfältige Absperrung aller Lebensmittel die Stadt zur Übergabe zu zwingen. Auch stieg im Laufe des Sommers die Not in Rom gewaltig an durch Seuchen und Hunger. Da gelang es dem Geschichtsschreiber dieses Krieges, *Prokop*, den Auftrag Belisars, unterstützt durch dessen Gattin *Antonina*, erfolgreich durchzuführen, Schiffe mit Lebensmitteln von Neapel nach *Ostia* zu bringen, die durch die Reihen der durch

Ausfälle beschäftigten Belagerer hindurch und glücklich in die Stadt geschafft wurden. Die Goten, durch das Schwert, mehr noch durch Seuchen und Hunger (drittes Kriegsjahr a. 537/538) furchtbar gelichtet, suchten vergeblich durch Gesandte zu Byzanz, die eine römische Abordnung begleitete, günstigen Frieden zu erwirken. Ein für die Dauer dieser Verhandlungen geschlossener Waffenstillstand wurde von den Barbaren sehr unklug, von Belisar aber klug ausgenützt und zuletzt von beiden Teilen gebrochen. Inzwischen hatte ein kleines byzantinisches Heer, unter Führung des kraftvollen *Johannes*, Rom verlassen, das *Picentinische* durchstreift, *Ulitheus*, den Oheim des Königs, der mit einer Schar Goten entgegentrat, geschlagen und getötet, im Rücken die Verbindungen der Belagerten mit Ravenna bedroht und, nachdem *Ancona* und *Ariminum* gefallen war, jene Hauptstadt gefährdet, in der sich Mataswintha, von Witichis zum Ehebund genötigt und deshalb ergrimmt, ähnlich wie ihre Mutter und Theodahad, mit Byzanz in Verbindung setzte. Sie verhandelte heimlich mit Johannes über Verrat und Vermählung mit einem Byzantiner. Da hoben die Goten, durch Mangel an Lebensmitteln in der völlig ausgesogenen Campagna schwer bedrängt und besorgt um Ravenna, die Einschließung von Rom auf.

Im folgenden Sommer (a. 539) entstand große Hungersnot in allen vom Krieg heimgesuchten Landschaften der Halbinsel, in welchen die Bestellung der Felder unterblieben war: in der *Ämilia*, aus welcher die Bewohner nach *Picenum* wanderten, wo dann fünfzigtausend Bauern Hungers starben, und noch mehr jenseits des Ionischen Busens. In Tuscien fristeten die Leute in den Bergen mit Eicheln das Leben. Der Hunger und die widernatürliche Nahrung erzeugten darauf furchtbare Krankheiten.

Inzwischen trafen die von dem Merowingen *Theudibert* den Goten zu Hilfe gesandten Burgunder in Italien ein. Von ihnen verstärkt zwang ein gotisches Heer unter *Uraia* die Besatzung von *Mailand* nach langer Einschließung durch Hunger zur Übergabe in Kriegsgefangenschaft. Von den Einwohnern aber, etwa dreißigtausend, wurden die Männer getötet, die Weiber den Burgundern in Knechtschaft geschenkt, die Stadt wurde gründlich zerstört; die arge Treulosigkeit der Mailänder hatte die Goten stark erbittert. Darauf gewannen sie durch Ergebung der Besatzungen in den übrigen Städten ganz Ligurien zurück, a. 539. Aber Witichis erkannte, daß die Entscheidung zu Ravenna lag und daß er dem zum Frühling drohenden Angriff Belisars nicht gewachsen sein werde. Er suchte Bundesgenossen; von den Franken, deren Untreue man hinlänglich kennengelernt, erwartete man bestenfalls Neutralität. Den *Langobardenkönig Wachis* forderte er vergeblich unter glänzenden Geldgeschenken zur Waffenhilfe auf; der hatte mit Byzanz enges Freundschaftsbündnis geschlossen. In dieser Not befragte der König die älteren Männer seiner Umgebung um Rat. Man beschloß, den alten Feind Justinians, den Perserkönig *Chosroës*, zur Erneuerung des Krieges gegen Byzanz aufzufordern, um die kaiserlichen Waffen zur Verteidigung des Reiches im Osten unentbehrlich zu machen. Zwei ligurische – wohl arianische – Priester übernahmen gegen reichen Lohn die weite Reise und erreichten wirklich, daß Chosroës den Krieg wieder begann. Justinian rief Belisar mit seinem Heer aus Italien ab, die Perser abzuwehren, und entließ die noch zu Byzanz weilenden Gesandten des Witichis mit dem Bescheid, er werde sofort Botschafter nach Ravenna schicken, einen für beide Parteien billigen Frieden abzuschließen. Bevor jedoch Belisar dieser Befehl erreichte, hatte er (539 Frühjahr) selbst *Auximum* eingeschlossen, ließ durch eine andere Abteilung *Fäsulae* belagern, während bei *Dertona* ein drittes Heer die Annäherung der Goten von *Pavia* her beobachten und abwehren sollte. Diese byzantinischen und gotischen Truppen wurden nun von dem verräterischen Doppelangriff des Merowingen *Theudibert* getroffen, der, während die beiden Kriegsparteien sich aufrieben, beiden einen großen Teil der Beute, das heißt Italiens, zu entreißen trachtete. Ohne der Eide zu gedenken, die er beiden geschworen, drang Theudibert mit seinem Heer von fast hunderttausend Mann über die *Seealpen* in *Ligurien* ein – »denn die Franken«, sagt Prokop, »sind das treuloseste unter allen Völkern« –, nur das Gefolge des Königs war beritten und führte Speere, die große Menge, das Fußvolk, Schild, Schwert und das Wurfbeil, die gefürchtete fränkische Volkswaffe, die »*Francisca*«. Von den Goten, die wähnten, nun endlich Erfüllung der alten fränkischen Verheißung und Vernichtung der Byzantiner zu erleben, auf das freudigste empfangen, enthielten sie sich jeder Gewalttätigkeit, solange sie durch Ligurien zogen, um unter gotischer Hilfe den Po zu überschreiten. Kaum aber hatten sie bei Ticinum (Pavia) diesen Fluß durch eifrige Mitwirkung der Goten überschritten, als sie die dort vorgefundenen Weiber und Kinder der Goten ergriffen, den Göttern als Opfer schlachteten und als Erstlinge des Kriegs in den Fluß warfen. »Denn diese Barbaren sind zwar Christen geworden, halten aber noch an den meisten Stücken ihres alten Glaubens fest, indem sie Menschen- und andere unheilige Opfer schlachten und Zukunftsspähungen treiben.« Entsetzt über solchen Verrat flohen die begleitenden Goten in die Stadt Ticinum zurück, die Franken aber zogen nach dem gotischen Lager auf dem rechten Ufer des Po. Hier wurden ihre ersten kleinen Haufen als Bundesgenossen freudig aufgenommen. Als die Hauptmacht erschien, begannen sie plötzlich, ihre Wurfbeile zu schleudern, die überraschten Goten flohen nach großem Verlust in der Richtung gegen Ravenna an dem Lager des byzantinischen Beobachtungsheeres vorbei. Dessen Besatzung wähnte, Belisar habe die Barbaren besiegt, zog dem vermeintlichen Sieger freudig entgegen, stieß auf die Franken und wurde von diesen so völlig geschlagen, daß sie nicht mehr nach ihrem Lager sich zurückziehen konnte, sondern sich in wilder Auflösung fliehend über *Tuscien* ergoß und hier Belisar von ihrer Niederlage benachrichtigte.

Jedoch konnten die Sieger nicht weiter vorrücken; es fehlte an Verpflegung, nur die halb wild weidenden Rinderherden boten Fleisch und das statt des mangelnden Weins in Unmaß getrunkene Powasser verbreitete Durchfall und Ruhr in solcher Heftigkeit, daß mehr als der dritte Teil des Heeres den Seuchen erlag und der Rest, krank und matt, keine Bewegung ausführen konnte. Diese Schwächung und die grollende Stimmung seines Heeres bewogen den Frankenkönig wohl ungleich mächtiger als ein abmahnender und mit der Rache des Kaisers drohender Brief Belisars, mit dem Rest der Seinen aufzubrechen und schleunigst nach Hause zurückzukehren.

Nach Einnahme der lange belagerten Städte *Fäsulae* und *Auximum* zog Belisar mit der Hauptmacht gegen Ravenna, das nur durch Hunger zu bezwingen war. Die Zufuhr von der Seeseite war der Stadt abgeschnitten durch die das Meer beherrschende kaiserliche Flotte. Eine große Menge von Getreideschiffen, die Witichis in *Ligurien* befrachtet und vorsorglich auf den Po gebracht hatte, fiel vermöge besonderer unglücklicher Zufälle in die Hände der Byzantiner. Der Fluß wurde plötzlich so seicht, daß die Schiffe nicht von der Stelle konnten. Da nun die Frankenkönige vernahmen, daß Ravenna, vom Hunger bedrängt, bald werde fallen müssen, suchten sie nochmal aus der Not der Goten Vorteil zu ziehen und wenigstens ein Stück des begehrten reichen Südlands zu gewinnen. Sie wollten abermals Witichis durch Gesandte bewegen, sich mit ihnen in Italien zu teilen, dafür boten sie wieder Waffenhilfe an. Belisar erfuhr davon. Mit jedem Mittel mußte ein Bündnis der beiden Germanenvölker verhütet werden. Er schickte ebenfalls Gesandte nach Ravenna und erinnerte an die wiederholte unerhörte Treulosigkeit der Merowingen. Witichis beschloß nach langer Beratung mit dem Adel des Volksheeres, die Franken abzuweisen und sich lieber mit dem Kaiser zu verständigen. Während aber Gesandte zwischen den Goten und den Belagerern hin und her gingen und über den Frieden verhandelten, brachte Belisar durch Streifscharen *Venetien* und die Kastelle in den *kottischen Alpen* in seine Gewalt. Aus einer Schar von vier Tausendschaften, mit welchen Uraia von *Ligurien* her Ravenna Entsatz bringen wollte, ging nun ein sehr großer Teil der Mannschaften zu den Byzantinern über. Es waren die Besatzungen jener Kastelle gewesen, in welchen ihre Weiber und Kinder in die Hände der Kaiserlichen gefallen. Zugleich bedrängte er die in Ravenna Eingeschlossenen von Tag zu Tag stärker durch Hunger. Beide Ufer des Po hielt er besetzt und sperrte jede Zufuhr von der Flußseite ab. Die nicht geringen Vorräte von Getreide, die König Witichis sorgsam in den Magazinen der Stadt barg, gingen plötzlich nachts in Flammen auf. Belisar hatte Ravennaten zu dieser Brandstiftung, die auf Blitzstrahl zurückgeführt wurde, durch Geld gewonnen, auch die Königin Mataswintha soll die Hand im Spiel gehabt haben. Belisar erwartete, die Stadt werde sich demnächst bedingungslos ergeben und er, wie kurz vorher den König der Wandalen, nun den König der Ostgoten kriegsgefangen im Triumph nach Byzanz führen können. Da (fünftes Kriegsjahr a. 539/540), sehr zur Unzeit für den Ehrgeiz des Feldherrn, erschienen in seinem Lager zwei Gesandte des Kaisers, die alsbald den Belagerten in der Stadt einen, verglichen mit der bedingungslosen Unterwerfung, sehr günstigen Frieden antrugen, den die bedrängten Goten mit Freuden annehmen zu wollen erklärten. Das bisherige Gotenreich sollte durch die Polinie geteilt, Witichis auf das Gebiet nördlich von diesem Fluß beschränkt, das Land südlich vom Po dem Kaiser zinspflichtig und auch der gotische Kronschatz zur Hälfte zwischen dem Kaiser und dem König geteilt werden. Justinian war des Gotenkrieges müde und wollte Heer und Feldherr im Morgenland verwenden, wo er sie allerdings dringend zur Verteidigung des Reiches brauchte. Aber Belisar verhinderte den Abschluß des Vertrages, indem er sich weigerte, die Urkunde zu unterzeichnen, was die Goten, nicht ohne Grund argwöhnisch, zur Bedingung gemacht hatten. Als man ihm dann bemerkte, sein Ungehorsam gegen die Befehle des Kaisers werde den Verdacht erwecken, als ob er etwas gegen denselben plane, ließ er in einem Kriegsrat unter Zuziehung der Gesandten feststellen, daß alle Heerführer einstimmig erklärten, sie seien unfähig, den Krieg durch völlige Bezwingung des Feindes zu beenden, und es sei am besten, nach dem Vertragsentwurf des Kaisers Friede zu schließen. Offenbar wollte der ehrsüchtige Mann – seine oft eifersüchtigen und unbotmäßigen Unterfeldherren mußten jene Erklärung sämtlich unterschreiben – feststellen, daß alle seine Nebenbuhler sich der Besiegung des Feindes nicht gewachsen fühlten, den er alsbald zur bedingungslosen Ergebung zu zwingen hoffte. Und andernfalls wollte er sich vorsichtig gegen die zu erwartenden Vorwürfe decken, daß er auf Grund der kaiserlichen Bedingungen abgeschlossen habe, obwohl er wissen mußte, daß bedingungslose Unterwerfung der Goten zu erreichen gewesen wäre. Er schob die Entscheidung hinaus, da er wußte, jeder Tag des Hungers mußte die Lage in Ravenna verschlimmern und vielleicht zu einer überraschenden Wendung führen. Diese trat denn auch ein. Die Großen im gotischen Volksheer, durch Hunger und Leiden aller Art entmutigt, waren schon lange mit der sieg- und glücklosen Regierung des Witichis unzufrieden, scheuten aber andrerseits die einfache Unterwerfung, da sie besorgten, aus Italien fortgeführt und zu Byzanz in Gefangenschaft gehalten zu werden. Da kamen sie auf den jener Zeit nicht so befremdlich wie uns scheinenden Gedanken, *Belisar*, ihren Besieger, dessen Kriegskunst und Kriegsglück ihnen großen Eindruck gemacht hatte, aufzufordern, sich in Italien zum Kaiser des Abendlandes zunächst aufzuwerfen. Dann wollten sie sich ihm unterwerfen. Dabei sollte dieser Kaiser des Abendlandes zugleich König des Gotenvolks werden. Als Witichis von diesem Vorhaben erfuhr, erklärte er sich sofort bereit, dem großen Feldherrn die Herrschaft abzutreten. Belisar aber ging zum Schein auf diese Anträge ein, indem er sich vorsichtig gegen eine Anklage auf Hochverrat dadurch den Rücken deckte, daß er den Gesandten des Kaisers und allen seinen Heerführern die Frage vorlegte, ob es nicht höchst wünschenswert sei, Witichis und alle Goten kriegsgefangen zu machen, den *ganzen* Schatz und *ganz* Italien wieder zu gewinnen – statt, muß man hinzudenken, auf die vom Kaiser bewilligten Bedingungen hin abzuschließen: eine Frage, die Verneinung ausschloß. In diesem Sinn nun handelte Belisar. Freilich spielte er dabei ein unwürdiges und gefährliches Spiel; er entfernte unter Vorwänden des Nahrungsmangels Narses und drei andere ihm feindlich gesinnte Heerführer, damit diese weder bei den Goten noch im eignen Heer seine Pläne durchkreuzen könnten, und täuschte die Gesandten der Barbaren, wobei er vor eidlicher Beteuerung nicht zurückschreckte. So zog er mit diesen Gesandten in Ravenna ein, nachdem er durch die Flotte Nahrungsmittel nach der Vorstadt *Classis* hatte schaffen lassen. Anstatt nun aber die Krone Italiens und des Gotenvolks aufzusetzen, nahm er Witichis, weil noch den Schein wahrend, in ehrenvolle Haft und entfernte die gefährliche Übermacht des gotischen Heeres aus der Stadt, indem er sie in ihre Besitzungen auf dem rechten Poufer entließ. Hier, wo das kaiserliche Heer das Land in der Gewalt hatte, konnten sie, vereinzelt, nicht gefährlich werden. Jetzt, nach Abzug dieser Scharen, bemächtigte er sich des Schatzes im Palatium, wie die Goten glaubten, um ihn, dem Vertrage gemäß, für sich zu behalten, in Wahrheit aber, um ihn dem Kaiser zu bringen. Nun ergaben sich die gotischen Besatzungen zahlreicher und fester Burgen, immer noch in dem Glauben an die Treue Belisars. Den getäuschten Goten gingen die Augen erst auf, als der Feldherr auf den Befehl des Kaisers, der ihn nach Persien abrief, gehorsam alle Anstalten zum Aufbruch aus Italien traf. Alles Land südlich vom Po lag wehrlos unter der Hand der Byzantiner; aber die Goten nördlich vom Po und von Ravenna eilten nach *Ticinum* zu des Witichis Oheim, *Uraia*, und forderten von ihm unter schmerzlichsten Klagen, er solle sich an ihre Spitze stellen und sie in den Kampf der Verzweiflung führen; auf seinen Rat wählten sie jedoch Ildibad zum König, zumal weil dieser die Hilfe seines Oheims, des *Westgotenkönigs Theudis*, gewinnen werde.

Der heldenhafte Kampf der Ostgoten um das Reich in Italien

Der siegreiche König Totila erwirbt nach seinen Siegen die Gunst der Bevölkerung durch weise Mäßigung — Totila wird von dem byzantinischen Feldherrn Narses besiegt und fällt in der Schlacht am Apennin — Teja und die letzten Goten

Als Ildibad von der erfolgten Abfahrt Belisars erfuhr, ergriff er das fast hoffnungslose Werk, das Gotenreich wieder aufzurichten, mit höchstem Mut und Eifer. Anfangs hatte er nur tausend Mann in *Ticinum* bei sich und von allen Städten und Kastellen Italiens fast nur diese eine Stadt.

Allmählich schlossen sich ihm die in *Ligurien* und *Venetien* zerstreuten Goten an. Und schon begann, obzwar nur in geringem Maß erst, jener Umschlag in der Stimmung der Italier sich vorzubereiten, der später die Erfolge des *Totila* ganz wesentlich förderte. Die Nachfolger Belisars im Befehl, nur bedacht, sich zu bereichern, plünderten die Bevölkerung und verstatteten den Truppen gleiche Ungebühr. Schlimmer aber noch als diese ungesetzliche war die gesetzliche Aussaugung der Italier durch die kaiserlichen Finanzbeamten, die den Truppen überall auf dem Fuß gefolgt waren und nun alle Künste byzantinischen Steuerdrucks gegen die durch Krieg, Hunger, Seuchen erschöpften Italier spielen ließen. Einer der schlimmsten jener Finanzmänner war der Oberrechnungsmeister *Alexandros*, der den Beinamen »Kneifzange« erhalten hatte, weil er Goldstücke so kunstvoll am Rande zu beschneiden verstand, daß man den Abgang kaum merken konnte. Er erbitterte nicht nur die Truppen durch Verkürzungen des mit Wunden verdienten Soldes, er trieb die Italier zur Verzweiflung, indem er eine Nachprüfung der Finanzverwaltung unter den Gotenkönigen vornahm, zahlreiche wohlhabende Leute, die nie mit dieser Verwaltung zu tun gehabt, fälschlich der Unterschlagung der öffentlichen Gelder beschuldigte und die angeblich veruntreuten Summen von ihnen einzog. Der einzige Feldherr, der in richtiger Würdigung der drohend wachsenden Gefahr, im Vertrauen auf seine starken herulischen Soldscharen etwas gegen Ildibad unternahm, *Vitalius*, wurde bei *Tarvisium* aufs Haupt geschlagen; sehr viele Heruler fielen hier mit ihrem Führer *Wisand*. Zunächst hemmten Haß und Mord unter den Häuptern der Goten deren weitere Fortschritte. Des Uraia Gattin hatte, reich geschmückt, auf dem Wege zum Bad Ildibads Königin in unscheinbarem Gewand getroffen – denn der Königsschatz der Goten lag ja in Byzanz! – und durch den Hohn wenig ehrerbietigen Grußes gekränkt. Tränen seines Weibes zu rächen, verdächtigte der König zuerst *Uraia* des Verrats und ließ ihn bald danach ermorden. Die allgemeine Entrüstung der Goten ermutigte einen Privatfeind des Königs zur Rache; *Wila*, ein junger Gote, in dessen Abwesenheit der König die Braut einem anderen vermählt hatte, schlug Ildibad, als er mit den Vornehmen beim Mahl saß, plötzlich mit einem Schwertstreich das Haupt vom Rumpf, daß es auf den Tisch flog. Nun erhoben jene *Rugier*, die mit Theoderich in Italien eingewandert, aber gesondert angesiedelt waren und durch Vermeidung von Mischehen ihre

Stammesart von den Goten getrennt erhalten hatten, in der durch jenen Mord herbeigeführten Verwirrung *Erarich*, einen ihrer Stammesgenossen, zum gemeinsamen König (siebentes Kriegsjahr a. 541/542). Das gefiel den Ostgoten wenig, und sie gaben schon fast die von Ildibad erregte Hoffnung auf Erneuerung des Reiches auf. Aber bereits nach fünf Monaten tatenloser Regierung wurde der Rugier beseitigt. Ein Brudersohn Ildibads, *Totila*, befehligte die Besatzung von *Tarvisium:* Geist und Tatkraft hatten ihm höchsten Ruhm in seinem Volk erworben. Dieser Held, der alsbald die Sache der Goten in sich verkörpern und verherrlichen sollte, war schon im Begriff gewesen, auf die Nachricht von der schmählichen Ermordung seines Oheims sich und seine Schar mit der Festung Treviso dem kaiserlichen Feldherrn zu Ravenna zu ergeben. Da trugen ihm die Goten zu *Ticinum*, mit dem rugischen König immer mehr unzufrieden – er war dem Krieg mit den Kaiserlichen nicht gewachsen, laut warfen sie ihm vor, daß er ihre Hoffnungen vereitelt –, einstimmig durch Boten die Krone an. Erarich wurde von den Goten ermordet, während seine verräterischen Verhandlungen schwebten, und Totila nahm der Verabredung gemäß die Krone an.

Auf die Nachricht von diesen Vorgängen machte der Kaiser seinen Feldherren in Italien sehr begründete Vorwürfe über ihre strafbare Untätigkeit. Darauf setzten sich endlich die Byzantiner mit zwölftausend Mann in Bewegung, zunächst *Verona* zu gewinnen. Wirklich wurde durch Verrat eine kaiserliche Schar unter tapferem Führer zur Nacht in die Stadt gelassen, welche die überraschten Goten räumten. Aber von dem Hügel an der Etsch aus die Schwäche der Feinde gewahrend, gewannen sie Verona wieder und rieben die Eingedrungenen größtenteils auf. Die zehn andern Führer aber verloren die Zeit, die Stadt zu besetzen und ihrem Vortrab zu helfen, indem sie, über die Teilung der Beute in Streit geraten, den Vormarsch unterbrachen. Bei offenem Angriff von den nun gewarnten Goten kräftig zurückgeschlagen, gingen sie wieder über den Po und bis nach Faventia *(Faënza)*, einhundertundzwanzig Stadien von Ravenna zurück. Totila aber zog einen großen Teil der Besatzung von Verona an sich – auch nach dieser Verstärkung hatte er nur fünftausend Mann unter der Fahne – und rückte, von Ticinum aufbrechend, kühn zum Angriff wider die große Übermacht der Byzantiner bis Faënza. Unterstützt durch eine klug angeordnete Umgehung, schlug der König die Feinde unter großen Verlusten von Gefangenen und Toten in so schmähliche Flucht, daß er *alle* Feldzeichen der Kaiserlichen erbeutete: »was den Römern nie zuvor geschehen«, sagt entrüstet Prokopius. Als bald darauf seine Heerführer ein zweites römisches Heer bei *Mucella* in gleich schimpfliche Flucht zerstreuten, schlossen sich die kaiserlichen Feldherren, jedes Zusammenwirken aufgebend, jeder in eine feste Stadt, besorgt sich gegen Totilas Angriff verschanzend.

Der erste Feldherr, den der Kaiser absandte, als Praefectus Praetorio Italiae an die Spitze der uneinigen Feldherren zu treten, wagte, seiner Unfähigkeit bewußt, lange Zeit *Epirus*, dann *Sizilien* gar nicht zu verlassen; der zweite verlor bei einem Versuch, Neapel zu entsetzen, durch einen Angriff der raschen Schiffe Totilas seine ganze Flotte mit allen Vorräten und Mannschaften. Eine zweite Flotte wurde durch den Sturm an die Küste bei Neapel geworfen und fiel ebenfalls in die Hände der Goten. Totila zeigte den Verteidigern von Neapel die gefangenen Feldherren: sie wollten die Stadt übergeben, wenn in dreißig Tagen kein anderer Entsatz käme. Lachend bewilligte ihnen Totila die dreifache Frist, er war gewiß, daß kein Entsatz kommen könne, und noch vor dem vereinbarten Tag ergab sich die Stadt (neuntes Kriegsjahr a. 543/544). Gegen die ausgehungerte Bevölkerung und Besatzung erwies der König eine Herzensgüte, wie sie weder von einem Barbaren noch von einem Feind überhaupt erwartet werden konnte. Mit Sorgfalt überwachte er, daß die Hungernden zwar sofort Nahrung erhielten, aber nicht zu viel auf einmal, da einzelne durch Übermaß sich geschadet. Dem Feldherrn und der Besatzung gewährte er nicht nur freien Abzug, er ermutigte die Verzagten, verpflegte sie lange Zeit und beförderte jene, die nicht unter ihm dienen wollten, mit Reisegeld, Rossen und Gespannen ihrem Wunsche gemäß unter sicherem Geleit nach Rom. Die Wälle Neapels aber ließ er, wie die Benevents, schleifen. Er scheute die Belagerungen, durch Witichis' Beispiel gewarnt. Einen tapferen Goten aus seiner Gefolgschaft ließ er, weil er der Tochter eines Kalabriers Gewalt getan, unerachtet aller dringendsten Fürbitten des Heeres, hinrichten und sein Vermögen der Geschädigten überweisen: »Wir müssen durch strengste Gerechtigkeit«, sprach er, »den Himmel und die Italier für uns gewinnen: darauf beruht die Hoffnung unseres Sieges.« Gleichzeitig ergaben sich die kaiserlichen Feldherren, die dem Kaiser ausdrücklich schriftlich erklärten, sie seien den Goten nicht gewachsen, samt den Truppen in den Städten dem liederlichsten Leben und plünderten und mißhandelten die Bevölkerung, die nun die Barbaren herbeisehnte. Totila forderte, während er *Hydrunt* (Otranto) in *Kalabrien* belagern ließ, wiederholt durch nächtlich in Rom angeschlagene Briefe die Stadt auf, ihm die Tore zu öffnen. Der kaiserliche Feldherr wies die arianischen Priester aus, die er beargwöhnte, diese Briefe angeschlagen zu haben. Da nun der Gotenkönig auf Rom zog, rief der Kaiser *Belisar* aus dem freilich durchaus nicht abgeschlossenen Perserkrieg ab und übertrug ihm wieder den Befehl in Italien. Aber schlecht ausgerüstet – seine vortreffliche Leibwache hatte er in Persien lassen müssen –, brachte Belisar zunächst nur viertausend Mann zusammen. Er ging nach *Salona* in *Dalmatien*, doch ließ er dem belagerten Hydrunt insofern Entsatz bringen (zehntes Kriegsjahr a. 544/545), als er die alte halb verhungerte Besatzung durch eine frische, für ein Jahr mit Lebensmitteln versehene erlöste, wobei freilich die Byzantiner im offenen Feld abermals eine Schlappe erlitten. Von Salona segelte Belisar nach *Pola*, sein Heer zu gliedern, dessen Schwäche Totila durch listig verkleidete Späher hier vollständig erkundschaftete. Da der König *Tibur (Tivoli)* durch Verrat der Einwohner gewonnen hatte – die übrigens samt ihrem katholischen Priester und einem sehr vornehmen Römer von den Goten getötet wurden –, sperrte er die Zufuhr, die aus *Tuscien* den Tiber herab die Hauptstadt verpflegte. Belisar segelte nun nach *Ravenna* und versuchte vergeblich, die dortigen Italier und Goten zum Kriegsdienst zu gewinnen. Nicht *ein* Mann trat unter seine Fahne, ja alle illyrischen Söldner entliefen seinem Heer und eilten in die von den Hunnen bedrohte Heimat. Zu ihrer Entschuldigung ließen sie dem Kaiser sagen, sie hätten in der ganzen Zeit ihres Dienstes in Italien keinen Sold erhalten. *Bononia* (Bologna) zwar gewann ein Führer Belisars, aber bei dem Versuch, *Auximum* (Osimo) zu Hilfe zu kommen, bereitete Totila den Byzantinern eine empfindliche Schlappe, brachte (elftes Kriegsjahr a. 545/546) *Firmum*, *Asculum* und *Spoletium* in seine Gewalt und wandte sich nun gegen Rom. Dabei mahnte er die Bauern in der *Campagna* wie in ganz Italien, ruhig ihre Felder zu bestellen, und schützte sie hierin vor jeder

Störung. Nur die Grundsteuer erhob er und, an Stelle der ausgewanderten Gutsherren, die Pachtgelder und Zinse. Wie die gesamte Kriegsleitung Totilas vielmehr klug anstellige Findigkeit und rasche Beweglichkeit bekundet als die des Witichis – neben erlaubten Kriegslisten und Hinterhalten verschmähte er allerdings auch die Ermordung hervorragender feindlicher Heerführer nicht –, so die nun beginnende Einschließung und Belagerung Roms. Die Lust zu Ausfällen verleidete er den Verteidigern sofort, indem er ihnen gleich bei dem ersten durch einen Hinterhalt blutigste Verluste beibrachte. Da sich nun niemand mehr aus den Toren wagte, Vorräte zu erbeuten, stiegen alsbald Mangel und Hunger über die Mauern. Die Zufuhr von der See aber schnitt Totila der Stadt vollends dadurch ab, daß er sofort nach der Einnahme von Neapel zahlreiche kleine Schiffe auf der dortigen Reede und bei den »Inseln des *Äolos*« kreuzen ließ, die alle für Rom bestimmten Vorratsschiffe aus Sizilien samt der Bemannung aufbrachten. So namentlich auch einen großen von dem Papst *Vigilius* aus *Sizilien* nach dem Hafen *Portus* gesendeten Transport. Und nun verfügte der König bereits über so viel Mannschaft, daß er gleichzeitig *Piacenza*, die letzte von den Feinden besetzte Stadt der *Ämilia*, belagern und durch Hunger zur Übergabe bewegen lassen konnte. Belisar fürchtete lebhaft für Rom und den Ausgang des ganzen Krieges, umsonst forderte er vom Kaiser dringend Verstärkungen. Er verließ ungeduldig Ravenna und ging nach *Epidamnus*, den sehnlich erwarteten Nachschüben näher zu sein. Endlich sandte Justinian einige Truppen, zumal herulische Söldner. Sofort ließ Belisar die Hafenstadt Roms, *Portus*, durch erlesene Leute (nur fünfhundert) besetzen, die aber bald bei einem Angriff auf das gotische Lager, von dem lässigen Kommandanten Roms, *Bessa*, nicht unterstützt, den Tod fanden. Die Besatzung Roms zählte dreitausend Mann, was Prokop sehr ansehnlich findet – ein Beweis von der geringen Ausdehnung der Werke. Die Not der Bewohner in der Stadt stieg furchtbar (zwölftes Kriegsjahr a. 546/547), Bessa, seine Unterführer und die Soldaten benutzten sie, ihre Vorräte den Römern zu Hungerpreisen zu verkaufen. Endlich waren in Epidamnus die lang erwarteten Verstärkungen eingetroffen, mit welchen Belisar *nach Portus*, dem Hafen Roms, segelte, nachdem er durch eine Bewegung gegen *Hydruntum* zunächst diese Festung entsetzt hatte. Sein Unterfeldherr *Johannes* überraschte die Goten in *Kalabrien*, gewann dort wie in *Bruttien* und *Lucanien* die Bevölkerung, die nur widerstrebend und durch die Mißhandlungen der Kaiserlichen gezwungen zu den Ketzern und Barbaren abgefallen war, durch Zusicherung besserer Mannszucht wieder für die Byzantiner: er besetzte *Brundusium* und *Canusium*. Aber Belisars Versuch, den Strom hinauf Vorrat in die Stadt Rom zu schaffen, scheiterte durch Fehler seiner Heerführer und die Untätigkeit des elenden Befehlshabers von Rom, der immer noch die Belagerung in die Länge zu ziehen suchte, durch Verkauf von Getreide zu den höchsten Hungerpreisen seine Reichtümer zu mehren. Endlich verrieten vier *isaurische* Söldner das ihnen anvertraute *Asinarische* Tor und ließen, als der Abend dunkelte, die Goten ein. Ohne Widerstand zu wagen, flohen Bessa und die Truppen fast sämtlich aus der Stadt, nur wenige suchten in den Kirchen Zuflucht, wie die auf fünfhundert Köpfe zusammengeschmolzenen Bewohner der Weltstadt, der Rest war dem Hunger erlegen oder abgezogen. Der erste Gang des (doch arianischen) Gotenkönigs, als der Tag anbrach, galt der Peterskirche, wo er sein Dankgebet verrichtete. Er befahl, Leben, Leib und Freiheit der Besiegten zu schonen. Nur sechsundzwanzig

Soldaten und fünfzig Bürger waren bei der ersten Verbreitung der Goten durch die Stadt erschlagen worden. Totila gebot, die seltensten Kostbarkeiten für den erst wieder zu füllenden Kriegsschatz vorzubehalten – er fand im Haus des Bessa die Schätze, die dieser den hungernden Römern abgepreßt –, verstattete im übrigen Plünderung, schützte aber *Rusticiana*, des Symmachus Tochter, des Boëtius Witwe, welche angeklagt wurde, die Bildsäulen Theoderichs in der Stadt habe niederwerfen zu lassen, vor der Rache der Goten, die ihren Tod forderten, und ebenso die Ehre aller Frauen in der Stadt, wofür er reichen Dank und Ruhm erntete.

Mit weiser Mäßigung benutzte der Sieger diesen Erfolg. Dem Volk und, in härteren Worten, dem Senat von Rom hielt er ihren schmählichen Undank und Verrat gegen die Goten vor, den byzantinischen Druck mit den Wohltaten der Amaler vergleichend. Den Kaiser aber bat er durch römische Gesandte um Frieden und forderte ihn auf, das Verhältnis, wie es zwischen Anastasius und Theoderich bestanden, zu erneuen: dann werde er dem Kaiser als seinem Vater gegen alle Feinde Waffenhilfe leisten. Den Gesandten schärfte er ein, der Kaiser möge nicht durch Verweigerung des Friedens ihn nötigen, die Senatoren hinzurichten, Rom der Erde gleichzumachen und den Angriffskrieg in das Illyricum zu tragen. Und da der Kaiser ihn abschlägig an Belisar verwies und eine Schlappe der Goten in *Lucanien*, wo der Feldherr *Johannes* durch Hilfe eines großen Grundherrn *Tullianus* die Landbevölkerung für die Byzantiner unter die Waffen brachte, ihn erbitterte, soll er, so berichtet wenigstens Prokop, in der Tat beschlossen haben, seine Drohung an Rom wahr zu machen und erst durch eindringliche Mahung Belisars davon abgebracht worden sein. Die Wahrheit ist wohl, daß er nur die Mauern und weitere Verteidigungsmittel Roms, wie andere Städte, zum Beispiel auch *Spoletiums*, zerstören wollte, da er die Stadt weder Belisar preisgeben noch ausreichend besetzen konnte. Den dritten Teil der Umwallung ließ er in der Tat niederwerfen, das heißt im ganzen, nicht an *einer* Stelle, sondern an verschiedenen Orten: »die herrlichsten Gebäude zu verbrennen und die Stadt zu einer Viehweide zu machen«, hätte wohl allzuviel Zeit und Mühe gekostet! Er ließ einen Teil seines Heeres bei Rom einhundertundzwanzig Stadien westlich (»in algido«) stehen, zu verhüten, daß Belisar von *Portus* aus die Stadt besetze, die fast völlig leer stand, da Totila die Senatoren als Geiseln mit sich führte, das übrige Volk aber nach *Campanien* wandern hieß. Man sieht, er wollte verhüten, daß, durch die Bevölkerung herbeigerufen, abermals die Byzantiner in jenen schwer zu bezwingenden Mauern sich festsetzten. Da der Gotenkönig mit dem kleineren Teil seines Heeres gegen *Johannes* und den *lucanischen* Landsturm anrückte, wichen die Byzantiner eilig nach *Hydrunt zurück*, *Tullianus* entfloh, die Bauern legten die Waffen nieder und kehrten zu ihrer Feldarbeit zurück. Die in Totilas Gewalt befindlichen Senatoren, die großen Grundherren Lucaniens, vom König wieder als Eigentümer anerkannt, mußten ihre Kolonen beschwichtigen.

Nachdem Totila das Kastell *Acherontis* an der Grenze von Lucanien und Kalabrien besetzt und die römischen Senatoren als Geiseln in Campanien unter Bedeckung zurückgelassen, wandte er sich gegen *Ravenna*, diese stärkste Festung Italiens wieder zu gewinnen. Belisar aber besetzte Rom und beschloß, es mit aller Macht zu behaupten. In fünfundzwanzig Tagen ließ er die teilweise zerstörten Mauern durch unablässige Arbeit seines ganzen Heeres wieder notdürftig herstellen, die Bevölkerung kehrte aus der Campania nach der Stadt zurück, die von der See her tiberaufwärts reichlich mit Vorräten versehen wurde. Der König mochte nun seinen Fehler erkennen, Rom preisgegeben zu haben. Seine Großen machten ihm heftige Vorwürfe, daß er es verschont. Eilig zog er heran, die Stadt zu nehmen, bevor die zerstörten Tore hergestellt wären. Aber der erste ungeordnete Angriff wurde während eines ganzen Tages abgeschlagen, ebenso der des folgenden Tages – in einem dieser Gefechte stürzte der Bannerträger Totilas tödlich getroffen vom Pferd; die Seinen retteten die Fahne, indem sie der Leiche die linke Hand abhieben, um auch sein Abzeichen, ein goldenes Armband, nicht in Feindeshand fallen zu lassen – und die Goten sahen sich genötigt, zum drittenmal in diesem Krieg die Stadt Rom zu belagern, deren Schlüssel Belisar abermals an den Kaiser senden konnte. Totila zerstörte die Tiberbrücken, erneuerte und besetzte das von ihm zerstörte Kastell von *Tibur*, zog dann aber (dreizehntes Kriegsjahr a. 547/548) ab, das schon hart bedrängte *Perusia* zu erobern. Von da machte er einen raschen Zug nach Lucanien, den Feldherrn *Johannes* zu strafen, der, nach glücklichem Gefecht, in *Capua* römische Senatoren und zumal viele Frauen derselben in den Städten Campaniens befreit hatte. Aber allzu hastiges Ungestüm der Goten ließ, obwohl der Überfall gelungen, die Feinde mit geringem Verlust nach *Hydrunt* entkommen. Byzantinische Verstärkungen wurden gleich nach ihrer Landung bei Brundusium geschlagen und nach *Tarent* geworfen. Eben dorthin trachtete Belisar, von Portus absegelnd, nach Befehl des Kaisers mit dessen Verstärkungen den Angriffskrieg in Kalabrien zu eröffnen. Er landete bei *Kroton*, wo er die Truppen von Tarent und Hydrunt an sich ziehen wollte, blieb hier mit dem Fußvolk und schickte seine Reiterei landeinwärts, die Pässe am Eingang von Kalabrien zu besetzen. Als aber diese durch einen kleinen Erfolg übermütig und sorglos gemacht, in ihrem Lager von Totila überfallen und fast aufgerieben wurde, schiffte sich Belisar eilig ein und wich sogar ganz aus dem Festland Italiens. Er ging nach *Messina* und sandte seine Gemahlin *Antonina* nach Byzanz, bei ihrer Freundin, der allmächtigen Kaiserin *Theodora*, eine kraftvollere Kriegsführung durchzusetzen. Von Sizilien aus machte er mit inzwischen (vierzehntes Kriegsjahr a. 548/549) eingetroffenen Verstärkungen aus Byzanz nochmals einen vergeblichen Versuch, das von Totila belagerte Kastell *Ruscia* zu entsetzen. Er segelte nach *Hydrunt*, dann nach *Kroton*, aber er wagte angesichts des in Schlachtordnung an der Küste aufgestellten gotischen Heeres gar nicht zu landen, kehrte vielmehr unverrichteterdinge nach Kroton und von da vollends nach Byzanz zurück.

Denn Antonia hatte die Kaiserin nicht mehr lebend angetroffen und nun beim Kaiser, statt der Verstärkung, vielmehr die heißersehnte Abberufung Belisars betrieben und endlich durchgesetzt, zumal man ihn im Morgenland gegen die Perser dringend bedurfte. Nach Belisars Abfahrt ergab sich das Kastell *Ruscia*. Totila bewies auch bei dieser Gelegenheit seine edle und kluge Milde. Die Besatzung hatte einen früheren Ergebungsvertrag, ermutigt durch den Anblick der nahenden Entsatzflotte, gebrochen und zitterte jetzt vor der Rache des Siegers. Der König strafte aber nur die Anstifter jenes Treubruchs und stellte den übrigen, wie er es immer zu tun pflegte, frei, ob sie zu dem nächsten kaiserlichen Lager abziehen oder bleiben und unter ihm dienen wollten. Nur achtzig Mann wählten das erste.

Darauf sandte Totila einen gefangenen und in seine Dienste getretenen Lanzenträger (Leibwächter) Belisars, *Ilauf*, mit Truppen und Schiffen nach *Dalmatien*, wo er *Muicurum* bei *Salona* eroberte, bei *Laureata* die kaiserliche gegen ihn gesandte Flotte schlug, hierbei alle Dromonen wegnahm und sie dem König zuführte, der nun (fünfzehntes Kriegsjahr a. 549/550) mit allen Truppen gegen Rom zog, die Stadt zum zweitenmal zu belagern. Da er bald den Hafen *Portus* gewann, vermochte er die Eingeschlossenen wirksam zu bedrängen und, durch die einfache Kriegslist eines Scheinangriffes die Besatzung nach dem Tiber ablenkend, drang er durch das *Tor des Apostels Paulus* in die Stadt. Abermals ließen *isaurische* Söldner, unzufrieden wegen nie bezahlten Soldes und ihre reich belohnten Landsleute in Totilas Dienst beneidend, die Goten ein. Totila hatte an der Straße nach *Centumcellä*, dem einzigen noch von den Byzantinern besetzten Ort in der Nähe, vorschaulich einen Hinterhalt gelegt, in welchem der größte Teil der nun aus Rom flüchtenden Besatzung den Untergang fand. Sechshundert Reiter, die sich in das *Grabmal Hadrians* geflüchtet und hier tapfer verteidigt hatten, ergaben sich am folgenden Tag und nahmen, obwohl ihnen der König die Rückkehr nach Byzanz frei gestellt, grollend über den vieljährigen Soldrückstand, Dienste bei den Goten (mit Ausnahme der Führer, die Totila mit Reisegeld und mit Weggeleit in ihre Heimat entsandte), ebenso vierhundert andere Soldaten, die in die Kirchen geflüchtet waren. Der König beschloß aber, diesmal Rom nicht wieder zu räumen, sondern als seinen Herrschersitz neu zu heben, und lud Goten und Römer, zumal die Senatoren, ein, sich hier niederzulassen. Er ließ herstellen, was bei der früheren Einnahme zerstört worden war, Lebensmittel in die Stadt schaffen, die in Campanien verwahrten Senatoren und andere Bürger zurückführen und hielt glänzende Zirkusspiele ab. Er wollte sich so aller Welt als den Herrn Italiens und der Hauptstadt in gesicherter Herrschaft darstellen. Gleichwohl suchte er wohlweislich den Frieden, dem Kaiser abermals Waffenhilfe gegen alle Feinde anbietend. Jedoch Justinian ließ seinen Gesandten gar nicht vor und weigerte jede Antwort, denn am Hofe zu Byzanz arbeiteten mächtige Einflüsse wider jeden Ausgleich mit den Goten: die Häupter der beiden Stände, die den stärksten Vorteil bei der Austreibung der ketzerischen Barbaren aus Italien hatten, der katholischen Priester und des römischen Adels, der Papst *Vigilius* (etwa a. 537–555) und der Patrizier und Konsular *Gothigus* (alias *Céthegus*). So schroff zurückgewiesen, suchte der König aufs neue den Frieden durch Krieg zu erzwingen. Er beschloß, die Insel *Sizilien*, die gleich am Anfang des Krieges verloren worden, schnell wieder zu gewinnen und sie zum Stützpunkt der Angriffe auf das Festland des Ostreichs zu machen, durch die er den Kaiser zum Friedenschluß nötigen wollte. Eine starke kaiserliche Flotte großer Schiffe, die aus dem Morgenland nach jenen Gewässern unter Segel war, hatte er mit der ganzen Bemannung und allen Vorräten aufgebracht. Außer ihr rüstete er vierhundert kleinere Fahrzeuge zur Landung auf Sizilien. Inzwischen nahm er das Kastell von *Tarent*, ließ Ravenna einschließen und durch Hunger zur Ergebung drängen. Andere gotische Truppen gewannen das wichtige *Arminum* und vernichteten bei Ravenna einen kaiserlichen Feldherrn samt seinen auserlesenen Scharen, mit welchen er das *Picenum* hatte wiedererobern wollen. Totila aber landete auf Sizilien, zwang die kaiserliche Besatzung, sich in dem belagerten *Messina* einzuschließen, und durchzog, ohne Widerstand zu finden, die ganze Insel.

Der Kaiser hatte bisher durch Unschlüssigkeit in der Wahl eines neuen Feldherrn für den Gotenkrieg viel Zeit verloren: jetzt (sechzehntes Kriegsjahr

a. 550/551) traf er eine sehr glückliche Wahl, indem er seinen Brudersohn *Germanus* ernannte: dieser tüchtige Mann hatte sich mit Theoderichs Enkelin Mataswintha vermählt – Witichis war gestorben und vielleicht schon vorher die von ihm der Fürstin aufgezwungene Ehe für nichtig erklärt worden –, und so groß war immer noch die Bedeutung des Amalungengeschlechts für das Volk Theoderichs, daß sehr viele Goten im Heer Totilas schwankten, ob sie gegen des Amalers Großeidam fechten dürften. Die Byzantiner in Ravenna, Centumcellä und den wenigen andern von ihnen noch behaupteten Festungen Italiens schöpften neuen Mut des Widerstandes, und zahlreiche Söldner und Landsknechte barbarischer, namentlich auch germanischer Stämme drängten sich unter die Fahnen des freigebigen Prinzen. Schon musterte derselbe zu *Sardica* in *Illyricum* sein Heer, als sein plötzlicher Tod (an einer Krankheit) Totila eines gefährlichen Gegners entledigte. Der König kehrte nun, nachdem er ganz *Sizilien* durchzogen und in vier Festungen Besatzungen belassen, mit außerordentlich reicher Beute und großen Vorräten nach Italien zurück, dem von Dalmatien her drohenden Angriff des verwaisten Heeres des Germanus zu begegnen. Jedoch für die nächste Zeit scheiterten oder ruhten die Unternehmungen wider die Goten. Eine kaiserliche Flotte wurde durch Sturm nach dem Peloponnes zurückverschlagen, die Streitkräfte zu Land hielten Einfälle der *Slawen* beschäftigt, die vielleicht der Gotenkönig zu diesen Unternehmungen gewonnen hatte. Erst im Jahre 551 wurde der Nachfolger des Germanus ernannt, *Narses der Eunuch*, ein ausgezeichneter Feldherr, – gewiß nicht ein läppisches Orakel aus der Zeit Theodahads: »ein Eunuch werde den Herrn Roms besiegen«, bestimmte des Kaisers Wahl, sondern die Zuversicht, daß sich die eifersüchtig hadernden Unterfeldherren der Überlegenheit dieses Mannes unterordnen würden. Narses hatte erkannt, daß mit den geringen Belisar bewilligten Mitteln der Gotenkrieg nicht zu beenden war, und hatte die Gewährung großer Summen und eines starken Heeres zur Bedingung der Übernahme des Befehls gemacht. Nicht wie Belisar bei seinem ersten Feldzug, von Süden nach Norden, umgekehrt von Nordosten nach Süden beschloß er, seinen Angriffskrieg zu führen. *Salona* in Dalmatien machte er zum Ausgangspunkt. Hier vereinigte er sich mit den schon seit früher in dieser Landschaft stehenden Truppen. Totila gedachte kühn, die Verteidigung durch den Angriff zu führen, das heißt durch Bedrohung des oströmischen Reiches im Innern die Rückberufung des zu Salona sich rüstenden Heeres zu erzwingen. Er schickte (siebzehntes Kriegsjahr a. 551/552) eine Flotte von dreihundert Kriegsschiffen in die Gewässer von *Kerkyra* mit dem Befehl, die dortigen Inseln und das Festland der Provinz *Epirus* anzugreifen. Die Mannschaft landete auf Kerkyra, verheerte dieses Eiland und die benachbarten *Sybotischen* Inseln, segelte dann nach dem Festland, streifte bis weit in das Innere gegen *Dodona* hin, überfiel besonders *Nikopolis* und *Anchisus*, segelte dann die ganze Küste entlang und brachte zahlreiche Kauffahrer, darunter auch für Narses bestimmte Frachtschiffe auf.

Zugleich hatte der König ein Belagerungsheer gegen Ancona gesandt und den Hafen durch siebenundvierzig Kriegsschiffe eingeschlossen. Aber von Salona her kam eine byzantinische Flotte von dreißig Segeln zum Entsatz heran, und die gotischen Schiffe, welche diese bei *Senagallia* angriffen, erlitten infolge arger Ungeschicklichkeit im Manövrieren eine vernichtende Niederlage. Sechsunddreißig Fahrzeuge wurden unter sehr starkem Verlust an Mannschaft genommen oder in den Grund gebohrt, die elf geretteten verbrannten die Flüchtlinge selbst, nachdem sie gelandet, sie nicht den Feinden in die Hände fallen zu sehen; die Einschließung von Ancona auch auf der Landseite wurde aufgehoben, und die Goten flüchteten aus ihrem Lager nach *Ariminum*. Dieser schwere Schlag erschütterte den Mut der Goten. Die erlesensten Krieger ihres Heeres waren hier in großer Zahl gefallen. Gleichzeitig waren die schwachen gotischen Besatzungen auf *Sizilien* durch Hunger zur Ergebung gezwungen worden. Wiederholt suchte Totila Frieden zu Byzanz. Seine Gesandten führten aus, daß einen sehr großen Teil Italiens, die *Seealpen*, viele Städte *Liguriens*, fast ganz *Venetien* die Franken besetzt hätten, der Rest sei durch den Krieg verwüstet. Gleichwohl wollten die Goten »für die Wüste« jährlich Tribut und Steuer zahlen, die allein noch unversehrten Landschaften, *Sizilien* und *Dalmatien*, räumen, dem Kaiser in allen Kriegen Hilfe leisten und auch sonst seine Oberhoheit anerkennen. Aber Justinian hat alle Gesandten abgewiesen, denn er »haßte den Namen der Goten und sann darauf, sie völlig aus dem Reich zu vertreiben«. Er trachtete abermals, die Franken zur Teilnahme am Krieg zu gewinnen. Aufs neue versuchte daher Totila, durch Angriffe auf oströmisches Gebiet die drohende, langsam zu *Salona* vorbereitete Unternehmung von Italien abzulenken. Diese Vorbereitungen durch das kräftigste Mittel, das heißt, durch einen Kriegszug gegen Dalmatien selbst, zu verhindern, dazu fehlte es ihm an ausreichender Macht, namentlich zur See, da zu Salona, Ancona, Ravenna kaiserliche Flotten lagen. Er ließ durch Flotte und Heer *Korsika* und *Sardinien* besetzen und völlig in gotische Steuerverwaltung nehmen. Der kaiserliche Magister Militum in Afrika sandte zwar Schiffe und Truppen, letztere Insel wieder zu erobern, aber bei dem Versuch, die Hauptstadt *Karalis* zu belagern, wurden jene Scharen durch Ausfall der gotischen Besatzung schwer geschlagen und auf die Schiffe gejagt, die nach Afrika zurückkehrten.

Allein diese kleinen Nebenerfolge vermochten nicht, die drohende Hauptentscheidung zu wenden. Justinian, ausnahmsweise standhaft, ließ sich nicht bewegen, Feldherrn und Heer aus *Dalmatien* abzurufen. Narses hatte zu Salona seine großartig angelegten und sorgfältig durchgeführten Rüstungen vollendet; er führte nun das Verderben über das Gotenreich herauf. Mit erdrückender Übermacht trat er auf. Er hatte den geizigen Kaiser dahin gebracht, ihm die immer noch gewaltigen Geldmittel des Ostreichs in Fülle zur Verfügung zu stellen, neue Söldner zu werben, den seit Jahren geschuldeten Sold dem in Dalmatien und Italien dienenden Heer endlich zu bezahlen, viele wegen dieser Soldrückstände zu den Goten übergetretene Soldaten zurückzugewinnen.

Narses brach von Salona auf und zog durch *Liburnien* und *Istrien* nördlich um den Ionischen Meerbusen nach *Venetien*. Die fränkischen Grafen verweigerten den von Narses gemäß der Freundschaft beider Reiche geforderten Durchzug auf der nächsten Straße unter dem Vorwand, daß die Langobarden in seinem Heer ihre Hauptfeinde seien. Der wahre Grund jedoch war die Erwägung, daß nach Vernichtung der Goten die siegreichen Byzantiner fränkische Herrschaft auf der Halbinsel nicht lange dulden würden. Inzwischen hatten die Führer der Goten unter Totilas Oberleitung umsichtige Maßregeln getroffen. *Teja*, der spätere König, wurde mit auserlesenen Truppen nach Verona geschickt, die Straßen nach Süden zu sperren. Das hatte Teja so vollständig bewirkt, daß Narses in die größte Verlegenheit geriet, zumal die Poübergänge hatte er bald durch Ver-

Die Porta Nigra, eines der römischen Stadttore von Trier, das im Zuge der Befestigung der ehemals offenen Stadt um 260 n. Chr. durch die Soldatenkaiser (258–306) errichtet wurde

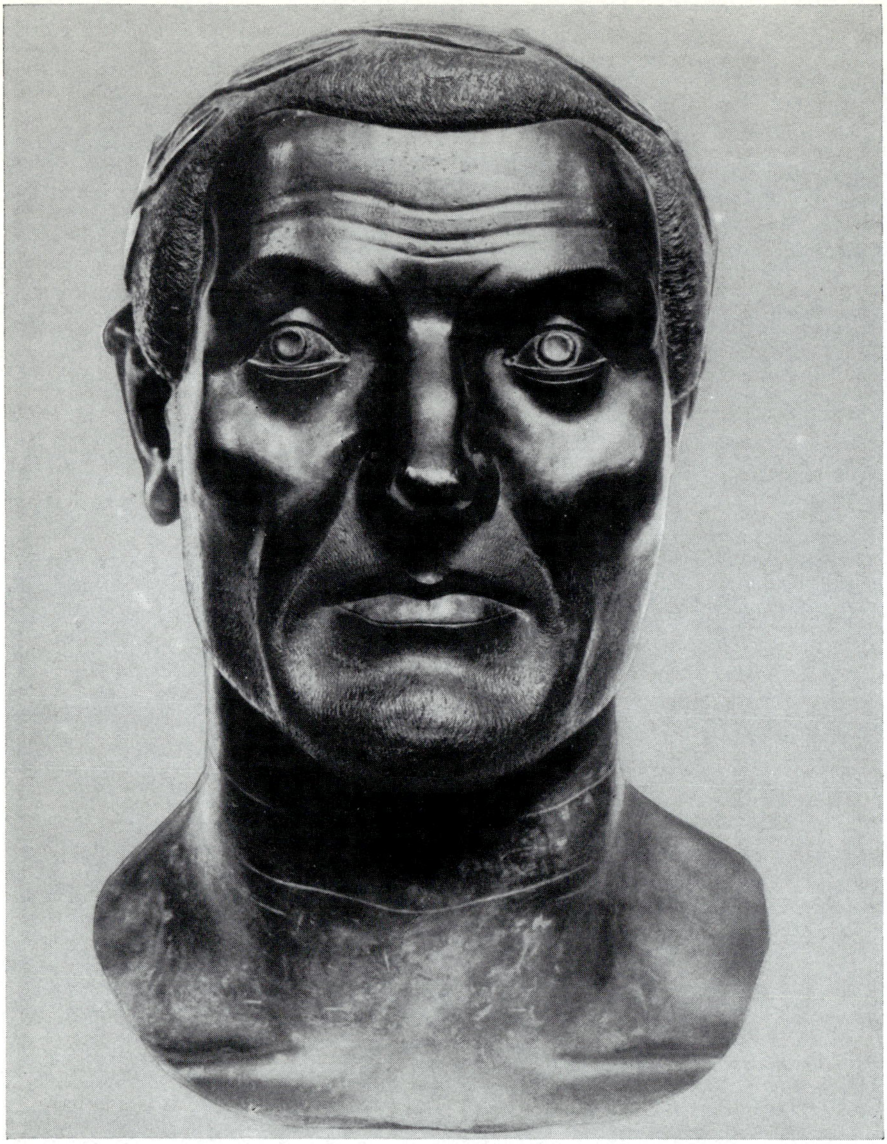

Maximus, Usurpator unter den römischen Kaisern, Sohn eines Goten und einer Alanin, regierte in Trier. Er wurde 383 von seinen Truppen in Britannien zum Kaiser ausgerufen. Als er bei seinem Einfall in Italien Valentin II. verjagte, kam es zum Krieg mit Theodosius d. Gr., der ihn besiegte und 388 hinrichten ließ

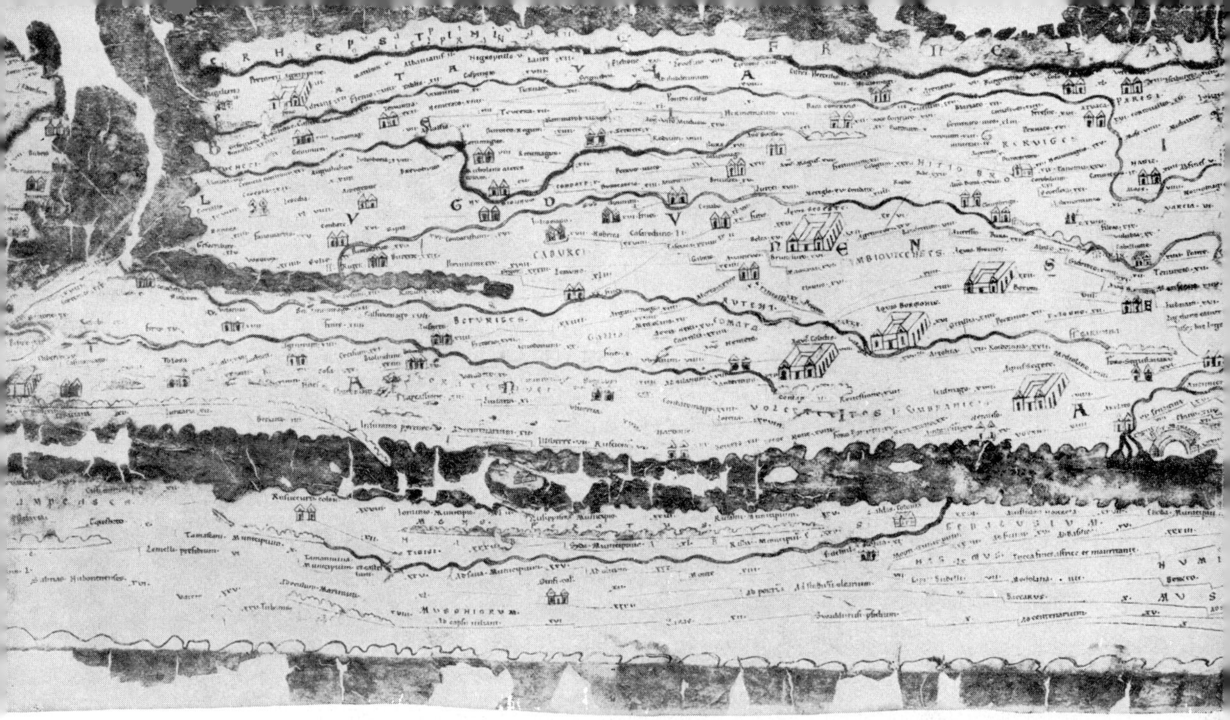

Teil einer der römischen Wegekarten, die von den Legionen benutzt wurden; hier der sogenannten Peutingerschen Tafel. Sie stammt vermutlich von Castorius, 4. Jahrhundert n. Chr. Die Karte grenzt an das Nordmeer, der obere Flußlauf ist der Rhein. Das letzte Doppelhaus links »Agrepina« ist Köln, die Häuser bezeichnen befestigte Stützpunkte der Römer und größere Ansiedlungen

Flavius Stilicho, Sohn eines Wandalen im römischen Dienst (365–408), mit Serena, einer Nichte des Kaisers Theodosius verheiratet, wurde 395 Reichsverweser für den unmündigen weströmischen Kaiser Honorius. Er wurde in Ravenna ermordet

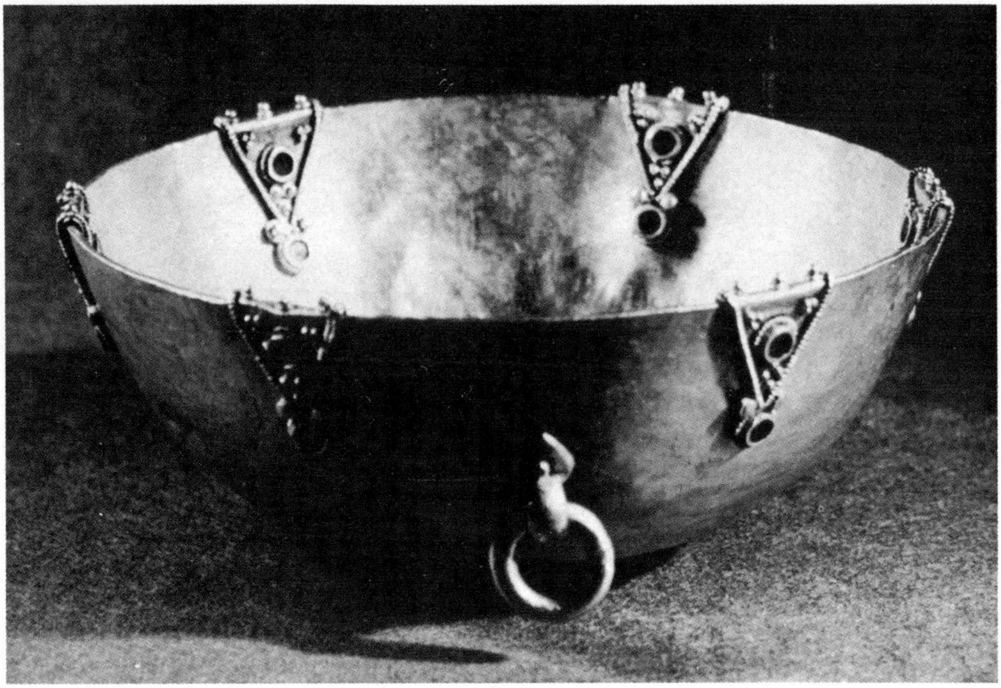

Goldschale aus dem Schatz von Szilagy Somlyo aus der germanischen Frühzeit, eine Omphalosschale, die symbolisch den Mittelpunkt des Alls darstellt (Omphalos griech. Nabel, etwa 4. Jahrhundert). Ungarisches Nationalmuseum, Budapest

Unten: Keltischer Becher im Goldbeschlag, bei Schwarzenbach im Hunsrück gefunden. Die Strenge der Dekoration läßt auf ein hochentwickeltes Kunsthandwerk schließen, das diese Formen hervorbrachte

Germanische Goldfibeln
aus dem Schatzfund von Szilagy Somlyo
in Ungarn aus dem 4. Jahrhundert n.Chr.
Ungarisches Nationalmuseum, Budapest

Unten: Der sogenannte Schatz des Westgotenkönigs Athanarich, der sich 376 beim Einbruch der Hunnen nach Siebenbürgen zurückzog. Dieser Goldfund aus dem 4. Jahrhundert wurde 1837 bei Petrossa in Rumänien ausgegraben und befindet sich im Museum Bukarest. Die hier gezeigten Nachbildungen des Berliner Kunstgewerbemuseums lassen den Reichtum der Goldschmiedekunst germanischer Frühzeit (ornamentaler Tierstil) erkennen: goldene Schalen, Kannen, Trink- und Henkelschalen, Fibeln, Armspangen, z.T. plastisch gestaltet und mit Granaten, Almandinen u.a. Edelsteinen geschmückt. Ein Goldring trägt die Runeninschrift »Gutani o wi hailag« (heiliges Weihestück der Goten)

Theodosius der Große, 379–395 römischer Kaiser, schloß Frieden mit den Goten, indem er sie in den Gebieten des Imperiums ansiedelte. Er einte nach der Unterwerfung des Arbogast noch einmal das Römische Reich, das er, geteilt unter seine Söhne Arcadius (Osten) und Honorius (Westen), hinterließ. Ausschnitt von dem Schild des Theodosius, einem Flachrelief in Madrid

Flavius Aëtius (390–454), weströmischer Feldherr und Staatsmann, führte mit Galla Placidia gemeinsam die Regentschaft für den unfähigen Valentinian III., leistete als Feldherr und Diplomat Hervorragendes, doch wurde er 454 auf Anstiften des eifersüchtigen Valentinian ermordet. Der Hof dieses Kaisers hatte bereits den Plan des Aëtius durchkreuzt, der Attila bei seinem zweiten Einfall abermals niederringen wollte, bevor dieser 453 starb

Kolossalstatue eines römischen Kaisers, möglicherweise des byzantinischen Kaisers Marcian (Markianos, 450–457), welcher den Gepiden nach ihrem Sieg über die Hunnen die Länder an der Theiß zuerkannte. Aus S. Sepolcro, Barletta, dem antiken Barulum, in der süditalienischen Provinz Bari

Bildnis des Westgotenkönigs Alarich (395–410 n. Chr.) auf seinem Siegelstein. Alarich wurde nach dem Tode des Kaisers Theodosius (395) von den im römischen Reich angesiedelten Westgoten neunzehnjährig zum König erhoben. Nach einem kurzen Kriegerleben für die Verteidigung des Ost- und Westreiches gegen die Römer starb er 410 in Süditalien und wurde im Bett des gestauten Flusses Busento begraben

Fibel (Gewandspange) aus dem Grab des Germanenfürsten Uffila. Silber vergoldet, mit Almadinen und Glasfluß-dekoration, in Schwaben gefunden

Ruinen Karthagos: Luftbild der Reste der Thermen des Marcus Antonius (82–30 v.Chr.) an der Küste des heutigen Tunis. Die Wandalen eroberten 439 Karthago unter ihrem König Geiserich; er wurde im Frieden von 442 als erster germanischer Herrscher von Rom anerkannt. Die Wandalen besiedelten Nordafrika im Umkreis Karthagos

Unten: Der mehr als 2500 Jahre alte punische Hafen von Karthago. Die Wandalen Geiserichs verdankten ihrer Flotte die Herrschaft im westlichen Mittelmeer. – Sandbänke haben sich vor die Ausfahrt geschoben. Die Villen der Vorstadt von Tunis umgeben heute die historische Stelle

Kaiserin Galla Placidia, Tochter des weströmischen Kaisers Theodosius II., mit ihrem Sohn Valentinian III., für den sie nach dem Tode ihres zweiten Gemahls Constantius von 425 ab die Regentschaft führte – gemeinsam mit Aëtius, dem Besieger Attilas (451). Placidia starb 450 zu Rom und wurde in Ravenna beigesetzt. Unser Bild zeigt sie auf einem Elfenbeindiptychon im Domschatz zu Monza/Provinz Mailand

Unten: Grabmal der Galla Placidia in Ravenna aus dem 5. Jahrhundert

Alamannischer Goldbrakteat (in Pliezhausen gefunden): eine Hohlmünze, deren Dekor von innen her ausgetrieben wurde. Die Formgebung zeigt Motive des germanischen Tierstils, Bilder aus der Vorstellungswelt der Germanen jener Frühzeit

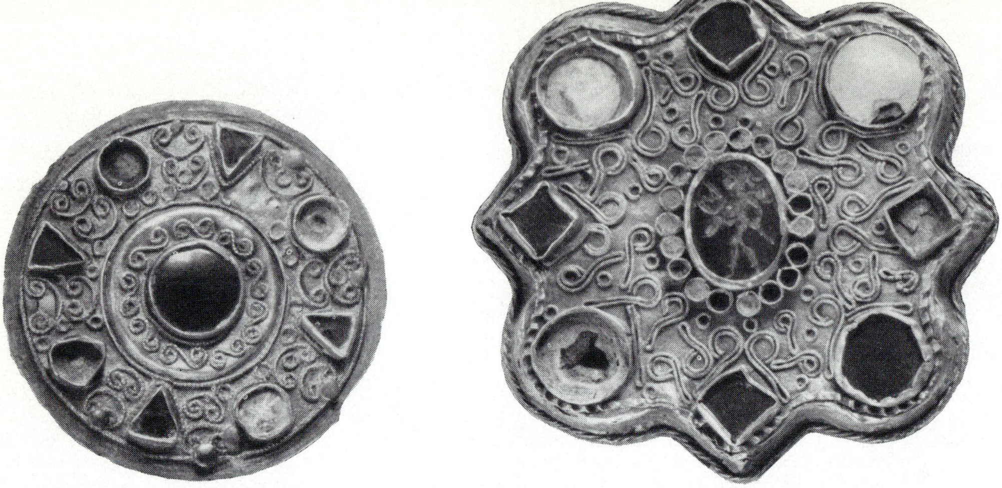

Fränkische Gold-Filigran-Broschen, gefunden in Heilbronn (6.–7. Jahrhundert)

Unten: Münzen der Merowingerzeit: aus der Zeit von König Childebert II. von Austrasien, Sohn Sigberts und der Brunhilde (570–595) (Vorder- und Rückseite 1). Aus der Zeit von Theudebert, Sohn Theuderichs (534–547) (Rück- und Vorderseite 2)

Der Palast Theoderichs in Ravenna. Hier residierte er, zeitweise auch in seinem Palast in Verona (dem »Bern« der Sage) und regierte von hier aus uneingeschränkt das Ostgotenreich auf italienischem Boden und zugleich in Dalmatien und Pannonien in gutem Einvernehmen mit den Franken, Westgoten, Wandalen und anderen germanischen Stämmen bis zu seinem Tode im August 526

Grabmal Theoderichs des Großen (471–526), des »Dietrich von Bern« der deutschen Sage, in Ravenna. Der König der Ostgoten zog nach zweijähriger Belagerung Odoakars in Ravenna ein und schloß dort mit seinem Gegner im Februar 493 einen Vertrag, der beiden die Herrschaft in Italien zusicherte. Aber bei einem Trinkgelage erschlug Theoderich seinen Partner und wurde als Stellvertreter des oströmischen Kaisers und als König der Goten Herrscher von Italien

Amalaswintha, Tochter des Ostgotenkönigs Theoderich d. Gr., heiratete den Westgotenkönig (Amaler) Eutharich († um 522). Nach Theoderichs Tod (526) wurde sie für ihren unmündigen Sohn Athalarich Regentin. Nach Athalarichs Tod (534) erhob sie ihren zweiten Gemahl Theodohad zum König und Mitregenten, der sie 535 ermordete. Justinian benutzte dies als Begründung seines Angriffs auf das Reich der Ostgoten. Elfenbeindiptychon aus dem 6. Jahrhundert, Wien, Kunsthistorisches Museum

Ravenna: Blick auf die Basilika San Apollinare Nuovo aus dem 6. Jahrhundert. Seitdem Honorius im Jahre 404 die durch ihre Lage am Meer gesicherte Stadt aus Furcht vor Überfällen der Germanen zur Kaiserresidenz erhoben hatte, erlebte sie in der Folgezeit eine hohe Blüte

Inneres der Basilika S. Apollinare Nuovo mit den Mosaikbildern von großen geistlichen und weltlichen Persönlichkeiten, einzelnen Heiligen und langen Reihen von Märtyrern und Jungfrauen. Sie geben das volle Leben ihrer Zeit in starren Formen wieder

hacke, bald durch Gräben, bald durch Vertiefung der Furten undurchschreitbar gemacht; hinter der Polinie erwartete er den Heranzug der Feinde, zur Schlacht bereit. Totila hatte darauf gerechnet, daß nur auf der einen so gesperrten Binnenstraße, an *Verona* vorbei, der Feind vorrücken könne. Der Weg längs der Küste war von zahlreichen breiten Flüssen in ihrem Unterlauf durchschnitten. Zur See auf einmal das ganze Heer über den Ionischen Busen zu setzen, dazu gebrach es Narses an Fahrzeugen, und die Landungsversuche kleinerer Abteilungen mochten die Goten leicht abwehren. Aus arger Ratlosigkeit – denn der Angriff auf Tejas Stellung schien untunlich – befreite den Feldherrn der Vorschlag eines ortskundigen Heerführers, das Heer zu Land der Küste entlangzuführen, die durch die von den Byzantinern besetzten Festungen beherrscht war, und die häufigen Flußübergänge durch einige mitgetragene Schiffe und zahlreiche Nachen zu bewerkstelligen.

Totila hatte zuerst bei Rom das Eintreffen von Tejas Heer abgewartet, dessen Aufstellung nun umgangen war. Auf die Nachricht von dem Vorbeimarsch des Feindes an Ariminum eilte er durch *Tuscien* entgegen und nahm Stellung am Fuß des *Apennins* bei dem Städtchen *Taginas*. Alsbald erschien auch das kaiserliche Heer auf dem Apennin und schlug, nur hundert Stadien weiter bergaufwärts, Lager an einem Ort, welcher den Namen »Brandstätte der Gallier« führte, weil hier Camillus einst die Kelten geschlagen hatte, deren Leichen dann verbrannt wurden. Narses forderte den Gotenkönig auf, die Waffen zu strecken und an Frieden, das heißt Unterwerfung zu denken, da er doch mit seinem schwachen, plötzlich zusammengerafften Häuflein dem römischen Weltreich nicht widerstehen könne, andernfalls möge er den Tag der Schlacht bestimmen. Totila verschmähte zornig den Antrag der Unterwerfung und bestimmte den neunten Tag für den Kampf. Vorsichtig rüstete sich Narses schon für den kommenden Tag zur Schlacht, und wirklich erschien, das Gerücht seiner Annäherung überholend, schon am folgenden Tag das ganze Gotenheer und nahm Stellung zwei Bogenschüsse vor dem kaiserlichen Lager. Totila sprengte durch alle Reihen seines schwachen Heeres und mahnte zur Tapferkeit durch das wahre Wort, daß dieser Tag das Schicksal der Goten entscheide. Da er aber das Eintreffen von zweitausend Reitern abwarten wollte, bevor die Schlacht beginne, suchte er Zeit zu gewinnen durch glänzendes Waffenspiel. Endlich waren gegen Mittag jene erwarteten Reiter eingetroffen. Totila führte das ganze Heer in das Lager zurück, ließ abkochen und die Truppen speisen. Dann führte er sie plötzlich, auf Überraschung hoffend, zum Angriff. Aber Narses hatte, diese Absicht durchschauend, sein Heer bewaffnet in Reih und Glied nur einen Imbiß nehmen lassen, stets den Feind und sein Anrücken im Auge. Dabei hatte er aber die gefürchteten Bogenschützen von den Flügeln gegen des Mitteltreffen hin gezogen, von beiden Seiten den Angriff der Flanken der gotischen Reiterei gegen seine Stirnseite zu bestreichen. Die gotische Reiterei verlor schon beim Ansprengen durch das Kreuzgeschwirr der Pfeile viele Leute und Pferde, so daß sie beim Zusammenstoß mit dem feindlichen Fußvolk blutig abgewiesen und in solcher Auflösung zurückgeworfen wurde, daß sie auf der Flucht ihr eigenes Fußvolk niederritt und in völliger Verwirrung mit sich fortriß. Die Fliehenden wurden im Gedränge untereinander handgemein, und ohne Erbarmen schlachteten die Verfolger bei der einbrechenden Dunkelheit der Nacht die Widerstandslosen, von blindem Schrecken Betäubten. Sechstausend Goten und früher übergetretene Byzantiner fielen, die Gefangenen wurden nach der Schlacht ebenfalls getötet. Auch der König fand, im Finstern mit nur fünf Begleitern fliehend, den Tod – durch einen Germanen: Der Gepide *Asbad* durchbohrte ihm, ohne ihn zu erkennen, die Schulter, *Skipuar*, ein oft in diesem Krieg genannter Gotenheld, verwundete, seinen König rächend, den Gepiden und wurde selbst verwundet. Ein Knabe seines Gefolges und drei andere Goten retteten ihren Herrn und brachten ihn in eiliger Flucht noch vierundachtzig Stadien weit bis *Caprä*. Dort pflegten sie seine Wunde, mußten aber bald seine Leiche begraben. Sein mit Edelsteinen geschmückter Helm und sein blutgeflecktes Gewand traf im August zu Byzanz als Siegeszeichen ein. Also ist sein Tod wohl in den Juli (oder Ende Juni) zu verlegen.

Narses schaffte sich vor allem seine wilden Bundesgenossen, die *Langobarden*, wieder von der Seite, welche die Häuser niederbrannten und die in die Kirchen geflüchteten Frauen vergewaltigten. Reichlich beschenkt entließ er sie aus dem Lande.

Die aus der Schlacht von Taginas geretteten Goten flohen gen Norden über den Po nach *Ticinum*. Dort wählten sie den tapferen *Teja* zum König; noch immer gab das Volksheer den jetzt freilich hoffnungslosen Kampf nicht auf. Teja versuchte, mit den zu Ticinum gehobenen Geldern des von Totila gesammelten Schatzes abermals die Hilfe der Franken zu erkaufen, zog schleunigst alle gotische Mannschaft zusammen und rüstete aufs neue den Widerstand.

Narses ließ ein Heer am Po zur Beobachtung dieser Rüstungen und Verhinderung des Zusammenströmens der Goten stehen. Er selbst zog durch Tuscien, wo *Narnia* und *Perusia*, später *Nepa* und *Petra Pertusa* fielen, *Spoletium* mit neuen Mauern versehen und besetzt wurde, auf Rom. Die Goten in dieser Stadt waren viel zu schwach, die ganze Umwallung zu verteidigen, bei dem ersten Anlauf erstiegen die Byzantiner die Mauer an einer völlig unverteidigten Stelle; bald darauf ergab sich auch die in das *Grabmal Hadrians* geflüchtete Besatzung, sowie der Hafen *Portus*, und Narses konnte abermals – zum fünftenmal – die Schlüssel der Stadt an den Kaiser nach Byzanz senden. Jetzt nahm der Kampf die Färbung eines Vernichtungs-, eines Rassenkrieges an. Die Goten in *Campanien* und den übrigen Landschaften, verzweifelnd, Italien behaupten zu können, töteten alle Patrizier und Senatoren, die sie fanden. Auch die von Totila angeblich als Höflinge, in Wahrheit als Geiseln um seine Person gescharten, zuletzt über den Po geschickten Söhne dieser Adelsgeschlechter, dreihundert an der Zahl, ließ Teja töten. Narses wandte sich nun gegen *Cumä*, in dessen festem Schloß *Aligern*, Tejas Bruder, befehligte und den größeren Teil des von Totila wieder gesammelten Königsschatzes bewachte. Teja erkannte, daß von den Franken keine Hilfe zu erwarten sei, und eilte Cumä zum Entsatz heran. Zwar suchte Narses ihm den Weg zu verlegen, indem er zwei Feldherrn in *Tuscien* lagern ließ, aber es gelang Teja, diese zu täuschen, indem er die kürzesten Straßen, die sie sperrten, rechts liegen ließ, und, ähnlich wie früher Narses, an der Küste des Ionischen Busens hin in klug gewählten Märschen unvermerkt bis nach Campanien zog. Dort schlug er in trefflich gewählter Stellung am Fuße des Vesuvs ein verschanztes Lager, der kleine Fluß *Drako* trennte beide Heere. Narses hatte alle seine Kräfte herangezogen und lagerte trotz großer Übermacht den Goten zwei Monate lang gegenüber, ohne einen Angriff zu wagen. Als aber der Befehlshaber der Flotte, die bis dahin von der See her die Goten verpflegt hatte, alle seine Schiffe verräterisch den Feinden übergab und nun auch eine kaiserliche Flotte das Meer sperrte, mußte Teja, vom Hunger gedrängt, jene Stellung räumen; auf dem dem Vesuv gegenüberliegenden Milchberg (mons lactarius) fanden die Reste des Gotenvolks die letzte Zuflucht. Die Feinde wagten keinen Angriff auf die steilen Felsen, aber der Hunger bedrängte die Eingeengten auch hier. Da beschlossen sie, im freien Heldentod der langen Not ein ruhmvolles Ende zu machen, und brachen plötzlich zum Angriff gegen die überraschten Byzantiner vor. Abermals ist es der feindliche Geschichtsschreiber Prokop, der, wie bei Taginas des Totila, so beim *Vesuv*, in der letzten Schlacht des Ostgotenvolks, König Tejas Heldentum bezeugt und verherrlicht. »Ich werde nun,« hebt er an, »den höchst denkwürdigen Kampf schildern, in welchem sich Teja den größten Heroen an Heldenkühnheit gleich erwies. Die Goten spornte die Verzweiflung, die Römer die Scham, der Minderzahl zu erliegen. Früh am Morgen begann der Kampf. Teja stand, allen sichtbar, mit dem Schild gedeckt, den Speer zückend als der Vorderste mit wenigen Begleitern vor der Schlachtreihe der Seinen. Wie ihn die Byzantiner erblickten, stürmten die Tapfersten in großer Zahl insgesamt gegen ihn allein vor, in der Erwartung, mit seinem Fall werde die Schlacht zu Ende sein. Sie alle drangen mit Speeresstoß und Lanzenwurf auf ihn ein, er aber fing alle Speere mit dem Schild, sprang dann plötzlich vor und erschlug sehr viele; so oft sein Schild ganz von Lanzen gespickt war, gab er ihn seinem Schildträger ab und ergriff einen andern. Als er so volle acht Stunden gekämpft, konnte er wieder einmal den von zwölf Lanzen starrenden Schild nicht mehr handhaben, noch die Angreifer damit abwehren. Eifrig rief er seinen Schildträger herbei. Aber nicht um eines Fingers Breite wich er vom Ort, nicht den Fuß setzte er zurück, nicht im mindesten ließ er den Feind vordringen, wich auch nicht, den Schild auf den Rücken werfend, zur Seite oder nach rückwärts. Sondern wie in die Erde gemauert stand er fest mit seinem Schild, mit der Rechten die Angreifer niederstreckend, mit der Linken sie abwehrend und den Waffenträger mit Namen herbeirufend. Als dieser ihm den frischen Schild brachte und der König den von Lanzen beschwerten wechselte, gab er einen Augenblick die Brust bloß: da durchbohrte ihn ein Wurfspeer und er starb sofort« (September a. 552). Die Byzantiner zeigten sein abgehauenes Haupt auf einem Schaft beiden Schlachtreihen, die Ihrigen zu ermutigen, die Goten zur Waffenstreckung zu schrecken. Aber ingrimmig setzten die verzweifelten Goten den Kampf fort, bis die Nacht ein Ende machte. Mit gleicher Wut kämpften sie den ganzen folgenden Tag vom frühsten Morgen bis in die Nacht unter großen Verlusten auf beiden Seiten. Denn die Germanen wußten, das sei ihr letzter Tag, und die Byzantiner wollten den Resten der Vernichteten nicht weichen. Endlich sandten die Goten einige ihres Adels an Narses, mit der Erklärung: »Wir erkennen an dem bisher Erfahrenen, daß wir Gott gegen uns haben, wir spüren die gegen uns entscheidende Macht, wir wollen vom Kampf lassen; niemals aber werden wir uns dem Kaiser unterwerfen, sondern wollen unabhängig mit anderen Germanen außerhalb Italiens leben.« Sie forderten freien Abzug mit ihrer in verschiedenen Städten hinterlegten Habe als Wegegeld. Auf den Rat seines ersten Unterfeldherrn willigte Narses in diese Vorschläge. Man vermied es, den Kampf mit den Verzweifelten, die nur noch das Leben zu verlieren hatten, fortzusetzen. So zogen denn die letzten Goten – es waren nicht mehr tausend Mann! – aus ihrem Lager ab, Waffen und Habe mit sich tragend. Sie wanderten durch die ganze Halbinsel

nach Pavia, dann über den Po und überschritten die Alpen, die Italien von anderen Germanen scheiden: fast ohne Spur verschwanden diese Reste.
Hier schließt Prokop seine Darstellung des achtzehnjährigen »Gotenkrieges«. Doch waren mit dieser ergreifenden Entscheidung des großen Schauspiels noch nicht alle Zuckungen und Erschütterungen im Land zur Ruhe gekommen, vielmehr hat von solchen sein Fortsetzer *Agathias* zu berichten.
Die übrigen Goten, die in *Tuscien* und *Ligurien*, sowie nördlich vom Po in Venetien in den noch unbezwungenen Städten und Kastellen lebten, hatten sich anfänglich auf die Nachricht von dem Untergang des Königs und fast seines ganzen Heeres unterworfen. Aber so unerträglich schien ihnen die Herrschaft der verhaßten Byzantiner, daß sie abermals Hoffnung schöpften, durch Hilfe der Franken den Krieg um die Freiheit erneuern zu können. Die Goten in Venetien schickten Gesandte an den jungen Frankenkönig *Theudibald* (a. 548–555), der seinem Vater *Theudibert* (a. 534–548) gefolgt war, und riefen ihn um Rettung an. Die Rede, die Agathias ihnen in den Mund legt, weist sehr geschickt auf die nach völliger Vernichtung der Goten dem Frankenreich drohende Gefahr eines byzantinischen Angriffs. Mit großer Sachlichkeit schildert der Grieche die Scheinheiligkeit und Treulosigkeit byzantinischer Staatskunst, die unter falschem Vorwand, uneingedenk der Verträge mit Zeno, die Goten angegriffen, sowie sie sich stark genug glaubte. »Auch euch anzugreifen wird es diesen immer Gerechten und Gottesfürchtigen an einem Vorwand alsbald nicht fehlen, wie dereinst die alten Römer seit Cäsar sogar das Land über dem Rhein unter schönen Vorwänden unterwarfen.«
Den jungen König vermochten die Gesandten zur Kriegserklärung nicht zu gewinnen, aber er konnte oder wollte es nicht hindern, daß zwei mächtige alamannische Herzöge, *Leuthari* und *Butilin*, auf eigene Faust einen Heereszug unternahmen, in welchem die Hochfahrenden ganz Italien und Sizilien dem verachteten Weichling Narses zu entreißen sich rühmten. Nicht weniger als zweiundsiebzigtausend Alamannen und Franken brachten sie zusammen und drangen, von den in *Venetien* bereits festgesetzten Franken ohne Zweifel gefördert, in Oberitalien ein. Narses war, als er diese Nachricht erhielt, immer noch vor Cumä festgehalten, welche Schatzburg der Gotenkönige Aligern, Tejas Bruder, mit heldenhafter Kühnheit und Ausdauer, seines Geschlechtes würdig, verteidigte. Auch ein Plan des großen Feldherrn, durch die Grotte der berühmten Sibylle einzudringen, scheiterte. Narses ließ jetzt nur ein Einschließungsheer vor Cumä zurück, die Feste auszuhungern. Schon fast ein Jahr währte die Belagerung; mehrere Unterfeldherren, darunter den Führer der Heruler, *Vulkari*, sandte er schleunigst über den Apennin an den Po, diese Flußlinie womöglich gegen die Alamannen zu halten. Er selbst folgte langsam, die noch unbezwungenen Städte Mittelitaliens zu gewinnen, bevor sie den neuen Feinden Stützpunkte werden könnten. Gegen die Versicherung, daß ihnen nichts Übles widerfahren solle – denn sie, Überläufer und römische Bürger, mochten die Rache des Kaisers für ihren Anschluß an Totila fürchten –, ergaben sich *Florenz*, *Centumcellä*, *Volaterra*, *Luna* und *Pisa*. Nur vor *Luca* wurde Narses durch hartnäckige Verteidigung festgehalten; die Stadt hoffte auf die Alamannen und Franken, die bereits den Po überschritten und *Parma* genommen hatten. Als bei dieser Stadt der tollkühne Vulkari mit seinen Herulern und vielen Byzantinern in einem Hinterhalt Butilins den Tod gefunden, erhoben sich die Goten in der

Ämilia und in *Ligurien* aufs neue und schlossen sich den germanischen Stammgenossen an, so daß die Unterfeldherren des Narses bis nach Faënza und Ravenna zurückwichen. Dadurch geriet Narses vor dem immer noch trotzenden *Luca* in bedenkliche Lage. Als sich endlich nach drei Monaten die Stadt ergab, zog auch er in die Winterquartiere nach *Ravenna*.

Einen Winterfeldzug gegen die nordischen Feinde, die in einem italienischen Winter sich sehr wohl befanden, wollte er vermeiden. Er zählte auf die Hitze des beginnenden Sommers, die ihnen Fieber und Erschlaffung zu bringen drohte. Aligern aber, der unbezwungene Verteidiger von Cumä, ergab, als er von den Fortschritten der Franken in Italien vernahm, nun sich, sein Heer, die Feste und den gotischen Schatz dem kaiserlichen Feldherrn; denn er erkannte, daß die Franken im Fall ihres Sieges den Goten in Italien fränkische Herrschaft und Gesetze aufzwingen würden. Sollte aber das Land seinem Volke doch verloren sein, so wollte er lieber, daß Land und Leute dem alten Herrn Italiens, dem Kaiser, als jenen treulosen Merowingen dienen sollten. Narses brachte den Franken bei *Ariminum* durch verstellte Flucht eine Schlappe bei und verbrachte den Rest des Winters zu Rom, während die Barbaren im Winter und Frühjahr über diese Stadt hinaus, entlang der Ost- und der Westküste Italiens, weit nach Süden vordrangen, das flache Land verheerend: *Butilin* mit dem größeren Teil entlang dem Tyrrhenischen Meer durch Campanien, Lucanien, Bruttien bis an die Meerenge von Regium, *Leuthari* mit dem kleineren Haufen an der Küste des Ionischen Busens durch Apulien und *Kalabrien* bis Hydruntum. Dabei schonten die katholischen Franken die Kirchen, während die noch heidnischen Alamannen heilige wie weltliche Gebäude behandelten. Leuthari nun beschloß, mit seiner reichen Beute nach Hause zu ziehen und von dort aus, nach Bergung des großen Raubes, seinem Bruder ein Hilfsheer zu schicken, denn Butilin hatte sich den Goten verpflichtet, mit ihnen den Kampf gegen Narses auszufechten; sie verbreiteten, er werde nach dem Sieg der Goten Königtum in Italien wieder aufrichten. Leuthari verlor auf dem Rückweg im *Picentinischen* an dem Saum der Küste bei *Pisaurum* durch Überfall einen großen Teil seiner Vorhut, wandte sich dann westlich, zog entlang den Apeninnen in die *Ämilia*, überschritt mit Mühe den Po, wurde aber zu *Ceneta* in Venetien mit seinem ganzen Heer von bösen Fiebern und Seuchen hingerafft. Inzwischen zog Butilin aus dem verheerten Süden wieder die Halbinsel aufwärts, seine Scharen wurden gelichtet – es war Spätsommer – durch die Ruhr, die unmäßiger Genuß von Trauben und Most erzeugt hatte. Bei *Capua* am *Casilinus* schlug er ein verschanztes Lager. Obwohl er von dem Geschick seines Bruders, dessen versprochene Hilfsscharen ausblieben, Übles ahnte, hoffte er doch, auch allein mit seinem dreißigtausend Mann starken Heer Narses zu schlagen, der mit nur achtzehntausend ihm gegenüber lagerte.

Aber Narses ließ die Lebensmittel holenden Streifscharen überfallen, einen Holzturm auf der Brücke über den Fluß durch angezündete erbeutete Heuwagen in Brand stecken und die Brücke besetzen. Zornig griffen die Barbaren zu den Waffen trotz der Warnung alamannischer Seher: wenn sie an diesem Tage kämpften, würden sie alle untergehen. Überläufer hatten mitgeteilt, die herulischen Söldner hätten sich empört und würden nicht fechten. Daß die Empörer sich inzwischen wieder Narses gefügt, war jenen Überläufern unbekannt. Butilin führte seine Scharen im Keil zum Angriff und, wie so oft in den Schlachten der Römer und

Germanen, gelang es in der Tat dem furchtbaren Stoß des Keiles, die Aufstellung der Byzantiner zu durchbrechen, zumal die Heruler noch nicht ihre Stellung im Mitteltreffen eingenommen hatten. Aber nun ließ Narses beide Flügel einschwenken und den germanischen Keil von beiden Flanken fassen. Die berittenen Bogenschützen streckten in der dichtgedrängten Masse der fast völlig nackten, nur durch den Schild gedeckten Germanen, wo kein Schuß fehlte, von zwei Seiten die Ratlosen nieder. Und nun erschienen plötzlich die Heruler und faßten die Alamannen unerwartet von vorn: »Wie in ein Netz verstrickt wurden die Barbaren gewürgt«. Butilin und sein ganzes Heer fanden den Tod, nur fünf Mann entkamen. Narses verlor bloß achtzig Mann, die bei dem ersten Ansturm des Keiles gefallen waren: am meisten zeichneten sich *Aligern*, der Ostgoten-, und *Sindual*, der Herulerführer aus. Abermals hatten Germanen bei Vernichtung von Germanen das Beste getan. Siebentausend Goten, die in anderen Kriegsschauplätzen die Franken unterstützt und sich in die steile Burg *Campsä* geworfen hatten, ergaben sich im folgenden Frühjahr (zwanzigstes Kriegsjahr: a. 554 bis 555) nach Verlust ihres Anführers und wurden nach Byzanz abgeführt.

Damit erlosch der letzte Funke des gewaltigen Brandes, der zwei Jahrzehnte lang die Halbinsel durchlodert hatte. Der Name der Ostgoten war ausgetilgt unter den Völkern, ganz Italien gehorchte dem Kaiser zu Byzanz. Aber nur dreizehn Jahre währte diese Herrschaft. Schon im Jahre 568 erschienen, von Pannonien her in Venetien eindringend, die *Langobarden*. Wir sahen, diese hatten an der Vernichtung Totilas eifrig mitgearbeitet; dabei hatten sie die Herrlichkeit des schönen Südlandes kennengelernt. Sie wollten nun die Erbschaft der Goten antreten. Im Laufe von wenigen Jahren entrissen sie den Byzantinern den größten Teil von Italien, nur Ravenna und die Südspitze der Halbinsel verblieb dem Kaiser. In Rom aber gewannen die mutvollen und klugen Bischöfe allmählich zwischen dem fernen Kaiser von Byzanz und den Langobardenkönigen in Pavia eine selbständige Stellung, die, von fränkischen Waffen geschützt, von höchster Bedeutung für die Geschichte des ganzen Mittelalters wurde.

Zeittafel der Ostgotenkönige siehe Seite 212

Stammbaum der Amaler siehe Seite 211

Die Westgoten

Die äußere Geschichte von der Trennung von den Ostgoten bis zur Errichtung des Reiches von Toulouse (Karte Seite 148)

Die gotische Sprache der Götter- und Heldensage wird von dem Goten Wulfila zur Bibelübersetzung und zur ersten germanischen Prosa verwendet — König Athanarich schließt Frieden mit Theodosius d. Gr. — Alarich aus dem Geschlecht der Balten, des »edelsten Adelsgeschlechts der Goten«, erobert Griechenland — Einfall der Westgoten in Norditalien — Zweimalige Eroberung von Rom — Untergang der Flotte Alarichs im Sturm in der Meerenge von Messina — Alarichs Grab im Busento — Galla Placidia, die Tochter Theodosius d. Gr. — Heirat des Westgotenkönigs Athaulf mit Galla Placidia

Wir haben gesehen, wie die Westgoten oder Thervingen in den Pontusländern einige Zeit dem unter der Herrschaft ostgotischer Könige stehenden gotischen Gesamtreich angehört hatten. Nach Ostrogota (etwa a. 250) waren sie aus diesem Verband geschieden und lebten unter Gaukönigen, Gaugrafen, Sippehäuptern (*φυλῶν ἄρχοντες*) selbständig. Der Eroberer Ermanarich hatte an diese inneren Gliederungen nicht gerührt, als er (etwa a. 350) die verschiedenen Gaue der Westgoten in ein abhängiges Bundesverhältnis mit Verpflichtung zur Waffenhilfe brachte, das sich jedoch schon vor dem hunnischen Angriff wieder gelöst hatte. So standen um die Mitte des vierten Jahrhunderts mehrere westgotische Gaurichter nebeneinander: *Athanarich* (a. 366–381) war seinem Vater *Rotesthes* (etwa a. 340) in solcher Stellung gefolgt, vielleicht begann sich also ein erbliches Königtum hier zu entwickeln. Jedenfalls waren diese westgotischen Gaue von den Ostgoten damals unabhängig genug, für sich allein Krieg zu führen und Friede zu machen mit den Römern. Athanarich hatte im Kampf gegen Kaiser Valens einen Anmaßer Prokopius unterstützt (Mai a. 366); nach dessen Untergang widerstand er in drei Feldzügen (a. 367–369) den kaiserlichen Waffen mit so gutem Erfolg, daß Valens gern Frieden schloß und sich sogar wegen der Verhandlungen – Athanarich erklärte, wegen eines seinem Vater geleisteten Eides römischen Boden nicht betreten zu können – zu einer Zusammenkunft zu Schiff mitten in der Donau bequemte.

In die Mitte dieses Jahrhunderts fällt die Bekehrungsarbeit des Gotenapostels Wulfila. Ähnlich wie Luther erkannte der begabte Mann, welch unvergleichliches Rüstzeug für die Verbreitung des Christentums unter seinen Stammesgenossen die Übersetzung der Bibel, zumal des Neuen Testaments, in ihre Sprache sein würde. Und man weiß nicht, was man höher bewundern soll, den Mut, mit dem der Gote das außerordentlich schwierige Werk angegriffen, oder den schöpferischen Geist, mit welchem er es vollendet hat. Man erwäge, daß die gotische Sprache bisher nur die heidnische Götter- und Heldensage und Dichtung dargestellt hatte, gotische Prosawerke, ja eine gotische Schrift hatte es nicht gegeben. Und nun sollte in dieser Sprache ein Werk wiedergegeben werden, in dem die höchst fremdartige Theologie und der Mystizismus neuplatonischer

Vorstellungen vom »Logos«, ja Lehren über die Gottmenschlichkeit Christi einen so großen Teil des Inhalts bildeten.

Wulfila, geboren a. 318, gestorben siebzigjährig a. 388 (vielleicht aber richtiger gestorben a. 381, geboren a. 311: denn a. 330–335 ging er schon mit einer gotischen Gesandtschaft nach Byzanz), hatte erst als arianischer »Lektor«, dann seit a. 341 als Bischof gewirkt, geweiht auf einer arianischen Versammlung zu *Antiochia* von *Eusebius* von *Nikomedien*, einem der Häupter des Arianismus, bevor er, der ersten der gleich zu erwähnenden »Christenverfolgungen« Athanarichs (wohl vor a. 354 begonnen) ausweichend, mit zahlreichen Christen über die Donau ging (um a. 348) und unter dem Schutz der Römer in *Mösien* um *Nikopolis* am Fuß des *Hämus* Zuflucht fand. Dort siedelten diese »kleinen Goten«, »Mösogoten«, in friedlichem Ackerbau den Römern unterworfen. Noch dreiunddreißig Jahre wirkte er hier als Bischof dieser Auswanderer (nicht des *ganzen* Gotenvolkes), unterschrieb auf der Synode zu Konstantinopel a. 360 das *arianische* Bekenntnis und starb dort während eines zweiten Konzils, auf dem er eine neu sich bildende Glaubensbewegung zur Ruhe bringen sollte.

Die Führung seines ausgewanderten Volkes in den schwierigsten Geschicken hatte dem hervorragenden Manne nicht nur unter seinen Stammesgenossen, auch bei Kaiser Theodosius und den Römern höchste Ehrung verdient, als einen zweiten Moses rühmte man ihn.

Zu seinem Nachfolger konnte ein Volksgenosse gewählt werden, sein »Schreiber« *Selena*, dessen Vater Gote, dessen Mutter eine phrygische Provinzialin war. Neben diesen arianischen Goten bestanden auch Gemeinden katholischer Goten. Für diese setzte *Chrysostomos*, seit a. 397 Patriarch von Konstantinopel, *Unila* als »Bischof von Gotien« ein, der also mit Wulfila nicht verwechselt werden darf. Diesen katholischen Goten gehörten wohl auch an die eifrigen Bibelforscher *Sunja* und *Frithila*, die sich von Hieronymus Widersprüche der griechischen und der lateinischen Übertragungen des Alten Testaments aus dem hebräischen Urtext lösen ließen.

Über das großartige Bibelwerk Wulfilas mag hier das Folgende genügen.

Bruchstücke dieser Übersetzung, größeren Teils aus dem Neuen Testament, finden sich durch Europa hin verstreut, in Mailand, in Turin, in Wolfenbüttel, in Upsala; hier der prachtvollste Überrest: Gold und Silberschrift auf purpurfarbenem Pergament, seines silbernen Einbandes wegen Codex argenteus genannt.

Wulfila, der außer dem Gotischen das Griechische und das Lateinische, nicht aber das Hebräische beherrschte, übertrug das Alte Testament aus der griechischen Übersetzung der sogenannten Septuaginta, das Neue aus dem griechischen Text, jedoch unter vielfacher Berücksichtigung der lateinischen Übersetzung. Er übertrug mit geziemender Gewissenhaftigkeit, aber nicht knechtisch; die Beschaffenheit seiner Sprache gestattete ihm einen noch näheren Anschluß an die Urschrift, als es Luther im Deutschen möglich war. Doch wich er auch ab, wo die eigene Sprache es verlangte, er setzte zum Beispiel den gotischen Dual statt der Mehrzahl im Text. »Eine fast durchaus wohlgelungene Arbeit: und zugleich die erste Bibel in germanischer Zunge, die erste germanische Prosa, überhaupt die erste noch erhaltene Schrift und der erste Name unserer ganzen großen Literaturgeschichte... Und es steht nicht allein: Nicht nur Wulfila selbst hat noch anderes gotisch geschrieben und übersetzt, was uns verloren ist, nach ihm (vielleicht erst

im sechsten Jahrhundert, von einem Westgoten) wurde eine Erläuterung des Evangeliums St. Johannis verfaßt unter Benutzung des Kommentars *Theodors* von *Heraklea*, die sogenannten *skeireins*, die man früher für Wulfilas Werk und für eine Übersetzung des erwähnten Kommentars, auch wohl für eine Evangelienharmonie gehalten hat.« (Wackernagel-Martin, »Geschichte der deutschen Literatur.« Basel, 1877.)
Hohe Vollkommenheit der gotischen Sprache zeigt Wulfilas Werk: »Hier walten noch und entwickeln sich die Sprachgesetze in reichster, aber in festgegliederter Mannigfaltigkeit, hier noch in wechselnden Lautfarben und stets wechselnder Gestalt der Worte.« Das Gotische kann noch den vierten und fünften vom ersten Fall unterscheiden, den Dual (die Zweizahl) vom Plural (Drei- und Mehrzahl) bei Beiwörtern, Fürwörtern und Redewörtern. Die Sprache gliederte sich in Mundarten (zum Beispiel das Wandalische) und hat in der kurzen Zeit, für die uns Quellen zur Verfügung stehen, eine verändernde Entwicklung durchlebt (zum Beispiel im ersten Fall die Endung -s beseitigt) und zahlreiche Fremdwörter aufgenommen, so aus dem Hunnischen, vermöge der langen Unterwerfung oder doch Nachbarschaft (Eigennamen), zumal aber aus den beiden Sprachen des Kaiserreichs. Sehr mächtig war dieser Einfluß auf die Gestaltung der Schrift der Goten. Das schon vor Wulfila von den Goten auch zu Schriftzwecken verwertete Runenalphabet eignete sich nicht zu leichter Verwendung auf Papyros oder Pergament – die Runen waren ja in Holz oder ähnlich harte Grundlagen »geritzt« worden – und nicht zur Wiedergabe aller im Bibelwerk vorkommenden Laute. Der Übersetzer legte daher zwar das Runenalphabet zugrunde, ließ zum Beispiel p für w stehen und näherte nur das gotische Th dem griechischen *Ψ* (Psi), aber er machte alle gotischen Zeichen den entsprechenden griechisch-römischen (die freilich unter sich abwichen) ähnlicher und ließ vermutlich statt der eckigen, geraden, für das *Ritzen* in Holz bestimmten Linien der Runen rundere, für das *Schreiben* auf Papyros oder Pergament mehr geeignete eintreten. Dann fügte er einige den alten Sprachen entlehnte Zeichen neu hinzu: so das griechische *Z* (Zeta), *K* (Kappa), *Π* (Pi) und für die Zahl 90 das *X* (Chi), das lateinische q, h, j (für dies aber g, weil damals die Lateiner g vor e wie j sprachen und vor a wie g). Neu erfand er das Zeichen für das im Gotischen sehr häufige hv. Endlich führte er an Stelle der gotischen die griechische Reihenfolge des Alphabets ein und brauchte wie die Griechen die Buchstaben in dieser Folge zugleich als Ziffern. Die Namen der einzelnen Buchstaben aber blieben die altgewohnten gotischen. »Mithin ist Wulfila zwar nicht der Erfinder der gotischen Buchstaben, doch jedesfalls der Schöpfer des Alphabets. Man konnte schon vor ihm schreiben, er aber gab dieser Schrift eine ausgedehnte Anwendbarkeit. Sie blieb nun auch nicht auf die Literatur beschränkt, sie diente nun auch dem Alltagsleben, und es bildete sich für dessen Bedürfnisse aus und neben der langsamen und schweren ›*Unzialschrift*‹ der Bücher noch eine schneller fließende ›*Kursivschrift*‹, von der sich Beispiele in gerichtlichen Urkunden der italienischen Ostgoten (zu Ravenna, Neapel und Arezzo) erhalten haben.«
Es liegt in der Natur der Dinge begründet, daß die für das Christentum durch die Römer gewonnenen Goten in den Römern wie ihre Lehrer so ihre Freunde und Beschützer erblickten. Es ist einzuräumen, daß die bekehrten Goten in der Annahme des Christentums und der von ihm untrennbaren römischen Bildung einen Fortschritt vollzogen. Aber es leuchtet ein, daß diese Verchristlichung, die

zugleich eine Verrömerung war, diese Hinneigung und Unterordnung eine Gefahr für Volkstum und Freiheit der Goten enthielt. Die Heiden vertreten zur Selbsterhaltung zugleich mit den alten Göttern die alte Freiheit und die gotische Volksart. Dieser Gegensatz wiederholt sich von da ab – es ist das erste Beispiel – durch die folgenden Jahrhunderte bei allen Bekehrungen der Germanen.

Wenige Jahre nach den durch einen Frieden zwischen Athanarich und Fridigern beigelegten Händeln traf der Stoß der hunnischen Völkerwoge die Goten. Die zunächst angegriffenen Ostgoten blieben und erlagen; die Westgoten suchten ebenfalls standzuhalten, wenigstens der mächtigste ihrer Fürsten, Athanarich, wich zögernd zuerst nur hinter den Dnjestr und, als die schnellen kleinen Hunnengäule den Strom in nächtlicher Stille bei Mondlicht überraschend durchschwommen hatten, hinter den Pruth. Aber der größte Teil seines Volkes glaubte sich nur unter dem Schild und auf dem Boden des Römerreiches geborgen und flüchtete, sich dem Christen Fridigern, Alaviv und anderen Häuptlingen anschließend, nachdem endlich die lange verzögerte Erlaubnis des Kaisers eingetroffen war, über die Donau. Versuche, mit Gewalt den Übergang zu erzwingen, waren abgewehrt worden. Athanarich, der Feind des Kaisers und des Christentums, der sich einst geweigert, römischen Boden zu betreten, durfte keine Aufnahme erhoffen. Er zog mit den ihm Treuverbliebenen nach Nordwesten in die Gebirge des Hochlandes (»hauhaland«), das heißt nach Siebenbürgen ab. Die große Zahl der Eingewanderten, zweihunderttausend Waffenfähige, gewiß im ganzen eine Million Köpfe, sollten in Thrakien gegen Kriegsdienst angesiedelt werden (a. 376). Auch bei gutem Willen wäre die geregelte Verpflegung solcher Massen von hungernden Barbaren schwierig gewesen. Die Habsucht der römischen Statthalter, Maximus und Lupicin, drängte aber die Einwanderer zur Verzweiflung, indem sie den Hilf- und Ratlosen die elendesten Lebensmittel zu Hungerpreisen verkauften, das heißt, ihnen alles, was sie mitgebracht an Gold, Waffen, Knechten, ja selbst die freien Weiber und Kinder abnötigten. Der lange brütende Haß entlud sich zur Rettung der Goten in zornigem Ausbruch. Lupicin hatte Fridigern und Alaviv zum Gastmahl in die Stadt Marcianopel geladen. Die Goten vor den Toren gerieten in Streit mit den Wachen, die ihnen den Eintritt und Ankauf von Lebensmittel wehrten, und erschlugen sie. Lupicin erfuhr hiervon ohne Wissen seiner Gäste und ließ, aus Zorn oder Furcht, die Gefolgen der Fürsten, die diese bis an den Palast geleitet, niederhauen. Das Mordgeschrei warnte Fridigern; durch Geistesgegenwart – er erklärte friedlich, nur in Person könne er weiterem Blutvergießen vorbeugen – rettete er sich und die anderen Führer vor dem gleichen Geschick. Glücklich gelangten die Gäste durch die Straßen zu den ihrigen, die vor den Toren lärmten. Dieser blutige Tag verwandelte einen Frieden, der die Goten durch Hunger und Mangel und Tatenlosigkeit würde vernichtet haben, in Krieg.

Fridigern, obzwar Christ und alter Verbündeter des Kaisers, mußte nun für sein Volk handeln und sorgen, er schlug Lupicin und belagerte ihn in Marcianopel. Alsbald strömten ihm alle die zahlreichen Volksgenossen zu, Ostgoten, Westgoten, Taifalen, die früher, einzeln oder in Scharen, in römischen Kriegsdienst getreten, vor den Hunnen geflüchtet oder in der Not des Hungers als Sklaven verkauft worden waren. In solchen Augenblicken bewahrheitete sich freilich, wie gefährlich für das Reich die seit Jahrhunderten immer massenhafter erfolgte Aufnahme von Germanen in die Grenzen und Dienste des Staates war. Trat ein germanischer Führer erfolgreich im Land auf, so wurden, wie mit natürlicher Notwendigkeit, alle diese aufgenommenen Germanen, einzeln und in ganzen Gruppen, von solchem Haupt angezogen. Thrakien wurde nun von den lange Zeit mißhandelten Goten in ihrem Rachezorn schwer getroffen. Die Hungernden nahmen jetzt mit Gewalt, was sie brauchten. Nach langen Verhandlungen und mehreren kleineren Gefechten verlor Kaiser Valens, der zur Hilfe herbeigeeilt war, in der großen Schlacht bei Adrianopel (am 3. August a. 378) Sieg und Leben. Zwei Drittel seines Heeres fielen, »ein zweites Cannä« nannten die Römer den Schlag. Die Folge der Niederlage war der Verlust des ganzen Flachlandes aller Nachbarprovinzen Thrakiens: von Perinth bis Byzanz und vom Pontus bis zu den Julischen Alpen; nur in den festen Städten behaupteten sich die römischen Truppen.

Erst als Theodosius der Große zum Kaiser des Ostreiches erhoben worden (Januar a. 379), stockte diese Hochflut gotischer Überschwemmung. Er stellte durch strenge Zucht und kleine glückliche Gefechte Haltung und Mut der Legionen wieder her, handelte mit überlegener Feldherrnschaft und, was das wirksamste war, es gelang seiner Staatskunst, die lockere Verbindung und trotzige Eifersucht der zahlreichen Häuptlinge und Geschlechter im Barbarenheer zu verderblichen Spaltungen zu steigern. Fridigern hatte nur tatsächlich die Führung der durch die Not zusammengehäuften Scharen, keinerlei königliche oder amtliche Gewalt über die außerhalb seines Gauverbandes stehenden Goten. Jetzt, da die Siegeserfolge fehlen, trennten sich die rechtlich ihm keineswegs untergeordneten Häuptlinge der anderen Gruppen. Diejenigen Ostgoten, die sich angeschlossen hatten, machten ihren Frieden mit dem abendländischen Kaiser und zogen nach Pannonien ab (a. 380); aber auch westgotische Scharen traten zu den Römern über und brachten in nächtlichem Überfall den eigenen Stammgenossen blutige Verluste bei. Fridigern starb a. 380 oder 381, wie es scheint, auf einem Zug durch Epirus, Thessalien und Achaja. In seine Stellung trat sein alter Gegner Athanarich, der, durch innere Spaltungen aus seinen Sitzen in Siebenbürgen vertrieben, gegen den früher vorgeschützten Eid nun durch die Not auf römischen Boden über die Donau gedrängt wurde. Als Nachfolger Fridigerns und Haupt der verwaisten Scharen schloß er mit Theodosius Frieden und Bündnis, wonach fortab bis zu Alarichs Erhebung das Verhältnis der Westgoten zum Reich beruhte. Der Kaiser legte mit gutem Grund großes Gewicht auf diese Beseitigung der lange Zeit drohenden Gefahr. Er suchte das neue Haupt der Goten in jeder Weise durch außerordentliche Ehren fester an sich zu knüpfen. Er lud den alten Römerfeind nach Byzanz ein, veranstaltete ihm einen prachtvollen Einzug, ging ihm dabei eine Strecke weit entgegen und setzte ihm, da er schon zwei Wochen darauf starb, nach königlicher Bestattung eine Ehrensäule. Der Anblick der Hauptstadt des Ostreiches hatte auf den Goten den mächtigsten Eindruck gemacht. Als er die unvergleichliche Lage der Stadt, das Gewimmel der Schiffe im Hafen, die berühmten Gebäude, das Gewoge der verschiedenen Völker auf den Straßen, die in Reih und Glied aufziehenden Legionen erblickte, rief er aus: »Wahrlich, der Imperator ist ein Gott auf Erden, und wer wider ihn die Hand erhebt, dem Tode verfallen.« Die Äußerung ist bezeichnend; sie zeigt, daß nunmehr in Athanarich jene Richtung im Gotenvolk die Herrschaft gewonnen hatte, die unter dem Eindruck der Bildung, des Reichtums, der Macht des Kaiserreiches nur in dem Dienst, nicht in der Bekämpfung dieses Staates das

Heil für das heimatlos gewordene Wandervolk erblickte. Auch nach Athanarichs Tod (25. Januar a. 381) blieb die Friedenspartei die herrschende in dem Volk, das, nun geraume Zeit ohne König, unter einer Vielzahl gleichstehender Grafen und Geschlechtshäupter in Thrakien gegen kaiserliche Jahrgelder und für Kriegsdienste wider die Barbaren an den Grenzen angesiedelt wurde. Das von Athanarich abgeschlossene Bündnis wurde feierlich erneuert (Oktober a. 381). Außer dieser in Thrakien seßhaft gewordenen Hauptmasse der Westgoten dienten aber in allen Provinzen und Lagern beider Kaiserreiche zahlreiche Glieder des Volkes, einzeln oder in Gruppen, als Heerführer, Beamte, Söldner; auch Volksedle wie Alarich traten so in römischen Dienst, ohne dadurch ihre Stellung als Grafen, Edle, Geschlechterhäupter aufzugeben. Klug verstand es der Kaiser, die Führer der widerstrebenden kriegerisch gesinnten Partei durch treuergebene Anhänger Roms zu bekämpfen. So wurde ein trotziger Häuptling *Eriulf* von seinem römisch gesinnten Nebenbuhler *Fravitta* in Byzanz ermordet, der Mörder durch Vermählung mit einer vornehmen Römerin und den höchsten Staats- und Ehrenämtern belohnt und noch fester an den Hof gefesselt.
Mag jene Häupter der rauheren und roheren, der römerfeindlichen Partei Raubsucht und Kampfbegier mitbestimmt haben, immerhin muß anerkannt werden, daß sie, obzwar vielleicht ohne klares Bewußtsein, das höchste Gut der Goten, ihr Volkstum, schützten und vertraten. Denn in jenen Jahren war dies Volk von der Gefahr bedroht – der schwersten, die einem Volk das oberste aller Güter rauben will –, seine Sonderheit als Volk einzubüßen und in einem staatenlosen Landsknechtswesen, in römischem Solddienst auf- und als Volk unterzugehen. Vielen gotischen Edlen und Häuptlingen geschah es so: Sie verloren den Zusammenhang mit dem Volksstaat, damit den Boden unter den Füßen und wurden als vereinzelte Abenteurer von dem großen Weltreich aufgesogen. Nicht so der junge Alarich; entsprossen aus dem alten Geschlecht der Balten, das heißt der »Kühnen« (vergleiche neuenglisch bold), das gotische Überlieferung in Geschichte und mehr noch in Heldensage nach den (ostgotischen) Amalern als das edelste Adeslgeschlecht der Goten feierte, geboren zwischen a. 370 und 375 auf der Donauinsel Peuke, war auch er sehr jung in römischen Dienst getreten. Seine Abstammung erklärt es wohl neben seinen Verdiensten, daß er, noch nicht fünfundzwanzig Jahre alt, a. 394 eine starke Gotenschar befehligte, wobei er sich im Kampf bei Aquileja gegen den Anmaßer Eugenius für Kaiser Theodosius hervortat. Mit dem Tod dieses »Freundes der Goten« änderten sich die bisherigen guten Verhältnisse der Germanen zu Byzanz. Zwar dauerte auch unter seinem schwachen Nachfolger im Ostreich, dem Knaben Arkadius, zunächst nach das Födus fort, aber einerseits fühlten die Germanen bald heraus, daß an Stelle einer weisen und festen Staatsleistung das Ränkespiel hadernder Hofparteien getreten war, andrerseits wurden ihnen die vertragsmäßigen Leistungen nunmehr ganz vorenthalten oder doch verkürzt und nur mit Haß und Mißgunst entrichtet. Im ganzen Ostreich brütete damals eine schwüle von Haß, Furcht und Verachtung vergiftete Erbitterung gegen die leidigen barbarischen Gäste. Eine Rede des Synesius gibt dieser Stimmung bezeichnenden Ausdruck, lag ihr doch die Einsicht oder die Ahnung zugrunde, daß Bestand und Römergeist des Reiches – soviel von solchem Geist überhaupt noch übrig war – auf das äußerste bedroht wurden durch die massenhafte Aufnahme dieser Goten wie anderer Germanen in alle Provinzen, Städte, Friedens- und Kriegsämter des Staates. Hören wir den

Redner selbst: Solche Stimmen von Zeitgenossen der sogenannten Völkerwanderungszeit sind von höchstem Wert, weil sie zeigen, wie wechselnd auf römischer und auf germanischer Seite das Verhältnis der großen Völker- und Bildungsgegensätze aufgefaßt wurde. Lange Zeit hatten die Lobredner der Kaiser darüber frohlockt, wie der trotzige Germane, in das Reich aufgenommen, aus einem Feind in einen Wächter des Staates verwandelt worden war. Nachgerade aber gingen den Römern die Augen auf über die Doppelschneidigkeit dieses Verfahrens: »Ehe man duldet, daß diese Skythen (die Westgoten) hier im Land in Waffen einhergehen, sollte man alles Volk der Römer zu Schwert und Lanze rufen. Eine Schmach ist es, daß dieser menschenreiche Staat die Ehre des Krieges anderen überläßt, deren Siege uns beschämen, selbst wo sie uns nützen. Diese Bewaffneten werden unsere Herren spielen wollen, und alsdann werden wir, die Waffenentwöhnten, mit Waffengeübten zu kämpfen haben. Wir müssen den alten Römergeist wiedererwecken, unsere Schlachten selbst schlagen, mit Barbaren keine Gemeinschaft pflegen, sie aus allen Ämtern vertreiben, zumal aus dem Senat. Denn sie schämen sich insgeheim dieser Würden, die wir Römer von je für die höchsten erachteten. Themis und Ares müssen das Antlitz verhüllen, sehen sie diese Barbaren, in Felle wilder Tiere gehüllt, Männer in römischer Kriegstracht befehligen oder ihr Schafvlies abwerfen, rasch die Toga umschlagen und so mit römischen Magistraten zusammen beraten über das Wohl des römischen Reichs; wenn diese Barbaren den Ehrensitz einnehmen vor edlen Römern, dicht neben dem Konsul, wenn sie, sobald sie die Kurie verlassen, wieder ihre Wildschur umwerfen, unter ihren Stammesgenossen die Toga verlachend, in welcher man, wie sie höhnen, das Schwert nicht ziehen kann. Diese Barbaren, bisher brauchbare Knechte unserer Häuser, wollen nun unseren Staat regieren! Wehe, wenn ihre Heere und Häuptlinge in unserem Solde sich empören und ihre zahlreichen Volksgenossen, die als Sklaven in unserem ganzen Reich verbreitet sind, zu ihnen strömen. Der starke Heldenjüngling (Arkadius) soll diese aus ihrer eigenen Heimat vertriebenen barbarischen Sklaven, die des Theodosius großherzige Gastfreundschaft mit undankbarem Übermut vergelten, gleich Heloten zum Frondienst am Pfluge zwingen oder sie über ihren Ister zurückjagen, den Schrecken des römischen Namens bei ihren Landsleuten aufs neue zu verbreiten.«

Das war ohne Zweifel ein guter Rat – nur kam er um Jahrhunderte zu spät, nur war ein Arkadius nicht der Kaiser, waren seine Minister und Höflinge nicht die Männer, den alten Römergeist zu betätigen und die Germanen mit Gewalt zu bezwingen.

Vielmehr trieben die Leiter der beiden Kaiserknaben an den Höfen zu Byzanz und zu Ravenna ein frevelhaftes und reichsverderberisches Ränkespiel widereinander und wider die Gegenpartei im eigenen Palast, dabei auch die Germanen und ihre Führer zu ihren Zwecken mißbrauchend. Um ihre Gunst zu gewinnen, legte der allmächtige Minister von Ostrom Rufinus bei einem Besuch in ihrem Lager die germanische Tracht an, eine Unsitte, die Honorius ohne Erfolg verbot, so daß sie im sechsten Jahrhundert sehr häufig war. Byzanz war nach Zeitgenossen eine Barbarenstadt geworden, und die Römer selbst sagten, sie seien nur noch die Weiber, die Goten die Männer im Reich. Demgegenüber war in der Bevölkerung des Reiches die von *Synesius* ausgesprochene Abneigung gegen die Barbaren im Lande weit verbreitet und so heftig, daß sie gelegentlich in einer Art von »sizilianischer Vesper« sich Luft machte, indem man in einzelnen Städten plötzlich mit heimtückischer Gewalttat über die eingelegten Germanen herfiel und sie ermordete. Dem entsprach denn der verhaltene Groll der Goten, der endlich das lange brütende, schwüle Gewölk gewittergleich zerriß. Das Volk gab sich in Alarich dem Balten wieder einen Gesamtkönig und trat damit, wie Germanen jener Jahrhunderte so häufig, aus einer Zeit der Schwäche, Zersplitterung und Unterordnung unter fremde Überlegenheit wieder in eine Zeit des Aufschwungs, der Sammlung und der Befreiung. Man hatte das Volk seit Theodosius' Tod durch vielfache Mißhandlung gereizt, man erbitterte den jungen Balten, der schon jenem großen Kaiser nicht immer willig gedient, durch Verweigerung eines höheren Heerbefehls. So empörten sich (a. 395) die Westgoten, das heißt der weitaus größte Teil derselben gegen Byzanz, verwarfen das von den Römern vielfach blutig gebrochene Bündnis und erhoben Alarich zu ihrem König und Heerführer in dem nun erneuten Kampf gegen Rom. Vorher war Alarich nicht wie Theoderich der Ostgote König, auch nicht Gaukönig, gewesen. Erst, nachdem sein Versuch, in römischem Kriegsdienst eine größere Machtstellung zu gewinnen, als er sie schon mit zwanzig Jahren besessen, gescheitert war, griff er zu dem Mittel, im Kampf gegen Rom und als volkstümliches Haupt seine Ziele zu erreichen. König Alarich führte den Krieg in ähnlicher Weise wie weiland Fridigern. Er mochte die Unfähigkeit seiner Germanen, römische Festungen zu erobern, richtig würdigen; daher rief er den Seinen zu: »Friede mit den Mauersteinen!« und durchzog, Belagerungen vermeidend, das flache Land, durch Beute seine hungernden Scharen zu ernähren und zu bereichern. So gelangte er von Thrakien aus durch Mazedonien, Thessalien, Illyricum, Arkadien. Kaiserliche Truppen wagten fast nie, das Feld gegen ihn zu behaupten; nicht einmal die Thermopylen oder der Isthmos von Korinth wurden ernstlich verteidigt. So drangen denn die Goten beinah ohne Widerstand in Griechenland ein. Theben wurde durch seine starken Mauern gerettet; aber Sparta, Korinth, Argos, Tegea, Megara wurden ohne Gegenwehr eingenommen. Auch Athen wurde besetzt. Die hellenische Sage berichtet zwar, daß Athena oder Achilleus von der Akropolis herab dem Germanenkönig drohend erschienen sei und ihn hinweggescheucht habe, was auch von Apollon als Beschirmer von Delphi erzählt wird, aber die Einnahme der Stadt steht fest. Vergebens erbot sich *Stiliko*, der tapfere und kluge Germane, der in des Honorius Namen das Abendreich verwaltete, mit Flotte und Heer dem Ostreich zu Hilfe zu kommen. Rufinus fürchtete und haßte seinen Kollegen zu Ravenna mehr als die Goten. Mißtrauisch lehnte er die angetragene Unterstützung ab, bis endlich die Byzanz selbst bedrohenden Fortschritte Alarichs nötigten, ein Jahr darauf die verschmähte Hilfe anzurufen. Stiliko landete (a. 396) auf dem Isthmos bei Korinth, und seiner überlegenen Feldherrnschaft gelang es, die Goten, die, ein Volk auf der Wanderung, – in allen Bewegungen durch den ungeheuren Troß von Wagen mit Weibern und Kindern und Herden gehemmt –, nicht entfernt wie ein römisches Kriegsheer auftreten konnten, in das Gebirge Pholoë und in eine so verzweifelte Lage zusammenzudrängen, daß ihnen nach Abschneiden aller Zufuhr nur die Wahl zwischen dem Hungertod und der Ergebung übrig gelassen schien. Aus dieser dringendsten Gefahr wurde Alarich, wie es scheint, nicht ohne Zustimmung Stilikos befreit. Dieser mochte zögern, durch völlige Vernichtung der Goten seinen Feind Rufin allzu mächtig werden zu lassen. Dazu kam, daß inzwischen die Stellung der Einschließenden durch Sorglosigkeit und Üppigkeit der Truppen minder günstig geworden war und ein Gewaltangriff auf die immer noch durch doppelte Gräben und ihre Wagenburg gedeckten Goten eine höchst blutige Aufgabe gewesen wäre. Der genaue Zusammenhang ist nach unseren Quellen nicht mehr zu ermitteln. Jedenfalls zog Alarich mit seinem Volk kraft Vertrages mit Stiliko (und Rufin?) frei aus dem Peloponnes ab nach Epirus, und der Hof von Byzanz, sei es durch seine Zustimmung zu jenem Vertrag gebunden, sei es durch die Not nun erst gezwungen, bewilligte alle seine Forderungen, ihn zu beschwichtigen und zu entfernen. Er wurde zum dux (vielleicht sogar zum magister militum) per Illyricum ernannt, verpflegte und bewaffnete sein Volk aus den kaiserlichen Vorräten und Zeughäusern und nahm an der Grenzscheide beider Reiche – denn West-Illyricum gehörte zum Abendreich – eine beide Staaten beobachtende Stellung ein, bereit, sich, falls die doch nur vorläufig gewonnenen Sitze ungenügend oder gefährdet würden oder andere lockendere Aussichten sich darböten, gegen Ost oder gegen West zu wenden. Was ihn schließlich bewog, gegen Italien aufzubrechen, ist schwer zu sagen. Die heimlichen Hetzereien des Rufinus würden jedoch schwerlich ausgereicht haben, hätte nicht die Abwesenheit Stilikos, des gefürchteten Wächters Italiens, in gallischen und rätischen Feldzügen günstige Gelegenheit gegeben, die ungleich reicheren und seltener ausgeplünderten Landschaften des Westreichs heimzusuchen. Die Alpenpässe aber waren Alarich schon im Jahre 394 vertraut geworden, als er bei Aquileja für Theodosius focht. Das einzelne der Kämpfe in Italien, namentlich die Zeitfolge, ist sehr dunkel. Alarich war im Spätherbst a. 400 aufgebrochen, die seinen Nordländern so verderbliche Hitze des italischen Sommers zu vermeiden. Am Geburtstag des heiligen Felix (14. Januar) des Jahres 401 hat *Paullinus* von Nola tief in Campanien bereits über Gefechte und Schrecknisse des Krieges zu klagen. Stiliko war fern in Rätien. Durch einen Sieg bei Aquileja erzwang Alarich den Übergang über den Timavus: er zog verheerend durch Venetien über den Po, wandte sich dann gegen Ligurien und Tuscien und ließ seine leichten Reiter bis tief nach Süden voraus schwärmen, so daß man in Rom ängstlich die Mauern Aurelians verstärkte. Des Kaisers Person war so ohnmächtig, daß man nicht einmal weiß, wo er sich versteckt hielt, während der Sturm über die Wiege des Reiches hinbrauste. Endlich traf der Erretter Stiliko, nachdem er die Barbaren der Nordgrenzen von Rätien abgewehrt und seine Rüstungen vollendet hatte, in dem schutzlosen Italien ein, bahnte sich den Weg über die von den Feinden besetzte Adda, wobei er dem (wohl in Mailand) eingeschlossenen Kaiser Entsatz brachte und griff am Ostertag (19. März) a. 402 die an diesem Festtag keines Kampfs gewärtigen Goten in ihrem Hauptlager bei Pollentia an. Nach den glaubhafteren Quellen gewann er wenigstens für diesen Tag den Sieg. Er muß mindestens das Schlachtfeld behauptet und (vielleicht nur vorübergehend) das Lager der Feinde eingenommen haben, da zahlreiche von den Goten mitgeschleppte Gefangene befreit, dagegen viele Goten, auch Weiber und Kinder, gefangen wurden. Aber freilich war der Sieg ohne Entscheidung für den Fortgang des Krieges. Denn Alarich, obwohl unmittelbar nach der Schlacht auf das westliche Poufer ausgewichen, konnte sehr bald diesen Fluß wieder überschreiten und sogar gegen Rom vordringen. Unbekannte Ursachen, vielleicht Mangel an Lebensmitteln oder Abfall einzelner Führer, zwangen den König, abermals über den Po zurückzuweichen. Es begannen Friedensverhandlungen, während deren die Goten nördlich gegen die Alpen zogen, sich einen Ausweg zu sichern; ein während dieser Verhandlungen auf Verona gewagter sehr gefährlicher Handstreich wurde durch Stiliko siegreich abgewehrt, und nun wurden abermals wie einst in Pholoë die eingeschlossenen Goten durch Hunger, auch durch Seuchen und zahlreiche Überläufer auf das äußerste geschwächt und gefährdet. Und abermals ließ Stiliko den Gotenkönig entweichen, der nach Illyrien abzog, wo Ämona den wichtigsten Punkt der Lagerungen und Siedlungen der Westgoten bildete. Ohne Zweifel hatte Stiliko sich Zusicherungen für die Zukunft von dem verschonten Gegner geben lassen. Zwar sind die Vorwürfe nicht nachweisbar begründet, daß der Minister des Abendlands Alarich gewonnen habe, Ostillyrien den Byzantinern zu entreißen oder gar ihm beizustehen, seinen Sohn *Eucherius* zum Kaiser des Ostreichs zu erheben. Aber richtig ist, daß der Wandale Stiliko seine Macht wesentlich auf die *germanischen* Kräfte in Hof, Heer und Reich stützte, daß seine Feinde am Hof des Honorius zugleich die Bekämpfer des germanischen Einflusses im Reich und gerade deshalb Alarich und die Westgoten Stilikos natürliche Verbündete waren, wenn sie nur nicht kriegerisch gegen das Reich auftraten, sondern wieder bei dem »Bündnis« sich beruhigten. Vielleicht also hat Stiliko danach gestrebt, Alarich aus einem Kriegsfeind wieder in einen Verbündeten und dienenden Wächter der römischen Welt zu verwandeln. Vermutlich wollte er ihn von dem Dienst im Ostreich herüberziehen in den Dienst des von Stiliko regierten Westreichs, um hierdurch das Germanische im Abendreich zu kräftigen und äußerstenfalls, in dem wiederholt zu Dank verpflichteten Gotenkönig einen gewaltigen Verbündeten zu gewinnen sowohl gegen Rufinus in Byzanz als wider die feindliche Hofpartei zu Ravenna. Diese Auffassung macht Stiliko durchaus nicht zum Verräter des Reichs: er hielt die Erhaltung seiner Macht im Abendland für eins mit dessen Wohlfahrt und wenn er den gefährlichen Balten in eine Stütze seiner Macht, aus einem Verheerer in einen Beschirmer Italiens zu verwandeln vermochte, so war damit ebenso wie Stiliko dem Kaiser und Italien aufs beste gedient. Zunächst wollte Stiliko sich der gotischen Waffen – zugleich sie dadurch von Italien ablenkend – dazu bedienen, Gallien, das der Empörer *Konstantin* von Honorius losgerissen, wieder zu unterwerfen. Als Preis für diesen Feldzug forderte Stiliko vom römischen Senat vierzig Zentner Silber für Alarich. Es war das letzte, was er durchsetzte. Gerade diese enge Verbindung mit dem mächtigen Gotenkönig trieb Haß, Mißtrauen, Argwohn seiner Gegner, der Barbarenfeinde, auf den Gipfel. *Sarus*, ein westgotischer Heerführer und alter Feind des Balten, betrieb nun auf das leidenschaftlichste Stilikos Sturz, und endlich gelang es, dem elenden Honorius die Zustimmung zur Ermordung des Mannes – seines Schwiegervaters – abzudringen, der allein das Reich zu beherrschen und zu schützen verstand.

Die Verordnungen, die sofort nach Stilikos, seines Sohnes Eucherius und seiner meist aus Germanen bestehenden Leibwachen blutigem Untergang (23. August a. 408) erlassen wurden, vor allem das Verbot, Heiden oder Arianer in römischen Dienst zu nehmen, zeigen, daß die Bluttat einen Sieg der Barbarenfeinde, der römischen und christlich-rechtgläubigen Partei, bedeutete. Er hatte aber nur die Wirkung, das gefährlichste Haupt der Barbaren im Reich, Alarich, zu verstärken. Denn als die Nachfolger Stilikos in Ravenna, wie zu erwarten war, Alarichs alte und neu erhobene Forderungen – Auszahlung der bewilligten Gelder, Geiselstellung, Ansiedlung in Pannonien – abschlugen und der Gotenkönig nun zu

Ende des Jahres wieder als Feind in Italien eindrang, strömten all diese barbarischen Abenteurer, Heerführer, Beamte, Söldner, die von der siegreichen Partei entlassen und verfolgt worden waren, in hellen Haufen zu seinen Fahnen. In diesem Sinn konnte Alarich allerdings als »Rächer Stilikos« gelten, und das genügte, um Stilikos Witwe hinrichten zu lassen. Der Gotenkönig aber zog »wie auf einem Triumphzug« ohne Widerstand zu finden, die ganze Halbinsel entlang: über den Po, durch Tuscien über Ariminum und das Pizentinische bis vor die Tore Roms, die seit Hannibal einen auswärtigen Feind nicht mehr gesehen. Er vermied einen Sturm auf die festen, seither wiederholt verstärkten Mauern Aurelians. Da er die Hafenstadt Portus einnahm und Rom so auch die Zufuhr von der See her abschnitt, konnte er mit Sicherheit zählen, die Stadt durch Hunger zur Übergabe zu zwingen. Ein Entsatzheer hatte er ja nicht zu fürchten! Hatte auch die ehemalige Weltstadt entfernt nicht mehr die eine Million übersteigende Bevölkerung der Zeit von Augustus bis Trajan – immerhin war sie noch groß genug, den Fall der Stadt in Kürze unvermeidlich zu machen, und wenn die Senatoren in einer Gesandtschaft im Gotenlager mit der Volkszahl prahlten und drohten, so verdiente diese Torheit in der Tat zur Antwort, die der Balte ihnen gab: »Je dichter das Gras, desto besser das Mähen.« Bald mußten denn auch die Senatoren all seine Friedensbedingungen annehmen. Anfangs hatte er außer allem Gold und Silber in der Stadt die Freilassung aller Sklaven barbarischer Abkunft gefordert. Auf die Frage der Römer, was er ihnen denn hiernach noch lassen wolle, wenn er all dies genommen, antwortete er verächtlich: »Das Leben.« Doch ermäßigte er später seine Forderungen und begnügte sich mit der Loskaufsumme von fünftausend Pfund Gold, dreißigtausend Pfund Silber, viertausend seidenen, dreitausend Purpurgewändern und dreitausend Pfund Pfeffer, einem damals kostbaren Gewürz. Dafür hob er die Einschließung Roms auf und bezog Winterquartiere in Tuscien, wo große Massen entlaufener, wohl meist germanischer Sklaven, angeblich vierzigtausend, ihn und die Freiheit aufsuchten. Man fragt sich, was denn all diese Zeit über der Herr und Beschirmer Roms, Kaiser Honorius, bei solchen Nöten und Verträgen der Welthauptstadt gesagt und getan? Nichts: als daß er sich hartnäckig weigerte, unerachtet alles Flehens des Senats und des Bischofs von Rom, irgendwelchen Frieden mit dem Gotenkönig zu schließen.

Ebensowenig ergriff er aber irgendwelche staatliche, geschweige kriegerische Maßregel, die Stadt zu schützen, den Feind aus Italien zu vertreiben. Sein Leben und seine Freiheit wußte er in dem festen Ravenna gesichert. So überließ er lieber Rom und Italien ihrem Schicksal, als daß sein bequemer Eigensinn, vielmehr seine Stumpfheit sich dem Einfluß der germanenfeindlichen Partei, die ihn seit Stilikos Untergang völlig beherrschte, entzogen hätte. Sein Minister *Jovius*, ein Bekannter Alarichs, war anfangs bereit gewesen, auf dessen Forderungen einzugehen; er kam mit ihm zu Ariminum zusammen und gelangte zu völliger Vereinbarung. Da aber der Kaiser die Genehmigung in einem hochfahrenden Schreiben verweigerte, erkannte der Minister, daß die barbarenfeindliche Partei seinen Herrn völlig beherrsche und daß er selbst sich nur halten könne, wenn er mit, nicht entgegen dieser Strömung segle. Mit entschlossenem Umschwung trat nun Jovius selbst an die Spitze dieser Richtung, und um derselben sicheren Rückhalt zu geben, ließ er das ganze Heer den von ihm selbst bei dem Haupt des Kaisers geleisteten Eid: »Ewigen Krieg den Goten!« mit schwören.

Es ist lehrreich, die Forderungen Alarichs zu prüfen: Sie gehen vor allem auf Gewährung sicherer Lebensmittel – Land, Getreide, Geld – für sein Volk, erst in zweiter Linie auf Einräumung hoher römischer Würden für den König; diese waren für seine Machtstellung im Reich neben und gegenüber anderen barbarischen Häuptlingen dringend wünschenswert. Aber Alarich ist doch nicht nur ein volkloser Abenteurer in römischem Solddienst wie so viele andere Barbaren, auch so manche Goten: wie Eriulf, Tribigild, Gaina, Sarus, wie bei den Ostgoten Theoderich Strabo gegenüber Theoderich dem Amaler, vielmehr unterschied gerade das den Balten und den Amaler von anderen germanischen Führern im Kaiserreich und Kaiserdienst, daß sie als verantwortliche Häupter an der Spitze des Westgoten- und des Ostgotenvolkes stehen. Darin liegt zwar vielfach eine Beschränkung ihrer Entschlüsse, denn nicht ohne Zustimmung der Freien können sie über deren Geschicke, Krieg, Frieden, Bündnis, Wahl und Aufgebung von Wohnsitzen, entscheiden und für das Volk vor allem müssen sie in den Verhandlungen mit Rom Bedacht nehmen. Allein in dieser volkstümlichen Grundlage ist auch die Gewähr ihrer dauernden, im Notfall von römischen Gnaden und Würden unabhängigen Macht fest verankert. Solche germanische Führer, selbst Männer wie der Wandale Stiliko und der Suebe Rikimer – sie haben geraume Zeit sogar das Reich geleitet –, die ohne Zusammenhang mit einem Volk in römischen Ämtern, auch den höchsten, aufgingen, gingen bald auch darin unter: Staatsmänner, Feldherren, die, Wallenstein vergleichbar, ohne den Schutz ihres Volkes, dem Haß der Gegenparteien und dem Argwohn und Neid der von ihnen geretteten Herrscher erlagen. Es ist notwendig, diesen Gegensatz hervorzuheben, weil eine geistreich verfochtene, aber völlig unhaltbare Ansicht aus dem Abschluß solcher Soldverträge mit den Kaisern das germanische Königtum hervorgehen ließ, das doch eine uralte germanische Überkommenschaft und von römischem Dienst ganz unabhängig ist.

Alarich hatte für sich nichts, nur für sein Volk Gewährung verlangt: Jahrgelder, Getreide, Land in Venetien, Dalmatien, Noricum. Der schlaue Jovius hatte geraten, dem König das magisterium utriusque militiae des Abendlands zu verleihen, dann würde er vielleicht von jenen Forderungen für sein Volk etwas nachlassen. Aber Alarich verzichtete sofort auf die Übertragung jener Würde, als der Kaiser Schwierigkeiten machte ja auch auf die Jahrgelder und Venetien und Dalmatien. Nur auf Getreidelieferungen bestand er – sie waren für das landlose Volk unentbehrlich – und um diesem Volk nur wieder Land zu verschaffen, dem das sieghafte Schwert auf die Dauer doch keineswegs die Pflugschar zu ersetzen vermochte, wollte er Friede gewähren. Aus diesem Grunde verlangte er für sein Volk das keineswegs reiche, aber in seinen Bergpässen leicht zu verteidigende Noricum zur Ansiedlung.

Wie anders hätte sich die Geschichte nicht nur der Westgoten, auch der deutschen Völker gestalten können, wäre diese Forderung erfüllt worden. Dann wären die Westgoten, statt in der Vereinzelung im fernen Südfrankreich und Spanien den Mauren und der Verrömerung zu erliegen, in den sicheren Alpen die Nachbarn der Ostgoten, und statt der Franken wären vielleicht die verbündeten Goten die Träger der germanischen Geschichte in Europa geworden. Aber der Eigensinn des Honorius zwang Alarich, den Krieg zu erneuern. Jener »in Christus gewaltige Kaiser«, zu dessen Verherrlichung leider der letzte römische Dichter *Claudianus* seine sehr beachtenswerte Begabung abmühte, hat immer nur das hartnäckige Zuhausebleiben seines Helden hinter den sichersten Wällen zu preisen.

Alarich mußte um jeden Preis wieder eine Heimat für sein Volk gewinnen. Er wollte oder konnte nicht in das Ostreich zurück. Im Westreich Land ohne Verleihung eines Kaiser im Kampf mit der ganzen römischen Bevölkerung und mit den Heeren des Honorius zugleich zu behaupten, durfte er nicht hoffen. So wählte er den naheliegenden Umweg, anstatt des Kaisers in Ravenna, der jeden Frieden verweigerte, einen anderen Kaiser zu erheben, der, sein Geschöpf und Werkzeug, ihm bewilligen mußte, was er brauchte. Dann stand zu hoffen, daß auch ein Teil der römischen Bevölkerung, namentlich der immer noch sehr angesehene Senat von Rom, sich mit den Goten vertragen, den erhobenen Gegenkaiser anerkennen und Honorius, der sie ihrem Schicksal überlassen hatte, Gleiches vergelten würde. So geschah es in der Tat, und Honorius mochte nun erkennen, daß sein bequemes Neinsagen doch auch unbequeme Folgen haben könne.

Alarich zog zum zweitenmal vor Rom und zwang durch Bedrohung mit Sturm oder Hunger den Senat, Honorius für abgesetzt und den bisherigen Stadtpräfekten von Rom, *Attalus*, aus altem senatorischem Adel, zum Kaiser des Abendlandes zu erklären.

Auf die Frage, weshalb Alarich überhaupt dem Römertum gegenüber so viel Rücksicht nahm, weshalb er einen Kaiser ernannte, um von ihm sein Recht abzuleiten, ist zu erwidern: weil er nicht anders konnte. Rom stand zu Anfang des fünften Jahrhunderts den eingewanderten Germanen noch im Schimmer viel gefürchteterer Macht gegenüber als etwa ein Jahrhundert später. Und doch hat auch ein Jahrhundert später ein Theoderich nur als Beauftragter und unter Zustimmung des Kaisers geglaubt, in Italien herrschen zu können. Alarich aber konnte weder das Römerreich durch ein Gotenreich verdrängen, noch auch nur in jenem Römerreich für sein ruhebedürftiges Volk eine »quieta patria« zu finden hoffen ohne kaiserliche Gutheißung und ohne den Anschluß an wenigstens *eine* römische Partei. Wir dürfen nicht in den oft begangenen Fehler verfallen, aus unserer Kenntnis des Ausgangs der Kämpfe zwischen Rom und den Germanen die Anschauungen der damals in diesen Kämpfen begriffenen Mächte uns zurechtzulegen: *wir* wissen, daß Westrom schon sieben Jahrzehnte nach Alarich unterging, aber zu Alarichs Zeit glaubten das weder Germanen noch Römer. Nur etwa bei christlichen Büßern findet sich hier und da eine Redensart, die den nahen Untergang des immer noch heidnischen Rom verkündet. So sagt Salvian einmal VII, 151: »Rom war nie so üppig und nie so elend wie heute, es hat vom sardonischen Kraute genossen, es lacht und lacht – bis es stirbt!« Aber solche vom Haß eingegebene Weissagungen hatte das Christentum nun schon bald vier Jahrhunderte verkündet. Dagegen glaubten die Männer des *Staates* Rom durchaus nicht an einen bevorstehenden Untergang:

»Lerne die Furcht vor Rom, wahnwitzige Welt der Barbaren!«

Mit diesem stolzen Wort schließt jener letzte bedeutende römische Dichter, Claudian, seine Verherrlichung römischer Siege – freilich hatte sie der Germane Stiliko erfochten.

Sich selbst zum Kaiser erheben zu lassen, wie vierhundert Jahre später Karl der Große, fiel dem Goten nicht ein. Er war nicht Herr des Abendlandes wie Karl, nur eines kleinen Teils von Italien. Die Römer des Abendlandes würden ihn nicht anerkannt haben; er war nur gotischer Volkskönig, und als Ketzer, nicht wie Karl zugleich Oberhaupt der rechtgläubigen Christenheit.

Alarich bewog sogar den neuen Kaiser, der bis dahin Katholik, vielleicht Heide gewesen, den Arianismus anzunehmen – ein grober Fehler, der allein dem Gegenkaiser dauernde Herrschaft abschneiden mußte: der König mochte den Glaubensgenossen sich desto ergebener wähnen – eine täuschende Voraussetzung. Nachdem Attalus von dem gotischen Bischof *Sigisar* in den Arianismus eingeführt war, wurde eine sorgfältig alle imperatorische Formen wahrende Krönung und Bekleidung mit allen kaiserlichen Abzeichen an ihm vorgenommen. Er ernannte nun Alarich zum magister militum, dessen Schwager *Ataulf*, der aus Germanien Verstärkungen zugeführt hatte, zum comes domesticorum. Welche Wohnsitze die Goten erhalten sollten, stand damals noch nicht fest, jedenfalls die besten verfügbaren. Für die Treue der Römer ließ sich Alarich Geiseln stellen, unter welchen der noch knabenhafte *Aëtius*, der spätere große Feldherr, sich befand. Anfangs erkannte auch außerhalb Roms die italische Bevölkerung zum großen Teil Attalus an, nämlich soweit Alarich herrschte oder doch gefürchtet wurde. Das wichtige Afrika jedoch, für die Verpflegung Roms unentbehrlich, stand unter dem Mörder Stilikos, *Heraclian*. Dieser natürlich hielt an Honorius und der germanenfeindlichen Staatskunst fest. Gegen ihn wurden römische Truppen des Attalus übergesetzt. Alarich zog mit den Goten gegen Ravenna, den Sohn des Theodosius in seine Gewalt zu bringen. Schwer bedrängt, von manchem seiner Heerführer und Beamten verlassen, verzagte Honorius. Er bot dem Gegenkaiser Teilung des Abendlandes an, und da ihm Attalus nur das Leben, jedoch in Verbannung und »nicht ohne Verstümmelung« gewähren wollte, beschloß der Belagerte, Italien aufzugeben und nach Byzanz zu entfliehen. Da wurde er durch andrer Leute Erfolge gerettet. Heraclian hatte die Truppen des Attalus geschlagen; er schickte mit dieser Siegesbotschaft Geld nach Ravenna, das von der Hafenseite nicht eingeschlossen war.

Zugleich bedrängte der Statthalter von Afrika die Stadt Rom durch Vorenthaltung der Getreideschiffe so sehr, daß die Bevölkerung, durch Furcht vor Hunger für Attalus gewonnen, nun durch wirklichen Hunger wieder auf die Seite des Honorius gezogen wurde. Alarich war ja vor Ravenna beschäftigt. Aber der Gotenkönig fand auch keinen Grund mehr, Attalus zu halten, der ihn vielfach gehemmt und erbittert hatte. Es ist bezeichnend für den unauslöschlichen Gegensatz des Imperiums zu dem Barbarentum, daß sogar eine bloße Puppe in der Hand des Germanenfürsten alsbald dem Herrn, Halter und Meister widerstrebt, sobald sie den Purpurmantel umgeworfen erhält. Attalus wollte durchaus nicht gefügiges Werkzeug Alarichs bleiben. Hochfahrend und eigensinnig handelte er wider des Goten Willen und schickte, verleitet von einem einfältigen Orakel das ihm kampflosen Sieg verheißen, Feldherren fast ohne Truppen nach Afrika, die natürlich vernichtet wurden. Ja, er machte Miene, sich als Vertreter des Römertums gegen Alarich zu kehren, vergessend, daß dieser Arm allein ihn hielt. Er zog unfähige Römer den von den Balten empfohlenen Goten vor, versprach dem Volk von Rom die Wiederherstellung seiner Weltherrschaft und schien Alarich geradezu den Untergang zu planen. Da ließ ihn der Gotenkönig fallen und suchte abermals Verständigung mit Honorius, dessen von Sümpfen und Lagunen geschütztes Zufluchtsnest zu bezwingen er nicht vermochte. Eben-

so feierlich und öffentlich aber, als er Attalus erhoben hatte, setzte er ihn nunmehr in feierlicher Handlung vor allem Heer und Volk zu Ariminum ab und sandte als Wahrzeichen, daß er diesen Gegenkaiser für immer aufgegeben, Diadem und Purpur des Entthronten mit neuen Friedensvorschlägen in die Stadt Ravenna an Honorius. Aber dieser, durch einen Sieg des Sarus bestärkt in seinem Eigensinn, wies sie ab. Alarich hob die Einschließung der Lagunenfestung auf. Da er das Meer nicht beherrschte, konnte er auf Aushungerung nicht rechnen – und zog zum drittenmal vor Rom, die Hauptstadt nicht des Attalus, aber seinem Willen wieder zu unterwerfen.
Alarich konnte nicht an langen Aufenthalt in der Stadt denken, der das dem Honorius ergebene Afrika sofort wieder das Brot absperrte, sobald sie in den Händen der Goten war. Er verweilte daher nur drei bis sechs Tage am Tiber und zog durch Kampanien, wo der Bischof *Paullinus* von Nola gefangen fortgeführt wurde, durch Bruttien nach Regium, um von da zunächst nach Sizilien, von dieser Insel aber nach Afrika überzusetzen.
Dieser Plan war unter den damaligen Verhältnissen durchaus nicht abenteuerlich, sondern wohlbegründet. Dachte auch Alarich nicht an Errichtung eines Reiches in jenem Erdteil, wie sie ein späterer König seines Volkes bezweckte und die Wandalenkönige wenige Jahre darauf durchführten, – wollte er auch nur Rom dauernd beherrschen, Ravenna zur Übergabe drängen oder doch von Honorius Einräumung der lange begehrten Wohnsitze für sein Volk im Westreich erzwingen, – immer mußte er sich Afrikas bemeistern und die dortigen Anhänger des Kaisers unschädlich machen. Denn die Erfahrung hatte wiederholt gezeigt, daß, wer über Afrika, auch über Rom gebot; selbst für Ravenna war der Besitz von Afrika und Sizilien von hoher Bedeutung.
Aber den Westgoten sollte bei zweimaligem Versuch nicht gelingen, was die Wandalen erreichten. Ein Sturm vernichtete in der Meerenge von Messina die Schiffe, die der König offenbar nur mit Mühe in den italischen Häfen für das schwierige Unternehmen zusammengebracht hatte. Nach Zerstörung dieser Flotte war eine zweite nicht aufzubringen; den Goten gebrach es vielmehr so bitter an Fahrzeugen, daß ihre Reiterei versuchte, römischen Flüchtlingen, die nach den nächsten Inseln segelten, mit schwimmenden Rossen in das Meer hinein nachzusetzen. Auf die Römer machte das Erscheinen einer Barbarenmacht im tiefsten Süden der Halbinsel gewaltigen Eindruck. Seit den Tagen Hannibals war kein barbarischer Feind so tief hinab in Italien gedrungen; aber das Scheitern jener Überfahrt hob wieder das Selbstvertrauen des »weltbeherrschenden« Volkes, die Sage von der redenden Marmorstatue, die den König vor dem Versuch warnt und Unheil weissagt, ist ebenso der Ausdruck *altrömischer* Empfindung der Zeitgenossen, wie *althellenisches* Gefühl Athena, Apollon und Achilleus die Goten von dem Parthenon und von dem delphischen Heiligtum hatte hinweg scheuchen lassen.
Bald darauf starb der kühne, gewaltige Alarich in der Blüte der Jahre, »während noch die Jugendlocken seine Schultern blond umgaben«.
Es ist bekannt, in welch poesievoller Weise, übrigens nur in Anwendung alten germanischen Gebrauchs, die Goten ihren König bestatteten: sie leiteten den Fluß Busento bei Cosenza aus seinem Bett, legten die Leiche mit Waffen und Schätzen darein und lenkten nun die Wogen wieder in die alte Richtung. Die (gefangenen) Sklaven, welche die Arbeit verrichteten, wurden getötet, und

niemand vermochte nun den Römern die Leiche und die Schätze zu verraten. Das Grabmal des ersten germanischen Eroberers von Rom dauernd durch ein in Italien zu errichtendes Gotenreich zu schirmen, dazu fühlte man sich nicht stark genug. Vielmehr gab *Ataulf* (a. 410–415), der Bruder der Gattin Alarichs, der nun zum König erkoren wurde, nach dem Urteil seiner Feinde und nach dem Gesamteindruck seiner Taten ein nicht nur durch Tapferkeit, ebenso durch Geist und Klugheit hervorragender Mann, den Gedanken, Sizilien und Afrika zu gewinnen und so Italien zu behaupten, auf. Die nächsten Jahre waren ausgefüllt mit Verhandlungen, dann wieder durch Kämpfe mit Honorius, wobei Ataulf aber immer mehr aus dem Süden Italiens, auch Rom aufgebend, zurückwich in den Norden und Westen der Halbinsel, offenbar um im Notfall den Rückzug über die Alpen zu sichern. Bei diesen Verhandlungen spielte eine sehr bedeutende Rolle des Kaisers schöne und geistvolle Schwester *Placidia*, die schon seit a. 408 als Gefangene, zugleich aber als Vermittlerin dem Heerlager der Goten folgte und deren Person alsbald der Mittelpunkt weiterer Verwicklungen und eifersüchtiger Kämpfe werden sollte. Im Jahre 412 zog Ataulf mit dem Volksheer aus Italien über die Seealpen ab nach Gallien, ohne Zweifel, um unter endgültigem Verzicht auf Italien hier jene sicheren und ausreichenden Wohnsitze zu gewinnen, die das Wandervolk nun schon so lange Zeit suchte. Nach dem Stand der Quellen ist nicht zu entscheiden, ob hierbei mit Honorius ein Vertrag geschlossen wurde, in welchem der Kaiser Auftrag und Ermächtigung zur Niederlassung in Gallien erteilte. Unwahrscheinlich ist es übrigens nicht, daß Honorius dem Westgotenkönig vertragsmäßig solche Vollmacht erteilte. Denn Gallien war damals für Honorius verloren. Nicht nur tobte durch die Landschaften der Aufruhr der »Bagauden«, das heißt der unfreien und halbfreien Bauern, die, durch Aussaugungen der Großgrundbesitzer und der Beamten zur Verzweiflung getrieben, sich in einer Art Bundschuh wider diese Dränger erhoben. Ein Anmaßer *Jovinus*, von Burgunden und Alanen unterstützt, beherrschte die Provinz, soweit sie kaiserlichen Geboten zugänglich war.

Ataulf suchte jedoch, auf Betreiben des Attalus, der als Privatmann dem Heer seiner gotischen Beschützer immer noch folgte, sich mit Jovinus zu verständigen. Während dieser Verhandlungen überfiel und vernichtete Ataulf mit erdrückender Übermacht jenen *Sarus*, den alten Nebenbuhler der Balten, und, wie es scheint, ganz besonders seinen persönlichen Feind, der, von Honorius wegen Ermordung eines Gefolgsmanns abgefallen, sich nach Gallien und zu dem Gegenkaiser gewandt hatte. Der Gotenkönig hatte sich wohl mit Jovinus in die Provinz teilen wollen. Denn als dieser stattdessen seinen Bruder *Sebastianus* zum Mitkaiser annimmt, tritt Ataulf sofort wieder auf die Seite des Honorius, dem er die Köpfe beider »Tyrannen« bald nach Ravenna einzuliefern verheißt. Jetzt kam unzweifelhaft ein Vertrag mit dem Kaiser zustande: Ataulf versprach, außer der Bekämpfung jener Gegenkaiser, die Freigabe Placidia's, dafür sollten die Goten Getreidespenden und, vermutlich stillschweigend zugestanden, Wohnsitze in Gallien unter kaiserlicher Duldung erhalten.

Ataulf ließ es an seinem Teil an der Erfüllung des Vertrags nicht fehlen. Er rückte mit dem Honorius treu verbliebenen Präfekten *Dardanus* gegen die Empörer, eroberte Valence, während Dardanus Narbonne bezwang, und die Köpfe der beiden in diesen Städten gefangenen Brüder Jovinus und Sebastian wurden versprochenermaßen nach Ravenna geschickt. Gleichwohl beschuldigte der Kaiser den Gotenkönig, den Vertrag nicht erfüllt zu haben, und behielt die Getreidespenden zurück. Dadurch wurde das heimatlose Wandervolk, das ohne bestimmt angewiesene Wohnsitze sich durch den Pflug nicht ernähren konnte, wie jedesmal zwar in größte Not gedrängt, aber wie jedesmal mußte es sich natürlich auch jetzt durch Plünderung im Krieg zu verschaffen suchen, was friedlich zu erwerben man ihm versagte. Ataulf gab nun seinerseits Placidia nicht heraus. Ein Handstreich auf die mit Vorräten und Waren aller Art reich angefüllte Handelsstadt Marseille schlug ihm fehl, blutig wies der hervorragende Feldherr *Bonifazius* den Angriff ab. Ataulf selbst wurde dabei verwundet. Aber im Herbst desselben Jahres gelang es durch List, Narbonne zu gewinnen. Zur Zeit der Weinlese war es, die Winzer des Weichbildes fuhren in die offenen Tore der Stadt auf breiten, mit Reblaub überdeckten Erntewagen; jedoch unter den Reben lagen gotische Krieger verborgen, die, so ohne Widerstand in die Tore der Vorstädte gelangt, alsbald herabsprangen und die Stadt besetzten. Von Narbonne aus wurde Toulouse bezwungen und durch Vertrag Bordeaux gewonnen.

Unerachtet dieser Erfolge suchte Ataulf immer wieder eine Verständigung mit der römischen Welt. Wie sein Vorgänger in Italien, so konnte er in Gallien eine dauernde und sichere Niederlassung nur erhoffen, wenn er den Provinzialen nicht als Feind, sondern als Freund der immer noch ganz unvergleichlich überlegenen Bildungs-, Staats- und Waffengewalt des Kaiserreiches gegenübertrat. Ganz ähnlich sehen wir geraume Zeit später seine Nachfolger, dann auch die Könige der Burgunden handeln. Selbst die Franken, obwohl unvergleichlich stärker und zahlreicher, weil nicht eine Völkerinsel, sondern in stetem Zusammenhang mit den Überrheinern, wagen es erst am Ende des Jahrhunderts, lediglich als Eroberer in Gallien aufzutreten. Zu ihrer Zeit bestand kein weströmisches Reich mehr, und mit dem oströmischen in gutem Einvernehmen zu stehen, bemühten sich auch die Merowingen sehr eifrig.

Versagte dem Gotenkönig der Kaiser im unerreichbaren Ravenna, so hatte er in seiner Gewalt, in seinen Zelten des Kaisers durch Geist und Schönheit glänzende Schwester Placidia. Die Tochter des großen Theodosius mochte den Provinzialen gegenüber füglich als Vertreterin der rechtmäßigen Kaisergewalt, des Kaiserhauses, der römischen Herrschaft gelten. Gelang es, sie zu gewinnen, so war nahezu ein Ersatz für die versagte Zustimmung des Kaisers zu der Niederlassung in Gallien erlangt. Ataulf weigerte sich also wiederholt, sie herauszugeben. Aber gerade an dieser Weigerung scheiterten die Verhandlungen mit Ravenna. Denn dort war der Nachfolger des Stiliko in Beherrschung des Kaisers der Feldherr *Constantius* geworden, und dieser suchte in der Vermählung mit Placidia das Unterpfand der Dauer für seine Machtstellung. So war denn in dieser Zeit nicht Honorius, sondern Constantius der wahre, der unversöhnliche Feind Ataulfs, und der Preis des Kampfes zwischen beiden war die Hand Placidias. Nur dieser Zusammenhang erklärt die Ereignisse der nächsten Jahre. Ob Ataulf dabei ebenfalls eine Stellung gleich der Stilikos anstrebte – als Leiter des Kaisers und des ganzen Weltreiches, aber, im Unterschied von Stiliko, gestützt auf ein Volkskönigstum und die Beherrschung Galliens, – das erscheint zweifelhaft.

Der Gotenkönig wagte den kühnsten Schritt: es gelang ihm, Placidia zu bewegen, ihm die Hand als Gemahlin zu reichen. Seine Gattin früherer Ehe, eine Ostgotin, von welcher er sechs Kinder hatte, wurde damals vielleicht verstoßen, wenn sie nicht vorher verstorben wäre. Es hatte wiederholter Werbung und eifriger Bemühung eines Römers *Candidianus* bedurft, die Kaisertochter zur Einwilligung zu stimmen. Gewalt, auch nur der Schein von Nötigung, mußte ausgeschlossen bleiben, sollte das Ereignis den beabsichtigten Zweck erreichen. Als hoch bedeutsam erschien es den Zeitgenossen. Mit Berechnung, mit Sorgfalt wurde es auch in allen *Formen* als eine sinnbildliche Handlung gefeiert. In dem Hause eines vornehmen Römers *Ingenius* wurde zu Narbonne (Januar a. 414) das Hochzeitsfest begangen. Dabei wurde nicht, wie es sonst bei Mischehen Rechtssatz war, das Recht des Bräutigams, in dessen Recht die Braut regelmäßig eintrat, angewendet, sondern geflissentlich wurden in allen Stücken die *römischen* Hochzeitsbräuche eingehalten: Placidia erschien in römischer Brautkleidung, ein römischer Hochzeitsreigen durchschritt das Gemach, geführt von dem ehemaligen Kaiser kurzer Tage, von Attalus. Aber auch der Gotenkönig hatte die germanische Waffentracht abgelegt und römische Gewandung angetan. Er nahm nicht den ersten, sondern den zweiten Platz ein: die »Imperatrix« saß zur Rechten. So sollte Ataulf durch diese Ehe als dem Hause des Theodosius angehörig, kraft des Rechtes seiner Gemahlin als rechtmäßiger Beherrscher auch der Römer in Gallien erscheinen. Diese Vermählung sollte die innigste Verschmelzung des Römertums mit den Westgoten als den Vertretern des in das Reich aufgenommenen Germanentums sinnbildlich darstellen; und viele Zeitgenossen glaubten in der Tat damit die Prophezeiung Daniels erfüllt »von der Verbindung des Herrschers im Osten mit dem König aus Norden«.

Jedoch Honorius oder richtiger Constantius mußte durch dieses Eindringen des Barbaren in das Haus des Theodosius mehr als zuvor erbittert werden. Ataulf verzichtete nun so völlig auf Aussöhnung mit seinem unfreiwilligen Schwager, daß er sogar Attalus zum zweitenmal als Gegenkaiser aufstellte, der auch willig abermals diese Puppenrolle spielte und sich mit einem kaiserlichen Hofstaat umgab. So bestellte er *Paullinus Pelläus*, der eine Dichtung über die Zeitläufe verfaßt hat, zu seinem Schatzmeister, aber der Schatzmeister war widerwillig, und der Schatz war leer. Denn des Gotenkönigs Lage war durchaus nicht günstig. Sein Volk litt Mangel; von ruhigem Ackerbau konnte keine Rede sein, da der Krieg mit den Anhängern des Kaisers niemals aufhörte und die römische Flotte, die See beherrschend, alle Zufuhr aus Italien oder Afrika abschnitt. Wahrscheinlich um diesen Übelständen abzuhelfen, wandte sich Ataulf nach Spanien. Er ließ in Narbonne, seiner bisherigen Hauptstadt, nur eine Besatzung zurück, und auch diese zog dem König nach über die Pyrenäenpässe, als Constantius von Arles aus mit überlegener Macht heranzog.

Es scheint fast, die Goten gaben damals die Hoffnung auf, Gallien zu behaupten. Sie verheerten im Abzug das flache Land, plünderten auch die Städte, die sie räumten, wie Bordeaux; Bazas war von dem gleichen Geschick bedroht. Die Barbaren verbanden sich hier, wie das auch sonst vorkam, mit entlaufenen, empörten Sklaven. Sie wollten die »Senatoren« der Stadt heimsuchen, die wohl zu Honorius und Constantius hielten. Da gelang es dem widerwilligen Schatzmeister des Attalus, Paullinus, die bisher den Goten ebenfalls widerwillig verbündeten *Alanen*, die nun die sinkende Sache Ataulfs verließen, zu bewegen, die Gärten der Vorstadt im Einvernehmen mit den Bürgern zu besetzen und vor dem Angriff der Germanen zu schützen. Die sehr bezeichnende Einzelheit hat uns Paullinus selbst berichtet. Paullinus folgte gleichwohl Ataulf, der die Ausschreitungen seiner Truppen gegen die Römer also wohl nicht billigte. Er verließ den »tyrannus« Attalus, der bald darauf von den Honorianern gefangen und nach Ravenna gesendet wurde, wo ihm das Schicksal widerfuhr, das er einst dem Sohn des Theodosius zugedacht: Verstümmelung und Verbannung.

Der Gotenkönig hatte inzwischen in Spanien von Barcelona aus die damals in römischem Waffendienst (foedus) fechtenden Wandalen bekämpft. Ein Knabe, den ihm hier Placidia gebar, erhielt den Namen »Theodosius« – in zwiefach sinnvoller Bedeutung. Man scheint neue Hoffnung einer Versöhnung der Goten mit Honorius und der römischen Welt auf das Haupt des Kindes gestützt zu haben, dessen baldiger Tod als ein Unheil betrachtet wurde. Bald nach des *Knaben* feierlicher Bestattung in silbernem Sarg fiel Ataulf durch Meuchelmord im August oder September (a. 415 vor dem 24. September). *Eberulf*, der Gefolgsmann eines alten Feindes, vielleicht des Sarus, war in des Königs Dienste getreten. Er erstach diesen, in Blutrache für seinen früheren Herrn und aus Zorn, weil der hochgewachsene Balte über seine kleine Gestalt gescherzt hatte.

Glaubhaft hat uns ein Zeitgenosse (*Orosius*) die Staatsgedanken des bedeutenden Herrschers überliefert. Der König hat es selbst wiederholt ausgesprochen, wie er ursprünglich – im überschwellenden Kraftgefühl der Jugend, dürfen wir einschalten – das ganze Römertum habe austilgen und durch ein Weltreich seines Volkes ersetzen wollen, so daß der Gotenkönig an die Stelle des Cäsar Augustus getreten wäre. Durch reiche Erfahrungen aber habe er gelernt, daß dies Ziel vor allem deshalb nicht zu erreichen sei, weil sein unbändiges Volk nicht fähig sei, die hierfür erforderliche straffe Zucht unbeschränkter Herrschaft zu ertragen, ja nur, dem Fehdegang entsagend, dem Richterspruch sich zu fügen – die civilitas custodita, wie sie ein Jahrhundert später der große Theoderich seine Ostgoten mühsam lehrte. Seitdem habe er im Gegenteil all seinen Ruhm darin gesucht, durch die Kraft seines Volkes die Römerwelt neu zu heben und zu schützen, auf daß er, da er nicht der Vernichter Roms werden konnte, als der Wiederhersteller des Reiches in der Geschichte fortlebe.

Ataulf war ganz wider Willen – durch des Constantius Eifersucht und durch des Honorius Eigensinn – in seinen Kampf mit Rom gedrängt worden, immer wieder hatte er den Frieden gesucht. In seinem Volk aber war immer noch jene alte römerfeindliche Partei mächtig, die zum Teil wohl aus barbarischer Lust an Krieg und Kriegsraub, zum Teil aber doch auch aus gesundem Gefühl das »foedus« mit Rom haßte und zu zerstören trachtete. Denn dieses »foedus« bedrohte ohne Zweifel nicht nur die Freiheit, sondern auch die Volkseigenart mit rasch fortschreitender Verrömerung. Mag die Ermordung Ataulfs zunächst aus Beweggründen persönlicher Rache geschehen sein, immerhin bewirkte sie einen Umschlag zugunsten der Römerfeinde. Der König hatte sterbend seinem Bruder, den er als seinen Nachfolger betrachten mochte, Friede mit Rom und Freigebung der römischen Kaisertochter ans Herz gelegt. Aber statt jenes Bruders wurde ein Bruder des alten Baltenfeindes Sarus, der sich zuletzt gegen Honorius gewendet hatte, mehr durch Gewalt als Wahl und Recht auf den Thron erhoben. Und dieser neue König, *Sigrich*, ließ die Kinder Ataulfs aus früherer Ehe ermorden und zwang Placidia, mit anderen Kriegsgefangenen vor seinem Rosse her zwölf Milien zu Fuß einherzugehen, – der wilde Haß gegen Rom also hatte gesiegt. Die Fabel, Ataulf sei von den Goten ermordet worden, weil er einst die Stadt Rom verschont und nicht ihnen zur Zerstörung preisgegeben habe, wurzelt wenigstens in einer wahren Empfindung; wie die andere ebensowenig beglaubigte

Angabe, die Ermordung Sigrichs, die schon sieben Tage darauf folgte, sei geschehen, weil auch dieser König sich Rom mehr zugeneigt habe, als die Kriegspartei ertrug. Sein Nachfolger *Walja* (a. 415 bis 419) hielt zwar Placidia noch als Geisel gefangen, doch hatte er gleich bei seinem Herrschaftsantritt der Tochter des Theodosius wieder bessere Behandlung gewährt. Er mußte, in dem Bestreben, Raum zu gewinnen, nicht nur die germanischen Feinde des Kaisers in der Halbinsel, sondern allerdings auch die römischen Besatzungen bekämpfen. So focht er zugleich für und wider Honorius und drang von Barcelona entlang der Südküste bis nach Cadix vor. Hier kam er auf den Plan Alarichs zurück, nach Afrika überzusetzen, das damals noch nicht von den Wandalen, nur von schwachen römischen Besatzungen verteidigt war, und die schmale Meerenge schien kein großes Hemmnis. Jedoch abermals scheiterten die ersten Versuche durch Stürme, und abermals gebrach es den Goten an Schiffen, die verlorenen Fahrzeuge zu ersetzen. Und schon zog Constantius, die wieder frei gewordene Hand Placidias zu gewinnen, mit einem Heer aus Gallien über die Pyrenäenpässe. Da beeilte sich Walja, den Weg einzuschlagen, den Ataulf gerade der umstrittenen Kaisertochter versperrt hatte. Er hatte keinen Grund, die Witwe zurückzuhalten. Gegen ihre Freigebung erhielt der König außer einer starken Getreidelieferung, wie es scheint, die kaiserliche Anerkennung des gotischen Besitzstandes in Spanien. Das foedus ward erneuert und die Westgoten traten nunmehr in die Stellung, welche bisher (etwa a. 412–515) Wandalen, Alanen und Sueben auf der Halbinsel eingenommen hatten, das heißt sie schützten – und zwar gerade gegen die genannten Völker – die noch römischen Landschaften und Städte. Daher galten die Siege, die Walja (a. 416–418) gegen diese Barbaren erfocht, als Siege des Kaisers, dem er die gefangenen Könige der Wandalen zuschickte (a. 417). Jedoch im folgenden Jahr zogen die Goten wieder aus Spanien ab, und erhielten von den Römern in Gallien die Provinz Aquitania Secunda nebst einigen Städten in benachbarten Provinzen. Von der wichtigsten Stadt *Toulouse* (bald der Hauptstadt) führte dieses gallische Gotenreich den Namen das »tolosanische Reich«, das Reich von Toulouse. Zur Zeit der größten Ausdehnung dieses Begriffs umfaßte das Septimanien (der Name rührt nicht von »sieben Städten« her, welche die Goten damals erhalten hätten oder von der hier stehenden siebenten Legion, sondern von der schon bei Plinius genannten keltischen Völkerschaft der Septumani bei Beziers) genannte Gebiet die Bischofssitze und Stadtgebiete von Aîx, Apt, Riez, Fréjus, Sistéron, Arles (Carcassonne, Nîmes), Marseille, Toulon, Digne, Grasse, Vence, Glandève, Senez, Nice (und Toulouse). Die Gründe dieser Rückwanderung lassen sich nicht genau angeben, doch lag die Anregung gewiß auf römischer Seite: vielleicht wollte man die Goten in der entlegenen Halbinsel nicht allzu selbständig werden lassen; vielleicht auch begegnete man sich hier mit einem Wunsche Waljas selbst, denn Spanien war schwerer mitgenommen als das lachende, »üppige Land der goldenen Garonne«. Nach der begeisterten Schilderung der Zeitgenossen galt Aquitanien als die »Perle Galliens«, Fruchtbarkeit und Schönheit des Landes waren gleich gefeiert: »Nicht einen Teil der Erde, ein Stück des Paradieses glaubten die Bewohner daran zu besitzen. Rebgelände wechselten mit goldenen Saaten, blühende Fluren mit Obstgärten und lieblichen Hainen, von Quellen durchrieselt, von Flüssen durchströmt; und man wandelte noch immer mit frohen Liedern unter den Myrten und Lorbeeren von Bordeaux.«

Das Reich von Toulouse (418—507)

Neue Heimat der Westgoten in Gallien — Theoderich I. rüstet gegen Attilas mongolische Reiterhorden — Die Schlacht auf den katalaunischen Feldern — Die Rettung der christlich-römisch-germanischen Kultur Europas — Das »Gallische Rom« des Königs Eurich — Höhepunkt des Westgotenreiches — Der arianische Gotenkönig Alarich II. unterliegt dem katholischen Frankenkönig Chlodovech

Die Geschichte des Reiches von Toulouse wird bis gegen sein jähres Ende durch die Franken von zwei einander entgegenwirkenden Kräften bewegt: einerseits mußten die Goten trachten, die allzu schmalen, ihnen von den Römern absichtlich mit Abschneidung von beiden Meeren und mit ungünstiger Umschließung von allen Seiten zugemessenen Gebiete zu erweitern und im Süden bis an die Rhone und das Südmeer, im Norden bis an die Loire und das Nordmeer sich auszudehnen. Solche Erweiterung konnte nur im Kampf mit Rom und, bei der noch lange fortdauernden römischen Übermacht, fast nur bei Gelegenheit innerer Wirren in Italien oder Gallien erreicht werden. Andrerseits waren aber Goten und Römer in Gallien zu dringend aufeinander angewiesen durch gemeinsame Verteidigung gegen gemeinsame Feinde, als daß das »foedus«, so oft es auch gebrochen wurde, nicht alsbald wieder hätte hergestellt werden müssen. Denn an völlige Austreibung der Goten konnten die Römer, an Vernichtung der Römermacht in Gallien die Goten nicht denken.

König Walja starb schon bald nach der Rückwanderung nach Gallien; er hinterließ, wie es scheint, keinen (waffenfähigen) Sohn, seine Tochter wurde die Mutter des gewaltigen Kaisermachers und Kaiserbeherrschers Rikimer. Das Volk wählte *Theoderich (I.)* zum König, der in seiner langen Regierung (a. 419–451) die Macht der Goten nach außen ansehnlich erweiterte und den Staat im Innern festigte.

Seine Aufgebote fochten zwar etwa a. 422 gemäß dem foedus an der Seite der Römer wider die Wandalen in Spanien. Als aber gegen den Nachfolger des Honorius, Valentinian III., in Gallien ein Gegenkaiser auftrat, a. 425, benutzte Theoderich die Gelegenheit, scheinbar für den rechtmäßigen Kaiser und in Erfüllung des foedus, in Wahrheit aber für sich selbst nach der wichtigen Stadt Arles zu greifen. Dieses »gallische Rom« war seit a. 418 als Hauptstadt der sieben gallischen Provinzen anerkannt worden, indem die jährliche Versammlung von geistlichen und weltlichen Großen in die zu Ehren des Constantius Constantina beibenannte Stadt verlegt wurde. Jedoch dieser erste Versuch auf Arles scheiterte. Der Feldherr *Aëtius*, als dessen Waffengenosse gegen die Hunnen der König später fechten und fallen sollte, hatte sich gegen Valentinian erklärt, trat aber nun auf dessen Seite zurück und sühnte seinen Fehler dadurch, daß er die Goten vor Arles überfiel und nachdrücklich schlug; ihr Führer *Aonulf* wurde gefangen; der König traf erst nach der Schlacht ein; Aëtius hatte wohl durchschaut, daß Arles nicht für Valentinian erobert werden sollte. Das Födus wurde jedoch erneuert, wobei auch Rom Geiseln zu stellen sich nicht mehr schämen durfte; a. 427 fochten die Goten wieder für den Kaiser in Spanien. Aber allzu wichtig schien für den König Arles, der Schlüssel des Rhonetals. Als a 429 die Römer durch die Franken ausreichend beschäftigt schienen, streckte er abermals die Hand danach aus; jedoch erschien rechtzeitig Aëtius und wehrte ihn ab. Daher erklärt es sich sehr wohl, daß in dem einige Jahre später zwischen diesem und Bonifazius ausbrechenden Bürgerkrieg um die leitende Stellung im Westreich, die Goten gegen Aëtius Partei ergriffen. Denn er war es, der mächtig den Schild über die römische Herrschaft in Gallien hielt. Seine Gemahlin war zwar eine gotische Fürstentochter, doch gehörte sie wohl nicht dem Geschlecht des Theoderich an, eher dem der Balten, da Aëtius als Knabe im Lager des Alarich vergeiselt, von diesem »wie ein Sohn« gehalten worden war. Gemäß dem Födus fochten dann gotische Hilfstruppen unter Bonifazius gegen die Wandalen in Afrika (a. 436). Im folgenden Jahr verbanden sich die beiden römischen Feldherren in Gallien, Aëtius und *Litorius*, zu kräftigem Zusammenwirken gegen das treulose Gotenvolk, dessen immer wiederholte Ausbreitungsversuche – ebenso viele Vertragsbrüche – die Römer allerdings erbittern mußten. Theoderich wurde abgewiesen, als er Narbonne, das schon Ataulfs Besitztum gewesen war und als der Schlüssel Spaniens galt, gewinnen wollte. Und nun zogen Litorius von Süden, Aëtius von Norden her in das gotische Gebiet; letzterer benutzte seine Beziehungen zu hunnischen Häuptlingen, Söldner dieses grausigen Volkes gegen die Germanen zu verwerten.

Gleichzeitig umschloß Litorius den König in Toulouse, verwarf die gotischen Friedensanträge und hoffte siegesgewiß, – die Lorbeeren des Aëtius ließen den Eifersüchtigen nicht schlafen, – den Barbarenkönig in dessen bezwungener Hauptstadt zum Gefangenen, vieleicht dem Gotenreich ein Ende zu machen. Aber ein verzweifelter Ausfall der hart Bedrängten verjagte die Belagerer und führte Litorius gefangen nach Toulouse.

Jetzt verwarf Theoderich seinerseits alle Friedensanträge und glaubte ohne Widerstand sein Reich bis an die Rhone ausdehnen zu können. Nur mit Mühe soll damals *Avitus*, Präfekt von Gallien, dem König von früher her befreundet, die Wiederherstellung des Födus durch briefliche Vermittlung erreicht haben. Demgemäß fochten a. 446 gotische Truppen wieder unter den Römern gegen die Sueben in Spanien. Bald darauf aber verband sich Theoderich mit eben diesen Sueben. Ihr König *Rekiar* hatte die Macht seines Volkes kräftig gehoben, nun gab ihm der Gotenkönig die Tochter zur Ehe und empfing a. 449 den Besuch des Eidams zu Toulouse, dem sogar, als er den Römern Saragossa und Illerda entriß, gotische Hilfstruppen nicht fehlten. Der Versuch Theoderichs, durch Vermählung seiner zweiten Tochter mit dem Sohn *Geiserichs* in Carthago sich auch mit den Wandalen zu befreunden, schlug freilich durch die grausame Bestrafung der Fürstin für ein wohl nicht begangenes Verbrechen in das Gegenteil um. Vielmehr sah sich der Gotenkönig alsbald durch eine furchtbare Bedrohung wieder auf die engste Verbindung mit Rom und Aëtius hingewiesen: nämlich durch den alle christliche und römische Bildung wie alle germanischen Völker des Westens bedrohenden Angriff *Attilas*.

Bei den so häufigen Verletzungen des römisch-gotischen Födus konnte Attila nicht ohne Grund hoffen, die Westgoten auf seine Seite zu ziehen; folgten doch deren nächste Stammesvettern, die Ostgoten, seinen Fahnen. Aber diese Versuche scheiterten. Westgoten und Römer mußten doch wohl die Gemeinsamkeit der sie bedrohenden Gefahr erkennen. Gewiß war auch der gemeinsame Christenglaube, unerachtet des Gegensatzes von Katholizismus und Arianismus, ein mächtiges Bindeglied.

Nachdem der gemeinsame Widerstand gegen die Hunnen beschlossen war, kostete es dem überlegenen Feldherrngeist des Aëtius doch noch große Mühe, die Goten auch zu gemeinschaftlichem Auftreten im Felde zu bestimmen. Theoderich hatte lange Zeit das ganze römische Gallien den mongolischen Reiterschwärmen preisgeben oder nur von den Römern verteidigen lassen wollen. Erst an der Garonne wollte er die Hunnen – eben von dem *gotischen* Gallien – abwehren. Endlich gelang es, durch Hilfe einflußreicher Römer den König zu bewegen, diesen törichten Plan der Kräftezersplitterung aufzugeben und mit den Römern und deren übrigen Verbündeten den Hunnen nach Nordost entgegenzuziehen. Diese anderen Verbündeten der Römer waren, freilich fast gezwungen, die *Alanen*, ferner die aus früheren Kämpfen mit den Hunnen geretteten Reste der *Burgunder*; sodann *sächsische* Stämme vom Niederrhein, die *Uferfranken* vom Mittelrhein – andere Franken fochten gezwungen auf hunnischer Seite – endlich außer anderen *germanischen* und *keltischen* Völkerschaften (zum Beispiel den *Aremoricani* in der Bretagne) auch die Bergvölker der *rätischen* Alpen (zum Beispiel *Breonen* vom Brenner) und slavische »sarmatische« Söldner. Attila wälzte unter der Oberhoheit seiner Hunnen ebenfalls »Sarmaten« heran, aber auch in großer Zahl unterworfene *germanische*, besonders *gotische* Völker, so die *Ostgoten* und *Gepiden*, die *Rugier* und die *Skiren*, gewiß auch *suebische* Stämme, endlich die vielleicht erst auf diesem Zug unterworfenen *Thüringer* und die rechtsrheinischen *Franken*. Die Angreifer waren (auf dem vermutlichen Weg: Koblenz, Trier, Metz, Oulchy an der Aisne, Troyes und Orléans) bis an die Loire vorgedrungen, wichen aber nun aus dem vorübergehend besetzten Orléans vor den anrückenden Verteidigern wieder zurück bis an die Seine und Marne, wo auf den katalaunischen (richtiger mauriacensischen) Feldern, fünf Milien von Troyes, Anfang Juli die Entscheidungsschlacht geschlagen wurde. Die römische Feldherrnkunst des Aëtius und das germanische Heldentum der Westgoten retteten die römische und christliche Kultur und die germanische Zukunft Europas. Als der greise König Theoderich, wie er die Seinen zum Angriff führte, im Vorderkampf des Reitergefechts gefallen war, warfen sich die Seinen mit dem ganzen Zorn der Rache auf den Feind. Endlich wurde Attila genötigt, das offene Schlachtfeld zu räumen. Er warf sich »wie ein wunder Löwe« mit dem Rest seiner Völker in die feste Wagenburg. Vor seinen Augen vollzogen die Goten unter den Totenliedern ihres Volkes die feierliche Bestattung des gefallenen Königs, zu dessen Nachfolger sie sofort auf dem Schlachtfeld seinen Erstgeborenen *Thorismund* (a. 451–453) ausgerufen hatten.

Aëtius bewog diesen jungen Helden, von der Vernichtung Attilas abzustehen und nach Toulouse zurückzueilen, um seinen dort zurückgebliebenen fünf Brüdern in etwaigen Griffen nach der Krone zuvorzukommen. Als Beweggrund des römischen Staatsmanns wird angegeben, er habe allzu gefährliches Anwachsen der Gotenmacht durch völlige Beseitigung des hunnischen Gegengewichts besorgt. Jedoch ist unverkennbar, daß die Eroberung der hunnischen Wagenburg, wenn überhaupt, nur mit den furchtbarsten Opfern zu erzwingen gewesen wäre. Die Abwehr des Angriffs auf Gallien war gelungen und mochte genügen.

Die Besorgnis Thorismunds vor den Brüdern war nicht unbegründet, wenigstens wurde er schon zwei Jahre danach auf Anstiften seiner Brüder *Theoderich* und *Friederich* ermordet. Die Beweggründe oder doch Vorwände waren wohl, daß er sowohl das römische Födus als die noch behaupteten Reste der Volksfreiheit verletzt hatte. Er war mit Aëtius über Teilung der großen hunnischen Beute in Streit geraten und hatte dabei, abermals vergeblich, wie sein Vater, einen Angriff auf Arles gemacht. Ja er wollte im Kampf gegen Rom noch weitergehen, den Widerspruch einer römischen Partei im Volk mit schroffer Härte brechend. Da verbanden sich die Brüder und die übrigen Goten, die auf dem Schlachtfeld zu Châlons nicht mitgewählt hatten und sich also bei der Unbestimmtheit germanischen Thronfolgerechts nicht als verpflichtet ansehen mochten, mit den römisch Gesinnten zum Verderben Thorismunds. Ein Diener wartet den Augenblick ab, da der eine Arm des Königs durch Aderlaß kampfunfähig ist, entfernt die Waffen aus dem Gemach, stürzt, Gefahr meldend, scheinbar in Treue besorgt, herein, führt aber in Wahrheit selbst die Verschworenen über die Schwelle. Der König erschlägt in Ermangelung des Schwertes mit dem Schemel mehrere Angreifer, bis er nach tapferer Gegenwehr fällt (eine ähnliche Ausschmückung wie bei der Ermordung des Langobarden *Alboin*). Sein Nachfolger *Theoderich II.* (a. 453–466) mußte dem Teilnehmer an der Tat, seinem Bruder *Friederich*, die nächste Stellung am Thron als Feldherr einräumen. Entsprechend seiner römerfreundlichen Gesinnung ließ er a. 454 durch diesen Bruder in Spanien die gegen die Römer empörten Bauern unterwerfen. Der Präfekt von Gallien, Avitus, bemühte sich, diese Römerfreundlichkeit des gotischen Machthabers in Bestand und Eifer zu erhalten: er hielt, von Theoderich und Friederich begleitet, feierlichen Einzug in Toulouse.

Als hier die Nachricht von den Wirren in Rom – der Ermordung des Kaisers *Maximus* und der Einnahme der Stadt durch die Wandalen – eintraf, wiederholten die Gotenfürsten die Versuche von Alarich und Ataulf: sie setzten den ihnen befreundeten *Avitus* auf den Kaiserthron, wobei übrigens die Stimmung von Volk, Heer und Adel in Gallien mächtig mitwirkte. Je mehr die zusammenhaltende Kraft in Rom erlahmte, je weniger die von Wirren aller Art erschütterte Hauptstadt die Provinzen leiten und schützen konnte, desto dringender wurde gerade für Gallien der Antrieb, gelöst von Rom, für sich selbst zu sorgen, wie dies schon im dritten Jahrhundert, ja bereits in den Tagen von Vitellius und Vespasian geschehen war. Gemäß dem erneuten Födus bekämpften nun die Goten die Sueben in Spanien wegen ihrer Plünderungen in römischem Gebiet. Nach einem Sieg bei Asturica (Astorga) am 5. Oktober zog Theoderich in der suebischen Hauptstadt Bracara ein (28. Oktober) und setzte an Stelle des gefangenen und hingerichteten Königs Rekiar – seines Schwagers – einen von ihm abhängigen Fürsten aus dem Volk der Warnen ein. Theoderich wurde aber aus Spanien nach Hause gerufen durch die Nachricht, daß der von ihm erhobene Kaiser Avitus in Italien abgesetzt worden sei. Der König wollte zunächst dessen Nachfolger *Majorian* nicht anerkennen, führte den Krieg in Spanien nunmehr im eigenen Interesse fort und machte, wie sein Vater und sein Bruder, abermals einen vergeblichen Griff auf Arles (a. 459). Nach einer Niederlage durch *Ägidius*, der jetzt als Nachfolger des Aëtius die Verteidigung Galliens leitete, mußte der König das Bündnis mit Majorian erneuern. Abermals fochten gotische Scharen mit den Römern zusammen in Spanien gegen die Sueben (Juni a. 461). Als aber (7. August a. 461) an Stelle des von seinem allmächtigen Minister *Rikimer* ermordeten Majorian *Severus* Kaiser geworden, wollte Ägidius diesen nicht anerkennen. Während er einen Angriff gegen Rikimer vorbereitete, verrieten Parteigänger des Severus aus persönlichem Haß die wichtige Stadt Narbonne an die Goten. Um diesen

Preis ward Theoderichs Parteinahme für Severus gewonnen. Ägidius mußte bis über die Loire nach Nordosten zurückweichen, hier aber, bei Orléans, wandte er sich plötzlich, griff die ungestüm nachdrängenden Goten überraschend an und schlug sie so kräftig aufs Haupt – ihr Feldherr Friederich fiel – daß er, alsbald durch fränkische und alanische Scharen verstärkt, wieder die »viel umstrittene Loire« angreifend überschreiten konnte.

Nach dieses bedeutenden Feindes plötzlichem Tod (a. 463) konnte Theoderich sofort wieder wie gegen die Sueben in Spanien so gegen die Römer an der Loire mit mehr Erfolg auftreten: da »büßte er, wie er gefrevelt«, das heißt er wurde von einem Bruder ermordet (zu Toulouse: Anfang a. 466).

Dieser Bruder, *Eurich* (a. 466–485), ebenso gewaltig als Krieger wie verschlagen, schlau und zäh als Staatsmann, schuf seinem Volk die glänzendste Machtstellung, die es überhaupt erreichen sollte. Mehr, als seine Vorgänger angestrebt, erlangte er an Landbesitz in Gallien und Spanien. Er beseitigte auch den Schein römischer Oberhoheit, der in dem Födus seinen Ausdruck gefunden hatte. Diese Erfolge sind zum Teil seiner ganz hervorragenden Persönlichkeit, zum Teil aber auch der nun rasch sinkenden Widerstandskraft Roms zuzuschreiben; treffend drückt dies das Wort des Jordanis aus: »Eurich sah den häufigen Wechsel der römischen Kaiser und das Schwanken des Reichs, da beschloß er, Gallien sich zu eigenem Recht zu unterwerfen.« Zunächst suchte er freilich Verbindung mit Byzanz. Als aber diese Verhandlungen scheiterten und der oströmische Kaiser *Leo* mit dem weströmischen *Anthemius* zu einem Angriff auf das Wandalenreich rüsteten, verbündeten sich Eurich und *Geiserich*. Für die Zerrüttung in Gallien ist es bezeichnend, daß sogar der römische Präfekt *Arvandus* mit dem Gotenkönig über Pläne verhandelte, die der Reichsregierung höchst gefährlich waren. Freilich kann man es den verzweifelnden Provinzialen kaum verdenken, daß sie, in Ermangelung römischer Hilfe, zu jedem Mittel der Selbsterhaltung, auch zum Anschluß an die Barbaren, griffen. In den nächsten Jahren (a. 466–474), wurde ein beträchtlicher Teil der damals besprochenen Pläne verwirklicht. Eurich brach mit Byzanz, griff die Anhänger des Anthemius auf beiden Seiten der Pyrenäen an, entriß den Sueben Merida und Lissabon, den Römern Tarraco, Sevilla und Coïmbria, schlug die keltischen Bundesgenossen der Römer in Aremorica, die Bretonen, an der bisherigen Nordgrenze der Goten bei Déols an der Indre und nahm ihnen die Stadt Bourges, zog auch die Burgunder von dem Födus mit Rom ab und erweiterte das gotische Gebiet in Gallien schon damals sehr beträchtlich.

Nur eine höchst wichtige Landschaft, das waldige Hochland der Auvergne, mit ihrer tapferen Bergbevölkerung und ihrer festen Hauptstadt Clermont-Ferrand, die sich wie eine Insel aus dem grünen Becken der Limagne (Niederauvergne) hebt, stand diesen Fortschritten noch sehr unbequem im Wege, trennte sie doch wie ein Keil, wie ein vorspringender Winkel sperrend die nördliche von der südlichen Hälfte des gotischen Gebiets. Das Wachstum gotischer Volkskraft, dessen steigendes Verlangen nach Ausbreitung über ein weiteres Gebiet offenbar dem ununterbrochenen Drängen all dieser Könige als treibende Kraft zugrunde lag – denn nicht lediglich auf Kriegslust der Fürsten sind diese opferreichen Bewegungen zurückzuführen –, wurde durch jenes lästige Hemmnis scharf eingeschnürt. In den nächsten Jahren wurde die Hauptarbeit des Königs der diplomatische und der Waffenkampf um dieses Land. Es werden uns der Angriff und der Widerstand von einer der mithandelnden Persönlichkeiten in zahlreichen

Briefen geschildert, von *Apollinaris Sidonius*, dem Bischof (seit a. 471/472) der Hauptstadt Clermont. Er war der Eidam des Kaisers Avitus und so der Schwager von dessen Sohn *Ecdicius*, der die kriegerische Verteidigung gegen die Goten nicht nur leitete, sondern zum guten Teil auch aus eigenen Mitteln ins Werk setzte. Man kann den Bischof von Clermont füglich den ersten »französischen« Schriftsteller nennen. In der gleichen Art von Briefwechsel und Erinnerungen, in der die Franzosen später so Glänzendes leisteten, bewährt er eine lebhafte Beweglichkeit des Geistes, eine Freude am anmutigen Ausdruck, die man als echt »französisch« bezeichnen könnte, wenn man für jene Zeit schon von Franzosen sprechen dürfte. Durch seinen Briefwechsel brausen alle Stürme der Zeit und der Nachbarschaft. Mit allen bösen Königen des alten Bundes vergleicht er den Gotenfürsten, und er kann sich über dessen Erfolge auf Erden nur mit seiner sicheren Verdammnis im Jenseits einigermaßen trösten. Ein mächtiger Grund dieses Hasses war allerdings der Zorn gegen die arianische Ketzerei – Eurich heißt, meint er, noch richtiger König seiner Sekte als König der Goten–, aber bei dem sehr weltlichen Bischof war auch der Haß gegen die »Barbaren« äußerst lebhaft; sogar die Burgunderfürsten, seine unentbehrlichen Beschützer gegen die Goten, schilt er »Tyrannen«.

Der König trachtete mit allen Mitteln seiner zugleich leidenschaftlichen und zähen, ungestümen und schlauen Persönlichkeit nach dem für die Entwicklung seines Staates unerläßlichen Erwerb. Seine wiederholten Angriffe trafen das Flachland der Auvergne und die eroberten Städte auch anderer Gegenden mit solchen Verheerungen, daß Hungersnot nicht selten war. In den verödeten Straßen von Vienne liefen die Hirsche umher. Aber das feste Clermont konnte nicht bezwungen werden; es bewährt sich hier wie so häufig in diesem Jahrhundert, daß, nachdem die Reichsregierung zu Ravenna die Verteidigung der Außenprovinzen, Gallien, Spanien, Noricum gar nicht mehr oder nur noch sehr mangelhaft zu führen vermochte, weil Offiziere, Beamte, Geld, Truppen fehlten oder in Italien gebraucht wurden oder nicht über die Alpen oder Pyrenäen zu gelangen vermochten, diese Provinzen sich selbst gegen die Barbaren zu schützen mit löblichem Mut versuchten und mit dauerndem Erfolg vermochten. Es war der Provinzialadel, der im Bunde mit dem sehr eng verwandten Episkopat diese Verteidigung aus eigenen Mitteln, durch Bewaffnung seiner Freigelassenen, Klienten, Kolonen, Sklaven übernahm und dabei bewies, daß kriegerische und staatliche Tugenden noch keineswegs ausgestorben waren in diesen aus römischem und keltischem Blut gemischten Geschlechtern; dieser Adel hatte allerdings auch die stärksten Gründe, mit der eigenen Freiheit und dem eigenen Reichtum die bisherigen römischen Zustände zu verteidigen, aus denen dieser Stand die größten Vorteile gezogen hatte. Zugleich war dieser Stand der Träger der Bildung, der Überlieferungen und des Stolzes besserer Zeiten. Daraus erklärt es sich, daß, als sogar der viel bedrängte Kaiser *Glycerius* in seiner Ohnmacht Stadt Clermont und Landschaft Auvergne dem Gotenkönig förmlich abgetreten hatte, Ecdicius, ohne sich daran zu kehren, den Widerstand fortsetzte.

Auch der Bischof will lieber alle Schrecken des Kriegs als solchen Frieden tragen; und fast (denn allerdings gab es auch eine gotisch gesinnte Partei) der ganze weltliche Adel war entschlossen, der gotischen Besitzergreifung auf das kräftigste zu widerstreiten, äußerstenfalls aber sich der Rache des Königs durch massenhafte Auswanderung oder Eintritt in den geistlichen Stand zu entziehen. Die »Heimat oder die Haare zu opfern«, meint, auch im Zorn und Schmerz immer noch witzig, der »französische Memoiren«schreiber.

Aber auf die Dauer konnte die von Rom aufgegebene Landschaft sich doch gegen die gotische Übermacht aus eigenen Mitteln nicht behaupten. Auch der Nachfolger des Glycerius, *Julius Nepos*, suchte Frieden mit Eurich, der die ersten beiden Gesandtschaften abwies, trotz ihrer gesteigerten Zugeständnisse, auf Abtretung der Auvergne unerbittlich beharrte und sie dann auch gegenüber der dritten, die *Epiphanius* von Pavia führte, glücklich durchsetzte; Rom hoffte durch dieses Opfer Ruhe vor den Goten an den bereits bedrohten gallisch-italischen Grenzen, den Seealpen, zu erkaufen. Jetzt floh Ecdicius zu den Burgundern, Sidonius wurde in seiner Bischofsstadt, die nun die Tore endlich öffnete, verhaftet und nach Livia bei Narbonne abgeführt, der einflußreiche Minister *Leo* erwirkte jedoch bald seine Freilassung. Nun erschien der Geschmeidige am Hof Eurichs zu Bordeaux und bat um die Erlaubnis der Rückkehr nach Clermont. Aber der König, der aus besten Gründen den Verkehr der katholischen Bischöfe untereinander und mit allen seinen Feinden sehr argwöhnisch betrachtete – er befahl, Reisende und Boten nach verdächtigen Briefschaften zu durchsuchen – ließ ihn lange bitten und harren. Erst nach zwei Monaten wurde er vorgeladen, und viele Briefe und Verse mußte der geistreiche Stilist jetzt in einem dem früheren Schelten und Poltern gerade entgegengesetzten Sinne schreiben – es wurde dem leicht Beweglichen nicht allzu schwer! –, bis er Erhörung fand.

Eurich aber sah kaum sein Ziel in Gallien erreicht – eine vortreffliche Abgrenzung des gotischen Gebiets zwischen Loire, Rhone und beiden Meeren, – als er sofort Gleiches, ja noch Höheres jenseits der Pyrenäen anstrebte und gewann. Dort in Spanien hatten die Goten schon seit Walja den Sueben im »Auftrag des Kaisers«, aber auch den Provinzialen – Truppen standen nur in ganz geringer Zahl in der Halbinsel –, sehr gegen den Willen der wechselnden Kaiser eine beträchtliche Zahl von Städten und Kastellen entrissen. Als nun Kaiser Nepos durch *Romulus Augustulus* verdrängt (28. August a. 474) und bald darauf durch *Odovakar* dem westlichen Reich ein Ende gemacht wurde, benutzte der Gotenkönig die allgemeine Verwirrung, vielleicht unter dem Vorwand, durch den Vertrag mit Nepos dessen Nachfolgern und Feinden nicht verpflichtet zu sein, in Spanien einzudringen (a. 477), Pamplona und Saragossa zu nehmen und die zusammengerafften Haufen, die der Adel der Provinz Tarraco aus eigenen Mitteln in Verteidigung des Landes ihm entgegenführen wollte, rasch zu vernichten. Und nun entrissen die Goten von den gewonnenen festen Stützpunkten aus in raschem Vordringen den Sueben und den Provinzialen die ganze Halbinsel, ausgenommen den nordwestlichen Saum, Galläcien, in dessen Bergen sich die Sueben behaupteten. Schon in den nächsten Jahren erneuerte der Sieger auch seine Angriffe in Gallien, überschritt die Rhone, nahm das von seinen Vorfahren so oft vergeblich bestürmte Arles, dann Marseille (a. 481) und die ganze Provence bis an die Cottischen Alpen; der Beherrscher Italiens, Odovakar, trat ihm nicht entgegen, ja er scheint sogar ausdrücklich diese Erwerbungen der Goten in Gallien anerkannt zu haben. König Eurich schützte kräftig sein weites so zusammengebrachtes Gebiet gegen *sächsische* Seeräuber und gegen die schlimmsten aller Nachbarn, die *Franken*, denen freilich schon sein Sohn erliegen sollte.

Unter diesem König hatte das Westgotenreich den Scheitelpunkt der Kraftentfaltung erreicht. Er war unstreitig der mächtigste Fürst des Abendlandes,

denn das Westreich war erledigt, Ostgoten und Franken kamen noch nicht in Vergleich; an seinem Hofe drängten sich um Gehör Gesandte zahlreicher Völker, nicht nur der germanischen Nachbarn, auch der Römer, und sogar, wegen der gemeinsamen Feindschaft gegen Byzanz, der fernen Perser in Asien.
Der glückliche Eroberer wandte übrigens seine Sorge auch der Pflege des inneren Lebens seines Staates zu. Er zuerst ließ westgotisches Gewohnheitsrecht aufzeichnen. Daß er der römischen Bildung nicht feindlich gegenüberstand, vielmehr deren Überlegenheit zu würdigen wußte, seine römischen Untertanen nicht als Römer bedrückte, geht wohl daraus hervor, daß sein mächtigster Minister, *Leo*, ebenso ein Römer war wie der Statthalter *Victorinus*, dem er die eben erst gewonnene, unsichere Auvergne anvertraute. Der Druck, den er nach des Bischofs von Clermont leidenschaftlichen Anklagen gegen die Römer übte, galt diesen nur, sofern sie zugleich als katholische Eiferer gefährlich waren. Und nicht aus arianischem Glaubenshaß, aus sehr wohl begründetem staatlichen Mißtrauen überwachte und verfolgte er seine katholischen Bischöfe, deren Verrat alsbald den Fall seines Sohnes, den Untergang des tolosanischen Reiches, herbeiführen sollte. Der scharf blickende Herrscher durchschaute diese Gefahr.
Sein Sohn *Alarich II.* (a. 485–507) von *Ragnachild*, einer Königstochter unermittelbaren Stammes, geriet alsbald in Streit mit den *Franken* – dem glänzend begabten Volk, welchem eine Reihe von zusammenwirkenden Gründen die Führerschaft über alle seine germanischen Nachbarn, den Erwerb von ganz Gallien, ja die Erbschaft des westlichen Kaisertums zuwenden sollte. Ihr jugendlicher König *Chlodovech*, der gleichsam vorbildlich alle Vorzüge und alle Frevel seines Volkes in sich vereinte, machte a. 486 dem letzten Überbleibsel der Römerschaft in Gallien ein Ende. Durch seinen Sieg über *Syagrius* bei Soissons gewann er das Land von dieser Stadt bis an die Loire. So waren die Westgoten hier die unmittelbaren Nachbarn der Franken geworden, von denen ein Sprichwort aussagte, sie seien gut als Freunde, schlimm als Nachbarn. Sofort erwies sich, daß es Alarich an Kraft und Selbstvertrauen gegenüber dem Merowinger gebrach. In Fesseln lieferte er Syagrius, der an seinem Hof Zuflucht gesucht, dem Frankenkönig auf dessen Verlangen aus. Einige Zeit gelang es noch der weisen Bemühung *Theoderichs des Großen*, zwischen dem Merowinger, seinem Schwager, und Alarich, seinem Eidam den Frieden zu erhalten, entsprechend jenem Streben der Vermittlung, das der große König von Italien zu eigenem Vorteil und dem aller kleineren Staaten gegenüber der gefährlich um sich greifenden Frankenmacht verfolgte. Aber seitdem Chlodovech das Christentum in dem katholischen Bekenntnis angenommen und dadurch den Frankenkönig zum Vorkämpfer der rechtgläubigen Kirche in ganz Gallien gemacht hatte, fand der brennende Eroberungsdrang des Merowingers einen neuen mächtigen Vorwand und einen entscheidenden Bundesgenossen zugleich in dem »unterdrückten« Katholizismus in den Arianerstaaten. Die Wahl des rechtgläubigen Bekenntnisses war eine Tat von höchster, von weltgeschichtlicher Bedeutung: zunächst war damit den arianischen Germanenkönigen der Boden unter den Füßen, das heißt die Anhänglichkeit ihrer römischen Untertanen entzogen. Der burgundische Bischof *Avitus von Vienne* ruft dem Neubekehrten zu: »*Dein* Glaube ist *unser Sieg*« und *Gregor von Tours* sagt es mit schlichten Worten: »Seitdem wünschten alle mit Sehnsucht und Liebe die Herrschaft der Franken. Viele Leute in allen Teilen Galliens verlangten seither mit heißester Sehnsucht die Franken zu Herren zu gewinnen.« Diese staats-

gefährliche Sehnsucht seiner katholischen Untertanen loderte hier und da schon in offenem Aufstand gegen Alarich auf; umsonst suchte er die Führer der Bewegung, die Bischöfe, unschädlich zu machen, indem er die einflußreichsten, *Cäsarius von Arles*, *Volusian* und *Verus von Tours* absetzte und in andere Städte verwies. *Quintian von Rhodez* entfloh und wurde später von dem Sohn Chlodovechs zum Bischof von Clermont ernannt: »denn um seiner Liebe zu uns willen war er vertrieben worden«; ja, einer dieser Seelenhirten, *Galactorius von Bearn*, war so streitbar, daß er bei Ausbruch des Krieges sich in Waffen an die Spitze seiner aufgebotenen Diözesanen stellte und diese dem Angreifer zuführen wollte, doch wurde er von des Königs Reitern eingeholt, angegriffen und fiel, das Schwert in der Hand. Gegenüber solcher Gesinnung fruchtete der arianischen Regierung auch die oft versuchte Milde nichts. Umsonst suchte der König die Römer zu gewinnen durch eine für sie sehr wohlwollende Aufzeichnung des römischen Rechts. Umsonst behielt er die römischen Minister seines Vaters, zumal Leo, bei; umsonst nahm er das Geschlecht des Bischofs von Clermont, Apollinaris, der so leidenschaftlich der gotischen Eroberung sich widersetzt hatte, in wärmste Gunst; umsonst verstattete er der katholischen Kirche freieste Bewegung – noch ein Jahr vor seinem Untergang ließ er das Konzil zu *Agde* tagen – ja er nahm gütig die von anderen arianischen Germanenkönigen, den Wandalen in Afrika vertriebenen katholischen Priester auf und ließ nicht weniger als sieben katholische Bischofsstühle, die sein strenger Vater hatte verwaist stehen lassen, wieder besetzen –: die »Befreiung« durch die katholischen Franken blieb der heißeste Wunsch seiner römischen Untertanen.

Als Chlodovech im Jahre 500 den Burgundenkönig *Gundebad* angriff, verriet Alarich zwar seine Neigung, diesem beizuspringen und reizte dadurch den Merowinger noch mehr, alsbald die Westgoten anzugreifen, aber er fand nicht den Mut der Tat. Gundebad erlag; und als nun wenige Jahre darauf die Reihe des fränkischen Angriffs die Goten traf, fochten die Burgunder, bei denen einstweilen der Katholizismus starke Fortschritte gemacht hatte, auf seiten Chlodovechs. Dieser erklärte a. 507 den Goten den Krieg, wie es scheint, ohne auch nur sich die Mühe eines Vorwandes zu machen, als einen wahren Kreuzzug des Katholizismus: »Sehr schwer liegt es mir auf der Seele,« sprach er zu seinen Franken, »daß diese Arianer ein Stück von Gallien innehaben. Gehen wir mit Hilfe Gottes, schlagen wir sie und nehmen wir ihnen das Land ab.« Solche Aufforderung zu Krieg und Frömmigkeit zugleich ließen sich schon damals die tapferen Ahnen der tapferen Franzosen nicht zweimal sagen. Eifrig folgten sie ihrem vom Kriegsglück begünstigten König zu einem Unternehmen, das Ruhm, Beute und außerdem der Heiligen Wohlgefallen und Segen verhieß. Auch in dem Führer Chlodovech mischten sich, wie der kindlich-offene Bericht Gregors von Tours erkennen läßt, Kriegslust und Frömmigkeit, Schlauheit und Begeisterung in seltsamer Weise. Rasch, wie seine und seines Volkes Art war, traf er auch diesmal sein Opfer. Alarich, obzwar er diesen Angriff längst voraussehen mußte, war mangelhaft vorbereitet; er schaffte sich Geld durch Münzverschlechterung, durch Zwangsanleihen nötigte er auch die widerwilligen Römer zum Kriegsdienst. Gleich von Anfang an mußte er alles Land bis Poitiers preisgeben. Dem Doppelangriff der Franken, die vom Norden her über die Loire, und der Burgunder, die von Osten her durch die Auvergne den Goten in die rechte Flanke vordrangen, war Alarich auch den Streitkräften nach nicht gewachsen. Tiefer

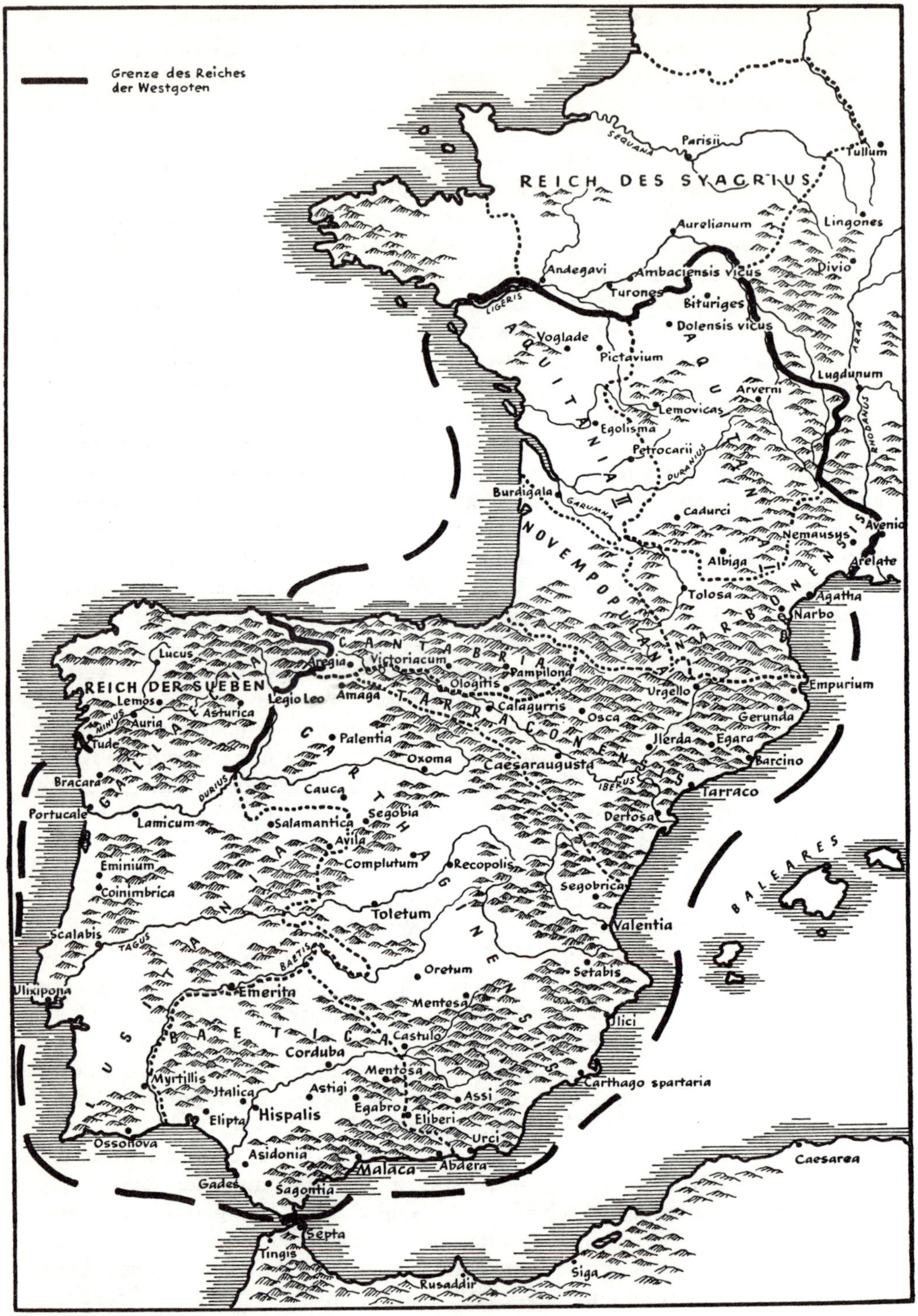

Das Reich der Westgoten

im Innern seines Reiches wollte er desto früher die Verstärkung durch die erwarteten ostgotischen Hilfstruppen heranziehen. Inzwischen aber wirkte die religiöse Färbung, die Chlodovech mit lärmender Absichtlichkeit seinem Unternehmen zu geben verstand; er gelobte den Apostelfürsten für den Fall seines Sieges eine Kirche; er schickte an das Grab des heiligen Martin zu Tours, das damalige Orakel des christlichen Westens, um von dieser geweihten Stätte ein Zeichen des Ausgangs des Krieges zu erlangen; seine Boten wurden gemahnt, auf den Sinn des Psalms zu achten, der bei ihrem Besuch in der Kirche werde gesungen werden, und siehe: es war Psalm 17, 39–40, 18, 40–41: »Du hast mich gerüstet mit Stärke zum Streit und wirst unter mich werfen, die sich wider mich setzen: du gibst mir meine Feinde in die Flucht, daß ich meine Hasser verstöre.«
Solcher Verheißung sich würdig zu zeigen, befahl Chlodovech aufs strengste, alle Kirchen und Geistlichen und Angehörigen der Kirchen und deren Schützlinge, Jungfrauen und Witwen, zu schonen. Die Belohnung blieb nicht aus. Durch die angeschwollene Vienne zeigt eine von den Heiligen gesendete Hindin dem frommen König die Furt, und auf dem Marsch gegen Poitiers leuchtete den Franken eine Feuersäule auf der bischöflichen Kathedrale, der Kirche des heiligen Hilarius, wegweisend und bewillkommend entgegen.
Die Goten aber wollten nicht länger untätig die reißenden Fortschritte der Franken und die Verheerung ihres Landes mit ansehen. Sie drängten ihren König gegen bessere Einsicht, wie seine feste Stellung, so seinen sicheren Plan aufzugeben, die Entscheidung erst nach dem Eintreffen von Theoderichs Hilfsheer zu suchen. Er zog dem Feind entgegen und verlor Sieg und Leben auf den »vocladischen Feldern« (am Flüßchen Clain, zwei Meilen nordwestlich von Poitiers). Folgerichtig faßte man die Schlacht als »ein Gottesurteil und den Untergang Alarichs als Strafe seines Ketzerglaubens« auf.

Das Reich von Toledo

Die arianische Zeit (507—587)

Der Königsschatz der Westgoten in Carcassonne — »Dietrich von Bern besiegt Sigfrid von Niederland« — Ostgotenkönig Theoderich d. Gr. schützt die Westgoten in Gallien vor den Franken — Ständiger Königsmord schwächt das Reich der Westgoten — Brunichildis, »die neue Perle, die Spanien gebar« — Gaileswintha, die Tochter Athanagilds — Leovigild regiert durch Klugheit und Milde — Das Land der Sueben im Nordwesten Spaniens

Diese eine Schlacht entriß den Westgoten den weitaus größten Teil ihres Besitzes in Gallien für immer, ja ohne die spät eintreffende Hilfe der Ostgoten hätten die Franken damals schon das ganze Land bis an die Pyrenäen gewonnen. Der Widerstand der Geschlagenen wurde erschwert durch zahlreiche zusammenwirkende Umstände, vor allem durch den Übertritt der Katholiken in fast allen Städten und Landschaften. In Poitiers, Saintes, Bourges, Bazas, Eauze, Lectoure öffneten Bischöfe, Priester, Laien die Tore, nur das Bergland der Auvergne, deren tapfere Männer, geführt von dem Sohn des Apollinaris Sidonius, in der Schlacht Treue und Ehre der Katholiken auf das rühmlichste gewahrt hatten, mußte mit Gewalt von Franken und Burgundern zur Unterwerfung gebracht werden; gleichzeitig gewann Chlodovech, mit dem Hauptheer Aquitanien und Perigord durchziehend, alles Land bis an die Garonne und die wichtigste Stadt jener Gegenden, Bordeaux. Einstweilen beschäftigte Streit um die schwer gefährdete Krone die gotischen Kräfte. Der echte Erbe Alarichs, der Enkel Theoderichs des Großen, *Amalarich* (a. 507–531), war ein fünfjähriges Kind. Da geschah denn, was in Ermangelung fester Thronfolgeordnung der germanischen Königsgeschlechter in solchen Fällen gar oft vorkam: ein waffenreifer, obzwar unechter Sohn des letzten Königs, *Gesalich*, griff nach der Krone und fand Anhang, der hinreichte, wenigstens das Reich auf die Dauer schwer zu verwirren, wenn auch nicht das Reich zu retten oder auf die Dauer zu behaupten. Während Amalarich von seinen Getreuen vor den Franken und vor seinem Stiefbruder über die Pyrenäen geflüchtet war, ließ sich dieser zu Narbonne krönen. Der reiche Königsschatz wurde aus der Hauptstadt Toulouse zum großen Teil, darunter der Sage nach die Kleinodien König Salomos, die Titus aus Jerusalem nach Rom gebracht, wo sie Alarich I. erbeutet haben sollte, in das feste Carcassonne geschafft, um dessen steilen Fels die tiefe Aude schäumend zieht. Zwei Belagerungen trotzte die Festung. Im folgenden Jahr, a. 508, öffnete Bischof *Heraclian* den Franken die Tore der Hauptstadt Toulouse. Bald darauf wiederholte sich bei Angoulême das Wunder von Jericho, das heißt bei dem Anblick des frommen Merowingers stürzten die Wälle – von innen nach außen – zusammen.

Da nun Gesalich nichts gegen die Angreifer ausrichtete, vielmehr nach starken Verlusten nach Spanien floh und in Barcelona sich einschloß, gewannen Chlodovechs tüchtigster Sohn, *Theuderich*, und *Gundebad* der Burgunde noch a. 508 die Städte an Loire und Rhone, sogar die zweite Stadt nach Toulouse, Narbonne, und bedrängten auf das gefährlichste Arles, im Juni a. 508–509, wo der Kampf

zumal um die Rhonebrücke zwischen der Oststadt und der Weststadt tobte, während Chlodovech noch einmal die Schatzburg Carcassonne angriff.
Da erschienen endlich die lang ersehnten ostgotischen Truppen in Gallien – der drohende Angriff byzantinischer Schiffe hatte sie im Jahre 507/508 in Italien festgehalten. Vermutlich war der Kaiser nicht ohne Einverständnis mit Franken und Burgundern gerade damals feindlich aufgetreten – und sofort hemmten sie und warfen bald darauf die bisherige reißende Flut der fränkischen Siege zurück. Wir sahen bereits, daß dieser Feldzug der einzige größere Krieg war, zu dem der friedfertige »Dietrich von Bern« sich entschloß. Er konnte ihn nicht vermeiden, sollte, abgesehen von seines Enkels Thron und Rettung, Gallien nicht ganz den Franken zufallen.
Der kluge König hatte zum Oberfeldherrn nicht einen Arianer, sondern einen eifrigen *Katholiken*, den tapferen Herzog *Ibba*, gewählt. Dadurch war vermieden, daß die Provinzialien Galliens einen Feind ihres Glaubens in ihm fürchteten. Auch Ibba sorgte mit frommem Eifer für die katholischen Kirchen. Der bisherige Vorteil Chlodovechs war dadurch aufgewogen und ohne Frage galt Theoderichs Herrschaft mit Recht als die mildeste aller germanischen Regierungen über Römer. Ibba trat gegen die Provinzialen mit großer Schonung und Güte auf – nur die Stadt Arausio (Orange) wurde, wohl wegen Verrates, bestraft – und mit starker erfolggekrönter Kraft gegen Franken und Burgunder. Er warf vorerst Lebensmittel und Truppen in das tapfer verteidigte Arles, brachte Carcassonne Entsatz, schlug Franken und Burgunder aus der Provence und dem Gebiet des wieder eroberten Narbonne hinaus, griff dann den Usurpator Gesalich in Spanien an, schlug ihn bei Barcelona (a. 510), vertrieb ihn nach Afrika und tötete ihn bei versuchter Wiederkehr (a. 511), während andere ostgotische Feldherren endlich die Feinde zwangen, die Einschließung von Arles völlig aufzuheben.
Nach solchen Erfolgen der Ostgoten gaben die Franken den weiteren Kampf auf. Mit Grund hat die Sage Herrn *Sigfrid von Niederland* nur durch den spät und zögernd zum Schwert greifenden *Dietrich von Bern* besiegen lassen. Von Niederland kam die jugendlich aufstrebende Macht der Franken, und siegreich über alle Feinde erlag sie nur Theoderich dem Großen. Dieser, obzwar sonst nicht geneigt, sein italisches Reich zu vergrößern, behielt doch einen großen Teil des eroberten Landes für sich, den Rest der westgotischen Besitzungen in Gallien nahm er wie Spanien für seinen waffenunreifen Enkel Amalarich in vormundschaftliche Verwaltung. Es ist nicht leicht abzugrenzen, welche Stücke von Südgallien damals den vier Völkern verblieben oder zukamen. Weite Gebiete beließ Theoderich den Franken: Aquitanien, die Auvergne, alles Land nördlich der Garonne, südlich derselben Toulouse, die Gascogne und Guyenne. Noch im achten Jahrhundert bezeugen hier gotische Namen wie Alarich, Amalarius die Fortdauer gotischer (freilich wohl meist westgotischer) Bevölkerung. Auch als der Tod Chlodovechs (November a. 511) die Widerstandkraft der Franken vorübergehend lähmte, benutzte dies Theoderich nur zu einer leisen Verbesserung seiner Grenze, indem er Rhodez und Rovergue besetzte und die Linie der Durance befestigte, die als die für die Verteidigung wichtigste Grenze erscheint. Ostgotisch waren, wie die Unterschriften der Bischöfe auf den ostgotischen Synoden dartun, noch nach Theoderichs Tod die Städte Cavaillon, Apt, Orange, Carpentras, Gap, Embrun. Hauptstadt des westgotischen Landrestes in Gallien wurde nun Narbonne.

Auch nachdem Amalarich waffenfähig geworden war, – seit a. 522 heißt er rex und zählt dies als sein erstes Regierungsjahr – führte Theoderich die vormundschaftliche Regierung des ganzen Westgotenreiches fort, offenbar weil er gegen die fränkischen Gefahren selbst den Schild über Gallien halten wollte. Als seinen Statthalter hatte er den Ostgoten *Theudis* nach Spanien geschickt, auch Steuern bezog er aus dem Westgotenreich, wie er über das Heer dieses Volkes die Kriegshoheit übte. Seitdem jedoch Theudis eine der reichsten Erbtöchter des römischen Adels der Halbinsel geheiratet und dadurch Verfügung über weiten Grundbesitz und zahlreiche Kolonien und Schutzhörige erlangt hatte, umgab er sich mit einer Leibwache und nahm tatsächlich die Herrschaft über Spanien in die eigene Hand. Vergeblich lud ihn der König mit den höchsten Ehren nach Ravenna. Theudis ging nicht in die Falle; jedoch erkannte er der Form nach Theoderichs Herrschaft an und entrichtete die Steuern regelmäßig. Als Theoderich starb (a. 526), wagte Theudis nicht, den jetzt vierundzwanzigjährigen Erben auszuschließen. *Amalarich* (a. 522 bzw. 526–531) übte ungehindert die Regierung. Er war in Narbonne, wohl unter ostgotischer Aufsicht und Beschirmung, erzogen worden. Nun fand zwischen beiden jungen Vettern Amalarich von Spanien und *Athalarich* von Italien eine Auseinandersetzung statt. Letzterer oder vielmehr für ihn seine Mutter, die Regentin *Amalaswintha* erkannte die Selbständigkeit des Westgotenreiches an, gab den von Carcassonne nach Ravenna geflüchteten Königsschatz heraus und verzichtete auf die bisher in Amalarichs Reich erhobenen Steuern. Jedoch traten damals die Westgoten das Land zwischen der Rhone und den Seealpen – ungefähr die alte römische »Provincia« – an die Ostgoten ab, so daß jener Strom nun die Grenze der beiden Gotenvölker in Gallien wurde. Mischehen waren in den siebzehn Jahren von Theoderichs Verwaltung häufig in diesen Gegenden geschlossen worden zwischen ostgotischen Männern und westgotischen Frauen und umgekehrt. Jetzt, bei der neuen Abgrenzung, erhielt der Ehemann in solchen Fällen das Wahlrecht, an dem Wohnort seiner Frau und damit unter Herrschaft *ihres* Landesherrn zu bleiben oder sie in das Land und unter die Staatsgewalt *seines* Königs mitzunehmen. Wahrscheinlich hatte noch Theoderich selbst für den Fall seines Todes diese sorgfältig gedachten Anordnungen getroffen. Des mächtigen ostgotischen Schildes beraubt suchte Amalarich sich mit den bösen Nachbarn, den Merowingern, möglichst freundschaftlich zu stellen. Er vermählte sich mit *Chrotichildis*, der Tochter Chlodovechs, des Verderbers seines Vaters. Aber der ebenso staatlich wie sittlich verwerfliche Glaubenshaß ließ auch diese Verbindung statt zur Stütze zum Verderben des Königs ausschlagen.

Anfangs zwar gestattete er der katholischen Kirche ziemlich freie Bewegung – er ließ a. 527 das zweite Konzil zu Toledo zusammentreten –, aber bald begann er mit roher Gewalt der eifrig katholischen Merowingertochter seinen Glauben aufzwingen zu wollen. Ein Tuch, befleckt mit ihrem unter des Gatten Schlägen vergossenen Blut, sollte ihren Bruder *Childibert I.* zu Paris mit stummer Beredsamkeit mahnen, die Schwester zu schützen und zu rächen. Eilfertig zog der Franke, dem der fromme Einsiedler *Eusicius* Sieg geweissagt hatte, heran und schlug bei Narbonne Amalarich, der in dieser erstürmten Stadt, bevor er die Zuflucht einer katholischen Kirche erreicht, oder nach anderem Bericht in Barcelona durch sein meuterndes Heer den Tod fand. Mit reicher Beute, unter der sich vielleicht der »silberne Codex«, Wulfilas Bibelübersetzung befand, (mit anderen Beutestücken an fränkische Klöster verschenkt – im sechzehnten Jahrhundert liegt er im Kloster Werden in Westfalen) und der befreiten Schwester, die aber auf dem Rückweg starb, kehrte Childibert nach Hause. Grenzveränderungen traten damals nicht ein: auch Narbonne wurde nicht behauptet. Nun schwang sich *Theudis* (a. 531—548) auf den vielleicht nicht ohne seine Mitwirkung bei jener Meuterei erledigten Thron. Da seine »Hausmacht« in Spanien lag, überließ er das gallische Gebiet (»Septimania«, Gallia Gotica) einem zu Narbonne sitzenden Statthalter; er selbst weilte meist in Barcelona, um den Pyrenäenpässen und der von daher stets drohenden fränkischen Gefahr nahe zu sein. Denn unablässig trachteten die Nachkommen Chlodovechs, das Werk ihres Ahnherrn zu vollenden und Frankreich seine »natürliche Westgrenze«, die Pyrenäen, zu gewinnen. Anno 533/534 griffen sie wieder an, eine Kriegsursache wird uns nicht angegeben. Den Franken genügte die Nachbarschaft als Kriegsgrund und die »Ketzerei« der Nachbarn heiligte den Kampf. Sie eroberten ein Stück Landes bei Beziers und sicherten dessen Besitz durch Austreibung der angesiedelten Goten. 542 drangen Childibert I. und *Chlotachar II.* durch die Pyrenäen, eroberten Pamplona und bestürmten Saragossa, das aber durch das auf den Wällen im Umzug umhergetragene Gewand seines Schutzheiligen *Sankt Vincentius* gerettet wurde.

Auf dem raubbeladenen Rückzug hätten die Franken in den Pyrenäenpässen von dem Feldherrn *Theudigisel* vernichtet werden können, wenn nicht der durch Geld Bestochene ihnen einen Tag und eine Nacht unverfolgten Abzugs gegönnt hätte. Immerhin holten die Goten, wohl vom König geführt, noch die Nachhut ein und rieben sie auf. Bald darauf (a. 544) unternahm Theudis einen Feldzug in Afrika, der weniger Angriff als vorbeugende Verteidigung bedeutete. Er hatte die Wandalen nicht gegen die überraschend schnellen Erfolge *Belisars* unterstützt. Karthago war bereits gefallen, als ihre Gesandten seine Hilfe erbaten. Aber da *Justinian* nach Vernichtung des Wandalenreiches sich alsbald auf die Ostgoten in Italien gestürzt hatte und sie auf das schwerste bedrängte, mochte Theudis besorgen, daß nach der Zerstörung dieses zweiten Germanenreiches die Reihe an seinen Staat kommen werde. Leicht war von Afrika aus die schmale Meerenge überschritten, wenn der Kaiser auch die verlorene Provinz Spanien wieder zum Reich sammeln wollte. So beschloß er, selbst Ostgote und Verwandter *Ildibads*, vielleicht auch um den Seinen in Italien durch solche Beschäftigung der Byzantiner im eigenen Land Luft zu machen, den Kaiserlichen vor allem den festen Brückenkopf der Meerenge auf afrikanischer Seite, die Hafenstadt Ceuta, zu entreißen, was seiner persönlichen Führung auch beim ersten Angriff gelang (a. 542). Da nach seiner Heimkehr die Festung wieder von den Kaiserlichen genommen wurde, schickte er nochmal ein Heer nach Afrika. Als dies aber, während der Sonntagsfeier und an solchem Tag keinen Kampf erwartend, gleichzeitig durch einen Ausfall der Belagerten und eine byzantinische Entsatzflotte überfallen und vernichtet wurde, gab er den Plan auf (a. 544). Vier Jahre danach (a. 548) wurde er, wie so viele Westgotenkönige vor und nach ihm, ermordet (zu Sevilla): der Mörder heuchelte Wahnsinn.

Sein Nachfolger, der obenerwähnte Feldherr *Theudigisel*, fand schon nach siebzehn Monaten (a. 549) das gleiche Ende. Er scheint die Katholiken bedrückt zu haben, wenigstens spottete er über ein katholisches Wunder, das er »ein Stücklein der Römischen« nannte. Da er die Männer der Frauen, denen er nachstellte,

umbringen ließ, verschworen sich die Rächer zu seinem Verderben. Als der König mit seinen Freunden fröhlich zechend an der Abendtafel saß in seinem Palast zu Sevilla, löschten sie plötzlich die Lichter und durchbohrten ihn mit dem Schwert. Mit tiefer Entrüstung tadelt der Franke *Gregor von Tours*, in dessen Staat zwar der Königsmord auch nicht selten war, aber unter Beibehaltung des Geschlechtes (dessen Glieder sich selbst untereinander am häufigsten nach dem Leben trachteten), »diese abscheuliche Angewöhnung der Westgoten, wenn ihnen der König nicht gefiel, ihn mit dem Schwert anzufallen und sich einen anderen zum König zu setzen«. – In der Tat hat der Königsmord, der von Amalarich ab die Krone nie drei Geschlechter in *einem* Hause dauern ließ, durch fast völligen Ausschluß jeder auch nur tatsächlichen Erblichkeit des Königtums diesen Staat zerrüttet und geschwächt. Die Herrscher wurden durch diese stete Bedrohung zu gewaltherrlicher Laune, zu argwöhnischem Mißbrauch der immer gefährdeten Macht verleitet.
Gegen seinen Nachfolger *Agila* (Oktober a. 549–554) empörten sich, wie es scheint, zumal die Katholiken in und um *Córdŏba*. Wenigstens wird die empfindliche Niederlage, die er hier erlitt – sein Sohn fiel, sein Schatz wurde erbeutet – als Strafe der Heiligen für die (wohl arianische) Verachtung Christi und Verletzung des Grabes des katholischen Märtyrers *Sankt Acisclus* aufgefaßt. Damit stimmt auch zusammen, daß der Führer des Aufstandes, der altem Adel entsprossene *Athanagild*, die Hauptbeschirmer des rechten Glaubens, die Byzantiner, vaterlandsverräterisch in das Reich rief. So wurde die von Theudis geahnte und bekämpfte Gefahr durch gotische Männer selbst ins Land geholt. Kaiser Justinian, der damals (a. 554) nach eben vollendeter Vernichtung des Ostgotenreiches in Italien Feldherren, Truppen und Geld zur Verfügung frei hatte, ergriff mit beiden Händen die seiner Staatskunst so gelegene Aufforderung zur Einmischung in Thronstreitigkeit und Parteiung des Westgotenvolkes. In ganz ähnlicher Weise hatten ja die Parteiungen der Wandalen und Ostgoten Byzanz und das Verderben in ihre Reiche gerufen. Jetzt schien die ebenso veranlaßte Einmischung in Spanien zu der Vernichtung des dritten Germanenreiches auf altrömischem Boden führen zu sollen. Alsbald landete eine byzantinische Flotte ein Heer unter dem Patricius *Liberius*. Freudig begrüßten die Katholiken, die Römer diese Truppen als Befreier und öffneten ihnen die Tore in den meisten Seestädten der Südostküste, die nun über zwei Menschenalter im Besitz der Kaiser blieben. Schon schien es, als Agila vor *Sevilla* von den vereinten Byzantinern und Rebellen geschlagen wurde, daß alsbald auch das Westgotenreich den Untergang finden solle. Da ermordeten seine eigenen Anhänger den König, der zu *Merida* neue Rüstungen betrieb und erkannten Athanagild an (a. 554–567). Dieser wandte sich zwar nun sofort gegen die gefährlichen Gehilfen, die er mit frevelhafter Torheit ins Land geladen, vermochte aber, obwohl im offenen Feld germanisches Heldentum sich den kaiserlichen Söldnern meist überlegen erwies, die starken Festungsstädte, Seeburgen und Häfen nicht wieder zu erobern, welche von *Sucruna am Mittelmeer* bis zum *Heiligen Vorgebirge am Atlantischen Ozean* mit zahlreichen Binnenstädten innerhalb dieses Küstenstriches in die Hände der Byzantiner gefallen waren. Da damals die *Sueben*, von ihrer bisherigen Ohnmacht erholt, den Katholizismus annahmen, besorgte der König eine drohende Verbindung dieser Nachbarn mit Franken und Byzantinern. Er versuchte die gefährlichsten dieser drei katholischen Mächte, die Merowinger, für sich zu gewinnen,

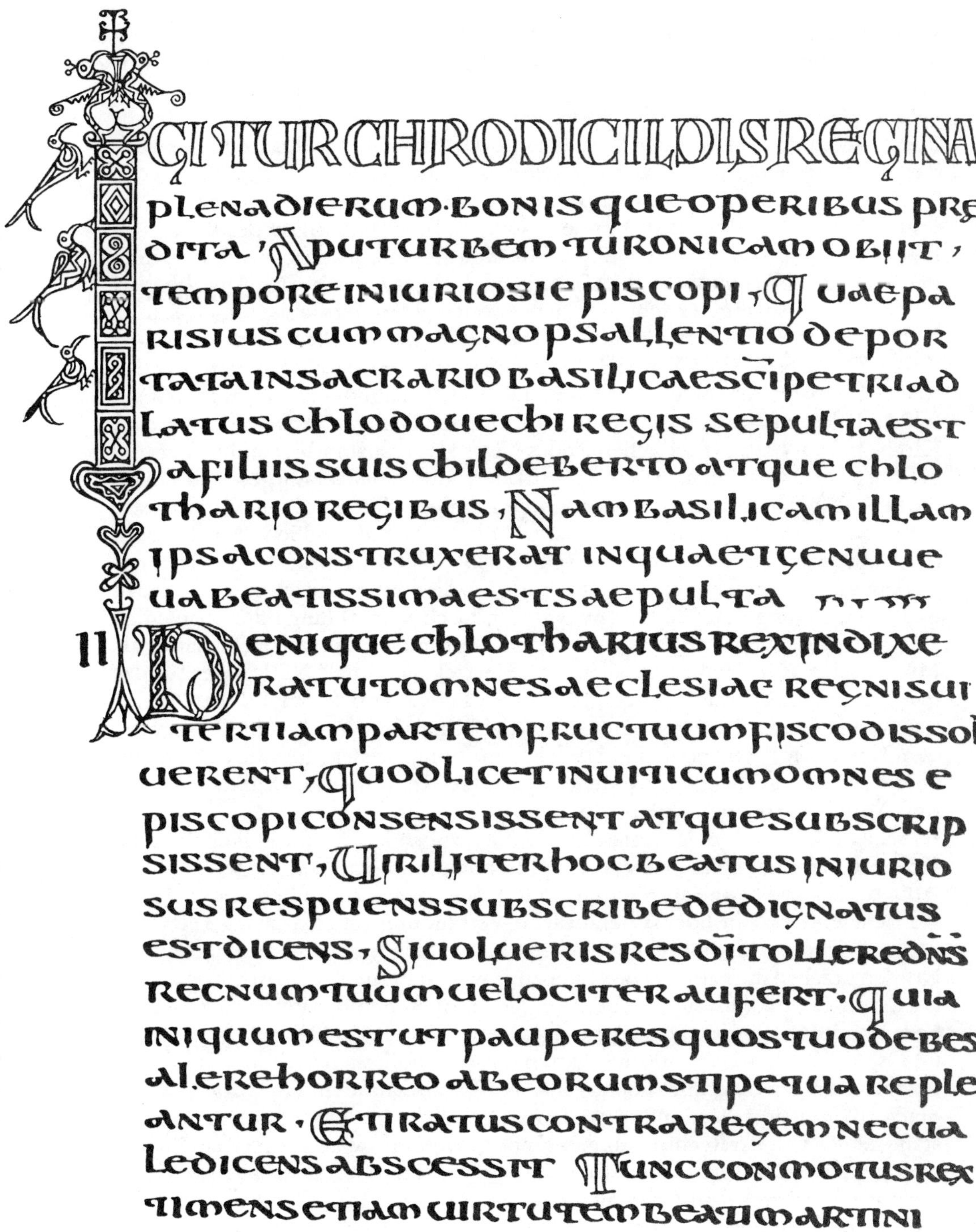

IGITUR CHRODICILDIS REGINA
plena dierum bonisque operibus pre-
dita, apud urbem Turonicam obiit,
tempore Iniuriosi episcopi, Quae pa-
risius cum magno psallentio depor-
tata in sacrario basilicae sci petri ad
latus chlodouechi regis sepulta est
a filiis suis childeberto atque chlo-
thario regibus, Nam basilicam illam
ipsa construxerat in qua et genuue-
ua beatissima est sepulta
II Denique chlotharius rex indixe-
rat ut omnes aeclesiae regni sui
tertiam partem fructuum fisco dissol-
uerent, Quod licet inuiti cum omnes e-
piscopi consensissent atque subscrip-
sissent, Uiriliter hoc beatus iniurio-
sus respuens subscribere dedignatus
est dicens, Si uolueris res dī tollere dn̄s
regnum tuum uelociter auferet, Quia
iniquum est ut pauperes quos tuo debes
alere horreo ab eorum stipe tua reple-
antur, Et iratus contra regem nec ua-
le dicens abscessit, Tunc conmotus rex
timens etiam uirtutem beati martini

Eine Seite aus einer der zweiten Hälfte des siebenten Jahrhunderts entstammenden Handschrift der Geschichte der Franken von Gregor, Bischof von Tours, Buch IV, c. 1 und 2. (National-Bibliothek zu Paris)

indem er seine Tochter *Brunichildis*, »die neue Perle, die Spanien gebar«, wie *Venantius Fortunatus* sie begrüßt, mit König *Sigibert von Austrasien* zu Metz vermählte; im Winter 506/507 wurde sie über die Pyrenäen abgeholt. Der Bräutigam »wollte durch die Ehe mit der gotischen Königstochter seine Brüder vollends überstrahlen, die mit unfreien Weibern in Buhlschaft lebten«. Da freite sein Bruder, der geistreiche, aber bösartige *Chilperich von Soissons*, um Athanagilds zweite Tochter, *Gaileswintha*, die »als Muntschatz und Morgengabe« die schönen Städte und Landschaften, Bordeaux, Limoges, Cahors, Bearn und Bigorre erhielt.
Der Braut Chilperichs ahnte Unheil. Mit Gewalt hatte man sie aus den Armen der Mutter reißen müssen; den Bräutigam ließ man auf heilige Überbleibsel schwören, sie solange er lebe nie zu verstoßen. Der Merowinger hielt seinen Eid, denn er ließ sie alsbald um seiner Buhle *Fredigundis* willen – erdrosseln. An ihrem Grabe geschahen Wunder: in Spanien wird sie als Heilige verehrt. Die Rache übernahm ihre Schwester Brunichildis. Athanagild war vorher (a. 567) in seinem Palast zu *Toledo*, wo er gern weilte und den Heiligen *Justa* und *Rufina* eine Kirche gebaut hatte, »friedlichen Todes«, was als Ausnahme besonders hervorgehoben wird, gestorben. Nach seinem Tode konnten sich die ehrgeizigen Edlen, die lieber Könige werden oder morden, als Könige wählen wollten, fünf Monate lang über seinen Nachfolger nicht verständigen, und als endlich (April a. 568) der langjährige Statthalter des westgotischen Galliens, *Leova*, zu *Narbonne* gewählt wurde, vermochte er die Losreißung Spaniens nur dadurch zu verhindern, daß er seinen jüngeren Bruder *Leovigild*, der durch Vermählung mit Athanagilds Witwe *Godiswintha* seine Macht im Land begründet oder verstärkt hatte, als Mitherrscher (für Spanien als alleinigen Herrscher) und als Nachfolger für das ganze Reich anerkannte. Schon a. 572 starb Leova, und Leovigild war Alleinherrscher. Während wir von den meisten der bisherigen Westgotenkönige außer dem Namen nur etwa noch die Art der Ermordung wissen, gewähren von nun ab die reichlicher fließenden Quellen genauere Kenntnis: Leovigilds Eigenart und Absichten treten uns klar entgegen.
Es schienen alle den vielgefährdeten Staat bedrohenden Wetterwolken über die Krone gerade auf seinem Haupte verderblich sich entladen zu wollen. Seit Athanagilds Tod hatten alle Feinde des Reiches, innere und äußere, Fortschritte gemacht und sich in höchst gefährliche Verbindung miteinander gesetzt: im Osten griffen die katholischen Franken immer wieder nach Septimanien, im Norden brachen die katholischen Sueben aus ihren Bergen herab in die reicheren Niederungen, im Südosten aber hatten die katholischen Byzantiner inzwischen bedeutende Fortschritte gemacht und – was das brennendst Gefährliche – überall im Osten, Norden und Südosten hatten diese katholischen Feinde sich mit der katholischen Bevölkerung, ebenso mit den Bauern auf dem Land wie mit den Städtern, in eifrigste Verbindung gesetzt. Überall zugleich loderte auch der Aufstand der Römer, der Rechtgläubigen, empor, von den Waffen der drei feindlichen rechtgläubigen Nachbarn unterstützt. Diesen schweren Gefahren hatte Leovigild sehr wenig entgegenzuführen außer seiner eigenen Kraft. Denn das gotische Volksgefühl war durch fortschreitende Verrömerung geschwächt, die arianische Geistlichkeit konnte sich an Bildung mit der katholischen schwerlich messen, der weltliche Adel war statt einer Stütze eine ständig lauernde Bedrohung des in keiner Sippe gefestigten Thrones. Dieser meisterlose Adel, dem die Empörung, der Königsmord zur Gewohnheit geworden, war zur Treue gar nicht, zum Ge-

horsam nur durch den Schrecken zu bringen. Unermüdlich und unverzagt hat in den nächsten acht Jahren Leovigild gegen all diese Feinde das Königsschwert geschwungen. In allen Teilen der Halbinsel suchte er den zum Teil sehr starken Widerstand der verbündeten inneren und äußeren Gegner auf und brach ihn siegreich nieder.

Gleich im ersten Jahr (a. 569) wandte er sich nach Süden und drängte die byzantinische Ausbreitung im Gebiet von *Baëça* und *Malaga* durch einen Sieg im offenen Felde zurück. Im folgenden Jahr (a. 570) entriß er den Kaiserlichen durch Einverständnis mit den gotischen Einwohnern die Stadt *Medina Sidonia* (*Assidunia*); aber das ganze Jahr 571 widerstand die Hauptfestung, die den *Bätis* (*Guadalquivir*) an seinem Mittellauf beherrscht, das stolze und eifrig kaiserliche *Córdŏba*, das seit Agila, das heißt seit zwei Jahrzehnten sich der gotischen Herrschaft entzogen hatte. Die Bauern der *andalusischen* Berge beunruhigten die Belagerer, während die Bürger und eine gewiß starke byzantinische Besatzung die hohen Wälle hartnäckig verteidigten. Endlich erschloß die Tore wie die Assidonias nächtlicher Verrat, blutige Bestrafung der Bürger und Bauern, wiederholte Siege über die kaiserlichen Truppen schreckten damals viele Nachbarstädte in Unterwerfung. Im Jahre 572 eilte der König nach dem Norden, wo, wie die Byzantiner im Süden, die suebischen Waffen die Aufständischen stets zu unterstützen bereit waren; so überraschend schnell stand er an der Grenze der Sueben, daß diese keine Hilfe den empörten Städten und Landschaften *Aregia* und *Sabaria* zu bringen wagten, deren Unterwerfung nun leicht gelang. Die folgenden Jahre (a. 573/574) sahen den König im Osten in *Cantabrien*, wo *Amaja* bezwungen wurde. Gleich darauf flog er in die aregischen Berge zurück, eine jetzt von den Sueben unterstützte Widererhebung zu strafen. Im Jahre 578 warf er zweimal Erhebungen der Städte und der Bergbauern in der Landschaft *Orospeda* nieder.

Damit konnte der König zunächst das Schwert in die Scheide stecken. Aber nun begann er den Königsstab zu schwingen. Der Staat war nicht nur durch die äußeren Angriffe und die römische katholische Erhebung gegen die barbarische, ketzerische Regierung dauernd bedroht gewesen, – schlimmer noch wirkte das meisterlose Junkertum des gotischen Adels selbst, der dem König nur ein armes Mindestmaß von Macht, Vermögen, Sicherheit gönnte und nicht, wie etwa der alte Adel Roms oder Englands, im Staat selbst herrschen, als vielmehr keinerlei Herrschgewalt im Staate dulden wollte. Erinnern wir uns, daß seit Eurichs Tod kein gewaltiger Fürst mehr dies Reich geleitet hat: denn Theoderich saß fern in Ravenna, griff in die spanischen Dinge nicht ein, und sein Statthalter Theudis, durch seine Heirat selbst unter die großen Landherren der Halbinsel getreten, konnte wohl seine Unabhängigkeit von dem König nur durch enge Verbindung mit dem Adel des Landes erkaufen. Dazu kam, daß die Natur der von Gebirgen durchgliederten Halbinsel schon von jeher, das heißt seit den Tagen der Karthager, eine große Sondertümelei für sich abgeschlossener Täler, fest umgrenzter Landschaften begünstigt hat, in denen dann eine reiche landmächtige Sippe erbliche, befestigte Gewalt, eine tatsächliche Fürstenschaft gewinnt, in Schutz und Vertretung der Landschaft aus eigener Kraft gegen alle Feinde, namentlich aber auch in Auflehnung gegen jede Gesamtherrschaft. Solche Stellungen hatten schon in römischer Zeit zahlreiche Geschlechter eingenommen: die Familie des *Theodosius*, die Brüder *Didymus* und *Verinianus* a. 411, der Adel von Tarracona a. 471, Theudis a. 520 – erst kürzlich hatte Leovigild einen solchen Provinzialfürsten *Aspicius* als die Seele der Empörungen aus *Cantabrien* fortführen müssen.

In diese vorgefundenen Verhältnisse des eingeborenen war nun auch der gotische Adel getreten. Und draußen in ihrer Landschaft spielten diese gotischen wie die römischen Großen nicht nur Könige im kleinen, sie trotzten auch offen dem schwachen Königstum und hatten die »abscheuliche Gewohnheit angenommen, jeden König, der ihnen nicht gefiel, in rascher ›Palastrevolution‹ zu ermorden«. Dieser reichsverderberische Adel zog Reichtum und Macht aus der Aussaugung und Unterdrückung der kleinen Freien seiner Nachbarschaft, die er durch alle Mittel der List und Gewalt, unterstützt durch die steigende Not der kleinen Besitzer, deren Grundstücke Krieg und Aufstand unaufhörlich verwüstete, in volle Knechtschaft oder doch in Halbfreiheit, in Schutzhörigkeit zu drängen verstand. Es war daher nicht »Neid, Geiz, Herrschsucht«, was, wie kirchliche Quellen angeben, den König bewog, mit eherner Wucht diese Junkerwirtschaft zu zermalmen – persönliche Leidenschaften mögen nur etwa bei *Ausführung* dieser Strebungen mitgewirkt haben –, vielmehr traf er sie wie mit der vollen Kraft, so mit dem vollen Recht des Königstums, das in jener Zeit eins war mit dem Staate überhaupt. Denn die alte Volksfreiheit war unwiederbringlich dahin und es konnte sich nur darum handeln, ob die Staatsgewalt von dem selbstischen Adel ausgebeutet und zerrissen, oder von dem Königstum zum Heil der Gesamtheit geübt werden sollte, zum Heil vor allem der kleinen Gemeinfreien, der Menge des niederen Volkes, dessen Freiheit und Recht nur durch den König geschirmt werden konnte.

So war die innere Staatskunst Leovigilds echt königlich, echt staatsmännisch und echt volksfreundlich zugleich. Mit schlichten Worten sagt das derselbe Gregor, der jene »abscheuliche Gewohnheit« gerügt hat: »Leovigild tötete alle, die sich angewöhnt hatten, die Könige zu ermorden, nicht einen ihres Mannesstammes ließ er leben.« Und ein katholischer Bischof, den dieser König in Verbannung geschickt hat, der ehrliche *Johannes von Valclara*, bringt die andere Seite dieser Staatslenkung zum Ausdruck: »Leovigild überwand überall im Lande und rottete aus die ›Tyrannen‹, die gewaltsamen Bedrücker Spaniens, und schaffte so Ruhe für sich selbst und für das Volk.« Kein besseres Lob könnte für einen König jener Tage ersonnen werden, als hier ein kirchlicher Gegner – ein Verfolgter – demHerrscher, dem Verfolger bezeugt.

Leovigild suchte nun zunächst die tatsächlichen Grundlagen des Königstums zu heben. Es hatte bisher an einem ausreichenden Königsschatz gefehlt, manches Stück daraus mochte a. 507–526 an Franken, Burgunder, Gesalich, Ostgoten verlorengegangen sein. Es fehlte an einem erblichen Hausschatz eines dauernden Königshauses zur Ergänzung des Staatsschatzes. Der König füllte daher jetzt planmäßig den leeren Schatz nicht nur aus der Beute, sondern durch Erhöhung der Steuern und Einziehung der Güter des empörerischen Adels. Mit jener Armut mag es zusammenhängen, daß bis dahin Tracht und äußere Erscheinung des Königs sich vor dem Volk nicht auszeichneten. Es war bei dem gewaltigen Kriegsmann und gedankenreichen Staatsmann gewiß nicht Eitelkeit, sondern die tiefe Absicht, das Königstum auch äußerlich über den hochfahrenden Adel zu erhöhen, weshalb er königliche (das heißt Purpur-) Kleider anlegte und seinen Sitz auf einem Thron nahm. Auch gab er der Regierung einen festen räumlichen

Mittelpunkt, indem er *Toledo*, gerade im Herzen der Halbinsel gelegen, mit weisem Blick zur Residenz des Reiches wählte. Seine Vorgänger hatten, ohne ständige Residenz, viel in Barcelona oder Sevilla verweilt. Von höchstem Wert aber war es, daß es dem klugen und kraftvollen Herrscher gelang, wenn nicht die Krone für immer in seinem Hause erblich zu machen, wenigstens für die nächste Thronerledigung die Gefahren einer Königswahl dadurch auszuschließen, daß er schon jetzt die Anerkennung seiner beiden Söhne erster Ehe, *Hermenigild* und *Rekared*, als Mitherrscher durchsetzte (a. 572). Daß schon damals das Reich in drei Stücke geteilt und für *Hermenigild Sevilla*, für *Rekared* die neu in Celtiberien gegründete und zu seinen Ehren *Rekopolis* genannte Stadt als Herrschersitz bestimmt worden sei, ist eine vielleicht aus fränkischen Teilungen übertragene Auffassung (Gregor von Tours).

Nachdem der König durch solche Erfolge und Anordnungen sich und dem Land Ruhe geschafft, wollte er, wie schon seine Vorgänger versucht hatten, die immer drohende fränkische Gefahr durch abermalige eheliche Verbindung mit dem merowingischen Hause abschwächen, mit welchem er durch seine zweite Ehe bereits verschwägert war. Aber unheilvoll wie die früheren merowingischen, sollte gerade diese Heitat die schlimmste Spaltung im Reich, die des Bekenntnisses, wieder aufreißen und Haus und Staat des Königs durch die abscheulichste Empörung, die des Sohnes gegen den Vater, zerrütten. Leovigild war ursprünglich durchaus kein Gegner des Katholizismus, dies beweist seine erste Ehe mit *Theodosia*, der katholischen Tochter eines vornehmen Byzantiners *Severianus* aus Carthagena, deren Bruder *Leander*, später Metropolitan von *Sevilla*, gleich stark geneigt wie begabt, die Seelen sich in strenger Glaubenszucht zu unterwerfen, vermutlich früh den beiden arianisch getauften Schwestersöhnen eine gute und hohe Meinung von dem katholischen Bekenntnis beigebracht hatte.

Seitdem Leovigild den Thron bestiegen und nun überall die katholischen Verschwörungen mit Byzantinern und Sueben und die bewaffneten katholischen Erhebungen gegen den Staat zu bekämpfen hatte, mochte seine Stimmung gegen diese das Reich fortwährend gefährdende Kirche – darauf ist wohl mehr als auf seine Heirat in zweiter Ehe mit der eifrig arianischen Witwe Athanagilds, *Godiswintha*, Gewicht zu legen – wohl strenger geworden sein. Aber zu irgendwelcher Verfolgung kam es vor der Empörung seines älteren Sohnes nicht. Dieser, Hermenigild, wurde a. 580 vermählt mit *Ingundis*, der Tochter Sigiberts und Brunichildens, also mit seiner Stiefnichte, der Enkelin seiner Stiefmutter Godiswintha. Brunichildis hatte vor allem die Verbindung betrieben. Verwitwet seit a. 576 – König Sigibert war durch Fredigundis ermordet worden – und von vielen Feinden bedrängt, suchte die Gotin im Gotenreich Rückhalt. Im September a. 580 wurde die Braut mit reicher Ausstattung über die Pyrenäen geleitet. Ihr Weg führte über *Agde*, wo Bischof *Fronimius* sie eifrig bestärkte, an ihrem Glauben festzuhalten und das Gift der Ketzerei zu verabscheuen. Die gotische Regierung hatte aber vermutlich ihren Übertritt zum Arianismus ebenso vorausgesetzt wie die beiden Töchter Athanagilds zum Katholizismus übergetreten waren. Enttäuschung und Erbitterung mußte es also am Hofe zu Toledo erregen, als Ingundis standhaft jede solche Zumutung zurückwies; ihre eigene Großmutter, die eifrige Arianerin, soll zuletzt, da Worte nicht halfen, zu Schlägen gegriffen haben. Indessen hat hier die dramatische Färbung der parteiischen Quellen viel Übertreibung beigemischt und auf persönliche Leidenschaften

zurückgeführt, was in den staatlichen Parteiströmungen begründet war. So wurde gegenüber der alten, bösen, einäugigen – zur Strafe für die Katholikenbedrückung hatte Gott sie auf einem Auge erblinden lassen – Stiefmutter Ingundis, jung, schön, unschuldig, verfolgt, fast zu dem rührenden Schneewittchen des Märchens. Aber die katholische Kronprinzessin war nicht ungefährlich und nicht bloß leidend. Der König, weit entfernt, sie zu zwingen, hatte, den brennenden Hader aus seinem Hause zu bannen, das junge Paar nach *Sevilla* zu eigener Hofhaltung in höchst ehrenreiche Absonderung verwiesen. Hier ruhte Ingundis nicht, bis sie mit Hilfe ihres müttlichen Oheims Leander, der mittlerweile a. 579 Metropolitan von Sevilla geworden, durch unablässigen Zuspruch ihren Gemahl dahin gebracht hatte, ebenfalls zum Katholizismus überzutreten. Er ließ sich, was den Arianern wie den Katholiken in solchem Fall ein besonderer Greuel war, weil die erste Taufe dadurch als nichtig gebrandmarkt wurde, nochmals taufen und nahm statt seines gotischen Namens den Bibelnamen *Johannes* an.
Dieser Schritt war ein Versuch der Vereitelung aller Erfolge, der Durchkreuzung aller Herrschergedanken Leovigilds, er war zugleich Gefährdung des Staates und Empörung gegen den Vater. Selbst die eifrigsten Feinde des Arianismus, katholische Bischöfe, wie Gregor von Tours, Johannes von Valclara, wagen nicht, Hermenigild zu rechtfertigen, so gewaltig war die Persönlichkeit des Königs, so großartig sein staatsmännisches Werk, so klar sein Recht und so grell der staatliche Frevel des Sohnes. Mag dieser aus religiöser Überzeugung gehandelt – lange hatte er sich gesträubt gegen die Bestürmungen von Weib und Oheim –, und mag er anfangs nicht den Sturz des Vaters beabsichtigt haben – sofort, noch im Jahre 580, sieht er sich in das Bündnis mit allen schlimmsten Feinden des Reiches gedrängt: mit Sueben, Byzantinern, den katholischen Bischöfen und ihren grollenden Gemeinden in allen Provinzen. Hermenigild konnte sich ja in die Gewalt des Königs begeben und nun für seinen neuen Glauben standhaft leiden – das wäre die Handlungsweise des echten Bekenners gewesen. Aber der Prinz zog es vor, jetzt in unverhüllter Empörung den Königstitel anzunehmen, mit Sueben, die von Nordwesten, Byzantinern, die von Süden in das Reich einbrachen, sich zu verständigen, ja schon schlug er Münzen mit einer geflügelten Siegesgöttin und dem eigenen Brustbild und trachtete dem Vater nach dem Leben.

Im Anfang schienen die Wogen der hochgehenden Empörung auch über eines Leovigild hochgetragenem Königshaupt zusammenzuschlagen. Die Wucht des überraschenden Streiches hatte die Krone schwer getroffen. Überall loderten die mühsam gedämpften katholischen Erhebungen neu empor. Der katholische Kronprinz, ja »König«, erschien als das natürliche Haupt der Katholiken. Außer *Sevilla* erklärten sich noch »sehr viele Städte und Burgen« für den Verbündeten des Kaisers. Das feurige andalusische Roß *Cordoba* schüttelte den eben erst wieder aufgezwungenen Zaum der gotischen Herrschaft ganz ab und rief einen byzantinischen Statthalter herbei.

Leovigild erkannte, daß nicht mit dem Schwert allein diese Gefahren bekämpft werden konnten. Er trachtete durch kluge Milde, durch gerechte Behandlung, ja durch versöhnliches Entgegenkommen gemäßigte Katholiken zu gewinnen. Als seine Truppen in einem katholischen Kloster geplündert haben und nun ein Wunder erfolgt, läßt er das Entwendete zurückerstatten. Ein gefeierter katholischer Einsiedler, *Sankt Nunctus*, wird vom König durch Spenden erhalten, die heilige *Eulalia* und deren Reliquien werden tief von ihm verehrt. Auch Bestechung verschmähte er nicht. Besonders aber machte Eindruck, daß er sein arianisches Bekenntnis milderte. Ausdrücklich erklärte er, sich von der Gleichheit Christi mit Gott dem Vater nun vollständig überzeugt zu haben – nur daß auch der Heilige Geist wesenseins mit Gott dem Vater sei, könne er nicht annehmen, da keine einzige Stelle der Heiligen Schrift dies bezeuge –, eine Verwerfung der Überlieferung und Betonung der ausschließlichen Beweiskraft der Bibel, die an Luther erinnert.

Bevor Leovigild die Waffen gegen den Sohn ergriff, suchte er durch ein weiteres kluges Entgegenkommen zahlreiche Katholiken zu gewinnen, wenigstens von offenem Abfall abzuhalten. Er berief ein Konzil der arianischen Bischöfe nach Toledo, das den Übertritt erleichtern sollte. Die Katholiken hatten sich dabei zumal daran gestoßen, daß eine Wiederholung der Taufe verlangt wurde. Von jetzt ab sollte an Stelle der Taufe die bloße Handauflegung treten und eine bei der Kommunion zu sprechende Formel, die an sich jeder Rechtgläubige hätte sprechen können, wenn sie nicht eben die Bedeutung der Übertrittserklärung enthalten hätte!

Die goldene Brücke der Versöhnung blieb nicht unbetreten: Zahlreiche Katholiken, auch Geistliche, sogar Bischof *Vincenz von Saragossa*, wählten, zwischen Verfolgung und Übertritt gestellt, zumal wenn Bestechung nachhalf, den letzteren: die Zahl derer, welche die Verfolgung vorzogen, war klein.

Erst jetzt begann der König seinen Feldzug. Er wandte sich gegen den Süden, *Bätica* und *Hispalis*, wo die Empörung ihre natürliche Anlehnung an die Byzantiner und in der Residenz Hermenigilds, Sevilla, ihre Hauptstadt besaß. Schon zog Leovigild über das eroberte Merida gegen den Bätis (Guadalquivir), als die Verbündeten seines Sohnes diesem durch drei Angriffe zugleich Luft zu schaffen suchten.

Die Sueben drangen von ihren Bergen im Nordwesten in das gotische Gebiet, im Nordosten erhoben sich *Cantabrien* und *Vasconien* und im Südosten rüsteten die merowingischen Könige *Guntchramn von Orleans* und Chilperich von Soissons, ihre Nichte Ingundis zu rächen und das langbegehrte Septimanien zu erobern. Der klugen Staatskunst Leovigilds gelang es, zunächst diese Gefahr aufzuhalten. Er wußte Chilperich für den Plan zu gewinnen, dessen Tochter *Rigundis* mit Rekared zu vermählen. Eifrig gingen damals Briefe und Gesandte hin und her zwischen Goten und Merowingern. Gregor von Tours, dessen Stadt sie berührten, schildert, wie gespannt man auch außerhalb des Gotenreiches den Kampf zwischen Vater und Sohn verfolgte, war es doch zugleich ein Kampf der beiden Bekenntnisse, deren Gegensatz wieder wie zur Zeit Chlodovechs auf das schroffste anwuchs. Dabei sind die Katholiken stets in Angriff gegen den »Schmutz«, »Kot«, die »Scheußlichkeit« der Ketzer. Guntchramn von Burgund konnte nicht losschlagen, seit er für diesen Fall einen Angriff Chilperichs im Rücken zu erwarten hatte. So war Leovigild der fränkischen Sorge ledig. Er warf sich (a. 582) rasch und wuchtig auf die Empörer im Nordosten, trieb die *Basken* durch blutige Strenge zur Auswanderung in Massen über die Pyrenäen und legte mitten in ihrem Land, die räuberischen Berghirten zu bändigen, eine feste Stadt an, der er, obzwar noch in vollem Kampf mit den Feinden ringsum, den stolzen Namen »*Siegesstadt*« verlieh. Von da eilte er zur Belagerung von Sevilla an den Guadalquivir zurück. Immer enger umschloß er die trotzige Stadt. Da zog der

Suebenkönig *Miro* zum Entsatz heran, seinen Glaubensgenossen zu helfen und das übermächtige Gotenreich zu brechen durch den Sturz des größten Königs, den es seit Alarich I. und Eurich besessen. Aber Leovigild stürmte, ohne übrigens die Einschließung von Sevilla aufzuheben, mit dem größeren Teile seiner Truppen dem Entsatzheer entgegen, und bald war dasselbe durch überlegene Feldherrnschaft dermaßen umstellt – wir wissen nicht, wo: vermutlich als es die Engpässe des Mons *Marianus* durchschreiten wollte –, daß König Miro froh war, sich freien Rückzug durch eidlich bestärkte Unterwerfung erkaufen zu dürfen. Nun kehrte Leovigild mit dem siegreichen Heer in das Lager von Sevilla zurück und bedrängte die Stadt mit Macht. Er sperrte sie durch Schanzwerke vom Fluß und aller Zufuhr ab, wobei er Reste der alten Siedlung *Italica* mitverwertete. Nur von Byzanz konnte noch Hilfe kommen, aber diese blieb aus, so eifrig dort Leander auch in den Kaiser drang. Endlich fiel die Stadt durch Sturm. Hermenigild und Ingundis waren zu den Byzantinern nach *Cordoba* entkommen. Der König schlug Siegesmünzen zur Feier des Erfolges (cum Deo obtinuit Spalim), eroberte die kleinen Städte und Burgen der Empörung, so das feste Kastell *Osser* (*Ossetum*, heute *San Juan de Alfarache*), und erschien alsbald vor Cordoba. Der Präfekt übergab die Stadt gegen ein Bestechungsgeschenk von dreißigtausend Solidi. Hermenigild hatte die Zuflucht einer Kirche gewonnen und rief von da aus die Gnade des Vaters an; in dessen Auftrag erschien sein Bruder Rekared und bewog ihn unter eidlichen Zusicherungen (des Lebens?), freiwillig die Zufluchtstätte aufzugeben. Er wurde nach Toledo gebracht, dann nach *Valencia* verbannt; seine Güter wurden natürlich eingezogen, sein Hofstaat auf einen Diener beschränkt, die bisher eingeräumte Mitherrschaft hatte notwendig ein Ende und ebenso die Thronfolge. Sonst traf ihn keine Strafe; nur ausländische, parteiische Quellen sprechen von Ketten, vom Abreißen der königlichen Kleider, Purpur durfte er freilich nicht mehr tragen, wenn er ihn, wie den Königstitel, schon angenommen hatte.

So hatte Leovigild eine vielfache Bedrohung seines Staates, die gefährlichste seit der Schlacht von Voulon, sieghaft durch Kraft und Klugheit niedergeworfen; im gleichen Jahre (a. 584/585) bot sich gerechter und erwünschter Anlaß, dem Suebenreich ein Ende zu machen, das von jeher in feindseliger Nachbarschaft dem Gotenstaat in jeder Bedrängnis einen Flankenstoß gegeben hatte. Leovigild verleibte es seinem Reich ein, den letzten Suebenkönig in ein Kloster schickend.

Im nächsten Jahr wurde Hermenigild zu *Tarraco* mit dem Beil enthauptet. War ihm das Leben eidlich zugesichert worden – und nach gotischem Zufluchtsrecht ist das anzunehmen –, so traf ihn der Tod wohl nicht für die alte, sondern für eine neue Schuld.

Ingundis war von den Byzantinern auf der Flucht nach Gallien (oder zu Cordoba?) ergriffen und festgehalten worden: vielleicht als Geisel für die Verpflichtungen ihres Bruders *Childibert*, der große Summen von Byzanz für Bekämpfung der Langobarden erhalten, aber sich nicht gerührt hatte. Nach Hermenigilds Tod schifften die Kaiserlichen die Witwe ein, um sie nach Byzanz zu bringen, sie starb unterwegs. Nur ihr Knabe *Athanagild* gelangte an den Hof. Briefe Brunichildens und Childiberts an den Kaiser und die Kaiserin sind erhalten, die gütige Behandlung und einmal auch Freigabe für ihn erbitten.

Diese Merowinger zwangen den greisen König, noch einmal die Waffen zu ergreifen – abermals zu einem Sieg. Bei dem blutigen Haß, der das fränkische

Herrscherhaus spaltete, verstand sich von selbst, daß die Annäherung Leovigilds an Chilperich und Fredigundis ihm Brunichildis, deren Sohn Childibert von Metz und dessen schützenden Oheim Guntchramn von Orleans tief verfeinden mußte. Dazu kam noch, daß die Witwe und der Sohn Sigiberts Ingundis, die Tochter und Schwester, zu rächen hatten, während Guntchramn, der nächste Nachbar des gotischen Besitzes in Gallien, der natürliche, das heißt der meistbeteiligte Träger der alten Chlodovechischen Staatskunst war, welche die Pyrenäen als »natürliche Südwestgrenze« des Frankenreichs forderte. Fast mit den Worten des Ahnherrn (»unleidlich ist es, daß sich das Gebiet dieser abscheulichen Goten nach Gallien herein erstreckt«) rüstete er einen Doppelangriff, der ernster gemeint war als die meisten früheren fränkischen Einfälle. (Childibert war vorläufig noch mit einem Kriege gegen den Langobardenkönig beschäftigt, den er im Bunde mit Byzanz und mit byzantinischem Geld führte.) Er schickte auf zwei Straßen zwei Heere gegen *Nîmes* und *Carcassonne*, während eine Flotte in Spanien an der *galläcischen* Küste landen, die Goten im eigenen Land beschäftigen, vielleicht eine Erhebung der kaum erst einverleibten Sueben veranlassen und unterstützen sollte. Aber während diese Schiffe bei ihrem Landungsversuch durch Leovigild überfallen und so übel zugerichtet wurden, daß nur wenige von der Bemannung auf Kähnen sich mit der traurigen Botschaft nach Hause retteten, trieb der Thronerbe die beiden fränkischen Heere aus Septimanien zurück. Von Nîmes mußten sie unverrichteterdinge abziehen, Carcassonne, das sich ergeben, wurde ihnen wieder entrissen, ihr Feldherr, *Graf Terentiolus von Limoges*, fiel im Gefecht, und schwerere Verluste als durch das Schwert der Goten erlitten die Flüchtigen durch Hunger (und folgeweise Seuchen), den sie selbst durch die barbarischen Verwüstungen bei ihrem Anmarsch sogar im eignen Land auf den verödeten Straßen ihres Rückzugs herbeigeführt hatten. Rekared verfolgte sie bis an die Grenze, nahm ihnen die fortgeschleppte Beute und drei Burgen an der Rhone ab. Während der durch neue Gefechte, neue gotische Siege unterbrochenen Friedensverhandlungen starb der König (13. April oder 21. Mai 586) zu Toledo.

Leovigilds Regierung bezeichnet den letzten Versuch, das gotische Reich nach seiner hergebrachten Eigenart, durch kräftige Anspannung aller gegebenen Mittel gegen die gleichfalls hergebrachten Gefahren zu befestigen: Bekämpfung des Katholizismus, Bändigung des Adels, Kräftigung des Königstums, Abwehr der feindlichen Nachbarn. Und man muß einräumen, daß der König großes geleistet hat, mehr freilich durch das, was er verhütet und niedergekämpft, als durch das, was er erreicht und aufgerichtet hat, wiewohl die Unterwerfung der Sueben und Zurückdrängung der Griechen nicht gering anzuschlagen ist: »Er hat sich des größten Teils von Spanien bemächtigt, denn vor ihm war das Gotenvolk in enge Grenzen eingezwängt« – sagt eine fast gleichzeitige Quelle mit Fug.

Leovigild hat als Grundlage des Staates noch streng die alte gotische Volkstümlichkeit erhalten, wie sie sich durch Sprache, Sitte, Glaube den Romanen entgegenstellte. Letzterer Gegensatz, der des Bekenntnisses, wurde von diesem Stamm mit einer besonderen angeborenen oder doch früh durch seine Geschichte anerzogenen Leidenschaftlichkeit erfaßt: ein verhängnisvoller Zug, der die Westgoten, von den Verfolgungen Athanarichs und Fridigerns und den Parteiungen unter Theodosius anhebend, durch die bereits geschilderten Katholikenverfolgungen hindurch zu den alsbald sie ablösenden Arianer- und Judenverfolgungen begleitet. Eine Sinnesart, die das innere und das äußere Verderben, die Unterjochung der Krone durch die Bischofsmütze und die Hereinziehung des Islams zur Folge gehabt hat, eine Glut der Empfindung, die dann zwar in den langen Kämpfen zwischen Mauren und Christen die schöne Blüte kastilischen Rittertums trieb, aber nach dem Sieg des Christentums in ungezählten Scheiterhaufen aufloderte, deren dichtgestreute Asche das schöne Land und das edle Volk auf Jahrhunderte hinaus, für freie Geistesbildung unempfänglich machend, überdeckt hat.

Die katholische Zeit (586—711)

König Rekared tritt zum Katholizismus über — Verbrennung der arianischen Bücher — Rekareds Sieg über Guntchramn von Burgund — Das Konzil von Toledo als Reichstag — Die grüne Fahne des Propheten weht über Spanien

König Leovigild hatte den hergebrachten Gotenstaat erhalten wollen und die meisten Taten seiner tatenreichen Herrschaft hatten mit äußerster Strenge und Anstrengung den Arianismus zwar nicht als Staatsbekenntnis, aber doch als Merkmal des Gotentums zu behaupten bezweckt. Es ist anzunehmen, daß er mit Bewußtsein damit die Grundlage der ungemischten Volksart wahren wollte.

Das erste, was sein Sohn und Nachfolger, *König Rekared I.* (21. April oder Mai a. 586 bis 31. Mai 601), tat, war nun aber, daß er, im schärfsten Gegensatz zu seinem Vater, selbst zum Katholizismus übertrat und, soviel er irgend konnte, sein Volk zu diesem Bekenntnis drängte.

Wohl ist anzunehmen, daß Rekareds eigene Überzeugung mitgewirkt, daß er von seiner katholischen Mutter her eine Neigung zu diesem Glauben empfangen und still bewahrt habe. Aber dies reicht nicht entfernt zur Erklärung aus. Denn besonders stark und zwingend muß die katholische Gesinnung Rekareds doch nicht eben gewesen sein, die er, solange sein Vater lebte, aufs sorgfältigste verbarg, die ihn nicht abhielt, nach Kräften eine Staatskunst zu unterstützen, die vom Arianismus aus und gegen den Katholizismus mit Strenge vorging und ihn nicht hinderte, dem Untergang eines Bruders im Kampf für eine gemeinsame Überzeugung zuzusehen, ja zu dessen Bewältigung selbst das Schwert zu führen.

Wenn eine bisher so vorsichtige Gunst plötzlich so kühne Umwälzungen wagt, wird es erlaubt und geboten sein, sich nach äußeren, nach staatlichen Gründen umzusehen, die jener inneren Neigung zu Hilfe kamen.
Der König mochte die geistige Überlegenheit des Katholizismus, seine siegreiche Folgestrenge erkennen oder doch fühlen.
Diese Lehre war dogmatisch der folgerichtigste, sie war hierarchisch der am machtvollsten gestaltete Ausdruck der christlichen Vorstellungen. Jene Überlegenheit bewährte sich nicht nur in Gallien, Italien und im ganzen Morgenland, sondern in Rekareds eigenem Reich, in Spanien selbst. Trotz der Verfolgung hatte der Katholizismus nicht an Boden verloren, trotz der Begünstigung durch die Krone der Arianismus nicht Raum gewonnen. Ja, während die nichtgotischen Einwohner an ihrem Katholizismus unerschütterlich festhielten und lieber das Land, als den Glauben aufgaben, machte der verfolgte Glaube unter den Westgoten selbst Fortschritte. Dies beweist nicht nur der nicht unbedeutende und immer stärker werdende gotische Bestandteil in den katholischen Erhebungen, namentlich der letzten unter Hermenigild, mehr noch beweist dies der verhältnismäßig geringe Widerstand, auf den Rekareds Bekehrungen jetzt stießen. Die Mehrzahl der Goten war innerlich für diesen Schritt reif und vorbereitet. Besonders ist beachtenswert und doch noch völlig unbeachtet, daß sich schon vor der Gesamtbekehrung *edelgeborene Goten* in den *katholischen* Bischofsstellen finden, zum Beispiel etwa im Jahre 570 *Berchtramn von Cadix*, dann *Mausona von Merida*, *Bado von Illiberi* im Jahre 575 (Granada). Diesen Stand der Dinge erkannt und in dieser Erkenntnis entschlossen mit der bisherigen Richtung gebrochen zu haben, ist kein geringes staatsmännisches Verdienst. Mit Recht hat man bemerkt, daß einerseits das Schwanken in der Behandlung des Katholizismus auf seiten der Fürsten – bald Druck, bald Duldung –, das Schwanken der arianischen Geistlichkeit, die fortwährend in ihren Lehren Zugeständnisse und die Festigkeit der Überzeugung untergrabende Änderungen machte, und die großartige Folgestrenge des Katholizismus andrerseits, der unter allen Bestürmungen nicht ein äußerstes Vorwerk des meisterhaft gebauten Systems preisgab, den Übertritt aber den Ketzern weislich nicht zu schwer machte, zu diesen Fortschritten des Katholizismus zusammenwirkten. Hierzu kam, daß durch die Einverleibung des suebischen Reichs die Zahl der Katholiken – und zwar durch den Goten näherstehende Germanen – im Gotenstaat wesentlich erhöht worden war.
Sollte das Bekenntnis fort und fort die so dringend wünschenswerte Verschmelzung beider Germanenstämme und die immer noch fehlende Ehegenossenschaft mit den Romanen hindern?
Aber noch ein entscheidender staatlicher Beweggrund trat hinzu, das Königstum griff nach einer Stütze gegen den weltlichen Adel: diese gewährte der geistliche Adel, der Episkospat.
Wir haben gesehen, wie es erst Leovigild einigermaßen gelungen war, das Königstum über den weltlichen Adel zu erheben, mittels blutiger Gewalt, die nicht stetig angewendet werden konnte und nur half, solange sie schreckte. Rekared suchte gegen den Laienadel die Hilfe der größten Macht in seinem Staat: der Kirche, die, durch Verfassung, Bildung und Reichtum, sittlichen Einfluß, Schlagfertigkeit bedeutend stärker als die Krone, als alleinige Trägerin der Bildung die Zeit zu beherrschen berufen und dem weltlichen Adel mehr als

gewachsen war. Dies wurde jedoch das Verderben des Reichs. Denn ersetzen konnte das Priestertum die Kraft des Königstums doch mitnichten, und der Bischofsstab zerbrach, als er im Kampf gegen die Araber für Schwert und Szepter gelten sollte.

Da nun aber der beabsichtigte Schritt den schroffen Bruch mit allen bisherigen Überlieferungen dieser Krone und zumal mit der Staatslenkung des eben geschiedenen gewaltigen Herrschers enthielt, da es immerhin eine starke Partei eifriger Arianer gab, die, voraus die Geistlichkeit dieser Kirche, plötzlich aus Unterdrückern zu Unterdrückten werden sollte – denn Duldung verstanden diese Goten nicht, wie ihre Brüder in Italien, zu üben –, und da die Germanen im Reich nicht ohne Grund eine Bedrohung oder doch Verleugnung sogar ihrer Volksart darin erblicken konnten, ging man mit einer aufhorchenden, vortastenden Klugheit zu Werke.

Vor allem mußte das Ärgernis des Abfalls von des Vaters und den eigenen bisherigen Grundsätzen beseitigt oder geschwächt werden. Dazu gab es kein besseres Mittel als die Umkehr durch König Leovigild selbst schon vorbereitet darzustellen. Anknüpfend an die glaubhafte Tatsache, der Greis habe auf dem Sterbebett die Hinrichtung seines Erstgeborenen bereut, verbreitete man das sich sehr leicht hier anschließende Gerücht – zuerst bei Gregor dem Großen, dem *Freund Leanders*, taucht es auf –, er habe auch seine Katholikenverfolgungen, von welchen jene Tat nur die blutige Folge, bereut und verworfen. Von da war nur ein kleiner Fortschritt zu dem Beisatz, er habe sich selbst heimlich dem unterdrückten Glauben zugewendet, »und dies nur aus Furcht vor seinem Volk nicht offen zu tun gewagt« – Leovigild freilich sehr unähnlich! –, ja, er habe sogar befohlen, seinen Erben Rekared in diesen Lehren zu unterweisen, und zwar habe er zu diesem Geschäft erkoren – denselben Leander von Sevilla, der die Seele der Handlungen Hermenigilds und einer der gefährlichsten Feinde des Königs gewesen war! So erzählt zuerst abermals Papst Gregor.

Diese Vorgänge, zu frühest nur von dem Leander nahe befreundeten Haupt der katholischen Kirche, gewiß in bestem Glauben, berichtet, passen so ausgesucht zu der vorbereiteten Maßregel und passen so entschieden nicht zu Leovigilds gesamter Königs- und Heldengestalt, daß wir aus dem feinverschlungenen Gewebe nur den *einen* Faden, diesen aber ganz sicher, herausgreifen: Auch bei diesen Vorbereitungen und Ausstreuungen spielte der geistvolle Leander die Hauptrolle; alle Tatsachen, alle Zeitgenossen weisen darauf hin.

Im Zusammenhang mit diesen Gerüchten von Leovigilds Umstimmung stand ein weiterer, ebenfalls sehr wohl berechneter Schritt: Der König ließ bald nach seiner Thronbesteigung an demjenigen, der bei der Hinrichtung Hermenigilds am meisten beteiligt war, einem gewissen *Sisbert*, eine beschimpfende Todesstrafe vollziehen.

Denn die Erinnerung an Hermenigild mußte bei dem vorgesteckten Plan für Rekared wahrlich nicht eben günstig sein. Er hatte den Bruder durch eidliche Zusicherungen in des Vaters Namen aus seiner Zufluchtsstätte entfernt und, wenn er auch den blutigen Ausgang nicht zu verantworten hatte, beschämend war es doch, daß er jetzt zu demselben Glauben übertrat, für den er, trotz seines Eides, untätig jenen hatte sterben sehen. Hermenigild galt den Katholiken als ein Blutzeuge: In der Bestrafung seines Mörders leistete Rekared gewissermaßen Sühne für die frühere Haltung, bewährte seine brüderliche Liebe, bekräftigte

jene Gerüchte von des Vaters Sinnesänderung und zeigte Katholiken und Arianern ermutigend und einschüchternd seine Gesinnung.
Da gleichwohl arianischer Widerstand, der kirchlich und staatlich zugleich werden konnte, im Innern zu erwarten war, strebte Rekared nach Frieden, ja Bündnis (foedus) mit den bisherigen Glaubens- und Reichsfeinden im Ausland, den bis dahin alleinigen Verfechtern des Katholizismus, den Frankenkönigen. Seine Stiefmutter Godiswintha (die Mutter Brunichildens, Großmutter Childiberts), mit der er sich eng verband – sie versöhnte sich scheinbar mit dem so lange verfolgten rechtgläubigen Bekenntnis –, sollte das vermitteln. Rekared wollte dabei auch die bisherige Stellung des gotischen Hofes zu den merowingischen Hausparteiungen vollständig umkehren.
Guntchramn zwar hatte seine empfindlichen Schläge und die Begier nach dem schönen Septimanien noch nicht vergessen. Er ließ die Gesandten Rekareds gar nicht vor – sie gelangten nur bis *Mâcon* –, woraus neuer Groll zwischen Goten und Burgundern erwuchs. Eine Zeitlang wurde der Reise- und Handelsverkehr der beiden Grenzlande gesperrt; ja die Goten drangen unter Verheerungen bis zum zehnten Meilenstein vor *Arles*.
Aber mit Childibert kam schon jetzt ein enges Freundschaftsbündnis zustande, schwerlich ohne geheime Mitteilung des bevorstehenden Glaubenswechsels.
Denn nun gingen König Rekared und Leander an das Werk. Noch im ersten Jahr seiner Regierung lud der Sohn Leovigilds die arianischen und die katholischen Bischöfe zu einem Glaubensgespräch nach Toledo, in welchem beide Teile ihre Lehren vortragen und begründen sollten. An wirkliche Bekehrung der gesamten *einen* Partei glaubte dabei niemand; der Ausgang, den dieser Redekampf nehmen sollte, war im voraus festgesetzt: der König erklärte sich – »durch schwere Gründe, himmlische und« – setzte er, aufrichtig genug, hinzu – »*irdische*, bewogen« für die katholische Lehre.
Bei diesem freimütigen Bekenntnis waren wir gewiß berechtigt, uns nach den »irdischen«, das heißt den staatlichen Gründen des folgenden Schrittes umzusehen.
Sehr viele gotische Laien aus dem Adel traten schon jetzt mit dem König über, andere, die große Menge des Volks, folgten allmählich nach.
Mit großer Klugheit erleichterte die Kirche den Übertritt, indem sie sich mit der segnenden Handauflegung eines rechtgläubigen Priesters begnügte, von einer zweiten Taufe jedoch, an der viele Anstoß genommen haben würden, Abstand nahm.
Auch der König ließ sich bekreuzen und salben. Daß aber auch die Mehrzahl der anwesenden arianischen Bischöfe schon damals übertrat, erklärt sich, im Zusammenhalt mit den späteren Widerstrebungen, nur durch die Annahme, daß die eifrigsten Arianer bei einer Versammlung gar nicht erschienen waren, deren Zweck und vorbestimmten Ausgang sie wohl erkannt hatten. Immerhin zeigt dieser Verlauf der Dinge, welch starke Fortschritte der Katholizismus im stillen bereits gemacht hatte.
Bald ging eine zweite Gesandtschaft an Childibert ab, die den vollzogenen Übertritt anzeigte und unter reichen Geschenken (zehntausend Solidi) für Rekared um die Hand der *Choldoswintha*, der Schwester Childiberts und der Ingundis, warb.
Welch große Bedeutung in diesen Verbindungen dem Bekenntnis zukam, zeigt die auffallende Tatsache, daß Childibert sich auf jene Nachricht hin entschloß,

sein Königswort, mit dem er die Schwester bereits dem arianischen Langobardenkönig *Authari* verlobt hatte, zu brechen und sie dem katholischen Freier zuzusagen – vorbehaltlich der Zustimmung Guntchramns, seines Ohms. Dieser aber war fürs erste noch nicht zu gewinnen. Er wies die Brautwerber mit der Erklärung ab, er könne den Goten nicht mehr trauen, die Ingundis der Gefangenschaft und dem Tod in der Fremde – vergebens erbot sich Rekared, seine Unschuld an deren Schicksal durch Eid oder jedes andere Mittel zu erhärten –, ihren Gatten dem Henker preisgegeben; er habe jene Frevel noch zu rächen und werde bis dahin keinen Gesandten Rekareds annehmen. Und er ergriff eifrig jede Gelegenheit, diese Rache ins Werk zu setzen.

Gegen die Adelsempörungen der kleinen »Tyrannen« wahrte Rekared Macht und Ansehen der Krone mit Nachdruck. Man begreift, daß solche Empörung sich nunmehr in der Regel mit Wiedererhebungen der Arianer verbanden. Denn der König, welcher den Glaubenswechsel auch aus »irdischen« Gründen beschlossen, wollte denselben eben aus diesen irdischen Gründen im ganzen Reich in Bälde durchgeführt sehen; es sollte keine Arianer mehr geben. Die hierfür getroffenen scharfen Maßregeln – Verbrennung aller arianischen Bücher (wir dürfen deshalb den Arianismus nicht so sehr tief unter die Bildung der katholischen Geistlichen stellen, wie man sich versucht fühlt und zum Teil wohl auch berechtigt ist durch den Mangel an hervorragenden arianischen Schriftstellern, weil ja die Leistungen der Arianer durch ihre Gegner aus der Welt geschafft wurden), Ausschluß der Arianer von allen Hof- und Staats-, Heer- und Friedensämtern –, mußten leidenschaftlich Widerstand herausfordern. Drei arianische Erhebungen folgten rasch aufeinander, jede begreiflichermaßen von Bischöfen geleitet. Zuerst in dem immer unsicheren Septimanien. Viele dortige Goten hatten auf die Einladung des Königs den Katholizismus angenommen, aber an die Spitze der Beharrenden trat Bischof *Athalokus* (Athalaiks?), um seines Eifers und seiner Gelehrsamkeit willen ein zweiter Arius genannt; zwei Grafen, *Granista* und *Wildigern*, leiteten die kriegerische Bewegung, die Rekareds Sturz anstrebte. Da ließ sich der so eifrig katholische Guntchramn von Burgund durch seinen Haß gegen die »abscheulichen« Ketzer durchaus nicht abhalten, die Empörung der arianischen Septimanier wider den katholischen König mit den Waffen zu unterstützen, um dabei ein Stück des unablässig angestrebten Rhonelandes zu erschnappen. Aber rasch war der Aufstand niedergeschlagen, viele von Guntchramns Leuten wurden gefangen, auf den Plätzen der spanischen Städte feierte man Siegesfeste; Athalokus brach der Schmerz über den Abfall der Gläubigen und den Untergang seiner Kirche das Herz. Fast gleichzeitig hatten sich die Arianer in und um *Merida* empört, geführt von *Sunna*, dem Bischof dieser Stadt, und drei Grafen, *Segga*, *Witterich* und *Vakrila*. Allein der katholische Bischof von Merida, jener Mausona, jetzt siegreich zurückgekehrt aus der Verbannung, unterdrückte rasch und klug mit einem Herzog *Claudius* die Empörung die zugleich den Thron und die Kirche, nun die engsten Verbündeten, bedrohte. Zeichen und Wunder kamen wieder dem Schützling der heiligen Eulalia zu Hilfe: Graf Witterich fühlte in dem Augenblick, da er Mausona vor dem Tor seiner Basilika erstechen sollte, plötzlich den Arm gelähmt und verriet die Verschwörung.

Dem gefangenen Sunna bot man, falls er überträte, Begnadigung und einen neuen Bischofssitz. Er aber sprach: »Reue kenne ich nicht, katholisch werde ich

nicht, sondern leben oder sterben mit Freuden für das Bekenntnis, dem ich von Jugend auf gedient.« Für solche »hartnäckige Bosheit des Teufels« wurde er in einem morschen Schiff im Meer ausgesetzt, gelangte aber glücklich nach Afrika, bekehrte dort viele zu seinem Glauben und starb friedlich in Frankreich.
Im gleichen Jahr brach die dritte Arianerempörung aus, geführt von der glaubenswütigen Arianerin Godiswintha. Die Königinwitwe hatte anfänglich, Rekared nachgebend, den Katholizismus angenommen, jetzt aber unter der Mahnung des Bischofs *Uldila* wollte sie wie Hermenigild und Ingundis auch ihren zweiten Stiefsohn verderben. Guntchramn von Burgund leistete abermals eifrig Hilfe. Aber nach Entdeckung der Verschwörung wurde Uldila verbannt, die leidenschaftliche Greisin gab sich selbst den Tod (oder starb vor zornigem Schmerz; an Hinrichtung ist bei dem allerdings dunklen Ausdruck vitae terminum dedit *nicht* zu denken), und der letzte und mächtigste Versuch Guntchramns auf Septimanien wurde so großartig abgeschlagen, daß man in dem Sieg Rekareds den Lohn Gottes für seinen Übertritt erblickte. Sechzigtausend Mann hatten die fränkischen Feldherren *Austrovald von Toulouse* und *Boso* in das gotische Gallien geführt und wieder hatte sich *Carcassonne* ergeben. Aber nachdem Boso schon früher gefallen war, lockte bei dieser Stadt der erwähnte Herzog Claudius Austrovald in einen Hinterhalt, in welchem dieser mit dem größten Teil seines Heeres den Tod fand (fünftausend oder neuntausend Tote, zweitausend Gefangene); die Flüchtigen wurden bis tief in fränkisches Gebiet verfolgt, Rekared schlug Siegesmünzen; von da ab gaben Guntchramn und seine Nachfolger die Angriffe auf Septimanien auf. Der König hatte nach diesem großen Erfolg nur selten mehr das Schwert zu ziehen. Die Erhebung eines gotischen Grafen *Arigmund* wurde leicht unterdrückt, die ausgewanderten Basken, die nun nach dem Glaubenswechsel aus Frankreich wieder in ihre alten, einstweilen anderen Ansiedlern verliehenen Sitze zurückkehren und, nach versagter Erlaubnis, Gewalt brauchen wollten, wurden aufgehalten und zur Rückkehr gezwungen; die Kämpfe gegen die Byzantiner im Süden der Halbinsel schliefen allmählich (ohne ausdrücklichen Friedensschluß, wie es scheint) von selbst ein, da letztere jetzt durchaus nicht mehr, wie vor dem Glaubenswechsel, an den katholischen Bischöfen der gotischen Nachbarstädte Verbündete, sondern vielmehr sehr eifrige Freunde der Gotenherrschaft fanden. Der König wandte sich einmal an *Papst Gregor* mit der Bitte, ihm die weiland zwischen Justinian und dem Gotenreich (wohl unter Athanagild) abgeschlossenen Verträge zu verschaffen – vermutlich über die Gebietsabgrenzung zwischen Byzantinern und Goten in Spanien. Der Papst antwortete aber, das fragliche Archiv sei abgebrannt und überdies wolle er durchaus nicht dem König »ungünstige« Urkunden ans Licht ziehen; das heißt doch wohl: der jetzige Besitzstand sei für die Goten vorteilhafter als die damalige Grenzregulierung, was nach den Eroberungen Leovigilds sehr glaubhaft ist. Der Verkehr zwischen Rekared und dem großen Papst war ein höchst freundschaftlicher. Die Freude zu Rom über die Bekehrung der Goten war begreiflichermaßen sehr lebhaft. Von allen Germanen gehörten jetzt nur noch die Langobarden (und an ihrer Katholisierung arbeitete bereits der Papst im Bunde mit seiner Freundin, der Königin *Theodelindis*, mit Eifer und Erfolg) dem verhaßten Bekenntnis an, das bis auf Chlodovech, das heißt, vor etwa neunzig Jahren, alle ihre Stämme umfaßt hatte, die nicht noch Heiden waren. Bezeichnend sind die Geschenke, die Papst und König tauschen. Dieser schickte dreihundert

Kleider für Arme und Mönche und einen kostbaren mit Edelsteinen besetzten Kelch; der Papst schenkte ein Stück von der Kette Petri, einige Haare Johannes des Täufers, Splitter vom Kreuze Christi und das Pallium für Leander, den gewaltigen Metropolitan von Sevilla, den Gregor während dessen Verbannung zu Byzanz näher kennengelernt hatte. Dieser kluge, mutige, seelenbeherrschende Priester sah nun nach langen, schweren Kämpfen seine kühn erfaßten Ziele glänzend erreicht. Er war offenbar von Hermenigilds Bekehrung an der geistige Leiter der Katholisierung gewesen, die nun, trotz allen Anstrengungen und Siegen eines großen Königs, vollständig gelungen war. Wahrlich, wohl verdient war es, daß Rekared dem Papst Leander zu hoher Auszeichnung empfahl, der die Freundschaft zwischen ihnen beiden vermittelte; der König nennt seinen früheren Glauben eine »fluchwürdige Ketzerei« und erbittet für sich und seine Völker den Segen des Papstes. Dieser wird ihm auch zuteil, aber der Papst kann es nicht unterlassen, ihn zur »Demut« zu ermahnen, und Leander weist er an, den König, den »gemeinschaftlichen Sohn«, streng zu überwachen.
Die innere Geschichte dieses Reiches hat darzustellen, in wie zahlreichen Richtungen die Regierung dieses Königs eine entscheidende Wendung bezeichnet. Alle diese Erscheinungen sind zurückzuführen auf den Zweck, der auch dem Glaubenswechsel zugrunde lag: möglichst Annäherung der beiden Völker des Reichs. »Er stellte«, sagt ein Chronist, »Spanier und Römer in volle Rechtsgleichheit mit den Goten.« Dabei suchte die Krone, wie bemerkt, ein Gegengewicht wider den weltlichen Adel in den Bischöfen. Dementsprechend wurde das dritte Konzil von Toledo, das (a. 589) unter Vorsitz Leanders und Mausonas zweiundsechzig Bischöfe vereinigte, der Ausgangspunkt einer neuen Entwicklung: *das Konzil wurde Reichstag.* Auf diesen Versammlungen mußte aber der Episkopat mit der Priesterschaft, abgesehen von seiner überlegenen Bildung und seinem hohen Ansehen, schon vermöge des Zahlenverhältnisses die volle Übergewalt über den Laienadel bieten, denn das Verhältnis war ungefähr wie fünf oder vier zu eins. Jenes Konzil bestätigte feierlich die Verwerfung des Arianismus, dessen Bekenner verflucht wurden. König, Königin, die anwesenden Edlen legten das rechtgläubige Bekenntnis ab. Das Konzil erließ aber auch bereits außer kirchlichen rein weltliche Rechtsordnungen, die der König zum Teil in sein Gesetzbuch aufnahm. Durch die Bischöfe bändigte der König fortan freilich den junkerlichen, meisterlosen Adel, aber die Bischofsmütze wuchs alsbald über die Krone hinaus: *die Bischöfe haben fortab diesen Staat beherrscht.* Sie haben ihm ein ganz geistliches Gepräge aufgedrückt, haben ihm aber in seiner Gesetzgebung, wenn nicht in seinem wirklichen Leben, allerdings eine bedeutend höhere Bildung vermittelt, als in den anderen Germanenstaaten erreicht wurde. Es ist möglich, daß der gotische Staat alten Schlages nur durch so gewaltige Helden- und Herrscherkräfte fortgeführt werden konnte, wie sie Leovigild ausgezeichnet hatten, jedenfalls aber hat Rekared, so wohlmeinend und begabt er war, in schroffstem Umsprung aus der Richtung seines Vaters in die Bahnen gelenkt, die das Reich zum Untergang geführt haben. Zeitgenossen empfanden den Gegensatz von Vater und Sohn sehr scharf, und selbstverständlich kommt bei dem Vergleich der letzte Ketzerkönig übel genug weg, seine reichserrettende Kraft und Strenge wird als Härte, seine Sparsamkeit und planmäßige Thronbereicherung als Habgier, seine aufgeklärte Auffassung des Verhältnisses von Staat und Kirche als Glaubenslosigkeit, seine Bekämpfung der katholischen Empörungen als Glaubensverfol-

gung dargestellt, während an Rekared die Milde, die Freigebigkeit, mit der er Kirchen und Klöster gründete oder beschenkte, nicht genug gepriesen werden können. »Er war ganz entgegengesetzt dem Vater; dieser höchst kriegsgewaltig, aber ohne Glauben, der Sohn groß im Frieden und gläubig fromm, der Vater des Volkes Reich durch die Waffen erweiternd, der Sohn es durch Ruhm des Glaubens erhöhend. Nachgiebig war Rekared und sanft, von seltener Herzensweichheit, schon sein Antlitz spiegelte so viele Güte, daß er selbst die Bösen zur Liebe zwang, er, der seine Schätze in dem Dank der Armen anlegte.« Seinem Leben entsprach sein gottseliges Ende, begleitet durch öffentliches Bekenntnis seiner Sündenreue.

Ihm folgte durch Wahl, nicht kraft Erbgang, den Bischöfe und Adel nicht aufkommen ließen, sein Sohn *Leova II.* (Mai a. 601–603); der zwanzigjährige Jüngling gelangte nicht dazu, die guten Eigenschaften zu bewähren, welche die dankbaren Freunde seines Vaters, die Priester, von ihm rühmten; schon nach achtzehn Monaten empörte sich gegen ihn der oben erwähnte Graf *Witterich*, nahm ihn gefangen und ließ ihn nach abgehauener Schwerthand töten. *Witterich* (Dezember a. 603 bis Oktober 610) vertrat den weltlichen Adel, der die Bischofsherrschaft nicht willig ertragen mochte. Dies genügt, seine Strenge gegen die Kirche zu erklären – er ließ in den sieben Jahren seiner Herrschaft kein Konzil abhalten–, ohne daß man der unwahrscheinlichen Angabe einer späten Quelle Glauben zu schenken braucht, er habe den Arianismus wiederhergestellt. In wiederholten Feldzügen gegen die Byzantiner vermochte er nur *Segontia* (Gisgonza am Guadalete) zu erobern. Eine merowingische Heirat fiel abermals unglücklich aus. Er hatte seine Tochter *Herminberga* vermählt mit dem Nachfolger Guntchramns, *Theuderich II.*, dem Sohn Childiberts und Enkel Brunichildens. Aber der schickte die Gotin, der er eine Buhle hatte opfern müssen, nach einem Jahr unberührt, doch aller mitgebrachten Schätze beraubt, zurück (a. 607). Diese Schmach zu rächen, verband sich Witterich mit den beiden anderen Merowingerkönigen und mit den Langobarden zum Krieg gegen Theuderich, der jedoch aus unbekannten Gründen nicht zum Ausbruch kam. Bald darauf wurde Witterich bei einem Gastmahl ermordet, vielleicht von Verschworenen der bischöflichen Partei. Sein Nachfolger *Gunthimar* (a. 610 Oktober bis 14. August 612) war den Priestern ergeben; er belagerte ohne Erfolg einige byzantinische Städte, wehrte baskischen Räubereien und, als heidnische *Avaren* das fränkische Ostland bedrohten, unterstützte er Theuderich gegen den Sieg der heidnischen Unholde über christliche Völker: eine damals noch sehr seltene Äußerung des Gemeingefühls christlicher Staaten gegen heidnische Barbaren. Sein Nachfolger *Sisibut* (a. 612–620) ließ durch seine Feldherren *Svinthila* und *Rekila* Empörungen in den asturischen und baskischen Bergen dämpfen, er selbst aber betrieb mit bestem Erfolg die Bekämpfung der Byzantiner. Durch die Avaren auf der Balkanhalbinsel stark beschäftigt, konnte Kaiser *Heraklius* für die Truppen in Spanien nicht viel tun. In zwei Schlachten geschlagen, hielt sich der Statthalter *Cäsarius* nur mit Mühe in den Küstenburgen, zumal der König durch ausgesuchte Milde (Loskauf von Gefangenen aus dem Königsschatz) die Bevölkerung des griechischen Gebietes überall für sich gewann, war doch mit dem Arianismus die schlimmste Scheidewand zwischen Goten und Romanen gefallen und beliebt war die byzantinische Herrschaft wohl nirgends. Durch Vermittlung eines vom König gefangenen und freigegebenen Bischofs, dem sich dann noch ein Priester und ein Römer,

sowie zwei vornehme Goten anschlossen, wurde über Frieden und Abtretung bedeutender Strecken kaiserlicher Gebiete verhandelt.
Die Byzantiner hatten damals noch zwei Gruppen von Besitzungen in Spanien: westlich der Meerenge am Atlantischen Ozean die äußerste Südspitze des heutigen *Portugal* (*Algarbien*) mit *Lacobriga* und *Ossonoba*, dann östlich der Meerenge, am Mittelmeer, einen viel größeren Küstenstrich von *Colopona* im Westen bis *Sucruna* im Osten. Diesen weit bedeutenderen Teil seines spanischen Gebietes trat Kaiser Heraklius dem ihm persönlich bekannten König im Frieden von a. 615/616 ab. Manche der verhaßten Kastelle wurden sofort von den Goten geschleift. Sisibut war mit der Bildung seiner Zeit in seltenem Maß vertraut. *Isidor von Sevilla*, der ihm eine philosophische Schrift zugeeignet hat, bezeugt das ausdrücklich. Der König hat selbst eine noch erhaltene Lebensbeschreibung des *heiligen Desiderius* verfaßt und die gefeierte Basilika der *heiligen Leokadia* zu Toledo gebaut; seine Chronik der Goten ist leider verloren. In den Briefen dieses gelehrten Fürsten, dessen Güte und Milde gepriesen wird, atmet aber *eine* wilde Leidenschaft: die des Glaubenshasses. Und unter seiner Regierung beginnen die maßlos glaubenswütigen Judenverfolgungen, die nun die Katholiken- und Arianerverfolgungen ablösen und wahrscheinlich zu dem Verderben des Reiches stark beigetragen haben. Die Juden hatten durch ihren, oft wohl wucherisch erworbenen und mißbrauchten Reichtum den Neid und Haß der Christen erregt. Die Kirche aber war es, nicht der Staat, die den Anstoß zu der Verfolgung gab. Sie bediente sich des weltlichen Armes nur als Werkzeug. Die Gesetze dieses Staates sind ja seit Rekared fast alle von der Kirche eingegeben; und ganz besonders gilt das von Gesetzen zur Bekämpfung der Ketzer und Juden. Die niedere Geistlichkeit, die Beamten und der Pöbel haben dann freilich in der Ausführung dieser Gesetze das von Episkopat und König gewollte Maß oft gröblich überschritten. Bis auf Rekared hatten die Juden, durch die römische Gesetzgebung nur wenig belastet, in Spanien eine sehr günstige Stellung genossen, sie hatten nicht nur christliche Ehefrauen und Sklaven, sie bekleideten Finanz- und Richterstellen; ein sehr reicher vornehmer Jude, dem halb Minorca eigen gehörte, war comes, »Graf« auf dieser Insel.
Übrigens vergab der König bei aller Frömmigkeit den Rechten der Krone gegenüber dem Episkopat nichts, dessen Zurückdämmung von der Vollherrschaft über diesen Staat die Aufgabe jedes tüchtigen Nachfolgers Rekareds sein mußte. Einen scharfen Verweis erteilte er dem Bischof *Eusebius von Tarraco*, kaum mit dem Finger habe er an dessen Schreiben rühren mögen; der Bischof halte es mit elenden, aufgeblasenen Leuten, treibe Kult mit den Knochen der Toten, versäume darüber die Pflicht gegen die Lebenden, gebe sich den Stiergefechten mit blinder Leidenschaft hin usw.; er zwingt ihn, den vom König Vorgeschlagenen als Bischof von *Barcelona* anzuerkennen. Als er bald darauf starb, a. 620, dachte man – sehr bezeichnend – sofort an Vergiftung; sein Sohn, Mitregent und Nachfolger *Rekared II.* starb bald darauf (16. April a. 621). Nun wurde der tapfere Feldherr *Svinthila* zum König erhoben (a. 624–631), der zunächst einen neuen Einfall der *Basken* abwehrte und das Heer dieser »bergedurchschweifenden Stämme« in den Schluchten von *Alava* und *Rioja* so geschickt umzingelte, daß sie freien Abzug erkauften nur durch völlige Unterwerfung und Übernahme der demütigenden Verpflichtung, an der Festung *Oligitum*, die zu ihrer Bändigung bestimmt war, selbst mitzubauen. Darauf erwarb er sich den hohen Ruhm, zuerst

ganz Spanien unter das gotische Szepter zu bringen, indem er den Byzantinern auch ihre letzten Besitzungen entriß. Mit der ihm eigenen Raschheit griff er sie plötzlich an, schlug sie in offenem Felde, nahm den einen Patricius gefangen, gewann den anderen für sich und bedrängte die führerlosen und hoffnungslosen Truppen so lange, bis sie sich in den letzten Seehäfen Algarbiens einschifften. Achtzig Jahre lang hatte sich Byzanz, an den Küsten festgeklammert, behauptet. Aber dieser verdienstreiche Herrscher sollte nicht auf dem Thron geduldet werden. Er hat es verständlichermaßen durchgesetzt, seinen Sohn *Rikimer* als Mitherrscher und Nachfolger anerkennen zu lassen, scheint aber kein Freund des Episkopats gewesen zu sein, da er, im Widerspruch mit wiederholten feierlichen Kirchenbeschlüssen, in zehn Jahren kein Konzil zusammentreten ließ, diese geistlichen Heeresmusterungen, welche die Macht des Episkopates jedesmal schon durch seine Schaustellung vermehrten.

Da nun ferner der tüchtige König sich mit kräftigem Schutz der kleinen Gemeinfreien gegen den Druck des reichen Adels annahm – »Vater der Armen« nannte ihn das Volk –, verfeindete er sich auch die weltlichen Großen, und dem Bündnis von Episkopat und Adel war das schwache gotische Königtum nie gewachsen. Die Strenge, mit der er Adelsverschwörungen durch Todesstrafen und Einziehung ahndete, genügte der Priesterschaft, gegen den ihr verhaßten König den Vorwurf der Grausamkeit zu verbreiten, und die späten, trüben, ausschließlich kirchlichen Quellen berichten von »Freveln« (scelera) – der Hauptfrevel war wohl die Nichtabhaltung von Konzilien. Es spricht stark für den König und gegen seine Feinde, daß diese nur durch Hilfe des fränkischen Erbfeinds und Preisgebung eines ruhmvollen altgotischen Kleinods zu siegen hofften. In dem stets unsicheren Septimanien empörte sich Graf *Sisinanth*, ließ sich krönen und erkaufte die Waffenhilfe des Merowingers *Dagobert I.*, des Enkels Fredigundens, durch das edelste Stück des gotischen Königshortes: ein fünfhundert Pfund schweres Goldbecken, das Held Thorismund dereinst (a. 451) von den Römern als seinen Anteil an der hunnischen Siegesbeute ertrotzt haben sollte. Gierig griff der Merowinger mit beiden Händen zu und schickte zwei Feldherren mit zahlreichen Truppen. Sisinanth zog mit ihnen über die Pyrenäen, die Feinde des Königs schlossen sich überall an, und bevor es bei *Saragossa* zur Entscheidung kam, trat das ganze Heer, auch sein eigener Bruder *Gaila*, zu dem Empörer über. Man sieht, die Wühlereien der Gegner waren klug, wie gewöhnlich, und erfolgreich gewesen. Svinthila und sein Sohn wurden in ein Kloster gesteckt, ihr und ihrer Sippe Güter eingezogen. Die Goldschüssel wurde den Gesandten Dagoberts übergeben, aber die Goten konnten das Kleinod nicht verschmerzen und nahmen es mit Gewalt zurück, worauf Sisinanth eine unglaublich hohe Geldsumme als Ersatz zahlte. Sisinanth war lediglich ein Werkzeug der Bischöfe, die Herstellung ihrer Vollherrschaft war der Zweck seiner Erhebung gewesen. Das vierte Konzil von Toledo (a. 633) bestätigte gesetzlich diese Unterwerfung des Szepters unter den Bischofsstab, der gelehrte Isidor von Sevilla, Leanders Bruder und Nachfolger, führte den Vorsitz. Er hatte den »Vater der Armen« mit seinem Lob in den Himmel erhoben, jetzt fand er nicht Worte genug, ihn zu schmähen. Aber freilich: »Sisinanth flehte, vor den geistlichen Vätern kniend, in unterwürfigster Haltung des ganzen Leibes unter Schluchzen und reichen Tränenströmen um Fürbitte bei Gott.« Vielleicht regte sich ihm doch das Gewissen wegen seines Treubruchs. Kurz und deutlich sagt eine andere Quelle: »Er regierte drei Jahre, hielt eine Versammlung der Bischöfe, war willfährig und befolgte die rechtgläubigen katholischen Vorschriften.« Einen solchen Fürsten mußte der Episkopat freilich gern auf dem Thron befestigen. Der Verräter Gaila wollte, scheint es, den Sturz seines Bruders durch neue Verschwörung für sich verwerten, das Konzil strafte ihn durch Entziehung seiner Würden und Einziehung seiner Güter. Außerdem bedrohte die Versammlung Empörung gegen den König mit dem Kirchenbann und wahrte und regelte eifrig das Wahlrecht der Bischöfe und Großen zum deutlichen Beweis, welcher Geist, welche Absicht das Konzil leitete. Der kraft dieses Wahlrechts gekorene Nachfolger *Kindila* (März a. 636–640) war selbstverständlich wieder ein blindes Werkzeug der Bischöfe. Von ihm wird, seine Herrschertaten erschöpfend, gesagt: »Er hielt sehr viele Synoden mit den Bischöfen und kräftigte das Reich durch den Glauben.« Leider war das Gegenteil der Fall: um den »Glauben« handelte es sich gar nicht, sondern um die schrankenlose Herrschaft der Bischöfe über den Staat, um die äußerste Durchführung der theokratischen Grundsätze Augustins, wonach der Staat nur Mittel der Kirche ist und nur so viel Gültigkeit für seine weltlichen Gesetze fordern kann, als die Kirche ihnen beilegt: »Nur so viel justum und legitimum enthält die lex temporalis, als ihr aus der lex aeterna, welche die Kirche auslegt, zufließt.« Gleich im ersten Jahr seiner Regierung beruft der König ein Konzil nach Toledo (das fünfte: a. 636), das seine Wahl bestätigte, seine Herrschaft durch Bannflüche gegen Empörung, Wahl eines Gegenkönigs sichert, auch seine Kinder durch Strafandrohungen schützt. Schon anderthalb Jahre darauf wiederholt das sechste Konzil (a. 638) von Toledo jene Beschlüsse und erklärt, jeder Thronfolger und der Adel habe die Ermordung des Königs zu rächen, nur dadurch könnten sie den Verdacht der Mordschuld von sich abwälzen, eine sehr bezeichnende Begründung! Den Sohn eines solchen Fürsten, *Tulga*, wählten die Bischöfe natürlich gern zu seinem Nachfolger, aber nur kurze Zeit regierte er (20. Januar a. 640–641). *Kindasvinth*, ein gewaltiger Greis, ein Herrschergeist vom Schlage Leovigilds, steckte den Jüngling mit geschorenem Haar ins Kloster und bestieg den Thron. Dieser Schritt war nicht lediglich Empörung aus persönlicher Herrschsucht – neunundsiebzig Jahre zählte der Mann, als er nach der Krone griff. Er bedeutete eine grundsätzliche Umwälzung, es war die Ermannung des weltlichen, des eigentlich staatlichen Elements im Reich gegen die priesterliche Gängelung.

Denn zwar hatte der weltliche Adel sich dem Episkopat angeschlossen, eine so kräftige Herrschergewalt, wie sie Svinthila geführt, zu stürzen. Aber nun, nach dem Siege, mochte er erkennen, daß er doch von der Beute, das heißt von der Gewalt im Staat, im Vergleich mit den frommen, aber klugen Verbündeten allzuwenig davongetragen hatte. Dazu kann die Einsicht getreten sein, daß der stets wachsende Reichtum der Kirche an Grundbesitz allen spanischen Boden zu verschlingen drohte. Die Zahl der kleinen Gemeinfreien, die als Knechte in das Eigentum der Kirche und damit aus den Reihen der Heerbannpflichtigen traten, schwoll erschreckend an; die Wehrkraft des Staates nach außen sank und im Inneren betrieb das Reichskonzil neben den Judenverfolgungen eine Gesetzgebung, die das Germanische völlig durch römische und kanonische Satzungen verdrängte und dem Westgotenrecht zwar früh eine unvergleichlich feinere Ausbildung verlieh, als die anderen Germanenreiche der Zeit ihren »Volksrechten« geben konnten, zugleich aber Züge des Überreifen, Altklugen,

Gekünstelten, Verknöcherten, des Durch-und-durch-Ungesunden und Unvolkstümlichen.
Neben etwaigen persönlichen Beweggründen, die aber mehr für seinen Sohn als für den hochbetagten Vater die Krone der Empörung wert erscheinen lassen mußten, waren es gewiß solche grundsätzlich staatliche, volkstümliche Erwägungen, die Kindasvinth auf den Thron drängten. Er war, bei früheren Adelserhebungen oft beteiligt, in Kenntnis solcher Umtriebe ergraut. Er berief »sehr viele Senatoren«, das heißt jene Edlen, die regelmäßig zu dem Reichskonzil geladen wurden, und handelte mit ihrer Zustimmung bei Absetzung des »Pfaffenkönigs«. Mit eiserner Kraft führte der harte Greis, Leovigild vielfach ähnlich, seine Verbesserungen durch. Aber nicht nur die Bischöfe, auch jene störrischen junkerlichen Adelsgeschlechter bändigte er schonungslos, die bisher kräftige Könige zu morden gepflegt hatten.
Fredigar schildert diese Schritte Kindasvinths in seiner Weise: »Der König hatte die böse Sitte (morbus) der Goten in Entthronung ihrer Könige erkannt, war er doch selbst oft Teilnehmer solcher Pläne gewesen. Daher kannte er genau die trotzigen Geschlechter, von denen Gefahr drohte, und sicher wußte er sie zu treffen. Da ließ er denn alle, die sich früher bei Vertreibung der Könige beteiligt hatten oder in Verdacht der Empörung standen, mit dem Schwert ausrotten oder verbannen. Zweihundert der Vornehmsten, fünfhundert der Geringeren soll er auf diese Weise getötet haben, ihre Frauen und Töchter und ihr Vermögen wurden den Anhängern des Königs zugeteilt. Da flohen viele, die ähnliche Strafe fürchteten, aus Spanien zu den Franken oder nach Afrika, riefen dort um Hilfe und trachteten von da aus, mit den Waffen zurückzukehren und Rache zu nehmen. Der König aber ließ nicht nach, bis er durch diese Strenge im ganzen Reich den Geist der Empörung gebrochen. Die Goten waren von ihm gebändigt und wagten nicht mehr gegen ihn, wie sie es mit ihren Königen pflegten, sich aufzulehnen. Dies Volk ist nämlich störrisch, wenn es nicht ein starkes Joch auf dem Nacken fühlt.« Diese Worte des Zeitgenossen sind höchst bezeichnend.
Der König berief a. 646 das (siebente) Konzil nach Toledo. Aber nur eine weltliche Frage wurde ihm vorgelegt: Es bedrohte auf Antrag des Königs mit Verbannung und Vermögenseinziehung jene gefährlichen Flüchtlinge, jene Empörer (tyranni) voll Hochmutes (superbia), die Provinzen vom Reich abzureißen trachten, den Heerbann unaufhörlich ermüden, zuletzt ins Ausland entweichen. Auch Geistliche waren unter diesen Flüchtlingen, welche die unter der Gewalt des Königs Stehenden nun absetzen, jeder Verkehr mit ihnen wird als Hochverrat bestraft. Überhaupt bändigt der König nicht nur den weltlichen Adel, auch die Bischöfe und Priester zwingt er, gegen alles Sträuben, vor dem weltlichen Richter Recht zu geben. Ganz besonders nimmt er sich aber der von den weltlichen und geistlichen Großen bedrängten kleinen Gemeinfreien an. Eine umfassende Besserung des Gerichtswesens und des Verfahrens, eine ganz außerordentlich verschärfte Strafgesetzgebung bedroht den stolzesten Paladin zum Beispiel mit den gleichen Todes-, Ehren-, Leibesstrafen wie den ärmsten Freien, sorgt für rasche Durchführung der Urteile gegen den trotzigen Ungehorsam der Großen. Ja, die Richter werden angewiesen, die hohen Geldstrafen zu mildern, wenn kleine Gemeinfreie dadurch betroffen werden, deren Freiheit oder Vermögen durch Vollbezahlung der hohen Bußsätze bedroht würde; daran schließt

sich dann die wohlwollende Gesetzgebung zum Schutz der Unfreien und Halbfreien gegen Grausamkeit und Willkür der Herren. Von größter Bedeutung endlich war es, daß Kindasvinth mit dem bisher wie in allen diesen Reichen auch im Westgotenreich geltenden Grundsatz der persönlichen Rechte brach, wonach die Goten nach gotischem, die Römer nach römischem Recht lebten, und statt dessen, unter Aufhebung des Breviars Alarichs II. und des römischen Rechts überhaupt, sein Gesetzbuch als westgotisches Landrecht in dem Sinn einführte, daß es nicht bloß, wie bisher für Goten, sondern auch für Römer und überhaupt für alle Reichsangehörigen gelten sollte: eine Tat, die immerhin ein starkes Staatsgefühl ausdrückt und wohl auch eine Abwehr der Verrömerung, die alles Germanische in diesem Reich zu verschlingen drohte. Freilich war das Gotenrecht selbst schon sehr stark verrömert, nur deshalb konnte man die Römer demselben zu unterstellen wagen.
Diese umfassenden Gesetzesarbeiten schon lassen erkennen, daß auf die ersten kämpfereichen Jahre, in denen die Meisterlosigkeit und Überhebung der Großen mit eiserner Gewalt gebändigt werden mußte, eine mehr friedliche Zeit dieser Regierung folgte. Der König hatte Sinn für Wissenschaft und Kunst. Er sandte einen Priester, *Tajo*, von Saragossa nach Rom, dort Werke Gregors des Großen zu kaufen, die im Gotenreich nicht mehr zu haben waren; er verkehrte viel mit dem als Gelehrten und Dichter gefeierten *Eugenius von Toledo*, dem er auftrug, die Gedichte des *Dracontius* verbessert herauszugeben.
Auch der Kirche gegenüber setzte der kräftige König seinen Willen durch. Er erhob eben diesen Eugenius vom Archidiakon des Bischofs *Braulio von Saragossa* trotz dessen Beschwerde, er könne in seinem hohen Alter dieser Stütze nicht entraten, zum Metropolitan von Toledo. Geistvoll und höflich zugleich erwiderte er dem wackeren Braulio, gerade sein Bittschreiben bezeuge durch Gedankenfülle und Kraft des Ausdrucks, daß er einer Stütze durchaus nicht bedürfe. Dabei bekundete er aber durch viele reiche Geschenke an Kirchen und Klöster seine fromme Gesinnung. Nicht die Kirche, nur ihre Herrschaft über den Staat bekämpfte er. Manche seiner angeblichen Klostergründungen sind freilich nur Legende, so wahrscheinlich auch die von *Sankt Roman* (zwischen *Toro* und *Tordesillas* am *Duero*, wo die Mönche noch im siebzehnten Jahrhundert eine ausführliche, aber falsche Lebensbeschreibung des Königs und seiner erdichteten Genossen *Sankt Roman* und *Otho* vorwiesen), er sollte das Kloster als seinen Begräbnisort gebaut haben. Jedenfalls wurde er noch im späten Mittelalter hier als Heiliger verehrt.
Kindasvinth hatte a. 649 seinen Sohn *Rekisvinth* als Mitherrscher und einstigen Nachfolger anerkennen lassen, wie es heißt, auf Anraten von geistlichen und weltlichen Großen. Aber die wahre Anregung wird wohl auf den Vater oder den Sohn zurückzuführen sein; von da ab überließ der Hochbetagte die Herrschaft dem Sohn fast allein. Er starb, neunzig Jahre alt, am 1. Oktober a. 652. Rekisvinth (Oktober a. 652–762) war eine milde, für seine Herrscheraufgaben nur allzu milde Natur. Er gab die von seinem gewaltigen Vater für das Königtum in heißem Kampf gewonnenen Vorteile, unter Mißbilligung der Härte Kindasvinths, wieder an Bischöfe und Adel zurück.
In diesem Reich konnte zunächst nur ein unerschütterlich befestigtes Königtum die angeborenen und durch die Geschichte anerzogenen Fehler der Nation heilen; der Adel vertrat nicht etwa, wie dies in anderen Staaten jener und späterer

Tage war, die alte germanische Volksfreiheit gegen ein unbeschränktes Königtum – jene alte ehrwürdige Freiheit war den Goten längst abhanden gekommen –, sie verfocht nur ihre selbstischen Standesvorteile, ihren eigenen Trotz nach oben und Druck nach unten und das Gegenteil alles Staatsgeistes: die meisterlose und pflichtlose Selbstherrlichkeit des Junkers. Rekisvinth gewährte nicht nur dem Adel und der Priesterschaft alle Forderungen, er beantragte selbst auf der Versammlung zu Toledo Straflosigkeit für alle überwiesenen Empörer und forderte die Aufstellung von Schiedsrichtern für Beschwerden einzelner gegen den König, denen sich die Krone unweigerlich unterwerfen müsse.

Wenn dies das Ansehen des Thrones, das wahrlich ohnehin nie groß war in diesem Staat, herunterziehen mußte, schwächte ein bedeutender Steuernachlaß die Mittel der Regierung. Und auch eine weitere Anordnung, die unter anderen Umständen die Kräftigung der Krone hätte herbeiführen mögen, konnte, ja, sie *sollte* in dem Zusammenhang, in dem sie auftritt, mitnichten so wirken. Da nämlich die Macht des Adels wesentlich auf seinem Reichtum, vorab Grundbesitz mit Hinterlassen, beruhte, hätte das Königstum, neben der Gewalt, die ihm das Recht zumaß, durch Ansammlung eines bedeutenden Kronguts, an Stelle der fehlenden Hausmacht eines erblichen Geschlechts, ein tatsächliches Gegengewicht anstreben sollen. Statt dessen verordnete der König – oder besser gesagt das Konzil und der Reichstag –, daß bei dem Tode des Königs nur, was er nachweisbar bei dem Regierungsantritt schon mitgebracht, seinen Erben verbleiben, alles andere aber, also nicht bloß die Krongüter, sondern, wenigstens dem Wortlaut nach, auch alle Errungenschaft des königlichen Privatvermögens seinem Nachfolger zufallen solle. Daß man hierbei nicht die Bereicherung des *Throns*, sondern die Beraubung des *Königs* bezweckte – man wollte Bereicherung der Königshäuser auf Kosten und aus den Mitteln des Fiskus verhindern –, erhellt aus der engen Verbindung dieser Bestimmung mit der feierlichen und umständlichen Anerkennung des unbeschränktesten Königswahlrechts des geistlichen und weltlichen Adels, zu welcher sich Rekisvinth verstand. Wenn er damit auch nicht »das von seinem Vater schon zu einem Erbreich gemachte Land« – so weit war Kindasvinth entschieden nicht gekommen – wieder zu einem Wahlreich machte und dadurch den »Grund zum Untergang des blühenden Königreichs legte«, so bekräftigte er doch dadurch aufs nachdrücklichste den Verzicht auf die von Kindasvinth und allen besseren Herrschern erreichten oder erstrebten Ziele und verriet damit einen Mangel an Einsicht oder an Kraft, den alle seine vielgerühmten Verdienste um das friedliche Aufblühen des Staates nicht aufwiegen können.

Rekisvinth hat nicht nur sehr zahlreiche Einzelgesetze erlassen – es spricht auch große Wahrscheinlichkeit dafür, daß auf ihn die letzte wichtigste Gesamtveröffentlichung des ganzen westgotischen Gesetzbuchs zurückzuführen sei. Kriegerischen Ruhm hat er nicht angestrebt. Gleich im Anfang seiner Regierung hat er einen räuberischen Baskeneinfall, diesmal geführt von einem verbannten oder geflüchteten gotischen Vornehmen *Froja*, der dabei nach der Krone trachtete, aber den Tod fand, zurückgewiesen. Bis an den *Ebro* waren sie schon vorgedrungen, *Saragossa* (Caesaraugusta) hatten sie hart umstürmt (in den Nächten jener schlimmen Tage schrieb damals *Tajo* in der belagerten Stadt die »Sentenzen« Gregors des Großen ab, die er aus Rom geholt). Dagegen wurde dem König die Auszeichnung, daß ihm und dem Bischof *Hildifuns die heilige Leokadia* erschien.

Als Wahrzeichen wird noch heute in Toledo ein Stück ihres Schleiers gewiesen, das der Bischof mit dem Dolchmesser, das ihm der König dazu reichte, abschnitt; den Bischof belohnte später eine Erscheinung der Himmelskönigin selbst dafür, daß er ihre Jungfräulichkeit gegen die Irrlehrer verteidigte, die behaupteten, sie habe nach Christus Joseph Kinder geboren. Rekisvinth baute Kirchen (zum Beispiel die zu *Bagnos*), beschenkte sie reich mit kostbaren Geräten, verschärfte die Judenverfolgungsgesetze, hielt zahlreiche Konzilien ab und verbot jede Anfechtung der katholischen Lehre in Wort und Schrift, was zumal gegen die jüdischen Gelehrten gerichtet war, bei den schweren Strafen von Amtsverlust, Verbannung und Vermögenseinziehung. Sonst ist aus seiner zwanzigjährigen Regierung keine Tat zu verzeichnen. Eine Quelle rühmt von ihm: »Er liebte alle sehr und wurde von allen sehr geliebt, denn er war so mild und demütig, daß er unter seinen Untertanen wie einer ihresgleichen schien.« Er starb am 1. September a. 672 in der Villa *Gerticos* bei *Salamanca*, wohin er sich in der Schwäche hohen Alters zurückgezogen hatte.

Wohl stärker als die Teilnahme hatte die Vorschrift des Wahlgesetzes, daß der Nachfolger an dem Sterbeort des Vorgängers zu wählen sei, die weltlichen Großen in reicher Zahl in die entlegene Villa gezogen. Dort wurde einer von ihnen, *Wamba* (a. 672–680), ein sehr tapferer Kriegsmann, gekoren und am 19. September a. 672 zu Toledo von dem Metropolitan *Quiricus* in der Basilika von Petrus und Paulus gesalbt.

Alsbald erhob sich gegen ihn eine Empörung in Septimanien. Graf *Hilderich von Nîmes* hatte Strafe zu befürchten, weil er, gegen die Gesetze, die Juden in Septimanien geduldet hatte. Sich der Ahndung zu entziehen, griff er nach der Krone. Das gotische Gallien war um so leichter gegen Wamba zu gewinnen, als es bei seiner Wahl nicht vertreten gewesen war. Hilderich verschmähte die Hilfe der alten Reichsfeinde, der Franken, nicht. Da der Bischof seiner Stadt, *Aregius*, standhaft an dem rechtmäßigen König festhielt, schickte er ihn in Ketten nach Frankreich, ihn durch Abt *Ranimer* ersetzend. Denn die Städte waren durch bischöflichen Einfluß am sichersten zu beherrschen, so hatte er vorher schon den *Bischof von Magelona, Gumild*, gewonnen. Wamba, durch Empörungen der Basken und Asturier in Spanien festgehalten, schickte zur Unterwerfung von Septimanien, das sich zum großen Teil dem Empörer angeschlossen, seinen Feldherrn *Paulus*, von byzantinischer Herkunft, ab. Da aber dieser Verräter mit seinen zahlreichen Truppen an die Spitze der Aufständischen trat, nahm der Krieg große Verhältnisse an, die Tatkraft des Königs auf eine schwere Probe stellend. Paulus hatte wohl längst schon im stillen nach der Krone getrachtet. Noch in Spanien bereitete er alles sorgfältig vor; auf dem Zug durch Tarraconien gewann er den Herzog dieser Provinz, *Ranosind*, den *Garding Hildigis* und andere Große; die baskischen Stämme um *Alava* und *Bureda* wurden durch Geld, das man zum Teil den Kirchen entriß, in der Empörung bestärkt, mit den merowingischen Königen wurden geheime Bündnisse geschlossen.

Scheinbar voll Eifers gegen die Empörer hob Paulus auf dem Wege noch neue Truppen aus und forderte und erlangte, in Septimanien angelangt, immer noch im Namen König Wambas, Einlaß in die Hauptstadt *Narbonne*. Vergeblich hatte sich der Bischof der Stadt, *Argibaud*, vor seinen Plänen gewarnt, widersetzt. Jetzt warf Paulus die Maske ab, erklärte vor seinen Heerführern und dem Adel von Tarracon, der ihm gefolgt war, die Wahl Wambas (vielleicht wegen Nichtbefragung Septimaniens?) für nichtig und forderte zur Wahl eines anderen Königs auf. Nach der Verabredung schlug Ranosind nun Paulus vor, der sofort, jeder Abstimmung zuvorkommend, die Versammelten für sich vereidigte. Der Graf von Nîmes und dessen Anhang schlossen sich dem unvergleichlich mächtigeren, neuen Anmaßer an. Da nun gleichzeitig die Basken, die Catalonier und manche Städte von Tarraconien sich gegen König Wamba erhoben, sah dieser alles Land nordöstlich vom Ebro in flammender Empörung. Aber der tapfere Mann verzagte nicht. Er verwarf den Rat seiner Feldherren, zunächst nach Toledo zurückzukehren, um dort stärkere Rüstungen zu betreiben, beschloß vielmehr, durch Schnelligkeit und Kühnheit, was ihm an Truppen fehlte, zu ersetzen und die Feinde, durch blitzgeschwinde Schläge überraschend, niederzuwerfen. Mit der geringen Macht, mit der er zur Bekämpfung der baskischen Räuber ausgezogen war, als er die Nachrichten von allen neuen Empörungen empfing, brach er zuerst rasch die steilen Burgen jenes Gebirgsvolkes auf ihren fast unersteiglichen Porphyrnadeln, erschien dann plötzlich vor den empörten Städten Tarraconiens und schreckte sie, zumal *Barcelona* und *Gerunda*, zur Unterwerfung. Nachdem kaum die nötigste Ruhe den Truppen gegönnt war, eilte der König mit seinem in drei Haufen geteilten Heer auf drei Straßen über die Pyrenäen: auf der alten Römerstraße dem Meer entlang der rechte Flügel, in der Mitte der König selbst durch die Schluchten (clusurae) von *Ausonne* (Vich), der linke Flügel unter Herzog *Desiderius* durch die *Cerdagne* und deren Hauptstadt *Julia Livia* (Puigcerda). Überall wurden, zum Teil nach erbitterter Gegenwehr, die Bergkastelle gestürmt, welche die Pässe sperrten: der »Geierhorst« (*Vulturaria*, heute Oltrera), *Caucoliberi*, *Sordonia* im Tale von *Carol*. Der linke Flügel trieb die Verteidiger, *Herzog Araugisel* und *Bischof Hyakinthus von Urgel*, der König aber *Ranosind* und *Hildigis* von Stellung zu Stellung und endlich, den Abhang der Pyrenäen herunter, vor sich her in die septimanische Ebene, wo sich nun die drei Abteilungen vereinigten und auf Narbonne zogen. Gleichzeitig erschien die königliche Flotte, die, von den spanischen Häfen ausgelaufen, den Marsch des rechten Flügels begleitet hatte, in der *Aude* und trug wesentlich zur Eroberung der Stadt bei, die nach dreistündigem Stürmen gelang. *Herzog Witimer* wurde, nachdem er zuvor die Wälle tapfer verteidigt, in einer Kirche nach verzweifelter Gegenwehr mit einem Brett niedergeschlagen und gefangen unter Geißelhieben durch die Straßen geführt. Darauf wurden *Agde*, *Beziers* und durch die Flotte *Magelone* zur Übergabe gezwungen, dessen Bischof Gumild, ein Hauptanstifter der Empörung, nach *Nîmes* entkam. Diese alte feste Stadt hatte Paulus zum äußersten Widerstand eingerichtet, die römischen Werke verstärkt, Lebensmittel für eine noch so lange Einschließung aufgehäuft. Bürger und Besatzung ermutigte er durch Hinweis auf ein großes Heer der Franken, das bereits durch die Täler der *Garonne* und der *Aude* zu ihrer Hilfe heranziehe. In der Tat teilte der König, diesen fränkischen Entsatzversuch abzuwehren, sein Heer. Etwa einen Nachtmarsch vor der Stadt bezog er ein festes Lager, den Anmarsch der Franken aufzuhalten und den Belagerungstruppen den Rücken zu decken, die er, dreißig Tausendschaften stark, unter vier duces vorausschickte. Die anschauliche Schilderung des Angriffs und der Verteidigung zeigt, daß die Goten in dem seit Jahren fortgeführten Belagerungskrieg gegen die byzantinischen Städte Spaniens in der Tat einiges gelernt hatten. Unter Schirmdächern führen sie den Widderkopf gegen die Wälle, suchen die Tore in Brand zu stecken, die Zinnen durch Geschosse aller Art von

Verteidigern zu säubern und dann auf Sturmleitern die Mauerkrone zu ersteigen, während die Belagerten durch Wurfgeschosse, Steine, Brände die Stürmenden und ihre Maschinen fernzuhalten oder zu begraben drohen. Der Sturm des ersten Tages wurde abgeschlagen. Am zweiten Tag schickte Wamba frische Tausendschaften unter *Herzog Wandimer*, und nun wurde die Stadt genommen, unter großem Blutvergießen, da die Einwohner in dem falschen Glauben, von den Empörern verraten zu sein (oder vielleicht umgekehrt) mit diesen selbst in Kampf gerieten, während gleichzeitig die Königlichen auf die Belagerten ohne Unterschied einhieben.
Paulus warf sich in das großartige römische Amphitheater und leistete in dieser »Arenaburg« (castrum arenarum) – noch 1809 stand ein angebauter Gotenturm (tours des Goths) daselbst – den letzten Widerstand. Der *Bischof von Narbonne, Argibald*, vermittelte (1.–3. September a. 673) zwischen dem König und dem um Gnade flehenden Anmaßer. Es bezeugt des Königs Machtgefühl und Großmut zugleich, daß diese Begnadigung gewährt wurde. Nur empfindliche Ehrenstrafen wurden verhängt, die eine künftige Wiedererhebung unmöglich machen sollten. Paulus und sechsundzwanzig andere (meist gotische, wenige römische Namen) wurden, ersterer an den Haaren, von zwei berittenen Herzogen durch die Stadt und das ganze Heer in das Lager vor den König geführt. Paulus warf sich dem König zu Füßen, gürtete sich den Schwertgürtel ab (ein Zeichen des Verzichts auf das Waffenrecht, das Gegenstück der Schwertleite), und alle bekannten sich undankbaren Eidbruchs schuldig. Nach Verlesung der Gesetzesstellen, die solche Empörung mit dem Tod bedrohten, begnadigte der König alle zu lebenslänglicher Haft mit Ehrverlust. Darauf richtete er das zerrüttete Septimanien wieder auf, stellte die Mauern von Nîmes, das schwer gelitten hatte, wieder her, beschenkte reich diese Stadt sowie die übrigen geschädigten Gemeinden, gab den Kirchen die von den Empörern geraubten Schätze wieder und kehrte nach halbjährigem Feldzug im Triumph in die Hauptstadt Toledo zurück. Ein fränkisches Heer, geführt von *Lupus*, dem dux des gallischen *Vasconiens*, war zwar in Septimanien eingefallen und bis in die Gegend von *Beziers* unter Plünderungen vorgedrungen. Aber vor den entgegengeschickten Goten hatte es nicht standgehalten, sondern unter Verlust von Gefangenen und Vorräten in schleunigem Rückzug das Land geräumt. Vornehme junge Franken, meist Austrasier, sogar Sachsen, die – als Geiseln für Erfüllung der merowingischen Versprechungen – im Lager der Rebellen mitgefangen worden waren, gab der König ohne Lösegeld frei.
Seit Kindasvinth hatte das gotische Königtum solche Kraft nicht bewährt. Wamba, der ausgezeichnete Feldherr, dessen Anwesenheit im Heer der Anmaßer Paulus an den vortrefflichen Anordnungen erkennt, nahm sofort nach seiner Rückkehr eine durchgreifende Verbesserung der Wehrverfassung vor. Dabei mußte er *Unfreie* in ausgedehntestem Umfang in den Heerbann einstellen. Nicht weniger als neun Zehntel aller Knechte sollten fortan ins Feld ziehen, nur ein Zehntel zu Hause bleiben, den Acker bestellen! Diese Maßregel erklärt sich durchaus nicht aus einer Abnahme der Bevölkerung überhaupt – wir sahen, welch starke Massen in der eben niedergeworfenen Empörung auf beiden Seiten aufgetreten waren –, sondern aus der Abnahme der *freien* Bevölkerung. Eine von Geschlecht zu Geschlecht anwachsende Masse von kleinen Freien vermochte den wirtschaftlichen Kampf um das Dasein nicht fortzuführen, die Pflichten, welche

die Gemeinfreiheit auferlegte, nicht mehr zu tragen, dem Druck, den die weltlichen, und der Versuchung, welche die geistlichen Großen ihnen gegenüber übten, nicht mehr zu widerstehen. In Masse gaben sie die erdrückende Freiheit auf und traten in sehr verschiedenen Rechtsformen als Knechte oder doch als Schutzbefohlene in Eigentum oder doch in Schutzgewalt eines weltlichen Edlen, mit ganz besonderer Vorliebe aber einer Kirche oder eines Klosters, unter Hingabe der kleinen Scholle an den weltlichen Schutzherrn, lieber aber noch an den Schutzheiligen der Kirche. Daß so viel häufiger geistlicher Schutz aufgesucht wurde, erklärt sich nicht nur zum guten Teil aus dem Glauben, durch solche Hingebung von Person und Gut den Schutz des Himmels und Lohn für eine gottgefällige Tat auch im Jenseits zu erwerben, auch aus den weltlichen Gründen der besseren, sorgfältigeren, friedlicheren Wirtschaft der geistlichen Großen und der mächtigen Stellung der Bischöfe und Äbte in diesem Reich.

Wenn jetzt der König neun Zehntel aller Unfreien für kriegspflichtig erklärte, so bewog ihn gewiß zunächst das Bedürfnis, die Tausendschaften, welche die Freien nicht mehr genügend füllten, durch dies Mittel zu verstärken. Vielleicht aber wirkte auch die feinere und tiefere staatliche Absicht mit, dem Eintritt in die Knechtschaft einen Hauptbeweggrund zu entziehen, denn gerade um dem drückenden Kriegsdienst zu entgehen, hatten wohl viele Freie die pflichtenreiche Freiheit hingegeben und dafür die schützende Knechtschaft eingetauscht.

Und so sehr hatte unter den Freien der Eifer abgenommen für die Erfüllung der Waffenpflicht gegenüber dem Staat – der Adel verloderte seine Kraft lieber in Fehden der Geschlechter und Landschaften untereinander oder gar in Erhebung wider die Krone –, daß der König die Nichtleistung mit Ehrlosigkeit bedrohen mußte. Aber so tief war das alte gotische Heldentum erkrankt, daß der Nachfolger Wambas das scharfe Mittel dieses Gesetzes wieder aufhob und zwar mit rückwirkender Kraft. Denn, sagte er, bei Anwendung jener Strafe würde der größte Teil des Volkes bereits die Ehrlosigkeit sich zugezogen haben!

Jenes Wehrgesetz wurde dem König zum Verderben, denn es hatte ihm die kirchliche Partei, das heißt also den wahren Machthaber dieses Staates, verfeindet. Der König hatte für die Unfreien der Kirchen – weitaus die größte Zahl im Lande – eine Ausnahme von der Kriegslast nicht gewähren können; das genügte, die Bischöfe zu bewegen, sich nach einem gefügigeren Fürsten umzusehen. Seine sonst bewährte Frömmigkeit, auch die gesetzentsprechende Judenverfolgung in Septimanien konnte ihn nicht schützen vor der Herrschaft und Rache der Prälaten. Rühren, wie manche Handschriften bezeugen, die Gesetze des Westgotenrechts V, 1, 6 und 7, über die Zügelung der Bischöfe wirklich von ihm her, durch welche die Erpressungen und Übergriffe der hohen Priesterschaft, der Bischöfe und Äbte in das Vermögen der ihnen anvertrauten Kirchen bekämpft werden, so erklären sie noch weiter den Zorn der Partei, die den undankbarsten Günstling bei dem Sturz seines Wohltäters, König Wambas, auf das mächtigste unterstützte und von dem Sieg des Heuchlers die reichsten Vorteile zog.

Unter Kindasvinth war ein vornehmer Byzantiner, *Ardebast*, an den Hof von Toledo gekommen und hatte eine Verwandte (Schwestertochter) des Königs geheiratet. Den Sohn desselben, *Ervich*, hatte König Wamba vor allen Großen ausgezeichnet, er hatte ihn zum Comes gemacht und mit anderen Würden und Ehren erhöht. Sein Vertrauen hatte ihn allen Paladinen vorgezogen. Zum Dank reichte ihm der Byzantiner einen Trank, der ihn töten sollte, aber den kräftigen Mann nur in eine dem Tod ähnliche Betäubung zu versenken vermochte.

In diesem Zustand wurde der Unglückliche zum Mönch geschoren und in eine Mönchskutte gesteckt, 14. Oktober. Ervich aber ergriff sofort (15. Oktober a. 680; bis 687) die Zügel der Regierung und wurde von den Bischöfen zum König gesalbt. Wamba starb nicht, machte aber auch nicht den mindesten Versuch, aus der Stille seines Benediktinerklosters *Pampliega in Burgos* wieder hervorzutreten und dem Giftmischer die gestohlene Krone abzukämpfen – was sich bei dem machtvollen Kriegsmann, der einst drei- und vierfach züngelnden Abfall und Verrat sieghaft niedergerungen, wohl nur daraus erklärt, daß er den Thronräuber in unangreifbarer Übermacht wußte. Diese Übermacht gewann Ervich durch die Kirche und die Kirche gewann er durch Preisgebung aller Errungenschaften Wambas für den Staat.

Eine Versammlung zu Toledo, in der nur fünfzehn weltliche Edle, aber eine ganz außerordentliche Menge von Prälaten erschienen, hatte die Aufgabe, die schmähliche Tat zu rechtfertigen, sie löste sie vortrefflich. Den Vorsitz führte derselbe *Julian von Toledo*, der während Wambas Herrschaft eine schmeichlerische Lebensbeschreibung dieses Königs verfaßt, dann aber vor allen an seinem Sturz gearbeitet und nun diesen Streich zu beschönigen die Aufgabe hatte. Da die übrigen Glieder der Versammlung entweder mitverschworen oder getäuscht waren, gelangte man leicht zum Einverständnis. Bezeichnend für diese Art von Theologenjurisprudenz sind die drei Gründe, die man für die Beseitigung Wambas und Erhebung Ervichs aufbaute: 1. Wamba habe durch die Scherung die Fähigkeit verloren, König zu sein. 2. Wamba habe Ervich unter Zustimmung der Großen zu seinem Nachfolger erhoben. Das war gewiß erlogen und, wenn nicht erlogen, verfassungswidrig und nichtig. Endlich 3. Julian habe auch Ervich schon gesalbt – eine Handlung, die staatsrechtliche Nichtigkeiten nicht heilen konnte und juristisch nur *eine* Bedeutung hatte: die des Verbrechens, des Hochverrats. Julian von Toledo beherrschte durch den Schattenkönig das Reich.

Er war ein bekehrter Jude – »wie die Rose aus Gedörn erblüht«, meint ein späterer Chronist – und zeigte den ganzen Eifer eines Bekehrten. Julian ist nicht die kleinste unter den großartigen Gestalten spanischer Kirchenfürsten, die von Leander bis auf *Sindred von Toledo* so gewaltig in die Geschicke dieses Reiches eingegriffen haben. Eine lebhafte Schriftstellerei – besonders gegen sein früheres Bekenntnis gerichtet – ließ ihm doch Zeit genug, Kirche, König und Staat zu beherrschen. Seine hochfahrende strenge Leitung wurde von den Priestern schwerer ertragen als von dem schon an geistliche Herrschaft gewöhnten Staat.

Das eben geschilderte zwölfte (a. 681) und das (a. 683) folgende dreizehnte Konzil von Toledo sind zwei verhängnisvolle Marksteine der fortschreitenden Vergewaltigung des Reiches durch die Kirche. Priester und Adel teilten sich in den zerrissenen Purpur des Königstums. Aufs neue wurden ihre Vorrechte und ihre tatsächliche Macht vermehrt. Was seit Kindasvinth und Wamba Gutes erbaut worden war, wurde planmäßig niedergerissen. Junkerliche Ungebühr, meisterlose Gesetzesverachtung, Überhebung und Parteiung des Adels, die Wamba so kraftvoll gebändigt, wuchsen dem König über Haupt und Krone. Der nahe bevorstehende Untergang des Gotenreiches, die Unterwühlung seiner Kraft zu erfolgreichem Widerstand – *eine* Schlacht warf es in Trümmer – wurde in

diesen Zeiten der heimlich schleichenden Ränke, der Palastrevolutionen und ihrer heuchlerischen Rechtfertigung vorbereitet.
Die Spießgesellen des Paulus wurden in alle Ehren und Rechte wieder eingesetzt von dem König, der in den Feinden Wambas seine Stützen erblicken mochte. Der Dank für solch törichte Schwäche der Krone blieb nicht aus; so zahlreich und gefährlich loderten neue Verschwörungen und Empörungen des Adels empor, daß nicht nur die Person des Königs feierlich für unverletzlich erklärt, sondern – seine Frau und Kinder *dem Schutze der Kirche* unterstellt wurden!
Auch sonst fehlt es nicht an Zeichen der Ohnmacht, der Furcht, vielleicht des quälenden Gewissens. Eine Äußerung von Reue ist vielleicht darin zu finden, daß Ervich unter Umgehung seiner »Kinder« den Neffen Wambas, *Egika*, zu seinem Erben einsetzte. Er vermählte ihn mit seiner Tochter *Cixilo* (möglich allerdings, daß ihm *Söhne* fehlten, obzwar immer von filiis, Kindern, gesprochen wird). Er verzichtete auf alle Steuerrückstände, was starken wirtschaftlichen Verfall infolge des Untergangs der kleinen und mittleren Freien und Überhandnahme der verderblichen Sklavenarbeit annehmen läßt. Er schwächte das kraftvolle Wehrgesetz Wambas bis zur Unkenntlichkeit ab, namentlich der Kirche gegenüber, und zwar mit rückwirkender Kraft. Er begnadigte alle, die nach jenem Gesetz bereits die Ehre verwirkt hatten. Das Wichtigste aus seiner Regierung ist die scheußliche Judenverfolgung, die er, Julians Willen erfüllend, ins Werk setzte, denn dieser Bekehrte glaubte durch greuelvollen Glaubenshaß, durch maßlose Mißhandlung der Bekenner seines alten Glaubens dartun zu müssen, daß er in Wahrheit Christ geworden und daß es ihm Ernst sei mit seinem neuen Glauben. Gleich im Anfang von Ervichs Regierung begann auf dem Konzil jene abscheuliche Gesetzgebung. Es war den Juden gelungen, unter dem schwersten Druck, der seit Rekared auf ihnen lastete, gleichwohl eine eigene Bildung und Wissenschaft zu pflegen. Ihre Gelehrten verteidigten ihren Glauben und griffen dabei wohl auch christliche Lehren an. Julian hatte gegen diese jüdische Literatur geschrieben; aber er fand es noch einfacher, sie zu verbrennen, als sie zu widerlegen, und er verfaßte jene achtundzwanzig Gesetze Ervichs, die alle früheren Glaubensverfolgungen in diesem Reich an Grausamkeit übertreffen.
Nach einigen Jahren legte der König, von Krankheit, Aberglauben und, wie es scheinen will, auch von Gewissensangst gepeinigt, das Szepter nieder, das er ebenso verwerflich geführt wie erlangt hatte, und ging in ein Kloster, wo er alsbald starb (15. November a. 687). Sein Nachfolger *Egika*, der Neffe Wambas, war nicht so ganz nur blindes Werkzeug der Priester, sollte aber dafür gar bald erfahren, daß die Bischöfe jede Regung königlicher Kraft bereits als unerträgliche Anmaßung betrachteten und mit Verschwörung und Empörung beantworteten. Er ließ durch das (fünfzehnte) Konzil von Toledo (a. 688) vor allem einen Widerstreit von Eiden lösen, der ihn in wichtigen Handlungen lähmte. Bei seiner Vermählung mit Ervichs Tochter hatte er jenem schwören müssen, dessen Haus zu schützen und in nichts zu schädigen, bei seiner Thronbesteigung aber hatte er den verfassungsmäßigen Königseid geleistet, gegen alle Untertanen Gerechtigkeit zu bewahren. Unter Ervich waren nun manche Vornehme, wahrscheinlich Anhänger Wambas und vielleicht Gegner der Kirchenherrschaft, ungerechtermaßen in Hochverratsprozessen samt ihrem (eingezogenen) Vermögen Gliedern des Königshauses als Knechte zugesprochen worden. Wollte nun Egika nach

der Gerechtigkeit diese Unschuldigen retten, so mußte er freilich jene Verwandten Ervichs »schädigen«. Das Konzil behandelte diese Aufgabe mit sichtbarer Vorliebe. Das Staatsrecht »moral-theologisch« auszulegen, war offenbar das höchste Vergnügen für diese Versammlung, deren widerspruchsvolle Doppelart das Wort »Staatskonzil« am besten bezeichnet. Man entband den König des nur privaten obzwar früheren Eides, sofern er ihn von Erfüllung des späteren Schwurs öffentlich rechtlichen Inhalts abhalten müßte. Übrigens scheint Egika bei aller Frömmigkeit und aller Verehrung der Kirche, die er in reichen Geschenken bewährte, doch nicht ganz so willenlos gegenüber dem Epsikopat gewesen zu sein wie Ervich oder doch nicht so, wie es Julians Nachfolger auf dem Stuhle von Toledo, *Sisbert*, wünschte. Dieser Sisbert ist ein anderer merkwürdiger Schlag westgotischen Bischoftums. Hatte Julian Schärfe und Schlauheit und lodernde Glut mit der Glaubenswut des Neubekehrten verbunden, so trat in Sisbert der unbändige Stolz des hohen weltlichen und der geistliche Hochmut des geistlichen Adels zugleich zutage. Einem der vornehmsten Adelsgeschlechter entsprossen, hatte der nicht minder hochstrebende als hochgeborene Mann die geistliche Laufbahn wohl nicht aus geistlichen Beweggründen eingeschlagen, sondern aus der Einsicht, daß der Mächtigste in diesem Staat nicht der vornehmste Edle, auch nicht der König, sondern der Metropolitan von Toledo war. Man beschuldigt Sisbert, seinen Weg zu diesem Ziel mit musterhafter Verstellung, mit trefflich geheuchelter Demut und tief geplanten Ränken verfolgt zu haben. Jetzt aber, im Vollbesitz der Macht, warf er diese angenommene Bescheidenheit ab. An der Spitze der kirchlichen Partei und als echter Ausdruck ihrer Herrschsucht zeigte er, daß diese Priester nicht etwa nur verweltlicht, sondern entschlossen waren, keine andere Stellung gegenüber dem Staat einzunehmen als die der Herrschaft über den Staat. Aber auch geistlicher Hochmut erfüllte diesen gotischen Edling so stark, daß er dadurch sogar das fromme Volk und die niedere Geistlichkeit empörte, legte er doch in übermütigstem Stolz das heilige Gewand an (die sancta cuculla), das die Himmelskönigin selbst dem heiligen *Hildifuns* aus den Wolken herab gebracht hatte und das bis dahin von keinem Sterblichen getragen worden war. Mit diesem Gewand bekleidet betrat er die bis dahin nie wieder beschrittene Kanzel, auf der die Jungfrau dem Heiligen erschienen war, für Sisbert von Toledo sollte nichts Himmlisches und Irdisches zu hoch sein. Und da der König sich nicht so fügsam erwies, wie sein Metropolitan wünschte, zum Beispiel die Juden im Anfang seiner Regierung schonte, griff dieser zu dem herkömmlichen Mittel der Verschwörung und Palastrevolution. Eidlich verpflichtete er die Verschworenen zum Geheimnis. Gift und Dolch sollten den König, seine Familie, seine treuesten Paladine beseitigen, um einem Fürsten von Sisberts Gnaden und Wahl Platz zu machen. Von dem Palast zu Toledo reichten die Fäden der Verschwörung bis in entlegene Provinzen. Aber der Anschlag wurde entdeckt und rasch vom König erstickt. Er verhaftete Sisbert in der Hauptstadt und trat dessen Mitschuldigen in den Provinzen mit solcher Übermacht entgegen, daß sie sich unterwarfen oder das Land räumten. Das (sechzehnte) Staatskonzil zu Toledo (a. 693) richtete über Sisbert nach den wiederholt verschärften Strafsätzen gegen Hochverrat. Neben der Exkommunikation traf ihn Absetzung, Vermögenseinziehung, Verbannung in ein Kloster. Ein Laie wäre dem wohlverdienten Tode nicht entgangen. Aufs neue wiederholt die Versammlung die Bedrohung der unausrottbaren Verschwörungen und Empörungen.

Aber schon im nächsten Jahre (a. 694) mußte das (siebzehnte) Konzil zu Toledo richten über eine neue Verschwörung sehr berechtigter Empörer: es waren die zur äußersten Verzweiflung getriebenen Juden. Um dem grausamen Druck der gesetzlichen Verfolgung zu entgehen, waren in den letzten Jahren viele Israeliten in die Staatskirche eingetreten, widerwilligen, empörten Herzens. Andere waren nach Nordafrika geflüchtet, wo sie unter den byzantinischen Statthaltern jedenfalls unvergleichlich besser daran waren als unter dem Joch der gotischen Bischöfe, welche die Ausführung der Verfolgungsgesetze zu überwachen hatten. Die römischen Judengesetze waren an Strenge mit den westgotischen nicht zu vergleichen und wurden überdies in jenem entlegenen Teil des Reiches nur ganz ausnahmsweise einmal (unter Kaiser Heraklius) genau angewendet. Diese nordafrikanischen Juden erfreuten sich aber eines höchst glücklichen Umschwungs ihrer Lage, seit der *Islam*, seit die *Mauren* das Land erobert hatten. Der geistverwandte strenge Monotheismus und bilderlose Gottesdienst stellte die Juden dem Islam näher als die Christen. Gegen den geringen Kopfzins aller Andersgläubigen gewannen die Juden in Afrika völlig freie Bekenntnisübung mit Aufhebung aller bisherigen Lasten. Die spanischen Juden, die in lebhaftem Handelsverkehr und anderen Verbindungen mit den überseeischen Glaubensgenossen standen, mußten seufzend Vergleiche anstellen; an Freiheit, Ehre, Gewissen, Leben, Habe fortwährend bedroht, konnten sie den Gotenstaat nur als lebenslängliche Strafgefangenschaft, ohne Verbrechen, betrachten. Angeblich – denn bewiesen ist es nicht, aber es wäre sehr begreiflich – verschworen sich nun die spanischen Juden mit den afrikanischen Juden, vielleicht auch mit deren maurischen Gebietern. Und der Zweck solch geheimer Verbindung konnte nur gerichtet sein auf eine Erleichterung des Jochs der gotischen Gesetze, vielleicht – denn, wie gesagt, an Beweisen fehlt es – durch eine bewaffnete Erhebung, unterstützt durch die Juden und etwa auch Mauren aus Afrika. Derartige Briefe der spanischen Juden wurden entdeckt, und nun brach, nachdem Egika sie glimpflicher behandelt, zum Beispiel ihnen, gegen das Gesetz, christliche Knechte zu halten gestattet hatte, eine Verfolgung über sie herein, die nichst Geringeres bezweckte, als alle Juden sofort oder spätestens in einem Menschenalter entweder zu Christen oder zu Sklaven zu machen.

Das Konzil beschloß: Verknechtung aller erwachsenen Juden, Verteilung derselben unter die Christen, Einziehung ihres Vermögens, Trennung aller Judenkinder von mehr als sechs Jahren von ihren Eltern, Verheiratung derselben mit Christen nach streng christlicher Erziehung. So wären denn die Juden in dem nächsten Menschenalter in Christen verwandelt worden, hätte das Gotenreich noch lange genug bestanden, die Durchführbarkeit solcher Gesetze zu erproben. Aber es ging zu Ende mit dem Priesterstaat.

Die Vorgänge auf diesem siebzehnten Konzil sind die letzten sicher beglaubigten Tatsachen in seiner Geschichte. Für die letzten siebzehn Jahre seines Bestandes besitzen wir nur späte, abgerissene Nachrichten, von Sage und Kunstdichtung duftig umrankt zugleich und verhüllt, von Gelehrtenfabeln wie von Spinngeweben überzogen, von absichtlicher Fälschung entstellt.

Egika starb (15. November a. 701 zu Toledo), nachdem es ihm gelungen war, schon bei Lebzeiten seinen Sohn *Witika* vielleicht als seinen Mitherrscher – er hatte seinen Sitz zu *Puy*, die unruhigen Sueben im Auge zu behalten –, jedenfalls als seinen Nachfolger anerkennen zu lassen.

Über diesen vorletzten König der Westgoten besitzen wir nur dürftige, späte, widerspruchsvolle Angaben. Die Verhandlungen des achtzehnten, von ihm nach Toledo berufenen Konzils, welche die besten Aufschlüsse würden gewährt haben, sind uns verloren. Sie wurden nach dem Sturz des Königs und dem Scheitern seines Besserungsversuchs von der siegreichen Priesterschaft vernichtet. Es ergibt sich nur etwa folgendes: der König war bei dem niederen Volk sehr beliebt, bei der Geistlichkeit in hohem Grade verhaßt. Er hat also wohl einen Versuch gemacht, das Joch des Episkopats von dem Nacken seines Staats zu schütteln. Dabei verdarb er es aber auch mit mächtigen Häusern des Adels. Er war nicht frei von der Unsittlichkeit des Volkes, die seit zwei Menschenaltern – trotz der stärksten Gewalt der Kirche über den Staat und der alles beherrschenden geistlichen Zucht! – erschreckend zunahm, er kränkte durch Ausschweifungen – so berichtet *späte* Sage – einzelne dieser Adelshäuser und übte dann gegen ihre Empörung gesetzliche oder vielleicht auch das Gesetz überschreitende Gewalt mit starker Strenge. Es spricht sehr stark zugunsten des Königs, daß die ältesten, seiner Zeit nächsten, also glaubhaftesten Quellen von all den später gegen ihn geschleuderten Anklagen nichts wissen: er erteilte zahlreiche Begnadigungen, vernichtete ungerechte Urteile und von seinen Vorgängern abgezwungene Schuldurkunden und machte seine Herrschaft im ganzen Reich beliebt.

Erst ein Jahrhundert später taucht in einer ausländischen entlegenen Quelle, der *Chronik von Moissac* (etwa a. 818), die Beschuldigung auf, er habe durch seine geschlechtlichen Leidenschaften Priestern und Laien ein böses Beispiel gegeben, und nun wachsen von Jahrhundert zu Jahrhundert die Anklagen bergsturzartig an. Je jünger, also je unglaubhafter, desto stärker gefärbt sind die Berichte: In der Chronik von *Albayda* – (a. 833), bei König *Alfons* († a. 912), *Lucas von Tuy* († a. 1250), während der diesem gleichzeitige Erzbischof *Roderich von Ximenez* († a. 1247) sich durch Unterscheidung einer besseren Anfangszeit und eines späteren Umschlags in das Böse zu helfen sucht. Außer jenen Ausschweifungen werden ihm nun vorgeworfen: Zerrüttung der Kirchenzucht, Aufhebung des Eheverbots für die Priester, Verfolgung des besseren Teils der Geistlichkeit unter Mitwirkung des Metropolitans *Sindred* von Toledo, Trennung der spanischen Kirche von Rom unter der (unmöglichen) Drohung, als Eroberer in der Stadt das Papstes einzuziehen, Gleichstellung der zurückberufenen Juden mit den Christen, Verbot des Waffentragens, Brechung aller Stadtmauern im Lande (außer *Toledo*, *Leon*, *Astorga*) – diese Maßregel, gegen die Untertanen gerichtet, sollte dann das schmählich rasche Erliegen vor den Mauren erklären, was der spanische Ritterstolz späterer Jahrhunderte allzu schmerzlich fand – endlich Verfolgung des Adels, zumal des Geschlechtes Kindasvinths, und dessen Führers, des großen Volkshelden *Pelayo*, des früh von der Sage gefeierten, wenn nicht völlig erfundenen Vorkämpfers und Erretters des in die Berge geflüchteten Christentums und Gotentums gegenüber dem Islam. Witika starb eines natürlichen Todes im ruhigen Besitz der Macht (Februar a. 710), die entgegengesetzten Berichte sind späte Erfindungen. Sein Nachfolger, der letzte Westgotenkönig, *Roderich*, gehört fast nur mit seinem Namen der Geschichte an. Die Handschriften des Gesetzbuchs, die in den Königsverzeichnissen ihn nennen, sind die einzigen sicheren Belege, daß er überhaupt geherrscht hat. Fälschungen sind seine angeblichen Münzen und seine Grabschrift (zu *Viseu* in Portugal). Der Eifer und die Eifersucht spanischer Altertumsforscher, die Frankreich nicht den Ruhm gönnten, die älteste christliche Einherrschaft zu heißen, hat im späteren Mittelalter zahllose und ganz ungeheuerliche Fabeln teils mit Bewußtsein erfunden, teils mit falscher Gelehrsamkeit und in äußerster Urteilslosigkeit zusammengeschmiedet: spanische Könige des siebzehnten Jahrhunderts sollten nicht nur von »Don Pelayo« und Kindasvinth, sondern von Theudis, Theoderich, Kaiser Theodosius abstammen. So hat diese verrückt gewordene Stammbaumweisheit zwischen Witika und Roderich einen *König Acosta* eingeschoben, – der lediglich ein Lesefehler (für a causa) ist, aber auch mit Gattin und Kindern beschenkt wurde!

Alles, was sich an den Namen König Roderichs, »Don Rodrigos«, knüpft, ist früh umrankt und umwoben von dem ebenso reizenden wie undurchdringlichen Schlinggewächs spanisch-christlicher und maurischer Volks- und Kunstdichtung, von einer ritterlichen Romantik, die ihre duftigen Blüten um diese Gestalten geflochten hat. Wie frische Waldblumen zu gemachten Flitterkränzen verhält sich jene Dichtung zu den gelehrt erkünstelten Geschlechterfabeln, die spätere Volkseitelkeit mit der staubigen Zurüstung gefälschter Stammbäume um die letzten beiden Gotenkönige geheftet hat.

Roderich, der Sohn eines tapferen Herzogs *Theudifrid* (eines Enkels oder Sohnes Kindasvinths), den Witika geblendet, schwingt sich nach dessen Tod mit Ausschluß der Königssöhne auf den Thron. Diese Prinzen und der Statthalter in Afrika, *Graf Julian*, den der König durch Verführung seiner schönen Tochter, *Dona Cava* oder *Florinda*, zu tödlicher Rache getrieben, rufen insgeheim die Araber ins Land. In der Entscheidungsschlacht – auf einem Wagen, mit acht weißen Zeltern bespannt, fährt der König in den Kampf! – gehen die Verräter, denen die Flügel des Christenheeres anvertraut sind, zum Feind über und Schlacht und Reich der Goten ist verloren. König Roderich verschwindet. Im Schilf am Flusse findet man seine Schuhe.

So die Sage. Die Geschichte weiß nur zu sagen, daß das Gotenreich zum Fall längst gereift war, als der Islam im Siegeslauf seiner jugendlichen Begeisterung in Nordafrika erschien und alsbald den leichten Sprung über die schmale Meerenge wagte.

Die alten inneren Schäden des Staates: Adelsparteiung, Thronstreit, Kampf von Staat und Kirche, waren unter den letzten Königen wieder blutend aufgebrochen; dazu trat ein immer anwachsendes Hauptgebrechen: es fehlte an einem starken gemeinfreien Mittelstand. Die gotischen Bauern – ein gotischer Handels- und Gewerbestand hatte nie geblüht – waren ratlose Schutzhörige und rechtlose Unfreie des geistlichen und weltlichen Adels geworden, ohne Verständnis und Teilnahme für den Staat, dessen Geschicke von den Konzilien und im Palatium zu Toledo entschieden wurden, wo nur jener doppelte Adel vertreten war. Ohne dessen Leitung zu handeln hatten jene Massen längst verlernt.

Das ganze Volk aber war und die herrschenden Stämme zumeist in seiner kriegerischen – Wamba muß den Mut bei Prügelstrafe befehlen – und sittlichen Kraft erschlafft, durch die Adelsgeschlechter im Kampf um die Krone tief gespalten und durch die Mischung mit entarteten Romanen verderbt. Es scheinen in der Tat geschlechtliche Laster häufig geworden zu sein. Dem Fall des Reichs fast gleichzeitige Quellen fassen diesen Schlag als Strafe solcher Ausschweifungen auf. Man sieht, die Sage hat vorbildlich den letzten Königen Witika und Roderich die verhängnisvollen Verirrungen des ganzen Volkes: Ausschweifung und

Parteihader, beigelegt – das ist die *geschichtliche* Bedeutung jener Überlieferungen. Bezeichnend ist schon die Klage Isidors, der doch so selten das Auge auf die Gegenwart wirft, über den zunehmenden Prunk der Frauen.

Die Darstellung der maurischen Eroberung liegt nicht in der Aufgabe dieses Werkes. Ihre reißenden Fortschritte, nach der einzigen Feldschlacht bei *Xerez de la Frontera am Guadalete*, bezeugen die äußerst geringe Widerstandskraft des tief gespaltenen Reiches. Das Königstum fällt mit dem König, Roderich erhält keinen Nachfolger. In wenigen Tagen tränkten die Mauren, unaufhaltsam von Südwest nach Nordost über die Halbinsel hinbrausend, ihre Rosse in den Fluten des Guadalquivir, der Guadiana, des Tajo. Rasch nacheinander fielen die festen Städte *Sidonia*, *Ecija*, *Cordoba*, *Malaga*, *Illiberis* (Granada). Ohne Widerstand öffnete das stärkste Bollwerk, die gefeierte Hauptstadt des Gotenreiches, die wohlgefügten Tore und siegreich wehte bald die grüne Fahne des Propheten von den Zinnen des alten Königsschlosses zu *Toledo*.

Erst in der harten Zucht eines Verzweiflungskampfes, eines Rassen- und Glaubensstreites, unter den Entbehrungen und Gefahren des Gebirgskriegs in den Felsschroffen der Sierren und Nevaden, wider verhaßte Unterdrücker, wie ihn Spanien dreimal gesehen hat – gegen Römer, Mauren und Franzosen –, wurde das Volk in seiner Mischung von Romanen und Goten zu neuer Kraft und Tüchtigkeit gestählt, aus welcher es, unter dem sinnbildlichen Zusammenschluß durch ein neu aufsprossendes Königstum, im glorreichen Ringen die schöne Blüte des castilischen Reiches entfaltet und schließlich nach siebenhundertjähriger Herrschaft den Halbmond wieder ganz von der pyrenäischen Halbinsel vertrieben hat. Der neue Staat dieses neues Volkes – Spanier, keine Goten mehr – war ein Lehensstaat, nicht mehr das altgotische Königtum.

Zeittafel der Westgotenkönige siehe Seite 212

Das Reich der Sueben in Spanien

(Karte Seite 148)

Sueben wandern von den Karpaten bis ins Baskenland — Das Reich überdauert anderthalb Jahrhunderte bis zur Eingliederung in das Gotenreich

Den Wandalen und Alanen hatten sich suebische Gaue bei der Wanderung nach Gallien und Spanien angeschlossen. Unmöglich ist es, zu bestimmen, welchem suebischen Stamm sie angehörten. Man hat an die Semnonen gedacht, durch deren Gebiet der Zug aus Pannonien an den Rhein führen *konnte*, aber Sueben (Markomannen, Quaden) wohnten auch den Wandalen nahe benachbart an der unteren Donau. Das Los teilte ihnen in Spanien den nordwestlichen Winkel der Halbinsel zu; diese felsenumschanzte natürliche Festung der gallácischen Gebirge erklärt allein, daß sich das zahlenmäßig kleine Volk trotz unaufhörlicher Kriege mit überlegenen Nachbarn und häufigen inneren Kämpfen länger als anderthalb Jahrhunderte in Selbständigkeit behaupten konnte. – Von dem Übergewicht der Alanen befreite die Sueben ein Sieg Waljas über jene. Darauf werden sie aber unter König *Hermerich* (a. 410–440) 419 durch die übermächtigen Wandalen in den »nervasischen Bergen« (viel bestrittener Lage: »heute Arvàs ?« oder zwischen Leon und Orviedo ?) eingeschlossen und schwer bedrängt. Erst deren Abzug nach Afrika schaffte den Sueben Luft. Spätere Erfindung, nicht echte Volkssage (geschweige Geschichte) ist, daß beide Völker, »weil sie erkannten, daß sie sich zu nahe«, durch Kampf zweier Knechte (pueri), wobei der wandalische gefallen, entschieden hätten, welcher Stamm die Halbinsel zu räumen habe. Anfangs standen mehrere Könige nebeneinander wie bei Wandalen und Alanen. Ein Suebenkönig *Hermigar*, neben *Hermerich*, nicht mit diesem zu verwechseln, ertrinkt, von dem rasch umkehrenden Geiserich bei Merida geschlagen, auf der Flucht in der Guadiana a. 429. Allzu hastig war er in das eben von den Wandalen geräumte Gebiet nachgerückt. Obwohl nach solcher Einbuße von den römischen Kastellen und Städten aus gleich darauf (noch a. 429) mit Erfolg angegriffen, brach doch *Hermerich* schon a. 430 wieder den ihm aufgedrungenen Frieden. Damals eilte Bischof *Idacius* (Hydatios) von *Chiaves*, der Chronist, nach Gallien zu Aëtius, Hilfe zu erbitten; denn jetzt, seit Wandalen und Alanen Spanien verlassen, die Westgoten es noch nicht wieder gewonnen hatten, a. 430–466, also über ein Menschenalter, schalteten die Sueben allein im Lande. Daß sie auch damals es nicht vermochten, ihre ursprünglichen Wohnsitze über die ganze Halbinsel auszudehnen, und die ferneren Gebiete mehr plünderten als zu erobern und zu behaupten trachteten, zeigt, daß ihre Volkszahl klein war. Hermerich, der a. 433–440 durch Krankheit mehr Ruhe zu halten genötigt war, nahm seinen Sohn *Relika* zum Mitregenten an. Dieser schlug (vielleicht a. 436) den kaiserlichen Feldherrn am Singilis (Xenil) in Bätica aufs Haupt, nahm Merida und Myrtilis (a. 437–439). Als Nachfolger seines Vaters folgte er (alleiniger König a. 440–448) dem natürlichen Drang des Volkes, von seiner Felsenburg im Nordwesten nach dem reicheren Südosten sich auszubreiten. Er schritt von der

Guadiana gegen den Bätis vor, gewann Sevilla und von da aus ganz Bätica und die Karthaginiensis. Der römische Versuch, wenigstens letztere beiden Provinzen zu befreien, endete mit der schweren Niederlage des Magister militum *Vitus* und seiner zahlreichen Truppen (a. 446).

Auf Rekila (gestorben als Heide, August a. 448 zu Merida) folgte dessen *katholisch* getaufter Sohn *Rekiar* (a. 448–456), der sofort Römer und Basken bekriegte. So mächtig hob sich damals das Suebenreich, daß der Westgote *Theoderich I.* gegen Rom sich mit Rekiar verband und diesem eine Tochter vermählte. Von einem Besuch bei seinem Schwiegervater zurückkehrend (Juli a. 449) verheerte Rekiar das Gebiet von Saragossa und überfiel, von Goten unterstützt, Ilerda (Lerida); a. 451 sucht Rom die Sueben zu Frieden und Bündnis zu gewinnen, vielleicht gegen Attila. Die in der Schlacht von Châlons genannten Sueben waren jedoch vielleicht eher Donausueben, die den Hunnen unterworfen waren. Als aber a. 455/456 römische und gotische Gesandtschaften den Suebenkönig zur Schonung der noch römischen Gebiete in Spanien vergebens aufgefordert hatten und Rekiar seinem Schwager *Theoderich II.* in törichter Überhebung seiner Macht drohte, wenn ihm dieser die spanischen Städte verwehren wolle, werde er Toulouse erobern, führten Goten und Römer einen kräftigen Stoß gegen die Sueben. Bis an den Uribicus (Obrigo) drangen die Verbündeten ungehindert vor, und am 5. Oktober a. 456 erfocht hier bei Paramo (zwölf römische Meilen von Astorga) Theoderich einen großen Sieg. Verwundet entkam Rekiar nur mit Mühe; er floh in das entlegenste Galläcien, schiffte sich hier ein (wohin?), wurde aber von widrigen Winden nach Portus Cale zurückgetrieben, dort gefangen und getötet. Theoderich hatte schon vorher die Hauptstadt des Suebenreiches, Braga, gewonnen (28. Oktober), er setzte einen von ihm abhängigen Warnen, *Aiulf*, zum Statthalter ein. Das suebische Reich schien erloschen; zwar versuchte Aiulf, dem Drängen der Sueben nachgebend, sich als König unabhängig zu machen, wurde aber a. 457 von den Goten geschlagen, zu Portus Cale gefangen und hingerichtet. Gleichzeitig, ja schon vorher (a. 456), hatte sich jedoch, wohl am Nordwestrand Galläciens, ein anderer Suebenkönig erhoben, *Maldra*, der Sohn des *Massila*, der sich im Norden und Westen behauptete und sogar Olisipona (Lissabon) gewann. Die Anhänger Aiulfs hatten (a. 457) im Süden des suebischen Gebiets *Franta* als zweiten König erhoben; nach dessen Tod a. 458 schlossen sie sich an Maldra an. Aber eine Zweiteilung der Sueben blieb, da ihnen dieser seinen Sohn *Remismund* als König bestellte. Vielleicht war Maldras Bruder, den er ermorden ließ, eine Zeitlang ein dritter Gaukönig. Maldra heerte im Duerogebiet a. 458, in Lusitanien a. 459/460 (entriß a. 460 den Goten Portus Cale), Remismund in Galläcien. Die gotischen Heerführer, die sich ablösten, Cyrila, Sigrich, Sunjarich, a. 459–460, vermochten nicht, die Sueben zu unterwerfen. Auch als Maldra Februar a. 460 ermordet war, gewannen die Sueben Lugo und am 26. Juli a. 460 durch Überfall Aquae Flaviae (Chiaves), den Bischof der Stadt in der Kirche gefangen nehmend. Der Führer dieser Unternehmung, *Frumari*, vielleicht der Vetter Remismunds, nahm nun den Königstitel an und behauptete sich im Westen bis an seinen Tod a. 463.

Gotische Waffen hatten einstweilen Scalabis am unteren Tajo und Lissabon gewonnen, Remismund sich eng an die Goten angeschlossen, wahrscheinlich Hilfe gegen Frumari zu suchen. Er erhielt von Theoderich II. eine Gotin, vielleicht eine Verwandte, zur Gemahlin. Diese Verbindung hatte die wichtige Folge, daß unter den Sueben, die bis dahin wohl noch größtenteils Heiden, sofern aber Christen, katholisch gewesen waren (in *einer* Familie, der königlichen, leben Heiden und Katholiken), nunmehr der Arianismus, von einem gotischen Bischof, *Atax*, verkündet, vom König eifrig begünstigt wurde. Gleichzeitig mit gotischen Kämpfen gegen die Römer in Gallien gewinnen die Sueben Coimbria, a. 465, später Lissabon und Annona. Eurich, Theoderichs Mörder, wies a. 466 Remismunds Gesandte ab und griff, in seinem Bestreben, ganz Spanien zu erobern, wie die Römer auch die Sueben an. Das Land litt schwer unter dem Druck und Kampf der beiden germanischen Völker. Hier (a. 468) bricht des wackeren Idacius Chronik ab und für ein Jahrhundert fast jede Kenntnis der suebischen Geschichte; nicht einmal die Namen der Könige vernehmen wir. Isidor, der sie leicht hätte erfahren mögen, hielt es nicht der Mühe wert, die Namen dieser Ketzer zu überliefern. Nur so viel wissen wir, daß bereits Eurich den Sueben all ihre Eroberungen im Südosten wieder entriß und sie auf ihre ursprünglichen Sitze, die galläcischen Gebirge, zurückdrängte. Erst mit dem Übertritt des Königs und des größten Teils des Volkes zum Katholizismus fällt auf jenen Staat wieder einiges Licht –: freilich nur der Dämmer der Kirchenfabel. König Theodemirs (etwa a. 560) junger Erbe war tödlich erkrankt. Vergeblich rief der Vater mit reichen Geschenken – das ganze Körpergewicht des Kranken in Gold und Silber – die Fürbitte Martins von Tours an, des größten Heiligen von Westeuropa. Der Vater erkannte, daß der katholische Wunderbewirker seine Kraft für Ketzer nicht geltend machen wollte. Da gelobte er heimlich den Übertritt und die Erbauung einer dem Heiligen geweihten Kirche – und alsbald genas der Knabe. So das Wunder der Kirchenfabel. Fest steht nur, daß im dritten und vierten Jahr jenes Königs a. 563 eine Synode zu Braga nach dem kurz zuvor erfolgten Glaubenswechsel die Neugestaltung der Kirche ordnete und daß die sehr bedeutende Gestalt des Bekehrers *Martin von Dumium* (gestorben etwa a. 580) seit a. 550 der Katholisierung durch zahlreiche Klostergründungen, zum Beispiel zu Dumium, Tibaes, Lorban, vorgearbeitet hatte und nun nachhalf. Theodemirs Nachfolger (Sohn ?), *Miro* (die Doppelnamen Theodemir und Miro, welche *beide* Könige führen, sind vielleicht aus der Neubenennung nach dem Übertritt zu erklären) (a. 570–583), bekriegte die *Rukonen* in Cantabrien (a. 571) und suchte sich durch Verbindung mit *Guntchramn von Burgund* zu schützen gegen das gewaltige Umsichgreifen Leovigilds, der a. 576 nur mit Mühe bewogen werden konnte, in Frieden oder Waffenstillstand das besetzte Suebengebiet wieder zu räumen. Bei der Empörung *Hermenigilds* trat Miro natürlich auf Seite des katholischen Anmaßers, wurde aber bei dem Versuch, diesem und Sevilla Entsatz zu bringen, von Leovigild eingeschlossen und zur eidlichen Unterwerfung und Heeresfolge *gegen* den Empörer gezwungen. Der König der Berge erkrankte, ungewohnt der Luft und der Wasser der Niederung (Gregor von Tours) und starb noch vor Sevilla oder bald nach der Heimkehr (a. 583). Sein Sohn und Nachfolger *Eborich* fügte sich der gotischen Oberhoheit. Er bat um Leovigilds Freundschaft, leistete ihm den Huldigungseid, wie sein Vater getan, und übernahm das galläcische Reich; aber gerade diese Unterwerfung scheint den Grund oder Vorwand für die Erhebung seines Schwagers *Audika* gegeben zu haben, der alsbald (a. 584) an der Spitze eines Heeres den Knaben vom Thron stieß und geschoren in ein Kloster steckte. Er heiratete dann die Witwe Miros, *Sisigunthis*. Allein Leovigild ließ nicht lange auf sich warten, Rache für seinen getreuen

Schützling und Wiederherstellung der gotischen Oberhoheit mußte er anstreben. Fast ohne Widerstand erlag Audika; er wurde a. 585 gleichfalls geschoren und in das Kloster Beja (Badajoz) gesteckt. Eborich wieder einzusetzen fällt aber diesem Rächer nicht ein, die Tonsur hätte ihn wohl nicht abgehalten; er fand es möglich und deshalb geboten, das Suebenvolk und Land, nicht zu vergessen den Königsschatz (thesaurum), vollständig dem Gotenreich einzuverleiben und keinen suebischen König, wenn auch unter seiner Oberhoheit, mehr zu dulden. Zwar versuchte der Suebe *Malorich* noch im gleichen Jahr die Wiederaufrichtung eines unabhängigen Königtums in Galläcien, wurde aber sofort von den Feldherren Leovigilds überwältigt und diesem in Ketten nach Toledo geschickt.

Seither ging das Suebenreich im Gotenreich auf, doch ist auf die Verschiedenheit der Spanier und Portugiesen die Verschiedenheit des Germanischen in der Mischung der beiden romanischen Völker, dort gotisches, hier suebisches Blut, nicht ohne Einfluß geblieben.

Daß sich manche Eigentümlichkeiten in diesen Landen, zum Beispiel auch im kirchlichen Leben, erhielten, haben wir gesehen. Ob aber die Sueben seit der Einverleibung, bis auf die Herstellung eines westgotischen Landrechts unter Kindasvinth, ihr suebisches Stammesrecht behielten, ist nicht zu ermitteln. Jedenfalls bewahrten sie es im Rechtsleben außer Streitverfahren und, in rein suebischen Fällen, auch im Streitverfahren sehr wahrscheinlich.

Wenn auch hin und wieder gotische Könige ihre Söhne, zum Teil als Mitherrscher, im alten Suebenland ihren Sitz aufschlagen ließen, so hatte das doch sicher nicht den Sinn, das Suebenreich als ein besonderes wiederherzustellen, sondern den gerade entgegengesetzten Zweck. Vielmehr nahmen die Gotenkönige seit a. 585 in ihren Titel manchmal den Zusatz »und König der Sueben« auf.

Übrigens gaben die Castilianer den Portugiesen bis auf die Zeiten Philipps II. im neckenden oder beschimpfenden Ton den Scheltnamen: »los Sevosos, Suevosos«, was vielleicht als Mißbildung des alten, als solchen nicht mehr verstandenen Volksnamens der Sueben gedeutet werden mag.

Die kleineren gotischen Völker

Die Heruler

Attilas Hunnen verdrängen die Heruler von der unteren Donau — Heruler brandschatzen Salzburg — Söldner von Rom, Byzanz und germanischen Stämmen — 3000 herulische Reiter gegen Totila — Langobarden vertreiben die Heruler bis Thule — Die gotische Wandersage berichtet von Herulern auf den Inseln der Ostsee — Der »König in Thule«

Die Heruler (von gotisch hairu, Schwert: daher vielleicht eins mit den ebenfalls nach dem Schwert benannten Suardonen) wohnten an der Südwestküste der Ostsee. Der gotischen Wandersage, nach welcher sie aus der »Insel Scanzia«, wo sie »wegen überwältigenden Heldentums« lange den ersten Rang eingenommen hatten, von den Dänen vertrieben werden, darf man wenigstens soviel glauben, daß einzelne herulische Gaue auch auf den Inseln der Ostsee siedelten. Dieser unstete, beweglichste aller germanischen Stämme hat dann aber aus seiner alten Heimat zahlreiche Gruppen ausziehen lassen, von denen sehr viele in römischem Dienst, zwar meist unter herulischen Anführern, aber ohne volkstümlichen Zusammenhalt und zumal ohne feste Ansiedlung, auf- und untergingen. Heruler wurden sehr häufig und wegen ihrer wilden, raschen (freilich etwas unbesonnenen und unbotmäßigen) Tapferkeit sehr gern in römischen Sold genommen; unter *Gallienus* stieg ein solcher Herulerführer bis zum Konsulat empor. Wahrscheinlich ungefähr gleichzeitig mit den anderen gotischen Völkern zog ein Teil des Volkes von der Ostsee an die Donaumündungen, ja nordöstlich über dieselben hinaus an die Mäotis (das Kaspische Meer), wenigstens wird Mitte des vierten Jahrhunderts ein Herulerkönig *Alarich* in jenen Gegenden von *Ermanarich* besiegt: »die (ost)gotische Stetigkeit trug es über die herulische Raschheit davon.« Diese südlichen Heruler scheinen sich vor den Hunnen immer mehr westlich donauaufwärts zurückgezogen zu haben, wurden aber doch von *Attila* unterworfen und, obzwar unter eigenem König, zur Teilnahme an dem großen Zug gegen Gallien a. 451 gezwungen. Nach Attilas Tod befreiten sie sich wie Gepiden und Ostgoten von dem hunnischen Joch. Um das Jahr 460 streifen diese Heruler so weit westlich wie bis *Salzburg*, das sie übel zurichten, doch sind ihre Heimatsitze viel weiter östlich, an der unteren Donau, wo sie sich mit anderen kleineren Völkerschaften kaum vor der erstarkenden ostgotischen Macht behaupten. Deshalb wohl suchen sie nach Westen zu weichen, deshalb vielleicht auch treten sehr zahlreiche Heruler damals in den Dienst von Westrom und von Byzanz. Unter *Odovakars* Söldnern fehlen sie nicht, in den byzantinischen Heeren des sechsten Jahrhunderts spielen sie unter ihren volksedlen, manchmal vielleicht dem Königshaus angehörigen Führern eine hervorragende Rolle. Der Heruler *Fara* führt dreihundert, später hundert seiner Stammesgenossen, er hilft den Sieg *Belisars* über die Perser bei Dara entscheiden, belagert den letzten Wandalenkönig in den Felsgebirgen von Pappua und bringt ihn zur Ergebung. In den Feldzügen gegen die Ostgoten in Italien zeichnen sich die Heruler ebenfalls aus, stets unter ihren angestammten Führern. Sie waren besonders *Narses* zugetan; als dieser abberufen wird, vermag sie Belisar nicht zu halten. Durch Verkauf ihrer Beute an das Heer des *Uraia* reich gemacht und den Goten deshalb geneigt, schwören sie, nicht mehr gegen diese zu fechten, und schicken sich an, in ihre Heimat abzuziehen; aber schon bei Venedig wird den meisten die Anwandlung leid, sie widerrufen den Eid und gehen nach Byzanz. Später reist Narses, von Justinian gesandt, zu ihren »Fürsten« und gewinnt wieder viele des Volkes für den kaiserlichen Dienst. In seinem entscheidenden Feldzug fechten dreitausend herulische Reiter gegen Totila und Teja unter ihrem Edling *Filimuth*, nach dessen Tod Narses ihnen *Vulkari* bestellt, den Neffen des vor Cesena gefallenen *Phanotheos*: »Denn sie mußten immer unter ihren eigenen Führern stehen.« »Vulkari, ein kühner Held, aber unvorsichtig und verwegen, erachtet nicht das für die Aufgabe des Führers, die Schlachtordnung aufzustellen und das Gefecht zu leiten, sondern allen voran vorleuchtend im Kampf überall mit eigener Hand die Feinde anzugreifen« – das ist der *germanische* Gefolgsführer, nicht der römische Feldherr. So gerät er in einen Hinterhalt *Butilins* bei Parma: »Als alle fliehen, bleibt nur er mit seinem Geleit von Lanzenträgern (vielleicht seiner Gefolgschaft), verschmäht die Flucht und fällt nach heldenhaftem Kampf gegen die Übermacht auf seinem Schild, und über ihm fallen alle, die bei ihm ausgehalten.« (Diese Söldnerführer hatten wohl oft als erlesenen Kern ihrer Schar eine Gefolgschaft um sich.) Nun wollten die einen *Aruth*, die anderen *Sindual* (*Sindvalt?*), beides ausgezeichnete, an Heldentum ebenbürtige Nebenbuhler, zum Führer erhalten. Narses bestätigt den letzteren, also eine Art von Wahl oder doch von Vorschlagsrecht der Söldner. Gerade vor Beginn der Schlacht bei Capua wird Narses gemeldet, einer der hervorragendsten Heruler habe soeben einen seiner (germanischen) Knechte wegen eines Fehls auf das grausamste getötet. Der Feldherr läßt den Mörder vorführen. Dieser leugnet durchaus nicht, erklärt, es sei das Recht des Herrn, seinen Unfreien zu strafen, anderen zur Abschreckung; Narses läßt den reulos Verstockten hinrichten. Man sieht, germanisches Volksrecht und römisches Strafrecht widerstreiten. Der Feldherr will seine Söldner nicht schalten lassen, als lebten sie nicht im kaiserlichen Lager, sondern als Volk in ihrer Heimat. Das erbittert die Heruler, »wie Barbaren nun einmal sind«, und erzürnt beschließen sie, sich des Kampfes in der beginnenden Schlacht zu entziehen. Da sich aber Narses gar nicht daran kehrt, sondern sich anschickt, ohne sie zu schlagen, lassen sie ihn sagen: er möge doch warten, sie wollten auch mit tun! »Das geschah«, sagt die Quelle, »damit man nicht spreche, sie hätten sich nicht um des Hingerichteten willen, sondern aus Furcht des Kampfes enthalten« – eine echt germanische Empfindung. Jener *Sindual* (*t?*) versuchte die nach dem Untergang der Ostgoten in Italien entstandene Verwirrung zur Errichtung selbständiger Herrschaft in den Bergen der *Breonen* (am Brenner) zu benutzen, wurde aber von Narses gefangen und getötet. Über die Geschichte des Herulerreiches an der Donau erfahren wir durch Prokop, was diesem zahlreiche Glieder dieses Volkes, mit denen er in Belisars Lager und zu Byzanz verkehrte, mitteilten. Diese Berichte sind sehr stark sagenhaft gefärbt, aber nicht völlig erfunden in den Tatsachen. Das tapfere, angriffslustige Volk hatte sich viele Nachbarvölker auf dem Nordufer der Donau zu Zinspflicht unterworfen, darunter die *Langobarden* vor a. 491. Etwa 494 wurden sie der nur drei Jahre langen Waffenruhe überdrüssig, die ihnen der Mangel eines unbesiegten Feindes aufgenötigt hatte; übermütig schelten sie ihren König *Rodulf* einen weibischen Weichling und zwingen ihn, ohne jeden Grund, ja ohne Vorwand die Langobarden anzugreifen, die sich vergebens zu reicher Buße erbieten, falls sie etwas von der auferlegten Schatzung verkürzt hätten, und zu Erhöhung des Zinses für die Zukunft. Drei Gesandtschaften jagt der König unter Drohungen fort. Da rufen die Langobarden das Urteil Gottes an, wenn sie nun doch, angegriffen, sich aus Notwehr verteidigen müßten. In der Schlacht verlieren die mit großem Übermut ihrer Zahl vertrauenden Heruler – sie trotzen den drohenden Zeichen des Himmels – den Sieg, ihren König und den größten Teil des Heeres. Nach solchem Verlust konnten sie sich in den bisherigen Sitzen neben lange mißhandelten, rachedürstenden Nachbarn nicht mehr halten, sondern zogen (a. 494 oder 495) eilig mit Weib und Kind durch das ganze Land auf dem Nordufer der Donau (westwärts: muß man hinzusetzen). – Sehr auffallend ist nun, daß die *langobardische* Sage über diesen Krieg, wie sie uns *Paulus Diaconus* aufbewahrt hat, ganz umgekehrt den Langobarden, nicht den Herulern, die Schuld, das Unrecht zuteilt. »Der Bruder des Herulerkönigs Rodulf reitet auf der Rückkehr von einem Besuch bei dem Langobardenkönig *Tato* an dem Hause der Königstochter *Rumetrud* vorbei. Die Jungfrau forscht, das starke und edle Gefolge anstaunend, wer der Gast sei, und nachdem sie es erkundet, läßt sie ihn einladen, einen Becher Weines von ihr anzunehmen. Harmlos folgt der Fürst der Ladung. Da aber die Hochmütige sieht, wie er gar klein und kurz gewachsen, verachtet sie ihn mit dem Übermut des Stolzes und spricht gegen ihn Worte des Hohns. Jener, von Scham zugleich und Entrüstung mit Glut überströmt, gibt eine (wohl »obszöne«) Antwort, die dem Mädchen noch viel ärgere Beschämung verursacht. Von weiblicher Wut entzündet, vermag sie den Schmerz des Herzens nicht zu ersticken und trachtet, den beschlossenen Frevel zu vollenden. Sie heuchelt Nachsicht, heitert die Miene auf, besänftigt ihn mit gefälligeren Worten, lädt ihn zum Sitzen ein, so daß er das Fenster in der Wand im Rücken hat. Diese Öffnung hatte sie, scheinbar dem Gast zu Ehren, in Wahrheit aber, damit er nicht Verdacht schöpfe, mit einem kostbaren Teppich verhangen. Dabei befahl das »grimmige Ungetüm« den Dienern, wenn sie, wie zum Mundschenk sprechend, sage: »Schänk ein« (genauer: mische! nämlich Wasser und Wein zum Trank aus den großen Krügen in den Becher des Gastes), ihn vom Rücken mit Lanzen zu durchbohren. So geschieht es, und Rodulf, der Bruder des Ermordeten, beginnt den Rachekrieg (a. 494). Dabei verbleibt er, des Sieges gewiß, weil seine Heruler, kriegsgewohnt, so viele Völker bezwungen hatten – fast völlig nackt kämpfen sie, sei es der leichteren Beweglichkeit halber, sei es, dem Feind die Verachtung der Wunden zu zeigen –, während der Schlacht im Lager, zum Brettspiel sich niederlassend. Einen (seiner Knechte) ließ er auf einen nahen Baum steigen, ihm den Gang des Kampfes zu verkünden und wie die Schlacht sich wende, jedoch ihn mit dem Tode bedrohend, falls er die Flucht der Heruler melde. Der Späher sah nun zwar die Reihen der Heruler von den Langobarden bedrängt und niedergeworfen, aber auf wiederholte Fragen des Königs, wie es den Seinen ergehe, antwortete er stets: »Sie fechten aufs beste«. Und nicht früher eröffnete er das Verderben, das er schaute, als bis alle Schlachthaufen den Feinden den Rücken wendeten. Da, freilich zu spät, rief er aus: »Wehe dir, arme Herulia, wie schlägt dich der Zorn des Himmelsherrn!« Erschreckt durch diese Worte fragte der König: »So fliehen meine Heruler?« »Nicht ich, o König, du selbst sprachst dieses Wort«, entgegnete der Späher. Während nun der König und all die Seinen unschlüssig zaudern, dringen die Langobarden heran; unter großem Blutvergießen, vergebens kämpft jetzt der König tapfer, er fällt und die nach allen Seiten fliehenden Heruler werden vom Zorn des Himmels mit solcher Verblendung des Schreckens geschlagen, daß sie blau blühende Flachsfelder für Wasserfluten halten, sich dareinstürzen, um sie zu durchschwimmen und so, mit ausgestreckten Armen, wehrlos, furchtbar von den Verfolgern geschlachtet zu werden.« – Ein echt sagenhafter Zug, der, ursprünglich wohl auf eine Verblendung durch Wodan zurückzuführen, später in das Volksmärchen und den Schwank herabgesunken ist. Der Langobardenkönig trug als Siegesbeute auch den Kriegshelm und die Fahne Rodulfs, »die sie bandus nennen«, davon. Von da ab war Macht und Selbstgefühl der Heruler dermaßen geschwächt, daß sie keinen König mehr über sich hatten, meint Paulus – ein Ereignis, das wir wiederholt antreffen. Gewaltig emporkommende Völker setzen an des Grafen Stelle einen König über sich, geschwächte büßen mit der Vollkraft das Königstum ein. – Indessen wird nach einiger Unterbrechung doch wieder ein König erhoben. Auf ihrem fluchtartigen Rückzug – hier sehen wir einmal ausnahmsweise den Grund einer »Wanderung« ganz klar – machten sie zuerst Halt in dem von *Rugiern*, die mit den Ostgoten nach Italien gezogen waren, geräumten »*Rugiland*«. Bald aber nötigt sie Hunger, Mangel an Nahrung, diese Gegend, die wohl verwildert war und sorgfältigster Neubestellung bedurft hätte, wieder zu verlassen. Sie gelangen in das Land der *Gepiden*, die sie zuerst als Nachbarn und Insassen aufnehmen, dann aber bedrücken und mit Krieg überziehen. Zu schwach, zu widerstehen, weichen die Wanderer über die Donau auf römisches Gebiet und werden dort unter *Anastasius* (a. 491–518) angesiedelt. Bald wieder übermütig geworden, greifen sie die Römer an, werden aber geschlagen und nur auf dringendes Bitten begnadigt und als halb unterworfene Bundesgenossen angenommen. Gleichwohl blieben sie unruhig und unverlässig, bis es *Justinian* gelang, durch Einräumung von gutem Boden und reichen Geldzahlungen sie zur Annahme des Christentums zu bewegen und zu starker Waffenhilfe in seinen Heeren. Damals wohl kam ihr König *Getes* (anders *Gretes*) nach Byzanz und nahm die Taufe. Aber nach Prokop (der freilich ein abgünstiger Zeuge ist: die unberechenbare Leidenschaftlichkeit des »stättelosen« Volkes hatte ihm, der zum Beispiel den Ostgoten voll gerecht wird, heftigen Widerwillen eingeflößt) bewirkte die wohl nur ganz äußerliche – wie aus äußerlichen Beweggründen angenommene – Bekehrung keinen dauernden Sinneswechsel in dem wilden Volk. Schon bald fiel ein großer Teil ihrer Gaue wieder von den Römern ab und vielleicht ins Heidentum zurück. »Die wilde zornmütige Art des Volkes loderte plötzlich und ohne Grund«, so erzählt Prokop, »auf gegen *Ochon*, ihren König (wohl den Nachfolger des Getes). Sie erschlugen ihn sonder Ursache, nur das *eine* anführend, sie wollten fortan keinen König haben. Und doch hatte der König auch bisher nur diesen Namen, unterschied sich aber in Wirklichkeit in fast keinem Stück von dem Volk. Alle nahmen gleichen Sitz neben ihm ein, erhoben den Anspruch, mit ihm zu schmausen, und wer da wollte, behandelte ihn mit Hochmut. – Aber gleich darauf reute sie wieder, was sie Übles getan. Sie erklärten nun, sie könnten ohne Herrscher und Heerführer nicht leben, und nach langer Beratung beschlossen sie, sich ein Glied des königlichen Geschlechts von der *Insel Thule* zu holen. Als nämlich die Heruler, von den Langobarden besiegt, auswanderten, zogen nicht alle über die Donau nach Illyrien. Ein Teil beschloß vielmehr, den Strom nicht zu überschreiten (und sich den Römern nicht zu unterwerfen), sondern unter Führung zahlreicher Glieder des Königshauses bahnten sie sich siegreich den Weg durch zahlreiche slawische Stämme und kamen zu den *Warnen* (die nach Prokop an der Nordsee wohnen /damals/) und von da an den äußersten Rand der Erde. Denn nun ans Meer gelangt, schifften sie sich ein, landeten auf der Insel Thule und schlossen sich dort an das mächtige Volk der *Gauten.*«

Dieser Bericht Prokops, den er ohne Zweifel von herulischen Söldnern im Lager Belisars oder zu Byzanz vernahm, verdient vollen Glauben. Er wußte nur nicht, daß diese Wanderung von der Donau an die Nord- oder richtiger Ostsee nur eine Rückkehr in die alte Heimat war. In den ursprünglichen Sitzen des Volkes waren bei dem Aufbruch eines Teils einige Gaue an der Küste der Ostsee, wohl auch auf den Inseln andere Gaue zurückgeblieben. Vielleicht auch in Schweden und auf Gotland – denn dies Eiland ist, wie die Gauten (= Gotaland) zeigen, hier unter Thule verstanden – eingewandert und mit den dortigen Germanen, den Gauten, befreundet. In solchem Zusammenhang verliert der Beschluß, statt in die römische Herrschaft »an den äußersten Rand der Erde« zu wandern, alles Abenteuerliche, es war Rückkehr zu den alten Volksgenossen und zur Freiheit, was die Glieder des königlichen Hauses und die ihnen folgenden Gaue der Unterwerfung unter Rom vorzogen. – Die den Römern untergebenen Heruler schickten also nun zu den nordischen Stammesgenossen einige ihrer Volksedlen, dort ein Glied des Königshauses zu suchen. Die Gesandten wählten unter vielen, die sie dort fanden, den, der ihnen am besten gefiel, und brachen mit ihm auf. Da der Gekorene aber bereits stirbt, als man auf dem Rückweg (aus der Insel Gotland oder aus Schweden) erst zu den *Dänen* gelangt war, kehrt die Gesandtschaft um und wählt einen anderen, namens *Todasius* (Thoda ?Theodas ?), der mit seinem Bruder *Aorda* und vierhundert jungen Männern – vielleicht die Gefolgschaft – mit ihnen nach Süden aufbrach. Während nun über dieser weiten und verzögerten Reise sehr viel Zeit verstrich, kam aber den Herulern in Illyrien der Gedanke, sie hätten nicht wohlgetan, sich einen König aus Thule zu holen ohne Erlaubnis des Kaisers Justinian, das heißt, die römerfreundliche, vielleicht auch christlich gesinnte Partei gewann wieder das Gewicht über die volkstümliche, freie, vielleicht heidnisch gesinnte – eine Spaltung, die wir ganz ebenso bei den Westgoten kennengelernt haben. Sie erbitten sich also durch Gesandte einen König von Justinian. Der Kaiser schickt ihnen einen schon lange zu Byzanz lebenden Heruler, *Suartua*, natürlich wohl ein eifrig römisch und christlich gesinntes Werkzeug byzantinischer Herrschaft über die noch immer unzuverlässigen Germanen. Das Volk nahm ihn anfangs freudig auf, da er nur in den hergebrachten Schranken das Königstum übte. Aber es hatte freilich nicht Zeit, zu erproben, ob er nicht nach befestigter Stellung anders auftreten würde. Wenige Tage darauf meldet ein Bote, die von Thule seien schon ganz nahe. Suartua befiehlt, ihnen eine Schar entgegenzuschicken, sie zu töten. Die Heruler scheinen das zu billigen und zu gehorchen; als aber jene auf eine Tagereise genaht sind – siehe, da fällt alles Volk von dem vom Kaiser eingesetzten Herrscher ab und geht zu dem Sproß des alten Königshauses über – zugleich zur Sache der Volksfreiheit –, ein für das Wesen des altgermanischen Königstums höchst bezeichnender Zug. Suartua flieht ganz allein nach Byzanz. Der Kaiser rüstet, ihn mit Gewalt zurückzuführen. Da lösen die Heruler den Bund mit Byzanz und schließen sich an die damals gerade gegen Justinian kämpfenden, benachbarten und stammverwandten Gepiden an. Suartua führte als kaiserlicher Befehlshaber (was er wohl schon vor seiner Einsetzung gewesen) Truppen gegen die verbündeten Gepiden und Heruler, wobei ein Teil der letzteren ihm wieder zufiel – wohl die christlich, jedenfalls die römisch gesinnten; aber das für die Freiheit kämpfende Volksheer befehligt Aorda, der Bruder des Königs.

Dies ist die letzte Nachricht über diese illyrischen Heruler, die in den unablässigen Kämpfen in jenen Landschaften spurlos untergingen. Blieben sie im Bund mit den Gepiden, so teilten sie vielleicht deren Vernichtung durch die Avaren und die alten Feinde, die Langobarden. Die nordischen Heruler verschmolzen völlig, die auf den Inseln und in Schweden mit den Gauten, die auf der deutschen Küste (wenn es hier deren noch etwa a. 540 gab) mit Dänen, Jüten und Angelsachsen.

Manches ist lehrreich in diesen Berichten. Auch die echte Sage spiegelt ja das Leben. So dürfen wir aus der herulisch-langobardischen Sage schließen, daß in diesen kleinen Reichen das Königstum, aber auch das Bildungsleben einen ganz ähnlichen Zuschnitt haben, wie wir sie für die länger lebenden und mächtigeren Staaten reichlicher bezeugt kennenlernten: der Palast der Königstochter, die Teppiche, die Unfreien, der Mundschenk, die edle Gefolgschaft, der Königshelm, das Königsbanner. In Prokops geschichtlichem Bericht ist bezeichnend, wie dem Byzantiner germanisches Königstum mit seiner eng begrenzten Macht, der freimütigen Scheltrede des Volkes, dem fehlenden Thron, dem Schmausen der Gefolgschaft an der Seite des Königs kaum den Namen Königstum zu verdienen scheint. Aber so treu hängt das wilde und leidenschaftliche Volk an seinem alten Königsgeschlecht, daß es, trotz aller Gegengründe der staatlichen Klugheit und Vorurteile, bis aus Thule seinen König holt, daß die Gesandten umkehren, für den Verstorbenen einen anderen Sproß des Fürstenhauses zu holen, daß endlich alle Furcht vor dem Kaiser, alle Lockungen des Bundes mit dem Weltreich nicht die Herzen abhalten mögen, jubelnd zuzufallen, als er nun endlich heranzieht, dem »König aus Thule«.

Die Gepiden

Nach Attilas Tod befreien sich die Gepiden von der Oberherrschaft der Hunnen — Die Lande an der Theiß — Langobarden und Awaren zerstören das Reich der Gepiden

Die Gepiden, ebenfalls zu dem gotischen Völkerbaum gehörig und nach der gotischen Wandersage bei Jordanis mit aus Skandinavien ausgewandert, haben ihre ersten sicheren Sitze an der Ostsee, nahe an der Weichselmündung. Von da, wahrscheinlich die Weichsel hinauf abziehend erscheinen sie stets im Nachtrab der Goten. Und so hat sie denn die Sage treffend als langsame Nachzügler der Goten aufgefaßt, mag auch die Deutung ihres Namens vor der Sprachkunde nicht bestehen. Wie alle Gotenstämme stehen sie vom Auftauchen bis zum Verschwinden unter Königen. Zuerst erscheint König *Fastida* als selbständiger Herrscher. Er hatte die Burgunder und andere Nachbarn besiegt und versuchte sich jetzt (etwa a. 250) auch auf Kosten des mächtigen Gotenreiches *Ostrogotas* auszubreiten. Er forderte von diesem Landabtretungen, damit auch die Gepiden unmittelbare Nachbarn der reichen und wehrlosen römischen Provinzen würden, aus denen Ostrogota große Beute gewann. Da diese Forderungen zurückgewiesen wurden, kam es zum Kampf an dem Fluß *Aucha* bei der Stadt *Galtis*. Die Gepiden unterlagen und mußten in ihre alten Sitze zurückweichen. Darauf verschwindet der Name der Gepiden auf lange Zeit, wahrscheinlich bildeten sie (um a. 350) einen Bestandteil des großen, von dem Amaler *Ermanarich* gestifteten, gotischen Gesamtreichs und gerieten jedenfalls mit diesem unter die Herrschaft der Hunnen. Mochte auch durch die ostgotische, später durch die hunnische Oberhoheit das Königstum der Gepiden zu einem Unterfürstentum herabgedrückt und die Königsreiche des gedemütigten Stammes vielleicht vorübergehend unterbrochen worden sein – zur Zeit des *Attila* hatte sich unter hunnischer Oberhoheit sowohl das Volk wieder gekräftigt, als auch das Königstum neu und gewaltig erhoben.

Attila hatte den Gepiden wie den Goten und den meisten seiner Reichsvölker angestammte Könige belassen und unter dem ganzen »Schwarm von Königen«, dem der Hunne gebot, nahm den ersten Rang nicht ein Amaler, nicht ein Gote, sondern der Gepidenkönig *Ardarich* ein, wegen seiner Klugheit und seiner Treue gegenüber Attila. An dem Tage von Châlons (a. 451) fiel die rohe Kraft der Gepiden schwer in die Waagschale der Hunnen. Aber der Verband von Treue und Furcht, der diese Fürsten an Attila fesselte, war ein wesentlich persönlicher, und nach dem Tode des großen Chans fand sich unter seinen Erben keine Gestalt, die seine Herrschaft fortzuführen vermochte. Und es war der treueste und geehrteste der königlichen Unterfürsten Attilas, der Gepide Ardarich, der sich zuerst gegen die unfähigen und uneinigen Söhne des großen Toten erhob. Ein Sieg am *Netad* in Pannonien (a. 453) zertrümmerte für immer das hunnische Joch, und die gebeugten Germanenstämme hoben das befreite Haupt.

Infolge dieses Sieges mußte offenbar die Macht der Gepiden gewaltig über die befreiten wie über die besiegten Stämme emporwachsen.

Darauf weist die bezeichnende Tatsache hin, daß die Gepiden es waren, die den wichtigsten Siegespreis, das fruchtbare, viel bestrittene Land an der Theiß, die bisherigen Sitze der besiegten Hunnen, gewannen. Der byzantinische Kaiser *Marcian* (a. 450–457) erkannte diese Erwerbung an und erkaufte Frieden und Freundschaft des rasch emporgestiegenen Stammes mit Jahrgeldern, die bis auf die Tage des Jordanis (a. 550) fort und fort bezogen wurden. Aber dem Volk der Gepiden hat kein glücklicher Stern geleuchtet. Die Macht der zahlreicheren Ostgoten unter der Führung der Amaler wuchs (um a. 470) mehr und mehr in jenen Gegenden, und der Versuch der Gepiden, mit anderen germanischen und slawischen Stämmen diese Macht zu brechen, endete mit ihrer Niederlage am *Bollia*. Durch den Abzug der Ostgoten aus diesen Strichen erhielten die Gepiden wieder freiere Hand. Sie rückten ein, wo jene wichen, und gewannen so auch das wichtige *Sirmium*. Es begreift sich daher, daß sie dem Plan des Amalers *Theoderich* entgegentraten, ein mächtiges Reich, zunächst in Italien, zu gründen, das selbstverständlich die Stellung der Gepiden in diesen Gebieten ändern mußte. Bei Sirmium wollten sie den alten Feinden den Weg verlegen, wurden aber geschlagen, a. 489. Die Folge des Sieges war die Fortsetzung des Zuges der Goten und der Anschluß vieler Gepiden an die gewaltige Heereswoge der Sieger. Nicht nur folgten viele Gepiden den Goten nach Italien – sie erscheinen fortan in Theoderichs und seiner Nachfolger Heer – es scheint, daß ein Teil des Volkes in seiner Heimat sich von dem besiegten König *Trafstila* trennte, wenigstens erscheint bald darauf neben *Thrasarich*, dem Sohn und Nachfolger des *Trafstila*, ein zweiter Führer anderer Gepiden, *Gunderith*, mit dem jener gegen Theoderich sich zu verbinden sinnt. Aber diese Bestrebungen scheiterten,solange Theoderich lebte. Er schickte seine Grafen mit einem Heer (a. 504), und Thrasarich räumte Sirmium ohne Schwertstreich. Erst später konnten die Gepiden das Sinken der ostgotischen Macht, die alle Streitkräfte zur Verteidigung Italiens zusammen- und aus den Grenzländern fortziehen mußte, zu neuer Ausbreitung benutzen. Schon etwa a. 530 hatten sie die Donau überschritten und, wenn auch ohne Erfolg, gegen *Amalaswinthas* Feldherrn gefochten und später, während der Bedrängnis der Goten durch *Belisar*, besetzten sie wieder Sirmium und dessen Umgebung, um a. 540.

Aber alsbald begannen jetzt die Kämpfe mit den benachbarten *Langobarden*, die, durch Einmischung der Byzantiner noch mehr verwickelt, mit geringen Unterbrechungen über dreißig Jahre währten und endlich den Untergang der Gepiden herbeiführten.

Das Königstum bestand bei den Gepiden ununterbrochen fort. Die Könige erscheinen dabei als Heerführer ihres Stammes, sie haben die staatliche Gesamtleitung, bestimmen ohne Widerspruch Krieg, Frieden und Bündnis; aber bei solchen staatlichen Handlungen, die namentlich das Sitten- und Rechtsgefühl des Volkes berühren, wagt der König weder ohne Befragung der Edlen und der Gesamtheit des Stammes noch im offenen Widerspruch gegen diese zu handeln, sondern muß seine Zwecke in solchem Fall mit heimlicher List erreichen. Eine gewisse Erblichkeit des Königsstabes wird zwar anerkannt, aber unter Umständen auch von einer starken Gestalt gegenüber einem Unmündigen durchbrochen. An dem Königshof zeigen sich die Ansätze zu Bildungen wie im Reich der Merowinger und Amalungen: der König tafelt mit den Seinen; seinen Söhnen und den fremden Gästen ist dabei ein bestimmter Platz angewiesen. Solche Spuren höfischer Sitte werden leicht von der wilden Kraft und Leidenschaft verwischt, doch von der edlen Hoheit des Königs geschützt; aber auch die Leidenschaften der Könige reißen das Volk zu Kampf und Verderben fort, und in Sieg und Untergang ist das Schicksal des Stammes an das Königshaus gebunden.

Die schwächeren Langobarden suchten und fanden gegen die Gepiden Hilfe bei *Justinian* (seit a. 527), der letzteren wegen der Besetzung des Gebiets von Sirmium die bisherigen Jahrgelder entzog, die Gesandten abwies und den Langobarden ein Hilfsheer von zehntausend Mann schickte, das den Gepiden verbündete herulische Scharen auf dem Wege vernichtete, worauf die Gepiden mit den Langobarden Frieden schlossen. Aber nicht lange konnten die beiden nahe benachbarten und tief verfeindeten Völker Ruhe halten. Es scheint, daß die Aufnahme der von den Langobarden gedemütigten Heruler dazu beitrug, den Haß zu nähren. Und auch mit den Byzantinern mußte die Gepiden der Bund mit der volkstümlichen Partei der Heruler verfeinden, die ihren vom Kaiser eingesetzten König verjagt hatte. Alsbald rückten wieder *Thoriswinth*, der König der Gepiden, und *Audoin*, der König der Langobarden, mit aller Macht wider-

einander. Da – erzählt ein halb sagenhafter Bericht – ergreift gerade vor Beginn der Schlacht plötzlich und gleichzeitig ein blinder Schreck die Heere und zerstäubt sie in wilde Flucht. Nur die beiden Könige mit wenigen Leuten bleiben zurück, können aber weder mit Bitten noch mit Drohen die Fliehenden zurückhalten. Sie erkennen darin eine Fügung Gottes, der das Blutvergießen nicht zulassen will, und schließen (a. 548? 549) Waffenstillstand auf zwei Jahre, um in dieser Zeit ihre Mißhelligkeiten friedlich beizulegen. Allein dies gelingt nicht, und aufs neue entbrennt der Kampf. Die Gepiden suchen sich durch hunnische Horden zu verstärken gegen die Übermacht der verbündeten Byzantiner und Langobarden. Allein von anderen Hunnenscharen besiegt, schließen jene Frieden mit Byzanz. Vergebens strebten darauf die Gepiden, die Byzantiner auf ihre Seite zu ziehen. Sie hatten slawische Plünderer gegen reiches Fahrgeld über die Donau auf das kaiserliche Gebiet befördert. Der Kaiser sah darin einen Bruch des Friedens und schickte den Langobarden ein Hilfsheer unter *Amalafrid*, den Sohn des Thüringerkönigs *Hermanfrid* und der Amalungin *Amalaberga*, das die Gepiden schlug (a. 551). Infolge dieses Sieges schlossen die Gepiden mit den Verbündeten Frieden und stellten Hilfstruppen zu dem Heer des *Narses*, das dieser gegen den Gotenkönig *Totila* nach Italien führte.
Die sagenhaften Berichte über die Vorfälle während des letzten Friedens zeigen, daß die beiden Könige Thurisin und Audoin, die auch bei jener durch blinden Schrecken verhinderten Schlacht sich so auffallend rasch vertragen – sie sind beide Anmaßer –, gewisse gemeinsame Wünsche und deshalb auch freundliche Beziehungen hatten. Sie sollten nicht auf ihre Nachfolger übergehen. Kaum war Alboin seinem Vater Audoin, Kunimund seinem Vater Thurisin gefolgt, als der Kampf aufs neue entbrannte. Wohl möglich, daß Kunimund, den die Sage als grimmigen Feind der Langobarden gezeichnet hat, den Tod des Bruders und die alten Niederlagen zu rächen, zuerst den Frieden brach. Die Gelegenheit schien günstiger als früher, denn *Justinus*, der Nachfolger Justinians, dem sich Alboin entfremdet zu haben scheint, blieb unbeteiligt, und die Übermacht der byzantinischen Hilfsheere fehlte diesmal den Langobarden. Aber Alboin sah sich nach anderen Verbündeten um. Er wandte sich (a. 566) an den *Chan der Avaren* und forderte diesen auf, mit ihm die Gepiden, ja später die Byzantiner selbst anzugreifen. Gegen große Zugeständnisse – die Avaren sollten nicht bloß das ganze Land der Gepiden und die Hälfte der übrigen Beute, sondern auch den zehnten Teil des Viehs der Langobarden selbst erhalten –, welche die Gefahr oder der Haß erzwangen, sagten die Avaren zu. Erschrocken rief jetzt Kunimund den Kaiser um Hilfe an, indem er sich erbot, Sirmium und alles Land bis zur Drave abzutreten. Aber früherer Treulosigkeit eingedenk, verhieß Justius nur zögernd Hilfe und hielt diese ganz zurück, als auch von den Langobarden Gesandte erschienen und die Gepiden verklagten. Als nun Kunimund, dem Angriff der Langobarden zu begegnen, ausgezogen war, kam die Nachricht, daß von der anderen Seite her die Avaren ins Land gefallen seien. Kunimund beschloß, zuvorderst die verhaßten Langobarden zu schlagen und sich dann erst gegen die Avaren zu wenden. Aber in der Schlacht gegen die Langobarden – sie war eine der blutigsten in diesen Völkerstürmen und wird von Zeitgenossen mit der großen Hunnenschlacht verglichen: vierzigtausend, nach anderen sechzigtausend Mann Tote – fiel nach tapferstem Kampf König Kunimund – wie sein Bruder von der Hand Alboins – und mit ihm der größte Teil seines Heeres

(a. 567). Das Reich der Gepiden hatte ein Ende. Aber auch der ganze Stamm wurde vernichtet. Ein Teil des überlebenden Volkes wurde mit aller Habe von den Langobarden in Gefangenschaft geschleppt. Kunimunds Tochter, *Rosimunda*, wurde von Alboin, der ihren Vater erschlagen hatte, zur Ehe genötigt. Einige flüchteten nach Byzanz, unter ihnen *Reptila*, der Neffe Kunimunds, mit dem königlichen Schatz, der also auch hier gleich neben der Krone selbst genannt wird; der Rest, der im Land blieb, wurde mit diesem den Avaren untertan und verschmolz spurlos mit diesen Barbaren.
Die Byzantiner aber frohlockten wieder, wie schon Tacitus, über die mörderischen Bruderkriege der Germanen.

Rugier, Skiren, Turkilingen

Die Raubzüge der rugischen Könige — Die Fürsprache des Hl. Severin errettet die Stadt Lorch — Das Ende der räuberischen Überfälle

Diese drei Stämme, meist zusammen genannt, erscheinen zuerst an den Odermündungen seßhaft. Nach der gotischen Wandersage werden sie von den Goten aus diesen Gegenden verdrängt. Im fünften Jahrhundert wohnen sie an der Donau, zugehörig dem großen Reich *Attilas*, in dessen Heer *Apollinaris Sidonius* auch den kampffreudigen Rugen nennt, aber sie stehen unter eigenen Königen. Nach Auflösung des hunnischen Reiches hausen sie an der unteren Donau, wo sie sich mit suebischen und anderen Stämmen vergebens gegen die gotische Macht verbünden. Von den rugischen Königen, die gegen Ende des fünften Jahrhunderts in diesen Ländern herrschen, hat *Eugipp* in seiner Lebensbeschreibung des *heiligen Severin* einiges mitgeteilt. König *Flaccitheus* hatte die volkreiche Macht der Goten in Unterpannonien zu fürchten. Vergebens hatte er von ihren Fürsten freien Durchzug nach Italien erbeten – man sieht, wohin es damals die Donaufürsten lockte –, er besorgte nun einen Angriff der Goten auf sein Reich und auf sein Leben. Severin, ein höchst bedeutender Geist, der, unterstützt durch seine zahlreichen Verbindungen, die verworrene Lage der Dinge in jenen Gegenden mit einer Klarheit übersah, die den geängsteten Römern wie den dumpfen Barbaren eitel Wunder deuchte, und der oft wirklich mit fast weissagerischem Blick in die Zukunft schaute, stand bei ihm in hohem Ansehen; er tröstete den König mit der Verheißung, daß umgekehrt die Goten in Bälde abziehen und ihm Raum und Sicherheit lassen würden, er verhieß ihm glückliche Herrschaft, wenn er in allen Dingen seinem Rat folgen und mit den Nachbarn Frieden halten werde. Sein Sohn und Nachfolger *Feletheus* (der auch Feva, Fava genannt wird), stand ebenfalls in ehrfurchtsvollem Verkehr mit dem Heiligen, wurde aber von seiner bösen Königin *Giso* oft abgezogen von den Wegen der Milde gegen die Römer, deren Schutz Severins Hauptsorge war. Sie will die Katholiken zur arianischen Taufe bringen, sie drückt die Provinzialen, schleppt sie gefangen auf der Donau zu harter Knechtsarbeit fort und weist die Fürsprache

Severins mit den zornigen Worten ab, er solle in seiner Zelle dem Gebet obliegen, die Könige aber nach ihrem Willen mit ihren Knechten schalten lassen. Allein Severin droht, Gott werde sie bald zur Milde zwingen, und am selben Tage noch ergreifen Gefangene, Goldschmiede, die sie in harter Haft anhielt, Schmuck für den König zu fertigen, ihren Knaben *Friederich*, der in kindischer Neugier die Werkstatt betreten, und drohen erst das Kind, dann sich selbst zu töten, wenn jemand ohne eidliche Sicherung herzutrete«. Die gottlose Königin erkennt darin das Strafgericht Gottes für die Mißachtung Severins, gibt sofort die gefangenen Römer frei und löst ihren Knaben durch eidliche Zusage der Freilassung aus der Gewalt der Goldschmiede. – So dürftig die Ausbeute, Eugipps kurze Schrift gewährt allein einen Blick in die inneren Zustände der Donauländer in jener Zeit. Da sehen wir die letzten römischen Besatzungen abziehen, da sehen wir Sueben, Rugier, Heruler, Alamannen, Thüringer die Städte und Kirchen der römischen Provinzen um die Wette verheeren. Daneben aber wandelt segensreich und friedlich der fromme und kluge Severin, Kranke heilend, Klöster und Zellen errichtend, die heidnischen Alamannen wie die arianischen Rugier zu Milde und Frieden ermahnend, den Zehnten heischend für die Armen, die Städte warnend vor drohenden Überfällen der Barbaren oder schirmend durch die Macht seiner Rede, seinen Einfluß bei den Mächtigen nicht für sich, nur für die Verfolgten verwendend: und all dies ohne ein geistliches oder weltliches Amt, nur durch die Macht seines Glaubens und seines Wesens.
Der Sitz des Rugierkönigs war bei *Favianae*, dorthin wollten die Bürger von *Passau* (Batava castra) den Heiligen senden.
Die ziemlich einfache Staatskunst dieser Fürsten bestand in dem Bestreben, die Römer um die Wette zu bedrücken.
Diesen Sinn hat es, wenn der Rugierkönig die Römer vor Thüringen und Alamannen »beschützen« will, das heißt, er will sie fortschleppen, um sich selbst die Beute zu sichern und sie andern zu entziehen. Auf den Rat Severins hatten sich die Bewohner der sämtlichen dringender bedrohten Orte nach *Lorch* zusammengezogen. Diese alle wollte nun König Feva mit einem Schlag in seine Gewalt bringen. Er rückte plötzlich mit einem Heer vor die Stadt, um deren Bevölkerung fortzuführen und in den ihm zinsbar und näher gelegenen Städten zu verteilen. Auf Bitte der Stadt geht Severin dem König entgegen und sucht ihn zu bereden, von seinem Vorhaben abzustehen. Er erinnert ihn, wie sein Vater glücklich geherrscht habe, weil er frommen Ermahnungen nachgegeben. Der König antwortet: »Ich werde doch nicht diese Leute, für die du dich wohlmeinend verwendest, den wilden Alamannen und Thüringen zur Plünderung, Knechtung und Tötung preisgeben, während ich Städte und Burgen habe, wo sie untergebracht werden können.« Aber Severin erwidert: »Nicht durch dein Geschoß oder Menschenschwert sind jene bisher vor allen Anfällen gerettet worden, sondern durch die Gnade Gottes.« Eine gewisse Untertänigkeit wird dabei eingeräumt, um die Fortschleppung in unmittelbare harte Knechtschaft zu hindern. Und wirklich erreicht er, daß der König mit seinem Heer abzieht und die Bevölkerung Severin überläßt. Vor seinem Tod läßt er das königliche Paar nochmals vor sich kommen und ermahnt die Gatten, ihre Untertanen stets mit dem Gedanken der Rechenschaft vor Gott zu behandeln, wobei er gegen die Königin eine sehr freie Sprache führt. Ebenso sucht ihn des Königs Bruder *Ferderuch* sofort auf, ihn, »wie es Sitte«, zu begrüßen, als er von König Feva die

Stadt Favianae, bei der Severin wohnte, zur Verwaltung und wohl zugleich als Herrschaft, zum Bezug der Einkünfte usw., erhalten hatte. Dieser wird ebenfalls in drohendster Sprache verwarnt, irgend etwas von den Kirchengütern, die Severin für Arme und Gefangene angesammelt, zu berühren. Und bei Lebzeiten des Heiligen wagt der räuberische Fürst nicht, seine Versprechungen zu brechen. Aber bald nach Severins Tod raubt er, »arm und ruchlos«, die für die Armen bestimmten Kleider und anderes Kirchengut des Klosters zu Favianae, und läßt nur die nackten Mauern zurück. Als er aber binnen Monatsfrist von seinem Neffen *Friderich*, dem Sohn des Königs, ermordet wurde, sah man darin die von dem Heiligen angedrohte Strafe. – Dieser Mord führte wahrscheinlich innere Spaltung, gewiß den Untergang des rugischen Reiches herbei. Odovakar nahm die Bluttat als Vorwand zur Einmischung, er bekriegte die Rugier, führte den König Feva samt seiner Königin gefangen nach Italien, vertrieb Friderich aus dem Land und, als er zurückzukehren wagte, ein zweites Mal durch seinen Bruder Onoulf. Friderich floh nun zu dem König der Ostgoten, den er auf dem Zug gegen Odovakar nach Italien begleitete, später jedoch aus dunklen Ursachen als Überläufer verließ. Onoulf aber führte auf Befehl seines Bruders unter Mitwirkung eines comes Pierius die Römer aus den Donauländern nach Italien (a. 488), was sie als jene Erlösung vom Joch der Barbaren begrüßten, die der heilige Severin oft vorausgesagt hatte.

Das Reich des Odovakar

»Lanzenträger des Kaisers« — »Geh hin nach Italien« weissagt der Hl. Severin — Odovakar erwirbt als Bundesgenosse ein Drittel des italienischen Bodens für sein Volk — »Räuber im Herzen des Staates« — Odovakar unterliegt der Herrschergabe des Theoderich

Aus diesen Gegenden und aus diesen Stämmen war nun auch *Odovakar* her vorgegangen, der dem weströmischen Reich ein Ende machte und in Italien eine vorübergehende Herrschaft gründete, die sich sehr wesentlich von der seines Überwinders und Nachfolgers Theoderich unterschied.

Wahrscheinlich gehört er dem Stamm der *Skiren* an, der mit den Rugiern von der Ostsee an die Donau gewandert und hier, wie alle seine Nachbarn, den Hunnen dienstbar geworden war. Sie fochten neben den Rugiern in Attilas Heer (a. 451) und ließen sich nach dem Zerfall seines Reiches neben den Alanen in Untermösien nieder (a. 453). Vergebens suchten sie, mit den Rugiern und anderen Nachbarn das Übergewicht der Goten in diesen Ländern zu brechen. In ihrem zweiten Kampf wider die Goten begegnen sich zwei Edle, *Edika* und *Wulfo*. Da nun die über Odovakar mit am besten unterrichtete Quelle – der ungenannte Autor des Valesius – ihn mit dem Stamm der Skiren kommen läßt, ja ihn ausdrücklich einen Sohn des Ädiko nennt, so wird er eben ein Sohn jenes skirischen Edlings gewesen sein. Die Streitfrage über die Stellung Odovakars vor dem Fall des Westreiches wird einfach entschieden durch die Hauptquelle: das Leben Severins. »Zu Severin kamen etliche Barbaren, sich vor einer Fahrt nach Italien den Segen des Heiligen zu erbitten. Unter diesen war auch Odovakar, der später in Italien als König herrschte, ein stattlicher Jüngling in sehr unscheinbarem Gewand.« Wie bescheiden immer wir uns den Aufzug eines Königs jenes Donauvölkleins vorstellen müssen – das ist kein König der Skiren, der, nur durch seine Größe auffallend, »in geringstem Gewand« unter andern beiläufig erwähnt wird. Damit stimmt denn auch völlig Prokops Bericht: »Es war unter diesen Hilfstruppen ein gewisser Odovakar, einer von den Lanzenträgern des Kaisers.« Ganz glaublich scheint, daß ein junger Edling in Italien im Waffendienst des Kaisers sein Heil versuchen will, und da steht auch das unscheinbare Gewand nicht im Wege. Als sich der hohe Germane beim Eintritt unter das niedrige Dach des Heiligen neigt, erfährt er von diesem, vielleicht nicht ohne Beziehung auf ein bekanntes Bibelwort, daß ihm hoher Ruhm bevorstehe. Und beim Abschied erhält er die zweite Weissagung: »Geh hin nach Italien. Jetzt noch mit schlechten Fellen bedeckt, wirst du bald an vieles Volk reiche Gaben verteilen.« Beide ziemlich unbestimmte Prophezeiungen deutete Odovakar nach seiner Erhebung als Verheißungen der Krone und forderte den Heiligen auf, sich eine Gnade zu erbitten, worauf dieser Begnadigung für einen Verbannten forderte. Also nicht als erobernder König oder Gefolgsführer, als einfacher Krieger, nur durch edle Abkunft ausgezeichnet, kam Odovakar nach Italien und trat in das dortige Heer des Kaisers, mit ihm viele andere Skiren, andere Goten und mit Alanen. »Aber soviel die Bedeutung der Barbaren stieg, um so viel sank die der römischen Krieger in Heer und Reich, und unter dem schönen Namen von Bundesgenossen übten die Fremden angemaßte Gewalt. Nach vielen Erpressungen forderten sie gar die Aufteilung alles italischen Bodens unter die germanischen Scharen. Später verlangten sie von *Orest*, dem Vater des jungen Kaisers *Romulus Augustulus*, wenigstens ein Drittel des Bodens, und als er sich weigerte, schlugen sie ihn tot. Einer aus ihrer Mitte aber, Odovakar, verhieß, ihre Forderung zu erfüllen, wenn sie ihn zur Herrschaft erheben wollten. Und so die Herrschaft gewinnend (22. August 476), ließ er den entthronten Kaiser mit einem Jahrgeld von sechstausend Solidi ruhig als Privatmann fortleben, den Barbaren aber gab er ein Drittel des italischen Bodens, und, hierdurch in ihrer Gunst aufs stärkste befestigt, übte er zehn Jahre lang seine Herrschaft« (Prokop).

Von der Geschichte und den Einrichtungen des Reiches Odovakars sind wir sehr dürftig unterrichtet.

Vor allem suchte er, die Gefahr seiner Lage wohl erkennend, seine Gewalttat mit dem Mantel der Rechtmäßigkeit zu verhüllen und seine Stellung zu den Italienern, zu dem Senat in Rom und zu dem Kaiser in Byzanz besser zu gestalten. »Als *Augustus*, der Sohn des Orest, hörte, *Zeno* habe wieder das östliche Kaisertum gewonnen und (den Anmaßer) *Basiliscus* vertrieben, zwang er den Senat, an Kaiser Zeno eine Gesandtschaft zu schicken, die erklärte: sie bedürften nicht eines eigenen Kaisers, ein gemeinsamer Kaiser genüge für beide Reiche. Der Senat habe Odovakar erkoren, der, als Staatsmann und Krieger tüchtig, wohl geeignet sei, das Abendland zu schützen. Der Senat bitte, diesem die Würde eines Patrizius zu übertragen und ihm die Verwaltung Italiens zu überlassen. Es gingen also Männer aus dem römischen Senat nach Byzanz, diese Erklärungen abzugeben, und in denselben Tagen kamen Boten von *Nepos*, die Zeno zu seiner Wiedereinsetzung Glück wünschten und zugleich baten, er möge Nepos, dem dasselbe Unglück widerfahren, bereitwillig zur Wiedererlangung auch seines Reiches beistehen, ihm Geld und Truppen und was sonst nötig geben, seine Wiedereinsetzung mit aller Macht betreibend. Zeno aber gab den Gesandten des Senats zur Antwort: Zwei Kaiser hätten sie aus dem Ostreich erhalten und den einen (Nepos) vertrieben, den anderen (Anthemius) getötet. Jetzt würden sie selbst einsehen, was zu tun: solange ein Kaiser (des Westreichs: Nepos) vorhanden sei, zieme kein anderer Gedanke, als ihn zurückkehren zu lassen und wieder aufzunehmen; den Gesandten des Barbaren antwortete er, daß sich Odovakar von Kaiser Nepos das Patriziat erteilen lassen solle. Aber auch er werde es ihm verleihen, wenn ihm Nepos nicht zuvorkomme. Er lobe ihn, daß er hiermit einen Anfang gemacht habe, in der den Römern zukömmlichen Weise zu handeln. Und daher erwarte Zeno, daß Odovakar, wenn er wirklich rechtmäßig handeln wolle, auch Kaiser Nepos in Bälde aufnehmen werde, sowie er ihm jene Würde erteilt haben werde. Und in dem Schreiben, in welchem er Odovakar diese seine Willensmeinung kundtat, gab er ihm den Titel eines Patricius. Diese Mitwirkung gewährte Zeno Nepos, in Erinnerung seines eigenen Falls den des anderen Kaisers bemitleidend, – und bewogen von seiner Schwiegermutter, der Kaiserin *Verina*, die mit der Gemahlin des Nepos verwandt.«

Dieser merkwürdige Bericht (des *Malchus*) bedarf vielfach der Ergänzung und der Erklärung. Einmal ist offenbar der junge entthronte Kaiser nur ein Werkzeug in der Hand Odovakars. Dieser wollte den Schein herbeiführen, als habe Kaiser und Senat von Rom selbst die Abschaffung des abendländischen Kaisertums gewünscht. Er nötigte also seinen Gefangenen zu jener Erklärung und zur

Aufforderung an den Senat, die eine Abdankung, scheinbar zugunsten des byzantinischen Kaisers, in Wahrheit zugunsten Odovakars, enthielt. Nicht eine Gewalttat, der Verzicht des Kaisers und das Vertrauen des Senats sollten hiernach Odovakar zur tatsächlichen Herrschaft über Italien berufen haben. Zugleich aber sollte der Kaiser in Byzanz für die neue Lage der Dinge gewonnen und dadurch die Macht Odovakars gerechtfertigt und gesichert werden. Deshalb mußte der Senat an Zeno die schmeichelhafte Aufforderung erlassen, fortan allein Kaiser, wie des Orients, auch des Occidents zu sein, deshalb auch sandte Odovakar an Zeno die »Ornamenta palatii«, den Kaiserschmuck des Palastes, und nicht kraft eigenen Rechts, nicht als Eroberer, nicht als germanischer Volkskönig, nur als Beamter des byzantinischen Kaisers sollte der Barbar Italien »schützen«, »verwalten«. Der Name mochte ihm gleichgültig sein gegenüber der Sicherheit des Besitzes. Aber durch Annahme des Titels »König« schon vor Orests Tod hatte er gezeigt, daß er über seine Germanen vermöge ihrer und seiner Kraft herrschen wollte, nicht als Feldherr des Kaisers.
Er strebte also eine ähnliche Stellung zu Germanen, Italiern und Byzantinern an, wie sie später Theoderich wirklich erlangte. Aber der kluge Plan schlug fehl. Zeno ließ sich durch das Anerbieten der Namensherrschaft über das Abendland nicht verlocken, die wahre Herrschaft dem Barbaren wirklich einzuräumen. Auf die Abdankung des Augustulus nimmt er gar keine Rücksicht nur den von Byzanz eingesetzten Nepos kennt er als rechtmäßigen Herrn Italiens. An ihn verweist er den Barbaren, sich mit dem Patriciat einen Rechtsgrund zur Verwaltung Italiens zu holen. Aber diesen Gedanken ganz offen und ausschließlich durchzuführen, wagt oder vermag der Kaiser nicht. Ein echt byzantinischer Mittelweg wird eingeschlagen, eine halbe, zweideutige Anerkennung gewährt. Zwar ist nur Nepos Herr Italiens, weder Odokavar, noch Augustulus, noch Zeno selbst. Aber einstweilen wird doch der Wunsch Odovakars halb erfüllt und ihm zwar nicht die Würde des Patriziats mit den Abzeichen förmlich erteilt, allein doch der Name Patrizius nicht vorenthalten.
So hatte man freie Hand, den Barbaren zu dulden oder zu stürzen. Es ist begreiflich, daß man die halben Maßregeln Zenos bald als Begünstigung, bald als Zurückweisung Odovakars, bald als zu dessen, bald als zu Nepos' Gunsten erfolgt ansehen konnte.
Odovakar mußte darauf verzichten, als rechtmäßiger Herr Italiens offen anerkannt zu werden; vielleicht geschah es in der Absicht, sich als Freund und Rächer der rechtmäßigen Gewalten dem Kaiser zu empfehlen, daß er später den Mörder seines Nebenbuhlers, des Kaisers Nepos, den comes Ovida in Dalmatien, angriff und tötete (a. 481). Aber es half ihm alles nichts. Sowie sich Gelegenheit bot, entsandte der Kaiser wider ihn jenen Größeren, durch den er – nach heldenhafter Gegenwehr – Krone und Leben verlieren sollte. Gegen den drohenden Angriff dieses seines Gegners suchte sich Odovakar durch Bündnisse zu stärken. Er hatte von Anfang an mit seinen germanischen Nachbarn gutes Einvernehmen zu erkaufen gestrebt. Dem wenig befestigten, innerlich haltlosen Reich war eine angreifende Haltung nicht möglich; nur gegen die schwachen Rugier etwa konnte man kraftvoll auftreten. Aber den Westgoten wurde belassen oder erweitert, was Nepos in Südgallien an sie abgetreten, den Wandalen kaufte man durch Jahrgelder die Verheerung Siziliens ab, und jetzt wurden Gepiden, Heruler, Burgunder gegen die Ostgoten aufgeboten. Aber wir haben

bei der Geschichte Theoderichs gesehen, wie alle Bemühungen, alle zähe Tapferkeit und alle eiserne Ausdauer Odovakars scheiterten an der allseitigen Überlegenheit des Amalers und an dem Abfall der Italier.

Die *inneren Verhältnisse* des Reiches Odovakars mußten notwendig an die Stellung seiner Genossen in Italien vor der Aufrichtung seiner Herrschaft anknüpfen. Da diese Scharen nicht ein eroberndes Volk oder auch nur ein Gefolge waren, sondern ein Haufen von Soldtruppen, die sich wegen Verweigerung ihrer Forderungen empörten und ihre Begehren mit Gewalt durchsetzten, so fragt sich, was solche Soldaten gewöhnlich zu fordern hatten und was sie wohl, in Übersteigerung ihrer Ansprüche, verlangen mochten. So wenig man sonst im allgemeinen in alle Folgerungen aus dem Gedanken sich einlassen kann, die germanischen Landteilungen *nur* auf die römische Einlagerungsweise zurückzuführen, – im vorliegenden Fall, wo es sich wirklich lediglich um Soldaten und Soldatenempörung handelt, führt die Untersuchung der Stellung der soldatischen Ansiedler zu den Grundbesitzern gewiß zum Richtigen. Nun hatten aber schon die Kaiser *Arkadius* und *Honorius* bestimmt, daß die Hauseigentümer in den Städten den Soldaten den dritten Teil ihres Hauses einzuräumen hätten, und diese Anordnung war allgemein maßgebend geblieben. Denn vierzig Jahre später erließen die Kaiser *Theodosius II.* und *Valentinian III.* auf jenem Gesetz weiterbauende Verfügungen, ja hundert Jahre hierauf nahm *Justinian* dasselbe in seinen Kodex auf.

Ist es nun auch übertrieben, wenn Prokop den Scharen Odovakars die Absicht beilegt, alle italischen Ländereien *unter sich* zu verteilen – sie forderten ja nur ein Drittel, und nach dem Sieg nahmen sie nicht mehr –, so liegt darin doch ein deutlicher Fingerzeig. Eine Erhöhung des Soldes, eine Aufbesserung des üblichen Vergelts für ihren Waffendienst forderten die germanischen Söldner, und zwar eine Erweiterung jenes Gesetzes, das ihnen ein Drittel der von ihnen bewohnten *Häuser* zusprach, sei es festes *Eigentum* statt Nießbrauchs oder Besitzes, sei es Ausdehnung auf praedia rustica, auf *Ländereien* neben dem Hausanteil. Odovakar gewährte ihre Forderungen und siedelte sie durch ganz Italien verstreut an. Ihre Niederlassungen bildeten nicht eine zusammenhängende Masse, wie die Lose der Wandalen. Gleichwohl lebten sie nicht nach römischen, sondern nach ihrem angestammten, nach germanischem Recht. Inwieweit dabei die Verschiedenheit der Stämme in Betracht kam, ist nicht zu sagen, gehörten doch alle diese Scharen der gotischen Gruppe an, wenn sie auch nicht, wie die Ostgoten, die feste Macht eigener Volkstümlichkeit hatten. Daß den Römern ihr Recht und ihre Verfassung belassen wurde, versteht sich von selbst und geht deutlich schon daraus hervor, daß zahlreiche, ja alle römischen Würden und Ämter unter Odovakar fortbestanden, die dann, nur den Herrn wechselnd, in das ostgotische Reich übergingen. Odovakar betrachtete – trotz seiner Königschaft – wie Theoderich Italien als ein Glied des »Imperiums«, das heißt des römischen Reiches. Wir werden daher nicht irren, wenn wir alle römischen Einrichtungen, die wir in dem Gotenreich antrafen, als auch unter Odovakar fortdauernd annehmen. Welche Rechte Odovakar über Germanen und Italier übte, läßt sich nur im allgemeinen aus seiner Stellung zu beiden und aus der Ähnlichkeit folgern. Den Italiern gegenüber war er an die Stelle des Imperators getreten, nicht als Imperator, nur in Unterordnung unter diesen, als dessen freilich nicht anerkannter Stellvertreter und *weil* nicht anerkannt, als rex. Die Gliederung der Beamtungen des Kaiserreichs bestand fort, und diese forderte eine einheitliche selbstherrliche Spitze, die nunmehr eben Odovakar darstellte, wenn er auch nicht Namen und Zeichen des Imperators, ja, soviel wir wissen, nicht einmal die Abzeichen des Königstums annahm. Schon die Landverteilung war eine Tat der *Gesetzgebung*, und ohne Zweifel erließ Odovakar in den alten kaiserlichen Formen Edikte, Dekrete, Konstitutionen. Auch die römische wie die germanische *Rechtspflege* wurde wohl in seinem Namen geübt, die ganze römische *Finanzverwaltung* wurde fortgeführt, die Steuern, besonders die Grundsteuer, von den Italiern erhoben. Odovakar ernannte alle römischen *Beamten*, die sonst der kaiserlichen Ernennung bedurften, insbesondere seit a. 480 die Jahreskonsuln, und bestellte die Heerführer und gewiß auch die Richter seiner Germanen. Als oberster *Kriegsherr* leitete er die Feldzüge in Person oder durch seine Feldherren. Gegen die Rugier und gegen Theoderich wurden auch die Italier aufgeboten. Sein Verhältnis zur katholischen *Kirche* ist bei der Darstellung der gotischen Staatszustände erörtert worden, hier genüge die Bemerkung, daß der arianische Fürst zwar zu den gefeiertsten Stützen der rechtgläubigen Kirche, dem heiligen Severin und dem heiligen Epiphanius von Pavia in huldvoller Freundschaft stand, – letzterer erwirkte Nachlaß der Steuern und Abhilfe gegen die Bedrückungen des Präfektus Prätorio *Pelagius* in Pavia, – daß es aber ohne Zwiespalt mit dem Haupt der Kirche nicht völlig abging. Die Dauer seines Reiches war zu kurz, große grundbauende Ordnungen zu schaffen, auch fehlte ihm wohl die Herrschergabe Theoderichs, die freilich auch mehr erhaltend, als schöpferisch war – und unsere Nachrichten sind zu dürftig, auch die wenigen unentbehrlichen Anordnungen, die vorausgesetzt werden müssen, deutlich erkennen zu lassen. Insbesondere über des Königs Stellung zu seinen Germanen wissen wir so viel wie nichts. Wahrscheinlich hatte die kriegerische Zucht und die Gefahr des unsicheren Reiches die Königsgewalt gekräftigt, die Rechte des Volkes oder Heeres beschränkt oder vielmehr ihre Ausübung erschwert. Von *Volks-* oder *Heerversammlungen* erscheint keine Spur. Der König, sein *Hof* – er hatte seinen Sitz zu Ravenna, wo er sich einen *Palast* baute –, seine Beamten sind die Säulen des Reichs; treu harrt das Heer bei dem unglücklich ringenden Helden aus, sein nächster Anhang teilt seinen Fall. Mit zu schwachen Mitteln war die kühne Schöpfung auf unsicheren Boden in gefährliche Nachbarschaften gebaut. Es gelang nicht, eine unzweideutige Anerkennung vom Kaiser zu erlangen und um so weniger die Anhänglichkeit der Italier. Es fehlt diesem Staat, was anderen gleichzeitigen Germanenreichen die zähe Widerstandskraft gegen das überlegene Byzanz gewährte – die volkstümliche Grundlage. Die Haufen Odovakars sind kein Volk, sondern Landsknechtshaufen, sie treten nicht mit alten, tiefgründigen Gliederungen in den neu zu errichtenden Staat ein und des Führers Gewalt ist echtem Königstum nur nachgebildet. Deshalb macht denn auch das ganze Unternehmen den Eindruck des Uneingewurzelten, Stückhaften, rasch Aufgezimmerten, Vorläufigen. Hier ist wirklich einmal ein Fall der Entstehung des Königstums aus Waffendienst, ein »Heerkönigtum« – und wie verschieden ist sein Wesen von dem der Wandalen, Gepiden, Goten usw., die man alle auf diese Art hat zurückführen wollen! In Ermangelung volksmäßiger Zusammengehörigkeit suchte der König die Seinen durch verschwenderische *Freigebigkeit* an sich zu fesseln, wodurch er die Güter der Krone sehr erschöpfte, so daß er bald das Vermögen vornehmer Italier angreifen mußte, dadurch natürlich neue

Feindschaften gegen sich erweckend. Und es ist bezeichnend, daß unter den wenigen Berichten, die wir über Odovakar haben, so viele gerade diese Züge hervorheben: es war das vergebliche Streben, einen Ersatz für das Bindemittel der Volkseinheit herzustellen. Erst der Vernichtungskampf schuf gegenüber den Italiern und Goten den Kitt einer verzweifelten Partei, immer nicht eines Volkes, unter den Anhängern des Abenteurers.
Für jenes planmäßige Schenken sind die Stellen bei Ennodius lehrreich: »Bei uns darbte, wiewohl bereichert durch den Ertrag der täglichen Plünderung, der Räuber im Herzen des Staates (das heißt Odovakar), der all sein Gut vergeudete und seinen Schatz nicht durch Staatseinkünfte mehrte, nein, durch Raub. Wilde Habsucht seiner Genossen entflammte durch so fluchwürdige Verschwendung der verarmende Herr, der gleichwohl nicht so viel an Liebe gewann, als er in Erschöpfung all seiner Kräfte an Vermögen verlor. Schon zehrte die Not seines Hofes an dem Gut der Privaten, und der Eifer der Diener des Gewaltherrn verschwand, wie seine Schätze verschwanden.« Und wiederholt schildert Theoderich dieses Aussaugungsverfahren und die Geldnot seines Vorgängers. Er sagt von einem Beamten, der unter Odovakar diente: »Er übte Enthaltsamkeit in einer Zeit, da die Habgier nicht geahndet wurde. Denn je nach der Sinnesweise des Herrschers kränkt man das Recht oder liebt die Tugend.« Die Geldnot Odovakars zeichnet er ein andermal so: »*Opilio* kam in traurigen Zeiten (das heißt unter Odovakar) zum Hofdienst. Er hätte viel mehr dabei verdienen müssen, wenn nicht damals aller Verdienst unter der geizigsten Kärglichkeit der Belohnung geschmachtet hätte. Denn was konnte ein Schenker verleihen, der selbst so dürftig war?«
Der Zufall hat uns die Urkunde einer von diesen Schenkungen des bedrängten Königs erhalten. Der Beschenkte ist comes *Pierius* (offenbar derselbe, dem die Überführung der Römer aus Noricum nach Italien anvertraut worden war). Diese Schenkung wenigstens war nicht weggeworfen: der Getreue ließ im Kampf für den König sein Leben, siebzehn Monate nach dem Tag der Schenkung, in der Schlacht an der Adda. Die merkwürdige Urkunde bezeugt den Fortbestand des römischen Rechts und des römischen Gerichtswesens und gewährt einen hellen Blick in das sonst so dunkle Reich Odovakars.
Seine Stellung zum Kaiser und zu den Italiern, so ähnlich und doch wieder so unähnlich der seines Nachfolgers Theoderich, ist sehr eigentümlich.
Ähnlich ist die Stellung beider insofern, als weder der eine noch der andere die aufrichtige Anhänglichkeit der Italier gewann. Beide waren als Arianer, als Barbaren, als Gewaltherrscher verhaßt. Ähnlich, sofern der Kaiser im Herzen beide als unrechtmäßige Herren Italiens ansah, die man tatsächlich leider ertragen, aber baldmöglichst beseitigen mußte. Ähnlich endlich darin, daß die Kaiser, ungeachtet dieser inneren und geheimen Nichtanerkennung, äußerlich und öffentlich durch den Drang der Zeitverhältnisse zu einer formalen Anerkennung Theoderichs und – freilich nur einmal, zweideutig und unvollständig – auch zu einer Art Anerkennung Odovakars genötigt wurden.
Aber die Unähnlichkeit ist noch viel größer als die Ähnlichkeit, und zwar fällt der Unterschied überall zum großen Nachteil Odovakars aus. Odovakar, ein Abenteurer, vom Glück erhoben, an der Spitze bunt gemischter Söldner, vom Unglück gestürzt – Theoderich, der geborene und gekorene König eines großen Volkes, der Sproß eines gefeierten Herrscherhauses, durch die unvergleichliche

Kraft eines Volkstums in schlimmen wie in guten Tagen getragen; Theoderich kam im Namen und Amt des Kaisers, Italien einem Gewaltherrn zu entreißen und unter kaiserlicher Oberhoheit und dem Schild der Rechtmäßigkeit zu verwalten, Theoderichs und seiner Nachfolger Herrschaft war wiederholt vom Kaiser feierlich, wenn auch nie aufrichtig, anerkannt worden. Nur *das Maß* der Abhängigkeit oder Selbständigkeit war streitig zwischen den beiden Höfen. Odovakar hatte durch einen Soldatenaufstand seinen Kaiser gestürzt, dessen leitenden Staatsmann ermordet, den Boden Italiens als Beute verteilt, und wenn er auch einmal – zweideutig – als patricius, nicht als König, vom Kaiser anerkannt worden war, so wurde dies doch als nicht geschehen betrachtet. Alle römischen und byzantinischen gleichzeitigen wie späteren Quellen schelten ihn einstimmig einen unrechtmäßigen Emporkömmling, einen »Tyrannus«, während Jordanis seinen König als Hersteller der Rechtmäßigkeit ausziehen läßt und nur die Byzantiner die Unverschämtheit hatten, auch Theoderichs und seiner Nachfolger Herrschaft als »Tyrannis« zu bezeichnen, als sie sich bereits Sieger glaubten. Endlich, was hiermit wesentlich zusammenhängt: Odovakar war und blieb den Italiern so verhaßt, daß ihm seine Hauptstadt auf der Flucht ihre Tore sperrte, während Theoderich durch seine segensreiche Regierung wenigstens zeitweise und teilweise den Volkshaß der Italier in Dankbarkeit zu verwandeln wußte.

Stammbaum der Amaler

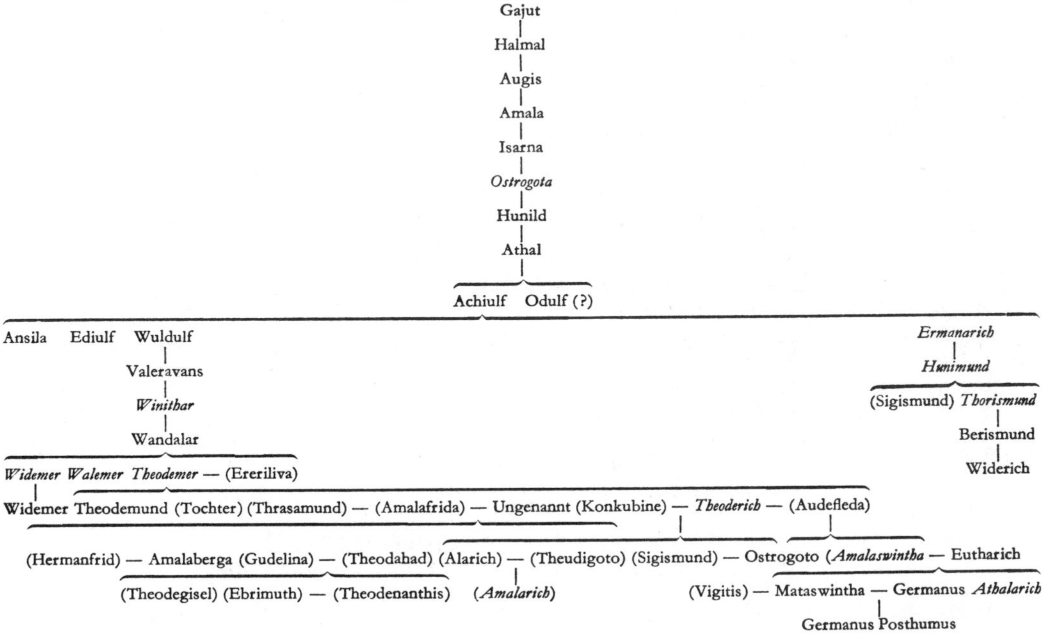

Ostgotenkönige

Berig, Vier ungenannte, Filimer, Ostrogota etwa 240
Kniva etwa 260
Ararich, Aorich, Aliquaca etwa 330
Geberich etwa 340
Ermanarich 350–376
Winithar etwa 380
Hunimund etwa 390
Thorismund etwa 400
Walemar etwa 440–470
Theodemer etwa 475
Widemer – etwa 473
Theoderich 475–526
Amalaswintha 526–534
Athalarich 526–534
Theodahad 534–536
Vitigis 536–539
Ildibad 539–541
Erarich etwa 541
Totila 541–552
Teja 552

Zeitliche Reihenfolge der Westgotenkönige

Athanarich	366 (?) bis 381 (25. Januar – Fridigern?	
Alarich I.	395–410 (September/Oktober)	
Athaulf	410–415 (August/September)	
Sigrich	415–415 (September)	
Walja	415–419	
Theoderich I.	419–451 (Anfang Juli)	
Thorismund	451–453	
Theoderich II.	453–466 (Anfang)	
Eurich	466–485 (vor September)	
Alarich II.	485–507 (nach Pfingsten)	
Gesalich }	507–511 (März/April) }	Theoderich der Große 507–526
Amalarich }	507–531 (Dezember) }	
Theudis	531–548 (März/April)	
Theudigisel	548–549 (Oktober)	
Agila	549–554	
Athanagild	554–567 (November)	
Leova I. }	567–572	
Leovigild }	567–586 (April/Mai)	
Rekared I.	586–601 (Mai)	
Leova II.	601–603	
Witterich	603–610 (Anfang Oktober)	
Gunthimar	610–612 (14. August)	
Sisibut	612–620 (14. Februar)	
Rekared II.	620–621 (16. April?)	
Svinthila }	620–631	
Rikimer }	? –631 (16. April)	
Sisinanth	631–636 (März)	
Kindila	636–640 (1. April)	
Tulga	640–641 (10. Mai?)	
Kindasvinth }	641–652 (1. Oktober)	
Rekisvinth }	649–672 (22. Januar 649 bis 1. September 672)	
Wamba	672–680 (1. September 672 bis 14. Oktober 860)	
Erwich	680–687 (15. Oktober 680 bis 15. November 687)	
Egika }	687–701 (gesalbt 24. November 687; 15. November (?) 701)	
Witika }	697–710 (15. November [?] 697 bis Februar 710)	
Roderich	710–711 (15. Juli)	

II

Die Westgermanen

Kimbern und Teutonen
Alamannen und Westfranken

»Rom gegen Germanen«
Der Kampf um den Rhein

Die Völkerstämme in Gallien
Der Untergang des Römerreiches

Die Westgermanen

Der germanische Angriff und der römische Gegenangriff — Die Varusschlacht — Roms Verzicht auf die Eroberung Germaniens

Kimbern und Teutonen

Germanische Vorstöße in das Römerreich

Der »Kimbrische Schrecken« und eine Sturmflut — Beginn der germanischen Angriffe auf das Römerreich — Siege der Kimbern in den Schlachten von Arausio, an der Rhone und bei Trient — Marius vernichtet in der Schlacht bei Vercellae die Heere der Kimbern und Teutonen

Rom hatte bereits eine sehr hohe Stufe der Macht erstiegen, als der erste Angriff germanischer Völker in dem »Kimbrischen Schrecken« an die Tore des Reiches pochte.

Nach der Zerstörung des mazedonischen Staates stand die Oberherrschaft Roms von den Säulen des Herkules bis zu den Mündungen des Nils und des Orontes nicht nur als eine Tatsache fest, sondern sie lastete gleichsam als das letzte Wort des Verhängnisses mit dem ganzen Druck der Unabwendbarkeit auf den Völkern.

An dieser noch unerschütterlichen gewaltigen Überlegenheit von politischer, von Kultur- und Waffenmacht sollte auch der erste Anprall germanischer Kraft zerschellen, aber dabei die der römischen Welt fern her drohende Gefahr ankündigend.

Die Römer hatten im Jahre 115 v. Chr. die Ostalpen zwischen Triest und Laibach überschritten und mit den keltischen *Tauriskern* Gastfreundschaft geschlossen. Gleich darauf zogen sie von Mazedonien aus nordöstlich gegen die *Skordisker*, an der Morawa in Serbien, welche früher wiederholt mit den *Dalmatiern* die römischen Grenzen beunruhigt hatten, erreichten zum ersten Mal die Donau und schlugen, nach anfänglichem Mißlingen, diese Donaukelten.

Diese Fortschritte der römischen Waffen hatten zur Folge, daß die Besiegten gegen die Legionen entweder selbst ein an der Nordgrenze seit geraumer Zeit umherwanderndes Volk zu Hilfe riefen oder dessen Eindringen nicht mehr abzuwehren vermochten.

Dies Volk waren die *Kimbern.*

Mit ihren Nachbarn im Süden, den *Teutonen* und den *Ambronen*, waren diese etwa um das Jahr 125–120 aufgebrochen.

Schon die außergewöhnlich hohen Zahlen bei der Wanderung der Kimbern und Teutonen weisen auf Übervölkerung als Grund der Auswanderung hin – wie viel geringer war die Zahl der Helvetier, welche zur Zeit Cäsars gewandert waren! –, mag man auch noch so große Abzüge an diesen im Bulletinstil geschriebenen Siegesberichten für nötig erachten.

Diese Bewegungen sind als Wiederaufnahme der großen Wanderungen, welche aus Asien nach Europa geführt hatten, zu betrachten.
Es ist durchaus nichts »Fabelhaftes« an dem Bericht, welcher dem zweifelnden Strabo zugegangen war, daß eine große Sturmflut die »Kimbrische Halbinsel« heimgesucht und die Auswanderung veranlaßt habe.
Die »Eroberung Italiens« war gewiß nicht Zweck des unfreiwilligen Aufbruchs gewesen. Es war nicht ein Heer von Kriegern, sondern in der Tat, ganz wie in den Tagen der späteren Völkerwanderung, ein Volk oder richtiger Teile (Gaue) dieser Völker, welche hier aufgebrochen waren. Land, ruhige Sitze, wo sie friedlich Ackerbau treiben konnten, war ihr Begehr, das sie auch als Sieger wiederholt an die Römer richten. Auf Wagen und Karren, welche, zur Wagenburg zusammengeschoben, als befestigtes Lager dienen, führen sie Weiber und Kinder mit sich, auch die treuen Hofhunde, die »Hauswächter«, sind nicht zurückgelassen. Unfreie und Herden werden nicht gefehlt haben.
Auf langsamem Zuge – denn nur in der guten Jahreszeit war man unterwegs, während der viel längeren rauheren hielt man Rast, ein Umstand, den wir bei allen diesen Wanderungen in Rechnung ziehen müssen – gelangten die Wanderer, kein bestimmtes Land als Ziel aufsuchend, gern durch Vertrag sich den Durchzug sichernd, den Waffenkampf meidend, immer mehr nach Süden.
Auf ihrem Weg nach Süden waren die Wanderer auf die keltischen *Boier* gestoßen, welche ihren »herkynischen Wald« (das heißt hier wohl die Böhmen im Norden deckenden Gebirge) erfolgreich verteidigten und die Angreifer nötigten, weiter östlich ausbiegend, die *Sudeten* zu umgehen. So gelangten diese (wohl durch Schlesien) an die Donau, überschritten sie (etwa bei Carnuntum?) und wandten sich nun wieder westlich gegen die Alpen; sie durchzogen das Land der *Skordisker* und drangen bereits in das Gebiet der den Römern befreundeten *Taurisker* und gegen die Pässe, welche über die Alpen von Krain führten.
Hier aber trat ihnen Rom entgegen.
Der Consul *Gnäus Papirius Carbo* zog von Aquileja heran und forderte sie auf, das Land der »Gastfreunde« der Römer, der Taurisker, zu räumen. Willig folgten die Germanen – ihre Unkenntnis jener Gastfreundschaft zu ihrer Entschuldigung beteuernd –, so wenig dachten sie damals daran, Italien zu erobern! – den Wegweisern, welche ihnen der römische Feldherr gab, um sie über die Grenze der Taurisker zu geleiten. Diese Wegweiser führten die Wanderer in einen Hinterhalt bei Noreja in Kärnten, wo der Consul sie angriff; aber er wurde von den Zornmütigen so schwer geschlagen, daß nur ein die Verfolgung hemmendes heftiges Gewitter den Rest seines Heeres vor der Vernichtung schützte, 113 v. Chr.
Obwohl nun die Übergänge der Alpen nicht mehr durch ausreichende Macht verteidigt waren, wandten sich die Sieger doch durchaus nicht nach Süden, nach Italien, sondern zogen nach Westen ab. Wir wissen weder, aus welchen Gründen, noch auf welchen Wegen. Vermutlich doch an dem Nordhang der norischen Alpen hin, dann über den Inn; denn zunächst treffen wir sie in der Schweiz, wo keltische Völkerschaften, im Gau der *Helvetier*, jedenfalls die *Tiguriner*, deren Name in »Zürich« fortlebt, vielleicht auch die *Tougener*, sich anschlossen.
Wohl erst hier wurde der Entschluß gefaßt, in das nahe reichere Gallien einzubrechen; auf dem rechten Rheinufer ließen sie (jetzt oder a. 103 bei dem Verlassen Galliens) einen Teil ihrer Wagen und Geräte unter Bewachung von

6000 Mann zurück; diese wurden nach dem Untergang des Hauptheeres nach langem Kampf mit Umwohnern immer weiter nach Norden gedrängt und zuletzt unter allgemeinem Einverständnis zwischen der Sambre und Maas in der Gegend von Namur angesiedelt, wo sie zwei Menschenalter später *Cäsar* unter dem Namen *Aduatiker*, offenbar fast ganz keltisiert, antraf.

Diese Bewegungen waren sehr langsam gewesen, vielleicht durch längere Rast in der Schweiz unterbrochen; erst vier Jahre nach der Schlacht bei Noreja brachen die Wanderer in Gallien ein. Das flache Land wurde weithin verheert, nur in den Städten leisteten die Kelten Widerstand.

Endlich traten hier den Wanderern, sie von den Schützlingen und Bundesgenossen und der eigenen »Provincia« abzuwehren, abermals die Römer entgegen. Die Wandervölker eröffnen wieder gütliche Verhandlungen, sie bitten, ihnen Land zu friedlichem Anbau anzuweisen – eine Forderung, welche die Germanen von den Kimbern an durch die ganze Zeit der Völkerwanderung immer wieder erneuern.

Der Consul *Marcus Junius Silanus* griff »statt aller Antwort« die Barbaren an, wurde aber aufs Haupt geschlagen, 109 v. Chr.

Die Sieger jedoch denken noch immer so wenig an einen Angriff auf Italien, daß sie auch jetzt nur die vor der Schlacht gestellte Bitte um Land durch eine nach Rom abgeordnete Gesandtschaft erneuern; dafür bieten sie – ganz wie später die Germanen der Völkerwanderung – das einzige, aber höchst wertvolle, was sie zu bieten haben: ihre Waffen zu römischen Kriegsdiensten.

Aber Rom, das noch seinen Cäsar erwartete, hatte auf dem Wege zur Weltherrschaft noch nicht nötig, so gefährliche Dienste anzunehmen, wie es dreihundert Jahre später durch Verträge geschah. Man verlachte die barbarischen Gesandten und wies sie ab.

Inzwischen war ein Teil der Wanderer weiter gegen Süden vorgedrungen. Die Tiguriner und Tougener, deren Verbindung mit den Germanen vielleicht schon wieder gelöst war, schlugen im Lande der *Nitiobrogen* bei *Agen*, zwischen Loire und Garonne im Jahre 107 den Consul *Lucius Cassius Longinus*. Dieser und sein Legat, der Consular *Gajus Piso*, fielen mit dem größten Teil der Mannschaft; den Rest rettete *Gajus Popillius* nur durch einen schimpflichen Vertrag, der unter Geiselstellung die Waffen und das halbe Gepäck den Siegern auslieferte.

Diese Niederlage war so bedeutend, daß in der römischen Provinz die wichtige Stadt der keltischen *Tektosagen*, *Tolosa* (Toulouse), sich erhob und die römische Besatzung überwältigte.

Aber die Barbaren verfolgten ihren Vorteil nur sehr langsam. Die Helvetier (Tiguriner und Tougener) scheinen allein soweit westlich vorgedrungen zu sein, wenigstens finden wir die Kimbern im nächsten Jahr noch weiter östlich auf dem linken Rhoneufer.

So gelang es dem neuernannten Feldherrn und Proconsul *Quintus Servilius Caepio*, Tolosa wieder zu unterwerfen (106). Und als nun endlich die Kimbern unter dem jugendlichen König *Bojorich* am östlichen Rhoneufer erschienen (105 v. Chr.), standen drei römische Heere bereit, sie abzuwehren.

Der Consul *Gnaeus Mallius Maximus* und, getrennt von ihm, dessen Legat, der Consular *Marcus Aurelius Scaurus*, waren ihnen über den Strom entgegengerückt. Zuerst wurde dieser gründlich geschlagen, er selbst gefangen und in das Zelt des Kimbernkönigs gebracht; als der Besiegte in seinen Ketten mit Römerstolz

den Sieger vor dem Einbruch in Italien zu warnen wagte, da Rom doch unbesiegbar sei, ergrimmte der Germane und stieß ihn nieder.
Nun erst entbot Mallius Maximus auch den Proconsul Caepio mit dessen Heer zu sich auf das linke Ufer. Zögernd vereinte sich dieser mit ihm bei *Arausio* (Orange), nördlich von *Avenio* (Avignon), nochmal suchten die Kimbern den Frieden. Man sieht hier, wie bei den Völkern der großen Völkerwanderung: es fehlt das Gefühl der Unsicherheit ihrer rings bedrohten Lage den heimatlosen Germanen durchaus nicht und nicht, unerachtet glänzender Waffenerfolge, die Erkenntnis der Überlegenheit Roms; aber die beiden römischen Feldherren lagen in eifersüchtigem Hader und der vornehme Proconsular Caepio sah kaum den verachteten Maximus in Verhandlungen mit den Feinden treten, als er besorgte, dieser wolle den Ruhm der Unterwerfung der Barbaren für sich allein gewinnen. Er griff sofort mit seinen Truppen an. Aber sein Heer wurde vernichtet, sein Lager erobert (6. Oktober 105) und nun auch das dritte und letzte römische Rhoneheer, das des Maximus, vollständig geschlagen.
Die Römer schätzten selbst ihren Verlust auf 80000 Krieger und 50000 Troßknechte (Livius, epit. lib. 67); nur 10 Mann sollen über den Strom entkommen sein.
Die Sieger aber hatten offenbar vor der Schlacht nach einer auch sonst bezeugten germanischen Sitte Gefangene und Beute in einem Gelübde den Göttern zum Siegopfer geweiht. Daher erklärt sich, daß die Gefangenen teils durch Aufhängen an Bäumen, teils durch blutigen Tod den Göttern geopfert werden.
Der Schlag war furchtbarer als der von Cannae. Die Alpenpässe lagen offen vor den Kimbern; die Barbaren in Spanien, in Gallien erhoben sich aufs Neue.
Kein Heer schützte Italien. Ganz außerordentliche Maßregeln, wie sie nur nach Cannae ergriffen worden waren – Abkürzung der Trauerzeit um die Gefallenen durch Senatsbeschluß, Vereidigung aller waffenfähigen Männer, Italien nicht zu verlassen, Verbot an alle Schiffe, Waffenfähige an Bord zu nehmen – verrieten die Besorgnis der Römer, welche der alten und neuen von den Kelten bis an das Capitol getragenen Gefahren gedachten. Der »kimbrische Schrecken« wurde ein Sprichwort.
Aber die Kimbern hatten keinen Plan, am wenigsten den Plan, Rom zu erobern.
Anstatt östlich über die Alpen vorzudringen, wandten sie Italien den Rücken und zogen nordwestlich heerend in die Auvergne, vielleicht in der Absicht, hier die lang gesuchten Sitze zu gewinnen. Das flache Land verheerten sie. Da aber die *Arverner* ihre Kastelle zäh verteidigten, änderten die Wanderer Richtung und Entschluß; sie mochten erkundet haben, daß sie in Spanien gegen die Römer gesicherter sein würden, vielleicht auch lockte sie nur der Reichtum des noch immer unverwüsteten Landes zwischen der Garonne und den Pyrenäen. Sie zogen nun wieder südwestlich gegen und über dieses Gebirge. Aber in Spanien stießen sie auf den hartnäckigen Widerstand der tapferen *kantabrischen* und *keltiberischen* Völker und nach fast zweijährigem fruchtlosen Kämpfen wichen sie aus der Halbinsel, zogen über die Pyrenäen (103 v. Chr.), wie es scheint, durch deren nördlichste Pässe, zurück und durchstreiften nun, dem Busen von *Biskaya* entlang, das bisher noch nicht von ihnen verheerte Westfrankreich bis an und über die Seine. Vielleicht hatten nur die Kimbern den Zug nach Spanien unternommen, die Teutonen und Helvetier einstweilen in Gallien ver-

weilt, wenigstens wird hier im Land der *Vellocasser* bei *Rouen* eine abermalige Vereinigung der Wandervölker berichtet.
Da aber die vereinigten belgischen Völkerschaften mit Erfolg das Eindringen der Wanderer in das Land abwehrten, beschlossen diese nunmehr, da ihnen der Weg nach Osten versperrt, die Umkehr nach dem ausgesogenen Westen verleidet und im Norden den Schiffelosen der Ozean verlegt war, die einzige freie Straße einzuschlagen: die nach Süden.
Vielleicht erst auf diesem Wege faßten sie nun endlich den Beschluß, nachdem sie weder in Spanien noch in Gallien Heimat gefunden, in Italien einzubrechen. Sie teilten sich nun abermals, – vermutlich weil für die vereinten Massen weder Wege noch Vorräte zur Genüge sich boten – wir wissen nicht wo, vielleicht in der Gegend von Dijon. Die Kimbrer und die Tiguriner gingen über den Rhein zurück zu den alten Freunden, den Helvetiern, und suchten von da ihren Weg durch die Ostalpen nach Italien.
Die Teutonen unter *Teutobod* (Teutoboch?), Ambronen und Tougener aber zogen in den Landstrichen zwischen dem obern Lauf des Liger (Loire) und des Arar (Sauconna, Saône), jedenfalls auf dem rechten Ufer dieses Flusses und der Rhone gen Süden, um durch die Seealpen in Italien einzudringen.
Aber die dreißig Monate seit der Schlacht von Arausio hatten die Römer gut genützt. Im Schrecken vor der Kimbrischen Gefahr, – denn ganz Italien hatte gezittert, – hatten sie wider das Gesetz ihren tüchtigsten Feldherrn, *Gajus Marius*, nochmals zum Consul ernannt (104 v. Chr.), ja ihm sogar weitere Jahre hintereinander das Amt immer wieder übertragen. Und der Gefürchtete brachte nicht nur die empörten Gallier wieder zum Gehorsam, er hob, eine völlige, auch taktische Reform durchführend, aufs Neue Zucht und Selbstvertrauen der Legionen, welche durch die Habsucht und Unfähigkeit ihrer letzten Führer verwildert und durch die steten Siege dieser neuen Feinde entmutigt waren. Und seine Kriegskunst war den Germanen unerreichbar überlegen. Er änderte die bisherige Aufstellung der Legionen, dem furchtbaren Keilstoß der Germanen besser zu begegnen. Als die Teutonen die Rhone überschritten und auf dem linken Ufer vordringen wollten, stießen sie auf ein stark befestigtes und vermittels eines (von Marius neu angelegten) Rhonekanals von der See her reichlich verpflegtes Lager, welches der Römerfeldherr an einem mit Meisterschaft gewählten Punkt angelegt hatte; denn er überwachte hier, an dem Einfluß der Isara (Isère) in die Rhone, also ungefähr bei Valencia (Valence), die beiden einzigen damals gangbaren Wege nach Italien: den über den kleinen Bernhard und die Straße längs der Küste (über Marseille-Nizza) zugleich. Drei Tage hintereinander liefen die Germanen Sturm auf das feste Römerlager. Aber der planlose Ungestüm ihres Angriffs zerschellte, wie dies noch Jahrhunderte lang zu geschehen pflegte, an der Kunst und Stärke des römischen Lagerbaus. Nach großen Verlusten beschlossen die Barbaren, liegen zu lassen, was man nicht bezwingen konnte, und, den Feind im Rücken, an dessen Lager vorbei, nach der Küstenstraße zu ziehen. Sechs Tage dauerte (angeblich) das Vorüberziehen und Fahren mit Wagen und Karren an den Toren des Lagers. Höhnend riefen die Teutonen zu den römischen Soldaten, welche regungslos auf den Wällen hielten, hinauf, ob sie nichts an ihre Frauen in Italien zu bestellen hätten?
Aber Marius folgte: vorsichtig auf den Höhen hinmarschierend und jede Nacht in wohlverschanztem Lager sich bergend.

Die Germanen hatten bereits die Druentia (Durance) überschritten und zogen in der Richtung auf Massilia (Marseille) und auf die große Küstenstraße. Bei Aquae Sextiae (Aix en Provence) rasteten sie, erstaunt der warmen Quellen sich erfreuend, die dort aus der Erde sprudeln, unten im Tal an dem Flüßchen Arc, während Marius auf dem Mont St. Victoire sein Lager schlug. Gegen Abend beim Wasserholen gerieten die ligurischen Troßknechte der Römer ins Handgemenge mit den Ambronen und drängten sie in die Wagenburg zurück, von welcher herab auch die germanischen Weiber auf die Römer und zugleich auf ihre fliehenden Männer mit Beilen und Schwertern einhieben. Die ganze Nacht erschollen die Totengesänge aus dem Lager der Germanen. Am dritten Morgen darauf stellte Marius sein durch zwei Erfolge ermutigtes Heer zur Schlacht: wieder hatten die Germanen steil bergan zu stürmen.
Lange erneuerten sie unablässig die Angriffe; aber um Mittag begannen sie mit ihren ungefügen Hiebwaffen dem mörderischen kurzen, breiten Stoßschwert der Legionen und der Hitze des südfranzösischen Sommertages zu erliegen. Sie wurden nun in das Tal hinabgedrängt; und als jetzt eine von Marius in ihren Rücken gesandte Schar von 300 Mann unter *Claudius Marcellus* mit lautem Sturmgeschrei aus dem Wald auf sie einbrach, lösten sich ihre Reihen. Fast ohne Ausnahme wurden die Flüchtigen ratlos und weglos – denn für den Keil gab es keinen Rückzug – erschlagen oder gefangen, unter diesen der hochragende König Teutobod, der über vier bis sechs nebeneinandergestellte Rosse hinwegzuspringen vermochte. Die Frauen der Teutonen kämpften und starben auf ihrer Wagenburg. Diejenigen, welche gefangen wurden, gaben sich in der Nacht selbst den Tod, da man sie mit dem gewöhnlichen Lose der Sklavinnen bedrohte, das heißt ihe Keuschheit zu schonen sich weigerte.
Einstweilen waren die Kimbern aus dem Lande der Helvetier ostwärts gezogen und in drei Haufen, die Tiguriner als Nachhut, über den Brenner, den Isarcus (Eisak) und die Athesis (Etsch) entlang in Südtirol eingedrungen. Der Consul *Quintus Lutatius Catulus* erwartete sie südlich von *Tridentum* (Trient); er hatte eine Brücke über die Etsch geschlagen und sich, wie es damals römische Taktik, (wie bei Arausio), rittlings auf beiden Seiten des Flusses aufgestellt. Aber als die Kimbern nun aus den Alpenpässen hervorbrachen, entsetzte es die Römer, daß die Nordmänner, der Kälte von der Heimat her gewöhnt, ihre nackten Leiber auf den Alpenhöhen beschneien ließen, daß sie auf ihren breiten Schildern über Schnee und Eis hohe Hänge hinabglitten. Und als sie nun durch Baumstämme und Balken, die sie den Fluß hinabtreiben ließen, die Brücke zu zerstören drohten, befiel Fußvolk und Reiter der »kimbrische Schrecken« noch einmal. Sie flohen eilig, die Reiter sogar bis gen Rom; nur eine Legion hielt mit aufopfernder Tapferkeit auf dem linken Ufer in einer Schanze stand. Die Germanen schenkten den hier Gefangenen als wackern Helden die Freiheit und beschworen ihnen den sicheren Abzug bei einem mitgeführten Heiligtum: einem bronzenen (ehernen) Stierbild. So konnte der Consul, mit Mühe, wenigstens den Rückzug decken. Aber dieser Rückzug kam erst auf dem rechten Ufer des Padus (Po) zum Stehen (Plutarch C. 24), das Land zwischen den Alpen und dem Po war den Barbaren preisgegeben (Sommer 102).
Die Sieger jedoch verfolgten auch diesmal ihren Vorteil nicht. Die Eroberung Roms schwebte ihnen als Ziel nicht vor und in barbarischer Sorglosigkeit gaben sie sich den Genüssen des schönen Südlandes hin, welches sie gewonnen, un-

bekümmert darum, daß sie nicht dauernd hier siedeln konnten. So blieb die römische Macht unvernichtet.

Den ganzen Herbst und Winter des Jahres 102 ließen sie den Römern Zeit. Der Consul Marius führte sein Heer aus Gallien nach Italien, und im Sommer des Jahres 101 gingen er und der Proconsul *Catulus*, zusammen 50000 Mann stark, über den Po, die Eindringlinge aufzusuchen. Diese hatten sich in vielleicht planlosem Umherziehen weit von Rom hinweg westlich den Lauf des Po hinauf gewendet, vielleicht auch, um den breiten Strom an seinem Oberlauf leichter zu überschreiten oder etwa, um den Teutonen leichter die Hand zu reichen, deren Eintritt in Italien sie bei Turin oder bei Genua erwarten mußten.

Aber statt ihrer kam Marius.

Bei Vercellae trafen die Heere aufeinander. Da der Kimbern-König Bojorich nach germanischer Sitte Zeit und Ort des Kampfes durch Vertrag festgestellt verlangte, ging Marius darauf ein und bezeichnete den nächsten Morgen (30. Juli 101) und die raudischen Felder, südlich von der Stadt, für seine stärkere Reiterei den besten Angriffsboden wählend.

Die durch die Gefangenen, welche man ihnen zeigte, zweifellos gewordene Vernichtung der Teutonen (die Kimbern hatten früheren Gerüchten keinen Glauben geschenkt) mußte die Wanderer entmutigen. In arger Verblendung hatten sie abermals vor der Waffenentscheidung von Rom Land für sich und ihre Brüder verlangt –, »die haben schon Land, soviel sie brauchen«, höhnte Marius.

Im dichten Nebel der Frühe, welcher diesen sumpfigen Niederungen entsteigt, wurden die glänzenden Panzerreiter der Barbaren, in unbehilflichem Viereck aufgestellt, von der viel zahlreicheren Reiterei des Marius plötzlich angegriffen und in der Flucht von der Flanke her auf das Fußvolk zurückgeworfen, ehe sich dieses noch zum Keil geordnet hatte. Die verwirrten Haufen – angeblich hatten sich die Vordermänner mit langen Ketten an den Gürteln untereinander festgebunden – traf der Angriffstoß der Legionen des Catulus von der Stirnseite; das ganze Heer und Volk der Kimbern wurde nun in der Glut des Mittags vernichtet. König Bojorich fiel im Kampf, teuer hatte er sein Leben verkauft; ebenso König *Lugio*; die beiden Könige *Klaodicus* und *Kesorix* wurden gefangen. Dreiunddreißig Feldzeichen, Schlachthörner und jenen ehernen Stier erbeuteten die Sieger. Die Zahl der Gefallenen wurde auf 140000, die der Gefangenen auf 60000 angegeben.

Als die Verfolger bis an das Lager der Barbaren drangen, sahen sie, wie die Weiber der Kimbern auf die fliehenden Männer vor Ingrimm tödliche Geschosse schleuderten. Auch gegen die Römer kämpften sie von den hohen Wagen wie von Türmen herunter mit Lanzen und Wurfspeeren. Dann töteten sich die Frauen selbst, wie es auch viele Männer getan hatten. Eine Mutter hatte ihre Kinder und sich mit Stricken an einer aufgerichteten Deichsel erhängt. Ganz zuletzt verteidigten noch die treuen Hunde der Kimbern die bei der »Wagenburg« erschlagenen Herrn.

Die Tiguriner, welche im Rücken der Kimbern auf den Berghöhen standen, zogen auf die Kunde von dieser Vernichtungsschlacht eilig in die Heimat zurück.

Rom war befreit von einem Feind, welchen wiederholt nur eigne Planlosigkeit, nicht römische Kraft, von den Toren der Stadt ferngehalten hatte.

Caesar und die Germanen

(Karte Seite 248)

Die Völkerwanderung von Ost nach West

Hellenische Kultur prägt den Norden Europas, Handel und Macht bringen die Römer — Die Welle der Völkerwanderung zwingt die germanische Stoßrichtung gegen das Römerreich — Caesars Grundgedanke: Hilfe Roms für die Kelten durch den Angriff auf germanische Völkerschaften — Romanisierung der Gallier — Die Kämpfe gegen Ariovist — Der Rhein als römische Militärbasis

Fast ein halbes Jahrhundert verstrich nach dem Untergang der Teutonen und Kimbern, bis abermals römische und germanische Interessen zusammenstießen. Zur Zeit des Kimbernzuges waren die Landschaften nördlich und östlich vom Rhein noch von Kelten erfüllt. Gallien hatte kein Germane vor jenen Wanderern betreten. Das war die Zeit, von der man in bezug auf die Gegenden am rechten Rheinufer nicht nur sagen konnte, daß die Gallier überwogen, sondern daß sie allein vorhanden waren.

In diesen fünfzig Jahren von Marius bis Caesar sind also die Germanen in unaufgehaltenem Vordringen von Osten nach Westen begriffen gewesen, nicht stoßweise, nicht einzelne Haufen, sondern in breiter Front, auf der ganzen Linie, Völkerschaft an Völkerschaft, nebeneinander und hintereinander. Die Gründe, welche *zuerst* nur bei *einzelnen* Völkern die Wanderung veranlaßt, Übervölkerung als Folge des seßhaft gewordenen Ackerbaus und folgeweise Mangel an Land und Nahrung, haben *nun* bei der *Gesamtheit* gleichmäßig zu wirken angefangen und mehr eine zusammenhängende *Ausbreitung* aller, denn eine durchstoßende Wanderung einzelner herbeigeführt.

Wie bei dem Zug der Kimbern und Teutonen begegnen uns auch später außerordentlich hohe Zahlen: Ariovist hat 120000 Krieger; von denen 80000 in der Schlacht und auf der Flucht fallen, die nicht mächtige Völkerschaft der Tenchterer zählt 430000 Köpfe, von Sugambern werden 40000 aufs linke Rheinufer verpflanzt und aus der nicht gauenreichen Völkerschaft der Brukterer 60000 erschlagen.

Hie und da mögen zu dem Aufbruch kleinerer Scharen auch innere Wirren, Verfassungskämpfe und Kriege innerhalb einer civitas Anstoß gegeben haben, wie wir dies von der Auswanderung der *chartischen Bataver* wissen und später von der jener Norweger, welche das Einkönigtum König *Harald Harfagrs* nicht ertragen mochten. Aber der allgemein und regelmäßig und unablässig, wie eine Naturgewalt, wirkende Grund der Bewegung war das Überquellen einer Bevölkerung, welche freilich auch lieber reiches, kultiviertes Land in der Nachbarschaft mit dem Schwert gewann, als schlechtes oder doch erst zu rodendes daheim mit dem Pfluge.

Im Anfang freilich mag dies Drängen *einzelner* Auswandererscharen noch mehr einen ähnlichen Charakter gehabt haben wie der Kimbern- und Teutonenzug. Und die ersten vereinzelten Vorposten, welche sich, durch die Kelten hindurch, diese verdrängend oder unterwerfend, oft auch lediglich umgehend, den Weg bis an den Rhein gebrochen, müssen notwendig geraume Zeit gegenüber den zahlreichen hier dicht gedrängt siedelnden Kelten im Nachteil gewesen sein, wenn diese von dem linken Rheinufer aus ihren rechtsrheinischen Brüdern zur Hilfe und Rache und sich selbst zur vorbeugenden Abwehr die weitest vorgeschobenen westlichen Germanen angriffen, denen noch unbesiegte oder eben unterworfene Kelten, keine germanischen Nachwanderungen, im Rücken standen.

Das ist die Zeit, von der Cäsar (VI, 24) spricht, wenn er sagt, daß »dereinst« die Gallier die Mächtigeren gewesen waren: »sie griffen ihrerseits die Germanen über den Rhein dringend an, und führten Kolonien in die fruchtbarsten Teile Germaniens gegen den herkynischen Wald, *ihrer* (gallischen) Übervölkerung und ihrem schmalen Ackerland hierdurch abhelfend«. Mag das auch etwa vorübergehend und vereinzelt geschehen sein – daß umgekehrt ursprünglich alles Land vom rechten Rheinufer bis nach Böhmen von Kelten besetzt war und erst später von den nach Westen vordringenden Germanen erobert wurde –, diesen Sachverhalt hat Cäsar von seinen gallischen Gewährsmännern nicht erfahren.

Wurden ihm doch andrerseits viele rein oder doch ganz überwiegend keltische Völkerschaften, so die Belgen (Nervier, Eburonen), mit Unrecht für Germanen ausgegeben; sie »rühmten sich« solcher für tapferer geltender Nationalität.

Auch in das Keltenland, wie in ganz Mittel- und Nordeuropa, wurde die Kultur vom *Süden* her getragen: nicht Römer, *Hellenen* waren es, welche sie zuerst brachten.

Um das Jahr 600 v. Chr. hatten Hellenen aus *Phokaea* in Kleinasien nahe der Mündung des Rhodanus die Stadt *Massalia* (Marseille) gegründet. Im Kampf gegen die im Westen des Mittelmeers die spanischen Meere beherrschenden *Carthager* schlossen sich die Massalioten früh an *Rom*. Sie verbreiteten ihren Einfluß, ihren Handel auf dem Festland bis nach Spanien, wo *Emporiae* (Empurias) und *Rhode* (Rosas) mit ihren griechischen Namen Massilia als ihren Ausgangspunkt bezeugen, stärker aber nach Norden und Osten über Gallien in den Handelsplätzen und Burgen von *Antipolis* (Antibes), *Agathe* (Agde), *Nicaea* (Nizza), *Monökus* (Monaco); die Silbermünzen der Massalioten zeigen, daß der Handel dieser Hellenen nicht nur das linke Ufer der Rhone, sondern den Oberlauf des Po, Tessin, Graubünden, Wälschtirol und sogar die Schweiz bis Bern beherrschte.

Der Einfluß dieser hellenischen Kultur auf die benachbarten Kelten blieb wohl eng begrenzt im Raum und stückhaft und oberflächlich in der Wirkung. Die Kelten nahmen aber doch die griechische Schreibkunst und die griechische Münzkunst an, freilich mit fortschreitender Barbarisierung der hellenischen Stempel.

Auch nach der Ausbreitung der Römer neben den Massalioten in Gallien erfreute sich die Griechenstadt römischer Freundschaft und Begünstigung in der ganzen Zeit bis auf Marius und Cäsar. Erst als sie in dem Bürgerkrieg zwischen diesem und Pompejus auf des letzteren Seite trat und nur nach hartnäckiger Gegenwehr von Cäsars Feldherrn bezwungen werden konnte, traf sie ein schweres Strafgericht fast bis zur Vernichtung; der größte Teil ihres Gebietes wurde als Staatsgut eingezogen und zur Errichtung dreier römischer Kolonien, *Bäterrae* (Beziers), *Arelate* (Arles) und *Forum Julium* (Frejus), verwertet. Der

Handel der Stadt ging großenteils auf die römischen Kolonien *Narbo* und *Arelate* über.

Aber noch in der letzten römischen Zeit hieß die massilische Küste »Griechenland« und die massilische Bucht das »griechische Meer«.

Für die Römer ergab sich das Bedürfnis, in Gallien Fuß zu fassen, seit sie im zweiten punischen Krieg einen Teil von Spanien erobert hatten. Es galt, neben dem von den karthagischen Flotten beherrschten Seeweg einen geschützten *Landweg* für die Legionen aus Oberitalien nach der pyrenäischen Halbinsel zu gewinnen; diesen gewährte nur Südgallien.

Das Bedürfnis der *gracchischen* Partei, weitere Gebiete für Ausführung von Kolonien zu erwarten, mag dann noch einen unmittelbar treibenden Anstoß gegeben haben. In fünf Jahren, 125–121 v. Chr., wurde das Gebiet, welches bisher nach der charakteristischen Nationaltracht der Kelten, den Hosen, *Gallia braccata*, »*Hosen-Gallien*« geheißen hatte, zu einer Provinz gemacht, die nach ihrem, durch eine Kolonie den Kelten entrissenen Hauptort *Narbo*, *Provincia narbonensis* hieß.

Diese »provincia« – im Gegensatz zu dem freien Gallien, wo man das Haar lang wallend trug (Gallia comata) – umfaßte außer der »*Provence*«, in welcher der Name forttönt, noch das *Languedoc*, die *Dauphiné* und einen Teil der *Schweiz*. Ihre Grenzen waren im Osten die *Alpen*, im Norden der Oberlauf der *Rhone* vom *Lemansee* bis *Vienne*, im Westen die *Cevennen* und der Oberlauf der *Garonne* (*Garumna*), im Süden das Mittelmeer, der *sinus gallicus*.

Außer Narbo waren *Genava* (Genf) und *Vienna* (Vienne) die wichtigsten Städte der Provinz. In *Narbo*, *Tolosa* (Toulouse) und der 123 v. Chr. gegründeten Kolonie *Aquae Sextiae* (*Aix en Provence*) standen römische Besatzungen. Doch war das Land keineswegs sicher unterworfen, immer neue Erhebungen der Kelten mußten unterdrückt werden.

Dabei schritt aber die Romanisierung des Gebietes und des Volkes rasch vor. In großer Zahl waren Viehzüchter, Bauern und Kaufleute aus Italien eingewandert. »Kein Gallier«, schreibt Cicero im Jahre 69 v. Chr., »führt ein Geschäft ohne einen römischen Bürger, jedes Geldstück, das dort umgesetzt wird, wird in den Büchern römischer Bürger gebucht.«

Der Wucher dieser römischen Bankiers trieb wetteifernd mit den Erpressungen der Beamten die Kelten zu wiederholten Empörungen. Auch der Zwang zu der wenig von ihnen geliebten Pflugarbeit erbitterte sie.

An die römische Provinz im Norden grenzte die Gruppe der *Aquitanier* zwischen Garumna (Garonne) im Osten, dem Golf von Biskaya im Nord-, den Pyrenäen im Südwesten.

An die Aquitanier reihten sich die im *engeren Sinne* so genannten *Gallier* (oder Kelten) zwischen der Garonne im Osten, dem Ärmelkanal im Norden, der *Sequana* und *Matrona* (Seine und Marne), auch, im Gebiet der Sequaner und Helvetier, dem *Rhein* im Osten und der *Rhone* (der römischen Provinz) im Süden.

Auf diese Gallier im engeren Sinne folgten die *Belgen*, von der *Seine* und *Marne* im Westen bis an den *Rhein* im Osten, bis zu der Nordsee im Norden, bis zu den »Galliern«, den Sequanern, um *Bisontium* (Besançon) im Süden.

Als Cäsar im Frühjahr 58 v. Chr. in der Narbonensis eintraf, fand er, von dem lässigen Senat in Rom verabsäumt, ganz Gallien, zumal aber die römischen Interessen, in schwerer, zwiefacher Bedrohung und Bedrängnis.

An der ganzen Rheinlinie waren germanische Scharen in voller Bewegung gegen Westen; und die (keltischen) *Helvetier* in der Schweiz, vom Bodensee bis an den Genfer See, von eindringenden Germanen immer mehr im Lande beengt, auch vorher schon an Übervölkerung leidend, hatten beschlossen, ihre bisherigen Sitze zu räumen und westlich vom Jura mehr und besseres Land und vielleicht eine herrschende Stellung in Gallien zu gewinnen, wie es vor fünfzig Jahren einzelne ihrer Gaue im Anschluß an die Kimbern versucht hatten. Schon im Jahre 61 v. Chr. hatten Schwärme ihres Volkes den Jura überschritten und sogar römisches Gebiet feindlich berührt. Nunmehr war die Wanderung der Gesamtheit vollbracht: die *Rauraker* (um Basel und im Südelsaß), die Reste der *Boier* hatten sich ihnen angeschlossen.

Selbstverständlich waren den Auswandernden auf dem Fuße die Germanen gefolgt, welche von Osten auf sie drückten. Aber schon drohten Germanen nicht nur von Südosten her am Genfer See, auch von Nordosten her, von Besançon, gegen Südwesten sich über Gallien auszubreiten.

Nachdem schon viel früher germanische Völkerschaften, die den Rhein an seinem Mittellauf überschritten und bei Worms (*Vangionen*), Speyer (Noviomagus, später Spira, die *Nemeter*) und Brumat und Straßburg (die *Triboker*) keltische Städte und Ländereien gewonnen hatten, war vor mehreren Jahren ein germanischer Führer, doch wohl *König*, *Ariovistus*, von den (keltischen) *Sequanern* zur Hilfe wider ihre alten Feinde die (ebenfalls keltischen) *Häduer* über den Rhein gerufen worden (71 v. Chr.). Zuerst waren nur 15000 Mann Germanen diesem Ruf gefolgt; aber nachdem sie das reiche Land und reiche Leben der Gallier kennengelernt, waren ihrer allmählich immer mehr nachgekommen; unaufhörliche Nachwanderung drohte sich über ganz Gallien zu ergießen.

Mit Recht kann man hiernach behaupten, daß Cäsars Tat, die Zurückweisung der Germanen aus Gallien und die Unterwerfung dieses großen und reichen Landes von der Rhone bis an den Rhein von entscheidender, weltgeschichtlicher Bedeutung wurde, wenn man auch nicht sagen kann, »daß ohne sie die sogenannte Völkerwanderung fünf Jahrhunderte früher eingetreten wäre« (Mommsen); denn zu Cäsars Zeit war die germanische Völkerwoge noch lange nicht mächtig genug, auch von dem etwa eroberten Gallien aus die Alpen und Rom zu bezwingen. Die Volkszahl, die Verschmelzung der Gaue zu Völkern, die Erstarkung und Häufigkeit des Königtums mußte hierfür erst gewachsen und vollzogen sein. Wohl aber hat Cäsars Schwert und Geist bewirkt, daß die Kelten nicht germanisiert, sondern *romanisiert* wurden, daß zu der romanischen Zunge und Kultur in Italien und Spanien die in Frankreich trat. Ob Gallien germanisch oder römisch werden solle, das stand damals zur Entscheidung.

Cäsar wandte sich zuerst gegen die nächste Gefahr: die Helvetier, welche ihre Städte und Dörfer verbrannt hatten, um sie nicht den Germanen zu überlassen und um sich den Wunsch der Rückkehr zu versperren, und nun Mitte April bei *Genova* (Genf) auf verschiedenen Straßen zusammengeströmt waren. Auf dem Wege nach der zur neuen Heimat gewählten Landschaft der *Santonen* (*Saintonge*, das Tal der Charente), wurde der ungeheure schwerfällige Zug von 368000 Köpfen, worunter über 90000 Waffenfähige von Cäsar in krönendem Abschluß meisterhafter politischer Verhandlungen und militärischer Bewegungen mit seinen vier alten und zwei neu ausgehobenen Legionen, etwa 36000 Mann (dazu kamen die gallischen Hilfstruppen) bei *Bibrakte* (*Autun*), der Hauptstadt der

Häduer, angegriffen und nach heißem Kampfe furchtbar geschlagen; was nicht gefallen oder gefangen war, ergab sich dem Sieger. Dieser befahl den Übriggebliebenen – es waren nur 110000 noch – in die verlassene Heimstätte zurückzukehren, »auf daß«, wie er selbst sagt, »nicht Germanen in jene Nachbargebiete des römischen Galliens einrückten«.

Dieser Erfolg überlegener Staatsmannschaft und Feldherrnschaft, aber auch überlegener echt römischer List machte Cäsar zum Schiedsrichter Galliens. Sofort wandten sich die immer hadernden, aber nunmehr durch die gemeinsame Furcht vor Ariovist verbundenen keltischen Parteien an ihn mit der Bitte um Hilfe, um Schutz. Sie trugen ihm auf einer Landesversammlung die Ereignisse der letzten Jahre vor. Die Regierung des römischen Senats hatte auch gegenüber der germanischen Gefahr, welche Gallien bedrohte, in dieser Zeit lässiger Aristokratenherrschaft nichts getan. Sie hatte die alten Verbündeten der Römer in Mittelgallien, die *Häduer*, in ihrem Streit mit den *Sequanern* (um Besançon) wegen der Zölle am Araris (auf der Sâone), ohne Unterstützung gelassen, sogar, als letztere um das Jahr 71 v. Chr. den germanischen Heerführer mit seinen 15000 Mann über den Rhein zu Hilfe gerufen hatten. Mit Gold gedachten diese den Söldnern zu lohnen. Nach wechselndem Kriegsglück in zehnjährigen Kämpfen – die Häduer und ihre Klienten hatten eine große Übermacht an Streitern – schlug Ariovist die Feinde bei *Admagetobriga* endlich im Jahre 61 v. Chr. und zwang sie zu einem demütigenden Frieden. Vergeblich bemühte sich der Führer der römischen Partei, der Häduer *Divitiacus*, persönlich in Rom die Hilfe der Legionen herbeizurufen. Der Senat rührte sich nicht für seine Verbündeten und ging in Verkennung der gefährlichen Bedrohung der römischen Interessen in Gallien so weit, vielmehr den Suebenkönig unter den reichsten Ehrengeschenken in die Tafel der Rom befreundeten Könige einzutragen.

Aber nicht wegen dieser römischen Ehrenbenennung, sondern als Haupt der Germanen nennen ihn Cäsar und die Gallier »rex«. Er war nicht nur ein abenteuernder Gefolgsführer, 15000 Mann war nie ein Gefolge stark. Festen Sitz hatte er in der Heimat gehabt. Nur nach vielem Drängen der Sequaner hat er sich entschlossen, Heimat und Gesippen aufzugeben. Er war wohl ein Suebe; zwar wird er nicht ausdrücklich so genannt, aber die eine seiner beiden Frauen war eine Suebin, und »aus seiner Heimat« hatte er sie mitgebracht, die zweite war eine Schwester des norischen Königs *Vokio*. Daß er vom Senat »rex« genannt wurde und hierauf Wert legte – den *Römern* und *Galliern* gegenüber –, kann nicht beweisen, daß er erst von Rom diesen Titel erhalten habe, ohne wirklicher König zu sein. Bei unzweifelhaften Königen wie Philipp von Mazedonien wird ganz ebenso Gewicht gelegt auf die vom Senat ausgehende Bezeichnung »rex«, steht er doch nicht nur an der Spitze einer Kriegerschar, sondern eines ausgewanderten *Volkes*.

Als rücksichtsloser Eroberer trat Ariovist den Kelten gegenüber auf. Ganz Nordgallien wenigstens betrachtete er als seine sichere Siegesbeute. Die besiegten, völlig entmutigten und immer uneinigen Kelten hielt er, wohl mit gutem Grund, für unfähig, ihm zu widerstehen.

Seine Germanen mußten ihm ebenfalls viel weitergehende Gewalten einräumen in dem fremden Land, in der noch unsichern, gegen Feinde ringsum zu schützenden Stellung der Auswanderer, als einem König in der Heimat in normalen Verhältnissen damals zukamen. Er verteilt unter die Völkerschaften, an die einzelnen das eroberte Land, er handelt als unbeschränkter Vertreter der Seinen gegenüber Kelten und Römern; er allein entscheidet, so scheint es, über Bündnis, Frieden und Krieg. Einige Zeitlang läßt er sich in der Kriegsleitung, dem Vorgeben nach, von den Aussprüchen »weiser Frauen« bestimmen; aber vielleicht war das nur ein Mittel, gegenüber seinen schwer vom blinden Losschlagen abzuhaltenden Scharen, seinen klügeren Willen durchzusetzen, denn zuletzt, durch einige Erfolge umgestimmt, verwirft er die Warnung jener weisen Walas und schlägt vor Neumond die Entscheidungsschlacht.

Recht kläglich erbitten auf jenem Landtag die Fürsten der Kelten die Hilfe der Römer gegen die zornmutigen, tollkühnen Barbaren. Versage Cäsar seinen Schutz, so bleibe allen Galliern nichts übrig, als dem Beispiel der Helvetier zu folgen, das Land preiszugeben und in der Ferne, weit von den schrecklichen Germanen, eine neue Heimat zu suchen.

Der so Bestürmte ließ sich gern herbei, seinen eigensten Willen als eine Wohltat für die Gallier ins Werk zu setzen. Längst hatte er die Eroberung ganz Galliens beschlossen: Helvetier und Germanen sollten nicht Fuß fassen in dem wunderschönen, reichen Lande zwischen Rhein und Pyrenäen.

Cäsar hat im Gegensatz zu der schlaffen Defensive der römischen Senatsregierung den echt römischen und echt cäsarischen Gedanken zuerst verwirklicht, dessen großartige Fortführung durch seine Nachfolger bis auf Claudius, ja Trajan das Römerreich gesichert zugleich und erweitert hat: daß nämlich gegen die Barbaren des Westens, Kelten und Germanen, die einzige Deckung für Rom *in zuvorkommendem Angriff lag*. Er zuerst hat die römischen Adler über den Rhein und den Kanal in die Sümpfe Germaniens, in die Wälder Britanniens getragen und den erschrockenen Barbaren gezeigt, daß es keine Zuflucht, keine Rettung gebe vor Rom als die Unterwerfung.

Prophetisch hat er *es geahnt* und *klar ausgesprochen, daß eine Gefahr für Rom bestehe, diese Germanen* möchten *zuletzt über die Alpen nach Italien* dringen, wenn man nicht beizeiten ihren Ungestüm ein für allemal bändige.

Vor allem mußte dieser Suebenkönig niedergelegt werden, dessen Anmaßung und Gedankenkühnheit dem Römer nicht mehr zu ertragen schien.

Cäsar schritt zum Schutz der Häduer, der »Brüder und Verwandten des Römervolkes«, ein. Er forderte zunächst den Barbaren auf, »nach der bei Klientelfürsten hergebrachten Übung« persönlich vor ihm zur Verhandlung wichtiger Staatsfragen zu erscheinen. Aber der Germanenkönig antwortete in der Sprache einer vollkommen ebenbürtigen und ihre Selbstständigkeit schroff und rücksichtslos äußernden Macht, wie sie den Römern gegenüber seit Jahrhunderten nicht geführt worden war. Er weigerte sich, zu kommen. Er wolle nichts von Cäsar, wolle dieser etwas von ihm, so möchte er zu ihm kommen. Übrigens wundere er sich, was in *seinem* Gallien, das er im Krieg gewonnen, Cäsar oder das Römervolk überhaupt zu tun hätten. Als darauf Cäsar schriftlich forderte, er solle keine Germanen mehr über den Rhein kommen lassen, den Häduern die gestellten Geiseln zurückgeben und nichts mehr zuleide tun, erwiderte der Germane in sehr richtiger Logik: er habe an Nordgallien genau dasselbe Recht wie die Römer an Südgallien; das Recht der Eroberung. Und wie er den Römern nicht wehre, *ihre* Besitzungen zu besteuern, so hätten sie nichts einzureden in der Besteuerung *seiner* Unterworfenen. Er werde den Häduern nichts zuleide tun, solang diese die vertragsmäßigen Schatzungen entrichten. Andernfalls aber werde ihnen der Name

»Brüder des Römervolks« nichts nützen. Noch kein Feind habe ihn angegriffen, ohne sich zu verderben, Cäsar möge nur kommen, wenn er kämpfen wolle, er werde die Kraft der nie besiegten Germanen spüren, welche seit vierzehn Jahren kein Haus kennten als das Kriegszelt.

Da zugleich die *Häduer* klagten, daß die *Haruden* bereits in ihrem Lande heerten und die *Treverer* meldeten, am rechten Rheinufer lagerten Scharen aus den hundert Gauen der Sueben unter Führung der Brüder *Nasua* und *Kimber* und schickten sich an, den Strom zu überschreiten, beschloß Cäsar sofort, Ariovist anzugreifen, bevor dieser die neuen Verstärkungen an sich herangezogen (i. J. 58 v. Chr.).

In Eilmärschen, bei Nacht wie bei Tag, trieb er seine Legionen vorwärts und es gelang seiner Raschheit, Ariovist zuvorzukommen in der Besetzung der wichtigen Hauptstadt der Sequaner *Vesontio* am *Dubis* (Besançon am Doubs). Aber hier ergriff bei den Schilderungen der Gallier von der Furchtbarkeit der Germanen, ihrer unglaublichen Körpergröße und Stärke und Waffengewandtheit – schon ihrer Augen leuchtender Glanz sei nicht auszuhalten im Kampfe – das ganze Heer Cäsars, voran die wenig kriegerischen Kriegstribunen und Reiterpräfekten, welche als militärische Dilettanten, als Parteigenossen aus der Hauptstadt, dem Freunde gefolgt waren, nach deren Beispiel von Davongehen, von Tränen und Jammern aber auch die lagervertrauten Centurionen und Legionäre beispiellose Verzagtheit. In allen Zelten machten die Leute – fast das ganze Heer – ihre Testamente. Das arge Sinken römischer Kriegs- und Sittenzucht, welches die letzten Jahre überall aufwiesen, drohte auch in Cäsars Heer sich so schlimm vorgeschritten zu zeigen, daß bei dem Befehl zum Aufbruch gegen den Feind offene Meuterei zu besorgen war.

Der Feldherr flößte durch eine geniale Rede – er drohte, die Germanen mit der zehnten Legion allein anzugreifen, falls die übrigen verzagten – den Truppen den Mut der eignen Seele ein und riß sie abermals in Eilmärschen sieben Tage mit sich fort, bis man auf den Feind stieß. Nun schlug Ariovist eine Unterredung vor, welche fruchtlos verlief. Nach Cäsars vielleicht nur auf seine Soldaten berechneter Darstellung war ein Anschlag auf seine Person bezweckt gewesen. Der Suebenkönig bekundete bei dieser Zwiesprache seine gute Kenntnis der römischen Dinge und Parteiungen. Er sagte Cäsar ins Gesicht, viele vornehme Römer hätten ihm für seine Ermordung goldene Berge verheißen, er stelle aber vielmehr Cäsar der Germanen Waffenhilfe wider alle Gegner zur Verfügung, wenn er ihm in Gallien frei Hand lasse.

Aber Cäsar wollte Gallien für Rom und Rom für Cäsar.

Im unteren Elsaß, etwa zwischen Cernay und Nieder-Aspach, unweit Mülhausen, zwei Stunden vom Rhein, waren die beiden Heere aufeinandergestoßen.

Zum Erstaunen geschickt manövrierend, ganz anders als weiland die Kimbern und Teutonen, brauchte Ariovist seine Übermacht, indem er am Römerlager überraschend vorbeizog und dieses von seiner Basis und seinen Verbindungen und Zufuhren abschnitt. Der angebotenen Schlacht wußte er klug auszuweichen, seinen schlaglustigen Germanen gegenüber sich auf den Ausspruch ihrer weisen Frauen stützend, welche dem Kampf vor dem Neumond widerrieten.

Mit Mühe und Gefahr stellte Cäsar seine Verbindungen wieder her, indem er sein Heer teilte und die Stellung der Germanen durch zwei Legionen umgehen ließ. Sofort warf sich Ariovist auf das Lager der kleineren Abteilung. Aber wie

gegen die Kimbern und wie später noch unzählige Male leistete die römische Lagertaktik ihre Schuldigkeit wider den blindwütigen Germanenansturm: Der Anprall wurde abgeschlagen, und sogleich befahl Cäsar unter dem frischen Eindruck dieses Sieges den allgemeinen Angriff.
Auch Ariovist führte nun seine Scharen ins Feld und stellte sie nach germanischem Brauch nach Völkerschaften und Geschlechtern gegliedert auf: die *Haruden*, *Markomannen*, *Triboken*, *Vangionen*, *Nemeter* und *Gedusier*.
Hinter der Schlachtreihe stand die Wagenburg: wohl nicht bloß, wie Cäsar meint, die Flucht abzuschneiden, sondern nach germanischer Kriegssitte, wie sie schon die Kimbern übten und später die Goten; es war dies die natürliche Deckung für das wandernde Lager mit den Frauen, welche mit Händeringen die in den Kampf ziehenden Männer beschworen, sie nicht in römische Sklaverei, das heißt Entehrung fallen zu lassen.
Aber die »Taktik der Reserven« entschied auch diese Schlacht wie noch so manche gegen die Barbaren. Cäsar selbst führte den Angriff auf den schwächeren linken Flügel der Germanen und sprengte dessen Einzelknäuel (phalangas nennt sie der Römer) auseinander. Zwar wurde gleichzeitig der linke römische Flügel von der Übermacht heftig zurückgedrängt; aber das dritte Treffen, die Reserve, stellte zuerst hier die Schlacht. Und nun umfaßten die Römer von beiden Seiten das entblößte Mitteltreffen und den rechten Flügel der Feinde und rollten sie auf – die Legionäre sprangen auf die Schilddächer der letzten Knäuel und stießen von oben nach unten die Zusammengedrängten nieder. In wilder Flucht eilten die Barbaren bis an den fünf Milien entfernten Rhein; nur wenige entkamen schwimmend oder auf Kähnen über den Strom, darunter der König. Seine beiden Frauen und eine Tochter wurden auf der Flucht getötet, die andere Tochter gefangen. Cäsar selbst führte die schonungslose Verfolgung der römischen Reiterei.
»Durch *eine* Schlacht war für Rom die Rheingrenze gewonnen.«
Mit leichter Mühe gelang es fortan Cäsar, nachdem er die Machtstellung der Germanen in Gallien gebrochen, den Einbruchsversuch neuer Einwanderer über den Rhein abzuwehren.
Die *Usipier* (Usipetes nur keltische Form) und *Tenchterer*, unfähig, ihr Gebiet auf dem rechten Rheinufer gegen die Übermacht der heerenden Sueben zu schützen, waren schon im Jahre 50 v. Chr. ausgewandert und rheinabwärts gezogen. Sie hatten den (keltischen) *Menapiern* am Unterrhein ihre Länder auf dem rechten Ufer abgenommen – die Kelten räumten das Ufer der Übermacht – und im Winter 56/55 v. Chr. gelang es ihnen endlich, die Wachsamkeit der Menapier, die ihnen den Übergang auf das linke Ufer bisher verwehrt hatten, durch einen scheinbaren Abzug in ihre alten Sitze zu überlisten; sie kehrten nach drei langsamen Tagemärschen plötzlich um, überraschten, in einer Nacht denselben Weg mit ihren Reitern zurücklegend, die Menapier, welche in ihre rechtsrheinischen Weiler zurückgekehrt waren, vollzogen nun den Übergang auf der Kelten eigenen Fahrzeugen und lebten den Winter über (56/55 v. Chr.) von deren Vorräten und in deren Häusern (Cäsar, b. G. IV, 1–5). Cäsar war entschlossen, eine neue Festsetzung von Germanen in Gallien um so weniger zu dulden, als die Kelten bei ihrem immer wieder aufgenommenen Widerstand gegen die römische Eroberung sich stets durch Söldner, zumal durch ausgezeichnete Reiter, ihrer germanischen Nachbaren verstärkten. Cäsar schlug ihnen gegenüber ein Lager zwischen Nymwegen und Kleveant; in einem Verfahren, dessen völkerrechtswidrige

Tücke durch des Siegers eigene beschönigende Darstellung hindurchsticht, nahm er sämtliche Fürsten und Ältesten der Germanen, welche ihn als Gesandte in seinem Lager aufsuchten, gefangen und überfiel blitzschnell die führerlosen Barbaren, welche fast ohne Widerstand (bei der Mündung der Maas) in den Rhein gejagt wurden. Von den angeblich mit Weibern und Kindern 430000 zählenden Auswanderern blieben fast nur Reiterscharen übrig, welche bei der Metzelei fern gewesen waren. Diese entkamen über den Rhein. Die *Sugambern* an der Lippe gewährten ihnen Aufnahme und weigerten die von Cäsar geforderte Auslieferung mit der trotzigen Antwort: Des Römervolkes Grenze sei der Rhein; diesseits des Flusses habe Rom nichts zu sagen.

Diese Erklärung und das Flehen der römisch gesinnten (rechtsrheinischen) Ubier um Hilfe wider die Sueben bestärkte Cäsar nur in dem Entschluß, die Adler über den Rhein zu tragen und den Germanen in ihren heimatlichen Wäldern zu zeigen, daß es für Rom eine Grenze nicht gebe. Diese angreifende Verteidigung sollte den Barbaren noch eindringlicher als die bereits geführten furchtbaren Schläge der Abwehr das Überschreiten des Stromes verleiden und die römischen Waffen als unwiderstehlich dartun. Auch den Kelten und Cäsars Feinden und Freunden in Rom mußte die Überschreitung des von den Römern noch nie erreichten Flusses gewaltigen Eindruck machen.

Er schlug in zehn Tagen eine Pfahlbrücke über den Rhein und drang in das Gebiet der *Sugambern* ein. Er fand es leer: die Germanen hatten sich mit aller fahrbaren Habe in den Urwald zurückgezogen. Cäsar verbrannte ihre Dörfer und Einzelgehöfte, ließ das Getreide niederbrennen (also war es wohl kurz vor der Ernte), nahm die Unterwerfung einzlener Nachbargaue entgegen und zog aus dem verwüsteten Lande zu den *Ubiern*, ihnen gegen die Sueben (das heißt wohl die *Chatten*) zu helfen. Aber diese hatten, sowie sie den Brückenschlag erkundet, in gemeinsamem Thing beschlossen, alle ihre Dörfer (»Städte« sagt Cäsar) zu räumen, Weiber und Kinder zurück in die Wälder zu bringen und alle Waffenfähigen an einem in der Mitte ihres Landes gelegenen Ort zu versammeln, dort den Angriff der Römer zu erwarten.

»Diesen Handschuh hob der Römerfeldherr nicht auf.« Er glaubte für Ruhm und praktische Zwecke genug erreicht, da er die *Sueben* bestraft, die *Ubier* von ihren Bedrängern befreit und *allen* Germanen Furcht eingeflößt hatte. Er ging über den Rhein zurück und brach seine Brücke ab; nur achtzehn Tage hatte er auf dem rechten Ufer zugebracht.

Noch einmal überschritt Cäsar den Strom (im Jahre 53 v. Chr.). Zunächst, um die *Sueben* (*Chatten*) zu strafen für ihre Unterstützung der empörten *Treverer* durch zu Hilfe geschickte Reiter, dann um einem bitter verfolgten keltischen Häuptling die Zuflucht dort zu verlegen. Er schlug wieder eine Brücke, diesmal etwas weiter stromaufwärts. Von den Ubiern erkundete er, daß die Sueben von allen unter ihrer Bundesgewalt stehenden Völkerschaften den Heerbann an Fußvolk und Reitern aufgeboten und sich abermals an die äußerste Ostmark ihres Landes, den Wald Bakenis, zurückgezogen, an dessen Eingang sie den Römern standzuhalten beschlossen hätten. Es gelüstete Cäsar nicht, sie dort aufzusuchen, nachdem er vergeblich versucht hatte, sie durch Nahrungsmangel (die Ubier mußten alle Vorräte in die Städte und in das Römerlager schaffen) zu zwingen, ihre Stellung zu verlassen und ihm entgegenzuziehen. Als er selbst Mangel zu leiden begann, beschloß er den Rückzug, doch ließ er, um Furcht vor seiner Wiederkehr

zu erhalten, einen Teil der Brücke stehen, errichtete an ihr einen vier Stockwerke hohen Turm, befestigte diesen Brückenkopf stark und hielt ihn (eine Zeitlang) mit zwölf Kohorten besetzt.
Aus ganz ähnlichen Gründen ging Cäsar zweimal (55 und 54 v. Chr.) nach *Britannien*, die Inselkelten abzuschrecken, den Festländischen Hilfe zu leisten und Zuflucht zu gewähren.
In acht Jahren hatte Cäsar die Eroberung Galliens von den Pyrenäen bis an den Rhein vollendet. Von drei Millionen Kriegern, welche gegen ihn gekämpft hatten, war eine gefallen, eine zweite gefangen.
Die Germanen stellten zwar während der verzweifelten Kämpfe der Kelten diesen Söldner (ein starkes Aufgebot von Sueben war im Jahre 53 v. Chr. noch einmal drohend am Rhein erschienen, bereit, den empörten *Treverern* zu helfen, hatte sich aber nach deren Niederlage zerstreut), und auch Cäsar warb unter den Germanen Söldner, zumal ausgezeichnete den keltischen wie den römischen überlegene Reiter, jedoch einen Versuch, in Gallien ein Fürstentum zu gründen oder neue Heimat zu gewinnen, machten nach Ariovists und der Usipier und Tenchterer Untergang für jetzt kein König und kein Volk der Germanen mehr. Cäsar hat mit Schild und Schwert die Bewegung der Germanen gegen den Rhein so erfolgreich zum Stehen gebracht, daß erst zwei Jahrhunderte später wieder ähnliche Versuche erneuert werden.
Die *Angriffspolitik* aber gegen die Germanen hinterließ der große Cäsar seinen Nachfolgern wie ein Vermächtnis. Zunächst die Fürsten seines Hauses führten sie fort: von Westen und von Süden, bald auch von Norden her.

Der römische Angriff auf Germanien

(Karte Seite 248)

Die Rheinübergänge der Römer

Gründung von Colonia Agrippina (Köln) — Romanisierung der Germanen westlich des Rheins — Der erste römische Adler wird zur Beute der Sugambrer — Römische Reichsstraßen und Kriegsflotten auf Rhein und Nordsee — Bau des Limes mit Wachttürmen und Kastellen, den Vorläufern der Rheinstädte — Siegreiche Züge des Drusus bis zur Elbe

Als Cäsar Gallien verließ, den Kampf um die Alleinherrschaft aufzunehmen, führte er in seinem Heer außer zahlreichen Galliern auch germanische Söldner mit, deren Tapferkeit er kennengelernt. Diese »Kohorten der Germanen« gaben den Ausschlag in der wankenden Entscheidungsschlacht bei Pharsalus, genannt werden (abgesehen von Treverern) Vangionen und Bataver. Schon sein Nachfolger Augustus, dann Caligula und andere Imperatoren liebten es, die in Kraft und Treue erprobten Germanen zu ihren Leibwächtern zu bestellen. Augustus entließ sie nach der Katastrophe des Varus. Allmählich traten so viele dieser Barbaren in die römischen Heere, daß man mit gutem Grund darin eine wachsende Gefahr für das Reich erblickte.

Cäsar führte nach seinem Sieg eine neue Kolonie nach *Narbo* (46 v. Chr.) und gründete, zum Teil auch in den den Massalioten zur Strafe für ihre hartnäckige Verfechtung der Sache des Pompejus abgenommenen Gebieten, die Kolonien *Bäterra* (Beziers), *Arelate* (Arles), *Forum Julii* (Fréjus) und *Arausio* (Orange). Die neu eroberten Landschaften waren vorläufig mit der alten Provincia (Narbonensis) verbunden und mit einer Jahressteuer von ungefähr neun Millionen Mark belastet worden, welche die Gemeinden an die römischen Beamten abzuführen hatten. Die keltische Verfassung der Städte und ihrer Gaugebiete, unter Leitung der Druiden und des Adels, blieben zunächst noch erhalten, doch waren die national gesinnten Adelsgeschlechter in den blutigen Kämpfen (im Jahre 46 v. Chr. wurde noch eine Erhebung der *Bellovaker* niedergeworfen) großenteils ausgerottet worden; die römisch gesinnten wurden in jeder Weise begünstigt, zahlreiche römische Kolonisten, wie wir sahen, eingeführt. Das Latein verdrängte als amtliche Sprache das Keltische. Im Jahre 44 v. Chr. gliederte Cäsar Gallien in drei selbständige Militärgebiete: *Narbonensis*, *Belgica* und das *Loirebecken* mit Aquitania.

Nach Cäsars Tod (44 v. Chr.) hatte man zu Rom eine Erhebung Galliens befürchtet, aber der Statthalter *Lucius Monatius Plancus* zu *Durocortorum* (Reims) hielt die Provinzen in Gehorsam. Er gründete (43 v. Chr.) an der Nordbiegung des Rheins in der Nähe von Basel die Kolonie *Raurica* (später Augusta Rauricorum, Augst) – die Zukunft lehrte die hohe strategische Bedeutung dieser Anlage – und bei der Mündung der Saone in die Rhone die Kolonie *Lugdunum* (Lyon) und trat zuletzt von der Partei des Senats zu Antonius über. Im Jahre 40 v. Chr. über-

nahm durch den Vertrag von Brundusium *Octavianus* wie den ganzen Westen so die Provinz Gallien und sandte dorthin im Jahre 38 v. Chr. Marcus Vipsanius Agrippa, er selbst erschien im Jahre 39 v. Chr. in Aquitanien.
Agrippa, dem Beispiel Cäsars folgend, ging, der zweite aller römischen Feldherrn, über den Rhein, den *Sueben* nochmals kräftig entgegenzutreten, die sich an das Ufer drängten, schwächere Völkerschaften zum Weichen in das Innere Deutschlands nötigend und besonders die *Ubier*, die alten Römerfreunde, heimsuchend. Agrippa verpflanzte diese, unter ihrer eifrigen Zustimmung, auf das linke Rheinufer, zwei Zwecke zugleich verfolgend: einmal, diese Römerfreunde erfolgreicher als es auf dem jenseitigen Ufer möglich war, zu schützen, und andrerseits zumal die gallische Seite des Stroms von Koblenz und Andernach bis Neuß (im Ahrtal, zumal zwischen Bonn und Köln) durch sie zu decken. Seine Enkelin Agrippina ließ später in die neue »Stadt der Ubier« eine römische Kolonie abführen und gab ihr den Namen: »*Colonia Agrippina*« (Köln).
Andere Germanen, vermutlich *Chatten*, rückten später in der Ubier verlassene Sitze auf dem rechten Ufer ein, unter Zustimmung der Römer, aber um den Preis der Unabhängigkeit. Gerade deshalb wohl aber reute die Chatten bald diese Vereinbarung; sie räumten die ihnen angewiesene Landschaft wieder und zogen ostwärts in die alte Heimat und in die alte Freiheit zurück.
Während des Krieges zwischen Antonius und Octavianus hatten gallische Völkerschaften eine Erhebung versucht, zu deren Unterstützung suebische Scharen in großer Menge über den Rhein schwärmten. Aber der Feldherr *Gajus Carinus* schlug die *Moriner* und ihre überrheinischen Helfer. So bedeutend war der Erfolg, daß der Sieger neben Octavian zur Ehre des Triumphs zugelassen wurde, in welchem auch der Rhein vermutlich wieder aufgeführt wurde. Augustus schloß hierauf (i. J. 29 v. Chr.) den Janustempel, wie wenn Rom nirgends Krieg zu führen habe; und doch standen auch damals (außer spanischen Stämmen) die Treverer mit germanischen Hilfsscharen in Waffen; sie wurden aber bald überwältigt.
Alsbald ging Augustus selbst nach Gallien, das er, wie die übrigen wichtigsten und gefährdetsten Provinzen, dem Senat entzogen und sich zur Verwaltung vorbehalten hatte. Der Janustempel wurde geräuschvoll wieder geöffnet: die cäsarischen Eroberungspläne, zunächst gegen Britannien, sollten schon damals durchgeführt werden. Doch gab man diesen Gedanken wieder auf – Gesandte aus der Insel baten um Frieden – und wandte sich in Lugdunum und Narbo zur neuen Einrichtung und Befestigung der noch nicht völlig geordneten römischen Herrschaft in Gallien.
Gallien wurde nun gegliedert in die *Narbonensis*, welche aber später dem Senat überwiesen wurde, dann in *Aquitania*, zwischen Narbonensis, Pyrenäen, Ocean und Loire (später dreigeteilt in Aquitanica provincia I., II., III.); ferner *Lugdunensis*, nach der neuen Hauptstadt Lugdunum, das Land zwischen Loire, Seine, Somme, Marne und Saône; endlich *Belgica* (Hauptstadt Durocortorum, Reims), das Land zwischen der Lugdunensis, der Nordsee und dem Kanal, dem Rhein von seiner Mündung bis Schaffhausen mit der ganzen Schweiz bis zum St. Gotthard.
Gallia belgica wurde (später) eingeteilt in Belgica im engeren Sinne (das Land der *Nervier* und *Atrebaten* – hier zuerst waren die einwandernden Deutschen von den Galliern »Germanen« genannt worden –) und »Germania« – ein Name, der

nicht nur auf die vor und nach Cäsar über den Rhein gewanderten und nun unterworfenen Germanen das Hauptgewicht für die neue Provinz legte, auch die Bezwingung der rechtsrheinischen Germanen vorzuverkünden schien. – Diese Provinz Germania wurde (später) wieder eingeteilt in das erste, obere Germanien (Germania prima, superior), den Alpen näher, am Oberlauf, und Germania secunda, inferior, das zweite, niedere Germanien, am Unterlauf des Rheins, näher dem Meer; die Grenze gegen Osten und Norden bildete der Rhein in seinem ganzen Lauf vom Bodensee bis zu seinen Mündungen.

Die Grenze zwischen den beiden Germanien bildete der Lauf der Nahe.

Die Hauptvölkerschaften in Germania prima waren die *Vangionen*, *Triboker*, *Nemeter* bei Worms, im Elsaß, bei Speyer.

Zweifelhaft ist, ob die Treverer damals zu Germania superior geschlagen wurden. Später wurden sie zu Belgica prima gezählt.

Germania secunda um Niederrhein und Maas wurde von Belgica durch die Demera und die Schelde geschieden, welche auch später die Bistümer Cambrai und Lüttich trennte.

Hier wohnten nun die verpflanzten *Ubier* um Köln und die *Tungern* um Aduatuca.

Die drei Gruppen: Aquitanica, Gallia und Belgica, bildeten für die Verwaltung, für Steuer- und Zollwesen eine Einheit. Doch schuf Augustus aus den keltischen Gauen »Pagi«, 64 Steuerdistrikte, und gab jedem einen Vorort. Meist beließ er die ohnehin bereits bestehende Hauptstadt in ihrer herrschenden Stellung; die Städte Frankreichs sind zum größten Teil die alten keltischen, zum kleineren römische Kolonien. Die heutigen Namen enthalten zum Teil den Namen der Völkerschaft des Pagus, des Steuerdistrikts, deren Vorort sie waren: so wurde Samarobriva der *Ambianer Amiens*, Lutetia der *Pariser Paris*, Durocortorum der *Remer Reims*.

Andere aber behielten ihren altkeltischen Stadtnamen: *Burdigala* (Bordeaux), *Salodurum* (Solothurn), *Vitodurum* (Winterthur), *Eburodunum* (Yverdon), *Lousanna* (Lausanne), *Turicum* (Zürich).

Die Hauptstadt für die 64 Distrikte wurde die römische Kolonie Lugdunum. Hier, am Zusammenfluß der Saône und der Rhone, wurde auch am 1. August 12 n. Chr. der Altar für den Kaiserkult der drei Provinzen geweiht, an welchem Bilder und Namen der 64 Bezirke prangten; hier tagte eine Art Provinziallandtag von freilich fast ausschließend sakraler Bedeutung. Hier war der Sitz des Statthalters der Provincia lugdunensis und des Prokurators, auch für Aquitania, hier der Sitz des obersten Beamten der Post-, Steuer-, Zoll-, Domänen-, Berg- und Münzverwaltung. Damals wurde auch der Bau der vier großen Militärstraßen begonnen, die von Lugdunum aus ganz Gallien durchschnitten. Alsbald wurde diese Hauptstadt Galliens, Narbo weit überholend, die wichtigste Stadt nördlich der Alpen, vor allem der beherrschende Handelsplatz für gallischen, britischen, germanischen Absatz nach Italien und Griechenland sowie aus diesen Mutterlanden der Kultur nach Norden und Westen, »lag es doch an zwei schiffbaren Strömen, am Ende von zwei Alpenstraßen, an vier gallischen Heerstraßen«.

Die Romanisierung der Kelten in Gallien – und die Keltisierung und Romanisierung der kleinen germanischen Splitter auf dem linken Rheinufer – machte nun außerordentlich rasche und starke Fortschritte: die stärksten natürlich in der

»Provincia«, dem ältesten römischen Besitz, in welche schon die Fruchtbarkeit die zahlreichste römische Einwanderung heranzog.
Die Bevölkerung war nicht nur beruhigt, sie war römisch zivilisiert. Die Herrschaft der Druiden wurde jetzt unter Augustus sehr stark dadurch erschüttert, daß das römische Bürgerrecht an die Lossagung vom Druidenwesen geknüpft, das druidische Menschenopfer verbot; die Abhängigkeit der armen Freien von dem reichen Adel wurde ersetzt durch die gleichmäßig für Arm und Reich geltende römische Verwaltung. Das Volk wandte sich der früher vernachlässigten Bodenkultur in Acker, Olivenwald und Weingarten zu, es hatte Sprache und Lebensweise der Römer angenommen. Unter vielen hunderten von Inschriften finden sich in der Narbonensis nur sehr wenige in keltischer Sprache (mit griechischen Buchstaben). Das Land wurde gleichsam ein Stück Italiens, dem es an Klima und folglich an Bebauung so ähnlich war, lebhaft und rühmlich beteiligten sich gallische Provinzialen an der römischen Literatur. Außer den großen Städten *Narbo*, *Tolosa*, *Nemausus* (Nîmes), *Arelate* (Arles), deren Volkszahl und Reichtum große Amphitheater, Säulenhallen, Wasserleitungen, Bäder, Tempel, Grabmäler, noch heute bezeugen, waren zahlreiche andere erblüht: *Vasio* (Vaison), *Vienna* (Vienne), *Avenia* (Avignon), *Arausio* (Orange), *Bäterrä* (Bezieres), *Cularo* (Grenoble); auf der Reede von *Forum Julii* (Frejus) lag nach dem Sieg bei Actium ständig ein Geschwader.
Gallien galt bald als so vollständig gesicherter Besitz, daß es ohne militärische Besatzung blieb. Schon im Jahre 22 v. Chr. konnte Augustus die Narbonensis aus seiner Verwaltung entlassen und dem Senat überweisen. In den beiden Germanien aber stand das Hauptheer des Reichs, acht Legionen, achtzigtausend Mann; *vor* dem *Angriffskrieg* gegen die Germanen von Amiens bis zur Mosel, zumeist aber am Oberrhein, wo gegen Einbruch der Barbaren Raurica (jetzt *Augusta* Rauricorum), wohl auch *Noviodunum* (Nyon) bedeutend verstärkt und, an einem strategisch zur Deckung des damaligen »limes« gegen die Schweiz sehr wichtigen Punkt, zwischen Aar und Reuß und nahe dem Rhein, *Vindonissa* (Windisch) neu angelegt wurde; dieses starke Bollwerk der römischen Macht, später die wichtige Straße von Pannonien nach Gallien beherrschend und in folgenden Jahrhunderten von immer größerer Bedeutung, diente schon damals zur Dekkung des Rheins, zur Bändigung der noch unbezwungenen Räter und Vindeliker; außer der Legio XIII gemina standen hier zahlreiche Hilfsvölker.
Augustus wurde (Herbst 27 v. Chr.) mit dem größten Teil der Truppen durch einen Aufstand nach Spanien abgerufen. Seine Entfernung benützten die Sugambrer, wohl damals unter Führung *Melos*, zu einem Einfall in die römischen Besitzungen. Als Ursache des Streites wird von später Quelle die Ermordung römischer Kaufleute im Sugambrerland angegeben. Sie wurden aber von *Marcus Vinicius* geschlagen; der Erfolg war so bedeutend, daß Augustus dafür abermals (zum achten Mal) als Imperator ausgerufen wurde. Jener *Mälo* oder *Melo*, König der Sugambrer, floh später schutzflehend zu Augustus, vielleicht vertrieben wegen der Unterwerfung unter Rom. Sein Bruder *Bätorich* und dessen Sohn *Deudorich* werden später noch genannt; letzterer beteiligte sich an der Erhebung unter Armin und wurde gefangen im Triumph des Germanicus aufgeführt.
Während der Reise des Kaisers in den Orient kam es in Gallien zu Kämpfen, in welche sich auch die Germanen mischten. Augustus sandte Agrippa zum zweiten Mal in die Provinz, welcher sie beruhigte, aber schon das Jahr darauf verließ,

einen Aufstand in Spanien zu dämpfen; als sein Nachfolger kam des Kaisers älterer Stiefsohn, *Tiberius*, in das Land, ihm folgte das Jahr darauf *Marcus Lollius Paullinus*, an dessen Namen sich die »clades Lolliana« (16. v. Chr.) knüpft.
Angreifend überschritten Sugambrer mit Usipiern und Tenchterern den Rhein, heerten in Germania secunda und schlugen die Römer in einem Treffen, das bedeutend gewesen sein muß, da die V. Legion, die »Mazedonische«, den Adler verlor: der erste, der von Germanen erbeutet wurde.
Empfindlicher als der Verlust war die Demütigung der römischen Waffen. Augustus eilte von Rom nach Gallien; er fand das Land in Gärung durch die Erpressungen des Prokurators *Licinius*, und obwohl die Sugambrer sofort bei seinem Anrücken heimgekehrt waren und gegen Geiselstellung Frieden erlangt hatten, weilte der Kaiser doch längere Zeit (drei Jahre) in der Hauptstadt der Provinz, zu Lugdunum, sie zu beruhigen und durch neue Straßen und neue oder doch neu verstärkte Kolonien zu sichern: in der Narbonensis *Carcaso*, *Ruscino*, *Vienna*, *Valentia*, *Aquae Sextiae*.
Damals vielleicht wurden aber auch *Trier* (Augusta Treverorum) in Gallien, *Speyer* (Augusta Nemetum) und *Worms* (Augusta Vangionum) in Germanien angelegt, das heißt neu befestigt. Köln erhielt sogar das italische Bürgerrecht. Zur Zeit Strabos hatten diese gallischen Städte völlig Sitte, Sprache, auch Verfassungsformen der Römer angenommen, und gallischen Provinzialen wurden wichtige römische Staatsämter in ihrer Heimat anvertraut.
Gleichzeitig und im Zusammenhang mit dieser Sicherung der römischen Grenzen am Rhein erfolgte die Ausdehnung derselben über die Alpen: *die Unterwerfung der Alpenstämme*.
Augustus übertrug seinen beiden Stiefsöhnen als Oberfeldherren die Bezwingung jener Bergvölker. *Drusus* schlug die Räter bei Trient und drang durch die Täler der Etsch, des Eisack, des Inn durch ihr Land in wiederholten, zahlreichen, heißen, aber kleinen Gefechten und mit Ersteigung und Zertrümmerung der an den Alpen hängenden Felsburgen und Schanzen. *Horaz* feiert die Besiegung der »wilden Genaunen«, der »raschen Breonen« (auf dem Brenner und am Inn).
Von der anderen Seite, von Helvetien her, drang *Tiberius* über den Bodensee mit hier erbauten Schiffen. Er zerstreute bei der Mainau oder Reichenau die Kähne der Barbaren, schlug dann, östlich vordringend, die *Brigantiner* (um Bregenz) am 1. August d. J. 15 v. Chr., und zog durch Vindelikien seinem Bruder entgegen. Auf diesen Märschen lernten die Römer endlich die Donauquellen kennen, von welchen man nur gewußt, daß sie im »Keltenlande« entsprängen.
Ein in den Alpen zu Torbia bei Monaco (7 v. Chr.) von Volk und Senat dem Augustus errichteter Siegesbogen gibt die Zahl der unterworfenen Völkerschaften auf 46 an; der keltische Häuptling *Cottius*, der durch freiwillige Unterwerfung der Vernichtung zuvorgekommen war, hatte schon zwei Jahre früher (9 v. Chr.) dem Imperator einen andern Ehrenbogen errichtet zu Segusio (Susa). Die Pässe des Mont Genèvre, des Mont Cenis und des Monte Viso wurden durch Cottius den Römern gesichert. im Jahre 14 auch der Weg an der Küste hin nach Gallien durch Bezwingung der *Ligurer* dauernd erschlossen.
Die neu gewonnene Provinz wurde nach römischem System sofort durch Militärstraßenbauten gesichert, war doch die Sicherung der Alpenübergänge ein Hauptbeweggrund der Eroberung gewesen. Sofort wurde der Bau von Straßen begonnen (vollendet allerdings zum Teil erst zwei Menschenalter später, 47 n. Chr.)

welche sich an das bereits bestehende oberitalische Straßensystem unmittelbar anschlossen: von Como über Chiavenna, Chur, Bregenz, Kempten (Campodunum) nach Augsburg, dann durch das bayrische Alpenvorland an den Inn (Veldidena) und von da über den Brenner nach Trient und Verona.
Die alte via Aemilia wurde bis Mailand fortgesetzt. Von der Aemilia ging nun aus Mutina (Modena) eine Straße nach Norden bis Verona, hier mündete sie in eine parallel dem Po (Padus) von Mailand über Bergonum, Brixia, Verona, Vicentia nach Aquileja führende Straße. Von hier wurde später über Siscia, Sirmium, Sardica, Adrianopel nach Byzanz gebaut; andrerseits durch Pannonien nach *Carnuntum* (bei der Mündung der March in die Donau, bei Haimburg) von wo westlich nach Enns, östlich nach Ofen (Acincum) fortgebaut wurde. Nach Bezwingung der Alpen wurde nun von Aquileja auch nordwestlich durch die carnischen Berge nach Veldidena (Wilten bei Innsbruck) am Inn gebaut. Hier traf der Bau auf die neu angelegte Straße, welche von Verona über Trient und den Brenner ebenfalls nach Innsbruck (Wilten) führte, die später über Partenkirchen (Parthanum) nach Augsburg verlängert wurde. In der Folge wurde dann Augsburg nordöstlich mit Regensburg (Regina castra), westlich mit den Neckarkastellen und Bodenseestädten verbunden, nach welchen auch von Mailand her über den Splügen eine Straße nach Bregenz im Osten, nach Basel (Augst, augusta Rauricorum) abzweigte. Augsburg (Augusta Vindelicorum) am Lech, zunächst nur als »Forum«, Markt, angelegt, entfaltete bald reichen Handelsverkehr bis weit zu den Germanen des Binnenlandes. Zur Zeit des Tacitus (100 n. Chr.) kamen sogar die fernen Hermunduren bis in die Lechstadt. Hadrian gab der Kolonie das Stadtrecht.
Es wurde übrigens der größte Teil des Landes südlich der Alpen mit Italien vereint, das heißt einzelnen italischen Stadtgemeinden (so Como und Trient) zugeteilt, zum Beispiel ein gutes Stück des Laufes der Etsch und des Eisack; man zieht die Südgrenze der Provinz Raetia (prima) bei Meran und Clausen. Nicht römische Bürger und vornehme Feldherren wurden (aus Mißtrauen vielleicht) in diese selbständigen entlegenen Städte geschickt, sondern regelmäßig Hilfstruppen aus barbarischen Provinzen mit Befehlshabern aus dem Ritterstande. Die cottischen (von jenem Cottius benannten) und die Seealpen wurden Präfecturen. Die Grenze lief damals also nicht über den Kamm der Alpen, Stücke der Provinz Rätien lagen südlich, Stücke von Italien nördlich der Paßhöhen; erst Diokletian machte die geographische auch zur politischen Grenze. Für Noricum wurde in Celleja (Cilly) ein Prokurator eingesetzt; die reichen langbegehrten Eisenbergwerke wurden nun für den kaiserlichen Fiskus ausgebeutet. Claudius (eine Donauflotte begegnet erst unter ihm) organisierte das Land völlig als Provinz, gab zahlreichen Städten Bürgerrecht (außer Celleja: zum Beispiel Virunum [Maria Sal] im Zollfeld und Juvavum [Salzburg]). Die Provinz erstreckte sich *damals* östlich bis Carnuntum (bei Petronell). Das von Aquileja ausgeworfene Straßennetz bezweckte neben der Sicherung von Noricum die völlige Unterwerfung von Pannonien, dessen illyrische und keltische Bevölkerung in richtiger Ahnung des ihr nach Unterwerfung der Alpen drohenden Schicksals sich im Jahre 14–13 v. Chr. erhoben hatte. Die Erfolge wurden zu Rom mit glänzenden Festen gefeiert – *Quinctilius Varus* hatte sie für diesen Fall den Göttern gelobt – *Horaz* und *Properz* priesen die Bezwingung der Alpenvölker und der »trotzigen Sugambern«.

Augustus hatte Drusus in Gallien zurückgelassen, der den Groll der Gallier über neue Schatzung durch Leutseligkeit zu dämpfen suchte und die »Ritter«, bisher die Hauptführer des Widerstandes gegen Rom, an dem keltischen Nationalfehler der Eitelkeit zu fassen und hinüberzuziehen verstand. Ein neuer Plünderzug der Sugambern mit den Usipiern und Tenchterern nach Gallien (12 v. Chr.) gab wohl nur den nächsten Anlaß, mit dem vielleicht *längst beschlossenen Plan der Unterwerfung Germaniens* zu beginnen.

Der alte cäsarische Gedanke, die römischen Besitzungen im Westen und Osten zu verknüpfen durch Hinzufügung der bisher noch vom Rhein bis an das Schwarze Meer klaffenden Lücke, wurde nun wieder aufgenommen. Nach Bezwingung der Alpenvölker schien dies leichter in der Richtung von Südwest nach Nordost durchführbar als, wie Cäsar geplant haben soll, von Ost nach West. Dabei ist allerdings möglich, ja wahrscheinlich, daß die ersten Unternehmungen in dem fast unbekannten Land nur den Zweck hatten, durch gewaltsame Rekognoszierungen zunächst festzustellen, wo etwa die topographisch, strategisch, politisch richtige, notwendige Grenze zu ziehen sei. Alsbald scheint man aber keine geringere Ausdehnung der römischen Eroberung als bis zur Elbe für in jenem Sinn notwendig erachtet zu haben; ob dabei Böhmen gleich von Anfang oder erst nach der drohenden Machterhebung Marobods ins Auge gefaßt wurde, ist nicht zu entscheiden; jedenfalls wäre nach dauernder Gewinnung der Elblinie vom Rhein her alsbald auch vom Südosten, von der Donau her, das zwischen Elbe und Donau liegende Gebiet angegriffen worden, wie ja gegen Marobod eine solche Bewegung von beiden Seiten schon in der Ausführung begriffen war.

Vor und gleichzeitig dem Angriff auf die Germanen vom Rhein her (12–9 v. Chr.) wurden durch Tiberius Erhebungen in Pannonien und Dalmatien niedergeworfen, Einfälle der Daken über die Donau abgewehrt und dieser Strom von der Mündung bis gegen seine Quellen hin als Grenzstrom des Reiches gedeckt. Die militärische Beherrschung, die Jurisdiktion, die Verwaltung und die Besteuerung (nebst Zollerhebung) wurden in dem Lande auf dem rechten Donauufer fest – und für vier Jahrhunderte! – eingerichtet: zu *Siscia* treten nun *Sirmium* (Mitrowitza), *Emona* (Laibach), jetzt Kolonie und, alsbald mit Aquileja durch eine Legionenstraße verbunden, *Poetovio* (Pettan) als wichtigste Zwingburgen. Diese Erwerbungen und Einrichtungen bezweckten vor allem die Deckung Italiens an seiner Nordostgrenze, zugleich boten sie eine wichtige Operationsbasis für den letzten Angriff auf Germanien auch vom Osten her, der römischen Invasion vom Rhein her entgegenzukommen.

Aber schon bei den ersten Unternehmungen gegen die Germanen wurde, nach alter, siegbewährter Römerstrategie, der konzentrische Angriff von allen damals bereits zugänglichen Seiten und die gleichzeitige Verwendung aller Angriffsmittel geplant. Während zu Lande vom Rhein (und später wohl auch Donau) her die Legionen von Westen (und später wohl auch von Süd) einmarschierten, sollte die Kriegsflotte von der Nordsee aus in die deutschen Ströme möglichst weit aufwärts dringen, um durch plötzlich mitten im Norden gelandete Truppen auch auf der dritten Seite das Netz um die Barbaren zu schlagen. Um dies zu ermöglichen, mußte aber zunächst der westlichste (von den Römern auf seiner linken Seite fast bis zur Mündung beherrschte) Stromarm des Rheins zur sichern und bequemen Operationslinie umgeschaffen werden.

Zunächst sollten die Völker Norddeutschlands unterworfen werden, wo wenigstens Berge und Bergwälder nicht die Verteidigung unterstützten und wo die Flotte in die Ströme einlaufen konnte. War das Land nördlich vom Main bezwungen, so waren die Germanen zwischen Main und Donau, aus nächster Nähe von Norden, Westen und Süden angegriffen, zu dauerndem Widerstand nicht fähig.
Der Plan des Drusus hätte, durchgeführt, den Germanen nur Unterwerfung übriggelassen, denn der Rückzug nach Osten, auf dem Weg ihrer Einwanderung, war den Deutschen durch die undurchdringbaren Massen der Ostgermanen, der Goten, und diesen ein Zurückwandern durch die dicht an ihre Fersen spülenden Völkerwogen der Slawen abgesperrt.
Und wahrlich, wenig fehlte an der Durchführung dieser echt cäsarischen Gedanken.
Quer durch Deutschland, vom Rhein bis an und über die Weser, ja bis an und zweimal sogar über die Elbe drangen die römischen Legionen und gaben sich an diesem Strom Stelldichein mit den römischen Kriegsschiffen, welche, vermittels eines großartigen von Drusus entworfenen Kanalsystems, die Gefahren der Nordsee und ihrer Küsten zum Teil vermeidend, die meeranwohnenden Völker in Unterwerfung geschreckt hatten.
Nicht Meer noch Sumpf noch Wald noch immer erneutes, todesmutiges Kämpfen für die Freiheit schien vor dem überallhin reichenden Arme der Weltmacht schützen zu können.
Und doch: nach dreißig Jahren gaben die Kaiser die Unterwerfung Germaniens (das heißt der Germania magna, barbara) auf, ganz ausgesprochenermaßen, nicht nur verhüllt, indem sie die Legionen zurücknahmen aus jenen Stellungen, in welchen sie wenigstens Sommerlager regelmäßig behauptet hatten. Die Germanen erkannten, nach der Römer (Tacitus) eigenem Zeugnis, diesen Entschluß.
Die Römer waren, vermöge ihrer überlegenen Kultur, zumal vermöge der einheitlichen planvollen Leitung der Politik und der unvergleichlich höheren Kriegskunst und Bewaffnung, unter Drusus und Germanicus wiederholt dem Ziele der Unterwerfung des Landes bis an die Elbe sehr nah.
Denn der Kampf der halbnackten, nur im Kriege vorübergehend verbundenen, selbst im Krieg aber einheitlicher Leitung widerstrebenden Germanen gegen die Legionen, Feldherrn und Staatsmänner Roms war zu ungleich.
Statt durch die (aufgegebene) Eroberung von ganz Germanien suchte man nun die Grenzen zu decken durch feste Behauptung eines Teiles. Dazu schuf man den »limes«, das heißt ein umwallendes System von Wachttürmen, Kastellen, Schanzen, Militärstraßen und befestigten Städten, welches, von Köln und Deutz im Westen bis Kehlheim im Osten reichend, unter Domitian und Trajan begonnen, in der Tat noch zwei Jahrhunderte lang seine Aufgabe erfüllt und, fast den dritten Teil des deutschen Gebiets als vorspringendes Glacis des Imperiums behandelnd, die rückwärts liegenden Provinzen – Gallien und Noricum – gedeckt hat.
Der Plan, mit welchem Drusus die Unterwerfung Germaniens vorbereitet hat, ist gleich bewundernswürdig um seiner genialen Kühnheit wie um seiner meisterhaften Vorsicht willen.
Allerdings hatte Augustus selbst schon mehrere Jahre vorher umfassende, großartige Vorbereitungen getroffen, welche freilich ursprünglich zunächst nur die Verteidigung des Rheins und Galliens bezweckt hatten, aber diese Deckungs-

burgen wurden nun Ausfalltore gegen die Germanen. Seit 16 v. Chr. standen in Belgica nicht weniger als acht Legionen, mit den zugehörigen Hilfsvölkern mehr als 100000 Mann. Gleich nach der Gewinnung der Donaulinie am Oberlauf des Stroms durch die Eroberung von Rätien wurde auch die Rheinlinie zur Reichsgrenze erhoben in schärferem Sinne als früher; jene Legionen wurden hart an den Strom verlegt und das ganze linke Rheinufer zunächst – bald auch ein Stück des rechten – als Militärgrenzgebiet organisiert unter dem in die Zukunft weisenden Namen »*Germania*«. Die »Germania *barbara*« sollte von hier aus hinzugewonnen werden.

Doch fand Drusus am Rhein als befestigte Punkte nur *Mainz* vor, eine Keltenstadt, *Magontiacum*, welche Augustus im Jahre 37 v. Chr. bei der Organisation von Gallien zur Festungsstadt nach römischer Technik umgeschaffen hatte, die nun zwei Legionen aufnahm; dann auf dem Vorstenberg bei Xanten, an der Mündung der Lippe in den Rhein, »*Altlager*, *Vetera castra*«, später, als frühestes Standlager der Römer nach der Clades Lolliana (16 v. Chr.) so genannt, gleichfalls von zwei Legionen besetzt; und doch wohl auch schon, 60 Millien von Vetera, *Köln*, das, als es im Jahre 35 die Ubier aufgenommen hatte, unmöglich hatte unbefestigt bleiben können; jetzt lagerten dort zwei Legionen.

Diesen drei Hauptorten gegenüber legte Drusus auf dem rechten Ufer je ein den Übergang deckendes Kastell an, einen Brückenkopf, der sich bei Mainz *(Kastel)* und Köln (*Deutz*) bis heute erhalten hat, vielleicht auch schwimmende Brücken von Flößen und Schiffen.

Außer diesen errichtete Drusus noch ein halbes hundert Befestigungen, wobei man aber nicht an völlige Neubauten denken darf, sondern an Verwandlung keltischer Städte oder Flecken in »Kastelle« nach römischem Stil: völlig offen waren auch keltische Städte nie angelegt.

Dahin zählen außer *Vindonissa* (Windisch) *Augst* (Augusta Rauricorum), oberhalb Basel, wo die Donaustraße einmündete; *Straßburg* (Argentoratum), an einer seit unvordenklicher Zeit benutzten Furt des Rheins (hier stand meist eine, die siebente Legion: die Kräfte der achten waren über die anderen Kastelle verteilt). Dann *Bingen* (Bingium), an der Mündung der *Nahe* (Naba) und der Straße vom Hundsrück in das Rheintal; *Oberwesel* (Vosavia) und *Boppard* (Baudobrica), an einmündenden Seitentälern; *Koblenz* (confluentes sc. fluvii), an der Mündung der *Mosel* (Mosella) in den Rhein, zur Beherrschung der Täler der Mosel und der *Lahn* (Logana); *Andernach* (Antenacum), am Ende des Neuwieder Beckens zum Schutz der Eifelstraßen; *Sinzig* (Sentiacum) und *Remagen* (Rigomagus), an beiden Seiten der Mündung der *Ahr* in den Rhein; *Bonn* (Bonna), mit einem Brückenkopf auf dem rechten Ufer zur Beherrschung des *Siegtals; Neuß* (Novesium) bei Düsseldorf, zur Sicherung eines weiteren Flußübergangs; *Gellep* (Gelduba) und *Asberg* (Asciburgium), als Verbindungsposten gegenüber der *Ruhr*mündung.

Darauf folgten dann weiter rheinabwärts (außer Xanten unterhalb der Lippemündung) die befestigten Lager von *Emmerich*, *Nimwegen* und *Arnheim* in den Niederlanden.

Im inneren Deutschland wurden ebenfalls, sowie man sich einer Landschaft bemächtigt hatte, sofort Kastelle und Warttürme angelegt, um das gewonnene Terrain festzuhalten und zu erweitern.

So entstanden das Kastell auf dem Taunus bei Homburg, die Saalburg, Aliso, an dem oberen Lauf der Lippe, Elsen bei Paderborn oder Liesborn bei Lippstadt,

Kassel am Wertheimer Engpaß bei Gelnhausen auf der Straße nach Thüringen, vielleicht auch Kestrich (keltisch Caesariacum?) am Abhang des Vogelsbergs auf der Straße aus der Wetterau nach Hessen.

Die Vorräte, namentlich aber auch die Pferde, wurden zum Teil erst aus Italien nach Gallien, dann aus Gallien auf neu angelegten Straßen den rheinischen Kastellen zugeführt.

Zunächst aber mußte Drusus sich eine Operationslinie am Niederrhein sichern, ja schaffen.

Die römische Diplomatie, nunmehr schon Jahrhunderte der Weltbezwingung hindurch geübt, hatte glänzendes Spiel gegenüber den ohnehin stets untereinander hadernden Gauen des fast zusammenhanglosen Waldvolks, dessen stets offen zur Schau getragene Leidenschaften des Nachbarhasses, der Kampfgier, der Raubsucht, ja dessen Tugenden sogar, so die der Treue dem Soldvertrag gegenüber, leicht auszubeuten waren. Mit Recht sagte der oberste Meister solcher Künste, Tiberius: Sicherer und leichter als durch die Legionen werde Rom die Germanen durch Verwertung ihrer eigenen Zwietracht verderben.

Schon damals gelang es, zum Zweck jener Kanalanlagen, *Bataver* und *Friesen* durch Drohung oder Soldverträge zur Untätigkeit, ja zur Unterstützung der Römer zu bewegen. Darauf, im Frühjahr 12 v. Chr., überschritt Drusus, von Lyon ausziehend, den Rhein im Gebiet der Bataver, verheerte die Gaue der hiernächst wohnenden *Usipier*, dann die der *Tenchterer* und der *Sugambern* jenseits der Lippe.

Inzwischen war die auf dem Rhein erbaute Flotte vollendet, mit welcher nun Drusus in das Gebiet der *Friesen* hinabfuhr, das heißt von dem rechten Arm des Rheins bis an die Ems und die Küste der Nordsee.

Damals hatte nun Drusus – so sicher war er des nördlichen Landes ringsum – den nach ihm benannten »Kanal« (»Fossa Drusi«) zwischen dem damals noch sehr bedeutenden Rheinarm einerseits, der Yssel und dem See Flevo, der Zuidersee und Berkel (Duisburg und Ysselort) andrerseits, vollendet, um mit der Flotte in schnellerer Fahrt das offene Meer gewinnen zu können. Und daß diese Fahrt noch gesicherter sei, dafür sollten Kastelle an der Einmündung des Kanals in die Zuidersee und an dem Ausfluß in die Nordsee sorgen.

Man muß eine Mehrzahl, ein ganzes System von Arbeiten annehmen: Wälle, Dämme (moles) und »Gräben« (fossae), das heißt Kanäle, welche zu einem Ganzen gehörten.

Die Einbrüche der See, durch welche die Zuidersee ein Meerbusen wurde, erfolgten erst im 13. Jahrhundert.

Nur durch Verwendung des ganzen Heeres von mehr als hunderttausend Mann (neben den Staatssklaven), bei diesen Dammarbeiten wie bei Anlegung der Kastelle (zum Beispiel auch bei Cleve, Elten, Born) und Straßen in allen Monaten, da es nicht im Kriege beschäftigt war, erklärt sich die Vollendung all dieser Werke in der kurzen Zeit von 12 bis 9 v. Chr. Vielleicht waren auch die umwohnenden Germanen bewogen worden, ihre Knechte zur Mitarbeit zur Verfügung zu stellen; *freie* Friesen und Bataver schaufelten doch schwerlich mit. Daher konnte nun Drusus aus dem Gebiet der Bataver in das offene Meer segeln. Er fuhr an der Küste hin, zwischen den heutigen Inseln Vlieland und Ter Schelling, landete auf mehreren der Inseln, die sich von Westen nach Osten hinziehen, und besetzte unter scharfem Gefecht die wichtigste derselben, Borkum, von den römischen

Soldaten nach einer dort wild vorgefundenen bohnenähnlichen Frucht »Fabaria«, die Bohneninsel, genannt. Dann lief er in die Ems (Amisia) ein, und fuhr stromaufwärts weit ins Land. Die umwohnenden *Brukterer* mußte es zwar entsetzen, die Römer von der See her landeinwärts eindringen zu sehen, doch wagten sie es kühn, ihren Landesstrom mit ihren leichten Flußkähnen den mächtigen römischen Trieren zu sperren. Unterstützt von den wasservertrauten Friesen brachen die Römer diesen Widerstand, wandten sich östlich gegen die Weser und brachten die hier siedelnde, obzwar sehr große Völkerschaft der *Chauken*, zu einem gleichen »Födus« wie Friesen und Bataver. Aber auf dem Rückzug, der vor dem herannahenden Winter angetreten werden mußte, gerieten jene tiefgehenden Galeeren in dem seichten Küstengewässer in die größte Gefahr, als sie, von der Ebbe überrascht, bald völlig festsaßen. Nur mit Hilfe der Friesen, welche, in alter Fehde mit ihren Nachbarn, zu Lande von der linken Seite her mit ihrem Fußvolk die Flotte der Römer unterstützt hatten, wurden die Schiffe wieder flottgemacht und dem drohenden Angriff entzogen.

Aber schon zu Anfang des folgenden Jahres nahm Drusus die Durchführung seines Angriffes gegen die Germanen wieder auf. Bei Xanten (Vetera castra) überschritt er 11 v. Chr. abermals den Rhein, zog durch die Landschaft der *Usipier*, schlug ein Brücke über die Lippe und drang über diese in die Gaue der alten Feinde, der *Sugambern*. So rasch und unvermutet war der Angriff durchgeführt worden, daß diese nicht Zeit gehabt hatten, ihren Heerbann von einem Feldzug nach Hause zu rufen.

Die Chatten zu strafen oder zu zwingen, war der Heerbann der Sugambern ausgezogen. So konnte Drusus ohne Widerstand ihr Gebiet in der Richtung gegen Nordost durcheilen, die feindlichen Cherusker erreichen und auch in deren Gauen, östlich von Paderborn (bei Corvey?), bis an die Weser vordringen. Diesen Fluß zu überschreiten, hielt ihn die Sorge um die Verpflegung und der herannahende Winter (das heißt Herbst) zurück; auch galt ein Bienenschwarm, der sich im Lager zeigte, manchen als böses Omen. So wurde der Rückzug nach Vetera angetreten.

Daß dauernde Unterwerfung jener Länder beschlossene Sache war, sollte den Barbaren die Anlegung von zwei Kastellen zeigen. Das eine, bestrittener Lage, doch jedesfalls sehr weit – 19 Meilen vom Rhein – nach Osten vorgeschoben, großartig angelegt, Raum für mehrere Legionen bietend, an der Mündung der Alme in die Lippe, *castrum Aliso*, vermutlich das jetzige Elsen, bewies, daß man das Land vom Rhein bis hierher zu behaupten gedachte. Es faßte *Marsen*, *Brukterer*, *Sugambern*, *Chatten* vom Rücken und bedrohte bereits die nahe Mark der *Cherusker*. Die Legionenstraße von Aliso längs der Lippe nach Vetera an den Rhein, welche fortab Brukterer und Sugambrer durchschnitt, wurde in diesem Jahr wohl nur begonnen, vollendet wohl erst im Laufe des oder der folgenden.

Gleichzeitig wurde der Brückenkopf bei Mainz, castellum Mattiacum, (jetzt Kastel), bedeutend verstärkt und erweitert und auf einer Höhenkrone des Taunus zwischen Mainz und Lahn eine zweite gewaltige Zwingburg errichtet, heute die Saalburg über Homburg (*nicht* identisch mit Arctaunum). Die Festung sollte nicht nur für alle Zeiten den Rheinübergang von dem *feindlichen* Ufer aus decken – dieser Fluß sollte, so gut wie die Alpen und die Donau, aufgehört haben, die Germanen zu schützen. Von diesem festen Punkt im Süden, wie von Aliso im Norden, konnten nun, fernab vom Rhein, bereits germanische Bewegungen beobachtet und einstweilen im Schach gehalten, vor allem aber Stöße in das innere Germanien von nächster Nähe aus geführt werden. Damals begann Drusus wohl auch eine zusammenhängende Kette von Befestigungen zu knüpfen vom Taunus bis an den Main und nördlich längs des Rheins bis zum Siebengebirge, *die Anfänge* des späteren *Rheinlimes*.

Im folgenden Jahre, 10 v. Chr., ging Augustus mit seinen beiden Stiefsöhnen nach Gallien, von wo aus *Tiberius* gegen empörte Pannonier und Dalmatier zog, Drusus aber wieder über den Rhein, diesmal von Mainz und Bonn aus, gegen die *Chatten*, welche das ihnen von den Römern angewiesene Land, wohl die Sitze der über den Rhein verpflanzten Ubier, verlassen und sich den Sugambern angeschlossen hatten. Die Erbauung der Saalburg hatte sie wohl hinreichend aufgeschreckt; erst nach heißem Kampf gegen die Chatten war das Werk vollendet worden. Nur die *Mattiaker*, ihr südwestlichster Gau, mußte in dem abhängigen Bündnis mit Rom verharren.

Beide Feldherren kehrten siegreich zurück und begleiteten den Kaiser nach Rom.

Als Consul des Jahres 9 v. Chr. unternahm der unermüdliche Drusus schon sehr früh im Sommer seinen großartigsten Zug gegen die Germanen. Es sollte sein letzter werden.

Er drang von Mainz aus in das Land der *Chatten;* hier stieß er auf sehr starken Widerstand. Offenbar warfen sich diesmal die sämtlichen verbündeten Völkerschaften schon hier dem Feind entgegen, sein weiteres Vordringen zu hemmen. Mit Anstrengung, in wiederholten blutigen Kämpfen brach der Feldherr diese Landwehren. Nun war aber die Widerstandskraft der Barbaren, wie es scheint, erschöpft. Das setzen die weiteren Bewegungen des Siegers voraus, der sich zuerst südwärts wandte bis an suebische Marken, dann aber in kühnem Zug nach Norden über die *Werra* die *Cherusker* heimsuchte, und zwar diesmal nicht nur, wie vor zwei Jahren, im Herzen ihres Landes, vor der Weser, haltmachend, sondern jetzt den Strom überschreitend und durch das ganze Land der Cherusker und ihrer kleineren Nachbarn weit nach Osten am Nordhang des Thüringer Waldes, dann wohl die Ilm und Saale entlang bis an die *Elbe* die römischen Waffen tragend.

Ein Versuch, auch die Elbe zu überschreiten, scheiterte. Drohend standen *Semnonen* und *Langobarden* auf deren Ufer. Am linken Ufer des Stroms errichtete Drusus ein römisches Siegeszeichen als Denkmal des erreichten Zieles und trat den Rückzug an.

Auf dem Rückzug stürzte er mit dem Pferd, brach den Schenkel und verletzte sich dabei tödlich. Dreißig Tage darauf, 14. September, starb er, nur 30 Jahre alt, zwischen der Saale und dem Rhein (noch 40 Meilen von diesem entfernt), wohl in Thüringen, in den Armen seines Bruders Tiberius, welcher auf die Nachricht von Augustus sofort entsendet worden war und nun die Leiche nach Italien geleitete.

Am Rhein errichteten ihm zu Mainz die Legionen ein Ehrengrabmal (Kenotaphium, auf dem höchsten Punkt der Burg), vor welchem jährlich an bestimmtem Tage Wettrennen der Soldaten und Opfer der gallischen Staaten gefeiert werden sollten, deren guten Willen Drusus durch große Leutseligkeit zu gewinnen verstanden, so daß zum Beispiel die vornehmsten Edeln der Nervier unter ihm wider die Germanen gefochten hatten.

Die Unterwerfung Germaniens, welches vor Jahren die Römer zuerst schaudernd betreten, schien nach diesen großartigen Erfolgen nur mehr eine Frage kurzer Frist. Das römische System, benachbarte Barbarenländer durch eine Reihe von strategisch meisterhaft gewählten Zwingburgen bis zur Regungslosigkeit zu fesseln, war auf das großartigste auch in den Sümpfen Germaniens ins Werk gesetzt. Nicht nur den Rhein hatte Drusus (13–12 v. Chr.) durch mehr als fünfzig Kastelle gedeckt und aus einem germanischen Wassergraben zur römischen Angriffsbasis gemacht, auch an der Maas, der Weser (angeblich, aber ganz unglaubhaft, sogar an der Elbe) hatte er Kastelle angelegt, abgesehen von der kühnen Warte Aliso. Bonn und Mainz hatte er neu befestigt und durch Brücken mit dem andern Ufer verbunden; mehrere Rheinflottillen beherrschten den Strom, sicherten die Überschreitung an jedem Punkt und zu jeder Zeit.
Hätte Drusus länger gelebt – leicht möglich, daß er in Germanien erreicht hätte, was Cäsar in Gallien beschieden war: Vertragsmäßige Unterwerfung des Volkes bis zur Elbe als Vorstufe der Romanisierung.
Selbstverständlich war für Rom der Tod eines glücklichen Feldherrn kein Grund, in der beschlossenen Unterwerfung Germaniens auch nur eine Unterbrechung eintreten zu lassen.
Im folgenden Jahr, 8 v. Chr., überschritt Tiberius den Rhein, gewährte einzelnen Völkerschaften den erbetenen Frieden, nicht aber den alten Feinden, den *Sugambern* (Cassius Dio a. a. O. 551), welche von Anfang den Kampf gegen Rom auf dem rechten Rheinufer begonnen, oft den Fluß überschritten und, wenn zur Ruhe gezwungen, unerachtet ihrer Geiseln, immer aufs neue sich erhoben hatten. Ihnen bewilligte Tiberius keinen Frieden, er forderte vollständige Ergebung. Ja, Augustus, der in Lyon weilte, machte selber für einzelne Nachbarn der Sugambern der letzteren Unterwerfung zur Bedingung des Friedens. Da erschienen die Gaugrafen, vielleicht auch Gaukönige, der Sugambern vor Augustus, den Frieden zu verhandeln. Und der Imperator hielt diese Gesandten in brutalstem Bruch des Rechts fest; die edlen Helden gaben sich selbst den Tod, um nicht als Geiseln die Entschlüsse ihrer Volksgenossen zu lähmen; aber es fruchtete nicht. Das entmutigte Volk, von seinen Nachbarn nicht mehr unterstützt, der Führer beraubt, unterwarf sich dem Sieger, der unbezwingbar im Lande stand. Einen großen Teil verpflanzte Tiberius, wie früher die Ubier und die Räter, aus ihren Sitzen auf dem rechten Rheinufer auf das linke, sie in viele Städte Galliens und deren Gebiete verteilend; die Zahl wird auf *vierzigtausend* angegeben.
Rom stellte freiheittrotzigen Völkern fortan der Sugambern Vernichtung als warnendes Beispiel auf, so den *Siluren* in Britannien. In Wahrheit jedoch waren die Sugambern, so wenig wie manches andere Volk, von welchem die Römer gern das Gleiche glaubten, vernichtet. Ein Teil, der sich nach Osten in das innere Germanien gerettet, wanderte wohl *später* wieder in die alte Heimat. Aber auch die über den Rhein verpflanzten verloren ihren Zusammenhalt so wenig, daß sie vielmehr später in der neu gebildeten Gruppe der salischen Franken vielleicht sogar (neben den Batavern) das führende Volk wurden – noch Chlodovech wird bei seiner Taufe »Sicamber« angerufen. In der endgültigen Eroberung Galliens rächten die Urenkel der Sugambern die ihren Ahnen angetane Zerreißung und zugedachte Vernichtung.

Kämpfe an der Donaugrenze

Die Markomannen unter König Marobod widerstehen den römischen Legionen

Es war um diese Zeit, im Jahre 8 v. Chr., daß die vordersten suebischen Völkerschaften, die *Markomannen* am Main, ihre zugleich von Augsburg, von Mainz und von der Taunusfeste her scharf bedrohten Sitze räumten, die Freiheit dem mit wenig Arbeitsopfern bebauten Boden in alter, zumal bei den Sueben erhaltener Leichtbeweglichkeit, vorziehend. Wohlweislich und gerade noch zur rechten Zeit, vielleicht gewarnt durch den Erfolg des letzten Feldzugs von Drusus, zogen sie das Haupt aus der bereits gelegten Schlinge. Noch hatten wegen der Unruhen in Pannonien die römischen Donauheere nicht von Südosten her an den Main geschoben werden können; jedes Frühjahr stand dies nunmehr, nach Bezwingung der Pannonier, zu erwarten, dann gab es kein Entrinnen mehr aus den ineinandergreifenden Zangen der Rhein- und Donaulegionen. Da räumten die Markomannen auf den Rat eines ihrer Edeln, des hochbegabten, in römischem Kriegsdienst und am Hofe des Augustus in Rom geschulten *Marobod*, das ausgesetzte Gebiet am Main und wichen nach Osten in das sicher von Bergen und Wäldern umwallte Land, das von den früheren keltischen Bewohnern, den *Boiern*, den Namen *Boio-hem*, Boier-heim, Boeheim führte. Hier, den römischen Waffen zunächst unerreichbar, errichtete Marobod, der bei und seit der Wanderung zunächst tatsächlich, vielleicht nicht ohne Gewaltanwendung, der Leiter seines Volkes geworden sein mußte und jetzt wohl auch rechtlich durch Erhebung zum König als solcher rechtmäßig anerkannt worden war, ein Reich.

In das durch die Ostwanderung der Markomannen leer gewordene Land zwischen Rhein und Main, »das geräumte Ödland der Markomannen«, wanderten nun von Westen aus dem römischen Gallien zahlreiche Abenteurer, Mißvergnügte, Arme in die später sogenannten »decumatischen Fluren«, das heißt ein Zehntland, von welchem die Römer nach Ausdehnung ihrer Macht über diese Gebiete hinaus Abgaben erhoben, welches sie aber auch als eine vorspringende Halbinsel oder Bastion des römischen Reiches schon um seiner strategischen Wichtigkeit willen in den Schutz ihrer Waffen nahmen. Diese (kleine) Rückwanderung von Kelten nach Osten reicht aber natürlich nicht aus, der Bevölkerung auf die Dauer keltische Grundfarbe zu erhalten. Römer und sehr verschiedene Völkerschaften von Germanen, *Hermunduren*, *Chatten*, *Burgunder*, später *Franken* und *Alamannen*, haben hier die vorübergehende keltische Einwanderung bald wieder völlig verwischt.

Bald darauf (6 v. Chr.) wurden von Osten her zunächst *hermundurische* Gaue unter römischer Schutzhoheit in das geräumte Land aufgenommen, welche dafür Vorpostendienste der römischen Grenzhut leisteten; klug verteilte Kastelle mit verlässigen, nichtgermanischen Besatzungen auf den Höhenzügen längs der Saale sollten den Römern die Treue der hermundurischen Grenzer und, zu deren eigenem Schutz, die Übergänge des thüringischen Waldes gegen feindliche Germanen in Nordosten und den Vorstoß gegen solche sichern; vielleicht waren diese Hermunduren gerade um sich Marobods Druck zu entziehen von der Elbe und Saale westlich gewandert.

Augustus kehrte mit Tiberius im Herbst nach Rom zurück, legte sich und dem Stiefsohn wegen der Sugambern Unterwerfung – noch spät tat sich Tiberius auf diese Ergebung etwas zugut – den Titel Imperator bei, übertrug dem Stiefsohn den Triumph und das Consulat des folgenden Jahres und schloß – zum dritten Mal – zum Zeichen des Friedens mit allen Völkern den Janustempel.
Erst im Jahre 4 n. Chr. ging Tiberius, vom Kaiser am 27. Juni 4 n. Chr. an Sohnes statt angenommen, abermals über den Rhein: *Vellejus Paterculus*, der ihn als General der Reiterei (praefectus equitum) begleitete, berichtet: Nach Besiegung der *Kaninefaten*, *Attuarier*, *Brukterer* habe Tiberius die *Cherusker* »durch Vertrag wieder gewonnen«, die Weser überschritten und sei in das Land auf dem Ostufer des Stromes eingedrungen. Bis in den Dezember währten diese Züge. Er konnte es dann wagen, mitten im Gebiet der Cherusker »an den Quellen der Lippe« (doch wohl nahe bei Aliso) ein Winterlager zu errichten, in welches er, nachdem er mit Mühe die durch Eis und Schnee gesperrten Alpen auf dem Weg nach Rom überschritten, im Frühling des nächsten Jahres zurückkehrte.
Sentius Saturninus, der schon als Legat seines Vaters Germanien kennengelernt hatte, einem wohlwollenden, tüchtigen, einsichtsvollen Mann, war einstweilen die Überwachung der Chatten übertragen gewesen.
Die *Cherusker* waren damals, wie schon das Überwintern der Legionen in ihrem Lande voraussetzt, so sehr gebändigt oder richtiger, vielmehr noch durch kluge Behandlung ihrer Fürsten wenigstens in einzelnen Gauen gewonnen, daß die beiden Söhne des einen Gaukönigs *Segimer*, *Armin* und dessen Bruder, von dem uns nur der von ihm angenommene römische Name »Flavus«, nicht der germanische, erhalten ist, in römischen Kriegsdienst eintraten. Auch Segimers Bruder, *Inguiomer*, war römisch gesinnt. Ein dritter Fürst, der von jeher, wohl aus Überzeugung, den Anschluß an Rom, das heißt die Unterwerfung empfohlen, *Segestes*, erhielt vom Kaiser das römische Bürgerrecht; seinen Sohn *Segimund* hatte er Priester werden lassen am Altar der Ubier (in Köln), wo für die Provinz Germania der Kultus des Augustus eingerichtet war.
Man sieht, ein Hauptmittel der Politik des Tiberius war, bei allen Völkerschaften eine römisch gesinnte Partei zu bilden, welche dann die nationale in Schach hielt oder allmählich herüberzog, die römischen Niederlassungen schützte und nötigenfalls das Wiedereindringen der Legionen erleichterte. Bei Sugambern und Cheruskern war dies Verfahren von Erfolg gekrönt, vielleicht auch bei Chatten. Der innere Zwiespalt und die Schwächung war dadurch unter solche Völkerschaften geworfen, und stolz rühmte sich Tiberius, durch solche Kunst der Politik mehr erreicht zu haben als Drusus und Germanicus durch die Waffen.
Von diesem Winterlager im Cheruskerland aus wurde der großartige Feldzug des folgenden Jahres (5 n. Chr.) unternommen. Tiberius zog von cheruskischen Gauen auf dem *östlichen* Weserufer, offenbar von den Cheruskern gedeckt, unterstützt, begleitet und geführt, die Weser und Aller abwärts nach Norden gegen die *Chauken*. Zugleich aber erschien eine starke römische Flotte, vom Rhein auslaufend, in der Nordsee und segelte, zum Schrecken der umwohnenden Germanen, die Elbe aufwärts eine weite Strecke tief in das Land, offenbar so weit, als die tiefgehenden römischen Trieren Fahrwasser fanden. An vorbestimmtem Punkt (wohl oberhalb Hamburgs) vereinte sich die Besatzung der Flotte mit dem Landheer, welches 400 römische Meilen (= 592 Kilometer = 148 Weg-

stunden) vom Rhein aus durch die Urwälder und Sümpfe Germaniens marschiert war.
Ohne Zweifel hätte Tiberius über den durch die Flotte beherrschten Strom auf das rechte Ufer dringen können, auf welchem *Semnonen*, *Hermunduren* und andere umwohnende Völker, zumal auch die *Langobarden*, ihren Heerbann aufgestellt hatten, der aber sofort bei jeder Annäherung der römischen Galeeren vom Ufer zurückwich. Tiberius zog es in weiser Beschränkung vor, sich mit dem gewaltig imponierenden Eindruck der großartigen Unternehmung zu begnügen, ohne denselben durch eine Schlacht, mit dem Strom im Rücken, in Frage zu stellen.
Er führte die Truppen in die Winterquartiere zurück; die Flotte segelte noch rekognoszierend bis an und über die Nordspitze von Jütland in das Kattegat.
Nur einmal noch war es zum Kampf auf dem Festland gekommen: ein »treuloser« Überfall der Germanen war blutig zurückgeschlagen worden, vermutlich der *Langobarden*, da es von ihnen allein mit Andeutung eines Kampfes heißt, daß ihre Streitkraft »gebrochen« worden (»*fracti*«, dagegen *receptae* Chauchorum nationes).
Nach Rom zurückgekehrt, nahm Tiberius zum vierten Mal den Namen »Imperator« an; Augustus verlieh Sentius Saturninus, dem Unterfeldherrn, nun Präfect von Germanien, die triumphalischen Insignien. Er selbst nannte sich Imperator zum fünfzehnten Mal.
Ein Blick auf die Karte zeigt, daß des Vellejus ruhmrediges Wort: »Schon war in Germanien nichts mehr übrig, was noch hätte besiegt werden können als das Volk der Markomannen« nicht unrichtig war, wenn man absah von jenem äußersten, den Römern völlig unbekannten Teil Germaniens, welcher nordöstlich hinter den Markomannen in Böhmen lag, gedeckt von ihnen und der Elbe. Es drängte entscheidend zu rascher Tat wider die Markomannen, daß deren schon durch die Volkszahl gewaltige Macht – anderthalb Jahrhunderte später erheischt der Markomannenkrieg die äußerste Kraftanstrengung des Reiches – nicht wie die der andern germanischen Völkerschaften in viele eifersüchtig untereinander hadernde Fürsten und Gaue zerspalten und nur von barbarischer blinder Tapferkeit geleitet war; denn über die Markomannen herrschte das eine, kluge, römisch geschulte Haupt, die römisch geschulte eiserne Hand des Königs *Marobod*.
Für das Jahr 6 n. Chr. war die Vernichtung des nicht mehr ungefährlichen Herrschers festgelegt. Die Römer verwerteten dabei selbstverständlich die Vorteile der bereits gewonnenen Umklammerung Germaniens von West und Süd zu einem Doppelangriff. Von Mainz, vom Rhein und Main her, sollte Sentius Saturninus mit sechs Legionen durch die bezwungenen Gaue der Chatten und deren herkynischen Wald gegen Böhmen vordringen, durch jenen hemmenden Urwald ein für allemal eine Heerstraße bahnend durch Niederlegung des bisher undurchbrochenen Dickichts, was nur die Friedlichkeit und Hilfe der neu gewonnenen Hermunduren ermöglichte. Von der Donau, an deren Ufer sie überwinterten, führte gleichzeitig Tiberius aus Carnuntum das illyrische Heer, ebenfalls sechs Legionen, in die Südspitze Böhmens. An vorbestimmter Stelle sollten die beiden römischen Heere (zusmmen über 150000 Mann) sich vereinen und gemeinsam gen Nordosten über das ganze Markomannenreich hinziehen. Beide Bewegungen waren mit Erfolg begonnen, schon standen beide Heersäulen nur mehr fünf Tagemärsche (15–20 deutsche Meilen) von ihrem Vereinigungspunkt und dem Feind – da wurde die Marobod sehr ernst bedrohende Entscheidung aufgehalten.

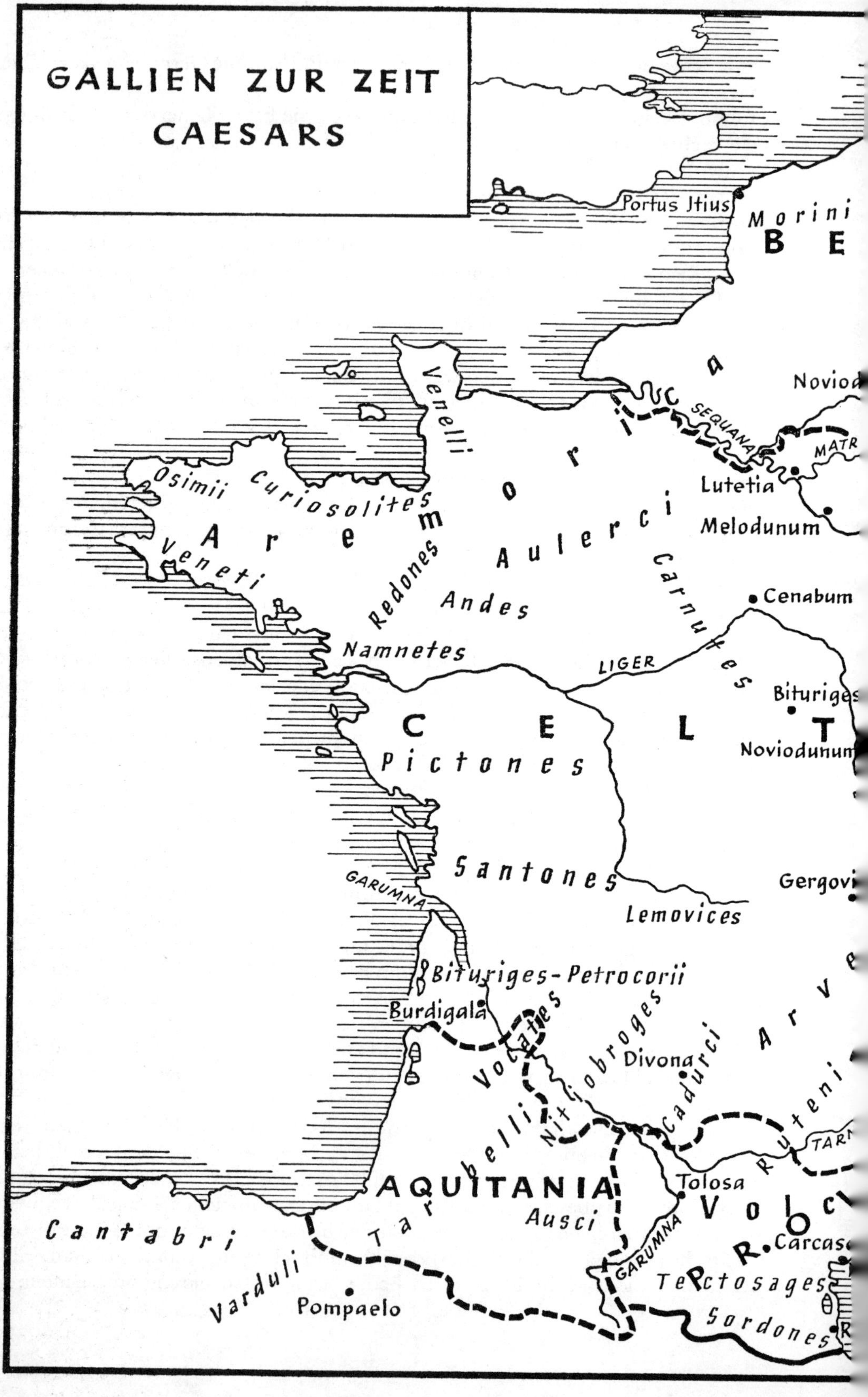
GALLIEN ZUR ZEIT CAESARS
Portus Itius
Morini
BE
Venelli
Noviod
SEQUANA
MATR
Lutetia
Melodunum
Osimii
Curiosolites
Aremorica
Veneti
Redones
Aulerci
Carnutes
Andes
Cenabum
Namnetes
LIGER
Biturige
Noviodunum
CELT
Pictones
Santones
GARUMNA
Gergovi
Lemovices
Bituriges-Petrocorii
Burdigala
Vocates
Nitiobroges
Divona
Cadurci
Arve
Ruteni
TARN
Tarbelli
AQUITANIA
Tolosa
Ausci
Volc
Cantabri
Carcas
PRO
GARUMNA
Varduli
Tectosages
Pompaelo
Sordones

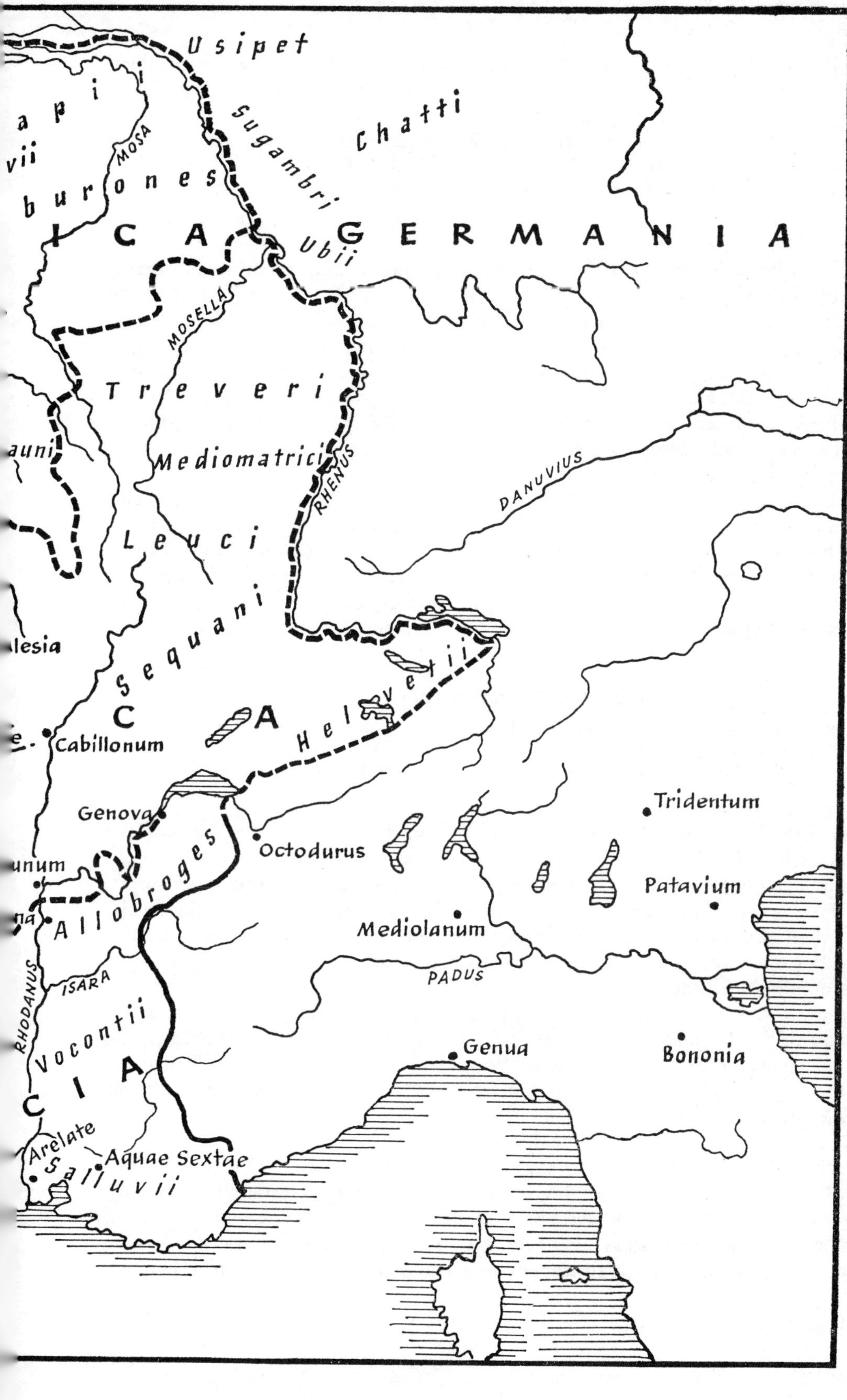

Usipet
Sugambri
Chatti
MOSA
GERMANIA
Ubii
MOSELLA
Treveri
Mediomatrici
RHENUS
DANUVIUS
Leuci
Sequani
Helvetii
Cabillonum
Genova
Allobroges
Octodurus
Tridentum
Patavium
Mediolanum
PADUS
ISARA
RHODANUS
Vocontii
Genua
Bononia
Arelate
Aquae Sextae
Salluvii

Im Rücken des Tiberius, in Pannonien, Dalmatien und allen Nachbarländern (bei Daken und Sarmaten) brach eine hoch aufflammende Empörung aus. »Nach Verabredung« erhoben sich alle jene Völkerschaften – 209 000 Bewaffnete stellten sie – sowie die Legionen, welche sie in Zaum gehalten, den Rücken gewandt hatten. Schwerlich hatte Marobod bei jener Verabredung gefehlt. Die Gefahr muß groß sein, wenn der Schmeichler Vellejus gesteht: »Da zog man das Notwendige dem Ruhmvollen vor, gefährlich schien's, ins innere Germaniens das Heer zu wagen und Italien dem so nahen Feind entblößt zu überlassen.«
Schleunigst suchte man Friede mit dem angegriffenen Markomannenkönig; da man ihn eben suchen und um jeden Preis gewinnen mußte, dürfen wir dem von Tacitus überlieferten stolzen Wort Marobods Glauben schenken, »daß man damals wie unter Gleichstehenden verhandelt und unter beiden gleichgünstigen Bedingungen sich getrennt habe«. Der germanische Herrscher war so verblendet durch Überschätzung seiner Macht, daß er sich durch des Tiberius schmeichelnde Formen verführen ließ, diesen großen Augenblick gemeinsamen Angriffs zu verpassen. Er erkannte nicht, daß Rom diese Demütigung durch seine Vernichtung ihm vergelten *mußte*, wenn es – Rom blieb.
Nicht weniger als drei Jahre brauchte Tiberius, bis er mit Aufgebot von fünfzehn Legionen und der gleichen Zahl von Hilfstruppen, zusammen über 180 000 Mann, das heißt mit dem größten Teil der römischen Macht überhaupt – besorgt fügte Augustus damals zu den bisherigen 18 Legionen acht neu errichtete als dauernde Mehrung des stehenden Heeres – das »Illyricum«, das heißt die Donauländer zwischen Noricum und Thrakien bis an die Adria wieder unterworfen hatte.

Der erste Freiheitskampf der Westgermanen

Armin der Cherusker — Varus führt drei Legionen gegen die Germanen — Die »Varianische Niederlage« in der Schlacht im Teutoburger Wald — Streit um Thusnelda — Die Züge des Germanicus und des Kaisers Tiberius — Armin, der »offenbare Erretter Germaniens« (Tacitus)

Das Jahr aber, in welchem er fertig geworden, das Jahr 9 n. Chr., ist das Jahr der *»varianischen Niederlage«*, der *Schlacht im Teutoburger Wald*. Das will sagen: Kaum war der Brand an der Donau und der Südostgrenze Germaniens gedämpft, als Tiberius schleunigst durch einen Notschrei herbeigerufen wurde, Gallien, ja, wie man zu Rom bangte, Italien selbst vor einer Flamme zu schützen, welche von der Nordwestgrenze Germaniens aus den Rhein zu bedrohen schien. Diese Flamme hatte entfacht – *Armin*.
Der Statthalter Sentius Saturninus, kräftig, doch jovial, hatte eine glückliche Art gehabt, die Germanen zu behandeln. Schon schmeichelten sich die Römer, die Romanisierung der Germanen sei auf bestem Wege, sie werde sich, falls man nur keine Fehler mache und nichts überstürze, so rasch und sicher vollziehen wie die der Kelten in Gallien.
Aber auf Sentius Saturninus, dessen Jovialität den Germanen gefallen haben mochte, war inzwischen als Legat gefolgt *Quintilius Varus*, ein Verschwägerter des Kaiserhauses (auch sein Sohn war mit einer Tochter des Germanicus verlobt), bisher Statthalter in Syrien. »Arm hatte er dies reiche Land betreten, reich verließ er die arm gewordene Provinz.« Gleiche Habsucht wollte er in dem so armen Germanien befriedigen. Dazu war er ebenso hochfahrend und streng als bequem

und schwerfällig an Leib und Seele. Er zog das ruhige, genußreiche Leben an reichbesetzter Tafel im Lager bei weitem kriegerischer Anstrengungen vor. Und das Verderblichste war die kurzsichtige, sorglose Sicherheit (während allerdings das Mißtrauen gegen die Germanen sehr nützlich ist, meint Strabo naiv), in der er sich wiegte und wiegen ließ.

So verlegte er sein Sommerlager mit drei Legionen, das auch Frauen, Kinder, Freigelassene, Sklaven und Sklavinnen der Offiziere erfüllten (am Rhein blieb nur sein Unterfeldherr und Neffe *Lucius Nonius Asprenas*), mitten unter die Germanen, hielt in ihrer Mitte, wie im tiefsten Frieden, als sei er Stadtprätor in Rom oder Proconsul in Narbo, nicht Heerführer im cheruskischen Urwald, Tagfahrten ab, ließ vor seinem Tribunal Prozesse der Germanen nach römischem Recht entscheiden, römische Todes- und Geißelstrafen an freien Germanen vollstrecken, römische Steuern von unbesiegten und verbündeten Völkern erheben und verbrachte so die kurze allein für Kriegstaten in diesem Land verfügbare Sommerzeit.

Und allerdings, gefährlicher noch als die kriegerische Umklammerung von West und Süd hätte der germanischen Freiheit und Nationalität diese still fortschreitende Romanisierung werden müssen, welche des Varus Sicherheit schon als vollendet ansah, wenn diese Zustände, dieses friedliche Einleben der Westgermanen noch fortgedauert hätte.

Aber es dauerte *nicht* fort.

Gerade die Anwendung des römischen Rechts, des ganzen Apparats römischer Gerichtsbarkeit mit Ruten und Beil, wie auf römische Provinzialen empörte die Germanen. Ihre Fürsten vermißten schmerzlich den alten Einfluß, die leitende Gewalt. Das Volk, sobald es *fühlte*, daß ihm die fremde Neuerung und Herrschaft auferlegt war, verlangte nach den alten Zuständen, nach der rauhen Freiheit der Väter. Dumpf gärte der Groll der Fürsten, der Edlen, der Gefolgsherrn, der Gemeinen. Aber des Varus Verderben und der Germanen Errettung war erst gesichert, als der planlos und hauptlos murrende Grimm einen Führer fand. Dieser Führer war Armin, der Sohn des cheruskischen Gaukönigs Segimer.

»Jugendlich (geboren 17 oder 16 v. Chr.), von erbfürstlichem Geschlecht, tapfer, rasch von Auffassung, weit über Barbarenart an Geist begabt, die Kühnheit seines Gedankens durch das Antlitz und den Blick des Auges verratend« – so schildert ihn *der Feind* –, hatte er, ähnlich wie Marobod, die Schule römischen Dienstes mit Auszeichnung durchgemacht. Bei keinem der letzten römischen Feldzüge im Norden und Süden hatte der junge Cheruskerfürst gefehlt, gewiß nicht im Jahre 5, vielleicht auch nicht bei dem Marsch gegen Marobod. Das römische Bürgerrecht, die Würde des Rittergrades hatte er sich verdient. Die Macht und die furchtbare Gefährlichkeit Roms für Existenz, das heißt Eigenart und Freiheit seines Volkes, hatte er kennengelernt. Aber während so mancher Cherusker, so sein eigner Bruder Flavus, der überlegenen fremden Kulturmacht sich blindlings oder vielmehr geblendet angeschlossen, war Armins Herz seinem Volk treu geblieben. Er beschloß, es vor der friedlichen wie vor der gewaltsamen Romanisierung zu erretten. Er wurde das Haupt und die Seele der heimlichen Römerfeinde, er bereitete von langer Hand die Erhebung vor.

Es macht Tacitus Ehre, daß er das Großartige im Arglistig-Dämonischen, aber auch im Idealen und Heldenhaften in dem großen Feind erkennt und sich von

kleinlicher Beurteilung seiner Tat freigehalten hat. Armin hat, Hannibal und Mithridates vergleichbar, der Welttyrannei Roms gegenüber die Nationalität und Freiheit seines Volkes vertreten. Aber jene erlagen Rom im Waffenkampf; nicht so Armin, der, unbezwungen von Rom, durch den Neid und die staatliche Unreife der Seinen fiel.
Zuerst weihte er wenige Vertraute, dann immer mehr in sein Trachten ein. Die Mutlosigkeit gegenüber der römischen Überlegenheit war schon so stark, so weitverbreitet, daß er Mühe hatte, die Seinen zu überzeugen, das Joch könne wieder abgeschüttelt werden.
Denn in der Tat, groß war die Gefahr, erdrückt zu werden bei gewaltsamer Erhebung. Seit die Römer die Donaulinie gewonnen und von der Nordsee ihre Kriegsschiffe auf Elbe und Ems, unterstützt von den unterworfenen Friesen und Chauken, tief ins Innere drangen, dem Landheer die Hand reichend, drohte im Fall des Krieges von West, Süd und Nord die römische Umklammerung. Und doch durfte kaum länger gezögert werden, sollte nicht die innerliche, die friedliche Romanisierung, ähnlich wie bei den Galliern, Freiheit und Eigenart zugleich noch viel gefährlicher bedrohen.
Die Gefahr war um so dringender, als in der Völkerschaft Armins selbst, den Cheruskern, blind ergebene Anhänger Roms nicht fehlten, welche, sei es aus Überzeugung, sei es von unlauteren Motiven beherrscht, den Widerstand gegen Rom für unmöglich, den Gehorsam für die Germanen selbst vorteilhaft hielten. So Segest, der Fürst eines andern cheruskischen Gaues. Die Selbständigkeit dieser nur zu einem Staatenbund locker gefügten Gaue der einzelnen Völkerschaft zeigt sich schlagend darin, daß bei der großartigen von den Cheruskern getragenen Erhebung so vieler germanischer Völker gegen Rom später wenigstens ein Gau der Cherusker, der des Segest, zu Rom halten, ja ein anderer – noch überraschender – in dem heißen und langen Kampf neutral bleiben konnte: der Gau *Inguiomers*, des Oheims von Armin.
Zunächst mußte Varus in seiner vertrauenden Sicherheit bestärkt werden. Nichts durfte die bisherigen Zeichen der fortschreitenden Gewöhnung an die römische Autorität unterbrechen. Fürsten, Edle und Gemeine der Germanen erschienen wie immer in dem Sommerlager, vor den Kastellen der Römer, Handel und Verkehr und sogar die Entscheidung ihrer Steitigkeiten vor dem Tribunal des Feldherrn und nach römischem Recht suchend.
Alsdann mußte Varus hinweggelockt werden von seinen festen Lagern und Kastellen, wo er für germanische Kriegskunst nicht bezwingbar war. In das Innere des Landes, fern vom Rhein, mußte er verleitet werden, auf ein Terrain, welches dem Angriff der Barbaren möglichst günstig, der römischen Verteidigung ungünstig war. Der kleine Krieg in Waldgebirg und Sumpf, aber in großartigem Maßstab, sollte die Legionen verderben. Daß ihre Taktik in offener Feldschlacht durch allen Tod verachtenden Ungestüm von Barbaren nicht zu besiegen war, hatte Armin durch die Erfolge des Drusus, des Tiberius und eben zuletzt noch selbst, in den Reihen der Römer fechtend, in Pannonien erfahren, wo er mit Auszeichnung germanische Bundesgenossen befehligt, Bürgerrecht und Ritterrang der Römer sich verdient hatte.
Der Aufstand einer fern im Innern Germaniens wohnenden Völkerschaft (sie wird nicht genannt und ist nicht zu erraten: Gaue der Chatten?) wurde gemeldet. Varus beschloß, selbst mit seiner ganzen Streitmacht – nach Abzug der Be-

satzungen der Kastelle – aufzubrechen, die Empörung rasch und mit dem Nachdruck seines eignen Erscheinens zu ersticken.
Armin und die übrigen Fürsten der »verbündeten«, das heißt halb unterworfenen Germanen, verhießen, sowie die Legionen aufgebrochen, ihre Heerbannscharen aufzubieten und dem Zug der Römer zu folgen. Segest, der schon früher wiederholt gewarnt hatte, verriet die Verschwörung nochmals bei dem letzten Gelage dem leichtgläubigen Feldherrn: eine allgemeine Erhebung sei im Werke; er schlug vor, ihn selbst, Armin und die anderen Fürsten sofort festzunehmen. Ihrer Führer beraubt, werde die Menge nichts zu unternehmen wagen und Varus Zeit genug gewinnen, durch Untersuchung die Schuldigen und die Unschuldigen kennenzulernen.
Aber Varus schlug die Warnung in den Wind, er zählte auf Armins Dank für manch hohe Auszeichnung und brach auf.
Ohne Ordnung, sorglos, wie in Frieden und Freundesland, marschierten die Römer, die drei Legionen voneinander getrennt durch einen großen Train, durch Fuhrwerk, mit den Frauen und mit Gepäck aller Art, Marketender, Krämer, Händler, aus dem aufgelösten Sommerlager, in der Mitte.
Sofort nach dem Abmarsch der Truppen erließ Armin das geheime Aufgebot an alle verschworenen Fürsten und Völkerschaften. Auf seinen Befehl wurden überall die im Lande zerstreuten einzelnen Römer, die Einquartierten, die Posten, auch die Kolonisten an einem Tag überfallen und ermordet. Er führte den ganzen Heerbann der Empörung in Rücken und Flanken des Varus. So groß war die Flut des entfesselten Volkszorns, daß des Segestes Sohn, *Segimund*, der Priester am »Altar der Ubier« in Köln, die Priesterbinde zerriß und über den Rhein eilte, den Kampf zu teilen, ja Segestes selbst wurde von der übereinstimmenden Begeisterung der Seinen gezwungen, widerwillig, der Bewegung zu folgen.
Die ersten Nachrichten von neuen Unruhen in seinem Rücken störten noch so wenig den Feldherrn in seiner Sicherheit, daß er durch Lictoren die angeschuldigten Fürsten vor sein Tribunal laden zu können glaubte.
In dem »Teutoburger Wald« traf der konzentrische Angriff der Germanen von den dicht bewaldeten Höhen herab auf das im sumpfigen Talgrund marschierende Heer. Deutlich lassen sich nach dem Bericht des Tacitus (über den Besuch des Schlachtfeldes durch Germanicus im Jahre 16) zwei, vielleicht drei Schlachttage, jedenfalls zwei Lager unterscheiden.
An dem ersten Schlachttag wurde ein Lager geschlagen, noch streng nach den Grundsätzen römischer Kriegskunst: groß von Umfang, für jede der drei Legionen gesondert abgesteckt.
Das Lager des zweiten Tages verriet deutlich schon durch seinen geringen Umfang, wie furchtbar bereits die Legionen zusammengeschmolzen waren, als sie sich hier nochmal zu setzen versuchten; halb eingestürzt war der Lagerwall, der Lagergraben nur wenig ausgetieft.
An diesem zweiten Schlachttag (10. September) wurde das Verderben der Römer begonnen, am dritten (11. September) vollendet. Sturm und Platzregen machten den Widerstand und das Marschieren auf dem durchweichten Grund fast gleich unmöglich für die neu ausgehobenen, noch wenig geübten Truppen – die alten, des Waldgefechts mit Germanen vertrauten Legionen des Rheinheeres standen ja jetzt in Pannonien. Varus, verwundet, gab sich, dem Beispiel seines Vaters und Großvaters folgend, selbst den Tod. Mehrere der Legaten

fielen, Tribunen wurden gefangen, der Rest des Heeres fand, zerstreut auf der Flucht oder in mannhaft und tapfer geschlossenem Widerstand, den Tod.
Der Legat Vala Numonius suchte sich mit der Reiterei durchzuschlagen, wurde aber auf der Flucht eingeholt oder von vorn gehemmt und vernichtet. Nur ein Teil des Trosses und viele Frauen erreichten in verstreuter Flucht, wohl im Schutze der Nacht, das nahe (nur wenige Stunden entfernte) Aliso, wohin auch einzelne Mannschaften gelangten.
Zügellos, wild, grausam war die Rache, welche die Barbaren an den Gefangenen übten in Vergeltung all der Leiden, all des Druckes, welche der Angriff und die Herrschaft der Römer gebracht, seit diese zuerst über den Rhein in die freien Waldgaue gedrungen waren. Keine Verhöhnung ersparte der grimmige, in Blut berauschte Übermut der Sieger den Lebenden, den Toten, den leblosen Wahrzeichen römischer Macht.
Armin sprach nach dem Siege zu dem Heer, die genommenen Adler und Standarten mit Füßen tretend.
Des Feldherrn Leiche völlig zu verbrennen, hatten den Römer Zeit und Ruhe gefehlt; sie hatten die halbverbrannte begraben, sie vor den Barbaren zu bergen. Diese aber entdeckten sie, gruben sie aus, trieben ihren Spott damit, zumal Sesithakus, des Segestes Brudersohn. Armin sandte das Haupt des Varus an Marobod, ein bedeutungsvolles Zeichen des Erfolges und der Mahnung; der Markomannenkönig jedoch, vielleicht schon damals eifersüchtig auf Armin und, in törichter Überschätzung seiner Macht, in Neutralität zwischen Rom und den Freiheitskämpfern seine Sicherheit suchend, schickte den Kopf nach Rom, wo er in dem Familiengrabmal beigesetzt wurde.
Der Schreck, die Bestürzung, die Furcht zu Rom waren groß. Der Schlag war so völlig unerwartet gefallen. Man feierte gerade den Sieg über die Illyrier und Pannonier. Augustus, zweiundsiebzig Jahre alt, durch manches Omen eingeschüchtert – ein Komet schweifte drohend durch den Himmel –, verlor die Fassung. Er soll das Haupt an die Marmorsäulen seines Palastes gestoßen haben mit dem Ruf: »Varus, Varus, gib mir meine Legionen wieder« und monatelang schor er Haar und Bart nicht, ein Zeichen tiefer Trauer. Er glaubte, ganz Germanien werde sich zum Angriff erheben, Gallien mitfortreißen, Italien bedrohen. Zur Deckung der Alpenpässe aus Illyricum die Legionen zu ziehen, durfte man nicht wagen. Eben erst war Tiberius mit dem Aufstand fertiggeworden (fünf Tage vorher war Germanicus mit der Siegesbotschaft eingetroffen), der frisch emporflammen mußte, räumte man das Land, ließ man die Germanen herein, den Pannoniern die Hand zu reichen. In der Stadt Rom selbst sogar wurden außerordentliche Maßregeln getroffen.
Aber alle diese Besorgnisse und Vorkehrungen erwiesen sich als unbegründet.
Die Germanen hatten nur Befreiung und Verteidigung, nicht Eroberung im Sinn. Bei weitem nicht alle germanischen Völkerschaften im späteren Deutschland waren bei der Erhebung beteiligt.
Über den Rhein zu gehen, Gallien, freiwillig oder gezwungen, gegen Rom mitfortzureißen, Italien zu bedrohen – nicht einmal Armin mag daran gedacht haben, gewiß aber niemand außer ihm.
Daß die Römer – wenn sie nicht für immer unschädlich gemacht würden – furchtbarer wiederkommen könnten, würden, *müßten* nach der Idee, nach dem System ihrer welterobernden Politik –, das erwogen die Kurz-Denkenden nicht.

Anstatt den Rhein zu überschreiten und die Voraussetzung aller römischen Angriffe gegen Germanien von Westen her, die römische Herrschaft über Nordostgallien, zu zerstören, wandte sich also der Zorn der Verbündeten nur gegen die Kastelle und Zwingburgen an Weser, Saale, Ems und suchte sie zu brechen.

Aber nur schwer und langsam gelang auch das. Noch hatten die Germanen keine Erfahrung, keine Übung, keine Werkzeuge der Belagerung fester Steinburgen, und die Verteidigung war zäh. Römische Kriegszucht und das den Gefangenen drohende blutige Schicksal hielten von der Kapitulation ab.

Die Chatten wandten sich gegen das Kastell des Drusus auf dem Taunus, die Saalburg bei Homburg und die Linien von der Lippe bis an den Rhein: sie wurden zerstört.

Aliso, die stärkste dieser Festungen, sollte durch Hunger bezwungen werden. Jedoch der Befehlshaber *Lucius Caeditius* brach zur Nacht aus den Toren und schlug sich mit dem Kern der Besatzung durch. Seine Tubabläser täuschten die Belagerer, sie bliesen die Zeichen des Anmarsches einer starken Macht. Die Germanen glaubten, Lucius Asprenas, des Varus Schwestersohn, der mit zwei Legionen in der Nähe stand, rücke zum Entsatz oder doch zur Aufnahme der Abgezogenen heran. Sie brachen die Verfolgung ab, und die Entkommenen erreichten nun wirklich Asprenas, der seine Legionen rechtzeitig über den Rhein in Sicherheit brachte und durch dieselben auch das gärende Gallien in Gehorsam hielt.

Gleichwohl war die Furcht vor einem Krieg in den Wäldern der Germanen nach dem Untergang des schönen Heeres so allgemein, daß die Werbungen für den neuen Feldzug nur langsam die frisch zu bildenden Legionen füllten und man, wie zur Bezwingung des illyrischen Aufstandes, die Freigelassenen heranziehen mußte. Auch dies Mittel gewährte doch nur die Mannschaften für zwei neue Legionen.

Tiberius wandte alle Kraft und Zeit diesen Rüstungen zu; er verzichtete auf die in Illyricum wohlverdienten mehrfachen Triumphe. So bald als tunlich brach er mit den frischen Truppen nach Gallien auf und überschritt im nächsten Jahre (10, nach anderen erst 11 n. Chr.) wieder den Rhein. Die Germanen und Gallier sollten nicht wähnen, es sei den Empörern gelungen, diesen Strom wieder zur Reichsgrenze zu machen. Damals flehte Ovidius zu den Göttern, daß »endlich Germania, die Rebellin, traurig das Haupt vor dem großen Feldherrn in den Staub senken möge«.

Mit strengster Manneszucht und Vorsicht hielt, im Gegensatz zu des Varus Sorglosigkeit, Tiberius das Heer zusammen. Die Germanen wagten nicht, ihm zu offenem Kampf entgegenzurücken. Armin hielt sie zurück. Nur wenige belästigten den Marsch und wurden zerstreut; so unbedeutend waren diese Scharmützel, daß die Römer nicht einen Mann verloren. Die verlassenen Hütten, die unbeschützten Saaten wurden verbrannt. Zufrieden mit dem Erfolg, die römischen Adler wieder ohne Widerstand nach Germanien getragen zu haben, das gefährliche Vordringen in das Innere vermeidend, kehrte der Feldherr bald wieder in die Winterlager nach Gallien zurück. Vielleicht damals schon wurden auf dem *rechten* Rheinufer Befestigungen angelegt, welche die Verteidigung der nächsten Striche am Strom erleichtern sollten und *später* für den »limes« verwertet wurden.

Auch im folgenden Jahr erschien Tiberius in Germanien, diesmal in Begleitung von *Germanicus*, dem ältesten Sohn des Drusus, welchen er auf des Kaisers Gebot adoptiert hatte. Dieser Jüngling sollte bald darauf den Germanen zeigen, daß die römische Gefahr, durch Armin für den Augenblick abgewendet, noch keineswegs vorüber war. Nach Rom zurückgekehrt, wurde Tiberius zum Mitregenten, Germanicus zum Consul des Jahres 13 ernannt. Im folgenden Jahr übernahm dieser Gallien und den damit verbundenen »Germanenkrieg«. Am 19. August des Jahres 14 starb der Kaiser und die Weltherrschaft übernahm Tiberius.
Die Rache der Römer traf zumeist die nächsten Nachbarn, die Chatten zwischen Lahn und Main, welche, so oft heimgesucht, sich immer wieder erhoben hatten, dann die Marsen, welche man für die auf dem rechten Rheinufer verbliebenen Gaue der Sugambern hält, endlich die am schwersten erreichbaren Führer der Bewegung, die Völkerschaft Armins, die Cherusker.
Germanicus erstickte mit Kraft und Klugheit die gefährliche Meuterei der zum Teil neugebildeten vier Legionen des unteren Germaniens (legio I., V., XX., XXI.). Ihren Geist, ihre Zucht zu bessern führte er sie darauf, 14 n. Chr., zwölftausend Legionare, 26 Kohorten Hilfstruppen, acht Geschwader Reiter, von Vetera aus über den Rhein in den Germanenkrieg, wie er zu gleichem Zweck kurz zuvor einen Teil der Veteranen aus Obergermanien nach Rätien geschickt hatte, angeblich wider drohende Einbrüche der Sueben.
Er zog im Eilmarsch durch den »Cäsischen Wald«, überschritt die Schanzenlinien, welche hier Tiberius wider die Germanen angelegt hatte, und schlug nordöstlich derselben vorsichtig ein wohlbefestigtes Lager, Front und Rücken durch Wälle, die Flanken durch Verhacke deckend.
Von diesem Lager aus vollführte Germanicus eine Tat, welche, wenig heldenwürdig, die erste fürchterlich blutige Rache für die Varusschlacht bedeutete. Er erfuhr durch Späher, daß unfern im Walde die Marsen eine große Götterfestnacht mit frohen Opfergelagen feierten – vielleicht die Sommersonnenwende. Sie wähnten die Römer noch durch jene Meuterei beschäftigt und ahnten nichts von des Germanicus Rheinübergang.
Da wählte der Cäsar von den beiden in das Marsenland führenden Wegen den längeren, schwierigeren, von den Römern noch nie betretenen, den Arglosen desto überraschender zu kommen. *Cäcina*, sein Legat, räumte mit leichten Truppen die Hindernisse der Waldpfade auf. Die Legionen folgten, die hellen Sterne der Sommernacht zeigten den Weg. Unbemerkt waren die Kohorten an die Stätte der Feier gelangt. In vier Scharen, »um weiterhin das Verderben zu verbreiten«, ließ Germanicus die Rachewütigen los. Und schrecklich wurde sein Zweck erreicht: Fünfzig römische Meilen im Umkreis wurde alles Leben gemordet, nicht Weiber, nicht Kinder, nicht Greise verschont, Staaten und Gebäude, Profanes und Heiliges, draunter der berühmteste Tempel jener Völker, der der *Tanfana*, *Tamfana*, mit Flammen und Axt der Erde gleichgemacht. Und Tacitus frohlockt, daß die Truppen in diesem Hinschlachten von Schläfern, Wehrlosen, Flüchtigen nicht einen Verwundeten hatten.
Aber nicht Verzagtheit, Rachezorn verbreitete die grausige Bluttat unter den Nachbarn der hart getroffenen Marsen. Brukterer, Tubanten, Usipier strömten herbei und besetzten die Waldwege, durch welche die Römer ihren Rückzug führen mußten. Germanicus erfuhr es und ordnete sein Heer zu Marsch und Kampf zugleich. Lange ließen die Germanen den Zug so durch die Wälder

rücken. Als er aber aus dem Dickicht in das freie Feld ausschweifen wollte, griffen sie, unter nur leichter Beschäftigung der Front und Flanken, mit höchster Kraft die Nachhut an. Die leichten Kohorten der Hilfsvölker hier wurden durch die dichten Keilhaufen der Germanen verwirrt und hart bedrängt. Da sprengte der Cäsar zu der zwanzigsten Legion und rief mit lauter Stimme, jetzt sei die Stunde an, die Schande jener Meuterei auszulöschen und die Schuld in Ehre zu verwandeln. Begeistert stürmten die Legionare auf den Feind, durchbrechen ihn im ersten Ansturm, drängen ihn in eine Waldblöße und hauen ihn nieder. Gleichzeitig erzwang die Spitze des Zuges den Ausgang aus dem Wald und schlug im freien Feld ein festes Lager auf. Von da ab setzte Germanicus ohne Kampf den Weg fort und führte die Truppen, durch den Erfolg gehoben, in die Winterquartiere.

Überraschend bald erschien im folgenden Jahre (15 n. Chr.) Germanicus schon zu Anfang des Frühjahrs wieder im Feld. So früh erwarteten die Barbaren nicht den Angriff der Römer; der Überraschung verdankte er auch diesmal blutigen Erfolg. Die Ursache der raschen Erneuerung des römischen Angriffs war die nur zu sehr begründete Hoffnung, die Germanen, ja die führende Völkerschaft des Bundes wider Rom, die Cherusker, tief gespalten zu finden. Segest, der nur widerstrebend zu der Erhebung vom Jahre 9 sich hatte fortzwingen lassen, war im Herzen der alte Römerfreund geblieben. Den politischen Gegensatz hatte Zorn und Rachedurst zu tödlichem Haß gesteigert, seit Armin, »des gehaßten Schwiegers gehaßter Eidam«, ihm die einem andern verlobte Tochter *Thusnelda* (Thursin-Hiltja, Riesen-Kampf) entführt hatte. Darüber war es zu offenem Kampf zwischen den beiden Fürsten gekommen. Segest hatte die Tochter wieder in seine Gewalt gebracht und wurde nun von Armin bedroht. Diesen inneren Krieg, die Bekämpfung des Freiheitshelden durch das eigene Volk, mußte Rom benutzen. Das ganze Rheinheer sollte diesmal ins Feld rücken.

Germanicus übergab dem Cäcina die vier Legionen des Niederrheins mit 5000 Mann Hilfstruppen und freiwilligen Söldnern aus den linksrheinischen Germanen; damals wohl schon erreichte Cäcina Aliso wieder, stellte die Werke her und besetzte sie aufs neue.

Germanicus selbst überschritt mit den vier Legionen des Oberrheins und der doppelten Zahl von Hilfstruppen den Strom bei Mainz, begann oberhalb der Trümmer des von seinem Vater auf dem Taunus angelegten Wartturms (der Saalburg?) den Bau eines Kastells und ließ *Lucius Apronius* zur Deckung der Straßen und der Flüsse zurück. Ein in dem sumpfigen Waldland selten warmer Frühling hatte die Wasseradern seicht und die sonst den Angreifer hemmenden Flußlinien leicht durchschreitbar gemacht. Aber der Feldherr befürchtete, sie bei dem Rückweg durch die Regengüsse des Hochsommers geschwollen zu finden. Germanicus wandte sich diesmal gegen die Chatten und überfiel sie so unvermutet, daß die Männer nur noch durch Schwimmen das linke Ufer der *Eder* (Adrana) zu gewinnen vermochten. Die Weiber, die Kinder, die Greise wurden verknechtet und gemordet.

Darauf schlugen die Römer eine Brücke über die Eder. Der Versuch der Chatten, den Bau vom jenseitigen Ufer aus zu hindern, wurde durch Wurfmaschinen und Bogenschützen abgewiesen und der Fluß auf der Brücke überschritten. Da flohen die Bewohner auch dieser Gaue, ihre urbaren Ländereien und Dörfer preisgebend, in die Wälder; nur wenige gingen zu den Römern über. Germanicus

verbrannte den Hauptort der Chatten, *Mattium* (Maden), verwüstete das bebaute offene Land diesseits der Wälder und trat den Rückzug an den Rhein an, ohne diesmal dabei, wie sonst, von den Germanen angegriffen zu werden.
Die Cherusker wären gern den Chatten zu Hilfe geeilt, aber Cäcina demonstrierte mit dem zweiten Heer an ihren Grenzen, bald hier, bald dort den Einbruch drohend, so daß sie ihren Heerbann nicht aus dem Lande ziehen konnten. Die Marsen, welche ihn angriffen, wies er mit Glück ab. Auf dem Rückweg in der Richtung nach Bonn trafen Germanicus Boten von Segest, welche um Errettung für den Römerfreund flehten. Armin, der Vorkämpfer der Freiheit, der stets zum Krieg gegen Rom riet, hatte den großen Teil des Volkes für sich und belagerte den Vater seiner Gattin, offenbar um diese zu befreien, in seiner stark befestigten Hofburg (zwischen der Weser und dem linken Ufer der Diemel?). Die Gesandtschaft des Segest begleitete dessen Sohn, Segimund, der Strafe scheute für sein Verhalten im Jahre der Teutoburger Schlacht.
Germanicus verzieh und sandte ihn unter Bedeckung über den Rhein. Er hielt es für voll der Mühe wert, umzukehren, den Römerfreund zu entsetzen. Er zwang durch Gefecht die Belagerer – die also stark genug waren, standzuhalten – zum Abzug und befreite Segest mit einer großen Schar von Gesippen und Gefolgen. Unter den edlen Frauen der Burg befand sich Thusnelda, welche nicht des Vaters, sondern des Gatten Gesinnung teilte. Ohne Tränen oder Bitten trug sie ihr Los, schweigend die Hände über dem Herzen gefaltet, unter welchem sie den Sohn des Befreiers trug. Auch Trophäen aus der Varusschlacht, dereinst den nun in die Hände der Römer Gegebenen als Beuteanteil zugefallen, wurden hier zurückgenommen. Segest, eine Hünengestalt, zeigte keine Furcht, wegen seiner Beteiligung an der Erhebung vom Jahre 9 gestraft zu werden. Er brüstete sich damit, von je, seit ihm Augustus das Bürgerrecht verliehen, seinen Landsleuten, und zwar nicht aus Verräterei, sondern aus Überzeugung den Anschluß an Rom geraten zu haben.
Der Cäsar sicherte in gütiger Antwort Segests Kindern und Gesippen Straflosigkeit zu, und ihm einen Sitz in der alten Provinz (vetere in provincia, das heißt doch wohl der Narbonensis; die Lesart Vetera, das heißt castra, ist aufgegeben).
Er führte darauf das Heer über den Rhein zurück und erhielt von Tiberius den Imperator-Namen.
Thusnelda gebar einen Knaben, der, *Thumelikus* genannt, zu Ravenna erzogen, bald von einem »Schmachgeschick« (»quo mox ludibrio conflictatus sit«) heimgesucht wurde, wie Tacitus sagt.
Die Ergebung und gute Aufnahme des Segests wirkte gewaltig auf die Germanen, die Freunde der Römer oder doch des Friedens mit der Übermacht des Weltreichs ermutigend, die Kriegspartei erbitternd. Armin, voll grimmen Schmerzes um die geraubte Gattin und das vor der Geburt schon verknechtete Kind, flog (volitabat) durch alle Gaue der Cherusker, zu Waffen und Kampf gegen Segest und den Cäsar rufend.
So riß er nicht nur die Cherusker, auch deren Nachbarvölker mit sich fort, auch *Inguiomer*, seinen Vatersbruder, der selbst bei den Römern in hohem Ansehen stand. Sein Beitritt machte den Cäsar ernstlich besorgt für den Feldzug des nächsten Jahres. Daß ein solcher unvermeidlich schien, zeigt am deutlichsten, wie wenig Bleibendes in dem letzten erreicht worden war.

Aber Germanicus war freilich auch gewiß nicht gesonnen (wie damals schon vielleicht der Kaiser dachte und bald darauf befahl), die Unterwerfung Germaniens bis zur Elbe, seines Vaters Drusus stolzen Traum, aufzugeben und sich mit einem bloßen Rachekrieg für Varus zu begnügen; er wollte jenes Vermächtnis des Drusus ausführen. Dabei gedachte der Imperator nicht, der ganzen Waffenmacht der Verbündeten auf einem Schlachtfelde entgegenzutreten; die überlegene Macht und Strategie der Römer sollte wieder die Germanen zerteilen und einzeln schlagen. Germanicus schickte (Frühjahr 15) zu diesem Zweck Cäcina von Vetera aus mit 40 Kohorten durch die Gaue der Brukterer gegen die Ems, Reiterscharen unter *Gajus Pedo Albinovanus* in die südöstlichen Gaue der Friesen. Er selbst schiffte, seines Vaters Plan und Werk benützend, vier Legionen ein und fuhr über die Meeresbuchten und Binnenseen der Rheinmündungen. In wohlgelungenem Zusammentreffen gelangten Fußvolk, Reiter, Schiffe, zusammen mehr als 80000 Krieger, gleichzeitig an den vorbestimmten Ort. Von da ging der Marsch vielleicht über das Defilé von Bielefeld, über den Teutoburger Bergwald, den Osning, in die Gegend von Herford. Und nun waren die Römer ganz nahe dem Schlachtfeld des Varus, wo die Gebeine der Legionen noch unbestattet lagen. Da beschloß Germanicus jene Stätte der Trauer aufzusuchen. Das ganze Heer wurde von Rührung ergriffen im Mitleid um dort verlorene Verwandte und Freunde, von Wehmut erschüttert um Kriegsgeschick und Menschenlos.
Von da führte der Cäsar das Heer gegen Armin, der in die unwegsamen Wälder auswich, die Feinde nachzulocken. Sowie sich die Germanen auf freiem Felde zeigten, schickte Germanicus seine Reiter vor, anzugreifen, die Stellung zu nehmen. Wieder entzog sich Armin, seine Scharen sammelnd, in die Wälder, scheinbar weichend. Plötzlich aber wandte er sich zum Angriff und ließ gleichzeitig seine in den Bergschluchten verdeckt aufgestellten Flanken vorbrechen. Der mehrfache Angriff verwirrte die römischen Reiter, die ihre Front teilen mußten. Die Hilfskohorten, welche die Geworfenen aufnehmen sollten, wurden von den Fliehenden überrannt und dann samt diesen in größter Auflösung in die sumpfige Niederung geworfen, deren trockene Wege nur die verfolgenden Germanen kannten. Vernichtung drohte in diesem Moorland den offenbar mit großem Verlust Geschlagenen. Im letzten Augenblick rettete sie der Cäsar, der mit den Legionen eintraf und diese in geschlossener Kolonne vorführte. Armin brach das Gefecht ab, den Römern kehrte der Mut wieder: aber Tacitus muß selbst den Tag unentschieden nennen. Und – das Bezeichnendste – Germanicus wagte nicht, trotz des bisher erzielten geringen Erfolges, Armin *nochmals* in seinen Wäldern anzugreifen. Er trat den Rückzug an die Ems an und führte die Legionen zu Schiff wieder zurück, wie sie gekommen waren. Ein Teil der Reiter zog an der Küste hin an den Rhein.
Doch Germanicus setzte weiterhin seine Ehre als Feldherr und Staatsmann und als Sohn des Drusus darein, das von dem Vater so ruhmvoll begonnene Werk, die Unterwerfung Germaniens bis an und über den Elbstrom, zu vollenden. Und hell ahnte er, der Kaiser, voll Mißtrauen und Eifersucht, werde ihn beim ersten günstigen Vorwand, wie ihn die Wirren im Orient versprachen, abberufen.
Mit aller Energie suchte er aus den dreijährigen Erfahrungen im Glück und Unglück der bisherigen Germanenkriege den Angriffsplan abzuleiten, der raschesten Erfolg verhieß. Er kam zu dem Ergebnis, den Gedanken seines Vaters, den

gleichzeitigen Angriff von der Seeseite und dem Rhein her, mit der Umgestaltung wiederaufzunehmen, daß am Rhein nur demonstriert, der wirkliche Schlag aber von der See her geführt werden sollte.

Als Sammelplatz wurde die *batavische Insel* bezeichnet, von der gallischen Seite her leicht zugänglich, geräumig, die Truppen aufzunehmen, günstig gelegen, sie zum Angriff überzuführen, ein natürlicher Brückenkopf gegen Germanien.

Inzwischen war die Flotte fertig geworden und lag auf der gallischen Seite der batavischen Insel vor Anker. Nun wurden (Juni 16) die Legionen und die Lebensmittel eingeschifft. Den Kanal des Drusus durchfuhr Germanicus, den Genius des Vaters anrufend, ihm bei Nachahmung seiner Taten durch Vorbild und Erinnerung seiner Pläne und Erfolge beizustehen. Nach glücklicher Fahrt durch den Kanal und die Zuidersee gelangte man in die offene Nordsee und in die Ems, fuhr diese aufwärts bis zu dem auf der linken Seite des Flusses angelegten Kastell *Amisia*. Wahrscheinlich, um unter dem Schutz dieser Burg landen zu können, schiffte Germanicus die Truppen auf der linken Seite aus und verlor mehrere Tage, indem er weiter oben Brücken schlug und auf das rechte Ufer übersetzte. Reiterei und Legionen gelangten bei noch schwacher Flut glücklich hinüber, aber die Nachhut der Hilfsvölker, zumal die amphibischen Bataver, welche renommistisch zeigen wollten, wie sie, wogenvertraut und schwimmkundig, mit dem Element zu spielen vermöchten, gerieten bei steigender Flut in Verwirrung und manche versanken. Aus dem eben auf dem rechten Ufer geschlagenen Lager mußte schleunigst Stertinius mit Reiterei und leichtem Fußvolk gegen die Angrivarier geschickt werden, welche sich im Rücken (das heißt: nördlich von dem gen Süden trachtenden Heer) aus früherer Unterwerfung erhoben hatten. Die Schrecken von Feuer und Schwert sicherten bald wieder den Rücken der römischen Operationslinien.

Ungehindert drangen die Angreifer gen Südosten vor; erst an der Weser (bei Rehme?) trafen sie auf Widerstand. Auf dem rechten Ufer standen die Cherusker und ihre Verbündeten.

Am Tage darauf standen die Germanen in Schlachtordnung auf dem rechten Weserufer. Der Cäsar erachtete es nicht mit seinem Feldherrnamt vereinbar, die Legionen aufs Spiel zu setzen durch Forcierung des breiten und tief wirbelnden Stroms ohne Brücken, ohne gedeckte Übergänge und im Angesicht des Feindes. Er schickte für heute nur Reiterei durch Furten über den Fluß.

Darauf vollendete der Cäsar die Brücken und führte die Legionen (bei Rinteln?) über die Weser; auf dem rechten Ufer schlug man Lager. Ein Überläufer verriet, daß hier der von Armin für den Angriff bestimmte Ort sei. In den nahen, dem Herkules (*Donar?*) geweihten Wald seien außer den Cheruskern noch die Heerbanne anderer Völkerschaften zusammengeströmt, sie würden einen nächtlichen Überfall auf das Lager unternehmen. Man schenkte der Aussage Glauben. Auch bestätigten Kundschafter, welche sich näher an den Wald gewagt, man höre das Wiehern der Rosse und das Geräusch der großen und ordnungslosen Menge Kriegsvolks. Der Feldherr sah, eine Hauptentscheidung stand bevor.

Idistaviso hieß das Gefild. In wechselnder Breite, wie das Ufer zurücktrat oder die Berge vorsprangen, zo es sich hin, zwischen der Weser einerseits und den Höhen andrerseits. Fern im Rücken erhob sich ein Wald mit hochragenden Bäumen, ober ohne Unterholz zwischen den Stämmen. Auf dem Gefild und in dem Waldrand stand die Schlachtreihe der Barbaren, nur die Cherusker hielten sich weiter

rückwärts auf den Höhen, um über die Römer, wenn sie mitten im Gefecht begriffen, von oben her einzubrechen.
Germanicus wählte eine zum Marsch und zum Kampf gleichgeschickte Heeresordnung: an der Spitze die gallischen und die germanischen Hilfstruppen, darauf Pfeilschützen zu Fuß, dann vier Legionen, hinter diesen in der Mitte der ganzen Aufstellung der Cäsar mit den beiden prätorischen Kohorten und einer erlesenen Reiterschar. Den zweiten Teil des Zuges bildeten die vier anderen Legionen, die zugehörigen Leichtbewaffneten, darunter die berittenen Bogenschützen und die übrigen Kohorten der Bundesgenossen.
Abermals verdarb den Germanen die Siegesaussichten der Ungehorsam gegen Armin, der barbarische Ungestüm. Zu früh brachen in wilder Kampfgier die Cherusker – Armins eigene Krieger! – hervor. Als der Cäsar deren Angriff auf die stärksten Reitergeschwader bemerkte, befahl er Stertinius, mit den übrigen Schwadronen seitwärts abzuschwenken, um die Angreifer vom Rücken zu fassen. Er selbst werde zur rechten Zeit eingreifen. Und da man gleichzeitig – das herrlichste Vogelzeichen! – acht Adler, entsprechend den acht Legionen, gegen den Wald hin fliegen und in diesen eindringen sah, rief der Feldherr den Seinen zu: »Wohlauf! vorwärts! Nach den Vögeln Roms! Folgt den Schutzgöttern der Legionen!« Zugleich griff das Fußvolk die Germanen in der Front an und zugleich Stertinius mit seinen Reitern Flanke und Rücken. Sofort Verwirrung und Auflösung. Die vor dem Wald Aufgestellten flüchteten gegen den Wald zu, die an dem Waldrand von den Reitern Angegriffenen aus dem Wald ins Freie. Der größere Teil der Cherusker, welcher die Hügel nicht voreilig verlassen, wurde jetzt von denselben herabgedrängt. Kurze Zeit noch vermochte hier Armin, an der Stimme, der Tapferkeit, selbst an der Verwundung kenntlich, das Gefecht zu stellen: er warf sich auf die Pfeilschützen zwischen den gallischen und germanischen Hilfsvölkern und den ersten vier Legionen und hätte diese durchbrochen, wenn nicht die gallischen und die tapferen rätischen und vindelikischen Kohorten kehrt machend sich ihm entgegengeworfen hätten. Doch entkam er durch eigene Heldenkraft und seines treuen Rosses Schnelligkeit. Das Gesicht hatte er mit seinem Blut bestrichen, sich unkenntlich zu machen. Nach einer Überlieferung hätten ihn die Chauken im römischen Sold erkannt und – entrinnen lassen: es hätte also die Bewunderung für den Volkshelden die Pflicht aus dem halberzwungenen Solddienst zurückgedrängt. Auch Inguiomer rettete die gleiche Kraft oder List. Aber die Menge des Fußvolks wurde zusammengehauen. Sehr viele suchten – wohl die aus den Walde gegen die Römer hin Getriebenen – über die Weser, also in der Richtung nach Nordwesten, zu entkommen, fanden aber den Tod durch die römischen Geschosse, die reißenden Wellen, zuletzt erdrückt durch die Nachdrängenden, ja durch das unter diesen Massen einstürzende Ufer. Einzelne kletterten auf die höchsten Bäume, sich im Gezweig zu verstecken, aber wie zum Spaß schossen sie lachend die Bogenschützen herunter oder man begrub sie unter den gefällten Bäumen.
Groß war der Sieg der Römer und mit geringen Verlusten erkauft. Das Heer rief auf dem Schlachtfeld Tiberius zum Imperator aus, errichtete einen hohen Damm und auf diesem aus Waffen ein Siegeszeichen, an welchem die Namen der hier aufs Haupt geschlagenen Völkerschaften prangten.
Dieser Anblick aber empörte die Germanen mit grimmigerem Schmerz als Wunden, Trauer um die Gefallenen und der große Verlust sie schwächten.

Dieselben Männer, welche nach der Niederlage ihre Sitze in diesen nun bezwungenen Wesergauen räumen und über die Elbe hatten weichen wollen, forderten jetzt neuen Kampf und ergriffen stürmisch die Waffen.

Von diesem zweiten Kampf spricht Tacitus in viel bescheideneren Wendungen: Er endete nicht, wie der erste, mit entschiedenem Sieg der Römer.

Die Germanen hatten den Vorteil, sich das Schlachtfeld wählen zu können, da sie ja den Feind auf dem Marsch angreifen konnten und offenbar nur eine für ein Heer gangbare Straße vorhanden war.

Sie wählten ein Stelle, welche umschlossen war von Wäldern und von dem Strom – den also die Legionen immer noch nicht verlassen hatten. Sie marschierten offenbar flußaufwärts an dessen Ufern gegen Südosten, wie die Nähe der Mark der Angrivaren dartut. Im Herzen der Wälder lag eine schmale, feuchte Ebene, aber auch den Außenrand des Waldes umzogen Sümpfe, ausgenommen auf der einen (südöstlichen?) Flanke, wo die Angrivarier ihre Grenze gegen die Cherusker durch einen mauerartig hohen und breiten Dammwall gezeichnet hatten. Dieser Damm sperrte den Römern den Weg in der Stirnrichtung ihres Marsches. Er wurde von dem Fußvolk der Germanen besetzt, also dem weitaus größten Teil des Heerbanns. Die Reiterei stellten sie, verdeckt, rings in den Wäldern auf, um die Legionen, sowie sie in die Wälder eingedrungen, vom Rücken zu fassen.

Der Mut der Barbaren war keineswegs gebrochen und ihre Tapferkeit stand auch in dieser letzten Phase des Gefechts der der Legionen nicht nach. Aber die überlegene Art der Bewaffnung und die für die germanische Kampfweise ungünstige Örtlichkeit entschied zuletzt doch endlich für die Römer. Die Heerbannleute konnten in dem Dickicht ihre unmäßig langen Lanzen nicht leicht handhaben; der enge Raum und die große Zahl gestattete ihnen nicht, ihre Gewandtheit im Einzelansprung zu verwerten, sie waren zum stehenden Reihengefecht gezwungen. Der Legionär schützte die Brust mit dem Schild und hatte, die Hand am Griff des kurzen Schwerts, an den breiten Leibern, dem ungedeckten Antlitz der Barbaren bequemes Ziel und bahnte sich den Weg in den Wald über dichte Haufen von Erstochenen. Dazu kam, daß Armin durch die frische Wunde gehemmt war und erschöpft durch die unablässigen Anstrengungen. Inguiomer ließ es an nichts fehlen: er eilte ermunternd die ganze Schlachtreihe entlang; nicht der Mut, das Glück wich zuletzt von ihm.

So wurde der Widerstand der Waldverteidiger allmählich gebrochen, doch zog der Cäsar eine Legion gegen Abend aus dem Gefecht, für die Nacht das sichernde Lager zu schlagen. Die sieben anderen setzten die Blutarbeit fort bis zum Einbruch der Nacht. Das heißt also: der Widerstand der kämpfend weichenden Germanen war noch nicht zu Ende, als die Nacht das Gefecht abbrach.

Zwar lobte der Cäsar sein siegreiches Heer in der Musterung und errichtete eine Waffentrophäe mit der stolzen Inschrift: »Das Heer des Cäsars Tiberius hat nach Bezwingung aller Völker zwischen Rhein und Elbe dies Siegesdenkmal dem Mars, dem Jupiter und dem Augustus geweiht.« Seinen eigenen Namen ließ er fort, den Neid des Kaisers nicht noch zu mehren, oder weil ihm das Bewußtsein seiner Taten genügte. Auch waren die Angrivaren, nachdem die übrigen Aufgebote abgezogen, nicht mehr im Stande, ihre Gaue zu verteidigen. Stertinius sollte dieselben überziehen – sie erlangten aber durch rasch zuvorkommende Ergebung volle Schonung. Schwerlich wären sie so gut davongekommen, hätte nicht der Oberfeldherr – nach zwei Siegen – *den Rückzug des ganzen Heeres für notwendig erachtet*. Er konnte also nicht daran denken, die Früchte solch unerhörter Anstrengungen zu ernten, das heißt, die Völker zwischen Rhein und Elbe nicht nur in der Schlacht zu bezwingen, sondern, wie jene stolze Inschrift rühmte, sie zu unterwerfen. Er hat die Elbe nie gesehen, er konnte *nicht* hoffen, das durchzogene Gebiet durch Kastelle dauernd zu behaupten, das Land, wie die dem Rhein nächsten Strecken, zur Provinz zu machen. Richtig hatte sein eigenes Wort das Verhängnisvolle der Germanenkriege Roms bezeichnet: nur die Vernichtung der Germanen würde sie beendigt haben. Und da das Ziel, das die dauernde Okkupation ihres ganzen Landes, wie etwa Galliens, vorausgesetzt haben würde, alsbald, ja vielleicht schon damals als unerreichbar erkannt wurde, war auch das Urteil über die geniale Eroberungspolitik so Cäsars wie seiner Erben, Drusus und Germanicus, gefällt: So wenig wie die Parther sollte Rom die Germanen endgültig und völlig unterwerfen.

Die Eroberungskraft Roms hatte wie im Osten so im Norden ihre Grenze gefunden (in Europa wurde nur Dakien noch später von Trajan dem Reich einverleibt).

Der römische Stolz tröstete sich über das Scheitern der Eroberung damit, daß die Mißgunst des Kaisers es verschuldet hätte, wenn der Sieger Germanicus seinen Sieg nicht mit der vollendeten Unterwerfung Germaniens krönen konnte. Wir aber dürfen annehmen, daß – nach der Varusschlacht – noch so viele Feldzüge und Siege des Feldherrn die dauernde Besitzergreifung des Landes bis an die Elbe nicht würden erzielt haben. Auch war es wohl nicht bloß, wie es Tacitus darstellt, der Neid, es war auch die überlegene politische Einsicht des Kaisers, welche den Truppen und Geld ohne Grenzerweiterung verzehrenden Kriegen in Germanien wenn nicht das Ende, doch eine Unterbrechung auferlegte. »In wiederholten Briefen mahnte Tiberius den Feldherrn, heimzukehren, den ihm längst zuerkannten Triumph zu feiern. Genug sei es der Erfolge, genug der Unfälle, habe er doch große Schlachten gewonnen. Daneben möge er aber doch auch der schweren, furchtbaren Schläge gedenken, welche, ohne Schuld des Führers, Wind und Wellen über Flotte und Heer gebracht. Tiberius selbst, neunmal von Augustus nach Germanien entsendet, habe mehr durch Politik als durch Gewalt erreicht. So habe er die Sugambern zur Ergebung gebracht, so die Sueben und König Marobod in Frieden umgarnt. Man könne auch die Cherusker und die übrigen rebellischen Völkerschaften ihren inneren Streitigkeiten überlassen, nachdem für die Varusschlacht Rom genügende Rache genommen.« Als hierauf Germanicus sich noch ein letztes Jahr erbat, das Begonnene zum Ende zu führen, appellierte der Kaiser stillschweigend noch eindringlicher an seine Bescheidung, indem er ihm abermals das Consulat antrug, dessen Geschäfte er persönlich, nicht in Abwesenheit führen solle. Und wenn noch weiterer Krieg geführt werden solle, fügte er bei, so möge der Cäsar seinem Bruder *Drusus* noch Raum und Gelegenheit übriglassen, sich auszuzeichnen, der sich bei keinem andern Feind als bei den Germanen den Imperatornamen und den Lorbeer des Triumphes holen könne. Daraufhin wagte Germanicus nicht mehr, Weiterungen zu machen, »obzwar er durchschaute, daß dies nur Vorwände seien, ihm aus Mißgunst den Vollkranz seines Ruhmes zu entziehen«.

(Zwei Jahre darauf starb Germanicus in Asien (10. Oktober 19), vielleicht an Gift.)
Noch im Jahre 16 wurde der jüngere Drusus in das Illyricum gesandt, sich des Kriegsdienstes zu gewöhnen und die Neigung des Heeres zu gewinnen.
Einen Vorwand aber gewährten suebische Völker, welche um Hilfe baten wider die alten Römerfeinde: die Cherusker.
Dieser Roms Hilfe anrufende Suebe war – *Marobod.*
»Denn nach dem Abzug der Legionen, befreit von der Furcht vor äußeren Feinden, hatten die Völkerschaften der Germanen, nach dieses Volkes Art und jetzt besonders noch in dem durch den Römerkrieg entbrannten Wetteifer um Kampfesruhm entzündet, die Waffen selbst gegeneinander gekehrt.
Die Macht der Völker und der Führer Heldentum hielten sich die Waage. Aber Marobod war wegen des von ihm aufgerichteten Königtums bei seinen Nachbarn und auch bei Unterworfenen seines eigenen Reiches verhaßt, Armin als Vorkämpfer der Freiheit stand in des Volkes Gunst.
So geschah es denn, daß nicht nur die Cherusker und deren Verbündete, Armins altgewohnte Krieger, gegen Marobod auszogen, sondern suebische Völkerschaften aus dessen eigenem Reich, die Langobarden und die macht- und ansehnreichen Semnonen zu Armin übertraten (im Jahre 17.« (Tacitus.)
Letztere Erscheinung bezeugt, daß *nicht* der alte Gegensatz suebischer und cheruskischer Stammesart das Entscheidende war bei Ausbruch jenes Kampfes. Mochte die, gelinde gesagt, gleichgültige und selbstische Haltung Marobods während der schweren Kämpfe der letzten Jahre gegen Rom Armin und seinen Anhang erbittert haben – es war doch ein tieferer Konflikt, der hier zum Austrag kam. Marobod, römisch geschult, hatte ein Königtum errichtet mit mancherlei römischem Apparat –, ein Königtum, wie es später auf römischem Boden so zahlreiche germanische Fürsten gegründet haben. Aber noch war die Zeit für solche Gestaltungen nicht gereift und Böhmen war nicht der Boden dafür. Die Nachbarn – und manche der halb mit Gewalt diesem Königtum unterzwungenen Völkerschaften selbst – fanden solche Staatsgewalt gefährlich, mit der alten zentrifugalen Freiheit unvereinbar. Armin stellte sich an die Spitze der Bewegung gegen einen unpatriotischen, zweideutigen Machtrivalen. Er selbst mußte freilich erkennen, daß nur in der Zusammenfassung der vielen kleinen Volkssplitter zu größeren Verbänden unter königlicher Führung Rettung für die Germanen vor der römischen Weltmacht lag. Er selbst machte bald darauf einen ähnlichen Versuch, obzwar wohl mit minder römischer Färbung, und er selbst scheiterte, wie er nun Marobods Machtstreben bändigte.
Nach dem Übertritt jener beiden Völker würde Armin die Übermacht besessen haben, wäre nicht andrerseits sein eigener greiser Oheim Inguiomer, nicht gewillt, dem jungen Neffen sich unterzuordnen, mit seinem Anhang zu Marobod geflohen. Wir sehen daraus, *wie groß* die Macht eines solchen cheruskischen Teilfürsten (Gaukönigs) gewesen sein muß, wenn sie *zwei* Völkerschaften aufwiegt, von welchen freilich die Langobarden nur schwach, dagegen die Semnonen, das Hauptvolk der Sueben, sehr stark waren.
Die beiden Heere zogen widereinander: jedes erhoffte den Sieg. Der Krieg wurde nicht geführt wie ehedem unter Germanen mit aufgelösten Haufen in gelegentlichen, zusammenhangslosen Streifzügen. In dem langen Kampf wider die Legionen hatten sie gelernt und sich gewöhnt, den Feldzeichen

zu folgen und dem Kommandowort der Führer und sich durch Reserven zu verstärken.

Hoch zu Roß musterte Armin die ganze Aufstellung und rühmte sich, wie er die Reihen durchritt, daß er die Freiheit wiedererkämpft, die Legionen niedergehauen. Er wies auf die Waffen und Beutestücke, welche, unter seiner Führung gewonnen, viele Krieger noch heute hier bei sich trügen. Marobod aber schalt er einen Flüchtling, der den Kampf gemieden, sich in den Schlupfwinkeln des herkynischen Waldes geborgen und bald mit Geschenken und Gesandten der Römer Bündnis erbettelt habe, ein Verräter des Vaterlandes, ein Soldknecht des Cäsars. Mit nicht schwächerem Ingrimm, als sie weiland Quinctilius Varus erschlagen, müßten sie ihn vertreiben. Gedenken sollten sie heute der vielen Schlachten, die sie unter Armin geschlagen. Wer darin obgesiegt habe, das zeige der Erfolg, der Abzug der Römer aus dem Vaterland.

Aber auch Marobod ließ es nicht fehlen an Selbstberühmung, an Berühmung seines Vaters – (von dem wir nichts wissen) gegenüber dem Feind. Auf Inguiomer wies er hin, dieser Mann sei der ganze Ruhm der Cherusker – dessen Rat allein die Erfolge errungen habe. Armin aber sei ein Wahnsinniger, ohne Einsicht, er schmücke sich mit fremdem Ruhm. Durch Treubruch habe er einen allzu arglosen Feldherrn und drei hilflose Legionen ins Netz gelockt; aber zum großen Schaden Germaniens und zu seiner eigenen Schmach sei das ausgeschlagen, schmachte doch heute noch sein Weib, sein Sohn in Knechtschaft. Marobod aber habe, von zwölf Legionen unter des Tiberius Führung angegriffen, den Ruhm der Germanen gewahrt, bis man auf dem Fuß von Gleichstehenden sich mit Rom vertragen. Und das reue ihn auch heute nicht, da er nun die Wahl habe, ob er von neuem Krieg oder verlustlosen Frieden mit den Römern haben wolle.

Die durch solche Ansprachen angefeuerten Scharen hatten auf beiden Seiten auch eigene Gründe zu grimmem Kampf: Die Cherusker fochten für den alten Ruhm, die Langobarden für die wieder beanspruchte Freiheit, die Gegner für die Ausdehnung ihrer Herrschaft. Niemals waren Germanen mit größerer Wucht aufeinander gestoßen. Der Ausgang aber blieb unentschieden, denn auf beiden Seiten siegte der linke Flügel. Man erwartete Erneuerung des Kampfes. Jedoch Marobod zog sein Lager auf die nächsten Hügel zurück. Das verriet sein Unterliegen; er war schwerer durch Verluste getroffen worden. Alsbald gingen so zahlreiche Haufen von ihm zu Armin über, daß er, an Streitmacht sehr entblößt, in sein Markomannenland Böhmen zurückwich und durch Gesandte die Hilfe Roms anrief. Aber nicht unverdient wurde dem überschlauen Politiker der Neutralität von seinem Meister in der Staatskunst, Tiberius, die eisige Antwort: Der Fürst habe kein Recht, die römischen Waffen wider die Cherusker anzurufen, er, welcher einst den Römern im Kampf wider denselben Feind nicht die mindeste Hilfe geleistet. Drusus wurde vielmehr nur im römischen Interesse nach Illyricum gesandt, die inneren Kämpfe der Germanen zu beobachten und zu – schüren.

Großen Ruhm spricht ihm Tacitus dafür zu, daß er diese Aufgabe gut gelöst, die Germanen immer mehr in Zwietracht gehetzt – auch er des Tiberius eifriger Schüler –, und dem von Armin durch die Waffen gebrochenen Marobod durch arglistige Staatskunst den Todesstoß versetzt habe. Nach diesen Worten wird man vermuten dürfen, daß römische Politik die Unternehmung, welche

Marobod stürzte, nicht erst bei deren Abschluß ausgenützt, sondern von Anfang gefördert hat.

Ein Jüngling markomannischen Volksadels, *Katwalda*, war vor geraumer Zeit, geächtet vielleicht, vor der strengen Königsgewalt Marobods von seinem Volk und Land gewichen und hatte bei den fernen Goten, welche man wohl nur durch Irrtum dem Reich Marobods unterworfen geglaubt hat, Zuflucht gefunden. Der alte Volksadel war bei allen Germanen wohl damals schon, wie nachweisbar in der späteren Zeit, der eifersüchtige Wächter der hergebrachten Verfassung, des Systems der Volksfreiheit (an dessen Erhaltung er noch mehr fast als die Gemeinfreien Interesse hatte, da in derselben seine Ehrenstellung am meisten zur Geltung kam), gegenüber den Versuchen, ein Königtum herzustellen oder vom Gau auf die ganze Völkerschaft auszudehnen oder seine Gewalten in römischem Stil zu erweitern. So werden wir Katwalda wohl für einen Markomannen, nicht, wie früher geschah, für einen Goten zu nehmen haben.

Jetzt, da Marobods Macht erschüttert schien, wagte der Flüchtling Rache und Heimkehr mit gewaffneter Hand. Er drang mit einer starken Schar, offenbar von Osten, von der Weichsel her, in das markomannische Gebiet, gewann, wohl auch durch Bestechung, manche Große des Reiches, welche seinen Widerwillen gegen die gewaltige Einherrschaft des Königs insgeheim teilen mochten, und brach so in die Hauptstadt und in die Königsburg ein. Dort fand er aufgehäuft den zumeist auf vielen Kriegsfahrten der Sueben zusammengebrachten Königsschatz, alter Beute Gewinn. In der Stadt aber lebten zahlreiche Krämer und Kaufleute aus den römischen Provinzen, welche der Verkehr, der Trieb, das im Handel gewonnene Geld zu mehren, aus der Heimat in den barbarischen, fast feindlichen Marktplatz geführt hatte, wo sie zuletzt der Rückkehr in das Vaterland vergaßen. So verhaßt war der strenge Herrscher, so verfrüht sein Versuch, damals schon ein Königtum über Germanen mit römischen Formen und Mitteln zu errichten, daß der einst so mächtige Fürst nicht einmal einen Versuch wagen konnte, den kühnen Eindringling, dessen Handstreich im ersten Anlauf gelungen war, wieder zu vertreiben. Alles fiel von Marobod ab, keine Zuflucht blieb ihm als des Cäsars schlaues Mitleid. Er floh (19 n. Chr.) auf römisches Gebiet über die Donau in die Provinz Noricum und richtete von hier aus ein Schreiben an Tiberius, nicht im Ton des bittenden Flüchtlings, sondern mit dem Stolz des früheren Glanzes: Viele Völker hätten ihn, den hochberühmten König, zu sich eingeladen, er aber gebe der römischen Freundschaft den Vorzug. Der Kaiser gab ihm höflichen Bescheid: er solle in Italien sicheren und ehrenvollen Aufenthalt finden, so lange er dort bleiben wolle. Wenn er glaube, daß anderes für ihn vorteilhafter sei, solle er so sicher und frei gehen können, wie er gekommen. Aber der unergründliche Meister der Arglist verfolgte dabei andere Gedanken. Als Schreckmittel, als beständigen und lebenden Vorwand, sich in die suebischen Dinge zu mischen, wollte er Marobod zur Hand behalten. Die Drohung, ihn, den gefürchteten und nun ganz von Rom abhängigen, durch die Legionen auf seinen Thron zurückzuführen, sollte die Sueben abschrecken, an den Grenzen des Kaiserreichs zu übermütig zu werden. So tief verhaßt war des Vertriebenen Regierung, daß man sie als Drohrute brauchen konnte. Hoch aber rühmte sich der Cäsar vor dem Senat in einer Rede, welche zu Tacitus' Zeit noch erhalten war, daß er diesen gewaltigen Mann, der vermöge der Wildheit der von ihm beherrschten Stämme und der für Italien bedrohlichen Nähe seiner

Macht gefährlicher als Philippus für die Athener, Pyrrhus oder Antiochus für die Römer gewesen, durch seine Staatskunst vernichtet habe.

Drusus hatte die Verhandlungen geleitet. Der Senat bewilligte ihm für diesen unblutigen Erfolg, den Marobod »eingebracht« (ob receptum M.) zu haben, und wegen der Beruhigung Illyricums, die Ehre des kleinen Triumphes (ovatio).

Noch achtzehn tatenlose Jahre lebte Marobod in Italien (zu Ravenna), »seinen Ruhm überlebend, weil er nicht vorgezogen, heldenhaft zu sterben«, meint Tacitus.

Tiberius aber setzte gegenüber der scharf von ihm beobachteten Suebenmacht an der norischen Grenze mit Erfolg sein Lieblingsspiel fort, die Germanen statt durch Waffen durch »Künste« zu verderben.

Katwalda hatte ein ähnliches Geschick wie Marobod. Nach kurzer Frist (schon im Jahre 20!) wurde er durch die Macht seiner westlichen Nachbarn, der *Hermunduren*, unter Führung des *Vibilius*, aus seinem Reich vertrieben und fand ebenfalls Aufnahme bei dem Kaiser im narbonensischen Gallien, in Forum Julium (Fréjus).

Bald nach Marobods Sturz fand übrigens auch sein großer Bezwinger, Armin, den Untergang.

Obzwar in anderer Weise – sicher nicht mit so römisch gefärbten Mitteln und Formen –, aber doch in ähnlicher Richtung wie Marobod hatte auch Armin eine Umgestaltung der Verfassung seiner Stammesgenossen angestrebt. Beide mochten in der Schule und an dem großartigen Vorbild Roms selbst gelernt haben, daß nur durch straffere Zusammenfassung der Volkskraft, die in zahllose kleine, zwischen Staat und Gemeinde schwankende, sich untereinander unablässig befehdende Verbände zersplittert war, Widerstand gegen die Weltmacht der Imperatoren zu leisten sei. Sie mochten überhaupt erkannt haben, daß der germanische Staat ihrer Zeit, genügend der noch halb nomadenhaften Kultur, in welcher er dereinst entstanden, den veränderten Zuständen nicht mehr entsprach. Mag Marobod dabei überwiegend der eigenen Herrschgier gefolgt sein, vergessen dürfen wir nicht, daß er immerhin auch seine Markomannen durch die klug ersonnene Auswanderung der römischen Erdrosselung entzogen hat. Und mag der große Befreier Armin nur das Heil des Volkes, nicht die eigene Herrschaft, als Ziel angestrebt haben, als Mittel bot sich doch auch ihm nur dar die Zusammenschließung zunächst der hadernden Gaue seiner eigenen Völkerschaft, der Cherusker, zur staatlichen Einheit. Ob er nun, wie wir annehmen müssen zu glauben, bereits Gaukönig war und nur die anderen Gaue (aus denen wenigstens zwei Könige, Segest und Inguiomer, von der Sache der Nation zu den Römern und zu Marobod abgefallen waren) ebenfalls unter sein Szepter bringen wollte, oder ob, wie die herrschende Meinung annimmt, bei den Cheruskern bisher nur Grafen bestanden und Armin, der aber jedenfalls »Herzog« gewesen war, an deren Stelle das Königtum erst einführen wollte, gewiß wollte er das Völkerschaftskönigtum über alle Gaue der Cherusker herstellen. In diesem zweifellos berechtigten, ja pflichtgemäßen, weil allein rettenden Streben hatte er aber nicht nur die Eifersucht, den Neid der übrigen Könige oder Grafen, zum Teil, wie Inguiomer, seine eigenen Gesippen, zu leidenschaftlichsten Widersachern. Meuchelmord durch die eigenen Gesippen traf den Helden, welchen der Römer »den offenbaren Erretter Germaniens« genannt hat.

»Übrigens hatte Armin nach dem Abzug der Römer und der Vertreibung Marobods nach dem Königtum getrachtet und dabei den Freiheitssinn seiner Stammesgenossen wider sich aufgebracht. Mit den Waffen angegriffen, kämpfte er mit wechselndem Glück, fiel aber endlich durch Arglist seiner Gesippen. Ohne Zweifel Germaniens Erretter. Und nicht mit den Anfängen des noch schwachen Roms hat er gekämpft, wie andere Könige und Feldherrn, sondern dem Kaisertum, auf der Höhe seiner Macht, hat er getrotzt. Sein Glück der *Schlachten* wechselte, aber im *Kriege* blieb er unbesiegt. Siebenunddreißig Jahre vollendete er, darunter zwölf der Machtstellung. Noch singt von ihm die Heldensage der Barbaren, nichts wissen von ihm die Jahrbücher der Griechen, die nur eigene Größe bewundern; auch bei den Römern wird er nicht sonderlich oft genannt, da wir nur Alt-Vergangenes als Gewaltiges rühmen, gleichgültig gegen die jüngere Zeit.«
Diese Grabschrift des Tacitus für unseren großen Befreier würde ein Zusatz nur abschwächen.

Der Kampf um die Rheingrenze

Die römische Verteidigung vom Verzicht auf die Eroberung Germaniens bis zum Markomannenkrieg

(Karte Seite 290)

Römische Politik zur Deckung der Rheingrenze

Angriffe der Cherusker auf die Grenzen unterblieben nach Armins Tod um so mehr, als innere Zwiste national und römisch gesinnter Parteien, von den Kaisern geschickt verwertet, das Volk zerrissen und allmählich so schwächten, daß es in den folgenden achtzig Jahren bis auf Tacitus seine führende Machtstellung völlig einbüßte, von den Chatten im Süden, den Chauken im Norden überwältigt und in wenigere, schmalere Gaue zurückgedrängt wurde. Das Wort des Tiberius, daß man die Germanen ihrem eigenen Hader überlassen könne, hatte sich an ihnen bewährt. Freilich verstand er es meisterhaft, diesen Hader zu schüren und zu benützen.

Denn immerhin hatte die römische Politik zur Deckung der Rheingrenze in Krieg und Verhandlung bis auf und unter Tiberius auch auf dem rechten Ufer solche Erfolge erzielt, daß Strabo (19 n. Chr.) von den Bewohnern des ganzen Uferlandes berichten konnte: »Die Römer hätten sie zum Teil nach Gallien hinübergeführt, zum Teil seien diese, solchem Geschick und den römischen Eingriffen überhaupt zuvorgekommen, von dem Ufergebiet hinweg tiefer ins innere Land übergesiedelt, wie die *Marsen.*« Über jenes »Ufergebiet« hinaus erstreckte sich aber bereits, wenn auch nicht unmittelbare und offene, doch mittelbare und leise geübte Herrschaft Roms. Sogenannte »Bundesverträge«, das heißt in Wahrheit Dienstverträge, verpflichteten die halb unterworfenen Völker, Aushebungen zu dulden oder selbst Söldner zum römischen Dienst auszuheben. »Föderati« hießen diese Beherrschten schon damals wie im V. und VI. Jahrhundert. »Übriggeblieben (nämlich in jenem Ufergebiet) sind nur wenige, und darunter ein Teil der Sugambrer. Ein Teil der Völker zwischen Rhein und Elbe entzog sich der Unterwerfung durch Freigebung der bisherigen Wohnsitze und Überwanderung auf das rechte Elbufer.«

Des Tiberius Nachfolger, *Gajus Cäsar Caligula*, des Germanicus halb wahnsinniger Sohn, im Lager geboren, glaubte wie der Großvater und der Vater durch einen Feldzug in Germanien Ruhm gewinnen zu müssen. Man sagte freilich, daß ihm nur plötzlich der Einfall gekommen sei, er müsse die Zahl seiner batavischen Leibwachen vermehren, und deshalb habe er einen germanischen Krieg beschlossen. Er musterte im Jahre 39 die Legionen des Legaten in Ober-Germanien, *Sergius* (oder *Sulpicius*) *Galba*, den er zum Nachfolger des *Gajus Lentulus Gätulicus* bestellt, und ging wiederholt über den Rhein, aber nur um eine fast unglaubliche Komödie aufzuführen, indem er Germanen aus seiner Leibwache, die er heimlich über den Strom hatte setzen lassen, als Feinde melden ließ und dann in einen Wald hinein verfolgte.

Für seinen »Triumph über die Germanen« hatte er Überläufer bestimmt und gekaufte Gefangene, sowie vornehme oder durch hohen Wuchs hervorragende Gallier, welche germanisch lernen, das Haar (wohl statt blond) rot färben und lang wachsen lassen mußten. Doch begnügte er sich, da die Vorbereitungen für den Triumph nicht fertig wurden, mit der Ovation (am 21. August 40).

Als er zu Anfang des folgenden Jahres (am 24. Januar 41) ermordet wurde, bewahrte nur die germanische Leibwache dem Tyrannen Treue.

Unter seinem Nachfolger *Claudius* erfocht *Galba* Vorteile über die *Chatten*, *Publius Gabinius* über die *Marsen*, in deren Land der allein noch den Germanen verbliebene Adler aus der Varusschlacht wiedergewonnen wurde, vielleicht der gleiche Gabinius (Secundus?) auch über die Chauken, weshalb ihm der Kaiser, der zweimal wegen jener Erfolge zum Imperator ausgerufen wurde, den Namen »Chaucius« zu führen gestattete.

Zwei Jahre später (43 n. Chr.) zeichneten sich in dem Feldzug in Britannien germanische Hilfsvölker, vermutlich wieder *Bataver*, dadurch aus, daß sie in voller Rüstung reißende Ströme, sogar die breite Themse (Tamesis), durchschwammen.

Inzwischen hatten die von Rom geschürten Fehden und Parteikämpfe unter den Gauen der Cherusker so heftig fortgelodert, daß angeblich der gesamte Adel der Völkerschaft darin aufgerieben und auch nur mehr ein Sproß übrig war von der Sippe Armins.

Er war der Sohn jenes entarteten Bruders Armins, des Römlings *Flavus*, und der Tochter eines Chattenfürsten *Aktumer*, schön von Gestalt, in Waffen- und Reitkunst nach römischer wie nach germanischer Sitte geübt.

Claudius, hoch erfreut, dem Volk Armins einen nicht nur römisch gebildeten, auch römisch gesinnten Beherrscher geben zu können, unterstützte ihn auf jede Weise.

Die Anfänge der Herrschaft des neuen Königs – er führte den bezeichnenden Namen »*Italicus*« – waren günstig. Freudig begrüßten die Cherusker den Verwandten Armins; nicht verflochten in die bisherigen Parteiungen, konnte er allen gegenüber gleich guten Willen zeigen. So wurde er gefeiert und hoch gepriesen. Seine Mäßigung, seine höflichen Formen aus römischer Schule gewannen ihm alle, aber er verstand es auch, im Lärm des Gelages, beim Trinkhorn den Barbaren gleichzutun und ihnen zu gefallen. Aber die Männer, wohl meist Führer und Glieder der Gefolgschaften, welche auf die unaufhörlichen Fehden, auf Kampf und Raubfahrt Glück, Glanz und Gut gebaut hatten seit dem letzten Vierteljahrhundert, konnten eine den Frieden schirmende Königsherrschaft nur hassen.

Während damals die alten Feinde Roms, die Cherusker, durch inneren Zwist gelähmt waren, hemmte keine solche Spannung die Kraft eines früher von den Römern zur Kriegshilfe gewonnenen Volkes an der Küste, der *Chauken*, welches nun jene Seeräubereien begann, die sie in späteren Jahrhunderten unter dem Namen und als Teil der »*Sachsen*« zum Schrecken aller erreichbaren Küsten fortsetzten.

Damals ermutigte sie der Tod des bisherigen Statthalters *Sanquinius*, und sie fanden einen verwegenen Führer in dem *Kanninefaten Ganascus*, der früher unter den römischen Hilfsscharen gedient hatte, zu ihnen desertiert war und auf leichten Fahrzeugen Nieder-Germanien, besonders aber die Küsten Galliens, mit Seeräubereien heimsuchte, wohl wissend, daß die dortigen Städte ebenso reich als unkriegerisch waren.

Galliens Versuche, Freiheit von Rom zu erreichen

Die Chauken (Sachsen) als Seeräuber im Nordmeer — Agrippina, Tochter des Germanicus und Gattin des Kaisers Claudius — Gallien gegen Rom — Meuternde Legionen

Aber der neue tüchtige Statthalter *Gnäus Domitius Corbulo* trat ihm mit Kraft und Erfolg entgegen. Die Rheinflotte der Dreiruderer schwamm den Strom hinab. Andere geeignete Fahrzeuge wurden über die Watten und Lagunen herbeigeschafft und das Gebiet der Chauken offenbar zugleich vom Fluß, vom Land und von der See aus angegriffen. Die Boote der Feinde konnten weder die hohe See gewinnen noch mit den römischen Galeeren sich messen; sie wurden ergriffen, angebohrt und versenkt. Gannascus floh in das Innere des Landes. Dieser Erfolg und die strenge Manneszucht des Feldherrn wirkte weit umher in jenen Küstenstrichen. Die Friesen, seit der Niederlage des *L. Apronius*, in offener Feindschaft oder unsicherer Treue, stellten jetzt Geiseln und ließen – offenbar nur einzelne Gaue – sich neue Sitze und Grenzen von Corbulo anweisen, der ihnen selbst den Gemeinderat und die Richter ernannte und Rechtsvorschriften erteilte. Um den Gehorsam zu sichern, legte er einen festen Waffenplatz in ihrem Gebiet an (bei Gröningen?).

Durch Gesandte forderte er einen Teil der Chauken, die *Groß-Chauken* (in der Germania C. 35 findet sich diese Scheidung nicht, nur für die Friesen), zur Ergebung auf und verschmähte es nicht, den Abenteurer Gannascus durch Mord aus dem Wege zu schaffen.

Auch muß Tacitus gestehen, daß der durch römische *Gesandte* vollzogene Meuchelmord das Gegenteil seiner Absicht bewirkte. Das Volk der Chauken wurde nicht eingeschüchtert, sondern zur Wut empört durch die unwürdige Tat. Und Kaiser Claudius, in Angst vor den Folgen einer Niederlage, in Argwohn gegen den Sieger, verbot weitere Gewalt wider die Germanen, befahl sogar, die Besatzungen wieder über den Rhein zurückzuziehen.

Er befahl also, zu der bloßen Verteidigungspolitik des Tiberius zurückzukehren, »man solle die Germanen nicht reizen!«, meinte er. Grollend gehorchte Corbulo, der schon in Feindesland (das heißt im Gebiet der Groß-Chauken) ein Lager schlug, dem Gebot. »Wie glücklich waren die Feldherrn der alten Zeit!«, seufzte er. Er sah den Spott der germanischen Hilfsvölker, die Verachtung der germanischen Feinde voraus, da er den Befehl zum Rückzug erteilte. Um die Truppen nicht in die alte Entartung zurückfallenzulassen, beschäftigte er sie mit der harten Arbeit, zwischen Maas und Rhein einen 23 (römische) Meilen langen Kanal zu ziehen, um auf diesem Wege fortan die Gefahren einer Seefahrt an der Küste hin zu meiden.

Drei Jahre darauf (50 n. Chr.) bewirkte die einflußreiche Tochter des Germanicus, *Agrippina*, bei ihrem Gemahl, dem Kaiser Claudius, die Errichtung einer Veteranenkolonie in ihrer Geburtsstadt *Köln*, welche nach ihr benannt wurde:

Colona Agrippinensis: ihr Großvater M. Agrippa hatte die Ubier dorthin verpflanzt, wenn auch schwerlich die Siedlung zuerst angelegt. Die Kolonie erhielt das jus italicum; jedoch unerachtet der Vermischung der Ubier, wie früher mit den benachbarten Kelten, so nunmehr mit den römischen Kolonisten, konnte die ursprüngliche Abkunft nicht völlig in Vergessenheit schwinden. Bei der großen Erhebung der Rheinlande gegen Rom unter *Civilis* wurden, vorübergehend, auch die Ubier mit fortgerissen.

Übrigens erwiesen die germanischen Garden Agrippina so tiefe Treue, daß Nero, als er ihre Rache für die Ermordung des Britannicus besorgte (im Jahre 55 n. Chr.), vor allem jene tapfern Wächter von ihr entfernen ließ. Aber auch Nero selbst baute auf ihre Treue.

Die hohe Wichtigkeit des Waffenplatzes Köln wird symbolisch dadurch ausgedrückt, daß in dem dortigen Marstempel ein Schwert Julius Cäsars aufbewahrt wurde.

Vielleicht um jene Zeit wurde das schon früher wichtige *Trier* zur Kolonie erhoben: *Augusta Treverorum*. Die Entstehungszeit der gewaltigen Befestigungen, von deren Macht und Herrlichkeit die sogenannte »porta nigra« heute noch Zeugnis ablegt, ist zweifelhaft.

Aber nicht nur am Rhein, auch an der Donau machte damals die Ausbreitung und Sicherung der römischen Kultur Fortschritte. In *Noricum* erwuchsen unter Claudius die Städte *Aguntum* und *Teurnia* an der Drave, in *Pannonien* in dem ehemaligen Gebiet der (keltischen) Bojer *Claudia Savaria* (Stein am Anger) und *Scarbantia* (Oedenburg).

Im Jahre 50 verbreiteten die *Chatten* wieder einmal Schrecken durch einen Raubzug über den Rhein in das römische Obergermanien, aber die kräftigen und klugen Maßregeln des Legaten *Publius Pomponius Secundus* schufen nicht nur diesem Unternehmen ein sehr übles Ende, sie brachten die ganze Völkerschaft wieder auf kurze Zeit in Abhängigkeit.

Noch war für die nach römischem Muster geschaffene Einherrschaft eines Marobod oder für Könige römischer Einsetzung, wie Italicus, die Zeit nicht reif das heißt, der zentrifugale Freiheitssinn des Volkes noch zu stark.

Das zeigte auch der Sturz des Suebenkönigs *Vannius*, 50 n. Chr., welchen der jüngere Drusus eingesetzt hatte.

Wie Italicus war er im Anfang der Herrschaft bei seinen Landsleuten beliebt und berühmt. Als er aber nach befestigter Macht in Herrscherübermut entartete, beschwor er den Haß der Nachbarn und Parteiung im eigenen Volk und Geschlecht gegen sich herauf. Die Führer der Feinde waren der *Hermunduren*könig *Vilibius* und des Vannius eigne Schwestersöhne, *Vangio* und *Sido*. Lange wogte der Kampf der Waffen hin und her. Kaiser *Claudius*, der ererbten Politik des Tiberius getreu, hütete sich wohl, der wiederholten Bitte, durch die römische Macht den Frieden zu gebieten, nachzugeben. Man legte offenbar auf Erhaltung des vannianischen Reiches nicht Gewicht genug, um deswillen die lang gewahrte Enthaltungspolitik zu verlassen. Der römischen Ehre wurde dadurch genügt, daß man dem ehemaligen Schützling für den Fall des Erliegens sichere Zuflucht auf dem Boden des Reiches versprach.

So wurde der Präses der Provinz Pannonien, *Publius Atellius Hister*, nur angewiesen, eine Legion und aus der Provinz erlesene Hilfsvölker auf dem römischen Donauufer aufzustellen, die Besiegten vor Vernichtung zu schützen und die

Sieger in Schach zu halten, auf daß sie nicht im Übermut des Erfolges auch des römischen Gebietes Ruhe gefährdeten.
In den nächsten Jahren wurde das Reich durch die Bürgerkriege erschüttert, welche den Sturz von *Nero*, *Galba*, *Otho*, *Vitellius* rasch hintereinander bewirkten. Die beiden römischen Heere in den Provinzen Ober- und Niedergermanien spielten dabei eine Hauptrolle, und mit ihnen die germanischen Hilfsvölker, zumal die Bataver. Manches helle Streiflicht fällt dabei auf die Eigenart dieser Germanen und ihr gereiztes Verhältnis zu den alten Feinden, den Legionären, welches bei kleinstem Anlaß in blutigem Kampf aufzulodern droht. Mit Mühe halten die Feldherrn die Bataver im Zaum. Diese sahen das Reich in Bürgerkrieg zerspalten. Laut rühmten sie sich gegenüber den Legionssoldaten, wie ihre Kraft meuterische Römer-Kohorten gebändigt, Nero Italien entrissen, das Schicksal des Krieges entschieden habe. Mit zorniger Eifersucht nahmen die Legionen solche Berühmung der Barbaren und entsprechende Maßregeln der Feldherrn auf, so daß man die batavischen Kohorten alsbald nach Beendigung des Kampfes nach Hause schickt, den Ausbruch ihrer Wildheit zu verhüten. Man sieht, damals schon ist das Reich gefährdet durch die rohe Kraft der germanischen Söldner, welche dienstbar gemacht werden soll, aber schon jetzt gelegentlich aufbäumt.
Als in dem Jahre 69 die römischen Heere in dem Bürgerkrieg zwischen Vitellius und Vespasian widereinander fochten, hatten die Legionen in Pannonien und Mösien die Partei des Letzteren ergriffen. Bevor sie nach Italien aufbrachen, dort die Vitellianer zu bekämpfen, trugen die Führer Sorge, die nun von Truppen zu entblößenden Grenzprovinzen gegen Einfälle der Barbaren und der römischen Gegenpartei einigermaßen zu decken. Während das Erbieten der sarmatischen *Jazygenfürsten*, ihre Reiterhorden zu senden, zurückgewiesen wurde – man besorgte, diese wilden Räuber würden allzuleicht von den Gegnern bestochen werden können –, gewann man die beiden suebischen Könige, *Sido* und *Italicus*, deren Ergebenheit gegen Rom altbewährt war und deren Volk das zugewendete Vertrauen würdiger anzunehmen schien. Da der Statthalter (Procurator) von Rätien zu Vitellius hielt und seine Provinz deshalb eine drohende Stellung einnahm, wurden die Hilfsscharen dieser suebischen Könige, dann ein Reitergeschwader, das *aurianische*, acht Kohorten und *norische* Wehrmannschaft auf dem rechten, dem Ost-Ufer des Inn aufgestellt, des Grenzflusses zwischen Rätien und Noricum, Angriffe von Rätien her abzuwehren. Doch kam es hier nicht zum Kampf; keine der Parteien griff an. Die Entscheidung mußte in Italien fallen.
Vielleicht deshalb begleiteten beide Könige selbst mit einer erlesenen Schar ihrer Landsleute, etwa den beiden Gefolgschaften, den Marsch der Vespasianer über die Alpen. In der blutigen Schlacht bei *Cremona*, welche den Sieg des Vespasian entschied, sah man jene in der vordersten Reihe kämpfen; auch unter den Truppen des Vitellius zeichneten sich die germanischen Hilfsvölker aus. Während des ganzen Krieges fürchtete man stets, daß Vitellius aus dem (rheinischen) Germanien neue wilde Kräfte heranziehen werde.
Die tiefe Erschütterung der Macht und Würde des Reiches durch die rasch aufeinanderfolgende Vernichtung von vier Kaisern binnen eines Jahres im Bürgerkrieg sollte in Gallien und dem römischen Germanien eine gefährliche Bewegung zum Nachspiel haben, hatten doch Kelten und Germanen als Zuschauer

und als Mithandelnde eine blutige Selbstzerfleischung der römischen Machtmittel kennengelernt, wie sie sonst umgekehrt nur die Imperatoren bei den Barbaren mit arger List betrachtet und gefördert hatten. Wie sehr der Bürgerkrieg die sittlichen, die patriotischen Gesinnungen Roms vergiftet hatte, zeigt die Gleichgültigkeit, mit welcher die lange Zeit hindurch furchtbar erregte und nun auf das Äußerste erschöpfte Hauptstadt die Nachrichten von den schweren Schlägen in Gallien und Germanien aufnahm, welche durch die Erhebung der *Bataver* unter *Julius Claudius Civilis* Macht und Ehre des Reiches in seinen Nordwestgrenzen trafen: ganze Heere niedergehauen, Winterlager der Legionen, starke Kastelle mit Sturm genommen, Gallien abgefallen.

Wir haben gesehen, wie die Bataver, ursprünglich ein Teil des *chattischen* Gauenverbandes, durch inneren Kampf aus der Heimat vertrieben, die äußersten unbewohnten Küstenlande Galliens zwischen den verschiedenen Armen, Watten und Mündungen des Rheinstroms, zumal das Land zwischen Rhein und Waal, die später nach ihnen benannte »batavische Insel«, besetzt hatten. Die Römer hatten sie dann zur abhängigen Bundesgenossenschaft gebracht, aber sie dadurch nicht erniedrigt; sehr schonend behandelte man das Volk von glänzendster Tapferkeit: nur Hilfstruppen – nicht Tribut oder anderen Dienst – hatten sie dem Reich zu leisten.

Römische Habsucht und römische Unmoral trieben auch diese so höchst wertvollen Bundesgenossen – wie früher die Friesen – zur drohenden Gärung, welche in gefährlichen Aufstand ausartete, da ein nationaler Führer, zu gelegener Zeit, den verhaltenen Groll zu entfachen und geschickt zu leiten verstand.

Unter den Batavern ragten *Julius Paulus* und *Claudius* (nach Plutrach und einzelnen Stellen des Tacitus ebenfalls *Julius*) *Civilis* durch Abstammung vom ehemaligen königlichen Geschlecht weit über das andere Volk. Jener war auf Grund falscher Anklage wegen Hochverrats (unter Nero) hingerichtet, dieser in dem Gewoge der Parteiung in den letzten Jahren wiederholt auf das Höchste gefährdet worden. Erst in Ketten zu Nero nach Rom geschickt, dann von Galba in Freiheit entlassen – man scheute sich, durch die Hinrichtung des höchst einflußreichen Batavers dessen freiheitstolzes Volk zu entfremden – geriet er unter Vitellius abermals in Gefahr, da dessen Herr dringend sein Blut forderte.

Die lange gereizte Stimmung der Seinen wurde zu wütender Erbitterung getrieben durch die schändlichen, bei Gelegenheit der letzten von Vitellius angeordneten Aushebung verübten Mißbräuche der römischen Befehlshaber.

Diese Last, an sich schwer empfunden – massenhaft hatte Rom in den letzten Jahren die Kriegstüchtigen aus dem Lande gezogen –, wurde ins Unmäßige gesteigert durch die Beamten, welche aus Habsucht Hochbetagte oder sonst Wehrunfähige einreihten, um für ihre Entlassung hohes Lösegeld zu erpressen. Noch furchtbarer mußte das keusche Volk empören, daß andrerseits noch unreife, aber schöne Knaben – »und eine blühende Knabenzeit ist jenem Volk eigen« – scheinbar zu Soldaten, in Wahrheit aber für die scheußlichen Laster der Römer bestimmt wurden.

Das erbitterte furchtbar; geheime Aufwiegler bewirkten, daß das empörte Volk die Aushebung weigerte. Jetzt, nachdem er durch diesen Bruch des Bundesvertrages das offene Zerwürfnis mit Rom unvermeidlich gemacht, berief Civilis unter dem Vorwand eines Festgelages die Vornehmsten und die tüchtigsten Gemeinfreien des Volkes in einen heiligen Wald – vermutlich zu einem Opferschmausfest – und als er sie in der Festnacht zu freudig erregter Stimmung gesteigert hatte, hob er an, von Ruhm und Herrlichkeit des Batavervolkes zu sprechen und ging zu schürender Aufzählung aller römischen Kränkungen, Räubereien und der anderen Leiden ihrer Knechtschaft über. Denn nicht mehr, wie vor alters, sei das ein Bündnis zu nennen: wie Sklaven würden sie behandelt.

Geheime Boten forderten die benachbarten und nächst verwandten *Kanninefaten* zum Anschluß auf.

Leicht waren die Nachbarn im Norden auf dem rechten Rheinufer, die von den Römern so viel mißhandelten *Friesen*, zur Teilnahme am Krieg herangezogen.

Die Truppen waren weder eines feindlichen Überfalls gewärtig, noch, hätten sie ihn vorausgesehen, stark genug zur Abwehr. So wurden denn die Lager genommen und geplündert. Darauf ging es über die im Vertrauen des Friedens im Land zerstreuten und umherziehenden römischen Marketender und Händler her. Zugleich bedrohten sie die Kastelle mit Zerstörung: da zündeten diese die Präfecten der Kohorten, zu schwach, sie zu verteidigen, selbst an. Die Feldzeichen, Standarten und der Rest der Truppen sammelte sich in dem oberen östlichen Teil der Rheininsel unter Führung des Centurio ersten Ranges *Aquilius*, es war aber mehr der Name denn die Kraft eines Heeres, denn Vitellius hatte die tüchtigen Leute der Kohorten fortgezogen und an ihrer Statt unbrauchbare Haufen aus den nächsten Gauen der *Nervier* und Germanen bewaffnet.

Noch wollte Civilis seine Rolle weiterspielen und durch List weitere Fortschritte machen. Er schalt selbst die Präfecten, daß sie die Kastelle aufgegeben, er wollte mit seiner Kohorte allein den kanninefatischen Lärm niederschlagen, jene Kohorten sollten, jede für sich, wieder in ihre Winterquartiere zurückkehren.

Aber bald kam zutage, daß dem Rat die listige Absicht unterlag, die vereinzelten Kohorten desto leichter zu erdrücken, und daß Civilis dieses Krieges Führer sei. Die Germanen, das »kriegsfreudige Geschlecht«, hatten nicht lange vermocht, in die Augen springende Beweise zurückzuhalten. Da er so die Verstellung aufgeben mußte, ging er zur offenen Gewalt über und ordnete die drei Völkerschaften *Friesen*, *Kanninefaten*, *Bataver* in drei gesonderte Heerhaufen. Gegen ihn trat das römische Heer in Schlachtordnung nicht weit vom Rhein, auf welchem auch die aus den verbrannten Kastellen geretteten Kriegsschiffe gegen Civilis auffuhren.

Bald nach Beginn des Kampfes ging die Kohorte der *Tungern* mit fliegenden Fahnen zu den germanischen Stammgenossen über. Die Römer, durch den ungeahnten Verrat bestürzt, wurden nun zugleich vom Feind und den bisherigen Waffengenossen niedergehauen. Dasselbe Spiel auf den Schiffen: mit Recht nennt es Tacitus Treubruch; aber wer, wie Rom oder Napoleon der Erste, mit allen Mitteln der Gewalt und List die Bande der Nationalität zerreißt und Stammesgenossen gegeneinander hetzt, muß sich darein ergeben, daß, auch *gegen* die aufgezwungene Rechtspflicht der Soldtreue, die Treue des Bluts sich geltend macht.

So richtete der kühne Mann seinen Blick zugleich auf Germanien und Gallien. Er trachtete, wenn sein Plan gelang, nach einer Königsherrschaft über die waldkräftigen Germanen und über das reiche Keltenland zugleich. Man sieht, seit

Marobod und Armin sieht sich jeder bedeutende Mann, der nicht nur Raubfahrten in römische Provinzen wagen, sondern Rom politisch bekämpfen will, auf den gleichen Weg gewiesen: Aufrichtung eines machtvollen, über Gau und Einzelvölkerschaft hinausgreifenden *Königtums*.

Der römische Statthalter *Hordeonius Flaccus* aber tat im Anfang, als sähe er die Unternehmungen des Civilsis gar nicht und förderte sie dadurch.

Als bestürzte Boten die Unglücksschläge meldeten: die Eroberung der Lager, die Vernichtung der Kohorten, die völlige Austreibung des Römertums von der ganzen batavischen Insel, traf er völlig unzureichende Maßregeln. Er befahl seinem Legaten *Mummius Lupercus*, der nur zwei Legionen im Winterlager unter sich hatte, gegen den Feind ins Feld zu ziehen. Dieser ließ Legionare aus seiner Mannschaft, *Ubier* aus der nächsten Umgebung und *treverische* Reiter, welche nicht weit entfernt standen, schleunigst von dem linken Rheinufer in die batavische Insel übersetzen. Und so leichtsinnig zählte man auf das Übergewicht römischer Kriegszucht gegenüber den Gefühlen der Stammesgenossenschaft und Freiheit, daß man mit diesen Truppen auch ein batavisches Reitergeschwader gegen die empörten Landsleute zu führen wagte. Diese Reiter, längst für ihres Volkes Sache gewonnen, stellten sich noch treu, um erst in der Schlacht die Römer zu verlassen und so ihrem Übergang desto größere Wirkung zu sichern. Bald stießen die Heere aufeinander.

Der schwere gegen die Ubier geführte Schlag hob des Civilis Macht und Zuversicht: eifrig betrieb er die Belagerung der beiden Legionen zu Vetera; sorgfältig sperrte er durch Wachen jeden Boten ab, der ihnen die Nachricht von herannahendem Entsatz hätte bringen können.

Civilis gab die Hoffnung, das Lager mit Sturm zu nehmen, auf und beschränkte sich auf ruhige Einschließung, indem er durch Botschaften und Versprechungen die Treue der Legionen zu erschüttern suchte. Inzwischen war in Italien die Schlacht bei Cremona geschlagen und die Sache des Vitellius verloren. Diese Nachricht ließ Civilis gern in das Lager der diesem Kaiser treu ergebenen Legionen zu Vetera und nach Gelduba gelangen. Die halb widerstrebenden Truppen wurden nun für Vespasian vereidigt, Civilis aber natürlich aufgefordert, falls er wirklich nur für diesen die Waffen ergriffen habe, nun Friede zu machen. Er erteilte öffentlich eine ausweichende Antwort, dachte aber selbstverständlich nicht daran, sein Unternehmen aufzugeben.

Er beschloß, nun auch gegen Vocula zum Angriff vorzugehen, behielt nur einen Teil der Truppen vor Vetera, und schickte die Veteranenkohorten und die tüchtigsten Scharen der Überrheiner unter *Julius Maximus* und seinem Schwestersohn *Claudius Victor* gegen Gelduba und das dortige Heer. Civilis hatte den Fehler begangen, zu geringe Kräfte zu verwenden, Vocula die Rekognoszierung des Feindes zu vernachlässigen. Auch verwertete dieser jetzt seinen Vorteil nicht rasch genug zu einem Angriff, der den Entsatz von Vetera zur Folge gehabt haben würde. Er verlor mehrere Tage, bis er sich in Marsch setzte. Einstweilen hatte Civilis vergeblich versucht, die Belagerten durch das Vorgeben der Vernichtung Voculas, des von Flaccus bevollmächtigten tüchtigen Legaten, und unter Vorführung der eroberten Feldzeichen und Gefangenen, zur Übergabe zu bewegen. Schon verkündete der Flammenschein der angezündeten Dörfer den Anmarsch des siegreichen Römerheeres zum Entsatz. Civilis nahm – ein gefährliches Wagnis! – die Schlacht mit doppelter Front, zugleich gegen das Lager und das Entsatzheer, an. Die Belagerten fielen aus. Da stürzte Civilis mit dem Pferde; Freund und Feind hielten ihn für verwundet oder tot. Gewaltig hierdurch entmutigt wichen die Germanen den desto freudiger andringenden Legionen. Nach langer Bedrängnis war Vetera entsetzt, die Belagerung aufgehoben.

Jedoch nur auf kurze Zeit; Vocula wagte nicht, die Abziehenden zu verfolgen. Er beeilte sich, die Befestigung des Lagers zu verstärken, baldiger Erneuerung der Einschließung entgegensehend; offenbar waren die römischen Truppen zu schwach, zum Angriff im offenen Feld gegen die Bataver in deren eignem Land vorzugehen. Vocula wollte Vetera bei erneuter Einschließung vor Aushungerung schützen und ordnete die Herbeiholung von Kornfrüchten aus Neuß an. Die erste Verproviantierungskolonne gelangte glücklich zurück, da Civilis von seinem Sturz noch nicht völlig hergestellt war. Aber die zweite, die in arger Unvorsichtigkeit daherzog, zerstreut, die Waffen der Bedeckung auf die Wagen geworfen – nur der Landweg war frei, den Strom beherrschten die Germanen – wurde von des Civilis Batavern (er hatte die Brücken und schmalen Durchgänge vorher besetzen lassen) in geschlossenen Gliedern mit Erfolg angegriffen. Nur die Nacht rettete die Römer, welche nicht nach Vetera durchzubrechen vermochten, sondern nach Gelduba umkehren mußten, wo das Lager noch besetzt war. Vocula verzichtete nun, nachdem er die halbe Unmöglichkeit, Vetera ausreichend zu verproviantieren, erkannt hatte, diesen vorgeschobenen Punkt als Hauptwaffenplatz festzuhalten; er zog sich vielmehr wieder nach Gelduba und von da noch weiter stromaufwärts nach Neuß zurück, indem er außer einem nach Vetera geführten Entsatzheer noch tausend Mann erlesene Leute der V. und der XV. Legion, der ursprünglichen Besatzung von Vetera, mitnahm. Die Insubordination war so weit vorgeschritten, daß noch mehr Mannschaft, als verstattet war, unter lauten Drohungen gegen die Führer mitzog. Und die in Vetera Zurückgelassenen murrten erst recht, sie sahen sich als Hüter eines aufgegebenen Postens an. Alsbald erschien auch Civilis wieder, umschloß Vetera aufs Neue mit einem Teil seiner Truppen, zog mit den andern gegen Gelduba, nahm dies Lager, suchte die Römer in ihrer letzten Stellung auf, in Neuß, und gewann vor den Toren dieses Lagers ein Reitergefecht. Da brach unter solchen wiederholten Schlägen die lange gärende Meuterei in offene blutige Frevel aus. Die Empörer ermordeten, berauscht nach einem Gelage, das mit dem von *Vitellius* geschickten Geld in *Vespasians* Namen Hordeonius Flaccus gespendet war, diesen altverhaßten Feldherrn und erklärten sich für den schon vernichteten Vitellius! Vocula entkam mit Mühe in der Nacht, als Sklave verkleidet. Ein Teil der Meuterer bereute bald darauf den Frevel, ließ sich von Vocula aufs Neue für Vespasian vereidigen und zum Entsatz von Mainz führen, das ein aus *Chatten*, *Usipiern* und *Mattiakern* zusammengesetzter Haufen eingeschlossen hatte. Diese starke Festung zu nehmen, gelang selbstverständlich den Germanen noch nicht; sie waren, nachdem sie in der Umgegend geheert hatten, bereits wieder abgezogen, wurden aber, in Sorglosigkeit auf dem Heimweg zerstreut, von den verfolgenden Legionen eingeholt und mit Erfolg angegriffen. Gleichzeitig fochten die *Treverer*, noch immer zu Rom haltend, unter beiderseitigen großen Verlusten, wider die Germanen, zu deren Abhaltung sie Brustwehr und Wall an ihren Grenzen gezogen hatten.

Als nun aber im folgenden Jahr (70 n. Chr.) die Nachricht von des Vitellius Tod nach Gallien gelangte, verdoppelte sich die Flamme des Krieges. Nicht nur

legte nun Civilis die Maske ab und stürmte offen zum Kampf gegen Rom – auch Gallien erhob sich gegen das römische Joch.
So knüpften nun ein vornehmer Treverer, *Classicus*, Präfect des treverischen Reitergeschwaders, sein Landsmann *Julius Tutor* und der Lingone *Julius Sabinus* mit Civilis verdeckte Verbindungen an, zogen in geheimer Beratung zu Köln einzelne *Ubier* und *Tungern* an sich und proklamierten nicht nur die Lossagung vom römischen Reich, sondern prahlten mit Maßlosigkeit schon von einer schrankenlosen *Herrschaft* »*Galliens*«, sowie sie sich der italischen Alpenpässe versichert haben würden. Man beschloß, die vitellianischen Legionen in Gallien womöglich zu gewinnen und nur die Feldherrn zu töten. Vocula, gewarnt, aber von den Verschworenen getäuscht, auch seiner Truppen wenig sicher, tat nichts, sich gegen die Gallier zu sichern. Er betrieb vielmehr aufs neue den Kampf gegen Civilis unter vermeintlichem Beistand der Gallier.
Inzwischen rückte Vocula, durch Verrat der Gallier getäuscht, mit seinen Legionen und deren keltischen Hilfsvölkern von Köln her gegen Civilis an, um Vetera nochmals zu entsetzen. In der Nähe dieser Stadt ritten Classicus und Tutor, scheinbar auf Kundschaft, voraus und verständigten sich mit den Führern der Germanen. Darauf zu Vocula zurückgekehrt, gaben sie die ersten Anzeichen des Abfalls, indem sie ihre Truppen von den Legionen trennten und ihr gallisches Lager mit einem besonderen Wall umgaben. Vocula verlor keineswegs den Mut und den Stolz eines römischen Feldherrn gegenüber den geringgeschätzten Galliern, aber er mußte bei deren offenbarem Abfall den Angriff und den Weitermarsch aufgeben. Er kehrte um und ging nach Neuß zurück. Die Gallier folgten und lagerten sich zwei römische Meilen unterhalb der Stadt. Von da aus bearbeiteten sie des Vocula Heer mit solchem Erfolg, daß es von ihm abfiel und – allerdings für römische Legionen ein unerhörter Grad der Entartung! – dem Classicus für sein aufzurichtendes Großreich Gallien gegen Rom den Fahneneid leisteten! Vergeblich suchte Vocula in einer Ansprache, in welche Tacitus viel Römergeist und Römerstolz gelegt hat, dem schmählichen Frevel zu steuern: Er wurde ermordet, die beiden andern Legaten gefangengesetzt. Und nun drohte der keltische Aufstand in der Tat für den Augenblick die Römerherrschaft in Gallien rasch zu verzehren. Die Kölner und die Truppen des oberen Germaniens wurden, unter Ermordung der Tribunen und Verjagung des Lagerpräfecten zu Mainz, zu dem gleichen unsinnigen Eide bewogen, endlich auch die zu Vetera Belagerten, nach so langer ruhmvoller Ausdauer, in äußerster Hungersnot, gleichfalls zur Ergebung an Civilis – unter dem nämlichen Eide: »für Gallien!« – gebracht.
Einstweilen beschäftigte die Führer Civilis und Classicus die schwierige Frage, welches das Schicksal der römisch-germanischen Kolonie Köln werden solle. Nicht ganz unbefangen und gerecht würdigt auch hier wieder, wie oft in diesem Kriege, Tacitus die Beweggründe der Germanen, welchen er sonst in für ihn so ehrenvoller Weise gerecht zu werden versteht. Wohl nicht *nur* Grausamkeit und Raubsucht sprachen in den Führern für Zerstörung der mit Recht den Germanen verhaßten Stadt, auch die überrheinischen Völkerschaften wurden keineswegs nur von Neid und Habgier bestimmt in ihrem Verlangen, sie auszutilgen oder wenigstens zu entfestigen, sie damit allen Germanen offen zu legen und die ganz romanisierten Ubier zu verstreuen. Der Römer muß selbst einräumen, daß die Germanen ein Ende des Krieges, das heißt der Bedrohung ihrer

Freiheit, nur in der Zerstörung dieses Hauptwaffenplatzes der römischen Angriffe erhofften.
Schwerlich war Civilis zur Zerstörung und Plünderung der Stadt geneigt, wenn die Städter ihn als Schiedsrichter vorschlugen. Auch muß Tacitus selbst neben dem Dankgefühl des Vaters – die Kölner hatten beim Ausbruch der Bewegung seinen Sohn in ihrer Stadt ergriffen, aber in ehrenvoller Haft gehalten – und der Absicht, für die neue Herrschaft den Ruhm der Großmut zu gewinnen, die Erwägung der strategischen Wichtigkeit Kölns für die Fortführung des Krieges als Grund für die Erhaltung der Stadt durch Civilis anführen. So setzten die Römer, nach Beschwichtigung der Tenchterer, durch ihre Gesandten bei Civilis alle ihre Forderungen durch.
Aber ohne tatkräftige Mitwirkung Galliens konnte das hohe Ziel der Vertreibung der Römer nicht erreicht werden. Ihnen vor allen wäre, vermöge der Nachbarschaft, die nächstliegende und wichtigste Aufgabe zugefallen, die Alpenpässe ihres Landes gegen die Legionen zu sperren und womöglich die Kelten in Rätien, Noricum, Spanien zum Aufstand mitfortzureißen, um den Römern den ruhigen Anmarsch bis an den Rhein und die Alpen unmöglich zu machen. Aber das »Großreich Gallien« blieb eine keltische Großsprecherei. An Worten und Demonstrationen wurde viel geleistet, die Taten aber stockten gleich bei dem ersten Mißerfolg.
Julius Sabinus hatte zwar die Denksäulen der Verträge mit Rom umstürzen lassen und ließ sich als »Cäsar« anreden – der »Befreier Galliens« mit dem Namen des römischen Unterjochers von Gallien! –, als er aber die den Römern treu verbliebenen *Sequaner* mit einem großen, doch undisziplinierten Haufen seiner Landsleute angriff und geschlagen wurde, gab er alles auf, floh und verbarg sich. Wie er in unbesonnener Hitze sich in den Kampf geworfen, so haltlos wurde er nach dem ersten Schlag.

Die linksrheinischen Germanen trotzen Rom

Sieben neue Legionen am Rhein — Truppen des Reiterführers Briganticus stärken des Feldherrn Cerialis Stellung — Auf einer gespaltenen Brücke vereinbaren Cerialis und der Bataver Civilis das Ende des Krieges — Trajans Sicherung der Rheingrenze durch den »Pfahlgraben« — Vernichtende römische Niederlage im Murtal bei Steyr — Ende des Markomannenkrieges

Dieser Sieg der Sequaner genügte, den Fortschritt der gallischen Bewegung wider Rom zu hemmen. Der Staat Cäsars hatte sich endlich wiedergefunden und beruhigt unter dem Sieger *Vespasian*. Zwei vorzügliche Feldherrn, *Gallus Annius* und *Petillius Cerialis*, wurden ernannt, Gallien und Germanien zum Gehorsam zurückzuzwingen: sieben Legionen wurden aufgeboten. Ohne Widerstand drang durch die unbesetzten Pässe der Alpen die XXI. Legion über Windisch (Vindonissa) unter *Sextilius Felix* mit Kohorten der Hilfstruppen durch Rätien in Gallien ein. Dazu kam, mit römischer Arglist als Führer erlesener Reiter erkoren, des Civilis eigener Schwestersohn, *Julius Briganticus*, ein grimmiger Feind seines Oheims: »wie ja der Haß der Nächststehenden der bitterste ist«, meint Tacitus. Tutor hatte inzwischen die treverischen Truppen verstärkt durch neue Aushebungen bei *Triboken*, *Cärakaten* und *Vangionen* und ihnen stärkeren Halt gegeben durch Fußvolk und Reiterei aus den übergetretenen römischen Veteranen. Diese rieben auch zuerst eine vereinzelt vorangeschickte Kohorte des

Sextilius Felix auf. Als aber nun die römischen Feldherrn, die römischen Waffen heranahten, als die alten Legionare die Legionsadler sich gegenüber erblickten, da kehrten sie als »ehrenwerte Überläufer« zum römischen Dienst zurück und die Mannschaften der drei genannten Völkerschaften folgten ihrem Beispiel. Tutor mit den Treverern entwich, Mainz vermeidend, nach *Bingium* (Bingen). Hier glaubte er sich sicher, da er die Brücke über die *Nahe* abgebrochen hatte. Aber die verfolgenden Kohorten des Sextilius entdeckten durch Verrat eine Furt und zersprengten jene Haufen. Dieser Schlag erschütterte die Treverer. Die Menge warf die Waffen weg und floh, zerstreut, durch das Land. Einige der Führer eilten zu den Rom treu verbliebenen Völkerschaften, um den Schein zu verbreiten, als ob sie vor anderen den Krieg aufgegeben hätten. Da kehrten auch die von Neuß und Bonn nach Trier versetzten Legionen von selbst zu ihrer Pflicht zurück. Sie vereidigten sich selbst für Vespasian, welchem sie – unwillig – schon früher geschworen hatten.
Dies war in Valentinus' Abwesenheit geschehen. Als dieser sich näherte, wütend und entschlossen, alles in Verwirrung und Verderben zu stürzen, zogen diese Legionen ab zu den Rom treu verbliebenen *Mediomatrikern* (um Metz). Valentinus und Tutor ließen die beiden gefangenen Legaten *Herennius* und *Numisius* töten, die Treverer nochmals zur Ergreifung der Waffen zwingend und durch jene blutigen Taten die Hoffnung auf Versöhnung mit Rom abschneidend.
So günstig für Rom stand bereits der Krieg, als Petillius Cerialis zu Mainz eintraf und durch seine Ankunft, seine Kampfbegier, seine stolze Verachtung des Feindes, seine die Soldaten anspornenden Worte die Zuversicht noch mehr hob. Er war entschlossen, so bald als nur irgend möglich zu schlagen. Der Angriff wurde taktisch mit höchster römischer Tapferkeit ausgeführt. Ohne sich durch die feste Stellung aufhalten zu lassen, befahl Cerialis dem Fußvolk, sie mit Sturm zu nehmen. Die Reiterei ließ er auf einem Hügel beobachtend halten. Er ging dabei von großer Geringschätzung des Feindes aus, dessen Wagnis, sich an einem Ort konzentriert darzubieten, durch das günstige Terrain nicht vor der überlegenen römischen Tapferkeit ausreichend gedeckt schien. Das Fußvolk hielt beim Emporklimmen eine Weile an und ließ die zu weit und zu hoch gezielten Wurfgeschosse über sich hinbrausen; dann erstieg es die Höhe und warf den Feind mit der Gewalt eines Bergsturzes herunter. Auf der Verfolgung, über die mittleren Höhen hin einschwenkend, nahm die Reiterei die vornehmsten Häuptlinge, darunter den Führer Valentinus, gefangen.
Der Sieger, moselaufwärts vordringend, zog Tags darauf in *Trier* ein. Er hinderte nicht ohne Mühe die Zerstörung der Vaterstadt des Classicus auch vor den Truppen, welche zur Rache für die Vernichtung so vieler Lager, Legionen und Legaten, die Beute dem Fiskus gern überlassen, aber die Rebellenstadt in Flammen sehen wollten. Und mit großer Klugheit nur gelang es ihm, die Vereinigung der reuigen Legionen im Lager mit den frisch aus Italien angelangten zu vermitteln. Darauf mahnte er Treverer und Lingoner in einer schonungslos verächtlichen Rede zur Unterwürfigkeit. Sie mußten noch zufrieden sein, daß er sie nur moralisch vernichtete, und waren es denn auch.
Gegen die Stellung der Legionen bei Trier rückten nun Civilis und Classicus heran: sie sandten an Cerialis ein Schreiben, in welchem sie ihm, getäuscht oder täuschend, den Tod Vespasians berichteten, und ihm anboten, sich auf ihre Landschaften zu beschränken und ihm das übrige Gallien zu überlassen, falls er bei der

Auflösung des römischen Reiches sich hier eine Herrschaft gründen wolle. Cerialis befestigte statt aller Antwort die bisherige, ziemlich unvorsichtig gewählte Lagerung. Man tadelte den Feldherrn, daß er nicht die Feinde vor ihrer Vereinigung einzeln vernichtet hatte. Bei diesen stritten die Führer über den Kriegsplan: Civilis riet, den Zuzug der überrheinischen Germanen abzuwarten, ihre Furchtbarkeit werde die erschütterten Kräfte Roms vollends über den Haufen werfen. Die Gallier seien doch nur Beute des Siegers und die kräftigsten unter ihnen, die Belgen, stünden, offen oder geheim, gegen Rom. Tutor dagegen forderte den sofortigen Angriff: durch Zuwarten werde der Feind verstärkt, aus Britannien, Spanien, Italien seien Veteranenlegionen im Anmarsch. Die Überrheiner, auf die man baue, wüßten nichts von Zucht und Gehorsam, handelten nur nach eigenem Kopf, Geld aber und Geschenke, durch welche allein man etwas bei ihnen ausrichte, würden sie reichlicher bei den Römern finden. Zur Zeit verfüge Cerialis nur über die demoralisierten Überläuferlegionen, welche sich gegen ihre Besieger schlecht schlagen würden. Den dreist zufahrenden Feldherrn werde sein leichter Sieg über den Worthelden Valentin verleiten, auch die Männer von Erz und Stahl, Civilis und Classicus, zu seinem Verderben unvorsichtig anzugreifen.
Classicus entschied den Streit, indem er Tutor beitrat und sofort wurde der Angriff ausgeführt. Im Mitteltreffen *Ubier* und *Lingonen*, auf dem rechten Flügel die *batavischen* Kohorten, auf dem linken *Brukterer* und *Tenchterer*, stürmten sie zum Teil vom Rheine herab, zum Teil zwischen der Mosel und der Legionenstraße heran. Der plötzliche Angriff glückte vollkommen. Cerialis, von sträflichem Leichtsinn in der Unterschätzung der Feinde nicht freizusprechen, hatte die Nacht nicht im Lager zugebracht und den Sicherheitsdienst vernachlässigt. In seiner Kammer, im Bett, erhielt er zugleich die Nachricht von dem Angriff der Feinde und der Niederlage der Seinen. Er schalt die Boten über ihre Schreckhaftigkeit, bis er das ganze Unheil vor Augen sah: das Lager der Legionen erstürmt, durchbrochen, die Reiterei zersprengt, die Moselbrücke, die Verbindung zwischen der Stadt Trier und dem Lager, vom Feind besetzt. Mit todesmutiger Entschlossenheit machte er den Fehler seiner Sorglosigkeit gut. Er rief die Fliehenden zurück, stürmte ohne Helm und Harnisch durch die Geschosse, entriß – was jedenfalls das Äußerste abwendete – dem Feind die Moselbrücke, besetzte diese mit erlesener Mannschaft und eilte nun ins Lager. Da fand er nun freilich die zu Neuß und Bonn gefangen gewesenen Legionen in voller Auflösung, nur noch wenige Leute bei den Feldzeichen, die Adler fast verloren. Mit flammenden Zornesworten rief er sie zur Pflicht zurück. Rasch stellten sie sich wieder in Manipel und Kohorten, breitere Frontstellung war unmöglich; Zelte und Fuhrwerk hemmten, denn man focht schon mitten im Lager. Noch war der Vorteil auf Seiten der Feinde, welche ihre drei Führer im Handgemenge mit Wort und Rat für Freiheit, Ruhm und Beute begeisterten. Da entschied den Tag abermals, wie so oft im Kampf zwischen Rom und den Barbaren, die Reserven-Taktik der Römer. Die XXI. Legion erschien, konnte sich vor dem Lager mit breiterer Front entwickeln, hemmte so zuerst den blinden Ansturm der Germanen, deren keilförmigen Stoß mit Umfassung auf beiden Seiten bedrohend, und drängte sie dann zurück. Die Römer erblickten in der plötzlichen Flucht der Sieger das Eingreifen der Götter. Die Germanen gaben an, der Anblick der Kohorten habe sie erschreckt, welche, im ersten Anlauf geworfen, sich wieder

gesammelt und auf den Höhen gezeigt hatten, so daß sie für frisch eintreffende Verstärkungen gehalten wurden. In Wahrheit aber entriß den Barbaren die Gier den Sieg, mit welcher sie, vom Kampfe ablassend, sich auf die Plünderung des Lagers stürzten.
Cerialis aber nützte seinen Sieg völlig aus, er verfolgte die Geschlagenen bis an ihr Lager, nahm und zerstörte es.
Seinen Truppen war nicht lange Ruhe gegönnt, die Stadt Köln rief sie um Hilfe herbei. Wie sehr die »Agrippinenser« Haß und Mißtrauen der Germanen verdient hatten, wie gerechtfertigt die Zerstörung ihrer Stadt gewesen wäre, zeigte sich jetzt. Nicht nur boten sie des Civilis Gattin und Schwester und des Classicus Tochter, welche man ihnen als Pfand der Freundschaft anvertraut hatte, nun den Römern als Gefangene an, sie hatten auch nach dem Umschlag des Kriegsglücks die in den Häusern ihrer Stadt als Gäste verteilten Germanen überfallen und ermordet – zum Dank für die Schonung der Römer, die man ihnen ehedem verstattet hatte. Ihre Angst vor der Rache der etwa wieder siegreich andringenden Germanen war also wohlbegründet, und schon hatte Civilis drohend den Blick auf die falsche Stadt geworfen, auf deren Gebiet, zu *Tolbiacum* (Zülpich), die grimmigste seiner Kohorten, aus *Chauken* und *Friesen* gebildet, mit ungeschwächten Kräften stand. Aber mit tückischer Hinterlist vernichteten die Agrippinenser diese erlesene Schar. Sie bereiteten den Germanen ein üppiges Gelage, und als diese von Wein und Schlaf betäubt lagen, schlossen sie die Türen des Festhauses, warfen Feuer hinein und verbrannten ihre Gäste.
Zugleich kam ihnen Cerialis eilfertig zu Hilfe. Civilis hatte besorgt, die XIV. Legion mit der britannischen Flotte werde von der Seeseite her die Bataver in der Heimat angreifen. Zwar führte der Legat *Fabius Priscus* die Legion auf dem Landweg in das Gebiet der *Nervier* und *Tungern* und brachte diese Staaten zur Unterwerfung. Aber eine Schar der Nervier, Freiwillige, welche auf eigene Faust nun für Rom den Kampf aufnehmen wollten, wurde von den Kanninefaten zerstreut. Dies meervertraute Volk griff seinerseits die heransegelnde britannische Flotte an und nahm oder versenkte den größten Teil der Schiffe. Gleichzeitig lieferte Classicus gegen vorausgeschickte Reiter des Cerialis bei Neuß ein glückliches Gefecht. Diese, obzwar nicht großen, doch wiederholten Schlappen verringerten den Eindruck der ersten Siege des Römerfeldherrn. Civilis hatte nach dem verlorenen Treffen bei Trier sein Heer durch neue Zuzüge aus Germanien wieder ergänzt und nahm bei Vetera feste Stellung. Die Erinnerung an die dort errungenen Erfolge sollte die Stimmung der Barbaren erhöhen. Cerialis folgte ihm dorthin mit jetzt verdoppeltem Heer: neue drei Legionen waren bei ihm eingetroffen.
Fußvolk und Reiterei von Bundesgenossen, schon früher herbeschieden, beeilten nun, nach den erfochtenen Siegen, ihr Eintreffen. Keiner der beiden Heerführer war ein Zauderer, aber es hielt sie die weite Ausdehnung des Sumpflandes dort auseinander und Civilis hatte diese Wasserfülle durch künstliche Überschwemmung vermehrt. Durch einen schief in den Rhein gebauten Damm zwang er den gestauten Strom, sich über das flache Ufer zu ergießen. Diese Bodenbeschaffenheit, überall Schwimmen oder Waten auf unsicherem Grund erheischend, war den Legionen gefährlich und nachteilig. Die römischen Soldaten trugen schwer an ihren Waffen und waren furchtsame Schwimmer. Die Germanen hielten sich mit ihren leichten Waffen und hohem Wuchs im Schwimmen und Waten leichter oben.

Es wiederholte sich im Verlauf der Schlacht, was bei den Siegen der Römer über Germanen regelmäßig den Ausschlag gab. Mit einer todesfreudigen Tapferkeit des heldenkühnen Ansturms, wie sie den Römern noch nie bei anderen Feinden entgegengetreten war, gelangten die Germanen, die ersten Glieder unaufhaltsam durchbrechend, im Stoß ihres Keils bis in das Herz der Legionsaufstellung. Hier mußte die Gewalt des Angriffs für den Augenblick abnehmen. Schon wegen der furchtbaren Verluste, welche die Pila der Seitenglieder von links und rechts dem dichtgedrängten Keil während seines Vorstürmens zufügten. Und wenn in diesem Augenblick frische Truppen in der Front entgegengeworfen, aber zugleich von einer Flanke her Reserven gegen den Keil zugeführt werden konnten, der einer Flankendeckung und jeder Reserve entbehrte – so war das Zurückwogen der Keilflut fast unvermeidlich. Dabei blieb aber ein allmähliches Abbrechen des Gefechts und ein geordneter Rückzug ganz ausgeschlossen, abermals, weil es an jeder Reserve fehlte, die Geworfenen und Weichenden aufzunehmen.

So auch diesmal.

Zugleich gewährte diesmal Verrat die erwünschte Umfassungsbewegung in verderblichster Weise. Ein batavischer Überläufer erbot sich in diesem Augenblick, die Römer in den Rücken der Angreifer zu führen: am äußersten Rand des Sumpfes könne Reiterei passieren und die *Gugerner*, welche hier die Wache hätten, seien völlig sorglos. Alsbald gelangten, von dem Verräter geführt, zwei Reitergeschwader dem Keil in den Rücken. Sowie lautes Geschrei die Umgehung verkündete, drängten die Legionen von vorn mit aller Macht gegen dessen Spitze, die Germanen wurden geworfen, vom rechten Flügel her aufgerollt und flohen nun gegen den Rhein.

Am folgenden Tage sandte Cerialis die XIV. Legion dem *Gallus Amisus* zu Hilfe in die obere Provinz Germania; die aus Spanien eingetroffene X. ersetzte ihm diesen Ausfall. Civilis erhielt Verstärkung durch Zuzug der *Chauken*, wagte jedoch nicht die Hauptstadt der Bataver *Noviomagus* (*Batavodurum*) zu halten, ließ vielmehr zusammenraffen, was fortgeschafft werden konnte, verbrannte die Häuser und wich mit der Bevölkerung auf die Rheininsel, das heißt auf das rechte Ufer der Wal (Vahalis), denn er wußte, daß den Römern Fahrzeuge zur Herstellung einer Schiffbrücke fehlten und daß ohne solche Sicherung des Rückzugs ein Römerheer den Übergang nicht wagen werde. Um diesen noch mehr zu erschweren, ließ er den von dem älteren Drusus gebauten Deich durchstechen und den Rhein, welcher in schnellem Fall Gallien zuströmt, nach Beseitigung dieses Hemmnisses, sich weit über diese Niederungen ergießen. Durch solche Ablenkung des Stroms gegen Westen blieb nur noch ein schmaler Wasserstreifen zwischen der batavischen Insel und den rechtsrheinischen Germanen, so daß fast zusammenhängendes Land hergestellt, die Flucht zu den Germanen und Zuzug von den Germanen bedeutend erleichtert wurden, dagegen die batavische Insel durch einen breiten Wassergürtel wie eine Festung gegen den römischen Angriff geschützt war. Auch Tutor, Classicus und hundertunddreizehn treverische Ratsmänner flüchteten über den Rhein und suchten durch Geschenke oder Mitleid unter den kriegslustigen Völkerschaften dort Mannschaften aufzubringen.

Cerialis ließ bei einem Verheerungszug durch die Gaue der Bataver »nach einer bekannten List der Kriegsführung« die »Landgüter« und Besitzungen des

Civilis verschonen – er zählte auf die tiefen Spaltungen in dem Volk, welche ja sogar das Haus des Civilis in tödlicher Feindschaft zerrissen, auf Abfall von dem des Verrates, des geheimen Einverständnisses mit Rom bezichtigten Führer. Der Erfolg hat diese Berechnung gerechtfertigt; aber daß Rom nicht einmal mehr wagt, den seit Cäsar und Drusus so oft überschrittenen Rhein zu überschreiten – ein so verwegener Haudegen wie dieser Cerialis – die rebellischen Bataver zu vernichten, die auf dem anderen Ufer trotzen durften, während man früher nicht hinter der Weser und kaum hinter der Elbe vor den Adlern sicher gewesen war, zeigt eine bedeutsame Veränderung.

Für jetzt freilich machte der durch herbstliche Regengüsse geschwollene Strom Angriffe unmöglich, ja er verwandelte die von den Römern besetzte morastige und flache Insel in stehendes Gewässer. Die römische Rheinflotte war nicht mit der Zufuhr zur Stelle und das in der Elbe gelegene Lager war von Wegschwemmung durch den Strom bedroht.

Tacitus sagt, Civilis habe sich später, da er mit Rom seinen Frieden zu machen suchte, gerühmt, er habe verräterisch die Seinen abgehalten, die Legionen, wie es möglich gewesen wäre, in jenen Tagen zu vernichten. Mag selbst diese Behauptung ausgesprochen worden sein – immerhin würde daraus nicht folgen, daß sie wahr, daß sie begründet war, daß wirklich der Held, welcher nach so vielen Kämpfen noch unbezwungen und sicher jenseits des Stromes stand, die Vernichtung der – ihm erreichbaren – verhaßten Feinde absichtlich abgewendet habe.

Und was wir von des *Cerialis* geheimen, nach drei Seiten ausgesponnenen Listen erfahren, läßt uns Lüge und Verrat *nicht* bei *Civilis* suchen; auch ein tollkühner Feldhauptmann von verwilderten Kriegssitten wußte die Künste (artes) eines Tiberius trefflich anzuwenden.

Zu gleicher Zeit forderte er durch geheime Boten Civilis, unter Zusicherung der Verzeihung, zum Verrat an seinem Volk, und sein Volk, unter Vorspiegelung des Friedens, zum Verrat an seinem Führer auf. Ja sogar die reine Gestalt der weissagenden Jungfrau im Brukterer-Lande und deren Gesippen wollte er bereden, nicht mehr auf das Kriegsglück, welches sich durch so viele Niederlagen gegen sie entschieden habe, zu bauen, sondern riet, ein jetzt sich darbietendes Verdienst um Rom zu erwerben, das heißt doch wohl, die Weissagung zu *fälschen* und zur Unterwerfung zu raten, Niederlagen für den Fall der Fortsetzung des Krieges zu prophezeien. Daß die Wala selbst an ihre Eingebungen glaubt, kann sich der frivole Römer gar nicht vorstellen. – Die Treverer seien vernichtet, die Ubier wiedergewonnen, den Batavern ihr Land entrissen, nichts hätten die Anhänger des Civilis gewonnen als Wunden, Flucht und Trauer, flüchtig und vertrieben lebe jener seinen Wirten zur Last, schwer genug hätten die Überrheiner gefrevelt (!), daß sie den Strom so oft überschritten: Setzten sie dies weiter fort, so würden auf ihrer Seite Schuld und Unrecht (!), auf Seite Roms Rache und die Götter stehen.

Neben solchen Drohungen wurden Versprechungen nicht gespart.

Diese »Künste« hatten Erfolg.

Die Treue, das heißt die Kriegsneigung der Überrheiner wurde erschüttert. Und in dem seit alter Zeit tief gespaltenen Batavervolk eiferte eine starke Partei für den Frieden und gegen Civilis. Der geringe Haufen murrte: »man solle den Ruin nicht noch weiter treiben, eine Völkerschaft vermöge nun einmal nicht, dies auf dem ganzen Erdkreis lastende Joch Roms abzuschütteln. Was habe man erreicht durch Vernichtung der Legionen mit Feuer und Schwert, als daß mehrere, stärkere nachkämen! Habe man für Vespasian gefochten, nun wohl, Vespasian sei Herrscher. Habe man aber die Weltmacht Rom zum Kampf herausgefordert – der wievielte Teil der Erdbevölkerung sei denn das Völklein der Bataver? Man sehe doch nur, wie schwer Räter, Noriker und die übrigen Bundesgenossen durch Rom belastet seien. Von den Batavern verlange man nur Heldentum im Kampf. Solcher Dienst stehe am nächsten der Freiheit. Und dort habe man die Wahl der Herrscher, so diene man rühmlicher dem Imperator zu Rom als germanischen Weibern« –: ist diese Abneigung gegen Veleda nicht nur Rhetorik des Tacitus, so beruht sie auf sehr starker Romanisierung oder in Stammesgegensätzen.

Die Edlen aber schoben auf Civilis die Schuld, daß sie zu den Waffen fortgerissen worden waren. Jener habe die Zerrüttung in seiner Sippe durch diese Erhebung des Volkes abhelfen wollen, die aber des Volkes Untergang werde. Bei den scheinbar höchsten Erfolgen, der Einschließung der Legionen, der Ermordung des Legaten, als man den nur für Civilis notwendigen, dem Volk allverderblichen Krieg begonnen, habe man gerade die Götter erzürnt, man sei verloren, wenn man nicht zu Besinnung zurückkehre und durch die Tötung des Schuldigen den Römern Reue beweise.

Nicht viel anders werden die Reden bei den Cheruskern geklungen haben, welche der Ermordung Armins vorhergingen; stets das gleiche Schauspiel: das Volk, sogar die Sippe des Freiheitshelden durch alte Parteiung gespalten; Ermüdung eines Teils des Volkes in den blutigen Opfern des Kampfes, römische Kunst, welche die Spaltung und Gärung steigert, zuletzt des Helden Untergang.

Sehr begreiflich und verzeihlich ist es, daß Civilis, der diesen drohenden Abfall und Verrat im eigenen Volk erkannte, das Schicksal Armins zu vermeiden trachtete. Wenn ihn Gallien, Germanien und nun selbst seine Bataver im Stich ließen, konnte er den Kampf nicht fortführen. Tacitus legt ihm freilich, außer dem Unmut über so schlimme Erfahrungen, auch den Beweggrund unter, sein Leben zu retten, »was häufig auch stolze Männer zum Nachgeben bringe«.

Nun, das Leben hatte der Held oft genug im Kampf für sein Volk eingesetzt, dem Mord aber und den anderen Künsten Roms beschloß er zuvorzukommen.

Er forderte eine Unterredung mit Cerialis: die Brücke über die *Nabalia* wurde in der Mitte durchhauen, auf die vordersten Balken beider Seiten traten die Heerführer zur Zwiesprache, in welcher Civilis sich lediglich als Parteigänger des Vespasian dazrustellen wagte.

Mitten in seiner Rede bricht des Tacitus Erzählung für uns ab, der Rest seiner Historien ist verloren. Doch berichtet er früher, daß bald darauf die Ergebung der Bataver (und des Civilis) erfolgt sei. Wir wissen von dem weiteren Geschick des kühnen und erfolgreichen Führers nichts, doch würde seinen Tod oder seine Aufführung im Triumph Tacitus vielleicht an früheren Stellen erwähnt haben. So dürfen wir annehmen, daß die Römer klug genug waren, scheinbar an seine Entschuldigung, daß er nur Vitellius befehdet habe, zu glauben. Er berief sich auf vertraute Freundschaft mit Vespasian, die vielleicht in gemeinsamem Kriegsdienst in Britannien geschlossen worden war.

Die Bataver blieben in der Folge Rom treu ergeben, das sie wie früher ehrenvoller behandelte als andere »Bundesgenossen«, und sich ihres Landes als Stützpunkt für die Unternehmungen gegen Britannien, solange diese Insel behauptet wurde, bediente.

Die Niederländer aber haben *Claudius Civilis* nicht vergessen und nicht mit Unrecht diesen ihren ersten Freiheitskämpfer verglichen mit *Wilhelm von Oranien.*

Veleda, mit welcher man friedlich verhandelt hatte, scheint doch zuletzt in römische Gefangenschaft geraten zu sein. Die Worte des Statius lassen, nach Abzug aller Verlogenheit, doch kaum eine andere Deutung zu.

Unter *Vespasian* wurde das *Aventicum* der Helvetier zur Kolonie *Pia Flavia Constans Emerita Helvetorium*, *Siscia* in Pannonien zur Kolonie *Sirmium* (Mitrovic), *Scarbantia*, *Noviodunum* (Dernovo, bei Gurkfeld an der Save), der Viscus der *Latoviker* (bei Laibach) und *Flavia Solva* (bei Lübnitz) zu Municipien erhoben.

Dürftig und abgerissen sind die Nachrichten über Kämpfe mit den Germanen unter der Regierung *Domitians* (81–96). Derselbe war schon im Jahre 70/71 während des batavischen Aufstandes nach Gallien gegangen, aber in Lyon wieder umgekehrt. Statius läßt ihn gleichwohl die Kriege des Rheins beendigen und Silius Italicus schon als Knabe dem »goldlockigen Bataver« furchtbar werden (Jam puer auricomo praeformidate Batavo, hier mit langem a).

Als Kaiser unternahm er im Jahre 83 oder 85 von Gallien aus einen Überfall in das Gebiet der *Chatten*, durch keinen Angriff veranlaßt, nur um den beabsichtigten Scheintriumph zu motivieren, für welchen freilich so wenig Anlaß genommen wurde, daß man zusammengekaufte Sklaven in Haarfarbe, Haartracht und Haltung maskieren mußte, um sie als gefangene Germanen aufführen zu können. Wenn auch die Dichter jener Tage, Silius Italicus und Statius, diesen Triumph feierten – der Kaiser hatte doch selbst das Bewußtsein, daß man dessen Lächerlichkeit allgemein durchschaute.

Gleichwohl wollte er den Beinamen »Germanicus«, den er schon seit 81 führte, aber vielleicht wegen dieses Triumphes bestätigt erhielt, zur Erinnerung auf den Monat September übertragen.

Vor und zu der Zeit Domitians geschah es wohl, daß die *Cherusker*, die wir durch Italicus und eine römische Partei gespalten und zerrüttet sahen, gegen ihre südlichen (herminonischen) Nachbarn, die *Chatten*, sehr in den Hintergrund traten, vielleicht von diesen gedrängt wurden.

Wenigstens wurde damals ein König der Cherusker, *Chariomer*, von den Chatten wegen seiner Hingebung an Rom aus seinem Reich vertrieben. Derselbe gewann Verbündete (wohl unter benachbarten Völkern) und setzte es durch, sein Reich wiederzugewinnen. Jedoch später von diesen Verbündeten aufgegeben, warf er sich völlig den Römern in die Arme, stellte Geiseln und bat flehentlich den Kaiser um Hilfe, der ihm aber nicht Waffenhilfe, sondern nur Geld sandte.

So hatte sich also von 47–87 ein auf die römisch gesinnte Partei gestütztes Königtum bei den Cheruskern – wahrscheinlich bei den Erben des Italicus – erhalten, nur durch allzu würdelose Hingebung an Rom zuletzt die eigenen Verbündeten entfremdet, nachdem schon vorher die jetzt kräftig gegen Rom auftretenden *Chatten*, der Bataver Stammesgenossen, den gefährlichen Römerfreund aus der Nachbarschaft vertrieben hatten. Aber um solcher barbarischer Schützlinge willen sich auf Waffenhilfe einzulassen – wie weiland Germanicus, nur um einen Parteigänger wie Segest zu retten, einen abgeschlossenen Feldzug wiederaufgenommen hatte – gelüstete Rom längst nicht mehr. Bloß Geld setzte man daran,

den inneren Krieg der Germanen nie auslöschen zu lassen, wie Tacitus auch über die von den Römern geschützten Könige der Markomannen und Quaden sagt, daß sie oft durch Geld, selten mit den Waffen unterstützt wurden.
Während man das Sinken der cheruskischen Machtstellung (und das Emporsteigen der Chatten) auf jene inneren Kämpfe zurückführen möchte, schreibt Tacitus an einer anderen Stelle (Germ. 36) deren Verfall allzulanger Friedfertigkeit und erschlaffender Ruhe zu. Die Stelle erweckt in ihrer rhetorischen Haltung nicht viel Vertrauen in objektive Richtigkeit und steht mit des Tacitus eignen und Dios Worten von jenen inneren Kämpfen und der Einmischung von Langobarden und Chatten im Widerspruch, man müßte denn annehmen, jene Periode der allzugroßen Ruhe sei erst nach Chariomers Vertreibung eingetreten – dann aber währte sie höchstens 18 Jahre (von 81–99, da Tacitus die Germania schrieb). Wir werden also an dem Sinken (ruina) der Cherusker nicht zweifeln, aber den Grund mehr in zu vielen als in zu wenigen Kämpfen suchen dürfen.
So tief und so dauernd war der Cherusker Machtstellung gesunken, daß das Nachbarvölklein der *Fosen* (an der Fuse?), das früher sehr untergeordnet gewesen war, nun gleichgestellt erschien.
Außer mit den genannten Völkerschaften hatte Domitian Berührung mit einem König der *Semnonen*, *Masyos*, und einer Jungfrau *Ganna*, welche nach Veleda in »Celtica« (das heißt Germanien) als Weissagerin die Zukunft verkündete. Beide suchten den Kaiser (doch wohl in Rom) auf und kehrten, ehrenvoll von ihm behandelt, zurück.
Es erhellt nicht einmal bestimmt, ob beide die Reise zusammen machten, in welchem Fall vielleicht die Wala als ebenfalls dem Semnonenvolke angehörig angenommen werden dürfte.
Die Semnonen mochten als Ostnachbarn der Cherusker in Chariomers Geschicke verflochten worden sein.
Gleichzeitig aber rührten sich damals die Germanen und andere Barbaren an der Donau. Jahrhundertelang machten sie fortab gleichzeitig oder in Abwechslung den Römern an beiden Strömen – Rhein und Donau – zu schaffen.
Vielleicht aber waren die Semnonen als Stammvolk und Vorort der Sueben mit berührt worden durch Kriege von »*Sueben*« (in dem freilich weit von der Elbe entlegenen Mösien) gegen *Jazygen*, wobei Domitian letzteren auf ihr Bitten um Hilfstruppen angeblich solche in Gestalt von hundert (!) Reitern gesendet hatte, was freilich nur Form und Ehre, nicht Wesen einer Kriegshilfe gewesen wäre. Jene Sueben aber machten mit den Jazygen Frieden und Bündnis und rüsteten mit diesen zur Vergeltung für jene römische Feindseligkeit einen Einfall über die Donau.
Die den Jazygen in Mösien nächsten Sueben waren die *Quaden*, die später meist als Verbündete, zum Teil als Oberherren der Jazygen auftreten. Aus einigen Stellen des Tacitus, die auf diese Zeit (im Jahre 84–85 oder kurz vorher) bezogen werden müssen, erhellt, daß damals, wie vorher in »Germanien« durch Civilis, auch in Mösien, Dakien, Pannonien »Heere« verlorengingen, obzwar die Worte, daß man nicht nur um die Grenzlinie und die Flußufer, sondern um die Winterlager und den Besitz des Hinterlandes zu kämpfen gehabt habe, sich zumeist auf den batavischen Aufstand beziehen.
Bei Bekämpfung des *Dekebalus*, des mächtigen Dakenkönigs, schien eine vorhergehende Bezwingung der benachbarten und feindlich gesinnten Sueben – der

Markomannen und *Quaden* – notwendig, um die linke römische Flanke vor einem Angriff von Westen her zu sichern. Aber Domitian wurde bei dieser vorbereitenden Unternehmung so nachdrücklich geschlagen (im Jahre 89), daß er den Zweck, zu welchem er sie als Mittel gewählt, selbst aufgab und dem Dakerkönig sogar unter Zahlung von Jahrgeldern günstigen Frieden gewährte (im Jahre 90). Die Dichter *Statius* und *Martialis* wissen freilich auch aus dem Boden dieser Niederlagen Lorbeeren für den Kaiser zu ziehen.

Wie wenig die Überrheiner und Cerialis' oder gar durch Domitians Feldzug eingeschüchtert waren, wie sie immer wieder bereit waren, den Strom zu überschreiten, zeigt, daß, als der Statthalter (Praeses) von Obergermanien, *Lucius Antonius*, sich empörte (im Jahre 93), sofort die Germanen sich ihm anschließen wollten, und nur durch das plötzliche Auftauen des gefrorenen Flusses an dem Zuzug abgehalten wurden. Vielleicht darauf, das heißt auf dieser Verbindung von Germanen mit dem bald vernichteten Empörer beruht es, daß Statius seinen Helden den Rhein *zweimal* bezwingen läßt: das zweite Mal hatte er ihn freilich gar nicht gesehen und kein Germane hatte unseres Wissens dabei geblutet. Jedenfalls zielt es auf dieses plötzliche Auftauen des Rheins, wenn *Martial* in einem Gedicht (X, 7) dem Strom wünscht, er möge immer in solcher Weise sich seiner *flüssigen* Fluten freuen und niemals möge auf ihm lasten das barbarische Rad des schmählichen Rinderhirten (das heißt des Germanen).

So gering übrigens die kriegerischen Erfolge Domitians gegenüber den Chatten waren – oder vielmehr vielleicht gerade wegen der abermals erkannten Unmöglichkeit, das innere Germanien zu unterwerfen: man vermutet, daß schon unter Domitian der Anfang des *Limessystems* ins Werk gesetzt wurde, welches erst unter seinen Nachfolgern Vollendung fand, übrigens sich auf Vorbereitungen stützen konnte, die, freilich zu anderem Zweck schon unter Drusus und Tiberius angelegt worden waren.

Domitian war schon früher zum fünften Mal als Imperator begrüßt und auf Münzen als Besieger Germaniens verherrlicht worden. An der dakisch-germanischen Grenze war jedoch keine Ruhe eingetreten. Unter Domitians Nachfolger *Nerva* (96–98) wurde dort ein glücklicher Feldzug wider die *Markomannen* geführt, nach welchem der Kaiser den Beinamen Germanicus annahm und im Jahre 98 eine Siegesmünze schlagen ließ. Bei Aufhängung der (aus Pannonien) übersandten Lorbeerkrone im Tempel des Jupiter auf dem Kapitol (Ende Oktober 97) nahm Nerva den ausgezeichneten Präses von Untergermanien *Marcus Ulpius Trajanus* (seit 94 Legat von *Ober*germanien) an Sohnes statt an und gab ihm den Namen Cäsar Germanicus.

Trajan hatte jahrelang an der Spitze einer Legion am Rhein gestanden. In Köln erfuhr er, daß Nerva am 27. Januar 98 gestorben. Die Nachricht brachte ihm sein Vetter *Hadrianus*, Befehlshaber der XXII. Legion in Obergermanien, wo dessen Schwager *Lucius Julius Ursus Servianus* jetzt kommandierte.

Rom drang nicht mehr mit den Waffen in das endgültig aufgegebene Innere von Germanien ein, aber es setzte die schon von Tiberius so erfolgreich betriebene Politik eifrig fort, bei wichtigen Völkerschaften durch Gold und andere Mittel der Bestechung eine starke römische Partei, ja womöglich einen König oder Fürsten solcher Gesinnung am Ruder zu erhalten. So wenig das uralte germanische Königtum aus solchen Wurzeln erwachsen war, immerhin erklärt sich zum Teil (keineswegs am meisten) das immer häufigere Aufkommen von Königen

bei Völkern, bei welchen wir früher von Königen wenigstens nicht wissen, aus solchen römischen Einflüssen: Marobod-Katwalda, Vannius-Sido, Italicus, dann die Cherusker Italicus und Chariomer.
Trajan trat die Regierung Ende Januar 98 zu Köln an (bis 117).
Er brach keineswegs sofort nach Rom auf, sondern suchte zunächst ein Werk zu vollenden, an dem er lange vor seiner Thronbesteigung schon gearbeitet hatte: *die Sicherung der Rheingrenze*. Dazu gehörte die völlige Einverleibung des »Zehntlandes« in die »Provinz« Germania und die Ausdehnung der von Domitian begonnenen Werke südöstlich vom Oberrhein. Er erweiterte und verstärkte in ihren wohl schon vorgefundenen Befestigungen die alte keltische Siedlung am Neckar, welche zuerst *Lupodunum*, später *Ulpia Civitas* genannt wurde (Ladenburg). Er detachierte Abteilungen von zwei Legionen (prima adjutrix und undecima, Claudia) in neu angelegte Forts im Schwarzwald bei der Kolonie *Aquae-Aureliae* (Baden-Baden), deren Warmquellen bald von den Römern gewürdigt wurden.
In Niedergermanien legte er als Ersatz der von Civilis verbrannten Festung Vetera ein neues starkes Bollwerk an, später *Colonia Trajana* genannt.
Überhaupt aber leistete Trajan, der durch langjährigen Wachtdienst am Rhein Land und Leute, Bedeutung und Gefährlichkeit der überrheinischen Nachbarn kennengelernt hatte, Außerordentliches in Erweiterung und Sicherung des gesamten sogenannten »Pfahlgrabens«, des limes transrhenanus, Römerwalles, Teufelsgrabens, welcher in seinen Anfängen allerdings auf die schon von Drusus angelegten Kastelle auf dem rechten Rheinufer zurückzuführen ist.
Nachdem die Eroberung des inneren Germaniens endgültig aufgegeben war, sollte die Deckung Galliens, für welche sich der Rhein unzureichend erwiesen, durch ein großartig und kunstvoll angelegtes System von Befestigungen gesichert werden, welches den oberen Lauf des Rheins etwa bis Koblenz und den obern Lauf der Donau etwa bis Regensburg, die Übergänge sperrend beherrschte und das Land zwischen Regensburg und Koblenz (mit den Schwarzwaldpässen) einschloß. Dadurch, daß dieses Vorland mit in die Verteidigung einbezogen wurde, erhielt man an eben diesem Vorland eine im Dreieck vorspringende Bastion, geeignet, die Barbaren im eignen Land zu beobachten, zu bedrohen, ihren Vormarsch gegen den Rhein von Flanke und Rücken zu fassen.
Entsprechend der klar erkannten Gefahr und der Ausdehnung der Verteidigungslinien verstärkte Trajan die Truppen, welche fortab hier die römische Wacht am Rhein halten sollten. Er schuf zwei neue Legionen, die XXX. und II., welchen er bedeutsam seine eigenen Namen »Ulpia« und »Trajana« und Germanien als Standquartier gab.
Neben und nach dieser großartigen Sicherung der Rheingrenze beschäftigte den Kaiser die Deckung der *Donaugrenze* – im Winter 98/99 bereiste er sie – und man darf annehmen, daß seine Tätigkeit hier durch einen der Rheinverteidigung analogen Gedanken geleitet wurde: auch die Militärstraßen, welche Germanien und die Donauländer verbanden, wurden gesichert.
Wir sehen, der Grenzwall sollte als vorspringende Bastion den Rhein sichern, den alten cäsarischen Gedanken der Verteidigung durch den Angriff, nur in maßvoller Beschränkung, verwirklichend.
Nicht minder als der von Germanen bedrohte Rhein hatte sich die *Donaulinie*, von Germanien, Daken und Sarmaten gefährdet, in den Niederlagen Domitians

Germanen und
Römer zur Zeit Trajans
Saxones
Langoba
Angrivarii
ALBIS
ALARA
VISURGIS
AMASIA
Amasia
Frisii
GERMANIA II
Eburones
Tungri
Asciburgum
Trajectum
Noviomagus
Grinnes
Col. Traj.
Veter cast.
Gelduba
Novesium
Colonja Agrippina
Divitia
Bonna
Rigomagus
Antonacum
Confluentes
Aqu. Matiacae
Munimentum Traj.
Salinae
Devona
Mogontiacum
Bingum
Segodunum
Borbetomag.
Altaripa
Noviomag.
Tribunci
Saletio
Brocomagus
Tabernae
Argentorat.
Elcebus
Argentovaria
Brisiacus
Cambete
Augusta Rauric.
Vindonissa
Arborfelix
Aurelia Aquensis
Mattium
Mesus
Jtus. Port.
Cast. Morinor
SCALDIS
Gessoriacum
Bononia
BELGICA II
Noviomagus
Noviodunum
Remi
Augustomagus
Durocortorum
Jatinum
Lutetia
Senones
SEQUANA
Verodunum
BELGICA I
Divodurum
Scarpona
Pons Saravi
Tullum
MOSELLA
Tabern.
Augusta Trev.
Augustobona
Lingones
LIGER
LUGDUNENSIS
Alesia
Divio
Bibracte
Augustodunum
MAXIMA SEQUANORUM
Vesontio
Aventicum
Geneva
RHODANUS
Allobroges
Lugdunum
Vienna
Valentia
Aug. Praetoria
Eporedia
Aug. Taurinorum
Comum
Bergomum
Brixia
Novaria
Mediolanum
Ticinum
Cremona
Placentia
Clavena
Tridentum
Marciana silva
RHENUS
For. Tiberii
Constantinae
Cambodunum
Brigantium
Pomo
Guntia
DANUBIUS
Viana
Abodiacum
LICUS
OENUS
Veldi
Vipite
Teric
Cel

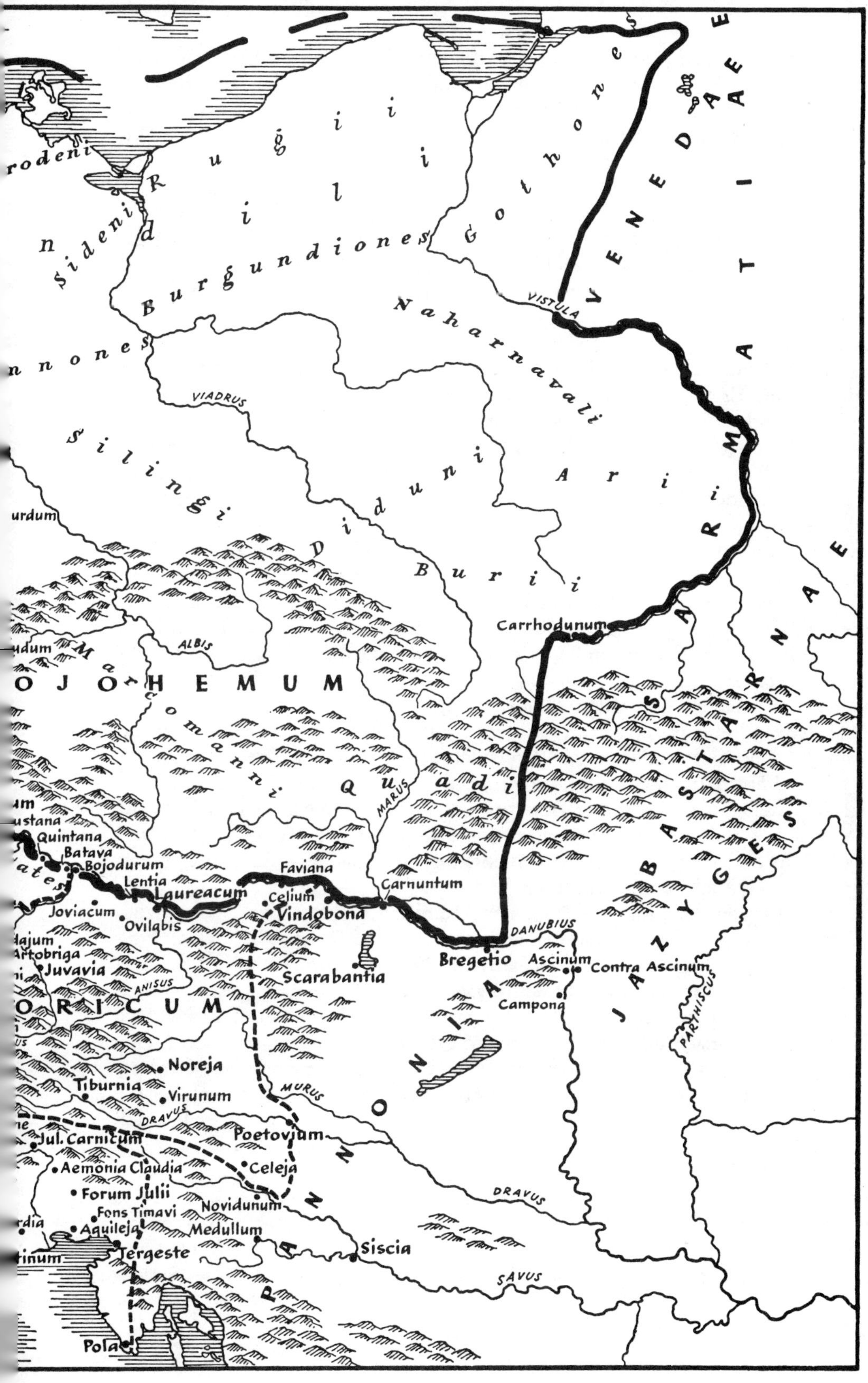
rodeni
Rugii
Lidi...
sideni
Burgundiones
Gothones
VENEDAE
SARMATIAE
VISTULA
Naharnavali
nnones
VIADRUS
Silingi
Diduni
Arii
Buri
urdum
Carrhodunum
udum
ALBIS
Marcomanni
OJOHEMUM
Quadi
MARUS
BASTARNAE
JAZYGES
Quintana
Batava
Bojodurum
Faviana
Lentia
Laureacum
Celium
Carnuntum
Vindobona
Joviacum
Ovilabis
DANUBIUS
Artobriga
Juvavia
Bregetio
Ascinum
Contra Ascinum
Scarabantia
ANISUS
ORICUM
Campona
PARTHISCUS
PANNONIA
Noreja
Tiburnia
Virunum
MURUS
DRAVUS
Jul. Carnicum
Poetovium
Aemonia Claudia
Celeja
Forum Julii
Novidunum
Fons Timavi
Aquileja
Medullum
Tergeste
Siscia
SAVUS
Pola

als ungenügende Deckung erwiesen. Auch hier sollte ein Glacis, ein vorspringendes Werk, geschaffen werden jenseits der alten bisherigen Reichsgrenze, der Donau, leicht zu verteidigen, geeignet, die drohenden Bewegungen der Barbaren früh zu erkunden, einen Vorstoß stets begünstigend, und vor allem den Schauplatz der Grenzkriege weit von dem eigentlichen Reich – dem linken Rhein- und rechten Donauufer – absteckend. Es mußte schon sehr übel ergangen sein, wenn die Verteidigung der zweiten Linie, des Flußufers, notwendig werden sollte und so lange auch nur ein Teil des Vorlandes noch in römischem Besitz blieb, war jeder vorbeimarschierende Angriff der Barbaren auf Rhein und Donau stets zugleich von Flanken oder Rücken her bedroht, also höchst gewagt; und im Fall einer Niederlage der Barbaren in der Front konnte deren Rückzug auf das äußerste gefährdet werden.

Aus diesem Grunde schuf Trajan eine dem rheinischen limes analoge Vorwehr an der Donau. Er eroberte, unter Besiegung des Dekebalus, Dakien, behauptete es mit dauernder Besatzung und machte es zur Provinz.

Unter Marc Aurel (7. März 161 bis 180) machten die Chatten gleich im ersten Jahr seiner Regierung, vielleicht durch die bedrohlichen Erweiterungen des limes gereizt, einen Doppelangriff nicht nur auf Germanien, sondern sogar bis nach Rätien.

Davon scheint – wegen der Verschiedenheit der römischen Feldherrn – getrennt werden zu müssen ein anderes Unternehmen der Chatten, welches (der spätere Kaiser) *Didius Julianus*, der Befehlshaber der, wie wir sahen, im Zehntland verteilten XXII. Legion (primigenia pia fidelis) zurückwies. Doch scheint er, nach der Zeitfolge in der Quellenstelle, nicht an der Spitze jener Legion und nicht am limes, sondern als rector von *Belgica* diesen Feldzug ausgeführt zu haben, nachdem er vorher hier einen Einbruch der *Chauken*, »ein überrheinisches Volk« an der Elbe, durch rasch zusammengeraffte Hilfstruppen der Provinzialen abgewehrt und sich dadurch den Consulat verdient hatte. Darauf erhielt er die Statthalterschaft von Niedergermanien.

Vielleicht stehen einzelne dieser Bewegungen der Germanen des Nordwestens insofern im Zusammenhang mit dem großen Kampf der Markomannen und Quaden im Südosten, als diese die Wehrkraft des Reiches sehr stark an der Donau in Anspruch nehmen mußten.

Die Bewegungen der Donausueben, von Domitian nicht erstickt, von Trajan vorübergehend gehemmt, begannen aufs neue mit außerordentlicher und lang andauernder Mächtigkeit. Nichtgermanische Nachbarn im Osten, *Roxolanen*, *Jazygen* und andere Sarmaten unterstützten dabei die beiden germanischen Hauptvölker, *Markomannen* (von Passau bis zur March und vom Erzgebirge bis zur Donau) – nach welchen die Römer diese Reihe von Kriegen benannten – und *Quaden*. Aber auch die zunächst wohnenden Völker der gotischen Gruppe, so die *Wandalen*, beteiligten sich und andrerseits holte der Strom, welcher die römischen Grenzen bedrohte, soweit aus dem Westen her seine Zuflüsse bei, daß nicht nur *Narisker*, daß auch die *Hermunduren* (bis von der Altmühl her) eingriffen.

Diese große und allgemeine Bewegung, in welcher zu Ende des Jahrhunderts die germanischen Donauvölker über den Strom drängten, war herbeigeführt worden durch den Druck, welchen die von Norden, von den Ostseeküsten her, nach Südosten wandernden Stämme der *gotischen* Gruppe übten. Diese Wande-

rung muß in jene Zeit verlegt werden, da bald darauf »Goten« und »Wandalen«, das heißt Goten verschiedener Stämme, an der untern Donau erscheinen. Als Ursache der gotischen Rückwanderung nach Osten wird man jedenfalls nach der allgemeinen Überlieferung der Wandersage und unserer Grundauffassung Übervölkerung annehmen dürfen.
Ausdrücklich wird bezeugt, daß damals, da »Markomannen und Viktofalen alles in Verwirrung stürzten und beide Kaiser, Marc Aurel und Lucius Verus, im Kriegsmantel an die Donau eilten«, auch andere Völkerschaften, welche, »*vertrieben von den mehr nördlichen Barbaren*«, flüchtig aus ihren Wohnsitzen gewichen waren, unter Kriegsdrohung Aufnahme in das Reich forderten. Jene »nördlicheren Barbaren« können nur die von der Ostsee an den Karpaten hin nach Süden drängenden Goten gewesen sein.
Jedenfalls zählten die Kämpfe der Jahre 165–181, welche unter dem Namen des »Markomannenkrieges« zusammengefaßt wurden, zu den schwersten, welche Rom je bestanden hat. Die ganze lange Grenze des Reiches, von der Donaumündung im Südosten bis zur Rheinmündung im Nordwesten, war bedroht, und zwar – mit Ausnahme einiger Slawenstämme an der Donau – von lauter Germanenvölkern, unter welchen freilich nur zum Teil, durchaus nicht für alle Glieder der großen Kette, Übereinstimmung, gemeinsamer Angriff vorher geplant war.
Von dem Verlauf dieser Kämpfe im einzelnen wissen wir sehr wenig, auch nur die verschiedenen Feldzüge richtig zu unterscheiden und ihre Zeit zu bestimmen, ist schwierig.
Die Germanen und Slawen an der Donau mochten wissen oder spüren, daß ein großer Teil der römischen Macht fern (in Asien durch den Partherkrieg) festgehalten wurde. Schon seit 165 waren sie in Noricum eingedrungen, jetzt wählten sie diesen Zeitpunkt, den Grenzstrom zu überschreiten (im Jahre 166/167) und gelangten, über die karnischen Alpen dringend, das flache Land verwüstend, über die Drave, ja bis nach Aquileja.
Italien zitterte vor germanischer Überflutung.
In dieser Zeit, kurz vor Bedrohung von Aquileja, fällt die große Niederlage der Römer (Anfang des Jahres 167; im Murtal in Steyer zwischen Sömmering und Graz), in welcher sie 20000 Mann verloren (doch wohl *damals* unter dem praefectus praetorio Macrinus Vindex? oder Furius Victorinus?), nachdem der Kaiser, einem Orakel gemäß, zwei Löwen über die Donau in das Land der Germanen hatte schwimmen lassen, welche sie sofort als »Hunde oder fremdartige Wölfe« mit Knitteln erschlugen. (Dies vielleicht erst im Jahre 169, nach andern im Jahre 166.)
In das Jahr 173 oder richtiger in den Hochsommer 174 verlegt man den großen Sieg über die *Quaden*, welcher das Heer aus äußerster Gefahr, wie Heiden und später Christen rühmten, nur durch ein Wunder des Himmels rettete. Eingeschlossen von der Übermacht der Barbaren in völlig wasserlosen (oberungarischen) Bergen fürchteten die verschmachtenden Römer der Hitze und dem Durst zu erliegen, bis der Kaiser durch sein Gebet dem Jupiter Pluvius, der deshalb auf der Siegessäule nicht fehlt, Gewitter und Regen abzwang, unterstützt durch die Zauberkunst des ägyptischen Magiers *Arnuphis*, welcher, wie eine Münze darstellt, den Luftgott Merkur (Hermes Aërios) und andere Dämonen zur Regenspende bewog.

Die Markomannen, der Hilfe der Quaden beraubt und durch deren Gebiet von den Jazygen abgeschnitten, boten nun den Frieden an, welchen der Kaiser »nur ungern« (?) gewährte. Er hatte, um die Donau endgültig zu sichern, die Verwandlung der Länder der Quaden und Markomannen in römische Provinzen, also als ein Vorland für die Donau, ähnlich dem Decimatenvorland der Rheingrenze, in Aussicht genommen, dem noch viel wilderen slawischen Reitervolk der Jazygen aber die Austilgung zugedacht gehabt. Allein die großen Menschenverluste durch Krieg und Pest bewogen ihn, jenen Plan der »Deckung durch den Angriff« aufzugeben. Völlige Unterwerfung, wie Cassius Dio behauptet, boten die Markomannen damals keineswegs an, sonst hätten nicht, wie er selbst berichten muß, *auch die Römer* wie die Markomannen bei dem nun folgenden Friedensschluß *Geiseln* »ausgetauscht«.

Jedenfalls wurde auch damals dauernde Ruhe an der Donau nicht hergestellt. Neben den beiden Hauptvölkern, Markomannen und Quaden, waren andere Germanen, die gotisch-wandalischen *Asdingen* und *Narisker* (nach andern: Narister), die sarmatischen *Jazygen* und die zweifelhaften *Burier* und *Cotinen* bald als Feinde, bald als Verbündete der Römer mit in jene Kämpfe verwickelt. Mit einzelnen dieser Barbaren dauerte der Krieg fort. Wann er mit andern beigelegt war, die einzige ausführliche Quelle, Cassius Dio, ist nur im Auszug auf uns gekommen und dabei erscheint obenein höchst zweifelhaft, in welcher Zeitfolge, in welchem Zusammenhang die einzelnen uns erhaltenen abgerissenen Stücke aneinanderzureihen sind.

So ist es unsicher, ob gerade in diese Jahre die Verhandlungen und Kämpfe mit den *Cotinen* fallen, welche sich erbieten, mit dem Feldherrn *Tarruntenius Paternus* gegen die Markomannen zu ziehen, statt dessen aber ihn angreifen, »furchtbar« schädigen (das heißt wohl mißhandeln) und darauf selbst ihren Untergang finden. (Identität dieser Cotini mit Gotini, Gotones ist nicht anzunehmen.)

Auch die *Asdingen*, der Hauptzweig der zur gotischen Gruppe gehörigen *Wandalen*, griffen damals in die Wirren des unteren Donaulandes ein.

Auch diese gotischen Völker geraten, offenbar aus den gleichen Gründen wie die Westgermanen, die späteren Deutschen, seit Mitte des Jahrhunderts in eine allgemeine Bewegung, weniger der Wanderung als der *Ausbreitung*, auch sie suchen Land für ihre überquellende Volkszahl, und zwar, nachdem sie von der Weichsel und Ostsee an die Donau und gegen den Pontus hin vorgerückt sind, von den *Römern*. Land und Jahrgelder oder jährliche Naturalverpflegung suchen sie, Kriegsdienste bieten sie, und schon schließt Rom solche Verträge. Man sieht: *die sogenannte »Völkerwanderung« hat bereits begonnen, die gleichen Erscheinungen wie hundert und zweihundert Jahre später treten uns jetzt bereits hier entgegen. Nur die Abhängigkeit der aufgenommenen Barbaren, obzwar sie ihre Könige und Häuptlinge behalten, ist noch strenger und nur erst in die äußersten Ränder des Reiches*, in Dakien, Pannonien, Mösien, Britannien, am Rhein *werden sie aufgenommen.*

Unter Führung zweier allitterierender Könige oder Herzöge, *Raus* und *Rapt*, kamen die *Asdingen* nach Dakien gezogen, in der Hoffnung, wie Quaden und Markomannen, gegen Kriegsdienste als foederati Land und Jahrgelder von Rom zu erhalten. Mit solchem Verlangen abgewiesen, ließen sie ihre Weiber und Kinder, wohl auch in einer Art von Vergeiselung, unter der Obhut des Statthalters *Clemens* und wandten sich, unter Zustimmung Roms, gegen die thrakischen Kostuboken im Nordosten Dakiens, um hier durch Eroberung das

begehrte Land zu gewinnen. Sie schlugen auch diese Feinde, schädigten aber gleichwohl auch das römische Dakien.
Da besorgte ein benachbarter (wohl suebischer) Stamm, der mit germanischem Namen *Dakringen* oder *Lakringen* genannt wird, der Statthalter Clemens möchte die gefährlichen Helfer, um sie abzulenken und unterzubringen, ihnen ins Land schicken. Sie beschlossen, zuvorzukommen, griffen die Asdingen unvermutet an und brachten ihnen solche Verluste bei, daß sie, alle Feindseligkeiten aufgebend, den Kaiser dringend anflehten, sie durch Abschluß des foedus zu retten. Sie wollten sich Land und Jahrgeld verdienen durch Bekämpfung seiner Feinde, und sie erfüllten auch diese Versprechungen einigermaßen« – so daß man wohl die Gewährung ihrer Wünsche annehmen darf.
Ratlosigkeit, Not, die sich bei zu drohendem Untergang steigern konnte, bedrängte häufig genug in jener Zeit diese Germanenvölker, welche in den bisherigen Sitzen nicht mehr Raum und Nahrung und, rings umgeben von Römern, Slawen und unter gleichem Bedürfnis leidenden anderen Germanen, keinen Ausweg fanden, zumal wenn sie einmal, aus der Heimat aufgestört, ins Wandern geraten waren. So traf ein Haufen von 3000 *Nariskern*, der ins Elend geraten war, als Überläufer – sie hatten also wohl bisher neben ihren Stammesgenossen gegen Rom gefochten – zu den Römern über und erbaten und erhielten Land in römischem Gebiet angewiesen, selbstverständlich unter der gleichen Verpflichtung zu Kriegsdiensten.
Härter als dieser Kapitulanten und vertragsmäßig Angesiedelten Geschick war natürlich das Los von wirklichen Kriegsgefangenen. Indessen wurden doch auch sie häufig als Kolonen angesiedelt, indem sie der Staat einem »Patronus« verkaufte, der sie dann, unter persönlicher Haftung für sie, auf seinen Latifundien als persönlich freie, aber an die Scholle gebundene (glebae adscripti) Hintersassen verteilte.
Für die Dauer seiner Abwesenheit im Jahre 175/176 übertrug Marc Aurel den Befehl in beiden Mösien und Dakien außer anderen Führern auch (dem späteren Kaiser) *Publius Helvius Pertinax* als Präfecten von Illyricum. Dieser hatte (177 bis 178) zahlreiche Gefechte gegen Germanen zu liefern; vollständige Ruhe war also durch die eben geschlossenen Verträge nicht hergestellt.
Wegen der von Pertinax erfochtenen Vorteile nahm der Kaiser 176 zum achten Mal den Titel Imperator an. Münzen aus diesem Jahr feiern einen Sieg über Germanen und Sarmaten, aber auch den Abschluß des Friedens (pax aeterna).
Der Kaiser hielt mit seinem Sohn am 23. Dezember 176 einen großartigen Triumph »über Germanen und Sarmaten«.
Die ihm errichtete Siegessäule (wiederaufgerichtet durch Sixtus V.) stellt Bilder germanischen und sarmatischen Lebens in Krieg und Frieden dar.
Im Jahre 178 rief aber bald aufs neue den Kaiser die bedrohte Donaugrenze von Rom ab, welche auch bewährte Feldherrn, die beiden *Quintilier*: *Sextus Candianus* und *Sextus Maximus*, nicht ausreichend schützen zu können schienen. Vorteile, welche sie erfochten, veranlaßten zwar, daß Marc Aurel (im Jahre 177) zum neunten, sein Sohn, *Commodus*, zum dritten Mal den Imperatortitel annahmen.
Bald darauf (17. März 180) starb er, 59 Jahre alt, zu Vindobona, wohin er wohl, erkrankt (an der Pest?), aus dem Standlager zu Carnuntum gebracht worden (nach anderen minder wahrscheinlichen Angaben zu Sirmium).
Schweren Herzens hatte der sterbende Kaiser ausgesprochen, wie die viel-

jährigen Kämpfe doch nur sehr teilweise die Donau-Germanen durch Gewalt oder Bundesvertrag unschädlich gemacht: manche Gaue hatten sich durch »Flucht«, das heißt »einstweiliges« Ausweichen in das Innere des Landes nach Norden entzogen. Der Vater besorgte mit Grund, sie würden nach seinem Tod gegen den jungen neunzehnjährigen Nachfolger losbrechen, »denn bei jedem Anlaß erhebt sich das Barbarengeschlecht aufs neue!« (Herodian I, 3.) Es war die Not, nicht, wie die Römer manchmal meinten, bloßer Übermut und treuloser Wankelmut.

Dieser jugendliche Nachfolger, *Commodus* (180 bis 1. Januar 193), hatte weder Macht noch Neigung, jene Kämpfe zu Ende zu führen durch das einzig denkbare Mittel, nämlich die Vernichtung all dieser Nachbarvölker. Sehr kurz währte ein Anflug kriegerischen Eifers, in welchem er die Legionen aufgefordert hatte, »das Land bis an den Ozean zu erobern«. Lebhaft sehnte er sich alsbald von der mit Eis und Nebeln bedeckten Donau nach den Genüssen Roms, nach dem Himmel und den Edelfrüchten Italiens; seine Höflinge bestärkten ihn in solchen Wünschen. Vergeblich mahnte sein Schwager, Pompejanus, auszuharren, die Grenze wirklich bis an den Ozean vorzuschieben und die gefangenen Könige und Führer der Barbaren im Triumph in Rom aufzuführen. Ohne große Mühe gelangte man zum Abschluß, da der Kaiser das von den Barbaren gierig begehrte Geld mit vollen Händen verschwendete, zahlreiche Soldverträge in größerem Maßstab schloß und andrerseits – was sein Vater schwerlich geopfert haben würde – einen bedeutenden Teil des bisher durch Kastelle beherrschten Landes auf dem linken Donauufer durch Preisgebung dieser den Germanen so verhaßten Zwingburgen und Abzug der Besatzungen wieder aufgab. Dies Zugeständnis, empfindlich für die Ehre, bedenklich für die Militärpolitik des Reiches, wog für die Germanen sehr schwer. Die unerträgliche Einengung der überquellenden Bevölkerung auf ungenügendem Boden und ihre Freiheit bedrohende Bewachung durch die Legionen war beseitigt. Dafür versprachen die Barbaren, durch große Menschenverluste in den 8–9jährigen Feldzügen für den Augenblick erschöpft, ihrerseits viele Zugeständnisse, welche übrigens nicht bei allen Völkerschaften die gleichen waren.

Man sieht, was der Vater durch kriegerische Mittel, durch Beherrschung des Vorlandes vor der eigentlichen Grenze mittels eines Systems von vorgeschobenen Befestigungen erreichen wollte – ähnlich dem Rhein- und Donaulimes –: Fernrückung der Barbaren über das Vorland hinaus in solche Weite, daß die wahre Reichsgrenze von ihnen nicht unmittelbar überraschend bedroht, daß jede ihrer Vorbewegungen von den Kastellen aus rasch an und über den Strom signalisiert werden konnte – das sucht der Sohn durch friedliche Mittel, durch Verträge an der Festungen statt, zu erzielen. Aber die anschwellenden Germanen hätten jene Beschränkungen auf die Dauer nicht einhalten *können*, selbst wenn sie gewollt haben würden.

Höchst bezeichnend für die Zustände ist es, daß stets unterschieden wird zwischen der germanischen Landnahme behufs fester *Niederlassung*, Ansiedlung, Häuserbau in Hof oder Dorfsiedlung *einerseits* und behufs bloßer Gewinnung weiterer *Weidegründe* für die Herden andrerseits.

Immer wieder unterschieden die Römer das eine von dem andern. Schon unter Marc Aurel hatten die Germanen geklagt, daß die Kastellbesatzungen ebenso das Weiden der Herden als den Ackerbau hinderten.

Und jetzt müssen sie sich verpflichten, jeden Abstand einzuhalten: sowohl erstens mit dem Hausbau als zweitens sogar mit dem Herdentrieb.
Deutlich zeigt dies, daß also auch diese Donausueben, die Stammväter der späteren *Bajuvaren*, damals schon keineswegs mehr unstete Hirten und Jäger sind, vielmehr feste Siedlungen, Dörfer, Häuser anlegen und, neben dem Weideland für ihre Herden, Ackerland brauchen, fordern, erhalten. Wie hätte man ihnen auch nur für kurze Zeit Getreidetribut auflegen können, wenn sie nicht sogar über den eigenen Bedarf Getreide produzierten.
Wohl schon im Jahre 180 dämpfte der Statthalter *Sabinianus* eine neu aufflackernde Kriegsgefahr dadurch, daß er 13000 Daken, welche, vielleicht vor anderen Völkern aus ihrer Heimat weichend, den noch kämpfenden oder eben erst beschwichtigten Donau-Germanen zu Hilfe ziehen wollten, den Weg verlegte und sie durch Ansiedlung im *römischen* Dakien beruhigte.
So endete der fünfzehnjährige »Markomannenkrieg«.
Groß waren die Verluste der Germanen gewesen, aber sie wurden, aus den oft erörterten Gründen, rasch ersetzt; dagegen wurden die ungeheuren Verluste der Römer nicht durch quiritischen Nachwuchs ausgefüllt, sondern durch massenhafte Aufnahme von Barbaren germanischen, sarmatischen, dakischen Stammes: die Barbarisierung des Heeres und der Ackerbauer des Flachlandes macht reißende Fortschritte.

Angriffszüge von Alamannen und Franken

Vom Ende des Markomannenkrieges bis zu Diokletian

Gefahr für Rom aus den Donauländern — Franken überfluten Galliens Gaue — Ostgoten überschreiten die Donau im Vordringen bis Mazedonien — König Ostrogothas Friedensschluß bringt reiche Beute — Raubzüge der Skythen über die Donau — Kaiser Claudius meldet: »320000 Goten vernichtet, 2000 Schiffe in den Grund gebohrt« — Die »Seuche bei Sirmium« — Wechselvolles Kriegsglück von Römern und Germanen bis zur Zeit Diokletians

Unter Commodus kam es auch zum Gefecht mit den »überrheinischen« Friesen, durch deren Zerstörung sich Albinus ebenfalls hervortat.
Unter den Gegenkaisern, welche auf Commodus folgten – sein Nachfolger, Helvius Pertinax, wurde von *Tausius*, einem *Tungern*, ermordet –, behauptete der von den Legionen des »germanischen (Donau-) Heeres« zu Carnuntum erhobene *Septimius Severus* das Reich.
Er fügte zu den 30 vorgefundenen Legionen drei neue: die »(I., II., III.) drei parthischen«.
Seine Unternehmungen in Britannien stützten sich auf die batavische Küste, an der alten Mündung des Rheins unterhalb Leydens; die »batavischen Bürger, die Brüder und Freunde des römischen Volkes«, weihten ein Gelübde für seiner beiden Söhne, *Geta* und *Caracalla*, glückliche Reise und Wiederkehr.
Auf ihn wird die Gründung oder Verstärkung von *Passau* zurückgeführt und zahlreiche Meilensteine zeigen seine Sorgfalt für die Erhaltung der Alpenstraßen und der Wege im Zehentland, in Noricum, Vindelicien (bei Augsburg), Rätien.
Es mochten wohl die Bewegungen der in jenen Gegenden unter dem Namen der *Alamannen* gleich nach seinem Tode zuerst auftretenden suebischen Völkerschaften die Aufmerksamkeit des Kaisers auf sich gezogen haben. Aber auch die Besatzung von *Dakien* verstärkte er, indem er aus Mösien die V. Legio macedonica nach *Patavissa* (heute Tharda) verpflanzte, welchen Ort, unter Trajan noch ein offener vicus, er befestigte und zur Kolonie erhob.
Im Jahre 213 ging sein Sohn und Nachfolger *Caracalla* über die Alpen und bekämpfte das von Cassius Dio den Kelten zugeteilte Volk der »*Cenni*«. Man nimmt schon lange vielfach und doch wohl mit Recht an, daß darunter die *Chatten* zu verstehen sind, deren Namen die griechischen Abschreiber entstellt haben.
Diese Feinde fochten mit solcher Erbitterung, daß sie die Pfeile der osrhoenischen Bogenschützen mit den Zähnen aus ihren Wunden zogen, um nicht die Hände von dem Kampf gegen die Römer ruhen zu lassen müssen. Ihre gefangenen Frauen, vom Kaiser befragt, ob sie vorzögen, als Sklavinnen verkauft oder getötet zu werden, wählten den Tod, und als sie gleichwohl verkauft wurden, töteten sie sich sämtlich selbst, einige auch ihre Kinder.
Unter diesem Kaiser wird zuerst (im Jahre 213 von Spartian) der Name der »*Alamannen*« genannt, einer der großen Gruppen verbündeter, benachbarter,

verwandter Völkerschaften, welche später als »Stämme«, als »Völker« auftreten, nachdem die Sondernamen der einzelnen darunter zusammengefaßten Völkerschaften immer mehr zurücktraten hinter dem Gesamtnamen, und allmählich auch die Grafen und Könige der einzelnen Gaue oder Völkerschaften beseitigt wurden von einem aus ihrer Mitte, der dann bei Franken, Thüringern, Burgundern und Alamannen als Volkskönig, bei Bajuvaren als Volksherzog erscheint, während bei Sachsen und Friesen die uralte Zersplitterung in Völkerschaften und Gaue fortbesteht.

Die staatsrechtliche, verfassungsgeschichtliche Bedeutung dieser neuen Gruppen wird unten im Zusammenhang dargestellt werden: hier genügt die Bemerkung, daß diese Verbände kein Einheitsstaat, kein Bundesstaat, ja nicht einmal ein *alle* Staatszwecke *gemeinsam* verfolgender Staatenbund waren, sondern eine auf Nachbarschaft, Verwandtschaft, daher zumal gemeinsamem Kult und wohl auch ausdrücklichem Vertragsschluß ruhende Verbindung, welche (außer zu gemeinsamen Opferversammlungen) regelmäßig zu gegenseitiger Waffenhilfe gegen Rom, aber auch gegen andere Feinde verpflichtete. Wobei aber oft genug einzelne Glieder der Gruppe darunter sind, die, gewonnen, eingeschüchtert, gezwungen, die Waffenhilfe, die gemeinsame Kriegsführung gegen Rom *nicht* leisten, sondern neutral bleiben und Sonderverträge mit dem Kaiser schließen.

Die Alamannen werden gleich bei ihrem ersten Auftreten eine »volkreiche« *Nation* genannt: höchst lehrreich und sehr bedeutsam; denn die anwachsende Volksmenge eben hatte das Zusammenfließen der bisher getrennten Völkerschaften und Gaue bewirkt. Sogleich wird auch ihre wunderbar kämpfende Reiterei von den Römern gerühmt, wie später die der (alamannischen) Juthungen. Gegen diese focht Caracalla glücklich in der Nähe des Mains. Er nahm daher *neben* dem Titel »Germanicus« den Titel »Alemannicus« an. Beide Namen wurden also damals unterschieden. Unter »Germani« verstand man oft noch, wie ursprünglich, nur die Völker zwischen Rhein und Elbe, die (späteren) Sachsen (Cherusker, Chauken) und besonders (die späteren) Franken.

Den römischen *Feldherrn* konnte freilich kaum entgehen, daß diese »Alamannen« nur ihre alten Feinde unter neuem Namen waren und den andern »Germanen« an Leibesart, Waffen, Kriegsweise, Verfassungs- und Kulturzuständen ganz gleich. Aber nur selten erfassen die *Schriftsteller* diese Zusammengehörigkeit richtig, so glaubt Ammian im Ernst, die Burgunder seien *römischer* Abkunft.

Nach den Auszügen aus Cassius Dio erkaufte Caracalla den scheinbaren Sieg um Geld; aber Gefangene hatte er immerhin gemacht, denn Alamannen (doch wohl Gefangene) rühmten sich später, den Kaiser durch ihre Zauberlieder in Wahnsinn gesungen zu haben.

In dem Feldzug gegen die Alamannen ließ er sehr zahlreiche Kastelle anlegen an allen ihm geeignet scheinenden Orten; den neuen Ansiedlungen legte er dann von seinem Namen und Wesen abgeleitete Namen bei.

Hielten die Sueben an der Donau Ruhe, so begannen gerade um diese Zeit die *gotischen* Völker, von denen *Wandalen*, zumal *Asdingen*, schon früher hier auftreten, immer mächtiger um sich zu greifen, Dakien zu beunruhigen und die Grenzen des Reiches bald auch in Asien zu bedrohen. Um die Mitte des zweiten Jahrhunderts waren sie allmählich von den Ostseegegenden in langsamer Südwanderung bis an die Donaumündungen gelangt. Derselbe Kaiser, der zuerst mit *Alamannen* zu kämpfen hat, Caracalla, trifft zuerst auf seinem Marsch in den Orient auf die Goten unter *diesem* Namen am *Pontus* (im Jahre 215). Ihre Geschichte ist bereits dargestellt, doch muß hier erinnert werden, wie bedeutsam auch für die westgermanischen Stämme die Bewegungen der Goten gegen das Römerreich wurden, welche jahrhundertelang die Kräfte der Legionen stark in Anspruch nahmen.

Rasch, sehr rasch, schreitet seit Marc Aurel die Verwilderung der römischen Kultur vor, wenn man aus den Kaisern auf das ganze Volk schließen darf. *Commodus* schon, noch viel mehr *Caracalla*, zeigen wieder Züge des Cäsarenwahnsinns, wie er seit Nero und Caligula selten geworden.

Die Beruhigung der Donaustämme in den letzten Jahren war ohne Wirkung auf die Dauer, die Bekämpfung der Chatten und Alamannen ohne Erfolg gewesen. Da die tief liegenden Ursachen, welche die Germanen über die römischen Grenzen drängten, ununterbrochen fortwirkten, konnten auch die Folgen nur auf kurze Zeit zurückgestaut, nicht unterdrückt werden.

Der dritte Nachfolger Caracallas, *Severus Alexander*, erhielt zu Antiochia, während er gegen die Perser zu Felde zog, von den Procuratoren Illyriens die bestürzende, schwere Sorgen weckende Nachricht, daß die Germanen Rhein und Donau überschritten hätten und das römische Gebiet verheerten: die Legionen würden in ihren Lagern an den Stromufern festgehalten und eingeschlossen, während die übrigen Scharen der Eingedrungenen über Dörfer und Städte sich ergössen. Die *illyrischen* Stämme an der Grenze Italiens schwebten in nicht geringerer Gefahr, erforderlich sei sein persönliches Erscheinen mit dem ganzen Heer, das er bei sich habe. Die Truppen versetzte diese Botschaft in Trauer, da sie hörten, wie über ihre Angehörigen durch die Germanen das Verderben kam. Der Kaiser aber und seine Freunde zitterten schon auch für Italien selbst.

Ausdrücklich bezeugt Herodian, daß man jetzt im Römerreich die *von den Germanen drohende Gefahr als die größte erkannte*, als viel bedenklicher denn die Angriffe der Perser im Fernen Osten. Freilich wird nur die größere Nähe dieser Feinde als Grund der größeren Gefahr angesehen; und zwar erkannte der strategische Blick der Römer richtig, von woher zuerst der Angriff der Germanen dem Reiche werde Verderben bringen: nicht im Nordwesten vom Rhein her und durch Gallien, sondern vom Südosten her aus den Donauländern, von wo auch wirklich später der Goten und Langobarden Einbruch in das Ostreich und nach Italien erfolgte, »nur die dünnen illyrischen Völkerschaften und ihr schmales, den Römern unterworfenes Land trennte im Süden Italien von den Germanen als anstoßenden Grenznachbarn«. Franken und Alamannen entrissen dem Reiche doch nur die Außenprovinz Gallien, aber Westgoten und Ostgoten bedrohten Byzanz, gewannen Rom und Italien vorübergehend, Langobarden Italien für immer.

Bei dem Triumph über die Perser, welchen der Kaiser (September 233) hielt, rief ihm das Volk zu, daß es durch ihn den Sieg über die Germanen erhoffe.

Er nahm in sein Heer viele Maurusier, Osrhoener, Parther auf, treffliche leichte Truppen, zumal Bogenschützen, von denen man sich im kleinen Krieg in Überfällen, Plänklergefechten und Streifereien viel gegen die Germanen versprach und zog (234) durch Gallien an den Rhein, dessen Verheerung durch die Überrheiner den Kaiser und den ganzen Staat schwer bedrückte. Eine Schiffsbrücke, die er schlug, sicherte den Übergang. Auch von Gefechten berichtet

Herodian, ohne den Ort anzugeben. Vielleicht wurden nur die Eingedrungenen auf dem linken Ufer angegriffen, denn daß das Heer auf jener Schiffsbrücke wirklich übergegangen sei, wird nicht gesagt. Aber unerachtet jener orientalischen Truppen, welche aus großer Entfernung auf die helmlosen Häupter und riesigen Leiber der Germanen, wie auf Scheiben, sicher treffend zielten, lieferten diese den Römern zahlreiche Gefechte im Nahkampf mit unentschiedenem Ausgang. Ja, so wenig hatte der Kaiser mit den Waffen ausgerichtet, daß er seinerseits Gesandte an sie abschickte, über den Frieden zu verhandeln. Dabei versprach er, alle ihre Forderungen zu erfüllen und reichlich Geld zu spenden.

Verhandlungen und Krieg am Rhein wurden aber unterbrochen durch des Kaisers Ermordung. Die Soldaten – auch Unzufriedenheit mit seiner Untätigkeit gegenüber den Germanen wird neben anderen Motiven als Grund oder doch als Vorwand angeführt – erschlugen ihn und erhoben (Frühjahr 235) auf den Thron den rohen, aber kriegstüchtigen Barbaren *Maximin:* er war ein Thraker.

Der Barbar auf dem Throne der Cäsaren liebte und verstand den Krieg. Er erfocht größere Vorteile über die Germanen als die Römer seit geraumer Zeit gewonnen hatten. Um den Erfolg zu sichern, trat er mit der vollen Übermacht des Weltreichs auf; furchtlos überschritt er auf der von seinem Vorgänger geschlagenen Brücke den Strom, »das ganze Heer« aufbietend, eine große Truppenzahl, »ja beinahe die ganze Macht der Römer mit sich führend«, darunter, noch verstärkt und geübt, die schon von Alexander verwendeten maurischen Speer- und Pfeilschützen, Osrhoener, Armenier und Parther, leichte Truppen, geschickt zum Gefecht in aufgelösten Schwärmen.

Vor dieser erdrückenden Übermacht wichen abermals, wie schon zu Cäsars Tagen, die Germanen ohne Widerstand mit Weib und Kind aus den Dörfern und Höfen, aus dem bewohnten und urbar gemachten Land in die Wälder und Sümpfe. Sehr weit, angeblich 300–400 Millien, drang der Kaiser in solcher Weise, ohne irgend auf Widerstand zu stoßen, in das Innere des Landes vor.

Nachdem die alten Versuche, vom Westen und Norden her das Land zu bezwingen, aufgegeben waren, griff man auf den Gedanken Cäsars zurück, vom Osten her sich den Weg durch Germanien an den Rhein zu bahnen, nachdem die Donaugrenze als Operationsbasis wieder gesichert schien.

Der kriegerische Kaiser sollte aber keinen Feldzug gegen die Germanen mehr leiten. Zu Sirmium erhielt er die Nachricht von der Erhebung von Gegenkaisern, welche der Senat, dem thrakischen Barbaren von Anbeginn abgeneigt, anerkannte. In dem nun folgenden Bürgerkrieg (im Jahre 238) zeigen die germanischen Söldner wieder eine ähnliche schwerwiegende Bedeutung, wie schon in den Kämpfen zwischen Otho, Vitellius und Vespasian. Maximin folgten zahlreiche Germanen, die er unterworfen oder in Freundschaft und Bündnis gewonnen. Wir ersehen daraus, daß auch dieser gewaltige Bekämpfer der Germanen sich doch keineswegs nur der Waffen, sondern, gleich all seinen Vorgängern, auch kluger Verträge ihnen gegenüber bediente.

Zumal zahlreiche Reiter hatten ihm die Germanen gestellt, und diese warf er zuerst gegen den Feind. Ihr Mut, ihre Kühnheit bei beginnender Schlacht sollte stets den ersten Stoß aufnehmen, »und wenn man auch dabei ein Wagnis übernahm, leicht war der Verlust an Barbaren zu verschmerzen«.

Aber auch einer seiner Gegner, *Maximus Pupienus*, welcher früher in Germanien befehligt und über unterworfene Germanen (am Rhein oder im Decumatenlande oder an der Donau) Amtsgewalt geführt hatte, verfügte über zahlreiche germanische Hilfsvölker.

Während der Belagerung der Stadt Aquileja litt das Heer Mangel. Unzufriedene Verschworene ermordeten den Kaiser samt seinem Sohn und der römische Bürgerkrieg wurde dadurch beendet, daß auch das Heer des Erschlagenen die Gegenkaiser, *Pupienus* und *Albinus*, anerkannte.

Endlich mahnte diese Meuterer, welche Maximin verraten und ermordet, im bösen Gewissen die Erinnerung, wie dereinst auch Severus jene Truppen, welche seinen Vorgänger Pertinax ermordet, aufgelöst und entwaffnet hatte. Sie suchten also günstige Gelegenheit, die Kaiser zu überraschen und zu verderben, bevor ihnen die Germanen zu Hilfe kommen könnten.

So warteten sie den Tag ab, da die kapitolinischen Spiele (Juli 238) die Bevölkerung Roms beschäftigten. Plötzlich stürmten die Prätorianer gegen den Palast, beide Kaiser zu ermorden. Diese hegten selbst Mißtrauen widereinander, jeder besorgte, der andere wolle die Alleinherrschaft an sich reißen und dies vereitelte nun ihre Rettung und besiegelte beider Verderben. Denn als auf die Nachricht von dem Andringen der Prätorianer Maximus in Eile die germanischen Hilfsvölker herbeirufen wollte, welche, nahe in der Stadt, zur Hand und ausreichend stark waren, den Meuterern die Spitze zu bieten, hemmte ihn Balbinus halb. Er witterte hierin einen listigen Streich des Maximus, dem er die Germanen besonders ergeben wußte: er gab vor, die Prätorianer kämen nicht, sie beide zu verderben, sondern um den Maximus zum Alleinherrscher zu machen. Während sie hierüber haderten, drangen die Meuterer ein und ergriffen ihre beiden Opfer, welche sie auf die Nachricht, daß die Germanen in Waffen zu deren Schutz herbeieilten, nach den äußersten Mißhandlungen ermordeten. Auf die Kunde, daß die Fürsten, um derentwillen sie heranrückten, schon umgekommen seien, zogen sich die Germanen in ihre Lager zurück, da sie nicht für tote Männer einen zwecklosen Kampf beginnen wollten. In der Darstellung des römischen Griechen spielen diese Germanen bei dem ganzen widrigen Schauspiel die ehrenvollste Rolle.

Um diese Zeit, wohl unter der Regierung des nächsten Kaisers – der junge *Gordian*, bisher Cäsar, wurde nun zum Augustus ausgerufen –, wird zum ersten Mal von einem Geschichtsschreiber der Name der neuen Völkergruppe genannt, welche Gallien für immer den Römern entreißen und zum Gebiet eines Staates machen sollte, der nachdem der Goten rasch verblühende Reiche verwelkt, tatsächlich, endlich auch dem Namen nach an die Stelle des römischen Reiches im Abendlande treten, und der Träger der Geschichte in Europa bei ihrem Übergang aus der Antike in das Mittelalter werden sollte. Der Name der »*Friesen*« und »*Sachsen*« kam schon bei den ersten Berührungen der Römer mit den Germanen vor, der, der »*Thuringi*« wenigstens in seiner älteren Form (*Hermunduren*), der der *Alamannen* wurde unter Caracalla gehört, die *Goten*, früher an der Ostsee, tauchten unter Marc Aurel am Schwarzen Meer auf: jetzt werden nieder- und mittelrheinische Völkerschaften (besonders Bataver, Sugambrer, Brukterer, Chamaven, Amsivarier, Chatten) als »*Franken*« zusammengefaßt. Noch dauert es dreihundert Jahre, bis in den (aus den Markomannen und anderen Donausueben hervorgegangenen) *Bajuvaren* das jüngste Glied in der Kette der großen deutschen Stämme Namen erhält.

Von dem späteren Kaiser Aurelian berichtet *Flavius Vopiscus*, daß er als Tribun der VI. gallischen Legion die in Gallien eingebrochenen und die ganze Provinz durchschweifenden *Franken* bei Mainz – also doch wohl auf ihrem Rückweg – dermaßen getroffen habe, daß er 700 tötete und 300 als Gefangene verkaufte, welcher Sieg, wie die früheren über Sarmaten, in Liedern seiner Soldaten gefeiert wurde.

Das Durchschweifen von *ganz* Gallien ist wohl Übertreibung. Der Ort der Schlacht – Mainz – bekundet in bedeutsamer Weise die Gegend, wo sie den Strom wieder überschreiten wollten, in die Heimat zu gelangen.

Dort, um Mainz nämlich, *trafen die Ausbreitungsversuche der oberrheinischen und mittelmainischen Alamannen einerseits, der niederrheinischen und mittelmainischen Franken andrerseits zusammen.* Treffend sagt Hieronymus (Ende des vierten Jahrhunderts): das Gebiet der Franken liegt zwischen dem der Alamannen (Südosten) und der Sachsen (Nordosten).

Gordian wurde auf seinem Grabmal »Besieger der Perser, der Sarmaten, der *Goten und* der *Germanen*« genannt. Der Sprachgebrauch, auch Goten unter dem Germanen-Namen zu begreifen, war noch nicht aufgekommen; »Germanen« nannte man bloß die rheinanwohnenden und vom Rhein her erreichten Völker, wie denn noch Prokop nur die Franken »Germanen« nennt.

Die nächsten Jahre hindurch waren die Kaiser wieder durch die Goten beschäftigt, welche mit nichtgermanischen Völkern, den wohl gotischen Carpi und den nur mit Goten oft gemischten Alanen, im Bund, unter dem alten vagen Gesamtnamen der »Skythen« bezeichnet, an der unteren Donau die Provinzen Dakien, Mösien und Thrakien beunruhigten. Nach Maximins Tod wurde Istropolis (Istria) in Mösien von diesen »Skythen« zerstört.

Balbinus sollte gegen Goten und Sarmaten zu Felde ziehen, Pupienus gegen die Perser. Ihre Ermordung hemmte diese Pläne. Gordian nahm 242/243 auf dem Zug gegen die Perser den Weg durch Mösien und Thrakien, die er von Sarmaten und Goten säuberte, jedoch nicht ohne durch die Alanen bei Philippopel in Thrakien eine Schlappe zu erleiden.

Sein Nachfolger *Philippus* hat die über die Donau gedrungenen »Skythen« zu bekämpfen.

Der König der Ostgoten, *Ostrogotha*, aus dem Hause der Amaler, löste das lange Zeit friedliche Verhältnis zu Rom wegen Vorenthaltung der vertragsmäßigen Jahrgelder, das heißt wohl meist auch Getreidelieferungen. Er verheerte Mösien und Thrakien.

Decius, der spätere Kaiser, von Philippus gegen diese Ostgoten gesendet, richtete nichts aus, und da er die Soldaten an der Grenze wegen vernachlässigter Bewachung des Stroms strafte und entließ, gingen diese erbittert zu den Barbaren über – ein bedeutsames Symptom der vorschreitenden Zersetzung des Reiches. Diese Soldaten an der Donaugrenze waren übrigens wohl zum großen Teil selbst Barbaren.

Ostrogotha hob die Macht der Ostgoten bedeutend, auch gegenüber den umwohnenden Germanen. Er schlug die Gepiden, deren König *Fastida*, nach Besiegung der *Burgunder* und anderer Nachbarn, auch von den Ostgoten Landabtretungen verlangt hatte. Auch bei der Wanderung und Ausbreitung *dieses* (gotischen) Volkes wird wie bei der Geschichte *aller* dieser Stämme in jenem Jahrhundert *Zunahme der Bevölkerung über das Maß der ursprünglichen Sitze hinaus*,

Mangel an Raum und Nahrung für die wachsende Volkszahl als treibender Beweggrund ausdrücklich angegeben.

König Ostrogothas Nachfolger überschritt, im ersten Jahre der Regierung des neuen Kaisers Decius, die, wie er wußte, übel bewachte Donau mit *zwei* Heeren. Das eine sandte er zur Verheerung des flachen Landes aus, mit dem andern belagerte er selbst *Novi* in Untermösien. Der dux des limes von Mösien, der spätere Kaiser *Trebonianus Gallus*, vertrieb ihn von da. Hierauf wandte er sich gegen Trajans »Siegesstadt« *Nikopolis*; auch von hier verdrängt, überschritt er den Balkan (Haemus, Haemoniae partes), drang in Thrakien ein, zog gegen *Pilippopel*, schlug den Kaiser Decius bei Beröa, daß dieser über das Gebirge auf das Heer des Gallus zurückfallen mußte, und eroberte nach langer Gegenwehr jene Stadt, wobei angeblich hunderttausend Menschen, Soldaten und Einwohner, den Tod fanden.

Ohne Widerstand zu finden, verheerten nun die Sieger Thrakien und drangen in Mazedonien ein im Einvernehmen mit dem Präses dieser Provinz, *Lucius Priscus*, der den Kaisertitel annahm.

Der tapfere Kaiser Decius traf gegen diese fressende Flamme umfassende, wohlberechnete Maßregeln: die Barbaren sollten nicht nur zurückgetrieben, eingeschlossen und vernichtet sollten sie werden.

Feststeht, daß Decius, nachdem er (angeblich, nach Zosimus) die erste und zweite Schlachtreihe der Feinde geworfen und die dritte, wie man glaubte, auf verräterische Ratschläge des Gallus, mitten in Sumpf und Moor angegriffen hatte, samt seinem Sohn und dem größten Teil des Heeres Sieg und Leben verlor (im Jahre 251).

Gallus schwang sich auf den leeren Thron und schloß sofort, sei es nach früherem geheimen Einvernehmen, sei es durch die Kriegslage gezwungen, einen für die Goten sehr günstigen Frieden, der ihnen nicht nur freien Rückzug über die Donau mit aller unermeßlichen Beute, zumal »mit den vielen vornehmen zu Philippopel gefangenen Römern gewährte, sondern obenein durch Jahrgelder Schonung für die Provinzen abkaufte«.

Der so erkaufte Friede schützte jedoch Illyricum nicht. Dieselben Goten, welche ihn geschlossen, oder andere »Skythen«, dann *Boranen*, *Burgunden*, *Carpen* ergossen sich abermals über die Donau und suchten die den Römern unterworfenen Völkerschaften auf dem rechten Ufer bis an das Meer hin heim.

Da brachte der dux von Pannonien, Cajus Julius *Aemilianus*, Hilfe, er befreite die gequälten Provinzen und wurde – zu seinem und des Reiches Verderben – von seinen Truppen zum Kaiser ausgerufen. Diese Dinge an der Donau und die Zerrüttung des Reiches wirkten auch auf die Verteidigung des Rheins. Gallus sandte den späteren Kaiser Cajus Publius Licinius *Valerianus* aus Italien nach Gallien, die Rheinarmee über die Alpen zu führen.

Aemilians Ermordung durch die eigenen Truppen (August 253) machte Valerian zum unbestrittenen Herrn. Der Hochbetagte übertrug seinem Sohn *Publius Licinius Valerianus Gallienus* die Mitregierung (im Jahre 255) und die Sorge für das Abendland, während er in den Orient zog, den er nur einmal (im Jahre 259) auf kurze Zeit wieder verließ: der leise Anfang einer Teilung des Reiches, wie sie später immer durchgreifender und endlich dauernd eingerichtet wurde.

Während des Zuges Valerians nach Asien durch Illyricum und Thrakien zeichnete sich in Gefechten gegen Goten *Aurelianus* aus, der, den dux des Donau-Limes

vertretend, diese Mark wiederherstellte und reiche Beute unter die Soldaten und die vielgeplünderten Provinzialen von Thrakien verteilen konnte. Man sieht dabei, was allein man den Germanen abnehmen konnte: Rinder, Rosse, Sklaven und Freie als Gefangene. Welche stets wachsende Menschenmassen aber die Goten zu ernähren hatten, zeigt, neben ihren unaufhörlichen Feldzügen mit stets stärkeren Massen, der hohe Viehstand, den die ihnen abgenommene Beute darstellt und wobei zu erwägen ist, daß die Massen der Herden doch stets bei dem Angriff der Feinde in die Wälder und unerreichbaren Verstecke des Innern fortgetrieben wurden. Außer der erwähnten Bereicherung Thrakiens durch Beutevieh konnte Aurelian als Beuteteil des Kaisers *in eine einzige Privatvilla* abliefern: neben 500 Sklaven 2000 Kühe, 1000 Stuten ins Palatium, 10000 Schafe und, was für die *Armut* des germanischen Landes bezeichnend ist, 15000 Ziegen.
Diese Zahlen zeigen aber auch, welchen ungeheuren Umfang die Großgüter (Latifundien) im Reich hatten, welche, nur von Sklaven, höchstens Kolonen, bearbeitet, eine Hauptursache des *wirtschaftlichen* Ruins des Reiches waren, wie sie *gesellschaftlich* und *politisch* dessen Untergang wie verursachen so bezeichnen: durch die schonungslose Aufzehrung des Standes freier Bauern von mittleren und kleinen Gütern. Diese verderbliche Umwälzung vollzog sich in allen Provinzen fast ganz gleichmäßig an der Donau wie an der Rhone und am Ebro.
Auch ein anderer nachmaliger Kaiser, *Probus*, zeichnete sich damals unter Valerian als Tribun im Kampf gegen *Sarmaten* und *Quaden* im Illyricum aus. Er zwang jene Barbaren fast ohne Kriegführung, ihre davongeschleppte Beute herauszugeben.
Während dieser Vorgänge im Osten war Gallienus an den Rhein geeilt, wo die germanischen Völkerschaften »heftiger als anderwärts« die Gallier bedrängten (im Jahre 256). Er oder richtiger sein Feldherr *Postumus* (der volle Name lautet: Cajus Marcus Cassianus Latinius Postumus), ein Gallier von Geburt, bewachte, »so weit er es vermochte« (Zosimus), die Rheinübergänge, verwehrte den Angreifern den Übergang und stellte den Feinden, wenn sie gleichwohl herübergedrungen, die Truppen in Schlachtordnung entgegen. Von einer Offensive über den Rhein hinüber ist nicht die Rede, obwohl die Münzen drei Siege unterscheiden und beide Kaiser den Titel »Germanicus Maximus« annahmen. Postumus aber wurde im Jahre 255 oder 256 zum praeses von Gallien und dux des limes transrhenanus bestellt.
Auf die Nachricht von der Katastrophe Valerians in Persien erhoben sich gegen Gallienus allmählich so viele Anmaßer und Gegenkaiser, daß man dieselben unter dem in jedem Betracht unpassenden Ausdruck der »30 Tyrannen« zusammengefaßt hat. Zugleich benutzten die Barbaren an fast allen Grenzen des Reiches die ihnen wohlbekannte Verwirrung und Meisterlosigkeit zu verheerenden Einfällen; sie mochten – allerdings um zwei Jahrhunderte zu früh – das alte, schätzevolle Kulturreich als zerfallend, als nicht mehr verwehrbare Beute ansehen.
Den rings bedrängten Römern wenigstens machten die gleichzeitigen Angriffe der »Skythen« auf Illyricum, Italien, Gallien den irrigen Eindruck, als beruhten sie auf verabredeter Verbindung.
Gallienus eilte nach Italien, wo eingedrungene »Skythen« (Alamannen, Markomannen und andere Sueben) bis Ravenna streiften.

In Illyricum hatte Gallienus (im Jahre 258–261) nicht nur zwei Gegenkaiser nacheinander zu unterdrücken, auch eingefallene »Skythen« zu bekämpfen.
Aber alsbald wurde Gallienus nach Gallien zurückgerufen durch eine neue Empörung. Er hatte törichterweise das Land nicht dem verdienten Postumus, sondern seinem unmündigen Sohn *Salonius* und dessen Hofmeister *Silvanus* übertragen. Hierdurch schwer gekränkt, trachtete *Postumus* nach dem Purpur (im Jahre 260).
In den nächsten Jahren vermochte Postumus, von Gallienus wenig oder gar nicht behelligt, manches für die Hebung der inneren Zustände Galliens zu wirken, zum Beispiel für die Sicherung und Belebung der Rheinschiffahrt, auch sein Münzwesen war einigermaßen besser als das des Kaisers.
Nachdem Postumus durch Hilfe der Franken sich der römischen Gegner erwehrt, mußte er sein Gallien immer wieder gegen die germanischen Nachbarn verteidigen. Denn wie vor zwei Jahrhunderten schon war Gallien auch jetzt unfähig, auf eigne Kraft gestützt zwischen Römern und den Germanen sich selbständig zu behaupten. Es fragte sich immer nur, ob es jenen oder diesen als Beute zufallen werde. Freilich war das Land nun nach sechs Generationen völlig romanisiert und eine Losreißung vom Imperium war nicht beabsichtigt. Es zeigt sich nur schon jetzt die wenig später durchgeführte Neigung, richtiger Notwendigkeit, das große Weltreich in mehrere Teile unter besonderen Kaisern zu gliedern. So betrachtete man es vielmehr als »Herstellung der alten Sicherheit des Römerreichs«, daß Postumus alle in Gallien eingedrungenen Germanen wieder entfernte – also wohl auch die von ihm früher zu Hilfe gerufenen Franken. Vielleicht sind aber darunter nicht die als Söldner geworbenen Franken, sondern nur solche Germanenscharen gemeint, welche, um Beute oder gar um dauernde Niederlassung zu gewinnen, eingedrungen waren.
Diese Befreiung von den germanischen Drängern steigerte lebhaft die Liebe der Gallier für ihren Landsmann und Beherrscher.
Ja, Postumus legte sogar »auf barbarischem Boden«, das heißt doch wohl auf dem rechten Rhein-Ufer, einige Kastelle an, vermutlich zur Verstärkung oder Erweiterung des limes oder doch zur Verteidigung der Rheinübergänge. Einzelne seiner Münzen und eine Inschrift legen ihm den Namen Germanicus Maximus bei.
Durch einen neuen Angriff des Gallienus bedrängt, erhob Postumus den zu ihm übertretenden kraftvollen Feldherrn *Marcus Piavonius Victorinus* zum Mitkaiser (im Jahre 265), schlug einen (im Jahre 266) zu Mainz ausgerufenen neuen Gegenkaiser *L. Aelianus*, wurde aber von seinen eignen Truppen ermordet, weil er ihnen nicht nach dem Sieg diese Stadt zur Plünderung überlassen wollte.
Sofort nach seinem Tod brachen die Germanen in plötzlichem Angriff ein, überraschten die Kastelle auf dem »barbarischen Boden« und auch viele Städte Galliens, plünderten und verbrannten sie. Aelianus stellte sie alle wieder her, wurde aber ebenfalls von den eignen Soldaten ermordet.
Nachdem Victorinus und ein dritter Anmaßer, *M. Aurelius Marius*, das gleiche Ende gefunden (im Jahre 267), wurde (Anfang des Jahres 268) der Statthalter von Aquitanien, Cajus Pius Esuvius *Tetricus* zu *Burdigala* (Bordeaux), wie es scheint, halb gegen seinen Willen zum Imperator ausgerufen. Er behauptete sich sechs Jahre als Herr des Westens, unterwarf sich aber 274 freiwillig Aurelian.

Während dieser Vorgänge in Gallien hatten nach Valerians Gefangennehmung unter anderen »Skythen« auch *gotische* Völker ihre Angriffe von den Donau-Mündungen aus auf Asien erneuert.
Ungefähr gleichzeitig (267) treten unter den Angreifern in jenen Gegenden zuerst die Heruler auf, welche mit den übrigen gotischen Völkern von der Ostsee nach Süden gezogen waren und an der *Mäotis* ihre Sitze gefunden hatten.
Claudius, ein Dardaner (Bergvolk an den Nordhängen des Scardus (Schar Dagh), in Illyricum, eröffnet den Reigen der sogenannten »illyrischen Kaiser«, das heißt der tüchtigen Männer, welche, aus der noch wenig verdorbenen römischen Provinzialbevölkerung der unteren Donaulande hervorgegangen, durch kriegerische Kraft und männliche Wackerheit des Charakters das sinkende Reich mit solchem Erfolg stützten, daß der unter Gallienus schon nahe scheinende Untergang noch auf zwei Jahrhunderte hinausgezögert wurde.
Nachdem Italien gesichert, mußte Claudius sofort wieder die *Goten* zugleich in Europa und Asien abwehren. Jene Goten, welche im Jahr 267 der Verfolgung gegen Rat und Warnung des Claudius entkommen waren, »hatten nach ihrer Heimkehr alle Stämme des Gotenvolkes (omnes gentes suorum l. c.) angespornt, römische Beute zu suchen«. So brachen denn 268/269 die verschiedenen Völker der »*Skythen*«: *Peukiner*, *Greutungen* (das heißt *Ostgoten*), *Tervingen* oder *Visi* (das heißt Visi-goti, *Westgoten*), *Gepiden* und *Heruler*, beutegierig in das römische Gebiet ein und verheerten es größtenteils, während der Kaiser in Italien beschäftigt war. Die Zahl der bewaffneten freien Krieger dieser eingedrungenen Völker wird auf 325000 Köpfe geschätzt. Dabei waren aber jene Stämme genötigt, auch wenn sie nicht dauernde Sitze suchten, was bei manchen übrigens gewiß die Absicht war, Weiber, Kinder und Knechte mitzuführen, denn unbeschützt konnten diese nicht in den rings von anderen Barbaren bedrohten Sitzen belassen werden. *Es verschwindet also hier, wie einst bei den Kimbern, Amsivarien und andern, in gewissem Grade der Unterschied von wandernden Völkern und plündernden Heeren.* Wir erinnern uns, daß schon unter Marc Aurel einmal ein solches Volk gerade in diesen Gegenden seine Weiber und Kinder, sogar einmal unter Obhut eines römischen Statthalters, zurückließ. So fügt denn Trebellius Pollio hier der angegebenen Zahl von Bewaffneten noch ausdrücklich bei die *Knechte, die Familien, den Karrenzug.*
Die Niederlage von 267 unter Marcian und Claudius kann nicht so entscheidend gewesen sein, da der Erfolg der bisherigen Einfälle die übrigen Barbaren »ermutigte«. Die »Skythen« neben den »Goten« und »Herulern« sind wohl meist ebenfalls (gotische) Völker, deren Zugehörigkeit zu den Goten nicht allgemein bekannt war. Man nannte die Seefahrer auch die »Mäotiden«, weil einige, so zum Beispiel besonders die Heruler, an der Mäotis wohnten. Gerade sie waren auch sonst gefürchtete Seeräuber.
Der Feldherr, der beauftragt gewesen war, das Meer von diesen Seeräubern zu reinigen, war durch die Angriffe der *Zenobia* von *Palmyra*, der Witwe des *Odenathus*, auf Ägypten nach dem Orient abgerufen.
Ohne nennenswerte Erfolge kehrten diese Schiffe der Goten wieder um und die Bemannung erlitt, nachdem sie, wie es scheint, in Thrakien und Mazedonien wieder gelandet (bis gegen Byzanz streiften einzelne Haufen) war, durch Seuchen fast aufreibende Verluste.

Ein anderer Teil zog, anfangs vielleicht ebenfalls noch zu Schiff, den Fluß *Axius* aufwärts, in das Innere des Landes, auf beiden Seiten des Flusses, östlich im Gebiet der Stadt *Doberus* und westlich in *Pelagonien*, alles verheerend (Zosimus a. a. O.). Hier stießen sie auf die ausgezeichnete Truppe der *dalmatischen* Reiter und verloren 3000 Mann, zogen dann weiter nördlich, vielleicht immer noch auf dem Fluß Axius, durch die Landschaften *Päonien* und *Dardanien*, ferner, nun vom Fluß nach Nordosten ablenkend, nach *Ober-Mösien*, wo ihnen endlich bei *Naissus* in Dardanien, der Heimat des Kaisers, dieser selbst entgegentrat.

Mit meisterhafter Feldherrnschaft sperrte ihnen Claudius die Pässe des *Hämus* (Balkan), zumal wohl die *porta Trajana*, den Paß von *Suluderbend* aus dem *Isker-* in das *Maritza-Tal*. Nicht verscheucht, vernichtet sollten die Eingedrungenen werden, ihren Genossen in der Heimat zur Abschreckung. So war der Landmacht der nächste Weg in die alten Sitze, der Landweg nach Norden, abgeschnitten. Sie wandten sich nun nach Süden, gegen Mazedonien, wohl um die an der dortigen Küste noch ankernden Schiffe der Seefahrer zu erreichen. Schon auf diesem Weg verloren sie durch Hunger viele Leute und Gespanne.

Auf dem Marsch wurden sie von der Reiterei eingeholt, angegriffen, unter abermaligen großen Verlusten östlich abgedrängt und in das *Rhodopegebirge* geworfen. Hier, von mehreren Armeen eingeschlossen, büßten sie abermals offenbar durch Hunger und Seuchen viele Mannschaft ein. Aber ein Angriff der Römer – der Kaiser hatte in dem Wettstreit zwischen seinem Fußvolk und der Reiterei um diese Ehre für jenes entschieden – endete nach schwerer Schlacht mit solcher Niederlage der Kaiserlichen, daß nur das rechtzeitige Eingreifen der Reiterei rettete und den Schlag in einen mäßigen abschwächte: 2000 Tote verloren die Römer hier.

Endlich wurden die in den Bergschluchten Umzingelten durch Seuchen und Hunger zur Ergebung genötigt, auch die Schiffe fielen jetzt in die Hände des Kaisers. Die meisten Führer wurden gefangen, ebenso edle Frauen aus verschiedenen Völkern. Die vielen Rinder, Schafe und berühmten »Keltischen« Rosse (Skythisch, Gotisch und Keltisch braucht dieser Schriftsteller synonym) sind aber wohl *früher anderswo*, nicht diesen durch *Hunger Bezwungenen*, abgenommen worden.

Der Kaiser faßt seine Erfolge in einem Schreiben an den Kommandanten von Illyricum zusammen, welches dem vor dem Krieg an den Senat gerichteten entspricht:

»Wir haben 320000 Goten vernichtet, 2000 Schiffe in Grund gebohrt. Die Flüsse und alle Küsten sind bedeckt mit Schildern, Schwertern, Wurfspeeren. Man sieht auf den Feldern den Boden nicht vor Leichen. Kein Weg ist rein von Toten. Die ungeheure Wagenburg ist verlassen«.

Die Seuche ergriff aber auch das römische Heer und raffte zu Sirmium (Anfang März des Jahres 270) Kaiser Claudius mit dahin, der, mit besserem Recht als die meisten Vorgänger, den Namen »Goticus« getragen hatte.

Er hatte zu Ehren des *flavischen Hauses* auch den Namen *Flavius* angenommen. Die von seiner Schwester abstammenden *Constantiner* führten ihn fort, und von daher ist er, wie von späteren Kaisern, von germanischen Königen der Westgoten und Langobarden getragen worden.

Eine Abteilung der Goten, welche dem Schicksal der Hauptmacht entgangen war, verheerte auf der Flucht, vielleicht auf geretteten Schiffen, das Gebiet von *Anchialus* (jetzt Akelo bei Burgas) in Thrakien, gelangte glücklich über den Balkan und bedrohte *Nikopolis*, wurde aber hier durch die Selbsthilfe der Provinzialen zertrümmert.
Dies geschah (Frühjahr 270) unter der kurzen Regierung von Claudius' Bruder *Quintillus*, welcher schon sehr bald (in 17 Tagen?) durch die Soldaten oder durch eigene Hand zu *Aquileja* den Tod fand, auf die Nachricht, daß das Heer in Illyricum den bewährten Feldherrn *Aurelian* (Claudius Lucius Domitius Aurelianus) zum Kaiser ausgerufen hatte.
Dieser ging nach Rom, Senat und Volk in Pflicht zu nehmen. Aber sofort wurde er durch neue Einfälle der Goten und anderer »Skythen« wieder an die Donau gerufen. In einer Nacht wichen die »Skythen« über den Strom zurück und eröffneten Verhandlungen.
Aurelian schloß mit ihnen desto lieber ab, als ihn ein dringender Hilferuf zum Schutz Italiens entbot.
In jene Zeit, vor dem Aufbruch des Kaisers nach dem Orient, fallen auch seine siegreichen Kämpfe mit noch anderen Germanen, welche Italien bedrohten: *Juthungen*, *Markomannen*, *Wandalen*.
Endlich wurde die Gefahr abgewehrt und der Feind (auf der Ebene von *Pavia* wurde er wohl *jetzt*, auf dem Rückzug, noch einmal geschlagen) aus Italien verdrängt. Eine sehr wichtige Wirkung dieses germanischen Schreckens wurde für Rom die Errichtung der sogenannten »aurelianischen Mauer«, welche noch in den Gotenkriegen des 6. Jahrhunderts ihre treffliche Anlage und Festigkeit bewährte. Die bisherige Umwallung wurde (im Jahre 271) verstärkt, später auch ausgedehnt, Probus vollendete das Werk.
Bevor sich Aurelian nach dem Orient begab zur Bekämpfung Zenobias von Palmyra (272), suchte er die Ruhe der Donauländer für die Dauer seiner Abwesenheit zu sichern. Er schlug gotische und sarmatische Schwärme in Illyricum und Thrakien, überschritt den Grenzstrom und tötete im Feindsland einen gotischen Heerführer (ducem) *Kannaba* (oder *Kannabauda*) mit 5000 Mann der Seinen. Auf Grund dieser Siege nahm Aurelian den Titel »Germanicus Maximus« an.
Auf die Dauer schreckte er freilich die Barbaren so wenig dadurch von neuen Einfällen ab, daß er schon auf dem Rückweg aus Asien im Jahre 273 wieder die gewohnten Räuber, die *Carpi*, zurückzuschlagen hatte. Den vom Senat ihm deshalb erteilten Titel »Carpicus« lehnte er als zu geringfügig (»lächerlich«) ab. Wohl aber ließ er sich »Goticus« nennen.
Nachdem durch freiwillige Unterwerfung des *Tetricus* in Gallien – er trat in der Schlacht bei Châlons an der Marne (Anfang 274) selbst aus den Reihen seines Heeres zu seinem Gegner über – die Westprovinzen sämtlich wieder an den Herrn Italiens zurückgefallen waren, trieb der Kaiser die über den Rhein gedrungenen Germanen aus der Provinz.
Es waren wohl vor allem die *Franken*; gegen sie hatte (der spätere Kaiser) *Probus* unter Aurelian in ihren »unermeßlichen Sümpfen« (am Niederrhein) geschlagen.
Bei dem großartigen Triumph, den Aurelian nach allen diesen Erfolgen im Jahr 274 hielt, fuhr er auf einem mit vier Hirschen bespannten Wagen, welcher einem gotischen König gehört hatte, aufs Kapitol, wo er die Hirsche schlachtete,

welche er, als er sie mit dem Wagen erbeutete, dem Jupiter Optimus Maximus geweiht hatte.
Unter den Gefangenen, welche aufgeführt wurden, begegnen (neben den Orientalen Zenobias) zuerst Goten, dann Alanen (Halani) (Alamannen?), Roxolanen, Sarmaten, Franken, Sueben, Wandalen, dann besonders noch »Germanen«.
Nicht unverdient war es, daß man dem Kaiser nach solchen Taten den Ehrennamen »restitutor orbis«, »Wiederhersteller der (römischen) Welt«, beilegte.
In den nächsten Feldzug verlegt man den Sieg, welchen der Vater Constantins, *Constantius Chlorus*, bei Vindonissa (in campis Vindonis) erfocht.
Von dort ging Aurelian nach Illyricum, einen neuen Feldzug gegen die Perser vorzubereiten. Hier, an Ort und Stelle, überzeugte er sich, daß es unmöglich oder nur mit unverhältnismäßig großen Opfern erreichbar sei, die von Trajan nach Besiegung der Daker auf dem linken Donauufer eingerichtete Provinz *Dacia* zu behaupten. Die verschiedenen Völker der *gotischen* Gruppe waren, in steter Anschwellung begriffen, nicht mehr von diesem ausgesetzten Gebiet abzuhalten. Er *faßte den wichtigen Entschluß*, der dem tapfern Feldherrn gewiß nicht leicht wurde, *diese trajanische Eroberung aufzugeben*, waren doch auch Illyricum und Mösien auf dem rechten Donauufer durch die unablässigen Kriege um die Behauptung Dakiens verheert und zugrunde gerichtet. Er mochte hoffen, durch Preisgebung jenes Vorwerks die alte Reichsgrenze, die Donaulinie, erfolgreicher decken, mehr Ruhe schaffen zu können für die erwähnten beiden Provinzen, deren entvölkerte Landschaften neuer Bebauer bedurften. So zog er nicht nur das Heer, sondern auch die Provinzialen, das heißt den größten Teil der dem Reich zugehörigen Bevölkerung aus den Städten und dem Flachland des aufgegebenen Gebietes, und siedelte sie im Herzen von Mösien an. Mösien erhielt nun den Namen »Dakien«, und zwar schon unter Aurelian oder doch vor dem Jahre 321 das Land am Strom: Dacia ripensis, Ufer-Dakien, und das weiter südlich gelegene: Dacia mediterranea, Binnen-Dakien (im Jahr 274).
Es war ein verhängnisreicher, bedeutungsschwerer Schritt, es war das erste Zurückweichen des Weltreiches (seit Trajan) in Europa; es war die Aufgabe jenes kühnen Prinzips der Deckung durch den Angriff; es war der Verlust des »Vorlandes«, des Glacis der Reichsgrenzen an der *Donau*. Das Vorland der *Rheinlinie* wurde noch fast hundert Jahre behauptet. Erst zwei Jahrhunderte später räumte das kaiserlos gewordene Westreich (unter Odovakar) auch die auf dem *rechten* Donauufer gelegenen Landschaften.
Der Entschluß mag damals – strategisch und politisch – wohl begründet gewesen sein. Die erhoffte Wirkung des Opfers, bessere Sicherung der noch behaupteten Grenzen, hat er aber nicht erreicht; denn unaufhaltsam, wie eine Naturkraft, drängte die nachwachsende Volkszahl der Germanen in das Reich. In das alte trajanische Dakien auf dem linken Donauufer wanderten nun die Wandalen ein, wohl unter wenigstens stillschweigender, wenn nicht ausdrücklich vertragener Einräumung des Kaisers.
Konnte man die Germanen nicht vernichten oder die Zunahme ihrer Bevölkerung hemmen oder sie zur Rückwanderung nach Asien nötigen – drei gleich unmögliche Mittel –, so war die Überflutung des Reiches nur aufzuschieben, nicht zu verhindern. Alle Siege der Legionen bekämpften nur die *Symptome*, trafen nicht die unablässig fortwirkenden *Ursachen* des germanischen Andrangs, der wie eine Elementargewalt auftrat.

Der Nachfolger des (im Jahre 275) ermordeten Aurelian, Cajus Marcus Claudius *Tacitus*, ein Urenkel des großen Geschichtsschreibers (25. September 275 bis April im Jahre 276), wurde nach Asien gerufen durch einen Einfall »skythischer« (gotischer? vielleicht herulischer) Scharen, welche unter dem Vorgeben, Aurelian habe sie als Hilfsvölker wider die Perser entboten, über die mäotische See in Kolchis eingelaufen und von da durch Pontus bis nach Kilikien vorgedrungen waren.
Der Kaiser schlug sie, übertrug aber ihre völlige Vernichtung seinem Bruder Flavianus und starb (ermordet? im Jahre 276) auf der Rückreise. *Flavianus*, sein Nachfolger, ließ die schon im Bosporus eingeschlossenen Feinde nach halb vollendetem Sieg in ihre Heimat entkommen. Er eilte nach dem Orient und Ägypten, wo die Legionen *Probus* zum Imperator ausgerufen hatten. Auf diesem Zug fand er den Tod (Juli 276).
Auch Marcus Aurelius *Probus* war Illyrier (in der Nähe von Sirmium geboren). Schon unter Valerian hatte er sich ausgezeichnet gegen die Quaden, unter Aurelian in Ägypten, auch in Germanien hatte er die Franken in ihre unwegsamen Sümpfe geworfen, die (Germanen und) Alamannen aber weit vom Rhein zurückgedrängt.
Probus eilte, sowie er in unbestrittener Herrschaft gesichert stand, nach Gallien und an den Rhein. Die Germanen (Franken, Alamannen, Juthungen) hatten, während sein Vorgänger in Asien beschäftigt war, den überrheinischen Limes durchbrochen und starke, reiche, mächtige Städte eingenommen.
Schon nach dem Tode des Postumus beunruhigt, war der größte Teil beider Gallien nach der Ermordung Aurelians von Germanen überflutet worden.
Ohne Zweifel errang der tapfere Kaiser (276–282) auch jetzt am Rhein und im Decumatenland erhebliche Vorteile über die Germanen.
Er trat mit sehr starker Macht in Gallien auf, verwehrte schon durch sein Erscheinen die bisherigen kecken Plünderungszüge der Überrheiner, ging alsbald zum Angriff über und bewog wohl schon durch sein Anrücken die Barbaren, zahlreiche von ihnen besetzte Siedlungen zu räumen, ohne daß sie die Belagerung abwarteten. Er nahm ihnen, ihren Rückzug verfolgend, die auf römischem Boden geraubte Beute größtenteils wieder ab und drang über den Rhein, säuberte das Zehntland, trieb die Germanen, doch wohl Alamannen, bis über den *Neckar* und die *Schwäbische Alb*, die hier (seit Ptolemäus II, 11 § 7) zuerst wieder genannt wird, zurück und verstärkte den Limes dadurch, daß er gegenüber den römischen Städten, auf dem Gebiet der Barbaren, Kastelle anlegte und diese mit ständigen Besatzungen versah.
Die dauernde Behauptung dieser vorgeschobenen Posten sicherte er dadurch, daß er ihnen Ackerland, Wohnhäuser, Scheunen und Vorratslieferungen zuteilte, das heißt meist in dem (inzwischen zum Teil verödeten) Zehntland, hie und da auch wohl außerhalb des Limes. Zu den Vorratslieferungen wurden die Kolonisten im Zehntland angehalten, wohl auch unterworfene nächstbenachbarte Germanen. Dadurch, durch die Neuanlegung solcher Kastelle, welche heute noch häufig »gegenüber«, das heißt auf der dem Feinde zugekehrten Seite der Römerstädte angetroffen werden, und durch die Einrichtung regelmäßiger Verpflegung für diese Vorposten und Grenzwachen des limes war viel erreicht, mehr als seit Jahren.
Aber Probus erkannte, scharfblickend, die Gefahren, welche in dem System der

massenhaften Aufnahme von barbarischen Söldnern in Heer und Reich drohten: die Gefahren der allmählichen Barbarisierung und der akuten Söldnerrevolten, deren Zusammenwirkung das Weltreich dereinst in der Tat erliegen sollte.

Er verteilte daher die 16000 ausgehobenen Alamannen über verschiedene Provinzen des Reiches, den einzelnen »numeri« oder Abteilungen der Grenzer (limitanei) höchstens je 50–60 einreihend. »Denn« – sprach er – »man soll es nur *spüren*, nicht *sehen*, daß der Römer durch barbarische Hilfstruppen unterstützt wird.«

Nicht leicht ist Zeit und Ort für andere Germanenkämpfe des Kaisers zu bestimmen.

Nach der Tätigkeit am Neckar und der Alb zog er – das war allerdings der nächste Weg – auf dem Marsch nach Illyricum durch Rätien und weilte hier lange genug, die Provinz vor jeder Besorgnis neuer Gefahr zu sichern. Offenbar waren es wieder die Alamannen, gegen welche Vorkehrungen hier im Süden wie vorher im Westen getroffen wurden. In Illyricum nötigte er »Sarmaten« und »andere Stämme«, »fast ohne Krieg« alle Beute herauszugeben, darauf brachte er in Thrakien die »getischen« (das heißt gotischen) Völker durch Furcht vor dem alten römischen Namen und vor den neuen Erfolgen (eine Münze bezeugt einen Gotensieg des Kaisers) zu Verträgen, teils der Unterwerfung, teils der Freundschaft.

Von Thrakien aus ging er (im Jahre 279) in den Orient.

In die Zeit, bevor er in Illyricum und Thrakien nach Vopiscus »Sarmaten«, »andere Völker«, »getische« Stämme zur Herausgabe der Beute und Abschließung von Verträgen zwang, fallen wohl die Ereignisse, welche Zosimus, mit Nennung der Namen einzelner jener bei Vopiscus *unbestimmten* Völker, berichtet: er nennt *Logionen*, *Burgunder* und *Wandalen*, welche der Kaiser in Person bekämpft, während gleichzeitig gegen die *Franken* die kaiserlichen Feldherren einen Sieg erfochten.

Die Logionen (*Λογίωνες*) wird man mit den Lugiern, Lygiern des Tacitus identifizieren dürfen.

Aber die Gegenden jener Kämpfe sind bestritten und sehr schwer zu bestimmen. Leider hat der Abschreiber des Zosimus den ihm unverständlichen barbarischen Namen des Flusses fortgelassen, an welchem eine Hauptschlacht geschlagen wurde.

Die strenge Zucht dieses Kaisers und die Anhaltung zu Kulturarbeiten erbitterte die verwilderten Soldaten Roms so sehr, daß sie den wegen seiner Siege sonst von ihnen gefeierten Helden erschlugen (September oder Oktober 282 bei Sirmium), ein lehrreiches Zeichen vorschreitenden Verfalls.

Als diese Nachricht zu den Barbaren gelangte, die er geschreckt hatte, fielen sie sofort wieder in die nächstgelegenen römischen Grenzlandschaften ein.

Sein Nachfolger, M. Aurelius *Carus* (282 Sommer bis Dezember 283), sandte seinen ältern Sohn *Carinus* mit erlesener Mannschaft zum Schutze Galliens an den Rhein.

Der Dichter *Nemesianus* schreibt ihm Siege am Rhein und an den Quellen der Saône (Araris) zu: hier waren wohl *Alamannen* abzuwehren, am Rhein vielleicht *Franken*.

Bevor der Kaiser mit seinem jüngern Sohn *Numerian* in den Orient gegen die Perser aufbrach, schlugen sie die durch den Tod des Probus ermutigten »*Sarmaten*«, welche nicht nur Illyricum, sondern selbst Thrakien im Osten und sogar Italien bedrohten, und stellten die Ruhe in Pannonien her. Vermutlich hatten sich an diesen Einfällen der »Sarmaten« (das heißt wohl der Jazygen) auch deren alte Nachbarn und Helfer, die Quaden, beteiligt, denn eine Münze Numerians rühmt einen Sieg über die *Quaden*.

Der Nachfolger des Carus (ermordet oder vom Blitz getroffen bei Ktesiphon, Dezember 283) und seiner Söhne *Numerianus* (ermordet 284) und *Carinus* (ermordet 285), Cajus Valerius *Diokletianus* (17. September 284 bis 305) nahm tiefgreifende Umgestaltungen in der ganzen Verfassung, zumal in der Ämterorganisation und Provinzenteilung, des Reiches vor, welche auch für die Verhältnisse der Rhein- und Donaulande von weittragender Bedeutung wurden.

Die Ausdehnung des Weltreichs hatte, bei sinkender Zentralkraft mit steigender Bedrohung der Grenzen, wiederholt dahin geführt, daß für einzelne Provinzen Gewaltherrscher sich erhoben und geraume Zeit behauptet hatten.

Diokletian mochte darin Zeichen wirklichen Bedürfnisses erkennen, denen er freiwillig und durch *rechtmäßige* Gliederung der Gewalt entsprechen wollte.

Er nahm, eine durchgreifende Reform der Verfassung beginnend, welche dann Konstantin der Große vollendete, den kriegstüchtigen *Maximian* zum Reichsgehilfen an und übertrug ihm zunächst Gallien. Maximian dämpfte hier einen Aufstand des niederen Volkes, zumal der maßlos ausgesogenen Bauern, der *Bagauden*, ein keltisches Wort zweifelhafter Etymologie.

Aber gleich darauf hatte er an verschiedenen Grenzen der Provinz Einfälle germanischer Stämme abzuwehren, wenn auch nicht »*alle* Völker der Barbarenwelt«, wie der Panegyriker übertreibt. Genannt werden einmal *Burgunder* (vom Main her) und *Alamannen* (vom Oberrhein). Gegen diese, welche in großen Massen auftraten, unternahm der Cäsar nichts mit den Waffen, »er ließ sie gewähren«, »er beschloß, nicht Gewalt, sondern List gegen sie zu brauchen«, sehr verdächtig bescheidene Wendungen des Lobredners, aus welchen zum allermindesten so viel erhellt, daß Maximian sich zu schwach fühlte, Ober- und Nieder-Gallien zugleich zu verteidigen. Er wandte sich gegen die *Chaibonen* und *Heruler*, welche Gallien, offenbar in der Gegend des Niederrheins, angegriffen hatten, vielleicht von der See her.

Um dieselbe Zeit werden neben den Franken als kühne Seeräuber, welche die belgischen und bretanischen Küsten heimsuchten, die *Sachsen* genannt.

Dem Tacitus noch unbekannt, werden diese zuerst von Ptolemäus erwähnt als Nachbarn der Chauken vom rechten Elbufer ab gen Norden über den „kimbrischen Chersones«, Jütland, Schleswig (Holstein) hin; auch die Inseln nahe der Elbmündung hießen »Sachsen-Inseln«.

Diese Ausdehnung ihrer Sitze läßt annehmen, daß damals schon, wie später, der Name »Sachsen« nicht nur eine Völkerschaft bezeichnete, sondern eine Gruppe von Völkerschaften: eine *Mittelgruppe*, wie der der benachbarten *Friesen*, so daß also für diese beiden späteren Stämme Bestand und Name schon in der ältesten Zeit bezeugt ist, während Franken, Alamannen, Bajuvaren erst spät neugebildet und benannt, Thuringen aus Hermunduren gekürzt worden sind.

Maximian übertrug dem (keltischen) Menapier *Carausius*, der früher in »Batavia« gedient, einem seekundigen Mann von niederer Geburt, aber ausgezeichneten Leistungen, den Schutz der Küsten von Belgica und Aremorica, dann der batavischen Insel gegen Franken und Sachsen.

Der segelkundige Bretagner baute nach römischem Muster zahlreiche Schiffe und unterwies die Barbaren, welche die aus den Provinzen geplünderten Schätze in Scharen in seinen Sold zogen, in den Künsten der Schiffahrt so vortrefflich,

daß sogar der Panegyriker seines Feindes berichten muß, die römischen Schiffe mit ihren der See ungewohnten Landtruppen richteten nichts gegen ihn aus.
Jene Barbaren waren wohl größtenteils Franken und Sachsen. Damals schon, vermutlich mehr noch im Jahre 289, besetzten die Franken Teile von Batavia, welche ihnen erst im Jahre 296 Constantius Chlorus wieder entriß.
Im folgenden Jahr (im Jahr 287/288) bekämpfte Maximian von Trier aus Germanen, welche bis gegen diese wichtige Stadt, die er zur Residenz gewählt, gestreift waren, und schlug sie an dem Tage der Übernahme des Consulats (1. Januar 287), diese Feier behufs plötzlichen Ausfalls unterbrechend, zurück. Er überschritt darauf den Rhein, drang in Germanien ein, und setzte einen verdrängten König *Gennobaud* wieder ein, dessen Volk sich selbstverständlich Rom unterwarf.
Vermutlich waren die auf dem rechten Rheinufer angegriffenen Germanen Franken (denn der an einer andern Stelle erwähnte König der Franken, welcher kommt, Friede zu erbitten, ist doch wohl Gennobaud), vielleicht sind diese aber nicht am Niederrhein zu suchen, da eine durch wohl gleichzeitige und zusammenhängende Bewegung Diokletians «durch Rätien das dieser Provinz nächstliegende Germanien« traf (deshalb vermuten andere Alamannen als die hier Betroffenen).
So ist hervorzuheben, daß *um diese Zeit, zu Ende des 3. Jahrhunderts schon, das ehemalige Zehntland gar nicht mehr als solches bezeichnet wird*, vielmehr nennt der Panegyriker jenes einst als Teil der Provinz behauptete Gebiet bereits »*Alamannia*«. So weit also, offenbar bis dicht an den Rhein, sind damals bereits die Alamannen vorgedrungen, und zwar – das ist die Hauptsache – nicht mehr als schweifende Räuber, welche in feindlichem Land Beute suchen, sondern als seßhafte Bauern, als Herren des Landes, gewillt hierzubleiben. Nach einem strafenden Verwüstungszug der Römer – welcher nun das ehemals römische Gebiet traf! – beließ man sie ruhig im Besitz des Zehntlandes, begnügt damit, ihnen Getreidelieferungen aufzulegen für die noch behaupteten Kastelle, von denen das eine und andere wohl auch neu angelegt und manchmal auch etwas weiter in günstigere Lage vorgerückt wurde.
Wie die *Alamannen* am Mittel- und Oberrhein, so drängten die *Sachsen* und *Franken*, zum Teil auch zu Schiff, als Seeräuber landend, aber stets begierig, sich festzusetzen, und zu Lande über den Niederrhein.
Geraume Zeit vor den Siegen, welche Constantius Chlorus über sie erfocht, müssen wir die *Franken* als *seßhafte Herren von Batavien* annehmen. Dies ist um so leichter erklärlich, wenn, wie es unsere Überzeugung ist, einen Hauptbestandteil der (salischen)Franken die alten Bataver selbst bildeten, welche also gar nicht nötig hatten, erst mit Gewalt den Strom zu überschreiten und sich ganz neue Gebiete zu erkämpfen. Vielmehr bestand die Veränderung nur darin, daß die seit vier Jahrhunderten hier seßhaften Bataver die römische Herrschaft nun bald völlig abschüttelten, bald wenigstens lockerten und mit Gewalt oder auch mit halb erzwungener Zustimmung der Römer sich von hier ausbreiteten. Sie traten mit freien überrheinischen Stammesgenossen, welche mit Macht über den Strom drängten oder in den Strom einliefen – so namentlich als Verbündete des Carausius, der den Kanal und die westliche Nordsee vollständig beherrschte –, in die Bundesgruppe des neuen Frankennamens zusammen und, statt wie Jahrhundert lang das Land für Rom zu verteidigen, nahmen sie die alte Heimat und deren Nachbargebiete für sich und die eindringenden Bundesgenossen in Anspruch.

Selbstverständlich gelang das in *dieser* Zeit noch nicht auf die Dauer, nicht ohne Einschränkung, nicht ohne Rückschläge. Immer wieder zwangen damals noch die Römer die Bataver zur Unterwerfung und trieben die Überrheiner oder Seeräuber wieder aus dem Land. Aber mehr und mehr erlahmte die Abwehr, immer lockerer wurde die Unterordnung der germanischen Siedler in Gallien, immer schmaler das von Rom noch unmittelbar beherrschte, von Germanen freigehaltene Land in Gallien, bis endlich nach zwei Jahrhunderten das Westreich erlosch und auch die letzte römische Insel in Gallien – das Gebiet von Soissons bis Paris – von den Franken überflutet war.

Diese Betrachtung hat weit vorausgegriffen, aber sie mußte hier schon eingefügt werden, denn hier, am Ende des 3. Jahrhunderts, liegen die Anfänge der Entwicklung, welche zuletzt ganz Belgien, Holland, Frankreich, Lothringen, Elsaß, die Schweiz fränkisch, burgundisch und alamannisch gemacht haben.

Die steigende Bedrängung des Reiches an vielen Grenzen zugleich bewog Diokletian, die Zahl der Regenten zu erleichterter Abwehr zu vermehren. Er verlieh Maximian den Titel »Augustus« und ernannte die beiden Pannonier (»Illyriker«) *Galerius* und *Constantius Chlorus* zu Cäsaren. Er nahm Galerius, Maximian Constantius zum Sohn an und jeder der Cäsaren wurde (unter Scheidung von der bisherigen Frau) mit einer Tochter seines Adoptivvaters vermählt. Galerius erhielt Thrakien und Illyricum, Constantius Gallien und Spanien (mit Mauritania Cingitana in Afrika). Mit Gallien übernahm Constantius den (nie beendeten oder wieder erneuten) Krieg gegen Carausius und dessen germanische Verbündete. Er sperrte durch kunstvolle Linien und Dämme den feindlichen Schiffen die Annäherung an Boulogne (Bononia, Gesoriacum) und gewann diese Stadt zurück, mußte aber den Angriff auf Britannien aufschieben bis zur Herstellung einer genügenden Zahl von Schiffen. Einstweilen säuberte er »Batavia« (völlig?) von verschiedenen Völkerschaften der Franken, welche sich dort als Verbündete des Carausius niedergelassen hatten, der ihnen wohl als Kaiser dies Land gegen Kriegshilfe durch förmliches Födus abgetreten hatte und die daher wohl mehrere Jahre hier friedlich hausten, im guten Glauben an einen vertragsmäßigen Erwerb des Landes für immer.

Die Römer erblickten damals einen großen Gewinn darin, daß viele Franken aus »Batavien« (offenbar Salier) wie bei späteren Feldzügen, »aus ihren ursprünglichen, von den Römern nie erreichten Sitzen am äußersten Saume der See« fortgeführt und in Belgien und Nordfrankreich angesiedelt wurden, verödete Landstriche als Kolonen für römische Herren zu bebauen. Sie ahnten nicht, daß sie damit nur ihren gefährlichsten Feinden, den einstigen Erben ihrer Machtstellung im Abendland, eine neue Seite, ja eine neue gefährliche Form des Angriffs auf Gallien gezeigt hatten.

Erst im Jahre 296 waren die Flottenrüstungen so weit vollendet, daß Constantius den Angriff auf Britannien unternehmen konnte. An des ermordeten Carausius Stelle war *Allectus* getreten. Um einstweilen das entblößte Gallien gegen Bewegungen der Germanen zu decken – sie von solchen durch irgendwelche Waffenerfolge dauernd abzuschrecken, durfte man jetzt nicht mehr, wie in den Jahrhunderten ihrer geringeren Zahl und ihrer Zersplitterung, hoffen –, erschien Maximian am Rhein. Nach dem Panegyriker hat er *allein*, ohne Fußvolk und Reiter, die Germanen von dem Strom hinweggescheucht! Ein dichter Nebel verbarg der bei der Insel Wight lauernden feindlichen Flotte die Schiffe des

Constantius, der, die Seine herab über Le Havre in den Kanal ausgelaufen, nun ungehindert landete (bei Brighton ?) und die empörten Legionen samt den Schlachthaufen ihrer barbarischen Söldner schlug. Das waren meist Franken; eine römische Schar, welche im Nebel sich nach London verirrt hatte, traf diese» Reste der Franken, der barbarischen Söldner«, die sich aus der verlorenen Schlacht auf diese Stadt geworfen hatten, sie zu plündern und dann das Weite zu suchen.
Die zum Jahre 296 gemeldete Vorrückung des limes an die Donauquellen hat gewiß nur die oben erörterte Bedeutung. Das *Zehntland blieb im Besitz und Anbau der Germanen*, welche nur die Oberhoheit Roms anerkannten, Getreide für die noch behaupteten römischen Kastelle lieferten, von welchen einzelne zwischen Ulm und Sigmaringen (Augsburg blieb ohne Zweifel behauptet) zum Schutz der Militärstraße von der Donau nach Gallien neu vorgeschoben werden mochten.
Im Jahre 303 (November) begingen Diokletian und Maximian die Feier ihrer zwanzigjährigen Regierung durch einen glänzenden Triumph in Rom. Am 1. Mai 305 legten sie die Regierung nieder. Bei der neuen Teilung der Gewalten und Länder erhielt Constantius die Würde des Augustus und die Provinzen Gallien, Spanien, Britannien. Seine Residenz war Trier; er starb am 25. Juli 306 zu *Eboracum* (York) auf einem Feldzug gegen die Picten. Der Einfluß der germanischen Fürsten, welche ihre Hilfsvölker selbst befehligten, äußerte sich schon sehr bedeutsam darin, daß der Alamannenkönig *Krokus*, welcher in jener Eigenschaft im römischen Lager weilt, ganz besonders zur Erhebung *Constantins*, des Sohnes des Constantius (geboren 280 zu Naissus in Obermösien, aus seiner ersten Ehe, mit *Helena*) zum Cäsar beiträgt.

Kaiser Constantin der Große (306–337) unter dem Zeichen des christlichen Glaubenshelden

Franken im römisch-gallischen Grenzland

Von der Reichsteilung Diokletians bis zur Reichsteilung des Theodorius

Zirkusspiele in Trier — Fränkische Gefangene als Futter für die Bestien — Vernichtung von 100000 Goten — Constantins Münzprägung »Gotischer Sieg« — Germanen als Beschirmer und Verderber des Römischen Weltreiches — Franken erobern Köln und siedeln im Elsaß — »Julian wird die Altäre der Götter wiederherstellen« — Sieg Julians über die Alamannen — »Das Abendrot der römischen Sonne am Rhein« — Gepanzerte sarmatische Reiterei bedroht die Donauprovinzen

Alsbald mußte Constantin aus Britannien zurückeilen, um Gallien zu schützen (im Jahre 307—310).

Denn unablässig, so oft sie auch zurückgeschlagen wurden, drängte es die Franken über den Niederrhein, die Alamannen über den Oberrhein nach Westen und Süden. Es drängte sie, sagen wir, denn offenbar lagen Naturgesetzen vergleichbare Ursachen diesem unaufhörlichen Anfluten und Überschwellen der Germanen zugrunde.

Und so war es in der Tat der Druck eines Naturzwanges, die unablässig steigende Übervölkerung und der Mangel an Raum und Nahrung in den alten engen Sitzen, dann der Stoß der Hintermänner auf die Vorposten, was immer wieder die Westgermanen über den Rhein, die Ostgermanen über die Donau dränge, bis endlich die Widerstandskraft, viel früher der Gesellschaft, der Wirtschaft, als des Staates und des Heeres der Römer, von innen heraus dermaßen vermorscht ist, daß die Dämme des Weltreichs dem Andrang der wilden Naturkraft nicht mehr zu wehren vermögen. Die Germanen hatten schließlich das Ziel erreicht, das sie fast ein halbes Jahrtausend lang angestrebt – viele Millionen aus ihren Völkern hatten dabei den Untergang in Tod oder Sklaverei gefunden –: dauernde Sitze jenseits der alten Grenzen ihrer ersten Niederlassungen, in allen Provinzen des römischen Westreichs und den nächsterreichbaren auch des oströmischen Gebiets einzunehmen.

Damals nun erwehrten sich die Kaiser noch jenes Andrangs in verschiedenster Weise: sie machten die Wogen durch Teilung unschädlich, sie fühlten oder wähnten das Reich noch stark, noch römisch genug, in sehr großer Zahl Germanen, einzeln oder in Masse, in dasselbe aufzunehmen als Söldner, als Offiziere, als Beamte; bald tief im Innern als Kolonisten, bald als Grenzer an dem Saume des Reichs. Wir sahen, in welch ausgedehntem Maß dies unter den letzten Kaisern in Gallien und in Mösien, zum Schutz von Rhein und Donau, geschehen war: die Barbaren, welche in diesen Provinzen die Verödung geschaffen, sollten sie durch Pflug und Arbeit wieder heilen.

Constantin versuchte es mit einem anderen Mittel. Es ist fast, als ob ihn eine Ahnung von der unabwendbaren für Gallien durch die Franken drohenden Gefahr erfaßt habe. Es wird aber wohl vor allem der Ingrimm über die stets erneuerten »treulosen« Angriffe gewesen sein, was den Cäsar bewog, durch das furchtbare, zweischneidige Mittel der Grausamkeit, des schonungslosen Vernichtungskrieges, wie ihn schon Germanicus zur Rache für Varus geführt, durch Abschreckung zu wirken.

Wiederholt wird von den Römern hervorgehoben, wie die unaufhörlichen Märsche und Gefechte in Germanien und gegen Germanen die Truppen erbittert und wie die Kaiser und Feldherrn die Bundesbrüche, die nach allen Verträgen immer wieder erneute Grenzverletzung, die »Treulosigkeit« der Germanen empört habe. Es ist das sehr begreiflich, und die sprichwörtlich gewordene Treulosigkeit der Franken soll nicht geleugnet werden. Indessen irrten die Römer darin, daß sie die immer erneuten Grenzverletzungen auf mutwilligen Treubruch zurückführten, während es doch der Zwang der Not war, was die Germanen immer wieder über die römischen Grenzen drängte. Gewiß meinten sie es ehrlich, wenn sie, von der Übermacht der Legionen bedroht, Frieden zu halten versprachen; aber oft genug mochten die römischen habgierigen und betrügerischen Beamten ihrerseits die Verpflichtungen Roms nicht erfüllen und, abgesehen von Taten der Wollust und Gewalt, die Lieferungen von Geld und Getreide unterschlagen, auf welche die Existenz der in zu schmalem Raum eingeengten Grenzvölker verwiesen war, wenn sie nicht durch Raubfahrt oder Erweiterung ihres Gebiets auf Kosten der Provinzialen leben sollten. Druck, Gewalttat, Mordfrevel der Stadthalter gegen die »Föderierten« werden oft genug bezeugt, von den Römern selbst. Die andere Partei aber in diesem Streit, die Germanen, hören wir leider gar nicht.

Die Entfernung des Constantius war von den Franken des Niederrheins, welche hier stets wie auf der Lauer zu stehen schienen, sofort benutzt worden, wieder in »Batavia« einzudringen. Gleichzeitig griffen alamannische Könige – während wie wir sahen, einer von ihnen für die Römer focht – den Oberrhein an.

In den Wirren der nächsten Jahre, da Constantin wiederholt sich vom Rhein hinweg gegen seine Mitherrscher wenden mußte, in den Jahren 308, 309, regen sich alle Völkerschaften am Rhein, ja die alten Namen der *Vangionen* (andere Lesart: Chaibonen) und der *Cherusker*, welche so lange nicht mehr waren gehört worden, werden aufs neue genannt – freilich in einer Verbindung mit anderen, mehr umfassenden Bezeichnungen, welche deutlich zeigt, wie dem Römer das Verhältnis der Völkerschaft zum Volk, des Einzelnamens zum Gruppennamen undurchsichtig ist.

Constantin schlug die Franken in Batavien, brachte mehrere ihrer Könige in seine Gewalt und strafte ihren Friedensbruch mit den grausamsten Todesmartern. Er tat dies, wie aus den Worten seiner Lobredner hervorgeht, weit weniger in zorniger Leidenschaft, als mit kalter Berechnung, die auf Abschrekkung zielte. Genannt werden die Könige *Askarich* und *Gaiso*: Franken, da der Panegyriker nur von Franken spricht. Eutrop berichtet zusammenfassend, daß auch alamannische Könige dies Geschick getroffen: die »äußersten Qualen«, welche der Lobredner den Sieger über die gefangenen Könige verhängen läßt, bestanden jedenfalls zuletzt in der Zerfleischung durch reißende Tiere; ob nicht Folter und Verstümmelungen vorhergingen, ist zweifelhaft.

Sein »Christentum« konnte den Imperator von solcher Behandlung gefangener Barbaren nicht abhalten, hielt es ihn doch nicht ab, von vielen anderen Verwandten abgesehen, seinen eigenen Sohn, sein Weib und, gegen heilige Eide, seinen Schwager zu morden; auch darin sollte der blutige Merovinger Chlodo-

vech »ein zweiter Constantin« werden; aber das Blut von Weib und Kind hat der wilde Franke doch nicht vergossen.
Solche Mittel konnten aber die Germannen nicht abschrecken, eher zu grimmiger Rache anspornen. Wie es scheint, griffen *nach* diesen Bluttaten in Batavien Brukterer, Tubanten, Chamaven, Vangionen, Alamannen zu den Waffen, vereinigten sich und drohten zum gemeinsamen Angriff. Constantinus kam ihnen zuvor. Die Anwesenheit des Cäsars verheimlichend, setzte er selbst (307/8) mit nur zwei Begleitern über den Rhein, die Feinde auskundschaftend, und fiel dann plötzlich über die Brukterer her, bevor sie den gewohnten Rückzug in Sumpf und Wald antreten konnten. Abermals, wie vor zwei Jahrhunderten, trifft vor allem die unglücklichen Brukterer furchtbar die römische Übermacht – aber auch die Aufgebote der anderen Verbündeten wurden hier bereits vereinigt gefunden und geschlagen. Der unvermutete Überfall ist jedenfalls nicht ohne römische Arglist, keinesfalls nach offen erklärtem Krieg gelungen; denn der Streich wird der »offenen« Feldschlacht, dem offenen »Kampf« von dem Panegyriker entgegengestellt. Wie würde wohl der Bericht der Germanen lauten! So wurden denn sehr viele erschlagen, alle Dörfer verbrannt, alle Herden erbeutet oder niedergestochen und von den Gefangenen nur die Kinder als Sklaven am Leben erhalten. Alle Erwachsenen wurden wie früher die Könige – Constantin scheute sich, die »Treulosen« zu Soldaten, die »Grimmigen« zu Sklaven zu machen – in Zirkusspielen zu Trier den wilden Tieren zum Zerreißen vorgeworfen, »bis ihre Menge die wütenden Bestien müde gemacht hatte«.
Zur Feier dieser Siege wurden jährliche Spiele (vom 14.–20. Juli) »ludi francici« gestiftet.
Grausamkeit, Verrat, Menschenverlust und Brückenbau (zu Köln) hatten aber die Franken so wenig eingeschüchtert, daß sie wenige Jahre darauf, als Constantin sich nur kurz vom Rhein entfernt hatte, sofort wieder in Waffen standen, im Jahre 310.
Der Kaiser wurde aus ihrem Gebiet, das er bereits betreten, durch Wirren zu Massalia abgerufen; als er aber unerwartet rasch zum zweitenmal am Rhein erschien, gaben sie den Angriff auf. Gleich am folgenden Tag zerstreuten sich die Zusammengescharten wieder. Constantin dankte damals noch *Apoll* für diese Erfolge.
Bald darauf nahm er das *Labarum*, das heißt das Kreuz mit dem Monogramm Christi, als Feldzeichen an.
Wie wenig jedoch durch solche Bluttaten der Rhein gesichert, der Angriffsmut der Franken gebrochen war, gesteht widerwillig der Schmeichler des Kaisers selbst, indem er hervorhebt, wie Constantin, als er nach Italien gegen Maxentius zog, den ganzen Rhein entlang, den ganzen limes durch verteilte Truppen und Schiffe schützen zu müssen glaubte, so daß er drei Viertel seiner Streitmacht hier zurückließ.
Der Panegyriker meint dann freilich: »Was brauchte der Rhein der Aufstellung von Truppen und Schiffen, da ihn schon lange die Furcht vor deiner Tapferkeit dem barbarischen Volk verriegelt hatte?« Aber der Kaiser wußte das wohl besser, und der Erfolg lehrte, daß nicht einmal diese starke Bedeckung des Rheins die Germanen vom Angriff abhielt, aus denen er doch auch viele Söldner in den Kampf gegen Maxentius mit über die Alpen führte.
Römische Zeitgenossen, Schmeichler der Herrscher, müssen, während sie gern

die Ausrottung der oft geschlagenen Franken und Alamannen behaupten möchten, staunend eingestehen, »*daß diese Barbaren nach den schwersten Verlusten in kürzester Zeit immer wieder rasch herangewachsen und kräftig erstarkt sind*«.
Abermals war es die Besorgnis fränkischer Überflutung des Niederrheins, was Constantin wenige Jahre darauf (313) aus Italien nach Gallien abrief. »Es war Nachricht eingelaufen, das bewegliche, schlüpfrig-glatte Volk habe die Treue gebrochen und bedrohe mit Macht und Kühnheit den Rhein, unter erlesenen Führern des Einfalls«. Der Kaiser eilte herbei und stellte den törichten, »raubtiergleichen« Barbaren eine Falle, in welche, wie so oft, die blinde, unbändige Wildheit sie lockte. Er entblößte scheinbar den Niederrhein, indem er zur Deckung des oberen limes, der durch größere Unruhen bedroht schien, abmarschierte. Aber er hatte in verdeckten Stellungen seine Feldherrn zurückgelassen, welche die sicher gemachten Eindringlinge überfielen.
Zu gleicher Zeit erschien plötzlich der Kaiser selbst im Rücken der Angegriffenen. Er war, mit der römischen Rheinflotte, den ganzen Strom bedeckend, zu Tal gefahren, sperrte den Überfallenen den Rückweg, landete auf dem rechten Ufer Streifscharen, ließ die der Verteidiger verwaisten Äcker und die »traurigen, schmerzgetroffenen Gehöfte« verwüsten und »brachte solche Niederlage und Verheerung dem treulosen Volke bei, daß nach diesem Schlage – so tröstet sich der leise bangende Römer abermals – kaum noch sein Name übrigbleiben wird«. »Um der Schande der Gefangenschaft zu entgehen, suchen sie eilig den Tod, den sie noch hinausschieben könnten, und bringen sich selbst tödliche Wunden bei. Wie herrlich ist es doch, Männer besiegt zu haben, welche so wenig Wert auf ihr Leben legen«.
Den gleichen Gedanken, daß der Germane auf sein armseliges Leben geringen Wert lege und deshalb so freudig in den Tod gehe, führt eine andere Wendung aus: der Römer wußte nicht, wie sich dieses germanische Heldentum psychologisch zurechtlegen, das jauchzend in die Schwerter und den Tod sprang, er führt es auf die traurige Armut ihrer Barbarei, die Wertlosigkeit des Lebens für sie zurück, während doch die angeborene Kampffreudigkeit, welche auch den Glauben an die Freuden Walhalls gestaltet hatte, zu Grunde lag.
Constantin nahm nun den Namen »Francicus« an. Er verbrachte den Rest des Jahres zu Trier, wo er damals mehrere Konstitutionen datierte: November und Dezember 313. Diese Stadt an der Mosel, günstig gelegen, sowohl nach dem Ober- als nach dem Niederrhein bequem den Abmarsch gestattend, wurde, durch prachtvolle Bauten geschmückt, das fast regelmäßige Standquartier der Kaiser in jener Zeit, wenn sie in Gallien weilten.
In das Jahr 314 fällt der erste Krieg Constantins gegen den einzigen noch übrigen Mitkaiser *Licinius*. Durch den Friedensvertrag erhielt Constantin zu seinem bisherigen Gebiet noch hinzu: Noricum, Illyricum, beide Pannonien, Obermösien, Mazedonien, Dardanien und Griechenland. Licinius behielt in Europa nur Kleinskythien (die Dobrudscha) und Thrakien (Bulgarien und Rumelien).
Sein etwa achtzehnjähriger Sohn *Crispus*, seit 1. März 317 Cäsar, übernahm den Schutz des Rheins, den Panegyriken und Lobgedichten ist nur zu entnehmen, daß der Jüngling in einem Winterfeldzug weite Entfernungen durchmaß, die »*wieder rasch zur Kraft erwachsenen*«, durch die Siege Constantins »nicht gebrochenen, nur erbitterten« Franken zuerst abgewehrt, dann seinerseits angegriffen und bezwungen habe (zirka im Jahre 320). »Die Barbarenwelt liegt an der Seite

Galliens hingestreckt oder im Herzen ihres Landes auseinandergesprengt«. *Optatian* rühmt das den Franken auf dem rechten Ufer des Rheins angedrohte traurige Gericht. Hat die Erwähnung auch des Rhone-Ufers hiebei überhaupt Sinn und tatsächlichen Grund, so sind vielleicht Alamannen dort abgewehrt worden (es sind Münzen aus jener Zeit erhalten mit Siegen, auch über *Alamannen*); die Besiegten fochten fortan für Rom und trieben die übrigen angreifenden Barbaren zurück.

Aber der Lobredner besorgt doch selbst, »daß die durch eure Waffen zerschmetterte Barbarenwelt sich wieder rühre« und bittet den Vater, dem Sohn zu verbieten, sich gleich dem Vater, sein Leben einsetzend, am Kampf zu beteiligen.

Nach Crispus übernahm Constantins andrer, dem Vater gleichnamiger Sohn die Verteidigung Galliens. Die seinen Namen mit einem Alamannensieg verbindenden Münzen beziehen sich aber auf die Feldzüge des Crispus, wobei Constantinus (II.), der bereits Cäsar war, nur miterwähnt wird.

Alsbald hatte der Kaiser die Donauvölker von seinen neuen Provinzen abzuwehren, zuerst die Sarmaten, die er in Pannonien und Mösien schlug 319–321. Ihr von Zosimus genannter König *Rausimuth*, der auf dem Rückzug fiel, könnte germanischen Namen getragen haben.

Im folgenden Jahre (322) kam es wieder zu einem Krieg mit den Goten. Sehr lange Zeit, fast ein halbes Jahrhundert, hatten diese Ruhe gehalten. Noch mehr als die von Rom bezahlten Jahrgelder, wohl auch Getreidelieferungen, hatte solche Friedlichkeit bewirkt die Abtretung der weiten Provinz Dakien von fast 4000 deutschen Geviertmeilen. Hier hatten sie auch für eine stark anwachsende Volksmenge Raum gefunden. Und nun hielten sie wirklich Frieden, zum deutlichen Zeichen, daß es nicht bloße Raubsucht und Kampflust war, sondern das zwingende Bedürfnis nach Getreide und Ackerboden, was zu den Grenzüberschreitungen drängte. Voll glaubhaft wird daher als Grund des neuen Unfriedens angeführt, daß Constantin die vertragsmäßigen Sold- und Jahrgelder (Getreidelieferungen, annonae) – »tributa« nannte man sie bereits, und das Verhältnis der Römer in den Grenzlanden eine Knechtschaft (servitus) – verweigerte.

Im übrigen ist dem »servilen unredlichen« Verherrlicher Constantins, *Eusebius*, wenig zu glauben; er muß selbst anführen, daß die Unterwerfung zum Teil nur gelang, indem »man die Feinde durch kluge Gesandtschaften besänftigte«.

Es wurden zur Feier dieser Siege (damals? oder nach den Feldzügen von 328 und 332?) gotische Spiele gestiftet (ludi Gotici, vom 4.–9. Februar) und Münzen geprägt, deren Revers einen »Gotischen Sieg« verkündete.

Da Constantin bei diesem Gotenkrieg Landschaften berührte, welche zu dem Reichsanteil des Licinius gehörten, gab auch dies Anlaß, richtiger einen Vorwand, zum Ausbruch des lange schon in tieferen Gründen – zum Beispiel auch der verschiedenen Stellung zum Christentum, vor allem aber in der Unfähigkeit des Constantinus, einen Mitherrscher zu ertragen – wurzelnden Gegensatzes beider Kaiser in offenen abermaligen Krieg (im Jahre 323): Licinius erlag. Er ergab sich, da Constantin seiner Schwester *Constantia*, des Besiegten Gemahlin, das Leben des Schwagers zu schonen durch einen Eidschwur versichert hatte. Bald darauf ließ er ihn erdrosseln.

Zwei Jahre darauf ließ er seinen tapfern und beim Heer beliebten Sohn Crispus umbringen, dann seine Gemahlin *Fausta* in einem heißen Bade verbrühen oder ertränken und »zahlreiche Freunde« ermorden.

Constantin war unterstützt worden durch Soldtruppen der soeben erst durch Friedensverträge zur Waffenhilfe verpflichteten Franken und Goten. Aus jenem Volk wird ein Führer *Bonitus* genannt, der sich in diesem Krieg gegen *Licinius* auszeichnete.

Die Goten aber, unter ihren alliterierenden Königen *Ararich* und *Aorich*, hatten vermöge des jüngst geschlossenen »Födus« sehr starke Soldscharen gestellt, welche später auch gegen äußere Feinde verwendet wurden. Auf 40 Tausendschaften schlägt Jordanis (doch wohl zu hoch) diese Zahl an und bis auf seine Tage (553) hatte sich im Ostreich Name und Dienst gotischer »Föderati« erhalten. Er rühmt: »Schon seit geraumer Zeit vermochten die römischen Heere nur schwer ohne Hilfe der Goten wider andre Völker zu kämpfen. Es ist bekannt, wie häufig sie eingeladen wurden zur Kriegshilfe, so wurden sie auch unter Constantin gebeten und fochten gegen Licinius, den sie besiegten und, der Krone beraubt, in Thessalonica gefangenhielten und mit dem Schwert des Siegers Constantin töteten. Aber auch bei der Gründung der hochberühmten Stadt, der Nebenbuhlerin Roms, auf des Kaisers Namen fehlte die Mitwirkung der Goten nicht, welche ein Födus mit dem Kaiser schlossen und ihm 40 (früher las man XI) Tausend der Ihrigen zu Hilfe gegen verschiedene Völker stellten«.

Die Hilfstruppen gegen Licinius hatte ein regalis *Aliquaka* zugeführt, das heißt vielleicht ein von dem Völkerschaftskönig Ararich abhängiger Gaukönig in dessen Auftrag.

Gleichzeitig mit diesen beiden Königen herrschte bei den *Thervingen* (Westgoten) *Rotesthes* (der Vater des späteren westgotischen Königs Athanarich). Constantin legte so großes Gewicht darauf, den Fürsten zu »besänftigen«, zu gewinnen, daß er ihm in der neuen Hauptstadt eine Statue hinter der Kurie errichtete, welche noch in den Tagen des Themistius zu sehen war.

So erklärt es sich, daß immer häufiger hervorragende Germanen, Könige, Edle, Gefolgsherren, im Kriegs- und im Friedensdienst des Reiches, mit den höchsten Ehren und Ämtern durch den Kaiser augezeichnet, wichtige Rollen spielten. Es mag wohl damals schon unvermeidlich, ihre Mitwirkung unentbehrlich gewesen sein. Lobredner der Herrscher erblicken darin nur die Heranziehung der Barbaren zu römischer Kultur und Geistliche freuen sich zumal ihrer Bekehrung, so Eusebius (IV, 7 Leben Constantins). Die Kehrseite, nämlich die damit untrennbar verknüpfte Barbarisierung des Reiches, die zunehmende Abhängigkeit von germanischen Kräften entging damals noch dem Blick der Zeitgenossen. Ein Menschenalter später wird sie mit Schmerz, Scham und Zorn erkannt, aber vergeblich für die Dauer bekämpft.

Gerade unter Constantin scheint diese Aufnahme von Barbaren in das Reich in den verschiedensten Diensten und andern Verhältnissen, obzwar natürlich nicht begonnen, doch starke Zunahme gewonnen zu haben. So warf jenem Kaiser wenigstens »der letzte Römer« Julianus (361) in heftiger Anklage vor, freilich befördere er selbst sogar Franken zum Consulat!

Da eine einheitliche Vertretung aller gotischen Völkerschaften nach außen auch damals keineswegs bestand, erklären sich die bald darauf erneuten Kriege mit »Goten« – nicht mit »*allen*« Goten – auch ohne Annahme der Wiederauflösung des Vertrags von 323. Es mögen sich jetzt Völkerschaften erhoben haben, welche in den Frieden von 323 nicht eingeschlossen waren.

Zum Jahre 328 wird berichtet, daß der Kaiser eine Brücke über die Donau geschlagen. Münzen, welche eine Donaubrücke darstellen, und andre, welche einen »gotischen Sieg« feiern, werden auf dies Jahr bezogen.
Ein neuer Feldzug wurde notwendig im Jahre 332. Die Macht der Goten, lange Zeit durch Einräumung Dakiens und die römischen Jahrgelder von den Reichsgrenzen ferngehalten, hatte sich inzwischen bedrohlich gegen andere Nachbarn gewendet und unter andern ein sarmatisches Volk im Osten schwer bedrängt. Der Kaiser leistete den Angegriffenen die erbetene Hilfe. Er wollte die Hebung der gotischen Macht nicht dulden. Sein junger Sohn zweiter Ehe, der Cäsar (seit 317) *Constantin*, schlug die Goten im Lande der »Sarmaten« (20. April 332).
Der Kaiser weilte zwar, wie wir aus Datierungen von Konstitutionen im Codex Theodosianus wissen, zu Marcianopel am limes von Mösia Secunda, doch überließ er die Führung der Kämpfe seinem Sohn, welcher »durch Hunger und Kälte« – von Waffensiegen wird hier nichts gerühmt – hunderttausend Goten vernichtet haben soll.
Wahrscheinlich waren unter den damals bekämpften Goten auch *Taifalen*, welche nach einem dem Christenkaiser freilich sehr abgünstigen Schriftsteller (Zosimus II, 31) einmal (im Jahre 332) mit nur 500 Reitern erfolgreich eindrangen und den Kaiser unter Verlust des größeren Teils seiner »Truppen« (das heißt doch wohl nur seiner Eskorte!) und strafloser Verwüstung des Landes »bis an den Wall hin« (des Lagers oder der Stadt Marcianopel?) in üble Flucht scheuchten.
Der Friede, durch dessen Gewährung Constantin sich »unermeßlichen Dank bei den Barbaren erworben« (Eutrop. X, 4), wurde nicht nur durch Siege, auch durch Verhandlungen und Wiedergewährung der Jahrgelder, deren Verweigerung die ursprüngliche Kriegsursache gewesen war, hergestellt, wobei allerdings, wie übrigens auch vorher schon, die Goten in den einst von Trajan eroberten, längst wieder verlorenen Ländern Dakiens die römische Oberhoheit anerkannten – gegen gute Bezahlung von Jahrgeldern, welche Leute, die nicht schmeichelten, »Tribute der Römer an die Barbaren« nannten.
Sehr mit Unrecht hat man übrigens die Errichtung einer neuen zweiten Hauptstadt des Reiches durch diesen Kaiser in Byzanz als einen den Untergang des Römerstaats befördernden Schritt aufgefaßt. Seinem bitteren Feinde (Zosimus II, 33) hätte man dies nicht nachsprechen sollen, nachdem der Erfolg gelehrt, daß die größte Gefahr dem Römerreich gerade im Osten drohte und nachdem das östliche Reich, nicht am wenigsten vermöge der unvergleichlichen Lage seiner Hauptstadt, den Untergang des westlichen um ein ganzes Jahrtausend überdauert hat. »Die westlichen Provinzen gingen verloren, da sie ihre eigenen Kaiser hatten, die in Italien Hof hielten.« (Maskou.) Übrigens war Constantin nicht der erste Herrscher, der diesen Gedanken faßte, nur der erste, der ihn ausführte. Schon hundert Jahre vor ihm hatte *Pescennius Niger*, der Gegenkaiser des *Septimus Severus*, jenen Plan entworfen.
Von den durchgreifenden Verfassungsänderungen Diokletians und Constantins ist hier nur hervorzuheben die Einteilung des gesamten Reiches in die Amtsgebiete von vier praefecti praetorio. Das Ostreich gliederte sich hiernach in die praefectura praetorii orientis und die praefectura praetorii Illyrici, das Westreich in die praefectura praetorii Italiae und die praefectura praetorii Galliarum. Erstere umfaßte außer Italien (und den zugehörigen Inseln Sizilien, Sardinien

und Korsika) ein Stück von Illyricum (oben: Illyricum occidentale) und das römische Afrika bis Kyrene im Osten, letztere, mit der Amtsresidenz Trier, außer Gallien noch Spanien und Britannien; so zerfiel jene Präfectur in die drei »Diözesen« Italien, Illyricum, Afrika, diese in die drei Hispania, Galliä, Britannia.

Unter den Praefecti praetorio standen vicarii, unter diesen consulares und praesides provinciae.

Die militärische Gerichtsbarkeit, welche bisher unter Aufsicht der praefecti die duces geübt, wird den magistri militum (peditum und equitum) übertragen.

Endlich ist hier noch die Errichtung der neuen Würde des *Patriziats* zu erwähnen, welche, nach dem Consulat die oberste Rangstufe im Reich, nur ein Titelamt war, das, ohne Exekutive, auch Germanenfürsten, zum Beispiel Theoderich dem Großen, den Burgunderkönigen, bald als Auszeichnung verliehen wurde.

Nach Constantins I. Tod (22. Mai 337) behielt sein Sohn Constantin II. Gallien, Britannien, Spanien und ein Stück von Afrika (im Jahre 338). Er residierte zu Trier, von wo ein Reskript im Codex Theodosianus über die Dekurionen und ein Schreiben an die Alexandriner zu Gunsten des Athanasius datiert ist (VI. Idus Ian. 339, XV. Cal. Iul. 339).

Als er bei einem Angriff auf seinen Bruder Constans bei Aquileja den Tod gefunden (340), vereinigte dieser obige Provinzen mit seinem ursprünglichen Besitz, Italien, Illyricum (occidentale), Mazedonien, Achaja, und beherrschte also nun das ganze Westreich, wie sein Bruder Constantius den Orient. Im folgenden Jahr (341) hatte Constans eingedrungene Franken abzuwehren, 342 oder 343 wurde nach »wechselnden Erfolgen« (vario eventu) Friede mit ihnen geschlossen.

Aus dem Panegyrikus des Libanius (oratio III) auf beide kaiserlichen Brüder erhellt, nach Abzug herkömmlicher rhetorischer Übertreibung, daß die zumal auch zur See gefürchteten Franken von den Römern als ein ganz besonders gefährlicher Feind hinreichend erkannt waren.

»Tatenlosigkeit erachten sie als das größte Unheil. Kampf ist ihnen der Gipfel des Glücks, so daß sie selbst verstümmelt noch den Kampf fortsetzen mit den heil gebliebenen Gliedern. Nach dem Sieg verfolgen sie unaufhörlich, nach der Niederlage wenden sie sich nach beendeter Flucht sofort zu neuem Angriff. Rast verstatten sie ihrem Feinde nie. Nur das Schwert in der Hand kann man, ihnen gegenüber, speisen, nur den Helm auf dem Haupte schlafen. Wie bei stürmischer Brandung der ersten Woge, die sich am Damm gebrochen, sofort die zweite, der zweiten die dritte nachfolgt und der Anprall nicht rastet, bis der Sturm sich gelegt, so folgen sich Schlag auf Schlag, hat der Kriegsdurst ihre tolle Wut geweckt, die Angriffe der Franken.«

Constans wurde (18. Januar 350) ermordet. Sein Mörder und Nachfolger im Abendlande, *Magnentius*, bisher Befehlshaber der Jovianer und Herculianer, wird von Julian als Sohn eines »Läten« bezeichnet. Er entstammte Gefangenen, welche des Constans »Vorgänger« (Constantius?) nach Gallien gebracht, freigegeben und in römischen Dienst gegen die Barbaren genommen hatte. Vielleicht erst damals nahm er, vermutlich Franke (oder Sachse?) den römischen Namen an, unter dem er (wie sein Bruder Decentius) uns allein genannt wird. Er zeichnete sich bald so sehr aus, daß er nicht nur über viele germanische, gallische, spanische Soldreiter, auch über Fußvolk der Legionen Befehl erhielt

– abermals ein Beleg für die steigende Germanisierung des römischen Heeres. Um den Purpur zu behaupten, zog er seine germanischen Landsleute – Franken und Sachsen werden namentlich erwähnt – in großen Haufen über den Rhein, welche eifrig dem Stammesgenossen auf dem Kaiserthron als »Verwandte und Blutsfreunde« zu Hilfe eilten.
Er gewann auch wirklich Italien. Aber Constantius verwarf seine Vergleichsanträge, schlug ihn bei *Siscia* (Sisseck, bei der Mündung der Culpa in die Save) und bei *Mursa* (bei Esseck) 28. September 351). Auch nach verlorenem Sieg nicht weichend, fochten und fielen des Erlegenen germanische Söldner. Schwer ins Gewicht fiel, daß ein anderer Franke mit römischem Namen, *Silvanus* (der Sohn des früher schon in kaiserlichem Dienst erprobten fränkischen Führers *Bonitus*), auf seine Seite übertrat. Aber auch in Gallien wurde des Magnentius Anhang durch germanische Kräfte gebrochen. Der Kaiser gewann durch reiche Gaben (Zosimus S. 229) die wilden, heidnischen *Alamannen*, über den Rhein vorzudringen. Ihr König *Chnodomar* schlug *Decentius* in offner Feldschlacht, nahm darauf, plünderte und zerstörte viele reiche Städte und »tummelte sich zügellos durch Gallien, ohne Widerstand zu finden«. Dies Los bereitete ein *Imperator* der wichtigen Provinz, um den Bruder eines Anmaßers zu verderben! Germanen – man sieht es überall – waren die Beschirmer des Weltreichs geworden und die Verderber zugleich.
Während die römischen Truppen sich in Gallien bekämpften, heerten die Franken am Niederrhein auf eigne Faust, obzwar vielleicht ebenfalls auf Veranlassung des Kaisers oder doch unter solchem Vorwand.
Magnentius, von den Feldherren des Kaisers auch in Gallien geschlagen, gab sich zu Lyon selbst den Tod, seinem Beispiel folgte bald sein Bruder (353). Charakteristisch ist, was Zosimus von jenem Germanen – dem ersten oder (nach Maximian) zweiten auf dem Throne – berichtet: »Von Barbaren entstammt hatte er unter den Läten in Gallien gelebt und sich die römische Wissenschaft angeeignet. Kühn im Glück, verzagt im Unglück verstand er es meisterhaft, seine angeborene Bosheit zu verbergen, so daß er schlicht und gutmütig allen erschien, welche seine Art und sein Leben nicht näher kannten.«
Nach der Vernichtung der beiden Gegner mußte der Kaiser, jetzt Alleinherr des Weltreiches, trachten, die Alamannen, welche er selbst ins Land gerufen, und die Franken, welche er wenigstens nicht hatte abhalten können, wieder loszuwerden. Und da sie freiwillig selbstverständlich weder das in Gallien etwa behauptete Gebiet herausgaben noch die bisher geübten Rheinübergänge unterließen, mußte er zu den Waffen greifen. Er übertrug dem oben erwähnten *Silvanus* den Schutz des Niederrheins gegen dessen *eigne* fränkische Volksgenossen. Er selbst ging, als das beginnende Frühjahr (354) einen Feldzug in Germanien zu verstatten schien, von Arles nach Valence und dann in das Lager von Chalon-sur-Saône (apud Cabillona), um von dort aus die alamannischen Könige *Gundomad* und *Vadomar* im eigenen Land (im Schwarzwald, im Breisgau?) anzugreifen, welche durch häufige Einfälle das römische Grenzland heimgesucht hatten.
Nur mit Mühe gelangte das Heer auf verschneiten Pfaden an den Rhein, wo bei *Augusta Rauricorum* (Augst bei Basel) eine Schiffsbrücke hergestellt werden sollte. Aber die hageldichten Geschosse der hier gescharten Alamannen verhinderten den Brückenschlag. Der Kaiser geriet in ratlose Verlegenheit. Da

verriet ein ortskundiger Einwohner gegen reichen Lohn eine Furt. Zur Nacht sollte das Heer diese durchwaten und die überraschten Feinde, unter Verheerung des Landes, verderben. Aber im römischen Lager dienten zahlreiche Alamannen, einige davon in sehr hohen Stellungen. Zwei von ihnen, *Agilo*, der tribunus stabuli, und *Skudilo*, der rector der Schildträger, hatten ihre germanischen Namen beibehalten, der comes domesticorum hatte wohl erst, seit er den »Lateinern« diente, den Namen *Latinus* angenommen. Der berechtigte Zorn Ammians grollt, daß man diese Barbaren so hoch in Ehren hielt, »als trügen sie allein auf ihren Schultern das Reich«. Nicht ungestraft bediente sich wahrlich die Römerwelt dieser germanischen Kräfte, schon die stete Besorgnis vor Verrat war eine Strafe. So glaubte man auch diesmal, die drei germanischen Männer hätten ihre Volksgenossen drüben über dem Strome durch geheime Boten vor dem drohenden Verderben gewarnt. Sofort trat das Volksheer zusammen, gegenüber dieser dringenden Gefahr Beschluß zu fassen. Da auch Götterzeichen und Weissagungen vom Kampf abmahnten, entschieden die Alamannen, von dem bisherigen festen Widerstand abzulassen. Beide Könige schickten ihre Edlen als Gesandte und erbaten Frieden, welchen Kaiser und Heer um so lieber gewährten, »als jener erfahrungsgemäß nur im Innern, nicht in der äußeren Politik und im Krieg das Glück hatte«. Den Kaiser zog auch die Sorge wegen drohender Empörung seines Neffen, des Cäsars *Gallus* im Orient, von diesen Grenzen und Germanenkriegen zwingend ab. So wurde ein förmliches »Födus« mit den Alamannen errichtet, wobei diese ihre nationalen Vertrags- und Bekräftigungsformen anwandten – leider erfahren wir nicht, worin sie diesmal bestanden. (Ende 354 wurde der allerdings durchaus schuldlose Gallus, zweifach mit Constantius verschwägert, von diesem mit Heimtücke und sehr arger Falschheit herangelockt und zu Pola hingerichtet.)
Aber schon im folgenden Jahr (355) wurden die Römer wieder zur Abwehr anderer alamannischer Völkerschaften an die Grenzen gerufen. Die *Linzgauischen Alamannen* (Alamanni lentienses, im Linzgau, am nordöstlichen Ufer des Bodensees) waren tief in das römische Grenzgebiet eingedrungen: wohl im Aargau. *Vitodurum* (Winterthur) und *Vindonissa* (Windisch bei Baden) sowie die für Rom ganz unentbehrliche Legionenstraße aus Rätien nach Gallien südlich des Bodensees mochten bedroht sein. Die Alamannen suchten nicht mehr Beute, *Land* suchten sie in Gallien, dauernde Niederlassung. So ernst war die Gefahr, daß der Kaiser, der geringer Ursache wegen Italien nicht verließ, selbst nach Rätien zog; er gelangte bis in die campi canini (wo? bei Bregenz?).
Von dort aus wurde der magister equitum *Arbetio* mit dem größeren Teil der Truppen entlang den Ufern des Bodensees zur Bekämpfung der Barbaren vorausgeschickt. Unvorsichtig vordringend fiel seine Vorhut in einen Hinterhalt, aus welchem sie offenbar nur mit sehr starken Verlusten durch die Geschosse der Alamannen – denn es fielen nicht weniger als zehn Tribunen! – unter dem Schutz der Nacht sich zur Hauptmacht in das Lager zurückrettete. Alsbald erschienen die Germanen vor diesem Lager und durch den ersten Erfolg, wie gewöhnlich, allzu kühn gemacht, umschwärmten sie mit drohend geschwungenen Schwertern den Wall, zumal im Frühnebel.
Es gelang, die Germanen zu werfen, daß sie in wilder Flucht, dabei vielfach durch das Terrain gehemmt, enteilten. Schwert und Speer räumten furchtbar auf unter den fast Nackten. Mann und Roß stürzten. Die Reiter lagen durch-

bohrt auf den durchbohrten Pferden. Da vollendeten auch die bisher furchtsam im Lager Zurückgebliebenen das Blutbad der Verfolgung, die großen Haufen der entrinnenden Barbaren (plebem: im Gegensatz zu den Reitern?) hinwürgend, vom Blute triefend, über Hügel von Leichen.
Der Imperator begnügte sich mit diesem Erfolg auf dem Schlachtfeld und kehrte als Sieger nach Mailand in die Winterquartiere zurück. Politische Folgen hatte der Feldzug nicht.
Bald darauf fand der Verteidiger des Niederrheins gegen seine Volksgenossen, der Franke Silvanus, den Untergang.
Schwer sollte der verwaiste Rhein alsbald seinen Verteidiger vermissen. Es gelang damals den Franken, die Hauptstütze der römischen Stromverteidigung, Köln, einzunehmen. Sie begnügten sich, es halb zu verbrennen; es ernsthaft zu behaupten, fiel ihnen noch so wenig ein, als die Alamannen die gewonnenen oberrheinischen Städte festhielten. Noch immer scheuen sie das Wohnen in ummauerten *Städten*, auf deren Verteidigung sie sich auch nicht verstehen konnten. Dagegen denken sie gar nicht daran, das gewonnene fruchtbare *Bauland* wieder, wie etwa bei früheren Raubfahrten, zu verlassen, im Gegenteil, sie setzen sich fest im Lande links des Rheins, behaupten es mit Erfolg und auf die Dauer und betrachten es bereits als neue Heimat (»Fremdsitz«, »Alisat«, Elsaß).
Besonders stark scheint dies Einströmen von Germanen nach Gallien geflutet zu haben seit 350. Constans hatten sie, nach Ammian (XXX, 7), sehr gescheut. Aber nach seinem Tode hatte Constantius selbst die Alamannen ins Land gerufen und ungerufen kamen in Menge die Franken, nur kurze Zeit durch Silvanus gehemmt. Später erzwangen Julian und Valentinian (Gratian) nochmals kurze Pausen; jedoch abgesehen von diesen wenigen Jahren muß seit dem Jahre 350 Einfluten und Niederlassung von Germanen sehr stark und in stets wachsendem Umfang erfolgt sein.
So drangen von ihren gallischen Sitzen aus die Barbaren in Gallien verheerend vor ohne Widerstand zu finden: bis Autun.
Der Kaiser mußte, sein Mißtrauen überwindend, wieder einen tüchtigen Schirmer Galliens bestellen. Selbst Italien zu verlassen wagte er nicht. Seine Wahl fiel nach banger, langer Überlegung auf *Julian*, den Bruder des vor kurzem getöteten Gallus.
Es war *Eusebia*, die Gattin des Constantius, gewesen, eine ausgezeichnete Frau, deren gerechte Würdigung Julians dahin gewirkt hatte, daß dessen Verfolgung (als Mitschuldigen des Gallus) eingestellt und er, mit *Helena*, der Schwester der Kaiserin, vermählt, zum Cäsar erhoben wurde (6. November 355). Ihm wurde nun Gallien übertragen und der Schutz des Rheins.
Julian – später als Kaiser der Abtrünnige (Apostata) genannt – war eine geniale Natur, ein ganz ausgezeichneter Feldherr, ein sehr tapferer Soldat, ein begeisterter Patriot, zugleich aber eine doktrinäre, grüblerische Gelehrtennatur und, in widerspruchsvollem Nebeneinander, ein phantastischer Schwärmer mit mystischen Neigungen; jedenfalls hat dieser Cäsar, dem die Erneuerung der Tage Hadrians als Ziel vorschwebte, größere und dauerndere Erfolge gegen die Germanen erreicht als die meisten seiner Vorgänger und – ohne Frage – als alle seine Nachfolger. Er war der letzte Römer, welcher den großen cäsarischen Gedanken der Verteidigung Galliens durch den Angriff in Germanien mit Kraft noch einmal aufgenommen hat.

»Nicht aus dem Kriegszelt, aus den stillen Schatten der Akademie plötzlich auf das Schlachtfeld gerissen, hat er Germanien niedergeworfen, den Rhein gebändigt, der mordschnaubenden Könige Blut vergossen oder sie in Ketten geschlagen«, sagt der Zeitgenosse Ammianus Marcellinus, der, zum Teil als Augenzeuge, seine Taten berichtet.

Sofort (1. Dezember) ging der erst vierundzwanzig Jahre zählende Cäsar (geboren 331) nach Gallien ab. Aber schon zu Turin erfuhr er (2. Dezember), was der Kaiser genau gewußt, ihm jedoch tückisch verschwiegen hatte, daß das alte, stolze Hauptbollwerk der Römermacht am Rhein, daß Köln in die Hände der Franken gefallen sei. Da rief er aus: »Weh' mir, nichts habe ich erreicht durch meine Erhöhung, als daß mich der ohnehin sichere Untergang (das Los des Gallus war ihm in der Tat kaum vermeidlich) in schweren, unlösbaren Aufgaben trifft!«

Denn hoffnungslos allerdings sah es, vollends nach dem Verlust Kölns (im Jahre 355), in Gallien aus. Julian schreibt an die Athener: »Der Streifen Landes, welchen die Germanen vom Rheinufer her besetzt hatten, zog sich von den Quellen des Stromes bis an den Ozean; ihre letzten Scharen, von unseren Grenzen meist entfernt, standen 300 (?) Stadien ($= 43^1/_2$ römische Meilen) nordöstlich vom Rhein. Aber die Strecken Landes, welche durch ihre Einfälle und Verheerungen (in Gallien) wüst und unbebaut lagen und in welchen die Gallier nicht einmal mehr ihre Herden zur Weide zu treiben wagten, waren noch dreimal so umfangreich ($130^1/_2$ römische Meilen). Ja, einzelne Städte fand ich von den Einwohnern verlassen, obgleich die Barbaren noch gar nicht nahe gekommen. Von solchen Leiden heimgesucht und niedergebeugt, übernahm ich Gallien.« – Und das ist nicht übertrieben. Ohne Widerstand zu finden, drangen die Barbaren auch in diesem Jahr tief in das Herz des Landes, so war ein Schwarm bis vor Autun (Augustodunum) gelangt; die Besatzung war von Furcht wie gelähmt; ausgediente Veteranen, alte Kolonisten, schlugen mit der Kraft der Verzweiflung zuletzt noch die Angreifer von den altersmorschen Wällen zurück.

Zu Vienne trat der Cäsar sein Konsulat des Jahres 356 an. Das Volk begrüßte ihn wie einen rettendenden Halbgott; eine blinde Greisin rief, als ihr auf die Frage nach der Ursache der festlichen Freude der Name Julians des Cäsars genannt wurde, weissagend aus: »Dieser wird die Altäre der Götter herstellen!« Und wahrlich ein Retter tat not. Die verwahrlosten Zustände der gesamten Kriegseinrichtungen der Provinz zwangen ihn, einen großen Teil des Jahres mit Rüstungen zu verbringen, »die Trümmer der Provinz zu sammeln,« sagt Ammian (XVI, 1). Erst im Juni, »als die Saat schon hoch stand,« brach er auf und ging zunächst nach Autun (23. Juni); und wie weit bereits die Germanen in Gallien sich »in ungeheurer Zahl« (Julian) verbreitet hatten, erhellt am deutlichsten daraus, daß die römischen Feldherren – wie früher Silvanus, so jetzt Julian – sich auf dem Wege von Autun, Auxerre (Autosidurum, Autissidorum), Troies (Tricasses, Augustobona) nach Reims (Durocortorum) wiederholt erst durch die Barbaren Bahn brechen mußten.

Zu Autun empfahlen nämlich im Kriegsrat die einen den Weg über Arbor (eine Lücke im Text läßt nicht erkennen, welches der vielen »Arbor« gemeint), andere über Sedelaucus und Cora. Da jedoch der Feldherr erfuhr, daß vor kurzem Silvanus mit acht Kohorten Hilfstruppen einen anderen kürzeren, freilich höchst gefährlichen Waldweg, allerdings nur mit großer Mühe, zurückgelegt habe, trachtete er, das Vorbild dieses Helden zu erreichen und eilte auf derselben Straße nach Auxerre, nur mit den Kataphraktariern (Schuppengepanzerten) und Ballistariern (Schleuderern), einer geringen Bedeckung. Von da zog er nach kurzer Erholung der Truppen nach Troies. In einzelnen Schwärmen stürzten sich die Barbaren auf die marschierenden Römer. Der Feldherr ließ, wo er stärkerer Angriffe gewärtig sein mußte, die Angreifer nur beobachtend, mit geschlossenen Flanken weitermarschieren, bei günstigem Terrain jedoch trieb er sie abwärts in die Niederung, überraschte auch manche, nahm die keine feindliche Offensive Erwartenden gefangen und trieb den Rest der Erschrockenen in die Flucht. Bezeichnend ist für die bisherigen Zustände in Gallien, daß, als er unvermutet an die Tore von Troies pochte, die zitternde Bevölkerung aus Furcht vor den rings durch die Landschaft ergossenen Barbaren kaum zu öffnen wagte.

Zu Reims vereinte er sich mit *Ursicinus*, *Marcellus* und deren Truppen. Da ergab sich, daß die Alamannen das ganze Obergermanien in ihre Gewalt gebracht hatten; die alten festen Burgen der römischen Herrschaft in jenen Gegenden: *Mogontiacum* (Mainz), *Borbetomagus*, *Wormatia* (Worms), *Noviomagus* (später, nach dem hier mündenden Speierbach, *Spira Speyer*), *Argentoratum* (Straßburg), *Breucomagus* (Brumat), beide *Tabernae* (Elsaß- und Rhein-Zabern), *Saletio* (Selz), hatten sie eingenommen, mit Plünderung und Brand heimgesucht. Zwar hatten sie diese Festungen nicht selbst zur Verteidigung, zur dauernden Beherrschung des Landes eingerichtet und behauptet. In dem alten Widerwillen der Germanen gegen ummauerte Siedlungen – »denn die Städte selbst scheuen sie wie mit Netzen umstellte Gräber«, sagt Ammian an dieser Stelle – hatten sie diese nach der Plünderung halb zerstört liegenlassen; aber auf dem flachen Lande zerstreut (»per diversa palantes«, Amm. Marc. XVI, 2), in den Dörfern, Villen, Gehöften siedelten, schwelgten und zechten sie, unbesorgt um die Zukunft, die Wiederkehr römischer Angriffe nicht erwartend oder übermütig verachtend. Julian zog gegen sie heran über Dieuze (Decempagie an der Seille, bei Marsal). Sein Heer war guten Mutes, vielleicht unvorsichtig. Die in der Landschaft zerstreuten Alamannen sammelten sich rasch, führten, der Gegend, jetzt ja ihrer Heimat, genau kundig, eine schlaue Umgehung aus und griffen ihn an feuchtem, grauem Tage, da jeder Blick in die Ferne verschleiert war, auf dem Marsch vom Rücken her mit so gutem Erfolg an, daß seine Nachhut, zwei Legionen, überfallen und beinahe zermalmt wurde, hätte nicht der Lärm des Kampfes gerade noch zur rechten Zeit die Hilfsvölker herbeigerufen. Diese Schlappe belehrte den Cäsar, daß er vorsichtiger gegen einen Feind sich schützen müsse, der ihn bei jedem Flußübergang und überall auf dem Marsche aus dem Hinterhalt anzugreifen vermochte. Bald darauf besetzte er Brumat (Breucomagus) und wies einen hier von zwei Seiten versuchten Anfall zurück.

Jedoch verfolgte er damals diese Vorteile am Oberrhein nicht, weil stärkere Bedrohung durch die *Franken* ihn rasch an den Niederrhein abrief. Köln vor allem mußte wieder gewonnen werden. Untergermanien hatte, so unglaublich es klingt, alle seine Städte und Kastelle in Flammen aufgehen sehen; »keine Stadt, kein Kastell sah man mehr in diesem Landstrich«, nur Koblenz, Remagen (Rigomagus) und »ein einziger Wartturm nahe dem halbverbrannten Köln waren übrig; 45 Städte, die Burgen und Kastelle nicht gezählt, in Gallien«, schreibt

Julianus an die Athener, »waren in die Hände der Germanen gefallen« – aber von diesen nicht behauptet, müssen wir hinzudenken.
Denn ohne alle Schwierigkeit besetzte der Cäsar wieder Köln – zehn Monate war die Stadt in den Händen der Barbaren gewesen – (Julian, ep. ad Athen). Er stellte diese Festung zu einem mächtigen Bollwerk wieder her und zugleich die Furcht vor dem römischen Namen, so daß die Könige der Franken von ihrer Angriffswut erschrocken abließen.
Julian ging über Trier nach Gallien zurück, wo er zu Sens (Agedincum, Senonia, apud Senonas oppidum) Winterquartiere bezog, mit vielfältigen Aufgaben belastet. Er trachtete, in altrömischer Politik, die wider Rom verbündeten Völkerschaften zu veruneinigen; zugleich mußte er Sorge tragen, die Soldaten, welche, eigenmächtig oder zersprengt, die alten Garnisonen verlassen hatten, an die so gefährdeten Orte zurückzuschaffen und Lebensmittel in alle Städte zu bringen, welche bei dem nächsten Feldzug das Heer zu berühren haben würde. Denn um die Barbaren aus allen Teilen der Provinz zu verdrängen, waren voraussichtlich noch zahlreiche Kreuz-und Quermärsche erforderlich. Wie groß die Unsicherheit Galliens immer noch war, sollte Julian rasch selbst erfahren. Plötzlich erschien vor den Toren von Sens eine starke Schar Barbaren, wohl Franken: diese waren immerhin die Nächstwohnenden, obwohl auch sie Rhein, Mosel und Marne – vermutlich auf dem Eise – zu überschreiten hatten, um so weit nach Westen einzudringen. Sie hatten erfahren, daß der Cäsar weder die Schildener bei sich hatte noch, wie sie von Überläufern aus diesen Scharen wußten, die fremden Hilfsvölker, die der erleichterten Verpflegung willen in die Nachbarstädte verteilt worden waren. So hofften sie, die Stadt zu erobern, den Feldherrn zu fangen. Rasch wurden die Tore gesperrt, die schwachen Stellen der Wälle ausgebessert; Tag und Nacht sah man den Cäsar auf den Zinnen, auf den Schanzen. Er knirschte vor Zorn, daß die geringe Besatzung den wiederholt versuchten Ausfall aussichtslos machte. Der General der Reiterei (magister equitum) *Marcellus* aber, »obwohl in den nächsten Stationen weilend, brachte dem Cäsar in seiner Gefahr keinen Entsatz, obgleich er«, meint der wackere Offizier Ammian, »der Stadt hätte Hilfe bringen müssen, auch wenn sie nicht den Feldherrn einschloß«. Endlich nach sechzig Tagen zogen die Barbaren ab, verdrießlich und murrend, daß sie die Bezwingung der Stadt mit eitler Hoffnung versucht hatten.
Im folgenden Jahr sah sich der Kaiser genötigt, während Julian am Rhein vollauf beschäftigt war, zur Deckung der Donauländer selbst von Rom aufzubrechen (29. Mai 357), denn *suebische* Scharen waren in Rätien eingefallen, *Quaden* in die Valeria und *Jazygen*, *Sarmaten*, das heißt Slawen, »dieses Erzraubgesindel«, in Obermösien und das zweite Pannonien; er ging über Trident nach Illyricum. Von Erfolgen wird nichts gemeldet.
Gleichzeitig hatte Julian den Kampf gegen die Alamannen wieder aufgenommen, und zwar in großem, in cäsarischem Stil. Sollte Gallien dauernd Ruhe verschafft werden, so mußten, wie in alten besseren Zeiten, die Germanen auf dem rechten Rheinufer wieder die römischen Adler im eigenen Lande sehen und aufs neue lernen, daß die räuberischen Einfälle in Gallien furchtbare Vergeltung über die eigenen Gaue heraufbeschworen; der Gedanke, auf dem linken Rheinufer dauernd Fuß fassen zu können, sollte ihnen wieder völlig ausgetrieben werden. Man war jetzt, nach vier Jahrhunderten, wieder so weit wie damals, da Julius

Cäsar die germanischen Einwanderer Ariovists aus Gallien vertrieb. Fast in den gleichen Worten, wie damals der Suebenkönig das Elsaß als »*sein*« Gallien, als mit dem Schwert gewonnenes rechtmäßiges Besitztum, gegen Cäsar in Anspruch nahm, machten jetzt die Alamannenkönige ihren Besitzstand in denselben Landschaften geltend. Die Antwort Julians, wie damals Cäsars, war ein großer Sieg, und ganz wie Cäsar drang der Sieger wiederholt über den Rhein. Für den Augenblick, ja für die ganze Dauer von Julians Kommando am Rhein wurde jene kecke alamannische Berühmung durch Taten widerlegt; aber kaum hatte Julian Gallien verlassen, als es dennoch den Germanen anheimfiel, und zwar bald für immer.

Der Cäsar hatte einen Doppelangriff gegen die Alamannen beschlossen, welche durch die Verluste des vorigen Jahres keineswegs geschwächt, »vielmehr noch ärger als gewöhnlich tobten und in Massen sich durch die Provinz ergossen; aber auch sonst war alles mit germanischen Schrecken erfüllt«.

Der Kaiser hatte als Nachfolger des Silvanus den *Barbatio* zum magister peditum bestellt; mit 25000 Mann war dieser in das Land der *Rauriker* (bei Basel) vorgedrungen, die Alamannen in der Flanke zu fassen, während Julian, der zu Sens einen ruhelosen Winter verbracht, zu Reims den Frontalangriff vorbereitete. Wie mit der Zange (forcipis specie) sollten die Barbaren von zwei Seiten gepackt, in engen Raum zusammengedrängt und hingeschlachtet werden.

Aber so keck war schon der Wagemut der Barbaren, so zerrüttet wußten sie die Zustände Galliens, daß eine Schar von *Läten* (barbarischen Kolonisten verschiedener Abstammung), geschickt und stets eifrig, zu gelegener Zeit zu rauben und zu stehlen, sich zwischen beiden römischen Lagern heimlich hindurchschlich und so überraschend vor *Lugdunum* (Lyon) erschien, daß sie nur mit äußerster Mühe von den noch rasch zugeworfenen Toren zurückgeschlagen werden konnten, worauf sie im Flachland alles verheerten und mit reicher Beute den Rückweg antraten. Julian, eifrig bemüht, diese Scharte auszuwetzen, verlegte ihnen drei ihrer Rückzugslinien durch drei Geschwader erlesener Reiter, welche auch wirklich alle Räuber töteten, die sich auf diesen drei Straßen bewegten, und alle Beute wiedergewannen; dagegen entkam derjenige Teil der Barbaren, welcher durch das Gebiet Barbatios zog, Dank dessen verräterischen Befehlen.

Julian wollte nun die Germanen auf den Rheininseln angreifen. Die Alamannen auf dem linken Ufer hatten sich nämlich gegen das anrückende Heer durch dieselben einfachen Mittel des Waldkrieges zu decken versucht, welche sie drüben im heimischen Schwarzwald so geschickt zu brauchen verstanden: durch Verhaue und Verhacke aus ungeheuren Bäumen, mit welchen sie wohl teils »die schwierigen, von Natur schon steilen Wege«, das heißt die *Vogesenpässe*, teils die Zugänge zu ihren Schlupfwinkeln auf dem Strom sperrten.

Von diesen häufigen Rheinauen herüber schallten ihr »Geheul« (ululantes lugubre), ihre Schmährufe gegen die Römer und den Cäsar. Dieser wollte einige greifen lassen, offenbar mehr in der Absicht, von ihnen Kundschaft zu erpressen als sie zu bestrafen; aber umsonst bat er Barbatio um sieben von den Schiffen, welche er, als wolle er den Fluß überschreiten, für Pontons vorbereitet hatte – eine römische Flotte beherrschte schon lange den Strom nicht mehr –; Barbatio verbrannte sie lieber, um nicht dem Cäsar zu einem Erfolg zu verhelfen. Da nun dieser durch Gefangene erfuhr, daß der Fluß, in der Hitze des Hochsommers seicht geworden, an einer Furt passiert werden konnte, schickte er leichte

Hilfstruppen, vermutlich Bataver oder Franken, unter *Bainobaud*, dem bewährten Tribun der *Cornuti*, einem Germanen, gegen diese Schlupfwinkel ab. Teils durch die Watten watend (»brevia«, wie bei Tacitus), teils auf den untergebundenen Schilden schwimmend, erreichten diese die erste Insel, stiegen ans Land, »schlachteten alles Leben, was sie fanden, ohne Unterschied von Geschlecht oder Alter nieder wie das Vieh« (was Ammian mit gleicher Freude wie in ähnlichen Fällen Tacitus erzählt), fuhren auf kleinen hier vorgefundenen Nachen nach den meisten anderen Inseln und kehrten, als sie endlich des Mordens satt waren, alle unversehrt zurück, beladen mit reicher Beute, von der sie nur einen Teil aus den schwankenden Fahrzeugen an den reißenden Strom verloren.
Als die noch übrigen Germanen dies erfuhren, räumten sie die Rheinauen, welche sich als so unsichere Zuflucht erwiesen, und brachten Vorräte, Früchte und ihre »barbarischen Schätze« auf das rechte Ufer in Sicherheit. Julian aber wandte sich nach *Elsaß*-Zabern (Tres tabernae), um die durch hartnäckig wiederholte Angriffe der Barbaren zerstörten Wälle dieser Stadt wiederherzustellen, was ihm über Erwarten rasch gelang. Die Germanen hatten ihre Angriffe auf diesen Punkt deshalb so hartnäckig immer wieder erneuert, weil die Festung den Zugang der Wege sperrte, auf welchen sie am häufigsten in das Innere Galliens drangen. Eben deshalb legte der Cäsar wieder Truppen in die neu aufgebaute Burg und versah sie mit Vorräten für ein ganzes Jahr. Das Getreide hierfür wurde nicht ohne große Gefahr von den Truppen *auf den von den Alamannen bestellten Feldern geerntet.*
Diese Angaben zeigen in höchst lehrreicher Weise einmal, daß auch ein Julian, und selbst nach den bisherigen Erfolgen, sich darauf gefaßt machte, sehr geraume Zeit einem so weit im Inneren altrömischen Machtbesitzes gelegenen Kastell keinen Entsatz bringen zu können gegen germanische Einschließung! Er behandelt jetzt ein auf dem *römischen* Ufer erbautes Bollwerk wie etwa im ersten Jahrhundert nach Christus die tief ins *Germanenland* vorgeschobenen Kastelle, Aliso oder des Drusus Kastell, behandelt worden waren, die man freilich für Jahr und Tag hatte verproviantieren müssen, bis im Sommerfeldzug wieder die Legionen sich nähern konnten. Jetzt war also die äußerste Verteidigungslinie so viele hundert Stunden weit von der Ems und Lippe in dem Sinne zurück auf das linke Rheinufer und in die Vogesen genommen worden, daß selbst das linksrheinische Land nicht mehr als dauernd behaupteter Besitz galt.
Andrerseits aber sieht man, daß die Germanen, wenigstens hier die Alamannen, keineswegs nur Raubfahrten über den Strom beabsichtigten, sondern sich, durch Übervölkerung aus den bisherigen Sitzen gedrängt, über den Strom geschoben hatten mit der Absicht, *für immer sich hier niederzulassen. Diese alamannischen Bauern bestellten bereits die Felder auf dem linken Rheinufer als ihr sicher gewonnenes »Neuland«.*
Aber auch für seine Feldtruppen versah sich Julian auf zwanzig Tage mit Vorräten durch Fouragierung. Er konnte hierfür nicht auf seinen Kollegen Barbatio zählen, der vielmehr die für den Cäsar bestimmten Transporte anhielt, einen Teil für sich nahm und den Rest – verbrannte, um ihn nur nicht an Julian gelangen zu lassen. Während dieser die Befestigung des Lagers rasch förderte und durch einen Teil der Truppen, unter großer Vorsicht gegen Überfall, fouragieren, durch einen anderen Wachtposten im freien Feld vorschieben ließ, warf

sich eine Schar Barbaren auf Barbatio, der mit seinem Corps abgesondert hinter dem gallischen Grenzwall stand, mit solcher Raschheit, daß der plötzliche Angriff jedem Gerücht ihrer Annäherung zuvorkam. Die Sieger verfolgten die Flüchtigen bis in das Gebiet der *Rauriker* und darüber hinaus, so weit sie nur nacheilen konnten, und kehrten mit dem größten Teil des Gepäcks, der Lasttiere, der Troßknechte als Beute und Gefangenen zu den Ihrigen zurück.

Der magister peditum aber entließ nun, als ob er seinen Feldzug erfolgreich beendigt hätte, die Truppen – noch war es heißer Sommer! – in die Winterquartiere und eilte an den Hof des Kaisers, dort, wie gewöhnlich, Ränke zu schmieden gegen Julian.

Als diese schmähliche Flucht und Feigheit allbekannt geworden, da glaubten die Könige der Alamannen, Julian sei, wollte er sich nicht der äußersten Gefahr aussetzen, durch Auflösung dieses Corps ebenfalls zum Rückzug gezwungen. Sieben solcher »reges« zogen die beste Kraft ihrer Scharen zu einem Heer zusammen und nahmen Stellung bei Straßburg: sie hießen *Chnodomar*, *Vestralp*, *Ur*, *Ursicinus*, *Serapio*, *Suomar*, *Hortari*.

Der Cäsar aber betrieb, nicht an Rückzug denkend, die Vollendung seiner Lagerbefestigung. Noch siegessicherer erhoben die Alamannen die Häupter, als sie von einem Überläufer, einem Schildener, den Furcht vor Bestrafung eines Verbrechens zu ihnen geführt, erfuhren, daß nach dem Abzug des in die Flucht gejagten Barbatio ihm nur 13000 Bewaffnete verblieben – und nicht höher belief sich wirklich damals seine Macht, als die wilde Kampfeswut der Barbaren von allen Seiten ihn umbrandete. In größter Siegeszuversicht schickten die Könige ihm durch Gesandte die Aufforderung, fast in Form des Befehls, er möge das durch ihre Kraft und ihre Schwerter ihnen gewonnene Land räumen, fast wörtlich wie Ariovist an Cäsar. Julian, der Furcht unzugänglich, wurde weder zornig noch traurig und ließ steten und gleichen Muts die Lagerbefestigung unentwegt fortführen, die Gesandten aber – gegen das Völkerrecht, wie Cäsar – bis zur Vollendung dieser Arbeit festhalten. Es ist eine seltsame Wiederholung der Vorgänge, welche vor vier Jahrhunderten hier zwischen Cäsar und Ariovist gespielt. Seitdem war »Cäsar« ein Titel geworden, und Nachkommen derselben Sueben, welche damals unter Ariovist Land in Gallien kraft der Eroberung als ihr eigen bezeichneten, konnten es sein, welche nunmehr gegen den »Cäsar Julian« das gleiche Recht geltend machten. Daß übrigens der Feldherr die Germanen durchaus nicht gering achtete, verrät seine ängstliche Sorge, vor allem die Lagerfestung zu vollenden, um für den Fall der Niederlage sich eine Zuflucht zu sichern. So großen Wert legt er darauf, die Barbaren nichts von dem unfertigen Zustand der Lagerwerke erfahren zu lassen und Angriff und Entscheidung noch hinauszuschieben, daß er selbst den Bruch des Völkerrechts, die Festhaltung ihrer Gesandten, nicht scheut.

Alsbald konnten sich die Heere, da beide gegeneinander vormarschierten, erschauen. Die Germanen bildeten ihre altgewohnten keilförmigen Stoßhaufen: den »Eberkopf«; da befahlen die römischen Offiziere Halt und ließen so im ersten Treffen die antepilani, hastati und überhaupt die ersten Glieder, wie sie marschiert waren, feste Stellung nehmen – »eine undurchdringbare Mauer«, sagt Ammian mit Recht. Denn in der Tat, dieser letzte große Sieg der Römer über die Rheingermanen wurde fast ausschließlich entschieden durch die unvergleichlich überlegenen Waffen, zumal Schutzwaffen.

Der Abend des langen Sommertages brach herein. Die »unbesiegbaren« Soldaten rief die Trompete von der Verfolgung zurück, es war wohl nichts mehr zu verfolgen auf dieser Seite des Stromes (aber vorsichtig stellte der Feldherr mehrfache Ketten von Wachen aus). Die Sieger lagerten auf den Uferhöhen des Rheins und labten sich an Speise und Schlaf.
Gefallen waren in dem viele Stunden währenden Kampf nur 243 Römer – der beste Beweis für die Undurchdringbarkeit ihrer Schutzwaffen.
Von den Alamannen aber lagen 6000 tot auf dem Schlachtfeld, ungezählt und unberechenbar die Haufen, welche der Fluß verschlang.
Gefangene hatten die Römer, scheint es, wenige gemacht – außer dem König und seinen Begleitern.
Julian wurde einstimmig vom ganzen Heer auf dem Schlachtfeld zum »Augustus« ausgerufen, und zwar verdientermaßen, denn ohne Zweifel hat er zweimal in die Schlacht auf das verdienstlichste eingegriffen. Er wies scheltend diese – lebensgefährliche – Auszeichnung als Unfug zurück; er beteuerte eidlich, dergleichen nicht zu wünschen und zu hoffen.
Er ließ, um die Siegesfreude zu erhöhen, in der Versammlung der Offiziere Chnodomar sich vorführen; gebeugt trat dieser ein, warf sich zur Erde und bat in alamannischer Sprache um Gnade. Julian hieß ihn guten Mutes sein und schickte ihn nach wenigen Tagen an den Hof des Kaisers. Von da wurde er nach Rom gebracht, wo ihn »im Lager der Fremden« auf dem Cälischen Hügel die »Schlafsucht« hinraffte. Es war aber wohl nicht Schlafsucht, sondern Heimweh.
Julian wollte sich an diesem großen Erfolg nicht genügen lassen, sondern, wie Cäsar nach der Besiegung Ariovists, die römischen Waffen über den Strom in das eigne Gebiet der Barbaren tragen, lag es doch nun wieder, wie vor vier Jahrhunderten römischer Siege, hart am Rhein, um ihnen durch Furcht für die Heimat die Einfälle in das römische Gebiet zu verleiden.
Er ging von Tres tabernae (*Elsaß*-Zabern) nach Mainz und wollte dort eine Schiffsbrücke schlagen, »die Barbaren im eignen Land aufzusuchen, nachdem er in Unsrem keinen mehr übriggelassen hatte,« das heißt keinen Alamannen am Oberrhein, denn Franken streiften noch immer über den Niederrhein. Da ist es wahrlich ein übles Zeichen für Zucht und Geist im Römerheer jener Tage, daß der Feldherr zunächst den Plan aufgeben mußte, »weil die Truppen sich widerspenstig zeigten«. Nicht befehlen kann der siegreiche und gefeierte Führer, er muß erst »durch gute Worte«, durch Beredsamkeit zu seinem Willen herüberziehen, was denn schließlich gelingt, denn die Soldaten liebten den Feldherrn, der alle ihre Mühen teilte, ja sich mehr als ihnen zumutete.
So wurde der Fluß bei Mainz auf (Schiffs-?)Brücken überschritten und in das feindliche Gebiet eingerückt.
Die Barbaren hatten nicht erwartet, daß man sie aus ihrer friedlichen Ruhe aufstören werde. Diese Gaue hatten sich, wenigstens nicht von Staats wegen, an dem Kriege beteiligt, mochten auch zahlreiche Freiwillige den sieben Königen sich angeschlossen haben.
Überrascht von dem Feind, der schon in ihrem Land stand, und gewarnt durch das Verderben der Genossen, wagten die Alamannen zunächst keinen offenen Widerstand, sondern suchten den ersten Ansturm der Gefahr zu beschwören, indem sie durch Gesandte die feste Einhaltung der Verträge beteuerten und um

Frieden baten. Offenbar hatte Julian trotz des fortbestehenden »Födus« diese Gaue überfallen, weil er sie für mitschuldig hielt.
Plötzlich aber schlug ihre Stimmung um, aus unbekannten Gründen. Sie zogen in größter Eile andere Gaue zur Hilfe herbei und drohten den grimmigsten Angriff – dem sich die Römer nur dadurch entzogen, daß sie das besetzte Gebiet wieder räumten!
Also nicht einmal die schwere Niederlage hat das Volk bis zur Unterwerfung im eignen Land entmutigt. Und so fest wird der alamannische Waffenbund gehalten, daß die Nachbarn der Anrufung um Bundeshilfe sofort entsprechen, obschon der Römer den Strom überschritten hat und jeden Zuzug strafen kann.
Mit einem Rückzug konnte aber der Sieger von Straßburg seine Unternehmung nicht abschließen.
Er schiffte daher in der ersten Ruhe der Nacht achthundert Mann auf mittelgroßen, raschen Booten ein und ließ sie mit größter Eile den Fluß (den Rhein doch wohl, nicht den erst später genannten Main) abwärts und aufwärts fahren, landen und was sie erreichen konnten mit Schwert und Feuer vernichten.
Von dem römischen Hauptlager aus sah man bei erstem Tagesgrauen Posten der Barbaren auf dem Kamm der Hügel. Sofort wurden die Truppen, deren Eifer nun gestiegen war, hinangeführt, fanden aber die Höhen geräumt, denn die Germanen hatten den drohenden Angriff bemerkt, vielleicht auch bereits die Absendung der Streifpartien erfahren.
Denn nun sah man von den Gipfeln in weiter Ferne ungeheure Rauchwolken gen Himmel steigen – die Zeichen des Mordbrands, welche die in die alamannischen Dörfer eingebrochenen Streifscharen überall übten. Auf dem rechten Mainufer loderten diese Brände. Die Germanen, von Furcht um die Ihrigen erfüllt, welche dort ruchlos geschlachtet wurden, räumten die verdeckten Stellungen, welche sie auf dem linken Ufer in Defileen und schwierigem Waldgelände eingenommen hatten, die Römer beim Anmarsch zu überfallen, und eilten über den Main, ihren schwer getroffenen Familien wie ihrer brennenden Habe Hilfe zu bringen.
Denn, »wie das in der Verwirrung zu geschehen pflegte«, die Einwohner waren durch das Ansprengen der römischen Reiter von der einen Seite, durch das plötzliche Anrücken der mit den Booten gelandeten von der andern Richtung (zu früh) aufgeschreckt worden und die meisten hatten vermöge ihrer genauen Ortskenntnis Auswege der Rettung gefunden. So drangen die Soldaten ungehindert vor und plünderten ohne Schonung die Landgüter, welche sie mit Herden und dem bereits geernteten Getreide reich versehen fanden. Auch einzelne Gefangene wurden noch in den Häusern gemacht; darauf wurden alle Gebäude verbrannt. Mit Staunen sahen die Zerstörer, daß diese Häuser sorgfältiger, als es sonst die Germanen pflegten, nach römischem Stil angelegt waren, also wohl Steinbauten statt der germanischen Holzhäuser. Ob übrigens diese Häuser nicht alte römische Villen des Zehntlandes waren, deren Erbauer und Bewohner längst geflohen waren, seit nicht mehr der limes, sondern der Rhein die Grenze des Reiches, und ihre Landschaft preisgegeben war – das steht dahin; vielleicht aber hatten die Alamannen neben den vorgefundenen römischen Häusern und nach deren Vorbild auch neue erbaut. Jedenfalls ist die Nachricht höchst wertvoll, sie zeigt, *hier begann die Romanisierung*, das heißt die Aneignung einzelner Stücke römischer höherer Zivilisation, ihres Komforts und Luxus *früh*.

Von diesen Siedlungen marschierten die Römer noch etwa zehn (römische) Meilen weiter landeinwärts. Da standen sie vor einem finstern und sumpfigen Wald, der ihnen Grauen einflößte. Lange hielten sie hier zaudernd an, hatte doch ein Überläufer ausgesagt, daß in verborgenen unterirdischen Gängen (solche werden allerdings auch im Mainlande häufig gefunden und waren oft Mündungen der unterirdischen Keller- und Getreidehöhlen) und in vielverzweigten Waldgräben starke Scharen versteckt lägen, bereit, an günstiger Stelle hervorzubrechen. Es wird als Zeichen besonderen Mutes hervorgehoben, daß »gleichwohl alle wagten, voll Zuversicht an den Wald heranzurücken«. Da fanden sie alle die schmalen Steige, auf welchen allein der Urwald und Sumpf durchschritten werden konnte, verrammelt durch gefällte Eichen, Eschen und Tannen von ungeheurer Wucht.

Und abermals trat der Römer vor dem deutschen Wald den Rückzug an, abermals schützten Eichen und Tannen ihre Söhne.

»Zornig erkannten die Unsern, daß sie nicht durch den Wald, sondern nur auf höchst langen und steilen Umwegen weiter ins Innere dringen konnten, daher traten sie mit wacher Vorsicht den Rückzug an.«

Weiteres Vordringen oder auch nur längeres Verweilen im Freien schien »bei der grimmig kalten Luft ein höchst gefährliches, ja vergebliches Beginnen, denn schon war die herbstliche Tag- und Nachtgleiche vorüber und dichter Schnee bedeckte in jenem Land bereits Berg und Tal. Da wurde ein denkwürdig Werk rasch unternommen«. So sagt Ammian.

Und er konnte nicht wissen, wie wahr, wie bedeutungsvoll seine Worte, wie denkwürdig das unternommene Werk – war es doch einer der letzten Versuche, in altrömischem Geist die Verteidigung des linken Rheinufers durch Beherrschung des rechten zu führen.

In der Nähe lag eine Befestigung, welche einst Trajan angelegt und mit seinem Namen benannt hatte. Auf »alemannischem« Boden meint Ammian, er weiß nicht, daß *damals* der Name »Alamannen« noch nicht entstanden war. Allerdings war es das Gebiet derselben Völkerschaften, welche sich später als Alamannen zusammenfaßten. Dieses munimentum Traiani, längst von den Alamannen grimmig angegriffen und zerstört, beschloß der Cäsar mit Hast und Eifer wiederherzustellen, solange Widerstand nicht zu besorgen war und vorläufig ausreichende Besatzung hineinzulegen, zu deren Verpflegung die im Barbarenland erbeuteten Vorräte dienten.

Da erschraken die Alamannen: »Eilig strömten sie zusammen und baten durch Abgeordnete mit äußerst unterwürfiger Sprache um Frieden. Der Cäsar gewährte ihn, unter vorsichtiger Sicherung all seiner Absichten, für die Dauer von zehn Monaten.« Er führte allerlei plausible Scheingründe dafür an. Der wahre Grund war aber die Erwägung, daß in den nächsten zehn Herbst-Winter-Frühjahrs-Monaten ein Feldzug über den Rhein, der Besatzung Hilfe zu bringen, so gut wie unmöglich war und daß man, nachdem man sich zwar über alles Hoffen hinaus des Kastells bemächtigt, es nun unter dem Schutz dieser Waffenruhe erst noch mit Wallgeschützen und sonstiger Armierung versehen werden mußte.

Im Vertrauen auf diesen Vertragsabschluß erschienen drei höchst trotzige (immanissimi) Könige, aus der Zahl derjenigen, welche den bei Straßburg Geschlagenen Hilfsvölker gestellt hatten, jetzt endlich einmal eingeschüchtert und leisteten in feierlichen (gestabten) Schwurformeln nach alamannischer Rechts- und Sakralsitte den Eid.

Ammian vergleicht diese Siege und Erfolge Julians den punischen, den Teutonenkriegen, nur daß sie mit ungleich geringeren Erfolgen erkauft seien. Das ist übertrieben, immerhin war dieser Glanz das Abendrot der römischen Sonne am Rhein.

Und bezeichnend für die vergifteten Zustände des Hofes, der Regierung ist, daß des Cäsars Feinde ihm vorwarfen, seine Tapferkeit rühre nur daher, daß er den Tod auf dem Schlachtfelde suche, um nicht, wie sein Bruder Gallus von Henkershand zu sterben – als ob dieser Vorwurf das Opfer träfe und nicht den Kaiser!

So stand denn römische Besatzung wieder auf dem rechten Rheinufer. Aber gleichzeitig heerten doch Germanen auf dem linken.

»Nachdem der Cäsar nach Lage der Dinge hier feste Ordnung geschafft, kehrte er in die Winterquartiere zurück, fand aber dabei noch genug Sorgen und Mühen übrig. Der Befehlshaber der Reiterei, *Severus*, stieß auf dem Weg über Köln und Jülich (Juliacum) nach Reims auf starke Haufen von Franken, 600 Leichtbewaffnete (oder zwei je zu 600, da Libanius Tausend angibt), wie sich später herausstellte, welche die von Besatzungen entblößten Plätze verheerten. Solche Keckheit hatten sie gewagt, weil sie hofften, da der Cäsar im Innern des Alamannenlandes beschäftigt war, ohne Widerstand sich reicher Beute ersättigen zu können. Deutlich kann und sorgfältig muß man solche Raubfahrten einzelner Haufen, welche kommen, weit vordringen und schleunigst wieder heimeilen, unterscheiden von dem systematischen, langsamen Sichvorschieben und Ausbreiten der Völker, welche das gewonnene Gebiet unter den Pflug nehmen und dauernd behaupten wollen. Aus Furcht vor dem zurückgekehrten Heer, das ihnen den Rückweg versperrte, hatten sie sich in zwei alte, längst verödete Schanzen nahe der Maas (Mosa) bei Mastrich? geworfen und suchten hier Schutz. Der römische Feldherr glaubte nicht vorbeiziehen zu dürfen, sondern machte Halt und belagerte die Eingeschlossenen. Aber die Franken hatten Fortschritte gemacht in der Verteidigung fester Plätze. Vierundfünfzig Tage, den Dezember über bis Ende Januar, wehrten sie sich mit »unglaublich« hartnäckiger Entschlossenheit, wußten sie doch, daß ihnen als »Räubern« wohl noch strengeres Los als das der Kriegsgefangenschaft, das heißt der Sklaverei bevorstand. Der Cäsar sorgte eifrig, daß die kecken Eindringlinge nicht entwichen. Um zu verhüten, daß sie nicht in mondloser Nacht über die gefrorne Maas entkämen, ließ er von Sonnenuntergang bis Sonnenaufgang Boote auf dem Strom auf- und abwärts kreuzen, zugleich die Eisbildung und die Flucht zu hemmen. Durch dieses Mittel brachte er die von Hunger, Wachen und äußerster Verzweiflung endlich gebrochenen Barbaren dazu, sich freiwillig zu ergeben; sofort wurden sie in das Hoflager des Kaisers abgeführt. Schon hatte sich ein starker Haufen Franken aus der Heimat aufgemacht, die schwer gefährdeten Genossen herauszuhauen. Auf die Nachricht, daß diese schon gefangen und fortgebracht seien, kehrten sie, ohne weiteres zu wagen, heim. Der Cäsar aber ging nach Paris, dort den Winter zu verbringen.

Keineswegs berauscht durch die bisherigen Erfolge, sondern »nüchtern« (sobrius) traf der Sieger Anstalten, dem wechselnden Glück des Krieges weislich mißtrauend, einer drohenden neuen Erhebung sehr zahlreicher Völkerschaften zu begegnen.

Nach langer banger Überlegung aller Möglichkeiten überwog bei dem Feldherrn die Furcht vor der Vereinigung der Feinde. Er zog es vor, die gute Jahreszeit und die Zufuhr nicht abzuwarten, um nur die Barbaren vor Vollendung ihrer Rüstungen und Vereinigung überraschen zu können.

Er faßte also seinen Entschluß, ließ die Soldaten, die guten Willen dazu zeigten, aus den Magazinen in den festen Plätzen, Mundvorrat für zwanzig Tage auf den Schultern mittragen – zumal Zwieback – und zog im Mai aus, zwei dringend notwendige Feldzüge in fünf bis sechs Monaten, wie er hoffte, zu vollenden. Er verließ sich also vom einundzwanzigsten Tag ab ohne gesicherte Verpflegung auf Fouragieren und Plündern in Feindesland – eine Verwegenheit, welche nicht ungestraft bleiben sollte.

»Vor allen Feinden wandte er sich zuerst gegen die Franken, die man die *salischen* zu nennen pflegt und die vor geraumer Zeit sich dreistverwegen unterfangen hatten, auf römischen Boden in *Toxiandria* feste Niederlassungen zu errichten. In Tongern stieß er auf eine Gesandtschaft von ihnen, die ihn noch im Winterlager vermutete und dort hatte aufsuchen wollen. Sie beantragte Frieden unter der einzigen Bedingung, daß man sie in jenen Sitzen als ihrer anerkannten Heimat ruhig wohnen ließe, ohne Angriff oder Belästigung.«

Die Gesandtschaft der Franken behielt zwar der Cäsar nicht, wie im vorigen Jahr die alamannische, gefangen, aber er täuschte Gesandte und Volk mit schlimmer Arglist auch diesmal völkerrechtswidrig, Cäsars Beispiel abermals nachahmend. Er hielt die Boten erst lange hin, ihre Aufträge ausführlich verhandelnd und sie in Verwirrung setzend durch verwickelte Bedingungen seiner Bescheide, versetzte sie so in den vollsten Glauben, daß er in Tongern bleiben, nicht weiter vorrücken werde und entließ sie mit Geschenken. Kaum waren sie fort, als er pfeilgeschwind mit doppelter Bewegung – seinen Reitergeneral *Severus* hatte er am Strom hin marschieren lassen, er selbst zog wohl nordwestlich landeinwärts – ihnen folgte, das gesamte Volk angriff und »wie ein Donnerkeil im Wettersturm (›tamquam fulminis turbo‹) zu Boden schlug«.

Die treubrüchig Überraschten wagten keinen Widerstand, sondern ergaben sich mit Weib und Kind und Habe, um Schonung flehend. Der Cäsar nahm die Ergebung an, daß sie das Land hätten räumen müssen, wird aber nicht behauptet. Wir finden sie denn auch später in diesen Sitzen. *Nie wieder haben die salischen Franken dies Gebiet geräumt*, von dem aus sie einst ganz Gallien erobern sollten.

Auch die Franken am Niederrhein, wie die Alamannen des Oberrheins, haben sich damals auf altem römischen Boden schon so fest, also auch wohl schon so lang, als Ackerbauern niedergelassen, daß ein Heer von etwa zehntausend Mann auf Verpflegung aus ihren Ernten zählen mag. Welche Veränderungen haben sich hier in den letzten Menschenaltern vollzogen, wie breit und sicher sind Germanen hier seßhaft geworden in Niederlassungen, von welchen die römischen Berichte, die nur »Raubfahrten« anführen, nichts erzählen.

Jene Erwartung des Feldherrn traf freilich nicht ein. Aber nicht etwa, weil das chamavische Korn nicht ausgereicht hätte, sondern weil es noch nicht reif war. Die Römer hatten das Klima jener Sumpf- und Waldlandschaften nicht genug in Anschlag gebracht.

So fanden denn die Truppen, nach Erschöpfung der mitgetragenen Vorräte, nirgends Lebensmittel, und sofort wandte sich – ein Zeichen argen Zucht-

verfalls – ihr Unmut über allerlei Beschwerden in lauter Schmähung gegen ihren siegreichen, erfolgbegleiteten Feldherrn, der nur hierin einmal geirrt hatte.
Nur nach verschiedenen Versuchen der Begütigung, ja der Schmeichelei gelang es dem Cäsar, den Geist des Aufruhrs zu beschwören. Offenbar zog man nun wieder (was Ammian anzugeben unterläßt) aus dem Chamaven-Land zurück und sehr weit rheinaufwärts, denn jetzt steht Julian, nach Ammian, plötzlich, nachdem er auf einer Schiffbrücke den Rhein überschritten, auf *alamannischem* Gebiet, das doch den Mittelrhein kaum erreichte.
Aus Julians Brief an die Athener erhellt nun aber ein weiterer, ja vielleicht der wichtigste Zweck dieser Unternehmungen gegen die Franken. Es galt, die Verbindung mit Britannien und den Rheinmündungen wiederherzustellen. Diese waren fast unentbehrlich für die Getreideversorgung der römischen Besatzungen in Niedergermanien. So lang aber die Franken, welche hier zwar Getreide, wie wir sahen, bauten, aber wohl kaum ausreichend für den eigenen Bedarf, auch auf dem linken Ufer wie auf den Rheininseln, herrschten, konnten römische Schiffe nur mit deren Genehmigung auf dem Niederrhein verkehren. Deshalb hatte Florentius sich bereits entschlossen, solche Erlaubnis den Barbaren um zweitausend Pfund Silber abzukaufen, galten doch solche Zahlungen und Loskäufe seit lange nicht mehr als schimpflich. Der Kaiser wollte den Abschluß dieses Vertrages erlauben, »wenn ihn Julian für nicht zu schimpflich halte«. Julian aber hatte andere Auffassungen vom ewigen Rom und seiner Stellung zu den Barbaren; er verwarf den ebenso schmählichen wie verderblichen Handel und unternahm jene beiden Züge, vor allem die Franken zur Unterwerfung oder Landräumung, jedenfalls aber zur Respektierung der römischen Rheinschifffahrt zu zwingen. Nicht weniger als sechshundert (diese Zahl Julians selbst ist den achthundert des Zosimus vorzuziehen) Fahrzeuge ließ er den Strom hinabsegeln, von denen er vierhundert in zehn Monaten selbst hatte bauen lassen, offenbar zum größten Teil nur kleinere Transportschiffe. Diese von Ammian nicht erwähnte Mitwirkung der Flotte neben dem Corps des Severus und der Hauptmacht des Cäsars trug zu dem raschen Erfolg der Unternehmungen offenbar sehr wesentlich bei.
Zu diesem Stück Selbstbiographie Julians tritt nun ergänzend ein Bericht des Zosimus, der um so höher zu werten, da wir ja fast gar keine Nachrichten haben über die so wichtigen damaligen Bewegungen und Veränderungen in Sitzen und Verhältnissen der späteren *deutschen* Stämme auf dem rechten Rheinufer, Bewegungen, die wir meist nur erraten können aus den Jahrhunderte später vorliegenden Ergebnissen. So ist es denn hochwillkommen, zu erfahren, daß auch das Drängen der (salischen) Franken über den Niederrhein nach Westen keineswegs aus Mutwillen und Willkür geschah, sondern aus Gründen zwingender Not. Auch die Ausbreitung der Franken am Niederrhein wurde, abgesehen von der auch hier wirkenden Ursache starker Volkszunahme, herbeigeführt durch den Druck und Drang ihrer Nachbarn von Osten her: dies waren die später unter dem Gruppennamen der *Sachsen* zusammengefaßten Völkerschaften. Bei dem ersten Auftauchen (Ptolemäus) war der Name »Saxones« entschieden noch nicht, wie etwa der Sueben, Goten, später Alamannen, Franken, Name einer Hauptgruppe, aber auch nicht einer einzelnen Völkerschaft, sondern, wie der der benachbarten »Groß- und Kleinfriesen«, Bezeichnung einer *Mittelgruppe*, welche mehrere, aber noch bei weitem nicht alle Völkerschaften der späteren

Sachsengruppe umschloß. Vielmehr werden in der älteren Zeit zahlreiche, zum größten Teil nur einmal genannte Bezeichnungen in jener Gegend angeführt, welche Sondernamen kleiner Völkerschaften, ja oft bloßer Gaue sind.
Die späteren Sachsen nun veränderten zwar im ganzen (neben den Friesen) unter allen Germanen ihre Sitze am wenigsten. Sie »wanderten« auf dem Festlande gar nicht. Aber abgesehen von den Fahrten zur See, welche nicht immer nur als Raubzüge gemeint waren, vielmehr zum Teil wie bei den Wikingern und Normannen zu dauernder Niederlassung in der Fremde führten – auf diesem Wege haben sie ja allmählich die britannischen Eilande bevölkert –, erfolgte doch auch bei den »Sachsen« eine stetig vorschreitende Ausbreitung nach Südwesten, offenbar wegen Übervölkerung zumal ihrer südwestlichen, aber auch anderer ihrer Gaue, welche ursprünglich die Römer, dann, nachdem die Franken sich am Niederrhein durch Vertrag oder Gewalt festgesetzt, die Salier bedrohte und weiter nach Westen drängte.
In solchem Zusammenhang, bei solcher Auffassung gewinnt der Bericht des Zosimus neuen Wert, klares Licht. Er sagt (III, 6–9): Damals (etwa 350–360) schickten die *Sachsen*, die an Mut, Stärke und Heldentum hervorragendsten aller dortigen Barbaren, die einen Teil ihres Namens, ihres Verbandes ausmachenden *Chauken* gegen das römische Gebiet aus.
Zu beachten ist, daß die Sachsen nicht nur an Tapferkeit, auch an *Macht* (ῥώμη) alle anderen dortigen (ἐκεῖσε) Barbaren übertreffen. Es erhellt also die große Volkszahl der zu einer umfassenden Hauptgruppe zusammengeschlossenen Völkerschaften. Nicht eine bloße Mittelgruppe mehr sind die Sachsen, geschweige eine einzelne Völkerschaft, was sie wohl niemals waren. Der Name von der Waffe, dem Kurzschwert, hergenommen, weist von Anfang auf eine Gruppe von gleicher Nationalwaffe. Und die Hauptgruppe schickt »einen Teil ihres Verbandes (μοῖραν σφῶν) aus«: die Bundesversammlung der Sachsen also beschließt den Auszug der Chauken, nicht die Chauken (die, selbst ursprünglich eine Mittelgruppe, die »großen« und die »kleinen« Chauken umfaßten) treffen diese Entscheidung. Ist dies genau, so war in dem Sachsenbund bereits überraschend früh eine Bundesgewalt ausgebildet. Wenn die Chauken nur einen Streifzug ins Römergebiet hätten unternehmen sollen, wäre ein Beschluß der Bundesgewalt kaum erforderlich gewesen. Es ist daher zu vermuten, daß die Sachsengruppe, durch Übervölkerung Landmangel leidend, diesem Glied die *Auswanderung* auferlegte, wie dies bei den Langobarden geschah. »Dem Wanderzug verwehrten aber die an das Chaukengebiet grenzenden Frankengaue den Durchmarsch, aus Furcht, durch solche Begünstigung eines Angriffs auf römisches Gebiet dem Cäsar gerechten Grund zu einem abermaligen Einfall in ihr Land zu geben.« Es waren also diese Nachbarn der Chauken solche Frankengaue, welche Julian bereits früher bekämpft. Geraume Zeit müssen die Chauken hier dicht am Rhein gelagert haben, denn sie haben Muße genug (wohl in den dichten Grenzwäldern), Schiffe zu bauen und, ohne jene widerstrebenden Franken mit Gewalt zur Gewährung des Durchzugs zu zwingen fahren sie, jene Frankengaue umgehend, über den Strom, das römische Gebiet aufsuchend. Man sieht, diese Franken, dicht am Rhein, gelten doch nicht als auf *römischen* Boden wohnend. Er war bereits endgültig von Rom geräumt, waren auch jene Gaue durch Julian in ein abhängiges Födus gezwungen. Neben der Furcht vor dem Cäsar mochte

übrigens diese Franken auch das eigene Interesse abhalten, die Chauken, welche offenbar Land zur Ansiedlung suchten, in ihr Gebiet zu lassen.
»So landeten sie auf der batavischen Insel, welche, von zwei Rheinarmen umschlossen, viel größer ist als sonst Strominseln irgend zu sein pflegen.« »Hier trafen sie das Volk der Salier, einen Teil der Franken (ganz wie er die Chauken einen Teil der Sachsen genannt), das vor den Sachsen aus seinem Heimatland auf diese Insel gewichen war«. Eine höchst bedeutsame Nachricht: sie bezeugt, daß schon seit geraumer Zeit ein solcher Druck, ein solcher Drang der Ausbreitung sächsicher Völkerschaften nach Südwesten gewirkt und sogar die kraftvollen unter der fränkischen Mittelgruppe (der Salier) zusammengefaßten Völkerschaften verdrängt hatte. Diese Insel, früher ganz den Römern gehörig, war nun von den Saliern besetzt. Also galt auch die batavische Insel damals den Quellen des Zosimus (vor allem wohl Eunapius [dem trefflichen Fortsetzer des Dexippus], der im Jahre 347 geboren Zeitgenosse jener Vorgänge war) nicht mehr als unmittelbar römisches Gebiet. Selbstverständlich reichte Batavia nicht aus, *alle* Salier aufzunehmen: sie wohnten auch auf beiden Ufern des Doppelstroms. Offenbar waren die Salier in ihrer alten Heimat nächste Nachbarn jener Sachsen (nicht gerade der Chauken) gewesen, welche sie bei einem früheren erfolgreichen Ausbreitungsversuch verdrängt hatten. Auch jetzt mußten sie wieder vor Sachsen weichen, und zwar, da der Angriffsstoß von Osten kam, eben weiter nach Südwesten auf römisches Gebiet.
Julian zog sofort den Chauken entgegen, welche, wie es scheint, den fliehenden Saliern in römisches Gebiet nachdrangen, wenigstens wird von einem Übergang des Cäsars auf die batavische Insel durchaus nichts gesagt. Er befahl, keinen Salier zu töten oder von dem Übertritt auf römisches Gebiet abzuhalten, da sie nicht als Feinde kämen, sondern von den Chauken gezwungen und vertrieben. Offenbar wollte Julian verhindern, daß die Salier, von den Römern abgewiesen, etwa mit den Chauken gemeinschaftliche Sache machten. Dann fühlte er sich wohl auch verpflichtet, sich der Salier anzunehmen, welche doch wohl als foederati Roms auf ihrer Insel gelebt hatten. Auf die Nachricht solch gütiger Aufnahme flüchtete ein Teil der Salier mit *seinem König* auf römisches Gebiet, ein anderer wich an die äußersten Grenzen der Insel nach dem linken Rheinarm zu, alle aber unterwarfen sich hilfeflehend dem Cäsar: das heißt das frühere Födus wurde nun in der Not in völlige Ergebung verwandelt.
Bedeutungsvoll ist, daß selbst bei solch bedingungsloser Unterwerfung, wie sie hier gerühmt wird, römische Gegenleistungen nicht völlig fehlen: ein Geschenk zwar, aber doch ein »regelmäßiges«, erwartet und erhält der unterworfene König. Und geringerer Wert solch gewohnter »Geschenke« empört bald darauf das ganze Volk zu erneutem Kampf.
In der Audienz, welche dem Besiegten, »dessen Augen zitterten, überwältigt von dem Anblick des Siegers,« gewährt wurde, wurde ihm die harte Verpflichtung auferlegt, für den nach solchen Erfolgen beschlossenen Wiederaufbau römischer, von den Barbaren zerstörter Städte Wagenfuhren und Bauholz aus seinem und seines Volkes Mitteln zu stellen. Nachdem er dies versprochen hatte und für jeden Treubruch mit dem Tode bedroht worden war, durfte er heimkehren. Lieferung von Lebensmitteln konnte man ihm nicht auflegen, weil in seiner bis zur Vernichtung verwüsteten Landschaft schlechterdings nichts mehr aufzutreiben war.

»So mußten jene Könige, einst unbändig aufgeblasen und gewöhnt, sich durch römischen Raub zu bereichern, jetzt endlich bezwungen vor unserer Macht den Nacken beugen und unweigerlich unsere Gebote erfüllen, als wären sie unter Tributpflichtigen geboren und erzogen.«
Nach Vollendung dieser Unternehmungen verteilte der Cäsar die Truppen in ihre gewohnten Garnisonen und bezog Winterquartiere, nach Paris zurückkehrend.
Als diese Erfolge am Hof des Kaisers zu Sirmium bekannt wurden – und der Cäsar mußte über alles sofort, »wie ein Büttel dem Richter«, Rapport erstatten – verhöhnten die Höflinge, »wahrhaft hochgelehrte Professoren der Schmeichelwissenschaft«, den Sieger und seine Taten, dem Kaiser zu gefallen, auf das Schmählichste: widerwärtig werde mit seinen Siegen dieser »Ziegenbock (wegen seines langen Philosophenbartes), nicht ein Mann – dieser geschwätzige Maulwurf, dieser Affe in Purpur, dieser griechische Schulmeister, der untätige feige Weichling und Stubengelehrte, der alle seine Taten mit zierlichen Redensarten übertreibend ausschmücke«.
Der Kaiser wurde aus seiner Winterruhe (357/358) zu Sirmium aufgestört durch häufige und unheilvolle Botschaften aus den Donauprovinzen, zumal aus Illyricum.
Dort waren *sarmatische* Völkerschaften und die *Quaden* seit geraumer Zeit in Nachbarschaft und Bündnis, auch häufig in Ehegenossenschaft getreten. So hatten sich auch ihre Lebensweise, ihre Bewaffnung, daher auch ihre Art der Kriegführung gleichmäßig gestaltet. Mehr geneigt und geeignet zu Hinterhalt, listigen Überfällen und Räubereien als zu offener Feldschlacht, waren sie, den Grenzfluß in Einbäumen oder in Furten zu Fuß überschreitend, in zerstreuten Haufen in beide pannonische Provinzen und in das eine Mösien eingebrochen. Sie führten ziemlich lange Lanzen und Schuppenpanzer von geglättetem Horn, auf Leinwand genäht, brauchten meist verschnittene Pferde, weil Hengste oft beim Anblick von Stuten ausreißen oder den Hinterhalt der Reiter durch lautes Wiehern leicht verraten.
Ganz unglaubliche Strecken vermochten sie zurückzulegen, sowohl beim Verfolgen und Überfluten des feindlichen Landes als auf der Flucht, auf ihren raschen, wohlgeschulten Gäulen. Dabei führte jeder Reiter ein bis zwei Handpferde mit, um durch Abwechslung die Kräfte der Rosse zu schonen und stets auf dem frischesten zu reiten – lauter wesentlich *sarmatische* Züge, welche die Quaden eben nur von diesen angenommen hatten.
Der Kaiser brach sofort nach der Frühlings-Tag-und-Nachtgleiche mit starker Macht gegen die Donau auf. Der Strom war durch die Schneeschmelze ausgetreten, aber an günstiger Stelle überschritt ihn der Kaiser auf Schiffsbrücken und warf sich unter Verheerungen auf das Land der Barbaren. Diese wurden völlig überrascht durch den Eilmarsch des Heeres, dessen Versammlung, geschweige dessen Anmarsch sie in solcher Frist nicht für möglich erachtet hatten. Nun fühlten sie das Schwert an der Kehle und ergossen sich in verzweifelte Flucht. Viele holte die römische Verfolgung ein, die Geretteten schauten in Schlupfwinkeln der Bergschluchten von fern die Vernichtung ihrer Heimat. Das geschah in dem Teil Sarmatiens, der dem »zweiten Pannonien« gegenüberliegt. Gleiche Verwüstung mit Brand und Plünderung traf die Nachbarschaft der Landschaft »*Valeria*« (ein Teil von Ost- oder Unter-Pannonien, benannt nach der Tochter Diokletians, der Gattin des Galerius).

Eingeschüchtert durch das römische Heer hatten die Barbaren Unterwerfung, jährlichen Tribut und Stellung starker Hilfstruppen angeboten, nur ihre Wohnsitze erklärten sie nicht räumen zu wollen, denn diese, zwischen Theiß (Parthiscus) und Donau, gewährten vorzügliche Deckung durch diese Flüsse und zahlreiche Sümpfe gegen Angriffe von römischer oder auch von barbarischer Seite. Während der Verhandlungen nun und um der, wie die Römer behaupteten, von den Slawen geplanten verräterischen Überrumpelung des Kaisers zuvorzukommen, ließ dieser gegen Abend plötzlich ein scheußliches Blutbad unter den Umzingelten anrichten, dann die nächsten Niederlassungen (Holzhütten) verbrennen, auch die Weiber und Kinder hier töten oder in Sklaverei fortschleppen. Am folgenden Tag, »um allen jede Hoffnung und Lebensaussicht zu nehmen«, die Truppen auf Kähnen über den Fluß setzen und die Geflüchteten in ihren letzten Schlupfwinkeln in den Sümpfen aufsuchen und abschlachten. Nachdem so die »Amicenser« vernichtet waren, griff man deren (nordöstliche?) Nachbarn, die »Picenser«, in ihren Bergen an, und zwar indem hierzu neben dem römischen Heer auch die soeben verbündeten »freien« Sarmaten und die der gotischen Gruppe angehörigen *Taifalen* gleichzeitig gegen die Slawen operierten, die Legionen in den an Mösien grenzenden Teil und jene beiden Bundesgenossen in den ihnen benachbarten Landschaften des angegriffenen Gebietes.

Galliens Weg zur Einheit von Julian bis Arbogast

Julians Truppen aus Paris für den Feldzug im Orient — Die germanischen Kontingente rufen in Paris Julian zum Kaiser aus — Roma aeterna gegen Christentum — Die Alamannen in Gallien — Wegelagerer und Straßenräuberei — Reiterhorden der Hunnen dringen in Europa vor — Arbogast, der Frankenführer, mißt sich mit Kaiser Valentinian

Im Jahre 359 aber erfuhr Constantius, daß die Sarmatae limigantes die ihnen angewiesenen Wohnsitze verlassen und abermals »aus angeborener Wildheit« die römischen Grenzen beunruhigt hatten. Er zog ihnen mit dem Heer entgegen. Sie erbaten eine Unterredung, ihre Unterwerfung anzubieten, machten bei dieser Zusammenkunft (diesmal *wirklich*) einen Mordanfall auf den Kaiser und wurden von den erbitterten Legionen niedergehauen.
Julian hatte inzwischen den Winter hindurch der inneren Verwaltung Galliens seine Sorge zugekehrt, zumal übermäßigen Steuerdruck von den Provinzialen abgewendet, Bereicherungen der Beamten aus den öffentlichen Mitteln verhütet und häufig in wichtigen Prozessen selbst entschieden, so die falsche Anklage gegen den früheren Rektor der Narbonensis, *Numerius*. Doch sah er einen neuen Alamannen-Feldzug als unvermeidlich an, da Kundschaft einlief, einige dieser Gaue dächten auf Angriff und würden die äußersten Schrecknisse des Krieges verbreiten, wenn nicht auch sie ganz ebenso wie die früher Bekämpften völlig niedergeworfen würden.
Für jede Operation auf dem rechten Rheinufer war vorbedingend das Verhalten der im vorigen Feldzug unterworfenen Könige, durch oder dicht neben deren Land hin die Angriffsstraße gegen die noch unbezwungenen Gaue führte. Julian schickte deshalb den überzähligen Tribun *Hariobaudes*, wie sein Name

zeigt, ein Germane, wahrscheinlich selbst ein Alamanne (wenigstens begegnet alsbald der gleiche Name eines alamannischen Königs), »der Sprache der Barbaren vollständig kundig« (was freilich wohl zur Not auch von einem Franken gelten konnte), von bewährter Kühnheit und Treue, ganz geheim an den im Vorjahr unterworfenen König Hortari unter dem Vorwand einer Gesandtschaft. Von dessen Gau konnte der kluge Kundschafter leicht in die dicht benachbarten Gebiete derjenigen Könige gelangen, welchen der jetzt vorbereitete Angriff galt, und erforschen, welche Pläne sie betrieben.

Nachdem Hariobaudes guten Muts seine gefährliche Sendung angetreten, wartete der Feldherr den Eintritt der günstigen Jahreszeit ab und brach dann mit den von allen Seiten zusammengezogenen Truppen gegen den Rhein auf. Bevor er aber den Strom überschritt und den Krieg begann, machte er sich zur Aufgabe, die lange zerstört liegenden Städte aufzusuchen – völlig verlassen waren sie keineswegs –, wiederaufzurichten und zu befestigen, namentlich aber an Stelle der verbrannten Getreidemagazine neue, zur Aufnahme der aus *Britannien* bezogenen Vorräte herzustellen. Denn diese wichtige Verbindung war ja durch die vorjährigen Unternehmungen gegen Sachsen und Franken wieder gesichert. Über Erwarten rasch wurden diese Zwecke erreicht. Schnell wuchsen die Magazine in die Höhe und erhielten ausreichende Vorräte. Sieben »Städte« wurden wiederhergestellt, nämlich *Castra Herculis* (?), *Quadriburgium*, *Tricesimä*, *Novesium* (Neuß), *Bonna* (Bonn), *Antennacum* (Andernach) und *Bingio*, schon von Tacitus (hist. IV, 70) genannt, (Bingen). Hier, in Bingen, erschien auch *Florentius*, der praefectus praetorio, mit einem Teil der Truppen und – zu freudiger Überraschung – mit einer für langen Gebrauch ausreichenden Fülle von Vorräten. Nachdem dies erreicht war, galt es, die Mauern der wiedergewonnenen Städte rasch herzustellen, bevor noch feindliche Angriffe störten. Und da zeigten die Barbaren aus Furcht, die Römer aus Liebe zu dem Feldherrn großen Eifer. Die alamannischen Könige schickten, gemäß dem vorjährigen Vertrag, auf ihren eigenen Wagen viel Baumaterial. Selbst die Hilfsvölker, welche sonst stets von solcher Arbeit nichts wissen wollen, schleppten, durch die freundlichen Worte Julians zu willfährigem Eifer gewonnen, Baumstämme von 50 und mehr Fuß ohne Murren auf ihren Schultern herbei und leisteten bei allen Bauarbeiten wichtigste Hilfe.

Während dies eifrig der Vollendung entgegengeführt wurde, kehrte Hariobaudes, der Späher, zurück. Alles hatte er erkundet und erstattete Bericht. Eilfertig zog man hinauf nach *Mainz* (Mogontiacum), wo die ersten Heerführer hartnäckig darauf drangen, auf der dortigen Brücke den Stromübergang zu vollziehen. Sehr bezeichnend und lehrreich ist aber nun der Grund, aus welchem der Cäsar diesen allerdings nächsten und bequemsten Weg mit aller Entschiedenheit verwarf: man dürfe nicht durch das Gebiet der durch die vorjährigen Verträge zur Ruhe gebrachten Könige marschieren, denn leicht könnten durch die Roheit der Soldaten, die alles, was ihnen in den Weg kam, verheerten, die abgeschlossenen Bündnisse jäh gebrochen werden. Wie tief war doch die Kriegszucht dieser Legionen auch unter einem höchst beliebten Führer gesunken! Wir entnehmen hieraus ferner, daß die Gaue der Könige Hortari und Suomar gerade gegenüber Mainz auf dem rechten Rheinufer lagen. Von Suomar wird dies noch ausdrücklich bestätigt: Die sämtlichen durch den jetzigen römischen Angriff bedrohten Gaue der Alamannen, die Nähe der

Gefahr erkennend, hatten diesen König, »dessen Gaue unmittelbar an das rechte Rheinufer stießen«, unter Drohungen aufgefordert, den Römern den Übergang zu wehren. Suomar war in übler Lage zwischen seinen drängenden Volksgenossen und den drohenden Römern. Er wollte damals wohl aufrichtig den, obzwar aufgezwungenen, Vertrag einhalten, schon aus Furcht vor vernichtender Bestrafung des Treubruchs. Andrerseits waren die alamannischen Nachbarn und Stammgenossen im Augenblick viel näher und viel mehr in der Lage, ihm zu schaden als der Cäsar jenseits des Stromes. Geschickt und klug handelte der Alamanne. Mit gutem Fug erklärte der König seinen Landsleuten, daß er allein den Römern den Übergang nicht wehren könne, selbst wenn er wolle. Er wollte sich von seinen Nachbarn zwingen lassen, um dem Cäsar gegenüber von Vorwurf frei zu sein, falls dieser den Übergang erzwang. Vielleicht aber gelang es – und das war wohl dem König das meist Erwünschte –, diesen Übergang *durch die andern* völlig verhindern zu lassen. Alsbald scharte sich die Menge der Barbaren zusammen, zog in Suomars Gebiet, ungehindert und ohne Feindseligkeiten, und lagerte sich Mainz gegenüber, entschlossen, mit aller Macht den Legionen den Übergang zu wehren.

So erwies sich jetzt der Gedanke Julians, hier nicht überzusetzen, doppelt gerechtfertigt, das Land der beruhigten Fürsten mußte geschont und der Brückenschlag hier vermieden werden, hier, wo er im Kampf »gegen das höchst streitbare Volk« nur unter den größten Verlusten erzwungen werden konnte. Er beschloß, eine andere für die Herstellung einer Schiffsbrücke geeignete Stelle aufzusuchen. Aber die Barbaren hatten diesen Plan sehr wohl durchschaut, sie folgten auf ihrem Ufer allen Bewegungen der Römer behutsam nach, und wo sie die Legionen die Zelte aufschlagen sahen, da verbrachten sie, auf dem rechten Ufer, ebenfalls die Nacht ohne Schlaf, vielmehr höchst wachsam, jedem Versuch des Übergangs vorbeugend. So manövrierten Römer und Germanen wohl mehrere Tage lang auf beiden Ufern des Stromes. Endlich, als Julian die ausgewählte Stelle erreicht – wir können sie nicht bestimmen –, ließ er die Truppen hinter Wall und Graben ruhen, erlesene Tribunen aber dreihundert Mann Leichtbewaffnete ohne Gepäck, nur mit Pfählen versehen, bereithalten. Keiner wußte, was sie tun, wohin sie marschieren sollten. Spät in der Nacht wurden sie versammelt und eingeschifft in 40 für Lustfahrten bestimmte Gondeln, welche allein zur Verfügung standen – die Zeiten, da römische Kriegsflotten den Rhein beherrschten, Trieren sogar die Lippe aufwärts fuhren, waren lange dahin. Sie mußten in solcher Stille stromabwärts fahren, daß sogar die Ruder eingezogen wurden, um die Barbaren nicht durch deren Geräusch im Wasser aufmerksam zu machen. So sollten sie, während die Feinde nur die römischen Lagerfeuer im Auge behielten, mit aller Anspannung von Geist und Körper trachten, unbemerkt das andere Ufer zu erreichen. Der Streich gelang vollständig.

Darauf kam auch König *Vadomar*, dessen Heimatsitze im Südwesten des Alamannenlandes, gegenüber den Raurikern, im badischen Oberrheinkreis, lagen. Er wurde durch Briefe des Kaisers, die er vorwies, angelegentlich empfohlen, freundlich empfangen, wie es sich gegenüber einem schon länger als Schützling des Reiches aufgenommenen Fürsten geziemte. Macrian und sein Bruder staunten, im Lager unter den Adlern und Feldzeichen umhergeführt, den manchfaltigen Prunk der Truppen und Waffen an, die sie nun zum ersten Mal erblickten, und legten Fürbitte für ihr Volk ein.

Also auch ein tiefer im Lande wohnender, niemals den Römern als Geisel, Gesandter, Gefangener, Söldnerführer nahe getretener Fürst mochte damals schon einen lateinischen Namen erhalten.

Vadomar dagegen, als unmittelbar an dem limes wohnend vertraut mit der römischen Welt, bewunderte zwar auch die stolze Pracht des Heerwesens, erinnerte sich aber, von der ersten Knabenzeit an solches geschaut zu haben.

Nach langer Beratung wurde einstimmig beschlossen, Macrian und Hariobaud den erbetenen Frieden zu gewähren, dagegen *Vadomar*, der nicht nur um sich und sein Volk sicher zu wahren, sondern zugleich als Gesandter und Befürworter der Könige *Ur*, *Ursinic und Vestralp* (im mittleren Baden und Württemberg, bis zu den Linzgauern und zu Vadomars Gau) erschienen war, und auch für diese um Frieden bat, für letztere vorläufig nichts zu bewilligen, denn es stand zu besorgen, daß diese Könige, mit unsteter Barbarentreue, nach dem Abmarsch der Legionen wieder ermutigt, sich an einen Vertrag wenig binden würden, den nur ein andrer für sie vermittelt hätte. Man wollte sie persönlich demütigen und zur Unterwerfung bringen. So wurden denn auch in ihren Gauen Getreidefelder und Gehöfte verbrannt, viele Bewohner gefangen und getötet. Da schickten auch sie Gesandte und baten um Frieden und Verzeihung: »Nicht anders als ob *sie* in solcher Weise *uns* geschädigt hätten«, meint Ammian, aber sie hatten eben *früher* (in der Straßburger Schlacht fehlten sie nicht) die Römer »geschädigt«. Der Friede wurde ihnen unter gleichen Bedingungen wie den andern gewährt, wobei vor allem auf schleunige Auslieferung aller Gefangenen gedrungen wurde, welche sie bei ihren häufigen Einfällen davongeführt hatten. Man sieht, daß solche Raubfahrten unter anderer römischer Beute auch vermittelst der zahlreichen Gefangenen die Kenntnis der römischen Sprache, Technik, Kultur jeder Art tief in das Germanenland trugen.

Julian kehrte nach Paris zurück. An dauernde Einschüchterung der Alamannen durch die jüngsten Erfolge dachte er aber so wenig, daß vielmehr ausdrücklich angegeben wird, er habe deshalb nicht gewagt, Gallien zu verlassen (um die Einfälle der *Skotten* und *Picten* in das römische Britannien in Person abzuwehren), weil die Alamannen auch jetzt noch mit grimmigem Angriff und Krieg drohten. Gallien durfte also des Oberhauptes nicht entbehren. So sandte der Cäsar den Waffenmeister *Lupicin* mit den leichten Hilfstruppen der »Aeruler« (das heißt *Heruler*) und *Bataver* sowie mit zwei *mösischen* Abteilungen (numerus bedeutet bei Ammian sowohl Legion als Kohorte) gegen Ende des Winters nach *Boulogne* (Bononia), wo dieser sich einschiffte. Er landete bei *Rutupiä* (Richborough? Dover?) und marschierte zunächst nach *London*.

Im Laufe dieses Winters nun geschah es, daß Maßregeln törichter Eifersucht des Kaisers gegen seinen von Sieg und Glück gekrönten Cäsar dessen Heer zu offner Empörung trieben und dem Feldherrn wider Willen die Kaiserkrone aufnötigten.

Richtig ist und zur Entschuldigung des Imperators anzuführen, daß die Erfolge der Perser eine Verstärkung der römischen Orientarmee notwendig machten.

Allein daß diese Verstärkung gerade durch Schwächung des *gallischen* Heeres bewirkt werden sollte, ist auf die Eifersucht des Kaisers zurückzuführen. Das Wohl des Reiches gestattete, wie sich sehr bald zeigen sollte, und sich nach unserer Auffassung der permanent wirkenden Ursachen germanischen Andrangs von selbst versteht, eine Entblößung des Rheines durchaus nicht. »Dem Kaiser brannten die Vorzüge Julians auf der Seele, welche das Gerücht schon bei verschiedenen Völkern von Mund zu Munde trug, den erhabenen Ruhm seiner großen Gefahren und Heldentaten verbreitend: wie er mehrere Königreiche (regna) Alamanniens niedergeworfen, wie er die gallischen Städte wiedergewonnen habe, bis dahin geplündert und zerstört von den Barbaren, welche nun selbst von ihm zu Tribut und Schatzung gezwungen waren.«

Der Kaiser fürchtete nun, solcher Ruhm möchte noch wachsen. Seine Höflinge und Schmeichler, des Cäsars Neider, wußten, welchen Rat der Imperator gern vernahm, sie drangen in ihn, zumal wie es hieß, der Präfect *Florentius*, dem Cäsar einen großen und ausgezeichneten Teil seiner Truppen abzufordern.

Er sandte daher den Tribun und Notar (Staatssekretär) *Decentius* mit dem Auftrag an den Cäsar, sofort an Hilfstruppen die *Heruler* und *Bataver* abzuführen – die also immer zu den vorzüglichsten Truppen zählten –, die *Petulantes*, die *Kelten* und außerdem aus jeder andern Legion 300 erlesene Leute. Beschleunigung wurde unter dem Vorwand befohlen, daß sie mit dem im ersten Frühling gegen die *Parther* ziehenden Heer aufbrechen müßten. Mit der raschen Zuführung der angegebenen Scharen wurde *Lupicin* beauftragt, von dessen britannischem Feldzug man am Hofe noch nichts wußte. Außerdem aber sollte noch *Sintula*, der tribunus stabuli (Oberstallmeister) des Cäsars, aus den Schildenern (scutarii) und Barbarenregimentern (gentiles) die tüchtigsten Leute ausheben und dem Kaiser zubringen.

Ohne Widerrede fügte sich Julian den Befehlen seines Herrn, obwohl er die reichsverderberische Wirkung ebenso wie die gegen seine Person gerichtete Absicht durchschaute.

Nur eine einzige Vorstellung wagte er, sie ist für uns sehr lehrreich. Er bat, diejenigen Leute wenigstens mit der Fortschleppung nach Asien zu verschonen, welche ihre Heimat jenseits des Rheins nur unter der Bedingung verlassen, nur unter der ausdrücklichen Zusicherung unter ihm Sold genommen hatten, daß sie niemals zum Dienst »über die Alpen« geführt würden.

Offenbar waren diese Kapitulanten sämtlich Germanen, wohl meist Franken, auch Alamannen, welche also in großer Zahl gegen ihre Stammesgenossen, engeren und weiteren Sinnes, fochten, aber doch keineswegs für immer um deswillen in römischem Dienst auf- und unterzugehen vermeinten, sondern, nachdem sie auf römischem Boden Genuß, Erfahrung, Ruhm und Geld gewonnen, wieder an ihren Herd zurückzukehren gedachten.

Vergeblich stellte der Cäsar vor, die barbarischen rechtsrheinischen Krieger, welche häufig unter jenem Vorbehalt freiwillig in römischen Dienst traten, würden dies künftig nicht mehr tun, wenn solcher Bruch des Dienstvertrages bekannt würde. Er sprach in den Wind. Der Tribun achtete nicht auf diese Bedenken, hielt sich an den Befehl des Kaisers und machte sich, stolzer Erwartungen voll, auf den Weg mit den von ihm selbst ausgewählten Mannschaften. Es waren die raschesten, tüchtigsten, kräftigsten Leute.

Julian geriet in große Verlegenheit, zumal auch wegen der nach dem Befehl noch nachzusendenden Truppen. Lupicin, der sie auswählen und abführen sollte, war nicht zur Stelle. Auf der einen Seite bedrohte den Statthalter Galliens die Wildheit der Barbaren mit neuen Angriffen, auf der andern forderte das Gebot des Kaisers raschen, genauen Vollzug.

Vergebens rief der Cäsar den Präfecten Florentius von *Vienne*, wohin er, unter dem Vorwand der Sorge für die Verpflegung, gegangen, in das Lager zurück. Er hatte dies in Wahrheit verlassen, den Unruhen auszuweichen, deren Ausbruch er als Folge der von ihm betriebenen Abberufung der streitbarsten Truppen vorausgesehen hatte. Julian befahl auf das Nachdrücklichste seine Rückkehr, im Augenblick so furchtbarer Entscheidung dürfe der Präfect den Feldherrn nicht verlassen, ja er drohte mit der Niederlegung der Cäsarwürde. Dem Tode, der ihm entweder durch den Kaiser oder durch das empörte Heer bevorstehe, wolle er entgegengehen, aber den Untergang der ihm anvertrauten Provinz nicht in verantwortlicher Stellung mitansehen. Waren doch diese barbarischen, meist germanischen Truppen, die man jetzt entführte, gerade diejenigen gewesen, welche von Alamannen und Franken gefürchtet wurden.

Aber der Intrigant ging nicht zurück zu dem Heere, dessen bevorstehende Empörung er so klar wie Julian voraussah. *Diesen* sollten die Wellen des Aufruhrs verschlingen nach der Absicht dieser Kabale; er selbst hielt sich, im Bewußtsein seiner Anstiftung, weislich fern.

Des Rates und der Mitwirkung seiner beiden höchsten Befehlshaber entbehrend, mußte Julian seine schwierige Aufgabe allein lösen. Nach langer, schwankender Überlegung befahl er allen für den Orient bestimmten Truppen, aus ihren Winterstationen auf den großen Heerstraßen schleunigst abzumarschieren. Kaum war der Befehl bekannt, da fand man bei den Fahnen der Petulantes eine Schmähschrift auf der Erde liegen, welche unter anderem folgendes enthielt: »So werden wir denn, wie Missetäter und Sträflinge, an die äußersten Winkel der Erde geschleppt! Unsere Weiber und Kinder aber sollen wieder den Alamannen Sklavendienste tun, aus deren Knechtschaft wir sie in mörderischen Schlachten befreit haben.« Die Schrift wurde ins Hauptquartier gebracht. Julian las sie, fand die Klagen begründet und gestattete, daß die Mannschaften wenigstens ihre Familien in den Orient mitnehmen durften, zu welchem Zweck sie sich der großen Gesellschaftswagen der kaiserlichen Poststationen bedienen sollten.

Unter den verschiedenen Routen wurde, nach längerem Schwanken, die über Paris, wo Julian weilte, gewählt. Es ist für die »Rettung« Julians gegen den höchst naheliegenden Verdacht, daß er die ganze Erhebung künstlich selbst herbeigeführt habe, von entscheidender Wichtigkeit, daß die Wahl des Weges über Paris *nicht* von ihm ausging, sondern auf Vorschlag gerade des Decentius erfolgte. Mochte nun diese Route aus sachlichen Gründen sich am meisten empfehlen oder der Ränkeschmied darauf zählen, die Empörung der Truppen werde Julians Tod oder seine Demütigung und Abberufung zur Folge haben. Zu Paris empfing der Feldherr (in der Vorstadt) die Truppen mit seiner herzgewinnenden Leutseligkeit, mahnte sie, guten Mutes zum Kaiser zu marschieren, wo, am Sitze der höchsten Macht, jeder für seine Verdienste vollen Lohn finden werde. Er lobte die Mannschaften, die er kannte, sich ihrer tapfern Taten erinnernd, und lud die Hervorragenden (proceres, wohl nicht gerade nur Offiziere) zum Mahle, wo er sie aufforderte, ihm freimütig jede Bitte vorzutragen. Mit schwerem Herzen verabschiedeten sich hier die Gäste, tiefbetrübt, einen so gütigen Feldherrn und die Heimat verlassen zu müssen.

Gewiß hat Julian nicht gewollt, was jetzt geschah; aber man muß sagen, daß er es nicht feiner hätte angehen können, wenn er es gewollt hätte. Die Dirigierung der Abziehenden über Paris war nicht auf seinen Vorschlag, die Entfaltung des ganzen Zaubers seiner Persönlichkeit war in bestem Glauben, im Interesse kaiserlichen Dienstes, geschehen, die Abziehenden zum Gehorsam zu bringen, ihren Widerwillen zu bekämpfen; aber nicht zu des Kaisers Gunsten trat die beabsichtigte Wirkung ein.

Trauer und Zorn über die vertragswidrige Fortführung, Erbitterung gegen den Kaiser, dankbare Begeisterung für den Feldherrn schlugen immer höhere Wogen, so daß die Regimenter in der auf das Gelage folgenden Nacht sich empörten: gegen Constantius und für Julian, diesen, sehr gegen seinen Willen, zum Kaiser ausrufend.

Eine seltsame Verkettung der Dinge!

Germanen waren es, welche hier über den Thron des Römerreiches verfügten, und zwar zugunsten des Helden, welcher als »letzter Römer« Gallien mit Erfolg den Germanen bestritt und der alsbald den letzten, tragischen Versuch machen sollte, die alten Götter Roms wieder auf die Altäre zu stellen.

Sie griffen zu den Waffen, zogen brausend durch die in nächtlicher Stille ruhenden Straßen von Paris vor den Palast (er wurde von den Normannen zerstört, an der Stelle des jetzigen Palais des thermes), besetzten jeden Ausgang, den Cäsar zu verhindern, sich durch die Flucht ihrem Druck zu entziehen, forderten, daß er sich zeige, und riefen ihn, unter furchtbarem Lärm der Waffen und der Stimmen, zum Augustus aus.

Erst bei Tagesanbruch trat der Überraschte aus seinen Gemächern hervor, in diesen Stunden mußte ihm klar geworden sein, daß sein Leben auf das äußerste bedroht war.

Niemals verzieh ihm Constantius diesen Vorgang, niemals glaubte er an seine Unschuld, ja, selbst wenn er an sie glaubte, war die Gefährlichkeit dieses Feldherrn, die vom Kaiser nicht zu ertragende Ergebenheit des Heeres so klar geworden, daß nur Julians Tod den Thron sichern zu können schien.

Andrerseits war sehr denkbar, daß bei der maßlosen Aufregung der Empörer hartnäckige Weigerung die Liebe plötzlich in Wut verwandeln konnte. Hielt Julian am Kaiser fest, so war er gezwungen, die Meuterer diesem zur Bestrafung einzuliefern. Dem wußten sie zu begegnen, war er doch völlig in ihrer Gewalt. So konnte Julian sein Leben vor Constantius und vor den Empörern zugleich nur retten, wenn er den Purpur annahm und im Kampf gegen jenen behauptete.

Gleichwohl trieb Julian, als er nun bei seinem Erscheinen abermals mit überwältigendem Geschrei als Augustus begrüßt wurde, den Widerstand gegen die Empörer in festester Standhaftigkeit sehr weit. Bald scheltend, bald flehend, die Hände ausstreckend, beschwor er sie, die Einzelnen und die Masse, nicht nach so vielen glänzenden Siegen eine unehrenhafte Tat zu begehen, nicht durch verwegene Übereilung den Brand der Zwietracht zu entzünden. »Mäßigt euch, ich bitte euch, sprach er, ein wenig in eurem Unmut! Ohne Bürgerkrieg, ohne Staatsumwälzung wird euer Begehren sich leicht erfüllen lassen. Wenn euch denn so zärtliche Liebe an der Heimat festhält, wenn ihr so sehr die ungewohnte Fremde scheut – wohlan, marschiert in eure Standlager zurück; da es euch so sehr zuwider ist, sollt ihr nicht einen Fuß über die Alpen setzen. Ich übernehme es, dies Zugeständnis bei dem höchst einsichtigen Kaiser zu rechtfertigen, er ist

Gegengründen nicht unzugänglich.« Aber aufs neue erhob sich auf diese Worte allgemeines stürmisches Geschrei. Sie wetteiferten bereits auch in Vorwürfen und Schmähungen: da wurde der Feldherr gezwungen, nachzugeben. Man stellte ihn auf den Schild eines Fußsoldaten und hob ihn hoch, allen sichtbar, in die Höhe. Ohne Zweifel waren es Germanen oder doch von germanischer Kriegssitte hierin, wie in so manchem andern Stück, durchdrungene Scharen, welche in solcher Weise in Paris ihren Feldherrn als Augustus begrüßten, wie sonst der Herzog oder – bei Berufung aus einem neuen Geschlecht – der König auf den Schild erhoben wurde. Nach römischer Sitte wollte man nun aber den Imperator auch mit dem Diadem gekrönt sehen, schon, um unwiderruflich ihn mit Constantius zu verfeinden. Aber ebendeshalb scheute Julian hiervor noch immer zurück. Gewiß der Wahrheit gemäß versicherte er, niemals ein Diadem in seinem Besitz gehabt zu haben, sehr glaubhaft, da der treue Feldherr nie an Empörung gedacht hatte und der bewiesene Besitz eines kaiserlichen Abzeichens mehr als genügend gewesen wäre, ihn bei Constantius zu verderben.

Da forderten sie, er solle ein Stirn- oder Halsband seiner Gattin beischaffen, und als er Weiberschmuck als unpassenden Ausdruck für den Antritt der Herrschaft bezeichnete, verlangten sie einen Pferdeschmuck. Sie wollten ihn um jeden Preis gekrönt und darin irgendein Zeichen der angenommenen Kaisergewalt mit Augen sehen. Als er auch solchen Schmuck als unschicklich verwarf, schlang endlich *Maurus*, ein Fahnenträger der Petulantes, die Halskette, die er als solcher trug, mit kecker Tat um des Feldherrn Haupt. Da, in die äußerste Not gedrängt und bei fortgesetzter Weigerung den Untergang als unvermeidlich erkennend, versprach Julian jedem Soldaten ein Geldgeschenk von fünf Goldstücken und ein Pfund Silber.

Das Geschehene nahm aber Julian die Sorgen keineswegs ab. Er dachte vorschauend an die drohende Zukunft, vermied es, sich zu zeigen, trug kein Diadem, ja nahm anfangs auch noch nicht die dringendsten Regierungsgeschäfte wahr. Da er sich nun stets im Innern des Palastes verborgen hielt, entstand plötzlich der Argwohn, ja das Gerücht, er sei ermordet. Und wütend ihre Waffen schwingend stürmten die Soldaten vor den Palast, ihren Kaiser zu rächen, dessen Wächter, irrig feindliche Absichten vermutend, in feiger Flucht ihren Herrn im Stich ließen. Die Aufregung der Soldaten legt sich erst, als sie den zu Rächenden lebend und unversehrt vor sich sahen.

Alsbald kehrten auf die Kunde von diesem Vorgang die unter Sintula abmarschierten Truppen frohen Mutes nach Paris zurück und Julian berief nun eine Versammlung des ganzen Heeres auf den campus, das heißt wohl den gewöhnlichen Sammelplatz. Dort bestieg er das Tribunal, stolzer als sonst gekleidet, umgeben von den Adlern, Fahnen, Standarten, aber, um der Sicherheit willen, auch von wohlbewaffneten, treu ergebenen Kohorten, und hielt eine Ansprache, in welcher er zum ersten Mal die oberste Gewalt als ihm übertragen anerkannte. Er erinnerte an das Band gemeinsamer Heldentaten, zumal an den Tag von Straßburg, das Feldherrn und Heer verknüpfe, und verhieß, die gemeine Mannschaft dadurch ganz begeisternd, daß jeder nur nach seinen Verdiensten avancieren, Protektionsversuche aber und Intrigen ehrlos machen sollten. Das war eine indirekte Verurteilung des Constantius, der sich durch solche Dinge besonders verhaßt gemacht hatte. Jeder offenen Anklage aber enthielt sich

Julian, »während sonst die Anmaßer durch maßlose Schmähungen der Kaiser sich zu rechtfertigen lieben«.

Während Constantius im Orient durch die Perser beschäftigt war, richtete Julian ein Schreiben an ihn, in welchem er das Geschehene der Wahrheit gemäß berichtete, hervorhebend, wie er nur nach wiederholter Bedrohung mit dem Tode nachgegeben habe. Er bat Constantius, sich in die Tatsache zu finden, erkannte dessen übergeordnete Stellung tatsächlich in einer sehr wichtigen Einräumung an: Constantius sollte nämlich auch für Gallien den obersten Beamten, den praefectus praetorio, ernennen. Nur der übrigen ordentlichen Richter, Offiziere und der Leibwächter Anstellung behielt sich Julian vor. Für den persischen Krieg erbot er sich mannigfache Hilfe dem Mit-Kaiser zu leisten; rasche (oder Post-) Pferde aus Spanien (equos curreles) wollte er senden, auch Truppen, nämlich außer den Gentiles (barbarische Hilfstruppen) und Schildträgern einige junge Läti, »einen Schlag Barbaren von diesseits des Rheins«, oder »auch von solchen Unterworfenen, welche freiwillig in unsere Dienste treten«. In solcher Unterstützung wolle er getreulich fortfahren, so lange er lebe. Dagegen müßte er als unzweifelhaft beteuern, daß seine (gallischen und germanischen?) Rekruten aus Gallien sich weder freiwillig noch gezwungen in ferne Himmelsstriche schicken lassen würden, da sie Gallien, nach Verlust der jungen wehrkräftigen Mannschaft, der Verzweiflung, dem sichern Untergang preisgegeben sähen. Auch müsse er selbst als unstatthaft bezeichnen, Hilfstruppen aus Gallien gegen die Parther zu verwenden, während die Angriffe der Barbaren auf Gallien noch nicht abgestellt seien und die schwer heimgesuchte Provinz vielmehr selbst der Unterstützung aus andern Reichsteilen bedürftig sei.

Julian wollte sich ohne Zweifel auf Gallien, Britannien und Spanien beschränken. Auch unterzeichnete er dieses sehr maßvolle offizielle Schreiben nur mit dem Titel »Cäsar«; (in einem vertraulichen, nur für den Kaiser bestimmten Brief enthielt er sich freilich bitterer Vorwürfe nicht).

Aber Constantius, noch mehr gegen Julian erbittert durch den zu ihm geflüchteten Florentius, wies in heftigstem Zorn die Gesandten ab, welche ihm zu *Cäsarea* in *Kappadokien* diese Briefe überbrachten, erklärte, er erkenne keine dieser Neuerungen an, und forderte durch Gesandte Julian auf, wenn ihm sein und seiner Vertrauten Leben lieb sei, die Anmaßung seines Dünkels niederzulegen und sich in den Schranken seiner Cäsarenwürde zu halten. Diese scheinbare Mäßigung, daß er dem Empörer die übertragene Würde beließ und nicht sofort zu seiner Bestrafung aufbrach, hatte ihren triftigen Grund darin, daß zunächst die persische Gefahr abgewehrt werden mußte, Julians Hinrichtung stand ihm gleichwohl unzweifelhaft fest.

Übrigens gab sich Constantius mit schlauer Berechnung den Anschein, als ob er gar nicht daran zweifle, der Empörer werde zum Gehorsam zurückkehren und die kaiserlichen Anordnungen befolgen, indem er mehrere Ernennungen und Beförderungen in dem Zivil- und Militärpersonal Julians diesem mitteilte.

Und Julian ließ sich auch eine dieser Ernennungen gefallen, die seines *eignen* bisherigen Quästors, *Nebridius*, zum Praefectus praetorio. Anderen dieser Beförderungen war er bereits zuvorgekommen; auch für den in Britannien abwesenden magister armorum Lupicin hatte Constantius *Gumohar*, offenbar einen Germanen, ernannt. Um eine Erhebung des britannischen Heeres in

England für Constantius zu verhüten, ließ Julian zu *Bononia* (Boulogne) scharfe Wache halten und kein Schiff nach England auslaufen. So kam es, daß Lupicin erst bei seiner Heimkehr von dem Geschehenen erfuhr und nun keine Unruhen mehr anstiften konnte. Julian nahm ihn übrigens neben einigen andern Offizieren auf kurze Zeit in Haft. Der neue Imperator gewann allmählich eine günstigere Auffassung von allem Geschehenen, die Siegeszuversicht und Treue seiner Truppen hatte sich sehr erfreulich bewährt. Als der Gesandte des Constantius in einer großen Versammlung des Heeres und der Bevölkerung von Paris das kaiserliche Edikt verlas, wurde er an der Stelle, welche alles Geschehene verwarf und Julian in seine Cäsarenwürde zurückwies, von dem stürmischen Ruf unterbrochen: »Julianus Augustus! Nach der Wahl der Provinz, des Heeres, des Reiches, das, durch ihn erkräftigt, doch noch die Einfälle der Barbaren zu besorgen hat!«

Um solchen Eifer nicht erkalten zu lassen, auch dem Vorwurf zu begegnen, daß er nunmehr, in der Sorge, sich als Kaiser zu behaupten, den Schutz des Reiches vernachlässige, unternahm er einen Feldzug über den limes von Germania secunda hinaus und »marschierte zuerst, mit aller erforderlichen Ausrüstung versehen, nach *Tricensima*« (so benannt als Standlager der XXX. Legion). Von da aus ging er über den Rhein und überzog das Gebiet der *attuarischen Franken*, »der Franken, welche man die Attuarier (= Chattuvarier) nennt«, »einer unruhigen Völkerschaft an der Westseite des Unterrheins (in Geldern), welche noch immer die Grenzstriche Galliens durchstreiften«.

Er griff sie plötzlich und überraschend an. Er überwand sie mit leichter Mühe und gewährte ihnen, nachdem sehr viele gefangen und getötet waren, auf ihre Bitten einen Frieden nach seiner Willkür, denn durch Abschluß eines Friedensvertrages glaubte er die römischen Grundbesitzer des Grenzgebietes am besten zu sichern. Durch längeres Verweilen auf dem rechten Ufer die Waffen der übrigen Franken auf sich zu ziehen vermied er aber, ging vielmehr mit gleicher Raschheit über den Fluß zurück, untersuchte und verstärkte fleißig die Befestigungen und Besatzungen des ganzen limes stromaufwärts bis zu den *Raurikern* (bei Basel). Hier hatten die Germanen anders gehandelt als in der Strecke von *Straßburg* bis *Köln*. Während sie, wie wir sahen, am Mittelrhein die genommenen Städte halb verbrannt hatten liegen lassen, hatten sie am Oberrhein, den Heimatsitzen ihrer Macht näher, die schon vor viel längerer Zeit eingenommenen Ortschaften als ihr dauerndes Eigentum in Besitz behalten. Julian entriß sie ihnen jetzt, legte Besatzungen hinein, verstärkte die Werke mit beflissener Sorgfalt und zog dann über *Besançon* in die Winterquartiere nach *Vienne*.

Hier beschäftigte ihn sorgenvoll die schwer zu treffende Entscheidung, ob er, mit jedem Opfer Constantius wieder versöhnend, die Eintracht herstellen oder angriffsweise vorgehen solle.

Trauen durfte er dem blutdürstigen Mann gewiß nicht; warnend stand ihm das Schicksal seines Bruders Gallus vor Augen, den man mit tückischer Freundlichkeit ins Netz gelockt. Auf seinen mystischen, allem Aberglauben schwärmerisch ergebenen Sinn wirkte für die Wahl der kriegerischen Entscheidung sehr stark eine Reihe von Traumgesichten und Weissagungen, welche ihm den baldigen Tod des Constantius zu bedeuten schienen. So trat er denn entschiedener auf, umgab sich mit mehr Glanz, legte jetzt erst ein kaiserliches Diadem an, verweigerte die Anerkennung der ihm von Constantius ernannten Beamten und

Offiziere (mit Ausnahme des *Nebridius*, den er übrigens, da er ehrenhaft an Constantius festhielt, später ungefährdet nach Italien entließ) und beging 360 die Feier seiner fünfjährigen Regierung als »Augustus« – während er doch 355 nur zum Cäsar ernannt worden war. Durch den Tod seiner Gattin *Helena* (Winter 360/61 zu Vienne), der Schwester des Constantius, war ein wichtiges Band zerrissen. Julian sandte die Leiche nach Rom, wo sie neben ihrer Schwester, der Gattin des unglücklichen Gallus, an der nomentanischen Straße beigesetzt wurde.

So reifte allmählich der Beschluß, nachdem Gallien gesichert schien, gegen Constantius zu ziehen, um dessen Angriff zuvorzukommen. Aber die Sicherung Galliens war eben nur Schein, und Constantius scheute nicht davor zurück, abermals, wie er es gegen *Decentius* und gegen *Magnentius* getan hatte, die Alamannen – diesmal heimlich – ins Land zu rufen, um Julian in Gallien zu beschäftigen. Dieser erfuhr gegen Frühlingsanfang, daß alamannische Scharen aus dem Gau *Vadomars*, von dem man sich, nachdem durch den Kaiser Constantius selbst abgeschlossenen Vertrag, keiner Feindseligkeit versah, die *Rätien* nächstgelegenen Grenzgebiete verheerten. Diese Raubscharen (manus praedatoriae), weit und breit über das Land hinstreifend, schreckten vor keinem Wagnis zurück. Ignorieren durfte man dies nicht, um nicht den kaum erstickten Brand alamannischer Kriege neu aufflackern zu lassen. So schickte er den comes *Libino* mit leichten Truppen (*Kelten* und *Petulantes*) ab, dem Angriff zu begegnen. Dieser traf alsbald bei *Sanctio* (*Säckingen*) auf die Barbaren, welche seinen Anmarsch von weitem bemerkt und, einen Überfall vorbereitend, sich in den Schluchten und Seitentälern versteckt aufgestellt hatten. Libino griff unvorsichtig die Übermacht an; er fiel sofort bei Beginn des Gefechts als der erste. Die Germanen, frohlockend über den Fall des Führers, warfen sich mit Wucht auf die Römer, die ihrerseits erbittert fochten, den Tod ihres Feldherrn zu rächen, aber nach hartnäckigem Widerstand zersprengt wurden.

Vadomar und Gundomad hatten mit Constantius Frieden geschlossen. Nach des Letzteren Tod hatte der Kaiser jenen in sein Vertrauen gezogen und ihm, als verschwiegenem, treuem und tatkräftigem Werkzeug, in geheimen Briefen aufgetragen, zum Schein gegen Constantius selbst den Vertrag zu brechen und die ihm nächstliegenden Grenzgebiete heimzusuchen, auf daß Julian, aus Furcht vor solchen Angriffen, dauernd in Gallien festgehalten werde. Der Alamanne hatte von früher Jugend auf große Begabung für Trug und listige Umtriebe gezeigt, wie er sie später als Statthalter von *Phönike* bewährte. Eifrig ging er auf die reichsverderberischen Winke des Kaisers ein: was konnte dem Germanenkönig erwünschter sein als seine raub- und kampfbegierige Jugend auf römisches Grenzland loslassen zu dürfen – im geheimen Einverständnis mit dem Kaiser selbst!

Da wurde von den römischen Posten ein Geheimschreiber des Königs angehalten, den er zu Constantius abgesendet hatte. Bei seiner Durchsuchung fand sich ein Brief Vadomars, in welchem er unter anderem, wohl ebenfalls ihn bloßstellenden, Inhalt auch schrieb: »dein ›Cäsar‹ hat keine Zucht« – während er in Briefen an Julian diesen »Herr« und »Augustus« und einen »Gott« nannte. Der Beschirmer Galliens erkannte, wie bedenklich und gefährlich diese Umtriebe waren, zu welch verderblichen Folgen sie führen konnten, alle Energie des Geistes und Willens richtete er darauf, diesen Ränken zu begegnen, die

Provinz und seine eigne Sache zugleich zu sichern. Er beschloß, sich des gefährlichen Fürsten mit List oder Gewalt zu bemächtigen. Zu diesem Behuf sandte er seinen Notarius (Kanzler) *Philagrius*, später comes im Orient, einen Mann von längst erprobter Klugheit, an die Vadomars Gebiet berührende Grenze und gab ihm, unter anderen Aufträgen, ein versiegeltes Billet, mit der Weisung, es erst dann zu öffnen und zu lesen, wann er einmal Vadomar auf dem linken Rheinufer vor sich sehen werde. Während nun Philagrius unter den Besatzungen gegenüber Vadomars Gebiet in Erledigung von Geschäften verweilte, kam der König, wie im tiefsten Frieden – denn er tat desgleichen, als habe er von den Grenzverletzungen und Räubereien seiner Leute gar keine Kenntnis – über den Strom, sah den Offizier der Posten, wechselte mit ihm, wie er es auch sonst pflegte, einige Worte und versprach von freien Stücken, zu dessen Tisch zu kommen, um so jeden Schein, als ob er ein böses Gewissen habe, jeden Argwohn, daß er für jene Feindseligkeiten verantwortlich sei, auszulöschen, bevor er in sein Land zurückkehrte. Zu dem Mahle war auch Philagrius erschienen. Sobald dieser des Königs ansichtig wurde, gedachte er seines Auftrags und ging, ein wichtiges Geschäft vorschützend, in sein Quartier. Dort öffnete und las er das versiegelte Schreiben und sah, wie er zu handeln habe. Er kehrte zu dem Mahl zurück und nahm seinen Platz unter den Gästen ein. Nach Aufhebung der Tafel ergriff er plötzlich den König und befahl dem Kommandierenden, unter Verlesung des kaiserlichen Befehls, den Gefangenen im Lager scharf zu bewachen. Den Gefolgen Vadomars aber, über welche er keine Weisung hatte, gebot er, in die Heimat zurückzukehren. Der König, in das Hauptquartier zu Julian gebracht, gab jede Hoffnung auf Gnade auf, als er erfuhr, daß sein Geheimschreiber aufgefangen und seine Briefe an Constantius bekannt geworden.

Aber der »Heide« Julian war nicht blutdürstig wie sein christlicher Gegner. Er ließ, wie zahlreiche andere Anhänger des Constantius (seinem nach Italien geflüchteten Hauptfeind Florentius schickte er dessen Familie auf eigne Kosten nach), auch diesen arglistigen Barbaren, ohne ein Wort des Vorwurfs, nur nach Spanien bringen; in die Heimat konnte er ihn nicht entlassen, wollte er nicht das kaum gesicherte Gallien nach seiner bevorstehenden Entfernung neuer Beunruhigung durch diesen sehr gefährlichen Mann aussetzen. Sehr erfreut über die wider Erhoffen rasch gelungene Beseitigung des Königs, von dem er nach seinem Abzug Schlimmes für die Provinz gefürchtet hatte, beschloß der Kaiser vorher noch, den Barbaren, welche Libino vernichtet hatten, eine abschreckende Züchtigung beizubringen. Dem Gerücht seines Anmarsches zuvorzukommen, ging er in tiefer Stille der Nacht über den schweigenden Strom mit einigen Haufen der flinksten Hilfsvölker – wohl Germanen und Gallier. Es gelang, die Ahnungslosen (offenbar in eignem, nicht mehr in römischem Gebiet) von allen Seiten zu umzingeln und völlig überraschend über sie einzubrechen. Sie erwachten erst durch den Lärm der auf sie eindringenden Waffen, einige wurden getötet, andere baten um Gnade und wurden (mit der ausgelieferten Beute) gefangengenommen, den übrigen Friede gewährt, nachdem sie gelobt, Gallien unverbrüchlich in Ruhe zu lassen.

Nach diesem Erfolg beschloß Julian, endlich gegen Constantius zu ziehen. Zuvor suchte er die Gunst der *Bellona* durch *geheime* Opfer zu gewinnen, denn offen hatte er mit der Staatskirche noch nicht gebrochen. In der Rede, in welcher er das Heer aufforderte, ihm zum Kampf um die Weltherrschaft zu folgen, konnte er ohne Übertreibung rühmen, die unaufhörlichen Einfälle der *Alamannen* und die unablässigen zügellosen Verheerungen der *Franken* gebändigt, den römischen Scharen, so oft es beliebte, den Weg über den Rhein gebahnt zu haben – das war also jetzt eine *Tat* –, Gallien aber, die Zeugin dieser Kämpfe, nach so vielen Verlusten an Menschen und so langen und schweren Schädigungen wieder zu Kräften gebracht, werde dankbar diese Erinnerung der Nachwelt übermitteln. Er schlug vor, in Illyricum einzurücken, das von allen stärkeren Besatzungen entblößt sei, und dann in ungehindertem Zug zunächst die Grenzen Dakiens zu besetzen.

Das Zusammenschlagen der Waffen, welches den lärmenden Zuruf begleitete, zeigt abermals, daß zahlreiche Germanen in dem Heer dienten oder doch, daß germanische Kriegsbräuche in dem völlig barbarisierten Heer des Kaiserreichs längst eingedrungen waren.

Nur Nebridius weigerte in ehrenhafter Treue gegen Constantius, der ihn soeben befördert, Julian den Eid (das heißt die Mitkämpferschaft gegen den Kaiser). Sofort wollten ihn die ergrimmten Soldaten erschlagen. Aber Julian deckte ihn mit seinem eignen Kriegsmantel und entließ ihn in seine Heimat Tuscien.

Nun brach man das Lager ab und Julian zog an der Spitze des Heeres zunächst nach Pannonien, seinem Schicksal entgegen.

Constantius schwankte inzwischen, ob er vorher den Perserkrieg vollenden oder sogleich durch Illyricum und Italien Julian entgegeneilen und ihn noch in den Anfängen seiner Erhebung »wie ein Jagdtier abfangen« solle: Diesen Ausdruck brauchte er wiederholt, die Furcht seiner Umgebung zu zerstreuen.

Julian war aufgebrochen von dem Gebiet der Rauriker aus (gegenüber Basel), nachdem er die obersten Stellen neu besetzt. Nach Gallien schickte er *Sallustius* als Präfecten zurück, zwei Germanen werden hier genannt, *Dagalaif* als *comes domesticorum* und Gomohar (gotisch guma, althochdeutsch gomo, Mann) als magister armorum, früher Führer der scutarii. Im Begriff, «durch den *Schwarzwald (per marcianas silvas)* und (über Rotweil ?) auf den Straßen der (nördlichen) Donauufer« zu marschieren, teilte er seine Truppen, durch Beunruhigung mehrerer Landschaften zugleich Schein und Gerücht größerer Macht als er wirklich hatte zu verbreiten. So schickte er ein Corps unter *Jovinus* und unter dem magister equitum *Nevitta* »auf den altbekannten Straßen« (über den Mont Cenis) nach Italien, ein zweites mitten durch das innere Rätien (südlich des Bodensees, über Bregenz ?).

Er befahl, rasch zu marschieren, als ginge es dem Feind unmittelbar entgegen, und nachts durch Wachen und Posten sich gegen Überfall zu decken. Er selbst rückte, auf sein Glück vertrauend, geschwind vor, wie er schon oft durch Barbarenland gezogen war; als er an eine Stelle kam, wo die Donau als schiffbar bezeichnet wurde (wohl zwischen Passau und Wien), fuhr er auf einer glücklich vorgefundenen großen Menge von Kähnen mit dem Heer flußabwärts, und zwar fast unbemerkt, da er, gewähltere Speise nicht verlangend, mit weniger und schlichter zufrieden, die Städte und Kastelle nicht aufsuchte, sondern weit ausbiegend vermied. Man sieht also, daß damals noch zahlreiche römische Anlagen an der Donau (von Passau ab ?) erhalten waren. Allmählich aber drang doch das Gerücht seiner Annäherung ihm voraus und erfüllte mit üblicher Übertreibung ganz *Illyrien :* Nach Niederwerfung einer Menge von Königen und Völkern in

Gallien brause Julian mit gewaltigem Heer auf den Flügeln des Sieges heran. Vor diesem Schrecken floh der *Präfectus Prätorio Taurus* eiligst, mit stetem Wechsel der Postpferde, über die julischen Alpen und riß den Präfecten Florentius auf dieser Flucht mit sich fort; es waren die ernannten Consuln dieses Jahres. Nur der comes *Lucillianus*, der bei Sirmium stand, dachte auf die ersten Meldungen von Julians Anmarsch an Widerstand und zog aus den Standquartieren Truppen zusammen, so viele in der Eile zu sammeln waren. Aber Julian »schoß wie ein feuriger Meteor seinem Schicksalsziel zu« (Ammian): Bei abnehmendem Mond und daher meist finsterer Nacht gelangte er bis *Bononia* (früher *Malatis*, *Milata*, jetzt Banostar in Slavonien), landete, nur neunzehn Milliarien von Sirmium, unversehens und schickte (den Germanen) *Dagalaif* mit einer raschen Schar ab, Lucilian zu laden und nötigenfalls mit Gewalt beizuschaffen. Aus dem Schlaf wurde er in Gefangenschaft fortgerissen, der zuvor so trotzige Reitergeneral, der sich, nachdem er sich vom Schrecken erholt hatte und des Lebens versichert sah, nicht enthalten konnte, zu bemerken, unvorsichtig und verwegen habe sich Julian mit so geringer Macht in fremdes Land gewagt. Der Sieger hieß ihn seine klugen Warnungen für Constantius sparen und ging kühn und zuversichtlich, im Eilmarsch, auf die Stadt los, ihre Ergebung voraussetzend. Und wirklich, als er sich den weitvorgestreckten Vorstädten näherte, kamen ihm Soldaten und Bürger in Scharen mit Fackeln und Blumen entgegen und begrüßten ihn als Kaiser.
Aus seiner weiteren Geschichte ist nur hervorzuheben, was Germanien oder Germanen in römischem Dienst betrifft. So übertrug er einem Franken, dem treuen *Nevitta*, die Bewachung des wichtigen Passes bei *Succi*, an dem Hämus und Rhodope, der Grenzscheide von Illyricum (Niedermösien) und Thrakien, hier an das innere *Dakien* und *Serdica* (*Sophia*) stoßend, dort nach *Thrakien und Philippopolis (Philiba)* blickend. *Sextus Aurelius Victor* (den Geschichtsschreiber) bestellte er zum Consularpräfecten des zweiten (unteren) *Pannoniens*. Damals verfaßte Julian Rechtfertigungsschreiben und Manifeste an die Heere, an viele Provinzen und Städte des Reiches. Das an »Senat und Volk der Athenäer« ist uns erhalten. Ruhig und einfach, zwar ohne Schonung, aber auch ohne Schmähung des Constantius, entwickelt er dessen ganzes Verhalten wider den Sieger von Straßburg, von seines Vaters und seines ganzen Hauses Ermordung an bis zu der jüngsten Verwerfung seiner billigen Anträge. Politisch geschickt verfaßt ist das Schreiben und doch wahrhaftig, es entspricht ganz Julians sonst, namentlich von Ammian, bezeugter Eigenart. In einer an den Senat zu Rom gerichteten heftigen Beschwerdeschrift gegen Constantius griff er auch Constantin den Großen an, der ihm, vermutlich als Begründer der Staatskirche, verhaßt war. Bezeichnend ist es dabei für Julians antikisierenden Standpunkt, daß er jenem Kaiser als einem Neuerer den Umsturz alter Gesetze und Sitten vorwarf: er zuerst habe Barbaren zu hohen Ämtern und sogar auf den consularischen Stuhl erhoben. Mit scharfem Blick hatte also Julian erkannt, daß diese fortwährend und rasch gesteigerte Barbarisierung des Reiches im Inneren, das massenhafte Eindringen von Barbaren in alle hohen und niederen Stellen im Heer, am Hof, in der Provinzialverwaltung eine kaum geringere Gefahr für das Reich bildete als der Andrang der äußeren Feinde, konnte doch selbst Julians hohes Ansehen und eifrige Kraft den Übermut der barbarischen Hilfsvölker, wie der Petulantes und der Kelten, manchmal nicht bändigen, Amm. XX, 12 (6). Aber freilich, diese barbarischen Stützen waren längst unentbehrlich geworden und es macht Am-

mians Gerechtigkeitssinn alle Ehre, daß er diesen Vorwurf seines Lieblings scharf tadelt: »Abgeschmackt und frivol war diese Beschuldigung, da ja Julian selbst zahlreiche Barbaren, zumal Germanen, beförderte und alsbald dem Mamertinus zum Kollegen gerade im Consulat jenen Franken *Nevitta* gab, der weder an Glanz (der Geburt?) noch an Tüchtigkeit und Ruhm jenen Männern vergleichbar, welche dereinst Constantin erhöht hatte, vielmehr ungebildet, bäuerisch und, was schlimmer in seinem hohen Amt, grausam war.«

In *Nässus (Nissa)* in Serbien erfuhr der kühne Angreifer, der zwischen sich und seiner ursprünglichen Operationsbasis, Gallien, jeden Zusammenhang aufgegeben hatte, daß in seinem Rücken, in *Aquileja*, eine nicht unbedenkliche Erhebung aufgeflammt war, welche zumal deshalb gefährlich schien, weil sie bereits andere Städte Italiens angesteckt hatte.

Zwei Legionen des Constantius und eine Kohorte Pfeilschützen, welche Julian zu Sirmium getroffen und, wegen Zweifels an ihrer Zuverlässigkeit, unter dem Vorwand dringenden Bedürfnisses, nach Gallien beordert hatte, waren nur widerwillig abmarschiert. Sie scheuten die langen Wege und die unablässigen Kämpfe mit den grimmen Germanen. In der festen Stadt Aquileja eingerückt, bemächtigten sie sich, unter Beihilfe des Pöbels, der Tore und Mauern und erklärten sich für Constantius. Auf diese Nachricht befahl Julian zunächst dem Reitergeneral *Jovinus*, der durch die Alpen bis *Noricum* marschiert war, schleunigst umzukehren und die Stadt zu belagern; dieser wurde später abgelöst durch den Germanen *Immo*. Und abermals ein Germane (ein Alamanne), der frühere Oberstallmeister *Agilo* (er hatte im Jahre 354 seine Landsleute bei Augst gewarnt), später Führer der ausländischen Schildträger, seit 360 magister peditum, war es, der als außerordentlicher Gesandter die Meuterer zur Kapitulation brachte, indem er den inzwischen erfolgten Tod des Constantius verkündete.

Ein anderer *Agilo* diente gleichzeitig unter Constantius gegen die Perser an der Spitze der Läten, ebenso *Gomohar*.

Es überrascht, die beiden Barbaren *Nevitta* und *Dagalaif* bei der Belagerung einer persischen Festung mit der Leitung des Minenangriffs (cuniculi) und der Herstellung der Schutzdächer (vineae) betraut zu finden, so völlig waren also jetzt auch Germanen in die schwierigste Technik römischer Belagerungskunst eingeweiht (Amm. Marc. XXIV, 4). Diese beiden Germanen nahmen im Heer so hervorragende Stellungen ein, daß sie, mit den vornehmsten Galliern zusammen, nach dem Tode Julians bei der Wahl seines Nachfolgers eine besondere, sehr wichtige Gruppe bildeten (XXI, 5). Dagalaif wurde unter Valentinian (XXVI, 1) magister equitum. Er wagte, dem Kaiser, welcher seinen Bruder Valens zum Mitkaiser erheben, aber von der Umgebung darin bestärkt sein wollte, zu sagen: »Wenn du die Deinen liebst, so hast du einen Bruder, wenn den Staat, so wähle den (Würdigsten), welchem du den Purpur verleihen willst«; bei der Verteilung der Generale und Legionen unter den beiden Kaisern behielt Valentinian Dagalaif unter sich (a. a. O. 5).

Andere Führer unter Constantius waren zu gleicher Zeit die comites *Theolaif* (XXIV, 1 verschieden von Dagalaif) und *Aligild*, welche so hervorragten, daß sie nach des Kaisers Tod (5. Oktober oder 3. November 361) an Julian abgeordnet wurden, ihm die Unterwerfung des verwaisten Heeres anzuzeigen. Sie trafen ihn an der Grenze von Dakien. Er zog nun nach Byzanz, überall von der Bevölkerung mit Jubel empfangen. *Agilo* und *Nevitta* ernannte der Sieger zu Gliedern der Untersuchungskommission, welche alsbald über die Höflinge des Constantius, zumal die Verderber des Gallus, ein strenges, manchmal sogar grausames und ungerechtes Strafgericht heraufführte. Übrigens klagt Ammian über den argen Verfall der Kriegszucht, welchen Julian in dem Heer des Verstorbenen antraf: »Verweichlichung und Üppigkeit hat in diesen Scharen Römer wie Barbaren verdorben.«

Ein andrer fressender Schaden war die Raubgier, mit welcher einflußreiche Männer der Staatskirche, aus früherer Armut und Unterdrückung seit Constantin zur herrschenden Macht im Staat erhoben, die Güter und Schätze nicht nur der alten Tempel, sondern der Provinzen plünderten. Verderblicher noch war die maßlose Verfolgungswut, mit welcher die christlichen Sekten gegeneinander tobten: »Kein Tier ist den Menschen so gefährlich als in ihrer todbringenden Wut gegeneinander die meisten Christen«, sagt Ammian. Vergebens bemühte sich Julian, die widereinander tobenden Bischöfe zu beschwichtigen. Sie achteten seiner vermittelnden Worte nicht, so daß er ihnen oft zurief, mit Anspielung auf ein Wort Marc Aurels: »Höret doch auf mich, auf den selbst Franken und Alamannen gehört«.

Auch sonst wird für jene Zeit in den wichtigsten Dingen ein rasch fortschreitendes Verderben bezeugt.

Man darf es als nur wenig rhetorisch übertrieben ansehen, was Julian von dem Verfall der Reichsfinanzen klagt: »Von unermeßlichen Reichtümern ist der römische Staat in höchste Dürftigkeit herabgesunken, durch Schuld von Ratgebern, welche, um den eigenen Reichtum zu mehren, die Kaiser lehrten, mit Gold von den Barbaren den Frieden zu erkaufen und so von den Feldzügen heimzukehren. Das Aerar ist leer, die Städte sind erschöpft, die Provinzen verheert, ich selber habe gar kein Vermögen.« Die Soldaten waren unzufrieden, weil ihnen ein Geschenk von nur hundert Denaren geboten wurde.

Das Reich erlag vor allem infolge seiner unheilbar erkrankten Finanzen. Diese litten unter den uralten Gebrechen der römischen Gesellschaft und Volkswirtschaft. Der Ruin der Finanzen zerstörte dann auch die Wehrkraft und die normale Funktion der Zivilbeamten.

Während der Kaiser den Feldzug gegen die Perser vorbereitete und im Inneren Reformen betrieb, namentlich die Beamtungen reinigte, versäumte er nicht, gleichzeitig für den Schutz der *Donaugrenze* Sorge zu tragen. Die Städte Thrakiens, zumal die Grenzfesten, wurden verstärkt, die auf den Uferhöhen (supercilia) der Donau als Posten gegen die Barbaren verteilten Truppen, welche nach den eingehenden Berichten deren Einfälle wachsam und kräftig abwehrten, wurden mit Waffen, Kleidung, Sold und Lebensmitteln ausreichend versehen. Seine Vertrauten rieten, die benachbarten *Goten* anzugreifen, welche sich oft als treulos und trügerisch erwiesen hätten. Aber der Kaiser meinte, »er suche sich würdigere, wichtigere Feinde, für die Goten genügten, sie zu verderben, die galatischen Kaufleute, von welchen Goten jedes Standes allerorten als Sklaven verkauft würden«. Diese Stelle ist in mehr als einer Richtung bedeutsam, sie zeigt, sie bestätigt, daß damals, abgesehen von kleinen Grenzverletzungen und Räubereien gegen das abgeschlossene Födus, die Goten Ruhe hielten und nicht mit Macht, wie früher und bald nach Julian wieder, die Donaumündungen beunruhigten. Der Kaiser spricht mit großer Geringschätzung von ihnen. Die große Zahl von Goten, die allerorten von den kleinasiatischen Sklavenhändlern feilgeboten werden, erweist, daß die Bevölkerung sehr stark anwachsen mußte, da trotz solcher fortwährenden Minderung alsbald die gotischen Völkerschaften in erstaunlichen Massen auftreten. Wie kamen aber diese zahlreichen Goten jedes Standes in die Hände der Sklavenhändler? Man wird zunächst an Kriegsgefangene denken müssen, welche bei jenen »treulosen« Einfällen von den Römern ergriffen wurden. Allein sehr groß kann diese Zahl schwerlich gewesen sein, da bedeutende gotische Heerzüge gegen Rom damals nicht vorkamen. Daher wird man zur Ergänzung der »großen Menge« annehmen müssen, daß jene Händler von andern Nachbarn der Goten, mit welchen diese damals häufig Kriege führten, gotische Gefangene aufkauften. Und vielleicht ist die Möglichkeit nicht ausgeschlossen, daß damals, wie wenige Jahre später, durch Hunger und Not gedrängt, viele Goten sich freiwillig in Sklaverei verkauften – wenigstens würde die Bezeichnung der *Händler* (*nicht* der Kriegsfeinde), als der *eigentlichen Volksverderber* am meisten hierzu stimmen. Zweifellos verkauften Goten, zum Beispiel die Ostgoten des Ermanarich, welche damals zahlreiche andere Völker der gotischen Gruppe besiegten, solche Gefangene nicht minder als nichtgotische Gefangene.

Julian erfreute sich während seiner kurzen Regierung einer nur selten vorkommenden Ruhe an den Grenzen. Vorübergehend wenigstens ließen die Barbaren in ihrem gierigen Eindringen nach. Sie hatten erkannt, daß unter einem solchen Verteidiger die Verletzungen der römischen Grenzen ihnen selbst zu Schaden und Verderben gediehen.

So weit darf man Ammian (XXII, 9 [1]) glauben, aber schwerlich »wurden sie von wunderbarem Eifer entzündet, ihn zu loben« (vgl. XXV, 4). Seit seinem Abmarsch aus dem Westen hielten alle Völker bis an seinen Tod unbewegliche Ruhe, als ob der Friedensstab des Merkur über der Weltgeschichte schwebe (!)«. Am stärksten hatte Julians Auftreten natürlich in Gallien selbst gewirkt und hier auf Alamannen und Franken mächtigen Eindruck gemacht. Ammian verteidigt ihn gegen den Vorwurf, die Stürme des Krieges neu entfesselt zu haben. Er erinnert, daß den Kampf gegen die *Parther* Constantius herbeigeführt habe. »In Gallien aber war (vor Julian) ein Krieg aus dem andern entglommen, hatten sich die Germanen weit über unser Gebiet ergossen. Schon drohten sie, über die Alpen zu brechen und Italien zu verwüsten. Der Bevölkerung war aber nach vielen unsäglichen Leiden nichts übriggeblieben als Tränen und Schrecken, bittere Erinnerung an die Vergangenheit und noch traurigere Erwartung für die Zukunft. Da kam dieser junge Mann, mit der Schein-Macht eines Cäsars nach der Westgrenze entsendet; und alsbald brachte er für alles mit fast wunderbar zu nennender Schnelligkeit Abhilfe, Könige wie schlechte Sklaven vor sich hertreibend. Persönlich schlug er, furchtbare Kälte und Hitze ertragend, in kühnem Kampf die grimmen Feinde nieder, warf seine Brust als einzigen Riegel unsern weichenden Scharen entgegen und zerstörte die Königreiche kampfeswütiger Germanen; ja er erreichte es durch eine einfache Ansprache, daß ihm das gallische Heer, an den Reif und Frost des Rheins gewöhnt, durch die weite Welt in das heiße Assyrien and an die Grenze der Meder folgte«.

Dies Lob ist um so glaubhafter, als es erst gespendet wurde, nachdem der tapfere Kaiser im Gefecht gegen die Perser den Heldentod gefunden hatte und da Ammian auch scharfen Tadel nicht unterdrückt.

Diese merkwürdige Gestalt ist nicht eben leicht zu zergliedern. Des Kaisers Versuch, die alten Götter wieder zur Herrschaft zu bringen, war ein edler Wahn, nicht wegen der Unmöglichkeit, dem erst wenige Jahrzehnte herrschenden Christentum die Bedeutung einer Staatskirche wieder zu entziehen, sondern weil er selbst und alle Gebildeten seiner Zeit an jene Götter längst nicht mehr recht glaubten. Die halb mystischen Philosopheme Julians konnten nie Volksreligion werden. Der einzige Fehler, der ihn entstellt, ist eine maßlose Eitelkeit, nicht auf seine Taten als Feldherr oder Herrscher, sondern auf seine Belesenheit, Bildung, griechische Gewandtheit des Geistes. Griechische Leichtbeweglichkeit war sein Vorzug und Fehler. Römisch aber war sein Heldentum und seine Erfassung der »Roma aeterna« gegenüber dem Christentum, dessen Feindschaft gegen alles Antike er klar erkannt hatte: in diesem Sinn war er der »letzte Römer«. Er zählt zu jenen ewigen Jünglingen, welche, wie Achilleus und Alexander, die Götter früh und im Sieg abrufen, auf daß ihre Gestalt nicht der Prosa verfalle, sondern in Jugendschöne im Gedächtnis der Menschen lebe.

Auf dem viel bedrohten Rückzug aus dem Perserreich machte die römische Methode wieder von den Germanen im Heer in alter Weise Gebrauch. Die Soldaten wollten aus Furcht vor den nachdrängenden Feinden Hals über Kopf, ohne Brücken oder Schiffe, über den tiefen, reißenden *Tigris* setzen. Endlich befahl man den Germanen des Nordens (arctois Germanis: es waren wohl Friesen, Chauken, Bataver und Franken) mit Galliern zuerst vor allen andern das Schwimmen zu versuchen, damit, wenn sie fortgerissen würden, ihr Untergang die andern von ihrem wilden Drängen abschrecken solle – man brauchte sie also wieder einmal als Versuchsgegenstand! – oder ihr gelungener Übergang die übrigen ermutige. Man wählte die zu solchem Wagnis geschicktesten aus, »Leute, welche in ihrer Heimat angeleitet werden, von der Knabenzeit an über die breitesten Ströme zu schwimmen«. In der Stille der Nacht glitten sie unvermerkt alle auf einmal, wie auf einen Schlag, ins Wasser, erreichten rascher, als man hoffte, das jenseitige Ufer, hieben die persischen Wachen nieder, welche, allzu sorglos, sich dem Schlaf überlassen hatten, und gaben durch die emporgereckten Hände und auf Speeren zusammengedrehten Kriegsmäntel der Hauptmacht das Zeichen, daß ihr kühnes Wagnis gelungen sei.

Sehr stark war um diese Zeit bereits der Einfluß der Germanen in römischem Dienst auf die wichtigsten Entscheidungen, so stark, daß Eifersucht und römischer Nationalstolz längst demgegenüber eine antibarbarische, antigermanische Partei am Hof, im Heer, in den Zivilämtern hervorgerufen hatte, deren Trachten, die Barbaren aus solcher Machtstellung zu verdrängen, an sich ganz berechtigt, aber deshalb ein arger Anachronismus war, weil, wie gerade die Führer dieser Römerpartei dartaten, römische Kraft zur Leitung und Verteidigung des Reiches schon lange nicht mehr genügend und die Mitwirkung der Barbaren ganz unentbehrlich war.

So waren auch bei der Wahl des Nachfolgers Julians die »römische« Partei unter *Victor* und *Arintheus* und die »Fremdenpartei« unter den Germanen *Nevitta* und *Dagalaif* gegeneinander aufgetreten und zuletzt nur durch die Not zu einem Kompromiß gedrängt worden.

Dieser Nachfolger Julians, *Jovian*, der bald nach seiner Erhebung (27. Juni 363) starb (16./17. Februar 364), ernannte den Franken *Malarich* zum magister armorum für Gallien. Er hoffte, durch diese Beförderung sich einen treuen Anhänger in wichtiger Stellung zu sichern, und wiederholt hatten sich Franken in römischem Dienst als gute Verteidiger des Rheins, zumal gegen ihre eignen Stammesgenossen, bewährt. Malarich weigerte sich aber, die Stellung anzunehmen. Darauf entstanden Unruhen in Gallien. Auf das falsche Gerücht, daß Julian noch lebe, erhoben sich die Truppen, in dem Glauben, man wolle sie durch Betrug gegen den geliebten Kaiser für Jovian gewinnen. Sie erschlugen mehrere Offiziere. Mit Mühe rettete sich Valentinian, der spätere Kaiser, zu Reims.

Unter *Valentinian*, einem Pannonier niederer Abkunft, der sich durch Kraft und kriegerische Tüchtigkeit zum Heerbefehl in Afrika und Britannien emporgearbeitet hatte, drangen die Barbaren wieder im Westen und Osten in das Reich: *Alamannen* gleichzeitig in Gallien und Rätien, *Sarmaten* und *Quaden* in Pannonien, in Thrakien *Goten*, in Britannien *Picten* und *Scoten* von Nordengland und Schottland, *Sachsen* vom Festland her. Die Kaiser – Valentinian hatte schon am 29. März 364 seinen Bruder *Valens* zum Mitkaiser erhoben – nahmen zu *Mediana*, der Vorstadt von *Naissus*, eine Verteilung der Generale und Legionen vor, wobei ihre pannonischen Landsleute vielfach bevorzugt wurden. Valentinian behielt für sich die Präfecturen: Gallien (mit Spanien und Britannien) und Italien (mit Illyricum und Afrika), unter ihm standen die magistri militum *Dagalaif* und *Jovinus*. Valens übernahm den Orient mit Ägypten und Thrakien unter den magistri militum *Victor* (mit *Arintheus*) und *Lupicinus*. Dann ging Valentinian nach *Mailand*, Valens nach *Byzanz*. Unter jenem verwaltete Italien, Afrika und Illyricum *Mamertinus*, die gallischen Provinzen *Germanianus*. Das Jahr 365 brachte eine schwere Gefährdung über das Reich. Die Alamannen durchbrachen die Limes-Linien von (römisch-)Germanien, »zu noch wilderem Grimm als gewöhnlich entflammt durch folgende Ursache«. Und nun deckt Ammian wieder einmal auf, was nur so gelegentlich zur Sprache kommt, bei den Friedens- und »Unterwerfungsverträgen« aber übergangen wird: daß nämlich das Reich sich bei solchen Verträgen zu »Geschenken« an die Barbaren verpflichtete, welche herkömmlich und genau im voraus durch Vertrag festgestellt waren (XXVI, 5).

»Während ihren an den Hof abgeordneten Gesandten bestimmte und vorher festgestellte Geschenke nach der Sitte des Herkommens gereicht werden mußten, bot man ihnen weniger und schlechtere. Die Gesandten aber hatten sie kaum besehen, als sie dieselben wütend, wie höchst unwürdig, zur Erde schleuderten. Der Oberhofmeister (magister officiorum) *Ursacius* aber, ein zornmütiger Mann, behandelte sie mit Rauhheit. Nach Hause zurückgekehrt, übertrieben sie den Vorfall und reizten als vom Hofe schimpflich und verächtlich behandelt die höchst wilden Völkerschaften auf.«

Der Vorgang zeigt, wie diese Barbaren bereits Geschenke als Tribut, als festes Recht in Anspruch nehmen und ihrem Zorn über Herabsetzung derselben auch am Hofe des Kaisers den schroffsten Ausdruck geben.

Dagalaif erhielt zwar den Befehl, den Alamannen schleunigst entgegenzurücken, aber diese hatten sich, nachdem sie das ihnen benachbarte Grenzgebiet weithin verwüstet, ohne Verlust wieder zurückgezogen. Der Kaiser wollte Gallien sich nun selbst überlassen, um einem Anmaßer, *Prokopius*, nach *Illyricum* entgegenzueilen. Aber seine Umgebung und Gesandtschaften der Städte Galliens beschworen ihn, doch nicht diese Provinz, die starker Hilfe bedürfe, den Tod und Verderben drohenden Barbaren preiszugeben. Bleibe er, so werde schon der kaiserliche Name den Germanen Furcht einflößen. Valentinian entschloß sich, zu bleiben, da der Empörer nur sein und seines Bruders Valens Gegner, die Alamannen aber des ganzen römischen Weltreiches Feinde seien. Er rückte bis *Reims* vor, beschloß aber, nicht die Grenze zu überschreiten (365).

Während *Valens* dem Anmaßer nach Syrien entgegenzog, erfuhr er durch Berichte seiner Heerführer, »daß das Volk der *Goten*, seit langer Zeit unbehelligt und deshalb zu hohem Mut emporgewachsen, in seinen verschiedenen Teilen übereinstimmend den Plan verfolge, in das thrakische Grenzgebiet einzudringen« (Ammian Marc. XXVI, 6).

Seit Constantin der Große ihnen reiche Jahrgelder bewilligt, hatten sich die Goten gegen Rom ruhig verhalten. Aber gerade damals hatten sie sich auf Kosten ihrer germanischen und slawischen Nachbarn ausgebreitet, so daß diese Ruhe gegen Rom sich auch bei andauernder Mehrung der Bevölkerung sehr wohl erklärt: die römischen Jahrzahlungen gewährten Getreide oder Geld, solches zu kaufen. So bedurfte man nicht der Ausbreitung in so hohem Maß wie früher ohne Jahrgelder und die besiegten Nachbarn mußten ebenfalls Zins in Naturalien (tributa) leisten oder Land abtreten oder beides gewähren. Jetzt war ein Teil von ihnen von dem Gegenkaiser *Prokopius* gewonnen, welchen sie, da er Münzen prägte und die anderen Hohheitsrechte übte, für den rechtmäßigen Kaiser hielten – so erklärten sie wenigstens später. Ferner waren sie durch Vorenthaltung der Jahrgelder erbittert und, sofern sie dieselben zum Getreidekauf brauchten, wirklich in die Not versetzt, sich Nahrung, da sie diese nicht kaufen konnten, zu rauben. Zunächst war Valens vollauf beschäftigt, den Empörer Prokopius niederzuwerfen, bei dessen Erhebung und Bekämpfung wieder Germanen im römischen Dienst sehr wesentlich mitwirkten. Sie waren bereits so häufig und so einflußreich im Staat, daß kaum noch wichtige Vorgänge ohne ihre Beteiligung geschahen.

Die Könige der *Goten*, welche sich offenbar bereits wegen der verweigerten Jahrgelder drohend erhoben hatten, waren von Prokop besänftigt und, da er sich als Verwandten Constantins auswies, bewogen worden, ihm dreitausend Mann Hilfstruppen zu schicken, welche ein Parteigänger des Anmaßers für geringen Lohn auch zu sich herüberziehen zu können glaubte. Man sieht, welche Bedeutung für die Germanen die Zugehörigkeit zu dem Geschlecht desjenigen Kaisers hatte, mit welchem sie einen günstigen Vertrag geschlossen. Sie übertrugen ihre eigenen germanischen Anschauungen auf das römische Staatswesen, auf Erblichkeit, Geblüt, Sippeverband auch für die Kaiserkrone ein Gewicht legend, das im *römischen* Staatsleben durchaus nicht gleich wog. Übrigens begreift sich, daß die Goten um so bereitwilliger Hilfstruppen stellten, als sie einerseits hierzu wohl durch das constantinische Bündnis verpflichtet waren und andrerseits Prokop die Wiederaufnahme der Jahrgelderzahlung begann oder doch versprach.

Einstweilen waren die *Alamannen* wieder in Gallien eingedrungen (im Jahre 366). Die Erbitterung über die Verkürzung der Geschenke und über die grobe Behandlung ihrer Gesandten mag die ohnehin nie erloschene Neigung zur Ausbreitung über den Rhein gesteigert haben. Offenbar wirkte das Bedürfnis der Ausbreitung unablässig fort und die Nachricht von dem Tod des Siegers von Straßburg, des kräftigen Bewachers des Rheinstroms, mußte zu neuen Versuchen ermutigen.

Die vereinigten römischen Truppen überschritten in einer Kolonne einen kleinen Fluß auf einer Brücke rasch und sicher und griffen die Barbaren, sowie sie in der Ferne sichtbar wurden, mit Pfeilen und andern leichten Geschossen an, was diese kräftig erwiderten. »Als es aber zum Zusammenstoß mit den Schwertern kam, wurde unsere Aufstellung durch den heftigeren Anprall erschüttert und kam nicht mehr zum festen Widerstand. Und als sie Severian, von einem Wurfgeschoß durchbohrt, vom Pferde stürzen sahen, ergriffen alle furchtsam die Flucht.« Vergebens warf sich der tapfere Charietto den Weichenden mit seinem Leib entgegen, vergebens wollte er sie mit lautem Scheltruf aufhalten, vergebens die schimpfliche Schmach lange Zeit durch eignes zuversichtliches Standhalten auslöschen; auch er fiel von tödlichem Geschoß. Nach seinem Fall wurde den *Herulern* und *Batavern* in römischem Dienst ihre Fahne entrissen. Laut aufjauchzten die Alamannen über diese den tapfersten Hilfsvölkern entrissene Trophäe; mit Hohngeschrei und Freudensprüngen warfen sie sie einmal über das andere hoch empor und trugen sie zur Schau, bis die Fahne, nach großen Kämpfen, wiedergewonnen wurde.
Wieder ist hier ein Germane die Seele der römischen Kriegführung gegen die Germanen; er hält, nach dem Fall des weniger geschätzten römischen Kollegen, mit germanischem Trotz und mit germanischem Ehrgefühl stand. Germanische Söldner sind es, die er führt; besonders verhaßt mochten diese den freien Alamannen sein. In ein übermütiges und racheschnaubendes Ringen *germanischer* Scharen auf beiden Seiten um ein Feldzeichen dieser Söldner verläuft zuletzt die Schlacht, welche doch für *Rom* und den *römischen* Besitz in Gallien geschlagen wird. Man sieht: immer weiter schreitet die Germanisierung des römischen Westreichs vor.
Auf die »höchst betrübende« Nachricht von dieser Niederlage wurde *Dagalaif* aus Paris abgesendet, Abhilfe zu schaffen. Dieser zögerte aber lange, schützte vor, die überallhin verbreiteten Barbaren nicht angreifen zu können, bis er abberufen wurde, zusammen mit Gratian, dem Sohne des Kaisers, das Consulat anzutreten.
Nun wurde der magister equitum *Jovinus* mit der Bekämpfung der Eingedrungenen betraut. Er traf alle Vorbereitungen und Rüstungen, deckte sehr sorgfältig bei seinem Marsch beide Flanken gegen Überfälle und überraschte seinerseits bei *Scarponna* (Charpeigne an der Mosel) eine größere Schar von Barbaren so völlig, daß sie, bevor sie nur die Waffen ergreifen konnte, bis zur Vernichtung aufgerieben wurde. Vorsicht in Feindesland hatten die Unbedachten noch immer nicht gelernt, die doch ihrerseits in ihren heimischen Wäldern den kleinen Krieg der Überfälle mit der Meisterschaft des Naturvolkes verstanden. Der ausgezeichnete Feldherr führte die über den Ruhm eines so verlustlosen Treffens frohlokkenden Truppen weiter zur Vernichtung des zweiten Haufens. Behutsam vorrückend erfuhr er durch zuverlässige Kundschaft, daß eine auf Plünderung ausgezogene Schar nach Ausraubung der nächsten Landhäuser sich am Fluß (der Mosel doch wohl) zur Ruhe gelagert habe. Vorsichtig und langsam näherrückend, den Feinden verborgen durch ein von dichtem Gebüsch dem Überblick entzogenes Tal, sahen die Römer die einen baden, die andern nach ihrer Sitte die Haare, um ihnen rötlichen Glanz zu geben, salben, andere zechen.
Diesen ausnehmend günstigen Augenblick benützend gab er plötzlich das Trompetenzeichen zum Angriff und brach in das Lager der Raubfahrer ein. Die

Germanen hatten nur ohnmächtige Drohungen des Trotzes und Wutgeschrei entgegenzuwerfen; denn der hart eindrängende Sieger ließ ihnen gar nicht mehr Zeit, die zerstreuten Waffen zu erheben, sich in Schlachtordnung zu stellen und zum Widerstand zu ermannen. So fielen sie denn zahlreich, von Pilum und Schwert durchbohrt. Die Übrigen entkamen auf verschlungenen und schmalen Steigen.

Durch diese von Mut und Glück bewirkten günstigen Erfolge in der Zuversicht gehoben, führte Jovinus das Heer gegen den dritten Haufen, der nun allein noch übrig war. Sorgfältige Auskundschafter waren vorausgesendet. Alsbald traf man, in beschleunigtem Marsch folgend, bei *Châlons sur Marne* (Catelauni – in dieser Zeit werden auch für die *Städte* die Namen der umwohnenden *Völkerschaften* gebraucht) den Feind geschart und kampfbereit. Der Feldherr schlug an günstiger Stelle Lager und labte seine Leute nach Kräften durch Speisung und Schlaf. Am andern Tag bei Sonnenaufgang stellte er sein Heer in Schlachtordnung in der offenen Ebene, mit sorgfältiger Kunst seine Linien auf beiden Flanken so weit ausdehnend, daß die Römer, an Zahl (obwohl nicht an kriegerischer Kraft) schwächer, auch an Menge den Feinden gleichzukommen schienen.

Als die römischen Trompeten das Zeichen zum Angriff gaben und der Nahkampf begann, standen die Germanen bei dem wohlbekannten Anblick der schimmernden Fahnen einen Augenblick erschrocken und wie gelähmt. Aber alsbald ermannten sie sich und nun währte der Kampf bis der Tag sich neigte. Während der Nacht kräftigten Nahrung und Schlaf im sicheren Lager das römische Heer. Bei Tagesgrauen führte der unermüdliche Feldherr die Truppen in geschlossenem Viereck wieder zur Aufnahme des Kampfes hervor, da merkte man, daß die Barbaren im Schutz der dunklen Nacht entwichen waren – nach schweren Verlusten sehr begreiflich. Aber der Niederlage oder gar Vernichtung hatten sie sich entzogen.

Als übrigens Jovinus von der Mosel siegreich nach Paris zurückkehrte mit dem Ruhm dieser Taten, ging ihm der Kaiser freudig entgegen und designierte ihn zum Konsul des kommenden Jahres (368). Der Kaiser war damals um so mehr in froher Stimmung, als der von Valens eingesendete Kopf des Prokopius den Untergang dieses Anmaßers bezeugte.

An diese Erhebung knüpfen sich die Kämpfe der nächsten Jahre an der Donaugrenze mit den *Goten.*

Nach Vernichtung des Prokopius führte Valens, unter Zustimmung Valentinians, dessen Rat er in allen Dingen befragte und befolgte, Beschwerde gegen die Goten wegen der dem Empörer geleisteten Hilfe. Er schickte den magister equitum *Victor* an diese Nachbarn, Erklärungen zu fordern, weshalb ein den Römern befreundetes und durch vollgültigen Frieden und Bündnisverträge verpflichtetes Volk Waffenhilfe geleistet habe einem Rebellen, der seine rechtmäßigen Herrscher bekämpfte? Die Goten legten, ihre Handlungsweise mit bündiger Verteidigung zu rechtfertigen, die Briefe des Prokopius vor, in welchen er ausführte, daß er als Verwandter des Constantinischen Hauses nur den ihm gebührenden Thron in Anspruch genommen – man erinnere sich, daß dies germanischer Vorstellung vom Anrecht auf die Krone ganz entsprach – und sie behaupteten mit vollem Recht, in sehr verzeihlichem Irrtum gehandelt zu haben.

Der Erfolg sollte lehren, daß es töricht war, diese Entschuldigungen »als ganz eitel« (so Ammian) zurückzuweisen und durch einen zwecklosen Strafkrieg die furchtbaren Massen der gotischen Gruppe aus ihrer so lange gewohnten Ruhe feindselig aufzustören.

Valens zog mit Beginn des Frühjahrs 376 die Truppen zusammen und rückte gegen die Donau. Bei dem Kastell *Daphne*, in *Moesia secunda*, dereinst von Constantin gegen die Goten errichtet, daher zum Unterschied von anderen gleichnamigen Anlagen, »*Constantiniana*« zubenannt, schlug er ein Lager und überschritt von dort aus auf einer Schiffsbrücke den Strom ohne Widerstand. In gehobener Zuversicht zog er nun auf dem linken Ufer hin und her, fand aber keinen Feind zu schlagen oder zu scheuchen, da alle in Furcht vor den mit prunkender Ausrüstung anrückenden Legionen in die steilen und nur dem völlig Landvertrauten zugänglichen Berge der *Serrer* geflüchtet waren. Um nach Ablauf des ganzen Sommers nicht völlig unverrichteterdinge heimkehren zu müssen, schickte er den General des Fußvolkes (magister peditum) *Arinthäus* mit Streifscharen aus, das Land zu verheeren; dieser hob einige Familien auf, welche gefangen werden konnten, weil sie durch die Steppe irrten und nicht die zerrissenen, viel gewundenen Bergschluchten gewonnen hatten.

Begnügt mit diesem vom Zufall gewährten Erfolg kehrte Valens unversehrt zurück, ohne schweren Schaden angerichtet oder erlitten zu haben.

Gleich erfolglos blieb der Feldzug des folgenden Jahres, in welchem er zwar wieder mit gleichem Eifer versuchte, in das feindliche Gebiet einzudringen, aber, durch die weitverbreiteten Überschwemmungen der Donau gehemmt, nahe einem Flecken der *Carper* ein Standlager beziehen und hier regungslos bis zum Ausgang des Herbstes stehenbleiben mußte. So kehrte er, nachdem der hohe Wasserstand jede Bewegung verhindert hatte, nach Marcianopel in die Winterquartiere zurück.

Mit gleicher Beharrlichkeit überschritt er im dritten Jahre von *Novidunum* (Nivors in Bulgarien) aus auf verkoppelten Schiffen den Strom, drang in das Barbarenland ein und erreichte in fortgesetzten Märschen das fernab wohnende kriegerische Volk der *Greuthungen*. Nach leichteren Gefechten stellte sich *Athanarich*, der damals mächtigste »Richter« (übrigens nicht der Greuthungen, sondern der *Thervingen*), mit einer, wie er meinte, ausreichenden Macht zum Widerstand, wurde aber zur Flucht genötigt, um sich der Vernichtung zu entziehen. Der Kaiser bezog die Winterquartiere in *Marcianopel*, für jenes Klima und Land verhältnismäßig günstig.

Nach drei Feldzügen stellte sich, wie Ammian sagt, bei den Goten, wie der Erfolg zeigt, auch bei den Römern, der Wunsch nach Frieden ein. Die Barbaren an allen Grenzen zählten regelmäßig mit Grund darauf, daß ein Kaiser mit einer Hauptarmee nie längere Zeit auf Bekämpfung derselben Feinde verwenden konnte, meistens nach einem Jahr wieder durch eine andere Not des Reiches anderswohin gerufen wurde. Hatte man also einem allerdings übermächtigen Angriff getrotzt oder durch vorübergehende Räumung der Wohnstätten sich entzogen, so durfte man die Gefahr als überstanden ansehen. Doch nun weilte Valens schon länger als drei Jahre an der gleichen Stelle der Donaugrenze. Daß er auch diesmal wieder hier überwinterte, stellte einen vierten Feldzug in bestimmte Aussicht. Aber viel zwingender noch als die Besorgnis vor einem neuen Angriff wirkte eine andere Not, die auch an dieser Stelle zu konstatieren von höchster Wichtigkeit für unsere Gesamtauffassung ist: »*Da der Handelsverkehr gehemmt war, wurden die Barbaren durch den äußersten Mangel an Lebensmitteln bedrängt.*«

Also auch die weit gedehnten, fruchtbaren Länder auf dem linken Donauufer genügten den Goten für das »Notwendige« nicht mehr: sie waren für ihren *Unterhalt* – nicht etwa bloß für Luxuswaren – auf den Handel mit den römischen Provinzialen angewiesen, das heißt Getreide tauschten sie und kauften sie vor allem. Also reichte der Ackerbau in diesen weiten Landschaften nicht mehr aus, wie er doch früher genügt hatte. Die Zunahme der Bevölkerung war der alleinige Grund dieser Erscheinung. Beliebige Ausbreitung auf dem linken Ufer war gehemmt durch die in gleicher Weise anwachsenden Nachbarvölker. So erklärt sich, daß die Germanen sich von Rom, auf Kosten Roms, auf dem rechten Ufer den Unterhalt verschaffen *mußten* (an Kriegen um Land, um geforderte und verweigerte Gebietsabtretungen unter den Germanen selbst fehlte es, wie wir sahen, natürlich auch nicht). Deshalb forderten, erbaten, erzwangen sie entweder Landanweisungen auf römischem Boden unter verschiedenen Formen und Bedingungen, unter Anerkennung der römischen Oberhoheit, gegen Waffendienst, als Föderat-Grenzer – oder, falls Rom dies nicht gewährte, jährliche Spenden, annonae, ganz besonders von Getreide, oder auch in Geld, um Getreide zu kaufen. So völlig hatten sich die römischen Jahresspenden als Vergelt für Kriegsdienst in die Vorstellungen des Volkes eingebürgert, daß damals bereits (wohl schon seit Constantin die regelmäßigen Spenden durch Vertrag gewährt hatte) das lateinische Wort dafür: »annonae« in den gotischen Sprachschatz aufgenommen war: Wulfila überträgt »*μίσθος*«, »Lohn«, »Vergelt« mit annô.

Daraus erklärt sich nun auch der Charakter der räuberischen Einfälle der Germanen in die Grenzgebiete. Sie sollten den Unterhalt, welchen Rom als Vertragsleistung weigerte, als Beute schaffen, und zugleich Rom zwingen, durch Vertrag, durch Abkaufung solcher Brandschatzung zu dem Unterhalt beizutragen. Dabei soll nicht geleugnet werden, daß das Land auch für die wachsende Bevölkerung noch reichlich genügt haben würde bei größerer Kunst des Ackerbaus oder größerer Neigung, undankbarem Land mühevoll die Frucht abzuzwingen. Die Neigung, durch Raubfahrt und Krieg den Unterhalt zu erbeuten oder Rom zur Zahlung von Jahresgeldern zu zwingen, war freilich, vermöge des Nationalcharakters und der Kulturstufe, größer als die Neigung zu mühevollerem Ackerbau.

So sehr bedrängte die Germanen der Mangel, daß sie wiederholt Gesandte schickten, Frieden und Verzeihung zu erbitten.

Der Kaiser, damals zwar noch ungewandt, aber auch noch unverdorben durch Schmeichler, und klaren Blicks in die Lage der Dinge, glaubte, alle Umstände erwogen, den Frieden gewähren zu sollen. Das heißt, die Römer gaben die Hoffnung auf wirklichen Sieg auf. *Victor* und *Arinthäus* verhandelten mit den Goten; als sie deren Zustimmung zu den römischen Bedingungen meldeten, wurde ein Ort festgestellt, an welchem der Friede ratifiziert werden sollte. Wie sehr auch der Kaiser wünschen mußte, diesen Frieden abzuschließen und dadurch die Hände für andere Aufgaben frei zu erhalten, geht daraus hervor, daß er in der Wahl des Ortes den Forderungen des Barbaren *Athanarich* in einer Weise entgegenkam, welche die kaiserliche Würde fast verletzte.

Athanarich erklärte, er sei durch Verbot seines Vaters und furchtbaren Eidschwur, mit Selbstverfluchung für den Fall des Eidbruches, verhindert, jemals römischen Boden zu betreten. War dies richtig, so hat ihn doch die Hunnennot später gezwungen, jenen Eid zu brechen. Da er nun nicht nachgab, andrerseits aber es unschicklich und erniedrigend für den Kaiser gewesen wäre, ihn auf dem andern Ufer, im Barbarengebiet, aufzusuchen, fand man den verständigen Ausweg, daß von der einen Seite der Kaiser mit Bewaffneten, von der andern der »Richter« der Goten mit Gefolge, beide auf Ruderschiffen, sich in die Mitte des Stromes begaben und hier den Frieden nach den festgestellten Bedingungen abschlossen. Als dies so beigelegt war, ging Valens mit gotischen Geiseln nach Byzanz zurück, wohin später Athanarich, von einer Partei in seinem Volk aus der Heimat vertrieben, sich begab. Als er dort gestorben, wurde er nach römischer Sitte durch ein prachtvolles Begräbnis geehrt.

Im Jahre 367 erhob Valentinian seinen jungen Sohn *Gratian* zum Augustus (nicht bloß zum »Cäsar«). Daß die Verteidigung des Rheins und der Donau als die heldenhafteste Leistung der Kaiser galt, erhellt aus der Rede, welche Ammian dem Vater bei dieser Gelegenheit in den Mund legt: der Jüngling möge sich gewöhnen, unerschrocken mit seinem Fußvolk über das Eis beider Ströme vorzudringen.

Bald darauf lief die Nachricht ein – der Kaiser erhielt sie auf dem Marsch von *Amiens* nach *Trier* –, daß Britannien durch gemeinsame Erhebung der Barbaren in die äußerste Bedrängnis gestürzt, der comes des Küstengebiets (maritimi tractus) getötet, der dux *Fullofaudes* in einen Hinterhalt gefallen sei.

Es waren die *Picten*, gegliedert in zwei Völkerschaften, die (nördlicheren) *Dicalydonen* und die (südlicheren) *Verturionen* (and. *Vecturionen*) im Flachland von Nordengland, das kriegerische Volk der *Atacotten* und die *Scotten* (im Hochland), welche weite Strecken (doch wohl eben von Nordengland) plündernd durchzogen.

Aber wie die alten keltischen Einwohner den römischen Besitz von Norden her bedrohten, so drangen damals bereits, von Gallien und Belgien aus, *germanische* Angreifer in den Süden der Insel. *Franken* und ihre Nachbarn, *sächsische* Schwärme, landeten, wo sich irgend Gelegenheit bot, auf den »gallicanischen« Küstenstrichen Englands, heerten und brannten, erschlugen und fingen die römischen Kolonisten.

Der tatkräftige und im Krieg bewährte Feldherr *Theodosius* eilte, vom Kaiser gesendet, nach der Küste von *Boulogne*, setzte über die schmale Meerenge, »welche bald die furchtbarsten Fluten emporhebt, bald als glatteste Fläche ohne alle Gefahr die Schiffe trägt«, und landete in dem sicheren Hafen von *Rutupiä* (Richborough? Dover?). Dorthin folgten ihm auserlesene Scharen, außer den *Jovii* und den *Victores* die vielbewährten germanischen *Bataver* und *Heruler*, welche jene schon vom 1., diese von Mitte des 4. Jahrhunderts ab bis zum Ende des Westreiches fast ununterbrochen Söldnerscharen stellten.

Mit diesen kraftbewußten Truppen zog er auf *London*, »das alte *Lundinum* (keltisch Longwinium?), später Augusta genannt,« indem er seine Macht in mehrere Corps verteilte. Diese griffen die umherziehenden Raubscharen der Feinde an, zerstreuten sofort die Bedeckung der gebundenen Gefangenen und der Herden und gewannen so die Beute wieder, welche die Barbaren den elenden Steuerpflichtigen entrissen hatten. Alles wurde diesen zurückgegeben, bis auf einen kleinen für die Soldaten verwendeten Teil. Und nun hielt Theodosius freudig und wie im Triumph seinen Einzug in die Stadt, welche kurz vorher fast in ihren Bedrängnissen untergegangen und jetzt rascher, als sie irgend hätte hoffen können, erlöst worden war. Dieser Erfolg ermutigte zwar den Feldherrn zu kühnerem Wagen, aber gleichwohl mußte er seine Pläne mit großer Vorsicht anlegen, denn er erfuhr durch Gefangene und Überläufer, daß er es *mit einer ganz außerordentlichen Übermacht*, aus den verschiedenen Völkerschaften zusammengeströmt und von wildester Kriegswut beseelt, zu tun habe, die nur durch List und Überfälle besiegt werden könne. Er forderte nun vor allem, seine dünnen Reihen zu füllen, durch öffentliche Verkündigungen unter Zusage der Straflosigkeit die Ausreißer und die zahlreichen anderen, welche sich mit unbestimmtem Urlaub verlaufen hatten, zur Rückkehr zu den Fahnen auf, was in der Tat die meisten wieder heranzog.

Eine so zahlreiche Desertion verrät üble Zustände unter den gemeinen Soldaten. Es erklärt sich hiernach sehr wohl, daß Valentinian mit blutiger Strenge die Manneszucht unter ihnen herzustellen suchte. Ammian (XVII, 9) macht ihm dies freilich zum Vorwurf, zum schwereren aber, daß er, gegenüber solcher Schärfe wider die Gemeinen, die höheren Offiziere allzusehr schonte, ja verdarb, indem er ihrer Willkür und Überhebung jeden Frevel hingehen ließ. Man sieht aus solchen Andeutungen den immer tiefer sinkenden Verfall. Die Kaiser schonten und hätschelten die Generale offenbar deshalb, weil aus unzufriedenen Generalen meist die Anmaßer hervorgingen, Strenge gegen die Gemeinen erweist sich aber aus Ammians eigener Darstellung als sehr geboten.

Im Jahre 368 kam es auch mit den Alamannen wieder zu Kämpfen. Valentinian war, wie er meinte, in aller Vorsicht gegen sie ausgezogen. Da schlich sich unvermerkt *Rando*, ein Gaukönig der Alamannen, in Ausführung eines lange vorbereiteten Anschlags in das von Besatzung entblößte *Mainz* mit einer raschen Raubschar ein. Es muß auffallen, daß in einem Augenblick, da der Kaiser sich gerade mit einem Rheinübergang beschäftigte, diese wichtige Brückenfestung völlig unbesetzt war. Dies läßt schließen, wie unvollständig erst die Besatzungen der Grenzstädte zu solchen Zeiten waren, da die Kaiser nicht ausdrücklich mit der Verteidigung dieser Gebiete sich beschäftigten. Da gerade damals ein »Fest der Christlichen« kirchlich gefeiert wurde – wobei, müssen wir hinzudenken, eine große Menge von Menschen aus dem flachen Land und den kleinen Ortschaften in die Stadt einer großen Kirche zusammenströmte – gelang es Rando, Männer und Frauen jeder Vermögensklasse mit nicht geringer Beute an Hausrat ungehindert und ohne Widerstand fortzuführen.

Das war wohl ein Handstreich, für welchen die Gefolgschaft eines Gaukönigs (oder Königssohnes) ausreichen mochte, dauernde Behauptung des Kastells wird gar nicht angestrebt, nur Überfall, Plünderung, rasche oberflächliche Zerstörung. In gleicher Weise waren auch vor Julian die Rheinburgen oft heimgesucht worden.

Gewisse nur mittelbar den römischen Quellen abzugewinnende Zugeständnisse sind von hoher präjudizieller Bedeutung: wie Ammian von Geschenken als fester vertragsmäßiger Gegenleistung an die Alamannen bei den Friedensabschlüssen geschwiegen, die Verträge als einseitige, auf vieles Bitten der Besiegten angenommene Unterwerfungsverträge dargestellt und nur gelegent-

lich später diese römische Gegenverpflichtung erwähnt hatte, so hier die noch viel wichtigere Landräumungsklausel. Wir dürfen daher vermuten, daß auch in andern Fällen die Waffenruhen, Bündnisse, Friedensschlüsse mit den Rhein- und Donau-Germanen wie Jahrgelder, Getreide- und Geldlieferungen so auch solche *territoriale* Opfer den Römern auflegten, daß also insbesondere das Zehntland von den Germanen nicht lediglich erobert, sondern strichweise in förmlichen Verträgen allmählich abgetreten wurde.
Dies gewährt ganz neue Gesichtspunkte.
Es erklärt nicht nur die Erhaltung römischer Kulturreste auf dem rechten Rheinufer in dem Gebiet von Augsburg und Regensburg und rheinabwärts, auch die Erhaltung starker dunkelhaariger und dunkeläugiger Bevölkerungsteile. Endlich aber überbrückt diese Auffassung die Kluft, welche zwischen den späteren vertragsmäßigen Ansiedlungen von Germanen auf römischem Boden und den früheren Vorgängen auf dem rechten Ufer ohne Vermittlung zu klaffen schien. Die Wirkungen der »Völkerwanderung«, richtiger der Völkerausbreitung, die vertragsmäßige Einräumung römischen Reichsbodens an Germanen, unter Vergeiselung von Germanen und (vielleicht) Anerkennung römischer Oberhoheit, beginnt also nicht erst im 5. Jahrhundert und nicht nur auf dem linken Rhein- und dem rechten Donauufer, sondern schon im 4., und zwar auf den germanischen Ufern dieser Ströme. Es beseitigt diese Erkenntnis bisher aufgestellte schroff einander entgegenstehende »Perioden«, welche überhaupt niemals in Wirklichkeit bestehen, sondern immer nur ein Ausdruck für Lücken unserer Kenntnis sind.
Der Verfall des Reiches äußert sich gleichzeitig auch darin, daß tief im Innern einer so altgesicherten, völlig romanisierten Provinz wie Gallien der Straßenraub derart überhand nimmt, daß die höchsten Reichsbeamten, darunter ein Verschwägerter des Kaisers, auf ihren Dienstreisen von Wegelagerern aufgehoben werden.
Dagegen war es dem tüchtigen Theodosius gelungen, in dem schwer von Picten und Scoten heimgesuchten Britannien von »Augusta«, »ehemals Londinium« aus, die Ruhe herzustellen, obgleich er auch Verschwörungen der Unterfeldherrn und verräterische Einverständnisse der »Areaner« mit den Barbaren zu bekämpfen hatte. Diese, Postbedienstete und Kundschafter des Reiches, hatten vielmehr umgekehrt den Feinden alle Bewegungen der kaiserlichen Truppen verraten! Er entriß den Barbaren durch Anlegung und Wiederherstellung von Kastellen bereits lange verlorenes oder von Anfang bestrittenes Gebiet und zu Ehren des Kaisers erhielt dieser Landstrich als fünfte Provinz in Britannien den Namen *Valentia* (im Jahre 369).
Schon war es eine Seltenheit geworden, was bei dem Abschied des Theodosius von der Provinz geschah, daß ihm nämlich die Bevölkerung mit aufrichtigem, wohlverdientem Dank weithin das Geleit gab. Er ging an den Hof des Kaisers, von wo er bald nach Afrika gesendet wurde, eine gefährliche Empörung zu dämpfen.
Alamannen und Franken waren nicht die einzigen Bedränger Galliens. Von der See her kamen, wie seit langer Zeit, so auch jetzt, Feinde, welche wohl weniger, wie jene binnenländischen Angreifer, eine Festsetzung im Lande, als vielmehr Raub und Beute suchten. Es waren die *Sachsen*, »die sich bereits zu furchtbarer Wut erhoben, unablässig an einem von dem Heer des Küstenschutzes nicht

erratenen Punkt landend, tief in das Innere des Landes zu dringen und beutebeladen zu ihren Raubschiffen und dann in die Heimat zurückzueilen pflegten, bevor die römischen Truppen in genügender Zahl sie zu erreichen vermochten« (XXX, 7).

Im folgenden Jahr, dem des dritten Consulats der beiden Kaiser, wurde zwar ein solcher in Gallien eingedrungener Haufen von Sachsen vernichtet, aber nur durch treulosen Verrat. Sie waren zu Schiff aus ihrer Heimat, wohl östlich von den Rheinmündungen, aufgebrochen und bedrohten jetzt, mit Blutvergießen sich Bahn brechend, den römischen limes an der gallischen Küste. Dem ersten Ansturm begegnete der in der Nähe kommandierende comes *Nannenus*, ein kriegserfahrener Führer. Aber in dem Kampf mit dem Todeskühnen (ad mortem destinatae plebi congressus) verlor er viele Leute und, selbst verwundet, erkannte er sich unfähig zur Abwehr. Er erlangte vom Kaiser, daß der magister peditum *Severus* mit ausreichender Truppenmacht abgesendet wurde. Als dieser eingetroffen war, setzte er offenbar durch seine überwältigende Übermacht, mit der er kriegskundig die Barbaren umzingelte, diese noch vor dem Gefecht in solchen Schrecken, daß sie um Frieden baten, »geblendet von der Feldzeichen und von der Adler leuchtendem Glanz«. Nach lange schwankender Beratung wurde als dem Reich nützlich erachtet, einen Vertrag mit den Sachsen zu schließen, wonach zahlreiche für den Kriegsdienst taugliche junge Mannschaft von ihnen gegen Sold eingereiht, dem Rest aber ohne Hindernis freier Abzug in ihre Heimat gewährt wurde. So rüsteten sie denn, jeder Besorgnis enthoben, die Heimkehr. Aber die Römer schickten heimlich Fußvolk in ein abgelegenes Tal, wo die Barbaren, wenn sie an dem Hinterhalt vorbeizogen, leicht angegriffen und vernichtet werden konnten. Doch fiel der Plan anders aus, als man gehofft. Denn einzelne Römer sprangen bei dem Lärm der heranziehenden Germanen vor der Zeit heraus. Sofort gewahrten die Sachsen den drohenden Verrat und schlugen die Angreifer, welche sich vergeblich zu halten suchten, unter »furchtbarem Schlachtgeheul« – wohl mochte es dem schlechten Gewissen der Angreifer furchtbar tönen – in die Flucht. Bald machten die Römer wieder Halt, scharten sich zusammen und leisteten mit Anspannung aller freilich bereits geschwächten Kräfte in äußerster Bedrängnis Widerstand, wären aber doch, nach schon starken Verlusten, bis auf den letzten Mann niedergehauen worden, wenn nicht ein Geschwader Panzerreiter, nahe der Gabelung des Weges in ähnlicher Weise in Hinterhalt gelegt, die Barbaren beim Vorbeimarsch zu überfallen, das klägliche Geschrei vernommen hätte und schleunig zur Hilfe herangesprengt wäre. Jetzt entbrannte der Kampf noch grimmiger. Die Römer erfaßten mit erneutem Mut die umzingelten Feinde von allen Seiten und hieben sie nieder, so daß keiner die Heimat wiedersah, ja nicht einer verschont wurde. »Und wird gleich ein gerechter Beurteiler der Dinge die Tat treulos und häßlich schelten, wird er doch in Erwägung des Ganzen es nicht (mit Unwillen aufnehmen) für unverdient halten, daß eine verderbliche Räuberschar bei guter Gelegenheit endlich vernichtet wurde.«

So Ammian, ohne Zweifel der Trefflichsten einer seiner Zeit. Man fühlt sich versucht, in den schon unter Constantin und Julian beginnenden, unter Valentinian stark gehäuften Treulosigkeiten Symptome der rasch wachsenden Fäulnis zu erblicken. Aber es wäre ein Irrtum. Wir sind nur zufällig über dieses Detail besser unterrichtet als über die Vorgänge früherer Jahrhunderte. Die Politik

eines Tiberius (artes et consilia) war gewiß ebenso arglistig, wenn auch nicht so brutal treulos, und das Muster schnödesten Verrates gegen Germanen hat schon Cäsar aufgestellt.
»Nachdem dies so glücklich vollendet war, erwog Valentinian, von ängstlicher Sorge gedrängt, nach allen Seiten ausblickend und vielerlei bedenkend, verschiedene Mittel und Wege, die Überhebung der Alamannen und des Königs *Macrian* zu brechen, die ohne Maß und Schranke die römische Macht durch ihre unruhigen Bewegungen in Verwirrung stürzten. Diese unbändige Nation, zwar schon seit ihrer ersten Bildung durch mannigfaltige Schläge an Zahl verringert, war immer wieder zu solcher Volkszahl herangewachsen, daß man sie für seit Jahrhunderten unversehrt hätte halten mögen.«
Solche Äußerungen der römischen und griechischen Zeitgenossen jener Geschicke sind von höchster Bedeutung: klar zeigen sie, in welchem Umstand Rom selbst mit heller Einsicht die Gefährlichkeit der Germanen begründet fand, auf welche Ursache man die furchtbare Erscheinung zurückführte, daß man jetzt bald vier Jahrhunderte hindurch mit diesen Nachbarn einen beinahe immer siegreichen und doch niemals zu beendenden Kampf der Abwehr zu führen hatte. Es war, wie auch hier Ammian wieder richtig hervorhebt, die unerschöpflich quellende Volksmenge, welche das gesunde Naturvolk im Schutz seiner Wälder seit dem Übergang zu seßhaftem Ackerbau erzeugte und immer wieder an und über die Grenzen des Reiches warf. So war es in der Tat die furchtbar regelmäßig und unabwendbar wirkende Notwendigkeit eines Naturgesetzes, welche dem alternden Römerreich einen tödlich ermüdenden, weil unablässigen Kampf gegen stets wieder vermehrt anwachsende Drachenhäupter aufzwang, es war, wie wenn die Hunderte, welche die Legionen niedergestreckt, als so viel Tausende wieder lebendig würden.
Nachdem er einen Entwurf nach dem anderen geprüft, blieb der Kaiser bei dem Plan stehen, zum Verderben der Alamannen die *Burgunder* aufzuhetzen, ein kriegerisches und »durch die Kraft *unermeßlicher junger Mannschaft gewaltig anwachsendes Volk*«, sagt Ammian, zum deutlichen Beweise, daß nicht etwa besondere Verhältnisse nur die Alamannen, Goten und andere Völker*bündnisse* so stark vermehrten, sondern dies die allgemeine Wirkung allgemeiner Ursachen war und daher natürlich auch bei *einzelnen Völkerschaften* zum Beispiel Burgundern, ebenso eintraf, wie bei den *Gruppen* der Alamannen und Goten, welche ja selbst nur aus solchen anwachsenden Völkerschaften bestanden. – »*Daher* waren sie allen ihren Nachbarn furchtbar«, aus dem gleichen Grunde also, wie die Germanen überhaupt ihren Süd-Westnachbarn. Er forderte häufig ihre Könige schriftlich durch verschwiegene und verlässige Boten auf, zu vorbestimmter Zeit über die Alamannen herzufallen unter der Zusage, daß auch er mit den römischen Truppen alsdann den Rhein überschreiten und die Erschrockenen abfangen wolle, wenn sie vor der Wucht des unverhofften Angriffs ausweichen würden. An »*die Könige* der Burgunder« schreibt der Kaiser. Demnach war auch die Völkerschaft der Burgunder damals noch in *mehrere* Gaue unter *besonderen Gaukönigen* gegliedert. Hundert Jahre später treffen wir bei ihnen, wie bei Franken und Alamannen, nurmehr ein Königshaus, das freilich wieder mehrere Glieder für Teilreiche abgeben kann. – Es erhellt, daß die Burgunder *von Osten her* ihre Westnachbarn, die Alamannen, bedrohten und diese voraussichtlich gegen den Rhein, nach Westen, drängen würden. Daß der

Angriff der Burgunder vor allem Macrians Gaue treffen sollte (und traf), erhellt nicht nur aus dem ganzen Zusammenhang dieser Stelle, sondern wird außerdem noch ausdrücklich gesagt (XXX, 7).

Die Briefe des Kaisers wurden aus zwei Gründen günstig aufgenommen: zuerst, »weil die Burgunder seit alter Zeit wissen, daß sie Nachkommen von Römern sind,« dann, weil sie oft Fehde hatten mit den Alamannen, wegen Salzquellen und wegen Grenzen.

Die erste Angabe ist ein Irrtum, dessen Entstehungsgeschichte sehr interessant sein würde, wenn sie nicht unerforschlich wäre. Schwerlich darf man für jene Zeit schon für die Burgunder eine gleiche Gelehrtenfabel annehmen, wie sie für Franken und ihre trojanische, für Sachsen und ihre mazedonische Abstammung in späterer Zeit entstand. Vielleicht ist das Ganze darauf zurückzuführen, daß die Burgunder eine Zeit lang im alten römischen Decumatenland oder doch dicht daneben unter römischer Oberhoheit in Nachbarschaft und Ehegenossenschaft mit den römischen Kolonisten gelebt, unter den römischen Adlern als foederati und Grenzer wider andere Barbaren gedient hatten.

Die Erwähnung der Salzquellen – man glaubt die von Schwäbisch-Hall im Kochertal gemeint – bestätigt die Annahme, daß die Burgunder als (Nord-) Ostnachbarn der Alamannen zu denken sind.

So schickten sie denn höchst auserlesene Scharen, welche durch das Alamannengebiet nördlich des Mains bis an die Ufer des Rheins vordrangen, bevor die Legionen versammelt waren, indem der Kaiser noch durch die Anlegung von Befestigungen ferngehalten war, und unter den römischen Bewohnern der Grenzlande den furchtbarsten Schrecken verbreiteten, da diese ja nichts davon wußten, daß die Barbaren im geheimen Einverständnis mit dem Kaiser heranzogen. Aber aus unbekannten Gründen führte dieser das geplante Zusammenwirken mit den Burgundern gegen die Alamannen nicht aus, vielleicht schien es ihm, nachdem einmal die Burgunder zum Angriff vorgegangen waren, vorteilhafter, die Barbaren untereinander allein kämpfen zu lassen unter Sparung der römischen Kräfte.

Die Burgunder warteten nun eine Weile. Da aber weder Valentinian in Person an dem vorbestimmten Tage wie er zugesagt hatte, erschien, noch sie sonst etwas von den römischen Versprechungen erfüllt sahen, schickten sie Gesandte an das kaiserliche Hoflager und forderten Unterstüzung für den Rückzug in die Heimat, um nicht völlig (von Nahrungsmitteln und Deckung) entblößt, die gereizten Alamannen im Rücken, abziehen zu müssen. Da sie aber an den Umschweifen und Verschleppungen des Hofes die beabsichtigte Weigerung erkannten, schieden die Gesandten traurig und entrüstet. Diese Könige, welche die ins Feld gezogenen Scharen geführt hatten, sahen nun ein, daß man nur ein Spiel mit ihnen getrieben. In Zorn hierüber töteten sie alle Gefangenen und zogen in ihre Heimat ab. Diese Gefangenen waren offenbar nicht (nur) Alamannen, an denen die Könige doch nicht wohl ihre Wut gegen den Kaiser auslassen konnten, sondern wohl auch Römer, welche man jetzt als erst »Gefangene« behandelte; es konnte an Römern auf dem rechten Ufer nicht ganz fehlen.

Geraume Zeit hatten die *Quaden* an der Donau sich, wie es scheint, ruhig verhalten. Des Constantius Siege, mehr noch seine klugen Maßregeln, durch welche er ihre Verbindungen mit den *Sarmaten* zu lösen und einzelne Horden der letzteren gegen jene zu gewinnen verstanden, hatten wohl ihre Macht gemindert.

Wichtiger war das zunehmende Übergewicht *gotischer* Völker an der unteren Donau, durch welche die Donausueben überhaupt eingeengt und nach Nordwesten gedrängt werden mußten. Ammian sagt von jenen:
»Damals (373) wurde das Volk der Quaden durch plötzliche Erschütterung aufgeschreckt, jetzt nur wenig mehr zu fürchten, aber ehemals unermeßlich kriegerisch und mächtig, wie ihre einst so raschen, alles vor sich niederwerfenden Überfälle bewiesen, die von ihnen und den Markomannen unternommene Belagerung von *Aquileja*, die Zerstörung von *Opitergium* und andere blutige Taten mehr ihres raschen Heerbanns, so daß sie die Julischen Alpen durchbrachen und der, wie wir gezeigt, so tüchtige Kaiser Marcus (Aurelius) ihnen kaum zu widerstehen vermochte«. Für Barbaren, meint er naiv, hätten sie jetzt allerdings Grund zu Klagen und Streit.
Valentinian hatte von Anfang seiner Regierung an »mit ruhmwürdigem, aber allzu ungestümem Feuereifer« – urteilt Ammian – die Deckung der limites durch Befestigungen betrieben. Man hat in diesen Worten ein sehr günstiges Zeugnis für die Voraussicht dieses Kaisers und den Schlüssel für seine Kriege, seine Verhandlungen, freilich auch für seine Treulosigkeit gegenüber den Alamannen. Auch erkannte der tüchtige Feldherr, daß man nicht, wie seit langer Zeit geschehen war, ausnahmslos die Grenze auf der *inneren* Linie decken konnte, vielmehr hin und wieder durch das Terrain gezwungen war, auf der barbarischen Seite an Rhein und Donau die Werke aufzuführen, die dem Übergang wehren sollten. Es war die alte römische Verteidigung durch vorgeschobene Bastionen vor der eigentlichen Grenzlinie, welche, seit Cäsar die Ubier sich verbündet, Jahrhunderte hindurch angewendet worden war. Die Kastelle *vor* dem limes, der limes selbst, das Zehntland waren nur verschiedene Anwendungen des gleichen Gedankens gewesen.
Es war ein Anzeichen der sinkenden Kraft, daß an Rhein und Donau diese aktive Verteidigung immer mehr aufgegeben und die Abwehr auf die *römischen* Ufer beschränkt worden war. Die Folgen waren jene häufigen Überflutungen der Provinzen bis in die Mitte dieses Jahrhunderts, die in Gallien erst Julian gehemmt hatte. Er wagte wieder, alte Befestigungen auf dem feindlichen Ufer herzustellen. Desgleichen befahl nun der kraftvolle Valentinian, jenseits der Donau in dem Land der Quaden selbst, das er, obzwar längst diesen Nachbarn abgetreten, nun gleichsam wieder als römisches Gebiet in Anspruch nahm, befestigte Lager und Schanzen zur Sicherung zu erbauen. Die quadischen Bauerschaften in der Nähe wollten das, entrüstet über die anmaßende Verletzung alter Verträge und mit Recht um ihre Sicherheit besorgt, selbstverständlich nicht dulden und suchten es durch Gesandte und durch Murren des Volkes zu hindern. Aber der Präfekt *Maximin*, nach jedem Frevel begierig und unfähig, seinen angeborenen, durch die hohe Würde gesteigerten Übermut in Schranken zu halten, schalt *Equitius*, der damals Waffenmeister (magister armorum) in Illyricum war, als ungehorsam und lässig, indem er nicht die Befestigungen, deren Beschleunigung befohlen, mit straffer Arbeit zu Ende führe. Und er fügte bei, wenn man seinem jungen Sohn *Marcellian* die Würde des dux für die Provinz *Valeria* anvertrauen wollte, würde die Befestigung ohne Schwierigkeit bald emporragen. Und er erreichte wirklich beides. Marcellian, befördert und in der Landschaft eingetroffen, voll unzeitiger Überhebung als Sohn des Präfecten, nahm ohne weiteres das kurz vorher begonnene Bauwerk wieder in Angriff,

das man ausgesetzt hatte, weil den Quaden gestattet worden war, dagegen bei dem Kaiser einzukommen. Der neue dux unterließ sogar, durch gute Worte diese Grenznachbarn zu beschwichtigen, welche man aus ihren Landschaften verdrängt hatte unter der bloßen Andichtung nie von ihnen beabsichtigter Übergriffe in das römische Gebiet. Endlich ließ er den Quadenkönig *Gabinius*, der bescheiden forderte, man möge von vertragswidrigen Änderungen des Bestehenden ablassen, unter dem Schein der Gewährung mit geheuchelter Freundlichkeit mit anderen zum Gastmahl laden und auf dem Rückweg von dem Gelag in schändlicher Verletzung der heiligen Pflicht des Gastrechts den Arglosen ermorden (im Jahre 374).

Das Gerücht dieser Schandtat verbreitete sich sofort nach allen Seiten und erbitterte die Quaden und deren Nachbarn. Sie scharten sich zusammen und schickten Mannschaften zur Heerung aus, welche die Donau überschritten, das keine Feindseligkeit erwartende, mit der Ernte beschäftigte Landvolk angriffen, und dessen größeren Teil erschlugen. Die übrigen mit einer Menge verschiedenen Viehs führten sie mit sich in die Heimat. »Und damals wäre beinahe eine unauslöschliche Schmach, unter die schlimmsten Scharten des römischen Namens zu zählen, auf das Reich gefallen, denn wenig fehlte, daß dabei die Tochter des Constantius, Gratian als Braut bestimmt, welche gerade auf dem Weg zur Hochzeit sich befand, während sie in einer fiskalischen Villa, *Pistrensis*, speiste, von den Quaden gefangen worden wäre, wenn nicht, Dank der Gunst einer geneigten Gottheit, der anwesende rector der Provinz sie auf seinen (raschen, leichten) Amtswagen (iudiciale carpentum) gehoben und in höchster Eile die 26 Meilen bis Sirmium gefahren hätte. Durch diesen glücklichen Zufall wurde die kaiserliche (königliche, sagt Ammian) Jungfrau (sie war aber erst 11 Jahr alt) der Gefahr elender Gefangenschaft entrissen, welche, wenn die Auslösung abgeschlagen wurde, den Staat mit einem argen Mal der Schande gebrandmarkt haben würde«.

Nun verbreiteten sich Sarmaten und Quaden, welche wir also jetzt, wie vor zwei Jahrhunderten, benachbart und verbündet antreffen, weithin über das römische Gebiet. Diese Völker, zu Raub und Plünderung höchst geschickt, führten Männer, Frauen und Herden als Beute davon, frohlockten auf der Asche der verbrannten Landhäuser, welche sie unerwartet überfielen und ohne Schonung samt ihren Bewohnern mit Feuer und Schwert niederstreckten. Durch alle Nachbargebiete drang die Furcht vor gleicher Heimsuchung. Der prätorische Präfect von Illyricum, *Probus*, der zu Sirmium weilte, an die Schrecken des Krieges nicht gewöhnt, geriet bei dem traurigen Anblick solcher, ihm neuen Bilder in solche Bestürzung, daß er nicht die Augen aufzuschlagen wagte »und lange Zeit ratlos blieb«. Schon hatte er die nächste Nacht zur Flucht mit herbeigeschafften raschen Pferden bestimmt, als er, besserem Rat folgend, unentwegt auszuharren beschloß. Denn er hatte erfahren, daß seiner Flucht alle Bewohner der Statd eilfertig folgen würden, um sich in geeigneten Schlupfwinkeln zu verbergen. So wäre die Hauptstadt der Provinz unverteidigt in die Hand der Feinde gefallen. Er meisterte nun ein wenig seine Furcht und wandte sich eifrig dazu, die dringendsten Vorkehrungen zu treffen. Er ließ die verschütteten halb ausgefüllten Wallgräben ausräumen, die Mauern, welche größtenteils in dem langen Frieden vernachlässigt und eingestürzt waren, bis zu der Höhe der drohenden (Belagerungs-)Türme herstellen. Diese Arbeiten konnten deshalb

rasch vollendet werden, weil er seit langem vorbereitete Mittel für den Bau eines Theaters vorfand, welche für diese dringenden Bedürfnisse ausreichten.
Zu dieser Maßregel fügte er eine zweite, indem er, der drohenden Belagerung zu wehren, eine Cohorte Pfeilschützen aus dem nächsten Standlager in die Stadt zog.
Dadurch war den Barbaren gleichsam ein Riegel wider die Bestürmung der Stadt vorgeschoben worden. Sie hatten zu solch schwieriger Kriegsführung wenig Geschick, waren überdies durch die große Gepäcklast ihrer Beute behindert und ließen daher von der Stadt ab und beschlossen, der Spur des Equitius zu folgen. Als sie durch Aussagen der Gefangenen erfuhren, daß dieser in die weit entlegene Provinz Valeria entwichen sei, zogen sie ihm eiligen Schrittes dorthin nach, auf sein Blut deshalb erpicht, weil sie glaubten, daß er den König in das Garn des Verderbens gelockt habe. Ihrem drohenden raschen Ansturm entgegen rückten zwei Legionen, die *pannonische* und die *mösische*, ausgezeichnet kriegstüchtige Truppen, welche bei einträchtigem Zusammenwirken ohne Zweifel den Sieg errungen haben würden. Aber die beiden Legionen haderten untereinander, jede wollte für sich die Plünderer angreifen. Das merkten die schlauen Sarmaten und stürzten sich, bevor ein förmliches Signal zur Schlacht gegeben worden war, auf die ihnen nächste, die mösische Legion. Bevor noch die Soldaten in der Verwirrung ihre Waffen in Stand gesetzt, hatten die Angreifer schon die meisten erschlagen. Jetzt, mit gehobener Zuversicht, durchbrachen sie auch die Aufstellung der pannonischen Legion, trennten die Gesamtheit der römischen Macht in zwei Teile und würden im Doppelangriff fast alle vernichtet haben, wenn nicht rascheste Flucht einige gerettet hätte.
Den bedrohten Donauprovinzen brachte damals ein noch sehr junger Mann »im ersten Flaumbart« Hilfe, *Theodosius*, der Sohn des gleichnamigen Retters von Britannien.
Dieser Jüngling, damals dux von Mösien, der später als Kaiser das Ostreich von der unvergleichlich, großartigeren westgotischen Überflutung befreien sollte, hatte einstweilen einen anderen Angriff erfolgreich abgewehrt. Die im Unterschied von ihren durch Empörung befreiten ehemaligen Knechten also genannten »freien Sarmaten«, die *Limigantes* (XVII, 13. XIX, 11), alte Waffengenossen und Raubgesellen der Quaden, waren gleichzeitig mit diesen von anderer Seite her in das Grenzgebiet eingedrungen. Theodosius trieb sie in häufigen Gefechten mit empfindlichen Schlägen hinaus und als sie, durch neu zusammenströmende Scharen verstärkt, sich abermals zum Widerstand gestellt hatten, schlug er sie so entscheidend, daß er »nach ihrem Verdienst die Raubtiere des Himmels und der Erde mit ihren Leichen sättigte«.
Den Übriggebliebenen war der Übermut verlodert. Sie fürchteten, ein Feldherr von so schneidiger und rascher Tatkraft würde bei dem ersten Schritt über die Grenze die andringenden Massen abermals vernichten oder zerstreuen und ihnen im Waldversteck Hinterhalte legen. Daher gaben sie, nach vielen vergeblichen Durchbruchsversuchen, das Vertrauen auf die Waffenentscheidung ganz auf, erbaten und erhielten nachsichtige Verzeihung des Geschehenen und erklärten sich als besiegt. Gleichwohl kam, wie es scheint, nur ein Waffenstillstand auf Zeit zustande, welchen sie auch getreulich einhielten, zumal, wie Ammian beifügt, dadurch in Furcht eingeschüchtert, daß eine starke Streitmacht des

gallischen Heeres zum Schutz Illyricums eingetroffen war. (Im Jahre 374. Ammian XXIX, 6.)
Valentinian hatte diese Truppen vom Rhein weggenommen. Er hatte (im Jahre 374 unter dem Consulat von Gratian und Equitius) einige Gaue »Alamanniens« verwüstet. Es ist bedeutsam, daß die Römer wie früher für das Landgebiet einzelner *Völkerschaften* Roms Namen gebildet hatten, zum Beispiel Cheruskis und jetzt bereits geraume Zeit für das Gebiet der *Völkergruppen* solche Namen schufen.
Er war eben beschäftigt, bei Basel eine Befestigung anzulegen, »welche nun (im Jahre 390) die Anwohner ›Robur‹ nennen,« als ihm der Bericht des Präfecten Probus mit der Meldung der Niederlage in Illyricum überbracht wurde. Er prüfte ihn sorgfältig und schickte den Notarius *Paternian* zu genauer Untersuchung der Sachlage ab. Auf dessen glaubhafte Mitteilung hin wollte er sogleich in die gefährdete Provinz eilen, um die Barbaren, welche den limes zu verletzen gewagt, wie er sich vorstellte, schon durch das erste Geräusch seiner nahenden Waffen zu vernichten. Aber der Herbst war schon im Begriff, dem Winter zu weichen. Viele und große Schwierigkeiten drängten sich auf. Alle Vornehmen des Hofes bemühten sich, durch Vorstellungen und Bitten ihn bis zum Beginn des Frühjahrs aufzuhalten. Durch diese ersprießlichen Vorstellungen wurde der Kaiser zu besserem Entschluß bewogen und sofort, wie es der Wohlfahrt des Reiches offenbar entsprach, jener König sehr freundlich in die Nähe von Mainz entboten. Macrian schien auch seinerseits dem Abschluß eines Übereinkommens wohl geneigt. Er kam »unmenschlich aufgeblasen von Übermut, als der Überlegene, der die Bedingungen des Friedens vorzuschreiben haben werde«. Und er stand an dem für die Unterredung bestimmten Tag hart am Ufer des Rheins, hoch das Haupt erhebend, nach allen Seiten hin erdröhnte der Schildlärm seiner Volksgenossen.
Der Alamanne weigerte sich offenbar – und er hatte alle Ursache! – dem römischen Ufer und der römischen Treue sich anzuvertrauen. Da nun der Kaiser, um den Rhein von Truppen entblößen zu können, welche dringend die Donau verlangte, des Friedens viel mehr bedurfte als Macrian, mußte sich der Herr des Weltreichs wohl oder übel bequemen, den Barbaren auf dessen Gebiet aufzusuchen. Nicht einmal der Mittelweg, welchen Valens und der Westgote Athanarich eingeschlagen, wurde von den Alamannen angenommen. So fuhr denn der Augustus mit starker Bedeckung von Lagertruppen in Stromkähnen hinüber und betrat vorsichtig das rechte Ufer, weithin sichtbar durch den Glanz der schimmernden Feldzeichen. Endlich beruhigte sich das unbändige Gebaren und das Gedröhne der Barbaren. Die beiden Fürsten sprachen und hörten und schlossen Freundschaft unter eidlicher Bekräftigung. »So schied der König, der langjährige Unruhstifter (turbarum artifex), endlich zu Ruhe gebracht, als unser Verbündeter für die Zukunft, und wahrlich, er gab bis zu seinem letzten Augenblick ein Beispiel treuer Friedensgesinnung in schöner Betätigung. Er fand später den Untergang im Gebiet der Franken. Als er hier allzuhitzig in vernichtender Verwüstung vordrang (vermutlich hatte Rom den Alamannen durch große Geld-, Getreide-, vielleicht auch Landgewährungen gewonnen und seine Kriegslust auf die Franken abgelenkt, wie früher die Burgunder auf ihn und sein Volk, nach altrömischer Politik) fiel er, umstrickt durch einen Hinterhalt des kriegerischen Frankenkönigs *Mellobaudes*. Valentinian

ging nach feierlichem Abschluß des foedus nach Trier in die Winterquartiere« (Ammian XXX, 3).

Bei Beginn des Frühjahrs 375 brach er von da auf und zog raschen Schrittes auf den bekannten Straßen in die Donauländer. Schon bevor er das Gebiet der Sarmaten und Quaden erreichte, kam ihm eine Gesandtschaft der ersteren entgegen, warf sich ihm zu Füßen und erbat in besänftigendem Flehen, er möge gnädig und mild ihr Land betreten, da er ihre Stammesgenossen keiner Schuld gegen Rom teilhaftig und bewußt finden werde. Nachdem sie dies oft und oft wiederholt, erwiderte er nach einiger Erwägung vorläufig, er werde an Ort und Stelle, wo diese Ereignisse stattgefunden, nach sorgfältiger Untersuchung einschreiten. Darauf ging er nach *Carnuntum*, »einer Stadt der Illyrier, zur Zeit zwar verödet und schmutzig, verwahrlost,« aber für den Feldherrn günstig gelegen, um von nächster Aufstellung aus die Gelüste und Bewegungen der Barbaren, wie Zufall oder Berechnung es gewährten, abzuwehren. Die römischen Zivil- und Militärbeamten in jenen Landschaften zitterten vor der strengen Untersuchung und Ahndung des gefürchteten Herrschers. Aber wie es seine Art war, gegen die gemeinen Soldaten und untergeordneten Beamten scharf vorzugehen, dagegen Höhergestellte allzugelind zu behandeln, so unterließ er es jetzt sogar, die Ermordung des Königs Gabinius und die Schuld der Beamten zu untersuchen, die treulos oder feig Pannonien im Stich gelassen, die Grenze der Provinz entblößt und durch Tat wie Unterlassung diese schweren Wunden dem Reich verschuldet hatten.

Bei diesem Anlaß gewährt Ammians Bericht über des Kaisers Charakter lehrreiche Einblicke in die tiefe Verderbnis der römischen Verwaltung und deren schädliche Wirkung auf den Wohlstand des Volkes. Diese Fäulnis der Beamtenwelt ist einerseits ein erschreckendes *Symptom* der Entartung des Nationalcharakters auch in den altedeln Familien, aus welchen die höheren Beamten gewöhnlich hervorgingen, andererseits mußte sie als *Ursache* verheerend auf Volkswirtschaft und Gesellschaft des Reiches wirken. Der Kaiser entdeckte die Mißverwaltung des Präfecten *Probus*, eines Sprößlings des altedeln Hauses der *Anicier*, der, in unwürdigster Weise seiner Abstammung vergessend, nur danach trachtete, sich bei dem Kaiser einzuschmeicheln. »Valentinian aber litt an unersättlicher Geldgier. Er forschte unablässig nach Wegen, von allen Seiten Geld zu erwerben, ohne zwischen gerechten und ungerechten Mitteln zu unterscheiden.« Zum Teil ist freilich jeder Kaiser dieser Zeit gegenüber solcher Anklage zu entschuldigen, denn die notwendigen Ausgaben des Reiches wuchsen mit dem steigenden Andrang der Barbaren in allen drei Erdteilen (schon Limes-Bauten in so großem Maßstab, wie sie Valentinian unternahm, mußten enorme Summen verschlingen) und die Einnahmen flossen immer spärlicher aus dem erschöpften Volksvermögen. Es war ein verhängnisvoller Zirkel, daß die unweisen, ungerechten, unmäßigen Finanzmaßregeln des Kaisers und seiner Beamten in dem Bestreben, die Einnahmen zu erhöhen, die Steuerkraft noch ärger minderten.

Vielleicht würde er jedoch Pannonien – seine Heimat – schonender behandelt haben, hätte er die beklagenswerten Mißstände rechtzeitig kennengelernt, anstatt allzuspät und durch Zufall.

Drei Sommermonate lang rüstete er zu *Carnuntum* Waffen und Vorräte, um bei guter Gelegenheit die Quaden, die Urheber des furchtbaren Aufstands, anzugreifen. Dann schickte er *Merobaudes* mit seinem Fußvolk und den comes *Sebastianus* voraus, die Gaue der Barbaren zu verheeren und zu verbrennen. Er selbst rückte nach *Acincum* (Ofen), schlug dort eine notdürftig dem Bedürfnis genügende Schiffsbrücke und drang hier, von einer andern Seite her, in das Gebiet der Quaden. Diese hatten, vorsichtig den drohenden Ereignissen zuvorkommend, zum größten Teil sich und die Ihrigen auf die steil abfallenden Berge geflüchtet, von deren Höhen sie nun den Anmarsch der Römer betrachteten, von Schreck gelähmt, als sie wider Erwarten den Kaiser selbst mitten in ihrem Land erblickten. Dieser beschleunigte das Vordringen, so sehr es nur die Umstände gestatteten, überraschte durch diesen plötzlichen Überfall noch manche Flüchtlinge, erwürgte alle ohne Unterschied des Alters, verbrannte die Häuser, »und führte das Heer ohne irgendwelchen Verlust zurück«. Wieder einmal wurde nur das geräumte Bauland (die »pagi«) verwüstet, der Angriff auf das in Berg und Wald geflüchtete Volk nicht gewagt. In Acincum wurde er durch den außergewöhnlich früh eintretenden Herbst überrascht und suchte in dem von Eis und Kälte regelmäßig bedeckten Land nach angemessenen Winterquartieren, fand aber kein geeignetes außer in *Sabaria* (Stein am Anger), obwohl auch diese Stadt damals sehr schlecht daran und von unablässigen Unglücksfällen heimgesucht war. So wichtig die Erholung der Truppen gewesen wäre, er brach doch alsbald rastlos wieder auf, zog am Stromufer auf und nieder, und begab sich, nachdem er das Lager und die Kastelle am limes durch hinreichende Besatzungen gesichert, nach *Bregetio*, wo alsbald zahlreiche Omina seinen baldigen Tod verkündeten.

Hier erschienen Gesandte der Quaden, Frieden und Vergessen des Vorgefallenen erbittend. Um jenen leichter zu erlangen, versprachen sie die Stellung von Mannschaft und andere Vorteile für Rom. Man beschloß, sie vorzulassen und, unter Bewilligung der erbetenen Waffenruhe, umzukehren, da der Mangel an Vorräten und die Ungunst der Jahreszeit es nicht gestatteten, sie weiter zu bedrängen. Wieder einmal war nun die Verwüstung des preisgegebenen Landes erreicht, das Volk aber durch sein Ausweichen und das Klima gerettet worden. Gebeugt und gefesselt von Furcht trugen sie nun vor, ihre gewöhnlichen Ausreden eidlich bekräftigend: nicht unter Zustimmung ihrer Fürsten (ex gentis communis mente procerum) sei gegen Rom gefehlt worden, sondern jene Verletzungen rührten her von Räubern, die am äußersten Rand ihres Gebietes hausten, zunächst dem Strom (per extimos quosdam latrones amnique confines). Und sie fügten bei, bescheiden und wahrlich mit bestem Grund, aber doch den Kaiser durch solche *Geltendmachung ihres Vertragsrechts gegen* Rom auf das Furchtbarste erbitternd, es genüge wohl, das Geschehene zu entschuldigen, daß der gegen das Recht und zur Unzeit begonnene Bau jener Befestigung die ungestümen Männer zur Wut habe entflammen müssen.

Jähzorn war ein herrschender Zug in Valentinian. Er geriet schon bei Beginn ihrer Antwort in heftigsten Grimm; wie er vollends diese Verteidigung vernahm, schalt er mit lautem Vorwurf das ganze Volk uneingedenk empfangener Wohltaten und undankbar. Er schien sich damit beruhigt zu haben. Aber plötzlich fiel er, wie vom Blitz getroffen, vom Schlage gerührt, verstummend und einen Blutstrom ergießend, seiner Umgebung in die Arme (17. Nov. 375).

Der ganze Vorgang ist bezeichnend: wieder einmal lehnt, was so oft geschah, der Staat die Verantwortung ab für Grenzverletzungen, welche, wie so häufig, von Gefolgschaften, Abenteurern, vielleicht wirklichen »Räubern«, gewiß oft »Waldgängern«, das heißt Verbannten, welche im Grenzwald hausten, ohne Willen der Fürsten, das heißt der Könige und Volksbeamten verübt wurden. Gelang der Streich und blieb die römische Vergeltung aus, so ließ man solche Taten gern hingehen. Drohte die römische Rache, so berief man sich, mit Recht und mit Unrecht, auf den nur privaten oder gar verbrecherischen Charakter der Unternehmung.

Daß aber in diesem Fall das Volk der Quaden berechtigt war, gegen die vertragswidrig errichtete Zwingburg sich zu erheben und die Ermordung des Königs zu rächen, ist unzweifelhaft. Gerade diese Erinnerung an einen politischen Meuchelmord, wie er ihn ja selbst liebte, und an dem Barbarenvolk vertragsmäßig eingeräumte und dann verletzte Rechte, reizte den tödlichen Zorn des Despoten, dessen wilde Hitze auch gegen seine Diener zügellos zu toben pflegte.

Zu seinem Nachfolger wurde in aller Eile Valentinian (II.) gewählt (23. November 375), sein erst vier Jahre alter Knabe, der ihn mit der Mutter ins Feld begleitet hatte. Doch hatte man weislich seinen Tod einige Tage geheimgehalten bis *Merobaudes*, der noch im Quadenland stand, scheinbar noch von Valentinian den Befehl, umzukehren und die Schiffsbrücke hinter sich abzubrechen, erhalten und vollzogen hatte. Man bangte für diesen vorgeschobenen Posten und für den beschlossenen Rückzug des ganzen Heeres, wenn die Quaden den Tod des gefürchteten Herrschers vor der Zeit erführen. Gratian, damals sechzehn bis siebzehn Jahre alt, erkannte willig seinen Bruder als Mitkaiser an. Man hatte gefürchtet, er werde das eigenmächtige Vorgehen des Donauheeres übel aufnehmen; auch an dem Gehorsam der gallicanischen, leicht zu Meutereien geneigten Legionen und einzelner Generale hatte man gezweifelt. Ob ein ausdrücklicher Friede mit Quaden und Sarmaten geschlossen wurde, erhellt nicht.

Gratian übernahm die *Präfectur Gallien*, das heißt das gefährdete Land diesseits der Alpen, dem Kinde Valentinian wurde die *Präfectur Italien* zugewiesen, unter der Oberleitung des älteren Bruders.

Bei dem Rückblick, welchen Ammian, wie er nach dem Tode jedes Kaisers pflegt, auf Valentinians Regierung wirft, hebt er nochmal hervor, wie er sofort nach seiner Thronbesteigung sich den an den Flüssen gelegenen Burgen und Städten und Landschaften Galliens zugewendet habe, die dem Einbruch der Alamannen offen lagen, welche wieder drohender sich erhoben, als sie den Tod Julians erfuhren, den allein von allen römischen Feldherrn und Kaisern seit Constans sie gefürchtet hatten. Aber bald erhielten sie Grund, auch Valentinian zu scheuen, weil er sowohl die Heere mit kraftvoller Ergänzung verstärkte als den Rhein auf beiden Ufern sicherte durch ragende, feste Lager und Kastelle, »so daß der Feind nicht mehr unbeobachtet sich auf unser Gebiet werfen konnte« (Noch einmal an späterer Stelle wird von ihm gerühmt, er habe geschickt, das heißt am rechten Ort, zu rechter Zeit »Städte und Schanzen« angelegt. XXX, 9.)

Hieraus erhellt abermals eine Erneuerung des Rheinschutzes, aber durchaus nicht gerade des alten limes. Da vielmehr auch auf dem linken Ufer die neue Befestigungslinie hinlief, darf vermutet werden, daß wenigstens streckenweise der Schutz des rechten Ufers aufgegeben wurde, wie dies ja auch aus den Verhandlungen über die Schanze am Berg Pirus hervorgeht.

Bezeichnend für die unvermeidlichen Widersprüche in den Handlungen der Regierung, welche die unheilbar gewordenen Krankheiten des Reiches, das heißt der Gesellschaft, der Volkswirtschaft und zum Teil deshalb der Staatswirtschaft hervorriefen, ist, daß Ammian in einem Atem Valentinians Habgier tadelt (XXX, 8), welche, ohne Unterscheidung von schlechten und rechten Mitteln, unersättliche Bereicherung anstrebte, auch durch den Ruin anderer, und ihn dafür lobt (XXX, 9), daß er, sehr schonend gegen die Provinzialen, überall die Last der Steuern gemindert habe. Wie ernst übrigens die Gefährdung des Reiches durch die Barbaren war, zeigt, daß man einen so mutigen Krieger wie Valentinian sofort in Furcht zu setzen vermochte, wenn man von drohenden Bewegungen der Barbaren – wohl zumeist der Germanen – vor ihm sprach (XXX, 8).

Wie wohlbegründet solche Auffassung war, sollten die nächsten Jahre der römischen Welt furchtbar klar machen. Es erfolgte nun (375) das *Vordringen der Hunnen nach Europa*, vor denen weichend die Westgoten und große Massen anderer gotischer Scharen in das Ostreich aufgenommen wurden (376). Durch die Schuld der römischen Statthalter wurden diese hungernden Barbaren zum Krieg gezwungen, in welchem, unter starken Verheerungen der Donauländer und der Nachbarprovinzen, Kaiser Valens in der Schlacht bei Adrianopel (9. August 378) Sieg, Leben und zwei Drittel des Heeres verlor. »Ein zweites Cannae« nennt Ammian (XXXI, 12. 13) den Tag.

Diese gotischen Geschichten beschäftigen uns hier nicht mehr, es genügt, zu bemerken, daß ein großer Teil der Kräfte des Reiches von nun an vollauf damit beschäftigt war, West- und andere Goten, bald die Hunnen und deren Untertanen im Osten abzuwehren. Erst *Theodosius dem Großen* (Januar 379) gelang es, durch Mittel weiser Politik friedlichere Verhältnisse zu den in das Reich Aufgenommenen wiederherzustellen.

Es ist bei den damaligen Verkehrsverhältnissen und dem Mangel an Zusammenhang zwischen Donaugermanen und Rheingermanen, Völkern, die sich wohl oft kaum dem Namen nach kannten, nicht statthaft, *für die Regel* Bewegungen gegen den Rhein mit gleichzeitigen oder kurz vorhergegangenen in den Donauprovinzen in der Weise zu kombinieren, daß man verabredetes Zusammenwirken oder auch nur Kenntnis römischer Gefährdung im Osten als Ursache für Angriffe im Westen annimmt, wie es freilich nur allzu oft geschieht. Aber *manchmal*, ausnahmsweise, bezeugen die Quellen ausdrücklich solche Verknüpfung, begreiflicherweise am ehesten dann, wenn eine große Katastrophe die Römer getroffen hatte oder sichtbar bedrohte. So geschah es auch jetzt, als die in das Reich aufgenommenen Goten die Führer und Truppen in den bedrohten Landschaften vollauf beschäftigten. Aber es ist sehr lehrreich, zu sehen, wie auch diesmal nur ein reiner Zufall die Nachricht von jenen Vorgängen zu den Alamannen trug. »Die *Linzgauer*, ein alamannisches Volk (alamannicus populus), der rätischen Grenze benachbart, beunruhigten in treulosen Einbrüchen, unter Verletzung des früher (im Jahre 354, XV, 4) geschlossenen Bündnisvertrages, unsere Grenzlandschaften. Den Anlaß gab folgender Zufall. Ein Angehöriger dieses Volkes (natio) diente unter den Waffenträgern des Kaisers (armigeri), kehrte wegen eines Geschäftes in seine Heimat zurück und, redselig wie er war, erzählte er, da ihn viele fragten, was es an dem Hofe dermalen gebe. Gratian, von Valens zu Hilfe gerufen, werde bald mit dem Heer nach dem Orient

aufbrechen, mit verdoppelten Kräften die Anwohner an den Grenzen zurückzuwerfen, die sich wahrhaft zum Verderben der Römer verschworen«. Die Linzgauer hörten das mit gieriger Freude, eingedenk dessen, selbst Grenznachbarn zu sein, und, rasch und räuberisch wie sie sind, scharten sie sich zu heerenden Haufen zusammen, überschritten in der Kälte des Februars den Rhein auf seiner Eisdecke (wo? unterhalb Schaffhausen?), wurden aber von der Übermacht der herbeieilenden *Petulantes* und *Celtae*, obzwar unter Verlust der Sieger, schwer getroffen und abgewiesen.
Die Germanen, zum Rückzug gezwungen, erfuhren aber nun, daß der größere Teil des Heeres wirklich schon nach Illyricum vorausmarschiert sei und bald vom Kaiser eingeholt werden müsse. Da entbrannten sie noch heller in Kriegseifer; sie faßten nun noch weitergehende Pläne, zogen die Wehrmannschaft (»Einwohner«, sagt Ammian) aller Gaue zusammen und brachen, 40000 oder, wie andere, den Ruhm des Kaisers noch zu erhöhen, angeben 70000 Bewaffnete zählend, voll stolzer Überhebung, in römisches Land.
Gratian erfuhr dies mit großer Besorgnis, rief die Kohorten, welche er nach Pannonien vorausgeschickt, zurück, vereinigte die andern, welche er mit vorsichtiger Verfügung in Gallien zurückgehalten hatte und übergab deren Leitung dem *Nannienus*, einem Feldherrn von nüchterner Tatkraft (wohl der oben Nannenus genannte). Er gesellte ihm, in gleicher Stellung des Kommandos, den comes domesticorum *Mellobaudes* bei, einen kriegerischen, tapfern Mann – und *König der Franken*.
Dies ist sehr bedeutsam.
Es galt also auch damals schon durchaus nicht als unvereinbar mit dem Königtum über einen fränkischen Gau, eine Militärcharge im römischen Dienst zu bekleiden, wenn auch schon damals natürlich nicht mit der Wirkung, daß der Germanenkönig, wie ein anderer römischer Offizier, auf Befehl des Kaisers zu marschieren hat. Er war Haupt eines »föderierten« Volkes und führte dessen Heerbann oder doch Söldner unter römischem Oberbefehl. Ist dieser Zusammenhang gelöst wie bei Vadomar oder Hortari, so sind sie eben *nicht mehr* Könige (»ex rege«). Aber zwingendere Bedeutung hatte damals doch solch ein römischer Titel, als wenn ein Jahrhundert später der salische oder burgundische König »patricius« oder »consul« heißt. Das ist ein leerer Name, welcher nur den Provinzialen den Barbaren als einen vom Kaiser bestellten oder doch anerkannten Gewalthaber darstellen soll. Da kein oder doch kein gebietendes Römerheer mehr in Gallien, bald sogar in Rom kein Kaiserthron mehr steht und der einzige Scheingebieter des Barbarenkönigs im fernen Byzanz lebt, folgt aus dem römischen Titel im 5. Jahrhundert keinerlei reale Verpflichtung für dessen Träger. Soll der »consul« gegen Feinde des Kaisers fechten, so muß er erst durch Geldgeschenke, Subsidien dazu gewonnen werden, oft behält er diese ohne Gegenleistung. Anders aber unter Gratian, noch standen damals römische Truppen in Gallien, stark genug, einen fränkischen Gaukönig leicht zu erdrücken. Lag etwa gar dessen Gebiet auf dem *linken* Rheinufer, so konnte sich der König dort nur durch abhängiges foedus überhaupt halten.
Ganz grundfalsch aber und wohl von ihren ehemaligen Vertretern jetzt stillschweigend aufgegeben oder doch erheblich modifiziert ist die Meinung, welche aus solcher Verbindung von germanischer Königswürde und römischer Heerführerschaft gefolgert hatte, *das germanische Königstum sei überhaupt erst aus solch*

römischem Dienst erwachsen. »Sie haben mit dem Kaiser den Dienstvertrag geschlossen, *dadurch* sind sie Könige ihrer Heerscharen geworden,« sagte man ehemals. Es ist aber seitdem gezeigt worden, daß das germanische Königtum viel älter ist als jede Berührung mit Rom. Könige der Sugambrer, später der Franken, begegnen uns bevor und ohne daß sie römische Heerführer werden, und auch in dieser Periode ist solche Kombination nicht die Regel, sondern eine Ausnahme.

Aber auch bei solcher Kombination darf man doch die volle Wahrung der Volksinteressen gerade durch solchen römischen Militärdienst des Königs annehmen, er war vor allem *Voraussetzung der gesicherten Niederlassung im Lande.* Und ferner, der Krieg gegen die Alamannen war zugleich fränkischer Nationalkrieg, denn der ruhige Besitz der Rheinufer, zunächst noch unter römischer Oberhoheit, mußte gegen die alamannische Bedrohung verteidigt werden. Und, tiefer erfaßt und im Gedanken an die Zukunft betrachtet, erwies sich das Rheinland beider Ufer als die zwischen den beiden germanischen Völkergruppen, Franken und Alamannen, nur durch das Schwert zu teilende Erbschaft Roms. Es war damals noch durchaus nicht vorherzusagen, wie weit stromabwärts und wie weit westlich landeinwärts die Alamannen Gallien den Römern schließlich entreißen, den Franken vorwegnehmen würden. Erst mehr als hundert Jahre später hat Chlodovechs Sieg die Alamannen auf den Oberlauf des Flusses und – im wesentlichen – auf das rechte Ufer beschränkt.

Für die nächsten hundert Jahre, das heißt für die Zeit von diesen Zügen Gratians gegen die Alamannen bis zu dem Auftreten Chlodovechs an der Spitze der Franken sind die uns erhaltenen Nachrichten über die Westgermanen ganz besonders spärlich, selten, einsilbig, dunkel. Während wir von den Wanderungen gotischer Völker sehr viel vernehmen, erfahren wir von Alamannen, Burgundern, Franken, Sachsen sehr wenig, von Hermunduren (Thüringen) und Markomannen sowie von den andern suebischen Völkerschaften im Innern des Landes garnichts. Das ist um so lebhafter zu beklagen, als gerade in jenem Jahrhundert, zahlreiche Bewegungen, Ausbreitungen der Wohnsitze und Umwandlungen in den Verfassungszuständen eingetreten sein müssen. Fast nur die Namen der Völker werden gelegentlich römischer oder hunnischer Kämpfe genannt.

Von Gratians Marsch erfahren wir nur, daß er, Gepäck und Troß vorausschikkend, mit raschen beweglichen Truppen die Donau überschritt und über *Bononia* (nach Ptolemäus in Oberpannonien, heute Bonmünster) nach *Sirmium* ging. Nach viertägigem Aufenthalt in dieser Stadt zog er, obwohl vom Wechselfieber befallen, den Strom hinab nach *Castra Martis* in Dacia ripensis, in welcher Landschaft er durch plötzlichen Überfall der *Alanen* einige Leute verlor (Amm. Marc. XXXI, 11).

Aber Valens schlug und verlor, bevor Gratian ihn verstärken konnte, gegen die Westgoten die Schlacht bei Adrianopel.

Unter den Gründen, welche ihn bewogen hatten, allein zu schlagen, wird auch Eifersucht auf die frischen Lorbeeren seines jugendlichen Vetters genannt: *Richomer* hatte das baldige Eintreffen Gratians angekündigt.

Zersprengte retteten sich aus der Niederlage zu diesem, den man schon bis nach *Sardica*, dreiundvierzig Meilen von Adrianopel, vorgerückt, annimmt. Möglich ist, daß die Nähe seines Heeres die Sieger abhielt, in dieser Richtung, also gegen West-Nord-West, sich zu verbreiten, aber was man aus des *Ausonius*

Worten für Waffentaten Gratians abgeleitet hat, ist nicht stichhaltig. Er wäre wohl viel zu schwach gewesen, mit seinem Heer allein den Goten entgegenzutreten.

Die ernste Lage des Staates erkennend, faßte der noch nicht zwanzigjährige Jüngling (geboren 18. April oder 23. Mai 359) den weisen Entschluß, dem furchtbar leidenden Ostreich, »in welchem Thrakien und Dakien, Goten, Taifalen und, grauenvoller als jedes Verderben, Hunnen und Alanen wie festen Heimatbesitz beherrschten« (Aurel. Vict., epit. C. 47), einen besonderen Kaiser als Retter zu geben, und er erwarb sich das hohe Verdienst, *Theodosius*, den oben Erwähnten, als den hierfür Tüchtigsten zu erkennen. Am 19. Januar 379 wurde dieser zu *Sirmium* mit dem Purpur bekleidet und ihm außer dem Orient die Präfectur *Illyricum* mit den Diözesen *Mazedonien und Thrakien*, dem späteren *Ost-Illyricum*, übertragen.

Als im folgenden Jahr (380) Theodosius an schwerer Krankheit darniederlag und die Goten, hierdurch ermutigt, sich wieder drohender regten, schickte Gratian, der im Sommer 379, vielleicht wegen eines Einfalls der Alamannen, über Aquileja nach Gallien zurückgekehrt war, zwei tüchtige Feldherrn zu Hilfe, *Bauto* und *Arbogast*, beide Franken, sehr eifrig in römischem Dienst, frei von Habsucht und Gier nach Geschenken, durch Klugheit und Heldentum im Krieg hervorragend, bei deren Annäherung die Barbaren sich wieder zurückzogen. Vielleicht kam in der Folge auch Gratian selbst in diese Landschaften und schloß, nach kleinen Erfolgen, mit einzelnen Gotenführern Verträge, in welche Theodosius nach seiner Genesung eintrat.

Im Jahre 383 wurde von den in ihrer abgeschlossenen Lage leicht zu Meutereien neigenden Truppen in Britannien deren Anführer *Maximus* zum Kaiser ausgerufen. Zu dem in Belgica an den Rheinmündungen Gelandeten, trat ein großer Teil von Gratians Heer über, der nach ungünstigem Treffen auf der Flucht bei *Lyon* eingeholt und getötet wurde (25. August 383).

Auch der Consul des Jahres, *Merobaud*, (ein Franke?) und der Feldherr *Valio* (wohl Germane) wurden bald darauf ermordet.

Gratian hatte nur vierundzwanzig Jahre erreicht. Vom Vater hatte er die kriegerische Tüchtigkeit geerbt und gelernt. Man warf ihm ähnliche Jagdliebhabereien wie Commodus vor, schädlicher war seine Bevorzugung *alanischer* Söldner, deren Waffentracht er oft anlegte. Sie erbitterte die römischen Truppen, welche dann rasch von ihm abfielen. Für seinen (zwölfjährigen) Bruder *Valentinian II.* führte *Bauto* hunnische und alanische Söldner aus Westillyricum nach Rätien, um dem Anmaßer die Wege des Angriffs zu verlegen. Dabei werden wieder einmal die *Juthungen* genannt, welche hier, wie früher schon, eingedrungen waren und nun von Bauto hinausgetrieben wurden.

Es kam aber damals zu Vertrag und Reichsteilung zwischen Maximus einerseits, Theodosius und Valentinian II, andrerseits. Erst 387 griff jener den jungen Kaiser an, vorgeblich als Vorkämpfer der Katholiken, welche durch dessen eifrig dem Arianismus ergebene Mutter, die Regentin *Justina*, sich bedrückt fühlten. Aus dem Krieg zwischen Theodosius, dem Beschirmer des zu ihm geflüchteten jungen Valentinian und Maximus (dieser wurde bei *Siscia*, *Sissek*, geschlagen, in *Aquileja* gefangen und getötet am 27. Juli oder August 388), heben wir nur hervor, daß der Franke *Arbogast* ein besonderes Heer auf der Donaustraße durch *Noricum* und *Rätien* nach *Gallien* geführt hatte. Im Heer des

Maximus hatten wilde Germanen als Söldner gedient; auch Tribut soll er von den Barbaren am Rhein erzwungen haben (Orosius 35).

Kurz vor seinem Tod waren die *Franken* »mit Durchbrechung des limes (limite inrupto) unter starkem Verlust der Römer über den Niederrhein in Gallien eingedrungen«. Die Entblößung der Grenzen durch den Abzug nach Pannonien genügt vollauf, dies zu erklären, man braucht durchaus *nicht* anzunehmen, Maximus habe sie ins Land gerufen, was ihm für die Entscheidung an der Donau nichts nützen konnte.

Drei Fürsten der Uferfranken, *Genobaud*, *Markomer* und *Sunno*, werden als die Führer genannt, wohl Gaukönige, vielleicht auch Völkerschaftskönige, denn diese Mittelgruppe war menschenreich und ihr Landgebiet weit genug (später wenigstens), noch viel mehr als drei Völkerschaften zu umfassen. Sie verheerten die fruchtbarsten Landschaften. Dem bedrohten Hauptwaffenplatz *Köln* brachten von Trier her die Feldherrn *Nannienus* und *Quintinus*, von Maximus zur Deckung Galliens zurückgelassen, Entsatz. Die Franken gingen über den Strom zurück mit ihrer sehr reichen Beute beladen, nur ein Teil ihrer Scharen drang heerend noch tiefer in das Land, wurde aber von den beiden Feldherrn im »*Kohlenwald*« geschlagen.

Hierauf beschloß Quintinus, die Franken wieder einmal, wie in besseren Zeiten Roms, auf dem rechten Rheinufer heimzusuchen, entgegen des Nannienus Warnung, der voraussagte, man werde sie nicht unvorbereitet und im eigenen Lande stärker (als den Angreifer? oder als in Gallien?) finden. Er überschritt den unverteidigten Strom bei dem *castrum Novaesium* und drang, ohne Widerstand, ja ohne nur einen Bewohner zu finden, zwei Tagemärsche in das Land. Hier stieß er auf von den Bewohnern verlassene Höfe und sehr große (ingentes) geräumte Dörfer. »Denn die Franken, Furcht vorgebend,« – es war aber die alte Praxis der Germanen gegenüber dem übermächtigen Angriff und die »Furcht« nach langer Erfahrung weder unbegründet noch bloß simuliert – hatten sich in die entlegenen Waldberge (des »cäsischen Waldes«? Tacitus, annal. I, 50) zurückgezogen, den Eingang in die Wälder durch Verhaue sperrend. So wurden nur alle Häuser verbrannt, gegen welche zu wüten die feige Dummheit (sagt wörtlich *Sulpicius Alexander*) als die Krönung des Sieges ansah, worauf die Truppen eine bange Nacht unter der Wucht der Waffen verbrachten. Bei Tagesgrauen drangen sie, unter Führung des Quintinus, in die Waldhöhen, verirrten sich aber in den Steigen und zogen bis gegen Mittag kreuz und quer im Dickicht umher. Alle Eingänge in das Innere fanden sie durch ungeheure Verhacke und Zäune gründlich gesperrt. Endlich zogen sie heraus aus dem Dickicht in die sumpfige Niederung hart an den Wäldern.

Den schwer (im Sumpf) Ringenden zeigten sich anfangs nur wenige Feinde, welche, hoch auf den aufeinander geschichteten Baumstämmen oder den Verhacken stehend, wie von Türmen herab, Pfeile mit solcher Kraft, wie wenn sie von Wurfgeschützen geschnellt wären, schossen. Sie waren mit Pflanzengift bestrichen, so daß sie, wenn sie auch an nicht bedenklichen Körperteilen, nur die oberste Haut ritzend, Wunden beigebracht hatten, unvermeidlich töteten. Von da hinweg drängte sich begierig das Heer, bereits von größeren Mengen von Feinden umschwärmt, in offenes Feld, das die Franken unbesetzt gelassen hatten. Aber da versanken im Moor zuerst die Reiter, Mann und Roß vermengt, sich gegenseitig erdrückend. Auch das Fußvolk, sofern es nicht die Hufe der

Rosse der eigenen Reiter niedergetreten, blieb im Sumpf stecken, zog nur mit Anstrengung die Füße wieder heraus und barg sich verzagend abermals in den kaum verlassenen Wäldern. »Da lösten sich in Verwirrung die Glieder und niedergehauen sanken die Legionen« – ein sehr viel bedeutender, starker Ausdruck, der fast an die Varusschlacht erinnert, doch war hier die Zahl der Truppen ganz unvergleichlich geringer als damals. *Heraclius*, Tribun der *Jovinianer*, und fast alle Offiziere fielen, nur wenige Mannschaften entkamen im Schutz der Nacht und der Waldverstecke.

Tatsächlich herrschte damals an Stelle des jungen Kaisers in Gallien *Arbogast*, der Franke. *So hält denn ein Germane bereits das Schwert, wenn nicht das Szepter des* römischen *Westreichs in Händen. Bald* löst ihn der Wandale *Stiliko*, diesen der Suebe *Rikimer* ab. Der Skire *Odovakar*, endlich der Gote *Theoderich* besteigt dann den Thron zu Ravenna.

Arbogast nun mahnte, die Franken zu züchtigen, wenn sie nicht sofort alles herausgäben, was sie im vorigen Jahr nach der Niederlage der Legionen (oder diesen selbst?) geraubt, und die Anstifter des Krieges zur Sühne des treulosen Friedebruchs auslieferten.

Es kam damals nicht zum Kampf. Die fränkischen Gaukönige (regales) *Markomer* und *Sunno* hielten ein Gespräch mit dem Kaiser und stellten, wie üblich, Geiseln. Darauf kehrte der Kaiser nach *Trier*, dort zu überwintern, zurück. Von den Forderungen Arbogasts wird nichts weiter gesagt, der früher genannte dritte König, *Genobaud*, nicht mehr erwähnt.

Einen Volkskönig aller Franken, den Gregor von Tour annimmt, gab es damals noch nicht, vielmehr hat Chlodovech ein Jahrhundert später harte Blutarbeit, unter Wegräumung der übrigen salischen und ripuarischen Völkerschafts- und Gaukönige sich zum Volkskönig aller Franken, aller Völkerschaften und Gaue beider Mittelgruppen, zu machen.

Valentinian, allmählich an Jahren gereifter (er war 392 ungefähr einundzwanzig bis zweiundzwanzig Jahre), empfand die Gewalt, welche der Franke Arbogast über ihn übte, immer ungeduldiger. Dieser Held, ein Hüne an Wuchs, voll kriegerischer Kraft, aber auch für die Regierung des Staates reich an Begabung wie an Eifer, dabei uneigennützig, hierin sehr von römisch-byzantinischer Art verschieden, beherrschte tatsächlich das Westreich. Der junge Kaiser führte zu *Vienne*, in seinem Palast eingeschlossen, ein fast für einen Privatmann sogar allzu beschränktes Dasein. »Das ganze Kriegswesen war in die Hand der fränkischen Landsknechte (Francorum satellitibus: so zuerst Sulpicius Alexander) übergegangen; auch die nächste Machtstufe unter oder neben Arbogast war von einem tüchtigen begabten Franken, *Bauto*, bis zu dessen Tod eingenommen worden; aber auch die Verwaltung des Staates stand bei dem verschworenen Anhang Arbogasts (in coniurationem Arbogastis). Keiner von all den eidlich verpflichteten Beamten des Heeres und des Zivildienstes wagte mehr, dem Befehl des Kaisers – ohne Arbogasts Genehmigung – zu folgen.« Man darf vermuten, daß, wie bei Stilikos Sturz, die römische Partei den schwachen Kaiser gegen die Macht des Germanen aufhetzte, der allerdings die Eifersucht des heranwachsenden Herrschers, wie es scheint, auch in den Formen schonungslos herausforderte. Dafür spricht wenigstens sehr stark die Weise, wie der hochfahrende Franke, den eine Quelle (Eunapius) »ein fressendes Feuer« nennt, den Versuch des Herrschers aufnahm, sich des gewaltigen Ministers zu entledigen.

Als Valentinian in feierlicher allgemeiner Audienz ihm vom Thron herab die Entlassungsurkunde überreichte, durchflog sie Arbogast und warf sie ihm zerrissen vor die Füße mit den Worten: »was du mir nicht gegeben, kannst du mir nicht nehmen«. Daß er nach dieser Tat noch leben und alsbald den jungen Kaiser vernichten konnte, beweist am besten seine dem Thron gefährliche Übermacht. Bald darauf (15. Mai 392) ließ ihn Arbogast, den Anschein eines Selbstmordes veranstaltend, erwürgen. Aber er dachte nicht daran, sich selbst auf den Thron des Westreichs zu erheben – kein Germane vor Karl dem Großen hat dies geplant, so oft es Männer wie er, wie Stiliko, Rikimer, Alarich, Ataulf, Eurich, Odovakar, Theoderich tatsächlich hätten erzwingen können.

Vielmehr erhob er einen noch von *Richomer*, ebenfalls einem Franken, empfohlenen Rhetor *Eugenius* zum Kaiser, der auf das Verlangen der Anerkennung von Theodosius eine höflich hinhaltende Antwort erhielt. Dieser vorsichtige Herrscher, der ja auch den Anmaßer Maximus eine Weile anerkannt, das heißt geduldet hatte, wollte erst nach sorgfältig vollendeten Rüstungen den Mörder und den Nachfolger seines Schwagers strafen. So konnten Arbogast und Eugenius im Winter 392 einen Feldzug gegen die Franken unternehmen.

Mag alter Haß gegen die Gaukönige (»subreguli«) *Markomer* und *Sunno* aus Gründen einer inneren stammtümlichen Verfeindung (gentilibus odiis) Arbogast beseelt haben. Gewiß zog er, der den großen Entscheidungskampf mit Theodosius doch wohl als drohend voraussah, in so ernster Zeit und Lage nicht lediglich zur Kühlung solchen privaten Hasses über den Rhein. Es galt wohl auch größeren Zwecken, einmal, (Sulpicius Alexander bei Greg. Tur. II, 9) durch Sieg oder Vertrag die Grenze gegen die Franken zu schützen, wenn man demnächst alle Kräfte vom limes hinweg gegen Theodosius führen mußte, dann aber wohl auch, diese Kräfte durch germanische Söldner zu vermehren. Damit war Bekämpfung gerade jener beiden Könige durchaus nicht unvereinbar.

Hatten ehedem die römischen Feldherrn den Sommer für germanische Feldzüge gewählt, den Winter, ja schon den Herbst sorgfältig vermieden (siehe noch Julian), so zog Arbogast bei starrster Eiseskälte des Winters bei Köln über den Rhein. Der kluge Franke kannte die stärkste Schutzwehr seiner Heimat, die den Römern schon so oft als verderblich erwiesenen Sümpfe. Auch wußte er, daß im Winter viel schwerer als im Sommer das Volk in die Wälder flüchten, wochenlang im Waldversteck sein Leben fristen konnte. Wegsam wurden jetzt die gefrorenen Sümpfe, wurden jene Waldverstecke, nach Entlaubung der Bäume, leichter zu durchschauen wie zu durchschreiten, sicher mochte man jetzt in alle Schlupfwinkel Franciens dringen.

Er verheerte das *Brukatererland*, das dem Ufer zunächst liegt, auch einen Gau der *Chamaven*.

Sehr wichtig ist, daß damals schon die starke Mittelgruppe der Chatten mit zu den Franken gezählt wurde, als welche doch offenbar zuerst nur die unmittelbaren Rheinanwohner sich zusammengeschlossen hatten. Erst später zogen sie auch die mehr im Inland Wohnenden heran. Es wäre ja *möglich*, daß die Quelle die Chatten als noch nicht zu den Franken gehörig, nur ihnen bei diesem Feldzug verbündet, denkt, indessen, ungleich wahrscheinlicher ist die Annahme, daß Sulpicius Alexander die Chatten als Teil der Franken verstanden wissen will: von den »Königen der *Franken*« handelt das ganze Kapitel. Die Könige der »*Franken*«, Markomer und Sunno, greift Arbogast an, alle Schlupfwinkel

»*Franciens*« will er durchdringen. Zu diesem Zweck geht er über den Rhein; und wenn nun in solchem Zusammenhang, nach Erwähnung der zweifellos fränkischen Brukterer und Chamaven, der zweifellos *fränkische* König Markomer mit zweifellos fränkischen Amsivariern und mit – Chatten die Höhen besetzt, so werden doch wohl auch diese Chatten als Teile, nicht als bloße Verbündete, der angegriffenen Franken zu fassen sein. Gerade damals, wohl kaum viel früher, war die Heranziehung der chattischen Gaue zu der fränkischen Gruppe vollzogen worden, anfangs vielleicht allerdings nur in Gestalt einer bloßen Alliance gegen Rom, bis aus dem Kriegsbündnis allmählich ein auch im Frieden einige Wirkungen äußernder Bund hervorwuchs. Man wird neben der *salischen* und der *ripuarischen* die *chattische* als eine dritte Mittelgruppe von Gauen bezeichnen dürfen, deren Hinzutritt sehr wichtig wurde für die spätere Geschichte der Franken, da die chattischen Gaue der Frankenmacht eine Brücke gewährten für die Einwirkung einerseits auf die Thüringer, andrerseits auf die Alamannen. Dadurch wurde verhütet, daß Gallien und der nächste rechte Uferstrich des Rheins allein das Machtgebiet der Franken blieben, wobei Romanisierung ihr ganzes Reich ergriffen haben würde. Durch diese chattische Brücke wurde die Ausbreitung des Frankenreichs auch über Süd- und Ostdeutschland und so die Herstellung des späteren *deutschen* Reiches, gelöst vom französischen, ermöglicht und vorbereitet.

Man ahnt, gerade in jener uns so stummen Zeit vollzogen sich rechts vom Rhein in den undurchblickbaren Wäldern Veränderungen von weit nachwirkender weltgeschichtlicher Bedeutung.

Im Jahre 394 (Anfang Juni) schritt Theodosius, nach Vollendung seiner Rüstungen, zum Angriff gegen Eugenius und Arbogast. In der Blutarbeit am *Frigidus* (jetzt Wipach in der Grafschaft Görz), $7^1/_2$ Meilen vor *Aquileja*, taten (5. September) *gotische* Hilfsvölker unter *Gaina* und *Saulus* wieder das Beste. Der Kaiser sah ihre furchtbaren Verluste vielleicht nicht ungern, wenigstens ohne ihnen Unterstützung zu senden; den zweiten Schlachttag (6. September) entschied Verrat. Eugenius wurde gefangen und getötet, Arbogast entrann auf die höchsten Berge; hier umringt stürzte sich der Germane in das eigene Schwert.

Als bald darauf (15./16. Januar 395) Theodosius, erst fünfzig Jahre alt, gestorben war, übernahmen seine beiden unreifen Söhne, *Arkadius*, acht Jahre, das Ost- und *Honorius*, zehn Jahre alt, das Westreich.

Der Untergang des römischen Westreiches

»Das Römische Reich stürzt in Trümmer, aber der Kirche starker Nacken bleibt ungebeugt« — Das 5. Jahrhundert im Westreich — Fritigil, die Markomannenkönigin, bekennt sich zum Christentum — Stiliko und seine Wandalen schützen die römischen Truppen in Gallien

Das römische Ostreich und die Ostgermanen bleiben hier außer Betracht. Von den Westgermanen erfahren wir für diese ganze Zeit sehr wenig. Am Rhein breiteten sich die *Alamannen*, wohl auch von den *Burgundern* geschoben, nach Südwesten, die *Franken*, letztere wohl auch von *Sachsen* und *Friesen* von Osten her gedrängt, nach Nordwesten aus, bis an und über den Strom. Die nächsten Nachrichten bieten sehr vorsichtig, ja argwöhnisch aufzunehmende Angaben *Claudians*, der schildert, wie *Stiliko*, der kriegs- und staatsverständige, gewaltige Wandale, welcher als Feldherr und Minister für den Knaben Honorius das Westreich schützte, mit wenigen Begleitern den Rhein hinab die Grenzen bereiste, die Befestigungen besichtigend.

Eine Weile – aber gar nicht lange Zeit – hatten wenigstens in einigen Grenzstrichen die von den Germanen neu durch Vertrag oder Gewalt oder beide gewonnenen Landschaften an Rhein und Donau, breit, ausgezeichnet fruchtbar, von Kelten und Römern Jahrhunderte hindurch vortrefflich gepflegt, dazu reiche Getreide- und Geldlieferungen das Bedürfnis der Barbaren befriedigt. Auch hatten kräftige Kaiser und Feldherren, letztere meist selbst Germanen, beide Grenzgebiete Roms erfolgreich verteidigt gegen neuen Andrang. Aber lange hielten weder jene Abtretungen und Leistungen noch diese Abwehr vor. Völlige Ruhe war nie und nirgend eingetreten. Daß *Salier* und *Alamannen* unter Anerkennung römischer Oberhoheit aufgenommen und vorläufig beschwichtigt worden waren, erschien ein zweifelhafter, jedenfalls kurzatmiger Gewinn. Die immer häufigere Verbreitung, räumliche Ausdehnung und innerliche Erstarkung der königlichen statt der früher weit überwiegenden erblosen gräflichen Gewalt steigerte sich in diesen Jahrzehnten und drohte Rom eine neue verderbenbringende Gefahr.

Sehr wenig verwertbar ist eine dunkle Nachricht des heiligen *Ambrosius* über *Juthungen* und über *Alamannen*. Jene fielen, von Maximus gerufen, im Jahre 383/384 in Rätien ein, wurden aber von *Bauto* hinausgeschlagen. Im Jahre 392, kurz vor Valentinians II. Untergang, waren alamannische Scharen, diesmal nicht in Gallien oder Rätien, sondern in Helvetien eingedrungen. In Gefechten, in welchen die Römer viele Leute, zumal viele Gefangene verloren, erzwangen die Germanen von hier den Übergang über die Alpen (Splügen, kleinen Bernhard) und stiegen in der Richtung von Mailand bereits die Südabhänge herab. Die bedrohten Einwohner dachten an Aufführung von Schutzwerken. »Aber aus

Wohlwollen gegen Valentinian gaben die Alamannen die aus Italien stammenden Gefangenen frei und beschränkten ihre Heerungen auf die Gebirge.« Der Versuch der Alamannen, sich noch mehr über Helvetien zu verbreiten, hat nichts Auffallendes, saßen sie doch seit langem am Bodensee und wohl bis in die Schweiz hinein. Bedrängung durch die *Burgunder* braucht man hier nicht als Grund anzunehmen, ebensowenig, daß die Germanen nur Arbogast, nicht Valentinian als Feind betrachtet hätten. Diese Bodensee-Alamannen mochten durch die zuletzt geschlossenen Verträge Gratians nicht gebunden sein oder sie zu brechen nach Gratians Untergang sich berechtigt glauben, oder sie brachen sie, wie so oft, ohne anderen Grund als Not oder Kriegslust.
Daß in jener Zeit das Christentum nicht nur zu Goten, sondern auch zu andern Donaugermanen drang, beweist eine *Markomannenkönigin Fritigil*, welche, durch einen Römer bekehrt (doch wohl zum Katholizismus, nicht zum Arianismus) an den heiligen Ambrosius eine Gesandtschaft abordnete. Auf Ermahnung des Bischofs bewog sie ihren Gemahl, mit Rom Friede zu halten. Als sie den Heiligen aufsuchte, fand sie ihn nicht mehr am Leben, er starb 398. Von Anfang sehen wir königliche *Frauen*, vor ihren Männern, für die neue Lehre gewonnen, welche germanischem Heldentum weniger als weiblichem Sinne zusagte und welche zuerst im Gegensatz zu antikem wie germanischem Heidentum die Stellung des Weibes in der Ehe ganz wesentlich emporhob, durch Unlösbarkeit des Bundes sie gegen Verstoßung mehr als bisher schützte und ihr zum ersten Mal das wenigstens kirchliche, bald auch weltliche *Recht* auf die eheliche Treue des Mannes zuerkannte.
Furchtbar begann für das alternde Westreich das neue Jahrhundert. Selbst in solchen Provinzen, wohin Krieg und Raubfahrt nicht gedrungen waren, herrschten Verödung und Verarmung.
In dem sonst so reichen und volkreichen Campanien wurden durch ein Gesetz vom Jahre 401 (Cod. Th. XI, 28, 3) 528042 Jucharte, gegen vierundzwanzig Quadratmeilen, wüsten Landes den benachbarten Grundbesitzern steuerfrei zugeteilt. In Gallien, das seit mehr als vierzig Jahren von erheblichen feindlichen Einbrüchen verschont war, verfielen selbst die Städte, weil die gewerbetreibenden Bewohner vor den Beamten in abgelegene Wildnis flüchteten, weshalb deren zwangsweise Zurückführung durch ein Gesetz vom Jahre 400 (Cod. Th. XII, 19, 3) verordnet wurde.
Das war die Folge zunächst von Steuerdruck und Beamtenwillkür – nach tieferer Ergründung, das Ergebnis der Sklavenwirtschaft, des Verfalls der Gesellschaft, des Verschwindens eines freien wohlhabenden Mittelstandes von Bauern und Bürgern, der verderblichen volkswirtschaftlichen Zustände, die schon vor Julius Cäsar begonnen hatten. Immer mehr wuchs auch damals die Zahl der Hörigen, da sich viele, um Nahrung und Schutz zu erlangen, freiwillig reicheren und angeseheneren Herren unterwarfen. Aber auch die der *Läten* mehrte sich bedeutend, da mit der Bevölkerung der Germanen überhaupt auch die Neigung der Besitzlosen, in römischem Dienst auf römischem Boden ihr Glück zu versuchen, zunahm (siehe Cod. Th. XIII, 11, 9 und Huschberg S. 408 und 409).
Wie wenig dauernd waren die Erfolge der Anstrengungen von Helden wie Julian und Valentinian gewesen. Ein halbes Jahrhundert nach ihren Siegen sah den Rhein dennoch überschritten von Germanen, welche für immer in Gallien und Spanien sich festsetzten. Scham, Weh und böse Ahnung mußte echte Römer

ergreifen, nannten sie den Namen, der allein noch kurze Zeit wenigstens Italien gegen *Alarich* und *Radagais* verteidigte: *Stiliko* war Wandale.
Westrom sollte das Ende dieses Jahrhunderts nicht mehr erleben.
Was Tacitus schon vor drei Jahrhunderten als fernher schreitendes Verderben geahnt hatte (»urgentibus iam imperii fatis«), sah Sankt Ambrosius schrecklich nahen: »das Reich stürzt in Trümmer, aber der Kirche starker Nacken bleibt ungebeugt« (Epist. I, 3). Prophetisch war das Wort, in zwei Menschenaltern war es erfüllt für das Reich, und aufrecht steht heute noch das Gebäude jener Kirche, das den Römerstaat überdauert hat.
Im Jahre 400/401 waren Feinde, vermutlich doch *Alamannen*, wieder in Rätien eingebrochen, denn Alarich, der im Winter 401 in Italien eindrang, wußte die römischen Truppen in Verteidigung Rätiens festgehalten.
Stiliko erschien in Rätien (oder Gallien?), zog die dort stehenden Truppen an sich, und entblößte also den limes, alle Kräfte zur Verteidigung Italiens und des Kaisers selbst zu verwerten; nicht mehr den Rhein und Köln, den Tiber und Rom galt es bereits vor den Germanen zu schützen. Ob er etwa *Alamannen* und *Franken* durch die Waffen oder durch Verträge, durch Geld und andere Zugeständnisse bewog, Ruhe zu halten, wissen wir nicht.
Nach den ersten Erfolgen Alarichs in Italien flog durch die Provinz des Weltreichs das Gerücht, Rom selbst sei in der Germanen Hand gefallen – nur um wenige Jahre verfrüht, bald sollte kein Stiliko mehr den Schild über Italien halten.
Erst nach einigen Jahren fällt wieder helleres Licht auf die Völker des rechten Rheinufers. Dem Zug der *Wandalen* und *Alanen* aus Pannonien hatten sich auch *suebische* Gaue (oder Völkerschaften) angeschlossen. Wenigstens haben sich noch fast ein Menschenalter später in ihrer neuen Heimat *Gallaecien* auf der pyrenäischen Halbinsel zwei selbständige Könige nebeneinander behauptet.
Welchem suebischen Volk jene Wanderer angehörten, ist nicht zu bestimmen. Man hat an die *Semnōnen* gedacht, durch oder an deren Gebiet vorbei der Weg aus Ungarn an den Rhein führen konnte, doch waren dem Ausgangspunkt der Wandalen andere suebische Völker, *Quaden* und *Markomannen*, nahe genug, sich als Genossen schon des Aufbruches anschließen zu können. Deshalb konnten doch die Markomannen (und Quaden) später als »*Bajuvaren*« nach Baiern wandern, denn der spanischen Sueben waren es nicht viele und die Volkszahl von Markomannen (und Quaden) war sehr groß. Sueben waren von den Ostgoten gerade in *jenen Gegenden* bedrängt worden, mochten sich also gern den Wandalen anschließen.
Der *Hermunduren* wird weder unter diesem ihrem alten noch nach ihrem jüngeren Namen »*Turingi*« dabei gedacht, obwohl der Weg der Wanderer (schwerlich hatten alle die gleiche Straße eingehalten), wohl auch ihr Land nicht vermeiden konnte. Waren die Wandergenossen der Wandalen etwa Hermunduren?
Aber auf heftigsten Widerstand stießen die Wandalen (die Sueben werden hierbei gar nicht genannt), als sie sich dem Rhein näherten, im Lande der *Franken*.
Die bestrittene Frage, wiefern damals die Rheinfestungen noch von den Römern behauptet waren, wird man dahin beantworten dürfen, daß sie keinesfalls schon von den Germanen besetzt waren. Manche kleinere mögen verfallen, von den Bewohnern verlassen, auch die großen, seit Stiliko die Truppen (gegen Alarich) hinwegführte, sehr schwach besetzt gewesen sein; aber die Franken hausten noch nicht darin.

Auf verschiedenen Straßen zogen die zahlreichen Wanderer heran.
Schon hatten die *Alanen* den Rhein erreicht. Einer ihrer Könige, *Goar*, trat hier in römischen Dienst; den andern, *Respendial*, ereilte die Nachricht, daß die Wandalen, von den Franken geschlagen, zwanzig Tausendschaften und ihren König *Godigiskel* auf dem Schlachtfeld gelassen. Sofort kehrte er um (convertit agmen) und rettete den Rest der Wandalen vor der Vernichtung. Gewiß waren die Franken, nach Aufgebot aller Kontigente ihres Bundes, dem Wandervolk der Wandalen, das einen Teil der Seinen in Pannonien gelassen, an Zahl sehr überlegen.

Vorläufer des Frankenreiches (395—500)

Alarich dringt in Italien ein — Unermeßlich ist die Zahl der in Europa vordringenden Hunnenchane — Attilas Scharen stoßen über Metz und Reims bis Paris vor — Die Schlacht am Netad zerbricht nach Attilas Tod das Hunnenjoch — Wandalen beherrschen das römische Afrika — Westgoten und Sueben auf der pyrenäischen Halbinsel — Goten und Langobarden in Italien — Das Erbe der weströmischen Kaiserwürde

Jetzt überschritten, in der Neujahrsnacht von 405 auf 406, *Alanen* und *Wandalen* (und Sueben: diese werden in der Schlacht nicht genannt) den vielleicht gefrornen Rhein. Die dünnen römischen Besatzungen konnten dem Übergang nicht wehren. Viel zu schwach, das offene Feld zu halten, konnten sie sogar eine Reihe der wichtigsten Festungen nicht mit Erfolg verteidigen. Es fielen damals *Straßburg* und *Speyer* sofort, *Worms* nach langer Einschließung, *Mainz* unter starker Zerstörung und argem Blutvergießen. Die arianischen Wandalen, die wohl zum Teil noch heidnischen Alanen (und Sueben) achteten das Asyl der katholischen Basiliken nicht (Hieronymus ep.).
Wir haben die weitere Geschichte dieser Wanderer bereits dargestellt. Nur um den Zustand Galliens zu erklären und die Hilflosigkeit, die Not, welche jeden Retter willkommen hieß, erinnern wir, daß damals der verheerende Zug durch Belgien sich wälzte, wo *Reims*, *Amiens*, *Arras*, *Teruana (Tournai)* heimgesucht wurden, dann über Marne, Seine und Loire nach *Aquitanien* bis an die Pyrenäen. Hier zurückgeworfen überflutete er die zuerst verschonten Gebiete. Fast alle angegriffenen Städte fielen durch Hunger oder Gewalt. *Toulouse* wurde durch Mut und Klugheit seines Bischofs *Exsuperius* gerettet; aber nur mit Tränen kann Hieronymus des Elends auch dieser *verschonten* Stadt gedenken (Hieronymus a.a.O.).
Diese andern Feinde waren – römische Soldaten! Anhänger eines Gegenkaisers, *Constantin*, der im Jahre 406 in Britannien erhoben, bald darauf bei *Boulogne* gelandet war. Fast ganz Gallien fiel ihm zu als dem einzigen Retter in der Not, da Stiliko, zuerst durch *Alarich* und *Radagais* in Italien festgehalten, am 22. August 408 ermordet worden war. Der Anmaßer raffte an sich, was von römischen Truppen noch im Lande verstreut war, gewann, wie es scheint, fränkische Söldner – wenigstens hat er einen zweifellosen Franken, *Edobich*, und einen zweifellosen Germanen, wohl auch Franken, *Nebisgast*, zu Heerführern, – zog den Barbaren nach Südgallien nach und schlug sie (408). Im folgenden Jahre gelang es diesen, durch die Pyrenäenpässe in Spanien einzudringen (18. September oder 13. Oktober 409); nur eine Abteilung von Alanen blieb in Gallien zurück.

Constantin stand jetzt so mächtig da, daß er von *Honorius* wenigstens die Übersendung des Purpurs, also die Anerkennung als Mitkaiser erreichte (409). Er sollte dafür Hilfe leisten gegen *Alarich*, der Rom und Ravenna bedrängte.

Nun erhob sich aber gegen Constantin sein Feldherr *Gerontius*, der seinen Sohn (oder Klienten) *Maximus* zum Kaiser ausrief (410): neuer Bürgerkrieg in Gallien! Beide Parteien verstärkten sich durch germanische Söldner. *Constantins* Sohn, *Constans*, vom Vater zum Mitkaiser erhoben, wurde zu *Vienne* gefangen und getötet, Constantin zu *Arles* von Gerontius belagert (im Jahre 411). Einstweilen war Honorius, durch *Alarichs Tod* und des Nachfolgers *Ataulf* friedliche Gesinnung aus ärgster Bedrängnis erlöst. Er schickte einen tüchtigen Feldherrn *Constantius*, aus Naissus in Illyricum stammend, nach Gallien, die Provinz beiden sich bekämpfenden Parteien zu entreißen (Anfang 411). In jener Zeit konnten offenbar die *Franken* am Niederrhein, die *Burgunder* um Worms und die *Alamannen* am Oberrhein, ungehemmt von den römischen Waffen, sich mehr und mehr auf dem linken Rheinufer dauernd als Herren des Landes, als Bauern festsetzen, allmählich auch die Städte, statt sie zu plündern und dann wieder zu räumen, behauptend. Aber Constantius räumte rasch unter den Anmaßern auf.

Zuerst fiel *Gerontius* bei *Arles*. Diese Stadt kapitulierte nach viermonatiger Belagerung, nachdem *Edobich* der Franke, Constantins Feldherr, der in seiner Heimat Stammgenossen (Franken und Alamannen) geworben und zum Entsatz herangeführt hatte, geschlagen und getötet war. *Wulfila*, doch gewiß ein Gote, Befehlshaber der Reiterei, entschied durch eine Attacke von Flanke und Rücken her diesen Sieg der Römer über die Franken. Immer wieder sind es Germanen, welche das Beste tun für Rom in römischen inneren Kriegen sowie gegen Germanen. Constantin wurde gefangen, an Honorius gesandt und hingerichtet, *Maximus* floh zu den Barbaren. Aber Ruhe wurde noch nicht in Gallien. Ein neuer Anmaßer *Jovinus* (oder *Jovianus*) erhob sich bei *Mainz*, unterstützt von dem *Burgunderkönig Gunthari* und jenem *Alanenhäuptling Goar*, der seit 406 in römischem Födus stand und wohl dort mit seinem Haufen angesiedelt worden war. Es ist *möglich*, daß diese Fürsten (ähnlich wie *Alarich* und *Ataulf Attalus* und später *Theoderich II. Avitus*) einen Kaiser deshalb erhoben, um den Provinzialen gegenüber eine legitime römische Anerkennung ihres Besitzes geltend machen zu können, welche der Sohn des Theodosius versagte.

Ausdrücklich sagt Zosimus (VI, 5), daß während des Gerontius Erhebung und der Beschäftigung des größeren Teils der Truppen des Constantius in Spanien, »*die überrheinischen Barbaren alles nach Belieben ungehemmt überfluteten*«. Auf der Insel *Britannien* erwehrten sich die Städte, von Truppen entblößt, der Barbaren nur aus eigner Macht; aber auch in *Aremorica* vertrieben die Kelten die römischen Beamten (welche, ohne Truppen, sie weder gegen die Germanen verteidigen noch in Gehorsam halten konnten) und machten sich unabhängig von Rom, sich selbst gegen Römer wie Barbaren schützend – zum ersten Mal wieder eine keltische Erhebung gegen Rom seit mehreren Jahrhunderten.

Es handelte sich für Rom jetzt nicht nur um die Verhinderung der *Ausplünderung*, sondern um eine Verhütung der endgültigen *Losreißung* Galliens, denn fast alle diese über den Rhein dringenden Germanen hatten es nicht auf bloße Beute – auf *bleibende Festsetzung* auf römischem Boden hatten sie es abgesehen: wie Wandalen, Alanen und Sueben so Alamannen am Oberrhein, Burgunder um Worms, Franken um Köln und am Niederrhein bis an die See.

Und es ist auch *möglich*, daß Honorius, ähnlich wie später Byzanz Theoderich den Großen von sich ab nach Italien lenkte, dort ihn oder Odovakar zu verderben, Ataulf nach Gallien schickte, dort den Westgoten selbst oder den neuen Anmaßer und seine barbarischen Stützen zu verderben. Aber es ist auch *ebenso möglich*, daß lediglich Sold, Getreide, Landanweisung von jenen Barbarenfürsten (auch Alamannen und Franken fochten für Jovinus) angestrebt wurden und daß Ataulf, ohne Auftrag des Kaisers, auf eigene Faust nach Gallien abzog (im Jahre 412).

Nach einigem Schwanken trat Ataulf gegen Jovinus für Honorius auf. Mit dessen Präfecten *Dardanus* im Bunde vernichtete er den Anmaßer und dessen Bruder (im Jahre 413). Bald wurde er aber von dem jetzigen Beherrscher des Kaisers, jenem *Constantius*, aus Gallien nach Spanien verdrängt (im Jahre 414).

Inzwischen hatten die *Burgunder*, wohl von Jovinus zum Lohne begünstigt und eingewiesen, sich im Jahre 413 (Prosper Aquitan.) weiter in Gallien ausgebreitet. Rom erkannte, daß, so gefährlich diese Versuche von fernen Provinzen, sich selbständig zu machen, werden konnten, man gleichwohl den Landschaften das Recht einräumen mußte, sich selbst zu retten und zu beraten, wenn von Italien jede Hilfe ausblieb.

Im Jahre 419 kehrten die Westgoten aus Spanien zurück und erhielten durch Vertrag Land in Aquitanica secunda mit der Hauptstadt Toulouse (Reich von Toulouse bis 507).

Nachdem so alle Anmaßer in Gallien vernichtet, drei Barbarenvölker nach Spanien abgezogen, die Westgoten auf Aquitanien beschränkt waren, erstarkte wieder des Kaisers Gewalt in jener Provinz. Gleichzeitig (im Jahre 417–420) wurden auch die Kelten in Aremorica wieder zur Unterwerfung gebracht. Alamannen und Franken sowie den eben erst angesiedelten Burgundern konnten freilich ihre Gebiete nicht entrissen werden, doch unternahm der comes domesticorum *Castinus* (nach Renatus Profuturus Frigeridus bei Greg. Tur. II, 9) einen Feldzug gegen die Franken.

Im Jahre 423 starb Honorius (26. August). Nur Weniges, Stückhaftes gewähren uns die Quellen von da ab bis zum Auftreten Chlodovechs über die Geschichte der Westgermanen.

Es ist nicht zu bestimmen, wie weit nordwestlich von Ungarn die dauernde, regelmäßige Herrschaft der Hunnenchane reichte. Zweifellos umfaßte sie, außer den *sarmatischen* und *gotischen*, auch die *suebischen* Donauvölker: *Quaden*, *Markomannen*, »*Suaven*« und gegen Norden die *Slawen* bis gegen die Ostsee hin. Dagegen sind *Semnōnen* und *Hermunduren* wohl nicht dauernd unterworfen gewesen.

Überwältigend groß muß die Zahl der Hunnen gewesen sein, welche allein es erklärt, daß sie so viele und heldenhafte Völker von Passau oder Wien bis an die Mäotis fast ein Jahrhundert hindurch (78 Jahre: von 375–453) unterworfen halten konnten, war auch die Unterwerfung meist durch Belassung nationaler Könige, die nur Tribut und Waffenhilfe dem Chan schuldeten, gemildert und erträglich gemacht.

Diese große Zahl der Hunnen erklärt es auch, daß sich von ihrem Einbruch an bis über den Untergang ihres Reiches hinaus Söldner aus diesem Volk unter allen Fahnen finden: *für* Rom in bedeutenden Haufen, *gegen* Rom im Anschluß an germanische Völker, die das Westreich oder das Ostreich bekämpfen, als

Landsknechte von römischen, byzantinischen, germanischen Abenteurern, Feldherrn, Condottieri, welche, auch in römischem Dienste, sich mit starken Scharen solcher ihnen persönlich, nicht Rom, verpflichteten Leibwächter umgaben, für den Kaiser, aber auch gegen ihn, zu morden oder zu fechten, zumal aber Feldherrn, die sich auf den Thron schwangen, zu unterstützen. So erklärt sich das Auffallende, daß der letzte römische Held, der die Hunnenmacht auf dem Felde bei Châlons mit schwerstem Schlage traf, daß ein Mann wie *Aëtius* die vertrautesten Beziehungen zu diesen Mongolenhorden unterhielt.

Die *Hunnen* einerseits, deren Abwehr durch *Aëtius* andererseits sind die bewegenden Kräfte dieser Jahrzehnte für die Geschichte auch der Westgermanen.

Geboren zu *Dorostolum (Silistria)* in *Untermösien* als der Sohn des magister militum *Gaudentius* und einer vornehmen Italienerin, schon als Knabe mit prätorischem Range bekleidet, war Aëtius bereits in früher Jugend von Rom den Hunnen als Geisel gegeben worden. Man darf vermuten, wie der Amaler *Theoderich* als Geisel zu Byzanz Vorzüge und Schwächen der römischen Macht schon als Knabe kennenlernte, so hat der junge Aëtius die furchtbare Gefährlichkeit, aber auch die Blößen und die jeder inneren Überlegenheit entbehrende Äußerlichkeit, Gewalttätigkeit der hunnischen Weltherrschaft durchschaut. Nach Ravenna zurückgekehrt, gewann er alsbald unter den Domestici einen hervorragenden Rang, trat, als sich der Anmaßer *Johannes* gegen den siebenjährigen Knaben *Valentinian III.* (den Sohn der *Placidia* und des *Constantius*) erhob, auf Seite des Empörers und eilte zu seinen Jugendgenossen, den Hunnen, Söldner zu werben. So völlig fehlt es diesem »letzten Römer« an wahrem, römischem Patriotismus.

Erst nach dem Untergang des Johannes, eintreffend im Jahre 424, suchte und fand er die Vergebung Placidias, der Regentin, für die er im Jahre 425 erfolgreich gegen die Westgoten focht. In den Jahren 427–430 besiegte er die *Juthungen*, doch wohl in Noricum, da gleichzeitig (Iuthungi ... et Nori) die Besiegung einer Erhebung der Norer (Nori, Noriker) das heißt der römisch-keltischen *Provinzialen* (oder germanischer Kolonisten?) in diesem Gebirgsland berichtet wird. Darauf brachte er einen von den *Franken* besetzten Teil Galliens wieder an das Reich und die Franken zum Frieden. Es ist vielleicht dabei eher an die *Uferfranken* bei dem jüngst wieder von ihnen eingenommenen *Trier*, als an die *salischen* am Niederrhein zu denken.

Einen großen Teil Galliens hatte so Aëtius für Placidia wieder gesichert, sie ernannte ihn 429 zum magister militum, 432 zum Consul.

Aber obzwar wahrlich nicht unbedeutenden Geistes mußte die Frau, welche das Westreich regieren sollte, doch erleben, daß ihre Feldherrn und Statthalter den Wettstreit um die vorherrschende Macht nicht nur durch Ränke, durch Mord, sogar durch offene Feldschlachten entschieden. *Bonifatius*, der Statthalter von Afrika, hatte, vielleicht durch des Aëtius Arglist zur Empörung verleitet, die *Wandalen* nach Afrika gerufen und sich dann doch mit der Regentin wieder vertragen. *Aëtius* konnte ungehemmt und ungestraft einen Günstling der Regentin, den sie, wohl als Gegengewicht wider ihn, emporhob, den Patricius *Felix*, ermorden und dann Bonifatius, nach dessen Aussöhnung mit Placidia, in Italien mit Heeresmacht bekämpfen. In der Schlacht besiegt, wandte er sich abermals zu den Hunnen nach Dalmatien (im Jahre 432). Jedoch schon das Jahr darauf (433) finden wir ihn wieder am Hofe zu Ravenna. Bonifatius war seinen in jener

Schlacht empfangenen Wunden erlegen. In den Jahren 434–436 schlug Aëtius einen *Bagauden*aufstand im nordwestlichen Gallien nieder. Auch gegen Burgunder und Westgoten hatte er 435–439 in Gallien zu kämpfen.

Für die folgenden zwölf Jahre gebricht es an jeder Nachricht über die Westgermanen.

Wir dürfen nur annehmen, daß *Attila* (mit seinem Bruder Bleda seit 433, seit 445 Alleinherrscher) die Macht der Hunnen wie nach Norden und Osten über »skythische« das heißt meist slawische und finnische Stämme, und nach Süden gegen das Ostreich über die Donaugrenze, so auch nach Westen über die Germanen am Mittellauf des Stromes weiter ausdehnte, das heißt außer über Ostgoten, Gepiden, die Reste der Wandalen, über Heruler, Rugier, Turkilingen und Skiren, auch über die Donausueben: Markomannen, Quaden, vielleicht östlichste Alamannen. In Vorbereitung des großen Zuges gegen Gallien waren wohl durch Drohungen, welche kaum der Anwendung von Waffengewalt bedurften, die sämtlichen Germanen, durch deren Länder das Heer sich wälzen sollte, zu vertragsmäßiger Verstattung des Durchzugs, wohl meist auch zu Waffenhilfe gezwungen worden, so vor allem die an Völkerschaften und Gauen reiche Gruppe der bei diesem Anlaß zum ersten Male mit diesem ihrem neuen Namen (von Sidonius Apollinaris) genannten *Thüringer*, die alten Hermunduren, welche ganz Mitteldeutschland erfüllten, von Böhmen im Osten durch Sachsen, Vogtland, Thüringen und das heutige baierische Franken bis an und über den Main reichend.

Man nimmt an, Attila habe seine ungezählten Scharen in zwei Kolonnen gegen Westen geschoben, die eine auf dem rechten Donauufer, auf der alten römischen Legionenstraße über Augst nach dem Oberrhein, über Straßburg nach Metz (gleichwohl werden die Alamannen bei diesem Zuge gar nicht genannt: sie wichen wohl südwärts aus), die andere von der nördlichen Donaustraße, den Odenwald umgehend, auf Mainz, dann über Trier nach Belgien, diese konnte dann Thüringer (Sachsen bleiben ungenannt als zu weit nördlich) und Franken an sich ziehen, durch deren Gebiet sie sich wälzte. Der Rhein wurde von den Gäulen der Hunnen, welche noch breitere Ströme zu durchschwimmen gewöhnt waren, wohl ohne weiteres überschritten. Die nahen Wälder gewährten Holz für den Floßbau der andern Haufen.

Fest steht aber nur der Marsch über *Metz*, dessen starke Mauern lange Widerstand leisteten. Attila leitete gleichzeitig die Belagerung von *Scarpona*, eilte aber auf die Nachricht, daß in den Wall von Metz Bresche gestoßen, zu dieser Stadt zurück. In der Nacht vor Ostern (8. April) wurde sie erstürmt und in Brand gesteckt; viele Einwohner fanden den Tod, andere wurden mit ihrem Bischof gefangen fortgeführt. Gleiches Los traf bald darauf *Reims*. Von da ging der Zug über *Châlons*, *Troyes*, *Sens* – *Paris* blieb unberührt von den Hunnen – nach *Orleans*, das wohl im Mai erreicht wurde. Erst hier, an der Loirelinie, stieß der Angriff auf die verbündeten Römer, Westgoten und Alanen. Bischof *Anianus* war selbst nach Arles geeilt, sich von Aëtius rechtzeitig Ersatz zusichern zu lassen, er ermutigte die wackere Verteidigung. Schon hatten die Angreifer Teile der Stadt bezwungen und zu plündern begonnen, vielleicht war auch schon eine Kapitulation für den Rest aufgesetzt, als das Entsatzheer vom linken Loireufer her eindrang und die Hunnen vertrieb. Attila trat den Rückzug nach der Marne an. Erst auf den *mauriacensischen* Feldern, fünf (römische) Meilen von Troyes, kam es zur Entscheidungsschlacht. Von dem Rückmarsch der Hunnen nach ihrer Niederlage wissen wir gar nichts, denn allzu spät ist die Nachricht bei *Fredigar* (etwa 660!), *Aëtius* habe sie durch die *Franken* bis nach *Thüringen* verfolgen lassen, wenn man auch annehmen darf, daß es eben die Franken *(Chatten)* waren, welche dem weichenden Feind, der ihr Gebiet durchziehen mußte, soweit sie Feindseligkeiten wagen konnten, am meisten Abbruch taten.

In der Schlacht am *Netad*, welche nach Attilas Tod das Hunnenjoch zerbrach, werden neben Gepiden, Ostgoten und Rugiern auch *Sueben* unter den Völkern genannt, welche ihre Freiheit hier erkämpften; es waren gewiß *Markomannen, Quaden, Thüringe.*

Weit nach Osten wichen die überlebenden Söhne Attilas zurück. Die Gepiden erhielten damals Dakien, die Ostgoten Pannonien vom Kaiser eingeräumt.

Das Wenige, was wir von den Germanen des Binnenlandes aus dem Ende dieses Jahrhunderts, ja bis zur Unterwerfung durch die Franken wissen, ist zum größten Teil bereits eingeflochten bei der Darstellung der Geschichte der Ostgoten, dann der Rugier und Odovakars. Seit die Ostgoten, nach Abschüttelung des hunnischen Joches unter den drei amalischen Brüdern mächtig erstarkt, mit Byzanz gegen reiche Jahrgelder gutes Einvernehmen hielten, warf sich ihre überquellende Kraft, verpflichtet, die römischen Gebiete an ihren Südgrenzen zu schonen, auf ihre Nachbarn im Norden und Westen. Dieser Druck und Andrang der übermächtigen Goten war wohl die Hauptursache, daß sich *Quaden* und *Markomannen* allmählich immer mehr nach Nordwesten zurückzogen, so daß sie gegen Ende des Jahrhunderts und zu Anfang des folgenden allmählich im Süden der *Hermunduren* in dem jetzigen Südbaiern in Oberpfalz, Regensburg, (Oberfranken?), Niederbaiern, Oberbaiern einrücken. Inwieweit sie damals auch schon Deutsch-Österreich einnahmen, inwiefern dieses geschah im Wege späterer Wiederausbreitung nach Osten durch Kolonisation von Baiern aus, ist im einzelnen schwer, oft unmöglich zu sagen.

In jenen Landschaften der mittleren Donau um Passau drängten sich zu Ende des 5. Jahrhunderts zahlreiche Völkerschaften durcheinander, wie das Leben des heiligen Severin deutlich spiegelt. Sogar *Thüringer* reichen manchmal so weit südöstlich, *Rugier* und *Skiren* herrschen in der Gegend von Wien, Donau-Heruler streifen bis Salzburg, *Sueben*, von den Thüringern wie von *Markomannen* und *Quaden* unterschieden, also doch wohl Schwaben, Nordschwaben, Ost-Alamannen greifen von Südwesten hier ein.

Die wenigen Römer in den Städten, fast nur Zivilbevölkerung, Veteranen, Kolonisten, bilden kleine, ringsum von heidnischen oder arianischen Barbaren umbrandete, hilf- und wehrlose Inseln. Nur die geistige und sittliche Autorität des seltenen Mannes schützt sie gegen die raubgierigen Könige. Da war es eine weise und wohltätige Maßregel, daß *Odovakar*, seine Unfähigkeit, Noricum und Rätien zu verteidigen, erkennend, den Abzug der letzten kleinen römischen Besatzungen aus diesen Städten befahl, dem sich die Zivilbevölkerung anschließen durfte und regelmäßig anschloß. Doch blieben auch manche Römer und romanische Provinzialen zurück.

Als zu Ende des Jahrhunderts an Stelle Odovakars *Theoderich* trat, befestigte dieser die Grenzen seines Reiches in den Alpen gegen die nördlichen Barbaren. Aber wie hier die ostgotische Grenze lief – wir wissen es nicht; den Brennerpaß beherrschten wohl noch seine äußersten Vorposten und das unmittelbar davor liegende *Veldidena*: Wilten bei Innsbruck. Dagegen hatte *Augsburg* wohl nie ostgotische Besatzung. Bis gegen den Brenner hin erstreckte sich damals wohl schon das südliche Gebiet der *Bajuwaren*, die westlich am Lech mit den *Alamannen* grenzten, während sie im Norden Regensburg als Hauptstadt besaßen und nordwestlich diser Stadt mit den Thüringern grenzten. Theoderich schützte die »müden Reste« der Alamannen nach der Schlacht bei Tolpiacum vor der Unterwerfung durch die Franken und siedelte diese nach Südosten weichenden Gaue in Rätien unter seinem Schutz an –, Schutz gegen *Chlodovech den Merovinger*, bis auf welchen wir hiermit die Geschichte der binnenländischen Westgermanen verfolgt haben.

Es bleibt nur noch die Entwicklung in Gallien übrig, sofern sie nicht die bereits erledigten Westgoten oder die Burgunder betrifft, bis zur gleichen Epoche, dem Auftreten Chlodovechs, herabzuführen.

Aus den nächsten Jahren erfahren wir über Gallien nur, daß auf die Nachricht von Valentinians III. Tod (16. März 435) *Sachsen*, *Alamannen* und *Franken* in Gallien sich regten, aber alsbald wieder wichen, nachdem der tüchtige Avitus, der spätere Kaiser (I, 361) zum magister equitum et peditum für diese Provinz ernannt worden war, eine höchst zweifelhafte Nachricht, da sie *Apollinaris Sidonius* lediglich zum Lobe seines Schwiegervaters Avitus in Versen mitteilt. Es war, was die Romanen betrifft, eine wesentlich *gallische* Bewegung, welche bald darauf diesen Avitus zum Kaiser des Westreichs erhob. Allerdings waren es vor allem Theoderich II. und seine Westgoten, welche diesen Schritt herbeigeführt hatten.

Allein je weniger Rom und Italien, wo in rascher Folge von Ermordungen ein Namenkaiser den andern ablöste, für die Provinzen tun konnten, desto mehr waren diese auf Selbsthilfe angewiesen. Das alte Weltreich des Abendlandes zerfällt jetzt in seine großen geographischen Gruppen: Spanien, Britannien, Gallien verteidigen und verwalten sich selbst. Gerade Gallien hatte ja schon früher wiederholt ähnliche Neigungen bewährt und einige Zeit durchgeführt (Sabinus im Jahre 70, Postumus im Jahre 261). Nach des Avitus Untergang erschien *Majorian*, der neue Kaiser, im Winter 438 in Gallien, wo er sich die Anerkennung erst erzwingen mußte. Der Hauptsitz der gallischen Opposition war *Lyon*, von westgotischen Besatzungen verteidigt. Doch kam es zur Verständigung, die Westgoten zogen ab, die gallisch-römischen Vornehmen unterwarfen sich und erhielten Amnestie. Als aber Majorian im Jahre 461 den Tod gefunden, erneuerte sich das Schauspiel einer spezifisch gallischen Erhebung: wie früher Avitus in Südgallien auf die Westgoten gestützt, so trat jetzt in Nordgallien *Aegidius* auf, von Majorian oder vielleicht schon von Avitus zum magister militum bestellt, auf die *salischen Franken* gestützt. Diese Germanen, bis dahin unter eigenen Königen in oft verletztem Födus die formale Oberhoheit Roms anerkennend, scheinen damals – soviel mag an Geschichte unter der verhüllenden Sage geborgen liegen – infolge innerer Kämpfe vorübergehend ohne nationalen König gewesen sein, der als vertrieben, als landflüchtig bezeichnet wird. Sie erkannten nun ohne Vermittlung durch eigene Könige die Herrschaft Roms, richtiger das Födus mit Rom an, und der einzige Vertreter Roms und des Födus in Nordgallien war eben damals Aegidius, der in *Soissons* die feste Burg seiner und der römischen Macht hatte. Daher konnte Aegidius »König der Franken« heißen, wie sein Sohn und Nachfolger in jener eigen-

artigen Stellung von den Barbaren auch etwa »König der Römer« genannt wurde. Man sieht, aus dem zerfallenden Weltreich tritt in jenen Tagen *bereits der künftige Staat Frankreich* hervor. Ungewiß ist nur noch, ob zu den »Römern« das heißt den romanisierten Provinzialen als Hauptelement des Germanischen in Gallien Westgoten oder Franken hinzutreten werden.
Aber Aegidius beschränkte seine Sorge nicht auf den Nordosten. Den ganzen noch von Rom behaupteten Besitzstand in Gallien suchte er zu halten; so wehrte er von Arles aus den Ausbreitungsversuch der Westgoten.
Sein Tod (436) erleichterte gar sehr dem gewaltigen *Eurich* (460–485) die Eroberung Galliens bis an die Loire im Nordosten, bis an die Rhone im Südosten und die beiden Meere im Norden und Süden. Die Rhone schied die Westgoten (später die Ostgoten) von dem kleinen Reich der Burgunder.
Syagrius, der seines Vaters Aegidius Aufgabe aufgenommen hatte, sah sich alsbald auf das rechte Ufer der Loire beschränkt, nachdem die Westgoten noch bei Aegidius' Lebzeiten Stadt und Landschaft *Narbonne* (460), dann aber (470?) *Bourges* und andere Besitzungen der römischen (Bundes-) Untertanen, der Kelten in Aremorica, die *Auvergne* (475), *Arles* (480?), Marseille (481) und die *ganze Provence* bis an die Seealpen gewannen.
Als nun im Jahre 476 das weströmische Kaisertum erlosch, hätte dies nach der Theorie des römischen Staatsrechts die Wirkung haben sollen, daß Syagrius sich als Untertan des byzantinischen Kaisers betrachtet hätte, zumal seit *Julius Nepos*, der von Byzanz allein als rechtmäßiger Kaiser des Abendlandes betrachtet worden, im Jahre 480 gestorben war.
Allein tatsächlich und praktisch gestalteten sich diese Dinge ganz anders. In Wirklichkeit hatte die Absetzung des *Romulus Augustulus* und der Tod des Julius Nepos gar keinen Einfluß auf die Stellung des Syagrius, war doch seit geraumer Zeit, seit Erhebung des Avitus, fast jeder Zusammenhang des noch römischen Galliens mit Ravenna, Rom, Italien unterbrochen, war doch Aegidius *gegen Rikimer*, gegen *Severus*, den Namenkaiser des Westens, aufgetreten. Ja, die Selbständigkeit des werdenden Frankreich, das regnum Galliarum, gegenüber der versinkenden Zentralregierung des Westreichs, zeigte sich höchst bedeutsam in folgendem Vorgang. Die gallischen Landschaften waren längst auf Selbsthilfe gegen die Barbaren angewiesen und übten diese in sehr anerkennenswerter Weise; so erwehrte sich lange Zeit die *Auvergne* rühmlich des gewaltigen Eurich unter Leitung des *Edicius* (I, 364), der in dieser Landschaft eine ähnliche Stellung einnahm, wie zu Soissons Syagrius. Und als der weströmische Kaiser *Glycerius*, sich an den Seealpen Ruhe zu erkaufen, die Auvergne förmlich den Westgoten abtrat, kehrten sich Edicius und der Provinzialadel nicht an die Urkunden eines Kaisers, der sie nicht beschützt hatte und jetzt preisgab und setzten den Widerstand mutig fort. Wie hätte unter solchen Verhältnissen nicht, nachdem im Westreich auch ein Namenkaiser nicht mehr lebte, Syagrius sich kraft eigenen Rechts, wie kraft eigener Macht als selbständigen letzten Vertreter der Römerherrschaft betrachten sollen, entschlossen in (wohl nur schwacher) Hoffnung auf Wiederkehr besserer Zeiten, einstweilen gegen die Barbaren zu verteidigen, was noch nicht von ihnen besetzt war. Mit Byzanz hatte er, so weit wir sehen, gar keine Fühlung. Nicht einmal ein Gesandter, geschweige ein Heer, konnte ihn aus dem Ostreich aufsuchen, ohne Erlaubnis der Barbaren, welche ihn vom Mittelmeer absperrten, oder ohne Umschiffung von Europa. So stand und focht

er denn für sich selbst in dem winzigen Stück gallischen Landes, zwischen dem Kanal im Norden, der Loire im Westen, der Sambre im Osten, Verdun und Toul im Süden, mit den Städten Soissons, Reims, Paris, Verdun, Orleans, Tours, Angers.

Auf diese paar Städte war nun aber der Besitz des ehemaligen Weltreichs beschränkt, nicht nur in Gallien, nein, in ganz Europa – mit einziger Ausnahme der Asien zugekehrten äußersten südöstlichen Ecke des Erdteils Epirus, Griechenland, ein Stück von Thrakien mit Byzanz, dessen unvergleichliche Lage allerdings noch sieben Jahrhunderte sich und das Ostreich aufrecht hielt.

Das also war der Ausgang der langen, langen Kämpfe zwischen Rom und den Germanen. Gerade sechs Jahrhunderte füllen sie von der Zeit, da zuerst Kimbern und Teutonen vergeblich Land von den Römern erbitten bis zu dem Jahr, da das letzte Stück Land der Römer in Gallien an Germanen verlorengeht. Eine Zeitlang hatte es ganz den Anschein, daß auch die Germanen wie die Gallier gewaltsam in den Verband des Weltreichs aufgenommen und, in demselben romanisiert, ihre Nationalität einbüßen würden. »Germanien bis zur Elbe römische Provinz« – sehr wenig schien an der Verwirklichung dieser Idee des Augustus zu fehlen, und alsbald würde dann der schmale Streif Landes zwischen Elbe und Donau von letzterem Strom her bezwungen worden sein.

Und nun, wie war nach sechs Jahrhunderten Europa unter den Germanen (welche erst nur bittend, kämpfend nur, wenn gezwungen, Land für ihre Existenz gesucht hatten,) und der Weltbeherrscherin der Boden verteilt?

Nicht nur fast ganz Europa, zwei Erdteile waren von Rom auf die Germanen übergegangen.

Germanen, die *Wandalen*, herrschten nun im ganzen ehemals römischen *Afrika* von den Säulen des Herkules im Westen bis an die große Syrte im Osten, soweit das Binnenland nicht von freien Mauren behauptet blieb. Den Römern war in Afrika nur *Ägypten* (mit der *Pentapolis*) geblieben, wandalisch waren auch alle *Inseln* des tyrrhenischen Meeres geworden, die *Pityusen*, die *Balearen*, *Korsika*, *Sardinien* und *Sizilien*, soweit es nicht Odovakar gehörte.

Germanen herrschten auf der ganzen pyrenäischen Halbinsel, Sueben in der Nordwestecke, Westgoten im übrigen Spanien.

Germanen herrschten in Italien, der Wiege des Weltreichs. Ravenna, Rom selbst war in den Händen gotischer Söldner, an deren Stelle später Ostgoten traten; auch deren Untergang gab Italien nur auf dreizehn Jahre den Kaisern zurück. Die *Langobarden* gewannen alsbald fast ganz Italien, nur der äußerste Süden der Halbinsel verblieb den Byzantinern. In *Rom* herrschte der *Bischof* mehr als der ferne Kaiser, bis Rom, das Langobardenreich und fast die ganze Halbinsel den *Karolingern* zufiel. Byzanz erhielt das Land nie mehr zurück.

England hatten die Legionen schon lange geräumt. Bald wurde es wie *Schottland* von *Sachsen*, *Angeln*, *Jüten* den Kelten größtenteils entrissen.

Wenden wir uns nun vom äußersten Nordwesten zum tiefsten Südosten des Erdteils, so finden wir sogar hier in der Nähe der Hauptstadt Byzanz germanische Vorposten. Nur Griechenland und Epirus blieb, abgesehen von vorübergehenden Besetzungen, frei von Germanen, aber *Theoderich Strabo* mit seinen Goten saß um *Philippopel* am Hebrus, *Theoderich der Amaler* nördlich in *Ufer-Dakien* und *Nieder-Mösien*; beide erschienen wiederholt drohend vor Byzanz. Ostgoten hatten auch beide Ufer des *Margus* und *ganz Pannonien* erfüllt. Nach

ihrem Abzug rückten hier die *Langobarden* ein. Der Donaulimes bestand längst nicht mehr; vielmehr saßen Germanen auch auf dem rechten Ufer des Stroms seinem ganzen Lauf entlang von *Passau* bis *Novae*.
Auf dem linken Donauufer füllten, nachdem die *Hunnen* auf das Ostufer des *Dniepr* zurückgewichen, *slawische* Völker den ganzen Nordosten von der *Aluta* im Westen bis an und über den *Tanais* (Don) im Osten.
Westlich der Aluta am Nordufer der Donau lehnte sich bis an die Tisia (Theiß) das Reich der *Gepiden*, die im Norden mit den *Herulern* grenzten, wie diese nördlich an die *Langobarden* stießen. Westlich von den Herulern herrschten die *Rugier* an der Donau gegen Passau hin, bis Odovakar ihre Macht brach, wie er Noricum, Rätien und, nach des Nepos Tod, auch *Dalmatien* beherrschte. Nordwestlich von der Donau erstreckte sich bis an die Elbe das Land der *Thüringer*, jenseits der Elbe wohnten die *Warnen* und auf der kimbrischen Halbinsel *Angeln* und *Jüten*; *Sachsen* von der Elbmündung im Osten bis an die Lippe im Westen, *Friesen* von der Wesermündung bis an die Rheinarme bei ihrer Mündung. Tiefer südlich stießen an die Thüringer die *Alamannen*, von der Jagst im Osten über den so lang bedrängten und endlich gewonnenen limes und über den Rhein hinüber durch das Elsaß bis Besançon. Südwestlich erreichten sie hier die *Burgunder*, welche ihrerseits im Süden an den Alpen mit *Odovakar* grenzten, im Westen mit den *Westgoten*, welche unter Eurich nicht nur fast ganz Spanien, auch Gallien bis zu Rhone und Loire erwarben und von letzterem Fluß her nicht bloß die halb unabhängigen, halb den Römern unterworfenen *Kelten* in *Aremorica* bedrohten, sondern das letzte kleine römische Gebiet, das des *Syagrius* selbst.
Aber nicht den Westgoten, einem andern Germanenstamm sollte das letzte Römergebiet in Gallien, ja zuletzt ganz Gallien bis an die Pyrenäen, bis an den Rhein und beide Meere zufallen, dem Stamm der *Franken*, welche in zwei Gruppen gegliedert auftreten: die *ripuarischen* oder *Ufer*-Franken zu beiden Seiten des Rheins an seinem Mittellauf von Mainz bis unterhalb Köln, dann von Trier und Verdun im Westen bis an die Grenzen der Alamannen, Thüringer und Sachsen im Osten; und die *salischen* Franken von den Rheinmündungen, wo sie mit den Friesen grenzten, im Osten zunächst bis an die Somme-Mündung, die ungefähre Ostgrenze von Syagrius' Gebiet. So weit westlich reichte das Gebiet ihrer ganz unabhängigen Gaue, aber in großer Zahl wohnten fränkische Gaue auch weit westlich jener Linie, an beiden Ufern der *Seine*, an deren Unterlauf westlich bis an die *Orne* bei *Caën*, welche Syagrius gegenüber in einem abhängigen Födus standen, zeitweilig ohne Könige, also ihn selbst *gewissermaßen* als ihren König anerkennend.
Von diesen *salischen* Franken nun, die zumeist aus den alten *Batavern* und *Sugambrern*, hochgerühmte Heldenschaft, erwachsen waren, gingen die großen Eroberungen aus, welche das gewaltige Frankenreich begründeten. Der *salische Gaukönig Chlodovech* aus *merovingischem* Geschlecht beseitigte durch alle Mittel von List und Gewalt die übrigen salischen und ripuarischen Gaukönige, meist seine Gesippen, machte sich so zum *Volkskönig der Franken*, alle Völkerschaften und Gaue der salischen und der ripuarischen Mittelgruppe unter sich vereinend, entriß den *Römern* mit dem Reich des *Syagrius* ihren letzten Besitz in Westeuropa, entriß den *Westgoten* den weitesten Teil ihres gallischen Gebiets und unterwarf den größten Teil der *Alamannen*. Seine Nachfolger vollendeten das genial und gewaltig begonnene Werk. Sie gewannen den *West-* und *Ostgoten*

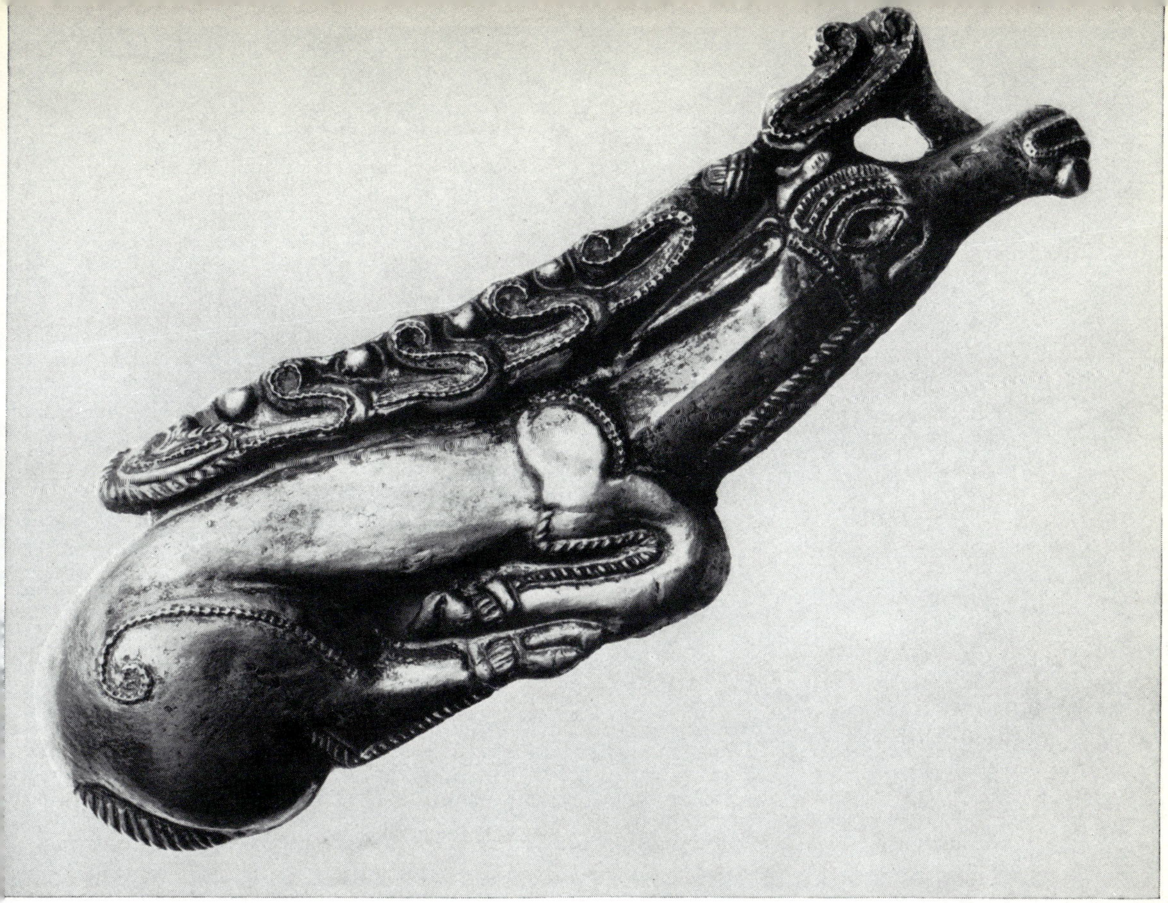

Skythischer Goldschmuck aus dem 5. Jahrhundert, gefunden in Tapioszentmarton in Ungarn. Er stellt einen Hirsch im vollen Lauf dar. Das Geweih des zurückgeworfenen Kopfes liegt dabei auf dem Rücken des Tieres. Ein charakteristisches Erzeugnis der Goldschmiedekunst der Völkerwanderungszeit

Skythische Gürtelschließe mit plastisch gestalteten Pferdeköpfen aus dem Gräberfeld von Matraszale/Karpathen mit seiner Blüte des germanischen Tierstils. Ungarisches Nationalmuseum, Budapest

Kaiser Justinian I. mit seinem Hofstaat und dem heiligen Maximianus, der durch seine Gesetzessammlung, das Corpus Juris, berühmte Herrscher Ostroms (527–565). Den Beinamen »der Große« verdankt er den Leistungen der Männer, die ihm dienten, so den Feldherren Belisar und Narses, die die Macht der Wandalen und Ostgoten vernichteten

Goldkelch aus dem Schatz des Burgunderkönigs Sigismund (516–524), dem Nachfolger König Gundobads, gefunden in Gourdon, aufbewahrt im Cabinet des Médailles der Nationalbibliothek in Paris

Kaiserin Theodora und ihr Hofstaat (Ausschnitt), Mosaik aus S. Vitale in Ravenna. Die Gemahlin Justinians war eine schöne Schauspielerin gewesen, die in ihrer Ehe großen Einfluß auf den Kaiser Ostroms (Byzanz) ausübte. Durch ihre leidenschaftliche Parteinahme für eine der Fraktionen der Rennbahnbesucher, der »Blauen«, gefährdete sie Thron und Leben ihres Gemahls, bis Belisar den durch sie erregten Aufruhr niederwarf (532)

Gepidischer Schildbuckel mit getriebenen Reliefs von Tierkämpfen aus einem Fürstengrab von Herpaly aus dem Theiß-Donaubekken, etwa 5. Jahrhundert

Oberteil einer silberner Schwertscheide aus Gu tenstein, Baden. Nordisch-Germanische Ar beit um 600 n.Chr.

Antiker Triumphbogen in Reims aus spätrömischer Zeit (Reims=Remi in Neustrien). Die harmonische Ausgewogenheit der Formen des Bauwerks läßt auf hellenistische Künstler schließen, die hier am Werke waren. Sie bewahrten den antiken Geschmack, der später in der französischen Kunst seine Wiederauferstehung erlebte

Gallier und sein Weib, ein hellenistisches Bildwerk im Thermenmuseum zu Rom. Es ist ein Weihgeschenk des Königs Attalos I. Soter (269–197 v.Chr.) von Pergamon, der seine Macht in Kleinasien nur in schweren Kämpfen erhalten konnte, u.a. im Ringen mit den übermächtigen, 278 v.Chr. nach Galatien zugewanderten keltischen Galatern. Er besiegte sie zwischen 239 und 236 v.Chr. und erwarb sich mit diesem Sieg die Königskrone von Pergamon

Der Reiterstein von Hornhausen Krs. Oschersleben im Bezirk Magdeburg zeigt das Bild eines germanisches Reiters aus der Zeit der Völkerwanderung (7. Jahrhundert) im Landesmuseum für Vorgeschichte, Halle (Saale)

Kreuze gotischer Könige aus dem 7. Jahrhundert, gefunden in Guarrazar bei Toledo in Spanien. Die Kultur der Westgoten, die diese Schmuckformen hervorbrachte, erlag schließlich dem Vordringen der Araber, den Trägern des Islam, die das christliche westgotische Reich um 713 vernichteten

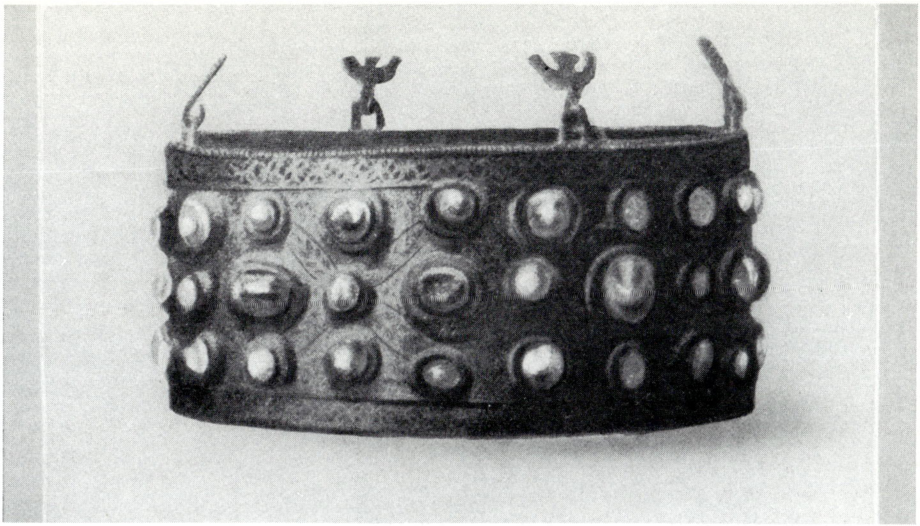

Krone des Westgotenkönigs Rekkaswinth (649–672). Sie stammt aus dem Fund des Goldschatzes von Guarrazar bei Toledo. Rekkaswinth vollendete die lateinische Aufzeichnung der Gesetze des Westgotenreiches auf spanischem Boden, wo die gotische Sprache der hier seit alters heimischen lateinischen unterlag. Unter dem Vorgänger Rekkaswinths, Rekkared I. (586–601) waren die Goten vom Arianismus zum katholischen Glauben übergetreten und hatten damit zur Annäherung der romanischen und germanischen Bevölkerungsteile beigetragen

Die Karolingische Königshalle des ehemaligen Klosters Lorsch an der Bergstraße mit ihrer reichen Steingliederung, um 830. Lorsch war bis 772 Reichsabtei

Votivkrone des Westgotenkönigs Rekkaswinth (649–672) in Paris. Sie stammt aus dem Goldschatz eines Priestergrabes bei Toledo. Seit dem 5. Jahrhundert wurden auch in christlicher Zeit solche Weihungen zur Erinnerung an erflehte Erfolge gestiftet

Oben: Aus dem Schatz von Boscoreale, einem Ort am Fuß des Vesuvs: Silbernes Schmuckgefäß, das den über die Barbaren siegreichen Augustus auf dem Thronsessel zeigt, dem Unterworfene mit ihren Kindern huldigen (aus der frühen Kaiserzeit Roms im Louvre)

Unten: Der vom Bayernherzog Tassilo III. gestiftete Kelch (um 780) mit christlichen Motiven aus dem Stift Kremsmünster. Tassilo, letzter Herzog von Bayern aus dem Geschlecht der Agilolfinger, Schwiegersohn des Langobardenkönigs Desiderius, kämpfte, ähnlich wie Widukind, für Sachsen, gegen Karl d.Gr. für ein selbständiges Bayern. Er wurde auf dem Reichstag von Ingelheim abgesetzt und von Karl d.Gr. in ein Kloster geschickt

Wikingerschwerter: das linke mit reichverziertem Griff, wurde in einem Grab bei Sysow, Kreis Schlawe, gefunden; das rechte aus der Oder bei Gotzlow, nördlich Stettin

Langobardenkrone in Monza, nach einer darin verarbeiteten Reliquie, einem Nagel vom Kreuze Christi, die »Eiserne Krone« genannt. Sie stammt aus der 2. Hälfte des 9. Jahrhunderts und war ursprünglich eine Frauenkrone für die Mutter des Königs von Italien Berengar I., des Enkels Ludwig des Frommen. Die Krone wird in der Cappella di Teodolinda in der Basilika S. Giovanni Battista, dem Dom von Monza aufbewahrt

Alamannisches Schmuckstück aus der Völkerwanderungszeit

Ein großartiges Beispiel der karolingischen Architektur ist die Pfalzkapelle Karls d. Gr. in Aachen. Die unten im Bild hinter dem Ziergitter sichtbare, herabhängende Lichterkrone ist ein Weihgeschenk Friedrich Barbarossas an Karl d. Gr.

Reiterfigur Karls d. Gr. Bronzestatuette aus dem Dom zu Metz, 9. Jahrhundert, im Louvre, Paris

Widukind, Führer der Sachsen, kämpfte in langen Jahren gegen Karl d. Gr. für die Freiheit seines Landes, mußte aber der Übermacht des Frankenkönigs nachgeben und ließ sich 785 in Attigny an der Aisne taufen. Er fiel wahrscheinlich – die Quellen hierüber fehlen – 807 im Kampf gegen die Schwaben. Hier sein mutmaßliches Grabrelief aus dem 11. Jahrhundert in der Pfarrkirche zu Enger. Das Stift Enger zwischen Teutoburger Wald und Wiehengebirge wurde 947–948 von Königin Mathilde, der Gemahlin Heinrichs I. und Nachfahrin Widukinds, gegründet

Krypta des Kaiserdoms zu Speyer, um 1030 aus der Zeit Konrads II. (1024–1039). Es ist einer der bedeutendsten romanischen Dombauten Europas. In der Krypta wurden die salischen Kaiser beigesetzt

alles Land bis an die Pyrenäen ab und verleibten sich das Reich der *Burgunder* ein: damit war ganz Gallien fränkisch. Auf dem rechten Rheinufer wurden die Reiche der *Thüringer* und der *Baiern* unterworfen sowie die Reste der *Alamannen* und die *Friesen* an den Rheinmündungen. Karl der Große fügte hoch im Norden das Land der *Sachsen*, im Süden das Reich der *Langobarden*, im Osten *byzantinisches* Gebiet hinzu und wurde so, von Hamburg bis Benevent, von den Pyrenäen bis nach Ungarn herrschend, tatsächlich, bald durch *Erneuerung des weströmischen Kaisertums* auch formell, *der Erbe Roms im Abendlande*.

Bis auf Chlodovech haben wir die sechshundertjährigen Kämpfe der Römer und Germanen geschildert.

Der *Untergang des Römerreichs* – das war das Endergebnis des römischen, zumal cäsarischen Prinzips der »*Verteidigung durch den Angriff*«.

Denn werfen wir einen Blick rückwärts auf den pragmatischen Zusammenhang dieser Kämpfe. Die Eroberung *Germaniens* bis zur Elbe hatte der Angriff zur Verteidigung *Galliens* sein sollen. Die Eroberung *Galliens* war der Angriff zur Verteidigung *Spaniens*, zur Sicherung des Landwegs nach Spanien gewesen. Die Eroberung *Spaniens* war der Angriff zur Verteidigung *Italiens* und zur Zerstörung der karthagischen Macht gewesen.

So wurden die Söhne der Wölfin durch jeden Sieg zu neuen Kämpfen fortgezogen durch jenes großartige dämonische Prinzip, das unter dem Schein der Verteidigung zur Welteroberung drängen mußte.

Hätte Rom sich im Abendlande mit den Grenzen begnügt, welche es vor Cäsar hatte, hätte es Dakien, Pannonien, Deutschland, Noricum, Vindelikien, Rätien, Gallien, Britannien den Germanen überlassen, – für unabsehbare Jahrhunderte hätte deren Ausbreitungsbedürfnis in diesen Ländern vielleicht Raumgenüge gefunden. Aber die »Verteidigung durch den Angriff«, welche nicht ruhen wollte, bis ganz Europa unschädlich gemacht war, welche die Germanen an Rhein und Donau zurückwies, zwang – zu Roms Verderben – die noch halb nomadischen Stämme zu seßhaftem Ackerbau, bewirkte damit ihre starke Vermehrung, den Zusammenschluß der kleinen Gaue zu immer größeren Verbänden und das naturnotwenige Überquellen der Volkskraft über die allzu eng von Rom gezogenen Schranken, welche sich zuletzt nur mit Überflutung des ganzen Erdteils beruhigte.

Bis über die Elbe hinaus hatte die Verteidigung durch den Angriff die Germanen unterwerfen oder zurückwerfen wollen, der Erfolg war, daß die Germanen den Tiber überschritten, das Westreich zerstörten und dessen Kaiserherrschaft erbten.

Merowingische Handschriften-Ornamentik: Symbolischer Portikus (griech. Stoa = geschlossene Säulenhalle) in einem Manuskript der Erörterungen des Hl. Augustin über die ersten sieben Bücher der Heiligen Schrift, aus dem Anfang des 8. Jahrhunderts. Dieses Kunstschaffen im Frankenreich ging aus von dem 529 gegründeten Kloster Monte Cassino in Italien. Die Handschrift wurde ehemals in der Kgl. Abtei von Corbie aufbewahrt, sie befindet sich heute in der Nationalbibliothek in Paris

III

Die Franken

Das Merowingische Reich
Das Frankenreich bis zu Karl dem Großen

Die Errichtung des Merowingischen Reiches

(Karte Seite 474)

Das Erbe Roms in Gallien — Childerichs Sohn Chlodovech errichtet das christliche Merowingerreich — Aufteilung des geeinten Frankenreichs unter Chlodovechs vier Söhne — Theuderich sichert das Reich — Reiterhorden der Awaren aus den Wolgasteppen dringen bis zum Rhein vor — König Sigibert heiratet die anmutige Brunichildis, Tochter des Königs Athanagild — Bischof Gregor von Tours beurteilt die rauhen Taten König Chilperichs nach kirchlichen Maßstäben

Wir sahen, wie zu Ende des fünften Jahrhunderts, nach dem Erlöschen des westlichen Kaisertums, Westgoten, Burgunder, Alamannen, Franken sich um die Teilung Galliens stritten: der Sieg und das Erbe Roms sollte den Franken zufallen.

Der Ausgangspunkt der fränkischen Machtentfaltung und Eroberung war das Gaukönigtum bei den salischen Franken. Bei Sugambern und Batavern, welche einen Hauptteil der salischen Mittelgruppe bildeten, ist das Königtum seit dem ersten Auftreten dieser Namen und auch später immer wieder bezeugt.

Dementsprechend erfahren wir, daß die Franken, die zuerst auf dem rechten Rheinufer gewohnt, später den Strom überschritten und *Thoringia* (nicht das binnenländische der Hermunduren!) durchzogen haben. Hier erhoben sie Könige, langhaarige, aus ihrem ersten Geschlecht, je für einzelne Gaue oder Städte und deren Gebiet. Ein solcher Franken»könig« *Theodemer*, Sohn *Richimers*, wurde nach römischen Quellen hingerichtet. Gleichzeitig herrschte in *Dispargum* (zweifelhafter Lage) in jenem linksrheinischen Thoringen, König Chlogio, kraftvoll und aus edelstem Geschlecht seines Volkes. Er gewann zuerst *Camaracum* (Cambrai), dann alles Land bis zur *Summa* (Somme). Seinem Geschlecht soll *Meroveus* angehört haben, der Vater *Childerichs*, des Vaters *Chlodovechs*.

Childerich (König seit dem Jahre 457) wurde aus Herrschaft und Land vertrieben, vielleicht von einer dem Aegidius und dem römischen Födus zuneigenden Partei.

Jener Aegidius herrschte nun über wenigstens einige Gaue der Franken ohne Vermittlung eines nationalen Königs, wie ihn andere föderierte Gaue beibehielten. Doch kehrte nach einiger Zeit der vertriebene Childerich in seine Herrschaft zurück und nahm fortab in den gallischen Kämpfen Partei für die Römer, so (bei Orleans) neben Aegidius und auch nach dessen Tod gegen die Westgoten; dann neben einem römischen Feldherrn *Paulus* gegen Sachsen, welche sich in der Stadt *Angers* festgesetzt hatten, wohl nicht nur See- und Landıäuber, sondern neue Heimat (wie in England) suchende Scharen. Paulus fällt, aber Childerich gewinnt die Stadt, und Franken (doch wohl Childerichs) vertreiben nun, mit den Römern verbunden, die Sachsen auch aus ihren Schlupfwinkeln auf den Inseln der Loire. Doch behaupteten sich diese Sachsen in Gallien, ihr Führer *Aduvakar* focht alsbald im Bund mit Rom und Childerich gegen Alamannen (oder Alanen?).

Wie mit Rom stand Childerich, obzwar Heide, angeblich auch mit der katholischen Kirche seit seiner Rückkehr in gutem Vernehmen. Auf Fürbitte der heiligen *Genoveva* gab er in der Nähe von Paris zum Tode verurteilte Gefangene frei; doch sind die Biographien dieser Heiligen zu jung, um sicher zu urteilen. Daher blickten die unter den arianischen Westgoten und Burgundern stehenden Provinzialen »mit sehnlicher Liebe« auf den Frankenkönig, der sich als Freund der Römer (und der Kirche) erwies; jene Barbaren aber wurden von Furcht und Mißtrauen gegen die Franken (Childerichs, von andern ist keine Rede) erfüllt. Bischof Aprunculus von Langres wurde von seinem argwöhnischen König, dem Burgunder, wegen Verrats zugunsten Childerichs zur Hinrichtung oder Ermordung bestimmt, floh nachts aus Dijon nach Clermont-Ferrand in der Auvergne, wo er später Bischof wurde. Childerich starb 481 in seiner Residenz *Tornacum* (Tournai) an der Schelde; sein Grab wurde 1653 hier aufgefunden.
Ihm folgte, erst fünfzehn Jahre alt, sein Sohn Chlodovech. Nur fünfundvierzig Jahre hat dieser gelebt (allerdings dreißig regiert). Sie genügten dem gewaltigen, mit allen wilden Leidenschaften, aber auch allen glänzenden Vorzügen seines Stammes ausgerüsteten Krieger und Herrscher, ein Werk von höchster weltgeschichtlicher Bedeutung zu vollenden: die Grundlegung des fränkischen Reiches.
Vorsichtig hielt sich der ohnehin noch knabenjunge Fürst zurück, so lange sein gewaltiger Nachbar, der mächtige Westgotenkönig *Eurich* lebte. Kaum war dieser (im Jahre 485) gestorben, als der erst zwanzigjährige Chlodovech seinen ersten Waffengang wagte: er galt dem schwächsten seiner Nachbarn, Syagrius, des Aegidius Sohn, der auch nach Erledigung des Westreiches (im Jahre 476), lediglich auf die eigenen Kräfte gestellt, einen kleinen Rest römischen Besitztums in Gallien behauptete.
Vorsichtig unternahm Chlodovech diesen ersten Feldzug nicht allein, er forderte Ragnachar und Chararich zur Bundesgenossenschaft auf, gewiß nicht gern, nur genötigt durch das Ungenügen seiner noch allzugeringen Macht entschloß sich der Gierige zu solcher Teilung der Beute. Ragnachar wartete in kluger Zurückhaltung neutral den Ausgang ab, aber der Merowinger vergalt später beiden mit gleicher Bluttat.
Eine Ursache des Angriffs wird uns, wurde vielleicht auch Syagrius nicht angegeben. Dieser focht ohne Bundesgenossen. Westgoten und Burgunder, Arianer, mochten den Fall der letzten Römermacht in Gallien nicht ungern sehen und den kleinen Gaukönig von Tournai gering anschlagen.
Besiegt, doch wohl nahe Soissons, seiner Residenz, floh Syagrius zu Alarich II. nach Toulouse; in einem brutal mit Krieg drohenden Brief forderte Chlodovech die Auslieferung. Der schwache Sohn des starken Eurich wagte nicht, sie zu weigern. In Ketten überlieferte er den Flüchtling den Gesandten des Merowingers, der, nun ohne weiteren Widerstand zu finden, des Gefangenen Reich in Besitz nahm und ihn heimlich töten ließ.
Bald nach der Eroberung des Gebietes des Syagrius (im Jahre 486), das bis an die Seine reichte, erweiterte Chlodovech seine Herrschaft bis an die Loire, teils durch die Waffen, teils durch freiwilligen Anschluß der Nachbarn. Es war nur der Ausdruck dieser Verschiebung des Schwergewichts seiner Macht nach Westen, daß er nun seine Residenz von Tournai nach Soissons verlegte.

Es drohte nun die Gefahr, daß dieses Reich ein ganz überwiegend romanisches wurde. Der Reichtum des südlichen und westlichen Galliens mußte die Ausbreitung nach diesen Richtungen begehrenswert machen. Freilich stieß Chlodovech hierbei nicht auf unverteidigte oder nur durch Römer geschützte Gebiete, vielmehr auf streitbare Germanen als Herren des Landes: auf Burgunder und Westgoten. Vielleicht trug die Scheu vor sofortigem Zusammenstoß mit diesen dazu bei, wenigstens zunächst noch Chlodovechs Waffen nicht nach Süd und West, sondern nach Norden und Osten zu lenken. Dies wurde von größter Bedeutung: dadurch wurde das künftige »*Austrasien*« das Ostland des Frankenreichs, vorbereitet, welches, nachdem es unter merowingischer und karolingischer Herrschaft Jahrhunderte hindurch fränkisches Staatswesen, katholisches Christentum und auch ein gewisses Maß von römisch-gallischer Kultur in sich aufgenommen, sich später von dem völlig romanisierten Süd- und West-Land wieder löste und den Boden abgab, auf welchem die nicht romanisierten, aber durch die Franken christianisierten, einigermaßen kultivierten und vor allem an ihre Zusammengehörigkeit geschichtlich gewöhnten deutschen Stämme ihr von »Frankreich« gesondertes Reich errichten mochten.

Im Jahre 491 griff Chlodovech die »*Thoringer*« an und unterwarf sie. Ob darunter die mitteldeutschen Thüringe oder die linksrheinischen Thoringer zu verstehen sind, ist kaum zu entscheiden. Von größter, von zukunftentscheidender Wichtigkeit aber wurde das nächste Unternehmen Chlodovechs: der Krieg gegen die Alamannen.

Man wird annehmen dürfen, die seit länger als zweihundert Jahren zweifelhafte Frage, ob diesem Stamm oder den Franken der Ober- und Mittel-Rhein als Siegesteil aus der römischen Beute zufallen solle, drängte damals zur Entscheidung. Freilich waren die Alamannen nicht Chlodovechs, sondern der Uferfranken unmittelbare Nachbarn. Vielleicht – aber dies hat nur den Wert einer Vermutung – hatte deren König, *Sigibert* zu Köln, gegen den Andrang der Alamannen die Hilfe Chlodovechs herbeigerufen – freilich eine sehr gefährliche Bundesgenossenschaft. Der Ort der Schlacht läßt sich mit Sicherheit nicht feststellen.

Das wertvollste Ergebnis der dürftigen Quellen über den Vorgang ist, daß damals, wenn nicht sämtliche, so doch die meisten Völkerschaften und Gaue der Alamannen, welche im Jahre 360 noch jedenfalls vierzehn Könige, wahrscheinlich aber mehr, etwa zwanzig, gezählt hatten, unter einem einzigen König versammelt standen. Die Gau- und Völkerschafts-Könige sind inzwischen verdrängt durch einen Volkskönig aller (oder doch der meisten) Alamannen: die gleiche Entwicklung, welche wir alsbald bei den Franken sich vollenden sehen werden.

Alle Quellen über den Alamannenkrieg, so vielfach sie sonst untereinander abweichen, so dürftig und dunkel sie sind, – darin stimmen sie überein, daß nur ein einziger »rex« der Alamannen den Franken gegenübersteht, mit dessen Fall die fast schon gegen Chlodovech entschiedene Schlacht für diesen gewonnen ist. Das Heer unterwirft sich sofort, als es den König getötet sieht. Daß es eine Mehrzahl von alamannischen »populi« »Völkerschaften« des einen Volkes (natio, gens) auch damals noch gab, wird auch durch einen Brief Theoderichs des Großen bestätigt, nur war es einem Königshaus gelungen, alle oder doch die meisten Völkerschaften unter sich zu vereinigen – eine Bestätigung der Grundauffassung von dem Entwicklungsgang der Verfassung und zumal des Königtums. Die Quellen stellen die Sache so dar, als ob alle alamannischen Gaue unter jenem einen König fochten und sich nach der Schlacht unterwarfen, ausgenommen einige, welche Theoderich unter seinen Schutz nahm und sie, nachdem sie ihre ursprüngliche Heimat verlassen, in »Rätien« ansiedelte. – Indessen wird man diese Zusammenfassung *aller* Alamannen in der sehr summarischen Darstellung der Quellen vielleicht nicht ganz wörtlich nehmen müssen. Mochten aber auch, außer den Schützlingen Theoderichs, die östlichen Landschaften des Volkes rechtlich oder doch *tatsächlich* damals noch nicht so völlig unterworfen worden sein, als die linksrheinischen und die dem rechten Ufer des Stromes nächsten Gaue, jedesfalls war der lange Zeit schwankende Kampf zwischen Franken und Alamannen um die Teilung der Rheinlande für immer durch diesen Schlachttag entschieden. Die Alamannen verloren damals schon das ganze linke Rheinufer, ausgenommen das Elsaß und, gleichzeitig oder doch sehr bald darauf, auf dem rechten Ufer das Land vom untern Neckar bis zum untern Main. Sie räumten diese Gebiete fast völlig.

An die gefährlich schwankende Alamannenschlacht vom Jahre 496 knüpft die Überlieferung den Übertritt Chlodovechs zum Christentum und zwar zum katholischen, nicht zum arianischen Bekenntnis: eine Tat von allerhöchster, von weltgeschichtlicher Bedeutung, denn auf ihr gründet die Verschmelzung von Römern und Germanen zu dem nun entstehenden Mischvolk.

Zwischen den Feldzug gegen die Thoringer und die Alamannenschlacht vom Jahre 496 fällt die Vermählung Chlodovechs mit Hrotehildis, der Tochter des Burgunderkönigs Hilperik. Auch hier hat die Sage die Ereignisse, zumal Werbung, Brautfahrt und die als Brautschatz mitgebrachte Pflicht der Blutrache der Burgundin ausgeschmückt. Fest steht nur, daß, während andere Glieder des burgundischen Königshauses wie der weitaus größte Teil des Volkes arianisch waren, diese Fürstin eifrig dem katholischen Bekenntnis anhing und alsbald im Bund mit den Bischöfen des Frankenreiches, zumal dem geistig sehr bedeutenden *Remigius von Reims*, unablässig darauf hinarbeitete, den heidnischen Gemahl zu ihrem Glauben herüberzuziehen.

Man braucht den Einfluß der Königin nicht zu überschätzen, man kann den übrigen Einwirkungen zugunsten des Katholizismus volle Rechnung tragen, – doch muß man hier, wie so oft bei Bekehrung germanischer Fürsten, anerkennen: die *Frau*, deren Anschauung so vieles in der Moral des Christentums mehr als dem Mann entsprach, hat auch in diesem weltgeschichtlichen Fall vorgearbeitet.

Da noch während der Merwinger das Gebet spricht, die Alamannen zu weichen beginnen, sieht er von seiten des Gottes Hrotehildens die Vertragsbedingung als prompt erfüllt und bald nach der Heimkehr eröffnet er seiner Königin den nun endgültig gefaßten Beschluß.

Sehr merkwürdig ist die hierbei gebrauchte Unterscheidung der »sterblichen« Heidengötter von dem »unsterblichen« Christengott. Man wird nicht schließen können, daß die Götterdämmerung, der einstige Untergang der Heidengötter im Vergleich mit dem ewigen Christen-Gott, dem Bischof ein Hauptargument des Vorzugs des letzteren gebildet habe; denn wir können nicht mit Bestimmtheit sagen, ob und in welcher Fassung diese heidnische Mythe bei den Franken von 496 lebte – man müßte dann annehmen, die *Erneuerung* der Götter in der verjüngten Welt sei damals noch nicht hinzugefügt gewesen. Man wird vielmehr den Gegensatz nur so verstehen dürfen, daß mortales Dei die von dem ewigen Gott *geschaffenen* Geister, Dämonen, abgefallenen Engel bezeichnen soll, welche weder wie Gott sonder Anfang noch sonder Ende sind, wobei freilich sehr naiv vorausgesetzt wird, daß die Franken, obwohl noch ungetauft, bereits von Remigius überzeugt sind, daß ihre Götter lediglich von Jehovah geschaffene, endliche Geister sind.

Zuerst verlangte nun der König, angetan mit dem symbolischen, weißen Gewand der Täuflinge, die Taufe von dem Bischof. Wenig wußte der gute Gregor von Tours, welch tiefer Sinn den Worten innewohnte, die er hierbei brauchte: »Hin schritt zum Taufbad der *neue Constantinus*«.

In der Tat: *ein zweiter Constantinus war Chlodovech.*

Wie der erste das katholische Bekenntnis zur Staatsreligion des alten römischen Imperiums erhob, so machte es Chlodovech zur Staatsreligion seines mächtig aufstrebenden Reiches. Erst die folgenden Jahrhunderte freilich sollten entscheiden und lehren, daß dies Frankenreich die Fortsetzung oder Übertragung des römischen Weltreichs auf das fränkische, später das deutsche Volk werden und daß der Katholizismus nicht bloß die herrschende Kirche, sondern auch die ausschließliche Grundlage dieses theokratischen Reiches, die Voraussetzung jeder Rechtsfähigkeit in demselben, werden sollte.

Denn, war auch die weitaus größte Masse der Franken im Jahre 496 noch ungetauft – keineswegs darf man doch etwa Chlodovech als den ersten christlichen Franken ansehen. Man muß vielmehr ein freundliches Verhältnis aller und häufigen Übertritt Einzelner zu den Christen annehmen, und zwar eben zum *Katholizismus*; denn der Arianismus war im Frankengebiet unvertreten. Nur bei Hof versuchte er seine Propaganda.

Dies allein erklärt die Erscheinung, daß jede Spur von Widerstand gegen den Glaubenswechsel fehlt und daß zwar keineswegs sofort, aber doch im Laufe des nächsten, höchstens des zweiten Menschenalters nach Chlodovech es in Gallien ungetaufte Franken unseres Wissens nicht mehr gab.

Aber schärfer noch und umfassender hebt alle in diesem Übertritt eingeschlossenen Folgerungen, alle Radien, welche von diesem Mittelpunkt aus gezogen werden konnten und bald gezogen wurden, mit wahrhaft weissagerischem Geist der Brief eines Bischofs an Chlodovech hervor. *Avitus* von *Vienne*, ein hervorragender Geist, betrieb seit lange mit heißem Eifer und zäher Ausdauer die Katholisierung jenes Germanenstammes, in dessen Reich er lebte: der *Burgunder*. Aus seinem Brief geht hervor, was ohnehin zu vermuten war, daß die katholische Kirche in ihren Bekehrungsmühen um den Frankenkönig bis dahin scharfe Wettbewerbung der Arianer zu bekämpfen hatte, die ja schon in seiner Sippe Fuß gefaßt hatten und ihm das Vorbild aller christlichen Germanenkönige, Theoderich den Großen, vorhalten konnten.

Ganz in dieser wichtigen Bedeutung eines Sieges über den Arianismus, einer Vorbedeutung für den Ausgang des Streites beider Bekenntnisse überhaupt, faßt Avitus den Vorgang auf: »während sonst die Katholiken die Entscheidung, welches der wahre Glaube sei, dem jüngsten Gericht anheimstellten, sei hier schon in der Zeitlichkeit ein Strahl der Wahrheit sieghaft durchgebrochen; die göttliche Vorsehung habe Chlodovech zum Richter in diesem Streit berufen, seine Wahl zwischen den beiden Konfessionen sei ein vorentscheidendes Urteil für alle«. Und nun betrachtet er die Wirkung der Tat auf die noch heidnischen Germanen, zunächst wohl die Franken: »jetzt kann niemand mehr den Mahnungen der Geistlichkeit, den Aufforderungen der (bereits getauften) Großen die uralte Überkommenschaft des Ahnengeschlechts, die Gewohnheit der Vorväter entgegenstellen«.

Höchst beachtenswert ist auch, daß die Kirche bereits bei der frühesten (uns bezeugten) Regung des Gedankens an Katholisierung der heidnischen Deutschen rechts vom Rhein sofort den *Frankenkönig* und seine weltliche Macht als Mittel zum Missionszweck bezeichnet; so weit entfernt waren jene Männer der Kirche, welche die Bekehrung wirklich begonnen und vollendet haben – bei Bonifatius werden wir ein ausdrückliches Zeugnis dafür antreffen – von dem Wahn, die Bekehrung lediglich durch innere Gründe bewirken zu können.

Übrigens haben nicht nur die Bischöfe *Gregor von Tours* (III. prol.) und *Nicetius von Trier* in einem Brief an Chlodovechs Enkelin *Chlodosvintha* gegen 560 ausdrücklich dieses Königs Katholizismus als den Grund seiner Erfolge und Siege über die ketzerischen Reiche in Gallien bezeichnet. Wir haben den besten Zeugen über diese entscheidende Auffassung, nämlich *Chlodovech* selbst. Derselbe erklärt, durch sein gutes Vernehmen mit den katholischen Priestern – es sind zumeist, aber nicht ausschließlich die Bischöfe (servi dei) gemeint – hoffe er nicht bloß das Himmelreich zu gewinnen, sondern ebenso Ruhm auf Erden und den Machtbestand seines Reiches beständig zu mehren.

Ganz falsch ist, psychologisch völlig unhaltbar, die seichte, rationalistische, kirchenfeindliche Meinung, welche lange herrschte, Chlodovech habe Christentum und zumal Katholizismus angenommen aus Heuchelei, aus Staatsklugheit, aus Vorausberechnung der allerdings bald eintretenden und leicht vorauszusehenden günstigen Folgen für seine Politik. Nichts lag jener Zeit und ihren Germanen ferner! Vielmehr geschah der Schritt gewiß nicht aus Heuchelei oder politischer Reflexion, sondern naiv, in gutem Glauben – aber freilich enthielt dieser gute Glaube, brutal selbstisch, nur die Überzeugung, der Gott Chrotechildens sei sieggewaltiger als der arianische und als die heidnischen.

Der nächste Angriff des Neubekehrten galt dem Königsgeschlecht und Reich der *Burgunder*, der Heimat seiner Gattin. Zwietracht zwischen den beiden Teilkönigen *Gundobad* und *Godegisel* gab erwünschten Anlaß. Letzterer, der schwächere, dem Katholizismus zuneigend, sollte gegen den mächtigen und arianischen Herrscher unterstützt, ihm ein Stück burgundischen Landes wohl als Lohn und Beute erworben werden.

An der *Ouche* (*Oscara*) bei *Dijon* erlag Gundobad der Übermacht der Verbündeten (im Jahre 500). Er wich bis *Avignon*, in den äußersten Süden seines Gebietes zurück, Godegisel gewann *Lyon* und *Vienne*. Aber plötzlich erschien Gundobad vor dieser Stadt und vernichtete seinen feindlichen Bruder. Chlodovech scheint nach dem Sieg nach Hause gezogen zu sein; nur eine kleine fränkische Hilfsschar wurde zu Vienne von Gundobad gefangen und, offenbar als Pfand oder doch als Zeichen guten Einvernehmens, an den Westgotenkönig *Alarich II.* geschickt. Von einem Friedensschluß Chlodovechs mit dem nun allein in Burgund mächtigen Gundobad verlautet zwar nichts; aber in den nächsten Jahren gelang es dem listigen Merowinger sogar, diesen sonst nicht unbedeutenden

Fürsten auf seine Seite herüberzuziehen, zu gemeinsamen Angriff eben auf Alarich den Westgoten, eine schwer begreifliche Verblendung des Burgunders, der leicht erkennen mußte, welch Schicksal *seinem* Reich zugedacht war von diesem bitterbösen Nachbarn, der alles um sich her wie fressend Feuer ergriff. Und Gundobad hatte alle Ursache, die weise Friedenspolitik des großen Theoderich auch seinerseits zu unterstützen, die gerade gegen den gierig um sich greifenden Merowinger alle kleineren Reiche unter seinem Protektorat zu einem Verteidigungsbündnis schützend, zusammenzuschließen bemüht war.

Zwischen dem Jahr 501 und dem Jahr 506 fand eine Zusammenkunft Chlodovechs mit Gundobad bei *Auxerre* auf burgundischem Boden statt. Hier wurde vielleicht der gemeinsame Angriff auf die Goten beschlossen, der im Jahr 506, nachdem Alarichs furchtsame Versuche, Chlodovech sich zu befreunden – er *erbat* eine Zusammenkunft – und alle Vermittlungsversuche Theoderichs des Großen gescheitert waren, ins Werk gesetzt wurde. Der Verlauf dieses Krieges und dessen Ergebnisse sind bereits dargestellt. Durch Theoderichs freilich sehr spätes, dann aber kraftvolles Einschreiten wurden die verbündeten Franken und Burgunder in ihrem glänzenden Siegeslauf zuerst aufgehalten, dann wiederholt empfindlich geschlagen, den Westgoten wurde ein Stück von Südgallien erhalten.

Die bisherigen großen Erfolge gegen Römer, Thoringer, Alamannen, Goten hatte Chlodovech erfochten lediglich mit den Waffen derjenigen salischen Gaue, welche schon sein Vater beherrscht hatte und der wenigen, welche sich, wohl ohne Gaukönige, nach dem Sieg über Syagrius ihm angeschlossen hatten. Daß die übrigen fränkischen Gaukönige ihn in seinen bisherigen Feldzügen hin und wieder als Verbündete unterstützt hatten, darf vielleicht vermutet werden; aber gesagt wird nur, *Sigiberts* Sohn *Chloderich* habe ihm zum Gotenkrieg von 506 eine Hilfsschar zugeführt und *Ragnachar* mit gegen Syagrius gefochten, *Chararich* aber nicht und nicht einmal Sigibert von Köln wird in dem Alamannenkrieg erwähnt.

Erst jetzt machte sich Chlodovech daran, diese übrigen salischen und ripuarischen Könige zu beseitigen und das ganze Frankenvolk in seiner Faust zu versammeln. Einer legendenhaften Auffassung der Beweggründe und Vorgänge bei Annahme des Christentums müßte es einigermaßen auffallen, daß Chlodovech wie sein frommer Vorgänger *Constantin* ihre schrecklichsten Verwandten-Morde und anderen Frevel nicht *vor*, sondern vielmehr erst *nach* ihrer Bekehrung verübt haben.

Mit einer garadezu verblüffenden Naivität und Brutalität verfuhr der Merowinger, barbarische Arglist und barbarische Gewalttätigkeit auf das Unbefangenste mischend. Und daß er hierin nur der gesteigerte Typus seiner Franken war, erhellt daraus, daß dieses Volk, dem jene Schandtaten nicht verborgen bleiben konnten, nicht nur ohne irgendeine Spur von Widerstand diesen Dingen zuschaute, sondern offenbar gern dem von Sieg und Glück und Beuteraub begleiteten Helden zufiel. Die Zeit war eben reif und überreif geworden für eine Beseitigung der Klein-Könige und der Zerspaltung der Volkskraft in Gaustaaten. Dies erkannt und gewaltig durchgeführt zu haben, ist das Große an Chlodovech, was uns zwingt, ihn bei aller Verwerfung seiner scheußlichen Mittel als einen gewaltigen Staatsmann von weltgeschichtlicher Bedeutung anzuerkennen.

Mag immerhin die dramatisierende Volksüberlieferung der Franken den Bericht Gregors über die Ausmordung der Könige gefärbt haben – wie auf seine Erzählung von dem Bekehrungswunder Sage und Legende gewirkt haben, im wesentlichen enthält seine Darstellung gewiß das Richtige, und gerade jene wiederholt hervorgehobene Mischung von Tücke und Gewalt, von Arglist und naiver Offenheit im Verbrechen, die uns seltsam anmutet, ist voll wahrhaft. Sie ist echt fränkisch, ja, sie trägt ganz den Charakter der Zeit überhaupt, denn zahlreiche Geschichten, welche Gregor von andern Franken, auch von Romanen erzählt – diese nahmen in unvermeidlicher Verwilderung und Ansteckung zu ihren römischen, die barbarischen Fehler und Laster ihrer germanischen Nachbarn hinzu! – tragen ganz das gleiche Gepräge. Chlodovech war in Talent, Kraft, Tücke und roher Wildheit nur der hochgesteigerte Typus der Salier überhaupt.

Bezeichnend aber für die Franken jener Tage ist (zwischen 511 und 590 ist jene Überlieferung entstanden, welche Gregor um das Jahr 594 verzeichnet), daß dies Volk sich an jenen Tücken und Morden keineswegs stieß, sondern sie mit Wohlgefallen, mit Humor von dem Mann erzählte, der offenbar der Liebling, der Stolz der Nation geworden war, deren Einheit und Macht er begründet hat. Was Gregor von den andern Franken erzählt, zeigt, daß der König nur gesteigert die Art seines Volkes ausprägte und gerade deshalb wurde er Nationalheld und Liebling der Volkssage.

Durch Krieg und Mord war Chlodovechs Zeit und Kraft so stark in Anspruch genommen, daß ihm wohl nicht viel Muße blieb, sich der Regierung, der inneren Politik hinzugeben. Wenigstens wissen wir nicht viel von solcher Tätigkeit, die ihm wohl weniger zusagte. Doch ist sicher bezeugt, daß er eine – wenn auch nicht die erste – Aufzeichnung des alten salischen Volksrechts anordnete, welche vermutlich das frühere erheblich ergänzte, zum Teil auch änderte. Zumal die Annahme des Katholizismus, das Schutzverhältnis und Bündnis mit der Kirche mochte das erfordern, mehr noch als die Veränderungen, welche das gewaltig erstarkte Königtum, die neu organisierten Beamtungen, das Verhältnis der Franken zu der Bevölkerung der einverleibten Gebiete erheischten.

Die Ordnung der kirchlichen Verhältnisse vor allem, die Bekämpfung des Heidentums konnte nur im Einvernehmen, im Zusammenwirken mit den *Bischöfen* geschehen. So berief der König im Jahr 511 die erste fränkische *Kirchenversammlung nach Orleans*, wo zweiunddreißig Bischöfe seines Reiches erschienen. Bald darauf starb er zu *Paris* und wurde daselbst in der von ihm und seiner Gemahlin erbauten Apostelkirche begraben (27. November 511).

Das Reich wurde nun unter die vier Söhne des Verstorbenen, *Theuderich*, *Chlodomer*, *Childebert* und *Chlothachar* geteilt. Dies war freilich dem salischen Erbrecht gemäß; aber daß der Begründer des Frankenstaates nicht bei seinen Lebzeiten dafür gesorgt hatte, die mit soviel Kampfblut und Mordblut zusammengeleimte Krone ungeteilt zu erhalten, daß er nicht, wie er tatsächlich und rechtlich ohne Zweifel gekonnt hatte, durch Gesetz, das heißt Beschluß der Heeresversammlung solch barbarische Behandlung der Thronfolge nach privatrechtlichem Erbrecht ausschloß, – das mag uns davor warnen, dem heißblütigen Merowinger, der seinen wilden Instinkten, seiner Machtgier mehr als einem politischen Plan folgte, soviel staatsmännische Gedanken beizumessen, als ihm immer wieder zugetraut werden. Man wende nicht ein, solche staatsrechtliche Auffassung der Thronfolge, solche Ausschließung privatrechtlicher Interessen und Ansprüche aus höherer, politischer Einsicht sei den Germanenkönigen jener Tage überhaupt unerreichbar gewesen, das Beispiel Genserichs beweist schon mehr als dreißig Jahre früher das Gegenteil. Man wird auch nicht annehmen können, Chlodovech sei vom Tod überrascht worden, bevor er ein solches Thronfolgegesetz habe erlassen können. Zwar zählte er nur fünfundvierzig Jahre, aber seine Söhne waren doch fast alle schon erwachsen. Er hatte alle Ursache, an ihr privatrechtliches »Erbrecht« mit Sorgen zu denken. Aber er *wollte* dies Erbrecht der Seinen nicht beseitigen.

Eher mag ihn entschuldigen, daß die dem privaten Erbrecht entsprechenden Teilungen gleichwohl die höhere, politische, geschichtliche Einheit des Staates nicht aufheben sollten nach der Willensmeinung der Fürsten und des Volkes. Trotz der Gliederung in vier oder drei oder zwei Teilreiche sollte das regnum Francorum doch immer eine Einheit bleiben, zumal in der Richtung nach außen, gegen Nachbarn und Feinde stets einträchtig zusammenhalten.

Man muß diese, neben der Gliederung in Teilreiche im Prinzip festgehaltene Einheit des fränkischen Gesamtreiches von dieser ersten Teilung ab und in allen Wiederholungen bis in die Mitte des 9. Jahrhunderts hinein *stärker* betonen als es gewöhnlich geschieht. Die Teilung war einmal die notwendige Folge der unbefangenen Anwendung des Erbrechts auf den Staat, andrerseits bezweckte sie die Erleichterung der Verteidigung und der inneren Verwaltung des für einen Herrscher fast allzugroßen Gebietes. Aber freilich: jene »Einheit des Gesamtreiches« war meist nur Theorie – selten äußerte sie praktische Wirkungen: am ehesten noch gegenüber hochmächtigen Feinden, welche wirklich eine Gefahr für das ganze bildeten: Mauren, später Normannen und Ungarn. Und die Gliederung in Teilreiche hatte, zumal bei dem Mangel einer bestimmten Thronfolge-Ordnung und dem leidigen Gleich-Recht *aller* Männer aus dem Königshause, die unheilvolle Wirkung, den permanenten Bruderkrieg mit den erforderlichen Machtmitteln gleichsam von rechtswegen auszurüsten.

Jetzt, im Jahre 511, erhielt *Theuderich* (– 533), um viele Jahre der Älteste, den größten Teil: alles dem Reiche bereits einverleibte Gebiet auf dem *rechten Rheinufer* (Hessen und Alamannien), dann das fränkische *Ostland* (*Ripuarien*) auf dem linken Rheinufer, die *salischen Gaue* vielleicht bis an den Kohlenwald, die *Champagne*, außerdem aber auch, obigem Prinzip gemäß, große Stücke Landes im *Süden*. Seine Residenz war *Metz*. Außer Metz waren *Reims*, *Toul*, *Verdun* und *Châlons sur Marne* wichtige Städte im Norden seines Gebietes. Im Süden erhielt er das ganze östliche *Aquitanien*, *Rovergue*, die *Auvergne*, *Quercy*, das *Albigeois* mit den Städten *Cahors*, *Rhodez*, *Alby*, *Clermont-Ferrand* und *Gevaudan*.

Südlich vom Kohlenwald begann das Reich *Chlothachars* (– 561) von *Soissons*. Er erhielt die ostsalischen Gaue in *Hennegau*, *Artois*, *Flandern* mit *Cambray*, *Arras*, *Tournai*, das Gebiet zwischen *Oise*, *Seine* und *Kanal* mit *Beauvais*, *Rouen*, *Lisieux*, *Evereux*, und *nördlich* der *Aisne Soissons*. Er war der jüngste Sohn, sein Teil der kleinste.

Childebert (– 558), Residenz: *Paris*, erhielt das Land zwischen *Seine*, *Loire* und *Meer*, die *Bretagne* und den Rest der *Normandie*, das alte *Aremorica* und die *Brie* (aus des Syagrius Reich).

Chlodomer (– 524), Residenz in *Orléans*, erhielt das den *Goten* abgenommene Gebiet *südlich* der *Loire*, *Aquitanien*, sofern es nicht Theuderich erhalten, mit *Tours* und *Poitiers*.
Gregor hebt es als Zeichen des Ansehens, Reichtums und Machtruhms der vier Brüder hervor, daß *Amalarich*, der Westgotenkönig, Sohn Alarichs II., um ihre Schwester Hrotehildis freite, welche sie ihm mit einer Menge von Schmuck und Geschmeide nach Spanien schickten. Auch dies spricht doch gegen die immer wieder aus Gregors Worten ohne Grund herausgelesene Annahme, daß Chlodovech Alarich II. mit eigener Hand getötet habe.
Sollte das Werk Chlodovechs in dessen Geist fortgeführt werden, mußte der Erbe seiner »austrasischen« Lande die nächsten Nachbarn auf dem rechten Rheinufer allmählich an und in das Frankenreich ziehen. Die nächsten Nachbarn im Nordosten aber waren die *Thüringe*; sie saßen vom Main an gen Norden bis an die Unstrut, südlich bis an die Donau. Theuderich versäumte nicht die erste Gelegenheit, hier einzugreifen. Ganz ähnlich wie bis auf Chlodovech und nun abermals bei den Merowingern, herrschten auch über die Thüringe drei Brüder: *Baderich*, *Hermenefried* und *Berthachar*, als Könige, deren Gebiete wohl nach alten Gaumarken abgegrenzt waren. Früher, zur Zeit Childerichs, wird nur ein König der Thüringe *genannt*, jener *Bisinius*, was freilich nicht ausschließt, daß auch damals mehrere Gaue neben ihm, eigene Könige hatten. Die Sage hat die Bruderkriege, wie bei dem burgundischen und bei dem merowingischen Königshause, auch bei dem thüringischen mit ihrem Gerank geschmückt und zugleich verhüllt. Aber der geschichtliche Kern ist, daß *Hermenefried*, der Gemahl *Amalabergas*, Tochter *Amalafridas*, der Schwester *Theoderichs* des Großen zuerst seinen Bruder *Berthachar* mit Gewalt anfiel und tötete (oder doch vertrieb), dessen Söhne (und Tochter *Radegundis*) von der Herrschaft ausschloß, darauf Theuderich von Austrasien herbeirief zum gemeinsamen Angriff auf *Baderich*. Erfreut und eilig folgte der Erbe Chlodovechs diesem Ruf. Die Verbündeten schlugen und töteten Baderich. Aber nachdem Theuderich nach Hause gezogen war, ließ Hermenefried seine Versprechungen ihm gegenüber, angeblich das halbe Reich Baderichs ihm zu überlassen, unerfüllt.
Bald darauf unternahmen die drei Söhne Hrotehildens einen Versuch gegen das Burgunder-Reich. Ist auch die Blutrache, zu welcher die Königin angetrieben haben soll, Sage, so trennten doch alte und tiefe Spaltungen die Zweige dieses Hauses. König *Sigismund*, Gundobads Nachfolger seit dem Jahre 516 wurde von den drei Brüdern geschlagen, gefangen und samt Weib und Kindern zu *Coulmiers* (nach andern *Columelle*) bei Orléans (apud Columnam aurelianensis urbis vicum) von Chlodomer in einen Brunnen geworfen, bevor der Sieger gegen *Godomar*, des Gefangenen Bruder, der ein neues Heer gesammelt hatte, zu einem zweiten Kampf auszog.
Godomar, der nach Sigismunds Tod den Königstitel angenommen hatte, schlug die Angreifer bei *Véséronce* (*Viserontia*) im Gebiet von Vienne; Chlodomer fiel. Abermals wie im Jahre 500 war der merowingische Versuch gegen Burgund gescheitert. In das Reich Chlodomers teilten sich dessen Vollbrüder Chlothachar und Childebert. Chlothachar, der die Witwe des Gefallenen, *Guntheuca* (zweifelhaft, ob identisch mit *Chunsina*) zur Ehe nahm, erhielt die *Touraine* und *Poitou*, Childebert die Gebiete an beiden *Loire-Ufern* mit *Orléans*.

Zweifelhaft ist, ob auch Theuderich ein Stück aus der Erbschaft, das *Limousin*, erhielt. Die drei noch unwehrhaften Söhne Chlodomers, *Theodovald*, *Gunthari* und *Chlodovald*, nahm die Großmutter Hrotehilde zu sich. Die beiden Oheime hätten wohl nach erlangter Wehrhaftigkeit den Waisen ihr Erbe, das sie vielleicht zunächst nur als Mundwalt an deren Statt zu regieren vorgaben, herausgeben müssen, aber Chlotachar zog es vor, die ersten beiden eigenhändig zu ermorden, der dritte, durch Getreue seines Vaters befreit, wurde geistlich. Das allein rettete wohl sein Leben. Auf diesen Chlodovald wird die Stiftung des berühmten Klosters *Saint Cloud* zurückgeführt.
Einige Jahre darauf (531) setzte Theuderich den alten Plan gegen das Thüringerreich und die Rache gegen den wortbrüchigen Hermenefried ins Werk. Die Zeit mochte Theuderich nun günstiger scheinen als im Jahre 516. Theoderich der Große, der auch das Thüringerreich, wie alle kleineren Germanenstaaten unter dem Schilde seines Protektorats versammelt und dem Königshause sich verschwägert hatte, war gestorben (im Jahre 526). Von der schwachen Regierung Amalaswinthas fürchtete der Angreifer keine Einmischung zum Schutz der so weit entfernten Mitteldeutschen.
Aber vorsichtig bewog er (wie er seinen Sohn Theudebert mitnahm) seinen Bruder Chlothachar durch Versprechen eines Teils der Beute, sich ihm anzuschließen.
Vielleicht schon nach den ersten Treffen geriet Theuderich in Streit mit Chlothachar, vermutlich über die Teilung der Beute: »er beschloß, den Halbbruder zu ermorden ...«
Aber Chlothachar scheint doch diese gemütlichen Verhältnisse ungemütlich gefunden zu haben. Er zog nach Hause, und nahm *Radegund*, die verwaiste Tochter *Berthars*, als Gefangene mit, welche er später zur Frau nahm. Da er aber ihren Bruder frevelhaft ermorden ließ, ging Radegund von ihm (im Jahre 550), wandte sich zu Gott, legte das weltliche Gewand ab, baute ein Kloster zu *Poitiers* und führte daselbst in Gebet, Fasten, Nachtwachen und Almosen ein so frommes Leben, daß sie einen großen Namen im Volk gewann.
Vielleicht war es erst die durch Chlothachars Abzug bewirkte Schwächung des ohnehin durch Verluste gelichteten Heeres, was Theuderich bewog, zur völligen Bewältigung des Widerstandes sich um andere Bundesgenossen umzusehen. Er gewann die nordwestlichen Nachbarn der Thüringer, die *Sachsen*, sich mit ihm gegen jene zu vereinen.
Der Name *Sachsen* hatte ursprünglich nur eine Völkerschaft oder eine Mittelgruppe bezeichnet. Aber allmählich war dieser Name üblich geworden für eine ganze Gruppe zahlreicher Völkerschaften, welche zuweilen, wie die Alamannen, auch gemeinsam gegen äußere Feinde fochten und schon lang versucht hatten, sich gegen Süden auszubreiten. Mit den Franken vereinigt griffen sie Hermenefried an, der von der *Ocker* an die *Unstrut* zurückgewichen war. Die Verbündeten siegten unter starken Verlusten der Thüringer, die Burg *Scheidungen* wurde erobert, aber Hermenefried entkam und Theuderich sah sich, wohl durch einen in seinen gallischen Besitzungen ausgebrochnen von einem seiner Halbbrüder geschürten oder doch verwerteten Aufstand, genötigt, auf die völlige Vernichtung des Thüringerreiches zu verzichten, und, wie es scheint, mit Hermenefried einen Vertrag zu schließen, kraft dessen dieser einige Gaue seines freilich sehr stark geschmälerten Reiches behielt oder

zurückerhielt: nicht auf lange! »Theuderich lud ihn zu sich, gab ihm sein Wort zum Pfande, daß ihm nichts böses widerfahren solle und überhäufte ihn mit Ehrengaben. Da sie aber eines Tages auf der Mauer der Stadt *Zülpich* standen und miteinander plauderten, erhielt Hermenefried von einem Unbekannten einen Stoß, stürzte von der Mauer auf die Erde und starb. Wer ihn von dort herabgestürzt hat, wissen wir nicht, man behauptet aber bestimmt, Arglist Theuderichs sei dabei im Spiele gewesen.«

Theuderich und die Sachsen teilten sich – der sächsischen Sage nach – in das eroberte Thüringerland, indem die Sachsen die ihnen nächstgelegenen Gebiete zwischen *Bode* und *Unstrut*, in Besitz nahmen, Theuderich das südwestliche Thüringerland seinem Austrasien einverleibte. Ein kleiner Teil der thüringischen Gaue blieb damals noch unabhängig. Diese Verhältnisse bleiben sehr dunkel; keineswegs aber räumten die Thüringer ihr Land oder behielten es überall unter gleich harten Bedingungen.

Theuderich hatte alle Ursache, seinen Halbbrüdern – wie sie ihm – zu mißtrauen. Bevor er mit Chlothachar und seinem Sohn Theudebert über den Rhein gezogen war, hatte er sein Reich durch feierlichen Vertrag unter gegenseitiger Geiselstellung mit seinem Nachbar Childebert gesichert. Aber Eid und Geiseln hielten Childebert keinen Augenblick ab, als gegen den fernen Theuderich sich die *Auvergne* erhob, herbeizueilen und sich im Einverständnis mit einem Vornehmen (»Senator«) Arcadius, einem Enkel des Apollinaris Sidonius, Sohn jenes Apollinarius, Bischofs von Clermont, der zu Voulon die Auvergnaten befehligt hatte, der Hauptstadt *Clermont-Ferrand* zu bemächtigen.

Wir erfahren dabei, daß zwischen Childebert und Theuderich, Söhne der »Senatoren«, das heißt der senatorischen Geschlechter zu Geiseln gegeben wurden; man sieht, welch hohe Bedeutung diesen reichen und ihre Stadt wie die Landschaft, tatsächlich beherrschenden *römischen* Familien zukam. Da nun der Vertrag gebrochen war, verfielen diese Geiseln als Knechte dem Fiscus des einen und des andern Königs und mußten den Aufsehern Sklavendienst tun. Gleichzeitig unternahmen Theuderichs Halbbrüder *Chlothachar* und *Childebert* den dritten merowingischen Anlauf, das schon lange gierig ersehnte *Burgunderreich* zu zerstören, das allein noch die Besitzungen ihres Hauses in Gallien bis an die ostgotischen Gebiete im äußersten Südwesten auseinanderschied; und diesmal sollte es endlich glücken. Theuderich lehnte die ihm angetragene Teilnahme – aus uns unbekannten Gründen – ab. Aber so gierig nach Krieg, das heißt nach Beute, war damals das ganze Frankenvolk, nicht nur das Königsgeschlecht und so stark war noch der Wille des in seinen Waffen versammelten Volksheeres gegenüber dem noch wenig befestigten Königtum, so bedenklich die Spaltung der Teilreiche für jeden Einzelherrscher, daß die Franken Theuderichs ihrem König ganz einfach erklärten: »wenn du dich weigerst, mit deinen Brüdern gegen Burgund zu ziehen, so verlassen wir dich und ziehen es vor, jenen zu folgen«. Und der König kann so wenig daran denken, sie wegen so offen angekündigten Hochverrats und Abfalls zu strafen, daß er sie vielmehr zu beschwichtigen trachtet, indem er ihnen verheißt, sie abermals in die immer noch gärende *Auvergne* zu führen und sie dort – also im eignen Reich! – an den Rebellen reiche Beute machen zu lassen. In Erfüllung dieses wenig königlichen Versprechens ließ er dann der Blut- und Raubgier seiner Franken in den unterworfenen Landen auf Kosten der *römischen* Bevölkerung weiten Raum.

Chlothachar aber und Childebert fielen im Burgunderreich ein, belagerten *Autun (Augustodunum)*, schlugen König *Godomar*, der entweder zum Entsatz herbeieilte oder einen Ausfall machte, in die Flucht – er wird von da ab nicht mehr genannt, sein weiteres Geschick ist unbekannt – und nun (im Jahre 532) teilten sich die Sieger in das Burgunderreich. Aber auch *Theudebert*, Theuderichs Sohn, erhielt (später, im Jahre 534) ein Stück altburgundischen Landes, obwohl er sich an dem Feldzug so wenig wie sein Vater beteiligt zu haben scheint.

Er war aber unterdessen mit *Gunthari*, Chlothachars ältestem Sohn, ausgezogen, den *Westgoten* südgallische Gebiete wieder zu entreißen, welche Chlodovech bereits gewonnen, dessen Nachfolger aber an die Goten eingebüßt hatten. Gunthari zog wohl durch die von Theuderich und Theudebert soeben wieder unterworfene Auvergne bis *Rhodez (Ruthenos)*, kehrte aber hier aus unbekannten Gründen um. Vermutlich rief ihn sein Vater ab, der vielleicht von Childebert gegen die austrasische Linie gewonnen war. Theudebert aber drang bis *Béziers (Biterensem civitatem)*, nahe nördlich der Hauptstadt des westgotischen Gallien, *Narbonne*, nahm und plünderte das castrum *Deas* (*Diou*, nordwestlich von *Bidarieux*, Departement Herault, eher als Montadie (Montady). Die Burg *Capraria* (Cabrière) ergab sich auf Betreiben eines schönen Weibes, *Deuteria*, welche, obwohl mit einem andern vermählt, Theudebert sich beilegte.

Aber Theudebert ließ alles liegen und eilte schleunigst nach Hause auf die Nachricht, sein Vater sei schwer erkrankt, und wenn er nicht schnell herbeieile, so daß er ihn noch am Leben träfe, würde er von seinen beiden Oheimen von der Herrschaft ausgeschlossen und die Heimat nie wieder sehn. Das war keine Verleumdung! Der Mangel fester Folgeordnung und die Raubgier der Oheime machten, ineinandergreifend, jene Gefahr sehr drohend. Kaum war Theuderich gestorben, als die Oheime sich erhoben, dem Neffen das Reich zu nehmen. Durch Geschenke gewann oder befestigte jedoch Theudebert seine »leudes« (Untertanen überhaupt, hier zumal die Großen), so daß sie ihm mit den Waffen beistanden und er seine Herrschaft behauptete (vom Jahre 534 bis 548). In Theudebert mischen sich die glänzenden Gaben seiner Sippe mit deren Freveln: zügellose Sinnenlust, rücksichtslose Machtgier und daher ruchlose, keine Treue kennende Staatskunst. Doch fehlen nicht gelegentliche Züge von Edelmut – wo nämlich Wollust oder Machtgier nicht mitspielten – und ein stolzer, hochfliegender, kühn planender Sinn.

»Da nun Childebert sah, daß er nichts gegen ihn ausrichten konnte, schlug er völlig um in seiner Haltung, lud Theudebert zu sich, nahm ihn an Sohnes statt an (er hatte keine Söhne) und überhäufte ihn so reich mit Geschenken, daß alles erstaunt war. Denn von allen Kostbarkeiten, welche er besaß, Waffen, Kleidern und anderem Schmuck, was ein König haben muß, gab er ihm je drei Paar, ebenso von seinen Rossen (eigentlich: »Reitern«) und (großen) Schüsseln von Edelmetall«. Solche Ausstattung gehörte zu dem persönlichen Auftreten des Königs, zu seiner Hofhaltung, zumal der Königstafel, und auch zur Bestreitung der Geschenke an die »leudes«, welche stets bei guter Stimmung gehalten werden mußten und, in kleinerem Maßstab, nicht minder gold- und land- und genußgierig waren wie ihre Könige. Gregor lobt Theudebert sehr: »er zeigte sich als ein großer und in jeder Tugend hervorragender Mann. Er leitete sein Reich mit Gerechtigkeit, verehrte die Geistlichen, beschenkte die Kirchen, unterstützte die Armen und erwies vielen, viele Wohltaten in frommem, mildem Sinn. So erließ er den Kirchen in der Auvergne alle Steuern«.

Man wird weder dem Gelobten noch dem Lobenden Unrecht tun in der Annahme, daß diese Ehrerbietung gegen die Geistlichen und Freigebigkeit gegen die Kirchen Gregors günstiges Urteil begründete – eine Haltung, welche von Chlodovech an zugleich wurzelte in einer Art von eigensüchtiger Frömmigkeit, richtiger Furcht vor Strafen und Hoffnung auf Lohn, ganz besonders auch schon im Leben, dann des weiteren nach dem Tode, und in der klugen Einsicht in die politischen Vorteile, welche das gute Einvernehmen mit den Bischöfen und Priestern, den einzigen gebildeten Männern und der einzigen organisierten – und zwar fest und genial organisierten – Macht jenes Jahrhunderts, gewährte gegen Ketzer und Heiden, gegen den oft schon recht unbotmäßigen weltlichen Adel, für die Gewinnung der Romanen, für die friedliche Regierung des Reiches. Es fehlt, wie gesagt, nicht an Zügen des Edelmuts in Theudebert. So nahm er jenen *Sigivalt* (oder Givalt), der nun aus Italien zu ihm zurückkehrte, gütig auf, küßte ihn, gab ihm den dritten Teil der von Childebert empfangenen Geschenke und stellte ihm die eingezogenen Güter seines Vaters zurück. Auch lieh er, »dessen Gnade und Güte gegen jedermann bekannt war«, auf Bitten des Bischofs von Verdun den ganz verarmten Bürgern 7000 Goldsolidi, »daß sie ihre Geschäfte damit betreiben könnten und das Kapital nützen, wie es in andern Städten geschieht«, und »nachdem jene mittels dieses Darlehens ihre Geschäfte so in Flor gebracht, daß sie noch bis heute (etwa 590) einen großen Namen haben, wollte der Bischof die Schuld samt den gesetzlichen Zinsen zurückzahlen. Aber der König lehnte beides ab und erklärte, er bedürfe des Geldes nicht und freue sich, daß die Armen durch das Gebet des Bischofs und jene Gabe zu Wohlstand gekommen seien«.

Die nun eng verbündeten Könige Childebert und Theudebert wandten sich alsbald (im Jahre 534? Andere verlegen den Vorgang in das Jahr 542) gemeinsam gegen Chlothachar. Der Grund oder Vorwand dieses Angriffs ist nicht bekannt, vielleicht vertrugen sich die Sieger nicht über die Teilung des burgundischen Reichs. Aber bei diesem Geschlecht ist die niemals ruhende Machtgier für sich allein ausreichende Erklärung für jeden Anfall unter den Gesippen. Gregor erzählt:

»Childebert aber und Theudebert boten ihre Heere auf und rüsteten sich, gegen Chlothachar zu ziehen. Und da dieser es hörte und meinte, er könne es mit ihrer Heeresmacht nicht aufnehmen, floh er in einen Wald und legte hier im Gebüsch große Verhacke an. Seine ganze Hoffnung setzte er allein auf die Gnade Gottes. Auch die Königin Hrotehilde suchte, als sie dies vernahm, das Grab des heiligen *Martinus* (von Tours) auf, warf sich nieder im Gebet und wachte die ganze Nacht, flehend, daß nicht zwischen ihren Söhnen der Bürgerkrieg ausbrechen möchte. Jene aber zogen mit ihrem Heer heran, schlossen Chlothachar ein und machten einen Anschlag, wie sie ihn am folgenden Tage töteten ...«

In den nächsten Jahren (535–555) war es der schwere, in *Italien* zwischen *Byzanz* und den *Ostgoten* geführte Kampf, welcher der merowingischen Könige Diplomatie und Waffen vielfach beschäftigte. Getreu der von Chlodovech ererbten Sinnesart ergriffen sie gierig den willkommenen Anlaß, von beiden Parteien Geld und Land durch Vertrag sich versprechen und gewähren zu lassen, die dafür zugesagte Gegenleistung gar nicht oder ungenügend zu erfüllen und bei guter Gelegenheit auch mit den Waffen den beiden gleichmäßig von ihnen Getäuschten, weitere Vorteile zu entreißen.
Möglich ist, daß die Merowinger dem feigen Theodahad in seiner Angst vor weiteren Angreifern eine hohe Summe als Buße abgepreßt hatten, schon bevor sie neue Forderungen erhoben, zu welchen sie *Justinians* Politik antrieb. Denn dieser Kaiser schickte an die Frankenkönige reiche Geldgeschenke und verhieß noch mehr, wenn sie, gemeinsame Sache mit ihm gegen Theodahad machend, wirkliche Waffenhilfe geleistet haben würden. Die drei Könige »gingen eifrig darauf ein«. Als nun *Belisar* heranrückte, suchte Theodahad die Franken auf seine Seite zu ziehen, indem er ihnen 2000 Pfund Gold und die Abtretung der *Provence* anbot. Die Merowinger hätten gewiß das gotische, wie das kaiserliche Gold genommen und dann noch obendrein so viel Gebiet, als sie mit den Waffen gewinnen mochten, aber Theodahad wurde vor Abschluß des Vertrages geächtet und getötet.
Doch sind wohl in diese Zeit die Einfälle *burgundischer* und *alamannischer* Scharen zu verlegen, welche in Oberitalien plünderten, von den Frankenkönigen, wenn nicht geradezu entsendet, so doch ermuntert oder jedenfalls nicht behindert. Vielleicht stehen diese Bewegungen in Zusammenhang mit den nach Theodahads Untergang zwischen *Witichis* und den Merowingern begonnenen Verhandlungen.
Während dieses Krieges jedenfalls, und wahrscheinlich schon im Jahre 538, geschah es nun auch, daß die Ostgoten *Theudebert* von *Austrasien* die dereinst von Theoderich aufgenommenen *Alamannen* in *Rätien* preisgaben, so daß jetzt das *gesamte* Alamannenvolk dem Frankenreich angehörte und dies seine Grenzen wie im Südwesten an der Rhone so auch im Südosten am Bodensee beträchtlich erweiterte.
Natürlich ging die Teilung des den Goten abgepreßten Goldes unter den Merowingern nicht ohne Trug und Übervorteilung ab. Childebert, »wie er immer gegen Chlothachar neidisch und ränkeverschlagen war«, gewann Theudebert dafür, das Gold (Theodahads Zahlung) untereinander allein zu teilen und jenem nichts davon zu geben. Aber Chlothachar hielt sich schadlos, indem er sich des Hortes des verstorbenen Chlodomer bemächtigte und so viel mehr gewann, als jene beiden ihm entzogen hatten.
Diese starken Zahlungen der Goten lieferten wohl den größten Teil des Goldes, aus welchem Theudebert die auffallend zahlreichen mit seinem Namen uns erhaltenen Goldmünzen prägen ließ. Er war der erste, der auf den Goldsolidi den kaiserlichen durch den eigenen Namen ersetzte.
Aber schon im nächsten Jahre (539) litt es den kriegs- und eroberungsfreudigen Enkel Chlodovechs nicht mehr zu Hause. Er konnte der Gier nicht widerstehen, selbst in Italien zu erscheinen und persönlich alle Vorteile einzuheimsen, welche der lang und schwankend wogende Kampf, die Erschöpfung beider Parteien als mühelose, sichere Beute in Aussicht stellte. Dabei beschloß

er, die Maske so spät als möglich abzuwerfen, Goten wie Griechen tunlichst lang im Wahn zu wiegen, er komme zu *ihrer* Hilfe, um zuletzt *beiden* so viel italienischen Boden als erreichbar, zu entreißen. Mit einem großen Heer von 100000 Mann zog er über die Alpen nach *Ligurien*, angeblich den Goten zu Hilfe. Unter diesem Schein gewann er ohne Schwertstreich, vielmehr eifrig von den Goten unterstützt, den Übergang auf das rechte Ufer des Po bei *Pavia (Ticinum)*, überfiel darauf das Lager der Goten, welche die vermeintlichen Helfer mit Freuden bewillkommnet hatten, schlug und verfolgte die Entsetzten, schlug auch eine byzantinische Abteilung, nachdem er über *Bologna* hinaus bis in die Nähe von *Ravenna* gelangt war, wurde aber dann durch verheerende Seuchen wohl mehr als durch die Drohungen Belisars mit der Rache des Kaisers für solchen Vertragsbruch zum Rückzug bewogen, auf *welchem* er (vermutlich) *Genua* plünderte.
Während Theudebert Oberitalien zu gewinnen trachtete, unternahmen (543) *Childebert* und *Chlothachar* den im Ergebnis erfolglosen Feldzug gegen den Westgotenkönig *Theudis*. *Saragossa* wurde durch die von den Belagerten unter Psallieren auf den Wällen umhergetragene Tunica des *heiligen Vincentius* gerettet, wobei das Mirakel des Heiligen zugunsten der ketzerischen Arianer billig Befremdung erweckt.
Zur Behauptung ihres Besitzes jedesfalls, wenn nicht wegen jenes Vertrages mit Totila, fochten inzwischen Franken Theudeberts in Italien *gegen Byzantiner;* noch im Todesjahr Theudeberts (548) fiel *Lantachar*, Herzog der Franken, »im römischen Krieg«, das heißt im Kampf gegen die Kaiserlichen. Es ist auch nicht unwahrscheinlich, daß Theudebert sich wirklich mit dem (ihm von *Agathias* zugeschriebenen) Plan getragen habe, im Bund mit *Gepiden* und *Langobarden* Justinian in *Thrakien* anzugreifen. Totila hat ja diese Verteidigung durch den Angriff auf das Ostreich wirklich ausgeführt; ein Zusammenwirken mit Theudebert und jenen beiden Völkern in Pannonien war vielleicht geplant.
Im Jahre 548 starb Theudebert an einer Krankheit (unglaubhaft meldet *Agathias*: auf einer Bärenjagd). Ihm folgte sein Sohn Theudebald (vom Jahre 548–555), der seines Vaters Kraft nicht geerbt hatte. Sofort forderte Justinian den noch unmündigen Sohn auf, die Eroberungen des Vaters in Italien herauszugeben und endlich die lange versprochene Waffenhilfe wider die Goten zu leisten. Die Antwort des Theudebald ist uns erhalten; gegen den Vorwurf des Treubruchs verteidigt er den Vater. Übrigens verweigerte er die Herausgabe des Ganzen.
Wenigstens verwehrten noch Jahre darauf die fränkischen Besatzungen *Narses* den Durchzug durch Venetien, ihm dadurch erhebliche Verlegenheiten bereitend. Namentlich gelang es des Narses Unterfeldherrn *Valerianus* nicht, ihnen *Verona* zu entreißen. *Teja*, Totilas Nachfolger, suchte die durch die Niederlage zu *Taginas* furchtbar geschwächte Macht der letzten Goten durch ein abermals angestrebtes Bündnis mit den Franken zu verstärken. Aber diese, lediglich auf ihren eigenen Vorteil bedacht, wollten weder für Goten noch für Romäer sterben, sondern Italien für sich selbst gewinnen« (Prokop). Sie blieben neutral. Nach Tejas glorreichem Untergang am Vesuv führten gotische Scharen in Venetien den Widerstand noch fort und wandten sich abermals an Theudebald um Hilfe.

»Aber dies Knäblein, entartet und unkriegerisch, schon ganz siech und übler Leibesgesundheit, (– welcher Abstand des Urenkels Chlodovechs von diesem Ahn! –) wies sie ab«: er fürchtete den Konflikt mit Byzanz. Doch zwei *alamannische* Herzoge, *Leuthari* und *Bucelin* (oder *Butilin*: offenbar doch der schon früher in Italien genannte), welche große Macht bei den Franken hatten, so daß sie Theudebert ihren Stamm (die Alamannen) hatte beherrschen lassen, beschlossen, in Italien zunächst gegen die Byzantiner und also für die Goten, vor allem aber in eignem Interesse zu kämpfen. Man darf diesmal der Quelle (Agathias) Glauben schenken, daß ihr Unternehmen wirklich dem König Theudebald nicht gefiel – es war jetzt sicher nicht, wie im Jahre 538, bloßes Vorgeben – und es ist sehr bezeichnend für das rasche Sinken merowingischer Königsmacht gegenüber dem Dienstadel und dem Stammesherzogtum, daß die beiden Brüder 75000 Mann, nicht nur Alamannen, auch Franken, gegen den Willen des Königs zu diesem Feldzug zusammenbringen. Butilin hat die ihm von einem Teil der führerlosen Goten angetragene Krone nicht ausgeschlagen (im Jahre 552). Nach dem Untergang dieser Scharen gingen alle Eroberungen Theudeberts an Narses verloren.

Lehrreich ist es, mit dem Widerstand der *freien Franken* auf Grund des alten Volksrechts gegen die Besteuerungsversuche des Königstums zu vergleichen, den Widerstand der *Kirche* gegen das gleiche Trachten vom Standpunkt ihrer alten Privilegien aus und mit den altbewährten Waffen der Drohung mit dem Zorne Gottes.

König Chlothachar versuchte eine allerdings sehr hoch gegriffene Steuer den Kirchen seines Gebietes aufzulegen. Man wird neben der merowingischen Habgier auch hier eine gewisse objektive Begründung annehmen dürfen. Die Aufgaben, das heißt die Ausgaben des Königtums stiegen, die Besteuerung der Franken stieß auf heftigen Widerspruch, die Kirche war ohne Zweifel neben, ja wohl vor der Krone die reichste Kapitalistin im Staat; ihre Heranziehung zur Steuer trotz alter kaiserlicher, vielen (keineswegs *allen* Kirchen als solchen) Kirchen erteilter Privilegien, war nicht unbillig.

Aber der König sollte erfahren, daß mit der alten, im Prinzip überwundenen Volksfreiheit viel leichter fertig zu werden war als mit der Kirche, der viel mehr noch als dem Königstum die Zukunft gehörte.

»Der König Chlothachar hatte aber ein Gebot erlassen, daß alle Kirchen seines Reiches den dritten Teil ihrer Jahresfrüchte an seine Schatzkammer (»fiscus«) entrichten sollten. Dies Gebot, das alle Bischöfe, obwohl widerwillig, gutgeheißen und unterschrieben hatten, wies der heilige *Injuriosus von Tours* in mannhafter Weigerung zurück. »Wenn du«, sagte er, »Gottes Gut nehmen wirst, so wird der Herr dir gar geschwind dein Reich nehmen«. Seit Chlodovechs Not in der Alamannenschlacht hatte die Kirche, aber wohlverstanden, nicht aus Heuchelei, sondern im besten Glauben, durch Drohung und Verheißung sehr weltlicher Schläge oder Belohnungen meist gegen die Könige durchgesetzt, was sie gewollt: »denn es ist schändlich, daß, während du die Armen aus deinen Kornspeichern ernähren solltest, diese Speicher von deren Notdurft gefüllt werden sollen«. Und zornig gegen den König ging er davon, ohne ihm den Abschiedsgruß zu bieten. Da wurde dem König bange, er fürchtete auch die Macht des *heiligen Martinus*; und so schickte er Boten hinter dem Bischof her mit Geschenken, bat um Verzeihung, nahm zurück und verurteilte, was er getan, und bat zugleich den Bischof, er möge die Wunderkraft des heiligen Bischofs Martinus zu seinen Gunsten anflehen«. Wie völlig unfähig aber solch abergläubische Furcht vor der Zauberkraft der Heiligen, zu schaden oder zu nützen, zu sittlichem Einfluß auf das Leben dieser Franken war, beweist der Bericht Gregors über dieses königlichen Heiligenfürchters Wandel in geschlechtlichen Dingen.

Selten nur ist es uns vergönnt, wahrzunehmen, in welcher Abstufung damals schon der durch Jahrhunderte sich hinziehende Prozeß sich entwickelte, welcher allmählich aus romanisierten Kelten und aus Franken (sowie Burgundern und Goten) das Volk der Franzosen gestaltet hat. Selbstverständlich geschah die Romanisierung der Franken im Süden und Westen rascher als im Norden und Osten, abgesehen von anderen Gründen – so zum Beispiel dem Klima und der intensiveren Romanisierung, schon der Gallier in römischer Zeit – schon deshalb, weil nur im Norden und Osten eine *dichte* fränkische Bevölkerung das Land erfüllte, während jenseits der Loire (abgesehen von den Goten) Germanen, das heißt Franken keineswegs in breiter Menge als Bauern oder Edle wohnten, sondern nur in einzelnen Kolonien, auf königlichen Gütern, ferner als Besatzungen, endlich als einzelne Beamte und (später) Vasallen.

Da ist es denn lehrreich zu beachten, daß schon für diese Zeit von Gregor *Austrasien*, Theudebalds Reich, als »Francia«, »Frankenland« bezeichnet wird: »weil hier das fränkische Leben am reinsten war und sich am wenigsten mit römischen Elementen mischte«. Im vollen Gegensatz hierzu wird später der Name »Francia« besonders auf das Land von der Maas und Somme bis zur Loire, auf *Neustrien* angewendet, und werden die Austri, Austrasii, seit Ende des 9. Jahrhunderts dann die Teutisci, Teotisci den »Franci« entgegengesetzt.

Selbstverständlich hatten sich in diesem Austrasien damals noch die altgermanischen Rechtsgebräuche wie im privaten, so im öffentlichen Recht völlig erhalten, auch solche, welche ursprünglich mit heidnischen Sitten, zumal Opfern, eng verknüpft gewesen waren; nur diese sakralen Formen mußten seit der Taufe Chlodovechs wegfallen. So erfahren wir, daß Chlothachar, nachdem er Theudebalds Reich geerbt, nach alter Sitte feierlichen »Umritt« hielt, nach der Thronbesteigung, um es, wie der Private, welcher durch Auflassung ein Grundstück erworben, in förmlichen Besitz zu nehmen, auch wohl sich seinem ferner wohnenden, neu erworbenen Volke zu zeigen, wobei ursprünglich den Grenzgöttern Opfer gebracht wurden. Die Sitte wird, wie hier, so bei Chramns und Gundovalds Erhebungen im Jahre 584 erwähnt. »Sie hat sich bis in die Zeiten der salischen Kaiser erhalten.« Bei diesem Umritt nun vernahm Chlothachar von den Seinen, »daß die *Sachsen* wiederum in wiederholtem Anfall von Wut sich empörten und die Tribute, welche sie jährlich darzubringen gepflegt hatten, zu entrichten, sich weigerten.« Wir wissen, wie oben bemerkt, nicht, wann einzelne Thüringen benachbarte sächsische Gaue (keinesfalls zahlreiche) zu Zinspflicht und gewiß nur lockerer Abhängigkeit gebracht worden waren. Die vor kurzem wieder unterworfenen, erheben sich hier aufs neue. »Über diese Kunde ergrimmt, brach er gegen sie auf. Und als er schon ihren Marken nahe war, schickten die Sachsen Gesandte zu ihm und sprachen: »Wir weigern dir nicht die Anerkennung, und was wir deinen Brüdern und Neffen zu entrichten pflegten, weigern wir auch dir nicht, ja mehr noch, wenn du es verlangst, wollen wir dir leisten. Nur um eines bitten wir, daß Friede sei, auf daß nicht dein Heer und unser Volk im Kampf Schaden leide.« Da Chlothachar dies hörte, sagte er zu den Seinigen: »Diese Leute haben Recht, laßt uns nicht über sie herfallen, damit wir nicht etwa gegen Gott sündigen.« Aber jene sprachen: »Wir kennen sie aber als Lügner, und sie werden nimmer erfüllen, was sie versprochen. Laßt uns über sie einbrechen!« Abermals baten die Sachsen um Frieden und boten von aller ihrer Habe die Hälfte. Und König Chlothachar sprach zu den Seinigen: »Stehet ab, ich bitte euch, von diesen Leuten, damit nicht der Zorn Gottes über uns aufgereizt werde.« Aber jene beruhigten sich nicht. Wieder boten die Sachsen ihre Kleider, ihre Herden und ihre gesamte Habe. »Dies Alles«, sagten sie, »nehmt mit der Hälfte unseres Landes, lasset dafür uns nur unsere Weiber und unsere Kinder in Freiheit, und lasset es nicht zum Krieg zwischen uns kommen.« Die Franken wollten sich aber auch hierbei nicht beruhigen. Da sagte der König Chlothachar zu ihnen: »Stehet ab, ich bitte euch, stehet ab von diesem Vorhaben. Denn wir haben keine gerechte Sache (»verbum directum«: wie oben bei Theuderich). Ziehet nicht in einen Krieg, in dem ihr euch zugrunde richten werdet. Wollt ihr aber doch auf eure eigne Faust aufbrechen, so werde ich euch nicht folgen.« Darauf erhoben sich jene zornentbrannt wider König Chlothachar, stürmten auf ihn ein, erbitterten ihn durch Schmähungen, zogen ihn mit Gewalt dahin und wollten ihn umbringen, wenn er zögere, mit ihnen aufzubrechen. Da dies Chlothachar sah, brach er, widerwillig, mit ihnen auf. Doch als es zum Kampf kam, wurden sie von den Gegnern unter größtem Blutvergießen geschlagen, und eine so große Menge fiel auf beiden Seiten, daß man sie gar nicht schätzen oder berechnen kann. Da bat Chlothachar sehr beschämt um Frieden. Nicht mit seinem Willen, sagte er, sei er über sie gezogen. Als er den Frieden erhalten hatte, zog er heim.« Dieser Bericht Gregors ist sagenhaft. Ganz ähnlich wird in anderen Stammessagen anderer Völker erzählt von gerechten Strafen für frevelhafte Kampf- das heißt Beutegier von Angreifern gegenüber schwächeren Völkern, welche mit stets gesteigerten Anerbieten den Frieden erkaufen wollen, endlich aber, durch hartnäckige Verweigerung in Verzweiflung gebracht, kämpfen und durch die Götter oder durch Gott zur Strafe der Hartherzigen siegen. Fest steht vielmehr, daß Chlothachar (nach der angeblichen Chronik Fredigars, Kap. 74) den Sachsen einen jährlichen Tribut von 500 Kühen auferlegt und diesen erst im Jahre 631 König *Dagobert* erlassen habe.

Aber der Bericht Gregors ist doch von höchstem Wert, insofern er zeigt, daß, *nach Auffassung eines Zeitgenossen*, das Volksheer der Franken abermals wie gegenüber Theuderich so grimmig auf Kampf besteht, aus Kriegslust und aus Rache, zumal aber aus Beutegier, daß es jedes andere Anerbieten ausschlägt. Es ist die fortreißende allüberwiegende Leidenschaft, die herrschende, des fränkischen Nationalcharakters. Sodann aber ist es zweitens lehrreich, daß ein Zeitgenosse ohne Zweifel daran glaubt, der König ist dem in seinen Waffen gescharten Volksheer gegenüber völlig unfähig, im Jahre 565 wie im Jahre 532, und nicht mächtiger als schon Chlodevech im Jahre 486, seinen Willen durchzusetzen.

Einstweilen tat Chramn, der Sohn Chlothochars zu Arvern, viel Böses, immer Mißgunst tragend gegen Bischof Cautinus. »Zu jener Zeit erkrankte er schwer, so daß ihm durch allzuheftiges Fieber die Haare ausfielen. Er hatte damals um sich einen herrlichen und in jeder Tugend hervorragenden Mann, mit Namen *Askovind*, einen Bürger von Arvern, der ihn mit Gewalt von seinem schlimmen Wesen abzubringen suchte, es aber nicht vermochte. Denn er hatte auch einen anderen Mann in seiner Nähe, *Leo* mit Namen, von *Poitiers*, der war ihm ein scharfer Antrieb zu allen bösen Dingen. Denn seinem Namen gemäß war er wie ein Leu unhemmbar wild in allen Lüsten.« Solche Angaben Gregors sind höchst lehrreich; sie zeigen uns, daß sogar nach *seiner* Auffassung (und er war nach Abstammung, Erziehung, geistlicher und weltlicher Bildung, nach Lebensstellung, Umgebung und unwillkürlicher Neigung gewiß ganz »Römer«, nennt er doch die Franken stets »Barbaren«) ein *Franke* zum Guten, zur Mäßigung, ein Römer (denn das war dieser Leo sonder Zweifel) zu Frevel und Gewalt raten kann; es ist also ganz falsch, wie so oft namentlich von *französischen* Historikern geschieht, dies Verhältnis prinzipiell und ausnahmslos umzukehren und immer nur die tugendhaften Römer durch die rohen Barbaren teils vergewaltigt, teils verführt hinzustellen. Auch ist klar, daß der Franke Askovind als Bürger von Arvern und in der Umgebung Chramns in der Stadt gelebt haben muß. Es ist die noch immer vertretene Vorstellung aufzugeben, die Franken hätten lediglich das flache Land (als Großgrundherrn oder kleine Bauern) bewohnt. »Dieser Leo soll einstmals gesagt haben, (die heiligen) *Martinus* und *Martialis*, die Bekenner des Herrn, hätten nichts hinterlassen, was für den königlichen Schatz von Wert sei. Doch schlug ihn sogleich die Wunderkraft der Bekenner: er wurde taub und stumm, und starb im Wahnsinn. Es kam zwar der Elende nach Tours zu der Basilika des heiligen Martinus, hielt dort (unter Gebeten) die Nachtwache und spendete Geschenke, aber die so oft erprobte Wunderkraft (des Heiligen) würdigte ihn nicht der Berücksichtigung; ebenso krank, wie er gekommen war, ging er von dannen.«

»Chramn verließ darauf Arvern und ging nach der Stadt Poitiers (»ad Pictavis civitatem«: sic). Da er hier mit großer Machtherrlichkeit Hof hielt, plante er, durch den Rat böser Menschen verführt, auf seines Oheims *Childebert* Partei überzutreten und seinem Vater Nachstellungen zu bereiten. Jener versprach ihm auch, obwohl in arglistiger Meinung, ihn bei sich auf- und in Schutz zu nehmen, während er ihn doch vielmehr hätte geistlich ermahnen sollen, nicht als Feind gegen seinen Vater aufzutreten. Darauf verständigten sie sich durch heimliche Boten und verschworen sich einmütig gegen Chlothachar. Denn Childebert gedachte nicht mehr daran, daß er, so oft er gegen seinen Bruder etwas unternommen, jedesmal mit Schande hatte abziehen müssen.

Zu den Zeiten des Königs Chlothachar starb auch der Heilige Gottes, *Medardus*, Bischof von *Noyon*, aus vornehmem, *fränkischem* Geschlecht (Franken in den Bischofsstühlen sind also nun schon häufig), nachdem er seinen Lebenslauf guter Werke vollendet hatte, hochbetagt und hervorragend durch Heiligkeit. König Chlothachar begrub ihn mit höchsten Ehren in der Stadt *Soissons* und fing an, eine Basilika über ihm (das heißt seinem Sarge) zu bauen, welche sein Sohn *Sigibert* nachher vollendete und einrichtete. *Venantius Fortunatus* feiert an mehreren Stellen König Sigibert wegen dieses Baues, der als besonders prächtig galt. »Bei dem heiligen Grab des Bischofs aber sahen wir Fesseln und Ketten von Gefangenen zerrissen und zerbrochen liegen, welche bis auf den heutigen Tag dort am Grab des Heiligen zum Zeugnis seiner Wunderkraft aufbewahrt werden.«

König Childebert aber begann zu kränkeln, und nachdem er sehr lange Zeit zu Paris im Bett gelegen hatte, starb er (im Jahr 558). Begraben ist er in der von ihm selbst erbauten Basilika des heiligen *Vincentius*. Er wurde wegen seiner der Kirche ergebenen Gesinnung von den Geistlichen, welche damals schrieben, sehr gefeiert: er baute, dotierte, schützte viele Klöster und Kirchen, hielt Konzilien, korrespondierte mit dem Papst und anderen Bischöfen. »König und Priester zugleich« nennt ihn *Venantius Fortunatus*, der ihn in mehreren Gedichten und in der Lebensbeschreibung des heiligen *Germanus* lobt. Gregor aber, gerade deshalb erst recht glaubhaft, weil er sich in rühmlicher Weise durch jene auch ihm wohlbekannte Kirchenfrömmigkeit nicht beirren läßt, beurteilt und schildert ihn weniger günstig.

Sein Reich und seine Schätze nahm König Chlothachar in Besitz. So war nun das gesamte Frankenreich, das gewaltig erweiterte Erbe Chlodovechs, wieder in einer Hand zusammengeschlossen. Aber auch jetzt geschah nichts, diese Einheit zu erhalten, vielmehr wurde alsbald der Staat abermals rein privatrechtlich unter des Königs vier Söhne verteilt und die unheilvollen Folgen solcher Teilung machten sich rasch noch verderblicher geltend als bisher.

Childeberts Witwe *Wultrogotha* und dessen Töchter, *Chrotberga* und *Chrotesinda*, schickte Chlothachar in Verbannung. Später nahm sich Chlothachars Sohn, *Charibert*, dieser drei Frauen an, rief sie aus der Verbannung zurück und erwies ihnen alle Ehre. Chramn erschien nun auch vor seinem Vater, aber hernach empörte er sich nochmals (»infidelis existit«). Und da er sah, daß er seinem Vater nicht entgehen könne, floh er nach der *Bretagne* und verbarg dort sich und seine Töchter bei dem Grafen *Chonomer; Wilichar* aber, sein Schwiegervater, nahm Zuflucht in der Basilika des heiligen Martinus. »Damals geriet diese heilige Kirche wegen der Sünden des Volkes und der Entweihungen, welche sie durch Wilichar und sein Weib erlitt, in Brand (das heißt Gott strafte das Volk für solche Sünden durch diesen Brand), was wir nicht ohne schweres Seufzen erzählen.« Auch die Stadt Tours selbst war schon im Jahr zuvor von einem Feuer (fast) zerstört worden, und alle Kirchen daselbst waren leer und öde geblieben. Danach wurde aber die Basilika des heiligen Martinus auf Anordnung König Chlothachars mit Zinn gedeckt und in demselben Glanz hergestellt, wie sie früher gewesen war. Damals erschienen auch zwei Heuschreckenschwärme, welche über Arvern und Limoges (Lemovicinum) kamen und, wie man erzählt, in die Ebene von *Romagnat* (Romaniacum campum, ein Dorf bei *Clermont*) zogen, wo sie sich eine Schlacht untereinander lieferten und großenteils aufrieben.

Der König Chlothachar aber zog mit einem Heer gegen Chramn in die Bretagne. Aber auch dieser scheute sich nicht, gegen den Vater ins offene Feld zu ziehen. Als beide Heere dicht beieinander auf einer Ebene lagerten, und Chramn mit den Britannen schon gegen den Vater in Schlachtordnung aufgestellt stand, ließ man doch vom Kampf ab, weil die Nacht hereinbrach. In dieser Nacht aber sprach Chonomer, der Graf der Britannen, zu Chramn: »Unrecht scheint es mir, daß du gegen deinen Vater zum Kampf ziehen solltest. Verstatte mir, in dieser Nacht über ihn herzufallen und ihn mit seinem ganzen Heer zu vernichten.« Chramn jedoch, durch Gottes Wunderkraft selbst, wie ich glaube, abgehalten, ließ dies nicht geschehen. Als es Morgen geworden war, eilten beide mit ihren aufgebotenen Heeren widereinander zum Kampfe. Chlothachar aber schritt einher, um wie ein neuer David gegen seinen Sohn Absalon zu kämpfen, schlug voll Trauer an seine Brust und sagte: »Sieh herab, Herr, vom Himmel und richte meine Sache, da ich unverdiente Unbill von meinem Sohne leide. Sieh herab und richte gerecht, finde auch hier das Urteil, das du einst zwischen Absalon und seinem Vater aufgestellt hast.« Als es aber zum Kampfe kam, wandte der Graf der Britannen den Rücken und fand dort den Tod. Da ergriff auch Chramn die Flucht; er hatte schon Schiffe auf dem Meer bereitliegen. Aber da er noch sein Weib und seine Töchter retten wollte, wurde er vom Heer des Vaters überwältigt, gefangen und gebunden. Da dies König Chlothachar gemeldet wurde, befahl er ihn mit seinem Weib und seinen Töchtern zu – verbrennen. Und sie wurden eingesperrt in die Hütte eines armen Mannes, Chramn auf eine Bank gelegt, mit einem Schweißtuch erdrosselt, und dann das Häuschen über ihren Häuptern angezündet. So kam Chramn mit seinem Weib und seinen Töchtern um (im Jahre 560).

Man sieht, nicht nur gegen Fremde, auch gegen das eigene Blut verleugneten die Nachkommen Chlodovechs die mörderische Wildheit des Geschlechtes nicht. Ganz im Stil der Zeit ist es nun, wenn Gregor unmittelbar an diese grausame Tötung des freilich schuldigen Sohnes, aber auch dreier schuldloser Frauen, die Worte knüpft:

»König Chlothachar aber reiste im einundfünfzigsten Jahre seiner Herrschaft mit vielen Geschenken an der Schwelle des *heiligen Martinus* und kam nach *Tours* zu dem Grabe des genannten Bischofs. Hier erwog er noch einmal alle Taten, in denen er *vielleicht* sich verfehlt hatte, und betete unter schwerem Seufzen, der heilige Bekenner möge ihm für seine Sünden die Barmherzigkeit des Herrn erflehen und, was er Unrechtes begangen, durch seine Fürbitte vergessen machen. Darauf kehrte er zurück und noch in demselben Jahre wurde er, als er in dem Walde von *Cuise* (*Cotia silva*: heute Fortê de Compiègne) jagte, vom Fieber ergriffen. Er kehrte sogleich nach dem Gehöft von Compiègne (ad Compendium villam) um. Und als er hier schwer vom Fieber gepeinigt wurde, sprach er zum öfteren: ›Weh! (Wa, sagt Gregor) wie mächtig, meint ihr, muß jener himmlische König sein, der so große Könige so töten kann?‹ Und in dieser Qual hauchte er den Atem aus. Seine vier Söhne brachten ihn unter hoher Ehrung nach *Soissons* und begruben ihn in der Basilika des heiligen *Medardus*.«

Übrigens ist doch wohl anzunehmen, daß unter den zu »bereuenden Sünden« des Königs nach Gregors Urteil auch jene Bestrafung seiner Kinder und Enkelinnen schwer wog, denn er schließt nicht ohne Bedeutung mit den Worten: »Er starb aber nach Verlauf eines Jahres einen Tag gerade nach dem, an welchem Chramn getötet worden war.« (Im Jahr 561.)

Zunächst machte freilich einer der vier »Erben« den Versuch, wenn nicht seine Brüder von der Regierung ganz auszuschließen und, wie Chlothachar in seinen letzten drei Jahren, allein zu herrschen – so doch seinen Anteil gewaltig zu erweitern, doch ohne Erfolg. Und obgleich es der geistvollste, manigfaltig begabteste der Söhne war – *Chilperich* nämlich –, werden wir doch nicht, falls er die Alleinherrschaft anstrebte, was sehr zweifelhaft scheint, die höhere politische Einsicht in die Verderblichkeit der privatrechtlichen Behandlung des Staates, in die Notwendigkeit der Einheit der Staatsgewalt als Triebfeder annehmen dürfen, sondern ganz einfach die altmerowingische Hab- und Machtgier, zumal Chilperich zweifellos, wie der talentvollste, geistig beweglichste, so auch der bösartigste der vier Brüder war, welcher seine schlimme Natur noch oft genug – nach sehr verschiedenen Richtungen – darlegen sollte. »Chilperich nahm nach der Bestattung des Vaters die Schätze, die auf dem Hofe *Braine* aufgehäuft waren, für sich weg, suchte die angesehensten (Utiliores) Franken auf, gewann sie durch Geschenke, sich ihm zu unterwerfen, zog bald darauf nach Paris und nahm den Königssitz Childeberts weg. Aber nicht lange war ihm verstattet, dies zu besitzen. Denn seine Brüder verbanden sich gegen ihn und vertrieben ihn daraus, und so machten sie denn ihrer vier – *Charibert* (561–567) nämlich, *Guntchramn* (561–593), *Chilperich* (561–584) und *Sigibert* (561–575) – unter sich eine dem Recht entsprechende Teilung. Und zwar teilte *Charibert* das Los Childeberts Reich zu (Aquitanien), und seinen Königssitz sollte er zu *Paris* haben, dem *Guntchramn* Chlodomers Reich (Burgund) mit dem Königssitze *Orleans*, *Chilperich* aber sollte das ursprüngliche Reich seines Vaters Chlothachar (Aremorica, das salische Land südlich vom Kohlenwald, Neustrien) mit dem Herrschersitz *Soissons* (später *Tournay*) empfangen, *Sigibert* endlich das Reich des Theuderich (Austrasien und Ripuarien) mit *Reims* als dem Sitz der Herrschaft zufallen.«

Diese Teilung hat der früheren Teilung von 511 doch nur sehr im allgemeinen entsprochen, so in bezug auf die Hauptstädte; im übrigen erhielten die vier Reiche jetzt zum Teil eine ganz andere Zusammensetzung, auch abgesehen von den seither neu einverleibten Gebieten, als damals. So kamen Tours und Poitiers, die früher zu Orléans gehörten, jetzt zu Paris, Le Mans, das früher zu Paris gehörte hatte, jetzt an Soissons. *Chilperich* erhielt das alte salische Land und die eine Hälfte des alten Aremorica mit Rouen, Lisieux, Bayeux, Coutances und Maine (die spätere Normandie und Maine), südlich der Loire in Aquitanien Limoges, Cohars und die Gascogne, in dem früheren Reich des Syagrius nur Soissons. *Sigibert* erhielt außer Austrasien das ripuarische Franken, den größten Teil der Champagne mit Ausnahme von Troyes, Langres und Sens, in Aquitanien die Auvergne, Rhodez, Gévaudan und Uzés, sowie einen Teil der Provence mit Avignon, einen Teil des Gebietes von Marseille. Sein Sitz war Reims (später Metz). *Guntchramn* erhielt das ehemalige Königreich Burgund, den Rest der Champagne, Auxerre und Orléans, sowie in Aquitanien das Land zwischen Périgueux und Toulouse, und Arles in der Provence. *Charibert* endlich empfing die westliche Hälfte der Aremorica (die spätere *Bretagne*), in dem Reich des Syagrius Paris, Beauvais und Senlis, die noch übrigen ausgedehnten Besitzungen in Aquitanien: Tours, Cahors, Poitiers, Bourges, Saintonges, Angoulême und Bordeaux, und den Rest der Provence. Es besaß daher jeder der Brüder ein Hauptland mit Besitzungen in Aquitanien und im früheren Reich des Syagrius.

Die geographische Lage brachte es mit sich, daß sehr lange Zeit den Angriffen *äußerer* Feinde unter den fränkischen Teilreichen das Austrasische am meisten, ja, abgesehen von *langobardischen* Einfällen über die See-Alpen (seit 569), ausschließend ausgesetzt war. Erst nach der Eroberung des Westgotenreiches (denn die Kämpfe gegen dieses waren *fränkische* Angriffe) durch die *Mauren* (im Jahre 711) und seit den Raubfahrten der *Normannen* wurde dies anders (Mitte des 9. Jahrhunderts). Und oft genug haben die südwestlichen Reiche

der Merowinger solche Bedrängnis Austrasiens von Osten her, wenn nicht geradezu angezettelt, doch zu gleichzeitigen Stößen benützt.
So auch jetzt, da zum ersten Mal (im Jahre 562) ein neu auftauchender, barbarischer Feind, der ungarischen Unholde Vorläufer, sich vom fernen Osten her durch die Außenlande Austrasiens drohend gegen den Rhein ergoß. Es waren die (von Gregor fälschlich »*Hunnen*« genannten) *Awaren*. Dieses nomadische Reitervolk (âwâre, persisch: der Schweifende) aus Verbrüderung zweier *türkisch-finnischer* Stämme oder Horden: der *Vari* und der *Chuni* (dieser Name gab weiteren Anlaß, sie mit den Hunnen zu identifizieren) entstanden, taucht um das Jahr 460 zuerst in den Wolga-Steppen am Kaspischen Meer auf, dringt dann in Europa ein und erscheint ein Jahrhundert später, im Jahre 565, in den Ebenen an der unteren und mittleren Donau, aber seit dem Abzug der *Langobarden* nach Italien, im Jahr 568, in Pannonien.
»Nach dem Tode König Chlothachars zogen also diese ›Hunnen‹ gegen Gallien heran. Sigibert rückte mit seinem Heer gegen sie aus, und sie wurden im Kampf besiegt und in die Flucht geschlagen. Danach aber gelang es deren König, mit Sigibert durch Gesandte Freundschaft zu schließen. Da aber in der Zeit, da Sigibert ganz durch deren Andrang beschäftigt war, drang Chilperich in *Reims* ein und nahm auch noch andere Städte, die jenem gehörten. Hieraus entstand, was noch ärger war, zwischen ihnen ein Bürgerkrieg. Sigibert, als Sieger über die ›Hunnen‹ zurückkehrend, nahm *Soissons* (Suessionas civitatem), fand dort *Theodobert*, König Chilperichs Sohn, nahm ihn gefangen und schickte ihn in Verbannung. Er rückte gegen Chilperich, dieser wurde geschlagen und in die Flucht gejagt. Sigibert aber brachte seine Städte wieder unter seine Herrschaft, und scheint auch Soissons behalten zu haben, so daß Chilperich fortab seinen Sitz nach Tournay verlegte. Theodobert, Chilperichs Sohn, ließ er auf dem Hofe zu *Ponthion* (apud *Ponticonem* villam, königlicher Hof) im *pagus Pertensis* am Flusse *Saltus*, nicht weit von *Vitry le brulé* (Victoriacum incensum) in der Champagne, ein ganzes Jahr lang bewachen, danach aber sandte er ihn, ›wie er denn mildgütig war‹ – in der Tat verdient Sigibert dies Lob – seinem Vater unversehrt und reichlich beschenkt zurück. Zuvor aber hatte er sich von ihm schwören lassen, daß er niemals gegen ihn feindlich handeln wollte. ›Doch dieser Eid wurde in der Folge – so wollten es die Sünden der Zeit – gebrochen‹«.
Bald hierauf, etwa im Jahre 565 oder 566 (nicht erst im Jahre 567, wie andere wollen), erfolgte ein zweiter Angriff der Awaren. Es kam in den Gegenden des früheren Krieges abermals zum Kampf (also in Thüringen), aber dieser zweite Einfall war mit viel bedeutenderen Kräften unternommen. Sie waren früher unter Justinian Foederati des byzantinischen Reiches gewesen. *Justinus II.* kündigte nach seinem Regierungsantritt (565) dies Verhältnis. Dadurch wurden die Einkünfte (Naturalverpflegung und Geld) dieser Nomaden bedeutend geringer, eine größere Zahl von Kriegern zur Verfügung frei, das ganze Volk wurde mehr zum Erwerb durch Beute gedrängt. Dem kraftvolleren Angriff entsprach denn auch der Erfolg. Gregor erzählt: »Die Hunnen versuchten abermals, bis nach Gallien vorzudringen. Gegen sie zog Sigibert in das Feld, eine große Schar tapferer Männer mit sich führend (und zwar bis nach Thüringen ihnen entgegen. Paul. Diaconus). Da es aber zum Schlagen kommen sollte, zeigten ihnen jene, in Zauberkünsten bewandert, allerlei Spukgestalten, überwanden

und schlugen sie entschieden. Sigiberts Heer floh, er selbst wurde von den Hunnen eingeschlossen und würde von ihnen gefangen worden sein, hätte er nicht später, wie er denn fein und verschlagen war, sie durch Geschenke überwunden, die er durch Tapferkeit in der Schlacht nicht hatte überwinden können. Denn als er ihrem König Geschenke gemacht, schloß dieser einen Vertrag mit ihm, daß sie in allen ihren Lebenstagen keine Kämpfe mehr miteinander halten sollten. Und das wird ihnen gerechterweise mehr zum Ruhm als zur Schande angerechnet werden. Aber auch viele Geschenke gab König Sigibert dem Hunnenkönig. ›*Gagan*‹ wurde derselbe genannt, denn alle Könige dieses Volkes führen denselben Namen.«

König Guntchramn aber setzte den *Patricius Agroecula* ab und bekleidete mit dessen ehrenvoller Stellung den *Celsus*, einen Mann von hohem Wuchs, breiten Schultern und kräftigem Arm (also auch Römer, keineswegs nur Franken, zeigen diese kriegerische Tüchtigkeit), stolz in der Rede, gewandt in Geschäften und im Rechte wohl bewandert. Das war es eben, was den *germanischen* Großen fehlte, denn das Recht, um das es sich hier handelt, ist gewiß nicht germanisches Recht, das in der durchaus römischen, nur von spärlichen Goten und einzelnen Franken bewohnten Provence sehr selten in Anwendung kam. Und auch abgesehen vom Privatrecht, war der größte Teil des Amtsrechts, des Rechtsverkehrs – vor allem das ganze *Urkundenwesen* – römisch.

Er zeigte aber in der Folge solche Habgier, daß er öfters sich sogar an dem Gut der Kirche vergriff und es sich aneignete. Als er einstmals in der Kirche die Stelle des Propheten *Jesaias* lesen hörte, wo es heißt: »Wehe denen, die ein Haus an das andere ziehen und einen Acker zum andern bringen, bis daß kein Raum mehr vorhanden sei, daß sie allein das Land besitzen« (Jesaias 5, 8); soll er zur bösen Stunde ausgerufen haben: »Dies Weh gilt mir und meinen Kindern.« Er hinterließ einen Sohn, der aber ohne Kinder starb und den größten Teil seines Vermögens den Kirchen, welche der Vater beraubt hatte, wieder vermachte. Es wurden also nacheinander *Römer* zu dieser wichtigen Statthalterstellung berufen.

»Der gute (auch dieser verdient das Lob der Gutmütigkeit, was merowingische Begehrlichkeit nach dem gotischen Besitz in Gallien freilich nicht ausschloß) König Guntchramn nahm zuerst *Veneranda*, die Magd eines seiner Leute, als Beischläferin in sein Bett auf, und diese gebar ihm den *Gundobad*. Nachher heiratete er *Markatrude*, die Tochter des *Magnachar*, und sandte seinen Sohn Gundobad nach *Orléans*. Markatrude aber stellte aus Neid, als sie auch einen Sohn erhalten hatte, jenem nach dem Leben und mischte ihm, wie man sagt, Gift in einen Trunk, den sie ihm übersandte. Als er aber an dem Gift gestorben war, verlor auch sie selbst durch Gottes Gericht ihren Sohn und lud des Königs Zorn auf sich. Sie wurde von ihm verstoßen und starb nicht lange nachher. Nach ihr nahm der König zum Weibe *Austrigilde*, mit dem Beinamen *Bobila*. Von ihr erhielt er noch zwei Söhne, von denen der ältere *Chlothachar*, der jüngere *Chlodomer* genannt wurde.« Man sieht, die alten im merowingischen Geschlecht früher vorgekommenden Namen werden gern wiederholt. Dies war nicht nur im Königshause, sondern in den meisten Geschlechtern der Fall (vgl. die Namen der austrasischen Hausmeier *vor* Erwerb der Königskrone: *Theodebert*, *Chlodovech* und sogar *Merovech*).

»König *Charibert* nahm dagegen zu seinem Gemahl die *Ingoberga*, von der er eine Tochter *Aldeberga* (oder auch Bertha) hatte, welche nach England an König *Ethelbert* von *Kent* vermählt wurde. Sie wirkte für die Verbreitung des Christentums unter den *Angelsachsen* als Mitarbeiterin des heiligen *Augustinus* und seiner Gefährten.

Ingoberga hatte damals in ihrem Dienst zwei Mädchen, eines armen Mannes, eines Wollarbeiters (artifex lanarius), Töchter. Die älteste, *Markovefa*, trug Nonnenkleider, die andere hieß *Meroflede*, und der König war diesen Mädchen sehr zugetan. Ingoberga, voll Eifersucht auf sie, weil sie der König liebte, ließ einst deren Vater arbeiten, damit der König ihn sehen sollte und sich der Mädchen schämen. Und als der Vater bei der Arbeit war, rief sie den König. Dieser aber hoffte etwas neues zu sehen, kam und sah jenen von fern, wie er die königliche Wolle zurichtete. Und als er dies sah, wurde er zornig, verließ nicht etwa die beiden Mädchen, sondern – Ingoberga und vermählte sich mit Meroflede! Er nahm auch ein andres Mädchen zur Ehe, eine Hirtentochter, mit Namen *Theudechildis*, von der soll er einen Sohn gehabt haben, der aber gleich nach der Geburt starb und begraben wurde.«

Hier sehen wir also abermals einen merowingischen König eine Reihe der heiligsten Kirchengebote über die Ehe zugleich mit Füßen treten: er hatte neben seiner Frau zwei Konkubinen, noch dazu Schwestern, deren eine das Gelübde der Keuschheit abgelegt hat. Er verstößt ohne Recht seine Gattin, heiratet eine der beiden Buhlen und nimmt außer deren Schwester noch eine vierte.

Später nahm er Markovefa, die Schwester der Merofleda, zur Ehe, weshalb beide vom heiligen Bischof *Germanus* in den Kirchenbann getan wurden, da die Kirchengesetze die Ehe mit der Schwester der früheren Frau, aber natürlich auch das Konkubinat neben der Ehefrau und deren willkürliche Verstoßung, untersagten. Jedoch da der König sie nicht verlassen wollte, traf sie das Gericht Gottes (iudicio Dei). Sie starb alsbald und der König selbst nicht lange nach ihr zu Paris, wohl im Jahre 567. *Venantius Fortunatus* verherrlicht seine Tugenden, lobt auch sein Latein:

Du, ein sikambrischer Mann, von dem Stamme der Helden entsprossen,
Wie dir beredt aus dem Munde strömt das latinische Wort!
Welcher Meister bist du des Worts in der eigenen Mundart,
Da in der Sprache Gewalt, selbst du uns Römer besiegst.

Chariberts Reich wurde unter seine Brüder geteilt. Es wurde ein Teilungsvertrag zwischen Chilperich, Sigibert und Guntchramn errichtet, der uns nicht erhalten ist. Wir müssen auf den Inhalt aus dem Vertrag von Andelot (im Jahre 587) zurückschließen.

Auch dieser Teilungsvertrag, wie noch so mancher im Frankenreiche, wurde von den Leidenschaften der Könige zu blutigem Streit mißbraucht; sogar bei besserem Willen, als er vorhanden zu sein pflegte, wäre das schwer zu vermeiden gewesen. Die Orte im *Reiche* des *Syagrius*, wie Paris und Senlis wurden geteilt, so daß jeder der Brüder ein Drittel erhielt. In Aquitanien erhielt jeder der Brüder einen Anteil: die östlichen Teile Guntchramn; Bordeaux, Limoges, Cahors, Béarn und Bigorre Chilperich, der sie *Gaileswintha* zur Morgengabe schenkte; Tours, Poitiers und andere Städte Sigibert, der auch Chariberts Anteil in der Provence erhielt. Aremorica muß Chilperich jetzt ganz zugefallen sein.

Nach Chariberts Tod sandte *Theudechildis* – »eine von seinen Gemahlinnen« – zu König Guntchramn und bot sich ihm von freien Stücken zur Ehe an. Der König antwortete ihrem Boten: »Es beliebe ihr, zu mir zu kommen mit ihren Schätzen. Ich werde sie zur Ehe nehmen, und sie hochstellen in meinem Volk, so daß sie noch größere Ehren bei mir genießen soll, als bei meinem Bruder, der jüngst verstorben ist.« Da war jene voll Freude, raffte alles zusammen und reiste zu ihm. Als dies der König sah, sprach er: »Besser ist es, diese Schätze bleiben bei mir, als daß sie, die unwürdig meines Bruders Bett betrat, dieselben unter sich behalte. «Darauf nahm er ihr das meiste ab. Einiges aber ließ er ihr und – sandte sie in das Kloster zu *Arles*. Sie gewöhnte sich jedoch, wie nach solcher Vergangenheit und eifrigen Initiative zu begreifen, schwer daran, Fasten und Nachtwachen zu ertragen, und ging deshalb im Geheimen durch Boten einen Goten an: wenn er sie nach Spanien entführen und sich mit ihr vermählen wolle, so versprach sie ihm heimlich mit ihren Schätzen das Kloster zu verlassen und ihm freudig zu folgen. Jener sagte es ihr ohne Zaudern zu, und als sie schon ihre Sachen zusammengepackt, die Bündel geschnürt hatte und aus dem Kloster zu entspringen gedachte, kam die Wachsamkeit der Äbtissin (es war *Lilola*, die dritte Äbtissin des Klosters) ihrer Absicht zuvor. Ihr Anschlag wurde entdeckt, die Äbtissin ließ sie schwer geißeln und in den Kerker werfen, in dem sie bis zum Ende ihres zeitlichen Lebens blieb und nicht geringe Leiden zu ertragen hatte.
Da aber König Sigibert sah, daß seine Brüder ihrer unwürdige Weiber nahmen, und in ihrem Mangel an Hochsinn und Selbstachtung (per vilitatem suam) sogar Mägde zur Ehe sich gesellten, schickte er (im Jahre 566) eine Gesandtschaft nach Spanien, und freite unter vielen Geschenken um *Brunichildis*, die Tochter des Königs *Athanagild* (regierte 554–567). Denn diese war eine Jungfrau von feiner Gestalt, schön von Angesicht, züchtig und wohlgefällig in ihrem Benehmen, klug an Geist und anmutig im Gespräch.

»Schön, anmutig und klug, wie bescheiden, lieblich und gütig,
Mächtig durch Reiz und durch Geist, wie durch ihr edles Geschlecht.«

So rühmt sie *Venantius Fortunatus*. Der Vater aber versagte sie ihm nicht und schickte sie mit großen Schätzen zu dem König. Dieser scharte die Großen (seniores) seines Reiches, ließ ein Festmahl rüsten, und unter unermeßlicher Freude und Lustbarkeit nahm er sie zu seinem Gemahl. Und da sie bisher der arianischen Gemeinschaft untergeben gewesen, wurde sie durch die Predigt der Bischöfe und die Ermahnung des Königs selbst bekehrt, glaubte fortab an die heilige Dreieinigkeit, erhielt das Chrisma und verharrte in Christi Namen als Katholikin.
Da dies König Chilperich sah, warb er (Anfang des Jahres 567, denn im Laufe dieses Jahres starb Athanagild), obschon er bereits mehrere Weiber hatte, ohne daß man von Kirchenzucht gegen ihn erfahren, um *Gaileswintha*, Brunichildens Schwester, indem er durch seinen Gesandten zugleich versprach, er wolle die anderen Frauen verlassen, wenn man ihn nur für würdig erachte, ein ihm ebenbürtiges Königskind als Gemahlin zu empfangen. Der Vater nahm diese Versprechungen gläubig auf und übersandte ihm seine Tochter, wie die frühere, mit großen Reichtümern. Geileswintha war aber älter als Brunichildis. Und als sie zu König Chilperich kam, wurde sie mit hohen Ehren aufgenommen und

ihm (zu *Rouen*) vermählt. »Auch wurde sie von ihrem Gemahl sehr geliebt; denn sie hatte große Schätze mitgebracht.«

Keine Kunst historischer Darstellung vermöchte bezeichnender die treibenden Beweggründe in den Seelen der Merowinger und zumal dieses geistreichen und ruchlos bösartigen Chilperich zur Anschauung zu bringen, als die naive Einfalt Gregors.

»Sie trat auch zur rechtgläubigen Kirche über und erhielt das Chrisma. Aber aus des Königs Liebe zu *Fredigundis*, die er früher gehabt hatte, erwuchs großes Unheil zwischen ihnen. Denn Gaileswintha klagte fortwährend dem König ihr Unrecht (das heißt ihre Verunrechtung, *sein* Unrecht) und daß sie bei ihm nicht die rechte Ehre finde; sie bat, er möge die Schätze behalten, welche sie mitgebracht, nur solle er sie frei in ihr Vaterland heimziehen lassen. Der König aber suchte ihr das durch mannigfache listige Mittel und Künste auszureden und beschwichtigte sie durch Worte. Zuletzt aber ließ er sie durch einen Diener (puer) erdrosseln und man fand sie tot in ihrem Bett.

Nach ihrem Tode zeigte Gott seine Wunderkraft. Denn eine Lampe (lychnus), die, an einem Seil an ihrem Grab aufgehängt, brannte, stürzte, von niemand berührt, mit zerrissenem Srick auf den Estrich herab, und indem die Härte des Stein-Estrichs ihr nachgab, sank sie wie in ein weiches Element hinein und wurde halb bedeckt, ohne zu zerbrechen. Alle die es sahen, waren voll Staunen über dies Wunder.

Der König aber nahm, nachdem er die Tote wenige Tage beweint hatte, darauf (abermals) Fredigundis zur Ehe. Da dies geschah, vermuteten seine Brüder, daß auf sein Anstiften die Königin ermordet worden, und sie wollten ihn aus seinem Reiche vertreiben, vor allen wohl oder auch vielleicht allein Sigibert, der Schwager der Ermordeten, welchen gewiß Brunichildis zur Blutrache spornte. Aber Guntchramn, der Gutmütige, vermittelte, und es kam ein Vertrag zustande, wonach Chilperich eine Art Wergeld dadurch leistete, daß er die fünf der Ermordeten gehörigen Städte, deren Schwester als erbliches Eigen auf ließ.

Man versteht jene Zeit, das heißt die Beweggründe und die Anschauungen der handelnden Menschen nur, wenn man die ganz eigenartige Weltauffassung der Priester und der Laien jenes Jahrhunderts ergründet hat, zumal auch die durch und durch phantastische, abergläubische Anschauung aller, auch der einfachsten, sozusagen *»natürlichsten«* Natur-Erscheinungen und elementaren Vorgänge. Die wundersüchtige Vorstellungsweise konnte sich des Übernatürlichen gar nicht ersättigen: überall lauerten die zu Teufeln gewordenen alten Heidengötter oder die von Jehova abgefallenen Engel, überall drohten die Mächte der Finsternis, die arme Seele des Menschen zu verführen, zu verlocken oder ihn zu erschrecken, seinen Leib, seine Habe zu verderben, zu schädigen.

Wohl hatte auch das germanische Heidentum die dem Menschen feindlichen Naturgewalten in den Riesen personifiziert; jedoch wohltätig, schirmend waren die lichten Asgardgötter dem mutigen und hoffnungsfreudigen Helden, dem reinen Weibe zur Seite gestanden. Jetzt galten aber Wodan und Donar, die alten Schützer und Freunde, selbst als Unholde.

Gott und die Heiligen leisteten zwar Hilfe gegen diese verteufelte Natur. Allein sie hatten doch auch häufig zu strafen, gerade durch Elementar-Katastrophen, wobei die (abgesehen von der Erbsünde) unschuldigsten Wesen, Kinder, auch

Ungeborene und Herdentiere, *mit* bestraft werden; oder noch häufiger: sie warnten und schreckten und vorverkündeten weiteres drohendes Unheil durch vorhergehende Greuel und unheimliche Geschehnisse, und sie verfuhren dabei jedesmal mit so schroffer Umstürzung aller Naturgesetze, daß man auch vor diesen himmlischen Gewalten unablässig zu zittern alle Ursache hatte. *Alle Ereignisse werden nicht für sich betrachtet, als – und gerade dies ist echt mittelalterlich – in ihrer etwaigen drohenden, warnenden, strafenden »Bedeutung« als Vorzeichen bevorstehender noch weiterer Schrecknisse;* die geringfügigsten Ereignisse konnten von der Hölle oder vom Himmel ausgehende Zauberwerke oder Wundertaten, Warnungen, Vorzeichen, Strafmittel sein. Jüdischer, griechischer, römischer, keltischer, altgermanischer, und – nicht zum mindesten wahrlich – christlich-kirchlicher Aberglaube verbanden und durchdrangen sich damals im Frankenreich, um Priester wie Laien in fortwährender Spannung und häufigster Erschauung himmlischer oder höllischer Übernatürlichkeiten zu erhalten. Die Fähigkeit, im Einfachsten ein Mirakel zu erblicken, war so fieberhaft gesteigert, daß wir Mühe haben, zu begreifen, wie man in dem Vorgang überhaupt etwas Beachtenswertes entdecken konnte: ein harmlos Vögelein fliegt in eine Kirche und löscht, verschüchtert und ängstlich umherflatternd, einige Ampeln mit seinen Flügelschlägen aus – das ist ein großes, Unheil verkündendes Mirakel, das die frommen Bischöfe entsetzt und mit sichtlicher Befriedigung berichtet die »geistliche Geschichte der Franken«, daß das arme Vöglein dabei wenigstens glücklicherweise von dem Türhüter umgebracht wurde. –

Von hier ab greifen nun in die südgallischen Dinge wiederholt die Einfälle der *Langobarden*, welche, im Jahre 568 in Italien eingedrungen, alsbald in sehr törichter Weise, aus bloßer Kampf- und Beutegier die Seealpen überschreitend, Süd-Frankreich heimsuchten und dadurch vom Anfang an sich die weit überlegene Frankenmacht verfeindeten, welche aus Südgallien zu verdrängen sie durchaus keine Hoffnung, ja auch kein Bedürfnis hatten. Ihre dringendste Aufgabe wäre gewesen, sich über die apenninische Halbinsel zu verbreiten, hier die byzantinische Herrschaft zu Ravenna zu brechen, die höchst gefährlichen Anfänge weltlicher Autorität des Bischofs der Stadt Rom zu beseitigen und ihre ohnehin nicht große Volkszahl zur Eroberung und Beherrschung von Italien zusammenzuhalten. Gutes Einvernehmen mit den übermächtigen Franken zu suchen, gegen Byzanz, gegen Awaren und Slawen, wäre die richtige Politik gewesen. Höchstwahrscheinlich würden zuletzt Langobarden und Franken doch wohl in Feindschaft getrieben worden sein, nicht nur wegen der fränkischen Unersättlichkeit, welche nicht ruhte, bis auch der Nachbar im Süden unterworfen war, wie alles Erreichbare in West, Nord und Ost unterjocht wurde, – vor allem wegen des prinzipiell entgegengesetzten Verhältnisses der beiden Reiche zu der Stadt Rom und der geistlichen Gewalt in dieser Stadt, welche die Langobardenkönige ebenso notwendig unter ihre Gewalt zu beugen, wie die Franken frei und aufrecht zu halten trachten mußten.

Wir haben diese Dinge später im Zusammenhang der langobardischen Geschichte darzustellen. Hierher gehört nur so viel, als für das Verständnis der Vorgänge im Reiche Guntchramns erforderlich scheint.

»Als nun die *Langobarden* in Gallien einbrachen, zog der *Patricius Amatus*, der kürzlich dem *Celsus* gefolgt war, gegen sie aus, wurde in die Flucht geschlagen und fiel (im Jahre 571). Ein solches Blutbad sollen damals die Langobarden unter den *Burgundern* angerichtet haben, daß die Zahl der Gefallenen nicht ermittelt werden konnte. Mit Beute beladen, kehrten sie nach Italien zurück. Nun erhielt Eunius (= *Mummolus*) die hohe Würde des »Patriciats«. Und als die Langobarden wieder in Gallien einbrachen und bis nach dem Ort, der *Mustiae-Calmes* genannt wird, nahe der Stadt *Embrun* (civitas Ebredonensis), vordrangen, brach Mummolus mit seinem Heer auf und zog mit den Burgundern dorthin. Er umzingelte die Langobarden mit seinem Heer, versperrte ihnen durch Verhacke die Wege und brach dann in den unwegsamen Wäldern auf sie ein, tötete viele, nahm manche gefangen und übersandte sie dem König, der sie verteilt an verschiedenen Orten bewachen ließ. Nur wenige entrannen durch die Flucht und kamen mit der Nachricht nach Hause. Es waren aber in diesem Treffen auch die Brüder *Salonius*, Bischof von *Embrun*, und *Sagittarius*, Bischof von *Gap*, zugegen, beide aber führten nicht das himmlische Kreuz als Waffe, sondern die weltlichen Waffen, Helm und Brünne, und sie sollen mit eigenen Händen, was noch schlimmer, viele getötet haben.«

Man sieht die Verwilderung der Zeit, die Kampflust der Franken hat auch die vornehmen senatorischen Geschlechter der Romanen ergriffen, wie wir denn später, trotz aller kanonischen Verbote, immer wieder Bischöfe und Äbte, germanischen und romanischen Blutes, in kriegerischer Rüstung und Tätigkeit antreffen; wir sahen ja bereits, daß diese geistlichen Würden voll Macht und Reichtum schon früh von weltlichen Großen aus weltlichen Gründen gesucht wurden.

»Hierauf brachen die *Sachsen*, die mit den *Langobarden* nach Italien gezogen waren, wiederum nach Gallien vor, und in dem Gebiet von *Riez* (in der Provence) bei dem Hofe *Estoublon (apud Stablonem villam)* schlugen sie ihr Lager auf, verheerten alle Höfe, die zu den benachbarten Städten gehörten (also das flache Land, die Umgebung der festen, meist von ihnen bestürmten Städte) schleppten Gefangene fort und verwüsteten alles. Auf diese Nachricht brach Mummolus mit seinem Heer auf, warf sich auf sie, tötete viele Tausende und ließ bis zum Abend vom Blutvergießen nicht ab, bis die Nacht ein Ende machte. Denn unvermutet hatte er sie überfallen, sie ahnten nicht, was ihnen bevorstand.«

Vernichtend aber war der Schlag doch keineswegs; denn am Morgen stellten sich die Sachsen in Schlachtordnung und rüsteten sich zum Kampf. Aber Boten liefen hin und her, und man machte Frieden. Nachdem sie Mummolus Geschenke gegeben und alle Beute und die Gefangenen aus der Landschaft zurückgelassen hatten, zogen sie ab, versprachen aber zuvor noch durch einen Eid, nach Gallien zurückzukommen, um sich den Königen zu unterwerfen und den Franken Beistand zu leisten.

Darauf zogen die Sachsen nach Italien zurück, nahmen dort ihre Weiber und Kinder und alle ihre Fahrhabe und beschlossen, nach Gallien zu wandern, um sich König *Sigibert* zu unterwerfen und von ihm wieder in die Gegenden zurückgeführt zu werden, von wo sie einst mit den Langobarden ausgezogen waren. Sie bildeten zwei Heerhaufen (cuneos), wie man sagt; der eine zog durch *Nizza* (*Niceam* urbem), der andere durch *Embrun (Ebredunensem)*, also gerade auf demselben Wege, den sie im vorigen Jahr eingeschlagen hatten, und sie stießen dann wieder im Gebiet von *Avignon* zusammen.

Es war damals die Zeit der Ernte, und jene Landschaft hatte meistenteils die Früchte noch unter freiem Himmel, die Einwohner hatten noch nichts zu Hause geborgen. Da die Sachsen hierher, in die Nähe dieser Felder kamen, teilten sie die Saaten unter sich, ernteten und droschen und verzehrten das Getreide, nichts davon denen übrig lassend, welche die Bauernarbeit getan hatten. Als die Früchte erschöpft waren und sie an das Ufer der Rhone kamen, über den Fluß zu setzen und in das Reich König Sigiberts zu ziehen, trat ihnen Mummolus entgegen und sprach: »Ihr sollt nicht über diesen Fluß gehen. Sehet, ihr habt die Länder meines Herrn, des Königs, verheert, die Saaten geerntet, die Herden geschlachtet, in die Häuser Feuer geworfen, die Ölpflanzungen und Weingärten abgeholzt. Ihr dürft nicht herüber, ehe ihr Ersatz leistet denen, die ihr arm hinter euch laßt. Sonst sollt ihr meinen Händen nicht entrinnen, sondern mein Schwert wird auf euch, eure Weiber und Kinder niederfallen und rächen werde ich das Unrecht, das meinem Herrn, König Guntchramn, widerfahren ist.« Da ergriff sie große Furcht, und sie gaben viele tausend Goldmünzen, sich loszukaufen. Darauf wurde ihnen verstattet überzusetzen, und so kamen sie nach *Arvern.* Es war gerade in der Frühlingszeit. (Also brachen sie erst nach Überwinterung auf dem linken Rhoneufer auf.) Sie gaben aber gravierte Erz-(Bronze)plättchen für Gold aus: wer sie sah, zweifelte nicht, daß es geprüftes und bewährtes Gold sei. Denn es hatte, ich weiß nicht, durch welches Kunstmittel, ganz die gleiche Farbe erhalten. Manche wurden durch diesen Betrug arm, indem sie Gold gaben und dafür Erz empfingen. Die Sachsen aber zogen zu König Sigibert und wurden in dem Land, aus dem sie früher ausgewandert waren, angesiedelt.

Dieser Zug der *Sachsen* fällt in das Jahr 572. Zwei Jahre darauf drangen die *Langobarden* durch die kleinen Alpenpässe (ostiola), das heißt durch die *Clusas* (la Cluse) nach *Wallis* ein (in Valle), in das Gebiet von *Sion* (*Sidonense* territorium), heerten längere Zeit in und um *Martigny* (monasterium *Agaunensium*), wurden aber bei *Bex* (*Baicis* villa) von Guntchramns Heerführern *Wiolich* und *Theudofred* – also doch sehr oft Germanen als duces –, derartig geschlagen, daß ihre Herzöge (duces) *Taloard* und *Muccio* mit fast allen ihren Kriegern fielen und nur vierzig Mann sich nach Hause retteten.

Danach brachen drei Herzöge der Langobarden, *Amo* nämlich, *Zaban* und *Rhodan* in Gallien ein. Und Amo drang auf der Straße von *Embrun* bis zu dem Hofe (villa) *Macho* im Gebiete von Avignon vor, den Mummolus vom König zum Geschenk erhalten hatte, und schlug dort seine Zelte (tentoria) auf. Zaban aber gelangte durch die Stadt *Diè* bis nach *Valence* (Valentia) und lagerte hier. Rhodan ferner griff *Grenoble* (Gratianopolitanam urbem) an und schlug hier seine Zelte (papiliones) auf. Amo überzog darauf die *Provence* von *Arles* und die umliegenden Städte mit Krieg. Bis zum Steinfelde (jetzt *La Crau* genannt), welches bei der Stadt *Marseille* liegt, drang er vor und entblößte sie von Einwohnern und Herden, auch die Bewohner von *Aix* (Aquenses) drohte er, zu belagern, zog aber ab, als er zweiundzwanzig Pfund Silber von ihnen erhalten hatte. In gleicher Weise hausten Rhodan und Zaban, wohin sie gelangten, offenbare bloße Raubzüge ohne irgendwelchen politischen, namentlich Niederlassungsgedanken, und nur mit dem einen dauernden Erfolg der Verfeindung mit dem Frankenreich, dessen Wiedervergeltung, im Bunde mit Byzanz, später mit dem Papst, dadurch auf das Törichteste herausgefordert wurde. Man fühlt sich versucht, diese Politik der Planlosigkeit, ja der Selbstzerstörung der hauptlosen Herrschaft der fünfunddreißig Herzöge in der königlosen Zwischenzeit aufzubürden. Aber wir sahen, daß die vorhergehenden Könige gleiche Torheit und

Raubgier, wenn nicht noch ermunterten oder billigten, doch nicht hinderten oder hindern konnten.

»*Chlodovech*, der Sohn Chilperichs, ging, aus Tours vertrieben nach *Bordeaux*. Nachdem er hier, von niemand beunruhigt, seinen Sitz aufgeschlagen, überfiel ihn plötzlich ein gewisser *Sigulf*, ein Anhänger König Sigiberts und verfolgte den Flüchtigen mit Trompeten und Hörnern, als ob er einen fliehenden Hirsch hetzte; kaum fand Chlodovech einen Weg, endlich mit Mühe über *Anger* zu seinem Vater zurückzukehren.

Als sich aber ein Streit erhob zwischen den Königen Guntchramn und Sigibert, versammelte König Guntchramn alle seine Bischöfe zu *Paris*, damit sie entschieden, wer unter ihnen Recht habe. Doch es war (von Gott) so bestimmt, daß der Bürgerkrieg noch immer mehr wachsen sollte, weshalb sie zur Strafe unserer Sünden auf die Bischöfe nicht hören wollten.«

Abermals eine Anwendung der uns so schwer begreiflichen, aber alle jene Jahrhunderte beherrschenden Anschauung einer ganz besonderen Veranstaltung in Gottes Weltregiment. Die *früheren* Sünden haben Strafe verdient: diese Strafe ist der von Gott bestimmte Bürgerkrieg; die Schuldigen bemühen sich nun zwar, durch die löbliche Anrufung der Bischöfe – man erkennt deren mächtigen, aus der geistlichen Pflicht folgenden politischen Einfluß – das Unheil abzuwenden: aber ohne Erfolg, denn Gott *wollte* nun einmal strafen und er selbst verhindert »wegen jener Sünden«, daß die Könige den Bischöfen gehorchen. Wo die menschliche Freiheit hierbei bleibt, ist freilich nicht leicht zu sagen.

Die versuchte Vermittlung scheiterte also – wenn überhaupt diese Folge der Ereignisse die richtige ist. Und Chilperich sandte, von Zorn ergriffen (wohl wegen der heißen Verfolgung seines Sohnes Chlodovech), seinen älteren Sohn *Theodobert*, der einst, von Sigibert gefangen, diesem den Eid geschworen, nichts gegen ihn zu tun, dessen Städte, *Tours*, *Poitiers* und die anderen diesseits der *Loire*, wegzunehmen. Bei Poitiers kam Chlodovech mit Herzog *Gundobald* zum Kampf. Dieser floh und Theodobert richtete ein großes Blutbad unter dem Volk an. Aber auch den größten Teil der Gegend von Tours verbrannte er, und hätten die Leute dort sich nicht rechtzeitig unterworfen, würde er alles durch die Schrecken des Krieges zugrunde gerichtet haben. Darauf drang er durch das Gebiet von *Limoges* (*Lemovicinum*: scilicet territorium), von *Cahors (Cadurcinum)* und die übrigen Landschaften dort, verheerte, zerstörte, verbrannte die Kirchen, suchte die geistlichen Ämter heim, plünderte die Klöster, tötete die Geistlichen, zerstörte die Klöster der Mönche, trieb Unfug (deludit) mit denen der Frauen und verwüstete alles; »und es war damals ärgeres Seufzen in den Kirchen, als zu den Zeiten der Verfolgung des Diocletianus«.

Mancherlei Betrachtungen drängen diese Ereignisse und die Art ihrer Beurteilung durch die Zeitgenossen auf.

Es befremdet uns nicht mehr, daß *Venantius Fortunatus*, der »fromme Sänger«, bei dem Anlaß, der Ermordung Sigiberts auf Anstiften der Fredigundis, auch nur wieder Freude äußert über die Errettung seines Herrn und jener Fredigundis. So sagt er wörtlich von dieser mörderischen Buhlerin: »sie verherrlicht das Reich durch ihre Sitten und führt die Herrschaft, welche sie mit dem Gatten teilt, in die Zukunft vorblickend in ihren Ratschlägen, wacker, klug, mächtig an Geist, dem Hofe nützlich, freigebig, *durch alle Tugenden ausgezeichnet*, *sie*, *die herrliche Fredigundis* (omnibus excellens meritis Fredegundis

optima), heiterer Tag strahlt von ihrem Anlitz, sie trägt mit dir die allzuschweren Lasten des Königtums, dich durch Güte und Wackerheit fördernd, *durch ihre Hilfe blüht die Ehre deines Hauses.*« Und zwar sagt er dies unmittelbar nach der Ermordung des Königs Sigibert in dem Gedicht, das die Errettung der beiden Belagerten feiert. Daß der Freund der heiligen Radigundis die Schuld Fredigundens an diesem Mord nicht gekannt habe, ist unmöglich anzunehmen. Ob Chilperich in die Mordpläne im voraus eingeweiht war oder durch seine Gattin mit der vollendeten Tatsache angenehm überrascht wurde, ist zweifelhaft, aber letzteres *möglich.* Jedenfalls war seine Freude sehr groß, wie aus Gregors schlichten Worten und aus des Venantius langatmigen Versen hervorgeht. Aber es übersteigt doch alles, was man sogar von einem solchen Schmeicheldichter erwarten und ertragen kann, und ist eine in dem Munde eines Priesters erst recht frevelhafte Gotteslästerung, wenn Venantius nun geradezu »*Gottes* Eingreifen« *(operante Deo)* in jener scheußlichen Mordtat seiner »tugendreichen« Fredigundis erblickt! Und dabei war dieser (spätere) Bischof von *Poitiers* kein Heuchler; es war ihm Ernst mit seiner Frömmigkeit. Aber welchen menschlichen Wert hat eine Frömmigkeit, die zu solchen Anschauungen führt?
Nicht mit solcher Entartung des sittlichen Urteils zu vergleichen, aber doch auch recht lehrreich für die kirchlich-geistige Anschauungsweise ist das Verhalten Gregors zu dem Vorfall. Zwar sagt er ehrlich, Fredigundis hat die Mörder berückt, angestiftet. Aber auch er deutet an, den König habe der Tod ereilt – »zur Strafe unserer Sünden« – weil er nicht sofort dem Bischof Germanus nachgab. Dieser sagt ihm voraus, er werde nach dem Aufbruch gegen seinen Bruder sterben, wenn er diesem nach dem Leben trachte: und dies Wort des Heiligen *muß* erfüllt werden. Sigibert war also zu ehrlich, dem Bischof vorzulügen, daß er seinen Bruder unter keinen Umständen töten wolle. Hatte er diese Absicht, so war das zwar weder menschlich noch christlich schön, aber doch nach allem von Chilperich gegen Sigibert Geplanten und Vollführten – in einem Urenkel Chlodovechs – einigermaßen entschuldbar. *Getan* hat der Rächer noch gar nichts, er hat nur dem Bischof nichts zugesagt. Und dafür muß er sterben, denn die Weissagung des verschmähten Bischofs muß sich erfüllen! – Daß Chilperich oder doch Fredigundis Sigiberts Tötung, und zwar nicht als eines Gefangenen oder in der Schlacht, sondern als *Ermordung* nicht etwa bloß denken und wünschen, sondern *ausführen* – das kommt dabei nicht in Betracht. Und da zwei treue germanische Beamte des Königs ebenfalls niedergestochen werden, – man darf wohl annehmen, da sie die Mörder ihres Königs ergreifen wollen – hebt der fromme Bischof vor allem die Gerechtigkeit Gottes hervor, die einen Mann, der viele Testamente vereitelt hatte, selbst ohne Testament sterben läßt.
Ohne Zweifel war der Ermordete der Beste, der zum Königtum meist Berufene der Brüder gewesen.
Er ist frei von der wilden Sinnlichkeit und von der blutigen Mordgier seines Hauses, er hat die *Awaren* und *Dänen* (durch Herzog Lupus Greg. *Tur.* VII.) abgewehrt, hat die *Thüringer* zum Gehorsam gebracht, die *Sachsen* teils abgewehrt, teils die dem Rheine nächsten (vielleicht) zu einer gewissen Unterordnung gebracht. Von seinen Eroberungen in Italien wissen wir nichts, es sind wohl nur die siegreichen Verfolgungen der verheerenden Langobarden gemeint. In den Kämpfen mit den Brüdern erscheint er, als Rächer Gaileswinthas, Chilperich gegenüber immer, Guntchramn gegenüber *fast* immer, als der Angegriffene.

Mag er auch Brunichildens Haß gegen die Mörder ihrer Schwester allzusehr nachgegeben haben, – die Bösartigkeit des einen, der Wankelmut des andern Bruders forderten mehr Geduld heraus als merowingisch Blut vertrug. Sein früher und grausiger Untergang gab das Reich blutigem Verderben Preis und begünstigte alsbald in Austrasien das Emporwachsen des Dienstadels über die Krone, zum schweren Schaden des ganzen Staates.

Als König Sigibert bei dem Hofe (villa) Vitry ermordet wurde, hielt Königin Brunichilde mit ihren Kindern Hof zu Paris. Während sie noch auf diese Kunde, von Schmerz und Trauer bestürzt, nicht wußte, was tun, ergriff Herzog *Gundobald* ihren kleinen Sohn *Childibert* und führte ihn heimlich davon. Er entriß ihn so der unmittelbar drohenden Todesgefahr, versammelte die Völker, über welche sein Vater geherrscht und setzte ihn zum König ein, obwohl er noch kaum das fünfte Jahr zurückgelegt hatte.

Gewiß ist es richtig, daß diese Handlungen von dem großen Dienstadel der Austrasier ausgingen und daß die langewährende Minderjährigkeit des Knaben wesentlich dazu beitrug, das Aufstreben dieses Adels, auf Kosten der königlichen Gewalt, zu begünstigen, so daß Brunichildis allen Grund hatte, demgegenüber die Rechte der Krone zu wahren. Dies ist der vollberechtigte politische Gedanke, welchen sie später vertritt; er unterscheidet sie sehr zu ihrer Ehre von ihrer Feindin Fredigundis, welche, so weit wir urteilen können, immer nur ihren persönlichen Leidenschaften der Liebe, des Hasses, der Rachsucht gefolgt ist.

Aber diese *ersten* Schritte Gundobalds und des austrasischen Adels sind offenbar nicht *gegen* Brunichildis gerichtet, sondern *für* sie oder doch für Rettung ihres Söhnleins und zur Wahrung von dessen Recht auf Sigiberts Reich geschehen. Aus Gregors Worten erhellt, daß Chilperich dem kleinen Neffen den Tod zugedacht hatte. Und daß Brunichildis nicht die Macht hatte, ihr Söhnlein zu schützen, sollte sich alsbald zeigen.

»Im ersten Jahre der Herrschaft Childiberts (576) kam König Chilperich nach Paris, ergriff Brunichilde und stieß sie in Verbannung nach *Rouen* (Rothomagensem civitatem). Er nahm ihr auch die Schätze (thesauri), welche sie nach Paris hatte bringen lassen – wie wir sahen, nahm er ihr damit ein fast unentbehrliches Mittel der Königsgewalt jener Zeit – und ließ ihre Töchter zu *Meaux* (Meldis) gefangen halten. Man ist fast überrascht, daß Mutter und Töchter am Leben bleiben.

Damals kam *Roccolen* mit den Scharen von *Le Mans* (Cenomannicis) nach *Tours*, plünderte und vollführte viele Frevel; später wurde er von der Wunderkraft des heiligen Martinus wegen der vielen Übeltaten, die er vollführt hatte, getroffen und kam um.

Chilperich aber schickte seinen Sohn *Merowech* mit einem Heer gegen *Poitiers* (Pictavis). Der ließ jedoch die Anordnung seines Vaters unerfüllt, kam nach Tours und verbrachte hier das heilige Osterfest. Sein Heer verwüstete die Umgegend der Stadt gar sehr. Er gab vor, zu seiner Mutter *Audovera* zu gehen, begab sich aber nach Rouen, traf hier mit Königin Brunichilde zusammen und – ließ sich mit ihr trauen.«

Wir können nicht wissen, von wem die Initiative zu dieser überraschenden Ehe ausging: jedenfalls war sie ein sehr kühnes Wagnis der schutzlosen Witwe, welche dadurch in dem eignen Hause ihres Feindes eine gefährliche Spaltung schuf – und ohne Zweifel – in der Folge im Sinn ihrer Rache verwertete.

Prätextatus, Bischof von Rouen, der die Trauung vollzog, lud dadurch – noch viel mehr als des Königs – Fredigundens Haß auf sein Haupt.

»Da Chilperich dies hörte, daß Merowech nämlich gegen Brauch und kirchliches Gesetz das Weib seines Oheims genommen habe, ergrimmte er gewaltig und zog in größter Eile nach Rouen.« Schwerlich trieb er die Heuchelei so weit, diese kanonische Subtilität als Grund seines Zorns anzugeben, er, der alle heiligsten Ehegesetze des Christentums schamlos mit Füßen getreten hatte! Gregor will dies vielleicht auch gar nicht als Grund der königlichen Erbitterung angeben (obwohl die Worte so gedeutet werden mögen), für *ihn*, den Bischof, aber ist dies das Bedenklichste an der Sache. – Als sie erfahren hatten, daß er sie trennen wolle, flüchteten sie in die *Basilika des heiligen Martinus*, welche dort, aus Holzbrettern gezimmert, auf der Stadtmauer liegt. Der König versuchte, durch mancherlei Kunstgriffe sie von dort aus der Freistätte herauszulocken, jene aber trauten ihm nicht und meinten, es sei alles Arglist. Da leistete er ihnen einen Schwur und versicherte, »wenn dies so Gottes Wille sei«, werde er nicht versuchen, sie zu scheiden.

Man wird einem Chilperich kaum Unrecht tun mit der Annahme, daß er bei Zufügung dieser vieldeutigen Bedingung sich bereits für den künftigen Eidbruch das Pförtlein einer Mentalreservation sicherte. Zweifellos war die Ehe, weil nicht kanonisch, *nicht* nach Gottes Willen; man muß sich auch das Nachgeben des Paares wohl aus Furcht vor Gewalt erklären, nicht bloß aus Vertrauen auf einen so höchst bedenklich verklausulierten Eid. »Als sie diesen Eid von ihm empfangen hatten, kamen sie aus der Basilika. Er küßte sie, nahm sie würdig auf und speiste mit ihnen. Nach wenigen Tagen aber – das war wohl schon der leise Anfang des Eidbruchs – kehrte er, *Merowech mit sich nehmend*, nach *Soissons* zurück.«

Aber Soissons mußte er erst entsetzen. »Als sie sich aber nahe zu Rouen aufhielten, scharten sich einige aus der *Champagne (Campania)* zusammen, griffen die Stadt *Soissons (Suessionas)* an, verjagten Königin Fredigundis und *Chlodovech*, Chilperichs Sohn, und wollten sich die Stadt unterwerfen. König Chilperich führte sein Heer dorthin und schickte Boten an jene Feinde, sie sollten nichts gegen ihn vornehmen, auf daß nicht schweres Verderben über beide Heere komme. Jene aber achteten nicht darauf, sondern rüsteten sich zum Kampf. Chilperich jedoch siegte, viele tapfere und tüchtige Männer erschlagend und zog, da jene in die Flucht geschlagen, wieder in Soissons ein.

Darauf fing er an, seinen Sohn Merowech wegen der Heirat mit Brunichilde für verdächtig zu halten« – sagt sehr naiv Gregor, während doch der Vater von Anfang in dieser Heirat einen höchst gefährlichen Streich seiner Schwägerin erblicken mußte und erblickte. Auch dieser Krieg (um Soissons), sagte er, sei durch die Bosheit seines Sohnes angezettelt, was, wenn man Brunichildis als die Anstifterin denkt, vielleicht nicht unbegründet war. Er nahm ihm deshalb die Waffen, übergab ihn Wächtern und hielt ihn in leichter Haft, einstweilen erwägend, was er in der Folge über ihn verfügen sollte.

König Chilperich aber hatte einstweilen sein Gewissen und seinen freilich arglistig formulierten Eid seinem Interesse und seinem Haß gegen Brunichildis völlig untergeordnet. »Hiernach wurde *Merowech*, der noch vom Vater in Haft gehalten wurde, tonsuriert, das Gewand ward mit einem geistlichen vertauscht, er wurde zum Priester geweiht und in das Kloster zu *Le Mans*, das *Anninsola* genannt wird, geschickt, daß er dort in der Regel der Priester unterwiesen werde. Auf diese Nachricht schickte *Guntchramn Boso*, der sich damals in der Basilika des heiligen *Martinus* befand, den Subdiakon *Rikulf* an jenen ab, ihm heimlich zu raten, sich auch in die Basilika des heiligen Martinus zu flüchten. Und als jener sich schon den Weg gemacht hatte (nach Anninsola), stieß von einer andern Seite sein Diener (puer) *Gailen* zu ihm, und da, die Merowech fortführten, nur schwach an Mannschaft waren, wurde er von Gailen auf dem Wege befreit. Er verhüllte sein Haupt, nahm wieder weltliche Tracht an und eilte so in den Tempel des heiligen Martinus. Als wir eben die Messe hielten, trat er in die heilige Basilika, da er die Türen offen fand.«

Damit hatte er die Freistatt gewonnen und Gregor war sofort in den tragischen Konflikt zwischen dem eidbrüchigen Vater und der blutigen Fredigundis einerseits und dem wohl rebellisch gesinnten Sohn und der herrschsüchtigen Rächerin Brunichildis andererseits verflochten.

»Nach der Messe verlangte er, daß wir ihm das geweihte Brot reichen sollten. Es war aber damals der Bischof von Paris, *Ragnemod*, bei uns, der dem heiligen Germanus gefolgt war. Und da wir ihm das Brot verweigerten, hub er an, laut sich zu beklagen und zu sagen, daß wir ihn unrechtmäßig, ohne die Zustimmung unserer geistlichen Brüder, von der Kirchengemeinschaft ausschlössen. Da gab ich ihm denn unter Zustimmung unseres (einzigen) Bruders, der gegenwärtig war (Ragnemod), nachdem wir beide die Sache nach den kirchlichen Vorschriften verhandelt, wirklich das Brot (Abendmahl). Ich fürchtete aber, ich möchte, wenn ich einen von der Gemeinschaft ausschlösse, an vielem zum Mörder werden. Denn er drohte, manchen aus unsrem Volk zu töten, wenn wir ihn nicht zur Gemeinschaft (communio) zuließen. Viele Leiden erduldete jedoch alsbald die Gegend um Tours um dieser Sache willen. Denn in diesen Tagen begab sich *Nicetius*, der Mann meiner Nichte, da er eine eigene Rechtssache zu führen hatte, zu König Chilperich mit einem unserer Diakonen, der dem König die Flucht Merowechs melden sollte. Die Königin Fredigundis aber rief, als sie diese erblickte, aus: »Spione sind's! Und sie kommen, um auszukundschaften, was der König vorhat, um herauszubringen, was sie Merowech zutragen mögen.« Und sie ließ ihnen sogleich alle Habe nehmen und sie in die Verbannung (exsilium) stoßen, aus der sie erst im siebenten Monate wieder befreit wurden.« (All dies vermochte die *Königin*: nicht vom König ist hier die Rede; dessen, offenbar von ihr eingegebene, Aktion beginnt erst mit dem nächsten Satz.) »Chilperich aber sandte Boten zu uns und sprach: »Werfet jenen Abgefallnen aus eurer Kirche; wo nicht, werde ich eure Landschaft in Flammen aufgehen lassen.« Und als wir dagegen schrieben, es ei unmöglich, daß jetzt zu der Christen Zeit geschehe, was in den Zeiten der Ketzer nicht geschehen sei, bot er sein Heer auf und sandte es gegen Tours. Das war im Jahre 577. Da aber Merowech sah, was sein Vater gegen Boso im Schilde führe, wollte er mit Herzog Guntchramn zu Brunichildis eilen und sprach: »Es sei ferne, daß meiner Person wegen die Kirche des Herrn Martinus Gewalt leide oder das Land durch mich in Feindesgewalt falle. Und er kam einst während der Vigilien in die Basilika, brachte alle seine Habe, die er bei sich hatte, am Grabe des heiligen

Martinus dar und betete, der Heilige möge ihm beistehen und ihm seine Gnade angedeihen lassen, auf daß er das Reich (regnum) gewinne.«

Also hatte er doch wohl von Anbeginn, von der Rächerin Brunichildis getrieben, solche Pläne verfolgt, wenn er auch vielleicht nicht seinem Vater bei dessen Lebzeiten die Krone entreißen, nur nach dessen Tod mit Ausschluß der Söhne Fredigundens den Thron sich allein sichern wollte. »*Leudast* aber, damals Graf von Tours, stellte ihm aus Liebe zu Fredigundis mancherlei Fallen (das heißt ihn aus der Freistatt zu locken), fing zuletzt, durch List sie umgarnend, seine Diener (pueri), die sich in den Gau (pagus) hinausbegeben, und hieb sie mit dem Schwert nieder; auch ihn selbst hätte er gar sehr gern getötet, hätte er ihn an gelegenem Ort treffen können. Darauf ließ Merowech auf Anstiften Guntchramns, und um seine Diener zu rächen, den Oberarzt (archiater) *Marileif*, als er vom Hof des Königs zurückkehrte, ergreifen und sehr schwer geißeln. Er nahm ihm Gold, Silber und alles, was er sonst bei sich führte, und ließ ihn ganz entblößt. Ja, er würde ihn gewiß haben töten lassen, wenn jener nicht den Händen derer, die ihn geißelten, entschlüpft wäre und die Hauptkirche (also Asyl) erreicht hätte. Nachher gaben wir ihm Kleider, erwirkten ihm Sicherheit für sein Leben und sandten ihn nach Poitiers heim.«

»Merowech sprach damals viel Beschuldigungen gegen Vater und Stiefmutter aus, *und obschon diese zum Teil wahr waren*, meine ich doch, Gott sei es nicht angenehm gewesen, daß gerade der *Sohn* es kund tat. Dies ist mir auch an folgendem klar geworden. Ich wurde eines Tages bei ihm zum Gelage gebeten (aber offenbar stets innerhalb der Freistätte), und da wir zusammensaßen, bat er mich dringend, ihm etwas zur Unterweisung seiner Seele vorzulesen. Ich schlug das Buch Salomonis auf und blieb bei dem ersten Verse stehen, der mir aufstieß. Er enthielt aber dies: ›Ein Auge, das den Vater verspottet, das müssen die Raben am Bach aushacken.‹ Er verstand die nicht, ich aber sah, daß dieser Vers ihm von dem Herrn zur Vorbedeutung gegeben sei.«

Bei Gregor ist jeder Verdacht des Betruges ausgeschlossen und es ist in diesem Fall ergreifend, wie das einfältige, freilich tief gläubige Gefühl das Richtige trifft, trotzdem die Verschuldung des Königs und seines Weibes nicht bemäntelt wird. Sehr lehrreich ist nun aber, wie der fromme Bischof in dem Bibelorakel göttliche Offenbarung, in der Antwort einer Wahrsagerin Teufelswerk erblickt.

»Damals sandte Guntchramn *Boso* einen Diener zu einem Weibe, das ihm schon aus der Zeit König *Chariberts* bekannt war. Sie hatte, wie man meinte, den Geist der Wahrsagung (spiritum Pythonis), der ihr alles vorhersagte, was geschehen sollte. Auch behauptete Guntchramn Boso, sie habe ihm nicht nur Jahr, sondern auch Tag und Stunde vorhergesagt, da König Charibert sterben werde. Sie ließ ihm aber durch seinen Diener zurücksagen: ›Es wird geschehen, daß König Chilperich noch in diesem Jahre stirbt und Merowech mit Ausschluß seiner Brüder als König das ganze Reich gewinnt. Du aber wirst das Herzogtum (ducatum) in seinem ganzen Reiche fünf Jahre lang innehaben, im sechsten Jahr aber in einer der Städte, die an der Loire auf dem rechten Ufer derselben liegen, durch des Volkes Gunst die bischöfliche Würde erlangen und erst als Greis und hochbetagt aus der Welt scheiden.‹«

Man sieht hier abermals, daß also damals schon, wie so oft später, für höchst weltlich gesinnte Laien, auch Franken, wie dieser Boso war, nach Bekleidung höchster Staatswürden ein Bischofsstuhl wie der von Tours gewissermaßen als höchste Krönung des Lebens, als höchst wünschenswerter Abschluß glänzendster Laufbahn in ehrenreicher Ruhe erschien. Denn die Wahrsagerin will ihm nur höchst Erfreuliches prophezeien und er faßt es denn auch als große Glücksbotschaft auf.

»Die Diener verkündeten dies ihrem Herrn. Der blähte sich sofort so eitel auf, als säße er schon auf dem Bischofsstuhl (cathedra) von Tours, und trug mir sogleich diese Worte zu. Ich verlachte seine Torheit und sagte: ›Von Gott muß man das erbitten, aber nicht dem glauben, was der Teufel verspricht. Denn er ist ein Lügner von Anbeginn und hat niemals in der Wahrheit bestanden.‹ Er ging in Verwirrung von dannen; ich aber lachte sehr über diesen Menschen, der da meinte, man müsse solchen Dingen Glauben schenken. Darauf sah ich in einer Nacht, nachdem ich die Vigilien in der Basilika des heiligen Bischofs gehalten, mich auf mein Bett gelegt hatte und eingeschlafen war, einen Engel durch die Lüfte fliegen, und da er über der heiligen Basilika hinschwebte, rief er mit lauter Stimme: ›Wehe! Wehe! Gott hat Chilperich und alle seine Söhne geschlagen und keiner wird ihn überleben von denen, die aus seinen Lenden entsprungen sind, so daß er dessen Reich regiere fort und fort.‹ Er hatte aber damals von seinen verschiedenen Frauen vier Söhne, abgesehen von den Töchtern. Als nun dies sich später erfüllte, da erkannte ich so recht deutlich, falsch war es, was die Wahrsager (arioli) verheißen hatten.

Während Merowech und Guntchramn Boso noch in der Basilika des heiligen Martinus weilten, sandte Königin Fredigundis zu letzterem, dem sie schon um *Theodoberts* Tod willen im Verborgenen ihre Huld zugewandt hatte, und ließ ihm sagen: ›Wenn du Merowech mit Gewalt aus der Basilika herausschaffst, so daß man ihn töten kann, sollst du ein groß Geschenk von mir erhalten.‹«

Man sieht, Fredigundis teilt nicht einmal aufrichtig Politik und Interessen ihres Gatten. Sie verfolgt vielmehr ihre eigenen Interessen gegen ihn und seine Söhne von anderen Frauen, um *ihren* Söhnen das Reich zu sichern.

»Jener meinte, die Mörder ständen schon draußen und sagte zu Merowech: ›Was sitzen wir hier wie faule Feiglinge und verstecken uns wie Dummköpfe in der Basilika? Ei, lassen wir doch unsre Rosse kommen, nehmen wir unsere Falken auf die Faust, pflegen wir mit unsern Hunden des Waidwerks und erfreuen wir uns im Freien an allerlei Lustbarkeit.‹ Solches Spiel trieb er voll arger List, um ihn aus der heiligen Basilika herauszulocken. Denn Guntchramn war sonst ein gar braver Mann und vor Meineiden sehr auf der Hut, aber er hat keinem seiner Freunde je einen Eid geleistet, den er nicht sofort gebrochen hätte. Als sie nun aus der Basilika auszogen, gelangten sie bis nach *Joué*, einem Haus ganz nahe der Stadt, doch niemand tat Merowech ein Leid an.

Da aber Guntchramn damals, wie wir erzählt haben, wegen Theodoberts Verderben bezichtigt wurde, schickte König Chilperich an das Grab des heiligen Martinus einen Brief, in dem stand, der heilige Martinus möge ihm Antwort schreiben, ob es ihm frei stehe, Guntchramn aus der Kirche mit Gewalt herauszuschaffen oder nicht. Der Diakon *Baudigisil*, der diesen Brief überbrachte, legte auch mit demselben ein weißes Blatt, das er ebenfalls bei sich führte, bei dem heiligen Grabe nieder. Als er aber drei Tage gewartet hatte und keine Antwort erhielt, kehrte er zu Chilperich zurück.«

»Jener schickte darauf andere und ließ von Guntchramn Boso Eide fordern, er werde nie ohne des Königs Vorwissen (und Erlaubnis) die Kirche verlassen.

Jener war flugs dabei und schwor, die Decke des Altars (palla) ergreifend und zum Bürgen nehmend, er werde niemals ohne des Königs Geheiß von dannen ziehen.
Merowech aber glaubte nicht (wie Boso) jener Wahrsagerin (pythonissa) und legte deshalb drei Bücher auf das Grab des Heiligen: den Psalter nämlich, die Bücher der Könige und die Evangelien, und die ganze Nacht wachend, betete er, der heilige Bekenner möge ihm offenbaren, was geschehn werde, und er durch eine Anzeigung des Herrn erfahren, ob er das Reich erlangen könne oder nicht. Als er darauf drei Tage in unablässigem Fasten, Nachtwachen und Gebet zugebracht, ging er wieder zum heiligen Grab und schlug zunächst das Buch der Könige auf. Der erste Vers der Seite, welche er aufschlug, war aber folgender: ›Darum, daß sie den Herrn, ihren Gott, verlassen haben und haben angenommen andre Götter und sie angebetet und ihnen gedient, deshalb hat auch der Herr alles dieses Übel über sie gebracht.‹ Im Psalter aber fand er diesen Vers: ›Aber du setzest sie auf das Schlüpfrige und stürzest sie zu Boden. Wie werden sie so plötzlich zunichte! Sie gehen unter und nehmen ein Ende mit Schrecken.‹ In den Evangelien endlich fand er dies: ›Ihr wisset, daß nach zween Tagen Ostern wird, und des Menschen Sohn wird überantwortet werden, daß er gekreuzigt werde.‹ Über diese Bescheide wurde er sehr bestürzt und weinte lang am Grabe des heiligen Bischofs, dann nahm er Herzog Guntchramn und etwa fünfhundert Mann mit sich und zog von dannen.«
Das Heer König Chilperichs rückte darauf gegen Tours an, plünderte in der Umgegend, verbrannte und verwüstete, verschonte nicht einmal das Eigentum des heiligen Martinus, sondern was ihm in die Hände fiel, raubte es ohne alle Scheu oder Furcht vor Gott. Merowech weilte fast zwei Monate in der gedachten Kirche, dann begab er sich auf die Flucht, gelangte bis zur Königin Brunichildis, wurde aber von den *Austrasiern* nicht aufgenommen (das heißt weder als König noch, was er wohl zunächst wollte, als Muntwalt Childiberts und Regent an dessen Statt). Sein Vater führte darauf das Heer gegen die in der *Champagne* (Campanenses), denn dort, meinte er, sei er verborgen, aber er richtete dort keinen Schaden an und konnte ihn auch nicht finden.
»Darauf verlautete das Gerücht«, berichtet Gregor, »Merowech suche wieder die Basilika des heiligen Martinus zu gewinnen. Chilperich ließ aber die Basilika bewachen und alle Zugänge schließen. Die Wächter ließen eine Tür, durch welche wenige Geistliche zum Dienst (des Altars) eingehen sollten, offen, alle übrigen hielten sie gesperrt, was nicht ohne Schmerz und Verdruß des Volkes geschah. Als wir aber zu Paris verweilten, geschahen Zeichen am Himmel: zwanzig Strahlen nämlich im Norden, die sich von Osten erhoben und nach Westen eilten. Einer von ihnen, länger und die übrigen überragend, verschwand plötzlich, als er in die Höhe gestiegen war, und so erloschen auch die übrigen, die gefolgt waren. Ich glaube, daß dies den Untergang Merowechs vorher verkündigt hat. Merowech hielt sich in der Champagne von *Reims* verborgen und wagte nicht, sich offen den Austrasiern anzuvertrauen.«
Man kann es den austrasischen Großen nicht verdenken, daß sie lieber den Knaben Sigiberts, als den gegen seinen Vater empörten Sohn Merowech, des echten Erben Stiefvater, als ihren König anerkannten, obzwar die Absicht, unter diesem Kinde *selbst* zu herrschen im Lande, statt sich Brunichilde und deren Gemahl zu beugen, sehr stark dabei mitwirkte.

»Da wurde er von den Leuten von *Térouenne* in eine Falle gelockt. Sie ließen *ihm* sagen, sie wollten seinen Vater verlassen und sich ihm unterwerfen, wenn er zu ihnen komme. Da nahm er die tapfersten Männer mit sich und zog schnell zu ihnen. Sie deckten aber die vorbereiteten Fallstricke nun auf, schlossen ihn auf einem Hofe (villa) ein, umgürteten ihn mit Bewaffneten und sandten Boten an seinen Vater. Da der König dies hörte, beschloß er, dorthin zu eilen. Jener indessen, in einer kleinen Herberge festgehalten, fürchtete, zur Befriedigung der Rachlust seiner Feinde noch viele Qualen leiden zu müssen. Deshalb rief er seinen Vertrauten *Gailen* zu sich und sprach: ›Wir waren bisher eine Seele und ein Gedanke; bitte, laß mich nicht in die Hände meiner Feinde fallen, sondern nimm dies Schwert und stoße mir's ins Herz.‹ Und Gailen zauderte nicht, sondern durchbohrte ihn mit dem Kurzschwert (cultro). Es wollten aber manche behaupten, diese Worte Merowechs habe die Königin damals erdichtet auf ihr Geheiß vielmehr sei Merowech heimlich ermordet worden. Gailen aber ergriffen sie, hieben ihm Hände und Füße, die Ohren und die Nasenspitze ab und töteten ihn nach vielen andren Qualen auf die grausamste Weise. *Grindio* flochten sie aufs Rad und hingen ihn hoch auf. *Chucilio*, der einst *Pfalzgraf* König Sigiberts gewesen war, hieb man das Haupt ab, und noch viele andere, die Merowech begleitet hatten, mußten unter verschiedenen Martern eines grausamen Todes sterben. Man erzählte sich damals, der Bischof *Egidius* und *Guntchramn Boso* seien die Hauptanstifter bei diesem Anschlag gewesen, denn Guntchramn habe sich durch den Tod Theodoberts im geheimen die Gunst der Königin Fredigundis erworben, Egidius sei aber schon seit langer Zeit ihr lieb gewesen.«

»Im Gebiet von *Tours* sah man in diesem Jahr in der Frühe, bevor es tagte, einen Glanz über den Himmel hin ziehen und nach Osten hin verschwinden«, berichtet Gregor aus der Folgezeit. »Auch hörte man ein Getöse wie von einem stürzenden Baum durch jenes ganze Gebiet, was aber deshalb nicht auf einen Baum zurückzuführen ist, weil es weiter als fünfzig Meilen gehört wurde. In demselben Jahr wurde die Stadt *Bordeaux (Burdigalensis)* schwer von einem Erdbeben erschüttert und die Mauern der Stadt liefen Gefahr, einzustürzen. Die ganze Bevölkerung wurde von Todesfurcht dermaßen aufgeschreckt, daß sie meinten, wenn sie nicht flöhen, würden sie alle mit der Stadt in die Erde versinken. Deshalb wanderten viele nach anderen Städten aus.«

Und der Wunder Bedeutung war wohl gewesen, Seuchen vorzuverkünden: zu welchem Zweck ,bleibt dunkel, da sie doch von Gott unabwendbar beschlossen waren.

»Denn während die Könige haderten und abermals zum Bürgerkrieg rüsteten, breitete sich die Ruhr (dissentericus morbus) fast über ganz Gallien aus. Es hatten aber die Kranken unter Erbrechen heftiges Fieber und einen gewaltigen Nierenschmerz, auch Kopf und Genick wurden ihnen schwer, und der Auswurf war von gelber oder grüner Farbe.

In diesen Tagen erkrankte auch König Chilperich bedenklich und als er wieder genas, fing sein jüngster Sohn, der noch nicht aus dem Wasser und dem heiligen Geist wiedergeboren war, an zu erkranken. Und als sie sahen, daß er in den letzten Zügen lag, spülten sie ihn in dem Bad der Taufe rein (von der Sünde). Nachdem er sich etwas besser befand, wurde sein älterer Bruder, mit Namen *Chlodobert*, von dieser Krankheit ergriffen. Fredigundis, seine Mutter, sah ihn

in der Todesgefahr liegen; zu spät bereuend sprach sie zu König: ›Schon so lange tun wir Böses, und die göttliche Gnade erhält uns doch. Oft hat sie uns durch Fieber und andere Leiden heimgesucht, aber wir haben uns nicht gebessert. Siehe, nun verlieren wir die Kinder! Siehe, die Tränen der Armen, die Klagen der Witwen, die Seufzer der Waisen bringen sie in das Grab, nämlich den Zorn Gottes aufrufend, der die Frevel der Eltern durch den Tod der unschuldigen Kinder straft, und uns bleibt keine Hoffnung, für die wir Schätze sammeln sollten. Wir häufen Schätze auf und wissen nicht, für wen wir sammeln! Siehe, unsere Schätze, durch Raub erworben, mit Fluch belastet, bleiben dereinst zurück, entbehrend der Besitzer. Strotzen unsere Keller (promtuaria) nicht von Wein? Waren nicht unsere Scheuern voll Getreide? Unsere Schatzkammern (thesauri) nicht gefüllt mit Gold, Silber, kostbaren Steinen, Halsgeschmeiden und allem Prunk eines *Kaiserhofes*? Und siehe, Schöneres besaßen wir noch (nämlich die Kinder), und verlieren es. Komm jetzt, wenn dir's genehm, und verbrennen wir alle ungerechten Steuerlisten. Unsrem Kronschatze (fiscus) möge an dem genügen, was unsrem Vater und König *Chlothachar* genügte.‹ So sprach die Königin und schlug mit den Fäusten an den Busen, befahl die Steuerbücher zu bringen, welche durch *Marcus* aus ihren Städten beschafft waren, warf sie in das Feuer, und wandte sich wieder zum König: ›Was zögerst Du noch! Tue, was Du mich tun siehst, auf daß wir, wenn wir unsere süßen Kinder verlieren, doch der ewigen Strafe entgehen.‹ Da wurde der König in seinem Herzen erschüttert, und übergab alle Steuerbücher dem Feuer. Und als sie verbrannt waren, schickte er Leute ab, künftigen Ausschreibungen zu wehren.«
Berührt es auch menschlich wohltätig, daß die »Walandine« Fredigundis durch die Todesgefahr ihrer Kinder zur Reue bewegt wird und, in freilich sehr roher Mischung von Gewissensangst und Hoffnung, den lieben Gott zu begütigen, herausgibt, was sie durch Mißbrauch der Steuerhoheit der Krone, wohl meist den *Kirchen* (daher »die Tränen der *Armen*«, welche Anspruch auf ein Drittel der Kircheneinkünfte haben und also durch Besteuerung des Kirchengutes »mitberaubt« werden), abgenommen, – es kann die Wertschätzung Chilperichs als *König* nicht erhöhen, daß er sich durch eine Anwandlung seines leidenschaftlichen Weibes, wie sonst so oft zu *bösen* Taten, jetzt nicht bloß zum Verzicht auf den *Mißbrauch*, sondern sogar auf den *Gebrauch* seiner königlichen Steuergewalt fortreißen läßt, dadurch seine früheren Maßregeln, die sehr gerechtfertigt sein konnten, selbst verurteilend.
»Hierauf verschied das jüngste Kind an allzugroßer Entkräftung. Unter großen Wehklagen aber brachten sie es von dem Königshof *Braine* (villa Brennacum) nach *Paris* und ließen es in der Basilika des *heiligen Dionysius* begraben. Chlodobert aber legten sie auf eine Tragbahre, brachten ihn nach *Soissons* in die Kirche des heiligen *Medardus*, setzten ihn am Grab des Heiligen nieder und gelobten Gelübde für ihn. Aber, schweratmig und schwach, verschied er um Mitternacht. Sie begruben ihn in der Basilika der heiligen Märtyrer *Crispinus* und *Crispianus*, und es war ein großes Wehklagen unter allem Volk. König Chilperich machte hernach noch große Geschenke an die Haupt-Kirche und die anderen Kirchen und bedachte reichlich die Armen.
Nicht eben auf lange hielt die Gewissensangst vor, welche der Tod ihrer Söhne Fredigunden erweckt hatte: noch lebte ein Sohn *Andoveras*, ein Bruder des unglücklichen *Merowech*. Er sollte der Stiefmutter nicht entrinnen.

»Nach dem Tod seiner Söhne hielt sich König Chilperich im Oktober mit seiner Gemahlin in dem Forst von *Cuise* auf, voll Trauer. Damals schickte er seinen Sohn *Chlodovech* auf Anstiften der Königin nach *Braine*, damit nämlich auch er in diesem Verderben den Untergang finden sollte. Denn die Krankheit, die seine Brüder getötet hatte, wütete damals noch stark an jenem Ort; aber ihn traf kein Ungemach. Der König selbst begab sich nach dem Hof *Chelles* im Gebiet der Stadt Paris.

Nach einigen Tagen ließ er aber Chlodovech zu sich bescheiden. Als er damals auf jenem Hof bei dem Vater wohnte, fing er an zur Unzeit sich zu brüsten und zu sprechen: »Siehe, da meine Brüder gestorben, bleibt das ganze Reich mir, ganz Gallien wird mir unterworfen sein und alle Gewalt hat mir das Geschick verliehen! Siehe, wenn dann meine Feinde in meine Hand gefallen sind, werde ich ihnen antun, was mir beliebt.« Aber auch gegen seine Stiefmutter, Königin Fredigundis, brachte er Unziemliches vor. Da sie dies hörte, wurde sie von gewaltiger Angst erschreckt. Nach einigen Tagen kam aber jemand zur Königin und sprach: ›Daß du beraubt der Kinder dasitzest, hat allein die Arglist des Chlodovech bewirkt. Denn er begehrt nach der Tochter einer deiner Mägde und hat von deren Mutter durch Zauberkünste deine Kinder töten lassen. Daher warne ich dich, Besseres für dich von ihm zu erwarten, da dir die Hoffnung genommen, durch welche du einst hättest herrschen können.‹ Da wurde die Königin in Furcht erschreckt, und von Wut entflammt, durch ihren frisch erlittenen Verlust erbittert, ließ sie das Mädchen, auf das Chlodovech die Augen geworfen, ergreifen, schwer geißeln, ihr das Haupthaar abschneiden und die Arme an einem gespaltenen Pfahl vor der Wohnung (metatum) des Chlodovech aufknüpfen. Auch die Mutter des Mädchens ließ sie binden und auf der Folter lange peinigen. So lockte sie das Geständnis von ihr heraus, jene Reden seien wahr. Dies und anderes der Art brachte sie dem König bei und verlangte Rache an Chlodovech.

Der König begab sich darauf auf die Jagd und befahl, jenen im Geheimen zu ihm zu bringen. Da er kam, wurde er auf Befehl des Königs von den Herzögen *Desiderius* und *Bobo* ergriffen, in Handfesseln gelegt, seiner Waffen und Kleider entblößt und in schlechtem Gewand wurde er gefesselt – der Königin gebracht. Aber sie befahl, ihn in Haft zu behalten. Denn sie wollte noch von ihm herauslocken, ob diese Dinge sich so verhielten, wie sie gehört hatte, oder auf wessen Rat oder Anstiften er dies getan und mit welchen Männern er Freundschaft angeknüpft habe. Aber jener, das andere leugnend, deckte nur seine Freundschaft mit vielen auf. Nach drei Tagen ließ ihn die Königin gefesselt über die Marne *(Matrona)* bringen und auf dem Hof *Noisy* bewachen. In dieser Haft wurde er mit einem Messer durchbohrt und an dem nämlichen Ort begraben.

Inzwischen kamen Boten zum König, die da melden mußten, Chlodovech habe sich mit eigener Hand getötet, und noch stecke jenes Messer, mit dem er sich getroffen, versicherten sie, in der Wunde. Der König, durch diese Worte getäuscht, beweinte ihn nicht einmal, den er doch selbst sozusagen auf Anstiften der Königin dem Tod überliefert hatte. Seine Diener (servientes) wurden durch verschiedene Landschaften zerstreut, seine Mutter *Audovera* grausam getötet, seine Schwester *Basina* von den Dienern (pueri) der Königin beschimpft und in ein Kloster gebracht. Alle Schätze dieser ihrer Opfer fielen der Königin zu. Das Weib, welches über Chlodovech ausgesagt hatte, wurde zum Flammentod verurteilt. Als sie abgeführt wurde, fing die Unglückliche an, zu beteuern, sie habe gelogen. Aber ihre Worte halfen ihr nichts, sie wurde an den Pfahl gebunden und lebendig verbrannt. Der Schatzmeister *(thesaurarius)* des Chlodovech wurde von *Chuppa (comes stabuli)* von *Bourges (Bituricum)* mit Gewalt zurückgebracht und in Fesseln der Königin übergeben, um vielfache Peinigungen auszustehen. Aber die Königin ließ ihn von der Strafe und den Banden befreien und erlaubte ihm auf *unsere* (das heißt Gregors) Fürbitte, frei zum König zu ziehen.«

»Im achten Jahr König Childiberts (583)«, berichtet Gregor weiter, »senkte sich zu *Tours* am 31. Januar, einem Sonntag, als gerade zur Frühmette (matutinaea) geläutet (signum commotum) war und das Volk aufstand und zur Kirche ging, bei bewölktem Himmel unter Regen eine große Feuerkugel vom Himmel und lief eine große Strecke weit durch die Luft. Solches Licht gab sie von sich, daß man alles wie am Mittag sehen konnte. Als sie von einer Wolke aufgenommen war, wurde es wieder Nacht. Die Gewässer aber schwollen ungewöhnlich an; die *Seine* und *Marne* richteten bei *Paris* solche Überschwemmungen an, daß zwischen der Stadt und der Kirche des heiligen *Laurentius* oft Schiffbrüche vorkamen.

Als Herzog *Guntchramn Boso* nach *Arvern* mit reichen Schätzen zurückgekommen war (im Jahre 583), begab er sich alsbald zu König Childibert. Als er aber von dort zurückkehrte, ließ ihn mit seinem Weib und seinen Töchtern König Guntchramn ergreifen und gefangen halten. ›Deine Einladung‹, sprach der König zu ihm, ›hat Gundovald nach Gallien gelockt, und zu diesem Zweck bist du vor einigen Jahren nach Konstantinopel gereist.‹ Er aber antwortete: ›Nein! Vielmehr dein Herzog *Mummolus* hat ihn aufgenommen und bei sich zu *Avignon* behalten. Lasse mich jetzt frei, und ich will selbst Mummolus dir herbeischaffen. So werde ich mich als schuldlos erweisen an dem, was man mir vorwirft.‹ Der König sprach: ›Ich lasse dich nicht frei, du erleidest mir denn erst die wohlverdienten Strafen für das, was du begangen.‹ Da sah jener, daß er dem Tode nahestand, und sprach: ›Sie hier meinen Sohn! Nimm ihn! Er soll Geisel sein für das, was ich dir, meinem Herrn König, verspreche. Bringe ich dir Mummolus nicht, dann will ich diesen Kleinen verlieren.‹ Da ließ ihn der König ziehen und behielt das Kindlein bei sich zurück. Guntchramn Boso aber sammelte um sich Männer von *Arvern* und *Belay* (Arvernis atque Vellavis) und zog gegen Avignon.

Allein durch Arglist des Mummolus waren die in der *Rhone* bereit liegenden Schiffe angebohrt (leck), und als jene ohne Arg (simpliciter) einstiegen und bis in die Mitte des Stromes gekommen waren, füllten die Schiffe sich mit Wasser und sanken. Da gerieten sie in Lebensgefahr. Einige retteten sich durch Schwimmen, andere ergriffen Planken der Schiffe und gelangten so an das Ufer. Sehr viele aber, die weniger geschickt waren, ertranken in dem Flusse. Herzog Guntchramn Boso gelangte aber doch vor Avignon. Allein Mummolus hatte, als er die Stadt in Besitz genommen, Fürsorge getroffen, daß – da nur eine kleine Strecke übrigblieb, welche von der Rhone nicht gesichert war – der Fluß teilweise abgeleitet und so die ganze Festung rings durch tiefe Wassergürtel verteidigt wurde. Er ließ auch an jener Stelle Gräben von großer Tiefe ziehen, welche samt der dadurch bereiteten Falle das wieder darüber geleitete Wasser bedeckte. Als nun Guntchramn heranzog, rief Mummolus von der Mauer herab: ›Wenn er Treue und Glauben einhält, mag er auf die eine Seite des Ufers

kommen, ich auf die andere, und dann soll er mir sagen, was er von mir verlangt.‹ Sie kamen darauf an jener Stelle zusammen: und Guntchramn Boso sprach zu ihm hinüber, denn ein Flußarm war zwischen beiden in der Mitte: ›Wenn ich darf, will ich hinüber waten: denn einiges müssen wir geheim besprechen.‹ ›Komm nur!‹ antwortete ihm Mummolus, ›habe keine Furcht.‹ Da trat Guntchramn Boso mit einem seiner Freunde in das Wasser hinein. Dieser, sein Begleiter, wurde, sobald er in den Graben, unterhalb des Wasserspiegels geriet, da er vom Gewicht des Panzers beschwert war, in die Tiefe hinabgezogen und kam niemals wieder zum Vorschein. Auch Guntchramn Boso sank schon unter und wurde von der raschen Woge fortgerissen, aber einer streckte ihm vom Ufer seinen Speer hin, so daß er ihn fassen konnte, und brachte ihn so an das Ufer. Da stießen er und Mummolus Schmähungen gegeneinander aus und gingen auseinander. Während aber noch Guntchramn Boso mit einem Heer König Guntchramns die Stadt belagerte, kam die Kunde hiervon zu König Childibert, und dieser schickte, erzürnt, daß Herzog Guntchramn Boso solches ohne sein Geheiß unternommen, den schon erwähnten *Gundulf* dorthin. Gundulf hob die Belagerung auf und brachte Mummolus nach Arvern, der kehrte jedoch nach wenigen Tagen wieder nach Avignon zurück.
König Chilperich brach vor dem Osterfest nach *Paris* auf. Und um dem Fluch zu entgehen, unter dem in dem Vertrag mit seinen Brüdern schriftlich verzeichnet war, daß keiner von ihnen ohne Erlaubnis der andern Paris betreten solle, ließ er bei seinem Einzug die Reliquien vieler Heiligen voraustragen.«
Keine Kunst der Darstellung vermöchte hier – wie so oft – so eindringlich und packend die Seelenzustände der Männer jener Zeit zu schildern wie Gregors schlichte Worte. Welch naive Plumpheit, welche Roheit in den religiösen Vorstellungen, die da meint, die Strafe des Eidbruchs ganz äußerlich, wie durch einen Schild, dadurch abwehren zu können, daß man eine Anzahl von Heiligen durch die ihren Knochen erwiesenen Ehren besticht, ihre Fürbitte bei Gott einzulegen! Von Reue oder »Buße« ist dabei keine Rede. Auf den *Genuß* der Sünde – den Einzug in Paris, der unter Selbstverfluchung für den Fall des Eidbruchs verschworen war – will der Fürst nicht verzichten, aber durch Gewinnung mächtiger Fürbitter will er die *Strafe* der Sünde abkaufen. Und dieser Chilperich war doch, soweit ihm seine Fredigundis, seine Verse und seine andern Laster dazu Muße ließen, ein subtiler Theologe und unter allen Merowingern der Gottesgelehrteste. Ganz ähnlich hatte derselbe weltlich pfiffige Fürst schon früher die Heiligen weltlich pfiffig behandelt, ja ihnen *selbst* Motive wie die seinen waren zugetraut. »Die Ostertage verlebte er hier unter großer Festfröhlichkeit und ließ seinen Sohn taufen – die Geburt dieses Erben war hochwichtig und hocherfreulich für Fredigundis und ihren Gemahl –, den *Ragnemod*, der Bischof der Stadt, aus der Taufe hob und den der König *Theoderich* nennen ließ.«
»Als aber König Chilperich erfahren hatte, daß sein Bruder Guntchramn mit seinem Neffen einen Bund gemacht und daß sie mit vereinten Kräften ihm die Städte nehmen wollten, welche er mit Gewalt an sich gebracht hatte, begab er sich mit allen seinen Schätzen nach der Stadt *Cambrai* und nahm alles, was er bequem fortschaffen konnte, mit sich. Er schickte auch Boten an die Herzöge und Grafen der Städte, sie sollten die Mauern der Städte in Stand setzen und ihre Habe mit ihren Weibern und Kindern innerhalb der Befestigungen der

Mauern verwahren und, wenn es not wäre, mannhaft Widerstand leisten, so daß die Gegner ihnen keinen Schaden zufügen könnten. ›Und wenn ihr etwas einbüßet,‹ fügte er hinzu, ›so sollt ihr mehr dafür erhalten, wann wir Rache nehmen werden an unsren Feinden.‹ Er gedachte nicht daran, daß die Zuteilung des Sieges in Gottes Hand steht. Darauf bot er mehreremale sein Heer auf, hieß es aber immer wieder innerhalb seines Reiches haltmachen.«

»In diesen Tagen wurde ihm ein Sohn geboren«, *Chlothachar II.*, der später das ganze Frankenreich unter sich versammeln sollte, »den er auf dem Hof zu *Vitry* erziehen ließ: ›auf daß nicht‹, sagte er, ›das Kind ein Leid erfahre, wenn man es öffentlich sieht, und es so sterbe.‹«

Über den Auszug der Riguntþis, Chilperichs Tochter, in ihren Ehestand nach Spanien, meldet Gregor: »Nachdem sie Paris verlassen, gebot sie, beim achten Meilenstein von der Stadt die Zelte hehufs des Nachtlagers aufzuschlagen. Fünfzig Männer aber erhoben sich bei der Nacht, nahmen hundert der besten Pferde mit sich und eben so viel goldgeschmückte Zügel, sowie zwei große Schüsseln, eilten davon und flüchteten zu König *Childibert*. Und so flohen ferner während der ganzen Reise alle, die nur irgend entwischen konnten, und nahmen mit sich alles, was sie erhaschen mochten. Auch Zurüstung und Verpflegung von großer Kostspieligkeit wurden von den verschiedenen Städten auf dem Weg eingetrieben; denn der König ließ hierfür nichts aus seiner Kasse (fiscus) geben, sondern alles mußte durch Beiträge (conjecturae) der armen Leute beschafft werden. Da aber der König argwöhnte, sein Bruder oder sein Neffe möchten dem Mädchen auf dem Weg Nachstellungen bereiten, ließ er sie umhegt von einem (ganzen kleinen) Heere reisen und es waren bei ihr die vornehmen Männer: *Herzog Bobo*, Sohn des *Mummolus*, mit seiner Gemahlin gleichsam als Brautführer (paranymphus), *Domigisil*, *Ansovald* und der Hausmeier (major domus) *Waddo*, der über die Grafschaft von *Saintes* gewaltet hatte; das übrige Volk betrug über viertausend Mann. Die anderen Herzöge und Kämmerer aber, die mit ihr gezogen waren, kehrten von *Poitiers* aus um, jene aber setzten ihren Weg weiter fort, wie es eben ging. Aber auf dem Weg wurde so geraubt und geheert, daß man es kaum beschreiben kann. Sie plünderten die Hütten (hospitiola) der Armen, verwüsteten die Weinberge, so daß sie die Reben mitsamt den Trauben abschnitten und davon trugen, trieben das Vieh fort, nahmen alles, was sie finden konnten, nichts ließen sie zurück auf der Straße, die sie zogen, und es wurde erfüllt das Wort des Propheten *Joël*: ›Was die Heuschrecke läßt, das frißt die Raupe, und was die Raupe läßt, frißt die Werre und was die Werre läßt, frißt der Rost.‹ So geschah es auch hier, zu dieser Zeit; was der Reif ließ, schlug der Hagelsturm, was der Hagel ließ, verbrannte die Dürre, und was die Dürre ließ, nahm die Heerfahrt.

Während diese nun mit ihrer Beute dahinzogen, begab sich Chilperich, *der Nero und Herodes unserer Zeit*, nach seinem Hof *Chelles* (ad villam *Callensem*), etwa 100 Stadien (etwa 5 Stunden) von der Stadt Paris, und pflegte dort der Jagd. Als er aber eines Tages, schon in ziemlich dunkler Nacht, von der Jagd zurückkehrte und vom Pferde gehoben wurde – er hatte noch die eine Hand auf die Schulter des Dieners (puer) gelegt –, da trat einer auf ihn zu, stieß ihm ein Messer unter der Achsel in die Brust und durchbohrte ihm mit einem zweiten Stoß den Bauch. Sogleich stürzte eine Menge Blutes ihm aus dem Mund und der offenen Wunde und er gab seinen ruchlosen Geist auf.

Welche Ruchlosigkeit er in sich getragen, hat die Lesung des bisherigen gezeigt. Sehr viele Landschaften hat er wiederholt verwüstet und verbrannt, worüber er nicht Schmerz, sondern eher Freude empfand, wie einst Nero, als er beim Brand seines Palastes Tragödien-Verse hersagte. Sehr häufig bestrafte er Menschen ungerechterweise, nur um ihr Vermögen einzuziehen. Zu seiner Zeit erhielten nur wenige bisherige Geistliche, meist Laien ein Bistum. Er war dem Gelag ergeben und sein Gott war der Bauch. Niemand, meinte er, sei klüger als er selbst. Auch schrieb er zwei Bücher, gewissermaßen Sedulius nachahmend; aber die Verslein sind schwach und können nicht auf ihren Füßen stehen; denn weil er es nicht verstand, setzte er kurze Silben statt langer und lange statt kurzer. Auch andere kleine Werke, Hymnen und Meßgesänge verfaßte er, die aber durchaus nicht zu gebrauchen sind. Die Angelegenheiten der Armen waren ihm verhaßt. Die Bischöfe des Herrn lästerte er unablässig und über nichts lieber machte er sich in vertrautem Kreise mit Spottscherzen lustig, als über die Bischöfe der Kirchen. Den einen nannte er leichtsinnig, den andern hochfahrend, den einen Schlemmer, den andern Prasser, jenen schalt er übermütig und diesen aufgeblasen. Nichts haßte er mehr, als die Kirchen. Denn er sagte oftmals: ›Siehe, unser Schatz (fiscus) ist verarmt, siehe, unsere Reichtümer sind auf die Kirchen übergegangen. Keiner regiert als die Bischöfe allein. Unsere Ehre und unser Ansehn ist dahin und an die Bischöfe der Städte übergegangen.‹ So sprach er und vernichtete unaufhörlich die Testamente, die zugunsten der Kirche errichtet waren. Selbst die Gebote seines Vaters trat er oft mit Füßen, da er meinte, es gäbe niemanden, der dessen Willen aufrechterhalten würde. Aber an Wollüsten und Ausschweifungen vollends kann man gar in Gedanken nichts ersinnen, was er nicht in Wirklichkeit verübt hätte. Zugleich erfand er immer neue Marterkünste, um das Volk damit zu peinigen. Wer zu seiner Zeit schuldig befunden wurde, dem ließ er die Augen ausreißen. Und den Befehlen (praeceptiones), welche er in seinen Geschäften (in suis utilitatibus) an die Richter (judices) sandte, fügte er bei: ›Wer unsere Gebote mißachten sollte, der soll mit Ausreißung der Augen bestraft werden.‹ Keine Seele hat er jemals aufrichtig geliebt, von niemandem wurde er geliebt, und deshalb verließen ihn auch alle, als er den Geist aufgegeben hatte. Nur Bischof *Mallulf* von *Senlis* (Silvanectensis), der schon den dritten Tag in seinem Zelt weilte und den König nicht hatte sehen können, kam, als er die Nachricht vom Mord erhielt, herbei, wusch ihn, legte ihm bessere Kleider an, brachte die Nacht bei der Leiche unter geistlichen Liedern (hymnis) zu, schaffte sie dann in ein Schiff und beerdigte sie in der Kirche des heiligen *Vincentius* zu Paris. Die Königin Fredigundis blieb aber daselbst in der Hauptkirche zurück.«

Sonder Unterbrechung durch begleitende Bemerkungen wurden in Gregors schlichter Darstellung die Ereignisse kurz vor und bei Chilperichs Tod und des frommen Bischofs Schlußurteil über diesen König mitgeteilt: sie wirken so am stärksten und am reinsten.

Nachträglich heben wir nur einige Züge hervor. Welche Gegensätze, ja Widersprüche in den Zuständen dieses aus verrotteter römischer Kultur, fränkischer Wildheit und äußerlich aufgemaltem oder aufgezwungenem Christentum zusammengebauten Reiches!

Einerseits eine fast ungemessene Gewalt des Königs, zum Zweck der reichen Ausstattung einer Tochter über Vermögen und Existenz zahlreicher Menschen

zu gebieten, auch freier und vornehmer Franken, dies zwar ohne Recht, doch auch ohne verfassungsmäßig gesicherten Widerstand, nicht etwa für einen Krieg, nur für eine Vermählung, welche viel mehr dynastische als nationale Bedeutung hat. Einspruch des beraubten Neffen, beschwichtigende Erklärung. Ermordung eines der Gesandten dem König schuld gegeben. Dabei wird die Habgier des Königs gereizt durch allzureiche Ausstattung, welche die Königin beibringt; er besorgt, sonst ganz von diesem Weib abhängig, der Mutterstolz habe seinen Schatz allzustark gegen sein Wissen und Wollen ausgebeutet. Lügnerische Worte seines Weibes beschwichten ihm den argwöhnischen habgierigen Groll. Böse Ahnungen schweben ob dem Abzug der Braut, welche so viel Verwünschungen begleiten; sie sollte den Bräutigam nicht erreichen. Ein Heer, viertausend Mann, muß aufgeboten werden, das Mädchen vor Oheim und Vetter zu schützen. Aber das Heer taugt nur dazu, über das eigene Land alle Greuel auszuschütten, welche das damalige Kriegsrecht über Feindesland verhängte; vor massenhafter Flucht des Brautgesindes und Ausraubung des Brautschatzes schützt es nicht. Da wird der Vater der Braut, der lange gefürchtete, in seiner Art geistreiche Tyrann, in der Nacht ermordet von unbekannter Hand.
Ganz ähnlich, wie sein Weib seinen tüchtigen Bruder hatte morden lassen. Der Grausame hatte so viele Hasser geweckt, daß ein solches Ende in solcher Zeit wahrlich nicht erstaunlich ist. Anstifter und Werkzeug blieben unbekannt. Zwar wurde damals schon Fredigundis bezichtigt. *Childibert* (Gregor VII, 7, X, 19) und spätere Quellen nennen sie ohne Bedenken als Anstifterin, Ehebruch mit *Landerich* aber als Beweggrund. Allein unbefangene Forschung hat keinen Grund, dies anzunehmen, und die psychologische Würdigung jenes Weibes atmet auf, indem sie dieses Verbrechen wenigstens außer Anschlag lassen darf. Daß Fredigundis den Träger ihres Lebens, ihrer Macht, das fast blindgehorsame Werkzeug ihrer Leidenschaften selbst zerbrochen haben sollte, ohne zwingenden Grund – und von solchem wissen wir nichts –, ist durchaus nicht anzunehmen. Dieser Tod hat ihr geschadet; sie konnte das voraus sehen; daß sie ihn aus Notwehr, Strafe des Ehebruches abzuwenden, gleichwohl wählen *mußte*, ist durch nichts erwiesen. Ebensowenig – oder noch weniger! – ist freilich die von ihr erhobene Anschuldigung gegen den Kämmerer *Berulf* zu beachten; sie haßte ihn, das genügte für sie, ihn anzuklagen, und für uns, ihn freizusprechen.
Bezeichnend ist, daß alle, welche Furcht oder andere Formen der Selbstsucht um den lebenden König geschart hatten, den Toten, der weder mehr foltern noch bereichern kann, sofort verlassen; wie er niemanden – ausgenommen seinen bösen Geist Fredigundis – geliebt hatte, war er von keinem geliebt worden. Ein Bischof, den der Hochfahrende tagelang hat harren lassen, erfüllt aus christlicher Erbarmenspflicht an der Leiche, was seinen treuen Mannen obgelegen hätte.
Was nun das Gesamturteil Gregors betrifft, so macht es die sozusagen kindliche Offenheit, mit welcher der Naive die *Hauptgründe* seiner Abgunst selbst zur Schau trägt, der Kritik freilich sehr leicht, in zwei Richtungen die Übertreibung des Tadels aufzudecken.
Kirche und zumal Bischofstum ist Gregors Maßstab, an dem er alles mißt; er ist durchaus kein Freund der strammen Staatsgewalt, sofern sie rücksichtslos das »arme Volk«, oder gar etwa Kirchen und Bischöfe ihren Zwecken beugt, wobei es ihm sehr wenig verschlägt, ob die Zwecke staatlich gerechtfertigt,

notwendig, die Mittel verfassungsmäßig waren oder nicht. Gewiß, Chilperich war habgierig: – der einzige Punkt, über den er beinahe sogar einmal gegen seine Königin verdrießlich zu werden versucht, liegt hier – aber andererseits war der reich gefüllte Königsschatz das einzige Mittel, zu regieren in diesem Reich, und die Stärkung der Finanzgewalt der Krone war politisch voll geboten. Gregors Tadel geht viel zuweit, sofern er die strenge Ausübung dieses Rechts, die Versuche, es zu erweitern, verurteilt. Und am meisten berechtigt war die starke Handhabung, ja Ausdehnung dieses Rechts nach der Richtung hin, welche Gregor am heftigsten bejammerte, gegenüber den Kirchen als Korporationen, den einzelnen Geistlichen und den der Kirche gehörigen Gütern und Leuten. *Diese* harte Besteuerung meint Gregor vor allem, wenn er über Chilperichs Steuerstrenge klagt; wir sehen aber vor unseren Augen Kirchen und Klöster, solche Reichtümer an Land und solche Macht an Abhängigen aller Art erwerben, daß die Krone hätte verarmen müssen, hätte sie der Kirche die Steuerfreiheit in dem von ihr für gottgefällig erachteten Umfang gewährt.

Zweitens ist zwar Chilperich bei Besetzung von Bischofsstühlen sehr oft wenig kanonisch verfahren; aber ob dies unter den anderen Merowingern vor, neben und nach ihm so viel schlimmer bestellt war, ist doch sehr zweifelhaft; es drängten sich nur Gregor zahlreiche Fälle auf, zumal im Vergleich mit dem schonungsvolleren Guntchramn.

Was Gregor – ohne daß er es sich selber so klar machte, wie ohne seinen Willen uns – dabei im tiefsten Herzen ärgerte, war die kynische, brutale, frivole Geringschätzung, mit welcher der geistreiche König den größten Teil dieser Bischöfe behandelte, in seinen Tischgesprächen bewitzelte; er glaubte nicht, daß der Bischofsmantel einen Mann gut oder weise mache; hing er ihn doch nach Willkür seinen Günstlingen um. Aber was Gregor uns von gar vielen dieser »sacerdotes« erzählt, ist nicht geeignet, den König zu widerlegen.

Abgesehen jedoch von der Übertreibung des einseitigen Gregor nach diesen beiden Richtungen, wird man sein Urteil gelten lassen müssen; entspricht es doch ganz dem Bild, welches seine kunstlose und gerade deshalb voll glaubhafte Darstellung von Leben und Taten Chilperichs entspricht. Man hat wie bei Chlodovech den Eindruck: ja, so war, so redete, disputierte, zagte, mordete dieser König; ohne Heldentum, weder Krieger noch Feldherr, von seinem dämonischen Weibe voll abhängig, tückisch, wetterwendisch, unberechenbar, stetig nur in Wollust, Grausamkeit und Falschheit; seines jungen Weibes, seiner Söhne von anderen Frauen unmittelbarer oder mittelbarer Mörder – wenn nicht auch seines Bruders! – und zahlloser anderer Opfer seiner Rache oder Habgier oder Schwäche gegenüber Fredigundis. Dabei schreibt aber dieser König – und zwar ohne Heuchelei, denn er war überzeugter Christ – Hymnen, Kirchengesänge oder Predigten (Messen) und theologische Abhandlungen.

In Chlodovech ist die Mischung der heidnischen Rohheit und Wildheit mit dem Christentum noch so naiv, daß sie fast unverständlich wirkt; er ist noch ein germanischer Held; hier, in seinem Enkel, ist mit dem Heidentum das barbarische Heldentum verschwunden und durch Mischung fränkischer Heißgier mit christlicher Theologie, mit Heiligenkult und Heiligenbestechung ersetzt, welche raffiniert häßlich, ja vollendet scheußlich ist.

»Sogleich nach dem Tode Chilperichs war Herzog *Gararich* (Gararicus) nach *Limoges* (Lemovicas) gekommen und hatte die Huldigungseide für König Childi-

bert schwören lassen. Darauf kam er nach *Poitiers* (Pictavis), wurde von den Bürgern aufgenommen und verweilte daselbst. Da er nun hörte, was die zu Tours zu leiden hatten, schickte er eine Gesandtschaft und beschwor uns, wir möchten, wenn wir gut für uns sorgen wollten, uns nicht auf die Seite König Guntchramns schlagen, sondern vielmehr Sigiberts, Childiberts Vater, gedenken. Wir aber schickten wieder Mitteilung an Bischof und Bürger jener Stadt: wenn sie sich nicht für den Augenblick König Guntchramn unterwürfen, würden sie ähnliches zu leiden haben; denn, fügten wir bei, jetzt sei Guntchramn Vater über die beiden Söhne Sigiberts und Chilperichs, die er nämlich zu Wahlsöhnen angenommen, und so habe er denn die Oberherrschaft des (ganzen Franken-)Reiches, wie einst sein Vater Chlothachar getan.«
Diese Stelle in Gregors Chronik ist staatsrechtlich und politisch von hoher Bedeutung, sie zeigt deutlich, wie die Zeitgenossen die Einheit des gesamten Frankenreiches ungeachtet der Spaltung desselben in drei (oder manchmal gar vier, später meist zwei) einander fast unablässig bekriegende Teilstaaten lebhaft empfanden. Obwohl zwei Könige in Sigiberts und Chilperichs Staaten bestehen, soll doch Guntchramn vermöge deren Adoption ebenso die Oberherrschaft über das Gesamtreich haben, wie Chlothachar I. zu der Zeit, da er nach dem Tode seiner Brüder *allein* regierte.
»Als sie sich aber dem nicht fügten, schied Gararich von der Bürgerschaft (civitas), gleich als wolle er ein Heer herbeiführen, ließ jedoch in der Stadt *Ebero* den Oberkämmerer König Childiberts zurück. *Sichar* aber und *Willachar*, der Graf von *Orléans* (Aurilianense comite), der damals *Tours* erhalten hatte, boten ein Heer gegen Poitiers auf, so daß von der einen Seite die von *Tours* (Toronici), von der anderen Seite die von *Bourges* (Biturici) aufbrechen und alles verwüsten sollten. Und als sie sich der Grenze näherten und anfingen, die Häuser zu verbrennen, schickten die von Poitiers ihnen Gesandte und sprachen: ›Wir bitten euch, innezuhalten bis zu der Tagfahrt (placitum), welche die Könige Guntchramn und Childibert unter sich abhalten. Wenn da vereinbart wird, daß der gute König Guntchramn den Frieden uns erhalten soll, werden wir nicht widerstreben, wo nicht, erkennen wir den als unsern Herrn (dominum) an, welchem wir vollkommen Gehorsam leisten sollen.‹ Hierauf antworteten jene: ›Uns kommt in dieser Sache nichts zu, als nur die Befehle unseres Fürsten (principis) auszuführen. Wenn ihr also euch nicht fügt, so verwüsten wir alles, wie wir angefangen haben.‹ Und da es nun dazu kommen sollte, daß alles dem Brand, der Plünderung, der Gefangenschaft preisgegeben würde, warfen die von Poitiers, die Dienstleute (homines) Childiberts aus ihrer Stadt und leisteten König Guntchramn die Eide (sacramenta dedere), hielten sie aber nicht lange.
Als nun die Tagfahrt (placitum) herankam, wurden von König Childibert der Bischof *Egidius*, *Guntchramn Boso*, *Sigovald* und viele andere an König Guntchramn abgesandt. Sie gingen zu ihm hinein (in das palatium) und der Bischof sprach: ›Wir danken Gott dem Allmächtigen, höchst frommer (piissime) König, daß er dich nach vielen Drangsalen in deine Lande und dein Reich wieder eingesetzt hat. Der König aber sprach zu ihm: ›Ja, ihm ist mit Recht zu danken; aber nicht dir, durch dessen arglistigen Rat und dessen Eidbruch im vorigen Jahr meine Lande mit Feuer verheert worden sind, der du keinem Menschen jemals rechte Treu' gehalten hast, dessen Arglist überall ruchbar ist und der du

dich nicht als einen Priester, sondern als einen Feind unseres Reiches erwahrest.‹ Bei diesen Worten schwieg der Bischof, von Ingrimm übermannt. Einer aber (das heißt ein anderer) von den Gesandten sprach: ›Es bittet dein Neffe Childibert, daß du ihm die Städte, die sein Vater besaß, wieder herauszugeben befehlen mögest.‹ Hierauf antwortete jener: ›Ich habe euch schon früher gesagt, daß (quia) unsere Verträge (pactiones) jene Städte mir zuteilen, und deshalb will ich sie nicht herausgeben.‹ Darauf sagte wiederum ein anderer von den Gesandten: ›Es bittet dich auch dein Neffe, daß du die Zauberin Fredigundis, durch die viele vom königlichen Geschlecht ermordet sind, herauszugeben befehlest, auf daß er den Tod seines Vaters, seines Oheims (Chilperich) und seiner Vettern räche.‹ Dagegen sprach jener: ›Sie kann ihm nicht in seine Gewalt ausgeliefert werden, denn sie hat zum Sohn einen König. Auch glaube ich nicht, daß das, was ihr gegen sie vorbringt, wahr ist.‹«

Höchst bezeichnend für die Anschauungen der Zeit, auch des gutartigen Guntchramn! Man sieht, Fredigundis hatte gute Gründe, sich Söhne zu wünschen, für die Tage der Witwenschaft.

»Darauf trat *Guntchramn Boso* zum König heran, gleich als ob er ihm etwas sagen wollte. Doch da es schon verlautet hatte, daß jener Gundovald, ganz offen zum König war erhoben worden, kam der König seinen Worten zuvor und rief: ›O du Feind unseres Landes und unseres Reiches, der du deshalb vor einigen Jahren nach dem Morgenlande gingst, um einen gewissen *Ballomer* (so nannte der König Gundovald) über uns, unserem Reich auf den Hals zu führen! Meineidiger du, allezeit Treuloser, der du niemals hältst, was du versprichst!‹ Jener aber sprach zu ihm: ›Du sitzest als Herr und König auf dem königlichen Stuhl, und keiner wagt dem zu widersprechen, was du sagst. Ich aber erkläre mich unschuldig an dieser Sache. Und gibt es einen meinesgleichen (das heißt ebenbürtig, oder doch von gleicher Stellung), der mir im Geheimen diese Anschuldigung aufbürdet, der komme jetzt offen hervor und rede. Dann, o höchst frommer König, stelle dies dem Urteil Gottes anheim, daß der entscheide, wann er uns beide auf der Fläche eines Kampffeldes fechtend schauen wird.‹

Da hierauf alle schwiegen, fügte der König hinzu: ›Allen muß diese Sache auf der Seele brennen, daß aus unserem Gebiet dieser zugewanderte Fremdling (advena) vertrieben werde, dessen Vater Mühlen trieb (molinas gobernavit), ja, um es ganz genau zu sagen, sein Vater saß bei den Wollkämmen und schichtete die Wolle.‹ Und obgleich es ja sehr wohl geschehen mag, daß ein Mensch in diesen beiden Gewerken von seinem Arbeitsmeister zum Dienst verwendet wird, antwortete doch einer von den Gesandten dem König zu lauter Verhöhnung und Verunglimpfung: ›Also hatte dieser Mensch, wie du behauptest, zwei Väter: einen Wollarbeiter und einen Müller. Hüte dich doch, o König, so ungereimtes Zeug zu reden. Denn unerhört ist es, daß ein Mensch zwei Väter zugleich habe, es sei denn in geistlichen Dingen.‹ Darauf brachen viele in Lachen aus, und einer von den Gesandten sprach: ›Wir sagen dir Lebewohl, König! Denn weil du die Städte deines Neffen nicht ausliefern willst, so vernimm: wir wissen, noch ist das Beil vorhanden, das deinen Brüdern die Köpfe spaltete; gar bald wird es dir im Schädel sitzen und auch dir das Gehirn zerschmettern.‹ So gingen sie mit Ärgernis fort.

In geradezu dramatischer Weise und mit voller Lebendigkeit höchst bezeichnender Details, sehen wir hier den Kampf uns vorgeführt, der offenbar schon seit der unheilschweren Ermordung des kraftvollen Sigibert in dessen verwaistem Reich geführt wurde und nun nach Ermordung des gefürchteten Chilperich ganz ebenso in dessen Landen auszubrechen begann, ja auch die Königsgewalt des letzten vollreifen Merowingers, Guntchramns, des jetzt alleinigen Vertreters des Königtums auch für seine beiden Neffen, bedrohte: *der Kampf der neu entstandenen Aristokratie des Dienstadels gegen die Krone.* Dieser Kampf ist es, der den Jahrzehnten nach Sigiberts Tod den eigenartigen Charakter aufdrückt.

Das Königtum der Merowinger

Die kaiserlichen Hoheitsrechte der Römer gehen in Gallien auf die Germanen über — Die Willkür der Königin Fredigundis zeigt die Grenzen des »rechtmäßigen Raubes« — Unfriede zwischen Goten, Franken und Burgundern schadet der Königsmacht und dem Landfrieden — König Guntchramns Gedanken der Reichseinheit »um des gemeinsamen Merowingerblutes« willen — Bayernherzog Tassilo zieht gegen die Slawen — Bekehrung der Angeln und Sachsen in Britannien — Geistliche und weltliche Aristokratie, der »weiseste Weltadel« — Schiedsspruch des Adels anstelle von Bruderkriegen — Die neue Macht der Hausmeier unter Pippin

Das Königtum der Merowinger, war seit Chilperich und Chlodovech gewaltig aufgestiegen. Auch noch Chlodovechs Enkel, wie die Söhne hatten, mit geringen Ausnahmen und durch ihre Bruderkriege noch nicht sehr viel gehemmt, das Reich nach außen erweitert oder doch geschützt und ihre Königsgewalt – obzwar nicht immer mit gleichem Glück und unter manchem erfolgreichen Widerstand – ausgedehnt, zumal indem sie die bisher nur über die Römer geübten, von den Kaisern überkommenen Hoheitsrechte, vor allem die Finanzhoheit, auch auf die Germanen erstreckten. Und man muß dies Streben, das ja gewiß vielfach auch von selbstischer Herrschgier und Habsucht getragen war, doch als politisch zum Heil der Gesamtheit wohlberechtigt anerkennen, denn der altgermanische Staat der Volksfreiheit war schon wegen der Ausdehnung der Germanen über allzu weite Gebiete, welche Volksversammlungen alten Stils fast unmöglich machte, und wenigstens auf dem linken Rheinufer, ganz allgemein durch den Eintritt der Franken in völlig andere Kulturverhältnisse unmöglich geworden. Die Übergewalt des Adels aber bedeutete in diesem Staat nicht die Freiheit des Volkes, sondern die brutale Tyrannei von Geschlechtern, welche, fränkische Barbarei mit römischer Üppigkeit vereinend, allen wilden Leidenschaften fröhnten und durch das Christentum wahrlich nicht besser geworden waren. (Sie sind am ehesten etwa dem wilden italienischen Adel des 15.–17. Jahrhunderts zu vergleichen.)
Wir wissen nicht, was den gutmütigen Guntchramn abhielt, wenigstens gegen den letzten Redner den Hochverratsprozeß einzuleiten und den mit der Mordaxt Drohenden festzuhalten: etwa Scheu vor der Unverletzlichkeit von Gesandten

oder zu geringe kriegerische Umgebung; jedenfalls aber ist die Weise, wie der geärgerte Fürst sich rächt – statt mit dem Schwert des Richters, mit dem Kot der Straße – sehr unköniglich.

Man sieht: wenn sich diese Großen Childiberts auf fremdem Boden gegenüber dem von ihnen doch unabhängigen König von Burgund solche Drohungen erlaubten, – wie schrankenlos mögen sie den jungen, völlig in ihre Gewalt gegebenen Fürsten von Austrasien beherrscht haben! Jener Bischof Egidius war offenbar das geistige, geistliche Haupt der herrschenden Adelspartei.

»Da aber die Königin Fredigundis noch in der Hauptkirche von *Paris* (ecclesia Parisiaca) sich aufhielt, kam zu ihr *Leonardus*, früher Domesticus, der damals von der Stadt *Toulouse* angekommen war; er ging zu ihr hinein (in die Kirche) und begann ihr die Geschichten der Beschimpfung und der Verunglimpfungen ihrer Tochter zu erzählen. ›Nach deinem Gebot‹, sprach er, ›zog ich mit Königin Rigunthis dorthin und habe ihre Erniedrigung gesehen und wie sie ihrer Schätze und aller ihrer Habe beraubt wurde; ich bin nur durch die Flucht entwischt und hierher gekommen, meiner Herrin (domina) zu erzählen, was geschehen.‹ Da sie solches hörte, ergriff sie die Wut, und sie befahl, ihn in der Kirche selbst auszuplündern, und hieß ihn, entblößt der Kleider und des Schwertgurts (baltheo), den er von König Chilperich zum Geschenk erhalten, aus ihren Augen gehen. Auch die Köche (cocos) und Bäcker (pistores), oder von wem immer sie hörte, daß sie von jener Reise (nach Toulouse) zurückgekehrt seien, ließ sie geißeln, ausziehen und ihnen die Hände abhauen. Auch suchte sie *Nectarius*, den Bruder des Bischofs *Baudigisil*, bei dem Könige Guntchramn durch abscheuliche Beschuldigungen zu verderben, indem sie behauptete, er habe vieles vom Schatz (thesaurus) des verstorbenen Königs davongetragen. Aber auch aus den Vorratskammern (promptuariis) habe er viele Schinken (tergora) und viel Wein fortgeschleppt. Und sie verlangte, er solle gefesselt in das Dunkel des Kerkers gestoßen werden. Aber die Langmut des Königs (patientia, wiederholt so, zumal von Königen, gebraucht) und die Fürsprache des Bruders (des Bischofs) ließen es nicht dazu kommen. Viel Eiteles und Sündiges (vana) verübte sie noch daselbst und scheute Gott nicht, in dessen Kirche sie doch ihre Zuflucht gesucht hatte. Sie hatte dazumal bei sich den Richter (judex) *Audo*, der ihr bei des Königs Lebzeiten in vielen bösen Dingen behilflich gewesen. Denn mit dem Präfecten *Mummolus* hatte er viele Franken (hier Francos, nicht barbaros), die zu der Zeit König Childiberts des Älteren (I.) freie Männer (ingenui) gewesen, den öffentlichen Abgaben unterworfen. Nach dem Tode des Königs war er aber von diesen (Franken) ausgeplündert und beraubt worden, so daß ihm nichts blieb, als was er am Leibe davontragen konnte. Auch seine Häuser hatten sie ihm in Brand gesteckt und sie würden ihm jedenfalls auch das Leben genommen haben, wenn er nicht mit der Königin in die Kirche geflohen wäre.«

Welche Zustände! Welch wilder Wechsel von königlicher Willkür nicht nur in billigenswerter Erweiterung der Finanzhoheit, auch in selbstischer Vergewaltigung für rein subjektive Zwecke (Brautgeleit nach Spanien)! Die Steuererhebung muß mit Gewalt, fast wie ein Raubzug gegen die Franken, ausgeführt werden, und nach des gefürchteten Königs Fall, nehmen die Franken diesem Beamten, der doch nur des Königs Befehle vollstreckt, zwar hart und auch wohl sich selbst bereichernd, in Rachefehde alles Gut und bedrohen sein Leben!

Man darf nicht, wie allzuoft geschieht, die Hegemonie des Frankenstaates vor allem darauf gründen, daß dieser Stamm so viel mehr Sinn und Talent für Staatsordnung gehabt habe als andere, man darf auch die fränkischen Verfassungszustände, wenigstens vom Tode Sigiberts an, nicht als so viel geordneter und befriedigender anffassen, als die anderer Germanenreiche. Willkür der Herrscher und junkerlicher Trotz der Großen stehen hier in schroffstem Wechsel neben- und gegeneinander. Das Volk, die Menge der kleinen Freien, Germanen wie Römer, kommt fast gar nicht zu Wort und Ausdruck seines Willens, zur Vertretung seiner Rechte und Interessen; man sehe oben, wie das Volk unter den Kriegen der Könige leidet; aber immerhin war ein König wie Guntchramn noch ein Schützer und Schirmer des Volkes gegen den Adel. Der König allein hatte doch hie und da Sinn für die Gesamtheit, der diesen romanischen und fränkischen Vornehmen völlig abging. Man muß sagen, daß es bei den *Westgoten* damals unter Leovigild und Rekared besser bestellt war, als in den Reichen Childiberts II. und Chlothachars II., ebenso damals bei den *Langobarden*, und wie ganz unvergleichlich näher dem Ideal des Rechtsfriedens und des Rechts- wie Kulturschutzes war schon drei Menschenalter früher das Reich des großen Theoderich gestanden! Bei diesen Merowingerstaaten ist seit etwa 584 die Auflösung des Königtums in vollem Vorschreiten. Noch einmal wird sie auf kurze Zeit von einem kräftigen Herrscher gehemmt, aber im wesentlichen schreitet der Verfall der Krongewalt von da ab immer weiter vor, bis er gegen das Ende der Merowingerzeit den Staat Chlodovechs in zwei Teile zu reißen droht und nur durch die gewaltigen Arnulfinge mit sehr schwerer Mühe gehemmt und gewendet wird.

Eine andere charakteristische Episode führt Gregor von Tours später an: »Denen von *Tours* und *Poitiers* (Toronicis atque Pectavis) wurde *Ennodius* zum Herzog (dux) gegeben. *Berulf*, der zuvor an der Spitze dieser Städte gestanden hatte, war nämlich wegen der Schätze König Sigiberts, die er heimlich beiseitegeschafft hatte, mit seinem Genossen *Arnigisil* in Verdacht geraten. Als er aber das Herzogtum in den genannten Städten anstrebte, wurde er samt seinem Spießgesellen (satellite) von Herzog Rauching durch eine gelungene Überlistung gebunden. Sofort wurden Diener in ihre Häuser geschickt, die alles ausraubten. Vieles wurde gefunden, was jener beiden Eigentum war, einiges aus den erwähnten Schätzen. Dies alles wurde zu König Childibert gebracht. Und als die Sache schon so weit gekommen war, daß das Schwert auf ihren Nacken herabfallen sollte, erhielten sie doch noch auf Dazwischenkunft der Bischöfe das Leben und wurden freigelassen; von dem aber, was man ihnen abgenommen hatte, erhielten sie nichts zurück«: also auch nichts von ihrem Eigentum! Eine recht tumultuarische Ausübung von Amtshoheit und Strafgewalt. Schon die Untersuchungshaft wird durch gelungene Überlistung verhängt. Man sieht, wir leben in dem Staat, in welchem das im Vollstreckungsverfahren Abgepfändete – wohl wie im ältesten Germanenstaat – strudis legitima, rechtmäßiger Raub, hieß!

»Herzog *Desiderius* reiste in Begleitung einiger Bischöfe und des Abts *Aridius* wie auch des *Antestius* zu König Guntchramn. Obwohl ihn der König nur ungern empfangen wollte, nahm er ihn doch, durch die Bitten der Bischöfe

REICH DER FRANKEN
UNTER DEN
MEROWINGERN
Grenze des Reiches der Franken 486
BRITANNIA
Lundenwic
FRESIA
SAXONIA
REICH DER THORINGER
Dorestate
Wisura
Runibergum
Albis
Schidingi
THORINGIA
LOUVIA
GRAPFELD
WEDREVI
Main
Wirzibg
WALACRUS
TEXANDRIA
THORINGIA
Antwerpes
BORUCTUARII
SUDUODI
Colonia
HESSI
Bonna
LOGNAI
Amanabg
Taruenna
MEMPISCUS
BRACBANT
HASBANIA
Atrabatum
PONTIVUS
HAINAU
LOMACENSIS
CONDUSTRINSIS
ARDUENNA
Mosella
Rhenus
Magantia
NAWAGOWE
Warmacia
CALETINSIS
TELLAUS
VINEMAUS
Ambiani
Viromandi
Laudunum
PORTENSIS
Longlare
Treveri
Rotomagus
Suessionae
Remi
SAXONES
Constancia
Luxoium
Ebroica
VILCASSINUS
CAMPANIA
Viridunum
Mettis
SAROINENSIS
Heilbrunna
AUCIACENSIS
NECKARGOWE
Parisii
Catalaunum
DOMNONIA
Abrincatae
BRITANNIA
CORNUBIA
Migliidunum
Tullum
CALVOMONTENSIS
ALISATIA
Danubius
Augusta
REZI
Carnotum
Trecae
Rhedones
FRANCIA
RIPUARII
ALAMANNIA
F. Cenomannis
WASTINENSIS
Senonae
BARRENSIS
BASINIACUS
Veneti
Vindocinum
Aurelianis
DUISMENSIS
Lingones
Andegavi
Turones
Blesum
Autissiodorum
ALLOARIENSIS
ALISIENSIS
Avalo
Vesontio
frank. Reich
Turegum
Namnetes
Bituricae
WARASCI
534 an das fränkische Reich
ARGOVE
536 an das fränk. Reich
RAETIA CURIENSIS
RAETIAE
Augustodunum
Cabillonum
Arenticum
UFGOWE
Argentomagus
Pictaves
Mediolanum
Liger
Tridentum
Matisco
Geneva
VALLIS
VENETIA
Santonae
Limovicae
Ecolisma
Arverni
Augusta
BURGUNDIA
LIGURIA
AQUITANIA
Lugdunum
Rhodanus
TARANTASIA
Mediolanum
Verona
Vienna
SALMORIACENSIS
MAURIANA
Ticinum
Cremona
Petragorica
507-511 von Chlodowech unterworfen
Vellava
Taurinum
Padus
Placentia
Burdegala
Anicium
Valentia
Mutina
WESTGOTEN
Vivarias
Vapicum
ALPES COTTIAE
Genua
AEMILIA
Cadurcia
Aginnum
Ruthenis
NOVEMPOPULANA
Ende des VI. Jahrh. fränkisch
Vendascum
Luca
Albigis
SEPTIMANIA
PROVINCIA
Arelate
Nicea
Tolosa
CANTABRIA
Massilia
Forum Julii
Pampalona
Narbona
REICH DER WESTGOTEN
CORSICA

besiegt, wieder in seine Gunst auf«. Sie sind eben doch sehr oft, wenn auch durchaus nicht immer, die Vertreter der Menschlichkeit, diese Bischöfe und Äbte, und dafür muß man ihnen gar vieles zu Gute halten.
Damals erschien auch *Eulalius* dort, um seines Weibes willen zu klagen, die ihn verschmäht hatte und zu Desiderius gegangen war, aber er wurde ausgelacht und beschämt mußte er verstummen. Desiderius wurde vom König beschenkt und kehrte, mit dessen Gunst wieder begnadet, zurück.
Ingundis war von ihrem Gemahl bei dem Heer des Kaisers zurückgelassen worden, und während sie darauf mit ihrem kleinen Söhnlein zum Kaiser geführt wurde, starb sie in Afrika und wurde dort begraben. *Hermenigild*, den Gemahl der Ingundis, ließ *Leovigild*, sein Vater, töten. Hierüber erzürnt, entsandte König Guntchramn ein Heer nach Spanien, auf daß es zuerst *Septimanien*, welches noch innerhalb der Grenze Galliens liegt, seiner Herrschaft unterwerfe und so weiter vorrücke.«
Es ist nicht geradezu ausgeschlossen, daß Mitleid oder das Sippengefühl der Rachepflicht zu den Entschlüssen des solchen Beweggründen zugänglichen Königs auch beigetragen habe. Allein der entscheidende Grund war doch die nun vollzogene Annäherung an Brunichildis und Childibert, während Leovigild sich mit Chilperich und Fredigundis in (geplante) Verschwägerung eingelassen hatte. Und Guntchramn, der doch auch keineswegs ganz frei war von merowingischer Länder- und Machtgier, hoffte bei den inneren Kämpfen im Gotenreich seine südgallischen Besitzungen durch den Erwerb der »natürlichen Grenzen«, der Pyrenäen, sehr erheblich auszudehnen und abzuschließen. Mit großer Hartnäckigkeit verfolgte er in den nächsten Jahren diesen Plan.
»Während dies Heer aufgeboten wurde, fand man bei einigen geringen (ungebildeten, bäuerischen, rusticis) Leuten ein Brieflein (indicolum), das man auch dem König zum Lesen übersandte, so verfaßt, als ob es Leovigild an Fredigundis geschrieben hätte, auf daß sie mit irgendwelchem Mittel der List (quocumque ingenio) verhindern möge, daß das Heer dorthin ziehe. »Unsere Feinde«, hieß es, »Childibert nämlich und seine Mutter, bringt schnell um und macht mit König Guntchramn Frieden, den ihr mit vielen Belohnungen erkaufen sollt. Und solltet ihr vielleicht zu wenig Geld haben, so werden wir es euch heimlich schicken, nur führet aus, was wir verlangen. Haben wir uns an unseren Feinden gerächt, dann spendet alles Gute Bischof *Amelius* und der Matrone *Leuba*, durch deren Vermittlung unseren Sendlingen Gelegenheit erschlossen wird, zu euch zu gehen.« *Leuba* ist nämlich die Schwiegermutter des Herzogs *Bladast*.
Diese ganze Geschichte verdient wenig Glauben. Gregor trägt sie auch durchaus nicht so vor, als ob er selbst an sie glaube, obzwar er doch dem bösen Ketzerkönig Leovigild ganz besondere Abgunst hegt. Nicht Childibert, – Guntchramn war der wahre Feind der Goten, Guntchramns Heer wird aufgeboten. Daß *damals auch* ein Heer Childiberts in das Feld zog, ist eine unstatthafte Kombination von *Paulus Diaconus*, der *nur* von Childibert, und von *Gregor*, der *nur* von Guntchramn spricht. Auch das Auffinden des *wichtigen geheimen* Schreibens bei quibusdam rusticis und der plumpe Ton des Mordbriefes machen die Sache nicht eben wahrscheinlich.
»Und obschon dies König Guntchramn hinterbracht und auch seinem Neffen Childibert zur Kenntnis gegeben war, ließ *Fredigundis* doch zwei eiserne Messer schmieden, die sie gar tief mit (Zauber-)Zeichen ritzen und mit Gift bestreichen

ließ, auf daß, wenn der Todesstoß die Lebensnerven nicht durchschnitt, doch das eingedrungene Gift das Leben gar bald auslöschen möchte. Diese Messer übergab sie zwei Geistlichen mit folgendem Auftrag: ›Nehmt diese Schwerter und zieht so rasch wie möglich zu König Childibert, gebet vor, ihr seied Bettler. Und wenn ihr ihm zu Füßen liegt, wie Almosen heischend, durchbohrt ihm beide Seiten, auf daß endlich Brunichildis, welche auf ihn ihren Hochmut (adrogantia) stützt, durch seinen Fall mit stürze und mir unterworfen werde. Wenn aber ängstliche Wache gehalten wird um den Knaben (puerum, das heißt Childibert), daß ihr nicht an ihn kommen könnt, so tötet doch wenigstens sie selbst, meine Feindin. Der Lohn eurer Taten aber soll sein, daß ich, wenn ihr bei dem Werk den Tod finden solltet, euren Gesippen (parentibus) Güter spenden, sie durch Geschenke reich machen und zu den ersten in meinem Reich erheben werde. Einstweilen aber laßt alle Furcht beiseite und keine Todesangst komme über eure Herzen. Denn ihr wisset ja, dies Geschick (das heißt der Tod) erwartet alle Menschen. Wappnet also eure Herzen mit Mannhaftigkeit und bedenkt: gar oft fallen tapfere Männer im Kampf, dafür sind ihre Gesippen zum Adel emporgestiegen und überragen alle durch unermeßliche Schätze und überstrahlen alle. ‹Als das Weib dies sprach, fingen die Geistlichen an zu zittern und meinten, es sei schwer, solche Befehle auszuführen. Aber Fredigundis, sie schwankend sehend, verzauberte sie durch einen Trank und wies ihnen, wohin sie gehen sollten. Und allsogleich wuchs ihnen der Mut im Herzen, und sie versprachen, alles zu vollführen, was sie befohlen hatte. Gleichwohl hieß sie die beiden ein kleines Gefäß voll desselben Trankes mitnehmen und sprach: ›An dem Tag, da ihr vollführt, was ich euch geboten, morgens, bevor ihr ans Werk schreitet, nehmt diesen Trank. Und es wird euch gewaltiger Trotzmut überkommen, dies zu vollführen.‹ Nachdem sie dieselben unterwiesen hatte, entließ sie beide. Sie brachen auf und kamen bis in die Stadt *Soissons* (ad urbem *Sessionas*); da wurden sie von Herzog *Rauching* gefangen, in Untersuchung gezogen, gestanden alles, wurden gefoltert und in den Kerker geworfen.
Wenige Tage nachher schickte Fredigundis, bereits dessen gewiß, daß ausgeführt sei, was sie befohlen, einen Diener (puerum) aus, zu erkunden, was das Gerücht unter dem Volk umhertrage, oder ob er einen träfe, der schon von Childiberts Ermordung spräche. Der Diener zog von ihr hinweg und kam nach der Stadt Soissons. Als er nun hörte, jene säßen im Kerker, schlich er sich an die Pforte desselben. Da er aber angefangen, mit seinen Spießgesellen zu sprechen, wurde er auch verhaftet und in den Kerker gebracht. Darauf wurden sie alle (drei) zugleich zu König Childibert gesandt und deckten bei der Untersuchung die Wahrheit auf, indem sie aussagten, sie seien von Fredigundis ausgesandt, ihn umzubringen. ›Wir haben‹, sagten sie, ›das Gebot der Königin empfangen, uns als Arme (egenus) zu stellen, und wenn wir, zu deinen Füßen liegend, dich um ein Almosen bäten, wollten wir dich mit diesen Schwertern (gladiis) durchbohren. Und wäre das Schwert mit zu schwachem Stoß gesessen, so würde doch schon das Gift, in welches das Eisen getaucht ist, schnell dir in das Leben gedrungen sein.‹ Nachdem sie so gesprochen, wurden ihnen mannigfache Peinigungen angetan, Hände, Ohren und Nasen ihnen abgeschnitten, und mit verschiedenen Todesarten wurden sie hingerichtet.«

Man darf sich nicht durch die manigfachen, phantastischen Züge der Erzählung verleiten lassen, hier Sage anzunehmen. Gregor schreibt als Genosse jener Tage, bei Lebzeiten Fredigundens, die erst vierzehn Jahre später starb. Die ganze Gestalt dieses Weibes ist in Gregors schlichter, kunstloser Zeichnung von ergreifender Lebenswahrheit, wie Porträts großer Meister. Der Trank, welcher die Geistlichen, wie schon früher die Mörder Sigiberts zu der Königin Willen zwingt, ist in jener Zeit durchaus nicht zu phantastisch; und mag Fredigundis ihn für bezaubernd gehalten haben oder nur für aufregend und anfeuernd, – sicher hat sie seiner Wirkung vertraut. Bezeichnend ist – und ganz im Geiste der Zeit –, wie sie ihre Sendlinge für etwaiges Mißlingen mit dem künftigen Glanz der Gesippen zu trösten sucht. Und ihr Haß gilt immer wieder vor allem der gotischen Königstochter, *diese* will sie gedemütigt unter sich schauen. Deshalb soll deren Sohn, wie einst der Gatte, sterben; ihre »Stützen« sollen fallen, damit ihr Hochmut falle und Fredigundis und ihr Söhnlein triumphiere. Ihre Ungeduld kann die Botschaft des Gelingens, an dem sie nicht zweifelt, gar nicht erwarten, sie sendet um Erkundigung aus, und diese Ungeduld trägt dazu bei, ihre Schuld aufzudecken.

»König Guntchramn ließ also das Heer gegen Spanien aufbieten (cummoveri exercitum in Hispaniis praecepit) und sprach: »Zuerst unterwerfet unserer Herrschaft, die Provinz *Septimanien*, die Gallien nahe liegt, denn unwürdig ist es, daß dies Gebiet (terminus) der greulichen Goten sich bis nach Gallien herein erstrecke.«

»Greulich« sind die Goten als Ketzer: es ist ganz die gleiche Motivierung, – ja fast in den gleichen Worten –, mit welcher weiland sein Ahnherr Chlodovech die Franken in den Gotenkrieg von 507 geführt, nur trat zu dem Ketzerhaß und zu dem Verlangen nach den »natürlichen Grenzen« jetzt noch die Parteistellung Leovigilds, der mit Chilperich gegen Childibert und Guntchramn sich verbündet hatte, auch wohl – aber sehr im Hintergrund – die Rache für Childiberts Schwager und Schwester. »Septimanien« umfaßte die *Kirchen*provinz Narbonensis mit den Diözesen dieser Metropole: Béziers, Nîmes, Agde, Lodève, Maguelonne, Carcassonne und Elue. Die Westgoten verloren Lodève an die Franken, nahmen es aber zu Ende dieses Jahrhunderts wieder und behaupteten ganz Septimanien bis 711. Gregor betrachtet wiederholt Septimanien als nicht zu Gallien, weil nicht zum Frankenreich, gehörig, er zählt es zu »Hispaniae«, oder nennt es selbst »Hispania«: auch Gothia, oder Gothica (scilicet Gallia) wurde es genannt.

»Darauf bot er (im Jahre 586) das ganze Heer seines Reiches auf und sandte es dorthin. Die Völker aber, welche jenseits von *Saône* (Araris), *Rhone* und *Seine* wohnten, vereinigten sich mit den *Burgundern* und plünderten die Ufergebiete von *Saône* und *Rhone* gewaltig an Feldfrüchten und Vieh. Totschlag, Brand und Raub übten sie gar viel im eigenen Lande (in regione propria), aber auch die Kirchen raubten sie völlig aus, töteten Geistliche samt Bischöfen und anderes Volk an den Gott geweihten Altären selbst; so kamen sie bis zur Stadt *Nîmes* (Nemausus). Gleiche Frevel verübend zogen auch die von *Bourges*, *Saintes*, *Periguense*, *Angoulême* und das Volk der übrigen Städte, die damals zum Reich (imperio) König Guntchramns gehörten, bis zur Stadt *Carcassonne*. Als sie zu dieser Stadt kamen, schlossen die Einwohner freiwillig die Tore auf, und jene zogen ohne Widerstand ein. Darauf aber entstand, ich weiß nicht worüber, Streit (scandalum) mit denen von *Carcassonne*, und sie zogen aus der Stadt. Damals kam *Terentiolus*, weiland Graf der Stadt *Limoges* (Lemovicenae urbis comes), durch einen Steinwurf von der Mauer um. Seine Feinde (adversarii: doch wohl die von Carcassonne) hieben ihm aus Rache das Haupt ab und brachten es in die Stadt. Da wurde das ganze Heervolk (omnes populus) mit Schrecken erfüllt, beschloß, nach Hause zurückzukehren und ließ alles zurück, was es auf dem Wege geraubt oder mit sich von Hause gebracht hatte. Aber auch die Goten töteten viele von ihnen aus wohl geborgenem Hinterhalt, und zogen sie aus. Darauf fielen sie (die fliehenden Franken) in die Hände derer von *Toulouse* (Tholosonorum), denen sie auf dem Vormarsch viel Böses zugefügt hatten; ausgeraubt und zusammengehauen, konnten sie nur mit Mühe in die Heimat gelangen.

Die aber, die Nîmes angegriffen, verwüsteten ringsum alle Landschaften, verbrannten die Häuser, zündeten die Saaten an, hieben die Ölbaumhaine (olivitis) um, zerhackten die Weinberge (vinitis), konnten aber den Belagerten nichts anhaben und zogen zu anderen Städten weiter. Diese waren aber stark befestigt und mit Speise und anderem Notwendigen vollauf versehen. Daher verheerten sie zwar die offenen Fluren auch, konnten aber in die Städte durchaus nicht eindringen. Damals belagerte auch Herzog *Nicetius*, der mit den *Arvernern* zu diesem Zug aufgeboten war, mit den anderen diese Städte. Da er aber wenig ausrichten konnte, zog er vor eine Burg. Die Belagerten schlossen, da man ihnen Sicherheit gelobte (data fide), freiwillig die Tore und nahmen sie leichtgläubig in Frieden auf. Aber sobald diese eingezogen waren, brachen sie ihr Versprechen, plünderten alle Vorräte (praesidia) und unterwarfen alles Leben der Gefangenschaft. Darauf faßten sie (anderen) Beschluß und kehrten in die Heimat zurück. Und so viel Frevel, Totschlag, Raub und Plünderung verübten sie auf ihrem Wege im eigenen Land (per regionem propriam) daß sie vollständig zu berichten zu weit führen würde. Da jedoch, wie wir erzählt haben, die Saaten in der Provence von ihnen selbst mit Feuer verbrannt waren, kamen viele durch Mangel und Hunger um. Sie blieben tot am Weg liegen. Manche ertranken in den Flüssen, sehr viele wurden in Streithändeln erschlagen. Mehr als fünftausend sollen durch solcherlei Unheil umgekommen sein. Und doch gereichte ihr Untergang nicht den Überlebenden zur Warnung. Damals wurden auch die Kirchen der Landschaft von *Arvern* (*Arvernae* regionis), die nahe der Heerstraße lagen, der Geräte (ministeriis) entblößt und es war kein Ende der Freveltaten, als bis alle in die Heimat gelangt waren. Als sie so zurückkehrten, ergriff das Herz König Guntchramns große Bitterkeit und die vorgenannten Führer (oder Herzöge: duces) des Heeres flüchteten sich in die Basilika des heiligen Martyrers *Symphorianus*.«

Und alle Ursache wahrlich hatte König Guntchramn zur Erbitterung. Seit sehr langer Zeit war es, abgesehen von Childiberts Raubzug nach Italien, wodurch auch nichts Bleibendes erzielt worden war, zu keinem Feldzug der Franken gegen äußere Feinde gekommen, nur in verderblichen inneren Kriegen hatten sie seit Jahrzehnten Wildheit mehr als Kriegstüchtigkeit bewährt. Daß jetzt gar nichts erreicht wurde, vielmehr das Heer unter Verlusten heimeilte, war dabei noch nicht das Schlimmste. Aber die Raubgier und blutige Gewalttätigkeit, zu welcher Franken, Burgunder, Romanen fast ohne Unterschied verwildert waren und die in unzähligen Verbrechen auch im Frieden zu Tage traten, verrieten dabei einen Verfall der Kriegszucht, eine freche Verachtung aller Gesetze des Heerbanns, welche in der Tat die Scheu vor dem Königtum und

seiner Strafgewalt, ja sogar vor den sonst mit dumpfestem Aberglauben angebeteten Reliquien und vor den Strafwundern der Heiligen erloschen zeigten. Und so schief und so ganz von Gregor in dessen Sinn zurechtgemacht die nun folgende Moralpredigt des Königs gehalten ist – man muß, trotz aller Abgunst gegen diese Verirrungen und Verzerrungen des gesunden Religionstriebes soviel zugeben, daß ohne die Furcht vor den Mirakeln und der Hölle dieses Geschlecht kaum zu regieren war. *Insofern* aber muß man freilich mit dem König, das heißt vielmehr mit Gregor, in der Nichtachtung sogar der Heiligen und ihrer Zubehörden ein höchst bedrohliches Zeichen der Zeit erblicken. Aber wieder wird vergessen, daß Chlodovech und seine Söhne, die Erkämpfer der größten Erfolge des Frankenreiches, an Freveln diesen ihren Nachkommen nicht nachstanden. Viel besseren Eindruck macht bei diesem zum Vergleich herausfordernden Zusammenstoß die *gotische* Wehrverfassung, welche die Grenzstädte wohl befestigt, mit Vorräten reich versehen und kräftig verteidigt erweist.
»Da der König zum Fest des Heiligen (22. August 586) dorthin kam, wurden sie vor ihm vorgelassen unter der Bedingung künftiger Gerichtsverhandlung. Nach vier Tagen (26. August 586) versammelte er die Bischöfe und Laien von höherer Geburt (majoribus natu laicorum) und begann vor ihnen, die Herzöge (Feldherren) zur Untersuchung zu ziehen (discutere). ›Wie‹, sagte er, ›können wir in diesen Zeiten den Sieg gewinnen, da wir nicht bewahren, was unsere Väter befolgt haben? Sie bauten Kirchen, setzten alle ihre Hoffnung auf Gott, ehrten die Märtyrer, erwiesen den Bischöfen Ehrfurcht. So gewannen sie Siege, und mit Schwert und Schild (in ense et parma) unterwarfen sie gar oftmals unter Gottes Beistand feindliche Völker. Wir aber fürchten nicht nur Gott nicht, sondern verwüsten seine Heiligtümer, töten seine Diener, ja sogar die Pfänder der Heiligen selbst zerstückeln wir mit Hohn und verderben wir. Da kann der Sieg freilich nicht gewonnen werden, wo solches verübt wird. Deshalb sind unsere Hände schwach, das Schwert ist stumpf und sogar der Schild (clepius: sic) deckt und schützt uns nicht mehr, wie er früher pflegte.‹«
Diese königliche Predigt stimmt in ihrer *Fassung* allzugenau mit Gregor, aber der *Gedankengang* war gewiß nicht nur Gregor, er war auch dem König, wie der ganzen Zeit, eigen.
»Wenn nun dies *mir* zugeschrieben werden kann, so möge Gott es durch mein Haupt sühnen (capite meo restituat). Wenn aber *Ihr* die königlichen Gebote verachtet und, was ich gebiete, zu vollführen unterlasset, dann soll das Strafbeil (securis) *euer* Haupt treffen. Denn es wird eine Witzigung (documentum) für das ganze Heer sein, wenn der Ersten (de prioribus) einer hingerichtet wird. Wir müssen allbereits die Probe machen, was zu geschehen hat. Wer also der Gerechtigkeit zu folgen vorhat, der tue es; wer das aber verschmäht, über dessen Nacken drohe die Strafe der Staatsgewalt. Denn besser ist es, wenige Trotzige (contumaces) verderben, als daß der Zorn Gottes auf das ganze unschuldige Land herabhänge.«
So sprach der König, dem die Niederwerfung Gundovalds, mehr noch seiner trotzigen Helfer, sowie der Bund mit Childibert, die Beseitigung des steten Störenfrieds Chilperich doch einigermaßen Mut und Königsbewußtsein gekräftigt hatten. Und es antworteten die Herzöge: »Niemand kann erschöpfend rühmen die Großherzigkeit deiner Güte, bester König, und wie stark deine Gottesfurcht, deine Liebe für die Kirchen, deine Ehrfurcht vor den Bischöfen,

deine Barmherzigkeit gegen die Armen und deine Freigebigkeit gegen die Dürftigen ist! Aber wird auch alles, was du, ruhmreicher Herr, vorbringst, für wahr und richtig gehalten, sprich, was sollen wir tun, da ja das ganze Volk in Verderbnis versunken ist und jedermann ergötzt zu tun, was unrecht ist? Niemand scheut den König, niemand achtet den Herzog, niemand den Grafen. Und wenn dies vielleicht einem mißfällt und er es, auf daß Gott langes Leben gewähre (das heißt zur Belohnung für gottgefällig Regiment), zu bessern sucht, – sogleich entsteht Aufruhr, sogleich Empörung im Volk! Und soweit greift dann bei jedem um sich wütende Feindseligkeit gegen seinen Oberen, daß dieser kaum davonzukommen hoffen darf, wenn er nicht noch rechtzeitig schweigt.«
Gregor äußert sich nicht über die Glaubhaftigkeit dieser Entschuldigung der Feldherrn; im allgemeinen hält er sie wohl für begründet. Allein aus seiner eigenen Darstellung erhellt, daß es keineswegs das ganze Volk, keineswegs die kleinen Leute sind, welche die arge Verderbnis der Zeit zur Schau tragen. Vielmehr sind es gerade diese duces – wenn nicht die hier Beteiligten, so doch ihre Amts- und Ranggenossen –, die größten dieser germanischen leudes und romanischen senatores, die majores natu, der neue aus Angehörigen beider Völker erwachsene Dienstadel in seinen obersten Spitzen, welche die Frevel der Zeit – nach Chilperich und Fredigundis – am schamlosesten und gewaltigsten darstellen. Es ist dann freilich wohl denkbar, daß die *kleineren seniores*, der *mittlere* Dienstadel gegen diese Herzöge ebenso unbotmäßig auftritt wie die Herzöge gegen die Krone. Aber die eigentliche große Menge des Volkes ist von der geistlichen und weltlichen Aristokratie so ganz in den Hintergrund gedrängt, daß diese kleinen Gemeinfreien nur sehr selten überhaupt in die Lage kommen, ihren Willen – im Rechten wie im Unrechten – durchzusetzen. Die Lagerrevolte vom Jahre 583 ist eine seltene Ausnahme. Freilich, die empörende Behandlung des eigenen wie eines feindlichen Landes wurde von der Masse der in ihren Waffen versammelten Krieger verübt. Aber daß sie den Verboten ihrer seniores nicht folgten, welche sie so oft auch in der Heimat Raub und Totschlag und Gewalt jeder Art üben ließen, von denen sie selbst oft genug gegen König und Graf bewaffnet wurden, ist begreiflich. Das böse Beispiel und die Verderbnis, sofern sie das geringe Volk ergriff, kam von oben.
»Hierauf antwortete der König:›Wer der Gerechtigkeit folgt, lebe; wer aber gegen das Gesetz handelt und unser Banngebot verachtet, der möge nur umkommen, auf daß uns der Fluch solcher Sünde nicht noch länger nachgehe.‹«
»Die *Wasconen (Gascogner)* brachen damals aus ihren Bergen hervor, stiegen in die Ebenen herab, verheerten die Weinberge und Felder, verbrannten Häuser, trieben und führten auch manche samt den Herden in die Gefangenschaft fort. Herzog *Austrovald* zog zu wiederholten Malen gegen sie aus, und geringe Rache nahm er an ihnen.« (In der Tat so wenig, daß man in diese Zeit die förmliche Abtretung der späteren Gascogne durch die Franken an diese Berg-Basken gesetzt hat.)
»Die *Goten* aber fielen wegen der Verwüstung, welche König Guntchramns Heer das Jahr zuvor in Septimanien angerichtet, in die *Provence* von *Arles* ein, machten Beute und führten Gefangene fort; sie kamen bis zum zehnten Meilenstein der Stadt Arles. Auch nahmen sie eine Burg (castrum), mit Namen *Ugernum*, verödeten sie von Bewohnern und Sachen und kehrten, ohne Widerstand zu finden, zurück.«

Man sieht, die gewaltige Ausdehnungskraft, welche das Frankenreich unter Chlodovech und dessen Söhnen und Enkeln nach allen Richtungen gezeigt hatte, ist seit geraumer Zeit zur Ruhe gekommen. Im Osten, auf dem rechten Rheinufer, macht Austrasien keine Fortschritte, im Süden, gegen die Langobarden wird nichts ausgerichtet, ebensowenig gegen die Goten im Südwesten. Bei aller Friedensliebe zeigt Rekared, daß Guntchramn nicht ungestraft seine eigensinnigen Pläne auf Septimanien aufrechterhalten kann und vermutlich im Zusammenhang mit der gotischen Aktion breiten sich sogar die Basken mit Erfolg von ihren Bergen herab in die südfranzösische Ebene aus.

Man wird die Ursachen dieser Lähmung in den Spaltungen des Gesamtreiches in drei Teilstaaten zu suchen haben, in den häufigen Kriegen oder doch Raubzügen unter den hadernden Fürsten, in der wiederholten Ermordung kräftiger Könige, den hierauf folgenden Regentschaften für Kinder auf den Thronen und dem gerade auch in diesen Regentschaften geübten und durch sie gekräftigten Emporwuchern des rein eigensüchtigen, aber auch sich selbst in seinen Sippen und Parteigruppen befehdenden Dienstadel- über Haupt und Krone des Königtums.

Doch beginnt seit der engen Verbindung von Oheim und Neffe, mit des letzteren reifenden Jahren, das Königtum sich wieder etwas zu heben. Auch Brunichildens Stellung bessert sich nun fühlbar, da nicht nur der reifende Sohn sie schützt und ihre Ehre, auch König Guntchramn, der lange Zeit ihr ohne Grund mißtraut oder doch nichts für sie getan hatte, sich nun von Fredigundis ab und eher ihr zuwendet. Die Niederwerfung der Anhänger Gundovalds hatte heilsam gewirkt, jetzt sollte, wie Mummolus, einen anderen der bösartigsten dieser Großen die lang verdiente Vergeltung erreichen.

»Weil aber *Guntchramn Boso* der Königin verhaßt war, ging er nun bei den Bischöfen und Großen (proceres) umher, um zu spät Verzeihung zu erbitten, nachdem er solche früher verschmäht hatte. Denn so lange König Childibert noch jünger war, reizte Boso die Königin Brunichildis oft durch Schmähungen und Ungebühr, aber die Verachtung, welche ihre Feinde ihr zufügten, begünstigte er. Jetzt aber befahl der König, die Beleidigung seiner Mutter zu rächen, ihn zu verfolgen und zu töten. Da er sich so in Todesgefahr sah, floh er in die Kirche von *Verdun* (Veredunensem); denn er vertraute, durch Bischof *Agerich*, der des Königs (geistlicher Tauf-)Vater war, sich Verzeihung zu erwirken. Da eilte der Bischof zum König, legte Fürbitte für jenen ein, und da der König ihm nicht weigern konnte, worum er bat, sagte er: ›Er erscheine vor uns, gebe Bürgen (fidejussures) in Gegenwart meines Oheims; welch Urteil der über ihn fällen wird, das werden wir vollstrecken.« Darauf wurde er an den Ort gebracht, wo der König sich aufhielt, der Waffen entkleidet, mit Handketten gefesselt und vom Bischof vorgestellt. Er warf sich dem König zu Füßen und sprach: ›Ich habe gesündigt an dir und deiner Mutter, da ich euren Geboten (praeceptionibus) nicht gehorsam gewesen bin, sondern gegen euren Willen und die allgemeine Wohlfahrt gehandelt habe; doch jetzt bitte ich, vergebet mir die Übeltaten, welche ich gegen euch begangen habe.‹ Der König befahl ihm, von der Erde aufzustehen und gab ihn in die Hände des Bischofs mit den Worten: ›Bei dir soll er weilen, heiliger Bischof, bis daß er vor König Guntchramns Angesicht gestellt werde.‹ Und er befahl ihm, von dannen zu ziehen.«

Die Richtigkeit unserer Grundanschauung, daß diese Jahrzehnte ihren politisch-geschichtlichen und verfassungs-geschichtlichen Angelpunkt haben in dem Kampf zwischen dem gewaltig emportrachtenden, aber die Wohlfahrt der Gesamtheit in seinen eigensüchtigen Herrschbestrebungen gefährdenden, jedenfalls ganz vernachlässigenden Dienstadel und dem Königtum, wird gerade in den Vorgängen dieses Jahres in scharfer Zuspitzung bestätigt. Gleichzeitig mit der drohenden Bestrafung *Boso's* schmiedet in dem Reiche Childiberts jene Adelspartei, welche wohl schon von Sigiberts Ermordung an tatsächlich geherrscht hatte – ihr geistliches Haupt war Egidius von Reims, ihre weltlichen waren eben Boso und Rauching gewesen –, einen großangelegten Plan mit blutiger Gewalt ihre bisherige Machtstellung zu behaupten, den allmählich kräftiger werdenden König von Austrasien samt dessen Mutter durch Mord zu beseitigen, den den Zwecken der Aristokratie so sehr dienlichen Zustand der Adelsregentschaft im Namen unmündiger Kinder vollauf und zwar für unabsehbar lange Zeit wieder herzustellen, den Versuch König Guntchramns, in einem Teil von Chlothachars des Kindes Reich zu gebieten, ein für allemal abzuweisen. Zu diesem Behuf verbanden sich die trotzigen Großen der beiden Reiche Childiberts und Chlothachars. Und die Zersplitterung der Staats- und Machtgebiete, dem Königtum und dem Volkswohl, ja dem Staate gleich verderblich, aber der Adelsherrschaft völlig erwünscht, sollte dadurch noch gesteigert werden, daß jeder der beiden unmündigen Königsknaben Childiberts von einem andern der Adelshäupter ergriffen, daß für jedes der beiden Kinder, mit räumlicher Spaltung des austrasischen Staates, eine besondere Adelsregentschaft eingesetzt werden sollte. Die Großen Austrasiens und die von Chilperichs Reich sollten dann zusammen den letzten erwachsenen merowingischen Fürsten, König Guntchramn, von jedem Einfluß über sein eigenes Gebiet hinaus abdämmen, und nach seinem bald zu erwartenden – erblosen – Tode wollten dann die verbündeten Adelshäupter die beiden Knaben Childiberts auch als Erben Guntchramns ausrufen, das heißt über alle drei Staaten des Frankenreichs im Namen der drei Kinder Chlothachar II., Theodebert und Theoderich gebieten – Jahrzehnte lang, bis diese waffenreif gewachsen wären.

»Hierauf (587) tat sich *Rauching* mit den Vornehmsten (prioribus) im Reiche Chlothachars, Chilperichs Sohn, zusammen. Er gab vor, über Aufrechthaltung des Friedens verhandeln zu wollen, auf daß in den Grenzen beider Reiche kein Streit, keine Plünderung mehr vorkomme; in der Wahrheit aber faßten sie den Beschluß, König Childibert zu ermorden; dann sollte Rauching dessen ältesten Sohn *Theodebert* in seine Gewalt nehmen und das Königtum über die *Champagne* (Campaniae) als Regent, *Ursio* aber und *Bertifred* sollten Childiberts jüngeren Sohn, der eben erst geboren und *Theoderich* genannt war, an sich nehmen und das übrige von Childiberts Königreich mit völligem Ausschluß des Königs Guntchramn innehaben. Vieles drohten sie auch gegen Königin Brunichildis, um sie in Schmach zu stürzen, wie sie ihr früher, in der Zeit ihres Witwenstandes, getan hatten.

Rauching also rüstete bereits die Reise zu Childibert, um die gefaßten Beschlüsse auszuführen, aufgebläht von der Fülle seiner Macht, und sich schon, sozusagen, mit der Glorie des *königlichen Szepters brüstend.*« – Das war es in der Tat, um was es sich damals handelte, und bei aller Schlichtheit hat der Zeitgenosse Gregor das richtig erkannt. *Schon damals* schickte der Dienstadel sich an, tatsächlich das

»königliche Szepter« den Merowingern aus der Hand zu ringen und es durch seinen Führer selbst zu schwingen, unter dem *Schein* der Fortdauer des merowingischen Königtums in Gestalt von zwei gekrönten Kindern, ganz ähnlich wie dies Ziel später der Dienstadel unter Führung der Hausmeier wirklich erreicht und so lange behauptet hat, bis die Führer des Dienstadels selbst erbliche Gewaltherrn, anfangs ohne, zuletzt mit dem vollen Königsnamen wurden, nun wohlweislich keine Hausmeier mehr duldeten und den Dienstadel nach Möglichkeit unter das neue Königtum bändigten und beugten.

»Doch das Erbarmen Gottes hatte vorher schon solche Reden zu den Ohren König Guntchramns geleitet. Dieser sandte heimlich Boten an König Childibert, setzte ihn von allen diesen Anschlägen und Bewegungen (molitiones) in Kenntnis und sprach: »Eile rasch zu mir, daß wir uns einander sehen, denn es gibt Dinge, die vollführt werden müssen.« Jener ließ genau untersuchen, was ihm gemeldet war, und da er befand, daß es wahr sei, ließ er Rauching zu sich bescheiden. Und als er ankam, erließ der König, noch bevor er ihn vor sein Antlitz kommen ließ, schriftliche Befehle und sandte Diener aus, mit rascher Zwangsbeförderung, die aller Orten sich Rauchings Vermögen bemächtigen sollten.«

»Dann hieß er ihn in sein Gemach (cubiculum) führen, sprach mit ihm von diesem und jenem und hieß ihn sich wieder entfernen. Und als er heraustrat, faßten ihn zwei Türhüter (ostiarii) an den Beinen. Er stürzte auf die Stufen des Eingangs, so daß ein Teil seines Körpers nach innen, der andere nach außen lag. Sogleich fielen die, welche, dies auszuführen befehligt, bereitstanden, mit Schwertern über ihn her und zerhackten ihm den Kopf in so kleine Stücke, daß das Ganze dem Hirn gleich sah und er sofort starb. Dann wurde er ausgekleidet, zum Fenster hinausgeworfen und begraben.«

»Inzwischen schickte König Guntchramn abermals an seinen Neffen Childibert und forderte ihn zu baldiger Zwiesprache auf.« Man muß anerkennen, daß der betagte und schwerfällige, hier aber unermüdliche Guntchramn sich doch in jenen Tagen, vorab indem er Rauchings Pläne aufdeckte, um sein Haus und um das Gesamtreich wohlverdient machte. »Denn es ist notwendig, sowohl für die Sicherheit Eures Lebens als für die Wohlfahrt des Staates, daß wir einander sehen.« Da jener dies vernahm, nahm er seine Mutter, seine Schwester und seine Gemahlin mit sich und brach auf, den Oheim zu treffen.

»König Guntchramn schloß (28. November 587) einen Friedensbund mit seinem Neffen und den Königinnen (*Brunichildis*, *Faileuba*, Childiberts Gemahlin, und *Chlodosinda*, seine Schwester, sind gemeint); sie gaben sich einander Geschenke, ordneten die Angelegenheiten des Reiches (causis publicis) und hielten zusammen ein Mahl. Da lobte König Guntchramn den Herrn und sprach: ›Ich sage dir größten Dank, allmächtiger Gott, der du mir verliehen und mich gewürdigt hast, die Söhne meines Sohnes Childibert zu schauen; denn nun meine ich, von deiner Majestät nicht verlassen zu sein, da du mir das gewährt hast, meines Sohnes Söhne zu schauen.‹«

Es ist Guntchramns kräftig durchgeführter Gedanke, sich als Vertreter und Schirmherr der Dynastie Chlodovechs und des Gesamtstaates gegenüber dem unbotmäßigen Adel mit dessen Tendenzen der Reichsteilungen aufzutreten, daher er auch in Chlothachars Reich Rechte üben will.

Gregor erzählt den Glaubenswechsel *Rekareds*, des arianischen Merowingers, wobei für unsern Bischof bezeichnend ist, daß er den König überzeugt, nicht so sehr durch die biblischen Gründe, als durch die *Mirakel* der katholischen Bischöfe, denen es die Arianer nicht gleich tun können.

»Darauf schickte Rekared eine Gesandtschaft an die Könige Guntchramn und Childibert um des Friedens willen, auf daß er in Liebe mit ihnen vereinigt sei, wie er jetzt im Glauben mit ihnen eins zu sein versicherte. Sie wurden aber von König Guntchramn zurückgewiesen. Der sprach: »Welche Treue können mir versprechen oder bei mir Glauben finden, die, welche meine Nichte Ingundis in die Gefangenschaft hingegeben haben, durch deren Hinterlist ihr Gemahl getötet und sie selbst in der Fremde gestorben ist? Ich empfange deshalb eine Gesandtschaft Rekareds nicht, solange Gott mir geboten hat, Rache an diesen meinen Feinden zu nehmen.«

Guntchramn ist in hellstem Unrecht. Obwohl gutartiger als die meisten seines Hauses, ist doch auch er nicht ganz frei von dessen Erbeigenschaften. Ingundis war nicht von Leovigild und Rekared den Byzantinern ausgeliefert, sondern von diesen Verbündeten ihres (mit Recht zum Tod verurteilten) Gemahles, des Empörers Hermenigild, nach dessen Gefangenschaft festgehalten und nach Byzanz eingeschifft worden. Die »*Rache*« gebietet Gott zugunsten des sonst so frommen Guntchramns, vor allem für seine empfindlichen und wohl verdienten Schläge. Wenn aber König Guntchramn weltliche Zwecke verfolgt, dann müssen Gott, Asylrecht und Bischöfe zurücktreten, oder doch sich merowingische Auslegungen gefallen lassen.

»Als dies die Gesandten hörten, begaben sie sich zu Childibert, der sie friedlich und freundlich aufnahm, und sie sprachen: »Unser Herr, dein Bruder Rekared, will sich von dieser Anschuldigung, die ihm zur Last gelegt wird, daß er nämlich um den Tod eurer Schwester gewußt habe, rechtfertigen. Wenn ihr daher einen Eid wünscht, oder auf jede beliebige Weise kann er sich reinigen. Ferner will er euch, gnädiger König, zehntausend Solidi geben und eure Liebe (gracia vestra) gewinnen, auf daß er sich so eures Beistandes bedienen könne, wie ihr, wenn es not sein sollte, seiner guten Dienste (beneficia) genießen möget.« Da sie so sprachen, gelobten König Childibert und seine Mutter, Frieden und Freundschaft unverbrüchlich zu halten. Als nun die Gesandten ihre Geschenke dargebracht und erhalten hatten, fügten die Gesandten hinzu: »Unser Herr hat auch befohlen, ein Wort an euer Ohr zu bringen wegen eurer Tochter und Schwester *Chlodosinda*, daß sie ihm zur Ehe gegeben werde, auf daß so desto leichter der Friede aufrechterhalten werde, den ihr versprochen habt.« Sie erwiderten: »Unsere Zusage hierfür wird gern (habile) gegeben werden, aber ohne den Rat unseres Oheims, König Guntchramns, wagen wir nichts zu tun, denn wir haben versprochen, in allen wichtigeren Sachen nichts ohne seinen Rat zu unternehmen.« Mit dieser Antwort kehrten die Gesandten zurück.

»In diesem Jahre (588), dem dreizehnten König Childiberts, als wir uns, um ihn zu treffen, nach der Stadt Metz (Metensem) begeben hatten, erhielten wir den Auftrag, zu König Guntchramn zu gehen. Da wir diesen in der Stadt *Chalons* (Cavillonensim) antrafen, sprachen wir: »Reichsten Segen schickt dir, gepriesener König, dein ruhmreicher Neffe Childibert und sagt deiner Liebe unendlichen Dank. Denn er wird gehörig von dir ermahnt, nur zu tun was Gott gefällt, dir genehm ist *und dem Volke förderlich*. Das aber, was ihr miteinander besprochen, gelobt er alles zu erfüllen und verheißt nichts von den Verträgen, die zwischen euch geschlossen, zu brechen.« Der König antwortete: »Ich danke ihm nicht gleichermaßen, da dergestalt gebrochen wird, was mir versprochen ist. Mein Anteil an der Stadt *Senlis* wird mir nicht zurückgegeben. Männer, die ich in meinem Interesse, weil sie meine Feinde waren, an einen anderen Ort schaffen wollte, läßt man nicht ausliefern. Und wie könnt ihr also behaupten, daß mein süßester Neffe den Vertrag in nichts übertreten will!« Darauf entgegneten wir: »Nichts will er gegen jenen Vertrag tun, sondern verspricht, alles zu erfüllen, so daß, wenn du jetzt Gesandte zur Teilung (zur Ermittlung des Wertes des Guntchramn zustehenden Drittels) von Senlis schicken willst, sie nicht verzögert wird; sogleich sollst du das Deinige erhalten. Was aber die Männer betrifft, deren du erwähnst, übergib eine Liste ihrer Namen und was versprochen ist, soll alles erfüllt werden.« Als wir so sprachen, befahl der König, den Vertrag selbst vor den Anwesenden nochmals zu verlesen.

Darin heißt es: »Als im Namen Christi die erlauchten Herren: König Guntchramn und König Childibert, und die ruhmreiche Herrin (domina) Königin Brunichildis um der Liebe willen zu *Andelot* zusammenkamen, um über alles, was aus irgendwelchem Grunde Streit (scandalum) unter ihnen erzeugen könnte, nach reiflicher Erwägung Entscheidung zu treffen, beschlossen sie, unter Vermittlung ihrer Bischöfe und Vornehmen unter dem Beistand Gottes, in Eifer und Eintracht, setzten fest und bestimmten, daß, so lange der allmächtige Gott ihnen das Leben in dieser Zeitlichkeit erhalten würde, sie sich Treue und reine aufrichtige Liebe bewahren sollten.

Gleichermaßen ist, weil Herr (dominus) Guntchramn behauptete, daß nach dem Vertrag (pactionem), den er mit Herrn Sigibert guten Andenkens geschlossen hat, ihm der ganze Anteil, welchen jener vom Reiche Chariberts erhalten hatte, ungeschmälert zukomme, und weil andererseits Herr Childibert verlangte, vollständig alles, was sein Vater einst besessen hatte, zurückzuerhalten, unter ihnen nach endgültiger Erwägung festgestellt worden, daß jenes Drittel der Stadt Paris mit seinen Gebieten und seiner Bevölkerung (de Parisius civitatem cum terminibus et populo suo), welches von dem Reiche Chariberts nach urkundlicher Übereinkunft (conscripta pactione) an Herrn Sigibert gekommen war, samt den Burgen *Dunum* (Chateaudun) und *Vindocinum* (Vendome) und allem, was der gedachte König auf der Straße dorthin (in pervio) von dem Gau mit den dazugehörigen Gebieten und Bewohnern von *Etampes* (Stampinse) und *Chartres* (Carnotino) erhalten hatte, auf immerdar unter dem Recht und der Herrschaft (in jure et dominatione) des Herrn Guntchramn bleiben soll, wie auch das Land, das er schon bei Lebzeiten des Herrn Sigibert vom Reiche Chariberts besessen hatte; gleichermaßen soll aber Herr Childibert die Städte *Meaux*, zwei Anteile von *Senlis*, ganz *Tours*, *Poitiers*, *Avranches*, *Vicus Julii* (*Aire* en Gascogne), *Conserans*, *Laburdum* (*St. Lyzier* und *Bayonne*) und *Albi* mit ihren Gebieten (terminibus) vom gegenwärtigen Tag an wieder für seine Gewalt in Anspruch nehmen, jedoch unter der Bedingung, daß, wer von diesen beiden Königen nach Gottes Willen den andern überlebt, das Reich dessen, der, ohne Söhne zu hinterlassen, aus dem Lichte dieser Zeitlichkeit wandert, unverkürzt und auf immerdar als sein Recht in Anspruch nehmen und unter Gottes Beistand seinen Nachkommen hinterlassen soll.

Es wurde dabei insbesondere festgesetzt, allerwege unverbrüchlich daran festzuhalten, daß alles, was der Herr Guntchramn seiner Tochter *Chlodechildis*« (das einzige Kind Guntchramns, der damals noch am Leben war) »geschenkt hat oder mit Gottes Beistand noch schenken sollte, an allen Sachen oder lebenden Menschen, an Städten oder Ländereien oder Einkünften, in deren Rechtsgewalt (jure) und Herrschaft (dominatione) verbleibe, und daß, wenn sie über etwas von den Staatsländereien (agris fiscalibus), über Kostbarkeiten oder Geld (praesidio) nach ihrem freien Gutdünken verfügen oder jemand etwas verleihen sollte, es für immerdar unter Gottes Beistand aufrechterhalten und von niemandem zu irgendeiner Zeit deshalb angefochten werden soll. Sie selbst aber soll unter dem Schutz und Schirm (tuitione ac defensione) des Herrn Childibert sicher und in allen Ehren und Würden alles besitzen, was sich beim Tod ihres Vaters in ihrem Besitz befinden wird. Gleicherweise verspricht dagegen Herr König Guntchramn, daß, wenn, wie es menschliche Gebrechlichkeit mit sich bringt – was aber Gottes Barmherzigkeit nicht zulassen möge und was er selbst nicht zu erleben wünscht –, wenn nämlich bei seinen Lebzeiten Herr Childibert aus diesem Lichte wandern sollte, er dann dessen Söhne, die Könige Theodebert und Theoderich oder welche Söhne ihm sonst noch etwa Gott schenken sollte, unter seinen Schutz und Schirm (wie oben) wie ein pflichttreuer Vater nehmen will, so daß sie das Reich ihres Vaters in ganzer Vollständigkeit besitzen sollen. Und die Mutter des Herrn Childibert, die Frau Königin Brunichildis, und ihre Tochter *Chlodosinda*, die Schwester des Herrn Königs Childibert, so lange sie im *Königreich der Franken* sich aufhalten wird, sowie dessen Königin *Faileuba* wird er als seine gute Schwester und seine Töchter unter seinen Schutz und Schirm mit geistlicher Liebe nehmen; sie sollen in allen Ehren und Würden mit allen ihren Gütern, ihren Städten, Ländereien und Einkünften sowie ihren sämtlichen Rechtsansprüchen (titulis) und jedem Vermögensrecht, sowohl was sie gegenwärtig besitzen, als was sie noch unter Christi Beistand dazu erringen (augmentare) mögen, sicher und ruhig besitzen.

In betreff der Städte *Bordeaux*, *Limoges*, *Cahors*, *Bearn* und *Cieutat*, welche einst *Gaileswintha*, die Schwester der Frau Brunichildis, wie unbestritten ist, als sie nach *Francia* kam, teils zum Brautschatz, teils zur Morgengabe erhielt, und die dann nach dem Richterspruch (per judicium) des ruhmreichen Herrn Königs Guntchramn *und der Franken* bei Lebzeiten der Könige Chilperich und Sigibert bekanntermaßen Frau Brunichildis erhielt, ist festgesetzt worden, daß Frau Brunichildis vom gegenwärtigen Tag an die Stadt Cahors mit ihrem Gebiet und allen ihren Bewohnern zum Eigentum empfangen. Die übrigen Städte aber soll, unter der obengenannten Bedingung, Herr Guntchramn, so lang er lebt, besitzen, so daß sie dereinst nach dessen Heimgang in aller Vollständigkeit in das Eigentum (dominatio) der Frau Brunichildis und ihrer Erben unter Gottes Beistand wiederum übergehen, bei Lebzeiten König Guntchramns aber weder von Frau Brunichildis, noch von ihrem Sohne Childibert, noch von dessen Söhnen zu irgendeiner Zeit oder auf irgendeinem Wege sollen zurückgefordert werden.« –

Unzweifelhaft steht fest, daß Guntchramn Fredigundis eine Anzahl von Mordanschlägen wider seine Person zuschob, und doch hat er sich ihr wieder mehr zugewendet. Der Grund war wohl der in Guntchramn sehr mächtig wirkende Trieb, – es war neben seiner Kirchenfrömmigkeit sein Hauptpathos – den Fortbestand der Dynastie möglichst zu sichern. Waren seine Zweifel an des Knaben Chlothachar II. ehelicher Geburt wieder beseitigt, so erheischte das gemeinmerowingische Sippengefühl, auch diesen Sproß nach Kräften zu ehren und zu fördern.

»Danach schickte sie Gesandte an König *Guntchramn* und sprach: ›Möchte doch mein Herr, der König, nach *Paris* kommen, meinen Sohn, seinen Neffen, holen und ihn mit der Gnadenspende der Taufe weihen lassen. Und möchte er ihn würdigen, ihn selbst aus dem heiligen Taufbade zu heben und ihn wie seinen eigenen Pflegling (alumnum) zu halten.‹ Da dies der König vernahm, entbot er die Bischöfe *Etherius* von *Lyon*, *Siagrius* von *Autun*, *Flavus* von *Chalons* und welche er sonst wollte, und befahl ihnen, nach Paris zu gehen mit der Ansage, er werde alsbald folgen. Es waren auch zu diesem Tage (placitum) viele aus seinem Reich erschienen, domestici und Grafen (comites), das für den königlichen Hofhalt Notwendige vorzubereiten. Der König wurde aber, als er schon den Entschluß gefaßt hatte, sich hinzubegeben, durch Schmerzen in den Füßen abgehalten. Nachdem er jedoch genesen, ging er nach Paris, von da sofort nach dem Hofe *Rueil* in dem Gebiet dieser Stadt, rief den Knaben herbei und befahl, in dem Dorf *Nanterre* die Taufe zuzurichten.

Indessen trafen ihn Gesandte König Childiberts und sprachen: ›Nicht (nämlich: enim) solches hast du jüngst deinem Neffen Childibert versprochen, daß du mit seinen Feinden Freundschaft knüpfen würdest. Aber so viel wir sehen, hältst du nichts von deiner Versprechung, sondern du schiebst vielmehr dein Versprechen beiseite und stellst jenen Knaben als König auf den Stuhl der Stadt Paris. Gott aber (enim) wird richten darüber, daß du dessen nicht gedenkst, was du aus freien Stücken versprochen hast.‹« Man hat in diesen Worten der Gesandten eine Stütze der irrigen Ansicht finden wollen, Paris sei damals schon Hauptstadt oder doch Mittelpunkt des ganzen Frankenreichs gewesen. »Paris hatte überdies als Mittelpunkt des ganzen Frankenreichs noch eine besondere Wichtigkeit, es wird gerade hier als cathedra regni bezeichnet.« Aber mit Unrecht. Es ist nur davon die Rede, daß *Chlodovech* den Sitz seiner Herrschaft von Soissons nach Paris *verlegte*. *Dort*, in der betreffenden Quelle, heißt es allerdings: ibi cathedram regni constituit, das heißt für das von *ihm* damals *allein* regierte Stück von Gallien, eben den Sitz *seines* Reiches; auch damals war Paris nicht »der Mittelpunkt des *ganzen* Frankenreiches«. Denn *damals* gab es noch neben Chlodovech *andere* fränkische Könige. Der Sinn jener Stelle ist nur: statt Soissons wurde nun Paris Residenz des *chlodovechischen* Gebietes, nicht des ganzen Frankenreiches.

»Da sie so sprachen, antwortete ihnen der König: ›Das Versprechen, das ich zugunsten meines Neffen, des Königs Childibert, aufgerichtet habe, lasse ich nicht außer acht. Denn (nam) ihn darf nicht verdrießen (scandalizare), wenn ich seinen Vetter, den Sohn meines Bruders, aus dem heiligen Bade hebe, da ja doch diese Bitte kein Christ ablehnen darf. Und Gott weiß sonnenklar, ich erfülle diese Bitte nicht aus irgendwelcher schlauen Absicht, sondern in der Einfalt eines reinen Herzens, weil ich mir den Zorn Gottes zuzuziehen fürchte. Es ist nämlich (enim) auch keine Erniedrigung für unser Geschlecht‹ – das ist sein Hauptmotiv: das *gemeinsame* Merowingerblut –, wenn ich ihn aus der Taufe hebe. Denn wenn die Herren ihre eigenen Knechte (domini proprios famulos) aus dem heiligen Brunnen heben, warum sollte es nicht auch mir freistehen, einen nahen Verwandten aus dem Bade zu nehmen und ihn zu meinem geistlichen Sohn zu machen durch die Gnade der Taufe? Gehet nun

und meldet eurem Herrn: Den Vertrag, den ich mit dir geschlossen, will ich unverkürzt halten; wenn nicht ein Verschulden von deiner Seite ihn außer acht setzt, von mir soll er gewiß nicht außer acht gesetzt werden.‹
So sprach er; die Gesandten gingen von dannen. Der König trat an das heilige Taufbecken und reichte den Knaben zur Taufe dar. Und als er ihn heraushob, gebot er, ihn *Chlothachar* zu nennen, und sprach: ›Es wachse der Knabe und sei dieses Namens ein Vollführer und strotze an Macht, wie einst der, dessen Namen er erhalten hat.‹ Nachdem das Mysterium (das heißt das Sakrament) gefeiert war, lud er den Kleinen zur Tafel und ehrte ihn mit vielen Geschenken. In gleicher Weise wurde auch von diesem der König eingeladen, ging mit sehr vielen Geschenken bedacht von dannen und beschloß, nach der Stadt *Chalons* (ad Cabilloninsem urbem) zurückzukehren.«
Mit diesem Ereignis – der feierlichen Anerkennung des Knaben Chlothachar durch König Guntchramn in ehrender Taufe – schließt Gregor seinen fortschreitenden Bericht der Zeitgeschichte. Er hängt nur noch bei Erwähnung des Todes eines großen Wundertäters einen Rückblick auf dessen Leben an, fügt die ihm gebräuchliche Angabe über Naturerscheinungen, Seuchen und andere mehr oder minder mirakelhafte Zeichen des abgelaufenen Jahres bei und wendet sich dann zum Abschluß seines Werkes, indem er, zum Teil sich wiederholend, die Reihenfolge der Bischöfe von Tours mit kurzen Angaben über ihre wichtigsten Taten aufzählt.
Wir nehmen hier – mit Dank und mit Bedauern – Abschied von Gregor, dem wir als unvergleichlichem Führer gern, aber nicht ohne manche Vorsicht gefolgt sind. Kein anderes Germanenvolk erfreut sich für jene Jahrhunderte eines solchen Berichterstatters. Wohl bietet *Jordanis* mehr von gotischer, *Paulus*, *Warnefrids* Sohn, beiden an wissenschaftlicher Bildung, an Schulung des Ausdrucks unabsehbar überlegen, an langobardischer Heldensage als Gregor von fränkischer, von *Prokop*, dem *byzantinischen* Geschichtsschreiber, zu schweigen. Aber keiner gewährt als Zeitgenosse, als Augen- und Ohrenzeuge, so genaue Bilder aus dem Kleinleben in Gelag und Fest, in Krieg und Ackerbau, in Staat und Kirche. Keiner spiegelt so hell die eigenen Anschauungen, die Leidenschaften, dann auch wohl die wilde Kraft und trotzige Treue selbst im Unrecht, die ganze Weltanschauung dieser Könige und Königinnen, Bischöfe und Äbte und Priester, Herzöge, Grafen, Franken und Romanen: und zwar in so kritikloser naiver Unbefangenheit, mit solcher Aufdeckung der – daher leicht in Anrechnung zu bringenden – Schwächen, Vorurteile, Neigungen des Erzählers.
Die »kirchliche Geschichte der Franken« hat Gregor sein Buch genannt. Nicht treffender hätte er dessen Charakter und dessen Wert für uns als Quelle der Kulturgeschichte bezeichnen können. Wir wiederholen: für die politische Geschichte ist er manchmal mit Mißtrauen zu behandeln, aber er gibt in seiner schlichten, ungefügten Sprache ein so unerreichbar lebendiges Bild von den Gesamtzuständen in Kirche und Staat in ihrer unscheidbaren Durchdringung sowie von den Menschen jener Tage, daß wir es vorzogen, das Monotone seiner Darstellung in Kauf zu nehmen, um nur die durch kein anderes Mittel zu erreichende Lebenswahrheit, Stilechtheit, *die ganze Stimmung*, welche jene Periode durchdringt, aus seinen Worten in unsere Schilderung herüber nehmen zu können.
Um dieser Vorteile willen mag das manchmal Ermüdende des Vortrages ent-

schuldigt werden. Es gibt keine Gregor hierin vergleichbare Quelle mehr. Dabei macht die magere, trümmerhafte Überlieferung der politischen Geschichte die Darstellung fast bis zum Siege der Arnulfingen (gewöhnlich, aber verkehrt, Karolinger genannt) sehr schwierig, unerfreulich und unfruchtbar, weil wir beinahe nur *Tatsachen* zu verzeichnen haben: Charakterbilder der handelnden Personen, zumal ihre Beweggründe, sind fast nie erfaßbar.

Bald nachdem Gregor sein Geschichtswerk abgeschlossen (592), starb der alte König Guntchramn im dreiunddreißigsten Regierungsjahr (28. März 593). Nur kurze Zeit (bis 594) überlebte ihn Gregor. Gemäß dem Vertrage von *Andelot* folgte Childibert dem Ohcim in dessen Reich, so daß er nun außer Austrasien Burgund und wohl überhaupt alles Land südlich der Loire beherrschte, während dem Knaben Chlothachar II. lediglich das ursprünglich Chilperich zugeteilte Gebiet, vielleicht nicht einmal ganz ungeschmälert verblieb. Childibert aber vereinte nun Sigiberts, Guntchramns und Chariberts Anteil, so daß ihm an Beherrschung des gesamten Frankenreiches nicht viel zu fehlen schien.

Er wäre kein Merowinger gewesen, hätte er nicht alsbald getrachtet, dieses fehlende Stück auch noch zu erwerben; es dem Sohn der Mörderin seines Vaters, seiner Mutter Todfeindin, zu entreißen, mochte fast eine Art Pflicht scheinen, jedenfalls ein weiterer Reiz sein. Sofort sandte er Herzog *Wintrio* von der *Champagne* mit einem Heer in seines Vetters Gebiet, wahrscheinlich doch, mit dem Auftrag, soviel davon als irgend erreichbar ihm zu entreißen. Aber Chlothachars Heer – der Führer wird nicht genannt – zog mit dem Knäblein entgegen und schlug die Angreifer blutig zurück.

Im folgenden Jahr kam es zu blutigen Kämpfen mit den *Britannen*, denen die Städte *Nantes*, *Vannes* und *Rennes* nicht entrissen werden konnten. Sie behaupteten ihre bisherige tatsächliche Unabhängigkeit, woran hin und wieder erzwungene Anerkennung fränkischer Oberhoheit nichts änderte; sie streiften bis an und gelegentlich bis über die *Sarthe* bei *Angers*.

Seit sehr langer Zeit zum ersten Mal wieder erhalten wir Nachricht über einen Vorgang im inneren Deutschland. Seit den Kämpfen Sigiberts gegen die Awaren, welche in den Jahren 562 und 566 aus Thüringen hinausgeschlagen wurden, haben wir nur noch von der Rückwanderung der Sachsen aus Italien nach Mitteldeutschland (572) erfahren. Auf dieselben Gegenden bezieht sich die einsilbige Meldung *Fredigars* von einer Niederlage der *Warnen*, welche »rebellierten« (585). Manche glauben, es seien hier die linksrheinischen *Thoringe*, jene von *Prokop* Britannien gegenüber verlegten Warnen gemeint. Allein viel wahrscheinlicher ist es, daß an die sogenannten »*Nordschwaben*« zu denken ist, die Nachbarn der mitteldeutschen Thüringe. *Theudibert* I. hatte sich in dem Brief an Kaiser Justinian gerühmt, daß, nach Unterwerfung der Thüringe, auch das Volk der Nordschwaben ihm den Nacken gebeugt habe. Der Name dieser Schwaben hat sich in dem Gau-Namen »Suevon-Gau« erhalten zwischen Saale, Bode und Unterharz. Chlothachar I. und Sigibert hatten diesen »Nordschwaben« gestattet, sich (auch) in die von den nach Italien mit den Langobarden ausgewanderten Sachsen geräumte Gegenden auszubreiten, oder selbst diese Umsiedlung – aus uns unbekannten Gründen – veranlaßt. Da nun aber Sigibert den aus Italien zurückwandernden Sachsen gestattete, sich wieder in ihrer früheren Heimat niederzulassen, ohne doch zwischen ihnen und den früher eingewiesenen Schwaben eine Landscheidung vorzunehmen, kam es zwischen Schwaben und Sachsen

zu sehr blutigen Kämpfen, ein Zeichen, wie wenig doch auch unter dem kräftigen Sigibert die fränkische Staatsgewalt in jenen fern im inneren Deutschland gelegenen Landen vermochte, wenn sie nicht einmal solche Bürgerkriege unter ihren Untertanen zu verhüten im Stande war, zu welchen sie obenein durch widerstreitende Maßregeln selbst den Anlaß gegeben hatte.
Unerachtet der sagenhaften Ausschmückung, welche zum Beispiel auch in der wunderhaften Zahl der gefallenen 480 gegen 20000 unverkennbar ist (und die genaue Zahlenangabe mindert nicht, sie erhöht den Sagentypus des Berichts), sind diese Angaben doch nach mehr als einer Richtung auch geschichtlich verwertbar. So werden wieder einmal die von den Neueren gewöhnlich viel zu hoch gegriffenen Zahlen dieser Wanderer auf das nüchterne Maß der Wirklichkeit herabgedrückt. Sechsundzwanzig Tausend *wehrfähige* Sachsen sind vielleicht schon eine Übertreibung, um die erdrückende Übermacht hervorzuheben, sollten es etwa 26000 *Köpfe* im Ganzen gewesen sein? (Diese Sachsen hatten in Gallien bereits starke Verluste erlitten.) Immerhin würde auch jene Annahme höchstens etwa 80000–90000 Köpfe ergeben statt der »Hunderttausende«, welche man in den Wanderungen anzunehmen pflegt. Dagegen zeigt die Zahl von nur 6000 waffenfähigen Schwaben, daß wir die Gesamtzahl dieser Einwanderer nur auf 24000–30000 Köpfe anzuschlagen haben.
Die merowingische Staatsgewalt kommt in allen diesen Vorgängen nur zum Ausdruck in zwei – einander widerstreitenden – Verfügungen über das Land: weder verhindert sie den Ausbruch, noch bewirkt sie den Abbruch des Kampfes, der vielmehr erst mit der Kampfunfähigkeit des einen Teiles von selbst erlischt. Die Nordschwaben behaupten das Land. Jetzt, 595, »rebellierten« diese Nordschwaben oder »Warnen«; sie wurden bei der Niederwerfung sehr bedeutend geschwächt und man wird sie von da ab als völlig unter den Thüringern aufgegangen annehmen müssen, obzwar noch *Widukind von Corvey* weiß, daß sie zu seiner Zeit, vier Jahrhunderte später (967), noch ihr besonderes Recht haben. Aber dieses Recht ist ihm nur ein anderes *als das der Sachsen* (nicht der Thüringe), an welche freilich sich diese Nordschwaben, = Warnen, gleich den Nordthüringen angeschlossen hatten.
Aber nicht nur im zehnten Jahrhundert, auch noch im 13., zur Zeit des Sachsenspiegels, bestand das (schwäbische) Sonderrecht der auf Sachsenerde wohnenden »Schwaben« fort, so daß die Rechtsbücher in vielen und erheblichen Stücken die Abweichungen hervorheben.
Die Verschmelzung der Reste dieser Warnen mit den Thüringen wurde wohl durch die gemeinschaftliche Bedrängnis von Seiten der *Wenden* befördert, welche alsbald das Land zwischen Saale und Elbe besetzten. Die Sitze dieser Nordschwaben waren an der Bode.
Zunächst (nach 595) treffen wir die Warnen wieder im Jahre 748 als Verbündete, ja geradezu als *Teile* der Sachsen. Pippin zieht durch Thüringen nach Sachsen und dringt in das Gebiet jener Sachsen, welche man Nordo-squavos nennt. Ein starkes Heer »des wilden Volks der Slawen«, (gentis asperae Sclavorum), angeblich hunderttausend Mann, bietet ihm Hilfe wider diese Nordo-squavi, welche vollständig unterworfen werden.
Aus ungefähr derselben Zeit (593) erfahren wir ein Weniges über einen anderen deutschen Stamm im Südosten: die *Baiern*. Das Volk, höchst wahrscheinlich aus Mischung der alten *Markomannen* und *Quaden* hervorgegangen, war um etwa

500 (zwischen 488 und 520) von der unteren Donau stromaufwärts eingewandert in das später nach ihnen benannte Baier-Land.
Das Herzogsgeschlecht der Baiern, die *Agilolfingen*, war vielleicht *nicht* bairischen, sondern fränkischen Ursprungs, sowie die Baiern auftauchten, stehen sie bereits unter fränkischer Oberhoheit, die wahrscheinlich während des Sinkens der Ostgotenmacht, etwa gleichzeitig mit Unterwerfung der bis dahin unter gotischem Schutz gestandenen Alamannen, ihnen auferlegt wurde, wohl mehr durch friedliche Übereinkunft als durch Waffengewalt. Ein von Childibert II. eingesetzter Baiernherzog *Tassilo*, wahrscheinlich Sohn (oder anderer Verwandter) des agilofingischen Herzogs *Garibald* I., des Vaters jener *Theolinde*, welche (15. Mai 589?) den Langobardenkönig *Authari* geheiratet hatte, drang (592 oder 595? wohl 593 oder 594) in das Gebiet von *slawischen* Nachbarn, schlug sie und kehrte mit reicher Beute heim. Aber der nächste Streifzug der Baiern gegen diese Slawen (Sclabi, Sclavi) fiel übel aus; der »*Cacan*« der Slawen überraschte sie und die ganze Schar von 2000 Mann wurde erschlagen. Die Gegend dieser Kämpfe verlegt man mit größter Wahrscheinlichkeit in das *Pustertal*; hier war es wenigstens, wo die unter der Oberherrschaft der *Awaren* stehenden *Slowenen zunächst* mit den Baiern grenzten und zusammenstoßen mochten. Die Ausbreitung der Baiern donauabwärts, welche sie dann auf ihrer ganzen Ostgrenze zu Nachbarn von Slawen (und Awaren) machte, erfolgte erst später.
Übrigens ist es von hoher Bedeutung, daß die Baiern gleich bei ihrem frühesten Auftreten im Bündnis mit den gleichfalls suebischen *Langobarden* erscheinen. Enge Beziehungen beider Stämme bestehen von Anbeginn. Die langobardischen Heldensagen, welche die Taten des großen Langobardenkönigs *Alboin* feierten, gingen noch lange bei den Baiern im Schwange. Selbstverständlich kam es gelegentlich auch wohl zu Kämpfen unter den Grenzherzögen der Langobarden zu *Trient* und den Grenzgrafen der Baiern. Zwischen Trient (langobardisch seit 509) und *Bozen* an der Etsch, bei *Deutschmetz*, zog die Grenze der beiden Stämme, und da die Langobarden der Romanisierung nicht widerstanden, während die Baiern die unter ihnen sitzenden Romanen größtenteils germanisierten, gestaltete sie sich später zur Grenze zwischen deutschem und welschem Volkstum. Aber im Ganzen hielten die beiden Stämme meist gute Freundschaft und zumal gegen die Franken zusammen und in gar mancher wichtigen Entscheidung trat das gemeinsame Interesse beider Stämme gegen die Franken in förmlichen Bündnissen wider diese hervor, wenn die Langobarden die fränkische Bedrohung abwehren, die Baiern die fränkische Oberhoheit abschütteln oder doch lockern wollten; so von Anfang – schon da Authari um Theodolinde freit, *soll* ein fränkisches Heer in Baiern eingedrungen sein, diese Verbindung zu hindern oder zu strafen – bis zum Ende der agilolfingischen Herrschaft in Baiern. Der letzte Agilolfing, *Tassilo*, ebenfalls mit dem Langobardenkönig verschwägert, stützt sich gegen die Frankenmacht auf die Langobarden.
Man wird kaum fehlgreifen mit der Vermutung, daß in der Zeit nach des kräftigen Sigibert Ermordung, der Bedrängnis Brunichildens, der Regentschaft der nutritores in Austrasien für das Kind Childibert und der häufigen Kämpfe zwischen den merowingischen Teilreichen die deutschen Stämme auf dem rechten Rheinufer sich wenigstens *tatsächlich* der fränkischen Oberhoheit mehr entzogen hatten als kraftvolle Herrscher Austrasiens gestattet haben

würden. Wenigstens finden wir in der Folgezeit ganz regelmäßig diese sehr natürliche Erscheinung: je schwächer, je zerrissener die merowingische Dynastie oder je wilder die Kämpfe der Großen, später der Hausmeier, in Gallien, – desto leichter gelingt es den rechtsrheinischen Stämmen, sich von der fränkischen Herrschaft loszumachen, welche wir uns ohnehin von 496 bis auf Pippin I. nicht als allzustraff vorstellen dürfen. Es ist doch wohl nicht ganz ohne Bedeutung, daß der Baiernherzog jener Tage rex genannt wird.

Schon im Jahr 596 traf das Reich das Unglück, daß Childibert II., erst sechsundzwanzig Jahre alt, starb und daß nun in Austrasien (Sigiberts Reich) und in Burgund (Guntchramns Reich) wie in Chilperichs Reich für Chlothachar II. die Herrschaft geführt wurde, für unmündige Knaben. *Theudibert* II. (596–612) und *Theuderich* II. (596–613), Childiberts Söhne, folgten ihrem Vater, jener in Austrasien (Hauptstadt *Metz*), dieser in Burgund (Hauptstadt *Orléans*), unter der Muntschaft Brunichildens, ihrer Großmutter.

So war denn erreicht, was vor wenigen Jahren die Verschwörung des Dienstadels angestrebt hatte. Zwar fiel die Gewalt nicht so ganz – oder doch nicht so bald schon – an die Adelsparteien, wie es damals geplant war. Denn kräftig griff *Brunichildis* ein, ließ sich nicht, wie vor Jahren bei dem Tod ihres Gemahls, zur Seite schieben. Aber doch nur unter stetem Widerstand der Aristokratie vermochte die germanischem Recht unerhörte Muntschaft eines Weibes sich zu behaupten. Und wie hätte es Fredigundis ertragen, die Todfeindin nun so unverhüllt wie nie zuvor herrschen zu sehen? Wie hätte sie die Gelegenheit versäumen mögen, auf dies Weib und deren unmündigen Enkel einen Angriff zu wagen? Die abermaligen blutigen Kämpfe zwischen den drei Teilreichen, die Streitigkeiten zwischen der Regentin und dem Dienstadel in Childiberts Erbe zerrütteten und schwächten wiederum auf zwei Jahrzehnte Staat und Macht der Franken.

Die Teilung unter den Brüdern geschah im Wesentlichen nach dem Vertrag von Andelot. Jedoch erhielt Theuderich dazu noch das *Elsaß*, wo er erzogen worden war.

Sofort fiel Fredigundis mit Chlothachar die Feindin und deren beiden Enkel an »nach Art der Barbaren«. Sie nahm *Paris* und andere Städte. Bei *Latofao* stieß ihr Heer auf die vereinten Truppen von Austrasien und Burgund und schlug diese schwer. So in Gallien selbst bedrängt, vermochte Brunichildis ihre äußerste Ostmark gegen die *awarischen* Unholde, welche wieder einmal (seit sehr langer Zeit, wenigstens unseres Wissens, war das nicht mehr geschehen) aus *Pannonien* in *Thüringen* (das aber damals durch das heutige baierische Franken und Schwaben bis an die Donau reichte) eingebrochen waren und hier sehr schwere Kriege »mit den Franken« (das heißt den dem Frankenreich angehörigen Thüringen, mit fränkischen Grafen und deren Scharen) geführt hatten, nicht mit den Waffen abzuwehren. Man erkaufte deren Rückzug um Geld. Im folgenden Jahr starb Fredigundis, friedlich, auf ihrem Bett, im Siege, im Besitz des so lang erstrebten Paris. Sie erlebte es nicht mehr – aber ihre systematisch fortgesetzte Politik des Mordes wurde mit vollem Triumph gekrönt; bald sollte ihr Sohn die verhaßte Feindin mit den scheußlichsten Qualen hinrichten und das ganze Frankenreich allein beherrschen.

Brunichildis führte einstweilen neue schwere Kämpfe mit dem austrasischen Adel. Im folgenden Jahr (598) wird Herzog *Wintrio* auf ihr Betreiben getötet, was keineswegs Mord bedeuten muß, aber vielleicht an jene seltsame als Mord auftretende merowingische Strafrechtspflege streifte. Auch dies liegt aber durchaus nicht notwendig in den Worten. Sie erlag. Im folgenden Jahr (599) wurde sie aus Austrasien vertrieben. Ihre vollständige Verlassenheit spiegelt die *sagenhafte* Überlieferung, sie sei ganz allein, ohne Begleitung, auf dem Felde bei *Arcis-sur-Aube (in Arciacensi Campania)* von einem armen Mann aufgefunden und auf ihre Bitte von diesem zu ihrem anderen Enkel, Theuderich gebracht worden, der sie mit Freuden und Ehren aufgenommen und auf ihre Fürsprache jenen Armen zur Belohnung auf den Bischofsstuhl von *Auxerre* (Autissiodorensis urbi) erhoben habe.

Diese Belohnung zumindest ist Sage. Damals war erstens höchst wahrscheinlich, fast zweifellos, noch Bischof von Auxerre jener *Aunacharius*, welcher bei Gregor von Tours und auf den Konzilien Guntchramns von 573, 583, 585 erscheint, und zweitens war sein Nachfolger *Desiderius*, gestorben 623, keineswegs arm und unbekannt, sondern Nobilissimus und Gesippe der Könige.

Am Hof und im Reich Theuderichs waren damals die ersten Würdenträger nicht Romanen, sondern Germanen; der Franke *Quolenus* war *Patricius*. In dem inzwischen schon immer einflußreicher gewordenen Amt des Major domus folgte auf den Franken *Warnachar*, der all' sein Vermögen zum Unterhalt der Armen austeilte, der Franke *Berthoald*, von maßvollen Sitten, weise und klug, im Kampfe tapfer, gegen alle Treue haltend. Auch an dem Hofe dieses zweiten Enkels hat – so will es scheinen – die königliche Frau alsbald den Kampf wider den unbotmäßigen Dienstadel aufgenommen, in richtiger, wenn auch vielleicht nur dunkler Ahnung der schweren großen Gefahren, welche der Dynastie und dem Reich durch die aufstrebenden Großen drohten. Man hat angenommen, daß die Germanen am Hof die Gegner, die Römer (oder schon bald »Romanen«) die Stützen der Königin-Witwe gewesen seien. Und dafür spricht in der Tat eine Reihe von starken, früher noch nicht gewürdigten Gründen. Nicht nur tragen die von ihr in die wichtigsten Ämter – weltliche und geistliche – Eingesetzten romanische, die Gestürzten (fast ausnahmslos, die weltlichen *alle*) meist germanische Namen, – es begreift sich auch, daß diese germanischen Geschlechter der strenger (– und zumal von Frauenhand –) angezogenen Königsgewalt heftiger widerstanden als die römischen, die zwar auch verwildert, aber dabei doch erst durch die Germanen gewissermaßen angesteckt waren. Dazu kommt, daß die westgotische Königstochter ohnehin schon aus einem mehr romanisierten Reiche als das fränkische gekommen war. Und was die Gotin von den gallischen Romanen hätte scheiden mögen, das arianische Bekenntnis, das hatte sie schon bei ihrer Vermählung abgelegt, so daß sie nicht nur mit fränkischen Bischöfen – früher mit *Praetextatus* von *Rouen* und jetzt mit *Syagrius* von *Autun* – in wärmster Freundschaft stand, sogar mit *Papst Gregor* Briefe wechselte.

Dieser große, jedes Lobes würdige Mann griff in jenen Jahren vielfach in die fränkischen Dinge ein, ganz besonders in der Absicht, die geistlichen und weltlichen Mittel des Frankenreiches zu verwerten für seinen Lieblingsplan: die Bekehrung der heidnischen *Angeln* und *Sachsen* auf den *britischen* Inseln. Schon in einem Brief vom September 593 empfiehlt der Papst Brunichilden den Priester *Candidus*, der geistliches Gut in Gallien zu verwalten geschickt war. Damals hatte er durch denselben auch *Childibert* den Schlüssel vom St. Peter übersandt;

dieser *Candidus*, der das päpstliche Vermögen in Gallien verwaltete, soll mit den gallischen solidi, welche in seinem Land nicht ausgegeben werden können, Kleider für die Armen kaufen und Knaben der *Angeln* von 17–18 Jahren (Unfreie: – nicht Kriegsgefangene, denn es gab keinen Krieg mit England, – die also in Gallien nicht selten ausgeboten wurden), um sie in Klöstern zu erziehen, damit sie Gott zugute kämen, das heißt behufs der Mission in ihrer Heimat und im Frankenreiche. Im Juli 596 schickt er Brunichildis die erbetenen Reliquien der Apostelfürsten durch den Priester *Leuparich*; gleichzeitig Reliquien von diesen und von den Märtyrern *Laurentius* und *Pancratius* durch denselben Leuparich an Bischof *Palladius* von *Saintes* (Santonensi). Unablässig sucht er wie Brunichildis so die jungen Fürsten *Theuderich* und *Theudibert* (das heißt deren Regierungen) für die Förderung seines großen Bekehrungswerkes unter den *Angeln* in England durch *Augustinus* zu gewinnen, wobei der leise Tadel unterfließt, daß die benachbarten (e vicino), das heißt eben die fränkischen Geistlichen es vernachlässigen, die dem Evangelium bereits Zuneigenden zu gewinnen. Augustinus soll Gehilfen im Frankenreich suchen; es folgt eine abermalige Empfehlung von *Candidus*, dem rector patrimonii ecclesiae Romanae; ebenso schreibt er den Bischöfen *Pelagius de Turnis*, *Serenus* von *Massilia*, *Aetherius* von *Lyon*, *Vergilius* von *Arles*, *Desiderius* von *Vienne*, *Syagrius* von *Autun*, *Protasius* von *Aix*, *Stephanus*, Abt des Klosters *Lerinum*, und *Arigius*, dem *Patricius* von *Gallien*.

Zu Ende des Jahres 596 ermächtigt der Papst die Bischöfe »Germaniens«, den Abt *Augustinus*, den großen Bekehrer der Angeln und Sachsen, zum Bischof zu weihen. Im September 597 schreibt er an Brunichildis, er habe das für ihren Freund *Syagrius*, Bischof von *Autun*, erbetene Pallium, unter Erlaubnis des Kaisers, nicht an jenen selbst, sondern an den päpstlichen Stellvertreter gesandt. Dabei hat der Papst abermals gegen die alte und tief im Frankenreich eingewurzelte Simonie, die Verleihung geistlicher Würden nach Gunst und um Gabe sowie gegen die Besetzung der Bistümer mit Laien (weltlichen Großen) zu eifern; auch zur Bekämpfung des Götzendienstes – römisches, keltisches und germanisches Heidentum – fordert er auf, dankt für das dem »*Bischof*« Augustinus erwiesene Wohlwollen und schickt den erbetenen Codex.

Den einmal in Gallien gewonnenen Einfluß trachtet der Papst in jeder Weise zu stärken und zu mehren. Er schickt seinem Vertreter Candidus einen (römischen) Priester *Aurelius*, ihm auf einer Besitzung des heiligen Petrus in Gallien eine Priester- oder eine Abtstelle zu verleihen. Sofort verwertet Gregor auch mit Kraft und Eifer die Ergebenheit des ihm zu Dank verpflichteten Bischofs von *Autun* dazu, widerspenstigen oder anstößigen Bischöfen, welche aus Italien hinweg sich in das Frankenreich gewendet hatten zu zeigen, wie der Arm päpstlicher Zucht sie auch dort zu greifen wisse. Syagrius soll einen Bischof *Menates* (welcher Stadt?), dessen Lebenswandel schmählich sei, und einen Bischof *Theodor*, der um der Disziplin des Bischofs *Constantius von Mailand* auszuweichen, sich nach Gallien begeben hatte, zur Rückkehr nach Italien zwingen. Nicht minder aber bedient sich Gregor des neugewonnenen Freundes, um auch gegenüber dessen Landesherrn, den Frankenkönigen selbst, die Rechte italischer Bischöfe zur Geltung zu bringen. Syagrius soll die jungen Könige, welche auch unmittelbar angegangen werden, anhalten, Bischof *Urticin* von *Turin* (Taurinensi) die im fränkischesn Gebiet belegenen Pfarreien wiederzugeben, welche demselben

»nach Gefangenschaft und Ausplünderung« entrissen und, wider die Canones, einem andern Bischof verliehen worden seien. Allein auch das willfährige Werkzeug Syagrius muß sich einen Verweis gefallen lassen, daß er (und *Vergilius* von *Arles*) nicht die gewaltsame Verheiratung der Nonne *Syagria* verhindert habe. Der Papst befiehlt, diese Frau frei verfügen zu lassen.

War nun auch Brunichildis von dem ihren Enkel Theudebert beherrschenden Adel vertrieben und durch deren ehrenvolle Aufnahme am Hofe zu Orléans das Verhältnis zwischen Austrasien und Burgund gewiß nicht gebessert worden, so war den beiden Söhnen Childiberts doch gemeinsames Vorgehen gegen den gemeinsamen Feind, den Sohn Fredigundens, – auch abgesehen von der Bruderschaft, welche für sich allein, wie wir sehen werden, diese Merowinger so wenig innerlich zusammenhielt, wie die der früheren Generationen – schon recht nahegelegt durch die gemeinsamen Verluste, welche sie gleich nach ihres Vaters Tod durch Chlothachar erlitten. Sie verbanden sich daher jetzt (600 nach Chr.), das damals Eingebüßte – und so viel mehr dazu als erreichbar! – wieder zu nehmen. Feuerkugeln, die über den Himmel hinschossen, und eine dichte Menge feuriger Speere am Abendhimmel mochten den blutigen Kampf dieses Jahres vorbedeutet haben.

Es ist bei den mageren Angaben über die Kriegszüge jener Zeit fast niemals möglich, sich klar zu werden über die strategischen Gründe, über die gewählten oder notwendig gewordenen Orte der taktischen Entscheidung. In diesem Fall läßt jedoch – ausnahmsweise – der Blick auf die Karte eine befriedigende Erklärung zu. Der Zielpunkt des Angriffs der Verbündeten war offenbar vor allem *Paris*, die Beute von 596, welche dem Räuber wieder abgenommen werden sollte. Die Verbündeten wollten vereint schlagen: Orléans und Metz waren ihre Ausgangspunkte. Metz liegt zwar ein klein wenig nördlicher als Paris, aber da Orléans erheblich südlicher als Paris liegt und da außerdem das burgundische Heer sich, falls das Stelldichein mit den Austrasiern in den Norden von Paris verlegt wurde, abgesehen von kleineren Flüssen, den damals sehr schwierigen Übergang über die *Seine* in Feindesland hätte erzwingen müssen, so war ein Vereinigungspunkt südlich von Paris beinahe zwingend geboten. Unter solcher Voraussetzung ergab sich aber die Gegend zwischen *Sens* und *Montereau* als der beiden die Vereinigung anstrebenden Heeren mit Notwendigkeit vorgezeichnete Sammelplatz, zumal wenn, wie es wirklich geschehen zu sein scheint, das neustrische Heer, um das nördliche Seineufer und Paris zu decken, Verteidigungsstellungen nahm in dem Winkel, welchen die wenig nördlich von *Dormelles* zusammenfließenden Linien des *Loing* (von Süd nach Nord) und der *Seine* (von Ost nach West) bilden.

Chlothachar wurde hier, bei *Dormelles*, von den vereinigten Heeren Austrasiens und Burgunds schwer geschlagen. Der junge König – er war, 584 geboren, sechzehn Jahre alt – hatte der Schlacht beigewohnt. Er entkam mit dem Rest seines Heeres und jetzt erst können die Gaue und Städte des Seineufers, welche sich ihm angeschlossen hatten, von den Siegern verheert werden – zum Beweise, daß die Aufstellung der Neustrier wirklich den oben von uns angenommenen Zweck gehabt hatte. Die festen Städte wurden gebrochen (ruptae), sehr viele Gefangene fortgeschleppt und Chlothachar, »überwältigt, schloß, ob er wollte oder nicht« (vellet, nollet) einen Vertrag ab (per pactionis vinculum oppressus firmavit) in dem er den größten Teil seines Reiches abtrat: nämlich an Theuderich alles Land zwischen der *Seine* (im Nordosten), der *Loire* (im Südwesten), dem *Meer* (im Norden) und der Mark der *Britannen* (im Westen) an *Theudibert*, aber das Gebiet zwischen der *Seine* (im Südwesten), der *Oise* (*Isaram*, im Nordwesten) – den ganzen *Ducatus Dentelini* – bis an das Meer. Chlothachar verblieben nur zwölf Gaue (pagi) zwischen *Oise*, *Seine* und *Meer*.

Die nicht gerade klaren Angaben *Fredigars* haben sehr verschiedene Auslegung erhalten. Es handelt sich vor allem um Lage und Umfang des »ducatus Dentelini«. Dieser aber ist, was er auch sonst sei, *nicht* das »Herzogtum eines Herzogs Dentelinus«. Wahrscheinlich war er ein Grenzgebiet zwischen Austrasien und Neustrien, zwischen der Oise im Südosten, der Seine im Südwesten, dem Meer im Norden, aber begrenzt durch die *Somme* im Nordosten, die *Bethune* im Nordwesten und die *Epte* im Südwesten; vielleicht war er gebildet worden, als nach dem Vertrag von Andelot erhebliche Stücke von Neustrien abgerissen wurden. *Kiersy (Carisiacus)* gehörte nach diesem Vertrag zu Austrasien, *Compiegne (Compendium)* war Chlothachar verblieben.

Das lange Ringen von Sigiberts und Chilperichs Geschlecht scheint entschieden. Der Beginn des siebenten Jahrhunderts fand den Sohn Fredigundens bis zur Ohnmacht geschwächt. Wer hätte damals wohl geahnt, daß unberechenbare Zufälle, zumal aber die Selbstsucht der Adelsparteien in den beiden Reichen der Enkel Sigiberts und deren eigene Zwietracht, nach zwölf Jahren diesen schlachtflüchtigen Chlothachar zum Alleinherrscher des ganzen Frankenreiches machen würden?

Zunächst hatte es den Anschein, als ob die beiden Brüder die ihnen – so möchte man glauben – von der Natur vorgezeichnete Politik einträchtigen Zusammengehens befolgen würden. Im Jahr 602 schicken sie beide ein Heer gegen die *Basken*, unterwerfen sie ihrer Herrschaft, machen sie zinspflichtig (tributarios) und bestellen ihnen einen Herzog (dux) *Genialis* (al, Gemialis, Gelianes), der sie glücklich bändigte (oder regierte: dominavit). Wir erfahren nicht, ob das eroberte Gebiet räumlich geteilt oder ungeteilt im Namen und zum Vorteil beider Könige verwaltet wurde.

In diesem Jahr (602) wird nun aber auch eine Tatsache berichtet, welche auf die sittlichen Zustände am Merowingerhof ein grelles Licht wirft: dem vierzehnbis fünfzehnjährigen Knaben Theuderich wird von einer Konkubine ein Sohn, der *Sigibert* genannt wurde, geboren. Im folgenden Jahr 603 wird Theuderich (dem Fünfzehnjährigen) wieder ein Sohn, *Childibert* genannt, von einer Buhle geboren.

Es beginnen nun die heftigen Kämpfe zwischen der Königin Brunichildis und ihren Widersachern am Hofe sich zu steigern, in welchen die greise Fürstin erliegen und einen grauenhaften Tod finden sollte. Durchaus nicht behaupten wir, daß in diesen Kämpfen die Königin von Schuld, von jedem gewalttätigen Mittel frei geblieben ist: das wäre, nach dem Geist der Zeit, nach den gesamten Voraussetzungen, unter denen sie diesen Kampf zu führen hatte, wohl kaum möglich gewesen; durchaus nicht eine »Rettung« Brunichildens beabsichtigen wir: eine solche ist gar nicht nötig. Nur gegen die herkömmliche Gleichstellung mit einer Fredigundis verwahren wir die gotische Königstochter, und gewisse höchst widersinnige Anschuldigungen weisen wir zurück in den (beiden) ihr handgreiflich grimmig feindseligen, von Sanct Columbans Erbitterung beherrschten Quellen. Daß die Regentin die merowingische Mischung von Strafgericht und Meuchelmord, die sie wahrlich nicht erfunden, unter der sie und ihr Anhang schwer gelitten hatte, gelegentlich anwandte, ist sehr wahrscheinlich. Das Unterscheidende aber und das Adelnde in ihrem Trachten, sofern wir es beurteilen können, ist, daß sie jene blutigen Mittel nicht wählte lediglich zum Zweck der Befriedigung ihrer Leidenschaften, sondern in dem Kampf für die Krone gegen den Dienstadel, dessen reichzerrüttende Selbstsucht sie durchschaute. Der Verlauf der Frankengeschichte, der Geschichte der Merowinger zumal hat ihr Recht gegeben, wenn sie in diesem Adel für Staat und Herrscherhaus die verderblichste Gefahr erblickte, welcher Staat und Merowinger und zuletzt auch das folgende Herrschergeschlecht erliegen sollten.

Im Jahre 604 wurde Theuderich von einer Buhle ein Sohn geboren und *Corbus* genannt.

Der im Jahr 607 Theuderich geborene Sohn ward *Meroveus* genannt und aus der Taufe gehoben von – *Chlothachar!* Ein bedeutsames Zeichen: der Friede, den der Burgunderkönig, »bestürzt und gezwungen«, mit seinem Bruder von Austrasien geschlossen, hatte sowenig eine wahre Versöhnung bewirkt, daß abermals Krieg zwischen ihnen entbrannte und Theuderich sich gegen seinen Bruder mit Chlothachar verband; ob diese Annäherung an Fredigundens Sohn von *Brunichildis* gewünscht wurde, ist aber doch sehr zweifelhaft; auch steht Chlothachar bald wieder auf der Gegenseite.

Wie Theudibert durch Verschwägerung mit dem langobardischen Königshaus, suchte Theuderich durch Verschwägerung mit dem westgotischen sein Ansehen, vielleicht seine Macht zu heben. Brunichildis war ja selbst Westgotin, aber *ihr* Geschlecht, oder doch *ihre* Verschwägerten waren es nicht mehr, welche den Königsstuhl zu Toledo einnahmen.

Vor wenigen Jahren war *Leova*, Rekareds Sohn, von dem Anmaßer *Witterich* gestürzt, verstümmelt und getötet worden; *dieses* Königs Witterich Tochter *Herminberga* wurde nun Theuderich vermählt.

Bischof *Aridius* von *Lyon*, *Rocco* und der *comes stabuli Aeppovin* gingen als Theuderichs Gesandte nach Spanien, die Braut abzuholen. Dabei leisteten sie Eide, daß sie niemals von Theuderich des »Königtums sollte entsetzt werden«. Sie nahmen hierauf die Braut in Empfang und führten sie Theuderich zu Châlons sur Saone *(Cabillono)* zu, der sie mit Freuden und mit Liebe aufnahm. Aber auf Betreiben ihrer Großmutter Brunichildis lernte die Braut ihres Mannes Umarmung nicht kennen. Durch die aufstachelnden Worte der Großmutter und seiner Schwester *Theudilana* wurde sie ihm verhaßt und nach Ablauf eines Jahres schickte er sie, ihrer Schätze beraubt, nach Spanien zurück.

Die Quelle irrt, indem sie Brunichildis die Großmutter der Braut nennt, oder gebraucht die Bezeichnung sehr uneigentlich (Großmutter = Großschwiegermutter). Wie der Scholasticus zu Wiflisburg über solche Brautnachtsgeheimnisse zu Châlons unterrichtet wurde, bleibt dunkel. Immerhin ist möglich, daß die Greisin (*und* die Schwester? Von deren politischem Einfluß verlautet sonst nichts) aus Eifersucht auf der Gemahlin (vorerst doch nur erst noch zu *besorgenden*) Einfluß Entfernung derselben herbeiwünschten und herbeiführten, ohne daß man der Großmutter, wie Sanct Columbans Anhang, den Beweggrund beizulegen braucht, sie habe ihren Enkel durch dessen arglistig gepflegte Liederlichkeit beherrschen wollen. Eifersucht, Besorgnis, durch eine junge Königin in den Hintergrund gedrängt zu werden, sind sehr wohl anzunehmende Beweggründe.

Aber freilich nahm der Gotenkönig diesen schweren Schimpf mit Ingrimm auf. Zum fünften Mal war eine Verschwägerung zwischen den Herrschern zu Toledo und den Merowingern zum Unheil ausgeschlagen. Er suchte eine erdrückende Koalition gegen den Burgunder zustande zu bringen. Er schickte eine Gesandtschaft an Chlothachar, dieser sandte mit Witterichs Botschaftern einen eigenen an Theudibert und dieser, verschwägert mit dem Longobarden *Ago*, sandte an diesen des Goten, des Neustriers und eigne Boten. Einmütig sollten diese vier Könige, jeder mit einem Heer, von allen Seiten über Theuderich herfallen, ihm das Reich nehmen und ihn mit dem Tode bestrafen, weil sie eine so hohe Meinung (Furcht?) von ihm hatten. Der Gote kehrte aus Italien auf dem Seeweg nach Spanien zurück. »Aber dieser Plan gedieh nach Gottes Willen nicht zur Ausführung. Als dies (das heißt den Plan) Theuderich erfuhr, wurde es von ihm mit höchster Verachtung aufgenommen.«

Die Vertreibung Brunichildens aus Austrasien hatte doch nicht jede ihrer Beziehung zu dem Hofe zu Metz abgeschnitten; freilich war diese Beziehung nicht eben eine freundliche. Theudibert hatte zur Gemahlin (nicht Konkubine) *Bilichildis*, welche Brunichildis von Händlern (negotiatoribus) gekauft hatte. Die bisherige Unfreie wurde nun zunächst unfreie Magd ihrer Käuferin (und erst später freigelassen – muß man hinzudenken –) und vom König geheiratet. Eine Unfreie nahm man wohl zur Konkubine, aber der Ehe war sie unfähig. Sie war tüchtig, bei allen Austrasiern in hohem Grade beliebt und ertrug Theudiberts Einfältigkeit (simplicitatem) – von dieser erfahren wir hier zum erstenmal, – mit Anstand. Sie erachtete sich nicht für geringer als Brunichildis, sondern drückte ihr öfters durch Gesandte ihre Verachtung aus, während ihr hinwieder von dieser vorgehalten wurde, daß sie ja Brunichildens unfreie Magd (ancilla) gewesen war. Nachdem sie nun durch hin und hergehende Gesandte sich mit solchen und ähnlichen Worten erbittert hatten, wurde ein Stelldichein (placitum) zwischen dem *Colerensischen* und *Suentensischen* Gau verabredet, auf daß diese beiden Königinnen zum Gespräch sich vereinten im Interesse des Friedens zwischen Theuderich und Theudibert (um den es also immer noch sehr schlecht bestellt war). Aber auf den Rat der Austrasier vermied es Bilichildis, dorthin zu kommen.

In die nächstfolgenden Jahre fällt nun der Konflikt des heiligen Columban mit dem Hof und seine Vertreibung aus Burgund. Sein Schüler und Biograph *Jonas* sagt: »Schon hatte sich der Ruf des heiligen Mannes über alle Landschaften Galliens und Germaniens verbreitet, und er war durch die Verehrung aller gefeiert, gepriesen durch das Gerücht, so daß König Theuderich oft zu ihm kam und mit aller Demut die Fürsprache seiner Gebete erbat, ... da hub der Mann Gottes an, ihn zu schelten, weshalb er sich mit Buhlerinnen in Unzucht vermische und nicht lieber des Herzenstrostes einer rechtmäßigen Ehefrau genieße, auf daß von einer ehrbaren Königin königliche Nachkommenschaft ihm erwachse und ihm solche nicht aus den Häusern der Unzucht hervorgehe.«

Da geschah es, daß eines Tages Columban zu Brunichildis kam nach der Villa *Brocariaca*. Und da sie ihn in den Hof (aula) treten sah, führte sie die Kinder Theuderichs (aus jenen unehelichen Verhältnissen) zu ihm. Der, wie er sie sieht, fragt, was er mit ihnen solle? »Es sind des Königs Söhne«, erwiderte Brunichildis, »kräftige sie durch deinen Segen.«

Er aber sprach: »Wisse, daß die da niemals das Königsszepter erben werden, weil sie aus den Häusern der Unzucht hervorgewachsen.« Das war nun – als Weissagung gemeint – die Knickung gerade derjenigen Hoffnungen, welche diese Könige und Königinnen – Brunichildis wie Fredigundis – am eifrigsten pflegten.
»Jene heißt, wutentbrannt, die Kleinen hinausgehen.« – Daß die Frau von Stund an in Columban einen Feind ihres heißesten Strebens erblickte, ist kein Wunder. Denn die Erhaltung des merowingischen Königshauses in *ihren* Enkeln – nicht Fredigundens! – war ihr Hauptzweck, und zwar gerade in Theuderichs Söhnen, da sie mit Theudibert oder dessen Ratgebern unsühnbar verfeindet schien.
Schon früher (610) hatte Theudibert seinem Bruder Theuderich in einem, wie es scheint, aus Treulosigkeit mit Gewalt gemischten Verfahren das Elsaß und andere Gebiete entrissen; zuerst überfiel er plötzlich, nach Barbarenweise, diese Landschaft, darauf wurde eine Tagfahrt, eine Zusammenkunft beider Könige zu *Seltz* anberaumt, »wo ihr Streit durch Urteil der Franken entschieden werden sollte.«
Zum ersten Mal wird hier in geordneter Weise »*den Franken*« eine Art Schiedsspruch über die Grenzstreitigkeiten zweier Teilreiche überwiesen – ähnlich freilich schon oben, wo aber *Guntchramn*, nicht das Volk, zum Schiedsrichter bestellt war.
Gleichzeitig aber drangen aus Austrasien alamannische Raubscharen feindlich und heerend in den Gau von *Wilflisburg* (Avenches) jenseits des *Jura*. Die Grafen *Abbelin* und *Herpin* mit den übrigen Grafen desselben Gaues zogen ihnen mit einem Heer entgegen. Beide Scharen stoßen mit ihren Seiten zum Kampf zusammen. Die Alamannen siegen, erschlagen den größten Teil der »Trans-Juraner«, verbrennen weithin das Gebiet (territorium) von Aventicum und führen eine Menge von Gefangenen und von Beute nach Hause. Daß dieser Einfall nicht ohne Wissen und Willen des Königs erfolgte, erhellt aus dem folgenden: »wegen dieser Kränkungen (in der Mehrzahl) sann Theuderich von da ab unablässig darauf, wie er Theudibert vernichten könne«.
Im selben Jahr tötete Theudibert (seine Gattin) Bilichildis und nahm ein Mädchen Namens *Theudichild* zur Frau.
Schon im folgenden Jahr (611) bereitete sich Theuderich zum Angriff gegen Theudibert, dem er nun die Abstammung von Childibert bestritt; Chlothachar vermochte er, zu bewegen, neutral zu bleiben, indem er ihm für den Fall des Sieges die Rückgabe des *pagus Dentelinus* versprach.
Theuderich ging mit dem Heer über die *Ardennen* und zog auf *Zülpich (Tolbiacum)*; Theudibert trat ihm hier entgegen mit *Sachsen*, *Thüringern* und andern Völkern, welche er von jenseits des Rheins oder irgend sonst woher hatte zusammenbringen können.
An jedem Ort bedeckte er (Theuderich) den Erdboden mit Toten, gelangt noch am gleichen Tag nach Köln und nahm dort alle Schätze Theudiberts. Er sandte hinter Theudibert her (post tergum) den cubicularius *Berthari*, welcher den nur noch mit wenigen Fliehenden eifrig verfolgte, fing und, des königlichen Gewandes entkleidet, zu Köln vor das Angesicht Theuderichs stellte. Was dem Gefangenen abgenommen war (an Gewand und Waffen) und sein Roß mit königlicher Sattelung, – all' dies wurde Berthari von Theuderich geschenkt. Theudiberts kleiner Knabe *Meroveus* wurde auf Theuderich Befehl von einem am Fuß

gepackt und gegen einen Felsen geschlagen, daß das Gehirn ihm aus dem Schädel spritzte und er starb.
Theudibert wurde in Ketten nach *Châlons* (Catillonum) zu Brunichildis gebracht, welche von ihm (nach der vita Columbani) wütend (furens) verlangt, daß er Geistlicher werde; wenige Tage, nachdem er nachgegeben, wird er gleichwohl getötet.
Chlothachar hatte, gemäß der Vereinbarung mit Theuderich, nach Theudiberts Vernichtung von dem ganzen ducatus Dentelinus Besitz ergriffen; »darüber geriet Theuderich, nun Herrscher über ganz Auster, das heißt Austrasien, in gewaltig zornige Entrüstung« – sie wirkt fast humoristisch, diese naive Gier (und Vergeßlichkeit!, wie oben bei Chlodovech); er bot beide Heere, das von Burgund und das von Austrasien, wider Chlothachar auf und ließ diesem durch Gesandte sagen, wenn er sich nicht von dem ganzen genannten Gau hinwegziehe, werde das Heer Theuderichs von allen Seiten in Chlothachars Reich dringen, und so geschah es. Da, als schon Theuderichs Heer gegen Chlothachar heranzog, starb Theuderich zu Metz; das Heer kehrte sofort zurück in die Heimat; wohl nicht aus Friedensliebe – sie plündern wo sie können, auch im *eigenen* Teilreich, diese Franken –, sondern weil sie Führer und Haupt verloren haben und die künftige Gestaltung der Dinge in beiden Reichen des Verstorbenen ungewiß scheint.
Und abermals hatte Brunichildis, jetzt eine Greisin, wie früher für den minderjährigen Sohn, dann für den minderjährigen Enkel, so nun für die minderjährigen Urenkel einzutreten, gegenüber dem unbotmäßigen Adel und zugleich, wie früher gegen Fredigundis, so jetzt gegen deren herangereiften Sohn. Es liegt etwas Tragisches in dieser immer wieder derselben Frau zufallenden, zumal auch wegen fehlender Rechtsbasis Frauenkräfte übersteigenden Aufgabe. Freilich würde sich jener Adel auch einer verfassungsmäßig unanfechtbaren Frauenregentschaft ebensowenig gefügt haben wie weiland der ostgotische der zweifellos rechtmäßigen Regentin Amalaswintha.
Mit Recht hat man hervorgehoben, daß diese Frau staatsmänischer und klüger dachte als alle die merowingischen und karolingischen Könige, welche immer wieder das Erbteilungsprinzip des fränkischen Rechts in verderblichster privatrechtlicher Weise auf das Reich anwandten; anstatt die beiden Reiche unter die vier Söhne der Verstorbenen zu teilen, ließ sie nur den ältesten *Sigibert II.* – er war auch erst 11 Jahre alt – zum alleinigen König von Austrasien und Burgund erheben. Freilich mag noch mehr das kindliche Alter der andern und die Notwendigkeit, alle Kraft zusammenzufassen, hierbei stark mitgewirkt haben; heranwachsend würden die – einstweilen – Ausgeschlossenen ihren »Erbteil« gewiß verlangt haben.
In diesem Augenblick, bei diesem Anlaß nun werden zuerst als eingreifend in die Geschicke des Frankenreiches genannt die Ahnen des großen, weltgeschichtlichen Geschlechts der *Karolinger*. Es ist zwar grundverkehrt, die *Vorgänger* Karl Martells und Karls des Großen nach diesen ihren *Enkeln* zu benennen. Da nun aber der Name so tief eingedrungen ist, daß »Arnulfinger« (von dem garstigen »Pippininge« oder von dem hybriden »Pippiniden« zu schweigen) affektiert erschiene, werden auch wir die unlogische Bezeichnung beibehalten.
Man hat sich durch die späteren Verdienste dieses Hauses um das Frankenreich, ja um die ganze christliche, germanische und romanische Kultur in Abwehr des

Islam, verleiten lassen, gleich von Anfang jenem Geschlecht Fürsorge für die Wohlfahrt des Reiches und Pflege des Staatsgedankens beizumessen. Unbefangene Betrachtung der Quellen führt durchaus nicht zu diesem Ergebnis. Die Häupter des Geschlechtes werden zufrühest genannt als hervorragend in dem austrasischen Adel (oder derjenigen Parteigruppe desselben), welcher feindlich gegen Brunichildis auftritt, die bisher das Königtum und damit das Heil der Gesamtheit verfochten hatte. Über die Beweggründe sind wir nicht unterrichtet, daß aber diese ersten Karolinger lediglich das Heil der Gesamtheit im Auge hatten, daß sie um deswillen die Alleinherrschaft Chlothachars über alle Frankenreiche anstrebten, ist wenigstens nicht erwiesen und erweislich; so revolutionär freilich gegen das *Königshaus* und dessen Recht gerichtet ist das erste Auftreten des Geschlechts nicht, wie später (656) der verfrühte Staatsstreich *Grimoalds* und endlich der glücklich durchgeführte *Pippins* im Jahre 752; daß auch die ersten beiden Erhebungen – des ersten Pippin und Grimoalds – außer von Selbstsucht – daneben auch von wohlmeinenden Absichten für das Reich angegeben waren, ist freilich nicht ausgeschlossen.
Fredigar sagt sehr einfach: Brunichildis mit den vier Söhnen Theuderichs *(Sigibert*, *Childibert*, *Corbus* und *Meroveus)* zu Metz residierend, trachtete, Sigibert in das Reich seines Vaters einzusetzen (als Herrscher). Es erhellt aus obigen Worten nicht ganz sicher, ob Brunichild nur an das ursprüngliche Reich Theuderichs dachte oder an das soeben hinzueroberte Austrasien; letzteres ist wahrscheinlicher, da sie alsbald Chlothachar auffordert, »sich aus dem Reiche Theuderichs, das er seinem Sohne hinterlassen, zurückzuziehen«, nachdem Chlothachar *Austrasien* betreten. Jedenfalls hatten nach fränkischem Recht die Söhne Theuderichs näheren Anspruch auf Austrasien als Chlothachar; sieht man von dem unzweifelhaft ebenfalls gültigen Titel der Eroberung völlig ab, wäre Theudibert auf dem Throne gestorben – ohne Söhne. Sein Knabe Meroveus wurde *vor* ihm getötet, seine Neffen hätten doch nach den Grundsätzen fränkischen, überhaupt germanischen Familienrechts, welches allein auf die Thronfolge der Merowinger angewendet wurde, den Oheim ausgeschlossen.
Sigibert steht in der ersten (nach anderer Zählung, wenn man die, deren Haupt der Erblasser selbst ist, als erste rechnet, in der zweiten) Parentel im zweiten Grad, Chlothachar erst in der dritten (oder vierten) Parentel im zweiten Grad.
Es war also nicht Recht, sondern Rechtsbruch, als die Stammväter des karolingischen Hauses Chlothachar nach Austrasien riefen, um ihm, mit Ausschluß der Söhne Theuderichs, zunächst Theudiberts Erbe zuzuwenden; bald sollte ihnen auch Theuderichs Erbe, Burgund, und das Leben geraubt werden.
Chlothachar drang in Austrasien ein auf Betreiben *Arnulfs* und *Pippins* und der übrigen Großen. Und da er bis *Andernach* (*Antonacum*, zwischen Bonn und Koblenz, nicht *Captonacum*, *Chatou* bei Saint-Germain-en Laie, was nicht zu Austrasien gehörte) kam, während Brunichildis mit den Söhnen Theuderichs zu *Worms* (Warmatiae) verweilte, schickte sie ihm als Gesandte *Chadoind* und *Herpo* und forderte ihn auf, sich aus dem Reich Theuderichs, das er seinen Söhnen hinterlassen, hinwegzubegeben. Chlothachar antwortete und tat ihr durch seine Gesandten zu wissen: nach Urteil erlesener Franken, was unter Gottes Leitung von den Franken zwischen ihnen für Recht werde erfunden werden, das versprach er zu erfüllen.

Das war auf Seite Chlothachars der Angriffskrieg gegen Brunichildis und deren Urenkel, den man dem Sohn Fredigundens nicht verübeln kann, auf Seite des austrasischen Adels war es Treu- und Rechtsbruch; denn ein solches »Urteil« des Volkes oder »Erlesener« der Franken über zweifelloses Erbrecht der Königssöhne war keineswegs merowingisches Verfassungsrecht. Pippin wird zunächst nicht weiter genannt. Von Arnulf aber erfahren wir, daß er, wie die meisten Söhne fränkischer Adelshäuser, schon als Knabe an den Hof Childiberts gekommen war; hier wurde er von dem major domus *Gundulf* erzogen, der ein Hauptgegner Brunichildens gewesen zu sein scheint. Nach deren Vertreibung begleitete Arnulf den major domus in Feldzügen und erhielt, wohl zur Belohnung für tüchtige Dienste, die Verwaltung von sechs königlichen fisci, das heißt Komplexen von Landgütern. Gewiß mit Recht nimmt man an, daß Arnulf von jeher ein Hauptkämpfer gegen Brunichildis war; seine Führerschaft in der Verschwörung wider sie und Theuderichs Enkel spricht dafür; zur Belohnung für hervorragende Dienste erhielt der jedenfalls sehr bedeutende Mann im Jahre 611 oder Anfang 612 das Bistum Metz, wurde aber nach wie vor von Theudibert und später von Chlothachar II. zu den wichtigsten Geschäften herangezogen.
Obige Antwort Chlothachars verstand Brunichildis sofort; sie schickte Sigibert mit dem major domus *Warnachar*, mit *Alboen* und anderen Vornehmen (cum caeteris proceribus) nach Thüringen, die Völker jenseits des Rheines heranzuziehen zum Widerstand gegen Chlothachar. Hinter ihnen drein schickte sie ein Brieflein (indiculum), Alboen und die anderen sollten Warnachar töten, da derselbe plane, auf die Seite (in das Reich) Chlothachars überzugehen.
So dunkel die Vorgänge sind, – man sieht, daß es Warnachar gelingt, die rechtsrheinischen Aufgebote, auf welche die Königin besonders gezählt hatte, fern zu halten; dann wurde nach Burgund zurückgekehrt, zugleich aber das Heer von Auster – (jedoch wie es scheint, *ohne* die rechtsrheinischen Scharen) – von den Verschworenen aufgeboten, das heißt alle jene Abteilungen, deren Führer sie bereits gewonnen hatten. Durchaus nicht beschränkt sich Warnachar darauf, sein Leben zu retten, sondern in langatmigen Ränken, in weit ausholender Umsicht, in tückisch feingesponnener Arglist sucht er, seine Opfer sicher zu machen, zu umgarnen und ihnen nicht bloß Auster zu bestreiten, sondern durch Verlockung auch der burgundischen Großen ihnen Burgund und das Leben zu entreißen.
»Aber die Männer von Burgundia, sowohl die Bischöfe wie die (weltlichen) leudes, fürchteten Brunichildis und haßten sie. So pflegten sie Rat mit Warnachar und verhandelten, daß auch nicht einer der Söhne Theuderichs entrinnen solle, sondern alle wollten sie umbringen, Brunichildis verderben und die Königsherrschaft Chlothachars aufsuchen; was denn auch der Erfolg bewährt hat« – sagt der Chronist naiv. »Und da auf Befehl Brunichildens und Sigiberts, des Sohnes Theuderichs, die Heere von Burgund und von Auster gegen Chlothachar zum Angriff heranzogen, Sigibert in das Flachland der *Champagne*, des Gebietes von *Châlons sur Aisne* gelangte und ihm Chlothachar dort mit seinem Heer entgegentrat, da hatte dieser schon viele Austrasier in seinem Lager auf Betreiben des major domus Warnachar, wie dieser es längst abgemacht hatte, unter Zustimmung des Patricius *Aletheus* und der Herzöge *Rokko*, *Sigoald* und *Eudela*. Und wie nun beim Zusammenstoß die Heere hätten kämpfen sollen, da gaben sie (die Verschworenen), bevor sie anfingen zu fechten, (ver-

abredete) Zeichen, das Heer Sigiberts wandte den Rücken und zog nach Hause.« Selbstverständlich waren die kleinen Gemeinfreien, waren die Massen nicht in die Verschwörung eingeweiht. Aber dieser Dienstadel war schon so mächtig, daß diese Massen ihnen (den proceres) ohne weiteres folgten. Wenn irgend etwas dafür spricht, daß Stärkung des Königtums dringendste Notwendigkeit war, so sind es solche Vorgänge: daß dieser Adel die Königin »fürchtete und haßte«, – das ist ihr bestes Lob.

Chlothachar folgte, wie es verabredet worden war, langsam mit seinem Heer hinterdrein. Als er an die *Saone* gelangte, fing er die drei Söhne Theuderichs: Sigibert, Corbus und Meroveus. Letzteren hat er selbst aus der Taufe gehoben; Childibert sprang noch eilig auf ein Pferd, entfloh und keine Spur tauchte jemals wieder von ihm auf.

»Das Heer der Austrasier zog unversehrt nach Hause.« Bis dahin hatte es also geteilt und begleitet den Rückzug des burgundischen Heeres, welches von der Aisne hoch oben im Norden – offenbar angriffsweise war Sigibert, der ja eine starke Übermacht gehabt haben würde, gegen Neustrien gezogen – sehr weit südsüdöstlich an die Saône ausgewichen war. »Auf Betreiben des major domus Warnachar und der übrigen, ja fast der sämtlichen Vornehmen aus dem Burgunderreich, wurde Brunichildis zusammen mit *Theudelane*, der Schwester Theuderichs, von dem comes stabuli *Herpo* aus dem Hof *Orba* im über-Juranischen Gaue (de pago Ultra-Jurano) aus dem Versteck hervorgezogen und in dem Flecken *Rionava* am Flusse *Vincenna* (*Renève* an der *Vigeanne*) vor Chlothachar gestellt. Sigibert und Corbus, die Söhne Theuderichs, wurden auf Befehl Chlothachars getötet. Meroveus liebte er, weil er ihn selbst aus der Taufe gehoben: er wurde ganz geheim auf des Königs Befehl nach *Neustrien* (in *Neptrico*) gebracht und dem Grafen *Ingobod* anvertraut. Dort lebte er noch mehrere Jahre. Als Brunichildis Chlothachar vorgeführt wurde – er hegte gewaltigen Haß gegen sie – warf er ihr vor, daß durch sie zehn Könige (reges Francorum) der Franken ermordet worden seien. Er befahl, sie drei Tage lang mit mannigfaltigen Folterungen zu peinigen, sie dann auf ein Kamel zu setzen und durch das ganze Heer zu führen, sie endlich mit dem Haar ihres Hauptes, einem Fuß und einem Arm an den Schweif eines höchst bösartigen Pferdes zu binden, so wurde sie, teils durch die Hufschläge, teils durch den raschen Lauf des Tieres Glied für Glied zerrissen.«

Sieht man von den bei Herstellung der Reichseinheit gebrauchten Mitteln ab und von der alsbaldigen freiwilligen Wiederzerstörung, welche freilich den politischen Gedanken der Staatswohlfahrt – der jene Mittel hätte über das hergebrachte Merowingische hinaus heben mögen – ausschließt, so kann man der Regierung Chlothachars II. Vorzüge und Verdienste nicht absprechen. Neu ist daran freilich nichts, weder an dem Ziel noch an den Wegen. Mit den lange, etwa seit Guntchramns Auftreten wider den Adel, herkömmlichen Mitteln und in denselben Formen, wird die Verschwörung, Empörung, Überhebung des Dienstadels niedergehalten, der seinerseits bei der Unterstützung Chlothachars Rache, Sicherung gegen Brunichildis, Reichtümer, Würden, Hebung seiner Macht – alles andere, nur nicht die Wohlfahrt des Reiches durch die Staatseinheit und durch Stärkung des Königtums angestrebt hatte.

Vielmehr setzt sich in der ganzen noch übrigen merowingischen Zeit im wesentlichen das Gegenspiel derselben Kräfte in den gleichen Formen fort, wie wir es nun so viele Jahre lang beobachtet haben. Wir erfahren fortan fast nur einerseits Namen von kurzlebigen merowingischen Kindern, Knaben, höchstens Jünglingen, welche, von Knaben gezeugt, meist im Kindes- oder Knabenalter schon wieder dahinsterben, und andererseits Namen von herrschsüchtigen Großen der drei Reiche, welche ihre Vorgänger in der Beherrschung der Höfe morden, kurze Zeit herrschen und dann selbst gemordet werden, sei es von andern Aufstrebenden, sei es von dem König, der sich eines solchen Günstlings oder Beherrschers entledigt, –nur um einem andern in die Hände zu fallen. Gestalten, Individuen lassen sich mit jenen Namen kaum irgend einmal verbinden.

Dem zeitweise gedeihlichen Aufschwung des Königtums, der doch sicher ohne persönliche Tüchtigkeit Chlothachars nicht zu denken ist, will es wenig entsprechen, daß schon wenige Jahre darauf der König einen Schritt tat, der die so blutig herbeigeführte Reichseinheit *tatsächlich* damals schon wieder aufhob und die Gefahr sehr nahelegte, die später auch mit verderblichsten Wirkungen für Königshaus und Volk eintrat, daß abermals zwei oder drei Teilreiche entstanden, deren Könige, oder, an der Könige Statt, deren Adelshäupter sich fast unablässig bekämpften. Welche Gründe den verhängnisvollen Schritt dem König aufzwangen oder doch nahelegten, – wir wissen's nicht. Doch soviel erhellt wohl aus dem Vorgang, daß die Erkenntnis der Unentbehrlichkeit der Reichseinheit ihm nicht aufgegangen, also namentlich auch nicht der leitende Gesichtspunkt bei seiner Ermordung von Sigiberts I. Sippe gewesen war. Die privatrechtliche Auffassung der Reichsgewalt und des Reiches als eines Patrimoniums ist auch hier die allgemeine Voraussetzung der Handlungsweise, obzwar im Augenblick bestimmende Gründe hinzutreten mußten, schon bei Lebzeiten des Vaters dem Sohn ein Teilreich zuzuweisen, Gründe, welche wir, wie gesagt, nicht einmal erraten können. Im Jahre 622 machte Chlothachar seinen Sohn *Dagobert I.* zum Teilhaber der Königsgewalt und bestellte ihn zum König über die *Austrasier*, indem er aber für sich zurückbehielt jenen Teil von Austrasien, welcher diesseits von *Ardennen* und *Vogesen* gegen Neuster und Burgund hin sich erstreckt.

Es ist sehr zu beachten, daß vermöge dieser erheblichen Abgliederung doch keineswegs das alte große Austrasien, wie es Sigibert I. besessen, wieder her- und neben Burgund und Neustrien hingestellt wurde, sondern nur der Osten dieses »Ostlands«. Die an Neuster und Burgund grenzenden Gebietsteile bis an die strategisch bedeutsamen Bergwaldzüge hin behielt Chlothachar in der eigenen Hand und es bedurfte später bedeutender Anstrengungen, bis Austrasien dem Widerstrebenden auch diese Westgebiete abdrängte.

Dieses deutet – vielleicht – auf ein leises *Widerstreben* des *Königs*, gegenüber der Maßregel von 622 überhaupt, auf die Initiative des *austrasischen Adels* hin, der die alte Sonderstellung wieder anstrebte und dem Herrscher abnötigte, jedoch nicht gleich im vollen gewünschten Umfang. Ob dabei lediglich die alten Gelüste des Dienstadels leiteten, ob der steigende Gegensatz von Sprache und Kultur im Ostland gegenüber dem Süden und Westen darin bereits einen wohlbegründeten Ausdruck fand, ob er endlich vielleicht das Bedürfnis der Abwehr der *Slawen* an der Ostgrenze eine selbständige Verwaltung Austrasiens politisch, militärisch empfahl, – wir vermögen nicht, es zu erkennen.

Man möchte nicht die reine Selbstsucht des Adels, wie bei einem Egidius von Reims, Rauching usw., auch jetzt als Beweggrund annehmen, da so tüchtige

Männer, wie es *Arnulf von Metz* und *Pippin der Ältere* zweifellos – auch nach Abzug aller späteren tendenziösen Verherrlichung – waren, an der Spitze stehen. Denn diese beiden, Pippin wahrscheinlich damals erst zum major domus von Austrasien erhöht, übernahmen jetzt die Leitung des jungen Fürsten und des ihm überwiesenen Gebietes, nach glaubhaften Zeugnissen in hohem Maß zum Heile des Herrschers wie des Volkes.

Es trat offenbar eine (freilich nicht lange währende, durch Selbstzerstückelung wieder zerstörte) Zeit innerer Ruhe und Ordnung im Frankenreich ein.

Die erhöhte Macht des Königtums machte sich auch nach außen fühlbar. Es heißt, Chlothachar habe sechszehn Jahre hindurch mit allen Nachbarvölkern Friede gehabt.

Bis an die Grenzen des byzantinischen Reiches hin – es ist bedeutsam, daß im fernen Westen, unter fränkischer Herrschaft, der Rest römischer Weltherrschaft, »des Staates« im ganz besonderen Sinne, immer noch res publica oder hier manus publica genannt wird – erstreckte sich damals der Einfluß, das Ansehen des Frankenreiches wieder (ähnlich wie schon unter Theuderich I. und Theudibert I.), auf die Völker an den Marken der *Awaren* und der *Slawen*.

Letztere waren allmählich in jenen dunklen Jahrhunderten, in welchen wir von den Germanen auf dem rechten Rheinufer fast gar nichts erfahren, immer weiter gen Westen vorgedrungen. Wir kennen nur das *Ergebnis* dieser Bewegung. Im 6. Jahrhundert haben sie das einst ganz von Germanen bewohnte Gebiet zwischen Weichsel und Elbe im Nordosten besetzt, im Südosten grenzen sie nicht nur an der unteren Donau, sogar im Pustertal, z. B. mit den Baiern. Hier im Südosten, freilich waren die Slawen oder *Wenden* (Winidae) von den Awaren (fälschlich *Hunnen* genannt) unterworfen, und vielleicht auch, um Hilfe gegen diese zu gewinnen, hatten einzelne wendische Horden den Schutz der Franken gesucht.

Allein gerade um diese Zeit gelang es den Wenden an der *Elbe*, sich der mongolischen Bedrücker zu erwehren, unter Leitung eines Franken zwar, aber nicht des fränkischen Staats, das awarische Joch abzuwerfen und ein mächtiges Slawenreich aufzurichten, welches alsbald dem fränkischen sich, in Abwehr wenigstens, voll gewachsen erweisen sollte. Sagenhafte Übertreibungen des tyrannischen Druckes der Awaren bei Fredigar schließen keineswegs den Kern der Überlieferung aus, daß die Wenden zu schwerer Wehr- und Schatzungspflicht von den Awaren angehalten, daß deren Frauen und Töchter von den Bedrükkern, die sich im Winter in die Höfe der Slawen legten, mißbraucht wurden. Sagenhaft ist nur wieder, daß gerade die von den Awaren mit den Weibern und Töchtern der Slawen gezeugten Söhne die Empörer gegen ihre eigenen Väter gewesen sein sollen. – Bei einer Erhebung der Wenden wider den »*Gaganus*« und diese mongolische Bedrückung leistete ein fränkischer Kaufmann *Soma* aus dem Gau von *Sens* oder von *Soignies* im *Hennegau*, der des Handels wegen bei diesen Wenden sich niedergelassen und allmählich mehrere fränkische Händler sich nachgezogen hatte, so wesentliche Hilfe – wohl als Führer und Feldherr – daß, nachdem die Awaren schwer geschlagen waren, die befreiten Slawen den Franken, seine Tüchtigkeit erkennend, zu ihrem König erhoben, als welcher er angeblich 35 Jahre glücklich herrschte, noch zahlreiche Siege über die Awaren erfechtend. Wenn auch unter Führung eines fränkischen Mannes, war hier eine slawische Macht erstanden, welche bald angreifend gegen Westen, gegen die Germanen auftreten sollte.

Dagoberts (und seiner beiden Räte) Verdienst bestand wohl besonders darin, daß er die Übergriffe der habsüchtigen, gewalttätigen Großen nicht duldete. In diesem Sinne war es, daß er einen Angehörigen des herzoglichen Hauses bei den Baiern, der *Agilolfingen*, vernichtete. »Während Dagobert schon kraftvoll (utiliter) in Auster herrschte, geriet in dessen Zorn (Ungnade, offensam) einer der Vornehmen aus dem Geschlecht der *Agilolfingen*, mit Namen *Chrodoald*, auf Betreiben Arnulfs und Pippins, sowie der übrigen in Auster (zu hohen Würden) erhöhten Vornehmen, weil jener Chrodoald, selbst schon sehr reich begütert, habgierig das Vermögen anderer an sich riß, hochfahrend, voll Überhebung war und nichts Gutes an ihm erfunden ward. Schon wollte ihn Dagobert wegen seiner Freveltaten töten, da floh Chrodoald zu Chlothachar, auf daß dieser sich herablasse, Chrodoalds Leben bei dem Sohne zu erwirken. Und da Chlothachar und Dagobert eine Zusammenkunft hatten, bat jener – unter andern Gesprächsgegenständen – um das Leben für Chrodoald. Dagobert versprach, wenn Chrodoald, was er Böses getan, gut machen wolle, – es ist an Ersatz des durch seine Habgier Geraubten zu denken – solle er am Leben nicht gefährdet sein. Aber doch wurde ohne Verzug Chrodoald, als er mit Dagobert auf dem Rückweg (aus Neuster oder Burgund, wo die Zusammenkunft mit Chlothachar stattgefunden) nach *Trier* (Treveris) kam, auf Befehl Dagoberts getötet.
Im folgenden Jahre (625) setzten Dagobert und die Austrasier, nicht ohne heftiges Widerstreben Chlothachars, die Wiederherstellung des Königreichs Austrasien (wenigstens was die *zusammenhängende* Ostlandschaft betrifft), wie es unter Sigibert I. bestanden, durch. Dagobert kam, dem Befehl des Vaters gemäß, in königlichem Aufzug und in hohen Ehren mit seinen Leudes (das heißt tatsächlich den Vornehmsten seiner freien Männer) nach *Clichy* bei Paris und empfing dort zur Ehe *Gomatrud*, die Schwester der Königin *Sichilda* (welche Chlothachar also nach Berthetrudens Tod geheiratet hatte). Am dritten Tage nach der Hochzeitsfeier entstand schwerer Streit zwischen Chlothachar und Dagobert. Denn dieser verlangte alles, was zum Reich der Austrasier gehörte, unter seine Herrschaft zurück zu erhalten, was Chlothachar heftig abschlug, er wollte ihm nichts von diesem abtreten. Da wählten die beiden Könige zwölf vornehme Franken, auf daß durch deren Entscheidung dieser Streit beendet werde. Unter diesen wurde auch Bischof Arnulf von Metz mit (den) übrigen Bischöfen (von Austrasien) gekoren, der, gemäß seiner Heiligkeit, in gütevollster Weise für Frieden und Eintracht zwischen Vater und Sohn sprach. Endlich wurde von den Bischöfen und den weisesten (weltlichen) Großen der Vater mit dem Sohne versöhnt und er gab ihm zurück alles, was zum Reich der Austrasier gehört hatte, nur was (ehemals zu Sigiberts I. Reich gehört hatte, aber) jenseits der *Loire* oder in der *Provence* lag, behielt Chlothachar unter seiner Herrschaft zurück.
Sehr wichtige Veränderungen, welche im Laufe von nur zwei Menschenaltern seit der Reichsteilung von 561, in ihrer allmählichen Gestaltung unserer Wahrnehmung fast vollständig entrückt – doch hatten wir hin und wieder wenigstens den sich steigernden Gegensatz von Austrasien zu Neustrien herausfühlen können –, sich ausgebildet hatten, finden hier bedeutsamsten Ausdruck.
Frühere Merowinger, nächste Verwandte hatten um viel geringerer Ursache willen seit Chlothachars I. Söhnen ohne weiteres zum Schwert gegriffen. Es war ohne Zweifel eine sehr heilsame Veränderung, daß diesmal statt des Bürgerkrieges zwischen Vater und Sohn ein Schiedsspruch von zwölf geistlichen und

weltlichen Großen entscheidet, und es ist wohl möglich, daß sich hierin die größere Weisheit, Mäßigung, patriotische Gesinnung der beiden Könige ausdrückt. Allein gewiß war es nicht dieser gute Wille der Fürsten allein, es war sicher mindestens ebenso schwerwiegend – wenn nicht viel schwerer – die seit 511 und seit 561 ganz gewaltig emporgestiegene politische Bedeutung dieser geistlichen und weltlichen *Aristokratie*, die sich in solchem Schiedsspruch ausdrückt. Auch wenn sie es gewollt hätten, – die Könige hätten es nicht oder nur schwer vermocht, ohne, gegen den Willen dieser Aristokratie den Bürgerkrieg zu beginnen. Wir haben seit c. 511 wiederholt die Aristokratie in solcher Weise eingreifen sehen.

Dazu kam aber wohl vor allem: Chlothachar erkannte, daß hinter der Forderung des Sohnes der gesamte austrasische Adel stehe, dieselbe gutheiße und nötigenfalls wohl auch mit den Waffen vertrete. Arnulf spricht *für* die Forderung, Pippin wird nicht genannt, ist aber wohl unter dem »weisesten Weltadel« sicher einbegriffen. Darin liegt aber zugleich ein anderes, sehr wesentliches, für die spätere Geschichte des Frankenreichs – ja auch des künftigen Deutschlands – sehr wichtiges Moment.

Wohl mochte es dem Fürsten von Austrasien behagen, daß er durch das schwerwiegende Ansehn Arnulfs, Pippins und des übrigen Adels der Ostlande seinen Vater zur Erfüllung seiner Forderung zwang, ohne Waffengewalt. Allein vom Standpunkt des merowingischen Hauses und des fränkischen Gesamtkönigtums betrachtet, lag hierin eine große Gefahr, ja der leise Anfang des Endes. Mochte Dagobert selbst persönlich lieber ein größeres als ein kleineres Land beherrschen, – daß dem Vater trotz »heftiger Verweigerung« schließlich durch die austrasischen Großen dies Zugeständnis abgerungen wird, – das erhöht einmal ganz gewaltig die Aristokratie in Macht und Ansehn fürs Künftige, wie es freilich andrerseits der Ausdruck schon errungener Machtstellung ist, und es anerkennt und steigert sehr erheblich die (relative) Selbständigkeit von Austrasien, es lockert empfindlich die Zusammengehörigkeit der drei Reiche unter dem einen merowingischen Szepter.

Der König von Austrasien setzt in seiner Forderung, die freilich auch seinem Streben nach erweiterter Herrschaft dient, den Willen des Adels durch und bringt die Zusammengehörigkeit des Ostlands zum Ausdruck. So wird er – ohne es wohl zu wollen und zu wissen – der Vertreter der Interessen Austrasiens und des austrasischen Adels, zumal jener Arnulfinger, deren Enkel bereits wenige Jahre später den Versuch machen sollte, sein Geschlecht auf den Thron der Merowinger zu schwingen.

In diesem Streben Austrasiens nach Sonderung von Neuster und Burgund drückt sich aber etwas Vollberechtigtes aus: nämlich der schroffe Unterschied weniger noch der Stammtümlichkeit: – denn »Franken« waren in Neuster wie in Auster – als der Kultur, das heißt der sehr stark vorschreitenden Romanisierung von Neuster und Burgund, während nicht nur die rechtsrheinischen Stämme, auch die Uferfranken in Auster auf dem linken Rheinufer bis gegen Reims hin ganz unvergleichlich weniger von der Romanisierung berührt waren. Als nun Karl der Große das Gewicht Austrasiens durch die gewaltsame Einfügung des volkreichen und landreichen Sachsenstammes ganz gewaltig vermehrte, – da hat er die Losreißung Austrasiens von Neuster und dem Süden ganz erheblich erleichtert und befördert, freilich so ganz gegen seinen Willen,

daß man in dieser wahrlich nicht von ihm geahnten Wirkung seiner Sachsenbezwingung die Nemesis erblicken mag.
Es ist gewiß von Bedeutung, daß damals auch an der Neuredaktion der alten Volksrechte der *Baiern*, *Alamannen*, *Uferfranken* gearbeitet wurde, ist auch der Umfang der damals vorgenommenen Aufzeichnungen und die genauere Zeitbestimmung bestritten und nicht bestimmt festzustellen.
Aus welchen Beweggründen die »proceres und leudes« von *Burgund*, als im folgenden Jahre Warnachar starb, auf die Frage des Königs auf einer Zusammenkunft zu *Troyes (Trecassis)*, ob sie einen andern zu dessen Amtsstellung erheben wollten, einstimmig erklärten, sie wollten keineswegs (wieder) einen major domus wählen, entzieht sich unserer Kenntnis.
Hatten die Großen mit dem letzten major domus unerfreuliche Erfahrungen gemacht, hatte dieser versucht, anstatt der bloße *Ausdruck* des Adelseinflusses zu sein, diesen Adel selbst zwingend zu leiten, eine »Dynastie« vorzubereiten, wir wissen es nicht. Sehr bedeutsam aber ist, daß der König auf einem der immer häufiger werdenden »placita« den burgundischen Adel *befragt*, ob sie einen major domus wollen. In der *Aufwerfung* dieser Frage könnte man die Abneigung des Königs gegen eine Wiederbesetzung des Amtes zu finden sich versucht fühlen. Bisher war seit geraumer Zeit solche Wiederbesetzung ganz selbstverständlich gewesen. *Gegen* ihren Willen soll also die königliche Amtshoheit, welche bisher nach allem, was wir wissen, uneingeschränkt, wie alle Ämter, so auch dieses besetzen oder unbesetzt lassen konnte, die Besetzung *dieses* Amtes nicht verfügen. Man sieht, *dieses* Amt hat jetzt bereits eine Bedeutung für den Adel, für die Übung der Regierungsgewalt erlangt wie kein anderes. Jedoch liegt in den Worten keineswegs, daß die Krone eine staatsrechtliche Verpflichtung anerkenne, solche Anfrage zu stellen. Es geschieht eben nur tatsächlich, in diesem Fall vielleicht, wie gesagt, weil der König selbst die Wiederbesetzung *jetzt* nicht wünschte. Ob ihm eine Ahnung von der Gefährlichkeit dieses Amtes für die Krone, für die Dynastie aufgedämmert, – wir wissen es nicht. Auch liegt in den Worten ebensowenig eine königliche Anerkennung des *Rechtes* des Adels, war die Wiederbesetzung beschlossen, nun auch den Nachfolger zu *wählen*. Tatsächlich in diesem Fall hatte der König ihnen eine solche Wahl anheimgestellt; aber es ist daraus durchaus nicht zu folgern, daß die einseitige Ernennung durch den König – wie sie ihm bisher ohne Frage zugekommen war – eine Verfassungsverletzung, der Bruch eines *Rechtes* des Adels gewesen wäre. Solche prinzipielle, staatsrechtlich formulierte Rechtsfeststellungen sind in jenen Tagen sehr selten.
Als letztes Ereignis aus der Regierung Chlothachars wird berichtet ein Placitum der Neustrier und Burgunder, das er 627 zu *Clichy (Clippiacum)* bei Paris abhielt. Die Bischöfe (pontifices) erschienen hier und alle (weltlichen) Großen (proceres) seines Reiches, »sowohl von Neuster als von Burgund«, die also beide als eine »Einheit, ein regnum« Auster und Dagobert gegenüber gelten. Ein Konzil ist die Versammlung nicht, trotz der Anwesenheit der Bischöfe. Sie »beraten für den Nutzen des Königs und das Heil des Vaterlandes« (pro utilitate regia et salute patriae), eine Auffassung beider, welche zwar die privatrechtliche und insofern absolutistische dieses Königtums ist, wie sie wohl schon seit Chlodovech bestand, aber in jener Zeit und in diesem Staat gegenüber den Adelsparteien auch politisch der Wahrheit entsprach. Wie unbotmäßig, wie wenig auch durch

Chlothachar gebändigt dieser Adel immer noch war, erhellt aus einem Vorfall, der dort unter den Augen des Königs sich begab. Ein Mann, *Ermuhar*, Gubernator des palatiums von Chlothachars jüngerem Sohne *Charibert* (das heißt doch wohl nichts anders als gubernator = major, palatium = domus: jeder Prinz, auch Prinzessinnen konnten solche haben), wurde von Dienern (pueris) des *Aegyna*, eines Großen von sächsicher Herkunft, getötet. Darauf wäre beinahe ein gewaltiges Blutvergießen unter vielen gefolgt, hätte es nicht die langmütige Weisheit und eigene Bemühung des Königs gehemmt. Auf dessen Befehl zog sich Aegyna auf den *Mons Mercurius* (Mont-Martre) zurück, hatte aber eine sehr große Schar von Kriegern bei sich. *Brodulf*, *Chariberts* Oheim (von der Mutterseite her, denn Chlothachar hatte keine Brüder mehr), sammelte ein Heer, von allen Seiten und wollte mit Charibert über jene herfallen. Da befahl Chlothachar noch ganz besonders, welche von den beiden Parteien des Königs Entscheidung sich entziehen wolle, solle durch der Burgunder-Männer (Burgundefarones) Andrang und Kraft niedergeschlagen werden. Auf diese Weise, durch diese Vereinbarung wurden beide, vermöge Befehl des Königs, zur Ruhe gebracht.

Dies Bild, das letzte aus des Königs Walten, ist wohl ein treuer Spiegel der Dinge. Der Adel ist noch wild genug, den Reichstag in ein Schlachtfeld zu verwandeln, »sehr viele Krieger«, »Heere« bieten seine Parteien widereinander auf; und es bedarf der kraftvollsten Drohung, der persönlichen Mühung des Königs, sie zum Gehorsam gegenüber seinem Urteil, seinem Friedegebot zu bringen. Es gelingt diesmal, aber schwer und ohne Gewähr, daß es jedesmal gelingen werde. So standen sich Adel und Königtum auch nach deren zweifelloser Kräftigung durch Chlothachar II, und Dagobert I. einander kampfgerüstet, fast gleich stark gegenüber.

Als im folgenden Jahre (628) Chlothachar II., erst vierundzwanzig Jahre alt, starb (ohne, wie später zu geschehen pflegte, zwischen seinen beiden Söhnen unter Zustimmung der Großen der drei Teilreiche eine designatio successoris und eine Erbteilung vorgenommen zu haben), fragte sich, ob Dagobert, ohne Zweifel der Ältere und Mächtigere, den Gedanken der Staatseinheit fassen und seinen Bruder Charibert ganz ausschließen, oder ob er, jenem privatrechtlichen Erbteilungsprinzip gemäß und nach dem nun einmal leider geltenden Recht, teilen und also Austrasien für sich behalten, Neuster und Burgund ganz oder stückweise Charibert ablassen werde.

Keines von beiden geschah, vielmehr ein Schritt, der ja vielleicht unvermeidlich war, uns aber heute als Halbheit erscheinen muß. Dagobert nahm zwar zu Auster Burgund und Neuster hinzu, räumte aber Charibert doch, als ein, wenn auch sehr kleines Teilreich, *Aquitanien* ein, wo er nicht etwa als Statthalter oder Vizekönig Dagoberts, sondern als qualitativ diesem gleichstehender »König« herrschen sollte. Das war zuviel für das Wohl des Reichs und das staatsrechtliche, zu wenig für das privatrechtliche Prinzip.

Das Lob, welches Dagoberts Regierung gespendet wird, gilt gerade auch diesen ersten Jahren seiner Gesamtherrschaft. Als er (628) nach Burgund kam, erschütterte die Bischöfe und Vornehmen (proceres) *und die übrigen leudes* (also sind nicht nur die Vornehmen »leudes«) seine Ankunft mit solcher Furcht, daß »alle es bewunderten«. Und wahrlich, die Furcht des Adels vor dem König war in diesen Reichen der Weisheit und der Wohlfahrt Anfang. »Den Armen aber, die in Gerechtigkeit lebten, brachte er mächtige Freude«, das heißt das Königtum ist der Schirm und Schutz gerade der ganz kleinen Freien. »Und da er nach der Stadt *Langres* kam, richtete er über alle Untertanen, sowohl die Hochragenden als die Armen, mit solcher Gerechtigkeit, daß es durchaus als Gott gefällig gelten mußte; da gab es keine Bestechung, kein Ansehen der Person, nur die Gerechtigkeit herrschte.« Dieser gleichmäßige Friedens- (das heißt Rechts-)Schutz war nun Hauptpflicht des Königs geworden und die Erfüllung dieser Pflicht auch gegenüber den pauperes ist das höchste Lob. Es war, auch politisch betrachtet, nicht nur in der naiven Auffassung jener Tage, das höchste Lob. »Dann ging er nach *Dijon*, nahm für einige Tage seinen Sitz zu *Latona* und wandte all sein Trachten eifrig darauf, all seinem Volke Gerechtigkeit zuteil werden zu lassen. Voll vom Eifer solcher Güte ließ er keinen Schlaf in seine Augen kommen und sättigte sich nicht der Speise, mit aller Anstrengung darauf bedacht, daß alle Recht bei ihm fänden und freudig nach Hause gingen von seinem Angesicht.« Diese Züge, obwohl in der altertümlichen Sprache poetisch anmutend, entsprechen gleichwohl sicher der Wirklichkeit: das Ideal der Rechtspflege ist durch einen fränkischen König hier nach Kräften verwirklicht.

»Von da ging er über *Autun*, *Auxerre* und *Sens* nach *Paris*. Hier verließ er auf dem Hofe (villa) *Romiliacum*, wo er sie zur Ehe genommen hatte, die Königin Gomatrudis und erhöhte zur Königin *Nantechildis*, eines der Mädchen aus dem (königlichen) Gesinde. Im folgenden Jahr (629) durchzog er (es heißt circuire, aber es ist hier nicht das alte *Um*reiten, *Um*fahren, zum Zeichen der Besitzergreifung, er war ja schon König in Auster seit 622) Auster in königlicher Herrlichkeit (regio cultu) und gesellte seinem Lager ein Mädchen Namens *Ragnetrudis*, die ihm noch im Laufe des Jahres einen Sohn gebar, der *Sigibert* (III.) genannt wurde. Nach Neustrien (Neptricum) zurückkehrend faßte er Liebe zu dem Sitz seines Vaters (das heißt Paris, es wird aber nicht genannt) und beschloß, hier seine ständige Residenz aufzuschlagen.«

An diese Übersiedlung nach Paris knüpfen nun die Quellen einen jener plötzlichen neronischen Umschläge des bisher ganz unwahrscheinlich herrlich gewesenen und nun auf einmal ganz unwahrscheinlich schlecht werdenden Fürsten, welche an sich psychologisch nicht gerade sehr glaubhaft sind. Ist auch im wesentlichen gewiß richtig, daß eine Verschlimmerung der Haltung des Königs eintrat – das üppigere Leben in dem viel reicheren, viel mehr romanischen Neustrien mag dazu beigetragen haben –, so ist sie doch wohl nicht auf einmal im Jahre 629 ausgebrochen ohne jede Vorentwicklung.

Pippin, obzwar er die Verlegung der Residenz nach Paris sehr beklagen mochte, hielt unentwegt zum König trotz der Vorwürfe, welche, mit Recht und Unrecht, Bischöfe und Weltadel wider diesen erhoben. Sein Benehmen war ein so »vorsichtiges« – so sagt selbst die naive Quelle –, daß er sich, trotz starker innerer Entfremdung, fest an den König hielt, so daß sogar sein Leben bedroht war, offenbar nicht zunächst durch den König, sondern durch die unzufriedenen Austrasier, welche Pippin bei dem König anklagen. In Wahrheit wohl, weil er nicht ihrer Unzufriedenheit mit dem König als ihr Werkzeug oder Führer Ausdruck geben wollte. Selbstverständlich mußten sie ihn aber bei dem König anderer Dinge wegen verklagen. Die Stelle ist sehr merkwürdig: sie zeigt uns einen major domus, der *nicht* als Führer des Adels, auch *noch nicht* im eigenen

Interesse oder in dem seines Hauses gegen den König auftreten will, der sich dem Adel als Haupt versagt, »gar vorsichtig« sich mit dem König stellt und zu halten weiß, obwohl er dessen Haltung verwirft, und nun von dem Adel bei dem König selbst verklagt wird. Er rettet das Leben, verliert aber seine Stellung am Hof.

Pippin ging im selben Jahr (629) mit Sigibert, Dagoberts Sohn, zu König Charibert, der den Knaben zu Orleans aus der Taufe hob – ein Zeichen, daß Pippin zwar nicht in Ungnade, aber doch in Mißtrauen gefallen war. Denn die Maßregel hat noch andere, drohendere Bedeutung. Aus einer späteren Andeutung Fredigars geht nämlich hervor, daß Pippin und andere Herzöge (duces) der Austrasier von da ab von Dagobert, so lange dieser lebte, wenn nicht in (ehrenvoller) Haft, so doch wenigstens insofern in einer Art Confination gehalten wurden, *daß sie nach Auster nicht zurückkehren durften*. Sie waren von Dagobert »unter seiner Gewalt zurückgehalten gewesen« (suae ditioni retenti). Das will sagen, obwohl Austrasier und daher von Rechtswegen Sigiberts Untertanen, nahm sie Dagobert als *seine* Untertanen (ditioni) in Anspruch, behielt sie sich *vor*, und kraft dessen hielt er sie auch in *seinem Gebiet* (in Orléans zurück, verbot ihnen, nach Auster, wo sie die Wurzeln ihrer Kraft hatten, das heißt ihren großen Grundbesitz mit Abhängigen jeder Art, zu gehen. (Die übrigen duces Austrasiorum sind offenbar jene Vornehmen, welche besonders zu Pippins Partei, Freunden und Anhang zählten.) Diese starke, strenge, scharfe Maßregel Dagoberts gegen das Haupt des austrasischen Adels, seinen Erzieher und den bisherigen Minister für Austrasien setzt einen schroffen Zusammenstoß und ein sehr reges Mißtrauen voraus. Der König argwöhnte wohl geplante volle Losreißung Austrasiens von seinem Einfluß, vielleicht gar von seiner Dynastie; kurz, er witterte scharfsinnig und richtig die Gefahr, die den Merowingern von diesem mächtigen austrasischen Adelshause drohte, – Pläne mit welchen zwar, unseres Wissens, noch nicht Pippin sich trug, welche aber dieses Pippin Sohn wenige Jahre darauf mit kühnem, obzwar noch verfrühtem Staatsstreich ins Werk setzte und welche ein anderer Pippin erfolggekrönt durchführte. Ja, so scharf war das Mißtrauen, so zählebig der Argwohn des offenbar gar nicht unbedeutenden Königs, daß sogar im Jahre 632, als, nach geraumer Zeit, eine teilweise Wiedereinsetzung der Arnulfingischen Partei bewilligt wurde. Als auch Pippins Eidam als major domus von Austrasien dies Land wieder leiten durfte, *erlaubte man doch Pippin die Rückkehr nicht*: so zwar, daß es erst nach Dagoberts Tod der einstimmigen Vereinbarung, Abmachung (unanimi conspiratione, wenn das auch durchaus nicht geradezu »Verschwörung« ist) bedarf, daß die Zurückgehaltenen sich aufmachen nach Auster und Sigibert aufsuchen. Im gleichen Jahr kehrten des Königs Gesandte *Servatus* (al. *Servatius*) und *Paternus* aus Byzanz zurück mit dem Bericht, daß sie »ewigen Frieden« (perpetuam pacem) mit Kaiser *Heraklius* geschlossen hätten.

Pippins Machtstellung wurde erschüttert durch die Verlegung der Residenz aus seinem Austrasien, das heißt dem Lande, wo er die Grundlagen seiner selbständigen Macht und die Führerschaft der Großen bisher gehabt hatte. Weshalb ihn diese jetzt beim König verderben wollen, ist freilich nicht ganz klar. Man begreift nicht, warum ihn die Austrasier hassen, »weil er das Gute tut«. Sie hassen ihn aber wohl, weil er ihnen zu »klug« ist, das heißt statt an die Spitze ihrer Opposition zu treten, sich mit dem König zu halten sucht, ohne doch seine Mißregierung mitzumachen.

Man hat recht gefällige Gründe dafür angeführt, daß gerade damals Pippin die Verschwägerung mit dem andern hervorragenden austrasischen Geschlecht, dem seines alten Freundes *Arnulf*, gesucht und gefunden habe, weil er eben seine Stellung am Hof und, müssen wir beifügen, als Führer des austrasischen Adels erschüttert sah. Es fragt sich nur, ob man in solcher Lage auch stets gleich die wünschenswerte Stütze findet. Die Verschwägerung – eine Tochter Pippins wurde mit Arnulfs Sohn, *Adalgisil* (oder *Ansigisil*) vermählt – könnte auch wohl etwas älter oder jünger sein, aber keinesfalls um viel, das beweist das Alter der Kinder und Enkel Arnulfs und Pippins.

Als im folgenden Jahr (630) Charibert II. und sehr bald darauf dessen »Söhnlein« (filius parvulus) *Chilperich* – angeblich auf Betreiben Dagoberts getötet – starb, wurde das ganze von Charibert beherrschte Reich, einschließlich der Erweiterung durch die Eroberung von »Wasconia«, sofort wieder von Dagobert allein in Anspruch genommen.

Wir wissen nicht, ob dies vor oder nach einigen sehr empfindlichen Schlägen geschah, welche die fränkische Waffenmacht im gleichen Jahr (630) an ihrer Nordostmark erfahren hatte, die deren früher, zu Anfang von Dagoberts Regierung, gerühmten weithinaus nach Osten verbreiteten Einfluß erheblich mindern mußten und wirklich minderten. Es waren die Slawen (Wenden) Samo's, welche in das Land der *Thüringer* heerend vordrangen. Den Anlaß zu dem Zerwürfnis (scandalum) zwischen Dagobert und Samo gab die Ermordung und Beraubung zahlreicher fränkischer Kaufleute (negotiantes) in des letzteren Reich durch die Slawen. Es ist lehrreich, zu sehen, daß fränkische Händler bis tief nach Böhmen hinein reisten, wahrscheinlich im Tauschhandel Felle, Pelze, Leder, (vielleicht auch Metalle?) zu erwerben.

Hochfahrend (superbiter) läßt darauf Dagobert aus dem ganzen Königreich Austrasien das Heer aufbieten wider Samo und die Wenden. In drei Heersäulen von Geschwadern (tribus turmis phalangae) drang man in das Gebiet Samo's ein. Auch die *Langobarden* zogen in Unterstützung Dagoberts wider die Slawen.

Die Slawen rüsteten sich zur Gegenwehr in den angegriffenen Gebieten. Das Heer der *Alamannen* unter seinem Herzog *Chrodobert* erfocht in dem von diesem angegriffenen Landesteil den Sieg, ebenso die *Langobarden (Baiern)* und beide führten viele Slawen gefangen fort. Aber die Austrasier (das heißt also wohl die Ostfranken, Ripuarier, Hessen) umschlossen die Feste *Wogastisburg*, in welche sich die stärkste Schar tapfrer Slawen geworfen hatte, und (stürmten?) fochten drei Tage lang. Jedoch sehr viele von Dagoberts Heer wurden erschlagen und alle noch übrigen eilten flüchtig nach Hause, Zelte und Gepäck zurücklassend.

Die Niederlage hatte die traurige Folge, daß von da ab gar oft die Slawen sich heerend nach *Thüringen* und in andere Gaue des Frankenreiches ergossen.

Da erschien eine Gesandtschaft von *Sachsen*, das heißt von einzelnen sächsischen Gauen, nicht des ganzen Volkes der Sachsen, welches ja keineswegs damals oder gar seit Chlothachar I. den Franken unterworfen oder schatzungspflichtig war. Wahrscheinlich waren es eben die Thüringen nächst benachbarten Gaue, welche das stärkste eigene Interesse an der Abwehr der Wenden hatten. Und diese Sachsen waren ja eben auch (etwa neben einzelnen am Niederrhein) die am

frühesten von den Franken in Abhängigkeit gebrachten, weil die am frühesten und leichtesten zu erreichenden. Diese Gesandten baten Dagobert, er möge ihnen (das heißt ihren Absendern) die bisher an den Fiskus gezahlten Schatzungen erlassen. Sie versprachen dafür, (selbst und allein) durch ihren Eifer und ihre Tapferkeit (utilitas) die Wenden abzuwehren und die Grenze der Franken in jenen Gegenden zu hüten. Auf den Rat der *Neustrasier* gewährte Dagobert den Sachsen, welche mit diesen Vorschlägen gekommen waren, diese Bitten. Sie (das heißt die Gesandten) leisteten einen Eid, wie es deren Sitte ist, auf den (zusammengeschlagnen?) Waffen für alle Sachsen und bekräftigten so die Verträge.
Wie wenig die sächsische Abwehr die Wenden abzuhalten vermochte, sollte schon das folgende Jahr (632) dartun, in welchem »die Wenden auf Befehl Samos arg wüteten, gar oft die Mark derselben (das heißt der Wenden) überschritten, im Reich der Franken zu heeren, in *Thüringen* und andere Gaue eindrangen. Da kam Dagobert nach *Metz* (*Mettis* urbem) und nach dem Rat der Bischöfe und Großen (procerum) und unter Zustimmung aller Vornehmen (primatibus) seines Reiches erhöhte er seinen Sohn *Sigibert (III.)* zum *König in Austrasien* und gestattete ihm, seinen Königssitz in Metz zu haben. *Kunibert*, Bischof von *Köln (Coloniae)*, und Herzog *Adalgisil* bestellte Dagobert, Palatium und Reich (Sigiberts, der noch nicht dreizehn Jahre zählte) zu leiten. Einen Schatz, der genügen mochte, übergab er dem Sohn. Ganz würdig, wie es angemessen war solcher Machtstellung, erhob er ihn und jedwedes, was er ihm gespendet hatte, beschloß er, im einzelnen durch königliche Gebote (praeceptiones) zu bekräftigen. Von da ab haben, wie bekannt, die Austrasier mit ihrer eignen Eiferskraft die Mark und das Reich der Franken gegen die Wenden wacker verteidigt.«
Man hat von jeher und mit Recht in diesem Ereignis einen Erfolg der arnulfingischen Partei und der austrasischen Großen gegenüber den seit 629 überwiegenden neustrischen gefunden. Allein dieser Erfolg hat noch eine zweifache andere Bedeutung. Er stellte erstens heraus, daß der an sich so vollberechtigte Gedanke des merowingischen Einheitskönigtums als nicht mehr durchführbar sich erwies. Wir dürfen diesen Gedanken Chlothachar II. und Dagobert nicht deshalb ganz absprechen, weil sie, von der privatrechtlichen Auffassung der Königsgewalt sich nicht losmachend, selbst wieder Teilreiche schufen. Sie haben beide auf die Einherrschaft hingearbeitet, freilich Chlothachar zunächst vor allem, um den Sigibertischen Zweig des Geschlechts abzuhacken. Aber doch hat sich Chlothachar nicht leicht zur Einsetzung *Dagoberts* verstanden, Dagobert mit Charibert nicht wahrhaft geteilt. Allein es scheint jetzt nicht mehr durchführbar, daß ein *Merowinger*, in Paris residierend, die Wenden oder, in Metz residierend, die Wasconen abwehre. Es *muß* fortan ein Teilkönigtum und eine Sonderregierung für Auster und eine für Neuster bestehen, sollen die unerläßlichsten Aufgaben des Staates erfüllt werden. Erst die gewaltigen Herrschernaturen der *arnulfingischen* Hausmeier, später Könige, haben wieder das ganze – und zwar das bedeutend erweiterte – Reich der Franken von den Pyrenäen bis Pest, von Benevent bis Hamburg zu beherrschen und zu schützen verstanden. Aber auch sie nur bis auf des großen Karl Tod. Nach ihm bricht das Reich, mit steigender Raschheit, auseinander in drei, vier Teile.
Im sechzehnten Jahr seiner Regierung 638 begann Dagobert zu erkranken in dem Hof *Spinogelum* an der *Seine (Sigona)* nicht weit von Paris. (*Epinay*, nahe Clicha.)

Von da wurde er von den Seinigen in die Basilika des heiligen *Dionysius* gebracht. Da er sich nach einigen Tagen lebensgefährlich krank fühlte, ließ er schnell *Aega* kommen und empfahl in seine Hand seine Königin Nentechild und seinen Sohn Chlodovech. Wie er fühlte, daß er scheiden werde, hielt er den Rat Aegas sehr wert: durch dessen Kraft werde Chlodovech das Reich leichter regieren können.

Wenige Tage hierauf starb er und wurde in der Kirche des heiligen *Dionysius* begraben, welche er früher mit Gold, Edelsteinen und kostbaren Wertsachen (speciebus) sehr würdig geschmückt und ringsum hatte herrlich (weiter-, aus-) bauen lassen, »*weil er nämlich den wertvollen Schutz des Heiligen zu gewinnen trachtete*«. »So große Schätze, Höfe (villae) und so viele Landgüter (possessiones) wurden von ihm in den verschiedensten Landschaften dieser Kirche zugewendet, daß man allgemein staunte. Er hatte daselbst auch eingerichtet einen psallierenden Chor nach dem Muster der heiligen Mönche des Klosters *Agaunum* (*Saint Maurice* in Wallis), aber die Schlaffheit (facilitas) des Abtes *Aigulf* hat die Einrichtung verkommen lassen.«

Ohne Beanstandung erlangte Chlodovech II. »in zartem Alter« das Reich seines Vaters. Alle »leudes« von Neuster und Burgund erhoben ihn zum Königtum in dem Hof *Massolocus*.

»Das palatium aber leitete mit Königin Nantechild *Aega*« (offenbar als major domus). Es ist sehr bezeichnend, daß die Beherrschung des Reiches ausgedrückt wird durch die Leitung des »Palastes«. Ohne Zweifel wird dadurch auf das schärfste der Grund ausgesprochen, weshalb gerade der major domus der leitende Minister geworden war und blieb, bis derjenige, welcher sich aus dem Majordomat auf den Thron schwang – wohlweislich – keinen major domus mehr duldete.

Nur zwei Jahre lebte Aega noch. Aber daß in dieser Zeit das gute Einvernehmen mit Auster und auch im Innern tüchtiges Regiment aufrechterhalten wurde, ist größtenteils wohl sein Verdienst. »Unter den übrigen Vornehmen (primates) war er der hervorragendste von allen von ›Neptricum‹ wegen seiner Klugheit und Weisheit, edel von Abstammung (genere nobilis: über den erblich gewordenen Dienstadel), überreich an Vermögen, die Gerechtigkeit suchend, wohlgebildet in der Rede, rasch bereit zur Antwort; nur wurde er von sehr vielen des Geizes wegen gescholten.« Das war aber, wie die Dinge lagen, ein Lob. Und daß Aega an der richtigen Stelle auch das Gegenteil von geizig, daß er freigebig und daß er gerngebig sein konnte, zeigte er, indem er, als Gesandte Sigiberts den diesem gebührenden Anteil an Dagoberts Schätzen verlangten (thesauri: diese wurden hier also nicht, wie sonst wohl, als Schatz von Neuster und Schatz von Burgund auf diesen Knaben allein zusammen vererbt, sondern unter beiden Söhnen geteilt), bereitwillig hierzu die Hand bot. Es wurde eine Zusammenkunft vereinbart zu *Compiegne* (Compendium). Hier erschien Kunibert von Köln und der major domus Sigiberts *Pippin* mit einigen Vornehmen (primates) von Auster. Der Schatz Dagoberts wurde auf Andringen Aegas nach Befehl der Königin und (des Kindes) Chlodovech vorgelegt (praesentatur) und zu gleichen Teilen geteilt. Ein Anteil jedoch von dem, was Dagobert erworben hatte, erhielt Königin Nantechild.

Kunibert und Pippin ließen den Sigibert zugefallenen Teil des Schatzes nach Metz vor ihren König bringen, hier wurde er vorgewiesen und verzeichnet.

Aber Aega war so wenig »geizig«, daß er ferner die offenbar nicht geringe Unzufriedenheit, welche in den letzten Jahren auch in Neuster und Burgund durch Dagoberts strenge und oft auch widerrechtliche Finanzmaßregeln und Vermögenseinziehungen geweckt worden war, durch vollständige Herausgabe des widerrechtlich Angemaßten beseitigte.

»Aber Pippin und die übrigen Herzöge (Führer der Austrasier), welche Dagobert bis dahin als *seine* Untertanen zurückgehalten hatte (seit 629) suchten jetzt in einmütiger Beschlußfassung Sigibert auf, und Pippin und Kunibert, wie sie schon früher der Freundschaft gepflegt, verbanden sich jetzt, wie auch früher schon, eifrig (vehementer) und fest, für immer engste Freundschaft zu halten. Und jeder von beiden zog sämtliche leudes der Austrasier mit Klugheit und mit süßer Güte an sich und durch wohlwollende Leitung verpflichten sie sich ihrer aller Freundschaft und bewahren sie fort und fort.« In diesem Zusammenhang wird nun auch erzählt, wie beide die neustrisch-burgundische Regierung zur Teilung der Schätze Dagoberts nötigen und ein Drittel davon nach Metz führen, was den Austrasiern gewiß auch sehr gefiel.

Gerade dieses Heranziehen (»attrahere«) aller austrasischen leudes an die beiden ohnehin schon so mächtigen Männer und die beiden durch ihre enge Freundschaft und Verschwägerung noch kräftiger gewordenen Geschlechter Arnulfs und Pippins hatte Dagobert wohl ahnungsvoll verhüten wollen, nachdem er gesehen, wie gewaltig schon bis 622 und 629 Pippin und Arnulf in Austrasien geschaltet hatten. Mag Pippin noch nicht geplant haben, was sein Sohn versuchte, daß solchen Bestrebungen ein weitblickender Merowing entgegentrat, war begreiflich. Dagobert begnügte sich mit Internierung, Konfination. Die meisten seiner Vorgänger würden Pippin das Jahr 629, in welchem die Opposition (gegen die Übersiedlung nach Paris?) und die Macht des Mannes klar wurde, nicht haben überleben lassen.

Durch die Rückkehr Pippins an den Hof von Metz und in die Ausübung des Majordomats – er scheint dies Amt doch spätestens 632, wenn nicht schon 629 verloren gehabt zu haben, – wurde sein Eidam Adalgisil, major domus seit 632, tatsächlich und wohl auch juristisch beseitigt, da Fredigar Pippin nun wieder major domus nennt. Wie dies geschah, wissen wir nicht, doch begegnet Adalgisil auch nach Pippins Tode, der schon 639 erfolgte, nicht wieder als major domus. Vielmehr tritt Pippins Sohn *Grimoald* alsbald in dieses Amt. Einen Bruch mit Arnulfs Sohn hat man aber um deswillen nicht anzunehmen. Adalgisil erscheint 640 als Heerführer in Sigiberts Feldzug gegen die Thüringe neben Grimoald.

Wie anerkannt damals (schon lange) das Amt des major domus als das reichsbeherrschende war, erhellt abermals daraus, daß nach Pippins allgemein beklagtem Tod sein Sohn Grimoald sofort trachtete, *dies* Amt zu gewinnen, das damals doch keineswegs schon erblich war.

Grimoald, der offenbar zwar eine kraftvolle, aber – sein Versuch, weil er scheiterte, »sein Verbrechen« und sein Untergang beweisen es – eine allzufrüh und allzurasch und allzu offen zugreifende Natur war, wurde das Trachten, jetzt schon das Majordomat wie eine in seinem Hause vererbende Würde in Anspruch zu nehmen, auf das schärfste bestritten. Obwohl auch er vielfach beliebt war, trat ihm doch am Hof eine Partei entgegen, geführt von *Otto*, dem Sohn des *Domesticus Uro*, der von Kindheit Sigiberts an dessen bajulus (Hofmeister, Erzieher) gewesen war.

»Er fing an, sich Grimoald gegenüber in Hoffart zu erheben und eifersüchtig auf ihn herabzusehen. Grimoald verband sich eng mit Bischof Kunibert und hob an, zu planen, auf welche Weise Otto aus dem palatium verdrängt werden und Grimoald die Stelle seines Vaters einnehmen möchte«. Man sieht: wer aus dem palatium, das heißt aus den höchsten Hofämtern in der Umgebung des Königs verdrängt wird, ist machtlos. Keineswegs ist zwar hiermit gesagt, daß Otto als major domus bereits Pippin gefolgt *war*; das Amt war wohl eine Weile unbesetzt und die gesta, welche nach Pippins Tod Grimoald von Sigibert in den majorem domatus erheben lassen, überspringen jene Zwischenzeit ganz; doch scheint aus einer andern Stelle Fredigars hervorzugehen, daß durch Ottos Ermordung das Majordomat erledigt wurde.
Im Jahre 640 trieb *Radulf von Thüringen* die Unbotmäßigkeit bis zu offener Empörung. Da wurden »auf Befehl Sigiberts« (er war zehn Jahre alt) alle leudes der Austrasier mit dem Heerbann aufgeboten, im Heer auszuziehen.
Radulf hatte aber die Zusicherung von mehreren Herzögen des Heeres Sigiberts, daß sie *nicht* mit ihren Streitkräften auf ihn eindringen würden, brach aus dem Tor seiner Burg, warf sich mit den Seinigen auf das Heer Sigiberts und richtete eine ganz staunenswerte Niederlage in demselben an.
Die *Alamannen* haben nicht zu den von Radulf gegen die Regierung zu Metz gewonnenen Nachbarn gehört (da Thüringen den *Main* bei *Würzburg* erreichte und die Alamannen bis an die *Tauber* hin wohnten, waren beide damals Nachbarn). Wenigstens war der Alamannenherzog *Leuthari* ein so eifriger Freund Grimoalds, der doch den Feldzug gegen Thüringen mit geleitet hatte, daß im folgenden Jahr (642) durch sein Schwert Otto, der hochfahrende Feind Grimoalds, fiel. Jetzt wurde das Amt des major domus im Palast Sigiberts und im ganzen Reich der Austrasier in der Hand Grimoalds gewaltig gekräftigt.
Gleichzeitig wurden in *Burgund* unter Regentschaft der Königin Nantechildis Kämpfe unter den mächtigsten Großen ausgefochten, welche wie die zwischen Grimoald und Otto in Austrasien zeigten, daß nicht mehr das merowingische Geschlecht das maßgebende war, daß die größten Sippen und einflußreichsten Ämter in den dem Namen nach merowingischen Reichen sich bereits um die Erbschaft des Königshauses stritten, dessen Sinken der alte Guntchramn geahnt zu haben schien, dessen Glanz nur noch einmal durch Chlothachar II. und Dagobert I. aufgefrischt worden war. Von 638 bis 752, ein Jahrhundert noch, besteht die Dynastie fort, aber nicht die Könige, die Hausmeier regieren, schützen den Staat und kämpfen ganz offen – wie früher die Könige – untereinander teils um dies Amt mit andern Adelsgeschlechtern in dem einzelnen Teilreich, teils um das Majordomat in allen zwei oder drei Reichen. Es ist von Wichtigkeit, diese Kämpfe, die, sobald als die eine Partei, die der *Arnulfingen*, auftritt, als Kämpfe um die Reichsgewalt allgemein bekannt und anerkannt sind, auch schon jetzt als solche zu erkennen und aufzufassen.
Einstweilen hatte an des frommen Sigibert Stelle Grimoald kräftig in Austrasien regiert. Der König beschäftigte sich, wie es scheint, lieber mit geistlichen als mit weltlichen Werken und ließ auch bei reiferen Jahren den major domus schalten, der ihn bei seinen Klosterstiftungen – er gründete die großen Klöster *Stavelot (Stabulense)* und *Malmedy (Malmundariense monasteria)*, wichtige Kulturmittelpunkte und Kulturverbreitungsstätten –, eifrig unterstützte, gewiß auf Frömmigkeit, aber wohl auch in der Absicht, nicht nur dem König gefällig zu sein,

sondern auch um die Kirche sich zu verpflichten. Denn von Anfang an (Pippin mit Arnulf, Adalgisil und Grimoald mit Kunibert) hat dies Geschlecht das engste Bündnis mit der Kirche, mit den Bischöfen gesucht, ein Bündnis, das den »Karolingern« neben ihren großartigen kriegerischen und politischen Leistungen wahrlich nicht am wenigsten zur Erlangung der Königs- und der Kaiserkrone verholfen hat. Heuchelei ist dabei völlig ausgeschlossen, aber durchaus nicht, neben wahrer Religiosität, die klare Erkenntnis, daß die Kirche, die Bischöfe, die Klöster geistig, sittlich, in der Kulturleitung und bald auch durch ihren Reichtum, durch ihren geistigen, geistlichen, sittlichen, politischen Einfluß und durch ihre materielle Machtstellung unbesiegbare Feinde, unvergleichliche Verbündete, daß sie neben, ja bald vor der versinkenden Krone der Merowinger die gewaltigste Kraft dieser Jahrhunderte war. Dies von Anfang erkannt und ununterbrochen verwertet zu haben, ist ein Hauptmittel des Arnulfingengeschlechts zum Siege gewesen.

Ein Staatsmann von so reich bewährter Frömmigkeit, so wohl begründeter Beliebtheit bei den Bischöfen durfte dann auch wagen, die Kirchenhoheit des Königs, wo es geboten schien, diesen Prälaten gegenüber kraftvoll zu wahren, ja vielleicht zu erweitern. Denn mit Grund vermutet man, daß Grimoald der wahre Verfasser des wichtigen Briefes war, in welchem König Sigibert dem Bischof *Desiderius* von *Cahors*, der bei Dagobert Einfluß gehabt hatte, gegenüber sehr kräftig – dreimal – hervorhebt, daß ohne vorher eingeholte königliche Verstattung Synoden in Austrasien von seinen Bischöfen nicht angesetzt, abgehalten und besucht werden dürfen.

Bei der großen politischen Bedeutung, welche Königsschenkungen als Regierungsmittel, das heißt als Anlockung, Erhaltung und Belohnung von Anhängern hatten, war es eine einschneidende Maßregel, daß Grimoald Sigiberts Schenkungen bis zu des Königs Mündigkeit für ungültig erklärte: ein Zeichen der Kraft des offenbar sehr bedeutenden, nur allzu ungestüm auf erfaßte Ziele vordringenden Mannes. Nichts traf die Angehörigen der gestürzten Partei schwerer als solche Güterentziehung; daß er das wagen konnte – gegenüber diesen und dem König! – zeigt, wie stark, wie sicher er war oder – sich glaubte.

Im Gefühl solcher Macht wagte Grimoald, als Sigibert III. am 1. Februar 656(?), (jedenfalls zwischen 650 und 657) erst 26 Jahre alt, starb, einen Schritt, der durch sein Scheitern sich als (um ein Jahrhundert) verfrüht erwies.

Daß er für des Verstorbenen Sohn, *Dagobert* II., die Regierung weiterführen (und dessen Erziehung überwachen) sollte, verstand sich wohl auch ohne besondere Anordnung des Vaters von selbst. Aber Grimoald beging die nach germanischer Auffassung ganz besonders tief verwerfliche Tat, den tatsächlich, wenn nicht juristisch seinem Schutz anvertrauten Königsknaben durch Gewalt des Rechtes zu berauben, das er vor allen und wider alle hätte beschirmen sollen: er schickte den Knaben als einen Geschorenen durch Bischof *Dedo* von *Poitiers* nach Irland *(Scotia)* in Verbannung (Confination) in ein Kloster und erhob seinen eignen Sohn, der den echt merowingischen Namen *Childibert* führte, zum König.

Dieser Versuch scheiterte: der Treubruch, – und zwar der Bruch einer nach germanischer Anschauung besonders ehrebindenden Treue – war allzu grell.

Einen noch waffenunfähigen Kronerben, zu dessen Schirmer und Rechtsvertreter man berufen, seines Rechtes zu berauben, galt als besonders ehrlose Tat. Auch war wohl die Macht des arnulfingischen Hauses, unerachtet planmäßigen Werbens um Anhang, noch nicht stark, das Gewicht seiner Verdienste um das Reich noch nicht schwer genug, Eifersucht und Kraft anderer Geschlechter noch zu lebhaft und zu gleichgemessen. Grimoald wurde von der Gegenpartei im austrasischen Adel, nicht ohne Überlistung, gefangen und dem neustrischen König ausgeliefert, der ihn hinrichten ließ. Durch diesen schweren Schlag wurde das Haus der Arnulfinge begreiflichermaßen so zurückgedrängt und wohl auch durch Gütereinziehungen so geschwächt, daß es auf geraume Zeit völlig verschwindet. Erst zweiundzwanzig Jahre später tritt ein zweiter *Pippin*, des ersten Pippin und Arnulfs Enkel, in Austrasien wieder als Führer einer starken Adelspartei gegen einen neustrischen major domus hervor.

Erchinoald, »ein tüchtiger und weiser Mann«, war nur Major domus auch für Austrasien und Chlodovech war König der drei Reiche. »Während seiner Regierung waltete Friede«; doch er starb (am Fieber) schon 656 (erst dreiundzwanzig Jahre alt) und er wird als mit allen Lastern dieser merowingischen Königsknaben befleckt geschildert, mit Völlerei, Trunksucht und zumal gewalttätiger oder übermütiger Wollust; in seinen letzten Jahren war er irrsinnig oder blödsinning. Und doch war seine Gattin eine Heilige, *Balthilidis*, angelsächsischer Herkunft; als Unfreie verkauft war sie Erchinoalds Magd gewesen.

Durch ihre Schönheit und ihr feines, sittiges Wesen gefiel sie den übrigen Dienern (ministris) und dem Herrn selbst. Er verwandte sie als Mundschenkin, ihm im Schlafgemach den Becher zu kredenzen, ja, als seine »matrona« stirbt, will er sie zu seiner Ehefrau erheben. Aber da sie in sein Schlafgemach gerufen wird, versteckt sich die »schlaue« (astuta) Jungfrau, aus lauter Demut und zugleich aus asketischer Abneigung gegen Mannesliebe, unter einem Haufen schlechter Tücher und Lumpen, so daß man sie nicht findet. Auffallend ist dabei freilich, daß später, als es den *König* zu heiraten gilt, Demut und Askese sie nicht abhalten, sich finden zu lassen.

Man wird dem wackern Staatsmann kaum zu nahe treten mit der Vermutung, daß dieser seine Magd, die er beinahe selbst geheiratet hätte, dem jungen König vermählte, um dadurch seinen Einfluß noch zu verstärken durch die ihm ergebene und wahrlich nicht unbedeutende Frau. Die etwaige Absicht, die Ausschweifungen des jungen Merowingers durch die Ehe mit der schönen Angelsachsin zu bändigen, wurde nicht erreicht.

Balthild erwies sich als Königin »gehorsam dem König wie einem Herrn, den Vornehmen (principibus) wie eine Mutter, den Bischöfen wie eine Tochter, den Mönchen wie eine Schwester«: – diese »Demut« gegen die Bischöfe und mütterliche Liebe gegen den Weltadel wurde nach des Königs Tod wohl auch politisch fühlbar.

Nach Chlodovechs Tod führte für seinen ältesten, aber (natürlich) noch minderjährigen Sohn *Chlothachar III.* (656–670) – die beiden jüngeren hießen *Childerich* und *Theuderich* – die Regierung der drei Reiche zunächst dessen Mutter *Balthilidis*. Zweifellos ist diese echte Regentschaft – im Unterschied zu Brunichildens Versuchen – anerkannt in mehreren Urkunden.

Übrigens faßte sie schon jetzt den Entschluß, »im Einvernehmen mit den Bischöfen und Vornehmen ihres Volkes« sich, sobald Chlothachar III. das gesetzliche Alter erreicht haben werde und das ihm zugefallene Reich selbst regieren könne, in das von ihr zu diesem Zweck in dem bisherigen königlichen Hof *Chelles* gestiftete Kloster zurückzuziehen, ihm die Sorge des Königtums allein überlassend.

Es wird ihr nachgerühmt, daß sie die Simonie, dies alt und tief gewurzelte Unkraut in der fränkischen Kirche auszureuten trachtete. Aber auch eine andere Unsitte bekämpfte sie, welch die ehelichen und Familienzustände im Frankenreich erschreckend herabgesunken zeigt von der Höhe altgermanischer Gesundheit: es drohte *Abnahme der Bevölkerung* einzutreten, weil sehr viele die üble Gewöhnung angenommen hatten (die Geburten lieber umzubringen? oder), die Gebornen lieber umkommen zu lassen, als sie aufzuziehen. Es ist das gerade Gegenteil dessen, was Tacitus weiland an den Germanen gerühmt und was nicht am wenigsten sie schließlich den lange hieran krankenden Römern überlegen gemacht hatte.

Der Grund lag in dem Bestreben, sich (und die Kinder) dem schweren Steuerdruck zu entziehen, also ähnlich wie im 5. Jahrhundert die Curialen gegenüber dem römischen Finanzwesen handelten.

Nach Erchinoalds Tod wurde nach einigem Schwanken, »*von den Franken*« *Ebroin* zum Major domus der drei Reiche bestellt (656–660). Die Franken also, das heißt der Adel ist es, der nun geradezu den Major domus bestellt, *nicht mehr die Krone*, wie früher und vielleicht noch 640. Ein sehr bedeutsamer Fortschritt in der Entwicklung dieses Amtes und der Auflösung der Königsgewalt durch dasselbe und den Adel – freilich sehr begreiflich bei der immerhin anomalen Regentschaft eines Weibes als Vertreterin der Krone.

Dieses seit lange immer tiefer gleitende Herabsinken des Königtums, die wachsende Übergewalt des Majordomats und des geistlichen und weltlichen Adels muß man vor Augen behalten, um das Trachten jenes Ebroin richtig zu würdigen. Höchst wahrscheinlich hat besonnene Prüfung der Quellen, ähnlich wie bei Brunichildis und aus ähnlichen Gründen, wenigstens einen Teil der zeitgenössischen Anklagen wider diesen Mann abzuweisen oder doch merklich zu schwächen. Gewiß, Ebroin war schroff, rücksichtslos, auch gewalttätig und grausam in der Vernichtung der Gegner. Aber diese Gegner waren – so scheint es – keineswegs nur seine persönlichen Widersacher; es war derselbe geistliche und weltliche Adel, welcher das merowingische Königtum von Jahrzehnt zu Jahrzehnt immer schonungsloser seiner Staatsgewalt entkleidet hatte, und zwar keineswegs zum Heil des Ganzen oder der Freiheit, sondern zu eigener Bereicherung und Überhebung. Muß man nun immer noch die Erhaltung der königlichen Macht gegenüber diesen Bestrebungen als das für die Gesamtheit in jener Zeit Ersprießliche erachten, so muß man die *Ziele* Ebroins wenigstens billigen. Die Wege waren die blutigen oder listig verschlungenen, auf welchen auch die Gegner wandelten, hatten sie hierzu Gewalt oder Geist der Arglist genug.

Eine »Rettung« Ebroins bezwecken wir so wenig wie eine solche Brunichildens, aber eine gerechtere Würdigung auch seiner Verbrechen, als sie ihm bisher zuteil wurde.

Nur vier Jahre währte die Herrschaft eines neustrisch-burgundischen Hausmeiers über Austrasien und eines merowingischen Knaben über alle drei Reiche. Im Jahre 660 wurde Chlothachars jüngerer Bruder *Childerich II.* (660–673) »auf den Rat der Großen« König von Austrasien und ein Herzog, *Wulfoald*, Hausmeier dieses Reiches.

Childerich heiratet früh, wie alle diese Knaben, wie seine Gattin *Bilichildis* es beurkundet am 6. September 667.

Mit dem Eintritt in das Kloster (664) verschwindet die Regentin Balthilidis aus der Geschichte. Nun herrschte Ebroin im Namen des jungen Königs allein noch sechs Jahre (664–670), bis zu des Jünglings Tod. Diese Zeit ist ausgefüllt durch die schroffste, von keiner Schranke mehr gehemmte Geltendmachung der Staatsinteressen durch die Staatsgewalt, oft wohl weit über das Maß des Rechts hinaus.

Sankt Leodegar, von edler Abkunft, war, wie dies regelmäßig von vornehmen Eltern geschah, in frühester Kindheit dem palatium König Chlothachars II. zur Erziehung übergeben, dann aber von seinem Mutterbruder, Bischof *Dedo* (Dido) von *Poitiers* (durch einen frommen Priester), in den Wissenschaften unterwiesen worden. Mit zwanzig Jahren Diakon, bald Archidiakon, »überragte er alle durch Geist, durch Gabe der Rede und – zumal! – durch Kenntnis auch des *weltlichen Rechts*, ja er erwies sich als furchtbar scharfer Richter über die Laien (in weltlichen Dingen), wie als ausgezeichneter Lehrer der Geistlichen vermöge seiner Kenntnisse der kanonischen Dogmen«, also ein herrschgewaltiger, und gerade auch in *weltlichen* Dingen herrscheifriger Geist, »wie er denn die ganze Diözese Poitiers schon als Archidiakon (beherrschte und) in Frieden hielt«.

Der spätere Sturz Leodegars war ein Werk und ein Sieg des Hausmeiers Wulfoald, auch wohl der austrasischen Partei am Hofe, denn »das fast Heidnische«, die Weltlichkeit und Wildheit der satellites und sonstigen Genossen des jugendlich törichten Königs gehen wohl auf austrasische Rauheit.

Der Vorgang fällt nach 4. Juli 673: an diesem Tag unterschreiben noch im palatium zu *Compiegne* Leodegar und Wulfoald eine Immunitätsurkunde des Königs für den Abt *Borcharius* des Peter- und Pauls-Klosters zu *Putioli* (*Puiseaux*).

Jedoch nicht lange sollte Wulfoald seine Burgundern und Neustriern, wie es scheint, unerfreuliche Alleinherrschaft über die drei Reiche führen. Childerich hatte durch seinen zügellosen Wandel alle Optimaten des Palastes erbittert. Hier werden nun wieder Hauptquelle die Gesta regum Francorum, die in die erste Fortsetzung des Fredigar wit wenigen Änderungen aufgenommen sind. »Allzu leichtfertig und unbesonnen handelte er, die Franken gewaltig drückend, so daß Haß und Ärgernis groß wuchsen unter ihnen. Einen (edlen) Franken *Bodolen* (*Bodilo*) hatte er an einen Pfahl binden und heftig geißeln lassen – ohne Recht. Bei diesem Anblick entbrannten die Franken in großem Zorn, *Ingobert* nämlich und *Amalbert* und die andern hochgeborenen Franken. Sie machten eine Verschwörung wider ihn; und Bodolen mit den übrigen Verschwörern brach über ihn herein im Walde *Lauchonia* und sie ermordeten ihn und zugleich seine schwangere Königin *Bilichild*, was schmerzlich zu sagen ist.« Mit Mühe entkam Wulfoald durch die Flucht nach Auster.

Hier hatte seit Wulfoalds Rückkehr eine zwiefache Königswahl Spaltung unter den Großen herbeigeführt, oder vielleicht richtiger die schon bestehende Parteiung führte die zwiespältige Wahl herbei. Wulfoald erinnerte sich des weiland in ein irisches Kloster verbannten *Dagobert* II., des Sohnes von Sigibert III., von dessen Leben Schiffer Kunde gebracht hatten an seine Freunde und Gesippen (parentes).

Er erhob ihn zum König (674–678). *Sanct Wilfrid*, Erzbischof von *York*, beförderte Dagoberts Reise, gab ihm Geldmittel und Begleiter mit.
Allein gleichzeitig (vielmehr schon ein wenig früher) hatten andere Vornehme in Austrasien einen andern Merowingersproß – oder wenigstens einen von ihnen als solchen ausgegeben – zu ihrem König erhoben.
Ebroin aber fand, auch nachdem Dagobert und sein Major domus hinweggeräumt waren, die Bahn nicht frei. Er traf auf seinem Weg einen Verteidiger der Selbständigkeit Austrasiens – das Land widerstrebte schon lang einer Regierung von Neustrien-Burgund aus – in *Pippin dem Mittleren*, einem Sohn Ansigisels (Adelgisils) und Enkel des älteren Pippin.
Leider ist es unserer Kenntnis vollständig entrückt, wie dieses Haupt eines seit Grimoalds Untergang doch offenbar zurückgedrängten Hauses dazu gelangte, wieder eine führende Stellung an der Spitze des austrasischen Adels einzunehmen. Denn als Sage ist zum allergrößten Teil nun erwiesen, was bis vor kurzem als Geschichte der Jugend Pippins galt. Die Überlieferung dieser Sagen bieten die sogenannten *Annalen von Metz*. Wir treffen hier zuerst auf eine Gruppe solcher *fränkischer Königsannalen*, über deren amtlichen oder privaten Charakter, über deren Glaubhaftigkeit ernste Zweifel bestehen. Fest steht, daß die Berichte der Metzer Annalen über die Jugendgeschichte Pippins, Geschichte fast gar nicht, beinahe nur Sage enthalten.
Der Verfasser der Metzer Annalen schrieb um das Jahr 1000, also nachdem die Abkömmlinge jenes Pippin die glänzendste Weltherrschaft gewonnen hatten: solchen Glanz verlieh der begeisterte Anhänger des karolingischen Hauses nach Möglichkeit auch schon den Anfängen unseres Pippin. Er »erscheint zunächst zwar ein Knabe an Jahren, doch ein Heros an Mut, als Rächer seines Vaters Ansigisel an dem Mörder *Gundowin*, infolgesessen von den Vornehmen der östlichen Franken, die einst Ansigisel in hohen Ehren gehalten, zu ihrem princeps an seiner Stelle erkoren, zugleich aber als der Erbe seines ohne männliche Nachkommen verstorbenen Großvaters von mütterlicher Seite, des älteren Pippin (gestorben 639) in dem Gebiet zwischen dem Kohlenwald, der Maas und den friesischen Inseln. Weil indes dennoch den jugendlichen Schultern der heroischen Knaben die damit aufgebürdete Last zu groß ist, hilft die Mutter *Begga* (Pippins des Älteren Tochter), ihm selbige tragen, und wo auch ihre klugen Ratschläge ... noch nicht ausreichen, da tritt ergänzend ... mit dem vollen Gewicht seiner Heiligkeit der Großvater Arnulf ein« – der aber schon 16. August 641 gestorben war; während Pippin II., als er angeblich 685 den Tod seines Vaters rächt, ein Knabe, also doch höchstens 15 Jahre alt gewesen sein soll. Demnach wäre er 670 geboren und doch von dem 641 gestorbenen Arnulf noch unterwiesen worden! Die Widersinnigkeit dieser Angaben leuchtet ein.
Es wäre ja nun an sich nicht undenkbar, daß ein fast noch knabenhafter Jüngling die Blutrache für seinen Vater übte, allein die Zeitfolge schließt in diesem Fall das Geschichtlein aus, welches Pippin als jungen David gegenüber Goliath verherrlichen wollte. Vielmehr steht die Sache so: hat Pippin als »Knabe« den Mörder seines Vaters getötet, so muß dies lange vor 685 (etwa 650) geschehen sein. Denn 687 ist Pippin, wenn nicht ein Mann, doch ein vollreifer Jüngling. Wurde dagegen Pippins Vater erst 685 ermordet und von dem Sohne gerächt, so war dieser Sohn kein Knabe mehr.

Eine amtliche, eine rechtmäßige Machtstellung in ganz Austrasien nahm Pippin damals durchaus nicht ein, namentlich war er *nicht* austrasischer Hausmeier. Nach merowingischem Haus- und fränkischem Staatsrecht war vielmehr nach dem Erlöschen des austrasischen Zweiges der bisherige König von Neuster-Burgund ohne Zweifel auch König von Auster, und nur darum etwa konnte es sich handeln, ob Austrasien, wie es in den letzten Jahrzehnten Regel gewesen war, einen besonderen Hausmeier zu ertrotzen stark genug sein werde. Ebroin, der mit Recht und mit Unrecht verhaßt war, wollten sich die austrasischen Großen als Hausmeier nicht gefallen lassen. Pippin (mit Martin) wurde der Ausdruck und der Führer dieses Widerstrebens, aber ohne amtliche Stellung, nur als Haupt des alten, wieder erstarkten arnulfingisch-pippinischen Hauses.

Ebroin war im Recht, wenn er die nur tatsächliche Machtstellung des Arnulfingen als zu Recht bestehend nicht anerkannte. Schwerlich bestritt Pippin Theuderichs Königtum, aber gewiß Ebroins Herrschaft über Austrasien.

Wir wissen also nicht den Grund, durch den Pippin an die Spitze des austrasischen Heerbanns gestellt war, der im Jahre 678 (?) auszog gegen Neuster und Burgund. Neben ihm stand, gleichberechtigt, *Martinus*, der ebenfalls, aber mit höchst zweifelhaftem Recht, für einen Arnulfingen gehalten wird. Er wurde später für einen Sohn Chlodulfs oder gar, gewiß mit Unrecht, für einen älteren Bruder Pippins gehalten.

Pippin und Martin zogen nun, ohne einen König über sich zu haben, gegen Theuderich III. und Ebroin aus; Vielleicht um zunächst die Champagne wieder ganz für Austrasien zu gewinnen – dafür spricht einigermaßen der Ort des Zusammenstoßes –, wahrscheinlich aber auch in der Absicht, nach etwaigem vollen Sieg und nach Vernichtung Ebroins, Theuderich, sowie er in ihre Gewalt geraten, als ihren König anzuerkennen und unter seinem Namen, nun durch den Schein der Rechtmäßigkeit gedeckt, mindestens Austrasien, wenn nicht alle drei Reiche zu beherrschen. Wenigstens verfährt Pippin also einige Jahre später, nachdem er sich Theuderichs, nach Vernichtung seines Major domus, bemächtigt hat. Diesmal aber wurden die Austrasier von den (vielleicht zahlreicheren) Neustriern und Burgunden geschlagen in der Nähe von *Laon*. Pippin entkam durch die Flucht (wohl) nach Austrasien, Martin aber nach Laon, wo er sich einschloß. Ebroin, der offenbar den Krieg so gut verstand wie den Mord und die Ränke der Herrschsucht, verfolgte unter Verheerungen weithin die Flüchtigen, und kehrte dann nach Echeregum bei Laon zurück mit starker Heeresmacht. Er lockte Martinus mit abscheulicher Hinterlist und unter Mißbrauch des Heiligsten in das Verderben.

Die Früchte des Sieges zu ernten, war Ebroin nicht bestimmt. Er stand jetzt nah am Ziel, da wurde er ermordet durch den Franken *Ermenfrid*. Er hatte demselben Nachstellungen (Drohungen) bereitet, ihm sein Eigen nehmen wollen. Da scharte jener zur Nacht seine Freunde um sich, pflegte Rat mit ihnen, brach zur Nacht über Ebroin ein und ermordete ihn schrecklich (atrociter), und floh darauf mit reichen Gaben zu »Herzog« Pippin nach Auster, wo er – begreiflichermaßen – sehr gute Aufnahme fand. – Wir finden ihn bald als einen der Vornehmsten an Pippins Hof.

Von der Eigenart Pippins und seiner Nachfolger – nur der große Karl macht eine Ausnahme – ein lebendiges Bild zu gewinnen ist fast unmöglich. Gerade

weil sie *nur* gelobt, kaum je getadelt werden, dann weil ihre Charakteristiken, das heißt Lobpreisungen erst nach der Zeit ihrer fest begründeten Macht, ja nach Abschluß ihrer Laufbahn aufgezeichnet wurden, und endlich, weil die Verfasser dieser Berichte wirklicher Charakterzeichnung unfähig sind; sie wiederholen ohne Unterscheidung die für Staatsmänner und Krieger selbstverständlichen Tugenden, der Tapferkeit, Weisheit, Besonnenheit, Großmut und des Mitleids.
Zu diesen selbstverständlichen Vorzügen eines Staatenlenkers und Helden – sie sind oft aus den lateinischen Klassikern abgeschrieben und aus deren Lob für Römer und Griechen – treten dann die ebenso selbstverständlichen Tugenden guter Christen – oft aus den Heiligenlegenden abgeschrieben – nur fehlt meist die Keuschheit, was gegenüber den himmelschreienden Verstößen in diesem Gebiet freilich begreiflich ist, während in anderen Dingen gar oft das Lob zum Beispiel der Milde gegen Feinde, die Verzeihungsgeneigtheit zu den Tatsachen wenig stimmen will.
Nur also aus ihren Taten, nicht aus der Schilderung der Quellen, lernen wir dieser Männer Eigenart kennen. Aber auch die Taten bezeugen bloß gleichmäßig Kraft, Klugheit, Kirchenfrömmigkeit. Doch ein Zug eignet, noch unbeachtet – soweit ich sehe –, allen diesen Helden, von dem ersten Pippin bis einschließlich des großen Karl: *bewundernswerte Zähigkeit*, mit welcher sie, nicht abgeschreckt durch Mißerfolge, durch Straucheln auf dem Pfad immer und wieder, unentwegt und unverzichtend, auf das vorgesteckte Ziel losgehen, bis sie es, noch oft gehemmt, manchmal zurückgeworfen in ihre Anfänge, ja bis an den Rand des persönlichen Versinkens, denn doch durch Ausdauer, durch höchst weltliche Klugheit, welche mit ungeheuchelter Frömmigkeit Hand in Hand geht, vor allem aber freilich durch echte, durch großartige Heldenkraft erreichen. Denn wahrlich, nicht leicht, nicht ohne häufige heftige Rückschläge ging der Weg dieses Geschlechts empor. Pippin I. wird von der Machthöhe gestürzt in eine Art Internierung, in Machtlosigkeit. Sein Eidam gewinnt schwer Raum. Sein Onkel büßt verfrühtes Wagen mit Hinrichtung. Jahrelang tritt das Geschlecht völlig aus der Geschichte zurück. Pippins erster Versuch scheitert gänzlich, sein Genosse findet den Tod, Karl Martell liegt im Kerker, wird geschlagen, kann kaum mit äußerster Anstrengung die Feinde in West und Ost und die Widersacher im Innern zugleich bändigen. Berghoch türmen sich Gefahren um ihn, wiederholt wird darauf das Reich von Bruderkrieg bedroht; und auch der große Karl hat, fiel ihm anderes, zumal Italien und die Kaiserkrone allerdings (eine Ausnahme in der Geschichte seines Hauses) ziemlich mühelos zu, doch ein Menschenalter lang ringen müssen um die *Sachsen*. Man muß die *Mittel* in diesem letzten Kampf verwerfen, man kann – nach unserer Auffassung – nicht einmal das Ziel voll billigen, auch nicht objektiv politisch, von Recht und Moral ganz abgesehen, ja nicht einmal vom Boden der subjektiven Politik Karls aus. Und doch muß man die Ausdauer großartig nennen, mit welcher der reiche Beherrscher von Rom, Pavia, Paris und Aachen dreißig Jahre lang immer darauf zurückkommt, das Wald- und Sumpfland armer Heiden zu unterwerfen. Die *Ausdauer* hat dies Geschlecht groß gemacht. Hier liegt ein Fall offensichtlicher staatsmännischer und kriegerischer Begabung vor, und zwar durch sieben Menschenalter. Bei den sächsischen, fränkischen und schwäbischen Kaisern zum Beispiel waltet

solche Vererbung nur in 4 bis 5 Geschlechtern und nicht ohne Unterbrechungen.

Pippin war vermählt mit *Plektrudis*, die aus edlem Geschlecht und »sehr klug« war, von ihr hatte er zwei Söhne, *Droge* – der die vielbestrittene *Champagne* als Herzogtum erhielt, offenbar um dieses Gebiet vor neuen Schwankungen der Landschaft zu hüten – und einen jüngeren, *Grimoald.*

Neben Plektrudis nahm er aber später – ohne daß die Ehe mit Plektrudis für nichtig erklärt wäre – als zweite Ehefrau, nicht etwa nur als Konkubine, *Alpheid* (fränkisch *Chalphaid*), ebenfalls von edler Abkunft und gar feiner Art, deren Sohn *Karl Martell* wurde. Diese Tatsache, die freilich dem Eherecht der Kirche auf das schroffste widerspricht, ist nicht zu beseitigen und nur aus Nachgiebigkeit der Bischöfe zu erklären.

Pippin hatte dringende Gründe, nachdem er die neustro-burgundischen Nebenbuhler beseitigt, sich den austrasischen Außenlanden zuzuwenden, mußten diese doch gewissermaßen erst wieder herangezwungen werden.

Es war keine kleine Arbeit, denn die Bande, welche diese an das Reich geknüpft hatten, waren stark gelockert, wenn nicht ganz gelöst.

Zunächst wandte sich Pippin gegen die *Friesen*, welche sich in den letzten Jahrzehnten unabhängig gemacht hatten – sofern sie abhängig gewesen waren. Räumliche Abgrenzung und Maß solcher Abhängigkeit sind freilich sehr zweifelhaft. Siege *Chilperichs* I. über friesische Gaue, von *Venantius Fortunatus* gefeiert, sind weder nach des Helden, noch nach des Sängers Eigenart sehr hoch anzuschlagen. Dagegen steht fest, daß unter Dagobert I. in *Utrecht*, der fränkischen Grenzburg gegen die Friesen, eine kleine Kirche errichtet war, welche jedoch die Friesen dem Boden gleichgemacht hatten, als Sanct *Willibrord* dort erschien. Der Bischof von Köln war mit der Bekehrung der Friesen betraut worden.

Noch vor kurzem, zur Zeit Wilfrids und Dagoberts II., hatte sich der Häuptling *Aldgisl* freundlich zu letzterem gestellt, feindlich gegen Ebroin. Jetzt aber kam es zum Kampf zwischen Pippin und dem heidnischen Friesenhäuptling *Ratbod.* Die Niederlage war so schwer, daß der kraftvolle Fürst ganz Westfriesland zwischen *Sinkfaa* und *Fli* den Franken überlassen mußte. Ob eine förmliche vertragsmäßige Abtretung Westfrieslands stattfand, erfahren wir nicht. Daß aber hinfort zwischen Ratbod und Pippin die Waffen ruhten, wissen wir. Erst nach Pippins Tod trat der Friese wieder ins Feld – ja Ratbod, der Heide, vermählte Pippins jüngerem Sohn *Grimoald* seine Tochter *Teutsinda*, die selbstverständlich die Taufe annehmen mußte.

Bald darauf starb Theuderich III. Ein seltsamer König! Er erscheint fast wie ein Schachkönig, er selbst tut gar nichts, aber der Kampf dreht sich 673 bis 691 darum, seiner Person habhaft zu werden. Hier endet freilich das Gleichnis. Alle Parteien, Leudesius und Leodegar, Ebroin und Pippin wollen ihn nur in die Hand bekommen, um »in seinem Namen« zu herrschen.

Theuderich III. folgte sein Sohn *Chlodovech* III. (691–695) unter der Muntschaft seiner Mutter *Hrothchildis*, mit der zusammen er die Immunitätsprivilegien Chlodovechs II. und der Nachfolger desselben für Saint Bertin bestätigt (1. Juni 691).

Als Chlodovech schon nach vier Jahren starb, folgte sein Bruder *Childibert* III. 695–711, und da bald darauf, 695, auch Nordbert, der Bewacher Neustriens für

Pippin starb, übertrug dieser das wichtige Amt keinem geringeren, als seinem jüngeren Sohn *Grimoald*, dessen Bescheidenheit, Gerechtigkeit, Milde, Güte, Freundlichkeit, Wortfertigkeit und Almosenspende gerühmt werden. Aber später erst, nicht gleich, wurde Grimoald »*Major domus von Neustrien*«. Am 14. März 697 ist noch Pippin Major domus von Neuster, erst am 25. Februar 702 erscheint Grimoald als solcher. So hielt Pippin, selbst wohl meist in Austrasien weilend und dort die Oststämme wieder heranzwingend, durch seine beiden Söhne Neustrien-Burgund und die Champagne in Zucht, bis Drogo (708) starb.

Die Waffen führte Pippin unseres Wissens nur noch gegen die *Alamannen*. Hier war auf Herzog *Leuthari* Herzog *Gotfrid* gefolgt, der sich, so lang er lebte (er starb 709), den fränkischen Machthabern nicht gebeugt hatte, waren das doch geraume Zeit gar nicht merowingische Könige gewesen, sondern Männer von nur geschichtlicher, nicht gesetzlicher und auf Ostfranken (im engeren Sinne) beschränkter Gewalt, welche der eines alamannischen Herzogs weder rechtlich noch tatsächlich überlegen war. Doch waren die Erfolge Pippins von den in den Metzer Annalen gepriesenen so weit entfernt, daß in den folgenden Jahren andere Führer wieder ein Heer gegen »*Wilahar* und die *Suaben*« führen mußten; wir erfahren leider nichts als die nackten Tatsachen, zumal nichts über die Örtlichkeiten.

Im Jahre 711 starb Childibert III.: es folgte sein »ganz junger« Sohn *Dagobert* III. (711–715). Die »Taten« dieser merowingischen Könige bestehen in den herkömmlichen Schenkungen, Verleihungen, Befreiungen zu frommen Zwecken und in der Unterzeichnung der in ihrem Namen von dem Hofgericht auf das testimoniare des Pfalzgrafen hin gefällten Urteile. Eigenartiges, das heißt für die einzelnen Könige Bezeichnendes, läßt sich jenen Urkunden nicht abgewinnen. Schablonenhaft wiederholen sie die hergebrachten technisch feststehenden Formen, so daß sie völlig nach den »Formeln« verfaßt sind, die als Muster für Schenkung, für Immunitätsverleihung usw. aufgestellt wurden. Nur die Namen der handelnden Personen und die örtlichen Bezeichnungen der verliehenen oder befreiten Güter bedurften der Ausfüllung. Spiegeln uns aber die Urkunden nicht das Antlitz der urkundenden Könige – sie legen doch unschätzbares Zeugnis ab von den Triebfedern der handelnden Menschen jener Tage – freilich auch hier in schablonenhafter Regelmäßigkeit – und zumal von der großartigen, unaufhaltsamen, wirtschaftlichen Bewegung, welche, unterirdischen unablässig rieselnden, wühlenden Quellen vergleichbar den Kronschatz aushöhlte, Kirchen und Klöster zu den reichsten Grundherren und, vermöge der Immunität, zu Staaten im Staate machte, Latifundien anhäufte, welche die kleinen gemeinfreien Bauerngüter aufsogen, dadurch das »Feudalwesen« vorbereitete und den Sturz des alten starken fränkischen Königtums so notwendig herbeiführte, daß auch die Weisheit und Kraft der großen Herrscher des achten Jahrhunderts ihn nur aufhalten, nicht hindern konnte. Dabei ist zu erinnern, daß an weltliche Große zwar nicht in so großem Umfang, aber doch ganz regelmäßig ebenfalls Land und Befreiungen vergabt wurden. Die bessere Ordnung der Archive und des gesamten Schriftwesens der geistlichen Anstalten hat uns eben jene Urkunden in größerer Zahl erhalten als die an weltliche Große. Aber auch Herzöge und Grafen erwerben die Immunität für ihre weiten Allodien, für Königsschenkungen und Amtsbenefizien. Und die *Vererbung* in dem Mannesstamm der Geschlechter machte diese Art von Staaten im Staat selbstverständlich noch gefährlicher als die geistlichen Immunitäten, in welchen wenigstens nicht erbliche Dynastengeschlechter emporwachsen konnten, wie in den Herzogtümern, Grafschaften und anderen Gebieten, die, ursprünglich nur Amtsbezirke, später zu Territorien werdender Staaten sich ausgestalteten.

Als im Jahre 714 Pippin in *Jobii-villa* (*Juppille, bei Lüttich*), von heftigem Fieber ergriffen lag – er war etwa 80 Jahre –, und sein tüchtiger, allgemein beliebter Sohn Grimoald zu ihm reiste, wurde dieser in der Basilika des heiligen Märtyrers *Landbert* (Lambert) zu *Lüttich* (Leodosium) ermordet von einem Heiden *Rangar* (Rantgar).

Das war ein harter Schlag. Vor sechs Jahren war der andere Sohn, Drogo gestorben. Nun hatte Pippin von Plektrud keinen Sohn mehr, nur von Alphaid den etwa 23jährigen *Karl.* Grimoald hatte von einer Buhle einen etwa sechsjährigen Knaben *Theudoald* hinterlassen. Es wurde nun von verderblichster Wirkung, daß der sterbende Greis dieses Kind unter Muntschaft Plektrudens zum Major domus bestellte.

Rechtlich wie tatsächlich also sprach alles dafür, die fränkische Staatsgewalt nicht in die Hand eines Kindes und eines Weibes zu legen, sondern in die eines etwa 25jährigen Jünglings, dessen Kraft sich bald genug erweisen sollte. Die Politik des Reiches und die Politik des arnulfingischen Hauses, hier wie so oft zusammenfallend, wiesen dringend darauf hin, das vom Recht ohnehin Geforderte zu tun. Daß Pippin gleichwohl die dem Recht wie dem Vorteil von Staat und Geschlecht widerstreitende Anordnung traf, hat man gewiß mit Grund erklärt aus dem Einfluß Plektrudens auf den todkranken Gemahl. Sie wollte den Sohn der Nebenbuhlerin verdrängen durch den eigenen Enkel, in dessen Namen sie herrschen wollte: ein Weib für zwei Kinder! Vielleicht hatte man dem Greis auch über die Kirchenwidrigkeit, die Sündhaftigkeit seiner »Ehe« mit Alphaid Gewissensqualen eingeflößt. Wie dem sei, diese Anordnung hat das Frankenreich und das Haus der Arnulfingen plötzlich wieder in äußerste Gefährdung zurückgeschleudert. Bürgerkrieg, Hauskrieg, Neubelebung des Gegensatzes von Neuster und Auster, Einmischung der Nachbarn, Bündnis der christlichen und romanischen Neustrier sogar mit heidnischen Friesen, abermalige Losreißung der östlichen Deutschen vom Frankenreich waren die Folgen. Ja, wahrlich, wäre damals, da noch Karl, aufs Äußerste bedrängt, ums Dasein kämpfte, da das Frankenreich von Parteien in offenem Bürgerkrieg zerissen, seine Kräfte aufrieb, da Friesen und Sachsen im Norden mit Erfolg die ihnen benachbarten fränkischen Lande angriffen, Aquitanien im Süden sich losriß – wäre *damals* – anstatt sechs Jahre später – zugleich der *Islam* aus den Pyrenäen hervorgebrochen – kaum hätte dies Reich bestehen bleiben mögen.

Pippin ist, wie wir sahen, von der Anklage nicht freizusprechen, durch die eigendünkelige oder von der Ehefrau beherrschte Bestellung seines Nachfolgers schwere Gefahren für das Frankenreich und sein eigenes Haus vermehrt, zum Teil selbst herbeigeführt zu haben.

Diese einzelne Verblendung darf aber nicht davon abhalten, Pippins staatsmännische Arbeit sehr hoch anzuschlagen. König Pippin und der große Karl haben geerntet, was er gesät. Sie haben ihrem Haus die Krone, sie haben dem

Frankenstaat Sachsen, Langobarden, die Kaiserkrone erworben. Aber Pippin der Mittlere hat das ganz herabgesunkene Arnulfingenhaus wieder erhoben. Er hat das Frankenreich, das in Neuster und Auster auseinanderzufallen drohte, ja schon auseinandergefallen war, wieder zusammengeschlossen, er hat, mit wiederholtem, schwerem Ringen, den Kämpfen neustrischer, burgundischer, austrasischer Hausmeier ein Ziel gesetzt. Er ist, im Verhältnis zu König Pippin und Kaiser Karl, in schwerer Arbeit zunächst rettend, einend, erhaltend, ohne weitere nach außen glänzende Erfolge, Heinrich dem Ersten ähnlich im Verhältnis zu Otto dem Großen.

Aber noch viel schwerere Aufgaben belasteten, vom Anbeginn an, die jugendlichen Schultern seines Sohnes Karl, den *dieser* Vater von der Staatsleitung hatte ausschließen wollen. Großartig, wahrhaft heldenhaft, hat Karl sie gelöst, sein Recht erstreitend gegen Stiefmutter und gegen neustrische Rivalen, gegen grimme Nachbarn, gegen losgerissene Stämme das Frankenreich zur Geltung und zur Herrschaft bringend, und schließlich gegen den verödenden Islam nicht nur die Kirche, auch die Reste antiker Kultur, die Eigenart, die Seele germanischen Volkstums und der werdenden romanischen Nationen errettend und beschirmend.

Karl Martell

Karl als Majordomus des ganzen Reiches — Araber übersteigen die Pyrenäen und bedrohen das westgotische Gallien — Die unter Karl vereinigten gemanischen Völker schlagen bei Poitiers die Mohammedaner — Zerstörung von Kirchen, den »Heiligtümern des Glaubens«, unter dem Grünen Banner des Islam — Karl hat »die Gewaltherren vernichtet, welche im ganzen Frankenreich die Herrschaft an sich gerissen« — Das Blutbad von Cannstatt

»Auf Befehl Pippins – er starb am 16. Dezember 714 – erhoben die Franken Theudoald, den etwa sechsjährigen Sohn Grimoalds von einer Konkubine, im Hof des Königs zu der Ehrenstellung seines Vaters. Plektrud regierte alles mit kluger Leitung mit ihren Enkeln und dem König.«

Zu dieser Klugheit gehörte wohl auch, daß sie, vermutlich gleich bei Pippins Tod, ihren Stiefsohn Karl in Haft nahm.

Den Neustriern gegenüber war die widersinnige Maßregel Pippins herausfordernd gefährlich. Hier zunächst sollte das Kind an Stelle Grimoalds als Major domus treten; hier, wo die Macht der Arnulfingen nicht heimisch, nicht bodenverwurzelt war, wo man wiederholt einen besonderen neustrischen Major domus verlangt, die Unterordnung unter einen Machthaber austrasischen Stammes – auch wenn dieser ein reifer Mann war –, bekämpft hatte. Nicht ohne Grund hatte Pippin früher durch besondere Wächter, Nortbert, Drogo, Grimoald, sich Neustriens versichert gehalten.

Jetzt erhoben sich sofort die Neustrier gegen den austrasischen Knaben und dessen Großmutter. Sie riefen einen der Ihrigen (doch höchstwahrscheinlich) *Ragin* (oder Ragan) *frid*, zum neustrischen Major domus aus. Es kam im *Cotischen* Wald (*Cotia* silva, foret de *Cuise*, südöstlich von *Compiegne*) zu einem blutigen Zusammenstoß.

Die Anhänger Theudoalds wurden unter erheblichem Blutvergießen geschlagen, der Knabe selbst, den sie ins Feld mitgenommen, kaum durch die Flucht gerettet. Der Bürgerkrieg wurde auf das heftigste fortgeführt. Die schlimmen Zeiten von 676–687 schienen wiederkehren, die Aufrichtung der einheitlichen Herrschergewalt durch Pippin ohne Dauer bleiben zu sollen. Für den neustrischen Major domus sprach der bedeutsame Vorzug, daß der sich des merwingischen Königsknaben bemächtigt hatte. Wir wissen nicht, wie das möglich war; hatte der ermordete Grimoald dieses Pfand der Macht besessen?

Indessen nun Plektrud so vielfach bedrängt zu Köln saß, gelang es Karl, seiner Haft zu entspringen und – wie wir annehmen müssen – unter den Austrasiern alsbald wichtigen Anhang zu finden. Denn schon im folgenden Jahr kann er »mit wackeren und edlen Männern« auftreten als Vorkämpfer der Reichseinheit gegen die neustrischen Sondergelüste, als Verteidiger austrasischen Bodens gegen die feindlichen Nachbarn und seines eigenen guten Rechts gegen die Weiber- und Kinderregentschaft.

Daß noch im Jahre 715 (Juli oder August?) Dagobert III., erst 16 Jahre alt, starb, änderte zunächst nichts zugunsten Karls. Denn sofort erhoben die Neustrier einen anderen Merowinger, den sie in ihrer Gewalt hatten. Freilich mußten sie sich ihn erst aus einem Kloster holen und er das Königshaar, das er durch die Tonsur verloren, sich wieder wachsen lassen. Er war ein Sohn des im Jahre 673 ermordeten Childerich II., im Kloster erzogen und unter dem Namen *Daniel* zum Priester geweiht. *Chilperich* II. nannte er sich als König; »der erste Merowinger seit 25 Jahren, der im Mannesalter den Thron einnahm«. Letzteres war wohl der Grund, aus dem man den nächsten Erben, Dagoberts Knäblein, *Theuderich*, beiseite schob: er wurde in das Kloster *Chelles* (Caba) gebracht.

Man wollte wohl Karl ebenfalls einen Erwachsenen entgegenstellen. Dieser Merowinger war, dem Recht und der Macht nach, ein sehr bedenklicher Feind Karls und der Arnulfingen überhaupt. Er hatte vollbegründeten Anspruch auf alle drei Reiche. Er mußte den Sturz der Arnulfingen wollen, welche nicht nur sein Thronrecht nie beachtet, welche überhaupt das Königsgeschlecht *tatsächlich* aus der Herrschaft verdrängt, welche von Austrasien aus Neustrien und Burgund regiert hatten. Nun hatte sich die neustrische Nationalpartei erhoben, welche umgekehrt Austrasien von Neustrien aus beherrschen oder doch lieber Austrasien von sich stoßen, als die austrasische, die arnulfingische Herrschaft länger ertragen wollte. Und der König war ganz in den Händen dieser Partei. Die Arnulfingen aber lagen in Familienstreit zerspalten, Austrasien, kaum von Pippin wieder zusammengeschlossen, war von Friesen und Sachsen angegriffen. Und was die Rechtsfrage betrifft, so war es sehr übel, daß weder Karl noch Plektrud eines merowingischen Prinzen habhaft waren, in dessen Namen zu herrschen sie hätten vorgeben können. Ihr Auftreten gegenüber den Merowingern entbehrte des Rechtsbodens, weshalb denn auch Karl eilig einen merowingischen Gegenkönig aufstellt.

Dem feindlichen Hausmeier nach dem hin- und herwogenden Kampf in das Innere von Neustrien zu folgen und ihm den merowingischen König zu entreißen, um selbst in dessen Namen zu herrschen, wie es Ebroin und Pippin getan, dazu scheint Karl nicht stark genug gewesen zu sein. Nur halbverrichteter Dinge also war er nach Ostfranken zurückgekehrt. Paris hat Karl nicht genommen, wahrscheinlich gar nicht belagert. Am 21. März wurde die Schlacht geschlagen, am 24. April beurkundet Chilperich zu Paris mit Raginfrid zugunsten des Klosters *Saint-Maur-des-Fossees* (monasteriun S. Petri et S. Mariea) an der *Marne* im Gau von *Paris*, wonach also, was ohnehin wahrscheinlich, Karl damals aus dem Gau von Paris schon lange wieder abgezogen war. Doch machte dieser nun mit der Selbständigkeit Plektrudens in deren Trotzfeste Köln ein Ende. Er umlagerte die Stadt und bewog so, vielleicht nach Erregung einer Erhebung zu seinen Gunsten in derselben, die Stiefmutter zu Verhandlungen, gemäß welchen sie, ohne irgend Ahndung zu erleiden, (die Stadt und) die Schätze Pippins (das heißt wohl dessen Erbgut zum größten Teil) übergab.

Plektrudis verschwindet fortan aus der Geschichte, Theudoald lebt noch 722 an Karls Hof; daß jene Raginfrid geheiratet habe, ist Erfindung; das Ermorden von Neffen und feindlichen Witwen, eine merowingische Familienüberlieferung, ist den Arnulfingen sehr lange ganz fremd. Schon haben wir (seit 630) ein Jahrhundert arnulfingischer Geschichte hinter uns und noch nicht einen Familienmord. Der erste Familienkrieg begegnet 716, die erste Hinrichtung eines Arnulfingen durch einen andern 738. Plektrudis und Theudoald hätten nach Einkerkerung und Verdrängung eines *merowingischen* Stiefsohns

NORTHMANNEN
PICTEN
REICH DER SCOTEN
ANGELSACHSEN
BRITTEN
DÄNEN
ABOTRITI
WILZEN
Lundenwic
Saxonia
Aquisgranum
Colonia
Thuringia
Erphesfurt
SORBEN
Albis
Rotomagus
Britannia
Parisius
FRÄNKISCHES
REICH
Rhenus
Beh
(Cech
Namnetes
Ligeris
Alamannia
Baioaria
Aquitania
Burgundia
Lugdunum
Bauzonum
Karent
Trientum
Forum J
Aquile
Mediolanum
Papia
Padus
Verona
Königr.
Valentia
Tolosa
Wasconia
Span. Mark
Gotia
Arelas
Genua
Bononia
Ravenna
Massilia
Florentia
Italien
KÖNIGR. ASTURIEN UND GALICIEN
EMIRAT, SULTANAT VON KORTOBA
Caesaraugusta
Toletum
Kortoba
Barcinona
Corsica
ROMA
Ben
Neap
Bene
Sardinia
OSTRÖ
Sicilia
Cat
CHALIFAT DER ABASSIDEN

EUROPA IM ZEITALTER
KARLS DES GROSSEN
Eroberungen Karls des Grossen
FINNEN
D
ESTHLAND
Visula
VISCHE VÖLKER
CHAZARISCHES
REICH
Kiew
POLEN
Atelcusu
TURKI, MAGYAREN
AREN
Danubius
blia
BULGAREN
Adrianopolis
Constantinopolis
Thessalonice
Athenae
REICH
CHALIFAT
DER
ABASSIDEN
Antiochia

und Stiefoheims dessen Sieg und die Übergabe von Köln schwerlich überlebt.
Unerachtet dieser Erfolge fehlte Karl, um auch nur über Austrasien sicher und mit Rechtmäßigkeit zu herrschen, eines, was Raginfrid besaß: ein Merowing auf dem Throne wenigstens von Austrasien. Da er nun Chilperichs zu diesem Behuf nicht hatte habhaft werden können, nahm er sich einen Merowinger namens Chlothachar anderswoher und erhob ihn unter dem Namen *Chlothachar IV.* auf den Thron. Die Stelle dieses Gegenkönigs in dem Stammbaum der Merowinger zu bestimmen ist unmöglich. Doch hat keine Quelle behauptet, wie zum Beispiel bei jenem Chlodovech, er sei gar kein Merowing gewesen. Daß Karl sich nicht selbst auf den Thron von Austrasien schwang, ist wohl ein Beweis seiner staatsmännischen Weisheit und seiner Selbstbeherrschung nicht minder als seiner Treue gegen das alte Königshaus. Das warnende Beispiel Grimoalds hatte offenbar sein Geschlecht lang nachwirkend gemahnt, so zwar, daß dasselbe zweimal sogar lediglich kraft des Majordomats regierte, als gerade ein tauglicher Merowing fehlte, und nicht einmal eine so lockende Gelegenheit, wie eine solche Lücke bot, zur Thronbesteigung benutzte, bis endlich – spät genug – Pippin (751) doch dazu schreitet, sogar den Merowinger von dem Thron, auf dem er sitzt, herabzuheben.
Ob Karl Chlothachar zum König des ganzen Frankenreiches oder nur Austrasiens krönen ließ, ist nicht berichtet; das blieb wohl der Waffenentscheidung vorbehalten. Da aber Chilperich auch Austrasien in Anspruch nahm, war der Schritt, auch in solcher Beschränkung, scharf gegen ihn gerichtet.
Sehr bezeichnend ist, daß Karl den Hausmeier nach Nordwesten nur durch andre verfolgen läßt. Er selbst wendet sich gegen Paris, um nicht nur diese Stadt und den Vasconen, vor allem wohl um den Merowingerkönig in seine Gewalt zu bringen, dessen Herrschaft über Neustrien das Ungünstigste für Karl und seinen nur in Auster anerkannten Gegenkönig war. Allein vielleicht gerade aus ähnlichen Gründen entführte Herzog Eudo, der Vascone, den König samt dessen Schätzen mit sich. Es war wieder einmal eine Jagd auf die Person des Merowingers, wie die Ebroins im Jahre 674. Der Vascone mochte hoffen, solange er ihn in der Gewalt hatte, eine ähnliche Herrschaft über Neuster zu üben, wie sie Raginfrid geübt hatte und Karl kraft *seines* Merowingers bisher nur über Auster übte. Vielleicht wollte der Herzog sich aber auch nur in der Person des Königs wie in dessen Schätzen ein wertvolles Pfand sichern und einen Vergleichsgegenstand gegenüber Karl. Wenigstens hat er alsbald Gebrauch von seinem Gast – oder Gefangenen – gemacht. Da Karl die Gesuchten in Paris nicht mehr antraf – es hat sich ihm also diesmal die Stadt geöffnet – überschritt er (hier) die *Seine* und setzte die Verfolgung fort bis nach *Orleans*, aber Eudo entkam über die *Loire* in *sein* Gebiet, König und Königsschatz mit sich führend. Da starb der von Karl aufgestellte Gegenkönig Chlothachar 719. Nun hatte Karl nur die Wahl, entweder ohne König zu regieren oder einen neuen Gegenkönig aufzustellen oder Chilperich, den Gast oder Gefangenen des Vasconen, anzuerkennen. Zu dem ersten, immerhin sehr regelwidrigen Schritt entschloß er sich zwar, wie wir sehen werden, später, 737–741, vielleicht weil er damals keinen verfügbaren Merowinger hatte, jetzt aber noch nicht. Vielleicht wußte er auch jetzt keinen geeigneten Gegenkönig oder er suchte Verständigung mit Eudo und Versöhnung mit

Chilperich. Jedesfalls hat er am 2. Dezember 720 in seiner zu *Glamanvilla* im Gau *Arduense* in Austrasien ausgestellten Urkunde Chilperich als seinen König anerkannt, nachdem Eudo ihm denselben (aber ohne die Schätze) vertragsmäßig ausgeliefert hatte.

In der Urkunde sehen wir Karl den inluster vir, den Major domus (des *ganzen* Reiches), wie sonst den König seinen Richterplatz einnehmen mit vielen im Hof *Glaman*, um aller Leute Rechtssachen zu hören und rechte Urteile zu fällen.

Aber wenige Tage darauf, noch im Dezember 720, starb Chilperich II. zu *Noyon*. Nun erhoben die »Franken«, das heißt zunächst wohl die Neustrier, natürlich mit Zustimmung Karls, der Austrasien gleichsam vertrat, den Knaben *Dagoberts III.*, *Theuderich IV.* (Ende 720 oder Anfang 721 bis 737, er zählte kaum sieben Jahre), der bisher im Kloster *Chelles* erzogen worden war; die Erhebung geschah Ende Dezember 720 oder Anfang Januar 721. Er war der vorletzte Merowing auf dem Throne.

Noch im gleichen Jahr (720) unternahm Karl einen Zug gegen die Sachsen.

Da *wir* die furchtbare Gefahr *kennen*, welche noch in diesem Jahr (720) zum erstenmal über Aquitanien zunächst, aber das ganze Frankenreich bedrohend, hereinbrechen sollte von den Pyrenäen her und die doch nicht ganz ungeahnt die Christenbeherrscher Galliens überraschen konnte, nachdem schon vor neun Jahren der Islam das Gotenreich in Spanien überwältigt hatte, möchten wir vermuten, die Einsicht, daß diese gemeinsame Gefahr gemeinsam abgewendet werden müsse, habe die Verständigung zwischen Eudo und Karl beschleunigt. Allein dieser Gedanke ist doch schwer zu vereinen mit der Tatsache, daß Karl noch im gleichen Jahr weit von Südgallien weg gegen die Sachsen zieht. Der Angriff der Araber trifft Eudo allein und es gelingt dem offenbar kraftvollen und machtreichen Herzog, diesen ersten Anlauf allein zurückzuschlagen.

Anfang des Jahres 720 hatten wieder (wie schon etwa 718) die Araber die Pyrenäen überstiegen. Im Februar fiel bereits *Narbonne*, die Hauptstadt des westgotischen Galliens. Alle Männer wurden getötet, Frauen und Kinder gefangen nach Spanien geführt; im März belagerten sie bereits *Toulouse* und bedrängten es mit Schleudern und allerlei Kriegsmaschinen. Erst im Mai 721 kam der Stadt Entsatz durch Eudo, den »princeps Aquitaniae«, mit einem Heer von Aquitaniern *und Franken*. Es ist hiernach allerdings möglich, daß Karl, gemäß dem Vertrag von 720 oder jetzt durch die Gefahr gemahnt, fränkischen Zuzug *geschickt* habe. Jedoch verlautet hiervon kein Wort und es ist ebenso denkbar, daß nur solche »Franken«, das heißt romanisierte Neustrier gemeint sind, welche Eudo ohnehin neben Vasconen und »Aquitaniern« im engern Sinn in Aquitanien beherrschte; auch freiwilliger Zuzug fränkischer Grafen ist denkbar.

Die (am 11. Mai 721) bei Toulouse schwer geschlagenen Araber – ihr Anführer *Ssamach* fiel – wichen auf *Narbonne* zurück. Hier behaupteten sie sich nicht nur, die aus Spanien herbeieilenden Verstärkungen unterwarfen auch die Christen in den Pyrenäen und dem Gebiet von Narbonne wieder, welche nach jener Schlacht sich erhoben hatten. Eudo mußte sich begnügen, die Feinde aus seinem Gebiet vertrieben zu haben. In dem früher zum Gotenreich gehörigen Septimanien, der Gallia Gothica, auch bloß Gothia, hielten sie sich noch 16 Jahre, bis Karl 737 sie vertrieb, in Narbonne sogar bis 759.

Irgendwelches Eingreifen Karls in diese Kämpfe ist nicht nachweisbar, es beschäftigen ihn in diesen Jahren ganz andere Dinge. Daß der »*Angriff* der Sachsen« 720 – es ist aber ein solcher gar nicht bezeugt – durch die Nachrichten von dem Vordringen der christenfeindlichen Araber ermuntert worden sei, ist höchst unwahrscheinlich. Es war weit damals von der Garonne bis an die Weser! Auf großen Erfolg Karls über die Sachsen daraus zu schließen, daß er erst 729 wieder an einen Angriff gegen sie denkt und ihn erst 738 ausführt, ist völlig unbegründet. Wir wissen nichts von solchem »Erfolg« und es ist ebenso möglich, daß Karls Feldzug von 722 »gegen den Norden« den Sachsen, wie daß er den Friesen galt.

Im Jahr 720 hatte Karl gewiß auch damit viel zu tun, die Regierung für den nun von ihm anerkannten Chilperich als Hausmeier in Neustrien – nur in *Angers* behauptete sich noch Raginfrid – und Burgund zu übernehmen und fest einzurichten, »nachdem Gott das Frankenreich ihm (Karl) gekräftigt (oder vollständig?) in die Hand gegeben«.

Im Jahr 721 mußte die Einsetzung Theuderichs den major domus in Anspruch nehmen, der nun für ein Kind zu regieren hatte. Er weilte aber auch wiederholt am Niederrhein; am 1. Januar 722 schenkt er zu *Heristall* dem Kloster in der Festung *Utrecht* (*Trajectum* castrum), »das unter Erzbischof Willibrord steht«, alles Krongut innerhalb der Stadt und um die Mauern her; ferner die Weide (pascua) *Graveningen* und Hof und Burg (villa vel castrum) *Fethna* (*Vechten*) im Gau *Nifterlacus*.

Außer Karl unterzeichnet dessen hier zum erstenmal genannter Sohn *Karlmann*.

Karl erscheint also in diesen Jahren mit ganz anderen Sorgen als mit der Abwehr der Araber an den Pyrenäen beschäftigt. In den Jahren 722/723 beginnt die großartige Bekehrungsarbeit von *Wynfrith-Bonifatius* unter den heidnischen Deutschen, welche Karl unterstützt.

Im folgenden Jahr (724) erscheint Karl zum erstenmal in *Baiern*. Bereits hatten bairische Waffen einen Langobardenkönig *Ansprand* auf den Thron geführt, schon hatten sich die Agilolfingen mit dessen Nachfolger, dem kraftvollen *Liutprand*, verschwägert. Nun waren von einem der hadernden Agilolfingen die Langobarden zu Hilfe gerufen worden und im *Etschland* vorgedrungen. Da schritt Karl ein. Er ging über den Rhein und durch das Land der »Alamannen und Suaben«. Man sieht, wenn überhaupt zwischen Alamannen und Suaben unterschieden wird, sind jene die mehr westlichen dem Rhein näheren, diese die mehr östlichen, der Donau näheren Glieder des gleichen Stammes; er überschritt die Donau – wir erfahren leider nicht wo? – und kehrte erfolgreich heim.

Uns, die wir das Frankenreich als eine Einheit zu fassen gewohnt sind und die wir die spätere Abwehr des Islams durch Karl vor Augen haben, fällt es auf, ihn in diesem Jahr im fernsten Osten des Reiches kämpfen oder daheim ruhig der Liebe pflegen zu sehen, während im Westen die Araber aufs Neue vorbrechen, nicht nur *Carcassonne* erobern und *Septimanien* bis gegen *Nimes* dauernd unterwerfen unter Vertrag und Fortführung von Geiseln nach *Barcelona*, sondern, das Gebiet Herzogs Eudos durchstürmend, in *Burgund* eindringen, soweit nördlich wie *Autun* in das Herz Galliens vorstoßen, diese wichtige Bischofsstadt (am 21. August 725) zerstören und ihre geraubten

Schätze nach Spanien fortschleppen! Es ist der nordöstlichste Punkt, den der Islam erreicht hat. Später gelangte er noch etwas weiter nördlich, aber nie mehr so weit östlich. Der Hauptgrund dieser Untätigkeit Karls war wohl, daß man sich gewöhnt hatte, Vasconien-Aquitanien als ein relativ selbständiges Gebiet, gelöst vom Frankenreich, anzusehen, ganz abgesehen von dem gotischen Gallien, das nie zum Frankenreich gehört hatte. Der Vertrag von 720 hatte Eudos fast völlige Selbständigkeit anerkannt und sein Sieg bei Toulouse mochte den Glauben verstärkt haben, er werde auch allein mit diesen Feinden fertig werden.

Nicht die Waffen Eudos, der Tod des siegreichen Statthalters *Ambaßa*, dann die Spaltungen unter den Mohammedanern hatten das weitere Vordringen der Feinde damals gehemmt. Jetzt hatte die Verwaltung Spaniens der tapfere Feldherr *Abderrachmàn* erhalten, derselbe, welcher den Rückzug der Besiegten von Toulouse nach Narbonne geleitet hatte. Aber sein Gegner war *Munúsa*, Befehlshaber der Truppen an der gallischen Grenze und Häuptling der *Berber*. Mit diesem verbündete, ja verschwägerte sich Herzog Eudo – er gab ihm seine Tochter *Lampegia* –, um sich so Ruhe vor den Feinden zu erkaufen.

Und nun führte Abderrachman den schon vorher beschlossenen Angriff auf die Christen in Gallien aus, natürlich ohne zwischen Eudo und Karl zu unterscheiden. Im Frühjahr 732 zog Abderrachmán, »der kriegerische Held« (vir belliger), wie ihn selbst der Feind rühmt, der »König Spaniens«, wie ihn die christlichen Chroniken irrig nennen, von *Pampelona* aus mit einem gewaltigen Heer über die Pyrenäen. Er wandte sich unter Brand – zumal die Kirchen wurden zerstört – und Mord zunächst gegen *Bordeaux*, das er, die *Garonne* überschreitend, belagerte. Eudo zog ihm mit seinem Heer entgegen. Er war wohl viel schwächer und er wurde auf dem rechten Ufer der *Dronne*, welche die Sarazenen bereits überschritten hatten, furchtbar geschlagen, »so daß nur Gott die Zahl der Umgekommenen kennt«; zumal in der Verfolgung töteten die Araber Ungezählte, wie überhaupt die Chronisten nicht Worte finden, stark genug, das elementare Verderben zu schildern, welches – dem Erdbeben oder der Sturmflut vergleichbar – sich in diesen fanatischen Kriegern des Islam über die Christenheit hinwälzte.

Es mutet ganz wie die Heldensage an, ist aber geschichtliche Wahrheit und, nach Lage der Dinge, voll erklärlich, daß der Besiegte seine Zuflucht nahm zu – Karl, mit welchem er vor wenigen Monaten so erbittert gekämpft. Und es ist immerhin ein Zeichen großer Gesinnung, daß Karl sofort den hartnäckigen, treubrüchigen Feind, den Flüchtling, als Waffenbruder aufnimmt und mit ihm zu Felde zieht. Freilich verband die beiden Christen der gemeinsame Glaube und die gemeinsame furchtbare Gefahr, zu deren Bekämpfung Karl kein Schwert verschmähen durfte.

Die Sieger eilten von der Dronne geradenwegs nach Norden in der Richtung auf *Poitiers*, wo sie die Kirche des heiligen *Hilarius* verbrannten, nach *Martin von Tours* eines der größten Heiligen des Frankenreiches. Warum nahm der Stoß der Araber gerade diese Richtung?

Auch damals bedurfte ein Heer, um sich zu bewegen, einer Straße. Hatte Abderrachmán an der Dronne gesiegt und wollte er mit Massen von wenigstens hunderttausend Köpfen in das innere, das nördliche und östliche Frankreich dringen, so bot sich ihm gar keine Wahl über den Weg. Er *mußte* sich der

ausgezeichneten *Römerstraße* bedienen, welche immer noch von *Bordeaux* über *Saintes* und *Poitiers* nach *Tours*, *Orleans*, *Paris*, *Verdun* und *Metz* führte. Darin liegt die strategische Notwendigkeit der nun folgenden Vorgänge. Gleich hinter Poitiers begleitete diese Straße das rechte Ufer des Clain, bei *Cenon* überschritt sie die *Vienne* und führte nun auf dem rechten Ufer dieses Flusses nach *Tours*, nachdem sie eine andere, von *Lussac* her kommende, aufgenommen. Bei Cenon führte eine Brücke (oder eine Furt) über die Vienne.
Karl dagegen mußte eilen, den Arabern diesen Weg so tief südlich als möglich zu verlegen. Traf er sie noch im *Poitou*, auf dem Weg in die *Touraine*, so bot sich ihm die Stellung bei *Cenon* von selbst an. *Die Schlacht bei Alt-Poitiers*, wenig südlich von *Cenon*, *war also ein Kampf um die Römerstraße und daher auch vor allem um deren Übergang über die Vienne*. Deshalb darf man nicht Karls Stellung von dieser Straße weg und weit fort von beiden Flüssen und von Cenon nach Südosten verlegen.
Der Weg von Bordeaux nach Poitiers und Tours war, wie wir sahen, den Arabern vorgezeichnet. Nebenher ist freilich glaubhaft, daß die Mohammedaner sich auch besonders ereiferten, die verehrtesten Heiligtümer des verhaßten Glaubens zu zerstören, in welchen übrigens auch sehr reiche Beute zu holen war. Über das neue Poitiers hinaus noch weiter nach Norden nach Alt-Poitiers (Pictavum vetus) gelangten sie und wandten sich nun nach Nordosten, um die Vienne zu überschreiten in der Richtung und auf der alten Heerstraße nach Tours.
Allein die Geschichte selbst, nicht nur die Sage, gewinnt hier heroische, poetische, dramatische Färbung. Wie Karl »der Consul«, das heißt der Beschirmer, des Abendlands, wie die Chronik sagt, dem Rebellen Eudo vergebend und Schulter an Schulter neben ihm ringend, die kaum dem Christentum gewonnenen Deutschen in Sachsen und Friesland, Hessen und Thüringen, Alamannien und Baiern heranführt gegen den Islam. Gar mancher, der noch offen oder doch geheim an Wotan und Donar glaubte, hat damals den Eschenspeer geschwungen wider Mohammed. Denn ausdrücklich wird bezeugt, nicht nur daß Karl ganz besonders die »Völker des Nordens« aufgeboten hatte. In der Tat, zur Abwendung *dieser* furchtbaren Gefahr mußte alles herangezogen werden, was christlich, was romanisch oder was germanisch war –, auch daß dieser Nordvölker Wucht und Heldenschaft und Stetigkeit und überlegene Leibeskraft die Entscheidung der weltgeschichtlichen Schlacht brachte.
Jetzt, nach dem Sieg von Poitiers, nahm Karl seinen Rückweg über Orleans wohl gerade um des Bischofs dieser Stadt willen, verschmähte die ihm (wohl von diesem) vorbereitete Bewirtung, überschritt hier die Loire, zog weiter nach Paris und befahl dem Bischof, ihm zu folgen. Dieser, Eucherius, Ältester eines begüterten aufsässigen Geschlechts, hatte sich gegen Karl mit den Sarazenen verbunden. Er gehorchte nun, »obwohl er (er wußte wohl, warum) Gefahr ahnte«. Paris durfte der Bischof nicht beschreiten. Man sieht, seine Verbindungen und Zettelungen dort wurden gefürchtet; er wurde sofort eilig nach Ver geführt, wo ihn Karl, sowie er dessen Eintreffen erfuhr, durch seine »Schergen« (satellites) ergreifen und mit all seinen Gesippen nach *Köln* bringen ließ. Aber auch dort schien er noch gefährlich. Er durfte sich dort so frei bewegen – es war also das Martyrium nicht so grausam, wie es dargestellt wird –

daß er »über die Schätze der Bischöfe, Priester und Bürger nach Herzenslust frei verfügen konnte«.

»Dies Treiben«, sagt die kirchliche Quelle selbst, »konnte Karl nicht verborgen bleiben. Er besorgte, der Bischof könnte mit solchen Schätzen und mit zahlreichen Anhängern etwa heimlich auf ein Bergschloß in den Alpen (*alpina munitio*) flüchten.« Er überwies ihn deshalb *Herzog Rotbert* zur Bewachung an einem sicherern Ort, in der Grafschaft *Hasbain* (*Hasbanio*) in Belgien, wo er viel in dem Kloster des hl. *Trudo* (Saint *Trond* bei Lüttich) weilte und nach seinem Tode (737 oder 738) begraben wurde.

Im folgenden Jahr wurde Karl wieder in den Sudwesten des Reiches gerufen durch zwei- und dreifache Gefährdung. Neue Angriffe der Araber, Abfall von südgallischen Großen zu diesen und Wirren in Aquitanien, wo Herzog Eudo 735 gestorben war und die Vertragstreue seiner Söhne und Nachfolger wankte. Der Statthalter in Narbonne, dieser Hauptburg arabischer Macht in Gallien, *Jussuf-ibn-Abderrachmân*, überschritt, den wiederholten Befehlen des Chalifen, der zum Angriff auf das Frankenreich drängte, gehorchend, die *Rhône*. *Arles* öffnete friedlich die Tore, die Schätze daselbst wurden erbeutet.

Als im Jahre 737 Theuderich IV. starb, traf Karl eine überraschende Entscheidung. Er regierte weiter ohne König bis an seinen Tod 741. Erst 743 erhoben seine Söhne wieder einen Merowinger – den letzten – auf den Thron. Es ist das politisch nicht minder auffallend als juristisch ungeheuerlich. Denn nun ist der Staat, der fortwährend regnum Francorum heißt, ohne rex. Karl nennt sich auch jetzt immer nur Major domus, er ist also Beamter des Souveräns, nicht Träger der Souveränität, das Reich ist keine Monarchie mehr, denn es fehlt der Monarch. Also ist es eine Republik? Aber nicht nur heißt es immer noch »Königreich«, die Souveränität steht auch nicht bei dem Volk der Franken, Karl ist nicht Beamter des Frankenvolkes, wie der Präsident einer Republik. Es ist also der Rechtscharakter des Frankenreiches in diesen sechs Jahren unter keine der anerkannten Verfassungsformen unterzubringen. Diese Verlegenheit drückt sich bezeichnend aus in der Sprache der Urkunden. Diese, gewöhnt nach Regierungsjahren des Königs zu datieren, helfen sich damit, daß sie nun zählen: im ersten, zweiten Jahre »*nach dem Tode des Königs*«. *In Wirklichkeit* war freilich Karl Souverän, Monarch, wie schon seit 720.

Weshalb er aber diese Entscheidung traf, die, logisch und staatsrechtlich unmöglich, doch auch praktisch bedenklich werden konnte, da Ehrgeizige nicht ohne einen Schein des Rechts füglich einer solchen »anarchischen Verfassung« gegenüber den Gehorsam weigern mochten – wir wissen es nicht. Zwei andre Maßregeln boten sich dar, beide logisch: die eine die bequeme Fortführung des seit hundert Jahren gewöhnten Systems, Einsetzung eines merowingischen Schattenkönigs, und, wie bisher, Herrschaft Karls – die andre revolutionär, aber so zeitgemäß, daß sie vierzehn Jahre später ergriffen wurde trotz des erschwerenden Umstandes, daß der Thron nicht leer war, die offene Annahme des Königsnamens durch den Hausmeier. Was Karl 737 abhielt den Schritt zu tun, den sein Sohn 751 tat, wir wissen es nicht; vielleicht war es die Erinnerung an den Ausgang des Ahnherrn – obzwar Karl und sein Haus jetzt doch unvergleichlich machtgewaltiger dastanden als vor hundert Jahren jener Grimoald – vielleicht die altgermanische Scheu vor dem Treubruch gegen das Merowingerhaus und dessen Recht. Die Erhebung eines Merowingers aber

unterblieb vielleicht nur deshalb, weil ein geeigneter überhaupt nicht zur Verfügung stand. Der 743 erhobene Childerich war, scheint es, der einzige noch lebende Sproß seines Hauses und er war möglicherweise Karl nicht genehm, wird er doch – wie übrigens auch Theuderich – als schwachsinnig bezeichnet.
Im Jahre 737 überschritten nicht nur die Araber abermals die *Rhone*, auch eine Gruppe von provencalischen Edlen unter *Maurontus* empörte sich gegen Karl. Ob die Nichteinsetzung eines Königs den Vorwand abgab, wissen wir nicht, es wäre aber wohl denkbar. Diese verbanden sich mit den Ungläubigen und lieferten ihnen durch Verrat die Stadt und die sehr feste Burg von *Avignon* aus. Aber weit über Avignon hinaus, die Rhône aufwärts nach Norden, verheerten die Sarazenen Aquitanien und Burgund mit Feuer und Schwert, zumal die Klöster brannten sie aus, die heiligen Stätten entweihten sie, ungezählte Gefangene schleppten sie fort nach Spanien. Auf diese Kunde hin ließ Karl sofort die dem Kriegsschauplatz nächsten Aufgebote, also Burgunden und Neustrier, unter seinem Bruder (germanum) *Childebrand*, einem tüchtigen (industrium) Mann, mit den übrigen Herzögen und Grafen (jener Landschaften) mit allem Heergerät aufbrechen. Schon vor Karls Eintreffen (vermutlich mit dem austrasischen Heerbann) hatte Childebrand die Araber aus dem Flachland auf Avignon zurückgetrieben und die Burg belagert. Als Karl eintraf, wurde die Stadt erstürmt. Nun aber wollte der Sieger den Arabern ihr Hauptbollwerk in Gallien, *Narbonne*, entreißen. Er überschritt die Rhône, drang durch das ehemals westgotische Gebiet, das noch immer »Gothia« hieß, und durch das »narbonnensische Gallien« gegen diese »hochberühmte Metropole« und belagerte sie. Am Fluß *Adice* (Aude) errichtete er kreisförmige Werke, welche die Stadt (hier von Norden her) wie Sturmböcke bedrohten und schloß den »König der Sarazenen, *Athima*«, das heißt den Statthalter Abderrachmán, mit dessen Kriegern dort ein, von allen Seiten ihn mit seinen Kriegslagern umringend; zumal auch den Weg in die See die Aude hinab sperrte er durch jene Befestigungen der Ufer und wohl auch durch Schiffe, wenigstens verwendet er alsbald Fahrzeuge in der Schlacht.
Auf diese Nachrichten hin brachten die Häuptlinge und Fürsten (majores natu et principes) der Sarazenen in Spanien, unter ihnen unter andern »König« *Amor*, ein Heer zusammen, welches vor allem mit Belagerungswerkzeugen versehen wurde. Denn es galt, die Befestigungen des Belagerers zu brechen, wollte man ihn vertreiben und die Stadt entsetzen. Die Araber, welche über eine Flotte verfügten, richteten ihren ersten Versuch gegen Karls Lager im Norden der Stadt, an der Aude, gaben dies aber gegenüber jenen starken Befestigungen auf und wollten nun umgekehrt vom Südwesten von dem Flusse *Birra* (*Berre*) aus angreifen. Da faßte Karl einen Plan, wie ihn in solcher Lage große Feldherren wiederholt angewendet haben. Die Einschließung der Stadt gab er nicht auf, sondern ließ einen Teil des Heeres in den Belagerungswerken zurück, Ausfälle der Eingeschlossenen abzuwehren und seinen Rücken zu decken, mit dem andern, wohl dem stärksten, warf er sich dem Entsatzheer entgegen. Nach einem Marsch von sieben römischen Meilen (7000 Schritten) überschritt er die Berre, welche, auf dem Mont de *Corbiere* entspringend, zwischen Narbonne und *Leucate* das Tal *Corbaria* durchfließt und sich in sumpfige Watten des Meeres, den Salzwassersumpf von *Sijean*, ergießt. Südlich von der Berre und einem in einem engen Tal liegenden »pala-

tium«, nahe bei der Mündung des Flusses, zwischen den heutigen Dörfern *de Pontel* und *du Lac*, traf Karl die Feinde, welche sich nun in ungünstigster Stellung, den Rücken (oder doch die rechte Flanke) gegen Sumpf und See, schlagen mußten. Sie erlitten eine furchtbare Niederlage.

Im folgenden Jahr (738) finden wir Karl wieder auf dem rechten Rheinufer im Land der *Sachsen*, welche wahrscheinlich durch das von *Thüringen* aus infolge der gewaltigen Fortschritte Wynfriths bei ihnen eindringende Bekehrungswerk zur Abwehr gereizt worden waren. Kaum waren sie unter Feuer und Schwert gebändigt (738), als die Nachricht eines neuen Einfalls der Araber in die Provence gemeldet wurde, wo sie *Arles* abermals einnahmen und alles flache Land verheerten. Als auch Maurontus und sein Anhang in der Provence sich wieder erhoben, steigerte sich die Gefahr.

Da verwertete Karl gegenüber den Sarazenen die schöne Freundschaft, welche ihn mit dem Langobardenkönig *Liutprand* verknüpfte, neben und nach Bonifatius und Karl (sowie etwa Kaiser *Leo III.*) dem bedeutendsten Manne der Zeit.

Von dem Papsttum aus wurde Karl eine Frage vorgelegt von weltgeschichtlicher Bedeutung. Schon damals hätte vielleicht geschehen oder doch begonnen werden mögen, was unter seinem Enkel, dem großen Karl, geschah: das engste Bündnis mit dem Papst, die Errichtung des Kirchenstaates, die Einverleibung des Langobardenreichs in den Frankenstaat und die Neuerrichtung des westlichen Kaisertums.

Papst Gregor III. rief Karls Hilfe an wider den Langobardenkönig Liutprand. Er versprach als Gegenleistung, vom byzantinischen Kaiser, seinem rechtmäßigen Monarchen, abzufallen und Karl durch Verleihung des römischen »Consulats« die Herrschaft über Rom zu übertragen und den Schutz des Grabes des heiligen Petrus, dessen Schlüssel er unter andern reichen Geschenken übersandte.

Für Karl hätte die Bewilligung der Bitte des Papstes nichts Geringeres bedeutet als einen Krieg mit den Langobarden und den Byzantinern in Italien zugleich, die dauernde Verwendung aller fränkischen Streitkraft auf Jahre gegen Pavia und Ravenna, während Jahr für Jahr die Araber die Provence bedrohten, einen Krieg gegen denselben Liutprand, mit dem ihn nicht nur ein germanisches Ehren- und Treueverhältnis, auch der Dank für die auf das erste Ersuchen sofort gewährte Waffenhilfe verband. Karl wies die wiederholten, dringendsten Bitten ab, obwohl sie mit allen Künsten altüberlieferter, geradezu Bewunderung abzwingender Seelenbearbeitung vorgetragen wurden. Auch die Stimmung des fränkischen Reichstags, der vor einem so weit aussehenden Unternehmen hätte befragt werden müssen, war, wenigstens später unter Pippin, einem Langobardenkrieg keineswegs geneigt.

Karl erwiderte also zwar, nach ehrenreichster Aufnahme der Gesandschaft, selbstverständlich die Geschenke, indem er ebenfalls zwei Priester, den Abt *Grimio* von *Corbie* und *Sigibert*, den reclausus von *Saint Denis* (zwei Germanen) an den Papst schickte, aber die Aufforderung desselben lehnte er ab.

Deshalb schickte Gregor noch im selben Jahr (739) eine zweite Gesandtschaft mit dem gleichen Anliegen.

Karl tat auch auf diesen zweiten Brief hin nichts für den Papst oder gegen die Langobarden. Selbst eine »vermittelnde Stellung« kann man doch nicht daraus folgern, daß er jetzt auch von den Langobarden Briefe *erhielt*, welche die vorausgegangenen päpstlichen Zettelungen aufdeckten.

Karl traf nun alsbald Anstalten, für den Fall seines Todes die Nachfolge in seine staatsrechtlich widersinnige Herrschergewalt – ein Amt ohne Amtsherrn – zu ordnen.

Daß Karl auch jetzt für den Fall seines Todes, und sogar bei dem Ausbruch eines Aufstandes wider ihn innerhalb des eignen Hauses, hieran nichts änderte, spricht dafür, daß man einen geeigneten verfügbaren Merowinger damals wohl noch nicht zu haben glaubte.

Ganz wie früher die Könige teilte jetzt der Hausmeier das Frankenreich unter seine zwei (oder drei) Söhne unter Zustimmung der fränkischen Großen in zwei ungefähr gleichwertige Teile. Die privatrechtliche Gleichberechtigung der Söhne im Erbgang wird also nun, wie früher auf die Königsgewalt, so jetzt sogar auf ein bloßes Amt angewendet. Nach Einholung des Rates seiner Großen (optimatum) überwies er seinem erstgebornen *Karlmann Auster* (das heißt Ostfranken im engern Sinn), *Suavia*, »welches damals *Alamannien* genannt wird«, und *Thüringen*, den zweiten Sohn Pippin machte er zum Herrn von *Burgund*, *Neuster* und *Provence* (*Provincia:* oft, wenn auch nicht gerade immer, war schon unter den Merowingern der Erbteil des Erstgebornen Austrasien gewesen).

Nun steht fest, daß Bonifatius wenigstens in einem Brief an Grifo voraussetzt, daß dieser in die Lage kommen werde, das Christentum in *Thüringen* zu schützen.

Daraus erhellt unzweifelhaft, daß, im Gegensatz zu jener Erbteilung, auch Grifo Herrschgewalt und zwar vielleicht auch in Thüringen erhalten sollte, denn potestas ist doch nicht bloß »Einfluß«. Hierauf, auf ein Wort aus dem Jahre 741 selbst, ist ungleich mehr Gewicht zu legen, als auf den handgreiflich nach dem spätern Auftreten Swanahilds gefärbten, dieser bitter feindlichen, für Pippin blind parteiischen Bericht der *Metzer Annalen*, wonach Karl auf Andringen Swanahilds dem Sohn Grifo einen Teil in der Mitte seines »Fürstengebiets« verliehen hat, nämlich ein Stück von Neustrien, von Austrien und von Burgund.

Unbestimmbar bleibt [zwischen dem Tode Pippins (Dez. 714) und *St. Willibrords* (6. Nov. 739)] die Urkunde Karls, in welcher er dem Kloster *Echternach* unter *Erzbischof* Willibrord die Paulskirche in dem Hof *Velsen* (villa *Felison*) im Gau *Kiniheim* und die Kirche *Wesele* bestätigt.

Diese fromme Stiftung ist die letzte, uns bezeugte Tat Karls; bald darauf starb er zu *Kiersy* am 22. Oktober 741 von heftigem Fieber ergriffen, etwa 52 bis 57 Jahre alt; er wurde in der Kirche zu Saint Denis auf der linken Seite des Chores begraben, im Jahre 1264 auf die rechte Seite desselben »transferiert«.

Karl den Hammer lobt sein Leben, Worte brauchen ihn nicht zu loben. Nicht als »Quelle«, aber als Widerspiegelung der Würdigung, welche Karl am Hof seines großen Enkels fand, darf man anführen sein schönes Lobzeugnis bei *Einhart:* »er hat die Gewaltherren (tyrannos) vernichtet, welche im ganzen Frankenreich die Herrschaft an sich gerissen«.

Zunächst beschäftigte die beiden Hausmeier ein Familien- und Erbteilungskrieg, erregt durch Stiefmutter und Stiefbruder, wie er auch nach Pippin des Mittleren und nach Ludwigs des Frommen Tod ausbrach. Nach der einen

Quelle war es Swanahild, welche Grifo anstachelte, sich nicht mit jener Abfindung zu begnügen, sondern nach dem »ganzen Reich« zu trachten. Er bemächtigte sich *Laons* (*Laudunum*) und erklärte den Brüdern den Krieg, welche ihn jedoch sehr rasch dort einschlossen und zur Übergabe zwangen, worauf ihn Karlmann nach *Neufchâteau* (bei Luxemburg), nahe den Ardennen bringen ließ, wo er in Haft blieb, bis Karlmann die Regierung niederlegte. Nach den *Annalen von Metz* dagegen ergreifen die »Franken«, das heißt die beiden Hausmeier, unzufrieden mit jener Bedenkung Grifo's, die Waffen, ihm auch diese Abfindung zu nehmen, Grifo flieht mit Swanahild nach *Laon* und wird hier zur Ergebung gezwungen. *Einhard* wie die Metzer Annalen sind Swanahild und Grifo sehr feindlich. Es muß daher auffallen, daß letztere gleichwohl »den Franken«, welche die beiden Hausmeier dann »mit sich nehmen«, immerhin die Schuld des Angriffs zuteilen. Gleichzeitig hatte die offenbar ränkekundige Baierin ihre Stieftochter *Hiltrud* angeregt, mit Hilfe von Genossinnen über den Rhein zu fliehen und nach *Baiern* zu gehen, wo sie sofort gegen ihrer beiden Brüder Willen Herzog *Oatilo* (*Odilo*), Swanahilds Verwandten, heiratete, welchem sie im folgenden Jahr (742) *Tassilo* gebar, welcher der nächstfolgende (und letzte) Agilolfingenherzog werden sollte.
Die Sieger begnügten sich, Swanahild in das berühmte Nonnenkloster *Chelles* zu verweisen, das wiederholt ähnlichen Zwecken ehrenvoller Haft gedient hatte und künftig noch dienen sollte; sie wurde sogar zur Äbtissin bestellt, aber doch gewiß auch ihr das Verlassen der Mauern untersagt; damals (741) wurde ein avunculus der beiden Hausmeier getötet, aber zweifelhaft bleibt, ob dieser avunculus jener *Theudoald* ist, der 741 getötet wurde, und ob dieser *Theudoald* jener bekannte Sohn Grimoalds war, oder ein Bruder Hrothrudens; keinesfalls wird der avunculus von seinem Neffen ermordet, denn Bonifatius sagt, er könne den zum Nachfolger in seinem Bistum Bestimmten nicht wohl einsetzen, da dessen Bruder den avunculus der Frankenherzöge getötet habe; diese sind also mit der Tötung *nicht* einverstanden.
Das Jahr 743 brachte die Wiedereinsetzung eines Königs, die *am 1. Januar bereits ins Auge gefaßt war*.
Immerhin beweist eine Urkunde, daß damals schon keineswegs für immer die Merovinger als ausgeschlossen galten.
Wir können nicht beurteilen, welche Gründe den Brüdern diesen Schritt empfahlen, man hätte meinen sollen, sie hätten dessen kaum bedurft. Jedenfalls hat also Pippin damals (743) wohl noch nicht geplant, was er acht Jahre später (751) ausführte. Denn leichter war der Schritt auf den Thron zu schreiten, wenn dieser leer, als wenn erst der Merowing wieder von demselben herabzuheben war, den man darauf gesetzt. Aber erst nach Karlmanns Eintritt in das Kloster konnte Pippin ohne Verunrechtung des Bruders und ohne Bürgerkrieg die Alleinherrschaft für sich ins Auge fassen. Wohl erst nach 747 hat er diesen Gedanken gereift. Und 743 war es doch vielleicht geraten, den Herzögen in Baiern, Alamannien, Aquitanien und andern Unzufriedenen den wohlbegründeten Einwand zu entziehen, die Brüder seien Beamte ohne Amtsherrn und nur merowingischen Königen schulde man Gehorsam. Bezeichnend ist, daß die »erzählenden Quellen« der Einsetzung *Childerichs III.* gar nicht gedenken. Die Fortsetzung Fredigars nennt seinen Namen gar nicht! Die früheste Erwähnung geschieht in Urkunden des Königs selbst, so in einer vom Juli 744,

in welcher er, kein echter Monarch kraft eigenen Rechts des Geblütes, demütig Karlmann den Major domus, »den Lenker unseres Palastes nennt, *welcher uns auf den Königsthron gesetzt hat*« – während in der andern allein noch erhaltenen Childerichs (vom 23. April 743) wenigstens eine leise Andeutung der *Einsetzung durch Gott* und eine Erwähnung der merowingischen Vorfahren sich findet, aber freilich nur ganz formelhaft, wie in Urkunden früherer Könige auch, *nicht* etwa mit *absichtlicher* Betonung des ererbten oder von Gott verliehenen Rechtes.

In welcher Weise Childerich III. mit den früheren Königen verwandt war, entzieht sich der Feststellung. Ein Sohn Theuderichs IV. war er nicht; daß er ein Sohn Chilperichs II., also Enkel Childerichs II. (und daher dessen Namensträger) gewesen, stützt sich lediglich auf die Urkunde vom 2. März 743 von *Le Mans*, die aber falsch ist. Auf *Ademar*, der ihn einen Bruder Theuderichs nennt, ist gar kein Gewicht zu legen, ist er ihm doch auch, wie alle seine Vorgänger von »Daniel« an, »insensatus«. Da nun aber Childerich im Jahre 751 einen Sohn *Theuderich* hat (freilich ungewiß, welchen Alters, er wird in das Kloster *St. Wandrille* gebracht), muß Childerich jedesfalls 737, als Theuderich IV. starb, bereits gelebt haben. So war es also keineswegs Mangel eines Merowingen, was Karl 737 und dessen Sohn 741 *genötigt* hatte, ohne König zu regieren. Auch wenn Childerich damals noch ein Kind gewesen wäre, hätte dies nach frühern Vorgängen nicht abhalten *müssen*, ihn als König anzuerkennen.

Im gleichen Jahr noch konnten die Brüder die Berufung auf einen König recht wohl brauchen, denn sie zogen gegen Herzog *Oatilo* von *Baiern* und den ihm verbündeten Alamannen *Theudebald*. Hierbei geschah es, daß ein päpstlicher Legat *Sergius* sich anmaßte, Pippin im Namen des Papstes den Angriff auf die Baiern verwehren zu wollen. Pippin aber ließ sich nicht irre machen und gab, nach dem Sieg, dem gefangenen Legaten eine überlegene Antwort. Von da ab (Friedensschluß 744) blieb Oatilo bis zu seinem Tod den Franken getreu.

Während gegen diesen Gegner, der durch Alamannen und Slawen verstärkt war, beide Brüder ins Feld ziehen, wendet sich Karlmann allein noch im gleichen Jahr gegen die *Sachsen*. Ausnahmsweise ist in diesem Jahr einmal der gleichzeitige Angriff mehrerer Nachbarn auf das Frankenreich auf verabredetes Zusammenwirken zurückzuführen. Oatilo hatte mit *Hunold* von *Aquitanien* ein Bündnis geschlossen, wonach jeder bei dem Angriff des einen auf die Franken diese ebenfalls angreifen sollte; so überschritt denn gemäß Aufforderung Oatilos der Aquitane im selben Jahr die Loire, drang mit starker Schar bis nach *Chartres* (*Carnoticum*) an der *Eure* (Autura) und verbrannte die Stadt samt der Bischofskirche. Das folgende Jahr (744) sah die wichtige Stiftung von *Fulda*. Im Herbst unternahm Karlmann noch einen kurzen Feldzug gegen die nächsten *sächsischen* Gaue, während Pippin abermals gegen den Alamannen Theudebald focht, der das Herzogtum in Anspruch genommen hatte; es ist bemerkenswert, – denn es zeigt, wie die Brüder über ihr Einzelinteresse hinaus das Ganze des Frankenreiches im Auge haben, – daß Pippin hier über sein Sondergebiet hinausgreifend allein die Ruhe herstellt in einem Teil von Karlmanns Austrasien, während dieser anderwärts beschäftigt ist. Im März desselben Jahres (3. März) hatte Pippin das wichtige *Capitulare* von

Soissons erlassen, welches die Beschlüsse der großen Synode, die dort getagt hatte (23 Bischöfe), unter Genehmigung Pippins und der weltlichen Großen zum weltlichen fränkischen Gesetz erhob und mit *weltlichen Strafdrohungen verschärfte.* Dies ist der richtige verfassungsrechtliche Sachverhalt. Deshalb unterschreibt der Major domus Pippin (nicht der König!) und drei weltliche (und geistliche?) Große (*Radobod*, *Aribert*, *Helmigaud*) das *Capitulare.*

Im folgenden Jahr (746) erschien Karlmann allein in Alamannien, sei es für die Empörung von 744 nachträglich zu strafen, sei es, was wahrscheinlicher, einer neuen drohenden oder ausgebrochenen entgegenzutreten.

Auf diesem Zug nun, den er „mit großer Wut« antrat, *scheint* – denn mehr als *Vermutung* ist nicht zu wagen – Karlmann, von dem uns auch sonst nicht, wie von Pippin, Milde berichtet wird, jene Tat begangen zu haben, deren Reue ihn im folgenden Jahr in einem jenem Jahrhundert gewöhnlichen Umschlag zur Niederlegung der Gewalt und in das Kloster trieb. In denselben Jahrzehnten tat ein Fürst der *Aquitanier* und ein König der *Langobarden* den gleichen Schritt, bezeichnend freilich, daß alle drei, Karlmann, – er noch am wenigsten – *Hunold* und *Rachis*, später wieder versuchen, in die Welt zurückzutreten! Es besteht kein triftiger Grund, die Angabe einer freilich vereinzelten Quelle zu bezweifeln, daß ihn Gewissenspein wegen großen Blutvergießens, das er damals dort verschuldet, zu diesem Entsagen gedrängt hat. Mit Recht hat man bemerkt, daß schwerlich das in offener Schlacht (wir fügen bei: oder auch nach gerechtem Strafurteil) vergossene Blut einem Helden und Herrscher jener Zeit als schwere Schuld erschien.

Und da nun sogar die eifrig arnulfingischen Metzer Annalen eine Stelle enthalten, welche kaum anders als auf bösartige Tücke Karlmanns gedeutet werden kann, wird man wohl eine arglistige Bluttat annehmen müssen, welche Unschuldige oder minder Schuldige gleich den Schuldigsten traf. »Nachdem Karlmann die ›infidelitas‹ der Alamannen gesehen, drang er mit einem Heer in ihr Gebiet und sagte eine Zusammenkunft an bei dem Ort, der *Condistat* (*Cannstatt*) heißt. Dort vereinte sich das Heer der Alamannen mit dem der Franken. Und war da *ein groß Wunderschauspiel*, daß ein Heer (das fränkische) das andere ergriff und in Fesseln schlug *ohne irgendwelche Gefahr durch Kampf.* Karlmann nahm diejenigen gefangen, welche (früher, das war drei Jahre her) Führer der Verbindung der Alamannen mit Oatilo gewesen waren, und bestrafte die einzelnen barmherzig je gemäß ihrer Schuld.« Diese »Barmherzigkeit« schloß aber die Hinrichtung von »Tausenden« nicht aus. Das Unheimliche das Bösartige liegt in dem großen »Wunderschauspiel«, daß die Bewältigung des Alamannen-»*Heeres*« ohne irgendwelche Kampfesgefahr (für die Franken) gelang. Höchstwahrscheinlich wurden die Alamannen angeblich, sei es gegen einen Feind, sei es zur Heerschau, aufgeboten, hier von dem natürlich viel stärkeren Frankenheer verräterisch umzingelt, entwaffnet und »barmherzig« hingerichtet. Das war wohl eine Tat, welche – ohne Widerstand ging die Fesselung doch wohl nicht ab, mochten auch nachträglich die Formen eines Gerichts eingehalten werden – als »Mord« das Gewissen belasten mochte. Karlmann hatte gewiß weder *Livius* über die gleiche List des Römerkönigs gegen die *Albaner* noch *Cassius Dio* über den nämlichen Frevel *Caracallas* wider die Ahnen dieser nämlichen Alamannen im Jahre 213 gelesen. Die arge

Tat war sein eigner Einfall gewesen. Unmittelbar darauf wird dann der Pippin mitgeteilte Entschluß Karlmanns erzählt, der Welt den Rücken zu kehren und sich dem Dienst Gottes zu weihen. Der Rücktritt geschah jedenfalls ganz freiwillig; *Einhard* im Leben Karls sagt: »ungewiß aus welchen Ursachen, doch scheint es aus Liebe zum beschaulichen Wandel«. Dies ist wohl selbstverständlich, es fragt sich nur, was diese früher doch fehlende Abneigung gegen die Welt herbeiführte.

Pippin, »Fürst aller Franken«

Der letzte Merowinger geht ins Kloster — Pippin wird mit Zustimmung des Papstes zum König erhoben — Der Langobardenkönig Aistulf bedroht mit seinen Truppen Papst Stephan II. — Der Papst zieht über die Alpen in den Schutz der Franken Pippins — Franken besiegen in zwei Kriegen die Langobarden Italiens — Pippin erweitert sein Reich durch die Einbeziehung Aquitaniens

Einstweilen waltet Pippin der Herrschaft auch in Karlmanns bisherigen Gebieten allein. Von irgendwelcher Mitwirkung Drogo's ist keine Rede. Treffend heißt er schon 747 »Fürst aller Franken insgemein«. Milder geartet, wie es scheint, als Karlmann, entließ er nun (nach sieben Jahren) Grifo seiner Haft, gab ihm Grafschaften und mehrere Inbegriffe fiskalischer Güter und hielt ihn im Palatium in Ehren. Aber Grifo wollte sich dem Bruder nicht beugen, obwohl er geehrt unter ihm lebte, er scharte noch viele Edle um sich, nach eigner angemaßter Herrschaft trachtend, und floh mit ihnen über den *Rhein* zu den *Sachsen*. Ja, noch mehrere Jünglinge aus edlen fränkischen Geschlechtern fielen von ihrem rechten Herrn (das heißt Pippin: vom König ist nie die Rede) ab und folgten Grifo (747). Erst im folgenden Jahre (748) unternahm Pippin einen Zug gegen die Sachsen, in welchem er Grifo zur Flucht zwang. Dieser wandte sich nach *Baiern*, der Heimat seiner Mutter, wo Herzog Oatilo am 18. Januar 748 gestorben war, er brachte dessen Witwe *Hilthrud* und dessen siebenjährigen Knaben *Tassilo* in seine Gewalt und maßte sich im Lauf des Jahres 748 die Herrschaft im Lande an. Im folgenden Jahr (749) erschien Pippin, drang bis an den *Inn*, nahm Grifo und dessen Verbündeten, den Herzog *Lantfrid* von *Alamannien*, gefangen und setzte Tassilo zum Herzog von Baiern ein. Am 11. Februar 748 hält Pippin noch Hofgericht im Palatium zu *Vern* zwischen *Paris* und *Compiegne*. Der Unversöhnliche Grifo, abermals begnadigt, entzog sich alsbald, noch im selben Jahr, abermals durch die Flucht der Unterwerfung. Er wandte sich diesmal zu Waifar von Aquitanien. Pippin verlangte (750) die Auslieferung, begann aber, als sie verweigert wurde keinen Krieg. Er ließ mehrere Jahre (750–753) die Waffen ruhen, was die Annalen fast erstaunt melden.

Großes wurde einstweilen von langer Hand leise, behutsam, vorsichtig, umsichtig vorbereitet unter den Franken und im fernen Rom.

Im November des Jahres 751 wurde der lang und sorgfältig auf allen Seiten vorbereitete Schritt vollzogen: Childerich III., der letzte Merowinger, wurde durch Beschluß des fränkischen Reichstages zu *Soissons* – an Soissons hatte sich vor fast drei Jahrhunderten Chlodovechs Aufsteigen geknüpft! – abgesetzt, mit Genehmigung des Papstes Pippin zum König erhoben und von Bonifatius gesalbt. Childerich wurde zum Mönch geschoren und in das Kloster *St. Bertin*, sein Sohn *Theuderich* in das Kloster *St. Wandrille* gesteckt.

Von Drogo und Karlmanns übrigen Söhnen ist dabei keine Rede. Sie werden stillschweigend übergangen, woraus aber nicht folgt, daß sie schon 747 verzichtet hätten, oder auch nur jetzt förmlich verzichteten. Mochte man ihnen damals ein Erbrecht eingeräumt haben an dem Machtbesitz ihres Vaters, – was jetzt errichtet wurde, war etwas ganz neues, worauf es ein Erbrecht von Hausmeier-Söhnen nicht geben konnte. Ihr etwaiges Recht, *Hausmeier* in Austrasien zu werden, wurde, wie das Recht der Merowinger auf den Thron, beiseitegeschoben. Hausmeier – von irgendwelcher Bedeutung dieses Amtes – duldete der König gewordene Hausmeier nicht; er wußte, warum.

»Es ist über die geschichtliche, rechtliche, sittliche Bedeutung dieser Tat eine ganze Literatur erwachsen.« Wir haben die ganze Entwicklung von dem ersten Aufkommen der Arnulfingen nicht nur oder von dem Emporsteigen des Amtes des Major domus noch vor dem ersten Pippin, bereits von dem Ringen des Königtums unter Guntchramm und Brunichildis gegen den Dienstadel Schritt für Schritt verfolgt: wir brauchen daher hier nichts zu »erklären«, wir sehen die vollgereifte Frucht von selbst abfallen.

Für das Volk, für das Reich, für die gesamte an den Frankenstaat durch seltsame Verkettungen geknüpfte christliche und romanische, ja zum Teil auch germanische Kultur und deren Schutz und Verbreitung nach Osten war ein starkes fränkisches Königtum von höchstem Wert. Seitdem nun, etwa seit Brunichildens Untergang oder doch seit Dagoberts I. Tod, das Merowingerhaus in dem Kampf gegen das Auseinanderstreben von Auster und Neuster und in dem zweiten, dem gegen den Dienstadel, rettungslos verloren scheint – zum Teil in leiblicher und geistiger Entartung –, ist es als ein wahres Glück anzusehen, daß das Hausmeieramt allmählich seine ursprüngliche Bedeutung, (genauer seine zweite, denn die erste war die eines gewöhnlichen Hofamts), ändert, aufhört, lediglich Haupt einer Adelspartei zu sein, daß es, wie es allerdings schon früh aufgetreten, aber nicht lange geblieben war (Protadius), nach mancherlei Schwankungen, als ein »Vizekönigtum« (subregulus) erscheint, im Dienst der Staatsgewalt gegen den rebellischen Adel, dessen Haupt, Führer, Ausdruck und Waffe gegen den Thron es eine Zeitlang selbst gewesen. Gewiß hatte Selbstsucht hieran Anteil, gewiß war der Kampf um das Majordomat in jedem einzelnen der drei Reiche, dann der Kampf um das alleinige Majordomat über das ganze Frankenreich von Herrschsucht getragen. Allein wie wir bereits einmal andeuteten: der Staat ist eine so vernunftnotwendige Sache, daß schon oft, wer die Staatsgewalt aus Selbstsucht, aus Parteileidenschaft angestrebt hatte, im Besitz dieser Macht sie nicht mehr bloß selbstisch, sondern sachlich, zum Heil des Ganzen zu gebrauchen sich unwillkürlich gezwungen gefühlt hat.

So erging es auch den Arnulfingen: ihr planmäßiges Streben nach der Macht war so selbstisch, daß es schon ziemlich früh vor einer Tat nicht zurückbebte, die als ehr- und treulos galt. Und doch haben die drei Pippine und Karl der Hammer die nicht ohne Gewalt und Selbstsucht gesuchte und erkämpfte Macht gebraucht zum Heil Austrasiens und dann des ganzen Reiches.

Dies ist der Maßstab, an dem, wie diese ganze Entwicklung, so auch ihr (vorletzter) Abschluß: die Thronbesteigung von 751 (und zum Teil ihr letzter, die Kaiserkrönung von 800) gemessen werden muß.

Auf dem Rückweg aus dem Sachsenfeldzug im Jahre 753, vielleicht in *Bonn*, erhielt der König die Nachricht, daß sein unruhiger Stiefbruder Grifo endlich zur Ruhe gekommen sei. Derselbe hatte sich von Aquitanien aus zu einem andern Gegner Pippins, zu dem Langobardenkönig *Aistulf*, begeben wollen, dort Umtriebe gegen den König ins Werk zu setzen, war jedoch auf dem Weg

bei der Stadt *Maurienne* an dem Fluß *Arche* (Arbor, Arca), der in die *Isere* mündet, von den beiden fränkischen Grafen *Theudo von Vienne* und Friederich vom jenseitigen *Jura* getötet worden. Auch diese beiden Grafen aber fielen. Der Flüchtling hatte also immer noch gewaffnetes Gefolge um sich und focht scharf um sein geächtetes Leben.
Pippin ging nun weiter durch die *Ardennen* (über die Bedeutung dieses Namens oben, hier ist wohl die *Eifel* gemeint) nach *Diedenhofen* an der Mosel (Theudone villa publica), wo ein königliches Gehöft (villa) war. Hier, etwa um Weihnachten, erhielt der König eine andere Nachricht, diesmal eine von weltgeschichtlicher Bedeutung: daß nämlich der neue Papst *Stephan II.*, (März 752 bis Ende April 757) – Zacharias war am 15. März 752 gestorben – hart bedrängt von dem *Langobardenkönig Aistulf*, Rom und Italien verlassen, bereits auf dem Paß des großen *Bernhard* die Alpen überschritten, fränkischen Boden betreten habe und im Begriff sei, seine Hilfe persönlich anzurufen.
Dieser Besuch eröffnet weiten Ausblick auf die Errichtung des Kirchenstaats, den Untergang des Langobardenreichs, ja bis auf die Erneuerung des abendländischen Kaisertums, so ungestüm drängten die Geschicke vorwärts, so rasch wurden die Bande zwischen Arnulfingen und Papsttum enger und enger geschürzt durch gemeinsame Interessen gegen Langobarden und heidnische Sachsen und byzantinische Ansprüche, so schnell wurde der Frankenkönig zum Gegendienst herangezogen für die päpstliche Weihung seiner Krone. Bis zum Jahre 774 hatten die Arnulfingen nur zu *leisten* für die päpstliche Hilfe von 751, erst die Einverleibung des Langobardenreiches war eine Vergütung, welche sich der Frankenkönig *selbst* nahm, die also nicht der Papst zu zahlen hatte. Und die zweite großartige Vergütung, die Kaiserkrone von 800, die sich der König auch selbst hatte nehmen *wollen*, verstand die unerreichte Klugheit der Curie so zu gestalten, daß sie, statt einer genommenen Selbstbelohnung, eine auf das Tiefste verpflichtende, neue, unermeßliche »Wohltat« des Papstes und der handgreifliche Beweis der Überordnung der Kirche über alle irdischen Gewalten wurde.
Alsbald nachdem der Nachfolger Luitprands (seit 744), König *Rachis*, wegen allzugroßer Hinneigung zu Rom und Papst Zacharias gestürzt und durch seinen Bruder *Aistulf* ersetzt worden war (749), nahm dieser die allein nationale, den Langobarden durch die Natur der Dinge vorgezeichnete Politik *gegen* Ravenna, die Stadt Rom und den Bischof von Rom kraftvoll auf. Nicht plündern, dem Langobardenstaat einverleiben wollte er ganz Italien, soweit es noch dem Kaiser gehörte, einschließlich der Stadt Rom und des kleinen Machtgebiets des Papstes. Sehr bald sah sich Papst Stephan II. (26. März 752 – 26. April 757) einem solchen Gegner gegenüber gezwungen, seinen Souverän, den Kaiser, um Kriegshilfe anzuflehen, und als dieser, wie gewöhnlich, statt der Krieger Briefe sandte, da wandte sich der Papst an den einzigen Helfer, der helfen konnte, wenn er helfen wollte, an den neu geweihten Frankenkönig. Kein andrer Christenstaat kam in Frage, die Angelsachsen waren zwar sehr fromm, aber zu fern und zu schwach.
Wurde Rom Residenz des Langobardenkönigs, der römische Bischof ein langobardischer Landesbischof, etwa wie der von Mailand, dann war es nicht nur mit den Anfängen des Kirchenstaates, dann war es höchstwahrscheinlich mit dem beginnenden Primat des Papstes im Abendland vorbei. Das Werk

eines Bonifatius war aufgelöst, die Könige der Franken und der Angelsachsen konnten einen langobardischen Untertan als Haupt ihrer Landeskirchen sich nicht gefallen lassen.

In letzter Erwägung lag auch für Pippin ein schwerwiegender Grund, zu gewähren, was sein Vater Papst Gregor versagt hatte. Und Freundschaft, Dankbarkeit verpflichtete nicht Pippin gegen Aistulf, wie Karl gegen Liutprand. Und Rom hatte nicht für Karl getan, was für Pippin, und damals war noch nicht die »römische Kirche in Germanien« ein Hauptmittel, Sachsen, Friesen und andere Heiden unter das Frankenreich hereinzuzwingen. Auch die Aussicht auf kriegerische Erfolge, Ruhm, Beute, lockte, obzwar die Absicht, das Langobardenreich dem Frankenreich einzuverleiben, damals noch nicht bestand. Ja, uns fällt auf, daß, bis die völlige Einverleibung geschah, nicht einmal Gebietsabtretungen den Langobarden zugemutet wurden nach den wiederholten erfolggekrönten Feldzügen der Franken von 754 bis 774.

Stephan gab einem (fränkischen?) Pilger, der nach Gallien zurückkehrte, *heimlich* ein Schreiben mit an Pippin, welches diesen *bitten* sollte, er möge doch den Papst durch eine Gesandtschaft zu sich in das Frankenreich einladen lassen. Der Schachzug war ein Meisterstück der Staatskunst. Denn jetzt konnte der Langobardenkönig dem Papst, der ja an solcher Einladung ganz unschuldig, nicht verwehren, derselben zu folgen, ohne das mächtige Frankenreich unmittelbar und unter Herausforderung zum Krieg zu beleidigen. Hatte Pippin den Papst eingeladen, so mußte Pippin ihm die Wege freimachen, dieser Einladung folgen zu können. Daß also die Gewährung der gewünschten Einladung Krieg bedeuten könne, war dem Papst so klar wie Pippin. Nie hatte bisher ein Papst Rom oder Italien verlassen, ausgenommen um sich, gefangen oder freiwillig, zu seinem Souverän, dem Kaiser, nach Byzanz oder doch sonst in dessen Reich zu begeben. Jetzt wollte der Papst nach Westen, zu den Franken, um sich durch fränkische Waffen durch das besiegte Langobardenreich hindurch nach Rom zurückführen und – auf Kosten des Kaisers, seines Herrn – aus byzantinischem Gebiet sowie etwa auch aus langobardischen reich mit Land und Leuten beschenken zu lassen von dem fränkischen Sieger. Pippin mochte persönlich aus den angeführten Gründen – er übersah die Gesamtlage, er wußte, was er Rom dankte, *er* wußte den »römischen Supremat« zu schätzen – zur Willfährde geneigt sein. Allein unter den fränkischen Großen war ein Kriegszug fern über die Alpen gegen die Langobarden und wahrscheinlich gegen die Kaiserlichen, lediglich um dem heiligen Vater beizuspringen, ohne *für sie* greifbaren materiellen Gewinn, während in Aquitanien und Wasconien drängende Aufgaben mahnten, alle paar Jahre die Heidenbekehrung eine Abwehr der unablässig herausgeforderten Sachsen notwendig machte, durchaus nicht beliebt. Was hatten die Langobarden den Franken zuleide getan? Seit fast zwei Jahrhunderten nichts! Und vor vierzehn Jahren erst hatten die Langobarden die Arbeit der Franken gegen die Araber getan. Voll glaubhaft ist daher, was *Einhard* berichtet, daß sich der Erfüllung der päpstlichen Bitte große Schwierigkeit entgegenstellte, indem einige der vornehmsten Franken, welche Pippin zu Rate zu ziehen pflegte, offen erklärten, sie würden in solchem Fall den König verlassen und in ihre Heimat zurückkehren.

Vielleicht hatte die erste Gesandtschaft Pippins an den Papst, Abt *Droktegang* von *Jumieges* (Gemeticensis), dem später auch ein zweiter Bote folgte, die Aufgabe, zwar des Königs Geneigtheit, aber auch der Vornehmen *Abneigung* mitzuteilen. Da war es denn ein zweiter meisterhafter Schritt des Heiligen Vaters, daß er sich nun gerade an diese Opposition selbst, an die fränkischen Großen – »an alle Herzöge (duces) des Volkes der Franken« – wandte, mit der herzbewegenden Bitte, *sie* möchten doch ihren König zu der Erfüllung der päpstlichen Wünsche bewegen.

Der Papst erreichte nun vorerst seinen nächsten Zweck: die feierliche Einladung in das Frankenreich. Die ganze Versammlung der Franken und der König, also ein Reichstag oder doch ein großer Hoftag, beschließen die Einladung und die Beauftragung von zwei der vornehmsten geistlichen und weltlichen Großen, Bischof *Chrodegang von Metz* und Herzog *Autchar*, den Papst aus Italien in das Frankenreich zu geleiten. Man machte also eine Staatsaktion des Reiches daraus, so feierlich und amtlich als tunlich, um jeden Hinderungsversuch Aistulfs sofort als Kriegsfall behandeln zu können.

Gleichzeitig aber hatte der Souverän des Bischofs von Rom, der Kaiser, jenem »*befohlen*«, persönlich zum König der Langobarden zu eilen, um von diesem die Zurückgabe von *Ravenna* und der andern den Byzantinern entrissenen Städte zu erlangen. Der Papst denkt noch gar nicht daran, das Recht des Kaisers, ihm solche *Befehle* zu erteilen, zu bestreiten, er gehorcht ohne Widerrede. Es ist wichtig, diese zweifellos päpstliche Anerkennung seiner Untertanenstellung hervorzuheben, wegen des Widerspruches zu derselben, in welchen den Papst seine auf Erlangung *weltlicher* Macht in Rom und außerhalb Roms gerichtete Staatskunst nun rasch vorwärtsdrängen mußte. So erbat er sich von dem »gotteslästerlichen« (blasphemius) Aistulf freies Geleit, und seine von diesem zurückkehrenden Boten und König Pippins Gesandte trafen zugleich in Rom ein.

Am 14. Oktober brach der Papst mit großem Gefolge von Geistlichen und von vornehmen Römern von Rom auf und begab sich vorerst nach *Pavia* zu König Aistulf.

Im November kam der Papst mit einem kaiserlichen Gesandten, jenem Silentiarius, den fränkischen Gesandten und seinem großen Gefolge nach Pavia. Der fränkische Gesandte, Herzog Autchari, war dahin vorausgeeilt, des Papstes Ankunft und die beschlossene Reise in das Frankenreich feierlich zu melden. Die kluge Berechnung all dieser geflissentlichen Schritte ist unverkennbar. Die Langobardenkönige waren, wie wir sahen, keine Freunde mündlicher Verhandlung mit den Päpsten. »Der höchst nichtswürdige« (nequissimus) König schickte Boten entgegen, und beschwor Stephan, er möge doch ja nicht wagen, mit ihm über die Herausgabe seiner Eroberungen zu sprechen. Der Papst antwortet, nichts werde ihn abhalten, dies Verlangen zu stellen, schickt übrigens dem »unaussprechlichen« (nefandus) König viele Geschenke. Aistulf weist Stephans »strömende Tränen« und Bitten sowie des kaiserlichen Gesandten Forderungen und des Kaisers Briefe zurück. Nun dringen die fränkischen Gesandten mit aller Macht darauf (fortiter imminebant), der König möge den Papst ungehindert in das Frankenreich reisen lassen. Der König fragt den Papst, ob das denn wirklich sein Wille sei? Auf die Bejahung »knirscht der König mit den Zähnen wie ein Löwe« – er ahnte, daß Papst und Frankenkönig nicht freundlich über ihn reden würden. Er schickt wiederholt heimlich seine »Kriegsgesellen« zu Stephan, ihn davon abzubringen. Am Tag darauf fragt er nochmal in Gegenwart Chrodegangs den Papst, ob es denn wirklich sein Wille sei, nach Frankreich zu gehen? »Wenn du es verstattest, ist es mein Wille«, lautet die demütige Antwort: die Verweigerung war nämlich der Krieg mit den Franken! So gab der König die Erlaubnis – es handelt sich nur um die rein tatsächliche Verstattung des Durchzugs durch das langobardische Gebiet. Diese konnte der König verhindern, zu verbieten hatte er dem kaiserlichen Untertan nichts, der Bischof von Rom war. Am 15. November brach der Papst von Pavia auf.

Sowie man die »Paßengen der Franken«, das heißt fränkischen Boden erreicht hatte, brachen die Reisenden in Lobpreisung Gottes aus. Die Überschreitung der Alpen geschah, wie gesagt, auf dem Paß des großen Bernhard, *mons Jovis*, einem damals sehr häufig gewählten Weg. So gelangte der Papst nach dem Kloster Saint *Maurice*.

Einer der vornehmsten Beamten, welche den Papst aus Rom begleiteten, der primicerius *Ambrosius*, starb hier am Fieber, wie seine Grabschrift besagt im Dezember. Hier stieß man auf die Gesandten des Königs, *Fulrad* von *St. Denis* und Herzog *Rothard*, welche den Papst baten, zum König zu kommen nach *Ponthion*. Ursprünglich war St. Maurice als Ort der Zusammenkunft beredet gewesen. Auf dem Weg dorthin traf der Papst Pippins älteren Sohn, den damals elfjährigen *Karl*, welchen ihm der Vater 100 (römische) Meilen weit, von *Diedenhofen* aus, wo er noch immer weilte, entgegengesandt hatte. Der Empfang des Papstes durch den König wurde mit ausgesuchtester, geflissentlichster Darlegung höchster Ehrfurcht vollzogen. Drei (römische) Meilen weit ritt der König mit Frau, Kindern und Großen dem hohen Gast entgegen, sowie er desselben ansichtig ward, sprang er ab, kniete in tiefer Demut nieder und ging dann »wie ein Stallmeister« eine Strecke weit zu Fuß neben dem Pferd (Maultier) des Papstes einher, wahrscheinlich dasselbe (gelegentlich) am Zaume führend.

Darauf begannen der Papst und seine geistlichen Begleiter mit lauter Stimme Lobgesänge anzustimmen und unter geistlichen Gesängen erfolgte der Einzug von König und Papst in das palatium zu *Ponthion* am Tage der heiligen drei Könige, 6. Januar 754. In einem solchen palatium fehlte auch nicht eine Kapelle (oratorium) und in dieser spielte nun die Szene, welche uns – mit Unrecht – theatralisch anmutet, weil wir den Ausgang vorverabredet wissen und weil die pathetischen Formen einer im voraus gewährten Bitte uns peinlich berühren. Aber in einer Zeit, da der Eid auf einen vorher heimlich ausgeräumten Reliquienkasten so erheblich leichter wog als auf einen vollen, war der feierliche Apparat einerseits der »verzweifelten Flehbitte unter strömenden Tränen«, andrerseits des Versprechens Christus und Sankt Petrus unmittelbar gegenüber nicht ohne Bedeutung. Der Papst warf sich in Begleitung seiner Geistlichen (nach andern von nur vier Priestern) »in Sack und Asche« auf den Estrich, ließ dann den König rufen, beschwor ihn unter strömenden Tränen um Errettung, zog dann ein heimlich mitgebrachtes Schwert hervor und überreichte es Pippin mit den Worten: »Die Ehre des heiligen Petrus ist gestürzt, der Ruhm seines Hauses gemindert, deshalb rufen wir den Schutz an der Franken und ihres Königs«, und so übergab er mit dem Schwert zugleich die Schutzgewalt, soweit sie dem Papst bisher zugekommen war, dem König. Ohne Zweifel ist *dieser* Zug – die Übergabe des »weltlichen Schwertes« durch den Papst an den König – ganz späte sagenhafte Ausschmückung, welche die Vorstellungen des

11. Jahrhunderts auf das 8. übertrug. Immerhin drückt die Sage die richtige Würdigung der Bedeutung des Vorgangs aus.
Es scheint bereits damals die Absicht vorgeschwebt zu haben, dem Bistum Rom – »Sankt Peter«, wie man damals sagte –, auch abgesehen von dem *privatrechtlichen* patrimonium St. Petri nebst Immunitätsrechten, Gebiete als Territorien *wahrer Staatsgewalt* zu verschaffen, Gebiete, welche den Langobarden erst zu entreißen waren, sei es ursprünglich langobardische, sei es – und diese beiden folgenden Gruppen bildeten den *Haupt*bestandteil – bisher zu dem ducatus Romanus oder auch zu dem Exarchat von Ravenna gehörige, also kaiserlich-byzantinische, in jüngster Zeit von Aistulf eroberte Besitzungen. Gewiß konnte aber zu Ponthion der Umfang dieser Schenkung noch nicht räumlich genau abgegrenzt werden, da ja doch niemand wissen konnte, wieviel man den Langobarden werde abjagen können, und eine Detailierung vorher, die ja auch nur der Papst hätte diktieren können – was wußte Pippin von italischer Topographie – keinen rechten Sinn gehabt hätte. Gegen Byzanz war der Feldzug nicht gerichtet, also konnte die Schenkung nicht gerichtet sein auf Gebiete, welche zur Zeit noch der Kaiser besaß. In anderem Zusammenhang ist hervorzuheben, wie der Papst, der damals (754) zweifellos byzantinischer Untertan war – eben hatte er die »*Befehle*« seines Herrschers befolgt – gar nicht das Recht hatte, diese Schenkung anzunehmen, soweit sie sich auf dem Kaiser, seinem Herrn, bisher gehörige Gebiete bezog; gelang es, sie dem Eroberer wieder abzunehmen, so mußte nach weltlicher Moral und staatsrechtlicher Treuepflicht ein treuer Untertan des Kaisers solche Schenkung ausschlagen oder, wenn angenommen, dem Kaiser abtreten. Fast all dies geschah wie auf Kosten der Langobarden so des Kaisers. Kindlich zu nennen ist daher die Vorstellung, der Papst habe alle diese Verbindungen mit den Franken angeknüpft: »im Auftrag des Kaisers!«
Geschah etwa auch die Errichtung des Kirchenstaats, die Verleihung von Ravenna und dem Exarchat, endlich die Krönung Karls »im Auftrag des Kaisers«? Sowie dieser davon erfährt, beeilt er sich es zu hindern, rückgängig zu machen, was im Werk, oder doch zu protestieren.
Daß der Papst sich in seiner Not von den Franken die Hilfe leisten ließ, die ihm sein Kaiser versagte, war ihm freilich gewiß nicht zu verdenken. Der kaiserlich byzantinische Bischof von Rom durfte aber ohne Zustimmung seines Souveräns keine Schenkung einer Staatsgewalt annehmen, durch deren Annahme er aufhörte, kaiserlicher Untertan zu sein, sich vielmehr als Souverän seinem Kaiser gleichstellte. Die Pippinische Schenkung, soweit sie Staatsgewalt überträgt, ist nichtig, weil zwar Pippin, der gegen den Kaiser keine Verpflichtung hatte, seine Eroberung vergeben, der Papst aber sie nicht annehmen konnte. Die rechtswidrige Annahme der Schenkung konnte die Untertanenstellung des Papstes rechtlich nicht aufheben. Sofern sie – tatsächlich – aufgehoben wurde, ist dies Rechtsbruch der Treuepflicht eines Untertans: Revolution. Es muß dies schon in der Geschichte der Franken festgestellt werden, denn die völkerrechtliche, staatsrechtliche und sittliche Würdigung der folgenden Vorgänge von 774 und von 800 ist durch die Rechtsungültigkeit der Schenkungen von 754–756 bedingt. Der Papst ist durch die Pippinische Schenkung *rechtlich nicht* von der Untertanenpflicht gegen Byzanz befreit worden, er ist dadurch *rechtlich nicht* Souverän geworden.

Es ist begreiflich, daß der Bischof von Rom seiner Treuepflicht vergaß gegen einen Souverän, der ihn nicht zu schützen vermochte vor den Langobarden, es ist natürlich, daß er, nachdem er sich fast zwei Jahrhunderte selbst hatte helfen müssen, nun die Hilfe der ihm aus so vielen Gründen nahestehenden Franken anrief – in der Tat der einzigen, die helfen konnten; und es ist klar, daß der Papst den außerordentlichen Vorteil erkannt hatte, der ihm auch für seine kirchlichen Zwecke, zuletzt für die geistliche Weltherrschaft, daraus erwachsen mußte, daß er sich aus einem Untertan in einen souveränen weltlichen Fürsten verwandelte und statt eines Beherrschers einen von ihm selbst bestellten Beschützer erhielt, der, wenigstens nach des Papstes Absicht, recht erheblich mehr Pflichten als Rechte im Kirchenstaat haben sollte. Nur dann wurde dieser Tausch eine Verschlimmerung, wenn statt des ohnmächtigen Kaisers der mächtige Frankenkönig statt bloßen Schutzes *Herrschergewalt* in Rom über Rom in Anspruch nahm. Allein daran dachte 754 noch kein Mensch. Zwischen dem Kirchenstaat und dem Frankenstaat lag ja noch das Langobardenreich. Wir heben diese Gedanken schon hier hervor, sie erleichtern uns später die Beurteilung der Frage, ob die Übertragung der Kaiserkrone an Karl wohl freiwillig vom Papst ausgehen konnte.

Am besten kommen in der rechtlichen, sittlichen und politischen Würdigung aller dabei Beteiligten die Franken fort. Der Kaiser und die Langobarden werden von einem Stärkeren beraubt, von einem Klügeren überlistet. Der Frankenkönig aber erfüllt seine Christenpflicht des Schutzes Sankt Peters, begeht keinerlei Unrecht gegen Byzantiner und Langobarden, und erreicht, indem er Ruhm und Macht vermehrt, in der Gründung des Kirchenstaats zugleich den politischen Zweck, Byzantiner und Langobarden zu schwächen, sich als Schirmherr Sankt Peters einflußreichste Stellung in Italien zu schaffen.

Der König lud nun den Papst ein, den Rest des Winters zu *Saint Denis* bei Paris zu verbringen. Gleichzeitig, das heißt alsbald nach der zu Ponthion erteilten Zusage, ging eine Gesandtschaft Pippins an Aistulf ab, deren Aufträge wir zwar nicht genau kennen, aber (nach Fred. l. c.) vermuten dürfen: Aufforderung zur Abstellung der Klagen des Papstes, wohl unter Androhung des Krieges. Lange vor dem 1. März 754 waren diese Gesandten mit der Ablehnung des Langobarden zurück. Am 1. März wurde eine der herkömmlichen Versammlungen der Franken – diesmal zu *Braisne-sur-Vesle* – abgehalten, dieser die Ablehnung wohl kundgegeben, vielleicht der nun wahrscheinliche Krieg vorverkündet. Doch beschlossen wurde dieser, wie es scheint, erst sechs Wochen später, um Ostern, 14. April 754, da Pippin mit seinen Großen einen Hoftag hielt zu *Kiersy;* auch seine beiden Söhne waren dabei anwesend und der Papst. Hier erklärten die Großen ihre Zustimmung zu den Abmachungen zwischen König und Papst, das heißt zu dem Feldzug gegen Aistulf. Hier stellten ferner der König und seine beiden Söhne (Karlmann war erst drei Jahre alt) der »ecclesia Romana« eine (uns verlorene) Urkunde aus, in welcher sie das von den Langobarden ihr Entrissene ihr zusicherten. Hierbei handelt es sich um *privatrechtliche* Rechte, um die »patrimonia S. Petri« in Italien. Darüber hinaus aber waren – hier oder anderwärts – dem Papst auch wahre *Hoheitsrechte* und *Gebiete* versprochen, die damals gewiß nicht schon festgestellt worden. Er sollte *Souverän* werden, ein weltlicher Fürst in Gebieten, die den Langobarden erst abzunehmen waren, zweifellos auch in solchen, welche bis

vor kurzem dem Kaiser gehört hatten; nur *Schutzrechte* und *Schutz*pflichten enthielt daneben der Patriciatus, welchen Stephan alsbald bei der Salbung Pippin und dessen beiden Söhnen – auch dem *Kinde* Karlmann, nur um das Verhältnis als ein erbliches, nicht bloß persönliches darzustellen, – übertrug.
Hier wohl und damals geschah es auch, daß der Papst dem erfolgreichen Diplomaten und um das Kirchenwesen im Frankenreiche hochverdienten Bischof *Chrodegang von Metz* das Pallium verlieh und ihn zum Erzbischof erhöhte.
Für die sehr reale Leistung eines Langobardenkriegs und der Gründung des Kirchenstaats erhielt nun der König eine lediglich ideale Gegenleistung vom Papst: die feierliche Salbung und Segnung Pippins und seiner beiden Söhne und die Segnung seiner Gemahlin *Bertrada* (Bertha) mit der Gnade des siebenfältigen Geistes und Krönung zum König und zum Patricius im Namen der Heiligen Dreieinigkeit und die Segnung der Fürsten der Franken zu Saint *Denis* am 25. Juli 754. Die Handlung ist zunächst nur eine Wiederholung der Salbung durch Bonifatius, der kurz vorher (5. Juni 754) in *Friesland* bei *Dokkum* den Märtyrertod gefunden hatte, den würdigen Abschluß seines großartigen Wirkens, nur daß die mystisch-theokratische Bedeutung gesteigert erscheint, da der Papst selbst, kein Stellvertreter, sie vollzieht.
Neu tritt (außer der Verleihung des Patriziats) das päpstliche Verbot an die Frankenfürsten hinzu, von dem Königshause je abzuweichen, solang es noch Männer habe. Wie der Bischof von Rom dazu kam, den »Frankenfürsten« einen Verfassungssatz zu diktieren, bleibt unklar. Natürlich kann er nur geistliche Strafe androhen für die Verletzung: die Exkommunikation. Die vorhergehende Segnung auch der »Fürsten« sollte Königshaus und »Fürsten« in einer gewissen mystischen Einheit der Gnade, des Segens, des Hl. Geistes darstellen und in Einheit mit der Kirche, so daß Verletzung der Treue gegen das Königshaus zugleich aus dieser geistlichen Gemeinschaft, aus der Kirche scheide: der volle Keim bereits der späteren theokratischen Vorstellung, wonach das *Heilige* Römische Reich und die Kirche nur zwei Halbkreise eines Kreises bildeten, so daß Ausstoßung aus dem einen Ausstoßung aus dem andern, Reichsacht den Kirchenbann und umgekehrt, zur Folge haben müsse.
Bevor zwischen Franken und Langobarden die Waffen entscheiden sollten, wurden noch von allen drei Beteiligten Versuche gemacht, den Krieg zu verhindern. Der erste ging aus von Aistulf und derselbe bediente sich zu diesem zwar weltlichen, aber gewiß christlichen Zweck keines Geringeren, als – Karlmanns, der seit dem Eintritt in das Kloster Monte Casino der Welt für tot gelten mußte. Aistulf war Landesherr von Monte Cassino. Dem Abt konnte er weltlich befehlen und dieser geistlich jedem seiner Mönche. Es ist also ganz wahrscheinlich, was die Annal. Laurish. melden, daß Karlmann zunächst »im Auftrag seines Abtes« gehandelt habe. Dieser wird von Aistulf veranlaßt worden sein. Aber natürlich hätte man Karlmann nicht gewählt für diesen Auftrag, wäre man seines über bloßen Gehorsam hinausreichenden Eifers nicht gewiß gewesen. Es erschien nun also Karlmann, als Mönch und Fürstenbote in das Land zurückgekehrt, *wo er als Herrscher gewaltet* hatte (Mai oder Juni), und wirkte gegen Papst Stephan, gegen den geplanten Frankenzug nach Italien. Er scheiterte. Pippin berief sich auf sein dem Papst gegebenes Wort, er konnte auch wirklich nicht mehr zurück, ohne St. Peter seine »justitia« erwirkt zu haben. Der wieder in die Politik – und zwar sehr hemmend – eingreifende

ehemalige Mitherrscher, der sich zum Unterhändler des Langobarden hergab, der in die Welt zurückkehrende Mönch, der, mit oder ohne Auftrag seines Abtes, gegen das Oberhaupt der Kirche aufzutreten wagte, schien aber König und Papst bedenklich und wichtig genug, ihn, wenn nicht zu strafen – was aber doch wohl in der Maßregel lag – mindestens dem Abt von Monte Cassino und zumal dem »teuflischen« Langobarden zu entrücken und unschädlich zu machen. Nach Italien durfte Karlmann nicht zurück; im Frankenreich wurde der Franke festgehalten, in ein Kloster zu *Vienne* der Mönch eingesperrt.

Es geschah dies ohne Aufsehen. Karlmann hatte wie die Königin Bertrada den Heereszug Pippins der *Rhône* entlang über *Lyon* nach Vienne begleitet. Hier, in Vienne, blieb die Königin zurück, hier wurde auch Karlmann, der krank war, »festgehalten« und in ein Kloster gebracht. Dasselbe Geschick traf – jetzt erst – Drogo und seine übrigen Söhne. Auch sie wurden geschoren und in (uns ungenannte) Klöster gesteckt. Die Wiedereinmischung des Vaters in die staatlichen Dinge erschien also dermaßen bedenklich, daß man nun auch den Söhnen, diesem ganzen Zweig des Herrscherhauses, dergleichen abschneiden wollte. Sehr bald darauf, am 17. August 754, starb er. Die Leiche wurde auf Pippins Gebot nach Monte Cassino überführt.

Auch der Papst forderte, nachdem Karlmanns Sendung gescheitert war, noch einmal den Langobardenkönig auf, bei allen göttlichen Geheimnissen und dem Tage des künftigen Gerichts, friedlich ohne Blutvergießen, der hl. Kirche Gottes des Römerstaats oder der Stadt Rom (s. Dei ecclesiae reipublicae Romanorum) ihr Eigen und ihre Rechte zurückzugeben, und auf des Papstes Bitten schickte auch Pippin nochmal, ja noch zweimal – das zweitemal, nachdem das Frankenheer schon die Hälfte des Weges zurückgelegt hatte – Gesandte, durch welche er die alten Forderungen erneuerte. Das beigefügte Versprechen von Geschenken (munera) bedeutet wohl nur die bei Freundschaftsverträgen zwischen Königen üblichen Ehrengaben, entfernt nicht einen Entgelt für das Herauszugebende. Eine andere Quelle dagegen meldet, die Gesandten forderten die Rückgabe der *Pentapolis*, dann von *Varni* und *Cecanum* gegen eine Summe von 12000 solidi, welche König Pippin zahlen wollte.

Während diese letzte Gesandtschaft nach Italien reiste, setzte das Frankenheer seinen Vormarsch fort, von Vienne aus nach Südosten abschwenkend.

Der nun beginnende Kampf wurde in einer auch für die Sieger sehr überraschenden Weise durch ein einziges Gefecht entschieden. Um dies begreiflich zu machen, ist in aller Kürze die Örtlichkeit des Zusammenstoßes zu erklären. Der *Mont Cenis* und das Tal von *Susa* gehörten ebenso wie Maurienne (Mauriana) noch zum Frankenreich. Unter dem Namen »Clusae« (Clausen, Engpässe) verstand man einmal die ganze Alpenstraße vom Eingang des Tals von Maurienne bis zum Ausgang des Tals von Susa – da dies alles fränkisch war, hieß diese Strecke die Clusae *Francorum* –, andrerseits aber auch die eigentlichen Eingangspforten selbst. Daher nannte man die Engpfade am östlichen Ausgang dieser Straße, im Osten des Tals von Susa, die Clausen der *Langobarden*, denn diese waren langobardisches Gebiet. Aistulf hatte nun den schwer begreiflichen Fehler begangen, sich nicht, wie er ohne Zweifel Monate lang, ohne erheblichen Widerstand zu finden, gekonnt hätte, des Tals von Susa, das heißt der *Bergjoche* zu bemächtigen, welche dieses beherrschten. Hier, auf den Höhen, aufgestellt, allerdings auf fränkischem Boden, hätte er dem fränkischen

Heer den Durchmarsch auf das allergefährlichste erschweren können. Stattdessen begnügte er sich, den Aufstieg und die Jochhöhe den Feinden preisgebend, lediglich auf langobardischem Boden Befestigungen unten, in der Talsohle, anzulegen, bei der Ausmündung des Tals von Susa.

Eine Zersplitterung der ohnehin schwächeren Kräfte wäre töricht gewesen, ein Gefühl der Ohnmacht gegenüber dem fränkischen Angreifer lähmt alle langobardische Kriegführung von 754–774: daher die ängstliche, rein abwartende Verteidigung, daher der Verzicht auf eine offene Feldschlacht in den Ebenen Oberitaliens, sobald der Franke die Pässe überstiegen hat. Man konnte eben gegen die Übermacht das offne Feld nicht halten, daher das furchtsame Verschlüpfen vor den fränkischen Waffen in die Festungen, zumal in die keineswegs etwa mit Ravenna zu vergleichende, sehr leicht auszuhungernde Hauptstadt, mit deren Übergabe der Krieg jedesmal zu Ende war.

Der nächste, jetzt bevorstehende Zusammenstoß freilich zeigt das gerade umgekehrte Verhältnis. Eine kleine Schar von Franken schlägt eine sehr erhebliche langobardische Übermacht zurück. Die Gründe waren diesmal schwere Fehler der langobardischen Strategie, infolgedessen die höchst ungünstige Stellung der langobardischen Angreifer und auch wohl die ganz erlesene Trefflichkeit der fränkischen Minderzahl.

Das Gefecht der fränkischen Vorhut entschied den ganzen Feldzug. Kein Widerstand im offenen Feld wird mehr von den Langobarden versucht. Pippin, vom Papst begleitet, zieht mit dem Hauptheer vor Pavia, umschließt die Stadt unter dem zeitüblichen Brennen, Heeren, Plündern im ganzen umliegenden Flachland und schon nach wenigen *Tagen* zwingt er Aistulf, die Vermittlung der fränkischen Bischöfe und Großen zur Herstellung des Friedens anzurufen.

Dies geschah (natürlich nach dem ersten September, da der Heereszug erst Anfang August aufgebrochen war, aber wahrscheinlich erst gegen Ende des Monats oder) im Oktober 754. Aistulf versprach urkundlich und unter furchtbarem Eide, Sankt Peter Ravenna und verschiedene Städte zurückzugeben (welche, wird nicht aufgezählt), aber offenbar umfaßte das Versprechen alles, was Pippin für den Papst vor Beginn der Feindseligkeiten verlangt hatte.

Aus Sorgen für die Kirche und die Verwaltung des Reichs wurde der König aufgestört durch zahlreiche immer dringender tönende Hilferufe des Papstes, die zu einem zweiten Langobardenkrieg trieben. Aistulf hatte seine im Frieden von 754 übernommenen Verpflichtungen nicht im entferntesten erfüllt. Mag die Schroffheit, Unverhülltheit, Raschheit, mit der solcher Vertragsbruch hervortrat – der Papst behauptete, schon gleich nach dem Abschied der »honigflüssigen Güte« Pippins durch den König gekränkt (tribulatus) worden zu sein – Aistulfs Eigenart, die ungestüm, hastig und leidenschaftlich gewesen zu sein scheint, beizumessen sein, – daß ein Langobardenkönig, der dies wirklich sein wollte, ein Langobardenreich, das noch nicht fränkische Provinz war, den durch diesen Frieden hergestellten Zustand zu ertragen nicht vermochte, ist voll glaublich. Aus den Briefen des Papstes ist hervorzuheben, wie er immer und immer wieder darauf hinweist, stets »in noch höherem Maße« müsse Pippin durch Verteidigung der Kirche sich Sankt Peters und Gottes Gnade würdig erweisen.

Für Pippin war das gegebene Königs- und Manneswort bindend. Er *mußte* »Sankt Peter Recht schaffen«; und er konnte auch nicht dulden, daß ein Besiegter sich durch nacktesten Vertragsbruch den auferlegten Friedensbedingungen entziehe. Andrerseits muß man, wie oben bemerkt, in Aistulfs Handlungsweise, ohne den Eidbruch zu beschönigen, doch den Versuch erblicken, das Unerträgliche abzuschütteln. Nicht gegen den Papst, gegen die Franken waren im letzten Grunde seine Schritte gerichtet. Sehr bezeichnend ist, daß die Rüstungen, welche schon im Herbst 755 betrieben wurden, obwohl sie zunächst Rom galten, als für einen Krieg gegen die Franken bestimmt aufgefaßt wurden.

Die ganze langobardische Kriegführung machte den Eindruck unbeholfener, gedankenarmer Ratlosigkeit. Sie hat nur zwei Gedanken rein passiven Verhaltens, Verteidigung der Clusen und Rückzug nach Pavia. Und die Verteidigung der Pässe geschieht nicht, wie es leicht zu bewerkstelligen war, indem man, auf der fränkischen Talseite aufgestellt, den Feinden schon den Aufstieg bestritt und, hier zurückgedrängt, noch die Höhen besetzte. Man beschränkte sich auch diesmal auf die zahmste Abwehr. Diesmal wurde selbst die fränkische Vorhut nicht angegriffen, die Langobarden blieben ruhig in den von ihnen aufgeworfenen Sperrschanzen, den Angriff der Franken auf der Hauptstraße erwartend, in dem Wahne, der Vormarsch derselben könne *nur hier* erfolgen. Es widerfuhr ihnen das Unglaubliche, daß sie im eignen Land von den Feinden umgangen wurden auf schmalen Felsensteigen, welche, wenn nur überhaupt besetzt, von ein paar steinewälzenden Kriegern gegen große Übermacht erfolgreich verteidigt werden konnten. Die Franken – in deren Heer ja die bergevertrauten *Baiern*, *Alamannen und Burgunden* nicht fehlten – kletterten auf schmalen Jägersteigen über die Joche, umgingen die nur gegen Westen sperrenden Schanzen der Langobarden im Norden und im Süden und faßten die Feinde nun vom Rücken, während selbstverständlich die Hauptmacht der Franken von der Scheinseite, von Westen her, dieselben festhielt und beschäftigte. Es kam gar nicht zum Gefecht. Bestürzt flohen die Langobarden aus ihren wertlos gewordenen Schanzen. Ohne eigenen Verlust töteten die Sieger viele der Fliehenden und zerstörten die Befestigungen.

Bald darauf (im Dezember 756) fand Aistulf einen plötzlichen Tod auf der Jagd, vom Pferd gegen einen Baum geschleudert. Die fränkische Geistlichkeit fand darin ein Strafgericht Gottes und einen wohlverdienten grausamen Tod. In dem frohlockenden Dankschreiben des Papstes vom März April 757, in welchem er Pippin einen zweiten Moses und strahlenden König David nennt, drückt sich nicht gerade sehr christlich die Freude über den Tod des bitter Gehaßten aus: »jener Tyrann, der Anhänger des Teufels, der Sauger des Blutes der Christen, Zerstörer der Kirchen ist vom Streiche Gottes getroffen und in den Schlund der Hölle hinabgestoßen: gerade in der Wiederkehr der Zeit, da er auszog gegen Rom (also Dezember), traf ihn das Schwert Gottes«.

Zu seinem Nachfolger wurde gewählt *Desiderius*, bisher Herzog von *Tuscien*. Eine Zeitlang hatte *Ratchis*, Aistulfs Bruder, der Mönch geworden war, das Kloster verlassen – ähnlich wie der Mönch Karlmann – und die Krone wieder in Anspruch genommen. Er fand sehr bedeutenden Anhang und behauptete sich im Königspalast zu Pavia vom Dezember 756 bis März 757. Gewiß erfolgte diese Wahl des Desiderius unter tatsächlicher Gutheißung des Papstes und Fulrads, des Rates Pippins. Aber daß vorher eine förmliche Zustimmung Pippins und der fränkischen Großen eingeholt worden sei, ist wieder Ausdruck jener übertreibenden fränkischen Darstellung der Langobarden als eines seit 754 oder 756 bereits dem Frankenkönig unterworfenen Volkes. Richtig ist nur, daß der Papst, dieser ebenso eifrige wie begabte Diplomat, mit Hilfe des »unermüdlichen« und ebenfalls in weltlichen Geschäften außerordentlich gewandten Abtes Fulrad die hilflose Lage des Langobardenreiches, den Thronstreit zweier Thronbewerber, meisterhaft zum Vorteil Sankt Peters auszubeuten verstand.

Der ausgezeichnete Staatsmann auf dem Stuhle Petri hegte aber stets Besorgnis, der Frankenkönig könnte mit dem Kaiserstaat, aus dessen Fleisch alle diese schönen Schenkungen herausgeschnitten wurden, zu besserem Einvernehmen gelangen, während doch das päpstliche Interesse erheischte, daß Byzantiner und Franken nicht Freunde wurden.

Naiv und in *weltlicher* Diplomatie sonst ungewöhnlich ist das Verlangen, Pippin solle ihn nicht nur wissen lassen, was er mit dem kaiserlichen Gesandten, dem silentiarius, verhandelt habe, sondern sogar *Abschrift des königlichen Antwortschreibens an den Kaiser dem Papst einsenden:* also traut der Papst doch lieber seinen eignen Augen als den Worten seines königlichen Freundes!

Jener Brief sollte der letzte sein, welchen Stephan an seinen königlichen Freund und Beschützer richtete. Kurz darauf starb er. Er hat mit Pippin und durch Pippin ein verhängnisreiches Stück Weltgeschichte geschaffen. Ihm folgte sein Bruder *Paulus* (der Erste!) April 757 bis 28. Juni 767.

Paul zeigte des Bruders Tod und die eigne (»infelicitas nostra« nennt er sich) Erwählung dem König an zwischen 26. April und 29. Mai, denn der Papst erklärt, er wolle *Immo*, des Königs Gesandten, bis zu seiner consecratio, die an letzterem Tage erfolgte, in Rom behalten; der Papst, nun weltlicher Fürst, berät ganz wie Pippin »mit seinen optimates«; der ersten Regierungszeit Pauls gehört auch an der Brief von Senat und Volk von Rom, »der von Gott geretteten Stadt«, an den König, worin außer Dank und Lob gegen diesen Treue gegen den neuen Papst ausgedrückt und jener schon wieder um »*Vollendung* der *Erweiterung*« (»dilatatio«) dieser Provinz, das heißt des Kirchenstaats, angegangen wird.

Auf der apenninischen Halbinsel hatte jetzt schon der Frankenkönig die entscheidende Machtstellung, nicht mehr der Kaiser und auch nicht mehr das Langobardenreich, obwohl es noch 18 Jahre fortbestand. Die Fürsten der beiden Herzogtümer Benevent und Spoleto (Gebiete, welche stets nur auf kurze Zeit dem König zu Pavia wirklich unterworfen gewesen) suchten durch den Papst die Freundschaft Pippins. Übrigens muß man rühmend die Mäßigung dieser Arnulfingen anerkennen, zumal im Vergleich mit merowingischer Ländergier. Ohne Frage hätte Pippin schon 754 oder 756 das ganze Langobardenreich sich unterwerfen können – wie das schon Childibert II., mit dem Kaiser im Bunde, geträumt, aber nie nachdrücklich versucht hatte. Pippin dachte aber so wenig daran, daß er später noch dem Papst erklärt, er wolle und der Papst solle mit Desiderius in Frieden und Freundschaft leben.

Man traut seinen Augen nicht, liest man den nächstfolgenden Brief, in welchem der Papst dem Frankenkönig sich als in größter Freundschaft und Friedlichkeit mit dem in Rom zu Besuch weilenden Desiderius lobend darstellt, ja seinen

Gevatter Pippin dringend bittet, dem Wunsch des Langobarden zu entsprechen und dessen noch im Frankenreich festgehaltene Geiseln freizugeben, worauf derselbe sofort *Imola* dem Papst überliefern werde! Es hat mit demselben folgende Bewandtnis.

Desiderius hatte, wie es jedes Langobardenkönigs Pflicht war, versucht, die unbotmäßigen Herzöge von Benevent und Spoleto zum Gehorsam unter die Krone von Pavia zurückzuzwingen. Ihnen, nicht dem Papst, galt sein erster Waffenstoß, der allerdings auch die vor kurzem dem Papst zugesprochenen Gebiete auf dem Durchzug des Heeres durch das Fünfstädteland mit den zeitüblichen Verheerungen heimsuchte. Der Papst hatte keinerlei Recht, sich über diese Geltendmachung langobardischen Königtums gegen Empörer zu beschweren, konnte also Desiderius bei dessen Besuch in Rom nicht wohl die erbetene Vermittlung bei Pippin abschlagen. Da er aber in Wahrheit die Wünsche des Langobarden zu vereiteln entschlossen war, so bediente er sich des Kunstgriffs, sein Versprechen, sich bei Pippin zu verwenden, *zum Schein* zu erfüllen. Den Brief, in welchem er Desiderius lobt und dessen Wünsche empfiehlt, teilte er dem Langobarden mit; zugleich aber gab er demselben Gesandten heimlich einen zweiten Brief mit, welcher den ersten als nicht ernst gemeint bezeichnete und Pippin beschwor, ja nichts von des Langobarden Vorschlägen anzunehmen, sondern gegen diesen einzuschreiten.

Während diese Briefe durch das Langobardenreich gingen, war der fromme Desiderius in Rom eifrig bemüht, in Rom Reliquien zu erwerben: die Leiber der heiligen Märtyrer *Vitalis* und *Martialis* für das *Salvator*kloster zu *Leone*. Pippin schritt aber zunächst nicht ein in Italien; im Sommer 758 unternahm er seinen zweiten Feldzug gegen die Sachsen, der von 753 hatte also auch nichts Dauerndes erzielt.

Pippin selbst hat im Jahr 759 kein Heer befehligt, aber seine Feldherren errangen einen wichtigen Erfolg: *Narbonne*, das Hauptbollwerk des Islam in Gallien, wurde damals den Arabern entrissen. Schon seit 747 hatte *Waifar* von *Aquitanien* Angriffe auf dies Gebiet gemacht. Aber nicht ihm, sondern Pippin war 752 eine Reihe von Städten übergeben worden. Seitdem hatten die Franken wiederholt, wohl von dem nahen *Agde* und *Beziers* aus, Versuche auf Narbonne unternommen, so 756. Jetzt (759) traten die Goten in Narbonne mit den die Stadt belagernden Franken in geheime Verhandlung. Nachdem sie sich ausdrücklich hatten zusichern lassen, wie bisher unter den Arabern, gemäß jenem Prinzip nach ihrem Westgotenrecht leben zu dürfen, worauf sie also hohen Wert legten, erschlugen sie die sarazenische Besatzung und übergaben die Stadt den Franken. Damit ging wohl überhaupt alles bisher von den Arabern noch behauptete Land in Gallien diesen verloren. Der Statthalter (dux) in *Barcelona* und *Gerona*, *Suleiman* (Solinoan), beeilte sich, einen Vertrag mit Pippin zu schließen, in welchem er zwar nicht, wie man früher annahm, diese Städte den Franken übergab wohl aber eine gewisse Überordnung des Frankenkönigs anerkannte. Jetzt erhielt Narbonne eine ständige fränkische Besatzung zum Schutz gegen die Araber, aber auch gegen den Aquitanier, welcher ja wiederholt nach diesen Landen gegriffen hatte und gegen die im folgenden Jahr ein Kampf begann, der neun Jahre währen und Pippins ganzen Lebensabend fast ausschließlich ausfüllen sollte.

Diese mühevolle Leistung – die Zurückeroberung Aquitaniens – ist objektiv betrachtet ein unvergleichlich höher anzuschlagendes Verdienst, als die von Karl durchgesetzte Unterwerfung der Sachsen, die durch keinen wahrhaft politischen Grund gerechtfertigt war und zu der Auflösung des karolingischen Reiches insofern wesentlich beigetragen hat, als Austrasien, genauer das spätere Deutschland, ohne diese erhebliche Verstärkung der nicht romanisierten Elemente im Gesamtreich sich von demselben nicht so leicht würde haben losreißen können. Aquitanien aber wieder zu dem Frankenreich heranzuzwingen war unbedingt notwendig. Sollte aus jenem Frankenreich nach der Losreißung von Auster das spätere Frankreich werden können, so mußte das Land zwischen Loire und Pyrenäen wiedergewonnen werden, das ja zum Teil schon Chlodovech erworben und die Merowinger anderthalb Jahrhunderte völlig beherrscht hatten. Mit gutem Grund haben daher Männer wie *Paulus*, *Warnefrids* Sohn, und *Einhard* die Wiedergewinnung Aquitaniens als Pippins hervorragendste Tat gerühmt, und unter den Gemälden, welche den Kaiserpalast zu *Ingelheim* schmückten, fehlte nicht ein Bild Pippins, wie er den Aquitaniern Gesetze gibt und sie seinem Reich einverleibt.

Auch in diesen Jahren hatte der König, vom Papst unablässig mit Briefen und Gesandten bestürmt, die undankbare Aufgabe, zwischen diesem und den Langobarden zu vermitteln, die Folge der einmal gewährten Hilfe und zumal der Errichtung des Kirchenstaats. Wie die Dinge seitdem standen, war wohl nur durch Einverleibung des Langobardenreiches in das fränkische dauernde Ruhe zu schaffen! Die Interessen des Kirchenstaates und eines nationalen Langobardenreiches waren einander so widerstreitend, daß auch bei besserem Willen, als Desiderius und Paul ihn hatten, Friede zwischen beiden auf die Länge kaum denkbar war. Schon 759 hatte der Papst wieder Georg von Ostia – nun zum viertenmal – an Pippin gesandt. Zu Anfang des Jahres 760 erschienen in Italien Pippins Bruder, *Remedius*, seit 755 Bischof von *Rouen*, und Herzog *Autchari* (offenbar derselbe, der 753 Stephan abgeholt hatte) und der Papst konnte bald merken, daß sie Desiderius zu der Zusage gebracht hatten, im Lauf des April alle justitias Sankt Peters zu erfüllen, alle Rechte, Orte, Grenzstücke, Gebiete der verschiedenen Städte dem Papst herauszugeben.

Weihnachten und Ostern (29. März) des Jahres 761 feierte Pippin zu *Quierzy*. Die herkömmliche Frühlings-Reichsversammlung darauf hielt er wahrscheinlich im Mai, also ein echtes Mai-Feld, campus Madius, zu *Düren* (Dura) bei *Aachen* (im pagus Reguerinse = Ripuario, Fredig.: Dura villa publica conventus Francorum). Hier erhielt der König die Nachricht, daß der Aquitanier Waifar, weit entfernt, die Friedensbedingungen zu erfüllen, einen »Rachezug« gegen *Burgund* entsendet habe. Unter Führung der Grafen *Unibert* (*Hunibert*) von *Bourges* und *Blandinus* von *Arvern* drangen die Feinde mit andern Grafen heimlich bis *Chalon-sur-Saone*, die Umgebung (suburbana) dieser Stadt und das ganze Flachland von *Autun* mit Feuer verheerend. Auch das fiskalische Gut *Mailly* (*Milliacum*, villa publica, Departement *Saone et Loire*, Arrondissement *Charelles*), verbrannten sie und kehrten mit reicher Beute, ohne Widerstand (im offenen Felde) gefunden zu haben, nach Hause. Pippin hatte, auf Waifars Vertragstreue bauend – wie weiland Grifo, Aistulf und Desiderius vertrauend – seine Marken ungedeckt gelassen. Nun beschied der König den ganzen fränkischen Heerbann an die *Loire*, zum ersten Male begleitete ihn sein Sohn *Karl* – neunzehn Jahre alt – ins Feld.

Diesmal wurde der Weg zwar zuerst wieder durch *Troyes* genommen dann aber durch das soeben vom Feind heimgesuchte Gebiet von *Autun* auf *Nevers* (*Nevernum*). Hier wurde die *Loire* überschritten und zunächst die Burg *Bourbon* (*Burbo*, *Bourbon l'Archembaud* oder *Bourbon-les-Bains*), Departement *Allier* (Elaver), Arrondissement *Moulins*) ringsum (in gyro) belagert, wohl weil sie den Vormarsch gegen Süden sperrte oder doch bedrohte. Rasch wurde sie genommen, verbrannt, die Besatzung gefangen fortgeführt; auf dem weiteren Marsch nach Süden wurde ebenso die Burg *Cantilla* (*Chantelle-le-Chastel*, Arrondissement *Gannat*) gebrochen, und nun das sehr feste Arvern (*Clermont-Ferrand*) mit seiner ragenden Hochburg – seit Cäsars Tagen in gallischen Kriegen viel genannt – belagert, genommen und verbrannt. Viele Krieger, aber auch Weiber und Kinder fanden dabei in den Flammen den Tod, der Graf der Stadt, *Blandinus*, selbst wurde mit vielen andern gefangen und gebunden vor den König gebracht, der sich dies Jahr aber noch mit bloßer Verheerung des Landes begnügte und, ohne dasselbe zu behaupten, wieder heimzog.

Auch im folgenden Jahr zog das Frankenheer nach Aquitanien. Außer Karl und Pippin begleitete es auch Karlmann.

Hatten die beiden ersten Feldzüge dem Süden gegolten, so zog man jetzt in den Norden Aquitaniens (wir wissen nicht, auf welchem Wege: *Troyes–Autun?*) und bedrohten die Hauptstadt des Landes, das alte, sehr feste *Bourges* (*Bituricum*) Die Stadt wurde durch stark befestigte Lager eingeschlossen, so daß sie niemand verlassen konnte, und mit Maschinen und jeder Art von Waffen bedrängt von der Umwallung aus. Endlich, nachdem auf beiden Seiten viele Leute verwundet und gefallen, wurden die Mauern an mehreren Stellen gebrochen, die Stadt genommen. Aber nun zeigte sich im Gegensatz zu den beiden ersten Feldzügen, daß Pippin die Eroberung nicht mehr bloß die strafende Verheerung des Landes beschlossen hatte. Die Breschen wurden sofort wieder hergestellt, fränkische Grafen und Besatzungen in die Stadt gelegt, der Graf *Hunibert* und die andern gefangnen Wasconen mußten Pippin huldigen, viele Frauen und Kinder wurden als Geiseln der Treue nach dem Frankenreich abgeführt, die übrigen Mannschaften aber nicht wie früher in Kriegsgefangenschaft fortgeschleppt, sondern in ihre Heimat entlassen. Man wollte Land und Leute für immer gewinnen.

Im Jahr 763 feierte Pippin das Osterfest (3. April, wie schon die vorhergegangenen Weihnachten 762) zu *Gentilly* bei Paris. Bald darauf – denn am 3. August ist er schon zurückgekehrt – zog er wieder nach Aquitanien, über *Troyes* und *Auxerre* gen Süden nach *Nevers* (Nivernum) wo er, hart an der Grenze von Aquitanien, mit dem ganzen Heer der Franken und den Vornehmen »Mai-Feld« (campus *Madius*) abhielt. Von da drang man tief in Aquitanien ein bis *Limoges* (Lemovicas) unter Verbrennung zumal der Waifar gehörigen villae publicae, aber auch Klöster litten dabei und das ganze so reich mit Rebgärten prangende Land. »Denn dort hat jedermann, Kirchen und Klöster, Arme und Reiche eigene Weingärten.« So die rebenreiche Landschaft verheerend, gelangte er bis zu dem Dorf *Jssoudun*. Einstweilen hatte Waifar auf dem linken Ufer der Garonne ein großes Heer der dortigen Wasconen gesammelt, der »Vaceti« – es sind die »Vaccaeer«, Basken – und griff mit demselben an. Allein die Kriegstüchtigkeit dieser Südleute konnte sich, fochten sie nicht in ihren Bergfelsen, mit der der Franken offenbar bei weitem nicht messen. Sie wurden unter großem Verlust sofort in die Flucht geschlagen. Dort fiel Graf *Blandinus von Arvern*, der, aus der Gefangenschaft entflohen, sofort wieder in diesem nationalen Freiheitskampf die Waffen ergriffen hatte; Waifar, die Seele des Widerstandes, ließ Pippin so scharf bis in die Nacht hinein verfolgen, daß er nur mit Not entrann. Nun kehrte Pippin um und führte das siegreiche Heer »mit großem Triumph« bis *Denegontium* (Digoin), im *Charolois*, bei der Mündung des *Arroux* (*Arotius*) in die Loire, wieder über diesen Strom zurück und durch das Gebiet von *Autun* nach Hause; weshalb er umkehrte, anstatt den geschlagenen aufgelösten Feind (pauci remanserant) über die Garonne zu verfolgen, den Krieg und die Unterwerfung des Landes bis an die Pyrenäen zu tragen – wir wissen es nicht.

Der Winter dieses Jahres, dessen Weihnachten Pippin zu *Longlier* (Longlare in Belgien) zubrachte, war durch sehr lang währende (vom 14. Dezember bis 16. März 764) furchtbare Kälte ausgezeichnet. Die schwere Hungersnot, welcher viele Menschen erlagen, wird daher von 762 auf 764 zu übertragen sein; auch Ostern (25. März) 764 verbrachte Pippin noch daselbst. Das Maifeld dieses Jahres hielt er zu *Worms* (ad *Wormatiam*), hier verlieh er seinen beiden Söhnen einige Grafschaften; zugleich wurde hier mit den Großen verhandelt über die Fortführung des aquitanischen Krieges und (etwaige) Aufnahme des baierischen gegen Tassilo. Die Reichsversammlung zu *Carisiacum* (Quierzy) ist vielleicht erst gegen das Ende des Jahres zu setzen, wenigstens feierte Pippin dortselbst auch Weihnachten wie Ostern 14. April 765. Obwohl nun in den Jahren 764 und 765 eine »Heerfahrt« nach Aquitanien nicht unternommen wurde, ruhten doch die fränkischen Waffen keineswegs völlig in jenem Land.

Weihnachten 765 wie Ostern 766 (6. April) feierte er zu Aachen. In diesem Jahre ging eine Gesandtschaft Pippins auf weite Reise! Nämlich bis nach *Bagdad* zu dem Chalifen *El-Manßur* (754–775, abendländisch Al Mansor). Hier muß die kurze Andeutung genügen, daß dieser Abbaside und Pippin einen gemeinsamen Feind hatten an dem *Omaijaden Abderrachman* zu *Cordoba*, der kurz vorher (763/4) ein Heer des Abbasiden, welches Spanien unterwerfen sollte, geschlagen hatte. Die spanischen Araber und die Franken waren feindliche Nachbarn, auch wenn die Waffen ruhten. Eine Verbindung Waifars mit dem Omaijaden hätte in der Verschwägerung Eudos mit Munusa ein Vorbild gehabt. Andererseits war *Byzanz* ein offener Feind des Abbasiden und ein versteckter Pippins (und des Papstes) –, so waren der Abbaside und Pippin gewissermaßen natürliche Verbündete.

Im Jahre 766 verlor Pippin seinen in Staats- und Kirchen-Sachen vielbewährten Freund, Bischof (spätestens seit 1. Oktober 742) *Chrodegang* von *Metz*, der am 6. März starb und in seiner Stiftung, dem Kloster *Gorze* (Gorzia) bei Metz, begraben wurde. Das sogenannte Maifeld dieses Jahres wurde wahrscheinlich erst Anfang Juli zu *Orleans* gehalten.

Pippin hatte in diese Stadt das Heer der Franken und der meisten Völker, die in seinem Reich wohnten, beschieden, um von hier aus nachdrücklich die zwei Jahre ruhenden Unternehmungen gegen Waifar wieder aufzunehmen; er erhielt dabei nach alter Sitte von den (gemeinfreien) Franken und seinen Großen reiche Geschenke. Er überschritt die *Loire* und durchzog verheerend das ganze

Land bis an die *Garonne*, die er bei *Agen* (*Aginnum*, Departement *Lot et Garonne*) erreichte. Die starke Machtentfaltung erschütterte endlich den nationalen Widerstand. Vornehme (majores natu) Wasconier und Aquitanier kamen nun in sehr großer Zahl, von der Not gezwungen, zu ihm, unterwarfen sich und schwuren Treue. Nach Unterwerfung von fast ganz Aquitanien zog er über den Gau von *Perigeux* (das Perigord) und über *Angouleme* – die Mauern beider Städte waren wohl schon früher oder wurden jetzt wiederhergestellt – mit reicher Beute nach Hause.

Mit nichtnachlassendem Eifer betrieb der König die Vollendung dieses so schweren Werkes, er wollte offenbar die hart von dem Schlag dieses Jahres Getroffenen sich gar nicht wieder erholen lassen. Schon der März (767), eine für Feldzüge jener Jahrhunderte sehr ungewöhnlich frühe Zeit, fand ihn wieder in Aquitanien. Er zog über *Narbonne* auf *Toulouse*, nahm diese alte Hauptstadt jener Lande, überschritt zum erstenmal in diesen Feldzügen die *Garonne*, durchzog hier das ganze Land, und gewann, auf dem Rückweg wohl (denn dieser ging nach Burgund), *Albi* (*Albiensem*) und die »regio« *Givaudan* (*Gavuldanum*, Departement *Lozére*).

Den Rückweg nahm er östlich nach Burgund. Ostern (19. April) feierte er bereits in *Vienne*. Und um die Betäubten gar nicht wieder zur Besinnung kommen zu lassen, unternahm er drei Monate danach im August desselben Jahres 767 schon wieder einen Feldzug gegen Waifar. Er war von Burgund aus inzwischen nordwestlich gereist, denn jetzt führte er das Heer auf dem oft schon eingeschlagenen Weg, von Norden, von *Troyes*, über *Auxerre* bis an die *Loire*, und überschritt sie bei einem nicht bestimmbaren castrum *Gordinis*.

So sicher fühlte sich Pippin des Sieges und so deutlich wollte er Aquitanien die endgültige Einverleibung zeigen, daß er sich von seiner Königin nach *Bourges*, der alten Landes-Hauptstadt, begleiten ließ. Hier hielt er, wie sonst im östlichen Frankenreich, ein »Maifeld« ab. Kein Zweifel sollte bestehen, daß dies Gebiet »Frankenreich« geworden, ganz ähnlich wie später Karl aus gleichen Gründen Reichsversammlungen und sogar Winter-Hoflager in das noch keineswegs wirklich völlig unterworfene Sachsen verlegt hat.

Wider Erwarten loderte der aquitanische Brand, der im Verglimmen schien, noch einmal in hellen Funken auf, aber es war das letzte Aufsprühen und nur durch Verrat möglich.

Waifar war, scheint es, diesmal in den äußersten Westen seines Landes geflüchtet, in die *Saintonge*, wenigstens eilte Pippin zunächst nach *Saintes* an der *Charente*, wo ihm die Mutter, eine Schwester und die Nichte des Herzogs gefangen zugeführt werden.

Auf diese Nachricht flüchtet sich Waifar sofort wieder. Nun teilte Pippin seine Grafen, Scharleute (scariti), Gefolgen und leudes in vier Haufen und schickte sie (in alle vier Himmelsrichtungen?) aus, Waifar aufzuspüren. Da geschah es endlich, daß (2. Juni 768), wie man sagt, auf Rat (und Bestreben) des Königs Waifar, der Fürst von Aquitanien von seinen eigenen Leuten (durch List eines gewissen *Waratto*) getötet wurde.

Damit war die lange Jagd, der Krieg und die Unabhängigkeit Aquitaniens zugleich zu Ende. Man kann dem Vorkämpfer dieser Volksart das Mitgefühl nicht versagen, wie er zuletzt, wie ein edles Wild, in Wald und Sumpf zu Tode gehetzt wird, muß man auch die volle Angliederung des Südwestens von

Frankreich an dessen Nordosten als von dem Interesse beider Gruppen gefordert anerkennen; ohne dies hätte es ein französisches Volk, eine französische Kultur nicht gegeben. Übrigens hat ja der nationale, geographische, sozusagen klimatische Unterschied der Süd- und der Nord-Franzosen sich sehr fühlbar erhalten.

»So war nun ganz Aquitanien erworben, alle kamen zu Pippin und unterwarfen sich seiner Herrschaft, wie sie vor Alters gewesen waren. Mit großem Triumph und Sieg kam er nach Saintes, wo Königin Bertrada weilte.«

Am 23. September 768 bestätigt er feierlich unter Zustimmung der Bischöfe und Vornehmen die von früheren Königen St. Denis verliehende Immunität und Befreiung von dem Bischof von *Paris*; am gleichen Tag bestätigt er *Fulrad* persönlich Güter im *Elsaß* und in der *Mortenau.*

Hier, in Saint Denis seinen baldigen Tod voraussehend, nahm er aber auch auf einer großen Reichsversammlung von Bischöfen und weltlichen Großen (proceres) die *Teilung des Reiches durch Reichsgesetz* vor zwischen seinen beiden Söhnen Karl und Karlmann, deren wenig brüderliches Verhältnis ihm wohl nicht unbekannt war.

Hatte diese Teilung wegen des baldigen Todes Karlmanns auch nicht auf die Dauer praktische Bedeutung, ist sie doch für uns sehr lehrreich, einmal, weil sie zeigt, in welcher Weise man die verschiedenen Landschaften im Verhältnis untereinander schätzte – volle *Gleichheit* der Teile war beabsichtigt – und zweitens, weil sie zu beweisen scheint, Pippin habe die Gefahr wohl erkannt, daß die beiden Reichshälften Auster und Neuster auseinanderbrächen, hatten sie sich doch von 625–687 wiederholt getrennt und bekämpft, der Wiedervereinigung mit Gewalt widersetzt, und der natürliche Gegensatz des stark und von Geschlecht zu Geschlecht stärker romanisierten Südwestens (Neuster,Burgund, jetzt auch wieder Aquitanien und Septimanien) zu dem germanischen Nordosten war ja schließlich durch kein künstliches Mittel zu heben; hundert Jahre nach Pippins Tod war, trotz allem, was seither die Einigung hätte befördern können, trotz der glanzvollen Regierung Karls, trotz der zusammenfassenden theokratischen Idee des Germanen wie Romanen umschließenden kaiserlichen Herrn der ganzen abendländischen Christenheit, das gewaltige Reich doch in seine drei großen nationalen Gruppen: Italien, Frankreich, Deutschland auseinandergefallen.

Pippin suchte offenbar dieser Gefahr dadurch zu begegnen, daß er nicht etwa, wie es sein Vater getan, dem einen Sohn nur Auster, dem andern nur Neuster und Burgund gab, sondern das Reich eines jeden der beiden aus austrasischen (germanischen) und neustrischen (romanischen) Gebieten zusammensetzte. Allerdings dürfen wir dabei die andere Erwägung, möglichst gleichwertige Teile zu schaffen, nicht außer Acht lassen, sie war vielmehr wohl die am schwersten wiegende.

Es erhielt nämlich Karl der »Ältere« Austrasien, das heißt Ostfranken im engern Sinne, aber nicht Elsaß und Alamannien, nicht Hessen und Thüringen (zweifelhaft, wer erhielt, was von Friesland und Sachsen botmäßig war), außerdem Neustrien.

Karlmann erhielt Burgund, die Provence, die »Gothia«, aber auch von Austrasien im weiteren Sinne Elsaß, Alamannien, Hessen, Thüringen (friesische und sächsische Gaue?), Aquitanien wurde zwischen beiden geteilt: Karl erhielt das westliche, Karlmann das östliche Aquitanien. Baiern wird nicht erwähnt, weil es erst wieder zu gewinnen und die Verfügung darüber den Siegern vorzubehalten war; so hatte also jeder romanische und germanische Gebiete (allerdings Karlmann etwas weniger germanische: nur Elsaß und Alamannien). Unablässig, bis an den Tag seines Todes hin unermüdet, hat König Pippin gearbeitet und gesorgt für das Reich. Auch die Klarheit des Geistes blieb ihm bis zuletzt, denn schon am Tage nach der feierlichen Feststellung der Reichsteilung, am 24. September 768, starb er, »schmerzlich zu sagen«, meint der wackere Chronist. Er wurde seinem Willen gemäß in *Saint Denis*, der Begräbnisstätte auch der Merowinger, bestattet in hohen, wohlverdienten Ehren. Sein großer Sohn hat alle seine Verordnungen, pietätvoll und des Vaters Weisheit anerkennend, seinen Spuren sehr häufig folgend, bestätigt, hat auch die vertrauten Räte des Vaters in Ehren gehalten – was, wahrscheinlich im bewußten Gegensatz zu Ludwig dem Frommen, hervorgehoben wird – und hat schon wenige Monate später sich an seines Vaters Seite zu Saint Denis das Grab bestellt.

Nach des Vaters Tod und Bestattung begaben sich die beiden Söhne mit ihren leudes in ihre Reiche und ließen sich jeder auf einem Placitum seiner Bischöfe und Großen als Könige von den Bischöfen konsekrieren und von den Großen auf den Thron erheben am 9. Oktober 768 und zwar Karl zu *Noyon* (Noviomum), Karlmann zu *Soissons*; daß Karlmann das neustrische Soissons erhielt – und zwar als Residenz –, erklärt sich daraus, daß von jeher bei den Teilungen die Residenzen der Könige, »wie weit auch von ihren Reichen entfernt, in Neustrien nebeneinander lagen«.

Die Mutter *Bertrada* wurde von Karl in hohen Ehren gehalten. Sie suchte die Spannung zwischen ihren Söhnen zu beheben, arbeitete auf gutes Vernehmen mit dem Langobardenkönig hin und nur einmal geriet Karl in Widerstreit mit ihr, als er die auf der Mutter Rat (770) zur Gemahlin erkorene Tochter jenes Königs verstieß (771); sie starb 783 und wurde neben Pippin bestattet.

Die einzige Schwester *Gisla*, *Gisela*, war 757 geboren; sie wurde als Kind bereits umfreit für den Kaisersohn zu Byzanz und für den Sohn des *Langobardenkönigs* zu *Pavia*. Sie aber wählte schon früh den Schleier und lebte später als Äbtissin in dem Kloster *Chelles* bis 810. Karl erwies ihr brüderliche Liebe; sie stand in regem Verkehr mit *Alkuin*. Sie hat dazu beigetragen, daß er seinen Kommentar zum Johannisevangelium schrieb. Zwei andere Töchter mit den in der Sippe später wiederkehrenden Namen *Roth-haid* und *Adal-haid* starben so jung, daß sie Einhard gar nicht erwähnt und Gisela die einzige Schwester Karls nennt. Auf Karls Wunsch verfaßte *Paulus*, *Warnefrids* Sohn, Inschriften für ihre Gräber in der *Arnulfskirche* zu *Metz*.

Karlmann war 751 geboren, in erster Ehe vermählt mit *Gerberga*, aus edlem fränkischen Geschlecht. Schon vor *Pippin*, welchen sie ihm 770 gebar, hatte er von ihr wenigstens ein Kind.

Was *Karl* selbst angeht, so ist der Ort seiner Geburt unbestimmbar. Die Angabe des Mönches von *Sankt Gallen*, er habe den Dom zu *Aachen* »an der Stätte seiner Geburt« bauen lassen, ist ebenso sagenhaft wie die zweifellose Sage von seiner Geburt in der *Reismühle* in Oberbaiern und von seiner Mutter »Bertha« Verdrängung durch eine untergeschobene Braut – nach bekanntem Sagentypus.

Zwischen Karl und Karlmann bestand von Anfang an ein feindliches Verhältnis, wir wissen nicht worin begründet; Anhänger des letztern hetzten diesen auf.

Am Tage nach Pippins Tod wurde auf den Stuhl von Metz als Nachfolger Chrodegangs erhöht *Angilramnus*, der nach dem Tod *Fulrads* von Saint Denis (16. Juli 784) Karls Capellanus und, mit Erlaubnis des Papstes Hadrian I. am Hofe lebend, einer der einflußreichsten Räte wurde († 26. Oktober 791); ihm eignete *Paulus Diaconus*, Warnefrids Sohn, seine Geschichte der Bischöfe von Metz (bis 766) zu.

Im folgenden Jahr erhob sich noch einmal *Aquitanien* unter Führung *Hunalds*, höchst wahrscheinlich des Vaters Waifars, der also sein Kloster verließ; mit geringen Streitkräften brach Karl zunächst auf.

Hunald war ohne Widerstand geflohen (vermöge seiner Vertrautheit mit den Örtlichkeiten) zu Herzog *Lupus* von *Wasconien*, der von Pippin entweder neu eingesetzt oder, nach Unterwerfung, bestätigt worden war. Von Fronsac aus verlangte Karl unter Kriegsandrohung die Auslieferung. Lupus schickte denn auch Junald und dessen Gattin gefangen nach Fronsac. Karl – er duldete nun keinen *Herzog* in Aquitanien mehr – kehrte nach Hause zurück.

Inzwischen war in Rom der Laie Constantin II. 767 (28. Juni [consecriert 5. Juli] bis Anfang August 768) von seinen Brüdern, zumal einem Herzog *Toto*, in sehr unkanonischer Weise auf den päpstlichen Stuhl erhoben worden. Am 10. August 768 wurde der Anmaßer beseitigt und *Stephan III.* zu seinem Nachfolger gewählt (consecriert 7. August; bis 24. Januar 772).

Damals gelang es dem Baier Abt *Sturm* von *Fulda*, der unter Pippin vielleicht auch wegen des Abfalls Tassilos zu leiden gehabt hatte, durch eine Gesandtschaft zwischen Tassilo und Karl, dem als Austrasiens Beherrscher die Oberhoheit über Baiern zukam, »auf mehrere Jahre Freundschaft herzustellen«. Schon früher hatte Tassilo des Papstes Vermittlung gesucht. Jetzt mochte Karl um so mehr eine Annäherung wünschen, als er im Begriff stand, des Agilolfingen Schwager zu werden. Er betrieb die Vermählung mit einer Tochter des Desiderius. Die staatsrechtliche Stellung Baierns wurde jetzt wohl einfach wieder die von 757–763.

In das Jahr 770 fällt die Vermählung Karls mit der Tochter des Desiderius, *Desiderata*. Besonders die Königin-Mutter *Bertrada* hatte diese Politik des Friedens überhaupt, zumal der Annäherung an die Langobarden und diese Heirat betrieben. Von *Selz* (*Salossa*) im *Elsaß*, wo sie mit Karlmann zusammengekommen war, doch wohl um die Brüder zu versöhnen, war sie durch *Baiern* nach *Italien* gereist, ebenfalls »des Friedens halber«, zu Desiderius; dieser wurde bewogen, einige Städte an den Papst zurückzugeben; sie führte selbst die Braut in das Frankenreich. Es begreift sich nach allem früher Erörterten, daß der Papst gegen solch enge Verbindung der fränkischen Könige mit dem langobardischen alles aufbot.

Allein es erfolgte plötzlich ein wahrhaft verblüffender Umschlag. Der Papst, wir wissen nicht aus welchen Gründen, vielleicht erbittert, weil sein Anathem unbeachtet geblieben, oder weil er auf diesem Weg leichter die Ansprüche Sankt Peters durchsetzen zu können glaubte, trat auf einmal selbst in die engste Verbindung mit denselben »gräulichen und scheußlichen« Langobarden, für deren Beschimpfung ihm vor kurzem das reiche Latein fast nicht genug

Scheltworte geboten hatte. Aber er ging weiter, vielleicht sogar bis zur Tötung derselben Männer, welche er früher als Gesandte an die Frankenkönige geschickt und welche seither den fränkischen Einfluß in Rom vertraten, ja dort eine herrschende Rolle spielten. »Dominabantur« sagt Desiderius von ihnen, der primicerius *Christophorus* und dessen Sohn, der secundarius *Sergius*, unterstützt von einem Gesandten Karlmanns, *Dodo*; vielleicht war gerade dies »dominieren« von fränkischen Gesandten der Grund, aus welchem der leidenschaftliche Priester sich dem Langobarden näherte, er wollte diese Männer stürzen – ihnen hatte er seine Erhebung verdankt – um jeden Preis, auch um den des Bruches mit den Franken.

Vielleicht um dieser politischen Wendung willen oder aus persönlichen Gründen, wir wissen es nicht, verstieß Karl seine langobardische Gemahlin, jedesfalles ohne deren Schuld gegen den Willen seiner Mutter.

Noch im selben Jahr vermählte sich Karl mit der erst dreizehnjährigen *Hildegardis*, aus schwäbischem Geschlecht, ihre Mutter *Imma* war Urenkelin des Alamannenherzogs *Gottfrid*.

Einstweilen hatte sich das Verhältnis der beiden Brüder aus uns völlig unbekannten Gründen wieder so verschlimmert, daß offener Krieg auszubrechen drohte, als Karlmann am 4. Dezember 771 zu *Sa(l)moucy* starb. Sofort war Karl zur Stelle, in Karlmanns Reich, in *Corbeny*, und nahm von demselben Besitz. Er wurde von einigen Bischöfen und von Großen Karlmanns zum König des ganzen Frankenreichs gesalbt und erhoben. Gerberga floh mit ihren Kindern und wenigen getreuen Vornehmen ihres Mannes, darunter *Autchar*, nach Italien, den Schutz des Langobardenkönigs anrufend, ohne Grund, meint *Einhard*, »mit Schmähung des Schwagers, der diese Reise als eine freilich grundlose (supervacuam) mit Geduld aufnahm«.

Aber der »Grund« war eben, daß die Witwe in dem Ausschluß ihrer Söhne vom Thron eine schwere Verletzung ihrer Rechte erblickte.

Das Reich Karls des Großen

(Karte Seite 530)

Sachsenkrieg und Sturz der Irmin-Sul — Die Reichsversammlung beschließt den Krieg gegen die Langobarden — Nach dem Sieg über Desiderius wird Karl auch König der Langobarden — Das Rolandslied und der Hinterhalt von Roncesvalles — Aufstand der Sachsen unter Widukind gegen Karls »capitulatio« — Karl wird Taufpate von Widukind — Verteidigung des Reiches über die Elbe hinaus — Tassilo und die Bayern werden für das Reich gewonnen — Testamentarische Aufteilung des Reiches unter Kaiser Karls drei Söhne — Karls theokratisches Königtum

Die ungerechte Verstoßung der langobardischen Königstochter mußte die Spannung zwischen beiden Reichen auf das äußerste treiben. Gleich zu Anfang des folgenden Jahres traten entscheidende Wendungen ein. Am 24. Januar 772 starb Papst Stephan III. Sehr viel für die italischen Dinge hing nun davon ab, ob der Nachfolger, *Hadrian I.* (1. Februar 772 bis 25. Dezember 795) auf die langobardische oder auf die fränkische Seite sich stellen werde. Hadrian, aus altem Römergeschlecht, trat gleich von Anfang entschieden gegen Desiderius und für Karl auf. Er rief »in der ersten Stunde nach seiner Wahl« die Anhänger des Christophorus und Sergius aus Kerker und Verbannung zurück. Desiderius suchte ihn zu gewinnen, indem er ihm durch die Herzöge von *Spoleto* und *Ivrea* eidlich versprechen ließ, er werde ihm alle »justitias« einräumen, die er Stephan noch versagt; zugleich aber nahm er (Februar/März 772) – päpstliche Gesandte erfuhren dies zu *Perugia* – als eine Art Pfand *Faenza*, das Herzogtum *Ferrara* und die Veste *Commachio* weg, *Ravenna* bedrängte er. Nur wenn der Papst persönlich mit ihm verhandle und die Söhne Karlmanns zu Königen der Franken salbe, werde er diese Gebiete aufgeben (April 772). Es ist sehr begreiflich, daß Desiderius, als Vater und König in Liebe und Ehre auf das Tiefste von Karl gekränkt, gegen diesen die feindseligste Politik verfolgte, die ja seit 754 ohnehin die natürliche des Langobardenreiches gegen die Franken geworden war, – nur daß bei der Übermacht der letzteren der Ausgang eines entscheidenden Zusammenstoßes vorauszusehen stand. Gewiß »wollte Desiderius durch Aufstellung von Gegenkönigen für Karlmanns Reich, deren Erbrecht sehr wohl begründet schien, das fränkische Gesamtreich spalten, womöglich den Papst auf seine Seite ziehen«, wenn er sich auch schwerlich mit der Hoffnung tragen durfte, »Rom und ganz Italien dem Langobardenreich zu unterwerfen«. Der Papst »blieb fest wie der Stein Adamas (Diamant)«, obwohl der verräterische Paul Afiarta, einer seiner Gesandten (9. Februar 772?), dem König versprach: »ich schaffe dir den Papst herbei, müßte ich ihn mit einem Seil an den Füßen zu dir schleppen«. Der Papst erfuhr das und gebot (April 772) dem Erzbischof *Leo von Ravenna* ganz geheim, Paul auf dem Rückweg zu Rimini zu verhaften. Leo ließ ihn, gegen den Willen des Papstes, töten. Der König zog nun feindlich mit Verheerungen gegen Rom heran, nahm *Sinigallia*, *Monteferetri*, *Urbino*, *Eugubium*, *Blerana*, *Otricoli*. Der Plan einer Zusammenkunft scheiterte an der Weigerung des Königs, die Vorbedingung des Papstes zu erfüllen (Mai 772 und April 773), das heißt jene Gebiete wieder herauszugeben. Da (schon Februar 772?) rief Hadrian – seine Gesandten mußten den Seeweg einschlagen – Karls Hilfe an. Desiderius drang nun mit seinem Sohne *Adalgis*, Karlmanns Witwe und Söhne und Autchari mit sich führend, und mit einem

Heer gegen Rom. Unverzagt rief Hadrian Mannschaften aus *Tuscien*, *Campanien*, *Perugia* und der *Pentapolis* herbei, setzte Rom in Verteidigungszustand, brachte die Schätze der Peterskirche in die Stadt und ließ alle Türen dieses Heiligtums so fest mit Eisen verschließen, daß der König zum schwersten Schaden seiner Seele nur mit Gewalt eindringen konnte. Zugleich bedrohte er ihn durch Gesandte (April 773) mit dem Anathem, falls er oder *Autchari* – der also der Führer der Karlmannschen Anhänger war – römisches Gebiet (im engern Sinne) beschreiten werde. Und wirklich! So furchtbar ist diese geistliche Waffe, daß der König sofort bestürzt (confusus) von *Viterbo* aus heimkehrt!

Karl, der Ostern (29. März) zu *Heristall* gefeiert, hielt sich bis in den Juli in den *rheinischen* Gegenden auf, wohl weil er für dies Jahr den Beginn der Bekehrung und Unterwerfung der *Sachsen* ins Auge gefaßt hatte. Auf der Reichsversammlung zu *Worms* (Juli) wurde der Sachsenkrieg beschlossen. Von dort brach das Heer auf. Gleich dieser erste Streich wurde mit erdrückender Wucht geführt, die *Eresburg* genommen, die *Irmin-Sul* gestürzt, die *Weser* überschritten.

Den Winter 773 verbrachte Karl größtenteils zu *Diedenhofen*. Hier empfing er jene Gesandtschaft des Papstes, welche, da die Langobarden den Landweg sperrten, zur See (nach *Marseille*) hatte reisen müssen. Von hier aus entsendet Karl, nach Beratung mit seinen Vornehmen, jene Aufforderung an Desiderius. Nach Ablehnung seines Vorschlags berief Karl die Reichsversammlung nach *Genf* (Jenua, Annal. Lauriss.: Genua); hier wurde der Langobardenkrieg beschlossen und sofort ins Werk gesetzt.

Karl selbst führte das Hauptheer – die ganze Macht des Reiches war aufgeboten –, auf dem alten Weg der Langobardenkriege über den *Mont Cenis* (*Caenisium*, juga *Gibennica*), die »Pforte Italiens«, und sandte seinen Oheim *Bernhard* nördlicher über den großen Sankt *Bernhard* mit einer kleineren Schar. Abermalige Verhandlungen blieben erfolglos. Desiderius hatte die »Clusae« besetzt und durch Kriegsmaschinen und Holzverrammlungen befestigt. Aber Karl ließ, während er auf der Stirnseite vor den Schanzen lagerte, durch eine erlesene Schar diese Stellung umgehen und vom Rücken oder von der Flanke her bedrohen. Sofort floh Desiderius ohne Gefecht mit dem ganzen Heer und warf sich mit seinen Großen (judices) nach *Pavia* – ungewarnt durch Aistulfs zweimaliges Unglücksbeispiel! Eine ganz unglaubliche Armut an strategischen Gedanken! Nur dadurch gewann der Feldzug ein einigermaßen anderes Bild, daß sein kraftvoller Sohn *Adalgis*, Karlmanns Witwe und Söhne und Autchari mit sich führend, mit einer Schar in das sehr starke *Verona* abschwenkte.

Die ganze fränkische Macht – also auch Bernhards Heer – zog nun vor Pavia und begann Ende September 773 die Belagerung. Diese wurde voraussichtlich so langwierig – Desiderius hatte die Befestigungen verstärkt –, daß Karl seine Gemahlin Hildegard mit seinen Söhnen *Pippin* dem Höckerigen (von Himiltrud) und *Karl* (von Hildegard, geboren erst 772 oder 773) zu sich in das Lager kommen ließ. Hier gebar die etwa 15–16jährige ihr zweites Kind, ein Mädchen, welches, *Adelheid* getauft, auf der Rückreise nach der *Rhône* hin bereits wieder starb. Während das Hauptheer Pavia eingeschlossen hielt, zog Karl mit auserlesener Mannschaft vor *Verona*; alsbald fiel die so feste Stadt.

Gerberga und ihre Kinder nebst Autchari ergaben sich; daß Gerberga die Stadt in Karls Hände geliefert habe, sagt erst der Fortsetzer von Paulus Diaconus, vielleicht ist umgekehrt sie von den Bürgern ausgeliefert worden; ihr weiteres Geschick erfahren wir nicht. Adalgis gelang es, aus Verona zu entkommen.
Sicher war die Herstellung der sogenannten Personalunion der langobardischen mit der fränkischen Krone bereits beschlossene Sache. Dies bedurfte der Verhandlung mit dem Papst, dem wohl auch neue Schenkungen und die Bestätigung der Pippinischen zugedacht waren. Ende März zog Karl mit großem Gefolge von Bischöfen, Äbten, Herzögen, Grafen und Heerleuten aus dem Lager, welches fortfuhr, Pavia zu bedrängen, durch *Tuscien* nach *Rom*. Der Papst schickte ihm bis *Novae*, dreißig (römische) Meilen vor der Stadt, die »Scharen der Krieger« (scholae militae) und die Schulknaben mit Palm- und Ölzweigen in den Händen, unter Lobgesängen und Zuruf – auch Kreuze trugen sie –, entgegen, »wie man einen Exarchen (von Ravenna) oder einen patricius empfängt« – letztere Würde hatte Karl ja schon seit 754. Beim Anblick dieser Kreuze und Zeichen stieg Karl vom Pferd und ging mit seinen Beamten (judicibus) zu Fuß bis an die *Peterskirche*. Der Papst hatte sich schon bei Morgengrauen erhoben und begrüßte den König mit seinem Klerus auf der Terrasse oberhalb der Stufen der Kirche.
Ende April kehrte Karl in das Lager vor Pavia zurück. Tödliche Seuchen brachen den Widerstand der Stadt, sie ergab sich (obsidione pertaesi) im Juni. Desiderius, seine Königin *Ansa* und eine Tochter wurden gefangen, der »thesaurus palatii«, der Königsschatz und die Königsburg der Langobarden (diese erhielt fränkische Besatzung) fielen in des Siegers Hände, *der nun selbst König der Langobarden wurde*. Das Langobardenreich wurde nicht etwa wie Aquitanien 768 oder Baiern 788 völlig dem Frankenreich einverleibt, fränkische Provinz, sondern es blieb als selbständiger Staat neben dem Frankenreich bestehen, nur daß der Frankenkönig – oder doch ein König aus dem Arnulfingengeschlecht – zugleich (auch) König des Königreichs der Langobarden sein sollte. In langobardischen Urkunden wurde von Karls Herrschaft »*in Italien*« an gerechnet, nicht von 768 an. Karl fügte seinem bisherigen Titel: »rex Francorum« nun noch bei »et Langobardorum«, auch »patricius Romanorum« nennt er sich jetzt (zuerst 16. Juli 774), was er freilich schon lange war.
Desiderius wurde mit den Seinen wohl zuerst nach *Lüttich*, dann er allein nach *Corbie* an der *Somme* gebracht, wo er bis zu seinem Tod in mönchischen Pflichten lebte.
Gleich zu Anfang des folgenden Jahres, Januar 775, wurde in einer kleineren Versammlung von Vornehmen zu *Quierzy* bezüglich der Sachsen ein entscheidender Entschluß gefaßt: *unablässiger Krieg bis zur Bekehrung und zur Unterwerfung oder Ausrottung;* das war es, »*unterworfen*«, nicht ihm durch Überzeugung zugeführt, sollten sie dem Christentum, oder aber ausgetilgt werden: – ein Stamm von doch gewiß 3–4 Millionen Menschen.
Einstweilen war aber in Italien Streit ausgebrochen über die langobardische und byzantische Beute zwischen dem Papst und dem *Erzbischof Leo von Ravenna*, der sich schon früher als sehr eifrig fränkisch, den Langobarden feindlich, aber auch sehr eigenwillig gegenüber Hadrian erwiesen hatte. Die Anklagen des Papstes gegen Leo bei Karl sind sehr schwer, allein merkwürdigerweise stellt

sich Karl wenigstens teilweise und anfänglich auf Seite des so hart Beschuldigten und hält umgekehrt Boten des Papstes, welche dieser ganz besonders empfohlen hatte, wegen arger Frevel in Gewahrsam. Noch Ende 774 hatte Hadrian sich bei Karl beschwert über den »schlimmen und allzu anmaßenden« Leo. Kaum habe Karl Pavia verlassen, als Leo als Anmaßer (tyrannus) höchst trotzig und rebellisch aufgetreten sei.

Im Jahre 775 mahnt der Papst wieder an die Erfüllung von Karls Versprechen. Er habe an der Erwerbung der Langobardenkrone doch wohl merken können, was für ein Helfer Sankt Peter sei. Daß Erzbischof Leo zu Karl gereist, sei dem Papst ganz recht, er würde ihn auf Wunsch selbst dorthin haben begleiten lassen. Aber die Feindschaft mit Leo bestand fort. Am 27. Oktober 775 schickte Hadrian dem König einen soeben erhaltenen Brief des Patriarchen *Johannes von Grado*, welcher wahrscheinlich die früheste Warnung vor einer Verschwörung der langobardischen Herzöge enthielt und von Leo – der regelmäßige Weg von Grado nach Rom führte über Ravenna – wie der Papst klagt, vorher erbrochen und gelesen worden sei, um den Inhalt Herzog Arichis von Benevent und den übrigen Feinden von Papst und König zu verraten, was ohne Zweifel bereits geschehen sei. Der Brief war brennenden Inhalts: in derselben Stunde, ja im Augenblick, da er ihn erhalten, schickt ihn der Papst ab.

Wahrscheinlich hatte der Tod des Kaisers *Constantin V.* (14. September 775) die Langobarden bewogen, den Plan aufzugeben, bei dem eine byzantinische Flotte hätte mitwirken müssen. Gesandte meldeten nun, Ende 775, Karl werde nach der Rückkehr aus Sachsen nach Italien und zum Papst kommen. Vorher hatte er seine Ankunft auf Oktober zugesagt. Aber Karl kam dies Jahr gar nicht mehr nach Italien. Ende Oktober aus Sachsen zurückgekehrt, war er auf die vom Papst erhaltene Warnung hin eiligst nach Süden gezogen. Im Winter (Anfang 776) erschien er in Italien, in *Friaul*, wo nur noch Hrothgaud in Waffen stand. Der Herzog fiel im Kampf, ein Sieg der Rebellen an der *Livenza* und die Bestechung seines Anhanges ist wohl nur späte Tradition. *Treviso*, von des Gefallenen Schwiegervater *Stabilinus* verteidigt, wurde erobert (hier wurde Ostern 776 gefeiert), darauf *Forum Julii*, hier wurden Franken zu Grafen bestellt, viele Langobarden, darunter *Arichis*, der Bruder des Paulus Diaconus, gefangen nach Frankreich abgeführt.

Ein stolzes Zeichen der über die Sachsen errungenen Erfolge war es, daß Karl die Reichsversammlung dieses Jahres mitten in deren Land abhalten konnte, in *Paderborn* (*padrabrun*, an der *Pader*). Viele Sachsen erschienen hier und ließen sich taufen, aber *Widukind*, hier zum erstenmal genannt, obwohl gewiß schon lang einer der Führer, »vieler Frevel sich bewußt« und deshalb den König scheuend, war zu dem *Dänen*könig *Sigfrid* entwichen.

Hier tief im Sachsenland suchte den großen König eine arabische Gesandtschaft auf. Seit der Gesandschaft von und an Pippin hatten diese Beziehungen geruht, aber Karl, der weltgeschichtliche Magnet, zieht die Araber vom Tajo bis an die Weser, bald sollte er einen Papst vom Tiber bis in eben dies Paderborn ziehen. *Ibn al Arabi*, Wali (Statthalter) von *Barcelona* und *Gerona*, nicht von *Saragossa*, rief, wie schon früher Pippins so jetzt Karls Hilfe an wider *Abderrachmán* von *Cordoba*, zugleich mit einem Sohn und einem Eidam von *Jussuf*, der früher schon gegen Abderrachmán gekämpft hatte.

Ob Karl damals schon den Feldzug des folgenden Jahres versprach, ist ungewiß, jedenfalls wurde er erst nach umfassenden Vorbereitungen unternommen. Sofern aber der spanische Krieg als Kreuzzug für die *spanischen Christen* gemeint gewesen war, sollte Karl die Nichtigkeit dieser Vorstellung empfindlich erfahren, denn neben den Mohammedanern – ungewiß, ob geradezu mit diesen im Bunde oder ob auf eigne Faust kämpfend – fand er in Spanien als erbitterte *Feinde* die Christen des jungen Königsreichs *Asturien*, das in den zwei Menschenaltern seit dem Untergang König Roderichs und des Westgotenreiches in den Nordbergen Spaniens erwachsen war. Und nicht die »Heiden« – christliche Basken, Untertanen dieses christlichen Königreichs, waren es, welche dem Frankenheer auf dessen Rückzug die Schlappe beibrachten, welche die Namen »Roland« und »Roncesvalles« sagenberühmt gemacht haben. Es ist also doch wohl der staatsmännische Plan einer Marca Hispanica gewesen und nicht bloßer christlich-theokratischer Fanatismus oder kampffreudige Abenteuerlust, was Karl über die Pyrenäen zog, so weit ab von den Aufgaben an der Weser, am Tiber, in Benevent, welche ihm doch wahrlich – zumal die erste – so nah am Herzen lagen.

Gleich *Pamplona*, die erste Stadt, auf welche man stieß, gehörte nicht den Arabern, sondern, als Hauptstadt der Landschaft *Navarra* (Nabarri), dem christlichen Königreich *Asturien*. Es ist sehr auffallend, daß dieser kleine Christenstaat – man hätte meinen sollen, er hätte die mächtigen Franken als Erretter vor der arabischen Übermacht mit Jubel begrüßen sollen – sich keineswegs Karl gegen die Heiden anschloß, sondern *feindlich* dem Vordringen der Franken entgegentrat, wenn wohl auch nicht geradezu mit Abderrachmán im Bunde. Pamplona mußte erobert werden.

Saragossa konnte nicht bezwungen werden. Karl hob die Belagerung auf, kehrte unverrichteterdinge nach Pamplona zurück und verzichtete nun so völlig auf Errichtung einer spanischen Mark südlich der Pyrenäen, daß er diese Feste, »auf daß sie nicht rebellieren könne«, schleifte, statt sie zu besetzen und zu behaupten als Ausgangspunkt für weitere Erwerbungen. Die hartnäckige Feindschaft der christlichen Asturier, Navarresen und der christlich-spanischen Wasconen war also ernstlich zu scheuen.

Nach Chasseneuil zurückgekehrt fand Karl, daß Hildegard zwei Knaben geboren hatte: Der eine, *Lothar*, starb im zweiten Jahre, der andere wurde *Ludwig* genannt: *Ludwig der Fromme*, Karls einziger überlebender ehelicher Sohn und alleiniger Erbe.

Auch Ostern (26. März) 780 weilte Karl noch zu *Worms*. Darauf wurde in einem Sachsenfeldzug (Anfang Juli, über die Eresburg) an dem Ursprung der *Lippe* (ubi Lippia consurgit), also wieder mitten im Sachsenland, die Reichsversammlung abgehalten. Nach Francien zurückgekehrt, ließ er seine Söhne Pippin und Karl in *Worms* und zog »eines Gelübdes und um des Gebetes willen mit Hildegard und den andern Söhnen nach Italien, nach Rom«.

Jedenfalls macht aber auch die politische Lage der Halbinsel Karls Eingreifen dringend notwendig. Das Herzogtum Benevent, fast nie von dem langobardischen Königtum fest angezogen, hatte bei dessen Untergang sich zu selbständigem Fortbestand gelöst. Das langobardische Königshaus und der alte langobardische Nationalstaat hatte in dem Sohn des entthronten Königs einen letzten mutigen, zäh ausdauernden Vorkämpfer und dieser in den Byzantinern einen natürlichen Bundesgenossen gefunden wider den gemeinschaftlichen Feind, den Franken, und den auf Kosten des langobardischen und des kaiserlichen Besitzes in Italien errichteten Kirchenstaat. Der Papst hatte in einer Reihe von Briefen den König in Person oder dessen Waffenhilfe herbeigewünscht. Im Mai 778 schreibt er, er habe vergeblich den versprochenen Besuch des Königs zu Ostern (19. April) erwartet; er erbietet sich, den nach Juli 777 geborenen Sohn *Karlmann*, der später *Pippin* genannt wurde und am 6. Juli 810 im Alter von 33 Jahren starb, aus der Taufe zu heben, ermahnt Karl, der Schenkung *Kaiser Constantins* an Papst *Sylvester* nachzueifern, der Kirche »*wieder*« zu verschaffen, was ihr erst das »unaussprechliche« Langobardenvolk – dessen König jetzt Karl war – entrissen in *Tuscien*, *Spoleto*, *Benevent*, auf Corsica und in der *Sabina* (Savinensae), und schickt ihm (die pippinischen) Schenkungsurkunden (donationes) aus dem Schrein des Laterans, die all diese Ansprüche bewiesen. Seines Widersachers Leo von Ravenna war der Papst zwar durch dessen Tod (14. Februar 777) entledigt, aber er hatte doch keineswegs zurückerhalten was Leo vom Patrimonium Sankt Peters abgerissen, und Karl hatte sich all diese Jahre ablehnend verhalten gegenüber den päpstlichen Forderungen.

Karl zog Ende 780 wieder nach Italien und feierte Weihnachten in der Hauptstadt des Langobardenreiches *Pavia*. In dieses Jahr ist vielleicht zu verlegen das *Capitulare* von einem 20. Februar und das *Capitulare* von *Mantua* (vom März 781, vor Pippins Krönung), das unter anderem die Silberwährung einführte. Karl reiste (über Mantua?) nach *Parma*. Hier traf er einen Mann, den er bewog, nach Erledigung seines Auftrags – er hatte für Erzbischof *Eanbald* von *York* das Pallium besorgt – zu ihm ins Frankenreich zu kommen. Es war kein geringerer denn *Alkuin*, der Karls Lehrer und das Haupt des Gelehrtenkreises an Karls Hof, der sogenannten »Akademie« Karls, werden sollte: aus angelsächsischem Geschlecht – ein Gesippe Sankt *Willibrords*, – in *Nothumberland* geboren, in *York* zum Priester erzogen. Nach Erlaubnis des Erzbischofs und des Königs begab sich Alkuin Ende 781 oder Anfang 782 zu Karl.

Nun ging Karl mit Hildegard, Karlmann (*Pippin:* so nennen wir ihn fortab) und Ludwig nach Rom, wo Ostern (15. April 781) der Papst den bisher Karlmann genannten Sohn auf den Namen Pippin taufte (auch als Pate aus der Taufe hob) und beide Knaben zu Königen salbte; *Pippin zum König von Italien*, *Ludwig zum König von Aquitanien.*

Die drohenden Bewegungen von Benevent her kamen wohl durch Karls bloßes Erscheinen zur Ruhe. Wir erfahren in jener Zeit nichts von Maßregeln gegen Arichis, umsomehr, als in Byzanz eine Schwenkung eintrat. Die Kaiserin *Irene*, Witwe des im September 780 verstorbenen Kaisers *Leo IV.* und Regentin für ihren unmündigen Sohn *Constantin* (Porphyrogenetos), das Bündnis mit dem mächtigen Frankenstaat dem mit dem Herzog von Benevent vorziehend, – der »Emigrant« Adalchis *verlangte* viel mehr Hilfe, als er *leistete* –, plante eine Verschwörung mit Karl. Sie (oder der Papst als ihr Vertreter) schlug vor, ihrem Sohn Karls Tochter *Rothtrud* (Hrothrud, wie Karl Martells Gemahlin) zu verloben. Es kam auch wirklich zu einem eidlich bekräftigten Vertrag hierüber.

Im Juli 782 überschritt Karl den Rhein bei *Köln* zu Anfang des Sommers, »da des Pferdefutters schon Genüge war« und hielt im Heerlager bei *Lippspringe* eine große Reichsversammlung, auf welcher wahrscheinlich die umfassende »*capitulatio de partibus Saxoniae*« erlassen wurde, welche, das Werk der Bekehrung und Unterwerfung als vollendet voraussetzend, die fränkische *Grafschaftsverfassung* in Sachsen einführte. Daß trotz seiner Entfernung nach Italien im Vorjahr keine Erhebung erfolgt war, mochte ihn in solchem Glauben bestärken. Es erschienen (angeblich) »alle« Sachsen, »ausgenommen Widochindus«, der (wieder) zu dem *Dänenkönig Sigfrid* geflüchtet war. Gesandte dieses Königs versicherten dessen friedliche Gesinnung, ebenso Boten des »*Chagans*« (»*KHa Khan*«) und des »*Jugur*« der (fälschlich *Hunnen* genannten) *Awaren*, das heißt des dem Chan nächststehenden Fürsten. Die wahrhaft »mit Blut geschriebene« Capitulatio bedroht *jeden Sachsen, der die Taufe ablehnt, mit dem Tode*. Die Todesstrafe, das »morte moriatur« wird in furchtbarer Eintönigkeit wiederholt für Handlungen, welche gegen die aufgezwungene fränkische Staatsreligion, Staatskirche oder Staatsherrschaft gerichtet oder auch nur Äußerungen des Väterglaubens sind. Die Bemühungen, hierin grausame Strenge *nicht* zu finden, sind sehr scharfsinnig. Zu Grafen wurden zwar auch hie und da Franken, besonders aber Sachsen aus denjenigen Adelsgeschlechtern bestellt, welche ihren Frieden mit Karl geschlossen hatten. Dadurch sollte die Unterjochung verschleiert zugleich und, hielten diese Neugewonnenen Treue, viel stärker gesichert werden, als durch fränkische Beamte, welche keinen Boden im Sachsentum hatten. »Nach einigen Tagen« kehrte Karl über den Rhein zurück; auf die Nachricht, daß die »*sorbischen Slawen*«, »die zwischen Elbe und Saale wohnen«, plündernd in die ihnen nächsten Gaue der *Thüringe* und *Sachsen* eingedrungen seien, schickte Karl ein *ostfränkisches* Aufgebot gegen diese Räuber, welches von Sachsen-Scharen unterstützt werden sollte, ein Versuch, die kaum unterworfenen Sachsen bereits – wie etwa die Langobarden in dem spanischen Feldzug – zu fränkischer Heerfolge heranzuziehen. Daß es dem Schutz gerade *sächsischer* Gaue gegen *slawische* Plünderer galt, mochte Karl das Wagnis minder kühn erscheinen lassen. Allein er ist nicht freizusprechen von einem Fehler, den er allerdings mit andern sehr gewaltigen Herrschernaturen – Napoleon I. – teilt: von der Unterschätzung der elementaren Kraft in einem nur politisch und militärisch vorübergehend überwältigten, aber nicht dauernd besiegten Volkstum und Volksglauben. Er wähnte offenbar wirklich im Jahre 782 schon durch Kriegskunst und durch Verwaltungskunst erreicht zu haben, was er erst zweiundzwanzig Jahre später (804) einigermaßen, aber auch da nicht nach *seiner* Willensmeinung, nicht ganz, nur im politischen, nicht im religiösen Sinne wirklich erreicht hat.

Er konnte nicht wissen, daß damals, als er die Sachsen als Hilfsschar aufbot, *Widukind* zurückgekehrt und der Freiheitskampf frisch aufgelodert war. Die gegen die Sachsen ausgesandten Führer der Ostfranken wandten sich nun vielmehr, ohne bei Karl vorher anzufragen, wider die aufständischen Sachsen. Sie griffen hastig an, ohne *Theuderich*, einem Verwandten Karls (unbestimmbaren Grades), der *Uferfranken* wider diese Sachsen aufgeboten hatte und ganz nahe stand, Anteil am Siege gönnen zu wollen – und wurden am *Süntelgebirge* vernichtet.

Diese Niederlage zu rächen, eilte Karl mit schnell aufgebotenen fränkischen Scharen über den Rhein nach »Sachsenland« und verlangte Auslieferung der Entzünder des Aufstandes. »Alle«, das heißt die Edeln, welche sich unter-

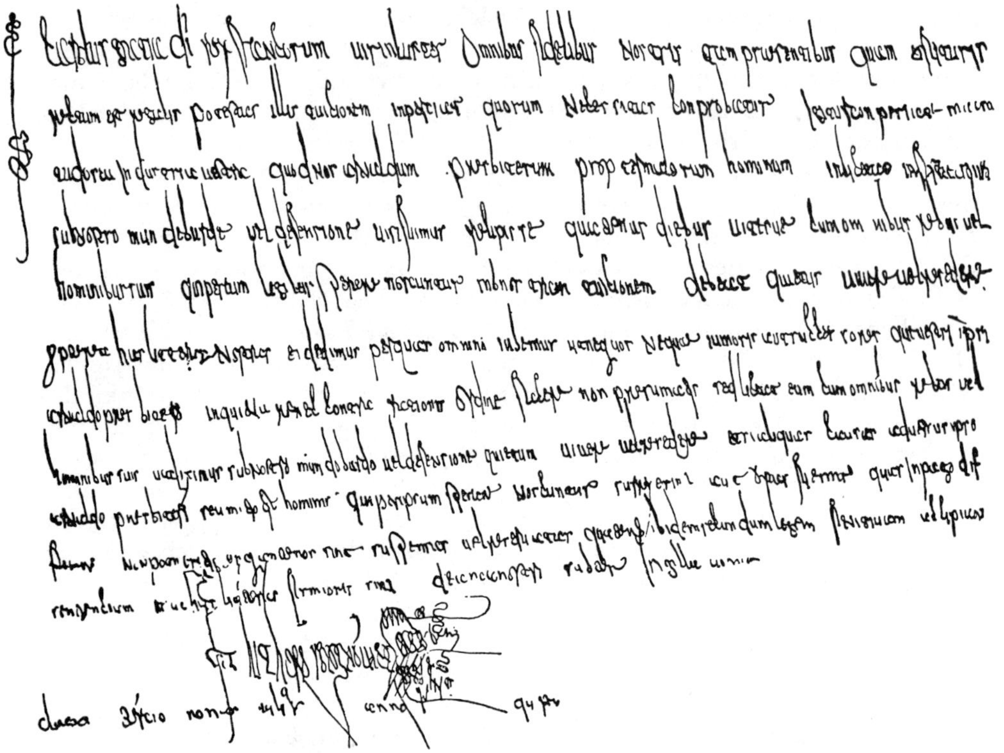

Schutzbrief Karls des Großen, ausgestellt für den Priester Arnald, vom 5. Juli 772 (St. Gallen, Stiftsarchiv)

worfen hatten, klagten Widukind an, der wieder zu den Dänen geflohen war. Da sie ihn nicht stellen konnten, lieferten sie so viele Sachsen aus, als seinem Ruf gefolgt waren. Sie alle, ließ Karl an einem Tag zu *Verden* an der *Aller* enthaupten; dann kehrte er nach Francien zurück und »feierte Christi Geburt und Auferstehung (23. März) zu *Diedenhofen*«.

Karl weilte in *Diedenhofen* bis 1. Mai 783. Am 30. April starb hier (25–26 Jahre alt) seine Gattin *Hildegard*, nach der Geburt einer gleichnamigen Tochter, welche ihr wenige Tage darauf in das Grab folgte; sie wurde in der *Sankt Arnulfskirche* zu Metz beigesetzt, die sie kurz vor ihrem Tode (13. März 783) noch beschenkt und welcher Karl am 1. Mai den Hof *Cheminot* im Herzogtum *Moselland* in der Grafschaft *Metz* schenkte, »auf daß an ihrem Grabe Tag wie Nacht Lichter gebrannt und täglich Messen gelesen und Gebete gesprochen werden«.

Auch das Jahr 785 nahmen fast ausschließlich die Sachsen – in Krieg und Frieden – in Anspruch. Von großer Wichtigkeit war, daß *Widukind* (mit *Abbio*) sich gewinnen ließ zur Unterwerfung und Bekehrung; sie erschienen, nachdem ihnen für sicheres Geleit Geiseln gegeben worden waren, zu *Attigny* und ließen sich mit ihren Begleitern taufen. Karl selbst wurde Widukinds Pate, der wahrscheinlich seine Güter zurückerhielt. Sein Name verschwindet fortab aus der Geschichte.

Zu diesem Jahre (785) wird ferner, ganz abgerissen und ohne daß wir irgend die vorhergehenden Ereignisse erführen, gemeldet, daß die Bürger von *Gerona* in Spanien ihre Stadt Karl übergaben, ohne Zweifel infolge der inneren fast niemals ruhenden Kämpfe jenseits der Pyrenäen, nicht infolge fränkischer Siege. Immerhin war *Gerona* die erste dauernd von Karl behauptete Feste jenseits der Pyrenäen, von wo aus dann auch *Urgel* und *Ausona* unterworfen wurden. Aber erst zehn Jahre später (795) erfolgte die feste Einrichtung der »spanischen Mark«. Ob jene Striche damals Aquitanien eingefügt oder selbständig verwaltet wurden, ist ungewiß; jedenfalls wurden sie wohl von Aquitanien aus besetzt.

Das *Verhältnis Karls zu Byzanz* war inzwischen in bittere Feindschaft umgeschlagen. Das Verlöbnis zwischen Rothtrud und Constantin wurde gerade damals – byzantinische Gesandte trafen im Lager vor Capua ein – gelöst. Von wem die Aufhebung ausging – im Jahre 786 war Karls capellanus *Witbold* in dieser Sache nach Byzanz geschickt worden – darüber stritten, wie dies in minder berühmten Fällen dieser Art zu geschehen pflegt, die Freunde beider Parteien. Nach *Einhard* weigerte Karl die Erfüllung. Jedenfalls drohte nun eine byzantinische Unterstützung aller Feinde Karls in Italien, Grund genug, die Erbietungen des Herzogs von Benevent anzunehmen. Karl nahm zwölf Geiseln und als dreizehnte des Herzogs Sohn, Grimoald, Geschenke und (Treu-)Eide von Arichis, dem Eidam des Desiderius, Romuald und von allen Beneventanern, wohl kaum eigentlich Unterwerfungseide, nur Treueide bezüglich der gegebenen Versprechen, doch ist es zweifelhaft. Eine »Unterwerfung« freilich erfolgte sofern, als eine Jahresschatzung von 7000 solidi übernommen wurde. Der Papst erlangte jetzt, wonach er so lange getrachtet, die Schenkung mehrerer Städte in *Tuscien: Populonia*, *Rosella*, *Toscanella*, *Viterbo*, *Bagnarea*, und im Beneventanischen; jedenfalls *Capua* (das kapituliert haben muß), nach einer Urkunde Ludwigs des Frommen auch *Sora*, *Arce*, *Aquino*, *Arpino*, *Teano*.

Alsbald wurde ein *fränkischer Reichstag nach Worms* (*Wormatia*) berufen, Bericht über die italischen Dinge und die ergebnislose Verhandlung mit *Tassilo* erstattet und beschlossen, diesen aufzufordern, der Mahnung des Papstes gehorsam und in Erfüllung seiner Eide sich vor dem König zu stellen. Auf die Weigerung hin wurde Baiern von allen drei verfügbaren Seiten (vom Westen: der König selbst zog durch *Schwaben* bis an den *Lech*; von Norden: von *Thüringen* her gegen die *Donau*; von Süden: unter *Pippin* über *Bozen* gegen den *Inn*) angegriffen und Tassilo zur Unterwerfung, zur Huldigung als Vasall gezwungen. *Seine Baiern selbst fielen* von ihm ab und traten auf Karls Seite, wozu wohl die vom Papst gedrohte Exkommunikation erheblich beitragen mochte. Karl kehrte nun nach Worms zurück. Durch großartige Machtentfaltung und meisterhafte Strategie: Baiern spürte jetzt, was es bedeutete, daß die Langobarden aus Helfern zu einem Teil der Angreifer geworden waren. Er hatte ohne Schwertstreich eine Aufgabe gelöst, an welche sein Vater die letzten fünf Jahre seines Lebens zu rühren nicht gewagt hatte.

Alsbald traf die Nachricht ein, daß in Benevent seinem im Juli verstorbenen ältesten Sohne Romuald am 26. August Herzog Arichis in das Grab gefolgt sei. Die Beneventaner verlangten nun den bei Karl vergeiselten Grimoald zum Herzog. Aber Karl verweigerte dies. Nicht nur der Papst eiferte dagegen, auch die Verbindung Grimoalds mit dessen Oheim Adalchis und den Byzantinern war zu befürchten. Der König schickte Abt *Maginar* von *St. Denis* und andere Gesandte nach Benevent.

Weihnachten 787 und Ostern (30. März) 788 verbrachte Karl zu *Ingelheim*. Eine hier (Ende Juni oder Anfang Juli) tagende *große Reichsversammlung* entsetzte nicht nur Tassilo wegen abermaligen Treubruchs – zumal auch wegen Bündnisses mit den *Awaren* – gegen Karl des Herzogtums, was offenbar nach seinem eigenen Geständnisse voll verdient war. Karl wollte mehr, er ließ ihn zum Tod verurteilen wegen der vor einem Vierteljahrhundert (763!) begangenen, allerdings nach fränkischem Recht mit dem Tode bedrohten Vergehen, welche doch offenbar längst von Karl verziehen waren. Sonst hätte Karl nicht zu Rom und im Vorjahr auf dem Lechfeld handeln können, wie er handelte. Karl wollte aber offenbar eine Ende machen mit Tassilo, der allerdings erklärt hatte, er wolle lieber sterben, als so leben und lieber zehn Söhne sterben als diese Verträge erfüllt sehen. Daß man aber bis 763 zurückgreifen mußte, um das Todesurteil zu begründen, zeigt doch, daß neuere Vorgänge nicht vorlagen, die solches hätten rechtfertigen können. Die Vollstreckung wollte Karl nicht. »Er *schenkte dem Gesippen* um Gottes willen und um der Verwandtschaft willen das Leben.« Auf die Frage, was er beginnen wolle? antwortete der Herzog – es war ihm wohl vorher diktiert! –, er bitte sich scheren lassen und in ein *Kloster* treten zu dürfen. Dieser »Wunsch« wurde ihm denn erfüllt. Zu *St. Goar* geschoren, wurde er nach *Jumieges*, dann nach *Lorsch* ins Kloster gebracht, sein Sohn *Theodo* ebenso als Mönch in das St. *Maximinskloster* zu *Trier*, seine Töchter als Nonnen nach *Chelles* und *Laon*; ungewiß bleiben die Verbannungsorte, gewiß auch Klöster, von *Liutberga* und dem zweiten Sohn *Theotbert*. Die ganze Familie des Herzogs und dessen Schatz wurden nach seiner Entwaffnung und Verhaftung nach Ingelheim geholt. Man muß sagen, daß der Unglückliche das Mitgefühl mit dem ihm etwa zuzusprechenden relativen Recht – den Grund des neuen Bruches (784) mit Karl erfahren wir nicht, leicht möglich, daß der Baier hierbei im Recht war – durch seine schwankende und tatenlose Haltung sehr stark beeinträchtigt. Zu trotzigem Untergang hat er sich nicht aufgerafft. Ein wichtiger Schritt war zurückgelegt, der Einverleibung Aquitaniens vergleichbar, an wirklichem politischen Wert für das Frankenreich ersprießlicher als die Erwerbung der Langobardenkrone. Und man kann kaum einwenden, daß durch diese Einverleibung, wie durch die Sachsens, Austrasien erst so gekräftigt wurde, daß Karl die Losreißung vom Westen dadurch herbeigeführt habe, zum Franken-Reiche, wenn auch nur mittelbar, hatte ja Baiern seit 550 immer gehört.

Karl wurde nun aber wieder stark von den *italischen* Dingen in Anspruch genommen. Die *Schenkungen an den Papst* erwiesen sich als Störungen, nicht als Befestigungen der Ordnung und Ruhe. Gleich von Anfang hat Hadrian wieder zu klagen. Er verspricht, die Aufträge Karls zu erfüllen, ein geschenktes Kreuz in der (Peters-)Kirche aufzustellen zu des Königs ewigem Gedächtnis, aber er bittet, durch geeignete Gesandte ihm das Gebiet von *Populonia* und *Rossella* und die im *beneventanischen* geschenkten Städte »vollständig« übergeben zu lassen.

Waren Langobarden, Römer und königliche Beamte selbst mit den dem Papst zugewendeten Gebietserwerbungen sehr unzufrieden, so drohte zudem nun endlich *der lange vorbereitete Angriff der Byzantiner.* Der *patricius* von *Sizilien Theodoros* und zwei kaiserliche *spatharii* reisten in Süditalien umher (gelandet in der »Akropolis Lucaniens« (20. Januar), auf dem Landweg nach *Salerno* zu *Adalperga*, der Witwe des Arichis, dann nach *Neapel* [nach 22. Januar]), schürten die Unzufriedenheit in Benevent und bearbeiteten die Bevölkerung für den Anschluß an den Kaiser. Der Papst vergißt nicht, scheltend zu melden, daß *Neapel* (war es doch eine kaiserliche Stadt) die Gesandten des Kaisers mit Bildern (der Heiligen) und mit Bannern (banda) und Fahnen eingeholt habe und daß der Bischof der Stadt mit diesen Gesandten verhandle. Denn der Bischof zu Neapel, *Stephanus*, hielt (scheinbar) pflichtgetreu zu seinem Kaiser, was der Papst wiederholt anklagt, bis dann auch Stephanus heimlich dem Papst die Pläne seines Landesherrn verrät. Doch hatte man in Italien die Unzuverlässigkeit und mangelnde Kraft der Byzantiner genugsam kennen gelernt. Die Beneventaner verweigerten sofortigen Anschluß, sie erklärten, erst die Antwort Karls auf ihre Forderungen – Zurücknahme (resp. wohl Nichterfüllung) der Schenkungen an den Papst und Einsetzung Grimoalds als Herzog – abwarten zu wollen und hießen die Kaiserlichen zu Neapel diese Entscheidung erwarten, was diese, ohne in ihren »Ränken« nachzulassen, taten.

Mit Recht erkannte Karl die *Gefahr der Festsetzung der Byzantiner* im Beneventanischen. Dieser zu wehren erwies sich der Kirchenstaat nicht entschlossen oder stark genug. Es galt vor allem, die Bevölkerung selbst von den Griechen abzuziehen, und da dieser Grimoald, den Sproß und Erben des alten Herzogshauses, zum Herrscher verlangte, gab Karl, eben um das Volk gegen die Kaiserlichen zu gewinnen, nach und erkannte Grimoald, der nun, nach Tassilos Sturz, aus der Vergeiselung entlassen wurde, wohl unter Steigerung der Bedingungen von Capua von 786 (Treueid und Schatzung; er mußte münzen und urkunden auf den Namen Karls) als Herzog an. Dieser war nötigenfalls leichter zum Gehorsam anzuhalten, als die einmal wieder eingenistete byzantinische Seemacht zu vertreiben war. So gelang es denn (788), einen Angriff der Byzantiner und des Adalchis in *Calabrien* abzuwehren. Grimoald focht, dem König getreu, wider diesen seinen eignen Mutterbruder, an seiner Seite *Hildeprand* von *Spoleto*; der Königsbote *Winechis* war mit nur wenigen Franken zur Überwachung der beiden Herzöge abgeordnet. »Erzürnt wegen der Verweigerung der Tochter« hatte *Kaiser Constantin ein Heer in das Beneventanische* gesandt unter einem Feldherrn *Johannes*, dem *Patricius von Sizilien Theodoros* und Adalchis. Die Schlacht wurde wohl im September geschlagen, ungewiß wo? Der Erfolg der Franken und Langobarden war groß: 4000 Tote und 1000 Gefangene verloren die Kaiserlichen. Adalchis floh nach Byzanz zurück, wo er als Patricius bis an seinen Tod ohne weitere Unternehmungen lebte. Der Streit zwischen Irene und ihrem Sohn hemmte die Waffen der Oströmer. Und nun besetzte Karl, so in offenem Krieg mit dem Kaiser, dessen *istrische* Besitzungen, deren Erwerb zur Abrundung der fränkischen Machtgebiete auf der Halbinsel ganz besonders wünschenswert schien. Die Landschaft behielt ihre bisherige (römische) Verfassung unter einem dux. Dieser dux *Johannes* focht bald darauf (791) tapfer gegen die *Awaren*, auch die bisherige Schatzung blieb, nur wurde sie fortab statt nach Byzanz an das Frankenreich entrichtet.

So hatte Karl alle Ursache, mit der von ihm in Italien befolgten Staatskunst zufrieden zu sein. Unzufrieden aber war und blieb der Papst. Denn nicht alles,

was dieser in Tuscien und Benevent verlangte, konnte ihm gegeben werden. Das Verhältnis zwischen Papst und König blieb auch sonst vielfach unbefriedigend. War Karl hierbei sofern im klaren Unrecht, als er unbedachte Versprechungen gegeben hatte, die er hinterher nicht erfüllte – die unablassende Begehrlichkeit des Papstes trug doch sehr zu der Spannung bei. Aber auch bezüglich der Besetzungen der italischen *Bistümer* gab es vielfach Streit.
Die Anschauung, die Recht und Moral und natürlich Moral und Religion (denn alle Moral ist jetzt nur religiös) nicht scheidet, sondern in der Lehre ungeschieden zusammenwirft und in der Tat in einem Atem regelt, diese für das ganze Mittelalter bezeichnende, im letzten Grunde *augustinische* und theokratische Auffassung liegt Karls *Königtum* bereits zugrunde. Daher *gelangte er mit Notwendigkeit zu dem theokratischen Kaisertum*. Nachdem die Gelehrten seiner Umgebung, die »Akademie«, ganz in römischen Überlieferungen lebend – soweit die kirchlich-theologischen Vorstellungen hierfür Raum ließen – die Erneuerung des Kaisertums als *Form* für jenen *Inhalt* aufgestellt, trat Karl auch ohne Mühe, ja willig, in vorbereiteter Notwendigkeit, in diese Form ein, welche an dem *Inhalt* seiner Herrschergewalt, wie er sie längst fromm gedacht und tatkräftig geübt, nichts änderte, *neues* eben nur in der ihm willkommenen *Form* hinzubrachte.
Der Reichstag zu Aachen beschloß einen Feldzug gegen einen neuen Feind, dessen Abwehr die notwendige Folge der Eroberung Sachsens war – eine der wenigen wohltätigen Folgen dieser Bluttat, aber wohltätig auch nur in einem Sinn und für eine Entwicklungszeit und Entwicklungsgestalt der rechtsrheinischen »deutschen« Stämme, welche weit außerhalb des Gerichtskreises Karls lagen.
Es galt dem volkreichen und kriegerischen *slawischen* Stamm der *Wilzen*, welcher, zu beiden Seiten der *Havel* an deren Oberlauf und nordöstlich bis an die *Peene* und das Gestade der Ostsee (litus austale) hin verbreitet, den Franken von jeher feindlich. Aber bis zur Einverleibung des Sachsenlandes hatten sich Wilzen und Franken gar nicht berührt. Die früher von Thüringen aus bekämpften Slawen *Samos* waren nicht Wilzen, sondern *böhmische Wenden* gewesen, die seine den Franken unterworfenen oder verbündeten Nachbarn mit Feindseligkeiten und Krieg zu verfolgen, zu bedrängen, zu reizen pflegte. Außer den *Sachsen* kommen als »bedrängte« hierbei nur noch die ebenfalls slawischen *Abodriten* im Nordwesten (auf dem rechten Elbufer gegen die Havel hin, doch nördlicher als diese) in Betracht, welche zum Teil gerade als Meute gegen die Sachsen verwendet worden waren, keinesfalls aber schon lange Verbündete oder Unterworfene der Franken waren. Wenn nun Sachsen und Abodriten Untertanen und Verbündete des Frankenreiches geworden waren, so mußte dies Reich das Andringen räuberischer Nachbarn von jenen abwehren. Das Frankenreich übernahm hiermit im Nordosten gegen *Slawen* wie alsbald im Nordwesten gegen *Dänen* und im Südosten gegen *Awaren* die Zurückweisung von Feinden, welche damals schon das Gebiet des späteren »deutschen Reiches« bedrohten. Insofern kann man freilich sagen, daß Karl, wie er durch Unterwerfung der Sachsen der Entstehung des späteren deutschen Reiches vorarbeitete, so durch jene Grenzkriege spätere Aufgaben des »deutschen Volkes« bereits aufgenommen hat. Allein deshalb »*deutsche* Politik« ihm beimessen, ist grundverkehrt: *diesen Begriff gab es noch gar nicht*. Ja, hätte Karl die

Losreißung des späteren »*deutschen*« Volkes vom »regnum Francorum« als eine Möglichkeit geahnt, er würde sie auf das heftigste bekämpft haben. Das »regnum Francorum« und dann noch die etwas nebelhaft aufgefaßte abendländische »Christenheit« –, das waren die Kreise, in denen seine Gedanken sich bewegten. Hat er doch gegen die »deutschen« Sachsen slawische Helfer gedungen, denen er zur Belohnung weite Striche sächsischen Landes preisgab. Es ist ungerecht, ihn deshalb »undeutscher« Politik zu bezichtigen, denn es gab noch keine »deutsche«. Aber es ist eben deshalb recht herzlich töricht, ihn wegen seiner »deutschen« Politik zu loben!

Karl überschritt im Sommer 789 den Rhein bei *Köln*, und zog durch das Land der Sachsen, welche, da es dem Schutz auch *ihrer* Grenzen galt, selbst starken Zuzug zu stellen hatten. Kein besseres Mittel hätte weiseste Staatsweisheit ersinnen mögen, die Sachsen mit dem neu Geschaffenen zu versöhnen und sie den Franken anzugliedern, als einen solchen zu *ihrem* Vorteil in Waffengemeinschaft mit den Franken geführten erfolggekrönten Feldzug. Auch segelkundige *Friesen* wirkten mit, sie fuhren wohl aus der *Elbe* ein, und diesen Fluß die *Havel* aufwärts, unterstützt von slawischen Horden, *Soraben* (*Suurbi*, im Süden der Wilzen, zwischen der Saale und der Elbe) und *Abodriten*, unter ihrem Häuptling *Witzan*. Man überschritt die *Elbe* auf zwei Brücken, deren eine auf beiden Ufern durch Holz- und Erdwerke befestigt und besetzt wurde. Bis zur *Peene* (*Paha*) wurde das Land der Wilzen mit Feuer und Schwert verwüstet. Ohne Widerstand zu finden, erreichte man die »Stadt« (»civitas«, das heißt Feste, Erdwerke) *Dragowits*, »der durch edle Abkunft und das Ansehen hohen Alters die andern Kleinkönige (reguli) der Wilzen weit überragte«. Sofort kam dieser aus der Stadt (wo lag sie?) heraus mit all den Seinen, unterwarf sich, schwor Karl Gehorsam und stellte Geiseln. Die übrigen Vornehmen (primores) und Kleinkönige (reguli) folgten seinem Beispiel. Dragowit hatte sich selbst in die Gewalt des Königs gestellt, daher können die Quellen sagen, er erhielt die Herrschaft *zurück*. Er wurde nun als abhängiger schatzungspflichtiger Fürst des ganzen Landes, also wohl als Oberherr der übrigen Häuptlinge anerkannt; die Zustimmung zur Einführung des Christentums wurde dabei als selbstverständlich vorausgesetzt. Auf dem Rückweg (über jene Elbbrücke) ordnete Karl sächsische Angelegenheiten.

Eine Erhebung der *Sachsen* in nördlichen Gauen, im Jahre 791 beginnend und im folgenden Jahre (792) anderswo sich wiederholend und sich viel weiter ausbreitend, zeigte, besonders gekennzeichnet durch die leidenschaftlich rasch betätigte eifrige Rückkehr zum Heidentum, daß das große Werk noch immer nicht abgeschlossen war. Karls Politik, diesen Abschluß den Sachsen ins Angesicht vorauszusetzen, Sachsenland ohne weiteres als Ausgangsboden für seine Kriegspläne und sächsische Aufgebote ohne weiteres als Teile des Reichsheeres zu verwenden, war von großartiger Kühnheit und schließlich im ganzen erfolgreich. Aber sie schloß empfindliche Enttäuschungen im einzelnen nicht aus.

Eine Sachsenerhebung ist nichts überraschendes. Wohl aber muß befremden, daß gegen das Leben eines solchen Herrschers abermals wie vor sechs Jahren eine Verschwörung gerichtet wird und zwar diesmal von dem eignen Sohn. *Pippin*, »der Höckerige«, sein unehelicher Sohn von *Himiltrud*, schön von Antlitz, aber durch einen Höcker entstellt – er allein hatte (vielleicht eben als

Bastard) bisher kein Königreich, wie es Karl, Ludwig und Pippin (von Italien) erhalten hatten – verband sich mit zahlreichen vornehmen Franken, meist jüngeren Alters. Der König und seine ehelichen Söhne sollten ermordet, Pippin sollte auf den Thron erhoben werden. Abermals wird die Grausamkeit der Königin Fastrada, welche nicht zu ertragen sei, als Grund angegeben; wir können nicht prüfen, mit welchem Recht. Ein Langobarde, *Fardulf*, der treulich zu Desiderius gestanden und (deshalb?) verbannt, das heißt außerhalb der Heimat oder dem bisherigen Wohnsitz irgendwo im Reiche verbannt gewesen war, entdeckte die Verschwörung (Herbst 792) und erhielt zur Belohnung dafür, daß er Treue gehalten, die reiche, machtvolle Würde des Abtes von *Saint Denis* – eine der allerersten Stellen im Reich. Die Verschwörer wurden wegen »Infidelitas« (majestatis rei) teils enthauptet, teils gehängt, teils gegeißelt und »verbannt« das heißt irgendwo *innerhalb* des Reiches verbannt.
Der König hatte eine zweite Reichsversammlung im Winter nach *Regensburg* berufen, welche dieses Urteil fand. Auch Pippin war Erbrecht und Leben abgesprochen worden. Da jedoch der Vater seinen Tod nicht wollte, »urteilten die Franken, er solle sich dem Dienste Gottes beugen«. So geschah es. Karl schickte ihn als Geistlichen in das Kloster *Prüm*, wo er noch zwanzig Jahre lebte und erst im Jahre 811 starb. Auf dieser zweiten Regensburger Versammlung (792) belohnte der König diejenigen Bischöfe, Äbte und Grafen und das andere getreue Volk, das sich nicht an jenem Plan beteiligt hatte, vielfach durch Gold, Silber, Seide (sirico) und viele (andere) Geschenke.
Das gewaltige, weiträumige Reich war aber jetzt im wesentlichen so gesichert und so wohl gegliedert, daß Karl die Abwehr der Sarazenen nicht in Person zu übernehmen brauchte. Er schickte im Frühjahr 794 *Ludwig* – wohl vor allem zu jenem Behuf – nach *Aquitanien* zurück. Bei dieser Gelegenheit stellte sich heraus, daß die Großen in Aquitanien sich auf Kosten des (aquitanischen) Kronguts dermaßen bereichert hatten, daß Ludwig nicht einmal die üblichen, vom Anstand geforderten Geschenke (benedictiones) spenden konnte. Aber auch starke Aussaugung des Volkes zumal durch die Kriegsbeamten (viri militares), die den königlichen Heerbann und alle aus ihm fließenden Rechte auf Geldzahlungen und insbesondere auf Naturalleistungen zu üben hatten, kamen an den Tag.
Man fragt sich manchmal, ob man nicht, geblendet von dem Glanz der großartigen Gestalt Karls, ihm hier und da allzu umfassende, allzu kühn planende Entwürfe zuschreibe? Wenn man dann aber ihn ganz ruhig den spanischen Irrlehrern sagen hört, »er bedauere, falls er um dieser Ketzerei willen jede Gemeinschaft mit ihnen aufgeben müsse, da er doch Willens gewesen sei, bei ›günstiger Gelegenheit sie von dem Joch ihrer weltlichen Vergewaltigung zu befreien‹«, das heißt also ganz Spanien der Herrschaft der Araber zu entreißen – denn er sagt das dem Erzbischof von *Toledo* – so erkennt man, daß man wirklich diesem Europa umspannenden Geiste nicht leicht zu hochfliegende Pläne zumessen mag. Nur an einem Zufall hing es, daß es unerachtet Karls schlichter friedliebender Gesinnung gegenüber dem Oberhaupt der Kirche nicht doch zu heftigstem Kampfe kam des Königs und der von ihm abhängigen Bischöfe gegen den Papst und ein von diesem gebilligtes Konzil. Gerade die tiefe, echte Frömmigkeit Karls, dem ein seiner christlichen Überzeugung (scheinbar) widerstreitendes Dogma unerträglich war, hatte den An-

laß zu einem Widerspruch gegeben, welcher von Karl, seinem Charakter und seiner Macht gemäß, wohl bis auf das äußerste durchgeführt worden wäre, hätte man das unterliegende Mißverständnis nicht aufgeklärt. Das ist das Wesentliche und allein Denkwürdige an dem sachlich bald beigelegten Streit. Jedenfalls hatte Karl bereits gezeigt, wie er auch Papst und Konzil gegenüber erforderlichenfalls die Rechte (weil Pflichten) seiner Stellung als Verteidiger der Kirche zu üben (wie zu erfüllen) entschlossen war. Es handelte sich um die vielbestrittene *Bilderverehrung*.

Papst Hadrian war am 23. Dezember 795 gestorben. Ohne Vergleich eine viel höherstehende Natur als seine beiden Vorgänger hatte er Karls wirkliche Freundschaft gewonnen. Der König weinte über seinen Tod wie über eines liebwerten Bruders oder Sohnes Verlust; er ließ für den Verstorbenen im ganzen Reiche beten, ersuchte die *angelsächsische* Geistlichkeit um das gleiche und ließ von *Alkuin* eine Grabschrift dichten, welche in Francia mit Goldbuchstaben auf einer schwarzen Marmorplatte geschrieben und in die Peterskirche, wo Hadrian am 26. Dezember bestattet worden war, gebracht wurde.

Hadrians Nachfolger *Leo III.* (795–816) war ein bedeutender, gerade für das Diplomatische und Politische fein begabter Mann. Wenn er von dieser glänzenden Begabung in Leitung und Gestaltung der wichtigsten, der weltgeschichtlichen Begebenheit seines Pontifikats, der Erneuerung des abendländischen Kaisertums und dessen Übertragung auf den König des Frankenreiches, einen Gebrauch gemacht hat, den wir – nach weltlicher Moral – nicht billigen können, so entschuldigt ihn die von ihm vorgefundene Überlieferung, die Praxis seiner Vorgänger in der Gestaltung des Verhältnisses des römischen Stuhles zu den Frankenkönigen und die unermeßbare Bedeutung, welche diese Tat für die ganze Zukunft des Papsttums haben mußte. Das freilich ebenfalls unermeßliche Elend, welches der Papst durch »Verleihung« der Kaiserkrone an den Frankenkönig über Italien, über Deutschland, ja mittelbar über das ganze christliche Abendland bringen sollte – all' das hat Leo nicht vorher ahnen können. Er hat nur das Verhältnis von Kirche und Staat, wie es *Sankt Augustinus* gelehrt, mit geistlicher Diplomatie in die Praxis eingeführt.

Uns liegt daran zu zeigen, daß das im Jahre 800 Geschehene nicht plötzlich vom Himmel Gefallenes war, daß hier vielmehr nur eine neue und zwar zweifellos nach den Anschauungen der Zeit höchst angemessene, ja die notwendige *Form* gegeben wurde einem Machtinhalt, einer Herrschaft und einer Herrschaftsidee, welche schon seit mehreren Jahren tatsächlich bestanden, einer Herrschafts*idee*, welche Karl und zumal dessen gelehrter geistlicher Umgebung schon seit wenigstens 795 bewußt und vertraut war.

Vor allem ist festzustellen, daß schon lange vor 800 der Papst dem Frankenkönig als »patricius Romanus« und – mehr noch – gemäß der von Karl bereits 794 bei Anlaß des *Frankfurter* Konzils gegenüber den *spanischen*, ihm staatsrechtlich nicht untergebenen Bischöfen, dann 796 dem Papst selbst gegenüber beanspruchten Stellung als »Beschirmer der (römischen) Kirche allüberall« eine gewisse Befugnis einräumte, die Gültigkeit der Papstwahl zu überwachen, schon vermöge seiner Verpflichtung, den – gültig gewählten – Papst zu *schützen*, eine Verpflichtung, an welche Karl alsbald von Leo gemahnt werden sollte. Aber mehr noch. Zwar war der Papst ohne Zweifel Souverän eines seit 754 geschaffenen weltlichen Staates, eben des Kirchenstaates, dessen Hauptstadt Rom war, und insofern war der Papst auch Souverän, weltlicher Monarch von Rom (an Stelle des beiseite geschobenen allein *legitimen* Souveräns, des Kaisers zu Byzanz) geworden. Hadrian streifte das letzte Zeichen der Anerkennung solcher Scheinsouveränität ab, indem er (seit 796?) nicht mehr nach Regierungsjahren des Kaisers datierte. Indessen diese Souveränität des Papstes in Rom, wie im Kirchenstaat überhaupt, war keineswegs eine unbeschränkte. Wir sahen, wie Rechtsmittel, gegen päpstliche Urteile an den Frankenkönig eingelegt, vom Papst nicht prinzipiell beanstandet wurden. Ungewiß bleibt, ob in den Verträgen, namentlich etwa dem von 773/74, der König sich ausdrücklich solche *Oberhoheit* gewahrt hatte – es scheint nicht; da Karl sich nicht darauf beruft – oder ob es nur aus den Pflichten des Schirmvogts der Kirche (defensor, später erst advocatus ecclesiae) gefolgert wurde. Aber gewiß ist, der König forderte Treue und Gehorsam (in weltlichen Dingen) vom Papst, er nahm *über* der *Unter*souveränität des Papstes die *höchste* Souveränität in Rom in Anspruch. *All das wurde auch bereits 795 vom Papst anerkannt.* Leo zeigt dem König seine Wahl an, er übersendet – doch offenbar zur Prüfung dieses Beweismittels – das Wahlprotokoll, Wahldekret (decretalis cartula) und er *verspricht ihm dabei feierlich Treue und Gehorsam.*

Lange vor 800, ca. 783, nennt ein so frommer und papstergebener Mann, wie *Paulus Diaconus*, Rom in einem Brief an Karl »*Eure*« Stadt und zwischen 783 und 786 in der Geschichte der Bischöfe von *Metz* sagt er: »Karl fügte die Römer und die Stadt Rom selbst, welche schon lange sein Erscheinen ersehnt hatte, und, weiland Herrin des ganzen Erdkreises, jetzt von den Langobarden herabgedrückt, seufzte, aus harter Bedrängnis sie befreiend, *unter seiner Szepter Gebo* .« Sehr bezeichnend ist, daß ein eifrig byzantinisch gesinnter Mann Rom geradtezu eine Stadt »unter der Herrschaft der Franken« nennt noch vor Aufrichtung des Kaisertums, nämlich bei der Rückführung Leos im Jahre 799. »Damals, meint *Theophanes*, sei die Stadt unter die Herrschaft der Franken geraten.« Bis dahin war sie, nach byzantinisch-legitimistischer Auffassung, unter der Herrschaft von Byzanz, nicht aber des Papstes.

Wahrlich, der patricius Romanus und protector St. Petri *Pippin* hatte nur *Pflichten* erfüllt. Wenn aber der gewaltige Karl solche Folgerungen schon als König aus jener Stellung zog – wie sah es aus mit der Freiheit der Kirche? Hatte er nicht schon 794 sogar in einem Dogma sich und seine Reichskirche über den Papst und ein päpstlich gebilligtes Konzil gestellt? Wo war die Grenze? Wo war die Macht, ihn zu hemmen? Wahrlich, dieser Frankenkönig wurde als Protektor gefährlicher mit seinem erdrückenden Tarpeja-Schild als die »unaussprechlichen« Langobardenkönige mit ihrem Kriegsschwert es je gewesen waren. Konnte ein Papst, ein so grundgescheiter wie dieser Leo, wünschen, daß der schon allzumächtige König durch die *Kaiser*würde noch mehr eine universale Stellung erhalte, geradezu durch diesen Namen *aufgefordert* werde, mit Papst und Synoden umzuspringen, wie die Kaiser in Byzanz? Wollte dieser Kaiser seine Residenz nach Rom verlegen – und wer konnte den »römischen Kaiser« davon abhalten? – war es dann nicht aus mit jener weltlichen Gewalt des Papstes in *Rom* und im Kirchenstaat, welche seit lange so meisterhaft aufgebaut worden war? Wo blieb der Untersouverän, residierte der Obersouverän in Rom? Wahrlich, die Annahme der Kaiserwürde durch Karl war ein Ereignis, welches der Papst nicht herbeiwünschen, sondern mit allen Mitteln verhüten mußte. Alle *Pflichten* des defensor ecclesiae, also alle *Vorteile* des bisherigen Zustandes für den Papst, hatte ja auch der *König Karl* zu erfüllen und zu gewähren. Aber nicht nur der Verlust der weltlichen Machtstellung des Papstes, nein – die Gefahr des *Caesaropapismus nach byzantinischem Muster*, eine ernste Bedrohung der in der Tat unentbehrlichen Freiheit der Kirche lag in dem Kaisertum Karls. Konnte der Papst dieses Kaisertum nicht mehr aufhalten – und bald überzeugte sich der Vertriebene, der Flüchtling, der Karl mitten im Sachsenwald aufsuchen und ihn um Wiedereinsetzung in seinen Bischofsstuhl am Tiber anflehen mußte–, daß dieses Kaisertum beschlossene Sache war, dann konnte es nur noch Aufgabe der päpstlichen Staatskunst sein, *in der Form*, in der *Art* der Errichtung des Kaisertums, dieses unvermeidlichen Übels, noch so viel als irgend tunlich für die Stellung des Papstes dabei herauszuschlagen. Nie wurde eine schwerste Aufgabe meisterhafter gelöst.

Karl war von Aachen im Sommer 799 mit seinen Söhnen *Karl*, *Pippin* und *Ludwig*, welcher Befehl erhalten hatte, *aquitanische* Mannschaften mit heranzubringen – also war wohl eine größere Unternehmung geplant – nach *Sachsen* aufgebrochen, hielt zu *Lippeham* die allgemeine Reichsversammlung (oder zu *Friemarsheim*, am linken Rheinufer, nahe der *Ruhr*mündung) und schlug dann in *Paderborn (Padrabrunno)* sein Lager auf. Hier behielt er die Hälfte der Truppen zurück, während er mit der andern Hälfte seinen Sohn *Karl* nach dem *Bardengau* sandte, mit den *Slawen (Wilzen* und *Abodriten)* zu verhandeln, Unterwerfungserklärungen der *Nordsachsen* entgegenzunehmen, Abgefallene zu verknechten. Seinen Sohn Pippin aber schickte er mit zahlreichen Begleitern einem Gast entgegen, dessen Besuch wieder – wie weiland Stephans II. – ein Stück Weltgeschichte im großartigsten Sinne des Wortes bedeutete: *dem Papst Leo.* Dieser war am *St. Markustag* (25. April) von einer feindlichen Partei, als er in feierlichem Aufzug vom *Lateran* zu Pferd sich nach der Basilika *San Lorenzo* in *Lucina* begeben wollte, aus einem Hinterhalt bei letzterer Kirche überfallen und gefangen worden. Rädelsführer waren Hadrians I. Neffen, der primicerius *Paschalis* und der Säckelmeister (sacellarius) *Campulus.* Politische Beweggründe hatte die Parteiung nicht. Es ist Unterschiebung von Beweggründen, wie sie erst später, zumal im 10. Jahrhundert, auftauchen, wenn eine Quelle eben dieses Jahrhunderts, der »libellus de imperatoria potestate in urbe Roma«, das römische Volk die weltliche Herrschaft in der Stadt dem Papst entreißen lassen will. Der Papst wurde von seinen Anklägern verbrecherischer und lasterhafter Dinge, der Unzucht und des Meineids bezichtigt, höchstwahrscheinlich ohne Grund. Daß einmal *Arn von Salzburg* in einem Brief an *Alkuin* mit den Sitten »des Apostolischen« nicht zufrieden ist, kann gegenüber dem Unschuldseid Leos und dem freisprechenden Urteil der fränkischen Untersuchungsrichter nicht allzuschwer ins Gewicht fallen, zumal derselbe Arn später dem Gericht angehört, welches die Angaben für unbegründet erklärt. Vom Pferde geworfen und mißhandelt, blieb er nackt und halb tot auf dem Platz liegen, wurde dann von den Anstiftern unter dem Vorwand der Heilung in das Kloster des heiligen *Herasmus* gebracht, hieraus aber nächtlicherweile durch seinen *cubicularius Albinus* befreit – er wurde mittels eines Seiles über die (Stadt-?)Mauer herabgelassen –, gelangte in die Peterskirche, wurde hier von Gesandten des Königs, Abt *Wriund* von *Stablo* und von Herzog *Winigis von Spoleto*, der auf die Kunde von solchem

Frevel sofort gegen Rom mit einem Heere geeilt war (nicht schon im St. Peter weilte), aufgenommen und nach Spoleto gebracht.
Ohne Zweifel wandte sich der Papst (und der Spoletiner) gleich an Karl (nicht zuerst nach Byzanz), der sofort seinen vornehmsten Reichsbeamten, den *Archicapellanus Hildibald* und Graf *Askarich* dem Flüchtling entgegensandte, welchen er zu ihm zu bringen *befahl (praecepit)*. Zwar nicht an den Papst, an den Spoletiner erging der »Befehl«; doch faßte der König offenbar sofort den Beschluß, selbst untersuchen und richten zu lassen, die zweifelloseste Geltendmachung *staatlicher Gerichtsbarkeit* wie über des Papstes Angreifer, *so über den Papst selbst*. Leo wurde nun zu Paderborn mit den höchsten Ehren empfangen. Wir besitzen noch Trümmer einer epischen Dichtung, welche das Verhältnis von Kaiser und Papst, zumal auch diesen Besuch, schildert. Der Papst wurde so ehrenvoll entlassen wie er empfangen worden, »nachdem er alles vorgebracht hatte, um deswillen er gekommen war« –, aber gewiß auch, nachdem er von Karl und dessen Umgebung, und von den einflußreichsten Staatsmännern, wie dem Erzkaplan, welche zu seiner Zurückbegleitung nach Rom und zur Untersuchung und Entscheidung seiner Sache ihm mitgegeben waren, den hochwichtigen Beschluß Karls erfahren hatte, der niemand näher anging als den Bischof von Rom: nämlich die *Annahme der Würde eines römischen Kaisers*. Völlig unglaubhaft, erst lange nach der Tatsache von 800 zurechtgelegt und zwar mit der Absicht, die Verleihung der Kaiserkrone durch den Papst als dessen von Karl anerkanntes Recht darzustellen (oder doch in dem festen Glauben an dies Recht), ist ein Bericht, wonach Leo damals versprochen habe, den König, wenn er ihn vor seinen Feinden beschirme, mit dem kaiserlichen Diadem zu krönen. Der fragliche Abschnitt der »Taten der Bischöfe von *Neapel*« ist von dem *Diakon Johannes* zu Anfang des 10. Jahrhunderts verfaßt. Was Karl jetzt gerade übte, diese Gerichtsbarkeit über den Papst und dessen Ankläger –, konnte ein Frankenkönig das üben? Nein. Ein patricius Romanus? Vielleicht, aber schwerlich, diese nebelhaft unbestimmte Titelwürde hatte wenigstens nie im Entferntesten solche Gewalt in Rom geübt. Der *römische Kaiser* freilich hatte das wiederholt getan. Nur dieser Name, nur die rechte Form fehlte Karl, dem Beherrscher (fast) des ganzen christlichen Abendlandes (ausgenommen nur die Christen auf den britischen Inseln, in Spanien und dem noch byzantinischen Italien), dem »Schirmer des rechten Glaubens überall«. Die hochstehenden Beamten, welche im Auftrag des Königs als dessen missi den Papst zuerst (wohl im Oktober) durch das Frankenreich nach Rom in hohen Ehren zurückführten, wo er am 29. November an der *milvischen* Brücke vor den Toren feierlich empfangen wurde, am 30. November feierlich aus der Peterskirche in den Lateran einzog, waren der Reichserzkanzler (Archicapellanus) *Hildibald* von *Köln*, *Arn* von *Salzburg*, die Bischöfe *Kunipert*, *Bernhard* (*Bernhar* von *Worms*)?, *Otto* (Atto von Freising?), *Jesse* von *Amiens*, der Bischof electus *Flaicus* und drei Grafen, *Helingaud*, *Rothikar* und *Germar*. Diese Männer setzen den Papst auf Karls Befehl sogleich, noch vor Prüfung der Anklagen seiner Gegner, wieder ein. Sie bildeten auch das Gericht, welches in dem »triclinium des Papstes« anderthalb Wochen lang die von den Anklägern und Nachstellern desselben erhobenen (auch nach *Paderborn* eingesandten) Beschuldigungen untersuchten. Das Ergebnis war, daß die Ankläger nichts »vorbringen«, d. h. beweisen konnten; so wurden sie, zumal Paschalis und Campulus, verhaftet und zum König nach »Francia« gebracht.

Anfang August hielt Karl die allgemeine Reichsversammlung (»plaidavit«) zu *Mainz* (*Mogontiacum*), sagte, »nachdem er alle Grenzen des Reiches in Frieden gesehen«, den Zug nach *Italien* an und ging, von Mainz aufbrechend, über die Alpen. Der offen angegebene Zweck dieser Romfahrt war die Ordnung der Zustände in Rom und die Bekriegung Benevents, der noch geheimgehaltene, aber bereits fest beschlossene, gewiß die Annahme der Kaiserwürde. Zunächst rastete der König in *Ravenna*. Dort ordnete er alles für einen Feldzug gegen *Benevent*, brach nach sieben Tagen auf und ging über *Ancona*, von wo aus er *Pippin* mit dem größten Teil des Heeres durch das Gebiet von *Spoleto* gegen *Crimoald* entsandte, nach *Rom*. Am 23. November traf er zu *Mentana* (Nomentum), 12 (14$^1/_2$) römische Meilen vor Rom, auf den Papst, der ihm so weit entgegengegangen war. Mit größter Demut empfing er den König, frühstückte dort mit ihm und eilte ihm dann voran in die Stadt.

Kaiser Karl der Große

Kaiserkrönung durch Papst Leo III. — Austausch von Gastgeschenken mit Harun al-Raschid — Im Kaiserpalast zu Aachen

Zunächst wurde nun (am 1. Dezember) nochmal feierlich und vom König in Person die wider den Papst erhobene Anklage verhandelt, offenbar um die Stellung desselben durch glänzendste Freisprechung noch mehr zu befestigen. Es ist wundersam, wie sich in diesen Tagen die weltgeschichtlichen Ereignisse zusammendrängen, wie mit dramatischer Lebendigkeit der notwendige Abschluß der bisherigen Entwicklung gebieterisch herbeigezwungen wird. Die Stellung Karls war so sehr eine kaiserliche, daß die Dinge gleichsam ungeduldig das allein noch fehlende Wort zu dem Tatsächlichen hinzuverlangten. Am 23. Dezember hatte Karl über den Papst und über römische Edle gerichtet. Am gleichen Tag erhält er zu den Schlüsseln von St. Peters Grab, zu den Schlüsseln und dem Banner von Rom die Schlüssel zu dem Grab des Heilands, Schlüssel und Banner von Jerusalem und die Aufforderung zu einem Schutz wider die Heiden, welchen der Kaiser zu Byzanz zu gewähren verpflichtet, aber unfähig war. Daß hier nicht bewußt berechnendes Zusammentreffen, sondern unwillkürlich die Weltgeschichte gearbeitet hat, macht das Ganze erst recht großartig.
Am nächsten Tag, am Weihnachtsabend, 24. Dezember 800, folgte die Krönung des Gebäudes, an welchem die Weltgeschichte seit der *katholischen* Taufe *Chlodovechs* (496), seit dem Emporkommen der *Arnulfingen* (620), seit den Tagen von *Tertri* (687), von *Vincy* (717), von *Poitiers* (732), von *Soissons* (751), von *Ponthion* (754), von *Pavia* (774) in immer rascherer Beschleunigung gearbeitet hatte: die Annahme des Kaiser*titels* zu der tatsächlich bestehenden *Kaisermacht* hinzu. Für uns, für unsere ganze Darstellung ist der Akt nichts Neues, nichts Überraschendes, er ist so notwendig wie der Schlußakkord einer folgerichtig gebauten Tondichtung. Früher, noch bei dem letzten Besuch Karls in Rom, wäre die Form verfrüht gewesen. Noch war Karl damals nicht Herr

Italiens, Baierns, Sachsens, der Ostmark, noch war er nicht als Schirmer des Glaubens nach außen gegen den Islam und im Innern gegen die Ketzerei – fast allzu selbstherrlich – aufgetreten, noch nicht aufgegangen war in seiner Umgebung und zumal in seinem Geist die Erkenntnis seiner *universalen* Stellung, welche die eines »Frankenkönigs« weit überragte, noch fehlte damals die *theokratische Grundfärbung* dieser universalen Macht, welche seither nicht nur quantitativ, welche auch der *Eigenart* nach eine ganz andere geworden war, als die eines germanischen Gaukönigs, der eben nur allmählich viele Gaue, Völkerschaften, Völker zu einem Reichskönigtum versammelt hätte.

Ohne Zweifel ging die geistige Vorbereitung dieses Schrittes von Karls gelehrter weltlich- und geistlich-römischer Umgebung hervor, zumal von *Alkuin*.

Doch lassen wir die Quellen weitersprechen: »Als der König sich von dem Gebet erhob vor dem Grabe St. Peters und zur Messe ging, setzte Papst Leo ihm eine goldene Kaiserkrone auf das Haupt und das ganze Volk der *Römer* brach in den Zuruf aus: ›Karl (dem höchst frommen) Augustus, *dem von Gott gekrönten* großen und Frieden schaffenden Kaiser der Römer Leben und Sieg‹. Und nach Lobgesängen wurde er von dem Apostolischen, gemäß der Sitte der alten Kaiser, ›adorirt‹ (d.h. durch Kniebeugung, πρυσκύνησις, geehrt) und, unter Beseitigung des Namens Patricius, Imperator und Augustus genannt.« Darauf folgt die Salbung Karls zum Kaiser und seines Sohnes Karl zum König. Nach dem Zeugnis des Mannes, der für Karls persönliche Empfindungen anerkannt der wichtigste Zeuge ist – nach *Einhards* Zeugnis – war Karl über diesen Vorgang so entrüstet, daß er erklärte, er würde die Peterskirche trotz des hohen Kirchenfestes an jenem Tage nicht betreten haben, hätte er das Vorhaben des Papstes vorauswissen können.

Daß Karl *überrascht* wurde, bestätigt auch eine von Einhard unabhängige Quelle: die Annalen *St. Maximins* (801) »*ohne Vorwissen des Herrn Karl*«.

Die Äußerung Karls selbst wird nicht bestritten, nur *was das* Überraschende in dem Vorgang gewesen sei, darüber gehen die Meinungen auseinander. Daß Karl *überhaupt* den Kaisernamen *nicht* gewollt habe, – niemand behauptet das heute noch, obwohl der Wortlaut bei Einhard gerade hierfür spricht, wenn man die Stelle *nicht* so erklärt, wie *wir* sie erklären. Solche weltgeschichtliche Rollen werden einem Manne wie Karl nicht aufgezwungen, solche Vorgänge werden plötzlich gemacht nur nach der Seelenkunde des Wunderglaubens. Daß vor den Tagen zu Rom und außerhalb des Kreises des Papstes, der Bischöfe und der römischen Stadtgemeinde niemand noch jenen Gedanken ausgesprochen habe, ist undenkbar, ist schon mit Alkuins Brief unvereinbar.

Man hat nun gemeint, Karl habe die Kaiserkrone wohl gewollt, aber *noch* nicht. Worauf noch sollte er warten? So muß man die Vertreter dieser Meinung fragen. Sie antworten nicht. Immerhin läßt sich aber hierfür Karls eignes Zeugnis anführen: Karl war »*um der Kirche und des Papstes willen*« nach Rom gekommen, so sagt er selbst in der Urkunde vom 4. März – also *nach* der Krönung – für die Kirche zu *Arezzo*, wie es übereinstimmend in den Annalen heißt. Die Kaiserwürde war also vielleicht noch gar nicht für *diesen* Besuch oder doch erst nach einem Beschluß der Römer *im Laufe* des Besuchs ganz bestimmt ins Auge gefaßt gewesen. Andere wähnen, Karl habe die Übertragung der Kaiserwürde durch Byzanz durch Verhandlungen herbeiführen wollen. Das Zerrbild dieser Meinung ist die Annahme, Byzanz habe wirklich schon vorher die Kaiserwürde Karl übertragen und der Papst nur in des Kaisers Auftrag gehandelt. Das Unmögliche dieser Meinung wird dargetan durch die ganze Vergangenheit nicht nur, durch die ganze Geschichte der Bekämpfung der Frankenmacht in Italien durch Byzanz und durch die starr legitimistische Theorie der Byzantiner von dem unteilbaren Kaisertum, kräftiger noch durch die nächstfolgenden Ereignisse. Sobald Byzanz den Vorgang erfuhr, der dem oströmischen Kaiser nur schnöde Anmaßung scheinen konnte, erfolgte ausdrücklichste Nichtanerkennung.

Karl wurde also vom Papst überrascht. Es war nicht das erstemal, die Päpste liebten solches zuvorkommende Handeln ohne irgendwelche Rücksicht auf Karl, ja mit bewußter Verletzung seiner Wünsche und Vorteile. Ganz ebenso hatte 773 Papst *Hadrian* das Herzogtum *Spoleto* Karl aus der langobardischen Siegesbeute vorweggenommen.

Betrachten wir die früheren analogen, vorbereitenden Vorgänge. Die Erhebung Pippins zum König, die Salbung durch Bonifatius, die Verleihung des Patriciatus, die Salbung Pippins und seiner Söhne zu Königen, überall zwar eine Mitwirkung, eine Handlung des Papstes oder seines Vertreters, aber nirgends ein rein passives Empfangen des Königs, vielmehr überall ein vorgängiger Beschluß des fränkischen Reichstags oder der Großen des Hofes oder doch eine vorgängig eingeholte, verabredete Zustimmung des Königs. »*Von Gott*« gekrönt und gesalbt – wohl, und zwar natürlich durch den (*nachfolgenden*) Papst; aber doch nur im Sinne der *nachträglichen* göttlichen Weihe eines *vorher* von König und Reichstag der Franken gefaßten Entschlusses. Gewiß hatte Karl auch eine Krönung und Salbung zum Kaiser durch den Papst als Gottes Vertreter vorgeschwebt, gewiß wäre diese päpstliche Weihung *nachträglich* erbeten worden. Aber *vorausgehen sollte* sonder Zweifel der *erklärte Beschluß* des *Frankenkönigs* und *römischen* Patricius, unter Zustimmung der fränkischen Großen und des römischen Volkes, die Kaiserwürde *kraft eigenen Rechts* – »unter Gottes Fügung« – *zu ergreifen.*

So wie die Dinge nach der Veranstaltung des Papstes nun verliefen, kam es gar nicht zu einer *ausdrücklichen* Annahmeerklärung Karls, aber auch nicht zu einem *formalen* Beschluß des römischen Volkes und Senats; denn jene vorher einstudierte und bestellte – man verstand von jeher diese Dinge meisterhaft in Rom – tumultuarische Akklamation ging doch nur aus von den wenigen, keineswegs die Gesamtheit umfassenden *Römern*, welche zufällig – oder vielmehr *nicht* zufällig, sondern nach Verabredung mit dem Papst – in jenem Augenblick in der Peterskirche weilten. Man dachte damals in Rom, nur die Zustimmung der *Römer* sei zu der Neuerrichtung des (west)römischen Kaisertums erforderlich, während doch nach allgemeinen Rechtsgrundsätzen die Zustimmung des *fränkischen Reichstags* unentbehrlich war, sollte der Frankenkönig, abgesehen von der Erweiterung seiner Rechte, so schwerwiegende neue *Pflichten* übernehmen, waren es doch die Mittel des *fränkischen* Staates, mit denen dieser römische Kaiser »überall«, zum Beispiel auch gegen spanische Ketzer oder – denkbarerweise – zum Schutze von Jerusalem, als Beschirmer des Glaubens auftreten sollte.

Eine solche Zustimmung des fränkischen Reichstages ist auch nachträglich nicht eingeholt worden.

Die höchste irdische Macht, die weltliche Oberherrschaft über das christliche Abendland – Karl wähnte sie durch seine und seiner Ahnen Taten errungen –, verdient zu haben: er sollte aber lernen (und mit ihm die Nachwelt auf sieben Jahrhunderte), daß der Papst sie ihm geschenkt. Nicht das Königtum, die Kirche erntete, was das Königtum gesäet hatte. Nie hatte ein Papst zuvor eine solche Machthöhe erstiegen, wie dieser soeben vom König gerichtete und gerettete. *Der Papst verlieh die Krone der Welt*, er hatte sichtbarlich von Gott wie das geistliche so auch das weltliche Schwert empfangen; denn im Auftrag Gottes verlieh er das weltliche weiter an den Frankenkönig.
Karl führte fortab den Titel: Serenissimus *Augustus a Deo coronatus magnus pacificus imperator* (wörtlich die Formel der Akklamation) Romanum gubernans imperium (aber *nicht:* totum orbem, das heißt also nur imperium *occidentale*) qui et per misericordiam Dei rex Francorum et Langobardorum. »Misericordia« wird später durch »gratia« ersetzt. Es ist der Ursprung des berühmten »Königtums von Gottes Gnaden«, anfänglich ein den Bischöfen nachgebildeter Ausdruck christlicher Demut, nur durch die Gnade Gottes, nicht kraft eigenen Verdienstes, zum Beispiel gratia Dei, non propriis meritis episcopus Turonensis, wurde die Phrase von den *Stuarts* bekanntlich zur absurdesten Begründung ihres »right divine« mißbraucht. Staatsrechtlich hat dies Wort nur den Sinn, daß in der Monarchie dem Monarchen die Staatsgewalt *kraft eigenen Rechts* auf Grund der Verfassung (früher der Hausverträge und der Lehenfolge) eignet, nicht kraft Auftrags oder als Beamten des »souveränen« Volkes, welches eben in der Monarchie *nicht* souverän ist.
Die ersten Taten des neuen Kaisers waren Schenkungen an die Peterskirche und andere Kirchen Roms. Dann aber galt es, die durch Annahme der Kaiserwürde neu geschaffenen Verhältnisse auch neu und zumal bestimmt zu ordnen. Allzu zahlreich waren diese *neuen* Dinge nicht. Schon als patricius und als Schutzherr hatte Karl, wie wir sahen, die Obersouveränität in Rom geübt. Doch wurde damals wohl sein Recht, die Papstwahlen zu prüfen, zu genehmigen oder zu verwerfen, bestimmt festgestellt. Bis Ende April war Karl in Rom mit diesen »Ordnungen« beschäftigt: es galt den Beziehungen zur Stadt, zum Papst, zu ganz Italien (soweit es päpstlich und »langobardisch«, nicht byzantinisch war) in staatlichen, kirchlichen, privaten (das heißt wohl Prozeß- und Domänensachen).
Vor vier Jahren schon (797) hatte Karl, in Erwiderung früherer Botschaften, eine Gesandtschaft an den »König der Perser« abgeschickt, das heißt an den *Khalifen* von *Bagdad*, *Harun Alraschid*. Als er jetzt in *Pavia* weilte, wurde ihm gemeldet, Gesandte des *Aaron Amir Almumminin*, das heißt des Gebieters der Gläubigen, Emir *al Mumenin*, des »Königs der Perser«, seien in den Hafen von *Pisa* eingelaufen. Er schickte ihnen entgegen und ließ sie sich vorstellen zwischen *Vercelli* und *Ivrea* (*Eporedia*). Einer war ein »*Perser*« aus dem Morgenland, der andere ein *Sarazene* aus *Afrika*, Gesandter des *Amiratus Abraham* (des Statthalters *Ibrahim Ibn al Aghlab*), der das Grenzgebiet (confinium) Afrikas verwaltete in *Fossato*. Dieser meldete, der Jude *Isaak*, der von Karl mit den Gesandten *Lantfrid* und *Sigismund* »zu dem Perserkönig« (mit) geschickt worden war, sei mit großen Gegengeschenken des Khalifen zurückgekehrt, zur Zeit aber noch in Afrika, wohl bei jenem Statthalter. Beide Franken waren auf der Reise gestorben. Da sandte Karl den *Notarius Erchanbald* nach *Ligurien*,

die Schiffe zu rüsten, auf welchen das von Harun geschenkte »*Elefant*(en) *Tier*« (»bestia Elephantus«) und die andern Dinge abgeholt werden sollten. Isaak landete im Oktober erst mit dem Elefanten in *Porto Venere* und überwinterte zu *Vercelli*, da er (mit dem Tier) die Alpen wegen des Schnees nicht überschreiten konnte. Erst im folgenden Jahr (802) kam Isaak nach *Aachen* und übergab dort den Elefanten, der »Abul Abbas« hieß, und die andern Geschenke. Das Tier, Karl hatte ausdrücklich sich einen Elefanten bei Harun erbeten, und dieser den (angeblich) einzigen, den er damals besaß, gesandt, machte bei den Franken solchen Eindruck, da seit *Hannibal* wohl kein solch Getier nach Gallien gekommen war, daß sein Verscheiden im Jahre 810 wie sonst das einer Prinzessin oder eines Bischofs in den Annalen verzeichnet wurde.
Gegen Ende des Jahres trafen Siegesnachrichten aus *Spanien* ein. *Barcelona* hatte sich nach längerer Belagerung ergeben. Der Häuptling (*Wali*) *Seid* (?) hatte sich bereits 797 in Aachen persönlich eingefunden, Karl unterworfen und versprochen, die Stadt zu übergeben. Ob dies jemals wirklich geschehen steht dahin. Hierin, das heißt der Unterscheidung des Versprechens und der Erfüllung, liegt vielleicht die Lösung der Schwierigkeiten, das heißt Verschweigens oder Widersprüche der Quellen.
Im folgenden Jahr (802) zog Karl *in Person* nicht zu Felde. »Er weilte zu *Aachen* im Palast in Ruhe *mit den Franken* ohne Kriegszug (sine hoste)«; was aber Waffentaten anderer Heere als des gesamten *fränkischen Reichsheeres* nicht ausschließt. So wurde in *Italien* von dem Langobardenheer Pippins der Feldzug gegen *Benevent* fortgeführt, *Ortona* ergab sich, auch *Luceria* (Lucera) wurde, ermüdet durch lange Einschließung, zur Übergabe gebracht und von Pippins Kriegern besetzt.
Den neuen Kaiser beschäftigten in diesem Jahre wichtigste Aufgaben des Friedens. Es ist rührend, ergreifend, zu sehen, wie es den tief frommen und von den Idealen seiner theokratischen Pflichten ganz durchdrungenen Mann nun drängt, sich und seinen Völkern eindringlich klarzumachen, welchen Umschwung die Annahme der Kaiserwürde bedeute, nicht für den Herrscher nur, auch für seine christlichen Untertanen. Vermöge des hohen Wertes, den er auf politische Eide legte, verordnete er eine nochmalige Vereidigung aller seiner Untertanen. Die als noch nicht eidmündig bisher noch nicht den *Königseid* geschworen, wurden nun mit dem *Kaisereid* verpflichtet. Aber auch alle, welche den *Königseid* bereits geleistet hatten, mußten jetzt den *Kaisereid* leisten. Und gerade das ist das Rührende, wie sich der Sechzigjährige abmüht allen so klar zu machen wie er selbst es zu fassen eiferte, daß der Inhalt dieses *Kaisereides* ein ganz anderer, auch rechtlich ein viel höherer sei als der des ehemaligen *Königseides*.
Der Kaiser faßte sich und seine christlichen Untertanen zusammen zu einer mystischen, *christlich-sittlichen Gemeinschaft*. Sein *Kaiserreich* sollte nicht nur *Rechts*pflichten, sondern auch *religiös-moralische* auferlegen: wie dem Herrscher so allen Untertanen. Sie alle als »das Reich Gottes auf Erden« sollten sich verpflichten zur Einhaltung *aller religiösen und sittlichen Gebote Gottes und der Kirche* so daß eine Sünde, zum Beispiel ein Verstoß gegen eines der 10 Gebote, auch wo sie nicht zugleich Rechtsbruch war, zum Beispiel die einfache Lüge, doch als Verfehlung nicht nur gegen Gott, auch gegen den Kaiser und sein ideales Kaiserreich erschien. Kurz, obwohl der Ausdruck noch fehlt, das Reich sollte

ein »*heiliges*« Reich sein, eine *religiös-christlich-kirchlich-sittliche, nicht bloß eine Rechts*gemeinschaft.

Im Jahre 802 wurde eine höchst merkwürdige Unterhandlung mit *Byzanz* gepflogen. Von Kaiserin *Irene*, deren Stellung, wie sich sehr geschwind zeigen sollte, recht gefährdet war, ging die Anregung aus. Eben diese Gefährdung erklärt, daß sie die in der Annahme der Kaiserwürde liegende Verletzung byzantinischer Rechte – oder Theorien – übersah und den Frieden herzustellen oder ihn zu kräftigen suchte, der also seit den Gefechten von 788 ungeachtet wiederholter Gesandtschaften, und natürlich erst recht seit 800 – seither war keine mehr ausgetauscht worden – viel zu wünschen übrig ließ. Karl erwiderte diese durch den ihm sehr vertrauten Bischof *Jesse* von *Amiens* – umsonst eiferte der Papst gegen dessen Einfluß – und Graf *Helmgaud*; Anfang September 802 waren diese in Byzanz.

Die einzige Quelle, welche den Zweck dieser *fränkischen* Gesandtschaft, einen *Heiratsplan* zwischen Karl und Irene angibt, schiebt den Gedanken Karl zu, nicht dem Weibe. Es geht also wider alle Methode, trotzdem den Vorschlag von Irene ausgehen und an Karls Ablehnung scheitern zu lassen. Entweder muß man den ganzen Bericht als »allzu phantastisch« verwerfen oder man muß ihn so nehmen, wie er gegeben wird. Das Schweigen der fränkischen Quellen berechtigt durchaus nicht, den Bericht zu verwerfen. *Mußten* sie so Vertrautes wissen? Und hatte zum Beispiel *Einhard*, *falls* er es wußte, nicht Grund, zu schweigen von einem doch recht abenteuerlichen Vorschlag Karls, der schließlich mit einem Korb für den sechzigjährigen Freier endete? Persönliche Erwägung – so des hohen Alters – stehen durchaus nicht entgegen. Der recht wenig asketische Kaiser hat sich zwar nach dem Tode Liutgardens (800) nicht wieder *vermählt*. Wohl aber hat er sich drei »Gespielinnen« gesellt, mit welchen er noch eine ganze Reihe von Kindern zeugte. Der Hof zu Byzanz, die ganze Überlieferung dieses halborientalischen Reiches mußte der Herrschaft eines »Barbaren«-Königs aufs äußerste widerstreben. Daß aber die Kaiserin, dem Untergang nahe, nach dieser starken Stütze gerne griff, ist ebenso glaubhaft wie daß ein einflußreicher Höfling, der Eunuch *Aetius*, der Führer des Widerstandes gegen den Gedanken war. Der baldige Sturz Irenes, am 30./31. Oktober, vor Augen der päpstlichen und fränkischen Gesandten, machte dem allzu phantastisch in das Maßlose schweifenden, aber für Karl bezeichnenden Einfall ein Ende. Im nächsten Jahr kehrten Karls Gesandte zurück, nach deren Ankunft in Byzanz »Herena« abgesetzt worden war. Sie war, gefangen, in das Kloster auf der Insel *Prinkipos* in der *Propontis*, später nach *Lesbos* gebracht worden, wo sie bald (9. August 803) starb.

Das Jahr 804 brachte endlich den *Abschluß* der in 32 Jahren selten unterbrochenen (20) *Sachsenkriege*. Karl hielt den allgemeinen Reichstag (generalem conventum Francorum) zu *Lippspringe* im Sachsenland. Er war zunächst von Aachen nach *Nimwegen* (Niumagus) gegangen, wo er Ostern feierte; Anfang des Sommers kehrte er nach Aachen zurück und führte von da das Heer nach Sachsen, in Begleitung (einiger) seiner Kinder, so Ludwigs. Ludwig kam über *Neuß* (Neuseia) nach Ostfalen, wo ihn der Kaiser auf dem Rückweg traf und das aquitanische Heer entließ.

Von Lippspringe aufbrechend bezog er ein Lager jenseits der *Aller* in *Hollenstadt*, in welchem die Häuptlinge der Karl verbündeten Slawen erschienen.

Hier wurden wichtige Abmachungen mit diesen getroffen, *Trasico* (*Thrasco, Drosuch*) von Karl als deren Oberhaupt (rex) bestellt. Der Widerstand der Südsachsen war im wesentlichen gebrochen. Nach Verwüstung zahlreicher Sachsengaue (im Norden) wurde nun die Entvölkerung oder vielmehr die Slawisierung dieses seit einem Jahrtausend wenigstens germanisch gewesenen Landes beschlossen.

Im folgenden Jahr (805) traten die Verhältnisse im Südosten und Osten wieder in den Vordergrund. Bald nach Abreise des Papstes, der Karl wegen seiner eigenen Schwierigkeiten in Rom aufgesucht hatte, erschien (Januar oder Februar) ein *Awaren*häuptling, ein »*Capcan*«, bei dem Kaiser zu *Aachen* »wegen Bedürfnisses seines Volkes«, das wegen Anfeindung durch *Slawen* in seinen bisherigen Sitzen nicht bleiben könne. Er verlangte Land zwischen *Sabaria* (*Stein am Anger*) und *Petronell* bei *Heimburg*. Ob diese feindlichen *Slawen* die unter baierisch-fränkischer Oberhoheit stehenden *Kärntner* waren, scheint ungewiß. Aber merkwürdig ist, daß nun, wie vor Jahrhunderten von den *Germanen* gegenüber den *Römern*, so nun von *Awaren* gegenüber *Germanen* die Bitte um Land wegen des Andringens von *Slawen* gestellt wird. *Abodriten* im Norden und andere *Slawen* im Süden gewinnen nun immer mehr Raum gegen Westen hin. Waren jene Slawen die Karanthanen, so hatte freilich Karl eine gewisse Verantwortung für ihre Taten und Ausbreitung. Und der Kaiser bewilligte auch dies Vordringen der Awaren. Er nahm den Capcan gütig auf – »denn er war Christ (seit der Taufe), Namens *Theodor*« – gewährte seine Bitten und entließ ihn reich beschenkt. Bald nach der Heimkehr starb er. Aber nun sandte der »*Chagan*« (scharf vom Capcan zu scheiden) einen seiner Großen und erbat von Karl die Verleihung der alten Ehrenstellung, welche der »Chagan« von alters her bei den »Hunnen« (Awaren) besessen und welche er offenbar eingebüßt hatte, seit die christlich-fränkische Politik Spaltungen in dem Volk hervorgerufen oder doch begünstigt und dazu benutzt hatte, die christlich-fränkisch gesinnten »*Tudune*« von dem heidnisch und national verbliebenen, den Franken widerstrebenden *Chagan* unabhängig zu machen. Jetzt schien der große Erfolg erzielt, daß dieser bisherige Vorkämpfer des Nationalen und des Heidentums selbst auf die Seite der Franken trat. Es war ein Handel, der Chagan gab den Widerstand auf, unterwarf sich der fränkischen Oberhoheit und versprach die Taufe – sie erfolgte am 21. September in der *Fischa* – nach Gewährung seiner Bitte um Wiederübertragung der Herrschaft über das ganze Awarenvolk nach der uralten Weise. Er nahm nun als Christ den Namen *Abrahann* an. Es war dies an sich ein für Franken- und Christentum im Südosten sehr beträchtlicher Erfolg; später kam es zwar (im Jahre 811) nochmal zu einem fränkischen Zug in das Awarenland, aber nur zur Entscheidung von Streit zwischen Awaren und Slawen, nicht wegen Empörung der Awaren.

Kein Aufstand der Awaren erfolgte wieder, so lange Karl lebte. Allein auf die Dauer hatte jene Unterwerfung nicht Bedeutung, da die Awaren von nun ab unter ihren Nachbaren – *Bulgaren* und Slawen – alsbald verschwanden und zwar so spurlos, daß ein slawisches Sprichwort sagt: »Er ist verschwunden wie der Awar, nicht Sohn nicht Neffe ist von ihm geblieben«.

Übrigens erging es dem Frankenreich wie jedem großen durch Eroberungen um sich greifenden Reich: an den neuen Grenzen stieß es auf neue Feinde, ohne daß man doch Karl (abgesehen von der Sachsenunterwerfung, die nur zur Hälfte politische Gründe hatte) vorwerfen kann, er habe, wie Rom, die Deckung nur im Angriff gesucht. Wir erfahren nicht, aus welchen Gründen gegen die *Czechen* gezogen wurde, jene slawischen, größtenteils noch unseßhaft schweifenden Horden, welche nach Abzug der Markomannen in das alte, von Kelten und Germanen urbargemachte »Land der Bojer« (Bojuhemum, Böhmen) eingezogen waren.

Einen Teil des Heeres schickte er unter seinem Sohne Karl durch den Osten von Francien oder Germanien, den saltus hircanus (wohl das Fichtelgebirge) zu überschreiten und die Slawen anzugreifen (also von West-*Nord-Westen* her). Einen zweiten Teil schickte er durch *Sachsen*, um mit *Sachsen* und »unzähligen« (unterworfenen) *Slawen* von *Norden* her jenen »hircanischen Wald« zu durchdringen (hier also bedeutet saltus hircanus offenbar die Berge im *Norden* Böhmens: das Erzgebirge, so daß also »saltus hircanus«, wie einst der alte »*hercynische Wald*« eine Mehrzahl von Waldgebirgs-Zügen bezeichnet, die ganze Böhmen umschließende Bergkette) und auf die Czechen vorzubrechen, über *Werinofeld*, östlich der *Saale*, früher den *Warnen* gehörig, jetzt auch schon im Besitz der eingedrungenen Slawen, und *Demelcion* (Umstellung von *Delmecion*, das heißt das Land der slawischen *Dalemincier*, später Meißen), welche zuerst genannt werden. »Und sie fochten gegen den König der Slawen (das heißt der Czechen, der »*Beheimi*«! *Semela* (Smil?) und besiegten ihn. Er stellte zwei Söhne als Geiseln seiner Treue. Und dann kamen sie über »*Fergunna*« das heißt »das Bergland«. Gewiß liegt hier das gotische fairguni = Berg zugrunde. Auch dies Bergland war ein Teil des Böhmen im Norden umschließenden Bergkranzes. Auf der dritten Seite, von *Südwesten* her, befahl Karl dem Heerbann von ganz *Baiern*, in jenes Land einzudringen unter *Audulf* und *Werinhar*. Und nachdem sie von allen Seiten in das innere Flachland von Böhmen herabgestiegen waren (das ist die »planities Beheimi«), stießen alle Häuptlinge der verschiedenen (unterworfenen oder verbündeten) Horden der Wenden zu König Karl«. Als Ort der Vereinigung für die drei Heere wird das Ufer der *Eger* (*Agara*) angegeben, an welcher Stelle, das hängt davon ab, welchen Ort man unter »*Canburg*« versteht, wohin die nun vereinten drei Heere zunächst zogen, ihn zu belagern. Sie verwüsteten das Land im Umkreis bis an und über die *Elbe*, auf Karls und der ihnen folgenden slawischen Häuptlinge Befehl mit der gesamten nun vereinten Macht vordringend. Aber die Czechen flohen in weglose Wälder und versagten sich durchaus dem Gefecht. Vierzig Tage lang wurde das Land verheert und verbrannt, ein Führer der Czechen – ein *Lecho* das heißt Teilfürst – wurde erschlagen. Nachdem aber kein Futter für die Pferde und kein Mundvorrat für das Heer mehr übrig war, zog man nach Verwüstung des Landes heim.

Noch ein viertes Heer war ausgesandt worden in den Norden von Böhmen, vermutlich die den Franken feindlichen *Wilzen* von der Unterstützung der Czechen abzuhalten. Es fuhr auf der *Elbe* – auch die eifrige Benutzung von *Wasser*straßen ist bezeichnend für Karls Feldherrnschaft – in die Nähe des heutigen *Magdeburg* (Magedoburg), verwüstete die Landschaft *Genewana* oder *Genewara* und zog heim. Eroberung von Chanburg wird nicht gemeldet. Auch wurden keines wegs alle Häuptlinge der Czechen zur Unterwerfung gebracht.

In Diedenhofen wurde damals aber noch ein Faden in das große Gewebe des karolingischen Kaisertums eingeschlagen, der, freilich zugehörig und die

Buntfarbigkeit mehrend, doch auch zu neuen Verwicklungen geschürzt werden sollte. »*Venetien*« das heißt die Lagunensiedlung in der Provinz dieses Namens, mit der späteren Stadt *Venedig*, schon in der Ostgotenzeit mit seinen *tribuni* erwähnt, seit Justinians Siegen zu dem Byzantinischen Reich gehörig, hatte, von den Langobarden nie dauernd unterworfen, und auch von dem Exarchen zu *Ravenna* sich ziemlich unabhängig gehalten. Als Kirchenfürst hatte in diesen Gebieten der *Patriarch* von *Grado* die wichtigste Stellung. Nach 800 mußte dies früher zu Westrom gehörige Gebiet folgerichtig zu Karls Reich gehören, und schon 803 hatte der Patriarch *Fortunatus* von *Grado* sich, vor feindlichen Dogen von Venedig flüchtend, Karl angeschlossen, dessen Hoflager zu *Salz* aufgesucht (803) und hier alle seine Zwecke erreicht: nämlich die Zuerkennung der Bistümer in *Istrien* (jetzt karolingisch seit 788), und in Pippins *Langobardenreich*, dann aber auch von Gütern im Kirchenstaat, in der Romagna, als immunen Gebietes. Mehr noch als gegen Papst, Pippin und des Kaisers Beamte war wohl diese Befreiung gerichtet gegen die *weltliche Obrigkeit von Venedig*: die damals noch in der Zwei- (oder Mehr)zahl erscheinenden »duces« Venetiarum, die späteren »Dogen«. Zwei solche dem Patriarchen feindliche duces, *Johannes* und *Mauricius* – sie hatten seinen Vorgänger und Verwandten, den Patriarchen *Johannes* (803) grausam ermordet – waren nach des Fortunatus Rückkehr gestürzt worden von einer Gruppe von Vornehmen unter Führung der tribuni *Felix* und *Obellierius* von *Malamocco* (Metamaucensis). Letzterer und sein Bruder *Beatus* wurden nun duces, brachten durch ihre Flotte eine Reihe der Hafenorte von *Dalmatien*, namentlich die wichtigste Hauptstadt *Jadera* (*Zara*) auf ihre Seite oder zu abhängiger Bundesgenossenschaft und suchten nun durch eine Gesandtschaft, welcher sich der dux und der Bischof von *Zara*, *Paulus* und *Donatus*, als Vertreter der Dalmatiner anschlossen, von Karl (805) unter reichen Geschenken Anerkennung und Schutz. Bereitwillig zog dieser die Folgerung seiner Kaiserwürde und ordnete die Verhältnisse der duces und der Einwohner von Venetien und Dalmatien, als Teilen seines Kaiserreiches, wobei Venetien dem Königreich Pippins zugewiesen wurde. Letzterer entsprach vermutlich den Wünschen der Venetianer durchaus nicht, wenigstens finden wir sie alsbald wieder bereit, von Karl abzufallen und zu Byzanz zurückzutreten. Wahrscheinlich hatten sie von Anfang an mehr getrachtet, des einen Kaisers ledig und tatsächlich ganz unabhängig zu werden als danach, für die lockere Oberhoheit von Byzanz die straffere Herrschaft Karls oder Pippins einzutauschen. Gerade die Zugehörigkeit zu dem Langobardenreich und das Regiertwerden von einem König in dem nahen *Pavia* mochte unerwünscht sein. Der höchst parteiische und nur mit wachstem Mißtrauen zu verwertende *Johannes* von *Venedig* verschweigt die ganz zweifellose Unterwerfung von 806 völlig, um das spätere Handeln seiner Landsleute zu rechtfertigen.

An den vierundsechzigjährigen Herrscher trat nun allmählich doch mahnend die Aufgabe heran, durch eine noch bei seinen Lebzeiten, unter Zustimmung des Reichstags und der drei Erben, der drei *ehelichen* Söhne (von Hildigard), Ludwig, Karl, Pippin, geordnete Reichsteilung Erbfolgekriege fernzuhalten, wie sie unter den Merowingern regelmäßig gewesen und auch im Arnulfingischen Hause vorgekommen oder sehr nahe drohend gewesen waren. Dies geschah durch Reichsgesetz vom 6. Februar 806, erlassen auf dem Reichstag zu *Diedenhofen*. Zwar kam diese Reichsteilung nie zur Ausführung, weil zwei

der vorausgesetzten Erben noch vor dem Vater (810 und 811) starben. Doch ist sie höchst belehrend für die Auffassungen und die Zwecke Karls. Dem Ge-Gedanken einer Reichseinheit, der Unteilbarkeit der Staatsgewalt war er, *trotz* der römischen Überlieferungen aus seiner »Akademie«, trotz der Kaiserwürde, welche sie gewissermaßen voraussetzte – so fern, wie irgendein Merowing oder anderer Germanenkönig, ausgenommen Geiserich schon etwa 460 gewesen war. Von allen Zeitgenossen hat nur der Dichter, Bischof *Theodulf* von *Orleans*, gegen die Teilung und die Mehrherrschaft, für die Einherrschaft eines einzigen Nachfolgers geeifert. Ja, wie bemerkt, damals dachte Karl auch noch gar nicht an eine Fortdauer der Kaiserwürde. Diese, als eine höchst persönliche Ehre – und zumal fromme *Pflicht* –, sollte mit seinemTod wieder erlöschen. Nirgends erwähnt das umfangreiche Gesetz beziehungsweise die auf Grund dessen erlassene Teilungsurkunde oder das »Testamentum«, von den vornehmen Franken auf dem Reichstag *beschworen* (eine Einleitung und 20 Capitel), der *Kaiser*würde. Die *Königs*herrschaft aber wird, rein privatrechtlich, wie jedes Grundeigen, unter die drei Erben geteilt, nach dem Erbrecht der Lex Ripuariorum, der Uferfranken, nach welchem die Arnulfingen zu leben hatten. Der Herrscher will jene drei Söhne, so lang er lebt, als »consortes« haben und nach seinem Tode zu Erben. Jeder soll, mit seinem Teil zufrieden, die Grenzen *seines* Reiches verteidigen und mit dem Bruder Friede und Freundschaft halten, aber auch den Bruder gegen Feinde, sowohl in dessen Reich, als gegen die auswärtige Völker unterstützen.
Die drei Teile werden nun folgendermaßen gebildet:
I. *Ludwig* soll erhalten ganz *Aquitanien* und *Waskonien* (ausgenommen den Gau von *Tours*, und was von da nach Westen liegt bis Spanien); ferner die Stadt *Nevers* (civitas Nivernis) mit dem *Gau* von Nevers, den Gau von *Avalon* (Avalensem) und das *Auxois* (Alsensem), den Gau von *Chalon-sur-Saone* (Cabilionensem), von *Macon* (Matisconensem), *Lyon* (Lugdunensem), ferner *Savoien* (Saboiam), *Maurienne* (Mauriennam), *Tarantaise* (Tarentasiam), *Mont Cenis* (montem *Cinisium*), das Tal von *Susa* (vallem Segusianam) bis zu den *Clusen* und von da über die Marken der *italischen* Berge bis ans Meer; diese Gaue mit ihren Städten und was von ihnen nach Süd und West liegt bis ans Meer oder bis *Spanien*, also diesen Teil von *Burgund*, dann die ganze *Provence*, *Septimanien* und *Gotien*.
II. *Pippin* wurde zugedacht *Italien*, »was auch *Langobardien* heißt«, *Baiern*, in der Ausdehnung wie es *Tassilo* besessen, „ausgenommen die beiden Höfe *Ingoldestadt* (Ingolstadt) und *Lutrahahof* (Lauterhofen), welche wir Tassilo zu Beneficien gegeben haben und die zum *Nordgau* (also nicht zu *Baiern*) gehören«. (Diese Lostrennung seines Nordgaus von Baiern ist verhängnisvoll für die Geschicke und Machtbeschränkung des Baiernstammes geworden. Dadurch wurde er ganz auf den Südosten gewiesen, vom Nordwesten abgeschnitten.) Dann von *Alamannien* den Teil, der östlich der *Donau* liegt, indem die Grenze von der *Donauquelle* selbst ziehen soll bis zum *Rhein*, in dem Grenzgebiet des *Klettgaus* (Chletgowe) und des *Hegaus* (Hegowe), an dem Ort, der *Engi* heißt; dann vom (hier eben vorausgesetzten) *Rhein* stromaufwärts bis zu den Alpen, was, zwischen diesen Grenzen liegend, nach Osten oder Süden schaut, d.h. also, die von unterworfenen *Awaren* und *Slawen* bewohnten Gebiete, *Istrien* und das soeben erworbene *Venetien* und Dalmatien; außerdem noch das Herzogtum

Chur (*ducatus Curenisis*, Chur-Walchen, das Churische Graubünden) und den *Thurgau* (*Thurgowe*).
III. *Karl* erhielt „den Rest unseres Königreichs« – dies regnum ist das fränkische Gesamtreich, das heißt also *Frankreich* (Francia) und *Burgund*, sofern es nicht Ludwig, *Alamannien*, sofern es nicht Pippin zugewiesen, also auf dem westlichen (südlichen) *Donauufer : Austrien* (das alte *Austrasien*) und *Neustrien*, *Thüringen*, *Sachsen*, *Friesland*, von *Baiern* aber nur den davon abgetrennten *Nordgau*.
Der strategische Gesichtspunkt bei Absteckung dieser Grenzen im Süden wird von dem großen Feldherrn geradezu aufgedeckt. Es galt, jedem der Brüder aus seinem Reich Zugang nach und Ausgang von *Italien* zu schaffen, so daß Karl und Ludwig einen Weg hatten, ihrem Bruder nach Italien Hilfe zu bringen: Karl über das Tal von *Aosta* (Augustanam), Ludwig über das von *Susa* (Segusianam), Pippin aber Aus- und Eingang hatte über die *norischen A*lpen (Brenner, Baiern) und *Chur*. Dies wurde, abgesehen von der allgemeinen Pflicht gegenseitiger Waffenhilfe, schon deshalb notwendig, weil alle drei Brüder *gemeinsam* (*simul*), *ohne* die Kaiserwürde, doch die »Kaiserliche Pflicht« übernehmen sollten: »den *Schutz und die Verteidigung der Kirche Sankt Peters*, wie sie von unserem Großvater Karl und unserem Vater König Pippin und später von uns selbst übernommen wurde, sie gegen Feinde zu verteidigen und ihr zu ihrem Recht zu verhelfen«. Darin lag doch auch gemeinsame »Oberhoheit« über den Kirchenstaat, wenn auch diese nicht ausdrücklich erwähnt wird. Ohne Zweifel hätten doch die Brüder wegen dieser *Pflicht* auch das Recht gehabt, wie Karl 800, über einen angeklagten Papst und dessen Ankläger zu richten. Aber da Karl gelernt hatte, wie weit der Papst solche Ansprüche dehnen konnte, fügte er sehr vorsichtig bei – »*soweit* es sie angeht und *die Vernunft erfordert*«.
Man sieht, der Ausgangspunkt dieser Gliederung waren die beiden bereits bestehenden Königreiche: Aquitanien Ludwigs und Italien Pippins. Beide erhielten nur Zutaten, wie sie die speziellen und zumal die strategischen Bedürfnisse erheischten. Der Rest wurde zu einem dritten neuen Königreich zusammengefügt für Karl, der zwar König, eben consors war, aber bisher kein Königsland besessen hatte.
Die späteren »*deutschen*« Stämme wurden ganz auseinandergerissen, Alamannien völlig geteilt, in kleinerem Maß auch Baiern. Von einer Erkenntnis ihrer näheren Zusammenhörigkeit – weil sie am wenigsten romanisiert waren – findet sich bei dem Herrscher so wenig eine Spur, wie noch über ein Jahrhundert bei diesen Stämmen selbst. An die Gefahr, »Austrasien« im weitern Sinne (eben »Deutschland«) könne sich losreißen, wie etwa 650 bis ca. 700, und selbständig machen, dachte Karl ebensowenig. Ließ er doch fast das ganze spätere »Deutschland« in einer Hand (Karls). Wurde Baiern und Südalamannien hiervon getrennt und Pippin gegeben, so geschah dies nicht, um jener Gefahr vorzubeugen, sondern aus den obigen strategischen Gründen, dann auch wohl, um die drei Teile ungefähr gleich groß zu machen.
Für den Fall des Vorversterbens der drei Söhne soll jedem je ein Sohn folgen je in das hier bezeichnete Reich des Vaters (nur an *einen* Sohn ist dabei gedacht, also eine weitere Teilung der Teilreiche unter *mehrere* Söhne sollte wohl nicht stattfinden), *aber nur*, *falls das Volk das heißt der Reichstag des fraglichen Reiches*, *dies will*. Zuerst folgen die überlebenden Brüder, und hier lag doch mancher

merowingischen Hauskriege Anlaß! Die merkwürdige Bestimmung sieht aus wie ein Versuch, nachträglich die Ausschließung der Söhne Karlmanns (771) zu rechtfertigen. Grenzstreitigkeiten sollen gütlich, durch Zeugen, eventuell durch die von Karl statt des Zweikampfs auch sonst begünstigte Kreuzprobe entschieden werden. Jedes der drei Reiche ist selbständig; es gibt kein gemeinsames höchstes Gericht, jeder König entscheidet in seinem Reich in letzter Instanz. Von des Gesamtreichs Einheit bleibt wenig übrig, nur die gemeinsame Schirmvogtei über Sankt Peter, das Verbot der Waffenentscheidung über Streit und die Verpflichtung zur gegenseitigen Waffenhilfe. Daher bezieht sich der in c. 20 ausgesprochene Zweck des ganzen Werkes: »daß unsere Gewalt sei über das von Gott gewährte König- und Kaiserreich, *wie sie bisher war*«, nicht auf die Zeit *nach* Karls Tod, sondern will nur sagen, daß er, nach wie vor, *so lang er lebt*, Oberherr bleibt. Daher der Zusatz: »auf daß wir unsere Söhne in Gehorsam und das Volk in der Liebe Gottes haben (habere, behalten) mögen.« Die Kaiserwürde sollte mit Karls Leben erlöschen – ebenso der ehemalige patriciatus Romanus nicht wieder aufleben. Den Töchtern wird gestattet, nach des Vaters Tod sich den Bruder zu wählen, unter dessen Schutz und Muntschaft sie leben wollen, auch falls sie ins Kloster treten (dann eben doch wohl der Landesherr des Klosters?). Aber auch, wenn sie eine würdige (condigna) Ehe schließen wollen, soll der fragliche Bruder (offenbar nach Prüfung der Würdigkeit) diese nicht wehren. Karls Enkel sollten von ihren Vettern und *Oheimen* – das war offenbar die Hauptsache – ohne sorgfältige Untersuchung und gerechtes Urteil nicht mit Tod, Verstümmelung, Blendung, Vermönchung gestraft werden – wie Karl seine Neffen wohl vermöncht hatte (c. 18).

Das Merkwürdigste an diesem Gesetz des großen Herrschers ist, daß ihn – wie weiland die Merowinger – lediglich der Gedanke des privatrechtlichen Erbrechts leitet, daß ihm der Gedanke der Staatseinheit völlig fremd ist, ja, daß dieses gewaltige »Weltreich«, dessen großartige Ausbreitung seit Chlodovech und Karl dem Hammer unter ihm, durch ihn den kaiserlichen Gipfelpunkt erreicht hat, gerade von ihm selbst in drei Reiche zerschlagen wird, die nur durch ein lockeres völkerrechtliches Band und eine gemeinsame Pflicht, die theokratische, zusammengehalten werden, ungefähr, wenn auch nicht ganz so, wie die drei Reiche – von der Weltgeschichte – vermöge der Unterschiede der Romanisierung und der geographischen Lage nach etwa hundert Jahren für immer gestaltet und getrennt wurden: *Frankreich*, *Italien*, *Deutschland*.

Für den Fall, daß König Karl *bei Lebzeiten des Kaisers* stirbt, soll sein Reich zwischen den beiden überlebenden Brüdern so geteilt werden, wie weiland Karl und Karlmann 768 geteilt hatten, Karlmanns damaliger Teil Pippin, Karls damaliger Teil Ludwig zufallen.

Stirbt Pippin vorher, soll Karl erhalten *Aosta*, *Juria*, *Vercelli*, *Pavia*, das Land von hier entlang dem *Po* bis zum Gebiet von *Reggio*, *Avita nuova*, *Modena* und dem Gebiet von *St. Peter*, von hier das Land links von der (alten großen) Straße nach *Rom* samt dem Herzogtum *Spoleto*. Ludwig aber das Land rechts von jener Straße, also das übrige von der Provencia *Transpadana* und das Herzogtum *Tuscien*.

Stirbt Ludwig vorher, soll Pippin dessen Anteil an *Burgund* und *Septimanien* (Gotien) bis *Spanien*, Karl *Aquitanien* und *Waskonien* erhalten.

Einstweilen war die Nachricht von dem »Abfall« von *Venetien* und *Dalmatien* nach *Byzanz* gelangt. Diese Folgerung aus dem daselbst niemals anerkannten westlichen Kaisertum nahm der neue Kaiser, *Nikephoros*, nicht ruhig hin. Statt aller brieflichen Antwort auf Karls Vorschläge sandte er, ohne Kriegserklärung, eine Flotte unter dem Patricius *Niketas*, Dalmatien wieder zu erobern. Der Karl ergebene Patriarch *Fortunatus* floh bei Annäherung der Byzantiner aus Grado unter fränkischen Schutz und wurde – der Stuhl zu Grado war von einem andern eingenommen – von Karl und dem Papst als Bischof von *Pola* in Istrien bestellt.
So standen die beiden Kaiserreiche in Waffen widereinander, gar nicht nach dem Wunsche Karls, der gern »Sankt Peter« auch im Ostreich herrschen und seine theokratischen Ideen auch von dem Ostkaiser verwirklicht gesehen hätte. Die Abwehr war Sache Pippins, zu dessen Reich die bedrohten Gebiete gehörten, und der junge König hat, kurz bevor er starb, eine dichte Reihe von kriegerischen Aufgaben wacker und tüchtig gelöst. Zwar starb 806 *Grimoald III.* von *Benevent*, der, unterstützt durch das den Franken sehr schädliche Fieberklima seines Landes, erfolgreichen Widerstand geleistet hatte. Jedoch sein bisheriger Schatzmeister *Grimoald* (IV.), der nun Herzog wurde, behauptete ebenfalls die Unabhängigkeit noch über Pippins Tod (810) hinaus bis 812. Auch Pippin sollte erfahren, wie schwer es war, als König der Langobarden einen Papst zufriedenzustellen. Im Jahre 807/08 war sein Verhältnis zum Papst recht ungünstig; es handelte sich wieder – wie seit 754 – um die justitiae ecclesiarum, wohl weniger um den Küstenschutz, den Pippin tapfer leistete. Der Kaiser wollte es durch einen Besuch Pippins in Rom bessern, aber es kam nicht hierzu. Und gleichzeitig mit den byzantinischen Trieren in der Adria erschienen (806) *sarazenische* Raubschiffe in den Westmeeren. Sie landeten auf *Korsika*, das eigentlich (wenigstens viele patrimonia darauf) zum Kirchenstaat hätte gehören sollen, und verwüsteten es, bis sie vor einer Flotte Pippins, das Gefecht meidend, flohen; nur Graf *Hadumar* von *Genua* wurde getötet, weil er sie unvorsichtig (verfolgend?) angriff. Auch auf *Patelaria* (Pantellaria) hatten diese Piraten sechzig Mönche aufgegriffen und nach *Spanien* in Sklaverei verkauft. Karl kaufte einige von ihnen barmherzig los und sie kehrten auf jene Mönchsinsel zurück. Dagegen war es nicht das Verdienst Ludwigs, daß *Navarra* und *Pampelona*, welche, ohne daß Ludwig es unseres Wissens zu verhindern auch nur versucht hätte (wie *Huesca* und *Tarragona*), von dem Emir von *Cordoba* erobert worden waren, nun sich befreiten und wieder unter fränkische Hoheit traten.
Allein konnte man aber Pippin den Schutz der Westgewässer nicht überlassen, da er dauernd auch die nächsten Jahre bis zu seinem Tod (810) mit den Byzantinern in der Adria beschäftigt war. So sandte der Vater im Jahre 807 *Burchard*, seinen *comes stabuli*, mit einer (Reichs- oder) *aquitanischen* Flotte, jedenfalls nicht mit der italischen Pippins, nach *Korsika*. Die Sarazenen, diesmal von *Spanien* auslaufend, landeten zuerst auf *Sardinien*, verloren aber hier im Kampf mit den *Sarden* dreitausend Mann, und gingen nun nach Korsika. Ihren Versuch, in einem Hafen der Insel zu landen, schlug Burchard mit der Flotte tapfer zurück. Sie flohen nach Verlust von vielen Leuten und von 13 Segeln. Lebhaft freute sich der Heilige Vater über diese Nachricht des Kaisers; er antwortet (März 808), nun werde doch Karls Schenkung immer fest und dauernd bleiben, sicher vor allen Feinden »durch die heilige Jungfrau, St. Peter und deinen Heldenarm«.

Allein das Frankenreich brauchte doch Schiffe und Krieger anderwärts, im Norden und Osten, so dringend, daß es diese weit südwestlichen Gewässer auf die Dauer zu beherrschen nicht vermochte. Als die Mauren im folgenden Jahr die Insel von Spanien aus abermals angriffen (am Ostersamstag, 7. April), konnten sie eine Stadt plündern. Sie ließen außer dem Bischof und wenigen Greisen und Kranken nichts in ihren Mauern. Und im Jahr 810, da sie wieder von ganz *Spanien* eine große Flotte aufgebracht hatten und zuerst auf *Sardinien*, dann auf *Korsika* landeten, fanden sie dasselbe unverteidigt, unbesetzt und konnten es fast vollständig unterwerfen. Ende 810 erschienen sie nochmals auf der Insel, welche das Frankenreich nicht mehr behaupten konnte, wenn es nicht eine große Seemacht wurde, woran nach Karls Tod nicht mehr zu denken war. Der bald siebzigjährige Kaiser aber, dessen Gedanken vom Danewirke nach Populonia, von Korsika nach Jerusalem, von Tortosa nach Dalmatien und Byzanz, von Northumberland zu den Awaren oder zum Papst zu wandern haben, der heute wie ein Vater seinen im ganzen Reich versinkenden Kleinbauern die rettende Hand reicht, der morgen bis ins einzelne und geringste – bis auf die Immenkörbe – die Bewirtschaftung der Königlichen Gehöfte überwacht, hat heute und morgen regen Eifer und Sinn für theologische Haarspaltereien, weil sie den rechten Glauben bedrohen, den er »überall« zu beschirmen übernommen. Nachdem er aus den »*Ardennen*« (das heißt wohl der *Eifel*, einem seiner beliebtesten Jagdgebiete) nach *Aachen* zurückgekehrt war, hielt er daselbst im November ein *Konzil* über den Ausgang des heiligen Geistes: die alte Irrlehre, derselbe gehe nur vom Vater, nicht auch vom Sohne aus, war wieder aufgetaucht. Ein Mönch *Johannes*, von *S. Sabas*, hatte die fränkischen Mönche auf dem Ölberg zu *Jerusalem* der Ketzerei bezichtigt, weil sie den Satz, der heilige Geist gehe auch vom Sohne aus (»filioque«), in das Glaubensbekenntnis (symbolum) aufgenommen, ja er hatte sie am Weihnachtstag 808 durch Laien aus der Basilika »zur Krippe« in *Bethlehem* vertreiben lassen wollen. Die Frankenmönche hatten darauf in einem Glaubensgespräch vom 31. Dezember 808 durchgesetzt, daß der Klerus von Jerusalem ihr Bekenntnis, das mit dem der römischen Kirche übereinstimme, als rechtgläubig erklärte, und nun bedrohten alle Mönche des Ölbergs jeden mit dem Anathem, der die römische Kirche der Ketzerei bezichtige. Sie wandten sich aber noch überdies an den Papst und beriefen sich bei ihm darauf, daß sie in Karls Kapelle das Bekenntnis mit dem »filioque« absingen gehört, er möge das Karl sagen lassen. Der Papst sandte ihnen den Text des richtigen Bekenntnisses. Karl aber ließ sofort – denn nun war die Rechtgläugibkeit seiner eigenen Hauskapelle in den Streit einbezogen!– durch Bischof *Theodulf* von *Orleans* alle Stellen sammeln, welche dies» filioque« bewiesen. Eine gleiche Arbeit verfaßte Abt *Smaragdus* von *St. Mihiel* an der *Maas*. Das Konzil zu *Aachen* beschloß, Bischof *Jesse* von *Amiens* (?), Bischof *Bernhar* von *Worms* und Abt *Adalhard* von *Corbie* an der *Somme* zum Papst zu schicken behufs Entscheidung. Die Schrift des Smaragdus legten sie ihm wahrscheinlich vor. Leo erklärte sich selbstverständlich der Lehre nach für das »filioque«, aber gegen die eigenmächtige Aufnahme des Zusatzes in das Glaubensbekenntnis von Seite der fränkischen Kirche und wünschte, allmählich möge im Frankenreich die Absingung des Glaubensbekenntnisses in der Liturgie abgeschafft werden.

Weihnachten 808 und Ostern (8. April) 809 hatte Karl zu Aachen gefeiert.

Dem Jahre 809 gehört an eine Anweisung für Königsboten (aus Aachen) über Kirchensachen (gegen streunende Wallfahrer), zweifelfreier Glaube an das Gottesurteil muß *befohlen* werden! (c. 20). Die Geistlichen geben heimlich dem Angeschuldigten das Chrisma, damit er auch im Fall der Schuld das Gottesurteil bestehen könne: welcher Wahnglaube der Priester, der Parteien und des Kaisers der dies Mittel als ein wirksames verbieten zu müssen glaubt! Aber auch mannigfaltige weltliche Dinge werden geordnet: Verbot des Verkaufs der Früchte auf dem Halm, Münzwesen.

Im Jahr 810 traten in Spanien Veränderungen ein: der Grenzgraf *Aureolus* an der Mark zwischen Spanien und Gallien, in dem Gebiet gegenüber *Huesca* und *Saragossa*, starb. *Amoroz* (Amruis?), der *Wali*, Statthalter (praefectus) dieser beiden Städte, bemächtigte sich der erledigten Stelle, legte seine Besetzungen in die Burgen jenes Amtes, erklärte zwar in einer Unterredung mit den fränkischen Wächtern der hispanischen Mark und Gesandten des Kaisers seine Unterwerfung mit all seinem Gebiet (oder Besitz), welche jedoch später, durch allerlei Hindernisse vereitelt, unausgeführt blieb. Vielmehr wurde im Oktober 810 zu Aachen ein Friedensvertrag geschlossen mit »dem König von Spanien«, das heißt dem Emir von *Cordoba*, *el Hakem*, welcher den früher gefangenen fränkischen Grafen *Haimerich* freigab, wogegen Karl, wie es scheinen will, mit dem von el Hakem abgefallenen Wali von Saragossa brach, der seine versprochene Unterwerfung nicht verwirklicht hatte. Er wurde nun von *Abderrachmân*, el Hakems Sohn, aus *Saragossa* vertrieben und auf *Huesca* beschränkt. Man sieht, Einigkeit bestand durchaus nicht unter den arabischen Führern in Spanien. So kam es, trotz des »Friedens« oder doch Waffenstillstandes mit el Hakem, im gleichen Jahr doch noch zu Kämpfen auf der Halbinsel: das aquitanische Heer unternahm einen zweiten – abermals vergeblichen – Angriff auf *Tortosa*.

Gleichzeitig hatte König *Pippin Venedig*, mit Recht erbittert über die Treulosigkeit seiner Dogen, zu Land und zu Wasser angegriffen. Endlich – gesteht die byzantinische Quelle selbst – wurden die Venetianer zur Unterwerfung gezwungen.

Die Dogen ergaben sich und übernahmen eine jährliche Schatzung, die (später wenigstens) 30 Pfund betrug. Nun sandte Pippin dieselben Schiffe – also hatten ihm solche nicht ganz gefehlt – zur Verwüstung der Küste Dalmatiens. Vor der herannahenden, offenbar viel stärkeren byzantinischen Flotte des Präfekten von *Kephalonia*, *Paulus*, wichen die königlichen Segel aber zurück. Da traf das Reich und den greisen Vater ein harter Schlag: Pippin starb, erst 33 Jahre als, am 8. Juli (nachdem kurz zuvor, 6. Juni, Karls älteste Tochter, *Hrothrud*, gestorben war), ohne Zweifel ein tüchtiger Mann. Der Kaiser bewies dessen Kindern große Liebe. Er ließ die fünf Töchter *Adalhaid*, *Atula*, *Gundrada*, *Berthaida* und *Theuderada* mit seinen eigenen Töchtern erziehen und den einzigen Sohn, *Bernhard*, dem Vater als König von Italien folgen.

Karl hatte die Todesnachricht zu *Verden* an der *Aller* erhalten, mitten im Feldlager; denn der Greis, der sechs Jahre nicht mehr in den Krieg gezogen, hatte wieder, wie in jungen Jahren, zu den Waffen gegriffen auf die Nachricht von vorschreitender Keckheit der *Dänen*, die, mit Raubfahrt nicht mehr begnügt, auf einem seit Jahrhunderten zum fränkischen Reich gehörigen Gebiet dauernde Herrschaft erwerben wollten.

Aber während der Kaiser in seinem Standlager weilte, trafen verschiedene Nachrichten ein: vom Tode Pippins (8. Juli 810), von der Einnahme der Burg *Hohbuoki* an der *Elbe*, wo der Kaiserbotte *Odo* eine Besatzung der *Ostsachsen* befehligt hatte, durch die *Wilzen*, von zwei Friedensgesandtschaften aus *Byzanz* und aus *Cordoba*, endlich von der Rückkehr der Flotte, die in *Friesland* geheert hatte, und von der Ermordung des Dänenkönigs *Göttrik* durch einen seiner gewaffneten Gefolgen. Auch *Wenden* (Wenedi: wohl *Abodriten*) erschienen zu Verden vor dem Kaiser, der ihnen, das heißt letzteren, *Slamar* (*Slowomir*) zum König bestellte. Nach Empfang dieser Nachrichten und einstweiliger Fürsorge für Sachsen kehrte der Kaiser zurück (im Oktober ist er in Aachen). Das Heer verlor durch eine Seuche, die weit über das Reich verbreitet war, den ganzen mitgeführten Vorrat an Rindern. Daß Karl auf diesem Feldzug mit dem Pferd gestürzt war, wurde nach seinem Tode, das heißt drei Jahre später, als Vorzeichen seines baldigen Sterbens gedeutet. Mit Göttriks Nachfolger, dessen Bruders Sohn *Hemming*, wurde Friede geschlossen.

Schwieriger und wichtiger waren Verhandlungen über die Herstellung besseren Einvernehmens mit *Byzanz*. Gewiß nicht Furcht vor den oströmischen Waffen, sondern der idealste Zug in Karl war es, was ihm die Anerkennung seines sozusagen revolutionären Kaisertums durch das altbefestigte gesetzlich zu Byzanz so wünschenswert machte. Er schreibt dem Kaiser, seit 803 habe er sehnlichst, wie von einem Wartturm aus (velut in specula positi), nach seiner Antwort ausgespäht, er ersehnte die Eintracht mit dem kaiserlichen Amts- und Pflichtgenossen zum »Schutz des rechten Glaubens allüberall«, hatte doch Nikephoros dem Patriarchen von Byzanz den Verkehr mit dem Papst verboten, wohl wegen der Vergabung der Kaiserkrone. Ein byzantinischer Gesandter, der spatharius *Arsafius*, war nur beauftragt gewesen, mit König Pippin über die Dinge in Venetien und Dalmatien zu verhandeln. Nachdem nun aber der König von Italien gestorben, entbot Karl den Gesandten zu sich, um nicht über Einzelfragen, sondern, in Wiederanknüpfung des Vorschlags von 803, über Herstellung dauernden Friedens zwischen beiden Kaiserreichen zu verhandeln. Für die bloße Anerkennung der Kaiserwürde bot Karl nichts Geringeres als die Wiederabtretung des soeben von Pippin eroberten *Venetiens* und *Dalmatiens* und der schon früher (a. 788, 805) erworbenen Häfen von *Istrien* und *Liburnien*. Dabei wurde wahrscheinlich ein alter Vertrag *Liutprands* mit dem Dogen *Paululius* über die Grenzen, den Verkehr, die Auslieferung von Unfreien usw. wieder in Kraft gesetzt, der wenigstens noch im 10. Jahrhundert in Kraft stand.

Auf Grund dieser Vorschläge kam dann wirklich der Friede mit Byzanz und – für Karl das Wertvollste hierbei – die Anerkennung des neuen Kaisertums durch das alte zustande.

Das Testament Kaiser Karls, in dem er seine Schätze verteilt hatte (811), kam so wenig wie die Reichsteilung von 608 so wie es gedacht war zur Ausführung. Gegen Ende des gleichen Jahres (4. Dezember) starb, erst 39 Jahre alt, *König Karl*, ein sehr schwerer Schlag für den greisen Vater, nachdem auch der tüchtige Pippin vorweg gestorben war. So blieb nur Ludwig als einziger (ehelicher) Sohn übrig. Der Kaiser hatte sich des kraftvollen Sohnes Karl schon lange zur Verteidigung des diesem zugedachten Erbteils – Austrasien – gegen Awaren, allerhand slawische Horden und Dänen – mit Erfolg bedient. (Seltsamerweise ist keine Urkunde von ihm erhalten.) Daß der Kaiser nach Pippins Tod, der eine Umgestaltung der Reichsteilung von 806 notwendig machte, und nachdem die Fortführung der Kaiserwürde beschlossen war, Karl, nicht Ludwig, zum Nachfolger in der Kaiserschaft bestimmt hatte, ist an sich wohl recht glaublich (war doch auch Karl der *ältere* Sohn, geb. 772, Ludwig 778), aber doch auch den allzu unbestimmten Worten *Alkuins*, die man hierfür anführt, nicht streng erweisbar; trotz der alttestamentlichen »Segnung« kann das doch nicht ohne weiteres solche Bevorzugung dartun. Noch weniger beweisen es die Wünsche *Theodulfs*. Der Plural sedes und sceptra beweist für jenen Zweck zu viel und kann nicht bedeuten »alle«, denn *eine sedes* und ein sceptrum sollte Ludwig doch jedenfalls erhalten. Es *kann* nicht der Sinn einer Bevorzugung darin liegen, das gleiche hätte von Ludwig gesagt werden mögen. Und wenn der *Poeta Saxo* sagt: der Kaiser habe gewollt, daß ihm Karl in das regnum Francorum folge, so ist das regnum Francorum *nicht* = *i*mperium *Romanorum*, und in ein regnum Francorum sollte sonder Zweifel doch auch Ludwig folgen.

Nun drängte sich die Aufgabe heran, was ohnehin traurige selbstverständliche Notwendigkeit geworden war, auch in der Form eines Reichsgesetzes auszusprechen, nämlich in auch formaler Aufhebung der unausführbar gewordenen Reichsteilung von 806 *Ludwig* zu bestellen als den einzigen Nachfolger im römischen Kaisertum. Wir wissen nicht, seit wann Karl dessen Fortdauer beschlossen hatte. 806 noch nicht, wohl aber 810, und zum einzigen Nachfolger im Königtum der Franken, ausgenommen Italien. Die langobardische Königskrone wurde, natürlich in Unterordnung unter den *Kaiser* Ludwig, *Bernhard*, dem Sohne Pippins, zugesprochen. Erlöschen sollte also mit Kaiser Karls Tod die besondere Königschaft Ludwigs über Aquitanien, erloschen war mit des Königs Karl Tod die besondere Königschaft, die ungefähr Austrasien-Deutschland umfaßt hatte, es sollte fortab nur mehr – unter dem Kaisertum – bestehen 1. das regnum Francorum Ludwigs, 2. das regnum Italiae oder Langobardorum Bernhards. Die Oberhohheit über Rom und den Kirchenstaat sollte Kaiser Ludwig, nicht dem Langobardenkönig zustehen.

Schon im Jahr 812, gleich nach Entlassung der byzantinischen Gesandten, und der Reichsversammlung zu *Aachen*, wurde Bernhard, der übrigens erst etwa 15 Jahre alt war, nach Italien geschickt, das seit Pippins Tod durch Königsboten verwaltet worden war. Dabei hatte *Adalhard* von *Corbie*, des Kaisers Vetter, eine Art Oberleitung.

Vielleicht in dies Jahr 812 fällt jenes berühmte Capitular Karls über die kaiserlichen Landgüter (de villis vel curtis imperialibus), welches ihn auch im Kleinen und Kleinsten, in der Fürsorge für das Geringste, großartig erscheinen läßt. In 70 Abschnitten werden fast alle Gegenstände der damaligen Landwirtschaft – im weitesten Sinne – berührt. Wahrhaft rührend ist es, wie der greise Herrscher, der sich nie genug tut in Erfüllung seiner Pflichten, zumal gegen die Kirche, an seine Erzbischöfe schreibt, wie es ihn schmerze, daß ihn Alter und Gebrechlichkeit hindere, öfter mit ihnen über das Heil der Kirche mündlich zu verhandeln. Er mahnt wenigstens schriftlich zu eifriger Predigt des Evangeliums. Es macht ihm Sorge, ob sie auch das Volk über die Taufe richtig unterweisen. Sie sollen ihm darüber berichten! Die Ausfertigungen nach *Mailand*, *Aquileja*, *Trier* sind uns erhalten (*Lyon* und *Sens* nur erwähnt). Auch die Antwortberichte der fünf Bischöfe sind uns erhalten; für die rasche, befriedigende Antwort des *Amalarius* von *Trier* dankt Karl.

Im Jahre 813 hatte der Kaiser zu Aachen, wie in den letzten Jahren gewöhnlich den Winter verbracht. Im Mai 813 war die stattliche Brücke über den *Rhein* bei *Mainz* abgebrannt. Darauf hatte er sich zum Waidwerk in die *Ardennen* begeben; an der Fußgicht erkrankt, aber schon wieder genesen, kehrte er nach *Aachen* zurück und hielt nun hier im Sommer (Ende August, Anfang September 813) einen Reichstag (generalis conventus) ab, zu welchem Ludwig aus Aquitanien beschieden wurde. Daß schon im ersten Frühjahr mit geistlichen und weltlichen Großen eine Vorberatung hierüber gehalten wurde, ist wohl glaublich. Es ist auch glaubhaft, die Großen hätten Ludwig herbeigerufen, weil der Vater, in Greisenschwäche geraten, den Verlust seiner Söhne so bitter empfinde, was seinen baldigen Tod vorbedeute. Jetzt wurde nun Italien Bernhard verliehen und der Kaiser befahl, ihn König zu nennen.
Was damals (am 11. September) bezüglich Ludwigs geschah, wird abweichend überliefert. Glaubhafter ist die Angabe, der Kaiser setzte, nach eingeholter Zustimmung des Reichstags, mit eigener Hand Ludwig eine (Kaiser-)Krone auf und machte ihn (*scon jetzt*) *zum Mitträger* des Kaiserlichen Namens und insofern zum Mitkaiser. Ähnlich sagt *Einhard* a. a. O. »Gegen das Ende seines Lebens rief er seinen Sohn Ludwig zu sich, versammelte feierlich die Vornehmen aus dem ganzen Frankenreich, bestellte ihn auf den Rat aller zum Mitträger (consortem) des ganzen Reiches und zum Erben des Kaiserlichen Namens.« Von einer wirklichen »Mitregentschaft« Ludwigs von da ab bis zum Tode des Vaters ist jedoch keine Spur zu finden. Es wurde nur die designatio successoris und schon, jetzt bei *Lebzeiten des Vaters*, die Verleihung des Kaiser*namens* vorgenommen: »und er setzte ein Diadem auf sein Haupt und befahl, ihn ›Imperator‹ und ›Augustus‹ zu *nennen*«. Dies letztere, unzweifelhaft richtig, hat doch eine wirkliche Mitherrschaft nicht bewirkt, so daß fortab *beide gemeinsam* Staatshandlungen hätten vornehmen müssen. Solche Urkunden gibt es nicht von 813–814, er schickte vielmehr Ludwig von seiner Seite hinweg nach Aquitanien. In der *feierlichen Begrüßung* als Kaiser, wie Karl 800 und 812 begrüßt worden war, sollte die *zweifellose Zusprechung* der Kaiserwürde liegen.
Das letzte, was uns von Karls Staatshandlungen berichtet wird, ist außer dem großen Reichstag zu *Aachen* vom September 813 und dem Frieden mit den *Dänen* die Anordnung von Provinzialkonzilien (an einzelnen derselben, so der *Mainzer*, nahmen auch Laien teil) zu *Mainz*, *Reims*, *Tours*, *Chalons* (*Cabillione*) *sur Saone* und *Arles* »zur – lange schon geplanten – Verbesserung der Kirchenzustände«; es ist ergreifend, wie unermüdlich »der Schirmer des Glaubens allüberall« seines Amtes waltet. Seine Frömmigkeit erblickte in den Seuchen, Mißjahren, Heideneinfällen der letzten Jahre Strafgerichte Gottes für sündhaften Wandel; wiederholt hat er zur Versöhnung des Herrn große Fasten und Gebete angeordnet, zumal der Verweltlichung der Geistlichen trat er entgegen. Im Jahre 812 erließ er ein Rundschreiben an alle Erzbischöfe, auch die Italiens, betreffend gemeinsame Regelung der Taufe. Bei der Antwort *Laidrads* von *Lyon* beklagt der Kaiser, daß sie, im übrigen löblich, zu wenig von der Hauptsache bei der Taufe handle: der Absage vom Teufel und von den Teufelswerken! Laidrad beeilt sich, darüber eine besondere Abhandlung einzusenden. Die Beschlüsse der fünf einzelnen Synoden wurden von Karl auf dem großen Reichstag zusammengestellt; »wer sie kennen lernen will, kann sie in den fünf genannten Städten finden, doch werden auch Abschriften im Palastarchiv ver-

wahrt«, sagen die *Lorscher Annalen.* Nicht ungeeignet schließt dieses Zeugnis der Fürsorge für die Kirchen, der reichsgesetzlichen Bestätigung solcher Synodalbeschlüsse und der musterhaften Ordnung im Urkundenwesen im Reich die Berichte über Karls Regierung.

Nachdem Karl auf dem Septemberreichstag sein Reich und Haus bestellt hatte, mochte er ruhig sterben gehen.

Er jagte, nachdem er Ludwig entlassen, noch bis Ende des Herbstes in der Nähe von *Aachen* und kehrte zu Anfang November nach Aachen zurück. Im Januar wurde er zu Aachen nach einem Bad von heftigem Fieber ergriffen. Wie er bei Fieberanfällen zu tun pflegte, legte er sich sofort strenges Fasten auf, in der Meinung, durch solche Enthaltung die Krankheit, wie schon oft, vertreiben oder doch lindern zu können. Nur ein wenig Wasser nahm er zur Erfrischung, aber die Schwäche nahm zu, Seitenschmerz, »welchen die Griechen ›*Pleuresis*‹ nennen« (Rippenfellentzündung), trat hinzu. Am 27. Januar, dem siebenten Tag, nachdem er sich gelegt (das war also am 21. Januar gewesen), ließ er seinen Erzkaplan, *Hildibald* von *Köln* kommen und empfing von ihm das Abendmahl in beiden Gestalten. Dann litt er in Schwäche den Tag und die Nacht, am folgenden Morgen den 28. Januar bei Tagesanbruch streckte er die rechte Hand aus und machte mit der letzten ihm verbliebenen Kraft das Zeichen des Kreuzes über Stirn, Brust und den ganzen Leib. Zuletzt legte er die Beine zusammen, streckte Arme und Hände über den Leib vor sich hin, schloß die Augen und sang mit leiser Stimme den Bibelvers »in deine Hände, Herr, empfehle ich meinen Geist«. Gleich darauf starb er, im 72. Jahre des Lebens, im 46. der Herrschaft.

So starb er denn wie ein echter »christlicher Held«, demjenigen Herrn sich empfehlend und durch sein Zeichen – das Kreuz – noch einmal zu eigen gebend, dem er so getreu gedient hatte mit blutigem Schwert und starkem Königsstab.

»Der Leib ward gewaschen und gepflegt und mit größter Trauer des ganzen Volkes in die Kirche gebracht und bestattet. Man schwankte zuerst, wo man ihn begraben solle, weil er bei Lebzeiten nichts hierüber verfügt.« Dies ist falsch: er hatte in der Urkunde vom 13. Januar 769 ausgesprochen, daß er neben seinem Vater zu *St. Denis* ruhen wolle; das war offenbar vergessen, denn gegen seinen Willen hätte man wohl nicht gehandelt, wie sehr auch in der Zeit seiner fast ein halb Jahrhundert füllenden Regierung St. Denis hinter *Aachen* zurückgetreten war. Die Sage hat Karl nie mit St. Denis so innig wie mit Aachen, Rom, Jerusalem, Byzanz usw. in Verbindung gebracht. »Endlich aber fanden alle, nirgends möge er ehrenreicher bestattet werden als in jener Basilika, welche er selbst aus Liebe zu Christus und zu Ehren seiner heiligen und ewig jungfräulichen Mutter auf eigene Kosten an jenem Ort (vicus = Dorf) erbaut hatte: der *Marienkirche zu Aachen.* Hier wurde er noch am Tage seines Todes bestattet und (dann) ein vergoldeter Bogen errichtet mit seinem Bild und der Inschrift: »Unter dieser Bergestätte (conditorium) liegt der Leib Karls, des großen und rechtgläubigen Kaisers, der das Reich der Franken ruhmvoll (nobiliter) erweitert und 46 Jahre glücklich beherrscht hat. Er starb 72jährig am 28. Januar 814.« »Der Marmorsarkosphag mit einer Reliefdarstellung des Raubes der *Proserpina*, in welchem man den Leichnam bei der feierlichen Erhebung durch *Friedrich I.* (1165) fand, wird noch jetzt in Aachen aufbewahrt.« Die

Angabe, daß *Otto III.* im Jahre 1000 Karls Leichnam gefunden habe: »sitzend auf dem Thron, im vollen Kaiserornat, mit Krone und Reichsapfel, das Schwert in der Hand« ist wohl mit Recht als Sage erkannt. Man muß zugeben, daß die Berichte Einhards und Thegans das nicht geradezu *ausschließen*, obzwar ihr Schweigen bei der so genauen Schilderung des »conditorium« über eine jener Zeit so ganz ungewöhnliche Bestattungsform auffallen müßte. Indessen ist der Sagentypus und der Sagen*zweck* doch unverkennbar.

Eine abermalige feierliche Beisetzung seiner Gebeine erfolgte unter *Friedrich I.*, dem Nacheiferer seiner Taten, der auch im Jahre 1165 die Heiligsprechung Karls durch den Gegenpapst *Paschalis* bewirkte; nachmals erkannte die gesamte Kirche dieselbe an. Seine Verehrung knüpfte sich vorzüglich an seinen Lieblingssitz *Aachen*, wie die *Heinrichs II.* an *Bamberg*. Ein Schrein der Marienkirche bewahrt daselbst noch jetzt seine Gebeine und der »Stuhl Karls des Großen« erinnert an »alle die deutschen Könige, die auf ihm thronend dem größten ihrer Vorgänger keineswegs gleichkommen konnten«.

Giebelseite des Karlsschreins im Dom zu Aachen.
Der Kaiser zwischen zwei Bischöfen

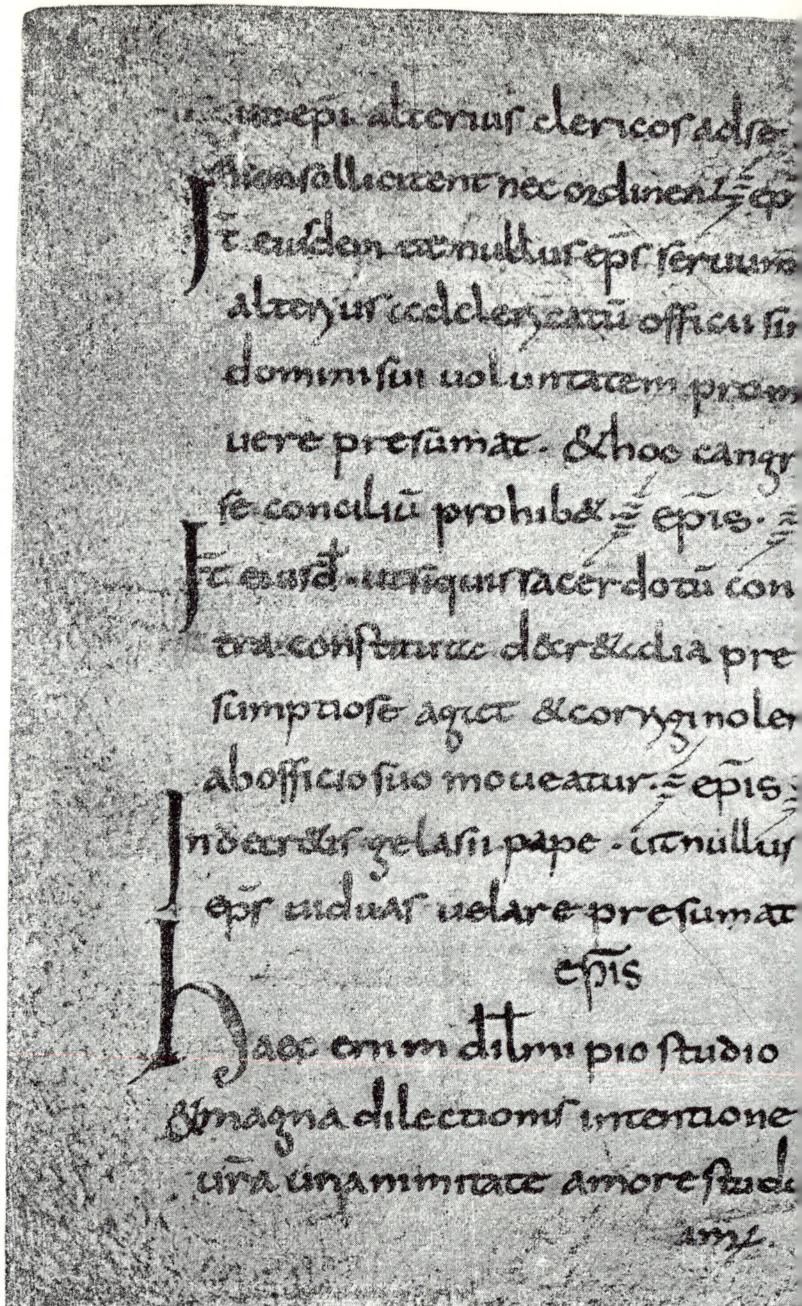

Zwei Seiten aus den Capitularien Karls des Großen
aus dem Jahr 825 (St. Gallen, Stiftsbibliothek Cod. 733)

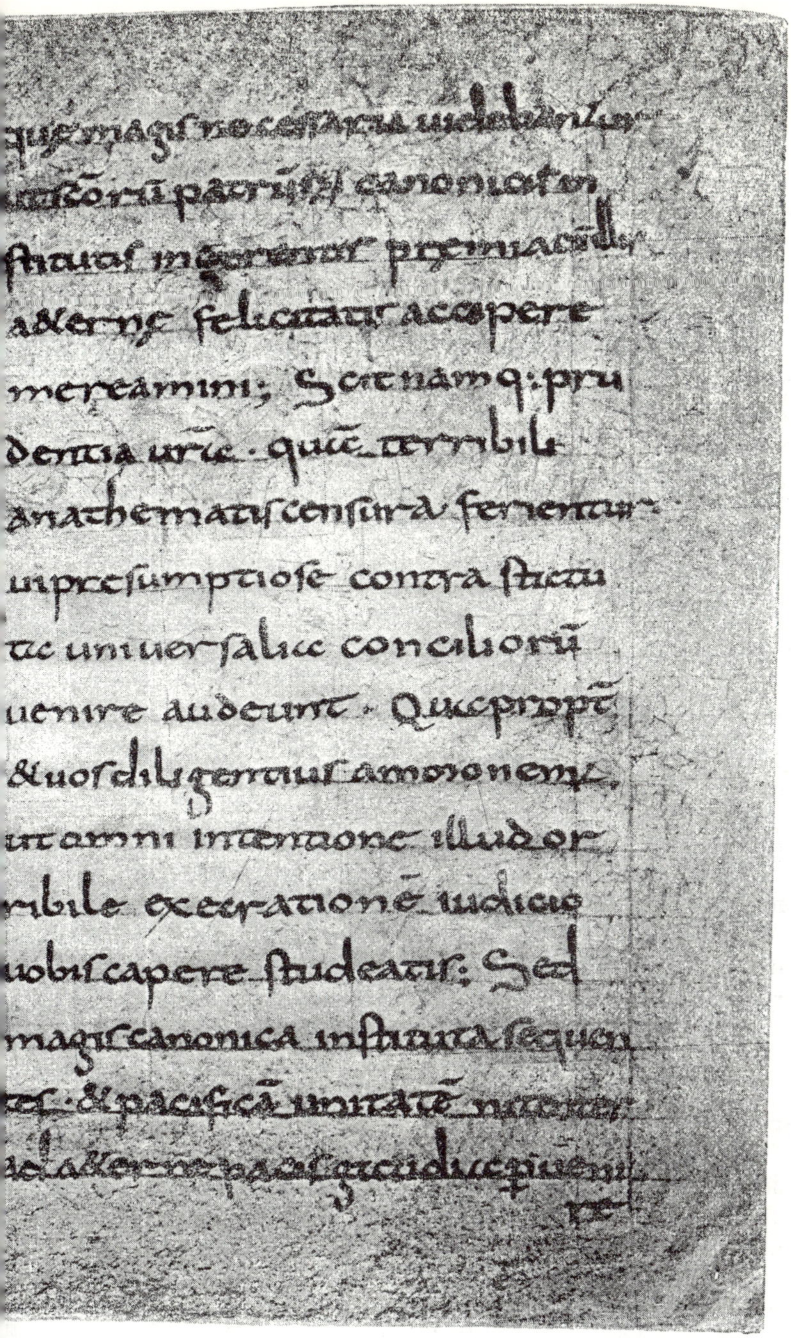
que magis necessaria uidebantur
...torum patrum si canonicas in
stitutas ingereremur praemia cel...
...ae aeterne felicitatis accipere
mereamini; Scit namque pru
dentia uestra quod terribili
anathematis censura feriuntur
...ui presumptiose contra statu
ta uniuersalium conciliorum
uenire audeant. Quapropter
& uos diligentius admonemus
ut omni intentione illud ter
ribile execrationem iudicio
uobis capere studeatis; Sed
magis canonica instituta sequen
tes & pacificam unitatem [illegible]
...ae aeterne pacis [illegible]
...re

Nachwort

Für die Bearbeitung und Neuausgabe des Werkes von Felix Dahn »Urgeschichte der germanischen und romanischen Völker«, in der Erstauflage erschienen 1883, wurde der Umstand ausschlaggebend, daß es gegenwärtig ein ähnliches Werk über die Völkerwanderungszeit nicht gibt. Es sind wohl Darstellungen im Umlauf, die in subjektiver Aussage diese Epoche charakterisieren, aber kaum eine dürfte sich an extensiver und intensiver Quellenbenutzung mit dem ursprünglich sehr umfangreichen Werk von Dahn messen können.
Es galt, aus einer kommentierten Quellensammlung eine lesbare, allgemeinverständliche Darstellung jener Epoche zu machen, die mit dem Kennwort »Völkerwanderung« einfach und treffend bezeichnet wird. War das Werk Dahns in mancher Hinsicht als ein Nachschlagewerk angelegt und mit einem reichen Fußnotenteil, der die Quellen kommentierte und kritisierte, versehen, so schien es bei der mitgeteilten Absicht der Neuherausgabe geboten, durch Zusammenziehung und Auswahl den Fluß des dargestellten Geschehens deutlich werden zu lassen. Durch die bewunderungswert fleißige Ausschöpfung der Quellen hat Dahn zweifellos aus dem oft chaotisch anmutenden Geschehen jener Epoche die Gestalt des sich damals bildenden Europas vor dem Leser entstehen lassen.
Dahns gewaltige Lebensarbeit gehörte der Erkenntnis und mehr noch der Idealisierung des Typus des germanischen Menschen, den er genau erkannt zu haben meinte. Eine erstaunliche Quellenkenntnis befähigte ihn nun auch, das größte geschichtliche Ereignis des Abendlandes, den Einbruch der germanischen Stämme in das Römische Reich, deutlich ins Auge zu fassen und wortgewaltig darzustellen. Aber er sah dieses Ereignis mit der festen Überzeugung von der Einmaligkeit der unbezweifelbaren Wertmaßstäbe seiner eigenen Epoche. Sein Optimismus gründete sich auf die handfesten Erfolge der Deutschen, die damals in sich selbst die Gewaltvergötterung der germanischen Vorfahren und deren Sieg über alles »Römische« gerechtfertigt sahen.
Hinter diesem ideologischen Vordergrund seiner Geschichtskonzeption liegt aber das Panorama der Tatsachenerforschung, das er kritisch erarbeitet hat. Dieses Bild, das er mit dem Griffel des Künstlers zeichnet, immer das Ganze sehend, verdient es, aus dem zeitbedingten Rankenwerk der Fehldeutung und der überholten Auffassungen herausgeschält zu werden.
Auf dem richtigen Wege war er auch, als er wirtschaftliche Momente in das Geschichtsbild der Völkerwanderungszeit einbezog. Er unterstreicht immer wieder seine Überzeugung von der Wirkung der Übervölkerung (nach damaligen Maßstäben), die die germanischen Stämme auf die Wanderschaft trieb. Verursacht würde das Wachstum der Bevölkerung durch den Übergang von der Jagd- und Beutewirtschaft (neben der Gelegenheitsernte) zum geregelten Ackerbau.

Die Betrachtung der Völkerschicksale unter solchen Gesichtspunkten zeigen Dahns Aufgeschlossenheit für realistische Geschichtsbetrachtung, wenn daneben manche Züge seiner Deutung nach Wunschbildern auch noch der verspäteten Romantik angehören.

Im ganzen: er sah lebendige Menschenbilder als die Träger der Geschichte, er brachte auch im Falle der Größten, etwa Karls des Großen, das Menschliche zum gerechten Ausdruck – und auch das »Allzumenschliche« ...

Unter Berücksichtigung all dieser Umstände glauben wir, daß in dieser verkürzenden Bearbeitung aus der sich häufig wiederholenden Registrierung der ursprünglichen Fassung eine zusammenfassende und zusammenhängende Darstellung entstanden ist. Der Leser – auch der jugendliche – erhielte dann ein aus den zeitgenössischen Quellen geschaffenes kontinuierliches Bild des Geschehens in der Epoche der römischen Eroberung des Nordens und der Völkerwanderung vom Beginn unserer Zeitrechnung bis zum Tode Karls des Großen.

Quellen der Bilder

F. Antonini, Mailand: 1 Foto; De Biasi, Mailand: 1 Foto; »La Colonna Antonina«: 2 Fotos; »La Colonna Traiana«: 6 Fotos; G. Derocles & Company, Tunis: 1 Foto; Dom zu Monza: 2 Fotos; Fremdenverkehrsamt, Ravenna: 1 Foto; Historisches Bildarchiv Lolo Handke, Bad Berneck: 31 Fotos; R. Henrard, 1 Foto; Kunsthistorisches Museum, Wien: 1 Foto; Louvre, Paris: 2 Fotos; Nationalbibliothek, Paris: 1 Foto; Office Algérien d'action économique et touristique (OFALAC): 2 Fotos; Ungarisches Nationalmuseum, Budapest: 2 Fotos; Verlagsarchiv, 12 Fotos.

Sachregister

(Im Text von Felix Dahn treten die Schreibweisen der Namen von Personen, Ländern und Orten häufig verschiedenartig auf, was durch die Verwendung sehr unterschiedlicher Quellen bedingt ist: lateinisch, gotisch, romanisch, fränkisch, alemannisch, bayerisch, keltisch, gallisch u.v.a. Das Register versucht, eine Ordnung in diese Vielfalt zu bringen und die im Lauf der Zeit gebräuchlichste Form herauszustellen. Auch die häufig wiederholten gleichen Personennamen – typisch für die Geschichte dieser Zeit – finden eine nicht immer einwandfrei mögliche Charakterisierung. Der Leser möge die Unzahl der diesem Buch zugrundeliegenden originalen literarischen Quellen bedenken, um die Schwierigkeiten zu würdigen, die gelegentlich keine absolute Zuschreibung möglich macht.)

A

B

C

D

E

F

G

H

I

J

K

L

M

N

O

P

Q

R

S

T

U

V

W

X

Z